Gerhard Bäcker · Gerhard Naegele · Reinhard Bispinck
Klaus Hofemann · Jennifer Neubauer

Sozialpolitik und soziale Lage in Deutschland

Das Lehr- und Handbuch mit Internet-Aktualisierung:

www.sozialpolitik-aktuell.de:

Alle 150 Tabellen und 200 Grafiken des Buches werden laufend aktualisiert und als Präsentationsgrafiken zum Download bereitgestellt.

www.sozialpolitik-aktuell.de

informiert umfassend über alle Bereiche und Themen der Sozialpolitik:
– Neuregelungen und Reformen
– Berichte, Gutachten, Dokumente und Literatur
– Daten und Fakten zu kontroversen Themen

www.sozialpolitik-akutell.de

enthält Links zu
– Behörden, Verbänden, Ämtern
– Wissenschaft, Hochschule, Forschung
– Zeitschriften
– externen Statistiken und Daten

www.sozialpolitik-aktuell.de

verweist auf
– sozialpolitische Lexika
– detaillierte Praxisinformationen
– Veröffentlichungen der Autoren

www.sozialpolitik-aktuell.de

– bietet einen Newsletter an
– ist für die Leser ein wertvolles, aber kostenloses Ergänzungsangebot

Gerhard Bäcker · Gerhard Naegele
Reinhard Bispinck · Klaus Hofemann
Jennifer Neubauer

Sozialpolitik und soziale Lage in Deutschland

Band 1: Grundlagen, Arbeit, Einkommen und Finanzierung

4., grundlegend überarbeitete und erweiterte Auflage

VS VERLAG FÜR SOZIALWISSENSCHAFTEN

Bibliografische Information Der Deutschen Nationalbibliothek
Die Deutsche Nationalbibliothek verzeichnet diese Publikation in der
Deutschen Nationalbibliografie; detaillierte bibliografische Daten sind im Internet über
<http://dnb.d-nb.de> abrufbar.

4., grundlegend überarb. u. erw. Auflage 2008

Alle Rechte vorbehalten
© VS Verlag für Sozialwissenschaften | GWV Fachverlage GmbH, Wiesbaden 2008

Lektorat: Frank Schindler

Der VS Verlag für Sozialwissenschaften ist ein Unternehmen von Springer Science+Business Media.
www.vs-verlag.de

Umschlaggestaltung: KünkelLopka Medienentwicklung, Heidelberg
Druck und buchbinderische Verarbeitung: MercedesDruck, Berlin
Gedruckt auf säurefreiem und chlorfrei gebleichtem Papier
Printed in Germany

ISBN 978-3-531-33333-5

Vorwort

Im Jahr 1980 erschien die erste Auflage dieses Lehrbuches unter dem Titel *„Sozialpolitik – Eine problemorientierte Einführung"*. Damals hätte keiner von uns daran gedacht und geglaubt, dass wir 27 Jahre später die vierte Auflage vorlegen würden. Aber gerade die Unterschiede in den Themenfeldern, mit denen sich jeder Einzelne von uns in den vergangenen Jahren beschäftigt hat, waren eine wesentliche Voraussetzung für die vollständige inhaltliche Überarbeitung, Erweiterung und Aktualisierung des Lehrbuchs. Dass uns dieser Kraftakt – neben allen sonstigen beruflichen Belastungen – gelungen ist, freut uns sehr. Zugleich freuen wir uns, dass wir mit Jennifer Neubauer eine weitere (jüngere) Mitautorin gewonnen haben.

Was 1980 noch in einen Band mit rund 400 Seiten passte, ist mittlerweile in der vierten, erweiterten und vollständig überarbeiteten Auflage auf zwei Bände mit 10 Kapiteln auf insgesamt über 1.200 Seiten angewachsen. Dahinter steht das Bemühen, die Themenbreite und Komplexität der Sozialpolitik so aufzubereiten und vorzustellen, dass einerseits „Einsteigern" eine verständliche Einführung geboten wird und zum anderen aber auch eine differenzierte Analyse der Probleme und Entwicklungsperspektiven in den einzelnen sozialpolitischen Bereichen ermöglicht wird. Wir hoffen, dass das Ergebnis auf positive Resonanz stößt.

Was ist geblieben und was hat sich geändert? Zunächst: Das grundlegende Konstruktionsprinzip, die Darstellung an den sozialen Problemen und Risiken der Bevölkerung zu orientieren und von dort aus zur Sozialpolitik mit ihrem vielfältigen Geflecht von Maßnahmen, Leistungen und Institutionen fortzuschreiten, haben wir – selbstverständlich – beibehalten. Leitlinie für die Beurteilung von sozialen Risiken und die Auswirkungen der Sozialpolitik bleibt für uns die materielle und immaterielle *Lebenslage* der Menschen. Sozialpolitik greift dabei weit über das staatliche System der sozialen Sicherung hinaus und umfasst u.a. Fragen der Einkommensverteilung, der beruflichen Bildung, der Arbeitsmarktpolitik, des Arbeitsschutzes und der Familienpolitik. Auch die Berücksichtigung der nichtstaatlichen sozialpolitischen Aktivitäten ist aus unserer Sicht für das Verständnis der Sozialpolitik und ihrer Entwicklung mehr denn je unverzichtbar. Das gilt insbesondere für die tarifvertraglichen und betrieblichen Regelungen wie für den Bereich der sozialen Dienstleistungen im Spannungsfeld von Staat, Wohlfahrtsverbänden, Familie sowie Selbsthilfe und Ehrenamt.

Dem Ziel, Einblick in und Verständnis für die Vielfalt sozialpolitischer Maßnahmen und Einrichtungen und das Dickicht sozialrechtlicher Gesetze und Vorschriften zu gewinnen, soll durch eine problemorientierte Herangehensweise Rechnung getragen werden. Die Darstellung beginnt deshalb nicht – wie vielfach üblich
– unmittelbar mit der Darstellung des sozialpolitischen Leistungssystems selbst, in
dem etwa die verschiedenen Institutionen, die Prinzipien und die Ausgestaltung der
Leistungsgewährung im Vordergrund stehen; ihr Ausgangspunkt sind vielmehr die
vielfältigen sozialen Risiken und die daraus erwachsenden sozialen Probleme, von
denen die Menschen betroffen sein können und die erst den Anlass für sozialpolitische Aktivitäten geben.

Die Gesamtdarstellung greift folgende sozialpolitische Risiko-, Problem- und
Handlungsfelder in jeweils in sich geschlossenen Kapiteln auf:

- Einkommen (Kap. III)
- Arbeit und Arbeitsmarkt (Kap. IV)
- Arbeit und Gesundheitsschutz (Kap. V)
- Gesundheit und Gesundheitssystem (Kap. VI)
- Familie und Kinder (Kap. VII)
- Alter (Kap. VIII)
- Soziale Dienste (Kap. IX)

Vorab werden in Kapitel I die theoretischen und institutionellen Grundlagen der
Sozialpolitik dargestellt und in Kapitel II „Ökonomische Grundlagen und Finanzierung" die wirtschaftlichen und finanziellen Rahmenbedingungen der Sozialpolitik
behandelt.

Dieser Aufbau hat folgende Vorteile:

- Die LeserInnen erhalten zunächst einen Überblick über die jeweilige sozialen
  Risiken und Probleme anhand ihrer detaillierten Beschreibung und Analyse.
  Sie können sich damit vorab ein Urteil darüber bilden, welches Ausmaß und
  welche innere Struktur die zur Diskussion stehenden sozialpolitischen An-
  knüpfungspunkte aufweisen.

- Anschließend wird über die verschiedenen, auf die Bearbeitung und Bewältigung dieser sozialen Risiken und Probleme gerichteten sozialpolitischen Strategien und Einzelmaßnahmen informiert. Auf dieser Basis lässt sich beurteilen,
  ob und in welchem Maße die Maßnahmen der Sozialpolitik der zugrunde liegenden Problematik gerecht werden.

- Die Analyse der Leistungsfähigkeit aber auch der Defizite des Systems der
  Sozialen Sicherung leitet schließlich über zur Diskussion über Reformperspektiven in den einzelnen Bereichen.

In der Realität zeigt sich, dass zwischen den einzelnen Risiko- und Problembere-
chen vielfältige Quer- und Wechselbeziehungen bestehen. Solche Interdependenzen gilt es bei der Beschreibung und Analyse der sozialen Problembereiche ebenso

zu beachten wie bei der Darstellung und Beurteilung der sozialpolitischen Bewältigungsstrategien. Wir haben uns im Übrigen bemüht, stärker als in früheren Auflagen europäische Aspekte der Sozialpolitik zu berücksichtigen und die deutsche Sozialpolitik im Kontext internationaler Vergleiche zu analysieren.

In manchen Einzelfragen hat sich unsere inhaltliche Einschätzung gegenüber den früheren Auflagen (weiter) verändert. Das liegt daran, dass Sozialpolitik und Sozialstaat keine statischen Gebilde sind, sondern im Zuge gesellschaftlicher, ökonomischer, demografischer und politischer Veränderungen ständig vor neue Aufgaben gestellt werden. Schon in den vorangegangenen Auflagen haben wir darauf hingewiesen, dass der Sozialstaat in der kritischen Diskussion steht und sich in einem Prozess des Ab- und Umbaus befindet. Dieser Prozess hat sich verstärkt. Reformen, die diesen Namen verdienen, weil sie eine angemessene Antwort auf die neuen Herausforderungen geben und dazu beitragen, die Lebenslage der Bevölkerung zu verbessern, finden sich hingegen kaum.

Sozialpolitik und Sozialstaat genießen nach wie vor eine hohe Anerkennung in der Bevölkerung. Gerade in Zeiten eines raschen Umbruchs sozialer Strukturen und hoher ökonomischer Unsicherheiten wächst der Bedarf an sozialer Sicherung. Aber unübersehbar ist auch, dass die Infragestellung des Sozialstaates und die z.T. tiefen Leistungseinschnitte Vertrauen und Zustimmung ausgehöhlt haben. Wenn verloren gegangenes Vertrauen wieder gewonnen und Verunsicherungen abgebaut werden sollen, bedarf es einer Reformpolitik, die die Finanzierungs- und Leistungsfähigkeit der Systeme garantiert. Die geschichtliche Entwicklung wie auch internationale Vergleiche zeigen, dass sich eine demokratische Gesellschaft, die auf die Beteiligung und Teilhabe der ganzen Bevölkerung zielt, nur auf der Grundlage verlässlicher sozialstaatlicher Strukturen entwickeln kann.

Wenn unser Lehrbuch dazu beiträgt, ein *kritisch-konstruktives* Verhältnis zum deutschen Sozialstaat zu entwickeln und Verständnis für die Option einer *reformorientierten Weiterentwicklung* zu wecken, dann erfüllt es im Rahmen der aktuellen sozialpolitischen Auseinandersetzungen auch eine wichtige politische Funktion.

Das Manuskript wurde im Frühjahr 2007 abgeschlossen und berücksichtigt – soweit möglich und verfügbar – den zu diesem Zeitpunkt gegebenen Daten- und Sachstand. Doch kaum ein anderer Politikbereich unterliegt so raschen und starken Veränderungen wie die Sozialpolitik. Durch die Einrichtung einer eigenen Internet-Seite haben wir dem Rechnung getragen. Unter der Adresse: www.sozialpolitik-akutell.de findet sich ein umfassendes Angebot, das die Daten, Fakten, Informationen und Rechtslagen zur Sozialpolitik auf tagesaktuellem Stand hält. Insbesondere werden die 130 Tabellen und 110 Abbildungen dieses Buches in der Rubrik „Datensammlung Sozialpolitik" der Internetseite www.sozialpolitik-aktuell.de nicht nur laufend aktualisiert, sondern auch zum Download und Ausdruck bereit gestellt. Dem Problem der schnellen Alterung von statistischen Daten und Fakten, unter dem (teure) Lehrbücher leiden, wird dadurch begegnet.

Die im Anschluss an jedes Kapitel gegebenen Hinweise auf weiterführende Literatur, regelmäßige Veröffentlichungen und Materialquellen und Zeitschriften sollen die weitere Beschäftigung mit den Themen ermöglichen. Auf Literaturverweise im laufenden Text haben wir – aus Gründen der Übersichtlichkeit und besseren Lesbarkeit – verzichtet.

Bei der Erarbeitung dieser Auflage des Lehrbuchs haben wir wiederum tatkräftige Unterstützung von vielen Personen erfahren. Das gilt insbesondere für MitarbeiterInnen, für wissenschaftliche KollegInnen in den Hochschulen und verschiedenen sozialpolitischen Institutionen sowie – last but not least – für ganze Generationen von Studierenden, die mit dem Buch gearbeitet und uns immer wieder auf Probleme hingewiesen haben. Ihnen allen gilt unser herzlicher Dank. Insbesondere danken wir Dipl. Soz.-Wiss. Stefan Koch und Dipl. Soz.-Wiss. Agnes Plotzke, die bei der Datenrecherche und der Gestaltung der Grafiken mitgewirkt haben.

Das Manuskript wurde im Frühjahr 2007 abgeschlossen. Über Anregungen und kritische Rückmeldungen zu dem Lehrbuch würden wir uns freuen. Über die Internet-Seite www.sozialpolitik-aktuell.de ist eine Kontaktaufnahme leicht möglich.

Wir wollen auch in diesem Vorwort daran erinnern, dass wir die ersten Schritte in das weite Feld der Sozialpolitik unter Anleitung unseres Lehrers und Freundes Professor Otto Blume (1919-1987), unternommen haben. Er hat uns und ungezählte andere Studierende am Sozialpolitischen Seminar der Universität zu Köln mit dem vielschichtigen und spannenden Feld der Sozialpolitik vertraut gemacht.

Gerhard Bäcker
Reinhard Bispinck
Klaus Hofemann
Gerhard Naegele
Jennifer Neubauer

Duisburg, Düsseldorf, Köln und Dortmund im April 2007

Inhaltsübersicht

Band 1

Inhaltsverzeichnis

Verzeichnis der Übersichten

Verzeichnis der Abbildungen

Kapitel IV:

Verzeichnis der Tabellen

Kapitel II:

Kapitel IV:

Abkürzungsverzeichnis

a.a.O.	am angegebenen Ort
ABM	Arbeitsbeschaffungsmaßnahmen
ABS	Gesellschaft zur Arbeitsförderung, Beschäftigung und Strukturentwicklung
Abs.	Absatz
AentG	Arbeitnehmerentsendegesetz
AEVO	Ausbilder-Eignungsverordnung
AfbG	Aufstiegsfortbildungsgesetz
AFG	Arbeitsförderungsgesetz
AG	Aktiengesellschaft
AGG	Allgemeines Gleichbehandlungsgesetz
AGH	Arbeitsgelegenheiten
AHB	Anschlussheilbehandlung
AKA	kirchliche Altersversorgung
ALG II	Arbeitslosengeld II
ALG	Arbeitslosengeld
ALHi	Arbeitslosenhilfe
ALV	Arbeitslosenversicherung
AMG	Arzneimittelgesetz
AOK	Allgemeine Ortskrankenkasse
ARGE	Arbeitsgemeinschaft
Art.	Artikel
ASD	Allgemeiner Sozialer Dienst
ASiG	Arbeitssicherheitsgesetz
AsylBLG	Asylbewerberleistungsgesetz
AU	Arbeitsunfähigkeit
Aufl.	Auflage
AU-Tage	Arbeitsunfähigkeitstage
AVAVG	Arbeitsvermittlungs- und Arbeitslosenversicherungsgesetz
AVE	Allgemeinverbindlicherklärung
aW	aktueller Rentenwert
AWO	Arbeiterwohlfahrt

BA	Bundesagentur für Arbeit/Bundesanstalt für Arbeit
BAB	Berufsausbildungsbeihilfe
BaFin	Bundesanstalt für Finanzdienstleistungen
BAföG	Bundesausbildungsförderungsgesetz
BAG	Bundesarbeitsgericht
BAGFW	Bundesarbeitsgemeinschaft der freien Wohlfahrtspflege
BAT	Bundesangestelltentarifvertrag
BAuA	Bundesanstalt für Arbeitsschutz und Arbeitsmedizin
bAV	Betriebliche Altersversorgung
BBiG	Berufsbildungsgesetz
Bd.	Band
BDA	Bundesvereinigung der Deutschen Arbeitgeberverbände
BDI	Bundesverband der Deutschen Industrie
BDO	Bundesverband der Ortskrankenkassen
BeschFG	Beschäftigungsförderungsgesetz
BetrVG	Betriebsverfassungsgesetz
BfA	Bundesversicherungsanstalt für Angestellte
BfArM	Bundesinstitut für Arzneimittel und Medizinprodukte
BFS	Berufsfachschule
bfw	Berufsbildungswerk des DGB
BG	Berufsgenossenschaft
BGB	Bürgerliches Gesetzbuch
BGJ	Berufsgrundbildungsjahr
BIBB	Bundesinstitut für Berufsbildung
BIP	Bruttoinlandsprodukt
BKK	Betriebskrankenkassen
BL	Bundesländer
BLK	Bund-Länder-Kommission für Bildungsplanung und Forschungsförderung
BMA	Bundesministerium für Arbeit und Soziales
BMG	Bundesministerium für Gesundheit
BSD	besondere soziale Dienste
BSG	Bundessozialgericht
BSHG	Bundessozialhilfegesetz
BSI	Beschäftigung schaffende Infrastrukturmaßnahmen
BSP	Bruttosozialprodukt
bspw.	beispielsweise

BT	Bundestag
BT-Drs.	Bundestags-Drucksache
BU	Berufsunfähigkeit
BV	Beamtenversorgung
BVJ	Berufsvorbereitungsjahr
bzw.	beziehungsweise
ca.	circa
CDU	Christlich Demokratische Union Deutschlands
CSU	Christlich-Soziale Union in Bayern
d.h.	das heißt
DAG	Deutsche Angestelltengewerkschaft
DAK	Deutsche Angestellten-Krankenkasse
DBB	Deutscher Beamtenbund
DCV	Deutscher Caritasverband
DDR	Deutsche Demokratische Republik
ders.	derselbe
DGB	Deutscher Gewerkschaftsbund
dgl.	dergleichen
dies.	dieselbe(n)
DIW	Deutsches Institut für Wirtschaftsforschung
DKV	Deutsche Krankenversicherung AG
DM	Deutsche Mark
DMP	Disease-Management-Programme
DPG	Deutsche Postgewerkschaft
DPWV	Deutscher Paritätischer Wohlfahrtsverband
DRG	Diagnosis Related Groups
DRK	Deutsches Rotes Kreuz
DRV	Deutsche Rentenversicherung
DW	Diakonisches Werk der Evangelischen Kirche Deutschlands
ebd.	ebenda
EBM	Einheitlicher Bewertungsmaßstab
ECHP	Europäisches Haushaltspanel
EFZG	Entgeltfortzahlungsgesetz
EG	Einstiegsgeld
E-GO	Ersatzkassen-Gebührenordnung
EGZ	Eingliederungszuschüsse

EKD	Evangelische Kirche Deutschlands
EMEA	European Medicines Evaluation
EP	Entgeltpunkte
ERA	Entgeltrahmenabkommen
ESF	Europäischer Sozialfond
ET	Erwerbstätige
etc.	et cetera
EU	Erwerbsunfähigkeit
EU	Europäische Union
EuGH	Europäischer Gerichtshof
EVS	Einkommens- und Verbrauchsstichprobe des Statistischen Bundesamtes
evtl.	eventuell
EWG	Europäische Wirtschaftsgemeinschaft
EWR	Europäischer Wirtschaftsraum
EWWU	Europäische Wirtschafts- und Währungsunion
ExGZ	Existenzgründungszuschuss
EZB	Europäische Zentralbank
EZN	Einstellungszuschüsse bei Neugründungen
f.	und folgende Seite
ff.	und mehrere folgende Seiten
FOS	Fachoberschule
GewO	Gewerbeordnung
GG	Grundgesetz
ggf.	gegebenenfalls
GKV	Gesetzliche Krankenversicherung
GmbH	Gesellschaft mit beschränkter Haftung
GMG	Gesundheitsmodernisierungsgesetz
GOÄ	Gebührenordnung für Ärzte
GOZ	Gebührenordnung für Zahnärzte
GBP	Great Britain Pound/Britische Pfund
GPV	Gesetzliche Pflegeversicherung
GRG	Gesundheitsreformgesetz
GRV	Gesetzliche Rentenversicherung
GSG	Gesundheitsstruktur-Gesetz
GUV	Gesetzliche Unfallversicherung
HBL	Hilfe in besonderen Lebenslagen

HBV	Gewerkschaft Handel, Banken und Versicherungen
HLU	Hilfe zum Lebensunterhalt
HMO	Health Maintenance Organisation
Hrsg.	Herausgeber
HwO	Handwerksordnung
i.d.R.	in der Regel
i.d.S.	in dem Sinne
i.e.S.	im engeren Sinne
IAB	Institut für Arbeitsmarkt- und Berufsforschung der Bundesagentur für Arbeit
ICD	International Statistical Classification of Diseases and Related Health Problems
IG BAU	Industriegewerkschaft Bauen, Agra, Umwelt
IG BCE	Industriegewerkschaft Bergbau, Chemie, Energie
IG	Industriegewerkschaft
IGEL	individuelle Gesundheitsleistungen
IGM	Industriegewerkschaft Metall
IKK	Innungskrankenkasse
ILO	International Labour Organisation
inkl.	inklusive
INQA	Initiative Neue Qualität der Arbeit
JGG	Jugendgerichtsgesetz
JWG	Jugendwohlfahrtsgesetz
KAiG	Konzentrierte Aktion im Gesundheitswesen
Kap.	Kapitel
KBV	Kassenärztliche Bundesvereinigung
Kfz	Kraftfahrzeug
KHG	Krankenhausfinanzierungsgesetz
Kita	Kindertagesstätte
KJHG	Kinder- und Jugendhilfegesetz
KMK	Kultusministerkonferenz
KnRV	Knappschaftliche Rentenversicherung
KSchG	Kündigungsschutzgesetz
KSD	Kommunaler Sozialdienst
KSVG	Künstlersozialversicherungsgesetz
KUG	Kurzarbeitergeld
KV	Kassenärztliche Vereinigung

KVdR	Krankenversicherung der Rentner
KVG	Krankenversicherungsgesetz
LG	Leistungsgruppe
LVA	Landessozialversicherungsanstalten
MAK-Wert	Maximale Arbeitsplatzkonzentration
MdE	Minderung der Erwerbsfähigkeit
Mio.	Millionen
Mrd.	Milliarden
mtl.	monatlich
NAV	Verband der niedergelassenen Ärzte Deutschlands
NPOs	Non-Profit-Organisationen
NRW	Nordrhein-Westfalen
NSM	Neue Steuerungsmodelle
o.ä.	oder ähnlich
o.g.	oben genannt
o.J.	ohne Jahr
o.O.	ohne Ort
OECD	Organization for Economic Cooperation and Development
ÖGD	öffentlicher Gesundheitsdienst
ÖTV	Gewerkschaft Öffentliche Dienste, Transport und Verkehr
PEI	Paul-Ehrlich-Institut
PISA	Programme for International Student Assessment
Pkt.	Punkt
PKV	Private Krankenversicherung
PSA	Personal-Service-Agentur(en)
PSV	Pensionssicherungsverein
PsychKG	Psychisch Kranken-Gesetz
PVdr	Pflegeversicherung der Rentner
RaF	Rentenartfaktor
rd.	rund
RehaAngLG	Rehabilitationsangleichungsgesetz
RSA	Risikostrukturausgleich
RV	Rentenversicherung
S.	Seite
s.o.	siehe oben
s.u.	siehe unten

SAM OfW	Strukturanpassungsmaßnahmen Ost für Wirtschaftsunternehmen
SAM	Strukturanpassungsmaßnahmen
sbE	sozial-bürgerschaftliches Engagement
SchwbG	Schwerbehindertengesetz
SEp	Summe der persönlichen Entgeltpunkte
SGB	Sozialgesetzbuch
SKF	Sozialdienst katholischer Frauen
SOEP	Sozio-oekonomisches Panel
sog.	so genannte(r)
SPD	Sozialdemokratische Partei Deutschlands
Std.	Stunde(n)
StGB	Strafgesetzbuch
SV	Sozialversicherung
TAB	technische Aufsichtsbeamte
TAD	Technische Aufsichtsdienste
Tsd.	Tausend
TVG	Tarifvertragsgesetz
TVöD	Tarifvertag öffentlicher Dienst
TzBfG	Teilzeit- und Befristungsgesetz
u.	und
u.a.	und andere
u.a.	unter anderem
u.a.m.	und anderes mehr
u.U.	unter Umständen
u.v.a.m.	und vieles andere mehr
ÜG	Überbrückungsgeld
UN	United Nations
UNO	United Nations Organization
usw.	und so weiter
UVV	Unfallverhütungsvorschriften
VBL	Versorgungsanstalt des Bundes und der Länder
VDR	Verband Deutscher Rentenversicherungsträger
VerDi	Vereinigte Dienstleistungsgesellschaft
verh.	verheiratet
vgl.	vergleiche
vH	von Hundert

vs.	versus
VvaG	Versicherungs-Verein auf Gegenseitigkeit
WHO	World Health Organizaiton/Weltgesundheitsorganisation
WSG	Gesetz zur Stärkung des Wettbewerbs in der Gesetzlichen Krankenversicherung
WSI	Wirtschafts- und Sozialwissenschaftliches Institut der Hans-Böckler-Stiftung
z.B.	zum Beispiel
z.T.	zum Teil
z.Z.	zu Zeit
ZF	Zugangsfaktor
ZÖD	Zusatzversorgung im öffentlichen Dienst
ZWST	Zentralwohlfahrtstelle der Juden in Deutschland

I Sozialpolitik und soziale Lage in Deutschland

1 Grundlagen, Wirkungen und Funktionen von Sozialpolitik

1.1 Sozialpolitik und Sozialstaat als Antwort auf soziale Risiken und Probleme

Sozialpolitik reagiert auf soziale Risiken und Probleme. Diese betreffen im Verlauf des Lebens jeden Menschen. In modernen, hoch differenzierten und arbeitsteiligen Gesellschaften sind jedoch die Möglichkeiten begrenzt, die Probleme aus eigener Kraft zu lösen. Weder die Unterstützung durch Familie und soziale Netzwerke noch die private Vorsorge durch Sparen oder Abschluss von Versicherungsverträgen reichen zur Problemlösung aus. Je nach Art, Schwere, Dringlichkeit und Dauer der Probleme sind deshalb Maßnahmen der Sozialpolitik erforderlich. Nur mit ihnen lässt sich vermeiden, dass beispielsweise Krankheit, Pflegebedürftigkeit, Arbeitslosigkeit, Invalidität oder familiäre Krisen bis hin zur Armut und zur gesellschaftlichen Ausgrenzung führen.

Sozialpolitik lässt sich dabei wie folgt *definieren*: Es handelt sich um all jene Maßnahmen, Leistungen und Dienste, die darauf abzielen,

- dem Entstehen sozialer Risiken und Probleme vorzubeugen,
- die Voraussetzungen dafür zu schaffen, dass die Bürgerinnen und Bürger befähigt werden, soziale Probleme zu bewältigen,
- die Wirkungen sozialer Probleme auszugleichen und
- die Lebenslage einzelner Personen oder Personengruppen zu sichern und zu verbessern.

In Deutschland, wie auch in allen anderen Ländern mit einer ausgebauten Sozialpolitik, nimmt nahezu die gesamte Bevölkerung Leistungen der Sozialpolitik in Anspruch: So ist der weit überwiegende Teil der Bürgerinnen und Bürger durch die Gesetzliche Krankenversicherung und die Gesetzliche Rentenversicherung abgesichert. Viele Menschen sind auf Leistungen der Grundsicherung angewiesen oder beziehen Sozialtransfers wie Wohngeld oder Kindergeld. Hinzu kommen soziale Dienste und Einrichtungen als unverzichtbarer Teil der Daseinsvorsorge. Die Maßnahmen, Leistungen und Einrichtungen der Sozialpolitik beeinflussen damit sehr nachhaltig die Lebenslage der Bürgerinnen und Bürger. Zugleich haben sie eine große volkswirtschaftliche Bedeutung: Zusammen genommen machen sie in ihren finanziellen Dimensionen etwa ein Drittel des Sozialproduktes aus.

Sozialpolitik setzt sich aus einer Vielzahl von Maßnahmen, Leistungen und Diensten zusammen, die durch unterschiedliche Institutionen, Einrichtungen und Akteure bereitgestellt bzw. angeboten werden. Dieser Gesamtkomplex lässt sich auch als *Sozialstaat* oder *Wohlfahrtsstaat* bezeichnen. Der Begriff Sozialstaat ist Ausdruck für die aktive, gestaltende Rolle, die der *demokratische* Staat im wirtschaftlichen und gesellschaftlichen Leben einnimmt und kennzeichnet zugleich einen historisch-konkreten Gesellschaftstyp, der eine entwickelte marktwirtschaftlich-kapitalistische Ökonomie mit dem Prinzip des sozialen Ausgleichs verbindet. Die Strukturelemente des Sozialstaates greifen insofern weit über einzelne Maßnahmen der Sozialpolitik und das System der sozialen Sicherung hinaus: Sie reichen von den rechtlichen Regelungen von Arbeitsmarkt, Arbeitsverhältnis und Arbeitsbedingungen bis hin zur allgemeinen Arbeitsmarkt- und Beschäftigungspolitik, von der beruflichen Ausbildung bis hin zur Betriebs- und Unternehmensverfassung und zum Tarifvertragswesen, vom Gesundheitswesen und der Versorgung der Bevölkerung mit sozialen Diensten und Einrichtungen auf der kommunalen Ebene bis hin zur Ausgestaltung des Steuerrechts.

Die Bandbreite sozialer Risiken und Probleme, die Anlass für sozialpolitisches Handeln geben, ist groß: Arbeitslosigkeit, Krankheit und Pflegebedürftigkeit, Einkommensverlust, Armut, soziale Ausgrenzung, Behinderung – damit sind nur einige Beispiele benannt. Eine Vielzahl dieser Risiken und Probleme lässt sich auf die Grundstruktur der Marktökonomie zurückführen. Dies gilt insbesondere in Bezug auf den Arbeitsmarkt, die Arbeitsbedingungen und die so genannten Standardrisiken des Erwerbslebens wie Arbeitslosigkeit, Arbeitsunfall, Invalidität, die sich für abhängig Beschäftigte existenzgefährdend auswirken und als *Arbeitnehmerrisiken* bezeichnen werden können.

Diese mit dem Übergang von der Agrar- zur Industriegesellschaft und den sozialen Folgewirkungen der kapitalistischen Ökonomie verknüpften Arbeitnehmerrisiken haben historisch den Ausgangspunkt für die Herausbildung und Entwicklung der Sozialpolitik gesetzt. Zugleich ist die Notwendigkeit staatlicher Sozialpolitik aus dem mit dem Umbruch von Wirtschaft und Gesellschaft verbundenem Bedeutungsverlust traditioneller Unterstützungssysteme erwachsen, so insbesondere der Familie und kirchlich-karitativer Hilfen. Entstehungszusammenhang und Verlauf der Sozialpolitik zeigen auf, dass die veränderten Arbeits- und Lebensformen und der fortlaufende demografische Umbruch einen Ausgleich der Sicherungslücken durch den Staat erfordern. Der Markt ist hierzu allein nicht in der Lage, denn er löst aus sich heraus keine sozialen Probleme, sondern schafft und verschärft diese vielmehr. Staatliche Interventionen werden nötig, aber infolge der hohen wirtschaftlichen Leistungskraft der Marktökonomie auch finanziell erst möglich.

Neben die Arbeitnehmerrisiken treten solche Risiken und Probleme, die sich unabhängig von den Arbeits- und Beschäftigungsbedingungen ergeben, jeden Menschen betreffen können und als *allgemeine Lebensrisiken* zu bezeichnen sind. Dies gilt, um ein Beispiel zu nennen, für das Risiko Krankheit. Auch wenn gesundheitliche Beeinträchtigungen und Erkrankungen in vielen Fällen eine Folge belastender Arbeitsbedingungen sind, ist damit über die Ursachen der Erkrankungen insgesamt, insbesondere bei dem großen Teil der nicht erwerbstätigen Bevölkerung, wenig ausgesagt.

Allgemeine Lebensrisiken entstehen in der Regel weder naturgegeben noch betreffen sie in ihrem Ausmaß und in ihren Folgen die Bevölkerung im gleichen Maße. Die Empirie zeigt, dass sich ihr Auftreten und Umschlagen in soziale Probleme sich nicht zufällig vollzieht, sondern nach bestimmten Mechanismen und Strukturmerkmalen erfolgt und insbesondere mit dem sozio-ökonomischen Status, dem Geschlecht, dem sozio-kulturellen Hintergrund sowie nicht zuletzt mit der familiären Situation und dem jeweiligen Stadium im Lebenslauf variiert. Bei aller Differenziertheit von Lebenslagen und trotz des Trends zur Individualisierung und Pluralisierung von Lebensformen und -stilen, der moderne Gesellschaften prägt, ist immer noch zutreffend, dass von sozialen Risiken und Problemen überproportional vor allem jene Bevölkerungsgruppen bedroht bzw. betroffen sind, die aufgrund ihrer Berufs-, Qualifikations- und Einkommenssituation ohnehin zu den Benachteiligten in der Gesellschaft zählen und zugleich auch über geringere Bewältigungs- und Verarbeitungspotenziale verfügen.

Darin, dass Bevölkerungsgruppen bestimmten sozialen Risiken unterschiedlich stark ausgesetzt bzw. von sozialen Problemen unterschiedlich stark betroffen sind, spiegelt sich ein komplexes Bündel ökonomischer und sozialer Bedingungsfaktoren wider, mithin eine gesellschaftliche Grundstruktur, die auf Ursache, Wirksamwerden und personelle Verteilung eines Großteils der sozialen Risiken und Probleme maßgeblichen Einfluss hat und ungleiche Lebens- und Teilhabechancen produziert. Solche *sozialen Ungleichheiten* sind keineswegs überwunden. Die Konzentration von sozialen Risiken auf Angehörige der unteren sozialen Schichten zeigt, dass der Prozess der Modernisierung keineswegs zu einer sozialen Entstrukturierung der Gesellschaft geführt hat.

1.2 Lebenslagen und Sozialpolitik

Zur Beschreibung und Beurteilung von sozialpolitisch relevanten sozialen Risiken und Problemen und zur Ableitung geeigneter Konzepte, Maßnahmen und Einrichtungen eignet sich das aus der Ungleichheitsforschung stammende *Lebenslagekonzept*. Es hebt auf Beeinträchtigungen in den materiellen wie immateriellen Lebensbedingungen Einzelner oder von Gruppen ab. Lebenslagen werden maßgeblich bestimmt durch Beziehung zwischen „Verhältnissen" und „Verhalten". Lebenslagen werden dabei ebenso als Ausgangsbedingungen menschlichen Handelns wie auch als Produkt dieses Handelns verstanden, die sich aus den jeweiligen konkreten ökonomischen, sozialen, kulturellen und politischen Lebensbedingungen von Menschen im Ablauf ihres Lebens ergeben.

Unter der *Lebenslage* eines Menschen kann der *(Handlungs-)Spielraum* verstanden werden, den ein Mensch hat, sich bei einem gegebenen Entwicklungsstand einer Gesellschaft zu entfalten und seine Interessen zu befriedigen. Lebenslagen sind dabei jeweils abhängig von bestimmten historisch gewachsenen wie ökonomischen und sozialen Versorgungs- und Entwicklungsniveaus, die der Einzelne kaum beeinflussen kann. Wichtige Dimensionen von Lebenslagen stellen die Bereiche Erwerbstätigkeit, Einkommen, Bildung, Gesundheit und Wohnen dar.

Zur besseren analytischen und inhaltlichen Abgrenzung von Handlungsspielräumen werden im Lebenslagekonzept insbesondere die folgenden sechs Dimensionen unterschieden:

- Ökonomische Lage, d.h. Einkommens- und Vermögenssituation;

- Versorgung mit sozialkulturellen Gütern und Diensten, so vor allem im Bereich des Wohnens, des Bildungs- und Gesundheitswesens, der sozial-pflegerischen Dienste;

- persönliche Kontakte, Kooperationsbezüge und andere soziale Aktivitäten auch im außerberuflichen Bereich,

- Lern- und Erfahrungsspielraum, vor allem die Möglichkeiten der Entfaltung der Interessen, die durch Sozialisation, schulische und berufliche Bildung, Erfahrungen in der Arbeitswelt sowie durch das Ausmaß sozialer und räumlicher Mobilität sowie der jeweiligen Wohn-Umweltbedingungen beeinflusst sind;

- Dispositions- und Partizipationsspielraum, insbesondere Art und Ausmaß sozialer Teilnahme, Mitbestimmung und Mitgestaltung;

- Gesundheitszustand, Muße- und Regenerationsmöglichkeiten.

Je nach Personengruppe kann dabei einzelnen Dimensionen der Lebenslage in ihrem wechselseitigen Zusammenwirken mit anderen ein unterschiedlich starkes Gewicht zukommen. Aus sozialpolitischer Sicht gelten Lebenslagen immer dann als prekär, d.h. gefährdet, wenn innerhalb einzelner und/oder mehrerer der genannten Dimensionen bestimmte Interessen („Grundanliegen") der Menschen nicht erfüllt sind oder die dafür jeweils erforderlichen Gestaltungs- und Veränderungspotenziale nicht oder nur unzureichend vorhanden sind.

Im Zusammenhang mit der Suche nach präventiven sozialpolitischen Konzepten und Maßnahmen ist es sinnvoll, das Lebenslagekonzept mit der *Lebensverlaufsanalyse* zu verknüpfen. Viele soziale Risiken und Probleme lassen sich ohne Bezug auf die spezifischen Lebensbedingungen in bestimmen Lebensphasen nicht hinreichend erklären und erfordern auch lebensphasenspezifische Lösungen. Dies gilt vor allem für soziale Risiken und Probleme von Kindern, Jugendlichen, jungen Eltern, Alleinerziehenden oder älteren und hochaltrigen Menschen. Zugleich lässt sich zeigen, dass sich viele soziale Risiken und Probleme im Lebenslauf entwickeln und/oder in ihren Wirkungen kumulieren können. Es handelt sich dabei um „Risiko- und Problemketten", die ihren Beginn jeweils in bestimmten Situationen und Ereignissen in früheren Lebensphasen haben: So lassen sich z.B. viele chronische Krankheiten bei Erwachsenen wie bei älteren Menschen auf bestimmte Krankheitsrisiken in Kindheit und Jugend zurückführen. Das Risiko der Langzeitarbeitslosigkeit wiederum ist entscheidend abhängig vom Grad der schulischen und beruflichen Ausbildung. Geringe Einkommen und Armut im Alter (vor allem bei Frauen) sind Ausdruck von Einkommensbenachteiligungen während der aktiven Erwerbsphase.

1.3 Eingriffsformen und Auswirkungen sozialpolitischer Interventionen auf Wirtschaft und Gesellschaft

Um das Entstehen sozialer Risiken zu verhindern, ihre Folgen auszugleichen und um Lebenslagen zu verbessern, greift Sozialpolitik in vielfältiger Weise in Wirtschaft und Gesellschaft ein und bewirkt eine politisch-staatliche Korrektur und Überformung der Marktprozesse. Drei Eingriffsformen lassen sich unterscheiden:

- *Regulative Politik*: Durch rechtliche Ge- und Verbote wird das Verhalten von Menschen, Institutionen und Unternehmen normiert und gesteuert. Die Vertragsfreiheit wird insofern sozialpolitisch beschränkt. Diese Regulierung bezieht sich insbesondere auf den Arbeitsmarkt.

  Ziel ist es, soziale Risiken und Probleme, die durch den Produktionsprozess entstehen oder durch ihn verschärft werden, zu mindern und auszugleichen. Die Rechtsstellung und soziale Lage der abhängig Beschäftigten soll verbessert und gesichert sowie das Machtungleichgewicht zwischen Kapital und Arbeit auf dem Arbeitsmarkt ausgeglichen werden.

- *Distributive Politik*: Die marktliche Einkommensverteilung wird durch sozialpolitische Leistungen korrigiert. Durch die Zahlung von Sozialtransfers erhalten auch jene Menschen ein Einkommen, die wegen des Eintretens sozialer Risiken, also bei Arbeitslosigkeit, Krankheit, Invalidität, Behinderung oder im Alter nicht (mehr) erwerbstätig sein können und deswegen im Prozess der Einkommensentstehung und -verteilung auf dem Arbeitsmarkt leer ausgehen. Oder aber Sozialtransfers dienen dazu, ein zu geringes Markt- oder Lohnersatzeinkommen aufzustocken. Die erforderlichen Mittel für diese nicht marktförmige Existenzsicherung müssen durch Steuer- und Beitragsabzüge von den Markteinkommen oder durch die Besteuerung des Konsums finanziert werden.

  Ziel ist es, die strenge Verbindung zwischen Arbeitsmarktbeteiligung und Einkommenserzielung zu lockern und in den Wechselfällen des (Arbeits)Lebens Einkommenssicherheit zu gewährleisten, um Einbrüche im erreichten Lebensstandard und/oder Armutslagen zu vermeiden.

- *Infrastruktur- und Dienstleistungspolitik*: In bestimmten Bedarfsfeldern werden durch Sozialpolitik Einrichtungen und Dienste bereitgestellt, die (weitgehend) kostenlos in Anspruch genommen werden können. Dies betrifft u.a. das Gesundheits- und Sozialwesen, die Bildung und Weiterbildung sowie die kommunale Daseinsvorsorge. Angebot und Nachfrage stehen hier außerhalb des marktwirtschaftlichen Prinzips ihrer Steuerung über Kosten und Profite bzw. Einkommen und Preise. Maßgebendes Kriterium für die Inanspruchnahme der Einrichtungen und Dienste ist der Bedarf. Die Finanzierung erfolgt durch den Staat; dieser muss die Einrichtungen und Dienste aber nicht zwingend in eigener Regie betreiben, sondern kann damit auch Private beauftragen und sich auf die Gewährleistungsfunktion beschränken.

Ziel ist es, eine ausreichende, bedarfsbezogene Versorgung in jenen Bereichen sicherzustellen, die der Markt überhaupt nicht oder nicht in der gesellschaftlich erwünschten Weise abdeckt, insbesondere nicht in der erwünschten Quantität und Qualität, Zugänglichkeit, Verlässlichkeit und Erschwinglichkeit.

Je nach Reichweite, Ausrichtung und Ausprägung der Sozialpolitik werden Abhängigkeiten und soziale Ungleichheiten verringert und die gesellschaftliche Teilhabe jener Menschen verbessert, deren Lebenslage als gefährdet und benachteiligt angesehen wird. Sozialpolitik wirkt durch ihre Maßnahmen und Leistungen so auf die Rahmenbedingungen ein, unter denen Menschen sich entwickeln und entfalten können und verändert die Sozialstruktur einer Gesellschaft. Sie unterstützt die Herausbildung neuer, autonomer Lebensformen sowie veränderter Geschlechter- und Generationenverhältnisse. So hat sich erst durch eine ausgebaute Alterssicherung das Alter als eine eigenständige Lebensphase entwickelt. Durch die soziale Ausgestaltung der Gesellschaft übernimmt Sozialpolitik damit eine Stabilisierungs-, Legitimations- und Integrationsaufgabe.

Eine nicht nur residuale, sondern umfassende Sozialpolitik kann indes in mehrfacher Hinsicht in einen Gegensatz zu einzelwirtschaftlichen Interessen geraten. Vor allem die an den Risiken des Erwerbslebens ausgerichtete Funktionsbestimmung der Sozialpolitik ist konflikträchtig: Sozialpolitische Eingriffe auf dem Arbeitsmarkt begrenzen die Nutzbarkeit und Verwertbarkeit der Arbeitskraft und beschneiden Handlungsautonomie und Gewinnmöglichkeiten der Unternehmen. Und die marktexterne Existenzsicherung entkoppelt die Verfügung über Einkommen zumindest partiell von der Erwerbsbeteiligung. Der mit Abhängigkeit und Unsicherheit verbundene unbedingte Angebotszwang der Arbeitskraft auf dem Arbeitsmarkt lockert sich. Da damit die Machtposition der Unternehmen auf dem Arbeitsmarkt berührt wird, kommt es zwangsläufig zu Konflikten. Zu Konflikten kommt es aber insbesondere auch deswegen, weil die Sozialleistungen über Abzüge finanziert werden müssen, den Begünstigten also immer auch Zahlende gegenüberstehen. Dies sind zum einen die beitrags- und steuerzahlenden Bürgerinnen und Bürger, aber auch die Unternehmen, die ihre Konkurrenzfähigkeit gefährdet sehen oder Gewinneinbußen befürchten.

Sozialpolitik hebt die Grundlagen einer marktwirtschaftlich-kapitalistischen Wirtschaftsordnung jedoch keinesfalls auf. Ihre Bedeutung liegt gerade darin, dass durch sozialpolitische Interventionen, die auf eine langfristige Perspektive angelegt sind und gesamtwirtschaftliche und gesamtgesellschaftliche Belange berücksichtigen, erst die *Voraussetzungen* für die Stabilität, Entwicklungsdynamik und politische Akzeptanz der Marktökonomie geschaffen und gesichert werden. Sozialpolitik

- schützt die Arbeitskraft gegen vorzeitigen Verschleiß (*Schutzfunktion*),
- verbessert die Beschäftigungsfähigkeit und die qualifikatorische Leistungsfähigkeit (*Beschäftigungsfunktion*),
- fördert die Leistungsbereitschaft und erhöht die Arbeitsproduktivität (*Produktivitätsfunktion*),
- federt den wirtschaftlichen Strukturwandel ab und vergrößert damit die Bereitschaft der Beschäftigten, diesen Wandel aktiv mit zu tragen, statt aus Angst vor den sozialen Folgen diesen zu blockieren (*Innovationsfunktion*) und
- ist schließlich ein entscheidender Faktor zur Begrenzung sozialer und politischer Konflikte in der Wirtschaft, sie sichert den „sozialen Frieden" (*Legitimationsfunktion*).

2 Sozialpolitik und Wohlfahrtsstaat im internationalen Vergleich

„Die" Sozialpolitik und „den" Sozialstaat bzw. Wohlfahrtsstaat gibt es nicht. Zwar ist der Sozial- oder Wohlfahrtsstaat ein universelles Merkmal entwickelter kapitalistischer Marktgesellschaften und Demokratien. Aber selbst für jene Staaten der Europäischen Union, die eine vergleichbare wirtschaftliche Leistungskraft aufweisen, gilt, dass trotz aller Gemeinsamkeiten die Abweichungen unübersehbar groß sind, ja dominieren. Es unterscheiden sich die institutionelle Ausgestaltung, der Kreis der erfassten Personen, die abgedeckten Risiken und Problemfelder, die Regulierungs-, Leistungs- und Finanzierungsprinzipien, die Rechtsstellung der Empfänger sowie die Leistungsniveaus und -voraussetzungen. Insofern lässt sich auch nicht von einem einheitlichen „europäischen Sozialstaat" sprechen.

Diese Divergenzen, die in einer rein funktionalistischen Analyse der Entstehungsgeschichte und Entwicklungsdynamik der Sozialpolitik (Sozialpolitik als Antwort auf die sozialen Folgewirkungen der kapitalistischen Ökonomie und auf den Bedeutungsverlust traditionaler Hilfssysteme) unberücksichtigt bleiben, lassen sich auf unterschiedliche Triebkräfte und Bestimmungsfaktoren zurückführen:

- Zum einen sind die je spezifischen *politischen* Konstellationen und Kräfteverhältnisse in den einzelnen Ländern zu nennen. Eine besondere Bedeutung kommt hierbei der Stärke der politischen und gewerkschaftlichen Arbeiterbewegung zu und damit den Konflikten und Kompromissen in der Auseinandersetzung zwischen Kapital und Arbeit. Zugleich hängt die jeweilige Ausgestaltung der Sozialpolitik aber auch von Macht, Einfluss und Orientierung konservativer und liberaler Parteien und Strömungen, der Kirchen sowie von Verbänden und anderen Akteuren ab. Nicht zuletzt spielt es eine entscheidende Rolle, auf welche Traditionen Demokratie und Zivilgesellschaften zurückgreifen können und welche politischen Erfahrungen, wie Kriege und Zeiten der Diktatur, die Geschichte eines Landes prägen.

Das jeweilige politische Kräfteverhältnis wirkt hierbei nicht nur auf die „großen" Entwicklungslinien der Sozialpolitik ein. Auch die Anerkennung von einzelnen sozialen Problemen bzw. von sozialen Problemen einzelner Gruppen der Bevölkerung hängen immer auch unmittelbar von der Artikulations- und Durchsetzungsfähigkeit der Betroffenen und ihrer Interessenverbände ab.

- Zum anderen lässt sich erkennen, dass die *institutionellen* Arrangements und administrativen Strukturen eines Landes die Ausgestaltung der Sozialpolitik prägen. Dies betrifft insbesondere die Struktur der Staatlichkeit (Zentralstaat oder föderaler Staat, Autonomiegrad der Kommunen, Demokratieform, Wahlsystem), das Rechtsystem (Verfassung, Gesetzgebungsverfahren und Rechtsprechung), das Verhältnis von Staat zu Kirchen, Wohlfahrtsverbänden und anderen Organisationen sowie die Institutionalisierung des Konflikts zwischen Kapital und Arbeit (Tarifautonomie und Mitbestimmungsregelungen auf der Ebene von Betrieb und Unternehmen).

  Die Institutionalisierung von sozialpolitischen Regelungen, Leistungen und Bürokratien ist ein Ergebnis von politischen Auseinandersetzungen, Koalitionen und Kompromissen. Einmal getroffene (Richtungs-)Entscheidungen haben dabei eine prägende Wirkung für die Weiterentwicklung der Sozialpolitik. Neben dieser „Pfadabhängigkeit" der Politik wird den politischen Akteuren ein Rahmen durch eine Eigendynamik der sozialpolitischen Institutionen vorgegeben. Dieser besteht darin, dass der Verwaltungsapparat Eigeninteressen entwickelt hat und selbst zu einem Akteur der Sozialpolitik geworden ist. Der Staat als Träger von Sozialpolitik spielt jedoch keine neutrale Schiedsrichterrolle, aus der heraus er quasi objektiv über die Angemessenheit und Notwendigkeit einzelner sozialpolitischer Maßnahmen entscheiden kann, sondern ist eingebunden in die Strukturen des Wirtschafts- und Gesellschaftssystems und die parlamentarischen wie außerparlamentarischen Kräfteverhältnisse.

Um die Vielfalt sozialstaatlicher Arrangements bzw. Regime der einzelnen Staaten zu systematisieren, kann versucht werden, Typologien im Sinne von *Ideal*typen zu entwickeln. Dadurch lassen sich die grundlegenden Unterschiede und Strukturelemente von Wohlfahrtsstaaten erkennen und erklären. Der Typisierungsansatz von *Esping-Andersen* schlägt folgende drei Kriterien für die Unterschiede zwischen den Wohlfahrtsstaaten vor:

- das Mischungsverhältnis zwischen öffentlicher, staatlicher Sicherung, familiären Hilfs- und Unterstützungsleistungen und der marktlichen Wohlfahrtsproduktion über Alterssicherungs- und Gesundheitsmärkte;

- der Grad der marktunabhängigen Existenzsicherung und der Einschränkung des Warencharakters der Arbeitskraft („*De-Kommodifizierung*"), d.h. die Stärke der Entkopplung von Einkommen und sozialer Sicherheit vom (Arbeits)Markt hinsichtlich Zugangsvoraussetzungen, Anspruchsrechten sowie Leistungshöhe;

- die Aus- und Rückwirkungen sozialpolitischer Einkommens- und Dienstleistungen auf die Sozialstruktur der Gesellschaft und die Ausprägung bzw. Reduzierung sozialer Ungleichheiten.

Entlang dieser Kriterien unterscheidet Esping-Andersen drei Wohlfahrtsstaatsregime (vgl. Übersicht I.1):

- Der *angelsächsische, liberale Typus* setzt auf die Marktkonformität bei Organisation, Gestaltung und Ausmaß sozialpolitischer Leistungen und auf einen geringen Einfluss des Staates. Er verlangt von den Bürgern die Übernahme von Eigenverantwortung, da die öffentlich bereitgestellten Sozialleistungen niedrig ausfallen und obendrein vielfach einer Bedürftigkeitsprüfung unterliegen. Entsprechend stark verbreitet sind die (notwendige und ergänzende) Rolle der und die Unterstützung durch die Familie. Das Maß der sozialen Ungleichheit bleibt hoch und marktbestimmt.

- Der *kontinentaleuropäische, konservative Typus* ist durch einen paternalistischen Interventionsstaat und den Einfluss der Kirchen charakterisiert. Die soziale Sicherung basiert auf der beitragsfinanzierten Sozialversicherung, deren Zugang an die Lohnarbeit gebunden ist. Die Leistungen aus der Sozialversicherung hängen in ihrer Höhe und Qualität von der Position auf dem Arbeitsmarkt ab. Ehefrauen werden über ihren Mann abgesichert. Andere Nicht-Erwerbstätige werden subsidiär auf die Familie oder auf Fürsorgeleistungen verwiesen. Die soziale Sicherung ist also stark an Klasse und Beruf gebunden, so dass Statusunterschiede reproduziert werden.

- Der *skandinavische, sozialdemokratische Typus* zielt auf eine universalistische Wohlfahrtsverantwortung des Staates. Die soziale Sicherung ist im starken Maße markt- und statusunabhängig gestaltet, Anspruchsgrundlage bilden die allgemeinen Bürgerrechte. Die Absicherung von Frauen ist eigenständig und beruht auf der Teilnahme am Arbeitsmarkt. Das Sozialleistungsniveau ist hoch, die Sicherungsfunktion der Familie gering. Die Einkommensumverteilung fällt umfassend aus, der Wohlfahrtsstaat begrenzt die Klassen- und Statusunterschiede.

Da es sich bei diesen Typen um Idealtypen handelt, lassen sich die einzelnen Staaten nicht eindeutig der Trias zuordnen. Für die meisten Länder sind eher Mischverhältnisse typisch. Gleichwohl lassen sich Trendaussagen treffen: Für den liberalen Typus stehen vor allem die USA und in Europa Großbritannien und Irland, der konservative Typus ist für Länder wie Deutschland, Österreich und Frankreich charakteristisch und der skandinavische Typus wird durch Länder wie Schweden, Norwegen und Dänemark repräsentiert.

Übersicht I.1:

Typen und Dimensionen des Wohlfahrtsstaats			
Variablen	*liberal*	*konservativ*	*skandinavisch*
De-Kommodifizierung (Voraussetzungen und Höhe einer arbeitsmarktexternen Einkommenssicherung)	schwach	mittel	stark
Regulierung des Arbeitsmarktes (Reichweite arbeitsrechtlicher Beschränkungen)	schwach	stark	stark
Residualismus (Bedeutung von Fürsorgeleistungen)	stark	schwach	schwach
Privatisierung (Ausgaben für marktliche Vorsorge- und Versicherungsleistungen)	stark	schwach	schwach
Statusbezug/Korporatismus (Differenzierung der sozialen Sicherung nach Berufsgruppen)	schwach	stark	schwach
Umverteilungswirkungen (Leistungshöhe von Transfers und Ausgestaltung des Steuersystems)	schwach	mittel	stark
Beschäftigungspolitik (Maßnahmen der aktiven Beschäftigungspolitik)	schwach	stark	stark

Quelle: In Anlehnung an Kohl, J., Der Wohlfahrtsstaat in vergleichender Perspektive. Anmerkungen zu Esping-Andersen's ‚Three Worlds of Welfare Capitalism', in: Zeitschrift für Sozialreform, 2/1993, S. 67-82.

Unberücksichtigt bleiben in dieser Typologie die südeuropäischen Staaten, die sich wie Spanien, Portugal und Griechenland als *nachholende Wohlfahrtsstaaten* bezeichnen lassen und in denen traditionelle Sozialstrukturen und Sicherungsinstitutionen, so insbesondere die Familie, noch eine große Bedeutung haben. Unberücksichtigt bleiben des Weiteren die Staaten aus Mittel- und Osteuropa, die den Transformationsprozess von der sozialistischen Planwirtschaft zur Marktwirtschaft zu bewältigen haben. Sie gestalten auch ihr Sozialsystem um, ohne dass bislang einheitliche Strukturmerkmale zu erkennen sind.

Die Typologisierung sieht sich darüber hinaus mit dem Problem konfrontiert, dass die Zuordnungen nicht statisch sind, also nicht ein für allemal gelten. Von politischen „Pfaden" kann durchaus abgewichen werden. In der Realität der einzelnen Staaten zeigen sich sehr unterschiedliche Entwicklungsverläufe der Sozialpolitik, die den Mix zwischen den liberalen, konservativen und skandinavischen Elementen des Sozialstaats verändern. Dazu einige Beispiele: So lässt sich insgesamt eine Ausweitung der Privatisierung der sozialen Sicherung und der marktlichen Wohlfahrtsproduktion erkennen. Zugleich kommt es zu einer Deregulierung des

Arbeitsmarktes und zu einer Abschwächung der De-Kommodifizierung. Es ist aber auch sichtbar, dass in einzelnen skandinavischen Ländern (so Schweden) die soziale Sicherung in Richtung einer beitragsfinanzierten Sozialversicherung umgebaut wird. In Deutschland wiederum nimmt mit der Zusammenlegung von Arbeitslosenhilfe und Sozialhilfe das Gewicht fürsorgeorientierter Leistungen zu.

3 Der normative Hintergrund von Sozialpolitik

Wie die vergleichende Sozialstaatsanalyse erkennen lässt, ist die konkrete Ausgestaltung von Sozialpolitik und Sozialstaat nicht nur abhängig von den Erscheinungsformen sozialer Risiken und Probleme, den sozioökonomischen Rahmenbedingungen und den je spezifischen historischen und institutionellen Besonderheiten. Sie ist immer auch Ausdruck von mehrheitlich vertretenen Leitbildern und Wertvorstellungen.

Soziale Probleme sind nämlich nicht per se vorhanden, sondern sie werden sozial konstruiert und konstituiert, d.h. sie werden erst in einem politischen Prozess entdeckt und definiert. Anlass und Gegenstand dieses politischen Diskussions- und Verhandlungsprozesses sind jeweils sowohl quantitative (z.B. Zahlen, Wirkungen) wie qualitative Argumente (z.B. Wertentscheidungen, Veränderungen im öffentlichen Problembewusstsein wie in der Einschätzung individueller und familiärer Hilfepotenziale). Mit anderen Worten: Welcher Hilfe- und Unterstützungsbedarf für welchen Lebenslagenbereich, wie und in welcher Form letztlich durch Sozialpolitik abgedeckt wird, hängt nicht zuerst von öffentlich wahrgenommenen Bedarfslagen und sozioökonomischen Verhältnissen ab. Vielmehr entscheiden gesellschaftliche und weltanschauliche Normen sowie übergeordnete politische und soziokulturelle Vorstellungen darüber, ob und welche soziale Risiken und soziale Probleme überhaupt als solche *anerkannt* sowie welche Maßnahmen und Einrichtungen dann auch angeboten und finanziert werden. Die Frage, was als gesellschaftliches Problem und Risiko anerkannt und als veränderungsbedürftig betrachtet wird und was als privates Problem angesehen wird und in Eigenverantwortung gelöst werden muss, ist deshalb zutiefst politischer und damit normativer Natur. Die möglichen wie praktischen Antworten auf diese Frage fallen stets sehr unterschiedlich aus und zwar in Abhängigkeit von den jeweiligen Vorstellungen von *sozialer Gerechtigkeit.*

Soziale Gerechtigkeit als Generalziel von Sozialpolitik lässt sich dabei nicht aus einem allgemein gültigen und anerkannten Konzept ableiten. Trotz vielfältiger Versuche in der Wissenschaftsgeschichte ist es nicht gelungen, eine Theorie sozialer Gerechtigkeit zu entwickeln, die nicht letztlich auf normativen Entscheidungen beruht. Der Inhalt von Gerechtigkeitsvorstellungen ist vielmehr dem historischen Wandel unterworfen: Soziale Gerechtigkeit wird immer – und immer wieder neu – gesellschaftlich definiert. Immer geht es daher um normative Grundentscheidungen, wenn über den Umfang, die Zielrichtung und Gestaltung sozialpolitischer Arrangements verhandelt und entschieden wird.

Und immer spielen dabei verschiedene Ideen von sozialer Gerechtigkeit eine Rolle, die sich vor allem darin unterscheiden, welches Gewicht den drei zentralen, normativen Zielen von Sozialpolitik, nämlich *Freiheit, Sicherheit und Gleichheit,* zugemessen wird. Je nach Priorität lassen sich dann verschiedene Begriffe sozialer Gerechtigkeit bestimmen: Wird Freiheit – insbesondere die Bedeutung der Eigenverantwortlichkeit der wohlfahrtsstaatlichen Adressaten betont – handelt es sich um einen liberalen Begriff sozialer Gerechtigkeit. Wird das Ziel Sicherheit – z.B. als Schutz bestehender Familien- und Sozialstrukturen – in den Vordergrund gestellt, ist der Begriff sozialer Gerechtigkeit vorwiegend sozialkonservativ geprägt. Liegt die Betonung dagegen auf Gleichheit als Ziel des Sozialstaats, so haben wir es mit einem wesentlich sozialistisch orientierten oder sozialdemokratischen Begriff von sozialer Gerechtigkeit zu tun.

Vielfach wird ein grundsätzlicher Zielkonflikt insbesondere zwischen Freiheit auf der einen und Sicherheit bzw. Gleichheit auf der anderen Seite behauptet. Bei aller Relevanz in der politischen Rhetorik besteht allerdings kein *„trade off"* in der praktischen Sozialpolitik, d.h. die drei Kernziele schließen einander nicht aus. Vielmehr handelt es sich um komplementäre Zielvorstellungen – das eine Ziel ist ohne das andere nicht denkbar und erreichbar, Freiheit nicht ohne Sicherheit und nicht ohne ein gewisses Maß an realisierter sozialer Gleichheit.

Historisch wie wissenschaftlich besonders heftig diskutiert und daher oft als der Kern der Suche nach der Vorstellung von sozialer Gerechtigkeit angesehen wurde die Frage nach dem erwünschten oder notwendigen Maß der *Gleichheit* aller Bürgerinnen und Bürger. Die einzelnen Anschauungen unterscheiden sich je nachdem, welcher konkrete Gleichheitsbegriff zugrunde liegt, in welchen Lebenslagen der soziale Ausgleich vorrangig hergestellt werden sowie welches Maß von Gleichheit oder welche Minderung von Ungleichheit angestrebt werden soll.

Die Gerechtigkeitsvorstellung der *absoluten Gleichheit* hat zum Ziel, dass keine Unterschiede zwischen den Bürgerinnen und Bürgern in ihren Rechten und Pflichten, insbesondere hinsichtlich ihrer sozioökonomischen Lebens- und vor allem Einkommenslage bestehen. Unabhängig von der konkreten Ausgestaltung einer entsprechenden Sozialpolitik stehen dieser Art der Gleichheitsidee gewichtige Argumente entgegen, die eine Praktikabilitat und vor allem Vereinbarkeit mit anderen Grundsätzen moderner Gesellschaften in Frage stellen. In Widerspruch geriete eine Realisierung absoluter Gleichheit nicht nur mit Prinzipien der demokratischen Gesellschaft und dem Bestand individueller Rechte, sondern auch mit den Funktionsprinzipien der Marktwirtschaft (wie z.B. dem Produktivitätsanreiz durch die Konkurrenz um knappe Güter und der Lenkungsfunktion der Preise).

Statt absoluter prägt dagegen die Idee *relativer Gleichheit* den Großteil der theoretischen wie praktischen Vorstellungen von sozialer Gerechtigkeit. Diese

Gerechtigkeitsidee geht grundlegend von einer sozialen Ungleichverteilung aus und betrachtet diese – bei Vorliegen spezifischer Gründe – auch als legitim und gerecht. Diese Gründe für eine Ungleichverteilung werden zuvorderst bestimmt anhand der Kriterien *Leistung* und *Bedarf*.

Ungleichheit ist im Sinne eines in Bezug auf Leistung bestimmten Gleichheitsverständnisses dann gerecht, wenn sie das Ergebnis von Unterschieden in der Leistung ist. Dieses Konzept der *Leistungsgerechtigkeit* liegt z.B. dem bekannten Prinzip „Gleiche Leistung, gleiches Einkommen" zugrunde. Es ist jedoch auch hier von gesellschaftlichen Definitionen abhängig, was als Leistung verstanden und wie Leistung gemessen und schließlich bewertet werden soll. Zumeist wird Leistungsgerechtigkeit verbunden mit der Vorstellung, dass der Markt automatisch eine leistungsgerechte Verteilung erzeugt, indem die Güter entsprechend der Leistungsanteile der Gesellschaftsmitglieder im Produktionsprozess zum Produktionsergebnis verteilt werden. Ferner wird argumentiert, dass die Geltung des Leistungsprinzips unabdingbar für das Funktionieren einer Marktwirtschaft ist. Erst der Anreiz, mit entsprechender Mehr-Leistung auch ein Mehr-Einkommen zu realisieren, würde u.a. zur notwendig Aufrechterhaltung des Wettbewerbsprinzips und zur Steigerung wirtschaftlicher Leistungsfähigkeit führen. Dass sich die Leistungsunterschiede in den Verteilungsergebnissen des Sozialprodukts widerspiegeln, sei daher zum Vorteil aller Bürgerinnen und Bürger.

Allerdings werden sowohl die erforderlichen Konkretisierungen des Leistungsprinzips (Zählbarkeit, Zurechenbarkeit und Individualisierung der Leistung) und die Durchsetzung seiner Geltung nicht allein den Strukturen und Prozessen des Marktes überlassen, sondern erfordern gesetzliche Regulierungen. Die Reglementierungen des Leistungsprinzips sind notwendig, um Funktionsmängel des Marktes auszugleichen, wie z.B. vor verzerrter Preisbildung am Arbeitsmarkt und entsprechend nicht leistungsgerechter Entlohnung zu schützen. Prinzipien der Leistungsgerechtigkeit spielen aber auch eine Rolle in der Begründung von rechtlichen Vorrausetzungen, Anreizen und Sanktionen, die oftmals mit der Gewährung von sozialen Sicherungsleistungen verbunden sind (wie Einzahlungen in die Sozialversicherungen, Verfügbarkeit für die Vermittlung in den ersten Arbeitsmarkt als Leistungsvoraussetzung).

Werden durch das Konzept der Leistungsgerechtigkeit somit ungleiche Verteilungen durch leistungsbezogene Marktteilnahme als sozial gerecht betrachtet, wird durch das Konzept der *Bedarfsgerechtigkeit* ein anderes Verständnis der Gleichheitsidee angeboten: Ungleiche Verteilungen sind dann gerechtfertigt, wenn der einzelne Bedarf der Gesellschaftsmitglieder nach Gütern und Dienstleistungen gedeckt ist. Begründet wird die Notwendigkeit einer bedarfsgerechten Verteilung der Produktionsergebnisse mit dem Verweis, dass nur eine Bedarfsdeckung die Geltung materieller Freiheit gewährleistet. Erst durch eine „angemessene" oder „ausreichende" Ressourcenausstattung aller Bürgerinnen und Bürger sind diese in der Lage, ihre formellen Freiheitsrechte auch zu realisieren und zu nutzen. Auch mit dem Konzept der Bedarfsgerechtigkeit steht die praktische Sozialpolitik jedoch vor der Anforderung, definieren zu müssen, was als Bedarf verstanden, wie Bedarf gemessen und wessen Bedarf berücksichtigt werden soll. Eine leistungsunabhängige, bedarfsorientierte Verteilung eines Teils des Sozialprodukts liegt insbesondere der gesundheitlichen und pflegerischen Versorgung sowie des Angebots von sozialen Diensten zugrunde. Hier werden die Bedarfe absolut definiert, d.h. als gesellschaftlich anerkannte Bedarfe, die u.a. dem jeweils medizinisch Notwendigen entsprechen.

Bedarfsgerechtigkeit spielt darüber hinaus eine zentrale Rolle bei der Umsetzung des normativen Grundsatzes sozialer Gerechtigkeit, dass ein bestimmtes *Maß an Ungleichheit* nicht überschritten werden soll. Den Sozialsystemen aller modernen Gesellschaften und alle neueren Gerechtigkeitstheorien liegt ein solches oder ähnliches Postulat zugrunde. Um sozialpolitisch zu verhindern, dass Ungleichheit dazu führt, dass einzelne Mitglieder der Gesellschaft unterhalb eines Existenzminimums ausgestattet sind, bedarf es eindeutiger Antworten folgende Fragen: Welche Arten von Bedürfnissen sollen berücksichtigt werden, nur existentielle oder auch kulturelle? Wie ist das Existenzminimum zu messen, am gesellschaftlichen Durchschnitt oder als Höchst- oder Niedrigstgrenze? Und wie ist es für die Bürgerinnen und Bürger zu sichern, als garantiertes oder bedarfsabhängiges, als einheitliches oder individuelles Minimum? Je nach Antwort auf die Fragen besteht dann wieder eine Nähe zur absoluten Gleichheitsidee.

Leistungs- und Bedarfsgerechtigkeit sind Maßstäbe der *Verteilungsgerechtigkeit*, die die Frage nach einer sozial gerechten Verteilung des Produktionsergebnisses betreffen. Dem gegenüber steht die Gruppe von Maßstäben, die am Produktions*prozess* ansetzen und die Rechte und Pflichten der gesellschaftlichen Teilnahme und Teilhabe thematisieren. Bei der *Partizipationsgerechtigkeit* kann unterschieden werden zwischen der *Startchancengerechtigkeit*, die die gerechte Grundausstattung an Real- und Humanvermögen betrifft, und der *Prozesschancengerechtigkeit*, die den Erhalt einer gerechten Teilhabe an Produktionsprozess im Zeitverlauf in den Blick nimmt. Über Startchancengerechtigkeit wird vor allem in der Familien- und Bildungspolitik debattiert. Im Zentrum steht dort die Frage, ob und wie unterschiedliche Ressourcenausstattungen ausgeglichen werden sollen. Die Frage nach Prozesschancengerechtigkeit spielt u.a. bei Diskriminierungsverboten und der (Re-) Integration in den Arbeitsmarkt eine wichtige Rolle.

Alle Maßstäbe und Kriterien sozialer Gerechtigkeit stehen in keinem ausschließenden Verhältnis zueinander, sondern sind für die Realität sozialstaatlicher Arrangements von großer und gleicher Bedeutung. Denn die Praxis und Geschichte der Sozialpolitik zeigt, dass ein wesentliches Moment des Sozialstaats seine *Widersprüchlichkeit* ist. So wird in einem Politikfeld die Vereinbarkeit von Familie und Beruf gefördert, während in einem anderen Politikfeld Regelungen implementiert oder erhalten werden, die diesem Ziel eher entgegenstehen. Diese strukturelle Widersprüchlichkeit ist zum einen der Komplexität sozialer Wirklichkeit geschuldet und zum anderen Ergebnis des Umstands, dass Sozialpolitik abhängig ist vom politischen Aushandlungsprozess und vom historischen Wandel.

4   Sozialpolitik in Deutschland

4.1 Entstehungszusammenhang und Entwicklungslinien

Die spezifischen Ausprägungen, institutionellen Formen und Prinzipien des deutschen Sozialssystems lassen sich nur im historischen Kontext verstehen. Der Beginn staatlicher Sozialpolitik ist untrennbar mit dem Übergang zur kapitalistischen Produktionsweise verbunden. Bis dahin prägten familiäre Unterstützung, kommunale Armenfürsorge und ständische Sicherungseinrichtungen der Zünfte das Bild der mittelalterlichen und spätfeudalen Gesellschaft bis ins 19. Jahrhundert. Die gesellschaftliche Umwälzung infolge der Durchsetzung der kapitalistischen Produktionsweise bewirkte einen tiefgreifenden Strukturwandel der sozialen Risiken selbst und entzog zugleich den traditionellen Sicherungsformen rasch und nachhaltig die soziale und ökonomische Grundlage. Insbesondere die Industrialisierung und die damit einhergehende Einbeziehung wachsender Teile der Bevölkerung in das System lohnabhängiger Erwerbsarbeit schuf eine von Grund auf neue Sozialstruktur und damit verbundene soziale Probleme.

Es waren vor allem die Arbeiter und ihre politischen und gewerkschaftlichen Organisationen, die sich seit Mitte des 19. Jahrhunderts mit sozialpolitischen Forderungen an den Staat wandten. Diese richteten sich zunächst vornehmlich auf direkte staatliche Eingriffe in den Produktionsprozess etwa durch zeitliche Beschränkung des Arbeitstages, Verbot der Kinderarbeit und sonstige Arbeitsschutzvorschriften. Der Staat reagierte auf diesen sozialen Druck mit einer im Grundsatz kompensatorischen Befriedungsstrategie, die in den 80er Jahren des 19. Jahrhunderts in der Sozialversicherungspolitik unter Bismarck zum Ausdruck kam. Damit fand die Forderung nach präventiven, die Verfügungsgewalt des Kapitals über die menschliche Arbeitskraft einschränkenden sozialpolitischen Interventionen aber zunächst kaum Berücksichtigung. Doch trug der paternalistische, spätfeudale Staat durch die Einrichtung von Sozialversicherungsinstitutionen dem Tatbestand Rechnung, dass die Reproduktion der abhängig Beschäftigten und ihrer Angehörigen nicht von selbst durch marktvermitteltes Einkommen gewährleistet ist, sondern einer kollektiven Regelung bedarf.

Neben diesem zentralstaatlich initiierten und regulierten Versicherungssystem, das an den Risiken der Lohnarbeit ansetzte (*Arbeiterpolitik*), kam der auf kommunaler Ebene angesiedelten Armenfürsorge erhebliche Bedeutung zu. Während sie in der Industrialisierungsphase den Prozess der Proletarisierung aktiv abstützte, entwickelte sie sich im Zuge des Ausbaus der Sozialversicherung immer mehr zur letzten Sicherung für diejenigen, denen die (dauerhafte) Eingliederung in das System der lohnabhängigen Erwerbsarbeit nicht gelang und ein Rückgriff auf die Familie nicht möglich war. Die Arbeiterversicherungspolitik und die Armenpolitik bildeten so zwei gegensätzlich konstruierte, aber sachlich eng miteinander verknüpfte Systeme staatlicher Sozialpolitik.

Übersicht I.2:

Zeittafel grundlegender sozialpolitischer Gesetze

	Arbeitsrecht, Arbeitsschutz	Arbeits-beziehungen	Arbeitsmarkt-politik	Sozialversiche-rung	Fürsorge/Sozialhilfe	Familien-politik
1839 – 1871	1839: Preußisches Regulativ über die Beschäftigung jugendlicher Arbeiter in den Fabriken 1845: Preuß. Gewerbeordnung 1853: Gesetz über Fabrikinspektoren				1842: Erste gesetzliche Regelungen zur Armenhilfe in Preußen	
1871 – 1918	1878: Frauenarbeitsschutzgesetz (Gewerbeordnung) 1891: Arbeiterschutzgesetz (Gewerbeordnung) 1903: Kinderarbeitsschutzgesetz	1916: Hilfsdienstgesetz		1883: Gesetz betr. die Krankenversicherung der Arbeiter 1884: Unfallversicherungsgesetz 1889: Gesetz betr. die Invaliditäts- und Alterssicherung 1911: Sozialversicherung für Angestellte; Reichsversicherungsordnung		

	Arbeitsrecht, Arbeitsschutz	Arbeits-beziehungen	Arbeitsmarkt-politik	Sozialversicherung	Fürsorge/Sozialhilfe	Familien-politik
1918 – 1933	**1918**: Anordnung über die Regelung der Arbeitszeit gewerblicher Arbeiter (Achtstundentag); **1923**: Arbeitszeitverordnung	**1918**: Verordnung über Tarifverträge; **1920**: Betriebsrätegesetz	**1927**: Gesetz über Arbeitsvermittlung und Arbeitslosenversicherung	**1923**: Reichsknappschaftsgesetz	**1922**: Jugendwohlfahrtsgesetz; **1924**: Reichsfürsorgeverordnung	
1933 – 1945	**1935**: Gesetz über die Wochenhilfe; **1938**: Arbeitszeitordnung	**1933**: Gesetz zur Ordnung der nationalen Arbeit	**1933**: Gesetz über Treuhänder der Arbeit; **1934**: Gesetz zur Regelung des Arbeitseinsatzes	**1933**: Gesetz über den Aufbau der Sozialversicherung; **1938**: Gesetz über die Altersversorgung für das deutsche Handwerk	**1938**: Jugendschutzgesetz	**1935**: Verordnung über die Gewährung von Kinderbeihilfen an kinderreiche Familien
1949 – 1989	**1951**: Kündigungsschutzgesetz; **1952**: Mutterschutzgesetz; **1960**: Jugendarbeitsschutzgesetz; **1969**: Lohnfortzahlungsgesetz; **1973**: Arbeitssicherheitsgesetz; **1975**: Arbeitsstättenverordnung	**1949**: Tarifvertragsgesetz; **1951**: Montanmitbestimmungsgesetz; **1952**: Betriebsverfassungsgesetz; **1955**: Personalvertretungsgesetz; **1976**: Mitbestimmungsgesetz	**1969**: Arbeitsförderungsgesetz; **1985**: Beschäftigungsförderungsgesetz	**1955**: Kassenarztrecht; **1957**: Neuregelungsgesetz der Rentenversicherung; **1957**: Alterssicherung für Landwirte; **1971**: Schüler-, Studenten- und Kindergartenunfallversicherung; **1981**: Künstlersozialversicherungsgesetz; **1988**: Gesundheitsreformgesetz	**1961**: Bundessozialhilfegesetz; **1961**: Jugendwohlfahrtsgesetz; **1974**: Schwerbehindertengesetz	**1954**: Kindergeldgesetz; **1985**: Erziehungsgeldgesetz

	Arbeitsrecht, Arbeitsschutz	Arbeits- beziehungen	Arbeitsmarkt- politik	Sozialversicherung	Sozialhilfe/ Grundsicherung	Familien- politik
1989 – 2007	**1994:** Arbeitszeitgesetz **1995:** Entgeltfortzahlungsgesetz **1996:** Arbeitsschutzgesetz **1996:** Arbeitnehmerentsendegesetz **2000:** Teilzeit- und Befristungsgesetz	**1996:** Europäisches Betriebsrätegesetz **2001:** Reform des Betriebsverfassungsgesetzes	**1996:** Altersteilzeitgesetz **1997:** 3. Buch des SGB: Arbeitsförderung **2003:** 1. und 2. Gesetz für moderne Dienstleistungen am Arbeitsmarkt **2004:** 3. Gesetz für moderne Dienstleistungen am Arbeitsmarkt **2004:** 4. Gesetz für moderne Dienstleistungen am Arbeitsmarkt: = SGB II/Grundsicherung für Arbeitsuchende	**1989:** Rentenreformgesetz **1992:** Gesundheitsstrukturgesetz **1994:** Pflegeversicherung/SGB XI **1997:** Rentenreformgesetz **2001:** Altersvermögensgesetz und Altersvermögensergänzungsgesetz **2004:** Alterseinkünftegesetz **2004:** RV-Nachhaltigkeitsgesetz **2003:** GKV-Modernisierungsgesetz **2007:** RV-Altersgrenzenanpassungsgesetz **2007:** GKV-Wettbewerbsstärkungsgesetz	**1993:** Asylbewerberleistungsgesetz **1995:** Sozialhilfereformgesetz **2001:** Bedarfsorientierte Grundsicherung im Alter **2004:** SGB II/Grundsicherung für Arbeitsuchende **2004:** SGB XII/Sozialhilfegesetz	**1990:** Kinder- und Jugendhilfegesetz/SGB VIII **1995:** Neuordnung des Familienleistungsausgleichs **2004:** Elternzeitgesetz **2006:** Elterngeldgesetz

Die staatliche Sozialpolitik in Deutschland hat bis zum Ende des 2. Weltkriegs – beginnend im Kaiserreich über die Weimarer Republik bis zum Nationalsozialismus – einen wechselvollen Verlauf genommen. Insgesamt lässt sich in dieser Zeitspanne ein eher zögerlicher Ausbau feststellen, der sich primär auf die Arbeitnehmerrisiken, d.h. die soziale Sicherung der abhängig Beschäftigten und ihre Familienangehörigen, erstreckte. Die Entwicklung wurde zudem von teilweise dramatischen Rückschlägen unterbrochen: Inflation, Weltwirtschaftskrise, nationalsozialistische Machtübernahme. Insgesamt blieb – aus heutiger Sicht betrachtet – das Leistungsniveau notdürftig und das Leistungsspektrum auf wenige Risiken und Bevölkerungsgruppen beschränkt. Zwar wurde in der Weimarer Reichsverfassung die Soziale Sicherung erstmals als Staatsziel aufgenommen, ein hohes Leistungs- und Versorgungsniveau konnte jedoch nicht aufgebaut werden.

Erst in der Nachkriegszeit, mit der Gründung der Bundesrepublik Deutschland, kam es zur eigentlichen Expansion der Sozialpolitik. Zwar wurde an bestehende Vorkriegsstrukturen und -institutionen angeknüpft, durch ihren umfassenden quantitativen Ausbau erreichte die Sozialpolitik jedoch eine neue Qualität. Besonders zu erwähnen sind der Ausbau der Versorgungsstandards im Gesundheitswesen und die Betonung von Prophylaxe und Rehabilitation, die Bereitstellung eines breiten Spektrums professioneller sozialer Dienste und Einrichtungen, die Einleitung einer aktiven Arbeitsmarkt- und Qualifizierungspolitik, die Forcierung einer auf Chancengleichheit orientierten Bildungspolitik, die Ansätze zur Humanisierung der Arbeitswelt sowie die Einführung des Familienlastenausgleichs. Die bestehenden Sozialversicherungszweige wurden in Bezug auf ihren Deckungsgrad, die Art der geschützten Risiken, den erfassten Personenkreis und die Höhe des Leistungsniveaus weiterentwickelt, und durch die Einführung der dynamischen Rente im Jahr 1957 kam das Prinzip der Lebensstandardsicherung zum Durchbruch. Insgesamt verstärkte sich die Dominanz des Sozialversicherungsprinzips im System der Sozialen Sicherung. Auf der anderen Seite wurde durch die Sozialhilfe eine Form der Grundsicherung geschaffen, die zwar von der Sozialversicherung abgeschottet blieb, die traditionellen Elemente der Armenfürsorge allerdings stark einschränkte und die Bedeutung individueller sozialer Hilfen unterstrich.

Die Ausbauphase der Sozialpolitik, die in den Jahren der großen Koalition und der sozial-liberalen Koalition ihren Höhepunkt fand, wurde gegen Ende der 1970er Jahre durch eine fiskalisch motivierte Politik von z.T. tief greifenden Leistungsänderungen und -kürzungen abgelöst, denen aber auch einzelne Leistungsausweitungen und -verbesserungen gegenüberstanden (so vor allem im Bereich der Familienpolitik, der Kinder- und Jugendhilfe und der sozialen Dienste und Einrichtungen). Trotz der Einschnitte blieben die Grundlagen des Systems insgesamt erhalten. Auch die Spar- und Sozialabbaupolitik der konservativ-liberalen Koalition bewegte sich im Wesentlichen im Rahmen der vorhandenen und akzeptierten Strukturen, durch die Einführung der Pflegeversicherung als nunmehr fünfter Zweig der Sozialversicherung kam es Mitte der 1990er Jahre sogar noch zu einer weiteren Ausdehnung des Sozialversicherungsprinzips.

Einen massiven Bedeutungszuwachs erlebte die Sozialpolitik durch den Prozess der deutschen Einigung. Binnen kürzester Zeit wurde das gesamte westdeutsche Wirtschafts- und auch Sozialsystem auf die neuen Bundesländer übertragen. Der Sozialpolitik fiel und fällt die gesellschaftspolitisch wichtige Aufgabe zu, den ökonomischen Transformationsprozess von der sozialistischen Plan- zur kapitalistischen Marktwirtschaft abzufedern. Durch einen außerordentlich hohen sozialpolitischen Mitteleinsatz – und zwar insbesondere im Bereich der Arbeitsmarktpolitik – ist es bis heute gelungen, die sozialen Folgeprobleme des Systemwechsels, der zu einem Zusammenbruch der ostdeutschen Wirtschaft führte, zu begrenzen und zu kanalisieren. Zugleich ist es zu erheblichen Verbesserungen im Versorgungs- und Leistungsniveau gekommen; vor allem die ältere Generation zählt zu den Gewinnern des Vereinigungsprozesses. Die Finanzierung dieser expansiven Sozialpolitik erfolgt in erster Linie durch Transfers aus den alten Bundesländern mit der Folge steil ansteigender Steuer- und vor allem Beitragsbelastungen.

Unumstritten war der Ausbau des Systems der Sozialen Sicherung nie. Insbesondere Menschen, die keiner staatlichen Absicherung bedürfen, um in Sicherheit zu leben, stehen einer ausgebauten Sozialpolitik und der Schmälerung ihrer Einkommen durch Steuer- und Beitragsabzüge oftmals kritisch gegenüber; das gleiche gilt für Unternehmen, die sich in ihrer einzelwirtschaftlichen Logik gegen die Einschränkung des Warencharakters der Arbeitskraft, die Regulierung des Arbeitsmarktes und ihren Finanzierungsbeitrag zur Sozialpolitik wenden. Allerdings kommt die Kritik an Reform- und Expansionsmaßnahmen nicht nur aus den Reihen von „Reichen" und „Arbeitgebern". Zustimmung oder Ablehnung hängen nicht zuletzt davon ab, wer in welchem Umfang im sozialpolitischen Verteilungskonflikt nicht (hinzu-)gewinnt – und dies kann auch die Arbeiterschaft oder die Mittelschicht sein. Daher waren auch in der sozialpolitischen Ausbauphase Reformen teilweise hart umstritten.

Obgleich also Sozialpolitik als ein konfliktreiches Politikfeld gelten kann, ist für die Sozialpolitik in der Bundesrepublik bis Mitte der 1990er Jahre, und zwar sowohl für die Expansionsphase wie für die Sparphase, eher ein sozialer Grundkonsens typisch. Diese „Große Koalition der Sozialpolitik" umfasste alle zentralen Akteure: neben den großen Volksparteien in erster Linie die Gewerkschaften, die Kirchen, die Wohlfahrtsverbände und auch die Arbeitgeberverbände. Die korporatistische Form der Sozialpolitik – dies betrifft vor allem die von den Gewerkschaften und Arbeitgebern paritätisch besetzte Selbstverwaltung in der Sozialversicherung sowie die Einbindung der privaten Anbieter von medizinischen und sozialen Leistungen in das System von Krankenversicherung und kommunaler Sozialpolitik – trug zu dieser Stabilität maßgeblich bei. „Sozialpartnerschaft" und „Wohlfahrtskorporatismus" sind die Charakteristika dieser Periode.

Die Nähe zwischen SPD und CDU, was die Sozialpolitik betrifft, macht auch verständlich, warum die großen sozialpolitischen Reformen der Nachkriegszeit – von der Rentenreform 1957 über das Bundessozialhilfegesetz von 1961, das Arbeitsförderungsgesetz von 1968 bis hin zur Rentenreform 1992 und zur Pflegeversicherung von 1995 – von den beiden großen Parteien gemeinsam beschlossen worden sind, auch wenn andere Koalitionen im Deutschen Bundestag die Regierung gestellt haben. Hinzu kommt, dass im föderalen System der Bundesrepublik ein Zwang zum Konsens auch deswegen besteht, weil die meisten sozialpolitischen Gesetze und Reformvorhaben der Zustimmung des Bundesrates, der Länderkammer, benötigen und sehr häufig die jeweilige Opposition im Bundestag die Mehrheit im Bundesrat stellt.

Der sozialpolitische Grundkonsens, der in der Leitformel von der *sozialen Marktwirtschaft* popularisiert wurde, vollzog sich auf der Grundlage des beispiellosen wirtschaftlichen Aufschwungs in der Nachkriegszeit, der zu einer raschen Steigerung des allgemeinen Wohlstands geführt und die Finanzierbarkeit von neuen Leistungen und Leistungsverbesserungen erleichtert hat. Hinzu kommen aber auch die spezifischen politischen Verhältnisse in Deutschland: Nach den Erfahrungen von Faschismus und Krieg war klar, dass mit einer „reinen" Marktwirtschaft keine stabile demokratische Gesellschaft aufgebaut werden konnte, da gelebte Demokratie nicht nur formalrechtliche Gleichheit voraussetzt, sondern auf sozialen Bürgerrechten und sozialer Gerechtigkeit aufbaut. Die Weimarer Republik hatte gelehrt, dass eine blinde Unterwerfung von Gesellschaft und Ökonomie unter die Kräfte des Marktes und die Hinnahme von Massenarbeitslosigkeit, sozialer Unsicherheit und Armut politischen Extremismus und Gewalt fördert.

Zu berücksichtigen ist darüber hinaus, dass das Deutschland der Nachkriegszeit an der Nahtstelle der Systemkonkurrenz zwischen Kapitalismus und Sozialismus lag. In der Auseinandersetzung mit der DDR galt es nachzuweisen, dass ein kapitalistisches Wirtschaftssystem nicht nur ökonomisch effizient ist und ein hohes Einkommens- und Konsumniveau garantiert, sondern durch die Verknüpfung mit sozialstaatlichen Strukturen zugleich für soziale Sicherheit und sozialen Ausgleich sorgen kann.

Zusammenfassend lässt sich feststellen, dass die lang anhaltende ökonomische Prosperitätsphase, der damit verbundene materielle Reichtum der bundesdeutschen Gesellschaft und nicht zuletzt der Ausbau der Sozialpolitik untrennbar mit einem tief greifenden gesellschaftlichen und sozialen Strukturwandel in Deutschland verbunden sind. Steigender Wohlstand und eine erheblich verbesserte soziale Absicherung haben eine Emanzipation von traditionellen Abhängigkeiten bewirkt, die zwar die ökonomischen Zwänge nicht beseitigt, aber doch erträglicher gestaltet. Sie hat Voraussetzungen für reale Freiheitsspielräume geschaffen und eine individuelle Lebensplanung überhaupt erst in relevantem Ausmaß möglich gemacht. Die Entfaltung von individuellen Bedürfnissen und deren Verwirklichung in einer persönlichen Lebensperspektive sind so auch für Arbeitnehmerinnen und Arbeitnehmer und ihre Familien in den Bereich des Realisierbaren geraten.

4.2 Politikfelder und Strukturprinzipien

Sozialpolitik in Deutschland setzt sich aus einem breiten Spektrum unterschiedlicher Politikfelder zusammen. Allerdings lässt sich nicht eindeutig bestimmen, welche Politikfelder dazu zählen. Wir grenzen ein und fassen unter *Sozialpolitik* die folgenden Bereiche zusammen (vgl. Abbildung I.2):

- Sozialversicherung,
- Grundsicherung,
- steuerfinanzierte Transfers,
- berufsständische Sicherungssysteme,
- Gesundheitswesen,
- Sozialwesen,
- Familienpolitik,
- Arbeitsschutz und
- Arbeitsmarktpolitik.

Noch nicht berücksichtigt sind hierbei die sozialpolitischen Aktivitäten von nichtstaatlichen Trägern, so die betriebliche Sozialpolitik und die privaten Vorsorge- und Versicherungseinrichtungen. Da der Staat diese Bereiche in zunehmendem Maße gesetzlich reguliert und zugleich über monetäre Anreize (Steuererleichterungen) fördert, nehmen sie eine Stellung zwischen der staatlich-öffentlichen Sozialpolitik und einer rein marktförmigen Absicherung ein.

Wenn wir vom *Sozialstaat* oder *Wohlfahrtsstaat* reden, so greift dieser noch über die Sozialpolitik hinaus. Er umfasst auch weitere Bereiche, so

- Tarifvertragswesen, Betriebsverfassung und Unternehmensmitbestimmung,
- Steuersystem,
- kommunale Daseinsvorsorge,
- berufliches und schulisches Bildungssystem,
- Arbeitsrecht sowie
- Wohnungsbau und Mietrecht.

Der Blick auf das breite Spektrum der Sozialpolitik lässt erkennen, dass keineswegs von einem sorgfältig geplanten, in seinen einzelnen Elementen und Wirkungen aufeinander abgestimmten System sozialpolitischer Institutionen, Maßnahmen und Leistungen die Rede sein kann. Das unübersichtliche, teilweise in sich widersprüchliche Gebäude der Sozialpolitik ist – um im Bild zu bleiben – im Laufe der historischen Entwicklung vielfach erweitert und nach Teileinstürzen wiederaufgebaut worden.

Diese Unübersichtlichkeit ist nicht zuletzt eine Konsequenz der bereits erwähnten Tatsache, dass sich dieser Auf- und Ausbau- aber auch Umbau- und Abbauprozess nicht planmäßig entwickelt hat, sondern aus einer langen Kette sozialer Auseinandersetzungen und Konflikte resultiert mit der Folge einer Vielfalt von Trägern, Rechtsgrundlagen, Finanzierungsverfahren, Leistungsarten und -voraussetzungen.

Allerdings lassen sich einige grundlegende Strukturen und Prinzipien erkennen:

- Es dominiert die beitragsfinanzierte Sozialversicherung, die keine universelle Volks- oder Bürgerversicherung ist, sondern sich auf die abhängig Beschäftigten (*„Lohnarbeitszentrierung"*) konzentriert. Sie lässt sich als eine spezifische Verbindung von *Versicherungsprinzip* und *Solidarprinzip* charakterisieren. Das Solidarprinzip mit entsprechenden interpersonellen Umverteilungswirkungen kommt insbesondere in der Gesetzlichen Krankenversicherung zum Ausdruck. Jedoch begrenzt sich die Solidarität, also das füreinander Einstehen im Falle von sozialen Problemen, auf die jeweilige Versichertengemeinschaft. Für die Besserverdienenden besteht die Option, sich dem Solidarverbund durch Wechsel in eine private Krankenversicherung zu entziehen.

- Die Lohnarbeitszentrierung wird ergänzt durch die *Ehezentrierung* der Sozialversicherung: Nicht oder nur geringfügig erwerbstätige Ehepartner werden abgeleitet über ihren erwerbstätigen Ehepartner abgesichert, durch die Hinterbliebenenrente oder durch die kostenfreie Mitversicherung in der Krankenversicherung. Dadurch setzt die Sozialpolitik in Deutschland – verstärkt durch das Steuerrecht und die unzureichenden Angebote im Bereich der öffentlichen Kinderbetreuung – Anreize für Frauen, ihre Erwerbstätigkeit einzuschränken oder für eine längere Zeit ganz aufzugeben.

- Die Träger der Sozialversicherung sind keine staatlichen Einrichtungen, sondern rechtlich selbstständige Körperschaften des öffentlichen Rechts mit eigenen Haushalten. Verwaltet werden sie durch die *Selbstverwaltung* von Versicherten und Arbeitgebern, die hälftig auch die Beiträge entrichten. *Selbstverwaltungs- und Paritätsprinzip* legen die Grundlage für den *korporatistischen* Charakter zentraler Bereiche der deutschen Sozialpolitik.

- Das *Sicherungsziel* der Geldleistungen der Sozialversicherung bezieht sich seit der Rentenreform von 1957 auf die auf den Erwerbsstatus bezogene *Lebensstandardsicherung*. Die Armutsvermeidung der Bevölkerung ist kein explizites Ziel der Sozialversicherung, sondern Aufgabe der fürsorgerechtlichen Sozialhilfe bzw. der Grundsicherung. Hier gilt das *Subsidiaritätsprinzip*. Geleistet wird erst bei Bedürftigkeit und im Nachrang zu familiären Unterhaltsleistungen.

Abbildung I.1:

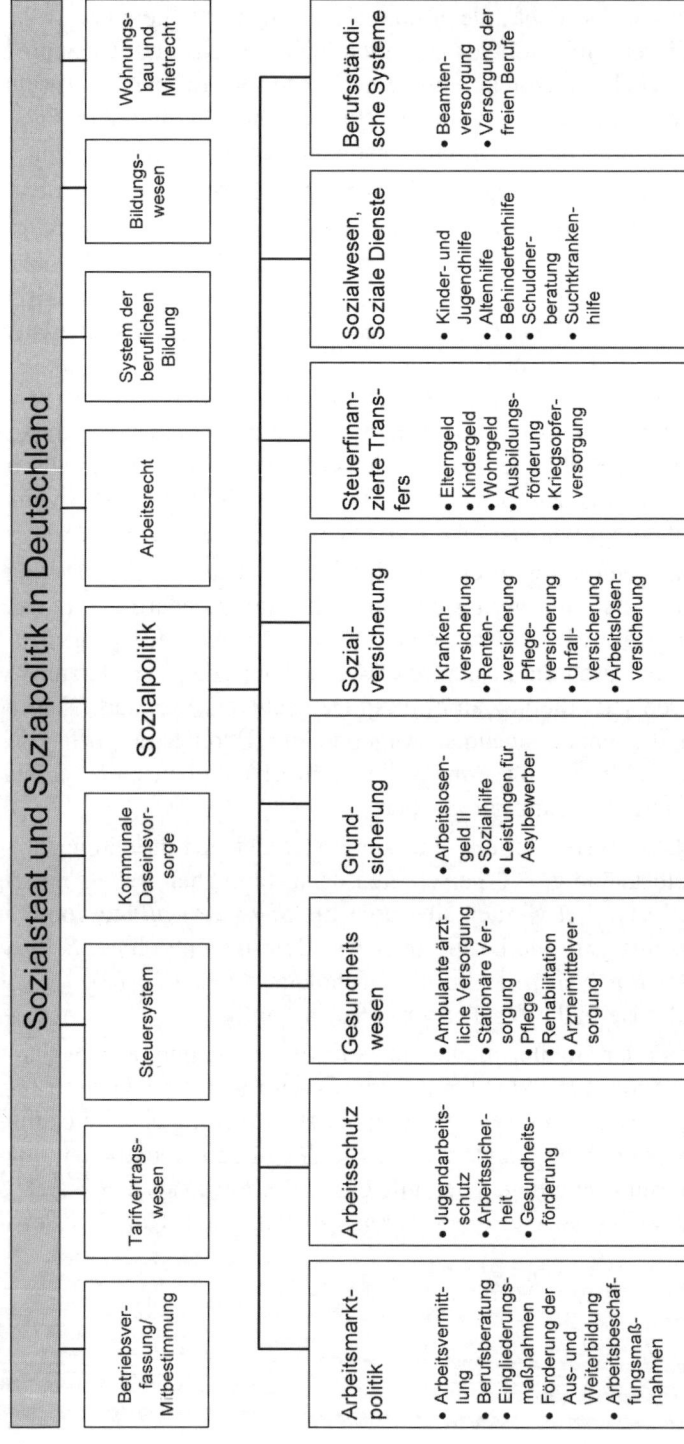

- Das Subsidiaritätsprinzip prägt im Sinne einer institutionellen Rangordnung auch die Angebote an sozialen Diensten und Einrichtungen auf der kommunalen Ebene. Es kommt zu einem *Vorrang* der Wohlfahrtsverbände, Kirchen und anderer privater Trägern gegenüber den Kommunen, die erst nachrangig tätig werden, denen aber der Gewährleistungs- und Finanzierungsauftrag zukommt.

4.3 Zuständigkeiten und Regelungskompetenzen

Bund, Länder und Gemeinden

Wie für andere Bereiche staatlichen Handelns in Deutschland gilt auch für die Sozialpolitik das Prinzip des *Föderalismus*, d.h. die Verteilung der Gesetzgebungs- und Regelungskompetenzen auf die unterschiedlichen staatlichen Ebenen mit jeweils eigenen verfassungsrechtlich geschützten Zuständigkeiten:

- Der *Bund* hat die Gesetzgebungskompetenz für alle Aufgaben, bei denen es um die Einheitlichkeit bzw. Gleichwertigkeit der Lebensverhältnisse geht. Die gilt vor allem für das Arbeitsrecht, den Arbeitsschutz, die Betriebs- und Unternehmensverfassung, die Arbeitsförderung sowie für die Sozialversicherung. Zugleich ist der Bund zuständig für die öffentliche Fürsorge, die aufgrund von Entwicklungen in der Praxis wie der Rechtsprechung des Bundesverfassungsgerichts in Richtung auf Versorgung und allgemeine soziale Angelegenheiten ausgeweitet worden ist. Der Fürsorgeauftrag bezieht sich u.a. auf die Grundsicherung für Arbeitsuchende, die Sozialhilfe, das Wohngeld, die Kinder- und Jugendhilfe sowie auf familienpolitische Leistungen.

- Die *Länder* können in einzelnen Bereichen gesetzgeberisch tätig werden; die Abgrenzung der jeweiligen Kompetenzen von Bund und Ländern ist im Rahmen der Bestimmungen zur konkurrierenden Gesetzgebung im Grundgesetz festgelegt. Insgesamt sind die sozialpolitischen Zuständigkeiten der Länder begrenzt, sie beziehen sich vor allem auf ausgewählte Felder des Gesundheits- und Sozialwesens.

- Die sozialpolitische Zuständigkeit der *Kommunen*, d.h. der kreisfreien Städte, der (Land)Kreise und der kreisangehörigen Städte und Gemeinden, erstreckt sich auf alle sozialen „Angelegenheiten der örtlichen Gemeinschaft" (Art. 28, Abs. 2 GG). Die Kommunen haben bei dieser Aufgabe der *Daseinsvorsorge* einen großen Entscheidungs- und Handlungsspielraum. Diese betreffen insbesondere die so genannten freiwilligen Leistungen. Von den freiwilligen Leistungen der Kommunen sind die durch Bundes- oder Landesrecht vorgegebenen Pflichtaufgaben zu unterscheiden.

Selbstverwaltung und Tarifautonomie

Das Angebot an sozialpolitischen Maßnahmen, Einrichtungen und Dienstleistungen im Rahmen des Sozialversicherungsrechts (Sozialgesetzbuch) oder spezieller Leistungsgesetze wird in den Gesetzen in vielen Fällen nur im Grundsatz vorgegeben, die konkrete Bestimmung von Mengen, Leistungsarten, Qualitäten und auch Preisen bzw. Honoraren erfolgt durch Verhandlungen und Verträge zwischen Leistungserbringern und Kostenträgern. Im Sozialversicherungssystem, insbesondere bei der Kranken- und Pflegeversicherung, fällt der *Selbstverwaltung* insofern die Aufgabe zu, die staatliche Rahmengesetzgebung auszufüllen (Steuerung auf der mittleren Ebene).

Im Bereich der Arbeitsbeziehungen werden zentrale Problemfelder in weitgehender Autonomie von den Tarifvertragsparteien autonom geregelt. Dazu gehören die Festlegung von Arbeitszeiten, Urlaub und Entgelt, betriebliche Sozialleistungen, Rationalisierungs- und Kündigungsschutz und vieles andere mehr. Gesetzliche Vorschriften legen die Rahmenbedingungen für autonome Vereinbarungen fest (z.B. Tarifvertragsgesetz, Betriebsverfassungsgesetz, Arbeitnehmerentsendegesetz) oder setzen Mindestnormen (so z.B. durch das Arbeitszeitgesetz und das Urlaubsgesetz).

Europäische Union

Die Kompetenzen der *EU* in der Sozialpolitik sind begrenzt, denn die EU ist bis heute in ihrem Kern eine Wirtschafts- und Währungsgemeinschaft, aber keine Sozialgemeinschaft. Es gibt auch keine Absicht oder Bestrebungen, die nationale Souveränität in der Sozialpolitik aufzugeben und zu einer europäischen Vereinheitlichung zu kommen. Zwar sind im Verlauf der europäischen Einigung auch soziale bzw. sozialpolitische Ziele in die Gemeinschaftsverträge aufgenommen worden, doch sind diese sehr allgemein gehalten und die gemeinschaftsrechtlichen Zuständigkeiten der Organe der EU – Kommission, Rat und Parlament – beziehen sich auf nur wenige Politikfelder. Sie leiten sich im Wesentlichen aus dem Auftrag ab, die sog. wirtschaftlichen Grundfreiheiten, nämlich freier Warenverkehr, Dienstleistungsfreiheit, freier Kapital- und Zahlungsverkehr, Arbeitnehmerfreizügigkeit und Niederlassungsfreiheit, sicherzustellen und Wettbewerbsbeschränkungen auszuschalten. Es handelt sich hier um Vorschriften hinsichtlich

- der sozialen Sicherheit der Wanderarbeitnehmer durch Abstimmung bzw. Anrechnung der Sicherungsansprüche aus den nationalen Sicherungssystemen bei grenzüberschreitender Beschäftigung;
- der Gleichbehandlung von Männern und Frauen am Arbeitsplatz, insbesondere in Bezug auf die Verhinderung von Entgeltdiskriminierung;
- des Arbeitsschutzes und der Arbeitsbedingungen, um durch die Festlegung von Mindestnormen Wettbewerbsverzerrungen zu vermeiden.

In diesen Feldern einer den Binnenmarkt flankierenden Sozialpolitik greift die EU mit einer *regulativen* Politik ein. Sie erlässt Verordnungen oder Richtlinien, die dann zum nationalen Recht werden. *Verordnungen* sind mit Gesetzen vergleichbar und wirken unmittelbar in jedem Mitgliedsstaat. Beispielhaft dafür ist die Verordnung über die soziale Sicherheit der Wanderarbeitnehmer. *Richtlinien* hingegen sehen verbindliche Ziele vor, überlassen die konkrete Umsetzung in nationale Gesetze jedoch den Mitgliedsstaaten. Zu den wichtigsten Richtlinien gehören die Entsenderichtlinie, die Dienstleistungsrichtlinie, die Richtlinie über europäische Betriebsräte und die Arbeitszeitrichtlinie.

Es zählen jedoch nicht nur die erlassenen Normen, zu berücksichtigen ist außerdem ein beträchtliches Maß an Richterrecht. Der *Europäische Gerichtshof (EuGH)* hat wiederholt nationale Regelungen vor allem des Arbeitsrechts als mit den Gemeinschaftsverträgen als nicht vereinbar erklärt. Zudem ergeben sich aus den gemeinschaftsrechtlichen Bestimmungen (freier Waren- und Dienstleistungsverkehr) mittelbare Auswirkungen auf die Gesundheits- und Sozialsysteme der einzelnen Staaten. So haben nach Rechtsprechung des EuGH die Versicherten der gesetzlichen Krankenkassen das Recht, Dienstleistungen (ärztliche und zahnärztliche Behandlung) und Waren (Arznei-, Heil- und Hilfsmittel) von Anbietern aus anderen EU-Ländern in Anspruch zu nehmen und die Kosten erstattet zu bekommen.

Auch über eine eigenständige Beschäftigungspolitik und ein entsprechendes Instrumentarium verfügt die EU nicht. Ihre vertraglich fixierte Aufgabe ist es, die einzelstaatlichen Politiken zu unterstützen und zu koordinieren. Die Schwerpunkte liegen hierbei auf den Themen Förderung der Beschäftigungsfähigkeit, Qualifizierung und Flexibilisierung der Arbeitsmärkte. Eine wichtige Funktion hat hierbei der EU-Sozialfonds als einer der vier EU-Strukturfonds. Die Mittel aus dem Sozialfonds (kofinanziert durch nationale Mittel) fließen in Programme und Projekte der Mitgliedsstaaten zur Qualifizierung und Beschäftigung und haben das Ziel, strukturschwache Regionen zu fördern.

Das in der Beschäftigungspolitik entwickelte Koordinierungsverfahren *(offene Methode der Koordinierung)* ist schrittweise auf andere Felder der Sozialpolitik ausgeweitet worden, auf die Bekämpfung von Ausgrenzung und Armut, die Alterssicherung, die Gesundheitspolitik und die Familienpolitik. Hiernach beschließt der Europäische Rat über Leitlinien und Ziele für die einzelnen Politikfelder und legt ein Set von empirisch überprüfbaren Indikatoren fest, um in einem Vergleich der Ergebnisse der nationalen Systeme über den Grad der Zielerreichung Auskunft geben zu können. Es handelt sich also um ein Benchmarking- und Evaluationsverfahren, das auf die sozialpolitische Entwicklung in den Mitgliedsstaaten einwirken soll. Die Erwartung ist, dass es über das Aufgreifen von best-practice Beispielen und ein öffentlichkeitswirksames Voneinander-Lernen zu einer Konvergenz, d.h. einer schrittweisen Angleichung der Sozialpolitik, kommt.

4.4 Träger und Akteure

In Deutschland erfolgt die praktische Durchführung sozialpolitischer Maßnahmen durch eine Vielzahl von Trägern und Akteuren mit jeweils spezifischen Aufgaben und Interessen. Typisch für den deutschen Sozialstaat ist dabei, dass die Erbringung von Geldzahlungen ebenso wie von Sachleistungen, medizinischen, pflegerischen und übrigen sozialen Diensten nicht primär durch (zentral-)staatliche Institutionen erfolgt. Charakteristisch ist vielmehr eine dezentrale Leistungsstruktur bei gleichzeitiger Dominanz intermediärer Instanzen sowie in zunehmendem Maße auch privater und privatwirtschaftlicher Leistungsanbieter. Folgende Grundstruktur lässt sich erkennen:

- Für die Durchführung der sozialversicherungsrechtlich organisierten Sozial-leistungen sind die nach den großen Sicherungsrisiken sowie intern nach be-rufsständischen und regionalen Kriterien gegliederten und durch Selbstverwal-tung charakterisierten Sozialversicherungsträger zuständig. Dabei handelt es sich

  - in der Gesetzlichen Rentenversicherung um die Deutsche Rentenversiche-rung mit ihren regionalen und berufsbezogenen Gliederungen,

  - in der Gesetzlichen Krankenversicherung um die einzelnen Krankenkas-sen,

  - in der Gesetzlichen Pflegeversicherung um die unter dem Dach der Kran-kenkassen angesiedelten Pflegekassen,

  - in der Gesetzlichen Unfallversicherung um die Berufsgenossenschaften und

  - in der Arbeitslosenversicherung und Arbeitsförderung um die Bundes-agentur für Arbeit mit ihren regionalen und örtlichen Gliederungen.

- Die Erstellung und Erbringung der von den Sozialversicherungen garantierten Sach- und Dienstleistungen erfolgt jedoch nur ganz selten in eigener Regie. Vielmehr findet sie in den weit überwiegenden Fällen durch private und pri-vatwirtschaftliche Anbieter statt. Dieses auf Vertragsbeziehungen zwischen Versicherungen und Leistungsanbietern beruhende *Sachleistungsprinzip* ist insbesondere für die Krankenversicherung typisch, wobei sich hier die Leis-tungsanbieter zu Verbänden zusammengeschlossen haben (z.T. verbunden mit einem öffentlich-rechtlichen Status) und für die Sicherstellung des Angebotes (mit-)verantwortlich sind.

- Anders dagegen erfolgt die Erbringung der von Bund und Ländern in Sozial-leistungsgesetzen garantierten Leistungen und Angebote, so für Leistungen des staatlichen Fürsorgeauftrags (z.B. Wohngeld, Ausbildungsförderung, Sozial-hilfe und Jugendhilfe). Deren jeweilige Durchführung erfolgt nicht durch Bundes- und Landesbehörden, sondern ist auf die kommunale Ebene delegiert. Für Städte, (Land-)Kreise und Gemeinden als örtliche Träger handelt es sich dabei um Pflichtaufgaben, deren konkrete Ausgestaltung (das „Wie") den Kommunen aber nur selten im Einzelnen vorgegeben ist. In diesem Delegati-onsverfahren beteiligen die Kommunen (gemäß dem Subsidiaritätsprinzip) wiederum private Träger bzw. Anbieter, die sich in frei-gemeinnützige oder privat-erwerbswirtschaftliche Anbieter unterscheiden lassen.

- Zu den wichtigsten privaten Trägen gehören die *Verbände der freien Wohl-fahrtspflege*. Dazu zählen insgesamt sechs Spitzenverbände: die Arbeiterwohl-fahrt, der Deutsche Caritasverband, das Diakonische Werk, das Deutsche Rote

Kreuz, der Paritätische Wohlfahrtsverband sowie die Zentralwohlfahrtsstelle der Juden in Deutschland. Im Zuge der Einführung der Pflegeversicherung und entsprechender Regelungen im Sozial- und Jugendhilferecht sind aber auch zunehmend privat-gewerbliche Unternehmen bzw. Freiberufler an der Erbringung sozialer Angebote beteiligt.

- Wieder andere Akteure gibt es im Bereich der sozialpolitischen Gesetze und Maßnahmen, welche im weitesten Sinne die Gestaltung der Arbeitsbedingungen betreffen. Als Instanzen, die die korrekte Anwendung der Arbeitsschutz- und Arbeitszeitregelungen kontrollieren, dienen die staatlichen Gewerbeaufsichtsämter sowie die Berufsgenossenschaften. Die Inanspruchnahme von Rechten erfolgt durch die berechtigten Arbeitnehmerinnen und Arbeitnehmer; Informations- und Aufklärungsaufgabe übernehmen die Personalabteilungen, die betrieblichen Interessensvertretungsorgane (Betriebs- und Personalräte) sowie die Tarifparteien.

5 Sozialpolitik, Sozialstaatsprinzip und soziale Gesellschaft

5.1 Sozialstaat und Grundgesetz

Die staatliche Sozialpolitik hat sich von ihren Anfängen im 19. Jahrhundert bis heute in zahlreiche Teilbereiche ausdifferenziert. Im Ergebnis ist ein – bei allen Defiziten, die in diesem Lehrbuch im Detail beschrieben und analysiert werden – weit ausgreifendes System der Sozialen Sicherung entstanden, das nicht erst bei existenzbedrohenden Notlagen und bei Bedürftigkeit eingreift, sondern Einkommens-, Versorgungs- und Lebenslagen umfassend sichert.

Die Ausgestaltung einer bis weit in die Mittelschichten hineinreichenden Sozialpolitik ist ein zentraler Faktor für die hohe Zustimmung, die nach empirischen Befunden der Sozialstaat in der Bevölkerung genießt. Dies gilt insbesondere für die Zweige der Sozialversicherung. Da die Leistungen der Sozialversicherung auf durch Beitragszahlungen erworbenen Rechtsansprüchen beruhen, kommen die Bürgerinnen und Bürger nicht als Bittstellende zum Staat und brauchen sich auch keiner Bedürftigkeitsprüfung zu unterziehen.

Die spezielle Gestalt von Sozialpolitik und Sozialstaat ist Ergebnis einer langen Kette von sozialen Auseinandersetzungen, politischen Konflikten und Kompromissen. Das bedeutet, dass es keine automatische und lineare Entwicklung in der Gestaltung des Sozialstaates gibt: Wie ein Blick auf die Geschichte, aber auch auf die Gegenwart zeigt, können Phasen des quantitativen oder qualitativen Ausbaus durch Phasen des quantitativen oder qualitativen Abbaus sozialpolitischer Leistungen abgelöst werden. Das Grundgesetz lässt jedoch keinen radikalen Abbau oder gar eine Eliminierung des Sozialstaates zu: Es verpflichtet auf die Schaffung und Bewahrung einer *sozialen* staatlichen und gesellschaftlichen Ordnung. „Die Bundesrepublik Deutschland ist ein demokratischer und sozialer Bundesstaat" heißt es in Art. 20 Abs. 1 GG. Und nach Art. 28 Abs.1 Satz 1 des GG muss die verfassungsmäßige Ordnung in den Ländern „den Grundsätzen des republikanischen, demokratischen und sozialen Rechtsstaates im Sinne des Grundgesetzes entsprechen."

Übersicht I.3:

Sozialstaat und Grundgesetz	
Art. 1	(1) Die Würde des Menschen ist unantastbar. Sie zu achten und zu schützen ist Verpflichtung aller staatlichen Gewalt.
Art. 3	(2) Männer und Frauen sind gleichberechtigt. Der Staat fördert die tatsächliche Durchsetzung der Gleichberechtigung von Frauen und Männern und wirkt auf die Beseitigung bestehender Nachteile hin.
	(3) Niemand darf wegen seines Geschlechtes, seiner Abstammung, seiner Rasse, seiner Sprache, seiner Heimat und Herkunft, seines Glaubens, seiner religiösen oder politischen Anschauungen benachteiligt oder bevorzugt werden. Niemand darf wegen seiner Behinderung benachteiligt werden.
Art. 6	(1) Ehe und Familie stehen unter dem besonderen Schutze der staatlichen Ordnung.
	(2) Pflege und Erziehung der Kinder sind das natürliche Recht der Eltern und die zuvörderst ihnen obliegende Pflicht. Über ihre Betätigung wacht die staatliche Gemeinschaft.
	(3) Gegen den Willen der Erziehungsberechtigten dürfen Kinder nur auf Grund eines Gesetzes von der Familie getrennt werden, wenn die Erziehungsberechtigten versagen oder wenn die Kinder aus anderen Gründen zu verwahrlosen drohen.
	(4) Jede Mutter hat Anspruch auf den Schutz und die Fürsorge der Gemeinschaft.
	(5) Den unehelichen Kindern sind durch die Gesetzgebung die gleichen Bedingungen für ihre leibliche und seelische Entwicklung und ihre Stellung in der Gesellschaft zu schaffen wie den ehelichen Kindern.
Art. 9	(1) Alle Deutschen haben das Recht, Vereine und Gesellschaften zu bilden.
	(3,1) Das Recht, zur Wahrung und Förderung der Arbeits- und Wirtschaftsbedingungen Vereinigungen zu bilden, ist für jedermann und für alle Berufe gewährleistet.
Art. 20	(1) Die Bundesrepublik Deutschland ist ein demokratischer und sozialer Bundesstaat.
Art. 28	(1,1) Die verfassungsmäßige Ordnung in den Ländern muss den Grundsätzen des republikanischen, demokratischen und sozialen Rechtsstaates im Sinne dieses Grundgesetzes entsprechen.

Das hier formulierte *Sozialstaatsgebot* ist zwar inhaltlich unbestimmt – legt also nicht fest, welche sozialpolitischen Leistungen in welcher Höhe und Reichweite erforderlich sind – aber in seiner Rechtsprechung hat das Bundesverfassungsgericht das Sozialstaatsprinzip mehrfach als Verpflichtung des Staates interpretiert, für einen Ausgleich der sozialen Gegensätze und für eine gerechte Sozialordnung zu sorgen sowie die Existenzgrundlagen der Bürgerinnen und Bürger zu sichern und zu fördern. Demokratie und Sozialstaat bedingen demnach einander: Denn die gleichberechtigte gesellschaftliche und politische Teilhabe aller Bürgerinnen und Bürger ist nur dann gewährleistet, wenn die formal verbürgten Freiheitsrechte auch materiell und sozial fundiert sind.

Neben diesem ausdrücklichen, wenngleich allgemeinem Gebot zum sozialen Handeln enthält das Grundgesetz weitere Artikel, die den Staat auf bestimmte soziale Grundwerte verpflichten. Von sozialpolitischer Bedeutung sind vor allem:

- Art. 1 Abs. 1, der die Unantastbarkeit der Würde des Menschen betont. Hieraus leitet sich die Verpflichtung des Staates ab, jedem Bürger das Existenzminimum zu sichern.

- Art. 3, der mit seinen Gleichheitssätzen den Staat verpflichtet, Ungleichbehandlungen abzubauen oder zu vermeiden. Dieser Passus hat in den zurückliegenden Jahren vor allem dazu beigetragen, dass Frauen im Sozial-, Arbeits- und Tarifrecht Männern gleichgestellt worden sind. Zugleich hat er Anlass zur Ausweitung der Behindertenpolitik gegeben.

- Art. 6, der in Abs. 1 Ehe und Familie unter den besonderen Schutz der staatlichen Ordnung stellt und in Abs. 5 nichteheliche Kinder den ehelichen gleichstellt. Die wegweisenden familienorientierten Steuer- und Rentenrechtsurteile des Bundesverfassungsgerichtes der letzten Jahre basieren auf diesem Artikel.

5.2 Soziales Engagement in Familie und Gemeinschaft

Auch wenn an der Ausformung und Durchführung der Sozialpolitik viele nichtstaatliche Träger und Akteure beteiligt sind, so handelt es sich im Kern doch um ein *staatliches* Politikfeld. Das politische Ziel, Wirtschaft und Gesellschaft nach sozialen Kriterien zu gestalten, also für eine *soziale Marktwirtschaft* und *soziale Gesellschaft* zu sorgen, lässt sich aber nicht allein durch staatliche Interventionen und Leistungen erreichen. Grundlegend für die Qualität einer Gesellschaft und damit für die Lebensbedingungen der Bevölkerung ist daneben auch die Fähigkeit einer Zivilgesellschaft, ihren sozialen und moralischen Zusammenhalt durch Bürgersinn, Gemeinwohlorientierung und bürgerschaftliches, soziales Engagement *jenseits* von Markt und Staat zu sichern.

Der Sozialstaat baut auf einem unterliegenden Netz privater, informeller Unterhalts- und sonstiger Dienstleistungen auf und kann das Engagement in der Familie und im Gemeinwesen nicht einfach ersetzen. Auch die soziale Verantwortung der Unternehmen für ihre Beschäftigten und die Gesellschaft erübrigt sich durch Sozialpolitik nicht. Vielmehr kommt es darauf an, die Menschen zu befähigen und zu motivieren, Verantwortung für sich und das Gemeinwohl zu übernehmen und soziale Aufgaben auf freiwilliger Basis zu erfüllen. Und das „Soziale" in der Marktwirtschaft setzt ein sozial verantwortliches Handeln der Unternehmen voraus, das nicht ausschließlich auf kurzfristige Renditevorteile und Profitkalküle

abstellt. Es geht nicht nur um die wirtschaftliche Produktivität eines Gemeinwe-
sens, sondern auch um die soziale Produktivität, nicht nur um das ökonomische
Kapital, sondern auch um das *Sozialkapital*.

Die *Voraussetzungen* für eine soziale Gesellschaft sind allerdings nicht automatisch gegeben, sie werden maßgeblich durch die gesellschaftlichen Strukturen und
Rahmenbedingungen beeinflusst. Individuelles Verhalten und gesellschaftliche
Verhältnisse bedingen einander. So ist es widersprüchlich, Gemeinsinn, mitmensch-
liche Solidarität und unentgeltliche Mitarbeit im Ehrenamt zu erwarten, zugleich
aber eine Entwicklung hin zu einer marktradikalen Konkurrenzökonomie zuzulas-
sen, die alle Lebensbereiche durchdringt, den Menschen nur unter der Maxime von
Eigennutz und Renditemaximierung sieht und ihn in diese Richtung formt.

Die ökonomischen und sozialen Verhältnisse sind gestalt- und veränderbar, die
Bedingungen für familiäres und bürgerschaftliches Engagement lassen sich durch
die Politik beeinflussen. Diese Aufgabe bezieht sich vor allem auf die Gestaltung
von Arbeitsmarkt, Arbeitsverhältnissen und Arbeitszeit, wenn das Ziel besteht, das
Arbeitsleben familienfreundlich zu gestalten. Auch die Bereitschaft, soziale Verantwortung gegenüber Mitmenschen zu übernehmen, eine Familie zu gründen und
Kinder zu haben, hängt entscheidend davon ab, ob es der Politik gelingt, den Beschäftigten Arbeitsplatzsicherheit, sozialen Schutz und damit Zukunftsperspektiven
zu bieten.

Die Empirie zeigt, dass die Familien, und hier in erster Linie Frauen, auch
heute noch den Großteil an sozialen Dienstleistungen übernehmen. Der hohe Grad
an familiär-häuslicher Versorgung von Pflegebedürftigen ist das beste Beispiel
dafür. Dieses familiäre Leistungspotenzial lässt sich sozialpolitisch stützen und
fördern, so durch ein Angebot an ambulanten und teilstationären Pflege- und Hilfs-
diensten, durch Beratung und auch durch monetäre Anerkennungsleistungen. Ein
beachtliches Ausmaß weist auch das soziale bürgerschaftliche Engagement der
Menschen auf, etwa ein Viertel der Bevölkerung kann hier als aktiv tätig eingeschätzt werden. Sozialpolitik kann dabei unterstützend und fördernd wirksam werden, durch die Einrichtung von Selbsthilfekontaktstellen, von Informationsbörsen
und durch die Finanzierung von infrastrukturellen Voraussetzungen.

Insgesamt kommt der Sozialpolitik damit die Funktion zu, traditionelle Sicherungsformen, die an Bedeutung zu verlieren drohen, so insbesondere Familie und
andere wichtige soziale Netzwerke, zu stärken und in ihrer Funktionsfähigkeit zu
erhalten. Andererseits sorgt sie für Ersatz dort, wo diese nicht mehr existieren,
versagt haben oder gestiegenen professionellen Ansprüchen nicht mehr genügen.
Dies gilt insbesondere für viele soziale Dienste im Umfeld von Kinder-, Jugend-,
Familien- sowie Alten- und Pflegehilfe.

6 Sozialstaat zwischen Abbau, Umbau und Reform

6.1 Vom Vorzeigemodell zum Auslaufmodell?

Die Sozialpolitik in Deutschland steht seit Mitte der 1990er Jahre unter massivem Druck. Eine vergleichbare Situation zeigt sich in den anderen europäischen Ländern. Der ausgebaute Sozialstaat wird grundsätzlich kritisiert und gefordert wird ein Richtungswechsel. Zwar ist die Kritik an der Sozialpolitik nicht neu; seit dem Übergang von der Expansions- zur Spar- und Kürzungsphase begleitet sie die politische und wissenschaftliche Diskussion in Deutschland. Eine neue Qualität deutet sich aber insofern an, da in zunehmendem Maße die Grundlagen und Strukturprinzipien des Systems zur Diskussion und Disposition gestellt werden. Es geht nicht länger allein um das Pro und Kontra hinsichtlich einzelner Einschnitte und Leistungsverschlechterungen im System, sondern um die Frage eines grundlegenden Umbaus. Vor dem Hintergrund des Endes der Systemkonkurrenz, der Globalisierung der Waren-, Dienstleistungs- und Kapitalmärkte, der Umbrüche auf dem Arbeitsmarkt und einer damit einhergehenden Schwächung der Gewerkschaften haben sich damit nicht nur die ökonomischen Rahmenbedingungen, sondern auch das gesellschaftlich-politische Klima verändert und die mehrheitlich vertretenen normativen Positionen verschoben.

Insbesondere der Prozess der fortschreitenden Globalisierung, so die herrschende Argumentation, macht tiefgreifende Veränderungen des Sozialstaats und konkret der Sozialpolitik und ihrer Ausgestaltung erforderlich. Die offenen Märkte, vor allem die globalisierten Finanzmärkte, verschärfen nicht nur die Konkurrenz auf der Ebene der Unternehmen, sondern verändern auch die ökonomischen Rahmenbedingungen ganzer Volkswirtschaften sowie die politischen Handlungs- und Gestaltungsspielräume auf nationaler Ebene. Steuer-, Finanz-, Arbeitsmarkt- und Sozialsysteme der Staaten sehen sich einem ständigen „Benchmarking-Prozess" ausgesetzt, der ihre Tauglichkeit im internationalen Standortwettbewerb prüft. Dabei stehen dann, was die Sozialpolitik betrifft, das Niveau der Leistungen, die Art der Leistungserbringung und auch ihre Finanzierung zur Disposition. Richtschnur der unausweichlichen Umgestaltung sind marktförmige oder marktkonforme Lösungen.

Die Grundsatzkritik lautet, dass die für die soziale Marktwirtschaft charakteristische Verbindung von marktwirtschaftlicher Dynamik und sozialpolitischer Gestaltung in den zurückliegenden Dekaden zwar außerordentlich erfolgreich war, unter dem Eindruck anhaltender Krisen aber nicht mehr fortgeschrieben werden könne. Denn es sei der ausgebaute Sozialstaat, der aufgrund seines überzogenen Niveaus sowie seiner fehlerhaften Strukturen sowie Leistungs- und Finanzierungsprinzipien für die Krisenerscheinungen in Wirtschaft und Gesellschaft verantwortlich zeichne. Sozialpolitik habe sich damit vom Problemlöser zum Problemverursacher entwickelt und gefährde die Zukunftschancen. Als Krisensymptome gelten vor allem die anhaltende Arbeitslosigkeit, die abgeschwächten Wachstumsraten der Wirtschaft, die Finanzierungsprobleme in den Haushalten der Sozialversicherungsträger und den öffentlichen Gebietskörperschaften, die Verschuldungsproblematik sowie die hohe Belastung von Wirtschaft und Arbeitnehmern durch Steuern und Beiträge.

Versucht man diese Kritik zu systematisieren, so stehen in erster Linie folgende Argumente im Raum:

- Die Regulierungen auf dem Arbeitsmarkt sowie die zu hohen Lohn- und Lohnnebenkosten und Steuerbelastungen beeinträchtigten die Dynamik und Flexibilität der deutschen Wirtschaft, gefährdeten ihre internationale Wettbewerbsfähigkeit und seien eine zentrale Ursache für die andauernde Arbeitslosigkeit.

- Das zu weit gespannte, überdimensionierte System der Sozialen Sicherung überfordere die defizitären öffentlichen Haushalte, steigere die konsumtiven Ausgaben und führe zu einer Vernachlässigung der investiven, zukunftsweisenden Ausgaben.

- Die überhöhten Sozialleistungen geben Arbeitslosen unzureichende Anreize zur Aufnahme niedrig bezahlter Arbeit, verfestigten die Unterbeschäftigung und nehmen den Unternehmen die Möglichkeit, Einfacharbeitsplätze rentabel bereit zu stellen. Auf der anderen Seite beträfe die hohe Abgabenlast gerade die Leistungsträger und lähme deren Leistungs- und Innovationskraft.

Die politischen Schlussfolgerungen aus dieser Diagnose münden in einer Reihe von Forderungen, die auf einen quantitativen Abbau und qualitativen Umbau der Sozialpolitik zielen. Dazu zählen vor allem die Vorstellungen,

- den Arbeitsmarkt von arbeitsrechtlichen Regulierungen zu befreien,

- das sozialpolitische Leistungsspektrum und -niveau in Richtung einer Basissicherung abzubauen und sich bei der Leistungsvergabe auf die Förderung der „wirklich Bedürftigen" zu konzentrieren,

- die soziale Sicherung stärker marktlich zu organisieren und privat zu finanzieren,

- die Belastung der Unternehmen durch Lohnnebenkosten (Sozialversicherungsbeiträge) nachhaltig zu reduzieren,

- Arbeitslose durch nur noch knapp bemessene und bedürftigkeitsgeprüfte Transfers zur Arbeitsaufnahme zu veranlassen.

Sozialpolitik soll demnach auf einen flexiblen Arbeitsmarkt hin orientieren, den Selbststeuerungskräften des Marktes vertrauen, die Einkommensumverteilung begrenzen und die freie Entfaltung der Kräfte fördern. Die Hinnahme eines höheren Maßes an Unsicherheit und Ungleichheit gilt als unabdingbar, um über diesen Weg die Leistungs- und Konkurrenzfähigkeit der Volkswirtschaft zu verbessern, das dynamische Entwicklungspotenzial der Marktkräfte zu mobilisieren und die Arbeitslosigkeit abzubauen. Leitbild ist ein Sozial- und Gesellschaftsmodell, das die Eigenverantwortung des Einzelnen für seine soziale Sicherung und seine Einkommens- und Lebenslage betont und die Verantwortung des Staates entsprechend zurück nimmt.

6.2 Auf dem Weg zum Ab- und Umbau des deutschen Sozialstaats

Die Grundsatzkritik am deutschen Sozialstaatsmodell hat seit Mitte der 1990er Jahre in der Öffentlichkeit, in den Parteien, in den Medien und nicht zuletzt in der Wissenschaft eine bislang nicht bekannte Breitenwirkung entfaltet. Eine kaum noch überschaubare Vielzahl von Eingriffen in Sozialleistungsgesetze, Gesetzesnovellen und auch grundsätzlich neuen Regelungen hat diese Phase begleitet. Die Frage ist, ob all diese in wenigen Jahren in der Sozialpolitik vollzogenen Veränderungen, deren Details in den nachfolgenden Kapiteln dieses Lehrbuchs dargestellt werden, eine gemeinsame Linie erkennen lassen. Es ist zwar nicht möglich, ein dominantes oder gar einziges Strukturmuster aufzuzeigen, dafür handelt es sich bei der Sozialpolitik um ein zu vielschichtiges Politikfeld mit je unterschiedlichen Zielsetzungen, Adressaten, Instrumenten, Funktionen, Wirkungen und Institutionen. Gleichwohl lassen sich zentrale Trends identifizieren, die an den Ab- und Umbauforderungen, die die Sozialstaatskritik formuliert, anknüpfen. Unübersehbar ist, dass sich die Grundprinzipien des deutschen Sozialstaatsmodells verschoben bzw. verändert haben und sich neue Strukturen herausbilden.

Vermarktlichung der Sozialpolitik durch Abbau der öffentlichen und Ausbau der privaten Sicherung:

Im System der sozialen Sicherung, insbesondere im Bereich der Rentenversicherung, kommt es zu einer deutlichen Reduktion des Leistungsniveaus. Das lange Jahre vorherrschende Leistungsziel der Lebensstandardsicherung gilt nur noch sehr eingeschränkt, das Ziel einer Minimal- oder Mindestsicherung gewinnt an Bedeutung. Eine ergänzende private, kapitalgedeckte Vorsorge durch Produkte des Versicherungs- und Finanzmarktes wird notwendig, um im Risikofall einen tiefen Einschnitt im Einkommensniveau zu vermeiden. Die soziale Sicherung wird damit zunehmend privatisiert und vermarktlicht. Der Staat reguliert die expandierenden Wohlfahrtsmärkte, um ein Mindestmaß an Sicherheit zu gewährleisten, und fördert zugleich die freiwillige private Vorsorge über Zuwendungen und Steuererleichterungen. Im Ergebnis verlieren Solidarprinzip und Einkommensumverteilung an Gewicht, da die private Vorsorge sozial stark selektiv und ausgrenzend wirkt.

Vermischung der Prinzipien von gesetzlicher und privater Versicherung

Unverändert bleibt die Sozialversicherung ein kategoriales, auf die abhängig Beschäftigten konzentriertes System. Der Übergang zu einer universellen Versicherung, die sich allein am Bürgerstatus orientiert, ist nicht in Sicht. Aber durch die zunehmende staatliche Regulierung der privaten Sicherung, so in der privaten Krankenversicherung durch Basistarife und Einführung einer Versicherungspflicht, finden sich klassische Prinzipien der Sozialversicherung zunehmend auch im privaten System. Auf der anderen Seite prägen typische Elemente der Privatversicherung, so Wahltarife, Selbstbehalte, Kostenerstattung, die Sozialversicherung, während Elemente des Solidarausgleichs zurück genommen werden mit der Folge einer zunehmenden Belastung und Benachteiligung der Versicherten mit sog. „schlechten Risiken".

Verschärfung des Wettbewerbs zwischen den Leistungsanbietern

Kommunen und Sozialversicherungsträger ziehen sich mehr und mehr aus der direkten Erbringung sozialer Dienstleistungen zurück und übertragen die Aufgaben privaten Anbietern. Durch neue Vergabe- und Finanzierungsverfahren entwickelt sich zwischen den Anbietern ein scharfer Preiswettbewerb, der vor allem die Wohlfahrtsverbände und andere gemeinnützige Träger unter Druck setzt. Offen bleibt, ob es zu der erhofften Steigerung von Effektivität und Effizienz der Leistungen kommt oder ob sich der Wettbewerb zu Lasten der Qualität auswirkt. Und in der Gesetzlichen Krankenversicherung selber verschärft sich der Wettbewerb zwischen den einzelnen gesetzlichen Krankenkassen.

Schrittweiser Rückzug der Arbeitgeber aus der Finanzierung der sozialen Sicherung

Durch die Gewichtsverschiebung zwischen öffentlicher und privater Sicherung, erhöhte Eigenbeteiligungen (Zuzahlungen), die Finanzierung einzelner Leistungszweige der Krankenversicherung allein durch die Versicherten (Krankengeld, Zahnersatz) und die Zusatzbeiträge im Gesundheitsfonds kommt es zu einer finanziellen Entlastung der Arbeitgeber. Der reguläre Beitragssatz wird festgeschrieben und das paritätische Finanzierungsprinzip eingeschränkt. Ausgabenzuwächse werden im Sinne einer einnahmeorientierten Ausgabenpolitik durch Leistungskürzungen oder aber durch Belastungen von Versicherten sowie privaten Haushalten aufgefangen.

Weiterer Bedeutungsverlust der Selbstverwaltung

Die Rechte der Organe der Selbstverwaltung in der Sozialversicherung werden durch Eingriffe des Gesetzgebers, so hinsichtlich der Beitragsfestsetzung, der Leistungen und der Vertragsvereinbarungen mit den Leistungsanbietern, weiter eingeengt. Das Modell der korporatistischen Sozialpolitik verliert an Bedeutung. Verstärkt wird dieser Prozess durch den Ausbau der privaten, marktförmigen Vorsorge sowie durch die Verlagerung der bislang durch die Selbstverwaltung gesteuerten Arbeitslosenhilfe auf die neue Grundsicherung für Arbeitsuchende.

Aktivierung und Förderung der Beschäftigungsfähigkeit

Die Ziele von Sozialpolitik, soziale Sicherheit vor den Risiken des Marktes zu gewährleisten, Einkommensungleichheiten zu begrenzen und Schutz zu bieten vor Ausgrenzung und Armut, werden zurückgedrängt. In den Vordergrund schiebt sich das Ziel, allen Arbeitsfähigen eine Beteiligung am Arbeitsmarkt und Erzielung von Erwerbseinkommen – und dies auch zu schlechten Konditionen – zu ermöglichen. In der Arbeitsmarktpolitik soll dies durch Fördermaßnahmen und Lohnsubventionen, durch die Verkürzung und Absenkung von Transferleistungen an Arbeitslose sowie durch eine Verschärfung von Sanktionen und die Verschlechterung der Rechtsposition der Betroffenen erreicht werden. Es kommt zu einer „Re-Kommodifizierung" der Arbeitskraft.

Ausbau der fürsorgerechtlichen Leistungen

Durch die Zusammenführung von Arbeitslosenhilfe und Sozialhilfe und die gleichzeitige Erschwerung und Verkürzung des Anspruchs auf die Versicherungs- und Lohnersatzleistung Arbeitslosengeld wird die Existenzsicherung des größten Teils der Arbeitslosen auf die neue fürsorgerechtlich konstruierte und steuerfinanzierte Leistung Grundsicherung für Arbeitsuchende/Arbeitslosengeld II verlagert. Der Leistungsbezug wird an die strenge Kondition geknüpft, eine Erwerbstätigkeit oder Arbeitsgelegenheiten unter allen Bedingungen aufzunehmen. Da das Leistungsniveau lediglich das sozial-kulturelle Existenzminimum sichert und Anspruch nur bei Bedürftigkeit besteht, erleiden Arbeitslose, die nicht binnen eines Jahres eine neue Beschäftigung finden, einen tiefen Absturz in ihrer Einkommens- und Sozialposition. Dies ist für die Betroffen ein tatsächliches, für alle (noch) Beschäftigten ein potenzielles Risiko. Die soziale Unsicherheit bei Arbeitslosigkeit wächst, Arbeitslosigkeit wird auch für die Mittelschichten zur existenziellen Bedrohung.

Ausweitung des Niedriglohnsektors und prekärer Beschäftigungsverhältnisse

Der Sektor der Niedriglohnbeschäftigung weitet sich aus. Dies ist zum einen Folge der hohen Arbeitslosigkeit, der Schwäche der Gewerkschaften und des ungebrochenen Trends der Dienstleistungsbeschäftigung. Zum anderen wirkt die Ausformung der Sozial- und Beschäftigungspolitik auch gezielt in diese Richtung: Infolge des niedrigen Niveaus der Grundsicherung und ihres fehlenden Bezugs zum vormaligen Einkommen, der strengen Bedürftigkeitsprüfungen und Sanktionsmechanismen sowie der Regelung, dass Arbeitslose auch Arbeitsverhältnisse mit einer Entlohnung unterhalb des tariflichen oder ortsüblichen Mindestniveaus annehmen müssen, werden Arbeitslose in unterwertige Beschäftigung gedrängt. Zugleich werden Anreize gesetzt, nicht sozialversicherungspflichtige Beschäftigungsverhältnisse auszuweiten, das betrifft vor allem die Mini-Jobs und neue Formen selbstständiger Arbeit.

Langsamer Wandel des Modells der Versorgerehe

Das für den deutschen Sozialstaat typische Set an institutionellen Regelungen und Maßnahmen (u.a abgeleitete soziale Sicherung, Steuersplitting, geringfügige Beschäftigungsverhältnisse), das die traditionellen Geschlechterrollen materiell und sozial stützt und für Frauen, und hier insbesondere für Mütter, Erwerbsunterbrechungen und allenfalls Teilzeitarbeit vorsieht, wird zwar nicht abgeschafft. Dennoch findet in der Rentenversicherung eine langsame Umsteuerung von der Honorierung der Ehe hin zur Berücksichtigung der Erziehung von Kindern statt. Ferner fördert das Elternzeit- und Elterngeldgesetz die parallele Verknüpfung von Er-

werbstätigkeit und Kindererziehung. Hinzu kommen der Ausbau der Kinderbetreu-
ungsangebote und die besondere Berücksichtigung von allein Erziehenden in der
Grundsicherung für Arbeitsuchende. Dahinter stehen wiederum der Gedanke der
Nutzung von Bildungsinvestitionen in Frauen und der Sicherung ihrer Beschäfti-
gungsfähigkeit sowie das bevölkerungspolitische Motiv, gerade qualifizierten
Frauen die Entscheidung für ein Leben mit Kindern zu erleichtern.

Förderung von Bildung und Erziehung: Investive Sozialpolitik

Die traditionelle Blindstelle in der deutschen Sozialpolitik, nämlich die soziale
Absicherung und Förderung von Bildung und Erziehung, wird im Zuge einer verstärkt auf Aktivierung und Vorsorge setzenden Strategie langsam überwunden.
Insbesondere die Betreuung und Erziehung von (Klein)Kindern wird ausgebaut,
um das zentrale soziale und Arbeitsmarktrisiko einer unzureichenden schulischen
und beruflichen Qualifikation zu verringern. Aber es geht auch um die bessere
Vereinbarkeit von Beruf und Familie.

6.3 Reformperspektiven: Bewahrung und Weiterentwicklung des Sozialstaates

Ebenso wie die praktische Sozialpolitik in ihren Ausprägungen und Prinzipien
sowie deren Veränderungen nachhaltig von mehrheitlich vertretenen und politisch
durchgesetzten Leitvorstellungen geprägt ist, also ohne ihre normativen Hinter-
gründe nicht zu verstehen ist, beruht eine wissenschaftliche Analyse und Bewertung der Sozialpolitik und ihrer Entwicklungstrends immer auch auf Wertvorstellungen und normativ geprägten Einschätzungen. Das gilt gleichermaßen für die
Diskussion über Reformperspektiven und -alternativen.

Reformen sind notwendig, um den neuen Herausforderungen gerecht zu werden und den Sozialstaat an die sich verändernden ökonomischen, sozialen und demografischen Verhältnisse anzupassen. Deshalb widmet das vorliegende Lehr- und
Studienbuch der Reformdiskussion in den einzelnen Kapiteln einen großen Raum,
in denen nicht nur die großen Linien skizziert, sondern auch die schwierigen, häufig sogar grundlegenden Detailprobleme dargestellt werden. Insgesamt geht es darum, Sozialstaat und Sozialstaatsprinzip zugleich zu bewahren und weiter zu entwickeln und Alternativen zu formulieren gegenüber dem Mainstream in der öffentlichen bzw. veröffentlichten Meinung und in der Politik. Denn der eingeschlagene
Weg des Ab- und Umbau des Sozialstaates in Richtung von Basissicherung, Privatisierung, Marktorientierung und Eigenverantwortung widerspricht den Zielen einer
Gesellschaft, die durch soziale Sicherheit und sozialen Ausgleich charakterisiert ist
und in der der Staat dementsprechend eine aktive und gestaltende Rolle spielt. Erst
auf dieser Basis bieten sich für *alle* Bürgerinnen und Bürger die Möglichkeiten
einer freien Entfaltung und gleichberechtigten Teilhabe.

Verbindung von sozialer Sicherheit und ökonomischer Effizienz

Allerdings gilt auch, dass soziale Leistungen, Einrichtungen und Dienste über Abzüge vom Markteinkommen finanziert werden müssen und nur das verteilt werden kann, was auf dem Markt auch produziert und erwirtschaftet worden ist. Ein hohes Einkommens- und Wohlfahrtsniveau setzt eine hohe Effizienz im Wirtschaftsprozess voraus. Die Voraussetzungen dafür sind schwieriger geworden. Die Weltmarktkonkurrenz hat sich deutlich verschärft, ganze Volkswirtschaften mit ihren Sozialstandards befinden sich in Konkurrenzbeziehungen. Vor allem die Internationalisierung der Geld- und Kapitalmärkte lässt sich als eine neue Qualität der Globalisierung beschreiben, die die Optionen der Unternehmen erweitert und den Handlungsspielraum nationaler Politik begrenzt. Eine stärkere Abstimmung der Finanz- und Sozialpolitik zumindest auf europäischer Ebene wird notwendig, wenn ein Unterbietungswettlauf im Sinne eines Sozial-Dumpings verhindert werden soll.

Gleichwohl sind bislang noch keine Anzeichen dahingehend zu erkennen, dass Länder mit ausgebauten sozialstaatlichen Systemen in diesem verschärften Konkurrenzkampf zu unterliegen drohen. International vergleichende Analysen zeigen, dass es zwischen den Variablen Sozialleistungsniveau einerseits, Wachstumsrate, Beschäftigungs- und Arbeitslosigkeitsniveau andererseits keine eindeutigen Zusammenhänge gibt. Die These, ein möglichst niedriges Niveau an sozialen Leistungen und Standards mit einer entsprechend geringen Steuer- und Abgabenbelastung sowie ein flexibler und deregulierter Arbeitsmarkt verbunden mit einer großen Ungleichverteilung von Einkommen und Vermögen seien die besten Voraussetzungen für eine günstige Position auf dem Weltmarkt und für ein hohes Wachstums- und Beschäftigungsniveau, hält einer empirischen und theoretischen Überprüfung nicht stand. Vielmehr spricht viel für die These, dass soziale Unsicherheit in einer (welt)wirtschaftlichen Situation, die die Betriebe und die Beschäftigten unter einen radikalen Modernisierungsdruck stellt, den wirtschaftlichen Strukturwandel behindert und sich als Leistungs- und Motivationsbremse auswirkt. Der Sozialstaat ist kein unproduktiver „Kostgänger" einer Volkswirtschaft, sondern wirkt als produktiver Faktor positiv auf die wirtschaftliche Leistungsfähigkeit zurück: Eine breit angelegte Ausbildung der Erwerbsbevölkerung und eine hohe Arbeitsproduktivität sind bei Angst vor sozialem Abstieg, Ausgrenzung und Armut nicht gewährleistet.

Allerdings legitimiert eben nicht nur die „Produktivkraft" den Sozialstaat. Der Sozialstaat hat immer auch normative, d.h. soziale und humane Ziele, auch jenseits der Maßstäbe der engen ökonomischen Funktionalität. Der Umgang mit sozial Schwachen, mit Älteren, Behinderten, Familien und Kindern, das qualitative Niveau der gesundheitlichen Versorgung, die Schaffung von gleichberechtigten Lebenschancen für die gesamte Bevölkerung – all diese Elemente haben einen eigenen Wert, der nicht durch den Hinweis auf ökonomische Effizienzverluste, verminderte Rentabilität oder entgangene Wachstumsraten außer Kraft gesetzt wird.

Verlässliche und gerechte Finanzierung

Wenn die notwendigen finanziellen Mittel fehlen bzw. verweigert werden, sind sozialpolitische Leistungskürzungen und eine Einschränkung von öffentlicher Daseinsvorsorge und Infrastruktursicherung kaum zu vermeiden. Die Frage nach einer verlässlichen Finanzierung der Systeme der sozialen Sicherung ist deshalb von entscheidender Bedeutung für die Stabilität und Entwicklungsfähigkeit des Sozialstaates. Verlässlichkeit in der Finanzierung bezieht sich dabei nicht nur auf das Niveau des Aufkommens von Steuern und Beiträgen, gleichermaßen wichtig ist es, bei der Lastenverteilung Gerechtigkeitsmaßstäbe zu berücksichtigen, weil nur so die Akzeptanz des Systems gesichert werden kann.

Die immer wieder auftretenden Defizite in den öffentlichen Haushalten sind in erster Linie eine Folge der Arbeitsmarktlage, da Arbeitslosigkeit gleichzeitig die Ausgaben erhöht und die Einnahmen mindert. Auch die in mittelfristiger Perspektive wirksam werdenden demografisch bedingten Belastungen wiegen sehr viel schwerer, wenn es nicht gelingt, das Beschäftigungsniveau zu erhöhen. Allerdings wird selbst unter günstigen makroökonomischen Bedingungen ein Beschäftigungsaufbau nur langsam in Gang kommen. Die fiskalische Notwendigkeit, hinsichtlich der ganzen Spannweite öffentlicher Aufgaben und Ausgaben Prioritäten zu setzen, wird deshalb anhalten. Das gilt auch für die schwierige Frage nach dem Vorrang und Nachrang von Aufgaben und Ausgaben innerhalb der Sozialetats. Zu prüfen ist, welches Leistungsspektrum und -niveau notwendig ist und was öffentlich und was privat finanziert werden soll. Die Grenzziehung zwischen öffentlichen und privaten Aufgaben und zwischen staatlicher und privater Vorsorge vor den Wechselfällen des Lebens ist dabei nicht festgeschrieben, sondern sollte an die veränderten Lebensformen und Lebensrisiken angepasst werden. Zugleich wächst die Notwendigkeit, in den sozialen Systemen Rationalisierungs- und Wirtschaftlichkeitsreserven (Überversorgungen, Doppelleistungen, Fehlsteuerungen) aufzuspüren. Wenn es gelingt, die knappen Ressourcen zielgenauer und effizienter einzusetzen, lassen sich Qualitätsverbesserung und Kostensenkung durchaus sinnvoll miteinander verbinden.

Weiterentwicklung der Sozialversicherung statt Mindestsicherung und privater Vorsorge

Im internationalen Vergleich weist das deutsche System der sozialen Sicherung eine durchaus hohe Leistungsfähigkeit auf. Dies gilt auch und gerade für die Sozialversicherung, die sich mit ihren Elementen Lohn- und Beitragsorientierung, Lohnersatz und Leistungsdynamik, sozialer Ausgleich sowie paritätische Mittelaufbringung und Selbstverwaltung als gut geeignet erwiesen hat, die großen Lebensrisiken wie Invalidität, Alter, Krankheit, Pflegebedürftigkeit, Arbeitslosigkeit und Unfall abzusichern. Konstitutiver Bestandteil der Sozialversicherung, der sie sowohl von der Privatversicherung als auch von Fürsorgesystemen unterscheidet, ist vor allem die Verknüpfung von Versicherungsprinzip und Solidarprinzip. Hier ergänzen sich Eigenverantwortung und sozialer Ausgleich, Leistungsorientierung und Lebensstandardsicherung.

Gleichwohl sind die Schwächen und Defizite der Sozialversicherung nicht zu übersehen: Ihre Begrenzung auf die abhängig Beschäftigten und reguläre Beschäftigungsverhältnisse führt zu Sicherungslücken und bei der Finanzierung zu Verteilungsungerechtigkeiten. Reform und Weiterentwicklung der sozialen Sicherung bedeutet deshalb, den sozial-strukturellen Wandel in der Gesellschaft zu berücksichtigen und die individuellen Handlungsoptionen der Menschen sozialpolitisch zu flankieren. Die Voraussetzungen dafür sind zu verbessern, dass die vom klassischen männlichen Bild der Normalbiographie und des Normalarbeitsverhältnisses abweichenden Lebensformen und -entwürfe abgesichert werden. Damit ist die Aufgabe angesprochen, im System der Sozialen Sicherung und der Familienpolitik die Orientierung am hergebrachten Familien- und Frauenbild zu überwinden, die eigenständige soziale Absicherung von Frauen zu verbessern und die parallele Vereinbarkeit von Beruf und Familie möglich zu machen. Und die Umbrüche in der Arbeitswelt erfordern die Ausweitung der Sozialversicherung und ihrer Finanzierung auf alle Erwerbstätigen bzw. auf die gesamte Bevölkerung im Sinne einer Bürger- oder Volksversicherung.

Die Analyse der Lebens- und Arbeitsverhältnisse zeigt, dass in einer modernen Wissens- und Dienstleistungsgesellschaft der überwiegende Teil der Bevölkerung auf kollektive Sicherungseinrichtungen angewiesen bleiben wird. Gerade weil sich traditionelle Lebensweisen und soziale Bindungen auflösen, Erwerbsverläufe instabiler werden und sich die Risiken auf dem Arbeitsmarkt verschärfen, hat das Bedürfnis nach sozialer Sicherheit und verlässlichen, allgemein zugänglichen Leistungsangeboten im Sozial- und Gesundheitswesen eine hohe Bedeutung. Sicherlich sind Erwerbstätige in einer höheren Einkommens- und Statusposition nicht zwingend auf den Solidarausgleich angewiesen, sondern können sich wegen ihrer „guten Risiken" günstiger in einer Privatversicherung absichern. Ein soziales Sicherungssystem jedoch, das sich tendenziell nur noch aus denjenigen zusammensetzt, die der Solidarität bedürfen, und von den Leistungs- und Finanzierungsfähigen verlassen wird, die sich privat absichern, kann sich schnell zu einer diskriminierten Versorgung „zweiter Klasse" entwickeln. Auch deshalb ist die Aufhebung von privilegierenden Sondersystemen und -rechten für einzelne Gruppen von Erwerbstätigen (Selbstständige, Beamte, Freiberufler, besser verdienende Arbeitnehmer) geboten.

Für die Gewährleistung von sozialer Sicherheit haben die Prinzipien von Lohnersatz und Lebensstandardsicherung eine unverändert große Bedeutung. Denn eine gesicherte Lebensführung und -planung ist in einem System, das lediglich eine Mindest- oder Basissicherung bietet, nicht gewährleistet. Freiwillige private Vorsorge kann hier zwar einen Ausgleich bieten, aber die Absicherung über Versicherungs- und Finanzmärkte kennt keinen Solidarausgleich und benachteiligt all jene, die aufgrund ihrer ungünstigen Arbeitsmarkt-, Lebens- und Einkommenslage weder bereit noch fähig sind, zu sparen oder Versicherungsprämien zu zahlen. Systeme einer Mindestsicherung, zumal wenn sie über Steuern finanziert werden, laufen zudem Gefahr, mit Einkommensanrechnungen und Bedürftigkeitsprüfungen verbunden zu werden. Bedürftigkeitsgeprüfte Systeme, in denen die Mittelschicht nicht mehr eingebunden ist, verlieren aber schnell an Akzeptanz. Sozialpolitik als Fürsorgepolitik geht an den Interessen jener vorbei, die glauben, dass der Sozialstaat in erster Linie den Menschen etwas gibt, die die Leistungen nicht verdient haben, aber von den Leistungsträgern der Gesellschaft finanziert werden muss.

Abbau von Arbeitslosigkeit und armutsfeste Absicherung von Arbeitslosen

Die anhaltende Arbeitslosigkeit ist nicht nur die zentrale Ursache für die Finanzierungsprobleme des Sozialstaates. Arbeitslosigkeit und insbesondere die Langzeitarbeitslosigkeit führt zu gravierenden gesellschaftlichen und sozialen Folgeproblemen: Der Ausschluss aus der Erwerbsarbeit ist eng mit dem Risiko von Armut und sozialer Ausgrenzung verbunden, gefährdet die gesellschaftliche, kulturelle und politische Teilhabe und kann zur Desintegration ganzer Bevölkerungsgruppen führen. Insofern zählen der Abbau von Arbeitslosigkeit und die Erhöhung des Beschäftigungsniveaus zu einer vorrangigen Aufgabe. In erster Linie sind die Wirtschafts- und Finanzpolitik gefordert, um durch Wachstumsdynamik mehr Arbeitsplätze zu schaffen. Arbeitsmarktpolitik kann und muss hier mit den Instrumenten der aktiven Arbeitsmarktpolitik ergänzend und sozial ausgleichend hinzutreten. Der in der Politik eingeschlagene Weg, Arbeitslose durch die Absenkung von Transferleistungen, administrative Zwänge und Sanktionen zur Aufnahme von Arbeit zu drängen, ist hingegen beschäftigungspolitisch wenig Erfolg versprechend und sozialpolitisch bedenklich. Denn Arbeitslosigkeit ist Folge fehlender Arbeitsplätze, nicht aber Folge von unzureichenden Beschäftigungsanreizen des sozialen Sicherungssystems oder gar fehlender Bereitschaft der Betroffenen, sich in den Arbeitsmarkt zu integrieren. Die Position, (fast) jede Arbeit ist besser als keine, lässt die zentrale Frage nach der Qualität von Arbeit unberücksichtigt und orientiert auf die Ausweitung von prekärer und Niedriglohnbeschäftigung; ein hoch entwickeltes Land wie Deutschland kann jedoch nur mit hochwertigen, qualifizierten Arbeitsplätzen sein Einkommens- und Wohlfahrtsniveau halten.

Die soziale Absicherung bei Arbeitslosigkeit muss vor Einkommenseinbrüchen und Armut schützen und die Rechtsposition des Arbeitslosen stärken statt die Unterstützungsleistung immer stärker zu begrenzen und zu konditionieren. Eine (Mindest)Teilhabe am gesellschaftlichen Wohlstand steht auch Arbeitslosen zu. Dies ist kein Plädoyer für ein bedingungsloses Grundeinkommen außerhalb des Arbeitsmarktes, sondern für eine Verbindung von sozialer Sicherheit und der Integration in das Erwerbssystem.

Verbindung von Vorsorge und sozialem Ausgleich sowie von konsumtiven und investiven Leistungen

Die Vermeidung von sozialen Risiken und Problemen im Sinne einer vorsorgenden, präventiven Politik hat Vorrang vor der reinen Nachsorge und Kompensation. Dieser Grundsatz gilt für die Krankenversicherung und das Gesundheitssystem wie für die Absicherung bei Arbeitslosigkeit und die Arbeitsmarktpolitik. Es ist immer besser, das Entstehen von Krankheiten zu vermeiden, statt eine aufwändige Behandlung durchzuführen. Auch ist es geboten, Phasen von Arbeitslosigkeit zu vermeiden, so durch ausreichende schulische und berufliche Bildung und durch ergänzende Qualifizierungs- und Eingliederungsmaßnahmen, statt Arbeitslose zu finanzieren. Und wenn Armut vermieden werden soll, dann muss an den Ursachen angesetzt werden, da sich die Integration in die Gesellschaft nicht auf die Zahlung von Transfers reduzieren lässt.

Dennoch kann sich Sozialpolitik nicht in der Vorsorge erschöpfen. Immer wird es auch notwendig sein, die Betroffenen bei eingetretenen Problemen zu unterstützen, ihnen ein ausreichendes Einkommen zu zahlen und gesellschaftliche Teilhabe zu ermöglichen. Denn durch die Sicherung von Chancen- oder Startgerechtigkeit und die Förderung von Beschäftigungsfähigkeit allein können die sozialen Probleme und Folgewirkungen, die mit dem Wirken der Marktkräfte verbunden sind, nicht gelöst werden. Auch wenn es richtig ist, die Verantwortung der Menschen für ihr Leben zu betonen, so wäre es falsch, soziale Probleme als Fehlverhalten zu interpretieren und die Betroffenen durch soziale Ausgrenzung gleichsam zu bestrafen. Vorsorge und sozialer Ausgleich verbinden und ergänzen sich deshalb und sind keine Alternativen.

Vertrauen und Akzeptanz stärken

Die andauernden Finanzierungsprobleme der Sozialversicherungsträger und die Erfahrungen von Beitragssatzsteigerungen bei gleichzeitigem Abbau von Leistungen haben das Vertrauen in die Systeme der Sozialen Sicherung erschüttert. Die Zweifel an der Verlässlichkeit der Sozialpolitik sind gewachsen. Die von den Kritikern des Sozialstaats vehement vertretene und in den Medien aufgegriffene These, umlagefinanzierte Solidarsysteme seien auf Dauer nicht tragfähig und finanzierbar, findet vermehrt Zustimmung. De Befürchtung greift um sich, in der Rentenversicherung keinen entsprechenden Gegenwert für die eingezahlten Beiträge mehr zu erhalten. Gerade bei der jungen Generation wächst die Stimmung, dass angesichts des demografischen Umbruchs ein Ausstieg aus der Sozialversicherung die einzig rationale Antwort sei, um die soziale Absicherung durch individuelle Vorsorge in die eigene Hand nehmen zu können. Individuelle Vorsorge statt Solidarausgleich, Privatversicherung statt Sozialversicherung heißt die Schlussfolgerung, die nicht zuletzt den Interessen des privaten Banken- und Versicherungswesens entspricht.

Quantität und Qualität von sozialer Sicherung und Sozialpolitik hängen nicht nur davon ab, was sich eine Volkswirtschaft ökonomisch leisten kann. Viel entscheidender ist, welches Niveau und welche Ausformung an sozialer Sicherung sich die Menschen leisten *wollen* und welchen Beitrag an Solidarität sie bereit sind zu geben. Es bedarf immer der Bereitschaft der Bevölkerung, die hohen Lasten, die ein ausgebautes Sozialsystem unweigerlich verursacht, mit den entsprechenden Einbußen im verfügbaren Einkommen auch zu tragen. Nicht nur die Schwächeren, sondern auch die Stärkeren müssen das System stützen. Die Frage nach der Zukunftsfähigkeit eines Sozialstaates ist damit in erster Linie eine Frage nach seiner politischen Akzeptanz.

7 Literaturhinweise

Einführungen und Lehrbücher

Allmendinger, J., Ludwig-Mayerhofer, W. (Hrsg.), Soziologie des Sozialstaats, Weinheim 2000.

Arnold, U., Maelicke, B. (Hrsg.), Lehrbuch der Sozialwirtschaft, 2. Auflage, Baden-Baden 2003.

Bellermann, M., Sozialpolitik – Eine Einführung für soziale Berufe, 4. Auflage, Freiburg 2001.

Boeckh, J., Huster, E.-U., Benz, B., Sozialpolitik in Deutschland. Eine systematische Einführung, 2. Auflage, Wiesbaden 2006.

Breyer, F., Buchholz, W., Ökonomie des Sozialstaats, Heidelberg 2006.

Bundesministerium für Arbeit und Soziales (Hrsg.), Übersicht über das Sozialrecht, Nürnberg 2007.

Bundesministerium für Arbeit und Soziales (Hrsg.), Übersicht über das Arbeitsrecht, Nürnberg 2007.

Däubler, W., Das Arbeitsrecht, 2 Bände, 16. Auflage, Reinbek 2006.

Dobner, P., Neue Soziale Frage und Sozialpolitik, Wiesbaden 2007.

Döring, D., Sozialstaat, Frankfurt a.M. 2004.

Frevel, B., Dietz, B., Sozialpolitik kompakt, Wiesbaden 2004.

Frerich, J., Sozialpolitik. Das Sozialleistungssystem der Bundesrepublik Deutschland, 3. Auflage, München 1996.

Igl, G., Welti, F., Sozialrecht. Ein Studienbuch, 8. Auflage, Neuwied 2006.

Kittner, M. (Hrsg.), Arbeits- und Sozialordnung, 32. Auflage, Frankfurt a.M. 2007.

Lampert, H., Althammer, J., Lehrbuch der Sozialpolitik, 8. Auflage, Berlin/Heidelberg/New York 2007.

Lampert, H., Bossert, H., Die Wirtschafts- und Sozialordnung der Bundesrepublik Deutschland im Rahmen der Europäischen Union, 15. Auflage, München 2004.

Lessenich, St., Wohlfahrtsstaatliche Grundbegriffe – Historische und aktuelle Diskurse, Frankfurt a.M./New York 2003.

Opielka, M., Sozialpolitik – Grundlagen und vergleichende Perspektiven, Reinbek 2004.

Rudzio, W., Das politische System der Bundesrepublik Deutschland, 7. Auflage, Wiesbaden 2006.

Sachße, Ch., Tennstedt, F., Die Bundesrepublik – Staat und Gesellschaft. Eine Einführung für soziale Berufe, Weinheim 2005.

Schmidt, M.-G., Das politische System Deutschlands – Institutionen, Willensbildung, Politikfelder, München 2007.

Ulrich, C., Soziologie des Wohlfahrtsstaats. Eine Einführung, Frankfurt a.M./New York 2005.

Zöllner, D., Soziale Sicherung – Systematische Einführung, München/Wien 1997.

Handbücher/Wörterbücher/Lexika

Albrecht, G., Groenemeyer, A., Stallberg, F. (Hrsg.), Handbuch Soziale Probleme, 2. Auflage, Wiesbaden 2007.

Baur, R. (Hrsg.), Lexikon des Sozial- und Gesundheitswesens, 2. Auflage, München 2001.

Deutscher Verein für öffentliche und private Fürsorge (Hrsg.), Fachlexikon der Sozialen Arbeit, 6. Auflage, Frankfurt a.M. 2007.

Dietz, B., Eißel, D., Naumann, D. (Hrsg.), Handbuch der kommunalen Sozialpolitik, Opladen 1999.

Drechsler, H., Hilligen, W., Neumann, F. (Hrsg.), Gesellschaft und Politik: Lexikon der Politik, 10. Auflage, München 2003.

Maydell, B., Ruland, F. (Hrsg.), Sozialrechtshandbuch, 3. Auflage, Baden-Baden 2003.

Otto, H.-U., Thiersch, H. (Hrsg.), Handbuch Sozialarbeit/Sozialpädagogik, 3. Auflage, München 2005.

Kreft, D., Mielenz, I. (Hrsg.), Wörterbuch Soziale Arbeit, 5. Auflage, Weinheim 2005.

Nohlen, D. (Hrsg.), Kleines Lexikon der Politik, 4. Auflage, München 2007.

Schäfers, B., Zapf, W. (Hrsg.), Handwörterbuch zur Gesellschaft Deutschlands, 2. Auflage, Opladen 2001.

Sozialstruktur und Lebenslagen

Beck, U., Risikogesellschaft. Auf dem Weg in eine andere Moderne, Frankfurt a.M. 1986.

Berger, P., Hradil, St. (Hrsg.), Lebenslage, Lebensläufe, Lebensstile, Göttingen 1990.

Berger, P., Vester, M. (Hrsg.), Alte Ungleichheiten – Neue Spaltungen, Opladen 1998.

Bundesministerium für Gesundheit und Soziale Sicherung (Hrsg.), Lebenslagen, Indikatoren, Evaluation, Reihe: Lebenslagen in Deutschland, Bonn 2003.

Flora, P., Noll, H.-H. (Hrsg.), Sozialberichterstattung und Sozialstaatsbeobachtung, Frankfurt a.M./New York 1998.

Geißler, R., Die Sozialstruktur Deutschlands, 4. Auflage, Wiesbaden 2006.

Heitmeyer, W. (Hrsg.), Was treibt die Gesellschaft auseinander? Was hält die Gesellschaft zusammen? – Bundesrepublik Deutschland: Auf dem Weg von der Konsens- zur Konfliktgesellschaft, 2 Bände, Frankfurt a.M. 1997.

Heitmeyer, W., Imbusch, P., Integrationspotenziale einer modernen Gesellschaft, Wiesbaden 2005.

Heidenreich, M. (Hrsg.), Die Europäisierung sozialer Ungleichheit – Zur transnationalen Klassen- und Sozialstrukturanalyse, Frankfurt a.M./New York 2006.

Hradil, St., Soziale Ungleichheit in Deutschland, 8. Auflage, Wiesbaden 2005.

Hradil, St., Die Sozialstruktur Deutschlands im internationalen Vergleich, 2. Auflage, Wiesbaden 2006.

Kronauer, M., Exklusion – Die Gefährdung des Sozialen im hochentwickelten Kapitalismus, Frankfurt a.M. 2003.

Müller, W., Scherer, St. (Hrsg.), Mehr Risiken – mehr Ungleichheit? Abbau von Wohlfahrtsstaat, Flexibilisierung von Arbeit und die Folgen, Wiesbaden 2007.

Nullmeier, F., Lessenich, St. (Hrsg.), Deutschland – eine gespaltene Gesellschaft, Frankfurt a.M./New York 2006.

Schäfers, B., Sozialstruktur und sozialer Wandel in Deutschland, 8. Auflage, Stuttgart 2004.

Soziologisches Forschungsinstitut u.a (Hrsg.), Berichterstattung zur sozio-ökonomischen Entwicklung in Deutschland. Arbeit und Lebensweisen. Erster Bericht, Wiesbaden 2005.

Statistisches Bundesamt (Hrsg.), Datenreport 2006, Bonn 2006.

Voges, W. u.a., Methoden und Grundlagen des Lebenslagenansatzes, in: Bundesministeri-
    um für Arbeit und Soziales (Hrsg.), Forschungsberichte und Gutachten zum 2. Ar-
    muts- und Reichtumsbericht, Berlin 2005.
Zapf, W., Schupp, J., Habich, R. (Hrsg.), Lebenslagen im Wandel: Sozialberichterstattung
    im Längsschnitt, Frankfurt a.M./New York 1996.

Analysen von Sozialpolitik und Sozialstaat

Abendroth, W., Antagonistische Gesellschaft und politische Demokratie, Neuwied/Berlin
    1972.
Becker, I., Ott, N., Rolf, G. (Hrsg.), Soziale Sicherung in einer dynamischen Gesellschaft,
    Frankfurt a.M./New York 2001.
Blasche, S., Döring, D. (Hrsg.), Sozialpolitik und Gerechtigkeit, Frankfurt a.M./New York
    1998.
Butterwegge, Ch., Krise und Zukunft des Sozialstaats, 3. Auflage, Wiesbaden 2006.
Döring, D., Nullmeier, F., Pioch, R., Gerechtigkeit im Wohlfahrtsstaat, Marburg 1995.
Döring, D., Hauser, R. (Hrsg.), Soziale Sicherheit in Gefahr. Zur Zukunft der Sozialpolitik,
    Frankfurt a.M./New York 1995.
Ehrenberg, H., Fuchs, A., Sozialstaat und Freiheit – Von der Zukunft des Sozialstaats,
    Frankfurt a.M. 1981.
Evers, A., Olk, Th. (Hrsg.), Wohlfahrtspluralismus, Opladen 1996.
Fachinger, U., Rothgang, H., Viebrock, H. (Hrsg.), Die Konzeption sozialer Sicherung,
    Baden-Baden 2002.
Grasse, A., Ludwig, C., Dietz, B. (Hrsg.), Soziale Gerechtigkeit – Reformpolitik am Schei-
    deweg, Wiesbaden 2006.
Grötzinger, G., Maschke, M., Offe, C., Die Teilhabegesellschaft – Modell eines neuen
    Wohlfahrtsstaates, Frankfurt a.M./New York 2007.
Hanesch, W. (Hrsg.), Überlebt die soziale Stadt? Konzeption, Krise und Perspektiven
    kommunaler Sozialstaatlichkeit, Opladen 1997.
Heimann, E., Soziale Theorie des Kapitalismus, Frankfurt a.M. 1980.
Heinze, R., G., Schmid, J., Strünck, Ch., Vom Wohlfahrtsstaat zum Wettbewerbsstaat,
    Opladen 1999.
Heinze. R.G., Olk, Th., Hilbert, J., Der neue Sozialstaat, Freiburg 1988.
Kaufmann, F.-X., Herausforderungen des Sozialstaates, Frankfurt a.M./New York 1997.
Kaufmann, F.-X., Sozialpolitisches Denken, Frankfurt a.M./New York 2003.
Kaufmann, F.-X., Sozialpolitik und Sozialstaat – Soziologische Analysen, Wiesbaden 2005.
Leitner, S., Ostner, I., Schatzenstaller, M. (Hrsg.), Wohlfahrtsstaat und Geschlechterrollen-
    verhältnis im Umbruch. Was kommt nach dem Ernährermodell? Wiesbaden 2004.
Lenhardt, G., Offe, C., Staatstheorie und Sozialpolitik, Politisch-soziologische Erklärungs-
    ansätze für Funktionen und Innovationsprozesse der Sozialpolitik, in: Ferber, C. v.,
    Kaufmann, F.-X. (Hrsg.), Soziologie und Sozialpolitik, Opladen 1977.
Lessenich, St., Dynamischer Immobilismus – Kontinuität und Wandel im deutschen Sozi-
    almodell, Frankfurt a.M./New York 2006.
Lessenich, St., Möhring-Hesse, M., Ein neues Leitbild für den Sozialstaat. Eine Expertise
    im Auftrag der Otto Brenner Stiftung, Berlin 2004.
Lessenich, St., Nahles, A., Peters, J. u.a. (Hrsg.), Den Sozialstaat neu denken, Hamburg
    2005.

Lütz, G., Czada, R. (Hrsg.), Wohlfahrtsstaat – Transformation und Perspektiven, Wiesbaden 2004.

Mayer, K.U. (Hrsg.), Die beste aller Welten? Marktliberalismus versus Wohlfahrtsstaat, Frankfurt a.M./New York 2001.

Münch, U., Sozialpolitik und Föderalismus, Opladen 1997.

Olk, Th., Der Sozialstaat als Herausforderung, Wiesbaden 1999.

Opielka, M., Ostner, I. (Hrsg.), Umbau des Sozialstaats, Essen 1987.

Riedmüller, B., Olk, Th. (Hrsg.), Grenzen des Sozialversicherungsstaates, Opladen 1994.

Rieger, E., Leibfried, St., Grundlagen der Globalisierung. Perspektiven des Wohlfahrtsstaats, Frankfurt a.M. 2001.

Rolf, G., Spahn, P.B., Wagner, G. (Hrsg.), Sozialvertrag und Sicherung, Frankfurt a.M./New York 1988.

Sachße, Ch., Engelhardt, H.T. (Hrsg.), Sicherheit und Freiheit, Frankfurt a.M. 1990.

Schmitthenner, H., Urban, H.-J. (Hrsg.), Sozialstaat als Reformprojekt, Hamburg 1999.

Schönig, W., L´Hoest, R. (Hrsg.), Sozialstaat wohin? Umbau, Abbau oder Ausbau der Sozialen Sicherung, Darmstadt 1996.

Vobruba, G. (Hrsg.), Strukturwandel der Sozialpolitik, Frankfurt a.M. 1990.

Zimmermann, K.F. (Hrsg.), Deutschland – was nun? Reform für Wirtschaft, Sozialstaat und Arbeitsmarkt, München 2005.

Sozialpolitik im europäischen Vergleich

Bieling, H.J., Deppe, F. (Hrsg.), Arbeitslosigkeit und Wohlfahrtsstaat in Europa. Neun Länder im Vergleich, Opladen 1997.

Bundesministerium für Arbeit und Soziales (Hrsg.), Euro-Atlas: Soziale Sicherung im Vergleich, Bonn 2006.

Carigiet, E., Opielka, M., Mäder, U. (Hrsg.), Wohlstand durch Gerechtigkeit. Deutschland und die Schweiz im sozialpolitischen Vergleich, Zürich 2006.

Esping-Andersen, G., The three Worlds of welfare Capitalism, Cambridge 1990.

Kaeble, H., Schmid, G. (Hrsg.), Das europäische Sozialmodell. Auf dem Weg zum transnationalen Sozialstaat, Berlin 2004.

Kaufmann, F.-X., Varianten des Wohlfahrtsstaats. Der deutsche Sozialstaat im internationalen Vergleich, Frankfurt a.M./New York 2003.

Keller, B., Europäische Arbeits- und Sozialpolitik, 2. Auflage, München 2001.

Kowalsky, W., Europäische Sozialpolitik, Opladen 1999.

Kraus, K., Geisen, Th. (Hrsg.), Sozialstaat in Europa, Wiesbaden 2001.

Leibfried, St., Pierson, P. (Hrsg.), Standort Europa – Europäische Sozialpolitik, Frankfurt a.M. 1998.

Ostner, I., Lessenich, St. (Hrsg.), Welten des Wohlfahrtskapitalismus. Der Sozialstaat in vergleichender Perspektive, Frankfurt a.M./New York 1998.

Pfetsch, F.R., Die Europäische Union – Eine Einführung. Geschichte, Institutionen, Prozesse, Stuttgart 2005.

Platzer, H.-W., Sozialstaatliche Entwicklungen in Europa und die Sozialpolitik der Europäischen Union, Baden-Baden 1997.

Ribhegge, H., Europäische Wirtschafts- und Sozialpolitik, Heidelberg 2007.

Schmid, J., Wohlfahrtsstaaten im Vergleich, 2. Auflage, Stuttgart 2002.

Schmidt, M.G., Ostheim, T., Siegel, N.A., Zohlnhöfer, R. (Hrsg.), Der Wohlfahrtsstaat – Eine Einführung in den historischen und internationalen Vergleich, Wiesbaden 2007.

Schmidt, M.G., Sozialpolitik in Deutschland – Historische Entwicklung und internationaler Vergleich, 3. Auflage, Wiesbaden 2005.

Vahlpahl, T., Europäische Sozialpolitik. Institutionalisierung, Leitideen und Organisationsprinzipien, Wiesbaden 2007.

Weidenfeld, W. (Hrsg.), Europa-Handbuch, Bonn 2002.

Sozialpolitik im geschichtlichen Überblick

Alber, J, Sozialstaat in der Bundesrepublik 1950-1983, Frankfurt a.M./New York 1989.

Blüm, N., Zacher, H.F. (Hrsg.), 40 Jahre Sozialstaat Bundesrepublik Deutschland, Baden-Baden 1989.

Bundesministerium für Arbeit und Sozialordnung und Bundesarchiv (Hrsg.), Geschichte der Sozialpolitik in Deutschland seit 1945, 11 Bände, Baden-Baden 2001 – 2007.

Frerich, J., Frey, M., Handbuch der Geschichte der Sozialpolitik in Deutschland, 3 Bände, München 1993.

Hartwich, H.H., Sozialstaatspostulat und gesellschaftlicher Status quo, 2. Auflage, Köln/ Opladen 1977.

Henschel, V., Geschichte der deutschen Sozialpolitik 1880-1980, Frankfurt 1983.

Hockerts, H.G. (Hrsg.), Drei Wege deutscher Sozialstaatlichkeit: NS-Diktatur, Bundesrepublik und DDR im Vergleich, München 1998.

Leisering, L., Der deutsche Sozialstaat, in: Holtmann, E., Ellwein, Th. (Hrsg.) 50 Jahre Bundesrepublik Deutschland, Wiesbaden 1999.

Reidegeld, E., Staatliche Sozialpolitik in Deutschland, 2 Bände, Band 1: Von den Ursprüngen bis zum Untergang des Kaiserreichs, Band 2: Sozialpolitik in Demokratie und Diktatur 1919 - 1945, Wiesbaden 2007.

Ritter, G.A., Soziale Frage und Sozialpolitik in Deutschland seit Beginn des 19. Jahrhunderts, Opladen 1998.

Sachße, Ch., Tennstedt, F., Geschichte der Armenfürsorge in Deutschland – Band 1: Vom Spätmittelalter bis zum 1. Weltkrieg, Bd.2: Fürsorge und Wohlfahrtspflege 1871 bis 1929, Bd.3: Der Wohlfahrtsstaat im Nationalsozialismus, Stuttgart 1998.

Schmidt, M.G., Sozialpolitik in Deutschland – Historische Entwicklung und internationaler Vergleich, 3. Auflage, Wiesbaden 2005.

Stolleis, M., Geschichte des Sozialrechts in Deutschland. Ein Grundriss, Stuttgart 2003.

Tennstedt, F., Vom Proleten zum Industriearbeiter. Arbeiterbewegung und Sozialpolitik in Deutschland 1800-1914, Köln 1983.

II Ökonomische Grundlagen und Finanzierung

1 Sozialpolitik in der Marktwirtschaft

Sozialpolitik verfolgt das Ziel, soziale Risiken zu begrenzen und deren Folgen auszugleichen, Menschen bei der Bewältigung sozialer Probleme zu unterstützen sowie Einkommens-, Versorgungs- und Lebenslagen zu stabilisieren und zu verbessern. Mit ihren Maßnahmen bewegt sich Sozialpolitik auf dem Boden einer marktwirtschaftlich-kapitalistischen Wirtschaftsordnung. Die Erfahrungen haben gezeigt, dass das Marktsystem eine hohe ökonomische Leistungsfähigkeit aufweist und auf der Basis von Privateigentum an Produktionsmitteln, Autonomie von Produzenten und Konsumenten, freier Preisbildung, Wettbewerb und leistungsorientierter Entlohnung zu einer effizienten Allokation der Produktionsfaktoren führt. Die Leistungsfähigkeit der Marktwirtschaft äußert sich in einer anhaltenden Dynamik von Produktion und Produktivität, einem hohen gesamtgesellschaftlichen Einkommens- und Wohlstandsniveau sowie einem umfassenden Angebot an Gütern und Dienstleistungen. Auf der anderen Seite ist eine sich selbst überlassene Marktwirtschaft krisenanfällig, kann Arbeitslosigkeit nicht vermeiden und ist mit einer ungleichen, sozial nicht akzeptablen Verteilung von Einkommen und Vermögen sowie von Lebenslagen insgesamt verbunden. Die Summe der wirtschaftlichen Eigeninteressen entspricht nicht dem gesamtgesellschaftlichen Interesse. Vielmehr schafft und verschärft ein ungehemmter Marktmechanismus soziale Probleme und gefährdet damit den gesellschaftlichen Zusammenhalt, versagt aber zugleich bei der verlässlichen Absicherung von sozialen Risiken und der bedarfsgerechten Versorgung mit sozialen Dienstleistungen und sozialer Infrastruktur. Durch den Einsatz der staatlichen Sozialpolitik soll dieser Entwicklung entgegengewirkt und die Marktwirtschaft ergänzt und korrigiert werden.

1.1 Sozialpolitische Interventionsebenen und -formen

Die Eingriffe der Sozialpolitik in den Steuerungs- und Verteilungsmechanismus des Marktes lassen sich nach *Interventionsebenen und -formen* unterscheiden (Abbildung II.1):

- Durch die rechtliche *Regulierung* von Märkten, vor allem des Arbeitsmarktes, wird der Verhaltensspielraum der Marktteilnehmer in zentralen Bereichen normiert.

- Durch sozialpolitische *Geldzahlungen* erhalten Personen, die kein oder kein ausreichendes Markteinkommen erzielen, einen Ausgleich; es kommt zu einer Korrektur der Einkommensverteilung.

- Durch die *Bereitstellung von Diensten und Einrichtungen* im Bereich des Gesundheits- und Sozialwesens, die weitgehend unentgeltlich und nach Bedarf in Anspruch genommen werden können, wirkt der Staat als Produzent und/oder Finanzier von Dienstleistungen.

- Um die Zahlung der Geldleistungen sowie die Bereitstellung sozialer Dienste und Einrichtungen finanzieren zu können, erhebt der Staat *Abgaben*.

Abbildung II.1:

Sozialpolitik in der Marktwirtschaft

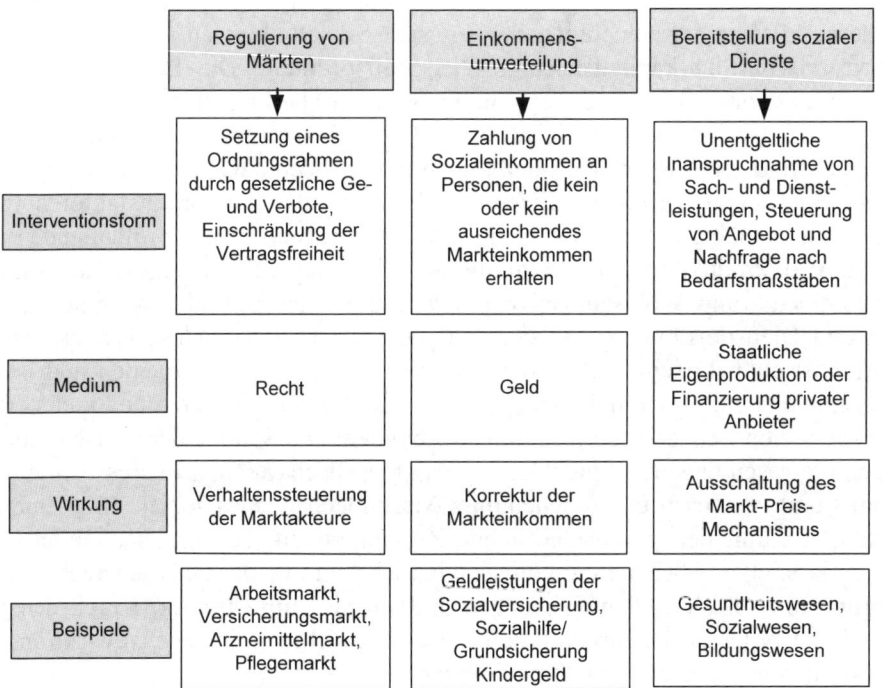

Regulierung von Märkten, insbesondere des Arbeitsmarktes

Die wirtschaftsliberalen Prinzipien eines ungehinderten Wirkens von Angebot und Nachfrage, von Vertragsfreiheit und Wettbewerb kommen insbesondere auf dem Arbeitsmarkt nur eingeschränkt zur Wirkung. Der Arbeitsmarkt ist ein sozialstaatlich regulierter Markt, auf dem das Handeln der Akteure durch gesetzliche Ge- und Verbote geordnet wird. Beispiele für diesen Ordnungsrahmen sind u.a. (vgl. dazu ausführlich Kap. IV „Arbeit und Arbeitsmarkt", Pkt. 3.1.2):

- der Kündigungsschutz,
- die Entgeltfortzahlung im Krankheitsfall,
- die Schutzbestimmungen für besondere Personengruppen (so für Jugendliche und Behinderte),
- die Arbeitszeitvorschriften,
- der Arbeits- und Gesundheitsschutz.

Der Arbeitsmarkt ist zugleich dadurch charakterisiert, dass zentrale Regelungsbereiche von Arbeitsverhältnissen durch Kollektivvereinbarungen zwischen Gewerkschaften und Arbeitgeberverbänden bestimmt werden. Die im Rahmen von Koalitionsfreiheit und Tarifautonomie geschlossenen Tarifverträge legen die Mindestnormen für Entlohnung, Arbeitszeit und Arbeitsbedingungen fest.

Diese gesetzlichen und kollektivvertraglichen Regulierungen reagieren auf den Tatbestand, dass es sich beim Arbeitsmarkt um einen besonderen Markt handelt: Die auf dem Arbeitsmarkt gehandelte Ware „Arbeitsleistung" lässt sich nicht von ihren Verkäufern, den Arbeitnehmern, trennen. Die Menschen, die ihre Arbeit anbieten und einsetzen, bringen sich mit ihrer ganzen Person, mit ihren Interessen, lebensweltlichen Anforderungen und Bedürfnissen in den Arbeitsprozess ein. Die Arbeitnehmer stehen zugleich unter einem hohen Angebotsdruck, denn Aufnahme und Aufrechterhaltung eines Arbeitsverhältnisses und der Bezug eines Lohnes sind zur Sicherung des Lebensunterhalts zwingend erforderlich. Die Bedingungen und Ergebnisse auf dem Arbeitsmarkt sind damit von entscheidender Bedeutung für die Lebenslagen und -perspektiven der überwiegenden Mehrheit der Bevölkerung.

Die Regulierungen auf dem Arbeitsmarkt zielen darauf ab, das Markt- und Machtungleichgewicht zwischen Arbeitsangebot und Arbeitsnachfrage, zwischen Arbeitnehmern und Arbeitgebern auszugleichen, im Arbeitsleben soziale Maßstäbe zur Geltung zu bringen und die Beschäftigten vor Gesundheitsgefährdungen, unzumutbaren Arbeitsbedingungen, überlangen Arbeitszeiten und unzureichender Entlohnung zu schützen.

Von der Ordnung des Arbeitsmarktes gehen positive Wirkungen („externe Effekte") auf die Wirtschaft und Gesellschaft insgesamt aus. So liegt die Sicherung von Gesundheit und Arbeitsfähigkeit der Beschäftigten im übergeordneten gesellschaftlichen Interesse. Eine Gesellschaft, die den sozialen Zusammenhalt gewährleisten und soziale Verwerfungen vermeiden will, ist aber auch ganz grundsätzlich auf einen sozialen Ausgleich am Arbeitsmarkt angewiesen. Nur auf der Grundlage verlässlicher Beschäftigungsperspektiven und existenzsichernder Entlohnung können die Arbeitnehmer ihr Leben mit einem Mindestmaß an Sicherheit gestalten und planen. Nicht zuletzt lassen sich Berufstätigkeit und familiäre Aufgaben – insbesondere im Hinblick auf ein Leben mit Kindern – nur miteinander vereinbaren, wenn bei der Gestaltung von Arbeitszeiten und -bedingungen auch die familiären Anforderungen Berücksichtigung finden.

Spezifische, sozialpolitisch motivierte Regulierungen, die über den allgemeinen Ordnungsrahmen der Marktwirtschaft hinausreichen, finden sich auch auf den Märkten der *privaten* Vorsorge und Versorgung. Abgestellt wird auf jenen Sektor der sozialen Absicherung, der nicht durch den Staat organisiert und dessen Finanzierung über Abgaben sichergestellt wird, sondern privatwirtschaftlich gestaltet ist, sich über Preise finanziert und der angesichts des Abbaus der staatlichen Sozialpolitik („Privatisierung der sozialen Sicherung") zunehmend an Gewicht gewinnt.

Im Wesentlichen handelt es sich hier um Regulierungen auf den Finanz- und Versicherungsmärkten, auf den Märkten für soziale und gesundheitliche Dienstleistungen und auf dem Arzneimittelmarkt. Ziel ist, die Dominanz der Anbieterseite zu begrenzen und die Position der Nachfrager zu stärken, Informationsasymmetrien auszugleichen, Qualitätsmaßstäbe festzulegen und ein Mindestmaß an Sicherheiten zu garantieren. An Gesetzen sind beispielhaft zu nennen das Versicherungsaufsichts- und Versicherungsvertragsgesetz (für den Bereich der privaten Krankenversicherung und Lebensversicherung), das Arzneimittelgesetz, die Gebührenordnung für Ärzte und das Heimgesetz. In dem Maße, wie der Staat private Vorsorge durch Steuererleichterungen oder direkte Zuwendungen fördert, kann er auch festlegen, welchen zusätzlichen Anforderungen ein förderungsfähiges privates Vorsorgeprodukt genügen muss; dies gilt z.B. für die Förderung der privaten Altersvorsorge im Rahmen der „Riester-Rente" (vgl. Bd. II, Kap. „Alter", Pkt. 7.3).

Einkommensumverteilung durch Geldleistungen

Die aus der Beteiligung am Wirtschaftsprozess erzielten Einkommen – Einkommen aus abhängiger Arbeit sowie Einkommen aus Gewinn und Vermögen – verteilen sich in einer Marktwirtschaft nach dem Kriterium des wirtschaftlichen Erfolges. Diese Einkommensverteilung weist gravierende Funktionsdefizite auf:

- Leer gehen die Personen aus, die keinen Zugang zum Arbeitsmarkt haben. Dazu zählen Kinder und Jugendliche, die noch nicht erwerbsfähig sind und/ oder in einer Ausbildung stehen. Ohne Erwerbseinkommen bleiben aber auch dauerhaft Kranke und Behinderte sowie Menschen, die wegen familiärer Aufgaben (Kindererziehung, Pflege) häuslich gebunden sind.

- Zu Einkommens- und Versorgungslücken kommt es bei einer Unterbrechung oder Beendigung von Arbeitsverhältnis und -einkommen durch Krankheit, Unfall, Invalidität, Arbeitslosigkeit und im Alter.

- Die an Erfolg und Leistung orientierte Einkommensbemessung lässt besondere, aber erforderliche Bedarfslagen und Ausgaben, die bei einer Person bzw. in einem Haushalt anfallen, unberücksichtigt: Das Markteinkommen reagiert nicht darauf, wenn beispielsweise der Unterhalt von Kindern sichergestellt werden muss oder Ausgaben im Krankheitsfall zu finanzieren sind.

- Der weit überwiegende Teil der Bevölkerung verfügt nicht über Kapitaleinkünfte, die hoch genug sind, um damit auch ohne Arbeit die Existenz zu sichern.

Infolge dieser Defizite einer marktlichen Einkommensverteilung ist nicht gewährleistet, dass die gesamte Bevölkerung einen ausreichenden Lebensunterhalt erhält. Nicht nur die Existenzgrundlagen einer Großzahl von Menschen sind gefährdet; von Armut, Not und Einkommensunsicherheit gehen zugleich negative Effekte auf die gesamte Gesellschaft und Wirtschaft aus. Zwar kann im Rahmen des Marktsystems durchaus Vorsorge gegenüber Einkommensrisiken getroffen werden. Durch Sparen und Vermögensbildung oder durch den Abschluss von Versicherungen lassen sich Einkommensausfälle überbrücken. Aber die Reichweite einer privaten sozialen Absicherung ist begrenzt. Ebenso begrenzt sind die Möglichkeiten eines Einkommensausgleichs im familiären Verbund (vgl. ausführlich: Kap. „Einkommen", Pkt. 1.2).

Staatliche Sozialpolitik reagiert auf die Defizite der marktlichen Einkommensverteilung: Personen, die kein Markteinkommen erzielen oder deren Markteinkommen nicht ausreicht, um den Lebensunterhalt zu sichern, erhalten unter bestimmten Voraussetzungen über sozialpolitische Geldleistungen einen Ausgleich. Finanziert werden die Zahlungen durch Abgaben (Steuern und Beiträge), mit denen die Markteinkommen belegt werden. Den Einkommensübertragungen stehen damit Einkommensabzüge gegenüber. Diese Umverteilung der Markteinkommen belastet Personen mit höherem und begünstigt Personen mit niedrigerem Einkommen (*interpersonelle Umverteilung*), gleicht die unterschiedliche Betroffenheit von sozialen Risiken aus (*risikobezogene Umverteilung*) und verlagert – so vor allem in der Alterssicherung – Einkommen in zeitlicher Hinsicht (*intertemporale Umverteilung*).

Zielsetzung dieses Umverteilungsvorgangs ist es, Unterversorgung und Armut zu vermeiden, Einkommensausfälle bei den großen Lebensrisiken zu überbrücken, den Einkommensverlauf zu verstetigen und besondere Bedarfslagen zu berücksichtigen:

- Das Ziel der Armutsvermeidung ist in erster Linie Aufgabe von Grundsicherung und Sozialhilfe.
- Der Einkommensausgleich bei Krankheit, Arbeitslosigkeit, Arbeitsunfällen, Erwerbsminderung und im Alter ist Aufgabe der Sozialversicherung und anderer gesetzlicher Vorsorgesysteme.
- Besondere Bedarfslagen werden vor allem durch den Familienleistungsausgleich (Kindergeld, Ausbildungsförderung) und durch das Wohngeld ausgeglichen.

Bereitstellung von Dienstleistungen im Gesundheits- und Sozialwesen

Die konstitutiven Elemente einer Marktwirtschaft, nämlich freies Spiel von Angebot und Nachfrage (Anbieter- und Konsumentensouveränität), Wettbewerb, Steuerung von Angebot und Nachfrage und Ressourcenallokation über den Preis, führen nicht automatisch und nicht immer zu einer optimalen Versorgung der Bevölkerung mit Gütern und Dienstleistungen. In einigen Bereichen kommt es zu überhaupt keinem Angebot oder lediglich zu einer – an Bedarfsmaßstäben gemessenen

– unzureichenden Versorgung. Ein solches *Marktversagen* tritt ein, wenn sich Konsum und Nutzen eines Gutes oder einer Dienstleistung nicht oder nur sehr eingeschränkt einem potenziellen Käufer zurechnen lassen. Auch diejenigen, die nicht bezahlen, würden gleichermaßen von dem Angebot profitieren. Da unter diesen Bedingungen keine individuelle Zahlungsbereitschaft besteht, kommt es trotz eines hohen Bedarfes zu keiner privaten Bereitstellung der entsprechenden Güter oder Dienstleistungen.

Wenn aus übergeordneten gesamtwirtschaftlichen und -gesellschaftlichen Gründen dennoch ein bedarfs- und flächendeckendes Angebot für notwendig gehalten wird, muss der Staat die Bereitstellung organisieren und die Finanzierung über öffentliche Abgaben sicherstellen. Es handelt sich dann um *„öffentliche Güter"*. Beispiele dafür finden sich nicht nur in den Bereichen innere und äußere Sicherheit, Bildungswesen, Verkehrswesen, Infrastruktur und Daseinsvorsorge, sondern auch im Sozial- und Gesundheitswesen (Kinder- und Jugendhilfe, Sozialarbeit, Gesundheitsdienst).

Probleme entstehen aber auch dann, wenn zwar Angebot und Nachfrage aufeinander treffen und sich ein Markt entwickelt, aber Versorgungsniveau und -qualität politisch-demokratisch gesetzten (Mindest)Kriterien nicht entsprechen. Als grundlegendes Ziel kann gelten, dass in bestimmten, herausgehobenen Lebensbereichen, so bei der Gesundheitsversorgung oder bei der Versorgung mit sozialen Dienstleistungen, *alle* Menschen entsprechend ihres Bedarfs die erforderlichen Leistungen in Anspruch nehmen können. Dazu ist der Markt-Preis-Mechanismus nicht in der Lage, denn die Steuerung des Marktes über Preise bindet die Nachfrage an das zur Verfügung stehende Einkommen der Käufer. Bei fehlender oder begrenzter Kaufkraft erfolgt keine oder eine nur unzureichende Berücksichtigung der Bedarfe.

Werden Dienste hingegen öffentlich bereitgestellt und finanziert, kann deren Inanspruchnahme unentgeltlich oder gegen einen Kostenbeitrag erfolgen; es kommt dadurch zu einer Verschiebung des Nachfrageverhaltens und der ansonsten durch Kaufkraft und Preisrelationen beeinflussten Konsumentenpräferenzen. Hier handelt es sich um so genannte *„meritorische Güter"*, die zwar prinzipiell marktfähig sind, deren einkommensabhängige Nutzung aber als nicht akzeptabel angesehen wird. Zuteilung bzw. Inanspruchnahme der Dienste und Leistungen werden nicht über den Preis, sondern über administrative Regelungen gesteuert.

Eine unentgeltliche Nutzung der Leistungen setzt deren öffentliche Finanzierung voraus; nicht erforderlich ist hingegen, dass die Erbringung auch immer in eigener Regie des Staates (Gebietskörperschaften oder Sozialversicherungsträger) erfolgt. Soziale und gesundheitliche Dienste und Einrichtungen können auch durch private Anbieter (Freiberufler, Unternehmen) oder durch gemeinnützige Organisationen (non-profit-Unternehmen, Wohlfahrtsverbände usw.) erbracht werden, wenn deren Kosten durch öffentliche Mittel refinanziert werden.

Da das Angebot nicht gegen Entgelt verkauft wird, sind Nutzer und Finanzier der Leistung nicht identisch. Damit stehen die Leistungsanbieter, die sich bei den Kostenträgern refinanzieren müssen, außerhalb des normalen Markt- und Wettbewerbssystems. Allerdings können durch bestimmte Finanzierungsformen und -verfahren zwischen den Anbietern marktförmige Wettbewerbsprozesse in Gang gesetzt werden (vgl. dazu Bd. II, Kap. „Gesundheit und Gesundheitssystem", Pkt. 12.3.1 und „Soziale Dienste", Pkt. 6.2

Beispiele für die unentgeltliche, allerdings im zunehmenden Maße mit Kostenbeteiligung (Zuzahlungen, Selbstbehalte, Gebühren usw.) verbundene Nutzung von Sach- und Dienstleistungen finden sich in

- der gesundheitlichen Versorgung (ambulante ärztliche Versorgung, stationäre Versorgung, Arzneimittel, Heil- und Hilfsmittel) und in der Pflege (stationäre Versorgung, Pflegesachleistungen),
- der Familienpolitik (Tageseinrichtungen für Kinder, Familienbildung und -beratung),
- der Arbeitsmarktpolitik (Berufsberatung, Arbeitsvermittlung, Weiterbildung) sowie im
- Sozialwesen (Kinder- und Jugendhilfe, Behindertenhilfe, Altenhilfe).

Da die bedarfsbezogene Inanspruchnahme zu einer Übertragung spezifischer realer Leistungen führt, lässt sich hier von *Realtransfers* sprechen. Gefördert und finanziert werden Leistungsangebote (*Objektförderung*). *Monetäre Transfers* hingegen, die im Rahmen der Geldleistungsstrategie gezahlt werden, statten Personen bzw. Haushalte mit zusätzlicher Kaufkraft aus, determinieren aber nicht die individuelle Verwendung der Einkommen. Zwischen diesen beiden Strategien gibt es allerdings keine starren Grenzlinien; auch durch Geldleistungen kann die Einkommensverwendung gesteuert werden, wenn die Geldzahlung an einen bestimmten Verwendungszweck gebunden wird, so durch Kostenerstattungen oder die Vergabe von zweckgebundenen Gutscheinen (*Subjektförderung*).

1.2 Interdependenzen zwischen Sozialpolitik und Marktprozess

Sozialpolitik korrigiert die Verteilung des Sozialprodukts, greift in dessen Entstehung und Verwendung ein und finanziert sich über Steuern und Beiträge, die aus der Wertschöpfung abgezweigt werden. Die Beziehungen zwischen wirtschaftlicher Wertschöpfung und Sozialpolitik sind aber nicht einseitig. Beide Systeme beeinflussen sich gegenseitig. So hat das System der Sozialen Sicherung Einfluss auf das Produktions-, Einkommens- und Beschäftigungsniveau, während wiederum die Strukturen des ökonomischen Systems auf die Sozialpolitik zurückwirken.

Bei der Einschätzung der Wechselwirkungen stehen sich kontroverse Positionen gegenüber: Auf der einen Seite wird befürchtet, dass ein (zu) eng geknüpftes Netz der Sozialen Sicherung die wirtschaftliche Dynamik beeinträchtige, Beschäftigung behindere und zu Wachstumseinbußen, Standortnachteilen im internationalen Wettbewerb und Arbeitsplatzverlusten führe. Auf der anderen Seite wird darauf verwiesen, dass gerade der Sozialstaat wirtschaftliches Wachstum und Beschäftigung sichere, eine unverzichtbare Voraussetzung sei für die Verknüpfung von effizienter Marktwirtschaft mit sozialem Ausgleich, zugleich aber immer wieder durch die Versäumnisse der Wirtschafts- und Beschäftigungspolitik belastet werde.

Dieser Diskussion über die Interdependenzen zwischen Sozialstaat und Marktprozess soll im Folgenden nachgegangen werden. Im Mittelpunkt der Analyse steht dabei zunächst die Frage, welche finanziellen Größenordnungen das System der Sozialen Sicherung hat, wie die erforderlichen Mittel aufgebracht werden und wer die Belastungen trägt. Es geht um die zwei Seiten einer Medaille: den sozialpolitischen Leistungen steht deren Finanzierung gegenüber. „Lässt sich der Sozialaufwand, der auf den Bürgern und der Wirtschaft lastet, noch länger verkraften?" „Ist der Sozialstaat angesichts des Umbruchs in der Altersstruktur der Bevölkerung auch in der Zukunft tragfähig und finanzierbar?" – so oder ähnlich lauten die in der aktuellen Politik diskutierten Fragen.

Ihre Beantwortung wird durch die Unübersichtlichkeit des Systems der Sozialen Sicherung in Deutschland erschwert. Es folgt keinem wohldurchdachten Bauplan, sondern ist historisch gewachsen und damit in seiner Struktur und Entwicklung durch eine Vielzahl von ökonomischen, sozialen und politischen Faktoren beeinflusst. Im Ergebnis zeigt sich ein breites Spektrum einzelner Leistungen, die sich sowohl hinsichtlich ihrer Prinzipien (Versicherung, Versorgung, Fürsorge), ihrer Ziele (Lebensstandardsicherung, Grundsicherung, Zuschuss), ihrer Ausgestaltung (anspruchsberechtigter Personenkreis, erfasste Tatbestände und Risiken, Leistungshöhe und -dauer, Bezugsvoraussetzungen usw.) als auch ihrer Finanzierung (Steuern, Beiträge) deutlich unterscheiden und durch verschiedene Institutionen und Träger verwaltet werden. Eine Systematisierung von Leistungen wie Zahlungsströmen ist deshalb unverzichtbar, um die Wirkungen der Sozialpolitik überprüfen zu können.

Bevor also in den jeweiligen problembezogenen Kapiteln die Einzelfelder der Sozialpolitik auf der Grundlage der sozialen Gefährdungs- und Problembereiche behandelt und Zieladäquanz und -defizite der unterschiedlichen Leistungen in Bezug auf die Lebenslage der Bevölkerung (z.B. Einkommenslage im Alter, Absicherung bei Arbeitslosigkeit, Qualität des Gesundheitssystems) überprüft werden, soll ein Überblick über das Gesamtsystem, seine innere Struktur und seine Finanzierung gegeben werden. Erst auf der Grundlage dieser Darstellung ist eine differenzierte Analyse des Spannungsverhältnisses zwischen Sozialpolitik und ökonomischem Prozess möglich.

2 Die finanzielle Dimension des Systems der Sozialen Sicherung: Das Sozialbudget

2.1 Institutionen und Funktionen des Systems der Sozialen Sicherung

Zur besseren Überschaubarkeit der Sozialleistungen und ihrer finanziellen und gesamtwirtschaftlichen Auswirkungen erstellt die Bundesregierung regelmäßig ein *Sozialbudget*. In diesem Sozialbudget werden (nahezu) alle Leistungen des Systems der Sozialen Sicherung zusammengestellt, die *öffentlich* finanziert werden und/oder auf *gesetzlicher* Grundlage beruhen. Unberücksichtigt bleiben damit jene Felder sozialstaatlicher Gestaltung, die zwar Kosten verursachen, aber nicht in Preise übersetzt und direkt budgetwirksam werden, sondern über gesetzliche Regelungen bestimmte Gebote und Verbote aussprechen und das Handeln von Personen und Unternehmen beeinflussen (z.B. Familienrecht, Arbeitsrecht, Arbeitsschutz, Betriebs- und Unternehmensverfassung).

Als Sozialleistungen werden im Sozialbudget gerechnet

- die direkten Einkommensübertragungen, die den Berechtigten überwiesen werden und deren Einkommen bilden bzw. vorhandene Einkommen erhöhen, wie Renten, Arbeitslosengeld oder Grundsicherung (*direkte monetäre Transfers*);

- die indirekten Leistungen, die beim Vorliegen bestimmter sozialer Tatbestände in Form von Steuerermäßigungen gewährt werden und das verfügbare Einkommen über diesen Weg erhöhen (*indirekte monetäre Transfers*);

- die sozialen Sach- und Dienstleistungen, die natural zur Verfügung gestellt und damit einen geldwerten Vorteil für die Betroffenen darstellen (*Realtransfers*).

Das Sozialbudget gliedert sich nach *institutionellen* und *funktionellen* Kriterien. Die institutionelle Aufgliederung zeigt, von welchen Einrichtungen und Trägern die Leistungen vergeben werden und welches Gewicht diese Institutionen im Gesamtsystem haben.

Bei den „Institutionen" im Sinne des Sozialbudgets handelt es sich um

- die verschiedenen Leistungen der Träger der fünf Zweige der Sozialversicherung, nämlich Gesetzliche Rentenversicherung, Gesetzliche Krankenversicherung, Gesetzliche Unfallversicherung, Gesetzliche Pflegeversicherung und Gesetzliche Arbeitslosenversicherung/Arbeitsförderung;

- Leistungen wie Erziehungsgeld/Elterngeld, Wohngeld, Ausbildungsförderung;

- die Leistungen der beamtenrechtlichen Systeme, die den Sicherungsschutz der Personengruppe der Beamten und ihrer Angehörigen über Pensionen und Beihilfen organisieren;

- Arbeitgeberleistungen, die gesetzlich vorgeschrieben sind (so die Entgeltfortzahlung im Krankheitsfall) oder aber auf freiwilliger bzw. tarifvertraglicher Grundlage beruhen (so die betriebliche Altersversorgung);

- die Leistungen von Sondersystemen, die für die Angehörigen bestimmter Personengruppen gelten (so Altershilfe für Landwirte und die Versorgungswerke freier Berufe);
- Entschädigungen wie Kriegsopferversorgung und Lastenausgleich;
- Leistungen der Sozialhilfe und Jugendhilfe.

In Tabelle II.1 und Abbildung II.2 findet sich ein Überblick über die Leistungen nach Institutionen (2005). Differenziert wird nach der Höhe der Ausgaben, nach dem relativen Anteil der Ausgaben innerhalb des Sozialbudgets und am Sozialprodukt sowie nach der Ausgabenentwicklung im Zeitraum zwischen 1991 und 2005. Folgende Strukturen werden deutlich:

- Eine überragende Bedeutung im sozialen Sicherungssystem hat die *Sozialversicherung*: Über zwei Drittel (67,9 %) aller Sozialleistungen werden über die Sozialversicherung abgewickelt. Darunter befinden sich die Rentenversicherung mit einem Anteil von 32,6 % und die Krankenversicherung mit einem Anteil von 19,4 %. An dritter Stelle folgt die Arbeitsförderung mit einem Anteil von 11,9 %, wobei hier große Unterschiede zwischen den neuen und den alten Bundesländern bestehen.

- Mit einem Anteil von etwa 7,2 % aller Ausgaben schlagen die steuerfinanzierten *beamtenrechtlichen Systeme* zu Buche. Diese Systeme haben dabei nur in den alten Bundesländern eine Bedeutung, in den neuen Bundesländern sind im öffentlichen Dienst Beamtenstatus und beamtenrechtliche Systeme kaum verbreitet.

- Bei den *Arbeitgeberleistungen*, die 7,6 % aller Sozialleistungen ausmachen, sind vor allem die Ausgaben für die Entgeltfortzahlung im Krankheitsfall sowie für die betriebliche Altersversorgung von Bedeutung.

- Quantitativ deutlich weniger auffällig sind mit nur 2,7 % und 2,4 % die Bereiche *Sozialhilfe und Jugendhilfe*. Einen vergleichsweise noch geringeren Stellenwert haben Erziehungsgeld, Wohngeld und Ausbildungsförderung. Sie vereinigen zusammengefasst lediglich 0,8 % aller Ausgaben auf sich.

- Bei den indirekten Leistungen, die über das Steuersystem abgewickelt werden, fällt vor allem der *Familienleistungsausgleich* (Kindergeld oder wahlweise steuerliche Kinderfreibeträge) mit einem Ausgabenanteil von 4,9 % ins Gewicht.

- Insgesamt verteilen sich die Sozialausgaben zu rund einem Fünftel auf Realtransfers (Sach- und Dienstleistungen) und zu vier Fünftel auf (direkte und indirekte) monetäre Transfers.

Tabelle II.1:

Sozialbudget: Leistungen nach Institutionen 2005[s]

	Mrd. €	in %	in % des BIP	% Zuwachs 1991 - 2005
Sozialbudget insg.[1]	695,7	100	31,0	+ 62,9
Sozialversicherung/allg. Systeme:	460,6	67,9	20,6	+ 77,4
- Rentenversicherung	239,9	32,6	10,7	+ 80,0
- Krankenversicherung	142,6	19,4	6,4	+ 53,8
- Arbeitsförderung	87,7	11,9	3,9	+ 96,6
- Pflegeversicherung	17,8	2,4	0,8	--
- Unfallversicherung	11,3	1,5	0,5	+ 48,7
Förder- und Fürsorgesysteme:	44,3	6,0	2,0	- 6,3
darunter:				
- Sozialhilfe	19,7	2,7	0,9	+ 8,8
- Jugendhilfe	17,5	2,4	0,8	+ 60,6
- Wohngeld	1,5	0,2	0,1	- 40,0
- Erziehungsgeld	3,2	0,4	0,1	+/- 0
- Ausbildungsförderung	1,5	0,2	0,1	+ 15,4
Systeme des öfftl. Dienstes:	52,7	7,2	2,4	+ 52,8
darunter:				
- Pensionen	35,6	4,8	1,6	+ 53,5
- Beihilfen	10,2	1,4	0,5	+ 85,5
Sondersysteme	6,1	0,8	0,3	+ 69,4
Arbeitgeberleistungen:	56,0	7,6	2,5	+ 21,0
darunter				
- Entgeltfortzahlung	25,4	3,5	1,1	+ 5,0
- Betriebliche Altersversorgung	18,9	2,6	0,8	+ 60,2
- Zusatzversorgung	9,2	1,3	0,4	+ 53,3
Entschädigungen	4,7	0,6	0,2	- 46,0
Direkte Leistungen insgesamt	624,4	90,2	27,8	+ 56,1
Indirekte Leistungen:	72,3	9,8	3,2	+ 165,8
- Familienleistungsausgleich[1)]	36,0	4,9	1,6	--
- Andere steuerliche Maßnahmen	36,4	4,9	1,6	+ 33,8

Sozialbudget insgesamt und allgemeine Systeme konsolidiert um Beiträge des Staates
s   geschätzt
1) Ab 1996 Verlagerung des Kindergelds auf steuerliche Förderung
Quelle: Bundesministerium für Arbeit und Soziales, Sozialbudget 2005, Berlin 2006.

Abbildung II.2

Sozialbudget: Struktur der Sozialleistungen nach Leistungsarten 2005

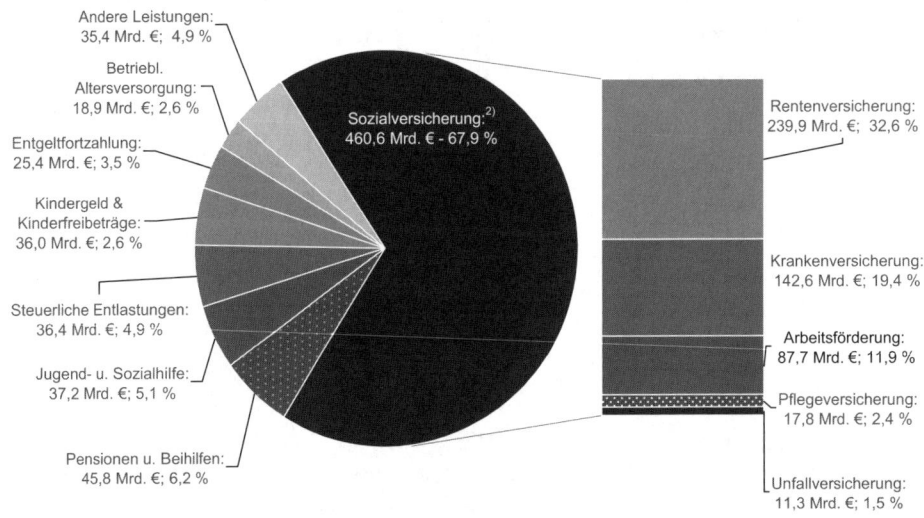

in % aller Sozialleistungen

Quelle: Bundesministerium für Arbeit und Soziales, Sozialbudget 2005, Berlin 2006.

Im Zeitraum zwischen 1991 und 2005 sind die Sozialausgaben in ihrer Gesamtheit um 63 % gestiegen. Da sich der überwiegende Teil der einzelnen Leistungssysteme in seinen Zuwächsen im Rahmen dieses Trends bewegt, haben sich deren Anteilsrelationen nur wenig geändert. Überproportional angestiegen sind hingegen vor allem die indirekten, über Steuervergünstigungen geregelten Leistungen, was in erster Linie auf die umgestellte und ausgeweitete Kindergeld- und Kinderfreibetragsregelung Mitte der 1990er Jahre zurückzuführen ist. Deutlich unterproportional haben sich die Arbeitgeberleistungen (+ 21,0 %), und hier insbesondere die Entgeltfortzahlung (+ 5,0 %), entwickelt.

Die *institutionelle* Gliederung des Sozialbudgets lässt erkennen, dass mehrere Institutionen Leistungen für denselben sozialen Zweck bereitstellen. Diese parallele Aufgabenerfüllung gilt beispielsweise für Rentenleistungen an ältere Menschen, die von der Rentenversicherung, der Beamtenversorgung, der betrieblichen Altersversorgung und von den berufsständischen Versorgungswerken übernommen werden. Gesundheitsleistungen wiederum zählen zum Aufgabenfeld von Krankenversicherung, Pflegeversicherung, Rentenversicherung, Unfallversicherung, Beamtenbeihilfe und Entgeltfortzahlung. Fasst man die Leistungen nach diesen gesellschaftlichen Zwecksetzungen bzw. nach Gefährdungsbereichen zusammen, so zeigt sich in Tabelle II.2 die *funktionelle* Gliederung des Sozialbudgets.

Wie ersichtlich, kommt der Großteil der Sozialleistungen den beiden Funktionsgruppen *„Alter/Hinterbliebene"* (39,3 %) und *„Gesundheit"* (33,9 %) zu, die zusammen genommen fast drei Viertel aller Sozialleistungen umfassen. Für die Funktionsgruppe *„Ehe und Familie"* werden 13,9 % und für die Funktionsgruppe *„Beschäftigung"* 9,0 % aller Sozialausgaben aufgewendet.

2.2 Sozialleistungsquote

Die Summe aller Sozialleistungen beläuft sich in Deutschland 2005 auf etwa 696 Mrd. €. Der Informationsgehalt dieses Wertes ist indes gering, da er keine Aussage darüber zulässt, ob das Leistungsniveau – auch im Vergleich zu anderen Ländern – als hoch oder niedrig einzuschätzen ist. Von entscheidender Bedeutung ist die Größe der Bevölkerung, auf die sich die Sozialleistungen beziehen. Stellt man die Zahl von etwa 82,5 Mio. Einwohnern in Rechnung, so beziffern sich die Sozialleistungen auf 8.400 € pro Kopf der Bevölkerung. Aber auch bei einer pro Kopf Berechnung bleiben internationale Vergleiche und Analysen des Entwicklungstrends der Sozialausgaben schwierig, da zugleich auch die Wirtschaftskraft des Landes berücksichtigt werden muss.

Um eine Bewertung vornehmen zu können, müssen deshalb die Absolutbeträge ins Verhältnis gesetzt werden zum wirtschaftlichen und finanziellen Leistungsniveau der Gesellschaft. Grundlegende Kenngröße dafür ist das *Bruttoinlandsprodukt*, also die Summe aller im Inland produzierten Güter und Dienstleistungen. Bezieht man den Gesamtumfang der Sozialleistungen auf das Bruttoinlandsprodukt, so errechnet sich die *Sozialleistungsquote*. Ihre Höhe liegt im Jahr 2005 bei 31,0 % (vgl. Tabelle II.3).

Unterscheidet man nach den alten und neuen Bundesländern, ergeben sich erhebliche Abweichungen (entsprechende Zahlen werden von der Bundesregierung allerdings nur bis 2003 ausgewiesen): In den alten Bundesländern betrug 2003 die Sozialleistungsquote 30,3 % und lag damit etwas *niedriger* als 1980 (30,6 %), aber höher als 1991 (26,7 %). Hingegen bezifferte sie sich in den neuen Ländern auf 49,4 %. In diesem sehr hohen Wert kommt zum Ausdruck, dass infolge des fundamentalen ökonomischen und sozialen Umbruchs in den neuen Bundesländern hohe soziale Belastungen aufgefangen werden mussten und müssen, und dies bei einem gleichzeitig niedrigen ökonomischen Leistungsniveau. Um bei diesem Missverhältnis die Finanzierung zu ermöglichen, sind Übertragungen aus den alten Bundesländern notwendig.

Tabelle II.2:

Sozialbudget: Leistungen nach Funktionen 1991 - 2005

	2005ˢ		1991
	Mrd. €	in %	in %
Sozialbudget insgesamt[1]	695,7	100	100
Alter und Hinterbliebene:	273,3	39,3	38,0
- Alter	265,3	38,1	36,4
- Hinterbliebene	8,0	1,1	1,6
Gesundheit:	235,7	33,9	34,9
- Vorbeugung und Rehabilitation	13,1	1,9	1,8
- Krankheit	159,7	23,0	25,5
- Arbeitsunfall und Berufskrankheiten	13,1	1,9	2,3
- Invalidität	49,8	7,2	5,3
Ehe und Familie:	96,6	13,9	14,0
- Kinder und Jugendliche	67,3	9,7	9,2
- Ehegatten	24,1	3,5	4,1
- Mutterschaft	5,2	0,7	0,7
Beschäftigung:	62,8	9,0	9,6
- Berufliche Bildung	10,0	1,4	2,4
- Mobilität	7,1	1,0	1,8
- Arbeitslosigkeit	45,6	6,6	5,4
Folgen politischer Ereignisse	2,2	0,3	0,4
Wohnen	13,8	2,0	1,2
Sparen und Vermögensbildung	9,1	1,3	1,4
Allg. Lebenshilfen	2,4	0,3	0,5

s geschätzt   1) ohne Beiträge des Staates
Quelle: Bundesministerium für Arbeit und Soziales, Sozialbudget 2005, Berlin 2006.

Insgesamt zeigt sich – wie aus Abbildung II.3 ersichtlich – eine nur schwach schwankende Sozialleistungsquote. Trotz der hohen sozialen Belastungen, die durch die Folgen der deutschen Einheit aufgetreten sind, liegt 2005 die gesamtdeutsche Sozialleistungsquote nahezu auf dem Niveau der Quote von Westdeutschland im Jahr 1975.

Von der Sozialleistungsquote ist die *Staatsquote* zu unterscheiden. Sie ist ein Indikator für alle Zahlungsströme in einer Volkswirtschaft, die über den Staat laufen, und ist damit wesentlich umfassender als die Sozialleistungsquote. Eingeschlossen sind neben den Sozialleistungen (allerdings ohne Arbeitgeberleistungen und ohne Steuervergünstigungen) die Subventionen, die staatliche Eigennachfrage (öffentliche Investitionen), der Staatsverbrauch (Personalausgaben, Militär usw.) und die Zinsaufwendungen für öffentliche Schulden. Wird die Gesamtsumme dieser Mittel ins Verhältnis zum Bruttoinlandsprodukt gesetzt, errechnet sich für 2005 eine Staatsquote von etwa 47 %.

Tabelle II.3:

Sozialleistungsquoten 1970 - 2005

	Deutschland		Alte Bundesländer				Neue Länder	
	2005[s]	1991	2003[s]	1991	1980	1970	2003[s]	1991
	in % des Bruttoinlandsprodukts							
Sozialbudget insg.[1]	31,0	27,8	30,3	26,7	30,4	25,0	49,4	48,8
Alter u. Hinterbliebene	11,8	10,6	11,7	10,6	11,9	10,3	17,9	12,7
Gesundheit	10,7	9,7	10,6	9,5	10,0	7,3	15,0	14,9
Ehe u. Familie	4,7	3,9	4,6	3,7	4,9	4,7	6,1	7,0
Beschäftigung	3,0	2,7	2,4	1,8	1,6	0,8	9,1	13,6
Übrige	1,0	0,9	1,1	1,1	2,0	1,9	1,4	0,6

s geschätzt   1) ohne Beiträge des Staates
Quelle: Bundesministerium für Arbeit und Soziales, Sozialbudget 2005, Berlin 2006.

Die Höhe der Sozialausgaben und ihre Entwicklung dürfen nicht falsch verstanden werden: Es handelt sich nicht nur um Kosten und Belastungen, sondern den Aufwendungen stehen immer auch Leistungen gegenüber, die für die jeweiligen Empfänger mit einem Zufluss von Einkommen und einer Nutzungsmöglichkeit von sozialen Diensten und Einrichtungen verbunden sind. Kosten und Nutzen sind also zu bilanzieren. Das gilt aus individueller Sicht („Wer empfängt und wer zahlt?"), aber auch aus übergreifender Perspektive („Welche gesellschaftlichen Funktionen erfüllen die Sozialleistungen und welche Belastungen fallen an?").

Aber auch die Gleichung: „Je höher die Sozialausgaben und die Sozialleistungsquote, um so ‚sozialer' die Gesellschaft und umso besser die Lebenslage der Bevölkerung" kann zu Fehlschlüssen führen. Eine solche umstandslose Gleichsetzung von Höhe der Sozialausgaben einerseits und der Wohlfahrtsposition der Gesellschaft andererseits vernachlässigt, dass das Sozialbudget nur über den finanziellen Einsatz (input), aber nicht über das Ergebnis (output) informiert. Über die *Wirksamkeit* und *Qualität* der Sozialpolitik ist also noch nichts gesagt. Hohe Kosten können unter Umständen ein Indikator für besondere Ineffektivität und Ineffizienz sein, worauf vor allem die Verhältnisse in manchen Bereichen der gesundheitlichen Versorgung hindeuten.

Abbildung II.3:

Sozialleistungsquote 1970 - 2005

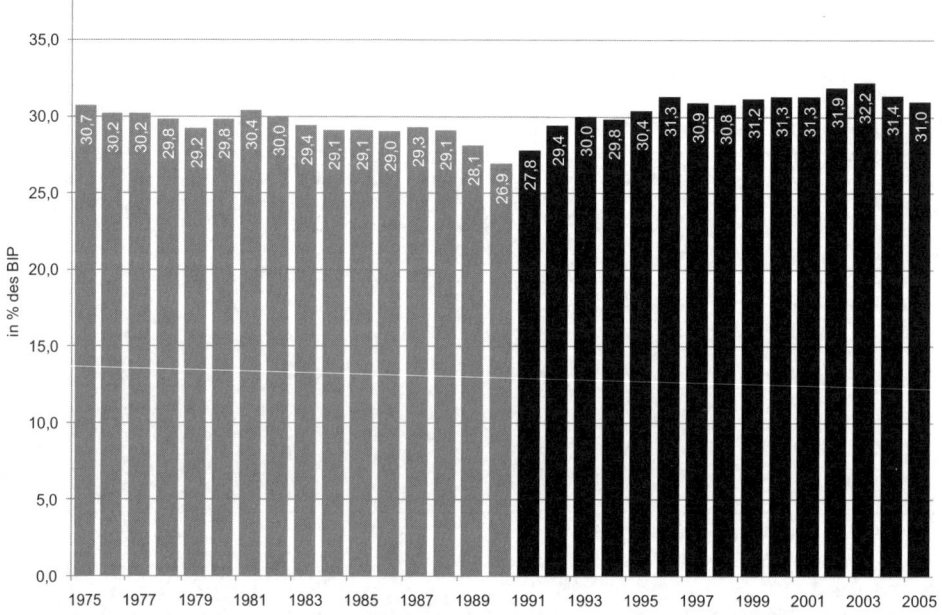

Sozialleistungen in % des Bruttoinlandsprodukts

Ab 1991 einschließlich neue Bundesländer

Quelle: Bundesministerium für Arbeit und Sozialordnung, Sozialbudget 2001, Berlin 2002.- Bundesministerium für Arbeit und Soziales, Sozialbudget 2005, Berlin 2006.

Hinsichtlich der Aussagefähigkeit der Sozialleistungsquote sind weitere Einschränkungen zu machen: Da auf Zahlungsvorgänge abgestellt wird, werden nur jene sozialen Dienstleistungen berücksichtigt, deren Erbringung erwerbsförmig und gegen Entgelt erfolgt. Dies bedeutet, dass die unentgeltlichen sozialen Hilfsleistungen im Kontext von Familie, Nachbarschaft, Selbsthilfegruppen und sozialem Ehrenamt außerhalb des Blickfeldes bleiben. Darüber hinaus begrenzt sich die Berechnung auf die *öffentlichen* Aufwendungen für Sozialleistungen (einbezogen sind allerdings die Arbeitgeberleistungen). Nicht erfasst werden hingegen die *privaten* Aufwendungen im Feld der sozialen Sicherung.

Hierbei handelt es sich insbesondere um:

▪   Ausgaben, die für Privatversicherungen und private Vorsorge getätigt werden (müssen), sei es, weil kein Schutz durch die Sozialversicherung vorliegt (so bei Selbstständigen) oder weil Leistungsspektrum und Leistungsniveau der gesetzlichen Absicherung unzureichend sind oder als unzureichend wahrgenommen werden und ergänzender Sicherungsschutz in Anspruch genommen wird.

- Käufe von medizinischen und sozialen Gütern, Leistungen und Diensten aus laufendem Einkommen oder Vermögensauflösung, wenn beispielsweise die Krankenkassen bestimmte Sachleistungen nicht übernehmen (so z.B. bei Zahnersatz oder bei Brillen) oder ambulante Pflegekräfte privat bezahlt werden müssen.

- Selbstbehalte als Zuzahlungen bei der Inanspruchnahme von Sach- und Dienstleistungen des sozialen Systems, so in der Krankenversicherung bei Arztbesuchen, Arzneimitteln und Krankenhausaufenthalten. Im Bereich der Jugendhilfe werden z.B. viele Eltern durch Gebühren an den Kosten von Tageseinrichtungen für Kinder beteiligt.

- private Unterhaltszahlungen im familiären Verbund auf freiwilliger oder gesetzlicher Grundlage.

- durch Spenden und Eigenmittel finanzierte Leistungen von sozialen Projekten, Vereinen und Wohlfahrtsverbänden.

Diese Ausklammerung des großen Spektrums der Aufwendungen für private Vorsorge muss bei der Interpretation der Sozialleistungsquote und ihrer Entwicklung berücksichtigt werden, um Fehlschlüsse zu vermeiden. Dazu drei Beispiele: Eine erhöhte Zusatzbeteiligung der Kranken an den Kosten von Arzneimitteln mindert zwar die Ausgaben der Gesetzlichen Krankenversicherung und damit das Sozialbudget. In der Regel werden die Kosten allerdings lediglich auf die privaten Haushalte verlagert, nicht aber reduziert. Eine solche Kostenverlagerung ohne Begrenzung der Ausgaben tritt auch dann ein, wenn einzelne Leistungen der Gesetzlichen Versicherung, z.B. beim Zahnersatz, reduziert werden und die Sicherungslücke durch den Abschluss einer privaten Zusatzversicherung geschlossen werden muss. Gleiches gilt, wenn freiwillig in der Gesetzlichen Krankenversicherung Versicherte in eine private Krankenversicherung wechseln. In allen Fällen bleibt das gesamtwirtschaftliche Ausgaben- und Kostenvolumen unverändert, aber die Sozialleistungsquote sinkt, weil die Beitragsfinanzierung durch private Käufe oder Prämien für Privatversicherungen abgelöst wird.

Es ist also stets eine politische Bewertungs- und Entscheidungsfrage, welche Ausgaben und Leistungen als Sozialaufwand bezeichnet werden und in die Berechnung von Sozialbudget und Sozialleistungsquote eingehen. Dies macht nicht zuletzt internationale Vergleiche von Sozialleistungsquoten schwierig.

2.3 Einflussfaktoren der Ausgabenentwicklung

Die Sozialleistungen werden sowohl in ihrem Niveau als auch in ihrer Entwicklungsrichtung durch sehr unterschiedliche Bestimmungsgrößen beeinflusst. Von Bedeutung sind insbesondere folgende Faktoren:

Veränderungen im Leistungsrecht

Wird der Kreis der Leistungsberechtigten ausgeweitet, das Leistungsniveau angehoben oder werden neue soziale Risiken und Tatbestände berücksichtigt, erhöht
sich das Ausgabenvolumen. Im umgekehrten Fall, also bei Einschnitten im Leistungsrecht (Sozialabbau), mindern sich die Ausgaben.

Zahl und Struktur der Leistungsempfänger

Die Zahl der Leistungsempfänger hängt von der Bevölkerungsentwicklung, aber
auch von den sozialen Bedarfs- und Problemlagen in der Gesellschaft ab:

▪ So führt steigende Arbeitslosigkeit zu wachsenden Empfängerzahlen von Arbeitslosengeld. Mehraufwendungen im Gesundheitssystem wiederum können
   eine Folge von Veränderungen des Krankheitsspektrums in Richtung langwie-
   riger, chronisch-degenerativer Krankheitszustände sein. Es liegt auf der Hand,
   dass sich aus diesen Trends kein „Erfolgsnachweis" für höhere Lebensqualität
   ablesen lässt. Steigende Sozialausgaben bringen hier allerdings zum Ausdruck,
   dass sich die Gesellschaft an den Folgen der sozialen Risiken beteiligt und diese nicht allein privat getragen werden müssen.

▪ Auch die Verschiebungen im Altersaufbau der Bevölkerung sind mit Mehraufwendungen verbunden. Nimmt die Zahl der älteren Menschen zu, so erhöht
   sich die Zahl der Empfänger von Altersrenten und sozialen Dienstleistungen
   (z.B. für Pflege).

▪ Bei einer Zuwanderung erhöht sich nicht nur die Bevölkerungszahl; soll die
   Migration von Ausländern, Asylbewerbern, Spätaussiedlern sozialverträglich
   ablaufen, sind auch besondere Angebote an Integrationshilfen und Qualifizierungsmaßnahmen sowie Einkommensleistungen notwendig.

▪ Veränderungen in der Sozialstruktur und den Lebensverhältnissen der Bevölkerung führen ebenfalls zu steigenden Anforderungen an die Sozialpolitik: Erhöht sich beispielsweise die Frauenerwerbstätigkeit, dann steigt auch die
   Nachfrage nach Kinderbetreuungseinrichtungen – wenn der Betreuungsbedarf
   nicht durch soziale und familiale Netzwerke ausgeglichen wird. Ein Mehrbedarf an Leistungen der sozialen Sicherung tritt auch dann auf, wenn sich infolge neuer Lebensformen (z.B. Zunahme von Ein-Personen-Haushalten) die
   Tragfähigkeit der familiären Unterstützungsnetze mindert und infolgedessen
   im wachsenden Maße öffentliche soziale Dienste und Einrichtungen benötigt
   werden.

Leistungsmenge

Die Leistungsmenge je Fall kann sich infolge verbesserter Qualitätsstandards, neuer Diagnose- und Therapiemöglichkeiten, expansiver Anbieterstrategien sowie
eines veränderten Inanspruchnahmeverhaltens nach oben entwickeln. Dies gilt insbesondere im Gesundheits- und Sozialwesen.

Einkommensentwicklung

Da der überwiegende Teil der Lohnersatzleistungen der Sozialversicherung an die Lohnentwicklung gekoppelt ist (Lohndynamisierung), kommt es bei steigenden Arbeitnehmereinkommen zu einem Ausgabenzuwachs.

Kosten- und Preisentwicklung

Kosten- und Preissteigerungen im Sozial- und Gesundheitswesen erhöhen auch bei gegebenem Leistungsrecht und bei einer unveränderten Inanspruchnahme die Ausgaben; ein solcher Preiseffekt, der die erbrachte und in Anspruch genommene Menge unberührt lässt, kann verursacht sein sowohl durch die Entwicklung des medizinisch-technischen Fortschritts, durch bessere Leistungsqualität und/oder durch Einkommens- und Gewinnerhöhungen bei den Anbietern.

Diese Ausgabentrends können sich überlagern und verstärken, aber auch gegenläufig entwickeln und kompensieren. Sie machen sich teilweise nur langsam und langfristig bemerkbar (wie z.B. die Auswirkungen des demografischen Wandels und der Veränderung der Sozialstruktur), können allerdings auch kurzfristig wirksam werden (wie z.B. in Folge eines Anstiegs der Arbeitslosigkeit, der Kostenentwicklung oder von Veränderungen im Leistungsrecht).

Um nun festzustellen, ob sich der Ausgabenzuwachs im Rahmen der wirtschaftlichen Wertschöpfung bewegt oder aber überproportional bzw. unterproportional entwickelt, muss dieser mit der Höhe des Bruttoinlandsprodukts und seiner Entwicklung verglichen werden. Steigen die Ausgaben stärker als die volkswirtschaftliche Wertschöpfung, erhöht sich die Sozialleistungsquote, im umgekehrten Fall verringert sie sich. Wirtschaftswachstum und Sozialausgaben sind allerdings keine von einander unabhängigen Größen. Niedrige und abflachende Wachstumsraten im Konjunkturabschwung gehen einher mit steigenden Arbeitslosenzahlen und erhöhten Belastungen der Sozialleistungsträger, so dass gerade in der Krise die Quote nach oben tendiert.

In den zurückliegenden Jahren sind die Empfängerzahlen von Sozialleistungen – insbesondere Arbeitslose, (Früh)RentnerInnen und Sozialhilfebedürftige – stark angestiegen. Wenn dennoch die Sozialleistungsquote (in den alten Bundesländern) weitgehend konstant geblieben ist, dann deutet dies darauf, dass Verschlechterungen im Leistungsrecht (*Sozialabbau*) wirksam geworden sind, die seit Anfang der 80er Jahre das Bild der Sozialpolitik prägen und das *reale* (d.h. um Preissteigerungen bereinigte) Leistungsniveau pro Kopf abgesenkt haben.

2.4 Sozialleistungen im europäischen Vergleich

Sollen die Sozialleistungssysteme der Mitgliedsstaaten der Europäischen Union hinsichtlich Niveau und Struktur der Ausgaben miteinander verglichen werden, dann muss auf die Angaben des Statistischen Amtes der Europäischen Gemeinschaften (Eurostat) Bezug genommen werden.

Tabelle II.4:

Sozialschutzquoten im EU-Vergleich 1980 - 2003

	1980	1985	1990	1995	2000	2003
			in % des Bruttoinlandsprodukts			
Belgien	28,0	29,3	26,4	28,1	26,8	29,7
Dänemark	28,7	27,8	28,7	31,9	28,9	30,9
Deutschland[1]	28,8	28,4	25,4	28,2	29,3	30,2
Finnland	-	-	25,1	31,4	25,3	26,9
Frankreich	25,4	28,8	27,6	30,3	29,3	30,9
Griechenland	9,7	15,4	23,2	22,3	26,3	26,3
Großbritannien	21,5	24,3	22,9	28,2	27,0	26,7
Irland	20,6	23,6	18,7	18,8	14,1	16,5
Italien	19,4	22,6	24,3	24,8	25,2	26,4
Luxemburg	26,5	23,1	22,6	23,7	20,3	23,8
Niederlande	30,1	31,7	32,4	30,9	27,4	28,1
Österreich	-	-	26,7	28,9	28,3	29,5
Portugal	12,8	14,1	15,8	21,3	21,7	24,3
Schweden	-	-	33,1	34,6	31,0	33,5
Spanien	18,1	19,9	20,5	22,1	19.6	19,7
EU 15			25,4	28,2	27,2	28,3
EU 25					26,9	28,0
Polen					20,1	21,6
Tschechien					19,6	20,1

in % des BIP   1) Bis 1990 alte Bundesländer
Quelle: Bundesministerium für Arbeit und Sozialordnung, Statistisches Taschenbuch 2001, Bonn 2001
und Eurostat, Europa in Zahlen – Eurostat-Jahrbuch 2006/07, Luxemburg 2007.

Eurostat berechnet die Sozialausgaben für die EU-Mitgliedsstaaten nach einheitlichen Kriterien, die allerdings infolge der Nicht-Berücksichtigung von indirekten
Leistungen und von freiwilligen betrieblichen Sozialleistungen vom deutschen
Berechnungsverfahren abweichen. Für einen Vergleich sind vor allem die jeweiligen Sozialleistungsquoten (die in der Terminologie der EU als *Sozialschutzquoten*
bezeichnet werden) und ihr Verlauf in den zurückliegenden Jahren von Interesse.

Aus Tabelle II.4 lässt sich entnehmen, dass die Sozialschutzquote in Deutschland mit 30,2 % (2003) im oberen Bereich der EU-Staaten liegt. In der Gruppe der
EU-15 bewegt sich die Spannweite zwischen Schweden (33,5 %) und Irland
(16,5 %). Verfolgt man die Entwicklung im Zeitablauf, dann zeigt sich ein Annä-
herungsprozess (*Konvergenz*) zwischen den Staaten. Die Abstände zwischen den
Sozialschutzquoten haben sich schrittweise verringert, die südeuropäischen Staaten

haben nachgeholt. Deutliche Abweichungen zeigen sich indes zwischen den alten und den neuen EU-Mitgliedsstaaten; insbesondere die Staaten aus Mittel- und Osteuropa weisen niedrige Sozialschutzquoten auf.

Der Vergleich der Sozialschutzquoten wird dadurch erschwert, dass nur die *Brutto*sozialleistungen in die Berechnung eingehen. Vor allem in den skandinavischen Ländern unterliegen aber viele Transfers der direkten Besteuerung. Im Ergebnis liegen hier die *Netto*sozialleistungen bzw. Nettosozialleistungsquoten deutlich niedriger als die entsprechenden Bruttogrößen.

Tabelle II.5:

Sozialleistungen nach Funktionsgruppen im EU-Vergleich 2003

	Alter und Hinterbliebene	Krankheit/ Gesundheitsversorgung	Invalidität	Familie/ Kinder	Arbeitslosigkeit	Wohnung u. soziale Ausgrenzung
	in % der Gesamtleistungen					
Belgien	44,5	27,0	6,6	7,8	12,4	1,7
Dänemark	37,2	20,5	13,5	13,2	9,8	5,7
Deutschland	42,9	27,7	7,8	10,5	8,6	2,5
Finnland	37,0	25,1	13,3	11,5	9,9	3,3
Frankreich	43,3	30,5	4,8	9,0	7,9	4,5
Griechenland	50,8	26,5	5,1	7,3	5,7	4,6
Großbritannien	44,9	29,6	9,4	6,9	2,7	6,5
Irland	23,2	41,8	5,1	16,0	8,4	5,6
Italien	61,8	25,7	6,4	4,1	1,8	0,2
Luxemburg	37,2	24,8	13,4	17,7	4,2	2,8
Niederlande	40,3	31,4	11,1	4,9	6,2	6,2
Österreich	48,2	24,8	8,6	10,8	6,0	1,7
Portugal	46,2	28,8	11,5	6,5	5,5	1,6
Schweden	40,1	26,3	14,2	9,5	5,9	4,0
Spanien	43,8	30,7	7,4	3,0	13,3	1,7
EU 15	45,5	28,2	8,0	8,0	6,2	3,6
Polen	58,5	20,5	12,2	4,7	4,0	0,2
Tschechien	41,3	35,6	8,2	7,5	3,9	3,5
EU 25	45,7	27,9	8,2	8,0	6,2	3,5

Quelle: Eurostat, Statistik kurz gefasst 14/2006, Sozialschutz in Europa.

Im Vergleich zwischen den EU-Staaten wird auch sichtbar, dass die einzelnen Funktionsgruppen der sozialen Sicherung in den jeweiligen Ländern ein erheblich unterschiedliches Gewicht haben (vgl. Tabelle II.5). Am deutlichsten klaffen die Unterschiede in den Bereichen „Familie/Kinder", „Arbeitslosigkeit" und „Wohnung und Soziale Ausgrenzung" auf. Einheitlich ist hingegen, dass die Bereiche „Alter und Hinterbliebene" sowie „Invalidität" zusammengefasst in allen Ländern (außer Irland) jeweils gut die Hälfte der Gesamtleistungen ausmachen.

Deutlich niedriger als in Deutschland und in den EU-Ländern, nämlich bei rund 15 %, liegt die Sozialleistungsquote in den USA. Dieser Wert ist nicht allein ein Ausdruck niedriger Sozialleistungen, sondern auch Folge der Konvention, die Aufwendungen für die *private* soziale Sicherung bei den Sozialausgaben nicht zu berücksichtigen. Wegen der niedrigen öffentlichen Sozialleistungen in den USA haben gerade diese Ausgaben dort eine erhebliche Bedeutung. So führt die weitgehend privatwirtschaftliche Organisation der Krankenversicherung in den USA keineswegs zu insgesamt geringeren Gesundheitsausgaben. Vielmehr summieren sich die öffentlichen und privaten Gesundheitsausgaben auf etwa 12 % des amerikanischen Sozialprodukts und nehmen mit diesem Wert im internationalen Vergleich die Spitze ein; zugleich erweisen sich aber der Krankenversicherungsschutz und die Gesundheitsversorgung als sehr lückenhaft, da ein großer Teil der Bevölkerung nur unzureichend abgesichert und versorgt ist.

3   Finanzierung der Sozialen Sicherung

3.1 Sozialpolitik als Einkommensumverteilung

Die im Sozialbudget festgehaltenen Sozialausgaben beziffern sich auf nahezu 700 Mrd. € im Jahr. Der Sozialstaat produziert die erforderlichen Finanzmittel nicht aus sich selbst heraus, sondern greift durch Steuern und Beiträge auf die im Wirtschaftsprozess erzielten Einkommen zurück (vgl. Abbildung II.4). Sozialpolitik ist immer *Einkommensumverteilungspolitik*, die eine reine Marktverteilung korrigiert (vgl. Kap. „Einkommen", Pkt. 1.3):

- Diejenigen Personen und Haushalte, die in der *Primärverteilung* (Aufteilung des Volkseinkommens im Marktprozess) keine oder keine ausreichenden Einkommen beziehen, erhalten durch sozialstaatliche Umverteilung *(Sekundärverteilung)* Anteile von den Einkommen der anderen. Empfänger sind all die, die nicht (mehr) am Erwerbsprozess teilnehmen können (wie z.B. ältere Menschen, Kranke, Arbeitslose) oder deren Einkommen aufgestockt wird, weil z.B. Kinder zu unterhalten oder die Mietbelastungen zu hoch sind.

- Durch die öffentliche Bereitstellung von Einrichtungen und Diensten im Gesundheits- und Sozialwesen und der Daseinsvorsorge können Leistungen (weitgehend) ohne direkte Bezahlung in Anspruch genommen werden. Dadurch verbessert sich die Versorgungslage der Nutzer.

- Belastet werden im Gegenzug jene, deren Einkommen durch Steuern oder Beiträge vermindert werden. Belastet werden können Arbeitnehmereinkommen (Einkommen aus abhängiger Arbeit) sowie Einkommen aus Unternehmertätigkeit und Vermögen. Auch Lohnersatzleistungen sind steuerpflichtig (z.B. Renten) oder beitragspflichtig (z.B. Krankengeld).

- Durch indirekte Steuern (Mehrwertsteuer, spezielle Verbrauchsteuern wie Tabak-, Alkohol-, Mineralölsteuer usw.) werden bei der Einkommens*verwendung* aus der Wertschöpfung Ressourcen abgeleitet. Verbrauchsteuern, die in die Preise der Güter und Dienstleistungen eingehen, reduzieren die Kaufkraft der Einkommen, nicht nur die der Markteinkommen, sondern auch die der Sozialeinkommen.

- Durch die Besteuerung einzelner Lohnersatzleistungen sowie des privaten Konsums finanzieren die Sozialleistungsempfänger ihre Einkommen teilweise selbst mit. Das betrifft z.B. Familien, die über die gezahlten Verbrauchsteuern auch zur Finanzierung des Kindergelds beitragen.

- Neben den direkten müssen auch die indirekten, über Steuervergünstigungen geregelten Sozialleistungen finanziert werden. Direkte Leistungen, wie z.B. das Wohngeld, führen zu Staatsausgaben und erfordern deshalb Steuereinnahmen; indirekte Leistungen, wie z.B. steuerliche Erleichterungen für Familien, vermindern das Steueraufkommen und erfordern deshalb Steuermehreinnahmen an anderer Stelle.

Hinter der Umleitung von Geldströmen steht zugleich ein realwirtschaftlicher Prozess: Den monetären Größen entspricht immer ein realer Gegenwert, denn die Geldzahlungen nutzen den Empfängern ja nur insofern, wenn mit dem übertragenen Geld auf dem Markt Güter und Dienstleistungen gekauft werden können. Umverteilt werden also nicht nur Einkommen, sondern damit auch Ansprüche auf Güter und Dienstleistungen. Das Gesamtvolumen der in einer Volkswirtschaft erstellten Güter und Dienstleistungen, das in der Höhe des Sozialprodukts zum Ausdruck kommt, ist die einzige Quelle, die zur Einkommensverwendung genutzt werden kann. Es gilt die nach dem Sozialökonomen Mackenroth benannte „Mackenroth-These", dass das, was eine Gesellschaft für die Versorgung der Erwerbstätigen wie der Nicht-Erwerbstätigen aufwendet, immer vom Sozialprodukt der laufenden Periode abgezweigt werden muss. Den Konsumansprüchen der Bevölkerung steht nichts anderes zur Verfügung als die Ergebnisse der jeweils aktuellen Produktion, die von der erwerbstätigen Bevölkerung erwirtschaftet (oder aus dem Ausland bezogen) wird. Es ist im Wesentlichen die mittlere Generation, die die Güter und Dienstleistungen produziert. Die Generation der Kinder und Jugendlichen ist in der Regel noch nicht, die ältere Generation dagegen nicht mehr in der Lage bzw. verpflichtet, sich durch Erwerbstätigkeit an der Erstellung des Sozialprodukts zu beteiligen.

Abbildung II.4:

Finanzierung der Sozialpolitik im Wirtschaftskreislauf

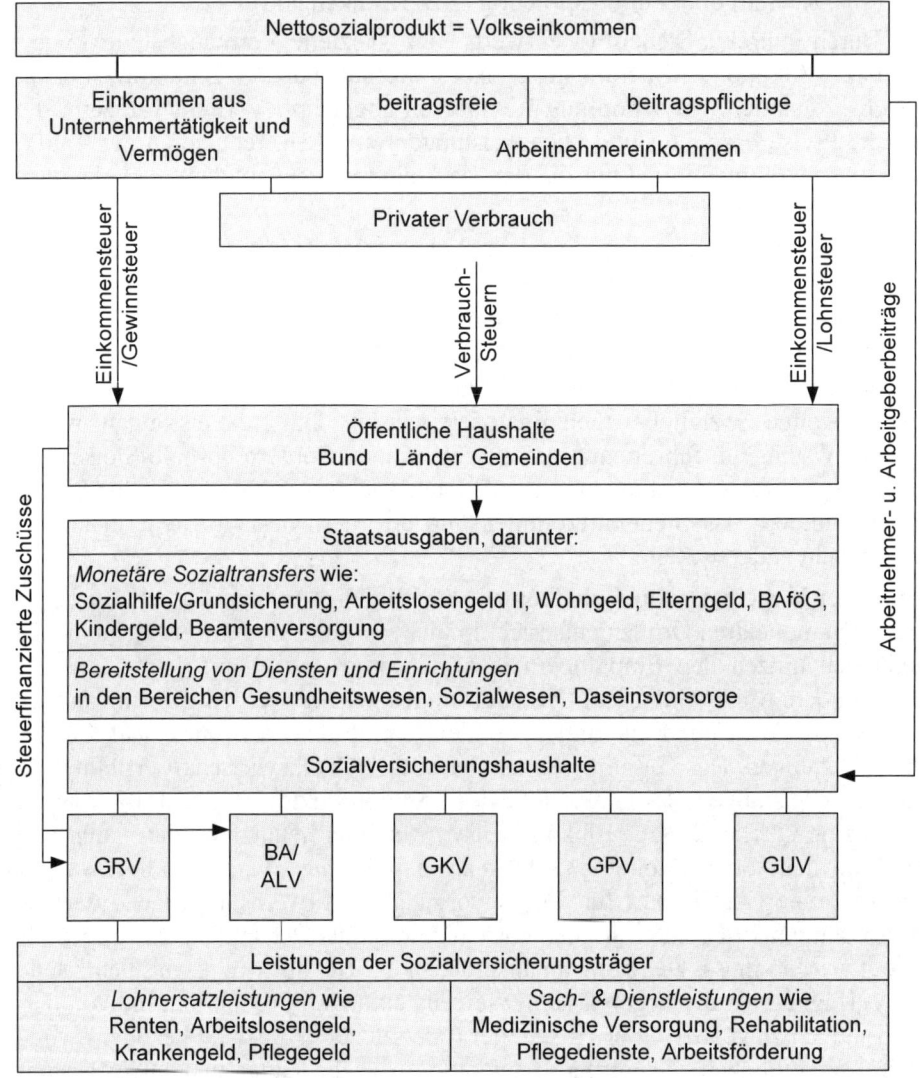

Vereinfachte Darstellung des Modells einer geschlossenen Volkswirtschaft

Ohne Berücksichtigung von Rückkopplungseffekten: z.B. Belastung von Lohnersatzleistungen mit Steuern und Sozialversicherungsbeiträgen.

Aus gesamtwirtschaftlicher Sicht macht es auch keinen prinzipiellen Unterschied, über welchen Träger die Ausgaben finanziert werden, sei es über die Sozialversicherungen oder über den Staat (Bund, Länder und Gemeinden), und ob die Finanzierung über Steuern oder Beiträge erfolgt. Wachsende Ausgaben für Renten oder für die Unterstützung von Arbeitslosen können bei gegebenem Sozialprodukt (Volkseinkommen) und bei Konstanz der anderen Staatsausgaben nur durch höhere Abzüge vom Primäreinkommen bzw. indirekt über höhere Verbrauchsteuern durch steigende Preise finanziert werden.

3.2 Finanzierungsverfahren: Umlagefinanzierung und Kapitaldeckung

Bei der Finanzierung der Sozialleistungen wird in Deutschland auf die Bildung von Vermögensrücklagen weitgehend verzichtet. Dies gilt gleichermaßen für die steuerfinanzierten, über die öffentlichen Haushalte abgewickelten Leistungen wie für die beitragsfinanzierten Leistungen der Sozialversicherungsträger. Es dominiert das *Umlageverfahren*. Nach diesem Verfahren werden die Leistungen jeder Periode aus dem laufenden Beitragsaufkommen der gleichen Periode finanziert. Dies gilt auch für jene Einkommensübertragungen, die im Rahmen der Sozialversicherung (wie die Alters- und Erwerbsminderungsrenten oder Leistungen bei Pflegebedürftigkeit) durch einen großen zeitlichen Abstand zwischen individueller Beitragszahlung und späteren Leistungen charakterisiert sind. So werden in der Rentenversicherung die eingehenden Beiträge sofort wieder zur laufenden Rentenzahlung ausgegeben. Die Versicherungsträger verfügen über keine nennenswerten Rücklagen, sondern nur über eine Liquiditätsreserve, um kurzfristige Schwankungen im Kassenbestand überbrücken zu können.

Die jeweilige Rentnergeneration wird also nur von der jeweiligen Beitragszahlergeneration versorgt. Das bedeutet, dass ein Beitragszahler mit seiner Beitragszahlung nur zur Bestreitung der aktuellen Rentenausgaben beiträgt, nicht aber seine eigene spätere Rente finanziert. Es kommt zu einer Einkommens- und Kaufkraftübertragung zwischen den Generationen. Aus der Beitragszahlung erwächst zwar eine Anwartschaft auf eine eigene Rente in der Zukunft, der tatsächliche Wert dieser Anwartschaft bzw. die konkrete Höhe der späteren Rente hängt aber weniger von den Gegebenheiten zur Zeit der Beitragszahlung und juristischen Garantien (Eigentumscharakter der Anwartschaften) ab, sondern von den sozioökonomischen Bedingungen, insbesondere von der Höhe des Lohnniveaus sowie der Belastungsfähigkeit und Zahlungswilligkeit, die zum Zeitpunkt der Auszahlung der Rente herrschen werden. Es kommt auf die Fähigkeit und Bereitschaft der Politik an, bei der nachfolgenden Generation soviel an Beiträgen einzufordern, wie dies zur Bestreitung der politisch definierten Leistungsansprüche im Alter erforderlich ist.

Demgegenüber beruhen kapitalfundierte Finanzierungsverfahren auf der Kombination von Ansparen und Entsparen. Beim *Kapitaldeckungsverfahren* im strengen Sinne (*Anwartschaftsdeckungsverfahren*) werden die Beiträge der Versicherten nicht zur laufenden Rentenzahlung verwendet, sondern in einem Kapitalstock (Anlage in Immobilien und Wertpapieren) angesammelt. Auf diese Weise wird für jeden Versicherten im Verlauf seines Arbeitslebens das Deckungskapital aufgebaut, das notwendig ist, um zusammen mit den Zinserträgen die spätere Rente zu finanzieren. Beim modifizierten Kapitaldeckungsverfahren (*Abschnittsdeckungs-*

verfahren) werden Vermögensbestände gebildet, um die Finanzierung der Ausgaben innerhalb eines mehrjährigen Deckungsabschnitts zu gewährleisten. Der während dieses Deckungsabschnitts erhobene Beitragssatz muss so kalkuliert werden, dass die laufenden Beitragseinnahmen der Versicherten, das vorhandene Vermögen und etwaige Zinserträge ausreichen, um die Leistungsausgaben während dieses Zeitraums zu finanzieren. Der angesammelte Kapitalstock wird dabei nicht dem einzelnen Versicherten zugerechnet, sondern kollektiv der Solidargemeinschaft. So gesehen ist das modifizierte Kapitaldeckungsverfahren eine Kombination aus strengem Kapitaldeckungs- und Umlageverfahren.

Das Kapitaldeckungsverfahren wird insbesondere in der privaten Lebensversicherung praktiziert. Da der Abschluss einer Privatversicherung freiwillig ist, das einzelne Versicherungsunternehmen also Zahl der Versicherten und Prämienaufkommen nicht längerfristig kalkulieren kann, muss nach einem kapitalfundierten Verfahren gearbeitet werden, um die Leistungsansprüche später auch unabhängig von Einzahlungen einlösen zu können. Die tatsächliche Höhe der aus dem Kapitalstock resultierenden Leistungen einer Lebensversicherung hängt von der Wertsteigerung und der Verzinsung des Kapitals bzw. von den Veräußerungserlösen der Kapitaltitel ab.

Das privatwirtschaftliche Kapitaldeckungsverfahren lässt sich auf ein gesetzliches Rentenversicherungssystem, das mehr oder minder die *Gesamt*bevölkerung absichert, nicht oder nur mit großen Problemen übertragen. Notwendig wäre der Aufbau eines riesigen Kapitalstocks, der das laufende Sozialprodukt bei weitem übersteigen würde und ein Mehrfaches des in der Volkswirtschaft produktiv angelegten Kapitals betragen müsste. Kapital in der erforderlichen Größenordnung könnte in Deutschland weder rentierlich angelegt noch später zum richtigen Zeitpunkt wieder in Form liquider Mittel zur Verfügung gestellt werden. Bei Anlagen im Ausland drohen neben politischen Risiken hohe Wechselkursrisiken. Zu Problemen kommt es auch immer dann, wenn der Staat das Kapital der Rentenversicherung für andere Zwecke benutzen würde, z.B. für die Finanzierung von Haushaltsdefiziten. Schließlich müssten zum Aufbau des Kapitalstocks über viele Jahre hinweg Beiträge angespart werden, die dann nicht mehr zur Finanzierung der laufenden Ausgaben zur Verfügung stünden oder die zusätzlich zu zahlen wären.

Weitere Risiken ergeben sich vor allem bei Inflationen oder Währungsreformen. Auch dafür legt die Geschichte der Rentenversicherung in Deutschland Zeugnis ab: Ursprünglich sollte das Kapitaldeckungsverfahren angewendet werden. Das angesammelte Kapital ist jedoch zwei Mal vom Staat zur Kriegsfinanzierung missbraucht worden; die noch übrig gebliebenen Reste wurden anschließend zwei Mal durch Währungsreformen entwertet (vgl. Bd. II, Kap. „Alter").

Aber selbst dann, wenn zur Finanzierung der Alterssicherung ein größerer Kapitalstock aufgebaut werden könnte, lässt sich der ökonomische Tatbestand nicht umgehen, dass die Sozialeinkommen nur aus dem laufenden Sozialprodukt finanziert werden können. Das für den *Einzelnen* nahe liegende Verhalten, durch Sparen bzw. durch den Abschluss von Lebensversicherungen vorzusorgen, um im Alter oder in „schlechten Zeiten" dann von den Erträgen des Vermögens bzw. von der Abschmelzung des Vermögens zu leben, ist aus *gesamtwirtschaftlicher* Sicht, d.h. für *alle* Bürger, nicht möglich. Eine gesamte Gesellschaft und Volkswirtschaft kann spätere Ausgaben nicht durch „Sparen" vorfinanzieren und damit die Belastungen zeitlich verschieben. Was die einen sparen, wird durch die anderen, die sich verschulden, entsprechend ausgegeben. Denn nur derjenige kann Geld anlegen und ein Vermögen bilden, der einen Schuldner bzw. Investor findet. Da jedem Gläubiger ein Schuldner gegenübersteht, rechnen sich innerhalb einer Gesamtwirtschaft Schulden und Guthaben gegeneinander auf. Umgekehrt gilt, dass Vermögen nur aufgelöst und in Konsum umgewandelt werden kann, wenn sich ein Anleger findet, der bereit ist, zu sparen und auf Konsum zu verzichten (vgl. auch Pkt. 7.6 dieses Kapitels zu der Frage einer Umstellung vom Umlage- zum Kapitaldeckungsverfahren).

Für die Finanzierung der Alterssicherung folgt daraus, dass auch bei einem kapitalgedeckten System die Zahlung von Renten nur möglich ist, wenn die Jüngeren zugunsten der Älteren auf Konsum verzichtet. Denn wenn das angesparte und in Aktien, Immobilien, Wertpapieren und dgl. angelegte Kapital veräußert werden soll, müssen sich Käufer für diese Anlagen finden. Im Wesentlichen wird dies die Generation sein, die sich selbst gerade in der Erwerbsphase befindet und nun ihrerseits Geld für die eigene Alterssicherung anlegen möchte. Nicht nur das Umlageverfahren basiert also auf dem Miteinander der Generationen, sondern auch das Kapitaldeckungsverfahren.

3.3 Finanzierung der Sozialleistungen über Beiträge und Steuern

Betrachtet man die Finanzierung der Sozialleistungen im Einzelnen, so ist der Unterschied zwischen Steuern und Beiträgen grundlegend. Die Wahl zwischen diesen beiden Finanzierungsarten hängt von der Aufgabenstellung und Zielsetzung der jeweiligen Leistung und dem institutionellen Status des Leistungsträgers ab. Welche Gebietskörperschaft für die Finanzierung der Sozialleistungen *außerhalb* der Sozialversicherung zuständig ist, lässt sich aus Übersicht II.1 entnehmen.

Generell gilt:

- Leistungen, die den Ausfall des Arbeitseinkommen ersetzen sollen, die Funktion einer Risikovorsorge wahrnehmen und über Versicherungssysteme mit eigenständigen Haushalten („*Parafisci*" = mit staatlicher Hoheitsgewalt ausgestattete Träger der öffentlichen Finanzwirtschaft) abgewickelt werden, werden über *Beiträge* finanziert. Beiträge sind zweckgebunden und haben den Charakter von individuell zurechenbaren Vorleistungen, die Rechtsansprüche auf Versicherungsleistungen begründen. Zwischen der Beitragszahlung und der Höhe des versicherten Arbeitseinkommens auf der einen Seite und der Berechnung der Höhe der Geldleistungen auf der anderen Seite besteht eine enge

Verbindung *(Äquivalenzverhältnis)*. Dies gilt allerdings nicht für die Sach- und Dienstleistungen.

■   Systeme, bei denen zwischen Finanzierung, Leistungsberechtigung und Leistungshöhe kein Zusammenhang besteht, werden über die Haushalte der öffentlichen Gebietskörperschaften (Bund, Länder und Gemeinden) finanziert; sie sind also Teil der allgemeinen Staatsausgaben und erhalten ihre Mittel aus dem allgemeinen Steueraufkommen.

Übersicht II.1:

Finanzierungszuständigkeiten der Gebietskörperschaften in der Sozialpolitik, ausgewählte Beispiele	
Bund:	Elterngeld, Grundsicherung für Arbeitssuchende, Arbeitsmarktprogramme, Zuschüsse zur Rentenversicherung, zur Bundesagentur für Arbeit und zur Alterssicherung der Landwirte
	Gemeinsam mit den Ländern Kriegsopferversorgung, Wohngeld und Ausbildungsförderung
Länder:	Krankenhausfinanzierung, Ausbau der Pflegeinfrastruktur, öffentliches Gesundheitswesen, Arbeitsmarktprogramme, Förderung von sozialen Einrichtungen und Diensten
	Gemeinsam mit dem Bund Kriegsopferversorgung, Wohngeld und Ausbildungsförderung
	Unterstützung der Kommunen, insb. bei der Sozial- und Jugendhilfe
Kommunen:	Sozialhilfe, Grundsicherung im Alter, Grundsicherung für Arbeitssuchende (Warmmiete und soziale Dienste), Jugendhilfe, freiwillige soziale Leistungen, insb. soziale Dienste und Einrichtungen
Indirekte Sozialleistungen durch steuerliche Vergünstigungen – so z.B. der Familienleistungsausgleich über das System von Steuerfreibeträgen oder Kindergeld – führen zu Steuermindereinnahmen bei der Einkommensteuer. Da das Aufkommen aus der Einkommensteuer Bund, Länder und Kommunen gemeinsam (nach einem bestimmten Anteilsschlüssel) zusteht, werden die Gebietskörperschaften in diesem Anteilsverhältnis belastet.	
Bund, Länder und Kommunen finanzieren als „Arbeitgeber" im vollen Umfang die soziale Sicherung ihrer Beamten sowie mit dem hälftigen Arbeitgeberbeitrag die Sozialversicherungsleistungen ihrer Arbeiter und Angestellten.	

Entsprechend der überragenden Bedeutung der Sozialversicherung im deutschen Sozialstaat sind die Sozialversicherungsbeiträge die mit Abstand wichtigste Finanzierungsart des Sozialleistungssystems. Ihr Stellenwert kommt zum Ausdruck, wenn man die öffentlichen Einnahmen in den Gesamtdimensionen betrachtet (vgl. Tabelle II.6).

Tabelle II.6:

Öffentliche Einnahmen: Beiträge und Steuern 2005

	Mrd. €
Einnahmen aus Sozialversicherungsbeiträgen insgesamt[1]	428,4
Beitragseinnahmen nach Sozialversicherungszweigen[2]	
- Gesetzliche Rentenversicherung	169,0
- Gesetzliche Krankenversicherung	145,5
- Bundesagentur für Arbeit	47,0
- Gesetzliche Pflegeversicherung	17,5
- Gesetzliche Unfallversicherung	11,3
Steuereinnahmen insgesamt	452,1
darunter:	
- Steuern vom Einkommen	172,8
darunter:	
- Lohnsteuer	118,9
- Umsatzsteuer insgesamt	139,7

1) ohne Berücksichtigung der unterstellten Arbeitgeberbeiträge

2) Einschließlich der Beiträge des Staates und der (anderen) Sozialversicherungsträger. Eine Summenbildung der Beitragseinnahmen aller Sozialversicherungsträger ist deshalb nicht möglich.

Quelle: Bundesministerium für Arbeit und Soziales, Sozialbudget 2005, Berlin 2006.- Sachverständigenrat zur Begutachtung der gesamtwirtschaftlichen Entwicklung, Jahresgutachten 2006/07, Wiesbaden 2006.

Die Beitragseinnahmen, so wie sie im Sozialbudget ausgewiesen werden, sind (2005) mit 428 Mrd. € (ohne unterstellte Arbeitgeberbeiträge) merklich höher als die Einnahmen aus der Einkommen- und Umsatzsteuer zusammen (313 Mrd. €). Das Aufkommen aus dem Steuersystem insgesamt beläuft sich auf 452 Mrd. €; daraus ist die *Gesamtheit* der Ausgaben von Bund, Ländern und Gemeinden zu finanzieren.

Die Sozialversicherungsbeiträge werden von den Versicherten (Arbeitnehmer, Selbstständige, Empfänger von Lohnersatzleistungen und sonstige Personen) und den Arbeitgebern gezahlt. Zu den Arbeitgeberbeiträgen zählen in der Finanzierungsrechnung des Sozialbudgets auch die so genannten unterstellten Beiträge; dies sind rechnerische Gegenwerte für Leistungen, die Arbeitnehmer von den Arbeitgebern direkt erhalten (insbesondere Entgeltfortzahlung im Krankheitsfall und betriebliche Altersversorgung).

Tabelle II.7 zeigt, dass 59,7 % der für Sozialleistungen verwandten öffentlichen Einnahmen durch Sozialbeiträge aufgebracht werden. Rechnet man die unterstellten Arbeitgeberbeiträge heraus, sind es immer noch rund 50 %. Demgegenüber machen die Steuern (steuerfinanzierte Zuschüsse) nur gut 38 % der Einnahmen aus. Zu berücksichtigen dabei ist, dass steuerfinanzierte Zuschüsse auch in die Rentenversicherung und die Bundesagentur für Arbeit (Bundeszuschüsse) fließen. Auch die Steuerausfälle von Bund, Ländern und Gemeinden infolge der indirekten Sozialleistungen, so z.B. beim Familienleistungsausgleich, werden als Zuschüsse verbucht.

Tabelle II.7:

Finanzierung der Sozialleistungen nach Arten

	1991	1995	2000	2005
	in % der Gesamteinnahmen			
Sozialbeiträge	65,6	64,1	62,0	59,7
der Versicherten	26,2	26,6	25,9	25,9
- Arbeitnehmer	22,1	21,8	21,2	20,8
- Selbstständige	1,0	1,1	1,1	1,1
- Leistungsempfänger (Rentner)	3,0	3,7	3,5	4,0
- sonstige Personen	3,1	3,7	3,6	4,0
der Arbeitgeber	39,4	37,5	36,1	33,8
- tatsächliche Beiträge	25,9	25,7	24,7	23,8
- unterstellte Beiträge	13,6	11,8	11,4	9,9
Zuschüsse des Staates	31,4	33,1	35,8	38,6
Sonstige Einnahmen	3,0	2,8	2,3	1,7

Quelle: Bundesministerium für Arbeit und Soziales, Sozialbudget 2005, Berlin 2006.

Seit Mitte der 90er Jahre ist die Bedeutung der Sozialbeiträge etwas zurück gegangen, der Anteil der Zuweisungen entsprechend gestiegen. Dies ist im Besonderen auf den gestiegenen Zuschuss des Bundes zur Rentenversicherung zurück zu führen. Damit ist der Trend einer zunehmenden Beitragsfinanzierung der Sozialausgaben, der insbesondere mit Beginn der 1990er Jahre eingeleitet worden war (Einführung der Pflegeversicherung und Finanzierung der deutschen Einheit über Sozialversicherungsbeiträge) gestoppt und umgekehrt worden. Rückläufig sind vor allem die Beiträge der Arbeitgeber, die tatsächlichen wie die unterstellten.

3.4 Sozialversicherung und Beitragsfinanzierung

Beitragszahler sind in erster Linie die versicherungspflichtig Beschäftigten und deren Arbeitgeber. Es herrscht das Prinzip der *Parität*, d.h. die Zahlungen werden zu gleichen Teilen vom Arbeitnehmer und Arbeitgeber geleistet. Allerdings gibt es Ausnahmen: So muss das Krankengeld ab 2005 allein von den Versicherten finanziert werden. Und schon immer werden die Beiträge zur Unfallversicherung allein von den Arbeitgebern gezahlt.

ArbeitnehmerInnen, die mit ihrem Einkommen eine Grenze (Versicherungs-pflichtgrenze) überschreiten, unterliegen in der Gesetzlichen Kranken- und Pflege-versicherung nicht mehr der Versicherungs- und Beitragspflicht und können in eine private Versicherung überwechseln (zu den Folgen vgl. Kapitel „Einkommen", Pkt. 6.1).

Beitragszahlungen erfolgen zusätzlich durch Rentner (Kranken- und Pflege-versicherung der Rentner), durch Krankengeldempfänger (Beitragspflicht zur Ren-ten- und Arbeitslosenversicherung) sowie durch freiwillig Versicherte und be-stimmte Gruppen von Selbstständigen. Auch die Sozialversicherungsträger über-nehmen Beitragsleistungen: So zahlt die Bundesagentur für Arbeit für ihre Leis-tungsempfänger (Empfänger von Arbeitslosengeld) Beiträge an die Renten-, Kran-ken- und Pflegeversicherung. Die Rentenversicherung zahlt den hälftigen Beitrags-satz für die Krankenversicherung der Rentner, die Krankenversicherung zahlt für die Krankengeldempfänger den hälftigen Beitragssatz an die Rentenversicherung und die Arbeitslosenversicherung. Hier wird also gleichsam der „Arbeitgeberan-teil" übernommen (vgl. Kap. „Einkommen", Pkt. 6.5). Auch zahlt die Pflegeversi-cherung Rentenversicherungsbeiträge für nicht erwerbsmäßig tätige Pflegeperso-nen. Schließlich übernimmt der Bund Beitragszahlungen für die Empfänger von Arbeitslosengeld II, für Wehr- und Zivildienstleistende und für die Kindererzie-hungszeiten in der Rentenversicherung.

Die Höhe der Beiträge richtet sich nach dem versicherungspflichtigen Brutto-arbeitsentgelt, das unabhängig von seiner Höhe mit einem einheitlichen Prozentsatz belastet wird. Auf Einkommen, die oberhalb der *Beitragsbemessungsgrenzen* lie-gen, werden keine Beiträge erhoben; im Gegenzug begründen sich auch keine An-sprüche. Der jeweilige Beitragshöchstbetrag in den einzelnen Versicherungszwei-gen errechnet sich, wenn der Betrag der jeweiligen Beitragsbemessungsgrenze mit dem jeweiligen Beitragssatz multipliziert wird.

Die Grenzwerte werden jährlich entsprechend der allgemeinen Einkommens-entwicklung angepasst (Dynamisierung). Für das Jahr 2007 ergeben sich folgende Größen

- *Renten- und Arbeitslosenversicherung*
  alte Bundesländer: 5.250 €/Monat bzw. 63.000 €/Jahr;
  neue Bundesländer: 4.400 €/Monat bzw. 52.800 €/Jahr;

- *Kranken- und Pflegeversicherung*
  alte und neue Bundesländer: 3.562,50 €/Monat bzw. 42.750 €/Jahr.

Die Beitragsbemessungsgrenze in der Renten- und Arbeitslosenversicherung ent-spricht etwa dem 2,1fachen des Durchschnittsverdienstes; der Grenzwert in der Kranken- und Pflegeversicherung übersteigt das Durchschnittseinkommen um rund 42 %.

Besondere Bedingungen gelten für die *geringfügigen Beschäftigungsverhält-nisse (Mini-Jobs)* und für die *Midi-Jobs* (vgl. Kap. „Einkommen, Pkt. 6.1):

- Im Einkommensbereich bis zu 400 €/Monat (Mini-Jobs) herrscht Versicherungs- und Beitragsfreiheit. Allerdings müssen die Arbeitgeber eine Pauschalabgabe von 30 % zahlen (15 % GRV, 13 % GKV und 2 % Steuern mit Abgeltungswirkung).

- In der Zone zwischen 401 und 800 € (Midi-Jobs) erhöhen sich die Arbeitnehmerbeiträge gleitend; nach dem Überschreiten der 400 € Grenze erreicht die Beitragsbelastung also erst schrittweise den vollen Beitragssatz. Der Arbeitgeberanteil zur Sozialversicherung liegt in der Gleitzone konstant auf der Höhe der geltenden Beitragssätze (vgl. Abbildung II.5).

Abbildung II.5:

Beitragssätze bei Mini- und Midi-Jobs

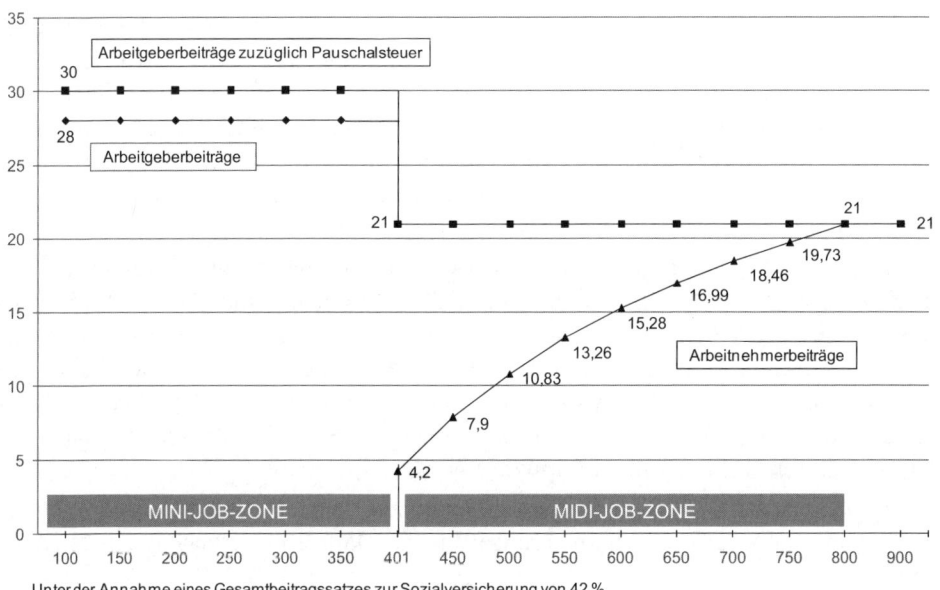

Unter der Annahme eines Gesamtbeitragssatzes zur Sozialversicherung von 42 %.

Die Beitragssätze in der Renten-, Arbeitslosen- und Pflegeversicherung werden durch Gesetz bzw. Verordnung bundeseinheitlich festgelegt. In der Krankenversicherung variiert der Beitragssatz je nach Krankenkasse, über seine Höhe entscheidet die jeweilige Selbstverwaltung der Kasse. Die Krankenkassen weisen entsprechend dem für sie gültigen Verhältnis von Beitragsaufkommen und Ausgabevolumen eine unterschiedliche Finanzlage und unterschiedliche Beitragssätze auf. Ein Risikostrukturausgleich zwischen den Kassen und den Kassenarten trägt dazu bei, die Ausschläge der Beitragssätze zu begrenzen (vgl. Bd. II, Kap. „Gesundheit und Gesundheitssystem", Pkt. 5.1.5). Mit der Einführung des Gesundheitsfonds ab 2009 wird es aber in der Gesetzlichen Krankenversicherung zu einer grundlegen-

den Neuregelung kommen (vgl. Bd. II, Kap. „Gesundheit und Gesundheitssystem"
Pkt. 12.2).

Tabelle II.8:

Beitragssatzentwicklung in den Sozialversicherungen 1975 - 2007

Jahr	Rentenver-sicherung	Krankenver-sicherung[1]	Arbeitslosen-versicherung	Pflegever-sicherung	Summe
			in %		
1970	17,0	8,2	1,3	-	26,5
1975	18,0	10,4	2,0	-	30,4
1980	18,0	11,4	3,0	-	32,4
1985	19,2	11,8	4,1	-	35,1
1990[2]	18,7	12,6	4,3	-	35,6
1991	17,7	12,2	6,8	-	36,7
1992	17,7	12,8	6,3	-	36,8
1993	17,5	13,4	6,5	-	37,4
1994	19,2	13,2	6,5	-	38,9
1995	18,6	13,2	6,5	1,0	39,3
1996	19,2	13,5	6,5	1,7	41,0
1997	20,3	13,6	6,5	1,7	41,7
1998	20,3	13,6	6,5	1,7	42,1
1999	19,5	13,6	6,5	1,7	41,3
2000	19,3	13,6	6,5	1,7	41,1
2001	19,1	13,6	6,5	1,7	40,9
2002	19,1	14,0	6,5	1,7	41,3
2003	19,5	14,3	6,5	1,7	42,0
2004	19,5	14,2	6,5	1,7	41,9
2005	19,5	13,7[3]	6,5	1,7	41,4
2006	19,5	13,3[3]	6,5	1,7[4]	41,0
2007	19,9	14,0[3]	4,2	1,7[4]	39,7

1) Durchschnittlicher Beitragssatz 2) vor 1990 alte Bundesländer, ab 1990 Deutschland
3) Ohne Berücksichtigung des Arbeitnehmersonderbeitrags von 0,9 %
4) Ohne Berücksichtigung des Sonderbeitrags für kinderlose Versicherte von 0,25 %

Tabelle II.8 und Abbildung II.6 informieren über die Entwicklung der Beitragssätze in den zurückliegenden Jahren. In den einzelnen Versicherungszweigen zeigt
sich ein unterschiedliches Bild:

- In der Rentenversicherung pendelt der Beitragssatz seit Mitte der 90er Jahre zwischen 19 und 20 %. 2007 wurde der Beitragssatz um 0,4 Punkte auf 19,7 % erhöht, um die Finanzierungsfähigkeit zu sichern.

- In der Krankenversicherung zeigt sich ein leichter, aber kontinuierlicher Anstieg des (durchschnittlichen) Beitragssatzes. Ab Juli 2005 müssen die Arbeitnehmer einen Sonderbeitrag von 0,9 % zahlen, der für die Finanzierung von Krankengeld und Zahnersatz vorgesehen ist.

- In der Arbeitslosenversicherung liegt der Beitragssatz seit 1993 konstant bei 6,5 %. Ab 2007 ist er dann auf 4,2 % abgesenkt worden, weil die Ausgaben der Bundesagentur für Arbeit reduziert worden sind und weil außerdem – über die Anhebung der Mehrwertsteuer finanziert – erhöhte Bundeszuschüsse die Finanzierung ergänzen.

- In der Pflegeversicherung hat sich der seit Einführung der Versicherung geltende Beitragssatz von 1,7 % ebenfalls nicht verändert. Seit 2006 müssen kinderlose Versicherte einen Sonderbeitrag von 0,25 % zahlen.

- Betrachtet man den Gesamtsozialversicherungsbeitragssatz dann fällt auf, dass dieser in den Jahren zwischen 1990 und 1998 um 6,5 Prozentpunkte auf 42,1 % gestiegen ist. Dieser steile Anstieg ist ganz wesentlich Folge der der Finanzierung der Belastungen der deutschen Einheit zu einem großen Teil über Sozialversicherungsbeiträge. Seit 2002 ist ein leichter Rückgang des Gesamtsozialversicherungsbeitragssatzes zu erkennen.

Die Sozialversicherungsbeiträge belasten die Einkommen aus abhängiger Arbeit, denn sowohl die Arbeitnehmer- als auch die Arbeitgeberbeiträge sind Bestandteile der Arbeitseinkommen und gehen in die Arbeitskosten ein: Bei den Arbeitgeberbeiträgen handelt es sich um den Teil des Arbeitseinkommens, der auf dem Gehaltsnachweis nicht ausgewiesen, sondern bereits vor der Festsetzung des Bruttoentgelts „abgezweigt" wird.

Will man, um beispielsweise internationale Vergleiche vornehmen zu können, wissen, wie hoch die Belastung der Arbeitseinkommen insgesamt ist, dann müssen die Beitragsabzüge ins Verhältnis zu den Bruttoentgelten *einschließlich* der Arbeitgeberbeiträge gesetzt werden. Bei dieser Berechnung fallen die Abzugs*quoten* niedriger aus als die Beitragssätze, da der Bezugswert größer ist. So entspricht einem Gesamtbeitragssatz zur Sozialversicherung von 42 % eine Belastungsquote von 34,7 %.

Beitragssatzanhebungen in den einzelnen Bereichen der Sozialversicherung sind die Folge der Auseinanderentwicklung von Einnahmen und Ausgaben. Während die Entwicklung der Ausgaben zentral von der Zahl der Leistungsempfänger (Arbeitslose, Rentner, Kranke), der Leistungshöhe je Fall und von strukturellen Faktoren (z.B. Leistungsmenge und Kostenniveau im Gesundheitswesen) abhängt, wird die Einnahmenseite durch die Zahl der Versicherten und die Höhe des Arbeitsentgelts je Versicherten bestimmt (vgl. dazu ausführlich Pkt. 4.1 dieses Kapitels).

Abbildung II.6:

Beitragssatzentwicklung in den Zweigen der Sozialversicherung 1970 - 2006

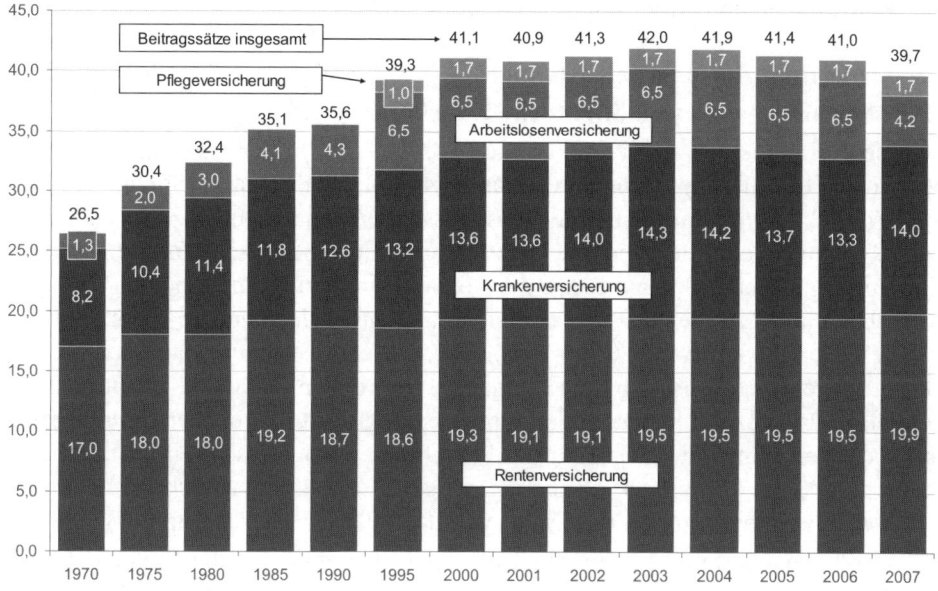

Darüber hinaus ist zu berücksichtigen, dass durch Veränderungen im Leistungs- und Finanzierungsrecht *zwischen* den einzelnen Zweigen der Sozialversicherung Verschiebungen stattfinden und stattfanden, die den Beitragssatz bei der einen Versicherungsart ermäßigten, ihn jedoch bei der anderen erhöhten. Ein Beispiel unter vielen für diese oft kritisierten „Verschiebebahnhöfe" sind die verringerten Beitragsleistungen der Arbeitslosenversicherung an die Krankenversicherung, die zu einer Entlastung der Arbeitslosen- und zu einer Belastung der Krankenversicherung geführt haben. Soweit sich diese internen Verschiebungen wechselseitig ausgleichen, ändert sich freilich nichts am Gesamtsozialversicherungsbeitrag.

In den zurückliegenden Jahren ist die Anhebung der Sozialversicherungsbeiträge erheblich stärker ausgefallen, als dies allein aus der Entwicklung der Sozialleistungsquote abzuleiten wäre. Für diese Auseinanderentwicklung von Beitragsbelastungen und Sozialausgaben sind mehrere Faktoren verantwortlich:

▪ Ein größerer Anteil der Sozialausgaben wurde aus Beiträgen, ein kleinerer Anteil dagegen aus öffentlichen Zuweisungen (d.h. über Steuern) finanziert. Während z.B. im Jahr 1970 noch etwa 41 % des Sozialbudgets steuerfinanziert waren, belief sich der Anteil 1991 nur noch auf 31,4 % (vgl. Tabelle II.7).

▪ Zugleich lässt sich feststellen, dass die beitragspflichtigen Arbeitnehmereinkommen langsamer gestiegen sind als das gesamte Volkseinkommen. Im Ergebnis haben sich die Beitragsbelastungen auf einen geringer werdenden Anteil am Volkseinkommen bezogen. Dies ist u.a. Folge des Absinkens der

Lohnquote am Volkseinkommen (vgl. Kap. „Einkommen", Pkt. 2.2) sowie der
Ausweitung versicherungs- und beitragsfreier Beschäftigungsverhältnisse (vgl.
Kap. „Arbeit und Arbeitsmarkt", Pkt. 3.2).

3.5 Steuerfinanzierte Sozialleistungen

3.5.1 Sozialausgaben und öffentliche Haushalte

Aus dem allgemeinen Steueraufkommen werden alle Sozialleistungen außerhalb
der Sozialversicherung (monetäre Transfers und Realtransfers) finanziert. Aus
Steuermitteln werden aber auch die Zuschüsse des Bundes zur Sozialversicherung
(zur Rentenversicherung und zur Arbeitsförderung) bestritten. *Bundeszuschüsse*
sind zur ergänzenden Finanzierung der Sozialversicherung unverzichtbar, um jene
Aufgaben und Ausgaben der Sozialversicherung auszugleichen, die einen allgemeinen gesellschaftspolitischen Charakter haben. Es wäre verteilungspolitisch nicht zu
vertreten, gesamtgesellschaftliche Aufgaben, von denen auch jene profitieren, die
keine Beiträge gezahlt haben, allein durch den begrenzten Kreis der Beitragszahler
(noch dazu mit linearem Belastungstarif) zu finanzieren. Dies ist eine Aufgabe der
Steuerpolitik. Eine Frage ist, ob die derzeitigen Zuschüsse ausreichend hoch sind,
um diesen Ausgleich zu gewährleisten (vgl. dazu Pkt. 7.2 dieses Kapitels).

Der Staat übernimmt schließlich die letzte Garantie für die Finanzierbarkeit
der Sozialversicherungsausgaben (*Bundesgarantie*). Insbesondere bei der Arbeitslosenversicherung ist diese Garantie unabdingbar, denn das Risiko Massenarbeitslosigkeit erweist sich als ein allgemeines wirtschaftspolitisches Problem, das nicht
versicherungsmathematisch kalkulierbar und deswegen im engeren Sinne überhaupt nicht „versicherbar" ist.

Eine *Zweckbindung* einer speziellen Steuer für eine spezielle Staatsausgabe
gibt es *nicht*. Zwischen der Steuerlast der einzelnen Bürger und der Höhe von Sozialleistungen besteht im Unterschied zur Beitragsfinanzierung kein zurechenbarer
Zusammenhang. Das Steueraufkommen der jeweiligen staatlichen Ebene wird für
die Vielzahl öffentlicher Aufgaben und Ausgaben verwendet.

Insofern stehen die steuerfinanzierten Ausgaben für die Soziale Sicherung
immer in Konkurrenz zu anderen Ausgabenpositionen. Zu erwähnen sind u.a. die
Ausgaben für Verteidigung, Landwirtschaft, Verkehr, Forschung, Entwicklungshil-
fe – um nur einzelne Posten des *Bundeshaushaltes* zu benennen. In den *Länder-
und Kommunalhaushalten* dominieren eindeutig die *Personalausgaben* (einschließlich Pensionen und Beihilfen), so insbesondere in den Tätigkeitsfeldern Schule und
Hochschule, innere Sicherheit, öffentliche Verwaltung und Daseinsvorsorge, sie
machen (2004) rund 37 % (Länder) bzw. 27 % (Kommunen) der Gesamtausgaben
aus. Von hoher Bedeutung sind darüber hinaus die Ausgaben für Zinszahlungen,
die (2006) allein beim Bund 15,4 % der Gesamtausgaben beanspruchen. Bezogen
auf die Steuereinnahmen des Bundes machen die Zinsausgaben einen Anteil von
18,4 % aus.

Tabelle II.9:

Ausgaben des Bundes 1999 und 2005

	1999		2005	
	Mrd. €	in %	Mrd. €	in %
Ausgaben insgesamt	246,9	100	259,8	100
darunter:				
Allgemeine Dienste	40,2	16,3	47,5	18,3
darunter:				
- Verteidigung	24,6	10,0	27,8	10,7
Bildung, Wissenschaft, Forschung, Kultur	9,5	3,8	11,4	4,4
darunter:				
- BAföG	0,8	0,3	1,0	0,4
Soziale Sicherung, Soziale Kriegsfolgen	100,3	40,6	133,0	51,2
darunter				
- Leistungen an die Rentenversicherung	60,5	24,5	77,5	29,8
darunter:				
Bundeszuschuss an die RV der Arbeiter und Angestellten	34,6	14,0	37,5	14,4
Zusätzlicher Bundeszuschuss	8,0	3,2	17,3	6,7
Beiträge für Kindererziehungszeiten	7,0	2,8	11,7	4,5
Bundeszuschuss an die knappschaftliche RV	7,3	3,0	6,8	2,6
- Landwirtschaftliche Sozialpolitik	3,9	1,6	3,7	1,4
- Zuschuss an die BA	3,7	1,5	0,4	0,2
- Arbeitslosenhilfe	15,9	6,4	1,5	0,6
- Grundsicherung für Arbeitsuchende/SGB II			35,2	13,5
- Wohngeld	1,9	0,8	1,1	0,4
- Erziehungsgeld	3,5	1,4	2,9	1,1
- Kriegsopferversorgung u. -fürsorge	5,0	2,0	3,1	1,2
- Zuschuss an die GKV für versicherungsfremde Leistungen			2,5	1,0
Gesundheit und Sport	0,6	0,2	0,9	0,3
Wohnwesen, Raumordnung	2,5	1,0	1,8	0,7
Ernährung, Landwirtschaft u. Forsten, Energie- u. Wasserwirtschaft, Gewerbe, Dienstleistungen	14,7	5,9	6,4	2,5
Verkehrs- und Nachrichtenwesen	9,6	3,9	11,1	4,3
Wirtschaftsunternehmen, allgemeines Grund- und Kapitalvermögen	16,2	6,6	9,5	3,7
Allgemeine Finanzwirtschaft	53,3	21,6	38,1	14,7
darunter				
- Schulden	41,1	16,7	37,4	14,4

Quelle: Bundesministerium der Finanzen, Berlin 2007.

Tabelle II.10:

Ausgaben des Landes Nordrhein-Westfalen 1999 und 2005

	2005		1999
	Mrd. €	%	%
Ausgaben insgesamt	49,26	100	100
darunter:			
- Bildung, Wissenschaft und Forschung	17,58	35,7	29,5
- Allgemeine Dienste	9,75	19,8	14,5
- Soziale Sicherung, Gesundheit, Sport	4,61	9,4	8,0
- Verkehrs- und Nachrichtenwesen	2,15	4,4	4,4
- Energie- u. Wasserwirtschaft, Gewerbe, Dienstleistungen	1,20	2,4	3,3
- Wohnungswesen, Raumordnung	0,54	1,1	2,0
- Ernährung, Landwirtschaft und Forsten	0,4	0,8	0,7
- Allgemeine Finanzwirtschaft	12,77	25,9	36,9
darunter: allgemeine Finanzzuweisungen an Gemeinden und Gemeindeverbände	7,53	15,3	17,2
Schulden	4,79	9,7	9,9

Quelle: Statistisches Jahrbuch Nordrhein-Westfalen 2005, Düsseldorf 2006.

Fragt man nach den Aufgabenbereichen und nach dem Anteil, den die Ausgaben für Soziales – wobei die Abgrenzung des Bereichs „Soziales" häufig sehr unterschiedlich ausfällt – an den Haushalten der Gebietskörperschaften ausmachen, so ergibt sich folgendes Bild:

- Im *Bundeshaushalt*, dessen Gesamtvolumen (2005/Ist) 259,8 Mrd. € beträgt, fallen gut 51 % der Ausgaben für den Bereich „Soziale Sicherung und soziale Kriegsfolgeausgaben" an. Allein die Zuschüsse des Bundes für die Rentenversicherung schlagen mit 77,5 Mrd. €, das sind 29,8 % aller Ausgaben, zu Buche (vgl. Tabelle II.9). Seit Mitte der 90er Jahre sind in Folge der mehrfach angehobenen Bundeszuschüsse zur Rentenversicherung (so in Verbindung mit der Erhebung der Öko-Steuer, vgl. Band II, Kap. „Alter") die Aufwendungen für diesen Aufgabenbereich deutlich angestiegen.

   Eine hohe Bedeutung haben auch die Ausgaben, die der Bund seit 2005 für die Leistungen nach dem SGB II (Grundsicherung für Arbeitsuchende) zu tragen hat. Sie belaufen sich auf 35,2 Mrd. €, das sind 13,5 % der Gesamtausgaben. Mit dem neuen Leistungssystem sind zugleich aber auch die bisherigen Ausgaben für die Arbeitslosenhilfe entfallen, die 2004 bei 18,8 Mrd. € lagen.

   Bei den steigenden Sozialausgaben ist zu berücksichtigen, dass sich die Ausgaben des Bundes insgesamt – trotz des Anstiegs des Preisniveaus – in den zurückliegenden Jahren kaum erhöht haben, real (preisbereinigt) also sogar *ge-*

sunken sind. So errechnet sich von 1999 bis 2005 lediglich eine nominale Erhöhung der Bundesausgaben um 5,2 %.

- In den *Länderhaushalten* haben die Ausgaben für den Bereich „Soziale Sicherung und Gesundheit" ein vergleichsweise geringes Gewicht; in Nordrhein-Westfalen beispielsweise (vgl. Tabelle II.10) errechnet sich für 2005 ein Anteil von lediglich 9,4 %. Auf Landesebene dominieren stattdessen die Ausgaben für Bildung, Wissenschaft und Forschung sowie die allgemeinen Finanzzuweisungen (in erster Linie in Richtung der Kommunen). Der Grund liegt in der verfassungsrechtlich festgelegten nachrangigen Zuständigkeit der Länder für soziale Aufgaben. Allerdings verbirgt sich hinter den Zuweisungen der Länder an die Kommunen (vgl. Pkt. 3.6 dieses Kapitels) auch eine indirekte Finanzierung kommunalen Sozialleistungen.

- Bei den *Gemeinden* summieren sich die Ausgaben für „Soziale Sicherung, Gesundheit, Sport und Erholung" auf etwa 37 % der gesamten Ausgaben (vgl. Pkt. 3.6 dieses Kapitels).

3.5.2 Steuersystem und Steuerverteilung

Einen Überblick über die wesentlichen Steuerarten und ihre Aufkommenshöhe gibt Tabelle II.11. Die in dieser Übersicht genannten Steuern machen gut 95 % des gesamten Steueraufkommens aus. Die restlichen Steuerarten des Steuersystems sind – bezogen auf das Gesamtvolumen – vergleichsweise unbedeutend. Die Steuerarten mit dem höchsten Aufkommen sind (2005) die *Lohnsteuer* mit 26,4 % und die *Umsatzsteuer* (Einfuhrumsatzsteuer und Mehrwertsteuer) mit 31,0 %.

Es zeigt sich, dass das Gesamtsteueraufkommen – infolge der anhaltenden Wachstums- und Beschäftigungskrise und der mehrfachen Steuerentlastungen – seit 2000 *rückläufig* ist. Zugleich konzentrieren sich die steuerlichen Belastungen immer stärker auf die Einkommen aus abhängiger Arbeit, während die Gewinnsteuern an Bedeutung verlieren: So betrugen im Jahr 2005 die Einnahmen aus *Körperschaftsteuer, veranlagter Einkommensteuer und nicht veranlagter Steuer vom Ertrag* insgesamt nur noch 7,3 % des Gesamtsteueraufkommens, 1990 waren es 14,1 %. Verschoben hat sich auch das Verhältnis zwischen *direkten* Steuern (Einkommen-, Gewerbe-, Erbschaftsteuer) und *indirekten* Steuern (Umsatzsteuer und andere Verbrauch- und Aufwandsteuern) in Richtung einer stärkeren Bedeutung der indirekten Steuern. 1970 lag das Verhältnis bei 58 % (direkte Steuern) zu 42 % (indirekte Steuern), 1990 bei 56 % zu 44 % und 2005 bei 48 % zu 52 % (zu den Verteilungswirkungen von Einkommen- und Umsatzsteuer vgl. Kap. „Einkommen", Pkt. 4.1). Durch die Anhebung der Mehrwertsteuer um 3 Punkte ab 2007 wird die Bedeutung indirekter Steuern weiter steigen.

Tabelle II.11:

Aufkommen aus den wichtigsten Steuerarten 1990 - 2005

		1990		2000		2005	
		Mrd. €	in %	Mrd. €	in %	Mrd. €	in %
Gesamtsteueraufkommen		281,0	100	467,3	100	451,0	100
darunter:							
- Steuern vom Einkommen		130,4	46,4	204,2	43,7	172,3	38,2
darunter:							
Lohnsteuer	G	90,8	32,3	135,7	29,1	118,9	26,4
Veranlagte Einkommensteuer	G	18,7	6,6	12,2	2,6	9,8	2,2
Nicht veranlagte Steuer vom Ertrag	G	5,5	2,0	13,5	2,9	7,0	1,6
Zinsabschlagsteuer	G	-	-	7,3	1,6	9.9	2,2
Körperschaftsteuer	G	15,4	5,5	23,6	5,0	16,3	3,6
Ergänzungsabgabe	B	-	-	11,8	2,5	10,3	2,3
- Gewerbesteuer	K	19,8	7,1	27,0	5,8	31.0	6,9
- Grundsteuer	K	4,5	1,6	8,8	1,9	10,2	2,3
- Umsatzsteuer	G	75,5	26,9	140,9	30,1	139,7	31,0
- Mineralölsteuer	B	17,7	6,3	37,8	8,1	40,1	8,9
- Tabaksteuer	B	8,9	3,2	11,4	2,5	14,3	3,2
- Versicherungsteuer	B	2,3	0,8	7,2	1,6	8,8	2,0
- KFZ-Steuer	L	4,3	1,5	7,0	1,5	8,7	1,9
- Erbschaftsteuer	L	1,5	0,5	3,0	0,6	4,1	0,9
- Grunderwerbsteuer	L	2,1	0,8	5,2	1,1	4,8	1,1
Bund		267,7	48,7	198,8	42,5	190,3	42,2
Länder		189,1	34,4	189,5	40,6	183,1	40,6
Gemeinden		73,1	13,3	57,1	12,2	57,3	12,7
EU		20,9	3,8	21,8	4,7	19,8	4,4

G = Gemeinschaftliche Steuer   B = Bundessteuer   L = Landessteuer   K = Kommunale Steuer
Quelle: Bundesministerium der Finanzen, Datensammlung zur Steuerpolitik, Berlin 2006.

Das Gesamtsteueraufkommen verteilt sich nach bestimmten Zuordnungen und Verteilungsschlüsseln auf die einzelnen staatlichen Ebenen. Dem föderativen Staatsaufbau in der Bundesrepublik Deutschland entspricht ein dezentralisiertes Aufgaben- und Finanzsystem, so wie es im Grundgesetz geregelt ist: Einzelne Steuerarten fließen jeweils einer öffentlichen Gebietskörperschaft allein zu:

- Der Bund erhält die Einnahmen aus dem Solidaritätszuschlag und aus den meisten speziellen Verbrauchsteuern (so u.a. Mineralölsteuer, Tabaksteuer, Versicherungsteuer);

- den Ländern stehen u.a. die Einnahmen aus der Kraftfahrzeugsteuer, Grunderwerbsteuer und Erbschaftsteuer zu;

- den Gemeinden schließlich fließen die Einnahmen u.a. aus der Grundsteuer und Teilen der Gewerbesteuer sowie aus örtlichen Verbrauch- und Aufwandsteuern zu.

Die ertragsreichsten Steuern werden nach einem komplizierten und zwischen den Beteiligten stets strittigen Schlüssel auf die Bundes-, Länder- und Gemeindehaushalte verteilt, damit die zugewiesenen Aufgaben angemessen erfüllt werden können und sich die Steuereinnahmen der drei Ebenen ungefähr in gleicher Weise entwickeln. Zu diesen *Gemeinschaftsteuern* zählen vor allem die Lohn- und Einkommensteuer und die Umsatzsteuer:

- Das Aufkommen aus der Lohn- und veranlagten Einkommensteuer wird im Verhältnis von 42,5 : 42,5 : 15 auf Bund, Länder und Gemeinden aufgeteilt. Zum (teilweisen) Ausgleich für die Beteiligung an der Einkommensteuer müssen die Gemeinden wiederum 15 % der Gewerbesteuer abführen (Stand 2005); diese Gewerbesteuerumlage fließt zu gleichen Teilen an Bund und Länder.

- Das Aufkommen aus der Körperschaftsteuer und der nicht veranlagten Steuern vom Ertrag fließen dem Bund und den Ländern je zur Hälfte zu.

- An der Zinsabschlagsteuer partizipieren der Bund und die Länder jeweils mit 44 % und die Gemeinden mit 12 %.

- Von der Umsatzsteuer erhalten (2005) der Bund vorab 5,63 % und die Gemeinden 2,2 %. Das nach diesen Vorwegabzügen verbleibende Aufkommen wird dann zu 50,5 % auf den Bund und zu 49,5 % auf die Länder verteilt.

Gut zwei Drittel der Einnahmen der Gebietskörperschaften sind Steuereinnahmen. Daneben treten Einnahmen und Gewinne aus (öffentlichen) Unternehmen, Vermögensterträge, Erlöse aus Veräußerungen und Privatisierungen, Gewinnabführungen der Bundesbank (an den Bund). Eine große Bedeutung hat die Finanzierung der öffentlichen Ausgaben über *Nettokreditaufnahme* (Kreditaufnahme abzüglich Tilgung). Und für die Haushalte der Gemeinden sind Einnahmen aus Gebühren und Beiträgen von hohem Gewicht.

Durch ein *Finanzausgleichssystem* zwischen Bund, Länder und Gemeinden fließen finanzschwachen Bundesländern und Gemeinden ergänzende Mittel zu. Zu unterscheiden ist zwischen dem *vertikalen Finanzausgleich* zwischen Körperschaften unterschiedlicher Rangordnung (wenn z.B. der Bund finanzschwache Länder durch Ergänzungszuweisungen unterstützt) und dem *horizontalen Finanzausgleich* zwischen Körperschaften auf gleicher Ebene. Wichtigstes Element des horizontalen Finanzausgleichs sind die Ausgleichszahlungen zwischen finanzstarken und finanzschwachen Bundesländern. Empfänger sind in erster Linie die ostdeutschen

Länder. Ziel des Finanzausgleichs ist es, das Verfassungspostulat der „Einheitlich-keit der Lebensverhältnisse" zu garantieren.

Setzt man die Steuerbelastungen ins Verhältnis zum Sozialprodukt, dann er-rechnet sich die gesamtwirtschaftliche *Steuerquote* (Steuereinnahmen der Gebiets-körperschaften in Relation zum Bruttoinlandsprodukt). Diese weist in längerfristi-ger Sicht in eine leicht *sinkende* Tendenz auf (1977: 26,5 %; 2005: 22,0 %) (Abbil-dung II.7). Die *Sozialbeitragsquote* (Sozialbeiträge in Relation zum Bruttosozial-produkt) ist demgegenüber bis 1997 (19,2 %) durch einen kontinuierlichen Anstieg charakterisiert, fällt seitdem allerdings wieder auf 17,7 % (2005) zurück. Auch die *Abgabenquote* insgesamt bewegt sich seit 1999 rückläufig (1999: 42,5 %, 2005: 39,7 %).

Abbildung II.7:

Ausgaben und Einnahmen des Staates in % des Bruttoinlandsprodukts 1970 - 2005

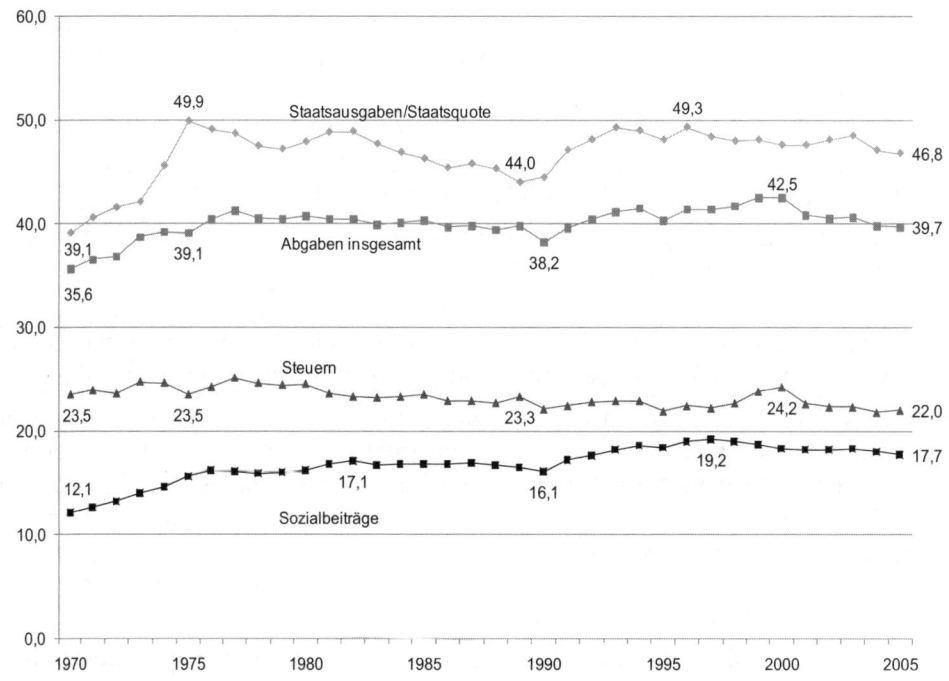

Datenbasis: VGR   Bis 1990: alte Bundesländer, nach 1990 Deutschland
Quelle: Bundesministerium der Finanzen, Datensammlung zur Steuerpolitik, Berlin 2006.

3.5.3 Steuer- und Abgabenbelastung im europäischen Vergleich

In der Summe von Sozialabgaben und Steuern errechnet sich eine volkswirtschaft-liche *Gesamtabgabenquote* von 39,7 % (2005). Damit liegt Deutschland im Mittelfeld der EU-Staaten (vgl. Tabelle II.12). Deutlich höhere Quoten haben u.a. die skandinavischen Staaten (Schweden: 50,3 %, Dänemark: 48,9 %, Finnland: 44,1 %). Unter dem deutschen Niveau liegen die südeuropäischen Länder sowie Großbritannien (36,8 %).

Der internationale Vergleich allein auf der Ebene von Gesamtabgabenquoten verdeckt jedoch, dass sich zwischen den Ländern auch die Gewichte von Steuern und Beiträgen unterscheiden. Während in Deutschland und auch in Frankreich, den Niederlanden und Österreich die Beitragsbelastungen hoch liegen, sind für die skandinavischen Staaten hohe Steuerquoten charakteristisch.

Tabelle II.12:

Steuer- und Abgabenquoten in ausgewählten Ländern der EU 1999 und 2004

	Gesamtabgabenquote		Steuerquote		Sozialabgabenquote	
	2004	1999	2004	1999	2004	1999
	in % des BIP					
Schweden	50,3	53,4	36,4	40,7	13,9	12,7
Dänemark	48,9	51,2	47,7	49,1	1,2	2,1
Finnland	44,1	46,6	32,1	33,4	12,0	13,2
Belgien	44,6	45,1	30,5	30,7	14,1	14,4
Österreich	42,4	43,6	27,9	28,4	14,5	15,2
Frankreich	43,3	45,2	27,0	28,7	16,3	16,5
Italien	41,6	42,9	28,9	30,4	12,7	12,5
Deutschland	38,7	42,2	21,9	24,3	16,8	17,9
Niederlande	37,3	40,7	23,3	24,7	14,0	16,0
Großbritannien	36,8	36,9	29,1	30,1	7,7	6,8
Spanien	34,8	34,5	22,6	22,3	12,2	12,2
EU 15	40,2	41,6	26,5	28,2	13,2	13,4
EU 25	40,2	41,3	26,3	28,0	13,0	13,3

Quelle: Statistisches Bundesamt, Statistische Jahrbücher 2004 und 2006, Ausland, Wiesbaden 2004 und 2006.

Diese Abweichungen finden ihre Erklärung in den unterschiedlichen Wohlfahrtsstaatstypen in Europa: In Skandinavien dominiert der Typ eines ausgebauten Systems der sozialen Sicherung auf steuerfinanzierter Basis; demgegenüber prägt in Kontinentaleuropa das beitragsfinanzierte Sozialversicherungssystem (Bismarck-Typus) die Sozialpolitik. In Abbildung II.8 kommen diese Unterschiede – hier bezogen auf die Finanzierung allein der Sozialausgaben – zum Ausdruck: Die Extrempositionen werden durch Dänemark auf der einen und Frankreich auf der anderen Seite eingenommen: Während in Dänemark 63,5 % aller Sozialausgaben über

Steuern/staatliche Zuweisungen aufgebracht werden, finanzieren sich in Frankreich 66,1 % aller Sozialausgaben über Beiträge. Betrachtet man die Entwicklung der Finanzierungsstruktur im mittelfristigen Verlauf (seit 1990), lässt sich ein Angleichungsprozess erkennen: Staaten mit einer hohen Steuerquote haben den beitragsfinanzierten Anteil ihrer Sozialausgaben erhöht, Staaten mit einer hohen Beitragsquote haben den entgegen gesetzten Weg beschritten.

Abbildung II.8:

Finanzierung der Sozialausgaben in Ländern der EU 2004

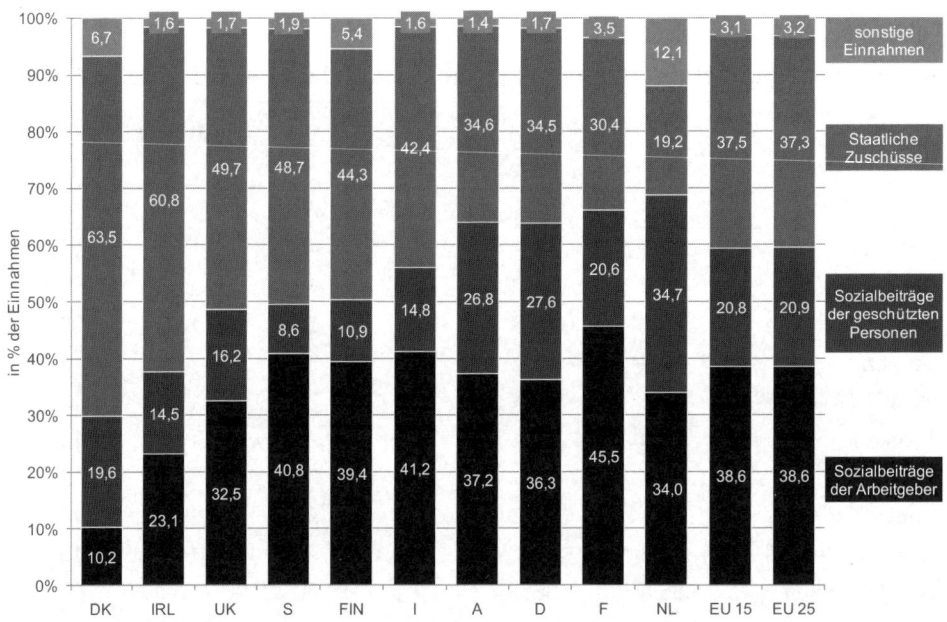

Quelle: Statistisches Bundesamt, Statistisches Jahrbuch 2005, Ausland, Wiesbaden 2005.

3.6 Kommunale Sozialpolitik und ihre Finanzierung

Im steuerfinanzierten Bereich der Sozialen Sicherung hat die kommunale Sozialpolitik eine zentrale Bedeutung. Trotz der Tendenz einer Verlagerung sozialpolitischer Aufgaben auf die zentralstaatliche Ebene (so durch die Einführung der Pflegeversicherung und durch die Verlagerung der erwerbsfähigen Empfänger von Hilfe zum Lebensunterhalt zur neuen Grundsicherung für Arbeitsuchende) sind immer noch die Kommunen hauptzuständig für die soziale Infrastruktur der Gesellschaft und für die Daseinsvorsorge der Bürgerinnen und Bürger. In ihre Verantwortung fällt die Sicherstellung eines bedarfsgerechten und bürgernahen Angebots an sozialen Einrichtungen und Dienstleistungen. Zugleich sind sie örtliche Träger der Sozialhilfe und der Jugendhilfe.

Die Kommunen – kreisfreie Städte, (Land)Kreise und kreisangehörige Städte) – regeln in Selbstverwaltung alle Angelegenheiten der örtlichen Gemeinschaft, soweit nicht Bund oder Länder zuständig sind. Zu den wichtigsten Aufgaben zählen soziale Leistungen, Kultur, Gesundheit, Sport und Erholung, Straßenbau und Verkehrswesen, Energie- und Wasserversorgung, Stadtreinigung, öffentliche Ordnung, Bau- und Wohnungswesen sowie Wirtschaftsförderung. Mit ihrer Gesetzgebungskompetenz haben Bund und Länder die Möglichkeit, die Kommunen und die Kommunalverbände zur Wahrnehmung bestimmter örtlicher Aufgaben zu verpflichten und den Standard der Aufgabenerfüllung vorzugeben. Für die Aufgaben im sozialen Bereich maßgebend sind hier die Sozialhilfe nach dem SGB XII sowie die Kinder- und Jugendhilfe nach dem SGB VIII.

Bei den kommunalen Aufgaben allgemein und den sozialpolitischen Aufgaben im Besonderen ist zu unterscheiden, ob es sich um eigene Aufgaben der Gemeinden (freie Selbstverwaltungsaufgaben) oder um Aufgaben handelt, die den Gemeinden gesetzlich vorgegeben sind (vgl. dazu auch Bd. II, Kap. „Soziale Dienste", Pkt. 3.1.2).

Übersicht II.2:

Aufgaben der Kommunen

Freiwillige Selbstverwaltungsaufgaben sind ganz in das Belieben einer Kommune gestellt; so ist es ausschließlich Sache der Gemeinden, einzelne soziale Projekte und Maßnahmen zu fördern.

Pflichtige Selbstverwaltungsaufgaben sind Leistungen, die den Gemeinden durch Bundes- und/oder Landesgesetze vorgeschrieben sind. Bei der Art und Weise ihrer Durchführung haben die Gemeinden jedoch einen Gestaltungs- und Ermessensspielraum. Dies betrifft im sozialen Bereich vor allem die Sozialhilfe und die Jugendhilfe.

Staatliche Aufgaben werden den Gemeinden durch Gesetz übertragen, die Gemeinden fungieren als staatliche Unterbehörde; bei der Aufgabendurchführung bleibt kein Spielraum. Die Kosten werden vom Bund oder Land übernommen. Die Auszahlung des Wohngelds beispielsweise ist eine staatliche Aufgabe.

Beim weitaus größten Teil der kommunalen Sozialpolitik handelt es sich um *Pflichtaufgaben*. Gut zwei Drittel der kommunalen Sozialausgaben werden durch Aufwendungen der Sozialhilfe bzw. der Grundsicherung für Arbeitsuchende sowie durch die Leistungen nach dem SGB VIII (Kinder- und Jugendhilfe) gebunden.

Die zur Wahrnehmung der kommunalen Aufgaben notwendigen Einnahmen stammen im Wesentlichen aus drei Quellen:

▪ Steuereinnahmen,

▪ Gebühren und Beiträge,

▪ Finanzzuweisungen vom Land.

Die Finanzverfassung weist den Kommunen das Aufkommen an den *Realsteuern* (Gewerbesteuer und Grundsteuer) und den örtlichen Aufwand- und Verbrauchsteuern zu. Ergänzend erhalten die Gemeinden Anteile aus den Gemeinschaftsteuern. Der Gestaltungsspielraum der Kommunen bei den Steuereinnahmen ist gering, da das Steuerrecht durch den Bundesgesetzgeber geregelt wird. Das gilt auch für die Vereinbarungen über die Aufteilung der Gemeinschaftsteuern, die zwischen Bund und Ländern ohne direktes Mitentscheidungsrecht der Gemeinden erfolgen. Eine beschränkte Flexibilität besteht bei den Realsteuern, deren Aufkommen die Gemeinden durch die Festlegung der Steuersätze (Hebesätze) beeinflussen können.

Von den Steuern sind Gebühren und Beiträge zu unterscheiden. Bei diesen handelt es sich um Einnahmen, denen eine konkrete Gegenleistung gegenübersteht:

- *Beiträge* sind eine Art Umlage der Kosten für den Bau und die Pflege einer Einrichtung oder Anlage auf diejenigen, die dadurch einen potenziellen wirtschaftlichen Vorteil haben (so z.B. Anliegerbeiträge für den Anschluss an eine Straße oder für den Bau einer Kanalisation).

- *Gebühren* sind eine Beteiligung an den Kosten für eine einzeln zurechenbare Leistung: *Verwaltungsgebühren* werden für Amtshandlungen (Ausstellen eines Ausweises, Gerichtsgebühren usw.), Benutzungsgebühren für die Inanspruchnahme öffentlicher Einrichtungen und Anlagen erhoben. *Benutzungsgebühren* bzw. *Nutzungsentgelte* finden sich nicht nur im Bereich von Ver- und Entsorgung (Abwasserbeseitigung, Abfallbeseitigung, Straßenreinigung), sondern – mit steigender Tendenz – auch im sozialen Bereich. Beispiele dafür sind vor allem die Kindergartengebühren sowie Zuzahlungen bei anderen Angeboten und Leistungen der Jugend- und Familienhilfe.

Das Prinzip der Kostendeckung kann bei Benutzungsgebühren bzw. -entgelten im sozialen, kulturellen und sportlichen Bereich nicht gelten, da dadurch die Inanspruchnahme der entsprechenden Leistungen und Angebote erheblich eingeschränkt und die gesellschafts- und sozialpolitisch erwünschte bedarfsdeckende Versorgung verhindert würde. Das gilt z.B. für Jugendfreizeiteinrichtungen, Schuldnerberatungsstellen, Familien- und Erziehungsberatungsstellen oder Kindergärten. Eine ähnlich abschreckende Wirkung hätten kostendeckende Gebühren bzw. Eintrittsentgelte bei Schwimmbädern, Museen, Theatern oder öffentlichen Büchereien. Um die begrenzte finanzielle Leistungsfähigkeit bestimmter Bevölkerungsgruppen zu berücksichtigen, sind zudem Gebührenermäßigungen (so für Arbeitslose, Sozialhilfeempfänger, Schüler, Studenten, Rentner) oder einkommensabhängig gestaffelte Gebühren (Elternbeiträge in Kindergärten) möglich.

Tabelle II.13 zeigt die Struktur der kommunalen Einnahmen und Ausgaben, hier bezogen auf die alten Bundesländer (2005). Mit den Steuereinnahmen werden 39,6 %, mit Gebühren, Beiträgen und Einnahmen aus wirtschaftlicher Tätigkeit 32,3 % der Gesamteinnahmen der Gemeinden abgedeckt. Zusammengenommen reicht dies zum Haushaltsausgleich bei weitem nicht aus. Deswegen haben die

Kommunen Anspruch auf zusätzliche *Zuweisungen* vom Land im Rahmen des *kommunalen Finanzausgleichs*, wobei allerdings die Höhe des Anteils und die Modalitäten der Vergabe Sache des Landes sind.

Tabelle II.13:

Kommunale Einnahmen und Ausgaben 1995 - 2005 (alte Länder)

	1995		2000		2005	
	Mrd. €	in %	Mrd. €	in %	Mrd. €	in %
Einnahmen						
insgesamt	115,2	100	120,1	100	123,2	100
darunter						
- Steuern	39,7	34,5	47,7	38,9	48,8	39,6
darunter						
Gewerbesteuereinnahmen	14,3	12,4	18,0	15,0	20,7	16,8
Umsatzsteueranteil	-	-	2,4	1,9	2,2	1,8
Einkommensteueranteil	19,3	16,7	19,7	15,9	17,5	14,2
- Gebühren	17,3	15,0	14,5	12,3	13,9	11,3
- Laufende Zuweisungen von Land/Bund	27,7	24,0	28,5	22,7	29,7	24,1
- Investitionszuweisungen von Land/Bund	5,6	4,9	5,0	4,0	5,0	4,1
- Erwerbseinnahmen, Beiträge, Veräußerungserlöse und sonstige Einnahmen	24,9	21,7	24,4	21,6	25,9	21,0
Ausgaben						
insgesamt	120,5	100	120,4	100	128,6	100
darunter						
- Personal	31,4	26,1	32,1	26,8	33,9	26,4
- Sachaufwand	21,5	17,8	22,8	19,2	25,5	19,8
- Soziale Leistungen	25,9	21,5	23,8	19,3	29,3	22,8
- Zinsen	5,1	4,2	4,4	3,8	4,0	3,1
- Sachinvestitionen	19,9	16,5	19,0	15,8	14,8	11,5
- Sonstige Ausgaben	9,9	8,2	18,4	15,2	19,9	15,5
Finanzierungssaldo	5,3		- 0,3		- 4,3	-

Quelle: Deutscher Städtetag, Gemeindefinanzberichte.

Der Finanzausgleich hat mehrere Ziele: Er soll dazu dienen, die Finanzlage der Gemeinden allgemein zu verbessern, Unterschiede in der Steuerkraft zwischen „armen" und „reichen" Gemeinden auszugleichen und Sonderbelastungen einzel-

ner Gemeinden zu berücksichtigen. Zugleich ist er ein Mittel, mit dem landespoliti-
sche Ziele umgesetzt werden können. Der Finanzausgleich erfolgt auf drei Wegen:
durch allgemeine Zuweisungen (Schlüsselzuweisungen), Sonderlastenausgleich
(für Krankenhäuser, Schulen, öffentlicher Personennahverkehr) und objektbezoge-
ne Zuweisungen für bestimmte Vorhaben und Investitionen (so für Wohnungsbau-
und Verkehrsprogramme, Kindergartenbau, soziale Modellprogramme, Maßnahmen der kommunalen Beschäftigungspolitik). Insgesamt machen die Zuweisungen
vom Land (laufende Zuweisungen und Investitionszuweisungen) gut 28 % der
Gesamteinnahmen (2005/alte Bundesländer) aus. Der Anteil der Zuweisungen liegt
in den Gemeinden der neuen Bundesländer mit nahezu 60 % bedeutend höher, da
die eigenständige Steuerkraft der ostdeutschen Gemeinden nur sehr gering ist.

Alle laufenden, d.h. regelmäßig wiederkehrenden Ausgaben und deren Finanzierung werden in den Haushaltsplänen der Kommunen den *Verwaltungshaushalten* zugeordnet, einmalige Ausgaben für Investitionen und deren Finanzierung den
Vermögenshaushalten. Über *Kreditaufnahme* finanziert werden können allein (unter bestimmten Voraussetzungen) Investitionen im Vermögenshaushalt. Ist im
Verwaltungshaushalt kein Ausgleich zwischen laufenden Einnahmen und Ausgaben erreicht und reicht die Zuführung an den Vermögenshaushalt nicht aus, um die
anstehenden Tilgungszahlungen abzudecken, greift die staatliche Aufsichtsbehörde
ein (in Nordrhein-Westfalen für die kreisfreien Städte und Kreise die jeweilige
Bezirksregierung) und verpflichtet die betroffene Gebietskörperschaft zur Aufstellung eines Haushaltssicherungskonzeptes, mit dem durch Ausgabenminderungen
und Mehreinnahmen ein Ausgleich erreicht werden soll.

Die (Land)Kreise und die Gemeindeverbände (in Nordrhein-Westfalen: Landschaftsverbände) übernehmen Aufgaben, die von einer einzelnen Gemeinde nicht
bewältigt werden können. Sie finanzieren sich hauptsächlich durch Umlagen der
angehörigen Gemeinden.

Zur Vertretung gemeinsamer Interessen insbesondere gegenüber Ländern und
Bund schließen sich die Gemeinden zu Verbänden zusammen. Zu den kommunalen Spitzenverbänden gehören der *Deutsche Städtetag* (Zusammenschluss der
kreisfreien Städte und Gemeinden), der *Deutsche Landkreistag* (Zusammenschluss
der Landkreise) und der *Deutsche Städte- und Gemeindebund* (Zusammenschluss
der kreisangehörigen Städte). Sie organisieren sich auf Bundesebene und teilweise
auch auf Länderebene.

Die Gemeinden bieten nicht alle sozialen Dienste, Einrichtungen und Leistungen in eigener Trägerschaft an. Typisch für das deutsche Sozialstaatsmodell ist
vielmehr das *Subsidiaritätsprinzip*, das den frei-gemeinnützigen Trägern – hier
insbesondere den Wohlfahrtsverbänden und den kirchlichen Einrichtungen – Vorrang bei der Leistungserbringung einräumt (vgl. Bd. II, Kap. „Soziale Dienste",
Pkt. 3.2.3). Zunehmende Bedeutung kommt aber auch den privat-gewerblichen
Leistungsanbietern zu. Die anfallenden Kosten werden hingegen weit überwiegend

öffentlich finanziert, zum einen aus den kommunalen Haushalten, zum anderen aber auch aus den Sozialversicherungskassen. Eigenmittel (vor allem Spenden, Mitgliedsbeiträge, Einnahmen aus der Kirchensteuer) spielen bei den Angeboten von Wohlfahrtsverbänden und kirchlichen sozialen Einrichtungen nur noch eine nachrangige Rolle.

Bei der Finanzierung der Einrichtungen und Dienste freier Träger durch die Kommunen ist zwischen Zuwendungen, Entgeltvereinbarungen und Leistungsverträgen zu unterscheiden (vgl. Bd. II, Kap. „Soziale Dienste", Pkt. 5.2). Im Gesundheits- und Pflegebereich zahlen die Kranken- und Pflegeversicherung im Rahmen von Verträgen Leistungsentgelte an die Anbieter (vgl. Bd. II, Kap. „Gesundheit und Gesundheitssystem", Pkt. 6.1.3), deren Leistungen dann von Betroffenen entsprechend dem Sachleistungsprinzip (weitgehend) kostenfrei in Anspruch genommen werden können.

3.7 Belastung von Arbeitnehmern und Unternehmen

3.7.1 Einkommensminderung durch Beiträge und Steuern

Die zur Finanzierung der Staatsausgaben insgesamt und der Sozialausgaben im Besonderen erhobenen Abgaben führen im Prozess der sozialstaatlichen Umverteilung zu Einkommensminderungen der Beitrags- und Steuerpflichtigen. Angesichts der überragenden Bedeutung von Sozialversicherungsbeiträgen und Lohnsteuern konzentriert sich die Belastung vor allem auf die *Arbeitnehmereinkommen*. Wenn vor dem Hintergrund verteilungs-, wirtschafts- und beschäftigungspolitischer Gesichtspunkte nach der Höhe und Entwicklungsrichtung der Abgabenlast gefragt wird, ist zu untersuchen, in welchem Maße die Abzüge die *Brutto*arbeitsentgelte mindern und wie sich die *Netto*position darstellt. Dabei ist zunächst auf der Basis von Durchschnittswerten zu rechnen.

Tabelle II.14 lässt erkennen, dass sich die Gesamtabzugsquote in den letzten Jahrzehnten kontinuierlich erhöht hat: von 22,5 % im Jahre 1970 auf 34,0 % im Jahr 2005. Dieser steile Anstieg, der sich gleichermaßen auf die Belastung durch Lohnsteuern als auch durch Arbeitnehmerbeiträge zur Sozialversicherung bezieht, ist allerdings gegen Ende der 1990er Jahre zum Stillstand gekommen. Der Anstieg der Lohnsteuerbelastung hat sich vor allem aufgrund des progressiven Verlaufs des Einkommensteuertarifs ergeben: Wenn das allgemeine Lohn- und Gehaltsniveau steigt, fallen immer mehr Beschäftigte mit ihrem Einkommen in die Progressionszone („heimliche Steuererhöhung"). Die mehrstufigen Steuersenkungen seit 1999 (Anhebung des Grundfreibetrages, Reduzierung des Eingangssteuersatzes und Abflachung der Progressionszone) haben hier eine Umkehr eingeleitet.

Tabelle II.14:

Durchschnittliche Lohnabzugsquoten 1970 - 2005

Jahr	Löhne u. Gehälter je Arbeit-nehmer im Monat in DM/€		Abzüge vom Brutto %		
	Brutto	Netto	Lohnsteuer	SV-Beiträge	insgesamt.
1970	1.153	894	11,8	10,7	22,5
1980	2.474	1.765	15,8	12,8	28,7
1990	3.501	2.434	16,2	14,2	30,4
1991	3.712	2.504	17,9	14,6	32,5
1991[1)]	1.643	1.141	16,3	14,3	30,6
1992	1.812	1.238	17,2	14,5	31,7
1993	1.890	1.295	16,8	14,7	31,5
1994	1.926	1.296	17,3	15,5	32,7
1995	1.986	1.305	18,7	15,6	34,3
1996	2.014	1.302	19,3	16,0	35,3
1997	2.017	1.285	19,5	16,7	36,3
1998	2.036	1.300	19,5	16,6	36,1
1999	2.065	1.323	19,6	16,4	35,9
2000	2.096	1.351	19,4	16,1	35,5
2001	2.134	1.396	18,6	16,0	34,6
2002	2.163	1.410	18,7	16,1	34,8
2003	2.190	1.419	18,7	16,5	35,2
2004	2.204	1.454	17,6	16,5	34,1
2005	2.210	1.458	17,3	16,7	34,0

1) Bis 1991/1. Zeile: alte Bundesländer in DM; ab 1992/2. Zeile: Deutschland in €, mit zurückliegenden Zahlen revisionsbedingt nicht vergleichbar.
Quelle: Bundesministerium für Arbeit und Soziales, Statistisches Taschenbuch 2006, Berlin 2006.

Da es sich bei den Abzugsquoten um *Durchschnitts*größen handelt, lassen sich auf dieser Basis noch keine Aussagen über die tatsächliche Belastung von *einzelnen* Einkommen bzw. Einkommensgruppen treffen. Zwei Faktoren führen zu Verzerrungen:

- Die Bruttolohn- und -gehaltssumme, die hier als Maßstab dient, unterliegt nur teilweise der Beitragspflicht. Belastungsfrei durch Beiträge sind beispielsweise die Beamteneinkommen und die Arbeitnehmerentgelte unterhalb der Geringfügigkeits- und oberhalb der Beitragsbemessungsgrenzen. Insofern liegt die *durchschnittliche* Sozialabgabenquote je beschäftigten Arbeitnehmer niedriger als der hälftige Gesamtbeitragssatz zur Sozialversicherung.

- Die Lohnsteuerabzüge liegen aufgrund des progressiven Einkommensteuertarifs je nach Einkommenshöhe unterschiedlich hoch. Zudem variiert die Steuerlast nach Familienstand und Steuerklassenwahl (vgl. auch Kap. „Einkommen", Pkt. 4).

Um die Belastung ausgewählter Einkommensgruppen und Fallkonstellationen zu bestimmen, muss deshalb mit Modellrechnungen (Steuertarif 2005, ohne besondere Sonderausgaben und Werbungskosten, ohne Kirchensteuer) gearbeitet werden:

- Geht man für 2006 von einem *durchschnittlichen* Arbeitnehmereinkommen von jährlich 26.536 € bzw. monatlich 2.211 € brutto aus, werden bei einem verheirateten Alleinverdiener (Steuerklasse 3) Abzüge in Höhe von 69 € für die Lohnsteuer (3,4 %) und 466 € für die Arbeitnehmerbeiträge einschließlich Sonderbeiträge (21,1 %) fällig. Es berechnet eine Abzugsquote von insgesamt 24,5 %. Bei einem Ledigen (Steuerklasse 1) fallen die Steuerbelastungen mit 15,2 % deutlich höher aus, entsprechend liegt die Abzugsquote bei 36,2 %.

- Bei einem *hohen* Bruttomonatseinkommen von 4.000 € summieren sich die Abzüge auf 34,5 % (verheirateter Alleinverdiener) oder 44,6 % (Lediger).

- Bei einem *Niedrigeinkommen* von 1.000 € fallen bei einem verheirateten Alleinverdiener keine Lohnsteuern an, bei einem Ledigen sind es lediglich 13 €. Zu Buche schlagen also nur die Sozialversicherungsbeiträge von 211 €, was einer Abzugsquote von 21,1 % entspricht.

Betrachtet man allein die Abgabenbelastung von Arbeitnehmern mit Durchschnittseinkommen, so zeigt sich im Verlauf seit 1991, dass sich die Gesamtabgabenbelastung zunächst kontinuierlich erhöht hat, seit 1999 aber rückläufig ist (vgl. Tabelle II.15). Dies ist eine Folge der steuerlichen Entlastungen.

Den steuerlichen Belastungen müssen die Transfers des Staates (z.B. Kindergeld und Wohngeld) sowie der geldwerte Vorteil der kostenfreien Inanspruchnahme von Realtransfers (u.a. soziale Dienste und Einrichtungen) gegenüber gestellt werden. Und bei den Beitragsbelastungen ist berücksichtigen, dass aus den Beitragszahlungen Ansprüche und Anwartschaften auf Leistungen der Sozialversicherung erwachsen.

Während für die Beschäftigten die Nettolöhne entscheidend sind, die ihnen nach Abzug von Steuern und Beiträgen verbleiben, zählen für die Unternehmen die Arbeitsgesamtkosten, in die die (steuerfreien) Arbeitgeberbeiträge und andere Lohnnebenkosten einfließen.

Tabelle II.15:

Abzugsquoten bei Arbeitnehmern mit einem mittleren Einkommen 1991 - 2006

Jahr	Brutto-jahres-entgelt	Lohnsteuer und Soli.-zuschlag		Arbeitnehmer-beiträge		Abgaben insge-samt		Nettoentgelt im Jahr	
		ledig	verh. *)	ledig	verh. *)	ledig	verh. *)	ledig	verh**).
	€	in %		in %		in %		€	
1991	19.838	16,5	6,4	18,2	18,2	34,7	24,5	12.952	16.076
1992	21.883	17,6	6,4	18,4	18,4	36,0	24,7	14.009	17.704
1993	22.855	17,2	6,5	18,7	18,7	35,9	25,2	14.645	18.322
1994	23.315	17,5	6,5	19,5	19,5	36,9	25,9	14.711	18.495
1995	24.031	19,1	5,5	19,6	19,6	38,8	25,2	14.712	19.210
1996	24.389	19,0	6,6	20,3	20,3	39,3	26,9	14.804	20.293
1997	24.440	19,0	6,6	21,0	21,0	40,1	27,6	14.650	20.403
1998	24.704	18,8	6,5	21,1	21,1	39,8	27,6	14.864	20.586
1999	25.079	18,6	5,9	20,8	20,8	39,4	26,7	15.199	21.453
2000	25.479	17,9	5,4	20,6	20,6	38,5	26,0	15.660	22.161
2001	25.959	16,7	4,7	20,6	20,6	37,2	25,2	16.302	22.721
2002	25.911	16,7	4,7	20,7	20,7	37,3	25,3	16.252	23.050
2003	26.214	16,9	4,9	21,0	21.0	37,9	25,9	16.284	23.118
2004	26.332	15,5	3,5	21,1	21,1	36,6	24,5	16.702	23.571
2005	26.425	15,3	3,4	21,1	21,1	36,3	24,4	16.833	23.664
2006	26.536	15,2	3,4	21,1	21,1	36,2	24,5	16.919	23.732

*) Arbeitnehmer mit 2 Kindern, Alleinverdiener **) einschließlich Kindergeld
Quelle: Bundesfinanzministerium, Datensammlung zur Steuerpolitik, Ausgabe 2006, Berlin 2006.

Die – wiederum auf gesamtwirtschaftlichen Durchschnittswerten basierenden Daten (Abbildung II.9) – lassen erkennen, dass sich im Jahr 2005 folgende Abweichungen ergeben:

- 34,0 % zwischen den Bruttolöhnen und den Nettolöhnen,
- 19,5 % zwischen den gesamten Arbeitskosten und den Bruttolöhnen,
- 46,9 % zwischen den Arbeitskosten und den Nettolöhnen.

Abbildung II.9:

Arbeitskosten, Bruttolöhne und Nettolöhne 1991 - 2005

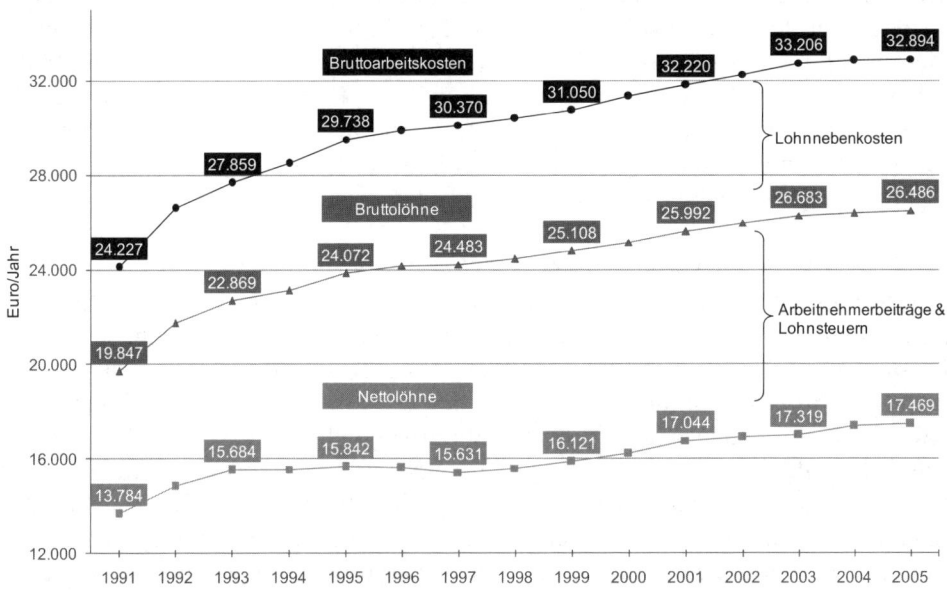

Je durchschnittlich beschäftigten Arbeitnehmer in €/Jahr
Quelle: Bundesministerium für Arbeit und Soziales, Statistisches Taschenbuch 2006, Berlin 2006.

Dieser Abgabenkeil von 46,9 % hat zur Folge, dass ein durchschnittliches Netto-einkommen von 1.456 € im Monat für den Arbeitgeber mit Arbeitskosten von 2.741 € im Monat verbunden ist.

Für die Beurteilung der ökonomischen und verteilungspolitischen Folgen der Steuer- und Abgabenbelastung ist allerdings nicht allein die Quote entscheidend, sondern die Frage, ob die steigenden Abgaben aus den Zuwächsen oder aus dem Bestand heraus finanziert werden. Erhöhen sich Bruttolöhne und -gehälter im glei-chen Maße wie die Abzüge, können die Belastungen ausgeglichen werden und die Nettoeinkommen bleiben konstant. Übersteigt der Zuwachs der Bruttolöhne die Steigerung der Abzüge, so erhöhen sich die Nettoeinkommen. Für die Einkom-mensentwicklung in den alten Bundesländern ist charakteristisch, dass die Nettoein-kommen bis Mitte der 1990er Jahre trotz zunehmender Abzugsquoten beachtlich gestiegen sind. Und auch unter Berücksichtigung der Inflationsrate ergibt sich ein realer, d.h. inflationsbereinigter Einkommenszuwachs. Dieser Trend hat sich jedoch in den nachfolgenden Jahren umgekehrt. Ab 1993 sind die Nettorealeinkommen je durchschnittlich Beschäftigten gesunken (vgl. Kap. „Einkommen", Pkt. 2.2).

Daraus folgt, dass ausreichende Zuwächse der Bruttoeinkommen eine Voraus-setzung sind, um zu verhindern, dass Lohnsteuer- und Beitragssatzerhöhungen die Arbeitnehmereinkommen real *mindern*. Sozialpolitische Mehrausgaben sind inso-

fern politisch umso leichter durchzusetzen, je höher der Zuwachs der Arbeitseinkommen ist, weil dann die Belastungssteigerungen auf die Zuwachsraten beschränkt bleiben können. Beitragssatzanhebungen in Phasen niedriger Lohnsteigerungen rufen hingegen Widerstände derjenigen hervor, deren Nettoeinkommen in
diesem Fall verringert würden. Diese Konstellation ist typisch seit Mitte der 1990er
Jahre: Es stellt sich nicht mehr die Frage, wie die Einkommens*zuwächse* verteilt
werden sollen, sondern zu entscheiden ist, ob und in welchem Maße die Beschäftigten bereit und in der Lage sind, zu Gunsten der Finanzierung sozialpolitischer
Leistungen ihr verfügbares Einkommen zu *reduzieren*.

3.7.2 Belastung der Unternehmen durch Lohnnebenkosten

Der Sozialstaat wirkt sich als Kostenfaktor für die Unternehmen aus. Er greift
durch Regulierungen in den Arbeitsmarkt ein, setzt Rahmenbedingungen für den
Einsatz von Arbeit im betrieblichen Produktionsprozess und normiert die Gestaltung von Arbeitsverhältnissen. Durch vielfältige arbeits- und tarifrechtliche Ge-
bzw. Verbote werden einer allein auf kurzfristige Renditekalküle setzenden betrieblichen Personalpolitik Schranken gesetzt. Aus *einzelwirtschaftlicher* Sicht
betrachtet lägen die Arbeitskosten ohne diese Eingriffe niedriger. Da es sich hierbei
in erster Linie um *indirekte* Kosten handelt, ist es jedoch nur schwer möglich, die
finanziellen Belastungen infolge von Arbeitsmarktregulierungen zu quantifizieren.
Zu beziffern wäre, ob z.B. ein Arbeitskräfteeinsatz ohne Kündigungsschutz oder
Arbeitsschutz zu Kostenentlastungen führen würde. Noch schwieriger ist es, die
Kosten dieser gesetzlichen und tariflichen Regulierungen mit ihrem betriebs- und
volkswirtschaftlichen *Nutzen* zu bilanzieren.

Eindeutiger zu bestimmen und zu beziffern sind hingegen die durch die Sozialpolitik verursachten betrieblichen Kosten, wenn es sich um *direkte* Zahlungen
handelt, die ein Unternehmen zusätzlich zu den Arbeitsentgelten leisten muss. Diese Kosten lassen sich als *Lohn- oder Personalnebenkosten* bezeichnen; auch findet
sich der Begriff „Zusatzkosten". In der amtlichen Statistik werden unter Nebenkosten insbesondere folgende Kostenbestandteile aufgeführt:

- Arbeitgeberbeiträge zur Sozialversicherung;
- Vergütung arbeitsfreier Tage (Entgeltfortzahlung im Krankheitsfall, bezahlte
  Feiertage, Urlaub);
- Aufwendungen für die betriebliche Altersversorgung;
- weitere freiwillige Sozialleistungen (wie Belegschaftsverpflegung, Wohnungs-
  hilfen, Erholungseinrichtungen, betriebliche Kindergärten usw.) sowie Aufwendungen für berufliche Bildung (Ausbildungsvergütungen, Aus- und Weiterbildung).

Die größte Bedeutung kommt hierbei den Arbeitgeberbeiträgen zu, die auch als
gesetzlich veranlasste Nebenkosten zu bezeichnen sind. Wie auch bei den Arbeit-

nehmerbeiträgen stellt dabei das Bruttoarbeitsentgelt die Bemessungsgrundlage dar.

Die Frage, welche Arbeitskosten zu den Nebenkosten zu zählen sind, ist in der politischen Diskussion strittig. Mitunter werden auch jene Lohnkostenbestandteile, die über das reine Stunden- bzw. Monatsentgelt für geleistete Arbeitszeit hinausgehen, als Nebenkosten bezeichnet und berechnet, so die Sonderzahlungen (wie Weihnachtsgeld, Urlaubsgeld und Erfolgsbeteiligungen). Diese Vorgehensweise ist jedoch irreführend, da die Zahlungsweise von Sonderzahlungen nichts daran ändert, dass diese ein Bestandteil des Entgelts für geleistete Arbeitszeit sind. Bei einer Bewertung von Sonderzahlungen als Nebenkosten käme es ansonsten zu dem Paradox, dass die Nebenkosten sinken, wenn beispielsweise Weihnachts- oder Urlaubsgeld gekürzt, dafür aber das laufende Monatseinkommen entsprechend erhöht würde.

Abbildung II.10:

Lohn- bzw. Personalnebenkosten

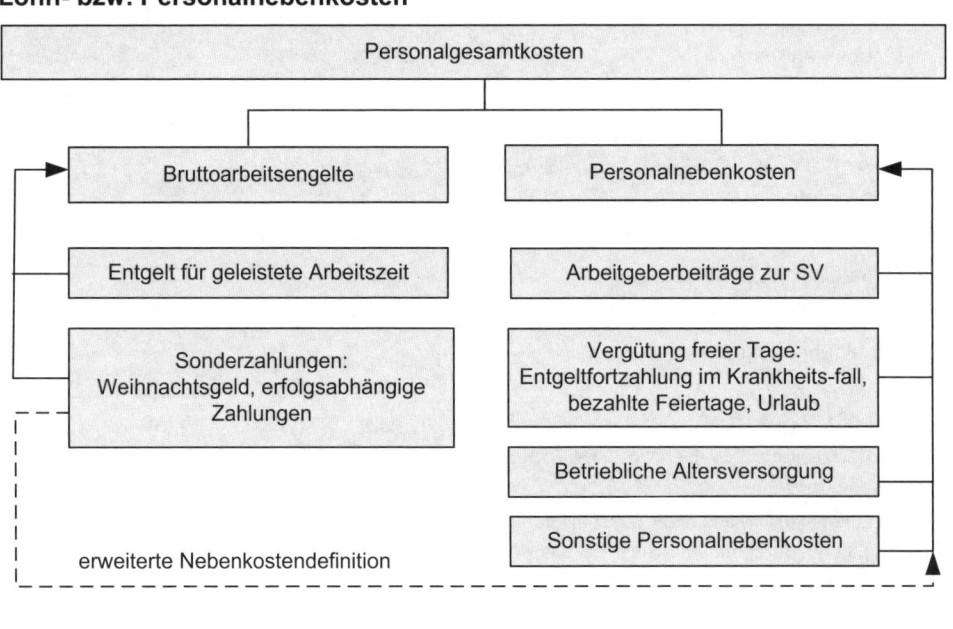

Personal- bzw. Lohnnebenkostenquote: $\dfrac{\text{Personalnebenkosten}}{\text{Personalgesamtkosten}}$

Tabelle II.16:

Personal- und Personalnebenkosten je Beschäftigten im produzierenden Gewerbe Deutschland 1992 - 2004

	2004		2000	1992
	€	in %	in %	in %
Personalkosten insgesamt darunter:	47.129	100	100	100
(1) Entgelt für geleistete Arbeitszeit	26.742	56,7	56,7	55,8
(2) Sonderzahlungen	3.000	6,4	7,6	8,2
darunter				
- vereinbarte Sonderzahlungen	2.144	4,5	3,4	x
- Vermögensbildung	156	0,3	0,5	x
(3) Vergütung freier Tage:	5.647	12,0	12,9	13,8
- Entgeltfortzahlung im Krankheitsfall	1.158	2,5	2,3	2,5
- Vergütung gesetzliche Feiertage	818	1,7	2,7	2,8
- Urlaubsvergütung	3.524	7,5	7,6	8,0
- sonstige arbeitsfreie Tage	147	0,3	0,4	0,5
(1)+(2)+(3) = Bruttolöhne und -gehälter	35.389	75,0	77,2	77,7
(1)+(2)+(3) = Bruttolöhne und -gehälter inkl. Auszubildende	35.878	76,1	-	-
(4) Gesetzliche Arbeitgeberbeiträge	6.464	13,7	15,6	14,2
(5) Betriebliche Altersversorgung	1.881	4,0	3,5	3,9
(6) Sonstige Personalnebenkosten	2.906	6,2	3,6	4,2
Personalnebenkosten:				
(3)+(4)+(5)+(6)	16.898	35,7	35,7	36,1
Gesetzliche Personalnebenkosten: Entgeltfortzahlung, SV-Beiträge, Feiertagsver- gütung	8440	17,9	20,9	19,5

1) Unternehmen mit 10 und mehr Beschäftigten.

Quelle: Eigene Berechnungen nach: Statistisches Bundesamt, Fachserie 16, Arbeitskostenerhebung 2002, Wiesbaden 2003 und Arbeitskostenerhebung 2004, Wiesbaden 2006.- Kaukewitsch, P., Heppt, E., Arbeitskosten im produzierenden Gewerbe und ausgewählten Dienstleistungsbereichen, in: Wirtschaft und Statistik 2/1999, S. 125.

In Tabelle II.16 werden Niveau und Struktur der Lohn- und Lohnnebenkosten für die Jahre 1992 und 2004 dargestellt. Um festzustellen, welcher Stellenwert den Nebenkosten in der unternehmerischen Kostenbelastung zukommt, werden zugleich Anteilswerte, d.h. Nebenkostenquoten ausgewiesen:

- Bezieht man die Nebenkosten auf die gesamten Arbeitskosten, ergibt sich für 2004 für den Bereich des produzierenden Gewerbes eine Nebenkostenquote von 35,7 %.
- Die gesetzlich verfügten Personalnebenkosten belaufen sich auf 17,9 % der Personalgesamtkosten.
- Die Arbeitgeberbeiträge machen einen Anteil von 13,7 % der Personalgesamtkosten aus. Zwar liegt der Arbeitgeberbeitragssatz zu den Zweigen der Sozialversicherung bei über 20 %. Diese Abweichung erklärt sich daraus, dass als Bemessungsgrundlage für die Beiträge (Arbeitgeber- wie Arbeitnehmerbeiträge) die Bruttolöhne dienen; diese decken aber nur 75,0 % der gesamten Arbeitskosten ab.

Werden die Nebenkosten ausschließlich auf das „Entgelt für geleistete Arbeitszeit" bezogen, erhöht sich automatisch die Nebenkostenquote auf über 60 %. Dieser Wert, der in der politischen Diskussion eine große Rolle spielt, führt leicht zu dem Eindruck einer außerordentlich hohen Belastung der Betriebe. Er ist jedoch lediglich die rechnerische Folge einer „unechten" Quotenbildung, bei der die Nebenkosten ins Verhältnis nur zu einem Teil der Arbeitsgesamtkosten gesetzt werden.

Der zeitliche Vergleich zwischen 1992, 2000 und 2004 zeigt, dass die Bedeutung der Nebenkosten *nicht* zugenommen hat. Innerhalb der Lohnnebenkosten haben die Arbeitgeberbeiträge eher an Gewicht verloren, die Aufwendungen für die betriebliche Altersversorgung und sonstige Kosten an Gewicht gewonnen.

Bei der Kostenkalkulation eines Unternehmens kommt es nicht allein auf die Nebenkosten, sondern auf die Höhe und Entwicklung der Personal- bzw. Arbeits*gesamt*kosten an, also auf alle Aufwendungen, die einem Arbeitgeber durch die Beschäftigung von Arbeitskräften entstehen. Ökonomisch ist es letztlich unerheblich, wie sich die Arbeitskosten in ihre einzelnen Bestandteile aufteilen. Auch die Arbeitgeberbeiträge sind ein Teil der Arbeitsgesamtkosten; sie könnten auch als nicht ausbezahlter „Soziallohn" bezeichnet werden. Die häufig verwandte Begrifflichkeit „Zusatzkosten" verwirrt hier nur. Der Charakter der Arbeitgeberbeiträge als Lohnbestandteil wird deutlich, wenn man einmal unterstellt, dass die versicherten Beschäftigten die Sozialversicherungsbeiträge alleine zahlen müssten. Dann könnte bei Wegfall der hälftigen Arbeitgeberbeiträge das ausgewiesene Bruttoeinkommen entsprechend höher ausfallen. Die Kostenposition des Unternehmens bliebe gleich, und trotz der vollen Beitragszahlung würde sich auch die Nettoeinkommensposition der Beschäftigten nicht verändern (unter Ausklammerung steuerrechtlicher Folgewirkungen).

In den Arbeitsgesamtkosten sind auch die Folgen der *Arbeitszeitverkürzungen* der letzten Jahre berücksichtigt – ob es sich um die Wochenarbeitszeitverkürzung, Urlaubsverlängerung oder Übergang zu Teilzeitarbeit handelt. Denn maßgeblich für die Arbeitskosten ist allein das Entgelt je Arbeits*stunde* (in das ein Ausgleich für die tariflichen Arbeitszeitverkürzungen eingegangen ist). Die Dauer der jeweiligen persönlichen Arbeitszeit stellt hingegen keinen zusätzlichen Kostenfaktor dar: Ob bei einer Betriebszeit von beispielsweise 16 Stunden am Tag der Arbeitsplatz von 2 Beschäftigten (2 x 8 Stunden) oder 3 Beschäftigten (3 x 6 Stunden) besetzt ist, ist von der Arbeitskostenseite her gesehen nicht entscheidend, da die Stundenentgelte gleich sind. Anders zu beurteilen sind die Folgewirkungen auf die Betriebskosten (u. U. Verkürzung der Betriebszeiten, steigende Erstellungskosten für Arbeitsplatze usw.). Diese können durch kürzere individuelle Arbeitszeiten steigen, gleichzeitig erhöht sich bei kürzeren Arbeitszeiten aber auch die Arbeitsproduktivität. Verlängerte Arbeitszeiten (Verlängerung der Wochenarbeitszeit, Verkürzung des Urlaubs) sind hingegen – bei gleichem Monatseinkommen – identisch mit einem gekürzten Stundenentgelt.

Dass die Arbeitsgesamtkosten – bemessen in Währungseinheiten – in Deutschland im Vergleich zu vielen anderen Ländern der Welt hoch liegen, ist unbestritten. Hohe Arbeitskosten und hohe Löhne sind Spiegelbild einer durch Massenwohlstand gekennzeichneten Gesellschaft. Eine hohe gesamtgesellschaftliche Einkommens- und Wohlstandsposition sowie ein eng geknüpftes Netz der sozialen Sicherung lassen sich nicht mit niedrigen Arbeitskosten verbinden.

Zu fragen ist deshalb nicht, ob die Arbeitskosten hoch sind, sondern ob sie *zu* hoch sind – mit negativen Rückwirkungen auf die Ertragslage und Wettbewerbsfähigkeit der Unternehmen sowie auf die Sicherung und Schaffung von Arbeitsplätzen. Die absoluten Werte der Arbeitskosten je Stunde geben auf diese Frage keine Antwort. Ob sie ökonomisch verkraftet oder nicht mehr verkraftet werden können, hängt ab von dem Leistungsergebnis, das in einem Betrieb, einer Branche oder in der Volkswirtschaft insgesamt erwirtschaftet wird und das den Kosten gegenübersteht. Auskunft über das Leistungsergebnis gibt die *Arbeitsproduktivität*, die den Produktionsoutput je Arbeitsstunde widerspiegelt.

Setzt man die Arbeitskosten ins Verhältnis zur Arbeitsproduktivität, so ermitteln sich die *Lohnstückkosten*. Die Lohnstückkosten lassen erkennen, wie viel Lohn (einschließlich der Lohnnebenkosten) für eine Produkt- oder Dienstleistungseinheit gezahlt werden muss. In den entwickelten Industrieländern ergeben sich trotz hoher Arbeits- und Sozialkosten vergleichsweise niedrige Lohnstückkosten, weil auch die Arbeitsproduktivität hoch ist. Die hohe Kapitalintensität der Produktion, der Einsatz neuer Technologien, die effiziente Arbeitsorganisation und der gute Qualifikationsstand der Beschäftigten wirken sich unmittelbar positiv auf das wirtschaftliche Leistungsergebnis aus. Hohe Löhne und hohe Produktivität stehen also in einem Wechselverhältnis zueinander.

In einer dynamischen Wirtschaft steigt die Arbeitsproduktivität. Das Produktionsergebnis kann mit einem geringeren Einsatz von Arbeit, d.h. mit sinkenden Arbeitsstunden und Arbeitskosten, hergestellt werden. Werden die Lohnsätze erhöht, um die Beschäftigten am Zuwachs der wirtschaftlichen Leistungsfähigkeit zu betciligen, erhöhen sich die Lohnstückkosten nicht, wenn sich diese Erhöhung im

Rahmen des Produktivitätsfortschritts bewegt. Der kostenneutrale Verteilungsspielraum wird ausgeschöpft. Genau diese Entwicklung ist für die Situation in der Bundesrepublik charakteristisch; in den letzten Jahren ist noch nicht einmal dieser Spielraum genutzt worden (vgl. Pkt. 4.3 dieses Kapitels).

Welche Auswirkungen hat nun eine Erhöhung der Arbeitgeberbeitragssätze? Im Unterschied zu einer tariflichen Lohnerhöhung, die die Gewerkschaften gegenüber den Arbeitgeberverbänden erst durchsetzen müssen, wird eine Beitragssatzanhebung durch die Politik verfügt und unmittelbar wirksam. Dies kann bei den Unternehmen zu unterschiedlichen Reaktionen führen:

- Sie versuchen, die Belastungen durch höhere Preise zu überwälzen. Inwieweit und in welchem Zeitraum das gelingt, hängt ab von den Bedingungen auf den Märkten im nationalen und internationalen Rahmen (u.a. Konjunkturlage, Preiselastizität der Nachfrage, Wettbewerbsposition des Unternehmens, Wechselkursentwicklung).

- Sie verzichten auf Preisreaktionen, da sich die Mehrkosten durch die gestiegene Produktivität auffangen lassen.

- Sie versuchen, die erhöhten Belastungen in den anstehenden tariflichen und betrieblichen Entgeltvereinbarungen auf die „normalen" Lohnsteigerungen anzurechnen (Rückwälzung).

Bei den möglichen Reaktionsmustern sind die Relationen zwischen Arbeitgeberbeiträgen und Löhnen zu beachten: Da die Löhne (Entgelt für geleistete Arbeitszeit, Sonderzahlungen und Vergütung arbeitsfreier Tage) etwa 75 % der gesamten Arbeitskosten ausmachen (2004), während die Arbeitgeberbeiträge in der betrieblichen Arbeitskostenrechnung mit einem Anteil von 13,7 % zu Buche schlagen, fällt eine Erhöhung der Arbeitgeberbeiträge deutlich weniger ins Gewicht als eine Lohnerhöhung um den gleichen Prozentsatz. Daraus folgt, dass eine Erhöhung oder Senkung der Beitragssätze nur recht geringe Kostenauswirkungen hat. So würde sich eine Beitragssatzanhebung in der Gesetzlichen Rentenversicherung um einen Prozentpunkt von 19,9 % auf 20,9 % je zur Hälfte auf die Beschäftigten und die Arbeitgeber verteilen. Für die Unternehmen bedeutet dies einen Anstieg

- der Arbeitgeberbeiträge um 2,2 %,
- der Lohnnebenkosten um 1,5 % sowie
- der Personalgesamtkosten um 0,35 %.

3.8 Belastungen durch private soziale Absicherung

Bei der Diskussion über die Aussagefähigkeit von Sozialbudget und Sozialleistungsquote wurde deutlich, dass die Ausgaben für Soziale Sicherung nicht nur durch öffentliche Abgaben, sondern auch privat finanziert werden (vgl. Pkt. 2.2 dieses Kapitels). Eine besondere Bedeutung spielen hier:

- Prämienzahlungen für private Kranken- und Pflegeversicherungen;

- Einzahlungen in die private Altersvorsorge auf individueller Basis (Lebensversicherungen, Banksparpläne, Investmentfonds) oder im Rahmen betrieblicher Leistungssysteme (z.B. Entgeltumwandlung);

- Zuzahlungen zu den Sachleistungen der Krankenversicherung (beim Arztbesuch, bei Arznei-, Heil- und Hilfsmitteln, Krankenhausaufenthalten usw.);

- Entrichtung von Gebühren und Übernahme von Eigenleistungen bei der Inanspruchnahme von sozialen Einrichtungen und Diensten;

- private Käufe von sozialen und gesundheitlichen Gütern und Diensten, die aus laufendem Einkommen oder durch Vermögensauflösung bezahlt werden. Beispiele dafür sind u.a. der Kauf von nicht erstattungsfähigen Arzneimitteln, die Inanspruchnahme besonderer Leistungen in der ambulanten oder stationären Versorgung oder die Vergütung von privat beschäftigtem Personal bei Pflegebedürftigkeit.

Die Abgrenzung zwischen privater und öffentlicher Absicherung ist nicht eindeutig, die Grenzen verschwimmen: Personen, die nicht der Sozialen Pflegeversicherung angehören, sind in der privaten Pflegeversicherung versicherungspflichtig. In der privaten Altersvorsorge ist ein Obligatorium (Vorsorgepflicht) in der Diskussion. Zugleich wird die private Vorsorge im erheblichen Maße durch öffentliche Mittel gefördert (steuerliche Entlastungen und Zahlung von Zulagen sowie Beitrags- und Steuerfreiheit bei Entgeltumwandlung). Gefördert wiederum werden nur Vorsorgeformen, die den gesetzlichen Kriterien entsprechen (vgl. Bd. II, Kap. „Alter", Pkt. 7.3).

Genaue Informationen über das Volumen der privaten Zahlungen und die Belastung der Haushaltseinkommen liegen nicht vor. Einzelne Daten lassen jedoch erkennen, dass es sich um beachtliche Größenordnungen handelt:

- Die private Krankenversicherung beziffert für das Jahr 2005 ihr Volumen an Beitragseinnahmen auf 27,3 Mrd. €. Bei den Lebensversicherungen sind es 75,2 Mrd. €. Ins Verhältnis gesetzt zum Einnamenvolumen der jeweiligen gesetzlichen Versicherungszweige ergeben sich – grob ermittelt – Anteilswerte von 10 % und 28 %.

- Die vom Statistischen Bundesamt ausgewiesenen Ausgaben für Gesundheit (ohne Einkommensleistungen) werden zu gut 14 % (2005) durch die privaten Haushalte getragen.

- Die privaten Zuzahlungen lagen nach Schätzungen des Statistischen Bundesamtes für das Jahr 2001 bei etwa 10 Mrd. €, das entspricht 7,5 % der Leistungsausgaben der Gesetzlichen Krankenversicherung.

Durch den Ausbau der privaten Vorsorge in der Alterssicherung und die Politik von Leistungsausgrenzungen, Privatisierungen und erweiterten Zuzahlungen in der Gesetzlichen Krankenversicherung wird die Bedeutung der privaten Absicherung in den nächsten Jahren wachsen. Diese Gewichtsverlagerung von öffentlichen zu privaten Ausgaben und Vorsorgeformen bedeutet jedoch nicht, dass nun das Belastungs*niveau* automatisch sinkt. Auch bei privaten Sicherungsformen müssen aus dem verfügbaren Einkommen Bestandteile für soziale Ausgaben bzw. soziale Vorsorge abgezweigt werden – und zwar ohne einen Arbeitgeberbeitrag. Wenn also ein realistischer Eindruck über die Gesamtbelastung gewonnen werden soll, dann reicht der Blick allein auf die Entwicklung der Beitragssätze nicht aus. Die Einkommensminderungen durch die private Vorsorge müssen den Abgaben hinzu gerechnet werden.

Das gilt insbesondere für die Alterssicherung: Trotz der ungünstigen demografischen Bedingungen sollen die Beitragssatzsätze zur Rentenversicherung bis 2020 stabil gehalten werden und bis 2030 auf maximal 22 % steigen; erreicht werden soll dies durch eine deutliche Absenkung des Rentenniveaus. Um die entstehenden Lücken auszugleichen, sollen 4 % (ab 2008) des Arbeitsentgelts für private Vorsorge („Riester-Rente") eingesetzt werden. In der Summe errechnet sich damit für die ArbeitnehmerInnen eine Belastung von 13,95 % des Einkommens (19,9 % Beitragssatz + 4 % privater Vorsorgeabzug).

Ein Wechsel von der Sozial- zur Privatversicherung und damit die Zahlung von privatrechtlichen Prämien statt sozialversicherungsrechtlicher Beiträge wirkt auf die Belastungs*struktur*: Privatversicherungen arbeiten nach dem Prinzip des Risikoausgleichs, d.h. dass sich die beanspruchbaren Leistungen an den Prämienzahlungen bemessen und sich diese wiederum nach den Wahrscheinlichkeiten des Risikoeintritts ausrichten. Bei der Krankenversicherung heißt dies: Je größer das Erkrankungsrisiko, desto teurer ist der private Versicherungsschutz. Und je höher der Preis einer Police, desto umfangreicher ist diese. Bei dieser risiko- und leistungsäquivalenten Prämiengestaltung bleibt die von der Höhe des Einkommens abhängige Zahlungs*fähigkeit* unberücksichtigt. Demgegenüber kommt es bei den Beiträgen zur Sozialversicherung nicht auf die individuellen Risikowahrscheinlichkeiten an. Der Beitrag richtet sich nach der Höhe des Einkommens, und zugleich sind die Versicherungsleistungen durch Elemente des Solidarausgleichs charakterisiert (Leistungen ohne Beitragszahlungen oder ohne äquivalente Beitragszahlungen).

Bei einer Privatversicherung werden insofern diejenigen stärker belastet, die aufgrund von Geschlecht, Familienstand, Alter, Vorerkrankungen und Berufssituation höhere Risiken tragen, während die Personen mit „guten Risiken", das sind solche mit den Merkmalen jung, männlich, kinderlos, gesund und hohes Einkommen, mit einer finanziellen Entlastung rechnen können.

Zu einer Verschiebung der Belastungsstruktur führen auch Zuzahlungs- und Eigenbeteiligungsregelungen. Denn Zuzahlung bedeutet, dass die Gesundheitskosten, beispielsweise für Arzneimittel, anders finanziert werden: Während beim reinen Sachleistungsprinzip die Belastungen im Solidarverbund von allen Versicherten getragen und die Unternehmen über Arbeitgeberbeiträge mit herangezogen werden, müssen bei der Selbstbeteiligung die Kranken zusätzlich zu ihren Beitragsleistungen einen Teil der Kosten übernehmen. Entlastet werden die (derzeit) gesunden Versicherten sowie die Arbeitgeber.

In welche Richtung Ausgaben- und Belastungs*niveau* bei einer Ausweitung der privaten Absicherung tendieren, ist unbestimmt. Bleiben Privatversicherung und private Vorsorge freiwillig, muss damit gerechnet werden, dass nur ein Teil der bislang über die Sozialversicherung Geschützten entsprechende Verträge abschließen wird, da Fähigkeit oder Bereitschaft fehlen, die Ausgaben zu tragen. Der abgesicherte Personenkreis verringert sich, der soziale Schutz geht in Abhängigkeit von Risikobetroffenheit, Einkommenslage und sozialem Status zurück. Bei Zuzahlungsregelungen kann – wie in aller Regel intendiert – die Inanspruchnahme gesundheitlicher Leistungen sinken. Je nach Höhe und Ausgestaltung der Zuzahlung sind auch hier sozial selektive Effekte zu erwarten. Ob allerdings über diesen Weg die Ausgaben- und Kostendynamik im Gesundheitswesen gebremst wird, ist eher ungewiss (vgl. Bd. II, Kap. „Gesundheit und Gesundheitssystem", Pkt. 12.3.1). Die bisherigen Erfahrungen sprechen dagegen. Zudem zeigen die empirischen Befunde, dass private Krankenversicherungen, die durchgängig mit dem Kostenerstattungsverfahren sowie Selbstbeteiligungs- und Wahltarifen operieren, einen stärkeren Ausgabenzuwachs je Versicherten als die gesetzlichen Kassen aufweisen (vgl. Bd. II, Kap. „Gesundheit", Pkt. 5.2.3).

Zu berücksichtigen ist zudem, dass im privaten Sektor höhere Verwaltungs- und vor allem Abschlusskosten (Akquisition, Werbung, Marketing) entstehen und Gewinne erwirtschaftet werden müssen. Hinzu kommt, dass der Übergang zu einer kapitalgedeckten privaten Vorsorge in der Aufbauphase mit Mehrbelastungen verbunden ist: Bevor Leistungen ausgezahlt werden können, muss durch laufende Zuführung von Mitteln ein Kapitalstock aufgebaut werden. In dieser Phase sind jedoch zugleich die im Umlageverfahren erworbenen Ansprüche zu bedienen und zu finanzieren (vgl. Pkt. 7.6 dieses Kapitels).

Diese Zusammenhänge und Daten lassen erkennen, dass es in der Diskussion über das Für und Wider von privater Vorsorge und öffentlicher sozialer Sicherung auf eine nüchterne Analyse ankommt, ob der eine oder andere Weg ökonomisch effizienter und gesellschaftspolitisch akzeptabler ist. Auf jeden Fall macht es aus gesamtwirtschaftlicher Sicht wenig Sinn, steigende Sozialausgaben, wenn sie öffentlich über Beiträge und Steuern finanziert werden, als Zwangsabgaben und als Ausdruck einer unerwünschten Kostenexpansion zu erklären und *demgegenüber* die selben Ausgabenzuwächse, wenn sie privat über Versicherungsprämien oder Marktpreise finanziert werden, als Ausdruck eines zukunftsträchtigen Wachstumsmarktes mit Beschäftigungs- und Gewinnchancen zu begrüßen.

Bei der Gegenüberstellung von öffentlicher und privater Finanzierung darf allerdings nicht aus den Augen gelassen werden, dass Pflichtbeiträge zur Sozialversicherung (und erst recht allgemeine Steuerabzüge) von weiten Teilen der Bevölkerung anders wahrgenommen und bewertet werden als private Ausgaben für die

soziale Sicherheit. Während Beiträge unmittelbar dem Einfluss des Staates unterliegen, im Quellenabzugsverfahren automatisch einbehalten werden, erscheinen
private Ausgaben als freiwillige Entscheidungen, die dem Einzelnen Wahlmög-
lichkeiten gemäß seiner individuellen Präferenzen eröffnen und ein unmittelbares
Verhältnis von Leistung und Gegenleistung sicherstellen. Ob und in welchem Maße diese Einschätzung geteilt wird, hängt ganz generell ab von der politisch-kultu-
rellen, historisch entwickelten Einstellung der Bevölkerung gegenüber dem Staat
und Sozialstaat. Im Einzelnen spielt die nach individuellen Nutzen und Kosten
kalkulierte Abwägung von empfangenen Leistungen und zu entrichtenden Abgaben
eine entscheidende Rolle. Dass Personen mit hohen Einkommen und „günstigen"
individuellen Risiken, die insofern durch die Finanzierungs- und die Leistungsprinzipien der Sozialversicherung eher belastet werden, einen höheren Abgabenwiderstand haben, liegt auf der Hand, da sie sich privat günstiger absichern könnten.

Da die private Absicherung außerhalb der unmittelbaren Verantwortung von
Staat und Politik steht, kann sich die Politik bei einem Übergang zur privaten Vorsorge entlasten. So stehen Beitragssatzerhöhungen in der Sozialversicherung im
Zentrum der öffentlichen Aufmerksamkeit und müssen legitimiert werden, während die Anhebungen von Prämien bei der Privatversicherung weitgehend unbeachtet bleiben und von der Politik nicht zu verantworten sind.

4 Der Sozialstaat in der Finanzierungskrise

Der Rückblick auf die Sozialpolitik seit Mitte der 1990er Jahre lässt eine Abfolge
von Finanzierungsproblemen und -krisen erkennen. Die Situation in den Haushalten von Bund, Ländern und Gemeinden sowie in den Sozialversicherungshaushal-
ten ist immer wieder durch Defizite gekennzeichnet, die bei den Gebietskörperschaften durch eine wachsende Neuverschuldung und bei den Sozialversicherungsträgern (denen eine Verschuldung nicht möglich ist) durch steigende Beitragssätze
ausgeglichen wurden. Zugleich prägen tiefe Einschnitte in das soziale Netz die
Entwicklung, um über diesen Weg die Ausgaben zu senken bzw. den Ausgabenzuwachs zu begrenzen. In nahezu allen Bereichen des Systems der Sozialen Sicherung ist bis auf einzelne Ausnahmen das Leistungsrecht in den zurückliegenden
Jahren verschlechtert worden.

4.1 Finanzierungsprobleme der Sozialversicherungssysteme

Will man wissen, durch welche Einflüsse das Finanzgleichgewicht in den Sozial-
versicherungshaushalten gestört werden kann, ist es notwendig, die einzelnen Faktoren zu analysieren, die auf die Entwicklung einerseits der Einnahmen und andererseits der Ausgaben einwirken. Zu berücksichtigen ist dabei, dass die Einnahmen
im Wesentlichen durch lohnbezogene Beiträge bestimmt sind und dass in Systemen, die nach dem Umlageverfahren finanziert werden, Rücklagen allenfalls zum

Ausgleich von kurzfristigen Disproportionalitäten zwischen Einnahmen und Ausgaben ausreichen.

▪ Die *Ausgaben* errechnen sich bei den *Geld- bzw. Lohnersatzleistungen* der Renten- und Arbeitslosenversicherung als das Produkt von Zahl der Leistungsempfänger (Rentner oder Arbeitslose) und der durchschnittlichen Höhe der Leistungen (Altersrenten oder Arbeitslosengeld). Die Ausgabenhöhe bei den *Sach- und Dienstleistungen* der Kranken- und Pflegeversicherung hängt ab von der Leistungsmenge (z.B. Zahl der ärztlichen Behandlungen, Arzneimittelverordnungen oder Pflegesachleistungen) und den durchschnittlichen Kosten je Leistung.

▪ Die *Einnahmen* errechnen sich – bei gegebenem Beitragssatz und ohne Berücksichtigung von Zuschüssen aus dem Bundeshaushalt – als Produkt von Zahl der Beitragspflichtigen und der durchschnittlichen Höhe der Bruttolöhne, die der Bemessung der Beitragszahlung zugrunde liegen.

Von einer *Ausgabenexpansion* ist zu sprechen, wenn die Ausgaben – im Verhältnis zum Sozialprodukt oder zur Einkommensentwicklung – überproportional steigen. Eine *Einnahmeschwäche* liegt vor, wenn die Entwicklung von beitragspflichtigem Einkommen und Beitragseinnahmen hinter den Zuwachsraten des Sozialprodukts oder des allgemeinen Einkommensniveaus zurück bleibt.

Eine Analyse der Ausgabenentwicklung in der Sozialversicherung zeigt, dass bei den *Geldleistungen* der Ausgabenzuwachs in erster Linie Folge wachsender Bedarfslagen und Leistungsempfängerzahlen ist. Ursächlich sind hier vor allem die hohe und steigende Arbeitslosigkeit sowie die Zunahme der Rentenempfänger. Von der durchschnittlichen Höhe der Leistungen ist hingegen kein expansiver Effekt ausgegangen, da sich die Leistungsberechnung an der allgemeinen Lohnentwicklung orientiert. Durch mehrfache Einschnitte im Leistungsrecht ist es sogar zu Leistungskürzungen je Fall gekommen.

Bei den *Sach- und Dienstleistungen*, hier insbesondere im Gesundheitswesen, ist sowohl ein Mengen- als auch ein Preiszuwachs eingetreten. Im Verhältnis zur allgemeinen wirtschaftlichen Entwicklung, bezogen auf das Bruttoinlandsprodukt, lässt sich jedoch kein überproportionaler Ausgabenanstieg der Gesetzlichen Krankenversicherung feststellen. Seit 1992 schwanken die Ausgaben der GKV in Prozent des BIP zwischen 6,7 bis 6,5 %.

Die Einnahmen der Sozialversicherung hängen im hohen Maße von der *Zahl der versicherungspflichtig Beschäftigten* ab. Im Zuge der anhaltenden Wachstumskrise und der hohen Zahl an Arbeitslosen haben sich die sozialversicherungspflichtigen Beschäftigungsverhältnisse seit Beginn der 1990er Jahre kontinuierlich verringert (Abbildung II.11). Die Zahl der Erwerbstätigen insgesamt hingegen hat sich in diesem Zeitraum weit stabiler verhalten. Dies weist darauf hin, dass auf dem Arbeitsmarkt eine Umschichtung von Arbeitsverhältnissen, die mit Beiträgen belegt sind, hin zu sozialversicherungsfreien Beschäftigungsformen (selbstständige

Tätigkeiten, geringfügige Beschäftigung, Werk- und Honorarverträge) stattgefunden hat.

Abbildung II.11:

Entwicklung von Erwerbstätigen und sozialversicherungspflichtig Beschäftigten 1992 - 2006

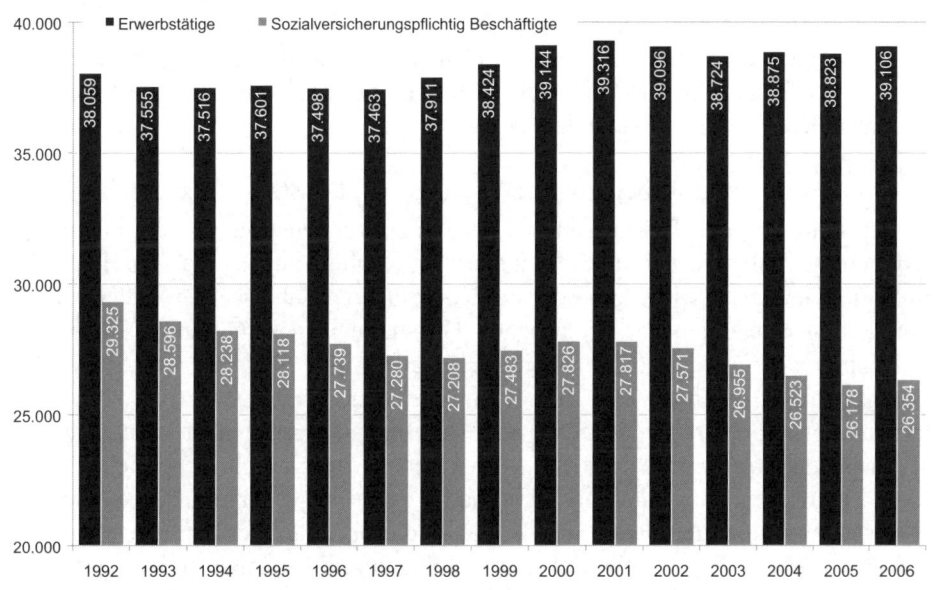

Quelle: Statistisches Bundesamt, Statistisches Jahrbuch 2006, Wiesbaden 2006.

Äußerst schwach hat sich seit Anfang 2000 zudem die Lohnhöhe je versicherungspflichtig Beschäftigten entwickelt. Dafür sind im Wesentlichen die niedrigen Tarifabschlüsse, die Zunahme von Teilzeitarbeit zu Lasten von Vollzeitarbeit und die Ausbreitung von Niedriglöhnen verantwortlich.

Die mit dieser Lohnentwicklung verbundene sinkende Lohnquote (Anteil der Bruttoeinkommen aus abhängiger Arbeit am Volkseinkommen, vgl. Kap. „Einkommen", Pkt. 2.2) signalisiert, dass sich die Beitragserhebung auf einen sukzessive kleiner werdenden Anteil des gesamten Volkseinkommens bezieht und ein größer werdender Teil des Volkseinkommens, das sind Einkommen aus Unternehmertätigkeit und Vermögen sowie nicht versicherungspflichtige Arbeitnehmereinkommen, außerhalb der Finanzierungspflicht steht. Insofern lassen sich die Finanzierungsprobleme der Sozialversicherungsträger in einem hohen Maße als Einnahmeschwäche identifizieren. Die Einnahmen sind – noch stärker als die Ausgaben – hinter der allgemeinen Entwicklung des Sozialprodukts zurückgeblieben (vgl. am Beispiel Krankenversicherung Kap. „Gesundheit und Gesundheitssystem", Pkt. 10.2).

Im Ergebnis führt die Finanzierung der Sozialversicherung vorrangig durch lohnbezogene Beiträge dazu, dass die Einnahmen von der Arbeitsmarktlage sowie von der durchschnittlichen Höhe der Arbeitsentgelte abhängig sind. Zwar verringern sich bei einer rückläufigen Zahl von sozialversicherungspflichtig Beschäftigten auch die Zahl und Höhe von Leistungsanwartschaften und entsprechend die anfallenden Ausgaben. Und niedrige Löhne bzw. niedrige Zuwachsraten des Lohnniveaus schlagen sich in der Höhe der späteren Leistungen nieder und begrenzen die Anpassungsdynamik. Aber diese auf dem Äquivalenz- und Versicherungsprinzip basierende Korrespondenz zwischen Einnahmen und Ausgaben greift nur langfristig und trifft auch nur für die Geldleistungen zu, nicht aber für die Sach- und Dienstleistungen der Sozialversicherung.

4.2 Konjunktur- und Arbeitsmarktabhängigkeit der Steuerfinanzierung

Im Unterschied zu den Leistungen aus dem Sozialversicherungssystem lassen sich Finanzierungsprobleme bei steuerfinanzierten Sozialleistungen, die aus Haushaltsmitteln des Bundes, der Ländern oder der Kommunen gezahlt werden, nicht von den Finanzierungsproblemen der öffentlichen Haushalte insgesamt trennen. Monetäre und Realtransfers außerhalb der Sozialversicherung sind Teil der öffentlichen Gesamtausgaben und werden über das allgemeine Steueraufkommen (bzw. über Kreditaufnahme) finanziert. Eine direkte Zurechnung von einzelnen Steuern zu einzelnen Ausgaben gibt es wegen des Non-Affektationsprinzips nicht. Ungleichgewichte in den öffentlichen Haushalten haben deshalb – sowohl auf der Einnahmen- wie auf der Ausgabenseite – vielfältige Gründe, die an dieser Stelle nicht im Einzelnen analysiert werden können. Gleichwohl lassen sich zentrale Ursachen für die gegenläufige Entwicklung von öffentlichen Einnahmen und Ausgaben benennen:

- Zwar fällt bei einer Steuerfinanzierung die Konjunktur- und Arbeitsmarktabhängigkeit der Einnahmen weniger stark als bei der Beitragsfinanzierung aus, da – wenn auf die Lohnsteuer Bezug genommen wird – der Kreis der Zahlungspflichtigen weiter als bei den Sozialversicherungsbeiträgen gesteckt ist und zudem alle Einkommen erfasst werden. Dennoch leidet auch das Aufkommen aus der Lohnsteuer unter einer schlechten Arbeitsmarktlage und niedrigen Wachstumsraten. Denn Arbeitslose zahlen keine Lohnsteuer, und viele Bezieher von Niedrigeinkommen bleiben mit ihrem Einkommen unterhalb des Grundfreibetrags. Hingegen führen hohe nominale Einkommenszuwächse (die realen Zuwächse können unter Berücksichtigung des Preisniveauanstiegs deutlich niedriger liegen) zu einem Anstieg des Steueraufkommens. Bei gegebenem progressivem Steuertarif kommt es nämlich dazu, dass immer mehr Steuerpflichtige mit ihrem Einkommen in eine höhere Progressionsstufe fallen.

- Auch die Steuern auf den Verbrauch werden in ihrer Ergiebigkeit von der Lage auf dem Arbeitsmarkt und der Konjunkturentwicklung beeinflusst, da letztlich das den Haushalten zur Verfügung stehende Einkommen den Rahmen für die Konsumausgaben bestimmt.

- Die ungünstige Wirtschafts- und Arbeitsmarktlage schlägt sich bei den Ausgaben von Bund, Ländern und Gemeinden nieder: Es erhöhen sich die Empfängerzahlen von Sozialleistungen (vor allem Arbeitslosengeld II, Wohngeld) sowie die Bundeszuschüsse an die BA und die Rentenversicherungsträger. Hinzu kommen die besonderen Finanzierungsprobleme in den neuen Bundesländern infolge der anhaltenden Wirtschaftsschwäche.

- Durch die Steuerreformen der zurückliegenden Jahre insbesondere im Bereich der Unternehmensbesteuerung (Körperschaftsteuer) und der Einkommensteuer (in mehreren Stufen) ist es zu Steuerentlastungen gekommen, die wesentlich mit dazu beigetragen haben, dass in den Haushalten von Bund, Ländern und Gemeinden das Steueraufkommen seit Jahren stagniert oder real (unter Berücksichtigung des Preisniveauanstiegs) sinkt. Das Gesamtsteueraufkommen hat sich von 2000 bis 2005 von 467,3 Mrd. € auf 451,0 Mrd. €, das entspricht 3,5 %, verringert (vgl. Tabelle II.11).

Insgesamt zeigt sich, dass die Finanzierung der Sozialen Sicherung entscheidend von der Höhe und Entwicklung der Arbeitnehmereinkommen abhängt, da es eine Finanzierung jenseits der direkten oder indirekten Belastungen der Arbeitnehmereinkommen nicht geben kann. Dieser gesamtwirtschaftliche Zusammenhang lässt sich auch anhand der Daten aus der Volkswirtschaftlichen Gesamtrechnung verdeutlichen: Das Bruttoarbeitnehmerentgelt (einschließlich der Arbeitgeberbeiträge zur Sozialversicherung) macht etwa 70 % des Volkseinkommens aus (Lohnquote). Die restlichen 30 % des Volkseinkommens, das sind die Einkommen aus Unternehmertätigkeit und Vermögen, reichen als Finanzierungsquelle für die Summe aller Sozialausgaben schon allein rechnerisch nicht aus.

Zugleich wird die Finanzierung durch Arbeitslosigkeit gefährdet, denn sowohl bei der Beitrags- wie bei der Steuerfinanzierung kommt es zu einer Überlagerung von Mindereinnahmen und arbeitsmarktbedingten Mehrausgaben.

4.3 Arbeitslosigkeit: Problemkumulation durch sinkende Einnahmen und wachsende Ausgaben

Ein niedriger Beschäftigungsstand berührt Ausgaben- und Einnahmenseite gleichermaßen negativ. Dem steigenden Finanzbedarf auf der einen Seite steht eine durch dieselben Ursachen verschlechterte Einnahmesituation auf der anderen Seite gegenüber:

- *Mehrausgaben* entstehen bei der Bundesagentur für Arbeit und beim Bund durch den Anstieg der passiven Leistungen (Arbeitslosengeld I und II) sowie durch die notwendig werdenden Maßnahmen der aktiven Arbeitsmarktpolitik. Aber auch die Rentenversicherung wird von der schlechteren Arbeitsmarktlage betroffen, weil die Zahl der arbeitsmarktbedingten Frühverrentungen zunimmt.

- *Mindereinnahmen* infolge von Arbeitslosigkeit schlagen sich sowohl bei den Steuern wie bei den Beiträgen nieder. Im Steuersystem ergeben sich Verluste vor allem bei der Lohn- und Einkommensteuer. Bei den Beitragseinnahmen der Sozialversicherungsträger muss in erster Linie die Bundesagentur für Arbeit Einbußen hinnehmen, da Arbeitslose – seien sie registriert oder nicht – keine Beiträge zahlen.

Bei der Kranken-, Pflege- und Rentenversicherung fallen die Beitragsverluste geringer aus, da die BA für ihre Leistungsempfänger die Beitragszahlungen an die anderen Sozialversicherungsträger teilweise übernimmt, verbunden mit entsprechend höheren Ausgaben (vgl. Kap. „Einkommen", Pkt. 6.5). Die Beitragsleistungen für Empfänger von Arbeitslosengeld I und insbesondere von Arbeitslosengeld II sind jedoch in den letzten Jahren gekürzt worden, so dass der Ausgleich nur begrenzt wirkt. Zudem wächst der Kreis der Arbeitslosen, die keinen Anspruch auf Leistungen (mehr) haben und für die insofern auch keine Beiträge gezahlt werden.

Tabelle II.17:

Gesamtfiskalische Kosten der Arbeitslosigkeit 2004

	Mrd. €	in %
Insgesamt	85,7	100
Kostenarten:		
Ausgaben	46,2	53,9
- Arbeitslosengeld	24,7	28,8
- Arbeitslosenhilfe	16,9	19,8
- Sozialhilfe	3,6	4,2
- Wohngeld	0,9	1,1
Mindereinnahmen	39,5	46,1
- Einkommensteuer	13,2	15,4
- indirekte Steuern	2,7	3,1
- Sozialversicherungsbeiträge	23,6	27,6
Kostenträger:		
- Bund	24,5	28,6
- Länder	7,0	8,1
- Gemeinden	5,9	6,9
- Bundesagentur für Arbeit	30,6	35,7
- Rentenversicherung	9,7	11,3
- Krankenversicherung	7,1	8,3
- Pflegeversicherung	0,9	1,0

Quelle: Institut für Arbeitsmarkt- und Berufsforschung, Nürnberg 2005.

Nach Berechnungen des Instituts für Arbeitsmarkt- und Berufsforschung summierten sich im Jahr 2004 die gesamtfiskalischen, direkten und indirekten Kosten der Arbeitslosigkeit auf 85,7 Mrd. € (vgl. Tabelle II.17). Diese Berechnungen beziehen sich nur auf die unmittelbaren Kosten der registrierten Arbeitslosigkeit, also ohne aktive Arbeitsmarktpolitik und ohne monetär schwer fassbare Kosten wie Dequalifizierung, gesundheitliche Beeinträchtigungen usw.

Die BA trägt mit einem Anteil von 35,7 % der Gesamtkosten die höchste Last, aber auch der Bund wird mit 28,6 % stark belastet. Auf Renten- und Kranken- und Pflegeversicherung entfallen zusammen 20,6 %, auf die Länder 8,1 % und die Gemeinden 6,9 % der Gesamtkosten.

Verschärfend kommt hinzu, dass sich unter den Bedingungen der anhaltenden Arbeitsmarktkrise auf dem Arbeitsmarkt jene Beschäftigungsverhältnisse ausdehnen, die nicht der Versicherungs- und Beitragspflicht unterliegen, so Arbeitsverhältnisse unterhalb der Geringfügigkeitsgrenze (Minijobs), Selbstständigkeit, Werkverträge.

Arbeitslosigkeit ist vor allem in den neuen Bundesländern ein gravierendes Problem. Der seit der Einführung der Wirtschafts- und Währungsunion einsetzende Trend stark rückläufiger Beschäftigten- und ansteigender Arbeitslosenzahlen hat ein eklatantes Missverhältnis zwischen Beitragszahlern und Leistungsempfängern entstehen lassen. Für die neuen Bundesländer errechnet sich eine sehr hohe Sozialleistungsquote von etwa 49 % (vgl. Pkt. 2.2). Da die hohen Sozialleistungen in den neuen Bundesländern nicht aus „Eigenmitteln" finanziert werden können, war und ist ein Finanzverbund bzw. Finanzierungsausgleich mit den alten Bundesländern, in den auch die Sozialversicherungsträger einbezogen sind, zwingend erforderlich. Verteilungspolitisch problematisch ist eine Finanzierung über Beiträge immer dann, wenn es sich wie bei der Bewältigung der sozialen Folgen der Transformationskrise um allgemeine gesellschaftspolitische Aufgaben handelt.

4.4 Finanzierungsprobleme der öffentlichen Haushalte – kommunale Sozialpolitik als Beispiel

Vor besonderen Problemen stehen die Gemeinden, deren Haushaltslage seit Mitte der 90er Jahre durch ein anhaltendes Missverhältnis zwischen stagnierenden oder nur schwach steigenden Einnahmen und Ausgabenzuwächsen charakterisiert ist. Bei den Einnahmen der Gemeinden fällt besonders negativ ins Gewicht, dass die Gewerbeertragsteuer stark konjunkturempfindlich und durch Einbrüche gekennzeichnet ist. Zudem haben die Länder ihre Zuweisungen begrenzt, da sie selber in ihren Haushalten Mehrausgaben und Mindereinnahmen zu verkraften haben. So haben sich die kommunalen Einnahmen in den alten Bundesländern im Zeitraum zwischen 1995 (115,2 Mrd. €) und 2005 (123,2 Mrd. €) trotz des allgemeinen Preisanstiegs kaum erhöht, sind preisbereinigt also deutlich gesunken (vgl. Tabelle II.13).

Dem steht ein starker *Zuwachs* bei den Sozialausgaben gegenüber:

- Die Zahl der Empfänger von *Hilfe zum Lebensunterhalt* ist in seit Mitte der 1980er Jahre kontinuierlich angestiegen, insbesondere infolge der wachsenden Zahl von Langzeitarbeitslosen, die keine oder nur unzureichende Leistungen aus der Arbeitslosenversicherung erhalten. Zu einer Entlastung bei den Sozial- hilfeausgaben (Hilfe in besonderen Lebenslagen) hat hingegen die Einführung der Pflegeversicherung geführt (vgl. Bd. II, Kap. „Gesundheit und Gesund- heitssystem", Pkt. 7.2.1).

  Ob und in welchem Maße sich für die Kommunen Entlastungen aus der Zu- sammenführung von Arbeitslosenhilfe und Sozialhilfe (vgl. Kap. „Einkom- men", Pkt. 7.3.6) ergeben, kann noch nicht übersehen werden; in dem neuen Leistungssystem des SGB II (Arbeitslosengeld II und Sozialgeld) müssen die Gemeinden die Kosten für Unterkunft und Heizung und für die sozialen Diens- te finanzieren.

- Die Arbeitslosigkeit führt zu wachsenden persönlichen Problemen und Notla- gen; die Folge ist ein steigender Bedarf auch an sozialen Hilfen und Diensten. Bei der Jugendhilfe beispielsweise, der Wohnungslosenhilfe oder der Schuld- nerberatung sind die Verbindungslinien zur Entwicklung auf dem Arbeits- markt offenkundig.

- Der Ausbau von Tageseinrichtungen für Kinder sowie von Ganztagsangeboten im Schulbereich (vgl. Bd. II, Kap. „Familie", Pkt. 7.2) verlangt hohe Investiti- onen und führt zu zusätzlichen und dauerhaften Belastungen in den Verwal- tungshaushalten durch steigende Personalausgaben, Sachkosten und Zuschüsse an freie Träger. Vom Bund werden Aufgaben übertragen, ohne dass sicherge- stellt ist, dass den Kommunen dafür auch entsprechende Finanzmittel zur Ver- fügung gestellt werden; es kommt zu einem Verstoß gegen das *Konnexi- tätsprinzip* („Wer bestellt, muss auch bezahlen").

Die Gemeinden haben auf die gegenläufige Entwicklung von Einnahmen und Aus- gaben (vgl. Tabelle II. 13) mit Personalabbau, Leistungseinschränkungen, einer stark rückläufigen Investitionstätigkeit und mit Anhebungen von Gebühren und Beiträgen reagiert. Im Unterschied zum Bund und zu den Ländern haben sie kaum Handlungsmöglichkeiten, ihre steuerliche Einnahmenbasis zu verbessern: Bei den Gemeinschaftsteuern sind sie im Wesentlichen von den Entscheidungen des Bun- desgesetzgebers abhängig. Eigenständig gestalten lassen sich lediglich die Hebe- sätze der Realsteuern (Grundsteuer, Gewerbesteuer). Aufgrund der Konkurrenz der Gemeinden untereinander in dem Bemühen um Wirtschaftsförderung und Unter- nehmensansiedlung ist der Spielraum zu einer Erhöhung der Gewerbesteuer aber sehr begrenzt. Gerade finanzschwachen Gemeinden in Regionen, die durch wirt- schaftliche Strukturkrisen gekennzeichnet sind und die dringend auf Investoren und neue Arbeitsplätze angewiesen sind, ist dieser Weg versperrt.

Viele Gemeinden sind mittlerweile nicht mehr in der Lage, hohe Fehlbeträge in ihren Verwaltungshaushalten und die Aufnahme von entsprechenden Kassenkrediten zu vermeiden. Dies gilt insbesondere für die großen (kreisfreien) Städte. Von den jeweiligen Bundesländern den Gemeinden deswegen auferlegte Haushaltssicherungskonzepte zählen zur Normalität.

Da die Kommunen in weiten Teilen ihrer Aufgabenerfüllung durch bundes- und landesrechtliche Verpflichtungen gebunden sind (Pflichtaufgaben), konzentrieren sich die Leistungseinschränkungen auf die *freiwilligen Aufgaben*. Einsparungen erfolgen vor allem durch Veräußerung von Vermögen, Schließung oder Verkauf von Einrichtungen (*Privatisierung*), Reduzierung von Angeboten, restriktive Handhabung von Kann- und Soll-Leistungen, Kürzung von Zuschüssen an freie Träger, Verschlechterung von Personalschlüsseln und Gruppenstärken.

Unter dem Druck der Finanzierungskrise in den Kommunen haben sich neue Formen einer *flexiblen Haushaltsführung* etabliert (Budgetierung, Kontrakt-Management, neue Steuerungsmodelle), von denen nicht nur Einsparungen, sondern vor allem eine effiziente, produkt- und kundenorientierte Leistungserstellung erwartet werden (vgl. Bd. II, Kap. „Soziale Dienste", Pkt. 5.2).

5 Bevölkerungsentwicklung und Finanzierung des Sozialstaates

5.1 Bedingungen und Folgewirkungen des demografischen Umbruchs

Für die Finanzierungsfähigkeit des Sozialstaates sind neben den ökonomischen Bedingungen die Folgewirkungen des demografischen Umbruchs von entscheidender Bedeutung. Es ist bekannt, dass in allen entwickelten Staaten aufgrund der Doppelwirkung einer anhaltend niedrigen *Geburtenrate* und einer weiter ansteigenden *Lebenserwartung* in den nächsten Jahrzehnten die Gesamtbevölkerung zurückgehen und sich zugleich die Altersstruktur der Bevölkerung grundlegend verschieben wird. Da insbesondere die ältere Generation zu den Leistungsempfängern im Sozialstaat zählt, wirkt sich hier der demografische Umbruch im besonderen Maße aus: Die Zahl der älterer Menschen wächst, während gleichzeitig die Zahl der Menschen im mittleren, aktiven Lebensalter sinkt, die erwerbsfähig sind und die die Finanzierungsmittel für die sozialen Systeme bereitstellen müssen.

Diese Probleme betreffen vor allem die Alterssicherungssysteme, neben der Rentenversicherung auch die Beamtenversorgung, die betriebliche Altersversorgung sowie die private Altersvorsorge (vgl. Bd. II, Kap. „Alter", Pkt. 10.3). Die ältere Generation ist zahlenmäßig größer als früher und die Phase des Ruhestands dauert länger. Zu Mehrbelastungen kommt es darüber hinaus in der gesundheitlichen Versorgung, im Pflegebereich und im weiten Bereich der sozialen Infrastruktur für ältere Menschen. Ältere Menschen weisen eine höhere Krankheitshäufigkeit als junge auf, insbesondere in Bezug auf chronische Erkrankungen, Multimorbidität und Behinderungen, und verursachen daher im Vergleich pro Kopf im Schnitt deutlich höhere Kosten. Zunehmen werden insbesondere Zahl und Anteil der sehr alten, hochbetagten Menschen (über 80jährige), (vgl. Bd. II, Kap. „Alter", Pkt. 2.1), die ein besonders hohes Risiko der Pflegebedürftigkeit aufweisen.

Den steigenden Ansprüchen an die Versorgung mit medizinischen und sozialen Dienstleistungen im Krankheits- und Pflegefall steht eine ebenfalls durch soziale und demografische Strukturverschiebungen beeinflusste Entwicklung gegenüber, die traditionelle familiäre Hilfsformen weniger tragfähig werden lässt (vgl. Bd. II, Kap. „Soziale Dienste", Pkt. 8). Durch die Scherenbewegung von wachsendem Hilfebedarf und sinkenden/veränderten familiären Selbsthilfemöglichkeiten steigt die Nachfrage nach professionellen ambulanten, teilstationären und stationären sozialen Diensten.

Um die Dimensionen der zukünftigen Entwicklung zu ermitteln, müssen mittel- und längerfristig orientierte Modellrechnungen vorgenommen werden. Derartige Bevölkerungsvorausberechnungen basieren auf *Annahmen* über die zu erwartenden demografischen Trends. Je nach Annahme weichen die Ergebnisse erheblich voneinander ab, und zwar umso stärker, je weiter der Blick in die Zukunft reicht. Die Berechnungen sind also mit hohen Unsicherheiten behaftet, und dürfen nicht als Prognosen verstanden werden. Wenn das Statistische Bundesamt in seinen Modellberechnungen unterschiedliche Varianten benennt, so geschieht dies genau aus dem Grunde der Unsicherheit. Alle Annahmen sind gleich wahrscheinlich oder unwahrscheinlich. Dies betrifft auch die so genannte „mittlere Annahme", die nur deshalb in der öffentlichen Wahrnehmung eine so große Rolle spielt, weil unterstellt wird, dass eine „mittlere" Position eine höhere Wahrscheinlichkeit aufweist.

Trotz dieser Einwände gegenüber sehr langfristigen Vorausberechnungen kann es keinen grundlegenden Zweifel an ihrer Erfordernis geben. Politik ist zwingend auf eine mittelfristige und längerfristige Orientierung angewiesen, da Entscheidungen und Maßnahmen bzw. Nicht-Entscheidungen und Nicht-Maßnahmen langfristige Folgwirkungen haben und nicht ohne weiteres revidierbar sind. Dies gilt im besonderen Maße für die Leistungen der sozialen Infrastruktur und der Sozialen Sicherung, die die Lebenslage und die finanziellen Belastungen über Generationen hinweg prägen. Die Älteren von morgen leben heute schon, und die Erwerbstätigengeneration von morgen setzt sich aus den Kindern von heute zusammen. Wie hoch die Zahl der Leistungsempfänger und das Erwerbspersonenpotenzial in Zukunft sein werden, ist also keinesfalls völlig unklar.

Bei den demografischen Modellberechnungen kommt es im Wesentlichen auf die Faktoren Geburtenrate, Lebenserwartung und Zuwanderung an. Längerfristige Bevölkerungsvorausberechnungen lassen Entwicklungskorridore sichtbar werden. Sie zeigen aber auch auf, wo es Interventionsmöglichkeiten zur Gegensteuerung gibt. Die Faktoren Geburtenrate und Zuwanderung sind nicht unveränderbar; sie unterliegen Einflüssen, die zu einem Teil (aber nicht insgesamt) auch politisch gestaltbar sind.

Geburtenhäufigkeit

Die Geburtenziffer liegt (2005, Deutschland) bei etwa 1,4 Kindern je Frau im gebärfähigen Alter. Dabei ist zu berücksichtigen, dass die Geburtenhäufigkeit in den alten Bundesländern seit Mitte der 1970er Jahre relativ stabil ist (nach einem deutlichen Rückgang in der zweiten Hälfte der 1960er Jahre), während sie in den neuen Bundesländern seit der Wiedervereinigung drastisch rückläufig war, sich aber mittlerweile erholt und auf das westdeutsche Niveau einpendelt hat (vgl. Abbildung II. 12).

Abbildung II.12

Entwicklung der Geburtenhäufigkeit 1960 - 2005

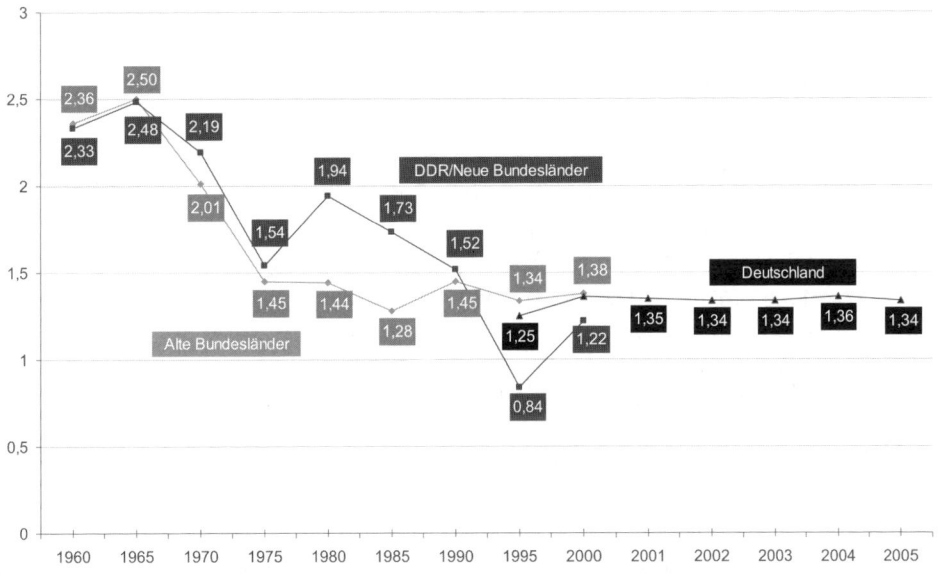

Summe der altersspezifischen Geburtenziffern der 15- bis 44-jährigen Frauen
Quelle: Statistisches Bundesamt.

Mit Blick auf die Zukunft spricht wenig dafür, dass ein insgesamt grundlegender und dauerhafter Umschwung im generativen Verhalten einsetzt und eine Geburtenrate (von etwa 2,1) erreicht wird, die die Konstanz der Bevölkerung sichern würde. Das würde voraussetzen, dass die derzeit hohe Quote der Frauen, die kinderlos bleiben (vgl. Bd. II, Kap. „Familie", Pkt. 4.2), zurück geht und dass zugleich die Kinderzahl je Frau ansteigt.

Jedoch dürfen Trends auch nicht einfach fortgeschrieben werden. Der internationale Vergleich zeigt, dass Deutschland zu den Staaten mit der niedrigsten Geburtenhäufigkeit zählt und dass in einer Reihe von europäischen Ländern höhere

Geburtenziffern (z.B. Frankreich mit 1,8 und Dänemark mit 1,7 Kindern je Frau) realisiert werden. Um ein solches Niveau zu erreichen, müssen allerdings die Rahmenbedingungen für die Entscheidung, ein Leben mit Kindern zu führen, verbessert werden. Das gilt vor allem für die Vereinbarkeit von Berufstätigkeit und Kindererziehung (vgl. Bd. II, Kap. „Familie", Pkt. 7).

Lebenserwartung

Für die sozialpolitische Betrachtung der Lebenserwartung bzw. Sterblichkeit sind von Bedeutung sowohl

- die die durchschnittliche Lebenserwartung (bezogen auf ein neugeborenes Kind) als auch

- die fernere Lebenserwartung (durchschnittliche Restlebenserwartung von Personen, die ein bestimmtes Alter bereits erreicht haben).

Die *durchschnittliche Lebenserwartung* gibt insbesondere Auskunft über die Zahl der Bevölkerung; je höher die Lebenserwartung desto größer die Bevölkerungszahl – die niedrige Geburtenhäufigkeit wird teilweise kompensiert.

Die *fernere Lebenserwartung* informiert über die noch verbleibenden Lebensjahre. Die Summe aus erreichtem Alter und fernerer Lebenserwartung erhöht sich mit zunehmendem Alter, da die Risiken, früh zu sterben, überwunden sind. Die wichtigste Maßgröße ist hier die fernere Lebenserwartung der älteren Menschen (ab einer Altersgrenze von 60 oder 65 Jahren), die also – in der Regel – nicht mehr erwerbstätig sind und Renten gleich welcher Art erhalten. Da diese Gruppe überwiegend von Einkommensübertragungen lebt, bedeutet eine Verlängerung der ferneren Lebenserwartung, dass sich die Dauer der Übertragungen verlängert und die Ausgaben in den Alterssicherungssystemen steigen.

Die Lebenserwartung ist in allen entwickelten Ländern durch einen langfristigen Anstieg gekennzeichnet. Die mittlere Lebenserwartung liegt in Deutschland 2002/2004 bei 75,9 Jahren (Männer) bzw. 81,6 Jahren (Frauen); die fernere Lebenserwartung von 60jährigen beträgt 20,1 Jahre (Männer) bzw. 24,1 Jahre (Frauen). Für die Zukunft kann von einem weiteren, langsamen Anstieg ausgegangen werden. Dafür sprechen die Trends der zurückliegenden Jahre, die internationalen Vergleiche (die Lebenserwartung in Deutschland liegt im Mittelfeld vergleichbarer Länder) sowie die Erwartungen über Entwicklung der Lebens- und Arbeitsbedingungen, des medizinisch-technischen und -pharmakologischen Fortschritts und der gesundheitlichen und pflegerischen Versorgung (vgl. Abbildung II.13).

Die Vorausberechnungen des Statistischen Bundesamtes (mittlere Variante/ Basisannahme) gehen für 2050 davon aus, dass sich mittlere wie fernere Lebenserwartung erhöhen, und zwar

- bis auf 83,5 Jahre (Männer) bzw. 88,0 Jahre (Frauen) bei den Neugeborenen und

- bis auf 25,3 Jahre (Männer) bzw. 29,1 Jahre (Frauen) bei den über 60jährigen. Damit werden Männer ab dieser Altersgruppe im Schnitt 85,3 Jahre und Frauen sogar 89,1 Jahre alt.

Abbildung II.13:

Entwicklung der Lebenserwartung Neugeborener 1901 - 2050

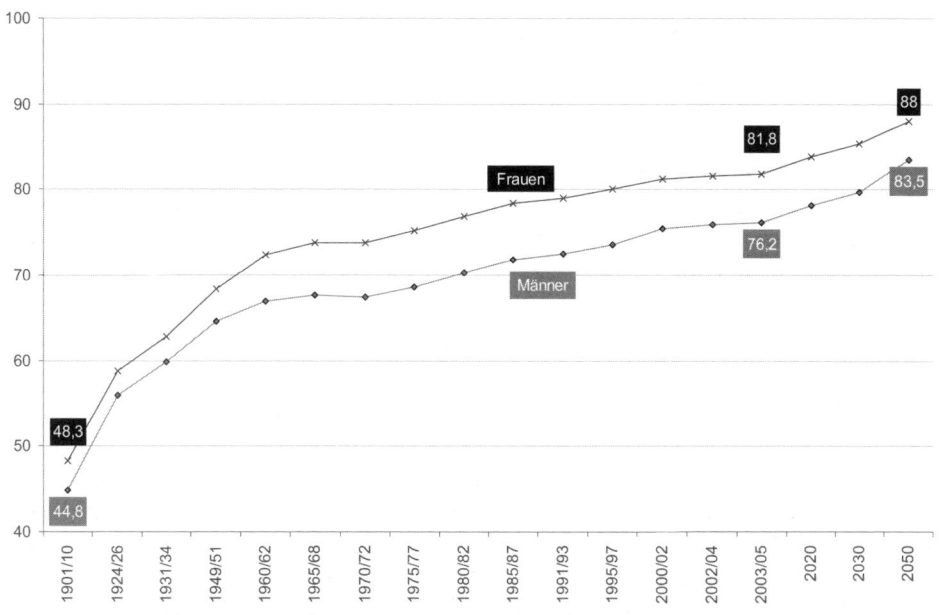

Gebietsstände: 1932/34 Deutsches Reich, 1949/51 bis 1985/87 alte Bundesländer, ab 1991 Gesamtdeutschland. Ab 2020 Annahmen der 11. koordinierten Bevölkerungsvorausberechnung.
Quelle: Statistisches Bundesamt, Bevölkerungsstatistik.- 11. koordinierte Bevölkerungsvorausberechnung: Bevölkerung Deutschlands bis zum Jahr 2050.

Wanderungsbewegung

Die zu erwartenden Veränderungen im Umfang und in der Altersstruktur der Bevölkerung hängen nicht allein von der Geburten- und Sterberate ab. Sie werden darüber hinaus auch stark von der *Nettozuwanderung* (Zuwanderung nach Deutschland abzüglich von Ab- bzw. Rückwanderungen) beeinflusst. In der Vergangenheit haben die Zuwanderungen die jährlichen Geburtendefizite (Saldo von Sterbefällen und Geburten) mehr als ausgeglichen, so dass die Einwohnerzahl in Gesamtdeutschland von 78 Mio. (1970) auf etwa 82,5 Mio. (2005) gestiegen ist.

Die Einschätzung der zukünftigen Nettozuwanderung erweist sich als besonders schwierig. Der Trend der Zuwanderung ist nämlich in einem hohen Maße durch *politische* Entscheidungen und Regelungen bestimmt (z.B. Zuwanderungsgesetz, Ost-Erweiterung der EU, Umgang mit Asylbewerbern und Bürgerkriegsflüchtlingen). Er hängt aber auch ab von den wirtschaftlichen, arbeitsmarktlichen und sozialen Rahmenbedingungen in Deutschland. Die empirischen Befunde zeigen, dass die Nettozuwanderung in Zeiten eines eklatanten Arbeitsmarktungleichgewichts mit hoher Arbeitslosigkeit und schwacher konjunktureller Entwicklung rückläufig ist, bei einem Beschäftigungszuwachs und einer (tatsächlichen oder unterstellten) Kräfteknappheit in bestimmten Sektoren, Berufen und Tätigkeitsprofilen wieder zunimmt. Nicht zuletzt hängt die Zuwanderung von der Situation in den gegenwärtigen und potenziellen Auswanderungsländern ab.

Insofern ist es kaum möglich, zuverlässige Prognosen zu erstellen, die weit bis in die Mitte dieses Jahrhunderts hinein reichen. Zu unterscheiden wäre dabei nach verschiedenen Gruppen: Spätaussiedler, Asylbewerber, Arbeitsmigranten einschließlich Familiennachzug aus Drittländern, Zuwanderung von EU-Ausländern (unter Berücksichtigung der erfolgten Vergrößerung der EU auf 27 Staaten und einer möglichen Erweiterung dieses Prozesses auf die neuen Bewerberländer) und nach deren Alters- und Geschlechterverteilung sowie Qualifikation. Die Altersstruktur der Zu- und Abgewanderten ist deshalb von Interesse, da in der Tendenz die Jüngeren zuwandern, die Älteren abwandern.

Insgesamt weisen alle Anzeichen darauf hin, dass der positive Wanderungssaldo, der in beiden deutschen Staaten und im vereinten Deutschland zwischen 1950 und 1995 über 8 Millionen Menschen betragen hat, nicht abbrechen wird. Dies ist nicht zuletzt angesichts der schnell wachsenden Weltbevölkerung wenig wahrscheinlich. Das Statistische Bundesamt geht in seiner mittleren Prognosevariante/Obergrenze von einem durchschnittlichen Wanderungssaldo von 200.000 Personen im Jahr aus. Sicherlich wäre es möglich, diese Ziffer zu erhöhen. Zu bedenken ist allerdings dabei, dass die Zuwanderung nicht nur an leistungsstaatliche und finanzielle Grenzen stößt (Ausbau und dauerhafte Sicherstellung von Integrations-, Wohnungs-, Bildungs- und Infrastrukturangeboten für die Zugewanderten), sondern zweifelsohne auch an politische Grenzen, was die Integrationsbereitschaft und -fähigkeit der deutschen Bevölkerung, aber auch die der zugewanderten Bevölkerung betrifft.

Gleichwie: Selbst bei einem hohen Wanderungssaldo werden die Zuwanderungsgewinne das Geburtendefizit nicht ausgleichen können. Rückgang und Alterungsprozess der Bevölkerung werden gebremst, nicht aber gestoppt.

5.2 Bevölkerungsvorausberechnungen und demografische Belastungen

Nach der Vorausberechnung des Statistischen Bundesamtes geht die die gesamte Wohnbevölkerung von 82,2 Millionen im Jahr 2000 auf 81,2 Millionen im Jahr 2030 und auf 75,1 Millionen im Jahr 2050 zurück (vgl. Tabelle II.18). Unter den Annahmen der mittleren Variante hält sich also der Rückgang der Gesamtbevölkerung in engen Grenzen. Wenn in einem dicht besiedelten Land die Bevölkerungszahl im Jahr 2050 noch immer über dem Niveau von 1960 liegt, kann diese Entwicklung kaum als dramatisch angesehen werden.

Dass trotz der niedrigen Geburtenziffer der Bevölkerungsrückgang nur vergleichsweise schwach ausfällt, ist Folge sowohl der Zuwanderung also auch der steigenden Lebenserwartung. Die Zahl der älteren Menschen wird steigen, von 19,4 Mio. im Jahr 2000 auf 28,8 Mio. im Jahr 2050. Dies bedeutet, dass der Anteil der 60jährigen und älteren an der Gesamtbevölkerung sich dadurch deutlich von 23,1 % (2000) auf 38,9 % (2050) erhöht. Mit anderen Worten: Mehr als jeder Dritte wird dann zur älteren Generation zählen (vgl. Abbildung II.14).

Tabelle II.18:

Bevölkerung und demografische Belastungsquotienten 1960 bis 2050

Jahr	< 20 Jahre	20 < 60	60 u. älter	Insgesamt	< 20 Jahre	60 u. älter	> 80 Jahre	Kinder/ Jugend-	Alten-	Gesamt-
	Bevölkerung in Mio.				in % der Bevölkerung			Quotient[1] in %		
1960	22,1	38,3	12,7	73,1	30,2	17,4		57,7	33,2	90,9
1970	24,5	38,0	15,6	78,1	31,4	20,0		64,5	41,1	105,5
1980	22,2	41,0	15,2	78,4	28,3	19,4		54,1	37,1	91,2
1990	18,4	45,1	16,3	79,8	23,1	20,4		40,8	36,1	76,9
1995	17,6	47,0	17,2	81,8	21,5	21,0	4,0	37,5	36,6	74,1
2000	17,4	45,5	19,4	82,2	21,1	23,1	3,8	38,3	42,7	81,0
2010	15,1	45,5	21,5	82,0	18,3	26,2	5,0	33,1	47,3	80,4
2020	13,8	43,0	24,5	81,3	16,9	30,2	6,9	32,0	57,0	89,0
2030	13,3	37,9	28,5	79,8	16,6	35,8	7,3	35,0	75,2	110,2
2040	12,3	36,3	28,6	77,3	16,0	37,1	9,3	34,0	78,9	112,9
2050	11,4	33,8	28,8	74,0	15,4	38,9	12,1	33,7	85,1	118,9

1) in % der Bevölkerung im erwerbsfähigen Alter, hier: der 20 bis 60jährigen.
Annahmen: Geburtenziffer konstant bei 1,4 Kinder je Frau; Zunahme der Lebenserwartung (im Jahr 2050 Lebenserwartung der Neugeborenen: 81,1 Jahre/Männer und 86,6 Jahre/Frauen), Wanderungssaldo von 200.000 Personen im Jahr.
Quelle: Statistisches Bundesamt, Bevölkerungsstatistik. – 11. koordinierte Bevölkerungsvorausberechnung: Bevölkerung Deutschlands bis 2050.

Im besonderen Maße wird die Zahl der Hochbetagten (80 Jahre und älter) wachsen. Da die Menschen, die diese Altersgrenze erreichen und überschreiten, mit steigender Wahrscheinlich krank und pflegebedürftig werden, ist die Betrachtung der zahlenmäßigen Entwicklung dieser Bevölkerungsgruppe von besonderem sozialpolitischen Interesse. Die Vorausberechnungen – wieder in der mittleren Variante – gehen davon aus, dass sich die Zahl der Hochbetagten in diesem Zeitraum fast verdreifachen wird und dass ihr Anteil an der Gesamtbevölkerung von 3,8 % (2000) auf 12,1 % (2050) steigt (vgl. dazu ausführlich Bd. II, Kap. „Alter", Pkt. 2.1). Hingegen werden sich Zahl und Anteil der Menschen sowohl im jüngeren als auch im mittleren Alter schrittweise verringern. Wenn von der demografischen „Alterung" der Gesellschaft gesprochen wird, ist diese gegenläufige Entwicklung gemeint. Das Durchschnittsalter in der Bevölkerung steigt.

Setzt man die ältere Bevölkerung zu der Bevölkerung im erwerbsfähigen Alter (20 bis unter 60 Jahre) in Relation, so errechnet sich der *Altenquotient.* Wie Tabelle II.18 und Abbildung II.15 zeigen, wird der Altenquotient rapide ansteigen: Nach der Modellrechnung liegt er im Jahre 2050 bei 85,1 % und wird sich damit gegenüber 1995 mehr als *verdoppeln.* 100 Menschen im erwerbsfähigen Alter stehen dann etwa 85 ältere Menschen gegenüber. Oder anders ausgedrückt: Auf einen älteren Menschen über 60 Jahre kommen 1,2 Menschen im Alter zwischen 20 und 59 Jahren.

In der wissenschaftlichen und politischen Debatte ist es üblich geworden, die sozial- und gesellschaftspolitischen Folgewirkungen dieses grundlegenden demografischen Umbruchs als „dramatisch" zu charakterisieren. Bei der Rentenversicherung, so eine gängige These, sei eine weit reichende Absenkung des Rentenniveaus erforderlich, wenn ein rasanter Anstieg der Beitragssätze und eine Überbelastung der nachrückenden jüngeren Generation vermieden werden sollen.

Abbildung II.14:

Bevölkerungsentwicklung und Altersstruktur 1960 - 2050

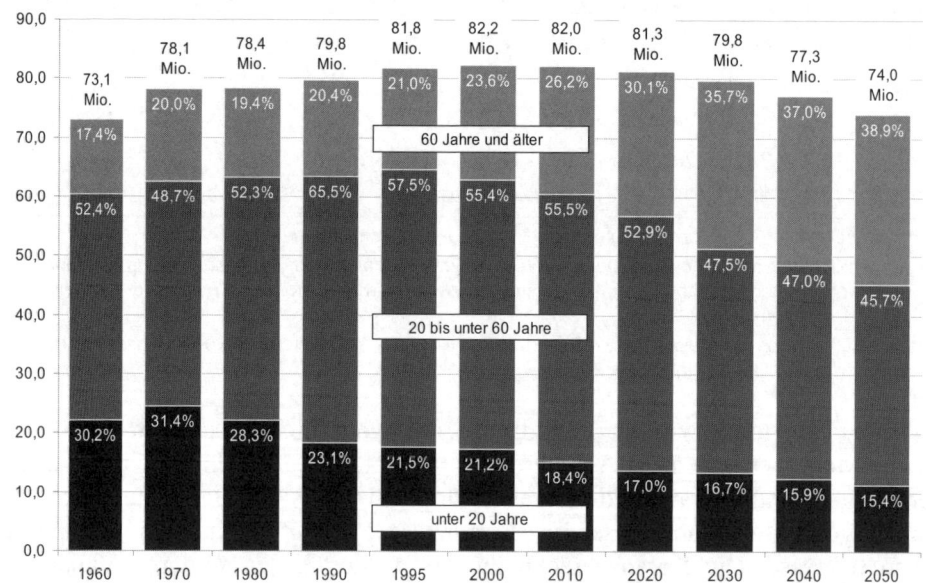

Quelle: Vgl. Tabelle II.18.

Derartige Schlussfolgerungen sind jedoch vorschnell und verkürzt. Die Verhältnisse erweisen sich als komplexer, da die zukünftigen finanziellen Belastungen des Sozialstaates nicht allein aus der Gegenüberstellung von „älterer" Bevölkerung und Bevölkerung „im erwerbsfähigen Alter" abgeleitet werden können. Der Blickwinkel ist zu erweitern: Es geht um die Relation von „Aktiven" zu „Inaktiven" insgesamt, d.h. um das Problem, welcher Anteil der Wertschöpfung auf all jene Personen übertragen werden muss, die über kein Einkommen aus Erwerbstätigkeit verfügen.

Die Einkommensübertragungen an ältere Menschen machen nur einen Teil der gesamten Einkommensübertragungen der Erwerbstätigen an die Nicht-, Nochnicht- und Nicht-mehr-Erwerbstätigen aus. Empfänger von Übertragungen sind gleichermaßen Kinder und Jugendliche, die das Erwerbsalter noch nicht erreicht haben: Zwar müssen immer mehr ältere Menschen versorgt werden, aber zugleich sinkt durch die niedrige Geburtenrate der Versorgungsaufwand für jüngere Menschen. Der *Kinder- und Jugendquotient*, d.h. das Verhältnis der unter 20jährigen zu den 20 bis 60jährigen, geht bis zum Jahre 2050 langsam zurück. Fasst man den Kinder- und Jugendquotienten und den Altenquotienten zusammen, errechnet sich der *Gesamtquotient*. Sein Anstieg fällt weniger stark aus als der Anstieg des Altenquotienten aus (vgl. Tabelle II.18 und Abbildung II.15).

Abbildung II.15:

Alten-, Jugend- und Gesamtquotient 1990 - 2050

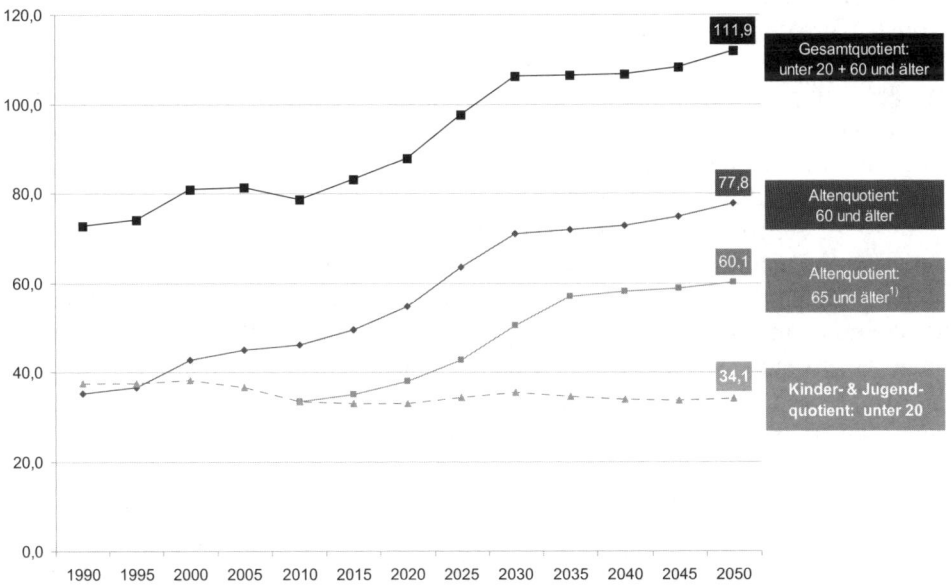

1) Altenquotient 65 Jahre und älter: entsprechend verringert sich der Jugend- und Gesamtquotient (hier nicht dargestellt)

Quelle: Tabelle II.18.

Aber auch der Gesamtquotient informiert nur ungenau über das Verhältnis zwischen der erwerbstätigen und nichterwerbstätigen Bevölkerung. Denn von der Bevölkerung im erwerbs*fähigen* Alter zwischen 20 und 60 Jahren sind längst nicht alle Menschen auch tatsächlich erwerbs*tätig*. Nicht erwerbstätig sind Personen in Ausbildung, Hausfrauen, Erwerbsunfähige und Arbeitslose. Auf der anderen Seite geben nicht alle älteren Arbeitnehmer bereits mit 60 Jahren ihre Erwerbstätigkeit auf. Für die Zukunft ist vielmehr damit zu rechnen, dass die Erwerbstätigkeit jenseits des 60. Lebensjahres ansteigt. Wenn man aufgrund dieser Erwartung die bei der Berechnung des Alters-, Jugend- und Gesamtquotienten unterstellte Altersgrenze von 60 auf 65 Jahre erhöht, die mittlere Altersgruppe also größer und die obere Altersgruppe kleiner wird, errechnet sich ein Altenquotient „65 und älter", der um etwa 20 Prozentpunkte niedriger liegt als der Altenquotient „60 und älter" (vgl. Abbildung II.15). Auf der anderen Seite bleibt zu fragen, ob der mit dem Lebensalter von 20 Jahren angesetzte Eintrittszeitpunkt in die mittlere Altersgruppe realistisch ist. Wenn immer mehr Jugendliche eine qualifizierte und länger dauernde Ausbildung absolvieren, dann dürfte sich das Berufseintrittsalter in Zukunft nach hinten verschieben. Das wiederum führt zu einer Verringerung der mittleren, erwerbsfähigen Altersgruppe.

Bei der Interpretation von Gesamtquotienten ist einschränkend zu bedenken, dass sich zwar Alters- und Jugendquotient gegenläufig entwickeln, Umschichtungen zwischen abnehmenden Jugend- und ansteigenden Alterslasten jedoch nicht automatisch erfolgen. Während nämlich der Unterhalt älterer Menschen nahezu vollständig von den steuer- und beitragsfinanzierten Sicherungsinstitutionen getragen wird, muss der individuelle Unterhalt der Kinder und Jugendlichen zu einem großen Teil privat, d.h. von den Eltern, bestritten werden. Eine umstandslose Umschichtung ist allein deswegen nicht möglich, weil durch Steuer- bzw. Beitragsabzüge alle Erwerbstätigen betroffen sind und die Empfänger anonym sind, während die individuellen Ausgaben für Kinder von ihren Eltern finanziert werden. Außerdem ist zu berücksichtigen, dass die Belastungen durch die Zunahme der Älteren über der Entlastung liegen, die sich durch den Rückgang dcr Versorgungsaufwendungen für die Jungen ergibt. So verursachen im Gesundheits- und Pflegebereich die Senioren im Vergleich zu den Jüngeren deutlich höhere Kosten. Bei den öffentlichen Aufwendungen für Kinder und Jugendliche darf schließlich nicht vergessen werden, dass in vielen Bereichen von familienpolitischen Geld- und Dienstleistungen noch ein Nachholbedarf besteht (vgl. Bd. II, Kap. „Familie", Pkt. 6.7.).

5.3 Bevölkerungsumbruch und wirtschaftliche Rahmenbedingungen

Generatives Verhalten, Sterblichkeit und Zuwanderung sind wichtige, aber nicht allein ausschlaggebende Determinanten der langfristigen Entwicklung des Sozialstaates. Hinsichtlich der Besetzungsstärke der „aktiven" Generation kommt es nämlich nicht auf die Zahl der Erwerbs*fähigen*, sondern auf die Zahl der tatsächlich Erwerbs*tätigen* an. Insofern ist die zukünftige Entwicklung der Erwerbsbcteiligung der Bevölkerung von entscheidender Bedeutung. Demografische Berechnungen müssen also mit Prognosen über die Entwicklung von Arbeitsmarkt, Arbeitslosigkeit und Erwerbstätigkeit kombiniert werden. Auf demografische Vorausberechnungen reduzierte Aussagen geben notwendigerweise ein einseitiges und damit falsches Bild über die Zukunft.

5.3.1 Entwicklung von Erwerbsbeteiligung und Erwerbstätigkeit

Eine entscheidende Zukunftsfrage ist, wie sich das Erwerbspersonenpotenzial entwickeln und zwischen Erwerbstätigen und Erwerbslosen einschließlich Stiller Reserve aufteilen wird. Zu unterscheiden ist hier zwischen Arbeitsangebot und Arbeitsnachfrage.

Das zukünftige *Arbeitsangebot* hängt von der Anzahl, Altersstruktur und Geschlechterverteilung der Bevölkerung im erwerbsfähigen Alter ab. Zu berücksichtigen sind also gleichermaßen demografische Faktoren wie auch Verhaltensfaktoren, die in der Erwerbsbereitschaft oder -neigung zum Ausdruck kommen. Wenn es dazu kommt, dass sich die Frauenerwerbstätigenquote erhöht und zugleich der Ausstieg aus dem Berufsleben erst später, jenseits des 60. Lebensjahres einsetzt, wird die Entwicklung der Erwerbstätigen einen anderen Verlauf nehmen als die Entwicklung der Bevölkerung im erwerbsfähigen Alter. So nimmt die so genannte „Rürup-Kommission" in einem Szenario an, dass

- das Erwerbspersonen*potenzial* (Erwerbstätige, Erwerbslose und Stille Reserve) bis zum Jahr 2020 weitgehend *konstant* bleiben und bis 2030 um etwa 3,2 Mill. Personen sinken wird;

- die Bevölkerung im erwerbs*fähigen* Alter (hier abgegrenzt zwischen 15 und 65 Jahren) sich hingegen um etwa 7 Millionen verringern wird.

Die voraussichtliche Entwicklung des Erwerbspersonenpotenzials ist jedoch nicht mit der Entwicklung der tatsächlich auf dem Arbeitsmarkt realisierten Erwerbstätigkeit gleichzusetzen. Wenn das zunächst konstant bleibende, dann leicht absinkende Erwerbspersonenpotenzial in Zukunft tatsächlich in Erwerbstätigkeit umgesetzt werden soll, müssen die (registrierte) Arbeitslosigkeit deutlich verringert und zugleich Personen aus der Stillen Reserve in Beschäftigung kommen. Dies bedeutet, dass die Arbeitslosigkeit nur unwesentlich durch einen Rückgang des Arbeitsangebots abgebaut werden kann. Trotz der demografischen Veränderungen bleibt daher der Arbeitsmarkt auf der Angebotsseite unter Druck, es bedarf – zumindest bis zum Jahr 2020 – einer steigenden Arbeitsnachfrage. Ob und inwieweit es nun gelingt, das Erwerbspersonenpotenzial auszuschöpfen und die unternehmensseitige Nachfrage nach Arbeit zu erhöhen, ist wesentlich abhängig von den zu erwartenden bzw. zu gestaltenden gesamtwirtschaftlichen Rahmenbedingungen, insbesondere in Bezug auf Wachstum und Produktivität.

Kommen mehr Menschen in Arbeit, verbessert sich nicht nur die Einnahmenbasis des Sozialstaates (hinsichtlich der Zahl der Steuer- und Beitragszahler), zugleich vermindern sich auch arbeitsmarktbedingte *Ausgaben*, insbesondere der Bundesagentur für Arbeit (Arbeitslosengeld, aktive Arbeitsmarktpolitik), des Bundes (Arbeitslosengeld II) und der Rentenversicherung (späterer Rentenbezug).

5.3.2 Entwicklung von Sozialprodukt, Abgaben und verfügbarem Einkommen

Für die Finanzierung der Sozialleistungen an eine wachsende Zahl älterer Menschen ist es nicht nur entscheidend, wie groß die Zahl der im Erwerbsleben stehenden aktiven Bevölkerung ist und welchen Finanzierungsbeitrag sie über Steuern oder Beiträge leisten. Wichtig für die Zahlungsbereitschaft und Zahlungsfähigkeit im generativen Übertragungsprozess ist gleichermaßen, welche Höhe die individuellen Einkommen haben, die in Zukunft erwirtschaftet werden. Die Einkommensentwicklung entscheidet, ob es gelingt, steigende Beitrags- und/oder Steuerbelastungen auch ohne *Real*einkommensverluste zu verkraften.

Zu berücksichtigen sind also die *gesamtwirtschaftlichen Trends*, nämlich die Zuwachsraten von Beschäftigung, Sozialprodukt, Produktivität und Arbeitseinkommen. Der Verteilungskonflikt zwischen den Generationen lässt sich entschärfen, wenn es zu rückläufiger Arbeitslosigkeit, steigenden Erwerbsquoten und Produktions-, Produktivitäts- und Einkommenszuwächsen kommt.

Die diesbezüglichen gesamtwirtschaftlichen Annahmen, die dem Bericht der Rürup-Kommission zu Grunde gelegen haben, werden in Tabelle II.19 ausgewiesen. Danach ergibt sich im Zeitraum zwischen 2002 und 2030:

- Die Zahl der Erwerbstätigen wird um etwa 0,9 Mio. und das Erwerbspersonenpotenzial um etwa 3,2 Mio. zurückgehen,
- Die Zahl der Arbeitslosen wird sich auf 1,7 Mio. bzw. die Arbeitslosenquote auf 4,7 % verringern,
- Das Bruttoinlandsprodukt je Kopf und die Produktivität werden einen Anstieg von 1,8 % je Jahr aufweisen.

Im Ergebnis führen die unterstellten Zuwachsraten von Produktivität und BIP zu einem realen, d.h. inflationsbereinigten pro-Kopf-Anstieg des BIP von 24.100 € im Jahr 2002 auf 39.400 € im Jahr 2030. Der durchschnittliche Wohlstand je Bürger erhöht sich also um fast 65 %. Unter diesen Bedingungen, also aus einem *steigenden* Wohlstand heraus, müssen die demografischen Belastungen bewältigt werden.

Tabelle II.19:

Bruttoinlandsprodukt, Produktivität und Beschäftigung 2002 - 2040

		2002	2010	2020	2030	2040
BIP, 95er Preise	Mrd. €	1.984	2.305	2.764	3.192	3.630
BIP/Kopf, 95er Preise	Tsd. €/EW	24,2	27,9	33,4	39,4	46,5
Produktivität	Tsd. €/ET	51,3	58,7	70,5	84,5	100,7
Erwerbstätige (Inland)	Tsd.	38.688	39.255	39.201	37.750	36.051
darunter SV-pflichtig Beschäftigte	Tsd.	32.335	32.904	32.912	31.803	30.427
Erwerbspersonenpotenzial	Tsd.	43.221	44.030	43.331	40.072	37.615
Erwerbslose	Tsd.	3.251	3.085	2.627	1.543	1.219
Stille Reserve	Tsd.	1.344	1.749	1.562	839	405
registrierte Arbeitslose	Tsd.	4.060	3.763	2.952	1.733	1.369
Arbeitslosenquote	%	9,5	8,8	7,0	4,4	3,7
Veränderungsraten		02-30	02-10	10-20	20-30	30-40
BIP, 95er Preise	% je Jahr.	1,7	1,9	1,8	1,4	1,3
BIP/Kopf, 95er Preise	% je Jahr	1,8	1,8	1,8	1,7	1,7
Produktivität	% je Jahr	1,8	1,7	1,8	1,8	1,8
Erwerbstätige (Inland)	% je Jahr	-0,1	0,2	0,0	-0,4	-0,5
Erwerbspersonenpotenzial	% je Jahr	-1,7	3,3	0,2	-0,8	-0,6
Inflationsrate	% je Jahr	1,5	1,4	1,5	1,5	1,5
Lohnsteigerung (nominal)	% je Jahr	2,9	2,6	3,0	3,0	3,0

Quelle: Nachhaltigkeit in der Finanzierung der Sozialen Sicherungssysteme, Bericht der Kommission, Berlin 2003, S. 60.

Welche Abzugsbelastungen und entsprechende Netto-Einkommensentwicklungen können angenommen werden? Die wechselseitigen Interdependenzen zwischen Bevölkerungsentwicklung, Arbeitsmarkt, Wirtschaftswachstum, Einkommensentwicklung und den Einnahmen und Ausgaben von Sozialversicherung und Gebietskörperschaften werden in einer Berechnung des Prognos-Instituts sichtbar:

- In einem Referenzszenario wird unter den Annahmen u.a. eines Anstiegs der Potenzialerwerbsquote, eines Rückgangs der Arbeitslosigkeit sowie einer (realen) Wachstumsrate des BIP von jahresdurchschnittlich 1,5 % und der Arbeitsproduktivität von 1,7 % mit einem Gesamtsozialversicherungsbeitragssatz von 46,1% im Jahr 2050 gerechnet. Der Beitragssatz zur Rentenversicherung würde dann bei 24,9 % liegen; der Beitragssatz zur Krankenversicherung bei 16,3 %, der Beitragssatz zur Pflegeversicherung bei 2,9 % und der Beitragssatz zur Arbeitslosenversicherung bei 2,0 %.

- Wie ersichtlich, erhöhen sich die Beitragssätze für die Kranken- und Pflege-versicherung nur moderat, da berücksichtigt wird, dass Rentner zugleich auch Beitragszahler in den Kranken- und Pflegeversicherung sind. Zudem ist frag-würdig, ob mit der Verlängerung der Lebenserwartung auch eine entsprechen-de Verlängerung der Morbiditäts- und Pflegephase verbunden ist. Auch das Gegenteil kann der Fall sein, dass sich nämlich bei steigender Lebenserwar-tung die Phase, in der mit erhöhten Risiken zu rechnen ist, in höhere Alters-gruppen verschiebt. Wenn die Erhöhung der Lebenserwartung mit einem Zu-gewinn an gesunden Lebensjahren verbunden ist, fällt der demografisch be-dingte Ausgabenanstieg in der Kranken- und Pflegeversicherung deutlich nied-riger aus, als wenn mit einer steigenden Häufigkeit und längeren Dauer von Krankheit und Pflegebedürftigkeit zu rechnen ist (vgl. dazu Bd. II, Kap. „Ge-sundheit und Gesundheitssystem", Pkt. 7.6).

- Bei den Nettolöhnen (in konstanten Preisen) wird ein jahresdurchschnittlicher Zuwachs von 1,6 % je Arbeitnehmer angenommen. Trotz insgesamt steigender Beitragssätze fallen bei den Erwerbstätigen also immer noch Nettorealein-kommenszuwächse an. Die demografischen Belastungen können aus den Zu-wächsen der Bruttoeinkommen getragen und ohne Konsumverzicht bewältigt werden. Trotz des demografischen Umbruchs wird sich nach diesen Vorausbe-rechnung in den nächsten Jahrzehnten das verfügbare Einkommen der Er-werbstätigen mehr als *verdoppeln*.

Die skizzierten Szenarien dürfen indes nicht den Eindruck erwecken, dass die Zu-kunft so und nicht anders aussehen wird. Die Unsicherheiten bei den wirtschaftli-chen Prognosen – zumal über einen Zeitraum bis zum Jahr 2050 – sind noch ein-mal größer als bei den demografischen Vorausberechnungen. Deshalb kann nicht einfach abgewartet und das Eintreffen günstiger ökonomischer Konstellationen unterstellt werden. Kommt es nämlich nicht dazu und dauert die seit Anfang der Jahrtausendwende vorfindbare ungünstige wirtschaftliche Entwicklung an, dann müssen die demografischen Belastungen unter den Bedingungen von hoher Ar-beitslosigkeit, Wachstumsschwäche und Einkommensstagnation bewältigt werden. Es bedarf also eines aktiven wirtschafts- und beschäftigungspolitischen Handelns. So lassen sich eine steigende Alterserwerbstätigkeit und die Integration von Frauen in den Arbeitsmarkt nicht einfach per „Knopfdruck" verordnen. Durch Betriebs-, Arbeitszeit- und Familienpolitik müssen die Voraussetzungen für die Vereinbarkeit von Beruf und Familie verbessert werden. Ein längerer Verbleib älterer Arbeit-nehmer im Beruf setzt voraus, dass entsprechende Arbeitsplätze angeboten werden und sich Betriebe wie Beschäftigte frühzeitig auf eine verlängerte Lebensarbeits-zeit vorbereiten. Mit der Heraufsetzung von Altersgrenzen ist es nicht getan – da-mit wird lediglich festgelegt, dass eine nicht um Abschläge gekürzte Rente erst später bezogen werden kann (vgl. Bd. II, Kap. „Alter", Pkt. 12). Eine besondere Herausforderung stellt die Aufgabe dar, die große Zahl von Zuwanderern nicht nur „aufzunehmen", sondern auch tatsächlich zu integrieren. *Vorausschauende* Maßnahmen in allen Teilbereichen der Sozial- und Gesellschaftspolitik sind gefordert, wenn soziale Folgeprobleme vermieden werden sollen.

Inwieweit Beitragssatzanhebungen in der skizzierten Größenordnung als tragbar angesehen werden, hängt nicht nur von der Einschätzung ihrer ökonomischen Rückwirkungen ab, sondern von der politisch-psychologischen Bewertung steigender Abgaben. Obgleich es sich um zukünftige, erst langfristig und schrittweise auftretende Entwicklungen handelt, werden die hohen Beitragssätze in der politischen Diskussion auf die Gegenwart bezogen; kurzfristiger Handlungsbedarf erscheint geboten. Vernachlässigt wird dabei, dass höhere Beitragssätze in der Zukunft womöglich leichter zu verkraften sind als niedrigere Beitragssätze in der Gegenwart.

Freilich können steigende Beitrags- und Steuerabzüge, selbst wenn sich die Nettoeinkommen real erhöhen, mit nachlassender Akzeptanz verbunden sein. Die Schere zwischen verfügbaren Nettolöhnen auf der einen Seite und Arbeitskosten auf der anderen Seite, wie sie in der betrieblichen Kostenrechnung zu Buche schlagen (Bruttoarbeitsentgelt zuzüglich Arbeitgeberbeiträge und anderer Lohnnebenkosten), wird immer größer. Diese hohe Grenzbelastung durch Abgaben („Wie viel bleibt von einem Mehrverdienst noch übrig?") dürfte nicht ohne Konsequenzen bleiben und den Anreiz zum Ausweichen in Schattenarbeit erhöhen.

6 Wechselwirkungen zwischen Sozialpolitik und ökonomischem System

6.1 Sozialstaat in der Kritik

Das sozialstaatliche System mit seinen Ausgaben- und Finanzierungsströmen hat vielfältige Rückwirkungen auf den ökonomischen Prozess. Zugleich berühren Veränderungen der ökonomischen Verhältnisse wiederum die Sozialpolitik. Verfolgt man die politische und wissenschaftliche Diskussion über Richtung und Ergebnisse dieses Zusammenhangs, so nimmt die These einen breiten Raum ein, dass der Sozialstaat hinsichtlich seiner Regulierungsdichte und Dimension sowie seiner Leistungs- und Finanzierungsprinzipien eine insgesamt kontraproduktive, ja schädliche Rückwirkung auf das ökonomische System habe. Sozialpolitik wird als (mit)verantwortlich angesehen für die Wachstumsschwäche der deutschen Wirtschaft, die Probleme im globalisierten Wettbewerb und für die dramatische Lage auf dem Arbeitsmarkt. Nach dieser Kritik ist das System der Sozialen Sicherung also nicht nur zu teuer und unfinanzierbar geworden, sondern gefährdet auch die wirtschaftlichen Grundlagen und entzieht sich damit die eigene materielle Basis.

Eine Auseinandersetzung mit dieser These setzt voraus, die unterschiedlichen Argumentationslinien auseinander zu halten und zu systematisieren. Folgende Punkte stehen im Mittelpunkt der Debatte und dienen den Kritikern als Begründung für den Ab- und Umbaus des Sozialstaates:

- *Sozialstaat als Wachstumsbremse*

  Durch die vielfältigen Eingriffe des Sozialstaates in den Marktprozess werden Ressourcen fehlverwendet und die Wachstumskräfte der Volkswirtschaft geschwächt. Die Aufwendungen für konsumtive Sozialleistungen belasten Unternehmen und Arbeitnehmer, überbeanspruchen die öffentlichen Haushalte und begrenzen öffentliche und private Investitionen. Zugleich beeinträchtigen die hohen Abgaben die Bereitschaft mehr zu arbeiten und zu leisten; Selbstverantwortung und Eigeninitiative werden geschwächt.

- *Arbeitslosigkeit durch Überbelastung des Faktors Arbeit*

  Die über Arbeitnehmerbeiträge und Arbeitgeberbeiträge (Lohnnebenkosten) am Faktor Arbeit ansetzende Finanzierung der Sozialversicherung führt zu steigenden Arbeitskosten. Die Kosten lassen sich am Markt nicht mehr realisieren, Arbeitsplätze werden abgebaut.

- *Soziale Sicherung als Beschäftigungssperre*

  Die Sozialleistungen an Arbeitssuchende sind fehlerhaft ausgestaltet und im Niveau zu hoch bemessen. Der Abstand zum Arbeitseinkommen ist zu gering; es lohnt sich für die Leistungsempfänger nicht, aus der Arbeitslosigkeit heraus niedrig bezahlte Arbeit aufzunehmen. Es entsteht eine „Arbeitslosigkeitsfalle".

- *Sozialstaat als Hindernis im Prozess der Globalisierung*

  Der Sozialstaat lässt sich im Zeitalter der Globalisierung nicht länger aufrechterhalten. Im verschärften internationalen Wettbewerb kann der Standort Deutschland mit seinen hohen Arbeitskosten, Sozialstandards und Abgabenbelastungen nicht mehr mithalten; die Wettbewerbsfähigkeit wird gefährdet, Arbeitsplätze und Investitionen werden ins Ausland verlagert.

Im Folgenden soll auf diese Thesen im Einzelnen eingegangen werden.

6.2 Sozialstaat und wirtschaftliche Dynamik

Die wirtschaftliche Entwicklung in Deutschland ist durch eine kontinuierliche Verlangsamung der Zuwachsraten des Sozialprodukts geprägt. Vor allem seit Anfang der 90er Jahre verläuft die Wachstumsdynamik nur sehr verhalten. Im Vergleich mit den Staaten der EU-15 und den USA fällt Deutschland in seiner wirtschaftlichen Leistungskraft zurück (vgl. Abbildung II.16). Die niedrigen Wachstumsraten bei gleichzeitig stärker steigender Arbeitsproduktivität sind *eine* Ursache für die anhaltende Massenarbeitslosigkeit, da die Beschäftigungsschwelle nicht oder nur schwach überschritten wird (vgl. Kap. „Arbeit und Arbeitsmarkt", Pkt. 2.2).

So unstrittig diese Diagnose ist, so kontrovers stehen sich die Auffassungen über die Ursachen für die Wachstumsschwäche gegenüber. Bezogen auf die Sozialpolitik ist die Argumentation weit verbreitet, dass ein immer kostenintensiveres Netz der Sozialen Sicherung zu einem Hindernis für die wirtschaftliche Dynamik geworden sei, da es die Volkswirtschaft überlaste und den Anforderungen eines

Marktes entgegenstehe, der durch die Zunahme von Dienstleistungen, einen raschen (technologischen) Wandel und steigenden internationalen Konkurrenzdruck gekennzeichnet ist.

Abbildung II.16:

Wachstumsraten des realen Bruttoinlandsproduktes im internationalen Vergleich 1991 bis 2005, 1991 = 100

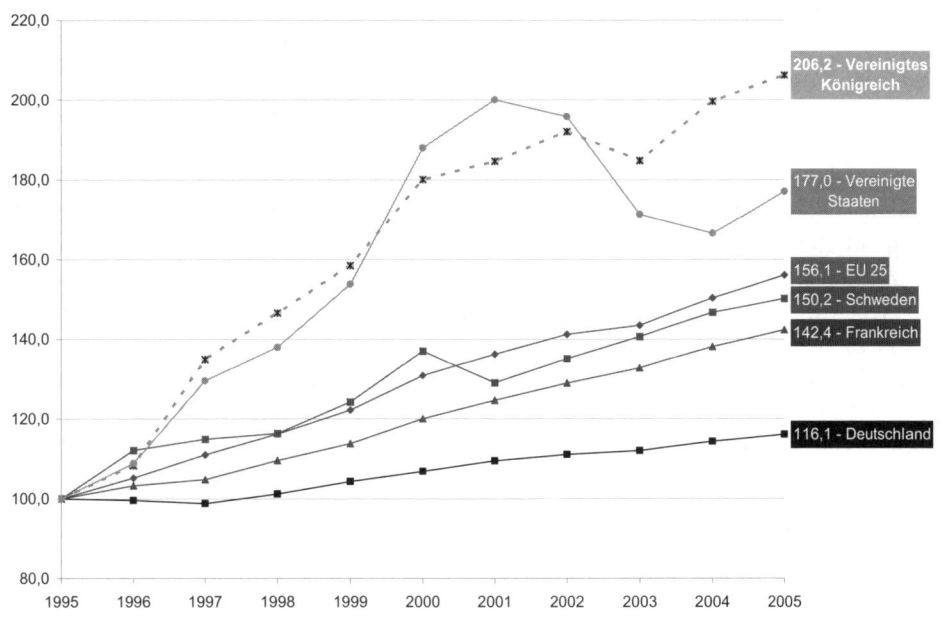

Quelle: Sachverständigenrat zur Begutachtung der gesamtwirtschaftlichen Entwicklung, Jahresgutachten 2005/06.

Gegen die These der durch den Sozialstaat verursachten Wachstumsschwäche sprechen jedoch empirische Befunde:

- Die Sozialleistungsquote (in den alten Bundesländern) ist in den letzten 20 Jahren weitgehend unverändert geblieben (vgl. Pkt. 2.2 dieses Kapitels). Das gleiche gilt für die Staatsquote. Besondere Bedingungen gelten allerdings für die neuen Bundesländer.
- Auch die gesamtwirtschaftliche Abgabenquote verläuft bemerkenswert konstant, in den letzten Jahren sogar rückläufig (vgl. Abbildung II.7). Gerade bei den höheren Einkommen lässt sich eine leistungshemmende Belastung durch steigende Steuer- und Beitragsabzüge nicht erkennen. Im Zuge der Steuerreformen ist es mehrfach zu Steuerentlastungen gekommen. Dies trifft insbesondere für die Unternehmensteuern zu (vgl. Kap. „Einkommen", Pkt. 4.).

- Im europäischen Vergleich der Sozialleistungs- und Abgabenquoten liegt Deutschland im Mittelfeld.

Ganz offensichtlich kommt es deshalb auf andere Faktoren an. Dies zeigt sich auch im internationalen Vergleich, bei dem deutlich wird, dass es zwischen Sozialleistungs-, Staats- und Abgabenquoten einerseits und Wachstumsraten keine eindeutigen Zusammenhänge gibt. Sowohl die skandinavischen Länder mit ihren ausgebauten Wohlfahrtssystemen als auch Großbritannien mit seinem liberalen Wohlfahrtsstaatmodell weisen günstigere Wachstumsbedingungen als Deutschland auf.

Diese Unbestimmtheit des Zusammenhangs erklärt sich auch daraus, dass zwar der Sozialstaat in den gesamtwirtschaftlichen Kreislauf eingreift, der Volkswirtschaft aber keine Mittel entzieht. Da Sozialpolitik Umverteilungspolitik ist, bleiben die für die Finanzierung der Sozialen Sicherung benötigten Einnahmen nicht in den Haushalten von Gebietskörperschaften und Sozialversicherungsträgern stecken. Die Gelder fließen als durchlaufende Posten in die Privathaushalte zurück. Es handelt sich realwirtschaftlich um eine Verlagerung von Einkommens- und Konsumansprüchen auf andere Personen. Verändern kann sich freilich die Einkommensverwendung, wenn man etwa unterstellt, dass Sozialleistungsempfänger aufgrund ihrer insgesamt schlechteren Einkommens- und Versorgungslage einen größeren Teil ihres Einkommens konsumieren als dies diejenigen tun, deren Einkommen durch den Abzug von Beiträgen und Steuern gemindert worden ist. Die gesamtwirtschaftliche Konsumnachfrage kann sich also vergrößern. Dies ist gerade in Krisenzeiten wichtig, da Sozialpolitik Einkommensausfälle bei Arbeitslosigkeit teilweise kompensiert und damit die gesamtwirtschaftliche Nachfrage stabilisiert („eingebauter Konjunkturstabilisator"). Dieser Umverteilungsvorgang vollzieht sich im Wesentlichen innerhalb der Einkommen aus abhängiger Arbeit, und erst nachrangig zwischen „Kapital" und „Arbeit" (vgl. Kap. „Einkommen", Pkt. 1.3).

Das Verhältnis zwischen Wirtschaft und Sozialpolitik darf also nicht als „Einbahnstraße" missverstanden werden, charakteristisch sind vielmehr die wechselseitigen Beziehungen: Einerseits ist das System der Sozialen Sicherung von der Leistungskraft des privaten Sektors abhängig, da die Finanzmittel aus der Wertschöpfung gespeist werden, also nur das verteilt werden kann, was produziert wurde. Erst eine leistungsfähige Wirtschaft schafft die Voraussetzungen für die Verteilung und Finanzierung eines hohen Sozialleistungsniveaus. Andererseits wirkt das soziale System selbst als produktiver Faktor positiv auf die wirtschaftliche Leistungsfähigkeit der Volkswirtschaft zurück. Die positive Rückwirkung zu quantifizieren, ist allerdings nur schwer möglich. So entsteht das Problem, dass zwar die „Kosten" des Sozialstaates bekannt sind, laufend ausgewiesen werden und sich einzelwirtschaftlich zurechnen lassen, dass sich aber der „Nutzen", da er nur in gesamtwirtschaftlicher und gesamtgesellschaftlicher Sicht erkennbar ist, nicht exakt beziffern und noch weniger zurechnen lässt.

Offensichtlich ist der produktive Beitrag der Sozialausgaben hinsichtlich ihrer investiven Wirkungen in das Humankapital. Sie sichern die Gesundheit und die langfristige Arbeitsfähigkeit der Arbeitskraft und vermeiden vorzeitigen Verschleiß. Die Arbeitsbereitschaft wird gefördert und so die Arbeitsproduktivität erhalten und gesteigert. An erster Stelle sind hier die Leistungen des Arbeitsschutzes, der Gesundheitsförderung und -sicherung und der Rehabilitation zu nennen. Sozialpolitik sichert und fördert aber auch die Qualifikation der Beschäftigten, befähigt sie, sich dem Strukturwandel der Wirtschaft und den neuen Flexibilitätsanforderungen offensiv anzupassen, statt sich gegen Veränderungen zu stemmen. Das gilt im Besonderen für die Absicherung gegen die Beschäftigungsrisiken sowie für die aktive Arbeitsmarktpolitik. Nicht zu übersehen ist allerdings, dass in den öffentlichen Haushalten die Ausgaben für Investitionen seit Jahren rückläufig sind und Impulse für Wachstum und Innovationen fehlen. Das gilt nicht nur für die klassischen Bauinvestitionen, sondern auch für den gesamten Bereich von Bildung und Forschung.

Eine Zukunftsaufgabe wird es sein, den investiven und produktiven Charakter der Sozialpolitik zu stärken. So ist zur Bewältigung der demografischen Herausforderungen eine Erhöhung der Beschäftigungsquote dringend erforderlich. Maßnahmen zur Vereinbarkeit von Beruf und Familie, zum Ausbau von Ausbildung und Weiterbildung und zur Förderung der Beschäftigung von älteren ArbeitnemerInnen können dazu beitragen. Die besonders hohe Arbeitslosigkeit von Menschen ohne Schul- und Berufsausbildung zeigt, dass wirtschaftspolitische Konzepte zum Abbau der (Langzeit)Arbeitslosigkeit durch Bildungspolitik und Qualifizierungsmaßnahmen flankiert werden müssen.

Auch die politisch-gesellschaftliche Stabilisierungs- und Integrationsfunktion des sozialstaatlichen Systems ist eine entscheidende Voraussetzung für ein leistungsfähiges Wirtschaftssystem. Ohne eine garantierte soziale Absicherung gegen die sozialen Risiken und Wechselfälle des Lebens wäre der Einsatz motivierter und qualifizierter Arbeitskräfte nicht möglich. In fortgeschrittenen, „individualisierten" Gesellschaften, die unter einem erheblichen Modernisierungsdruck stehen, ist soziale Unsicherheit kein Leistungsanreiz, sondern eine Gefahr für die gesellschaftliche Integration.

Nicht zuletzt schafft und sichert der Sozialstaat Arbeitsplätze, insbesondere im weiten Komplex sozialer und gesundheitlicher Dienste. So war die Einführung der Pflegeversicherung zwar mit Beitragsbelastungen verbunden, aber zugleich hat die Pflegeversicherung durch ihre Sach- und Dienstleistungen zu einem deutlichen Anstieg der Pflegedienste und der Zahl der dort Beschäftigten geführt.

Die Orientierung der Sozialpolitik auf die wirtschaftliche Leistungskraft ist jedoch kein Selbstzweck. Die Erhöhung von Wachstum, Produktivität und Beschäftigung kann nur dann als Erfolgsmaßstab gelten, wenn über diesen Weg die Lebensbedingungen der Bevölkerung verbessert werden. Eine so verstandene Mehrung der individuellen und gesellschaftlichen Wohlfahrt greift über ökonomische Indikatoren weit hinaus und umfasst auch solche Merkmale wie soziale, politische und kulturelle Teilhabe, gleichwertige Lebensbedingungen, sozialer Ausgleich, soziale Sicherheit und Armutsvermeidung. Sozialstaat und soziale Gesellschaft sind insofern eigenständige Wohlfahrtsindikatoren, deren Wert möglicherweise entgangenen Wachstumsgewinnen entgegen gestellt werden muss.

6.3 Sozialstaat, Arbeitskosten, Lohnnebenkosten und Arbeitsnachfrage

Im Zeichen anhaltender Arbeitslosigkeit gewinnt die kritische Aussage an Gewicht, der Sozialstaat selbst sei ein entscheidender Grund für die Entstehung und Verfestigung der Beschäftigungsprobleme. Diese These bezieht sich nicht nur auf die Rückwirkungen der Sozialpolitik auf Wachstum und Beschäftigungsniveau aus makroökonomischer Perspektive, sondern beruht auch auf einer mikroökonomischen Sichtweise: Arbeitslosigkeit wird als Gleichgewichtsstörung auf dem Arbeitsmarkt interpretiert und gilt dann als durch den Sozialstaat verursacht, wenn sich Angebot und Nachfrage nach Arbeit infolge sozialpolitischer Regelungen und Leistungen und deren Auswirkungen auf das Verhalten der Beteiligten nicht ausgleichen können. Zu unterscheiden ist also zwischen den Auswirkungen der Sozialpolitik auf die *Nachfrage* am Arbeitsmarkt, die von den Unternehmen getätigt wird, und auf das *Angebot* am Arbeitsmarkt, das von den Arbeitskräften ausgeht.

„Sozialstaatsinduzierte Arbeitslosigkeit" bezogen auf die *Arbeitsnachfrage* wird aus Sichtweise der mikroökonomisch-neoklassischen Arbeitsmarkttheorie durch folgende Faktoren hervorgerufen:

- Das *Niveau* der Arbeitskosten gilt wegen der nicht marktgerechten Tarifentgelte und der Lohnnebenkosten als zu hoch, mit der Folge einer rückläufigen Arbeitsnachfrage und einer Substitution von Arbeit durch Kapital (technologische Rationalisierung) oder einer Verlagerung von Arbeitsplätzen ins Ausland.

- Im unteren Bereich des Arbeitsmarktes, auf dem Feld von Arbeiten mit niedrigen Qualifikationsanforderungen insbesondere im Dienstleistungssektor, verhindern die zu hohen Arbeitskosten das Entstehen von so genannten Einfacharbeitsplätzen. Infolge der überhöhten Bedarfsniveaus von Sozialhilfe und Arbeitslosengeld II, die faktisch einen Mindestlohn fixieren, der von den Unternehmen nicht unterschritten werden kann, sind die Löhne nach unten hin nicht offen. Dadurch rechnet es sich für die Unternehmen nicht, niedrigproduktive Arbeitsplätze bereitzustellen, da sich die Dienstleistungen angesichts ihrer (zu) hohen Entstehungskosten nicht rentabel absetzen lassen. Sind Dienstleistungen, auf die nicht unbedingt zurückgegriffen werden muss, zu teuer, werden sie nicht am Markt nachgefragt sondern eher in Eigenarbeit erledigt.

- Sozialpolitisch begründete arbeitsrechtliche *Schutzregelungen* für einzelne Arbeitnehmergruppen wirken kontraproduktiv, da Kündigungsschutz sowie besondere Arbeitszeit- und Arbeitsschutzregelungen die Kosten für die Unternehmen erhöhen und Inflexibilitäten schaffen. Sind aber die Kosten für die geschützten Personengruppen im Verhältnis zu ihrem Ertrag zu hoch, rentiert sich die Beschäftigung für die Unternehmen nicht; statt Ältere oder Schwerbehinderte werden Jüngere eingestellt. Arbeitslosigkeit und weitere Beschäftigungsbenachteiligungen, die durch soziale Schutzgesetze bekämpft werden sollen, werden durch diese Eingriffe also erst geschaffen.

Bei einer Auseinandersetzung mit diesen Argumentationslinien steht die Kontroverse über den Zusammenhang von Lohn- bzw. Arbeitskosten und Beschäftigung im Mittelpunkt. Strittig ist vor allem die These, schon aus rein binnenwirtschaftlicher Sicht sei ein möglichst niedriges Arbeitskosten- und damit Lohn- und Sozialniveau die entscheidende Voraussetzung für mehr Beschäftigung. Empirische und theoretische Analysen zeigen, dass diese Argumentation wenig tragfähig ist. Denn die dahinter stehende Vorstellung, der Grad der Beschäftigung hänge unmittelbar von der Lohnhöhe ab, und bei hinreichend niedrigem Lohn stelle sich immer Vollbeschäftigung ein bzw. werde unfreiwillige Arbeitslosigkeit überwunden, verabsolutiert das abstrakte kurzperiodische mikroökonomische Marktgleichgewichtmodell und klammert alle typischen Besonderheiten des Arbeitsmarktes aus:

- Die Erwartung, über niedrigere Arbeitskosten und entsprechend niedrige Preise die Nachfrage zu beleben und über diesen Weg die Beschäftigung zu steigern, lässt die Nachfragefunktion des Lohnes und die Rückkopplung des Arbeitsmarktes mit den Gütermärkten außer Acht. Bei der Arbeitsnachfrage der Unternehmen handelt es sich um eine aus dem am Markt absetzbaren Produktions- bzw. Dienstleistungsvolumen *abgeleitete* Nachfrage.

- Nicht unterschieden werden die kurz- und langfristige Perspektive. Deshalb wird die längerfristige Rückkopplung der Lohnhöhe mit dem arbeitssparenden technischen Fortschritt übersehen und die Funktion der Lohnentwicklung als Antrieb der Produktivitätsentwicklung und somit der wirtschaftlichen Leistungs- und Wettbewerbsfähigkeit eines Landes vernachlässigt.

- Die Besonderheiten des Arbeitsmarktes gegenüber anderen Gütermärkten werden nicht beachtet, vor allem die atypische Rückkopplung von Preis und Angebot (inverse Angebotsfunktion: Es ist möglich, dass bei sinkenden Löhnen das Angebot steigt und nicht sinkt (vgl. Kap. „Arbeit und Arbeitsmarkt", Pkt. 3.1.1).

- Die Empirie des Arbeitsmarktes liefert keine Hinweise für ein überzogenes Lohnniveau, wie Höhe und Entwicklungsverlauf der Lohnstückkosten einschließlich der Lohnnebenkosten zeigen (vgl. Pkt. 3.7.2 dieses Kapitels).

Die These, dass eine wenig ausdifferenzierte Lohn*struktur* für die unzureichende Arbeitsnachfrage im Bereich einfacher Dienstleistungsarbeitsplätze verantwortlich sei, leidet ebenfalls an der Einseitigkeit der neoklassischen Argumentation. Wie Verteilungsanalysen erkennen lassen, kann von einer nivellierten Lohnstruktur in Deutschland nicht geredet werden. Niedriglöhne müssen nicht geschaffen werden, sie existieren bereits. Zu diskutieren wäre deshalb, ob die Abstände zwischen hohen und niedrigen Entgelten noch stärker ausfallen sollen. Da es in Deutschland keine gesetzlichen Mindestlöhne gibt, wird die untere Auffanglinie gegenüber Niedriglöhnen durch das sozialhilferechtliche Existenzminimum gesetzt. Das Existenzminimum ist sozial-kulturell definiert, es orientiert sich an dem Tatbestand, dass Deutschland ein Land mit einem insgesamt hohen Lebensstandard und Einkommensniveau ist. Durch das so genannte Abstandsgebot, das bei der Bemessung der Regelsätze zum Lebensunterhalt zu beachten ist (vgl. Kap. „Einkommen", Pkt. 7.1.3.), sind die untersten Lohnsätze zugleich wieder Richtgröße für die Höhe der Regelsätze. Zwischen niedrigen Löhnen und Sozialhilfe besteht also ein Rückkopplungsmechanismus.

Aufgrund des Mindestlohncharakters der Sozialhilfe bzw. des Arbeitslosengelds II können sich auf dem Arbeitsmarkt Arbeitsplätze auf Dauer nicht halten, auf denen bei *Vollzeit*arbeit noch nicht einmal das Existenzminimum erwirtschaftet werden kann, es sei denn, die unzureichenden Entgelte werden durch Sozialleistungen aufgestockt (Kombi-Löhne). Beim Versuch, durch eine Niedriglohnstrategie die Lohnsätze abzusenken, um über diesen Weg Beschäftigung zu schaffen, ist aber fraglich, ob dadurch tatsächlich *zusätzliche* Arbeitsplätze entstehen (vgl. dazu ausführlich Kap. „Arbeit und Arbeitsmarkt", Pkt. 9.3.). Viel spricht dafür, dass die Nachfrage nach Arbeit unverändert bleibt, weil sich durch die fortgeschrittene Lohnspreizung nicht automatisch die gesamtwirtschaftlichen Nachfragebedingungen ändern. Unter diesen Bedingungen wird sich am Arbeitsmarkt ein Substitutionsmechanismus entfalten; billigere Arbeit verdrängt teurere Arbeit, die Gesamtzahl der Arbeitsplätze vergrößert sich aber nicht.

Ein Beispiel für diesen Substitutionseffekt ist die Ausweitung der sozialversicherungsfreien, häufig prekären Beschäftigungsverhältnisse: Von 2002 - 2006 haben die Unternehmen diese kostengünstigen Formen des Arbeitskräfteeinsatzes deutlich ausgeweitet – zu Lasten sozialversicherungspflichtiger, arbeits- und tarifrechtlich abgesicherter Arbeitsverhältnisse, deren Zahl zurück gegangen ist (vgl. Kap. „Arbeit und Arbeitsmarkt", Pkt. 3.2.3).

Auch die schlechten Beschäftigungschancen einzelner Personengruppen und die personelle Strukturierung der Arbeitslosigkeit (vgl. Kap. „Arbeit und Arbeitsmarkt", Pkt. 6) sind Folge eines Selektions- und Verdrängungseffektes von Arbeitskräften beim Zugang in die Arbeitslosigkeit und beim Abgang aus der Arbeitslosigkeit. Sozialpolitische Schutzregelungen sind eine *Antwort* auf dieses Problem. Ohne diese Regelungen sähe die Situation von Jugendlichen, Behinderten oder Älteren noch schlechter aus. Gleichwohl ist bei der konkreten Ausgestaltung der personengruppenbezogenen Schutzpolitik darauf zu achten, dass sich einzelne Regelungen nicht als berufliches Einstiegshemmnis auswirken. So sollte der besondere Kündigungsschutz nicht an das Lebensalter, sondern an die Betriebszugehörigkeitsdauer geknüpft werden, um die Wiederbeschäftigungschancen älterer Arbeitsloser zu verbessern. Anders wiederum sieht es bei den auf Kindererziehung bezogenen Schutzregelungen aus: Elternzeit, Freistellungs- und Teilzeitansprüche können sich erst dann nicht mehr gegen die Beschäftigung von Frauen auswirken, wenn die Unternehmen erwarten müssen, dass auch Väter von ihnen Gebrauch machen.

6.4 Soziale Sicherung und Arbeitsangebot

Die Sozialpolitik wirkt auf vielfältige Weise, in unterschiedlicher Richtung und mit jeweils besonderen Zielsetzungen auf das Arbeitsangebot ein. Die im Zentrum der öffentlichen Aufmerksamkeit stehende Frage, ob es sich für Arbeitslose überhaupt lohne, eine Arbeit aufzunehmen, da es sich aufgrund der hohen Sozialleistungen ohne Arbeit besser als mit (niedrig entlohnter) Arbeit leben lasse, markiert nur einen Ausschnitt aus der ganzen Spannweite der Wechselbeziehungen zwischen Sozialpolitik und Arbeitsangebot.

Das Verhältnis zwischen Erwerbsarbeit und Sozialleistungen ist im System der Sozialen Sicherung eindeutig definiert: Zur Bestreitung des Lebensunterhalts muss vorrangig die eigene Arbeitskraft eingesetzt werden. Ein *Wahlrecht* zwischen der Einkommenserzielung durch Erwerbsarbeit oder dem Bezug von Sozialleistungen gibt es *nicht*. Nur dann, wenn Erwerbsarbeit wegen fehlender Arbeitsfähigkeit (Krankheit, Invalidität, Alter, Kindererziehung, Behinderung) oder wegen fehlender Arbeitsplätze (Arbeitslosigkeit) nicht (mehr) möglich oder zumutbar ist, besteht ein Anspruch auf Sozialleistungen.

Durch das lohn- und beitragsorientierte Sozialversicherungssystem werden zugleich Arbeitsanreize gesetzt, da die Höhe der Absicherung entscheidend von der Aufnahme einer versicherungspflichtigen Beschäftigung und deren Dauer sowie von der Höhe des Verdienstes abhängt. So werden bei der Rentenversicherung im Unterschied zu einem Grundrentensystem nur bei einer langjährigen Erwerbsbeteiligung ausreichend hohe Renten erzielt (vgl. Bd. II, Kap. Alter", Pkt. 6.8.2).

Die Möglichkeit, ohne Erwerbseinkommen und nur mit Sozialleistungen leben zu können, hängt von der Leistungshöhe, der Leistungsdauer und den Bezugsvoraussetzungen ab. Je niedriger die Leistungen und je kürzer die Bezugsdauer, umso größer der materielle Druck, möglichst die Erwerbstätigkeit aufrechtzuerhalten bzw. möglichst schnell wieder aufzunehmen. Ganz generell lässt sich feststellen, dass die sozialversicherungsrechtlichen Lohnersatzleistungen in ihrem Niveau so bemessen sind, dass sie stets unterhalb des vorherigen Arbeitseinkommens liegen. Die These, ohne Erwerbsarbeit lebe es sich besser als mit, trifft nicht zu. Dies gilt nicht nur aus materiell-finanzieller Sicht. Qualitative Studien kommen zu dem Ergebnis, dass sich die Menschen bei der Aufnahme von Erwerbsarbeit nicht vorrangig an monetären Nutzen-Kosten-Kalkülen orientieren. Die Anreizstrukturen und das tatsächliche Verhalten der Menschen können nicht gleichgesetzt werden, da andere Faktoren und Beweggründe für die Bereitschaft zur Erwerbstätigkeit viel entscheidender sind.

Im Falle von Arbeitslosigkeit fallen die Einkommenseinbußen besonders hoch aus: Bei der Versicherungsleistung „Arbeitslosengeld" sind Verluste von bis zu 45 % zu verkraften (vgl. Kap. „Arbeit und Arbeitsmarkt", Pkt. 7.2.1). Und das bedürftigkeitsgeprüfte Arbeitslosengeld II deckt lediglich das sozial-kulturelle Existenzminimum ab und liegt damit in aller Regel deutlich unter dem Einkommensniveau bei Erwerbstätigkeit. Das so genannte Abstandsgebot wird eingehalten, auch Einkommen aus niedrigen Arbeitsentgelten übersteigen das Bedarfsniveau (vgl. Kap. „Einkommen", Pkt. 7.1.3).

Sozialleistungen an arbeits*fähige*, aber arbeits*lose* Personen sind zudem mit *Zumutbarkeitsanforderungen* und im Fall der Verweigerung einer Arbeitsaufnahme mit finanziellen und administrativen Sanktionen verbunden. Einen Einkommens- und Statusschutz sieht die Grundsicherung nicht vor – im Grundsatz muss jedwede Arbeit angenommen werden, und bei der Versicherungsleistung Arbeitslosengeld verringert sich der Einkommensschutz mit zunehmender Dauer der Arbeitslosigkeit (vgl. Kap. „Arbeit und Arbeitsmarkt", Pkt. 7.2.1).

In den zurückliegenden Jahren sind sowohl die Zumutbarkeitsanforderungen verschärft als auch die Leistungen bei Arbeitslosigkeit mehrfach abgebaut worden, begründet jeweils damit, den Anreiz zur Arbeitsaufnahme zu erhöhen und unechte, weil freiwillige Arbeitslosigkeit zu beseitigen. Positive Effekte auf dem Arbeitsmarkt sind indes nicht eingetreten; die Arbeitslosigkeit ist weiter gestiegen. Diese Entwicklung zeigt, dass Arbeitslosigkeit keine Folge fehlender Bereitschaft ist, freie, niedrig entlohnte Arbeitsplätze zu besetzen. Repräsentative empirische Befunde (und nicht nur Einzelbeispiele) für die verbreitete Erscheinung von Arbeitsunwilligkeit, mangelnder Mobilitätsbereitschaft und unzureichendem Anpassungsverhalten gibt es nicht. Durch einen größeren finanziellen und administrativen Druck, Arbeit aufzunehmen, entstehen nicht plötzlich neue Arbeitsplätze. Das Kernproblem ist das gesamtwirtschaftliche Arbeitsmarktungleichgewicht mit einer massiven Diskrepanz zwischen offenen Stellen und Arbeitsuchenden.

Von großer Bedeutung für das Arbeitsangebot sind die Regelungen der *Rentenversicherung*. Durch die Festlegung von *Altersgrenzen*, die zum Bezug einer Altersrente berechtigen, konstituiert sich die Lebensphase des Alters, in der Erwerbstätigkeit wohl noch möglich wäre, aber nicht mehr eingefordert wird. Der Zeitpunkt des Übergangs in die Nach-Erwerbsphase ist primär sozialpolitisch bestimmt, aber auch finanzierungs- und arbeitsmarktpolitische Gründe spielen eine entscheidende Rolle. Die Vorverlegung der Altersgrenze galt lange Zeit als ein bewusst eingesetztes Instrument, um das Arbeitsangebot älterer Arbeitnehmer zu reduzieren und den Arbeitsmarkt zu entlasten. Die gegen Ende der 1990er Jahre einsetzende Anhebung der Altersgrenzen ist hingegen eine Maßnahme zur Ausgabenminderung bei der Rentenversicherung, sie belastet aber den Arbeitsmarkt, da ältere Arbeitnehmer länger im Erwerbsleben (erwerbstätig oder arbeitslos gemeldet) bleiben. Vergleichbare Rückwirkungen auf die Angebotsseite des Arbeitsmarktes haben die Regelungen zur Anerkennung einer *Rente wegen Erwerbsminderung* (vgl. Bd. II, Kap. „Alter", Pkt. 6.4.1).

Das Sozialleistungssystem *fördert* zugleich das Arbeitsangebot. So zielen die *Rehabilitationsmaßnahmen* im Bereich der Kranken-, Renten- und Unfallversicherung sowie der Arbeitsverwaltung darauf ab, die Arbeitsfähigkeit wiederherzustellen und die Wiedereingliederung in das Arbeitsleben zu ermöglichen. Maßnahmen der *Arbeitsförderung* (Umschulung, Fortbildung, Mobilitätshilfen, Trainingskurse usw.) sollen Qualifikation und Vermittlungsfähigkeit von Arbeitslosen verbessern.

Widersprüchliche Auswirkungen auf das Arbeitsangebot insbesondere von Frauen haben die Maßnahmen der *Familienpolitik*: Auf der einen Seite gibt das Sozialleistungssystem Ehepartnern vielfältige Anreize, nicht, oder nur geringfügig erwerbstätig zu sein. Orientiert wird auf Frauen und Mütter und das traditionelle Leitbild der Ernährer- und Hausfrauenehe. In diese Richtung einer längeren Unterbrechung oder gar Aufgabe der Berufstätigkeit wirken vor allem das vormalige Erziehungsgeld, die Mitversicherung in der Krankenversicherung, die Hinterbliebenenrente sowie die Steuerpolitik. Auf der anderen Seite stehen Regelungen, die helfen sollen, die Erwerbstätigkeit trotz Erziehungsaufgaben nicht aufzugeben und Beruf und Familie parallel miteinander zu vereinbaren. Beispiele dafür sind die Eltern(teil)zeit und das neue Elterngeld und die sozialstaatliche Infrastruktur für Kinder (Tageseinrichtungen usw.), die indes den Bedarf bei weitem nicht erfüllt. Diese Widersprüchlichkeit ist Ausdruck des sich wandelnden Frauen- und Familienleitbildes (vgl. Bd. II, Kap. „Familie", Pkt. 2).

6.5 Sozialstaat und internationaler Wettbewerb

Ist der deutsche Sozialstaat mit seinen hohen Lohn- und Sozialkosten und seinen arbeits-, tarif- und sozialrechtlichen Regulierungen ein negativer Standortfaktor im internationalen Wettbewerb? Die Befürchtungen wachsen, dass im Zeichen der *Globalisierung* die in einem hohen Maße auf den Export angewiesene Bundesrepublik (mit einem Exportanteil von gut einem Drittel des Bruttoinlandsprodukts) ihren hohen Sozialstandard in der Konkurrenz zu anderen Staaten mit anderen sozialpolitischen Systemen nicht mehr halten kann.

Versteht man unter Globalisierung die wachsende wirtschaftliche Verflechtung der Nationalstaaten durch den Handel mit Waren und Dienstleistungen sowie die Mobilität von Kapital, Technologie und Arbeit, so hat sich infolge der Liberalisierung von Welthandel und internationalen Kapitalmärkten, der Verbilligung der Transportkosten und der Herausbildung neuer Informationssysteme der Wettbewerbsdruck zweifelsohne verschärft. Unübersehbar ist auch, dass es längst nicht mehr nur um die traditionelle Konkurrenz „nationaler" Endprodukte geht; durch die Existenz transnationaler, global operierender Unternehmen stehen ganze Produktions- und Dienstleistungsstandorte und Volkswirtschaften in Konkurrenz zueinander. Der Faktor Kapital wird international mobil, während demgegenüber der Faktor Arbeit naturgemäß weitgehend stationär bleibt (allerdings kommt es auch hier vermehrt zur Wanderung von Arbeitskräften aus Niedriglohnländern in die wohlfahrtsstaatlichen Hochlohnländer Europas – mit einem entsprechenden Druck auf die Lohnsätze). Als neue Qualität der Globalisierung lässt sich schließlich die Internationalisierung der Finanz- und Kapitalmärkte beschreiben.

Die Frage ist, ob die Bundesrepublik Deutschland mit ihrem sozialstaatlichen System in diesem Konkurrenzkampf unterliegt. Zunächst ist darauf zu verweisen, dass im Wettbewerb neben der preislichen Komponente auch andere Faktoren wie Qualität, Produktinnovation, Service usw. von maßgeblicher Bedeutung sind. Bezieht man sich auf die Hauptkomponente der preislichen Wettbewerbsfähigkeit, auf die Arbeitskosten, liegt es auf der Hand, dass diese nicht in ihrer absoluten Höhe zu bewerten sind. Es ist bekannt, dass der Lebensstandard in Deutschland und damit die Arbeitskosten je Stunde höher liegen als beispielsweise in den Ländern Asiens oder Osteuropas, aber auch höher als in vielen OECD- und EU-Ländern. Insbesondere die neuen Mitgliedsstaaten der EU in Mittel- und Osteuropa weisen niedrige Arbeits- und Sozialkosten auf.

Ein aussagefähiger Indikator für die kostenseitige Wettbewerbsfähigkeit eines Landes ist die Entwicklung der *Lohnstückkosten*, also die Arbeitskosten in ihrem Verhältnis zur Stundenproduktivität. Betrachtet man die *Entwicklung* der Lohnstückkosten in der Bundesrepublik im Verhältnis zu den maßgeblichen Wettbewerbsländern (vgl. Abbildung II. 17) so lässt sich feststellen, dass diese – in jeweiliger *Landes*währung berechnet – in den Jahren von 1995 bis 2006 weitgehend konstant geblieben sind, während in anderen Ländern ein deutlicher Anstieg zu verzeichnen ist. Von einer sozialstaatlich induzierten Kostenkrise Deutschlands auf den Weltmärkten kann nicht gesprochen werden; die Steigerung von Lohnkosten wie von Lohnnebenkosten einschließlich der Unterschiede von Arbeitszeit, Urlaub und Fehlzeiten sind durch Produktivitätssteigerungen „verdient" worden.

Seit vielen Jahren weist Deutschland eine außerordentlich hohe und wachsende Exportquote auf. Zwar sind auch die Einfuhren kräftig gestiegen, weil im Zuge der vernetzten, arbeitsteiligen Weltwirtschaft immer mehr (Vor)Produkte auf dem Weltmarkt und nicht in der Heimat besorgt werden; entscheidend ist aber, dass die Exporte die Importe bei weitem übertreffen. Die anhaltenden Außenhandelsüberschüsse, die Deutschland auch gegenüber Ländern mit niedrigen Löhnen und niedrigen Sozialstandards erwirtschaftet – auch und gerade mit den neuen EU-Mitgliedsstaaten aus Mittel- und Osteuropa –, sind ein Ausdruck dieser Entwicklung.

Die gesamtwirtschaftliche Betrachtung auf der Ebene von Durchschnittswerten (zu unterscheiden ist bei der Produktivitäts- und Lohnstückkostenentwicklung sowohl zwischen Dienstleistungsbereich und Industrie als auch zwischen den einzelnen Sektoren der Industrie) schließt allerdings cin, dass es in einzelnen Branchen und Betrieben, vor allem im Bereich arbeitsintensiver Produktion und bei unterdurchschnittlicher Produktivitätsentwicklung, zu massiven Problemen durch den intensivierten internationalen Wettbewerb kommt – mit der Folge eines Niedergangs ganzer Produktionszweige und des Verlustes von Arbeitsplätzen. Da im Bereich der industriellen Produktion nur noch die produktiveren Arbeitsplätze übrig bleiben, steigt auch dadurch die durchschnittliche Produktivität. Strukturverschiebungen dieser Art sind aber nicht nur als Verlust zu verstehen, denn wenn der Weltmarkt wächst und die aufrückenden Staaten Nachfrage entfalten, wird sich diese Nachfrage in wachsenden deutschen Exporten anderer, höherwertiger Güter niederschlagen.

Abbildung II.17:

Lohnstückkostenentwicklung im internationalen Vergleich
1995 - 2006, 1995 = 100

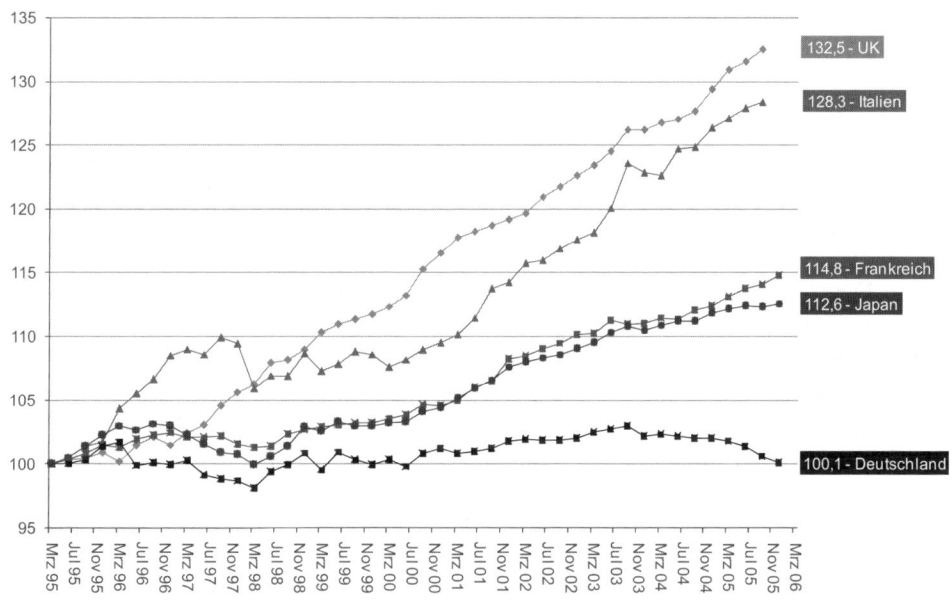

Quelle: OECD, Economic Outlook, Paris 2006.

Nun konkurrieren die Betriebe mit ihren Produkten auf den Weltmärkten nicht zu Kosten in nationaler Währung, sondern es sind ganz maßgeblich die *Wechselkursrelationen*, die die Preise bestimmen. Der Wechselkursmechanismus gleicht die Kostenvorteile und -nachteile von Ländern zumindest zum Teil aus. Der Wechselkurs auf den Devisenmärkten ist einerseits eine Reaktion auf die Kostensituation und Wettbewerbsfähigkeit. Da sich die Kapitalbewegungen weitgehend von den Handelsbewegungen gelöst haben, wird er aber im zunehmenden Maße durch die Zinsdifferenzen auf dem Weltfinanzmarkt und spekulative Bewegungen beeinflusst. Kommt es auf diese Weise zu einem steigenden Wechselkurs, wirkt er sich als Wettbewerbserschwernis aus und macht den Stückkosten- und Preisvorsprung teilweise wieder zunichte. Exporterleichternd wirken hingegen sinkende Wechselkurse.

Die Bewegungen auf den internationalen Finanz- und Kapitalmärkten haben die Wettbewerbsstärke des Standorts Deutschland bislang nicht beeinträchtigt: Zwar ist es zu einer enormen Aufblähung des kurzfristig anlagesuchenden Finanzkapitals gekommen. Bei den Realkapitalien hingegen fällt die Mobilität schwächer aus, die Zuwachsrate der grenzüberschreitenden Direktinvestitionen ist weit weniger steil als die Entwicklung bei den Finanzanlagen; als Hauptmotiv für Auslandinvestitionen gilt eindeutig die Nähe zum Absatzmarkt; niedrige Löhne oder Sozialstandards haben eine nebenrangige Bedeutung.

Die empirischen Befunde, dass die internationale Wettbewerbsfähigkeit des Sozialstaats Deutschland nicht gefährdet ist, dürfen allerdings nicht zu voreiligen Schlussfolgerungen verleiten:

▪ In Zeiten schwachen Wachstums und anhaltend hoher Arbeitslosigkeit können Unternehmensentscheidungen über Standortwahl und Investitionen im Ausland oder Inland einen starken Druck auf Staat, Gewerkschaften und Belegschaften ausüben. Angesichts offener Kapitalmärkte und weltübergreifender Produktions- und Investitionsentscheidungen der großen multinationalen Unternehmen erhält die Seite des Kapitals neue strategische Optionen, die es ihr erlaubt, soziale Regulationen der einzelnen Staaten zu unterlaufen. Für die gesellschaftlichen Machtverhältnisse, für die Aktionsmöglichkeiten des souveränen Sozial- und Interventionsstaates bleibt das nicht ohne Folgen; die Handlungsautonomie der Nationalstaaten vor allem hinsichtlich der Steuer-, Fiskal- und Geldpolitik verengt sich zusehends. Die Gefahr besteht, dass dadurch ein internationaler Sozialabbau- und Deregulierungswettlauf ausgelöst wird. Auch Länder mit günstigen Standortbedingungen können sich dieser Abwärtsspirale nur schwer entziehen, wenn die Konkurrenzländer eine systematische liberale Angebots- und Kostenreduktionspolitik treiben.

▪ Die Bedeutung der preislichen Komponente im globalen Wettbewerb nimmt zu, da bei zunehmender freier Beweglichkeit des Anlagekapitals und internationaler Vernetzung der Produktion Technologie und Produktivität nicht mehr an das Land gebunden sind, in dem sie mittels dessen Arbeits- und Sozialsystem und dank seiner Infrastruktur produziert wurden. Die transnational agierenden Unternehmen haben die Möglichkeit, die Herstellung von Produkten und deren Vertrieb länderübergreifend zu organisieren und bei der Produktion an anderen Standorten die höchsten Produktivitäten quasi mitzunehmen.

▪ Wenn der Anstieg der Lohn- und Lohnnebenkosten durch Produktivitätssteigerung aufgefangen wird, dann müssen aber auch die arbeitsmarktpolitischen Konsequenzen dieser Produktivitätsentwicklung bedacht werden. Deren Folge ist – bei nur geringen Wachstumsraten und bei konstanter Arbeitszeit je Beschäftigten – ein Beschäftigungsabbau nicht nur in der Industrie, sondern auch in vielen Dienstleistungssektoren.

- Die gesamtwirtschaftliche Durchschnittsentwicklung sagt noch nichts über die durchaus schwierige Lage einzelner Branchen aus; der sich hier niederschlagende weltwirtschaftliche Strukturwandel wird unter dem Druck der Arbeitsmarktlage zu einer Bedrohung der Beschäftigten und gibt Anlass, Verschlechterungen der Arbeits- und Sozialbedingungen hinzunehmen. Unternehmensentscheidungen über Produktions- und Investitionsverlagerung ins Ausland wirken immer auch als Druckmittel auf Belegschaften und Gewerkschaften. Es kommt zu „Bleibe- bzw. Ansiedlungsverhandlungen", deren Preis Konzessionen bei Löhnen, Unternehmenssteuern, Arbeitszeiten und anderen arbeits-, tarif- und sozialrechtlichen Standards sind.

- Die ökonomischen Daten lassen sich auch so interpretieren, dass sich die Bundesrepublik Deutschland mitten in einem internationalen Wettbewerb um Deregulierung, Verringerung der Arbeitskosten, Sozialleistungsabbau und Minderung der Steuerbelastungen der Unternehmen befindet. Sie kann diesen Wettbewerb mithalten und ihre Position verteidigen, allerdings um den Preis einer gedämpften Lohnentwicklung, einer Absenkung des Sozialleistungsniveaus und sich verengender Finanzierungsspielräume in den öffentlichen Haushalten.

Durch die internationale Vereinbarung von arbeits- und sozialrechtlichen Standards (z.B. hinsichtlich des Arbeitsschutzes) kann hier ein Gegengewicht gesetzt werden. Zu nennen sind in diesem Zusammenhang die Übereinkommen der *Internationalen Arbeitsorganisation* (ILO), die Richtlinien und Verordnungen auf der Ebene der *Europäischen Union* (vgl. Kap. „Sozialpolitik und soziale Lage", Pkt. 4.3) sowie die Ansätze einer Koordination der gewerkschaftlichen Tarifpolitik auf der europäischen Ebene (vgl. Kap. „Einkommen", Pkt. 3.11)

Eine Veränderung der Wettbewerbsbeziehungen hat sich im Gefolge der *Europäischen Währungsunion* ergeben. Durch die einheitliche europäische Währung ist für gut 40 % des deutschen Außenhandels der Wechselkursmechanismus aufgehoben. Damit ist der Binnenhandel in der EU auf eine stabile Basis gestellt worden, da Schwankungen der Währungsparitäten entfallen. Wechselkurse haben freilich auch als Korrekturfaktor bei abweichenden Kosten- und Preisentwicklungen gewirkt. Da Wechselkursanpassungen und nationale Zinspolitik als Puffer ausfallen, werden im Euro-Raum Kosten- und Preisunterschiede in der Produktion unmittelbar sicht- und vergleichbar: Eine preissteigernde, den Produktivitätsspielraum übertreffende Erhöhung der Lohnstückkosten in einem Land, eine Folge beispielsweise hoher Lohnzuwächse oder Beitragssatzanhebungen, schlägt sich sofort als Wettbewerbs- und Absatzhindernis nieder, wenn sich diese Entwicklung nicht auch in den anderen Ländern findet. Andersherum bedeuten Stückkostenminderungen Wettbewerbs- und Absatzvorteile. Dieser Zusammenhang kann als Auslöser für eine Anpassung der

Arbeits- und Sozialkosten nach unten wirken. Um dies zu verhindern, wird eine Abstimmung der Sozialpolitik, der Tarifpolitik wie auch der Steuer- und Abgabenpolitik in der EU unverzichtbar.

7 Finanzierungsalternativen der Sozialen Sicherung

7.1 Haushaltskonsolidierung und Sozialausgaben

Sozialpolitik sieht sich mehr denn je mit der Frage nach der Finanzierbarkeit konfrontiert. Die Sozialversicherungshaushalte sowie die Haushalte von Bund, Ländern und Kommunen sind seit Jahren angespannt und durch hohe Defizite charakterisiert. Was tun, wenn etwa infolge von wachsender Arbeitslosigkeit, vermehrter Pflegebedürftigkeit, einer steigenden Zahl von Rentnern oder Kostensteigerungen im Gesundheitssystem die Ausgaben die Einnahmen überschreiten? Ausgaben und Einnahmen stehen auf dem Prüfstand.

Zwar ist es richtig, vorrangig an den *Ursachen* der gegenwärtigen Finanzierungsprobleme anzusetzen, d.h. in erster Linie an der Arbeitslosigkeit, um über mehr Beschäftigung Ausgaben zu reduzieren und Einnahmen zu erzielen. Aber auch bei einem kombinierten Einsatz von Wirtschafts-, Beschäftigungs-, Arbeitsmarkt- und Arbeitszeitpolitik lassen sich Massen- und Langzeitarbeitslosigkeit nur langsam abbauen; dies gilt insbesondere für die Situation in den neuen Bundesländern. Auch bleibt zu bedenken, dass eine auf die Erhöhung des Beschäftigungsniveaus zielende Politik zumindest in ihrer Anschubphase kostenträchtig ist und zusätzliche Finanzmittel bindet. Es bleibt also die schwierige Aufgabe, die Soziale Sicherung auch unter den Bedingungen einer anhaltend hohen Unterbeschäftigung, niedriger Wachstumsraten und der zu erwartenden demografischen Belastungen verlässlich und zukunftssicher zu finanzieren.

Auch wenn der Sozialstaat nicht verantwortlich ist für die Finanzierungskrise der öffentlichen Haushalte, so ist er doch in eine Konsolidierungsstrategie einbezogen. Es geht nicht nur darum, Lücken und Unterversorgungen im sozialen Netz zu benennen, sondern auch Einsparmöglichkeiten aufzudecken (z.B. durch den Abbau von Doppelleistungen und Fehlsteuerungen). Zu entscheiden ist vor allem die Frage nach den Prioritäten und Nachrangigkeiten im Sozialleistungssystem, d.h. nach der Bestimmung des erforderlichen und finanzierungswürdigen Leistungsspektrums und Sicherungsniveaus bei den einzelnen sozialen Risikobereichen. Diese Entscheidung über die Notwendigkeit oder Entbehrlichkeit von Leistungen ist immer auch eine Entscheidung über die Grenzziehung zwischen öffentlicher und privater Finanzierung. Sie steht nicht ein für alle Mal fest, sondern muss vor dem Hintergrund veränderter Lebensformen und neuer bzw. anderer sozialer Probleme stets neu getroffen werden. Eine schlichte Privatisierungs- und Abbaustrategie ist jedoch kein Erfolgskonzept. „Markt und privat" heißt weder, dass damit die gesamtwirtschaftlichen Belastungen sinken, noch dass die Leistungserstellung automatisch „billiger und besser" erfolgt (vgl. Pkt. 3.8 dieses Kapitels).

Einsparungen lassen sich erreichen, wenn *Effektivität* und *Effizienz* der Leistungen erhöht werden. Vor allem bei den Ausgaben für Sach- und Dienstleistungen, z.B. im Gesundheitswesen, lassen sich Rationalisierungsreserven vermuten, ohne die Leistungsqualität zu verschlechtern (vgl. Bd. II, Kap. „Gesundheit und Gesundheitssystem", Pkt. 12.3.2). Bei den Geldleistungen sind derartige Reserven schwieriger zu finden. Wie die Analyse des Niveaus der sozialen Absicherung in den einzelnen Gefährdungsbereichen zeigt, kann von einer Überversorgung im sozialen System weitgehend keine Rede sein. Das schließt nicht aus, finanzielle Spielräume für Mehrausgaben durch *Umschichtungen* zu gewinnen. Gemeint sind damit Entscheidungen über neue Ziele. Ein Beispiel: Wenn die eigenständige soziale Absicherung von Frauen im Alter verbessert werden soll und dafür Mehraufwendungen notwendig werden, kann dies finanziert werden, wenn auf der anderen Seite der an der Hausfrauenehe geknüpfte Sicherungsschutz (Hinterbliebenenrente, kostenfreie Mitversicherung in der Krankenversicherung) abgebaut wird.

Wenn es zu Ausgabenkürzungen in der Sozialpolitik kommt, muss zwischen *Brutto- und Nettowirkungen* unterschieden werden. Ausgabenminderungen in einem Leistungssystem bedeuten nämlich noch nicht, dass die öffentlichen Ausgaben insgesamt auch entsprechend sinken. Vielfach kommt es zu Belastungsverschiebungen auf andere Leistungssysteme, so dass der gesamtfiskalische Entlastungseffekt geringer ausfällt. Dazu zwei Beispiele:

- Wird das Rentenniveau gekürzt, so entlasten sich dadurch die Rentenversicherungsträger. Da aber dann mehr Menschen auf die Altersgrundsicherung angewiesen sein werden, kommt es zu vermehrten Ausgaben in diesem Leistungsbereich.

- Die Zusammenführung von Arbeitslosen- und Sozialhilfe in der Grundsicherung für Arbeitsuchende bedeutet, dass für die bisherigen Arbeitslosenhilfeempfänger geringere Beiträge an die Sozialversicherungsträger gezahlt werden. Der Bund entlastet sich auf Kosten der Renten-, Kranken- und Pflegeversicherung, die ihrerseits Mindereinnahmen zu verkraften haben.

Zu unterscheiden ist auch nach der *zeitlichen Perspektive* der Entlastungswirkungen: Kurzfristige fiskalische Entlastungen müssen mit möglichen Mehrausgaben, die mittel- und längerfristig entstehen, bilanziert werden. So können erhöhte Zuzahlungen im Gesundheitswesen die Inanspruchnahme von medizinischen Leistungen und entsprechend die Ausgaben reduzieren; wirken die Zahlbeträge jedoch abschreckend und verhindern einen rechtzeitigen Arztkontakt, können schwerwiegende Erkrankungen mit hohen Folgekosten die Konsequenz sein. Anders herum können Mehrausgaben in der Gegenwart durch Minderausgaben in der Zukunft belohnt werden. Das gilt vor allem für Ausgaben in der gesundheitlichen und sozialen Prävention.

Es bleibt die Suche nach Anpassungen und Alternativen auf der *Einnahmenseite*. Auch wenn es angesichts geringer Wachstumsraten, enger Verteilungsspielräume und nur schwacher Bruttolohnsteigerungen schwierig ist, Beitragssätze zu erhöhen, so kann dieser Weg dennoch nicht tabuisiert werden. Denn eine *einnahmenorientierte Ausgabenpolitik* in der Sozialversicherung, die die *Festschreibung* der Beitragssätze unabhängig von den sozialen Bedarfen und Anforderungen zum Prinzip erhebt, lässt das sozialpolitische Sicherungsziel aus den Augen:

- Der feste Beitragssatz in der *Pflegeversicherung* führt bei einer wachsenden Zahl von Pflegebedürftigen und steigenden Kosten zu einer Verschlechterung der Leistungen mit der Konsequenz einer zunehmend unzureichenden Versorgung.

- Eine Festschreibung des Beitragssatzes in der Rentenversicherung trotz der demografischen Umwälzungen erzwingt ein radikales Absenken des Rentenniveaus. Das Ziel der Rentenversicherung „Lebensstandardsicherung" muss aufgegeben werden, immer mehr ältere Menschen müssten ihre unzureichende Rente durch Leistungen der Grundsicherung aufstocken. Wenn aber die Rente trotz langjähriger Beitragspflicht das Niveau der von Vorleistungen unabhängigen Grundsicherung nicht übersteigt, werden Legitimation und Akzeptanz der Rentenversicherung gefährdet.

- Eine Festschreibung des Beitragssatzes in Krankenversicherung kann in Widerspruch geraten zu den gesundheitlichen Behandlungsbedarfen der Versicherten und zur Nachfrageentwicklung nach medizinischen Leistungen; in der Konsequenz müssten medizinisch notwendige Leistungen rationiert werden.

Bei der Sicherstellung der *steuerfinanzierten* Sozialleistungen, die sich in den Haushalten von Bund, Ländern und Gemeinden als Ausgaben niederschlagen, ist die strukturelle Deckungslücke zwischen Einnahmen und Ausgaben beim Bund wie bei den Ländern und Gemeinden zu berücksichtigen. Die hohen Zinsbelastungen der öffentlichen Haushalte engen die Handlungs- und Gestaltungsfähigkeit der Politik ein und führen zu problematischen Verteilungswirkungen. Zudem setzen die Stabilitätskriterien der europäischen Währungsunion einer kreditären Finanzierung öffentlicher Ausgaben enge Grenzen. An der Notwendigkeit, die strukturellen Haushaltsdefizite zu reduzieren, kann es deshalb wenig Zweifel geben. Jedoch müssen Terminierung und Tempo der Konsolidierungsmaßnahmen bedacht werden: So dürfen in einer konjunkturellen Schwächephase einnahmebedingte Defizite nicht mit Ausgabenkürzungen beantwortet werden. Eine solche Parallelpolitik läuft nämlich Gefahr, eine kumulative Abwärtsbewegung der Wirtschaft in Gang zu setzen; die gesamtwirtschaftliche Nachfrage würde reduziert – mit der Folge noch größerer Steuerausfälle, eines weiteren Nachfragerückgangs und steigender Arbeitslosigkeit.

Gerade unter den Bedingungen einer Konsolidierungspolitik kann deshalb auf ausreichende öffentliche Einnahmen nicht verzichtet werden. Naturgemäß sind Forderungen nach Steuerentlastungen in Zeiten stagnierender Einkommen populär. Eine Politik fortgesetzter Steuersenkungen bei einem gleichzeitigen Abbau der

Staatsverschuldung entzieht aber einem handlungsfähigen Sozialstaat den Boden. Durch die Zangenwirkung von Steuerausfällen und gleichzeitigem Schuldenabbau wird ein Zugzwang in Gang gesetzt, öffentliche Ausgaben allgemein und Sozialausgaben im Besonderen zu kürzen. Ein Staat mit einem hohen Niveau an Sozialleistungen, einem dichten Netz an sozialer Infrastruktur und einem ausgebauten Bildungswesen kann aber kein „armer" oder „billiger" Staat sein. Wie skizziert liegt Deutschland im internationalen Vergleich mit seiner Abgabenbelastungen im Mittelfeld. Es ist deswegen weniger eine ökonomische, sondern vielmehr eine politische Frage, in welche Richtung sich Abgaben*niveau* und *-struktur* entwickeln. Die anhaltende Kontroverse über Steuersenkungen oder -steuererhöhungen und über die Verteilung der Steuerlast ist letztlich Ausdruck unterschiedlicher Vorstellungen über die Rolle des Sozialstaates in der Marktwirtschaft. Hinter dem Plädoyer für möglichst niedrige öffentliche Abgaben steht – ausgesprochen oder unausgesprochen – das Verständnis eines nur residualen Sozialstaates, während das Modell eines aktiven, gesellschaftsgestaltenden Sozialstaates eine hohe Abgabenquote erfordert.

Aber nicht nur die Frage nach dem *Niveau* von Einnahmen und Ausgaben im Sozialstaat wird strittig diskutiert. In der wissenschaftlichen und politischen Diskussion über die zukünftige Entwicklung der Sozialpolitik wird auch hinterfragt, ob es bei den gegenwärtigen *Prinzipien* und *Strukturen* der Finanzierung bleiben kann. Im Mittelpunkt der kritischen Debatte steht das lohnbezogene Beitragssystem der Sozialversicherung; es mehren sich die Stimmen, die die lohnbezogene Beitragsfinanzierung durch andere Finanzierungsverfahren ergänzen bzw. ersetzen wollen. Klammert man jene radikalen Konzeptionen aus der Betrachtung aus, die von einer Ablösung der beitragsfinanzierten Sozialversicherung durch eine steuerfinanzierte Grundsicherung bzw. Grundrente ausgehen und damit auf der Finanzierungs- wie auf der Leistungsseite eine völlige Abkehr vom gegenwärtigen System vorsehen (vgl. Kap „Einkommen", Pkt. 9.2 und Bd. II, Kap. „Alter", Pkt. 11.2), so konzentrieren sich die Überlegungen auf die Ansätze,

- die Sozialversicherung stärker durch Zuschüsse aus dem Bundeshaushalt zu finanzieren, um die Beitragsbelastungen und Beitragssätze entweder linear absenken zu können oder begrenzt auf den Bereich der Niedrigentgelte;

- den Kreis der Beitragszahler in Richtung einer Erwerbstätigen- und Bürgerversicherung auszuweiten;

- neben den Entgelten aus abhängiger Arbeit auch andere Einkommen der Beitragspflicht zu unterwerfen;

- die Arbeitgeberbeiträge anders zu bemessen, festzuschreiben oder ganz abzuschaffen;

- die Beitragsbemessung in der Krankenversicherung von den Arbeitsentgelten zu lösen, den Beitrag als eine fixe (Kopf)Pauschale je Versicherten zu gestalten und einkommensschwache Haushalte durch steuerfinanzierte Zuschüsse aus dem Bundeshaushalt zu entlasten;

▪ das Umlageverfahren der Sozialversicherung durch ein Kapitaldeckungsverfahren zu ergänzen oder abzulösen.

7.2 Stärkere Steuerfinanzierung der Sozialversicherung?

Die Finanzierung der einzelnen Zweige der Sozialversicherung über bruttolohnbezogene Beiträge mit einem einheitlichen Beitragssatz, der je zur Hälfte von den versicherungs- und beitragspflichtigen Arbeitnehmern und ihren Arbeitgebern gezahlt wird, zählt zu einem tragenden Bestandteil des Sozialversicherungsprinzips und weist unbestreitbare Vorzüge auf: Das Finanzierungsverfahren genießt durch das versicherungstypische Entsprechungsverhältnis von Leistung und Gegenleistung eine hohe Akzeptanz bei den Versicherten und stößt auf einen (im Vergleich zur Steuerzahlung) geringeren Abgabenwiderstand. Zugleich fließen die an die Löhne und deren Entwicklung gekoppelten Einnahmen vergleichsweise stetig und sind gut kalkulierbar. Schließlich verfügen die beitragsfinanzierten Systeme über eine relative finanzielle Autonomie. Da sie nicht in die öffentlichen Haushalte eingegliedert und vom allgemeinen Steueraufkommen abhängig sind, sind sie fiskalpolitisch motivierten Eingriffen und den Begehrlichkeiten anderer öffentlicher Etats weniger direkt ausgesetzt.

Einwände gegen dieses Finanzierungssystem beziehen sich vor allem auf den *Lohnbezug* bei der Beitragserhebung. Die Konzentration der Belastungen auf das Arbeitseinkommen (durch Arbeitnehmer- und Arbeitgeberbeiträge) gilt als beschäftigungshemmend, da der Faktor Arbeit überteuert und deswegen unzureichend nachgefragt werde. Vorgeschlagen wird stattdessen, einen größeren Teil der Sozialversicherungsausgaben durch Steuern zu finanzieren, was Beitragssatzsenkungen ermöglicht, aber im Gegenzug auch Steuererhöhungen (Einkommens- und/oder Verbrauchsteuern) erfordert.

Im Einzelnen sind unterschiedliche Ansätze bzw. Verfahren denkbar:

▪ Durch einen erhöhten Bundeszuschuss fallen die zur Abdeckung der Ausgaben erforderlichen Beitragseinnahmen entsprechend geringer aus, die Beitragssätze können *linear* gesenkt werden.

   Für dieses Konzept stehen u.a.

   - die seit 1999 erhobene und in mehreren Stufen erhöhte Öko-Steuer: Die Einnahmen aus der Belastung des Energieverbrauchs fließen als zusätzlicher Bundeszuschuss der Rentenversicherung zu.

   - die Erhöhung der Mehrwertsteuer ab 2007: Die Mehreinnahmen fließen zum einem Teil in die Arbeitslosenversicherung, der Beitragssatz kann gesenkt werden.

▪ Im unteren Einkommensbereich werden die Beitragszahlungen von Arbeitgebern und Arbeitnehmern aus dem Bundeshaushalt übernommen; es kommt also zu einer *gezielten* Beitragsentlastung im Bereich niedrig bezahlter Tätigkeiten. Dieses Konzept lässt sich unterschiedlich ausgestalten:

- Bei Beschäftigungsverhältnissen, die ein bestimmtes Monatseinkommen bzw. bestimmte Entgeltsätze je Stunde nicht überschreiten, werden die Beitragszahlungen in voller Höhe durch Steuerzuschüsse übernommen. Für die Arbeitgeber vermindern sich die Arbeitskosten, für die Arbeitnehmer erhöhen sich die Nettoarbeitsentgelte. Beschäftigungsverhältnisse mit einem Einkommen oberhalb der Grenzen unterliegen der normalen Beitragspflicht.

- Bei der Beitragsbemessung wird analog zur Einkommensteuer ein Sockelfreibetrag eingeführt, auf den keine Beiträge erhoben werden. Im Ergebnis werden damit alle Einkommen entlastet, die unteren Einkommen aber überproportional. Auch hier werden die Beitragsausfälle durch den Bund erstattet.

Die erwarteten Beschäftigungseffekte der unterschiedlichen Formen einer Beitragsentlastung und Umfinanzierung gründen auf der These, die Arbeitslosigkeit allgemein sowie die besonderen Beschäftigungsprobleme von Unqualifizierten im Besonderen seien eine Folge überhöhter Arbeitskosten und könnten durch eine Reduzierung der Lohnnebenkosten gelöst werden. Wie vorne analysiert, lässt sich diese These aber empirisch nicht bestätigen. Dabei ist zu berücksichtigen, dass die Arbeitgeberbeiträge zur Sozialversicherung mit 13,7 % (2004) nur einen vergleichsweise kleinen Teil der gesamten Personalkosten ausmachen (vgl. Pkt. 3.7.2 dieses Kapitels).

Auch im internationalen Vergleich sind die Zusammenhänge zwischen den Finanzierungsformen des Sozialstaates einerseits und dem Beschäftigungsniveau sowie der Wettbewerbsfähigkeit andererseits keineswegs eindeutig. Innerhalb der EU zeigt sich, dass zu den Staaten mit einer günstigen Arbeitsmarktlage sowohl jene zählen, die durch Beitragsfinanzierung charakterisiert sind, als auch jene, die ihre Sozialleistungen überwiegend über Steuern finanzieren. In den Ländern mit überwiegend steuerfinanzierten Sozialsystemen sind zwar die Arbeitgeberbeiträge und Lohnnebenkosten niedrig. Den hohen Steuerbelastungen stehen indes auch hohe Bruttoarbeitsentgelte gegenüber, da für die Beschäftigten die Höhe der verfügbaren Einkommen entscheidend ist.

Dies verweist darauf, dass eine Finanzierung über Einkommen- oder Verbrauchsteuern ebenfalls auf die Höhe der Arbeitskosten zurück wirkt. Allerdings lassen sich die Auswirkungen einer steuerbetonten Umfinanzierung der Sozialversicherung auf Niveau und Struktur der Arbeitskosten vorab kaum bestimmen, da sie letztlich im Verteilungskonflikt entschieden werden. So bleibt offen, in welchem Maße die Gewerkschaften beispielsweise einen Anstieg des Preisniveaus, der durch eine Mehrwertsteuererhöhung bewirkt würde, in den Tarifverhandlungen zur Geltung bringen und kompensieren können.

Bei einer Reduzierung der Beiträge sind also zwingend die Wirkungen durch die Gegenfinanzierung zu berücksichtigen. Auf der einen Seite erfolgt durch die Beitragssatzsenkungen eine Entlastung von Unternehmen und Beschäftigten mit der Folge sinkender Arbeitskosten bei den Unternehmen und steigender Nettoeinkommen sowie Nachfragepotenziale bei den Beschäftigten. Auf der anderen Seite werden durch Steuererhöhungen (z.B. Anhebung von Einkommensteuer oder Mehrwertsteuer) kontraktive, nachfragemindernde Effekte ausgelöst. Im Einzelnen ist also zu prüfen, wie sich die Entlastungen und Belastungen im Saldo auf die gesamtwirtschaftliche Nachfrage und das Beschäftigungsniveau auswirken.

Bei einer gezielten Beitragsentlastung im unteren Einkommenssegment werden die Beschäftigungseffekte zudem durch mögliche Substitutions- und Verdrängungseffekte begrenzt. Wenn die Nachfrage nach Güter und Dienstleistungen insgesamt unverändert bleibt, ist zu erwarten, dass die Subventionierung der Arbeitskosten im unteren Einkommensbereich zu einem Umschichtungsprozess auf dem Arbeitsmarkt führt: Für die Unternehmen ist es rentabel, subventionierte Arbeitsverhältnisse zu Lasten regulärer, voll beitragspflichtiger Arbeitsverhältnisse auszudehnen. Dies kann z.B. bedeuten, dass Vollzeitarbeitsplätze in mehrere subventionierte Teilzeitarbeitsplätze aufgespalten werden.

Die Konzepte einer Umfinanzierung sind auch unter fiskalischen Gesichtspunkten zu betrachten, denn je nach Ausgestaltung müssen Zuschüsse in erheblichem Umfang mobilisiert werden. Steuererhöhungen wären unvermeidlich. Die Steuerfinanzierung der Sozialversicherungträger unterliegt aber einem hohen (haushalts)politischen Risiko. Angesichts struktureller Finanzierungsprobleme in den öffentlichen Haushalten und anhaltender Forderungen nach steuerlichen Entlastungen wäre zu befürchten, dass die Beitragsausfälle auf Dauer nicht mehr oder nicht mehr ausreichend ausgeglichen würden. Das Finanzierungsgleichgewicht bei den Sozialversicherungträgern wäre unmittelbar gefährdet. Die Einnahmeverluste würden einen Druck ausüben, das Leistungsniveau insgesamt zu kürzen und/oder die Leistungsansprüche im beitragsbefreiten Einkommens- und Beschäftigungssegment abzubauen.

Die geforderte Umfinanzierung von Leistungen der Sozialversicherung wird auch mit dem verteilungs- und ordnungspolitischen Argument begründet, dass die Beitragszahler unangemessen durch „versicherungsfremde" Leistungen belastet würden. Für diese Leistungen müsse die Gesamtheit der Steuerzahler aufkommen. Da die *Sozial*versicherung im Unterschied zur Privatversicherung keine streng nach dem Äquivalenzprinzip arbeitende Einrichtung ist, sondern die Verknüpfung von Versicherungs- und Solidarprinzip ihren konstitutiven Charakter ausmacht, bleibt bei dieser Argumentation allerdings umstritten, welche Ausgabenblöcke tatsächlich als versicherungsfremd deklariert werden können und über den bisherigen Bundeszuschuss hinaus durch Steuern finanziert werden müssen (vgl. Kap. „Einkommen", Pkt. 6.7).

7.3 Bürgerversicherung: Erweiterung des versicherten Personenkreises und Einbeziehung aller Einkommensarten?

Der Beitragspflicht zur Sozialversicherung unterliegt nur ein Teil der Erwerbsbevölkerung. Zwar ist der versicherungspflichtige Personenkreis in den einzelnen Zweigen der Sozialversicherung unterschiedlich weit gesteckt (vgl. Kap. „Einkommen", Pkt. 6.1), doch grundsätzlich gilt, dass Selbstständige und Beamte außerhalb der Systeme stehen. Zusätzliche Lücken entstehen durch die Regelungen der versicherungsfreien geringfügig Beschäftigten sowie durch die Versicherungspflichtgrenze in der Kranken- und Pflegeversicherung, deren Überschreiten einen Wechsel zur Privatversicherung ermöglicht. Aus dieser Konstruktion der Sozialversicherung ergeben sich Probleme der Verteilungsgerechtigkeit, da sich gerade jene Gruppen dem Solidarausgleich entziehen können, die in der Regel ein überdurchschnittlich hohes Einkommen haben und zugleich günstigere Risiken aufweisen (vgl. Kap. „Einkommen", Pkt. 6.6). Probleme ergeben sich auch auf der Seite der Finanzierung: Die Analyse des Arbeitsmarktes zeigt, dass jene Beschäftigungsverhältnisse an Bedeutung gewinnen, die nicht der Beitragspflicht unterliegen. Dadurch gehen den Sozialversicherungsträgern Einnahmen verloren. Durch eine Einbeziehung der gesamten (Erwerbs)Bevölkerung in die Sozialversicherung könnten deshalb die Einnahmenbasis verbreitert, der Beitragssatz gesenkt und zugleich der Sicherungsschutz verbessert werden. In diese Richtung zielen die Vorschläge zur Einführung einer *Erwerbstätigen- oder Bürgerversicherung*.

In der Diskussion über eine Bürgerversicherung spielt ein weiterer Aspekt eine zentrale Bedeutung: Als Bemessungsgrundlage für die Beiträge gelten bisher nur die Einkommen aus abhängiger Beschäftigung, und dies auch nur bis zur Beitragsbemessungsgrenze. Die auch für viele Arbeitnehmer und Rentner immer bedeutsamer werdenden Gewinn- und Vermögenseinkünfte (wie Zinsen und Mieten) bleiben unberücksichtigt. Durch eine Erweiterung der Bemessungsgrundlage auf alle Einkommen und flankierend durch eine Anhebung der Beitragsbemessungsgrenze könnte insofern das Beitragsaufkommen erhöht werden.

Ob sich diese Grundgedanken des Konzeptes einer Erwerbstätigen- oder Bürgerversicherung umsetzen lassen und welche finanziellen Entlastungen zu erreichen sind, lässt sich nur klären, wenn auf die einzelnen Zweige der Sozialversicherung Bezug genommen wird. Angesichts der großen Unterschiede zwischen den Versicherungszweigen kann es kaum eine einheitliche Lösung geben:

Arbeitslosenversicherung

In der Arbeitslosenversicherung macht eine Bürgerversicherung mit dem Ziel einer umfassenden Absicherung der gesamten Bevölkerung wenig Sinn, da sich dieses System naturgemäß nur auf den Kreis der Erwerbstätigen bzw. Erwerbslosen bezieht. Aber auch der Einbezug der derzeit nicht versicherungspflichtigen Selbstständigen, Beamten sowie geringfügig Beschäftigten in die Finanzierung der Arbeitslosenversicherung wirft Probleme auf, da nicht klar ist, ob diese Gruppen auch ohne Einschränkungen leistungsberechtigt sind, und zwar nicht nur in Bezug auf die aktiven Leistungen der Arbeitsförderung, sondern auch hinsichtlich der passiven Lohnersatzleistungen. So ist zu berücksichtigen, dass der Status „Arbeitslosigkeit" bei vormaliger Selbstständigkeit nur schwer zu fassen ist und auch nicht von einem „Lohnersatz" ausgegangen werden kann.

Um dieses Problem zu umgehen, liegt es nahe, es bei den Lohnersatzleistungen beim gegenwärtigen Finanzierungsverfahren und der Leistungsberechtigung zu belassen, die Leistungen der im Prinzip allen offen stehenden aktiven Arbeitsmarktpolitik hingegen über eine alle Erwerbstätigen erfassende, zweckgebundene Arbeitsmarktabgabe zu finanzieren.

Rentenversicherung

Bei der *Rentenversicherung* ist zu berücksichtigen, dass in Systemen mit beitragsäquivalenten Leistungen den Beitragsmehreinnahmen auch Anwartschaften und – mit zeitlicher Verzögerung – Mehrausgaben gegenüber stehen. Dauerhafte finanzielle Entlastungseffekte, die sich in niedrigeren Beitragssätzen niederschlagen könnten, sind also durch eine Erweiterung des Versichertenkreises und/oder eine Anhebung der Beitragsbemessungsgrenze nicht zu erreichen. Auch ist fraglich, ob eine Beitragserhebung auf Vermögenseinkünfte und ein entsprechender Aufbau von Rentenanwartschaften sinnvoll sind. Da Vermögenseinkünfte unabhängig vom Lebensalter entstehen, bedarf es hier keines Einkommensersatzes durch Zahlung von Renten.

Aus diesen Gründen kann das Ziel einer Ausweitung der Versicherungspflicht im Wesentlichen nur darauf abstellen, Sicherungslücken bei Selbstständigen zu schließen, wobei eine Fülle von Übergangsproblemen (z.B. hinsichtlich der Zukunft der Versorgungswerke der freien Berufe) zu lösen wäre. Als schwierig erweist sich auch eine Überführung der Alterssicherung der Beamten in die Rentenversicherung (vgl. Bd. II, Kap. „Alter", Pkt. 11.3.2).

Krankenversicherung

Bei der *Krankenversicherung* (und weitgehend analog auch bei der Pflegeversicherung) ergibt sich eine andere Situation, da die Sachleistungen, die das Leistungsspektrum prägen, in keinem Äquivalenzverhältnis zur Höhe der Beitragszahlungen stehen. Mehreinnahmen durch eine Verbreiterung der Bemessungsbasis (Beitragserhebung auf Vermögenseinkünfte und Anhebung der Beitragsbemessungsgrenze) haben also keine entsprechenden Mehrausgaben zur Folge. Zwar führt die Ausweitung der Versicherungspflicht durch Aufhebung der Versicherungspflichtgrenze und durch die Einbeziehung von Selbstständigen und Beamten neben den Beitragsmehreinnahmen auch zu Leistungsansprüchen und entsprechenden Ausgaben. Da aber die bisher privat Versicherten eine niedrigere Morbidität aufweisen und somit geringere Kosten verursachen, errechnet sich auch insofern finanziell ein Plus.

Die Probleme liegen jedoch im Detail:

- Dienen Arbeitseinkommen und Kapitaleinkommen gemeinsam als Beitrags-bemessungsgrundlage und bleibt es bei einer (möglicherweise auch angehobe-nen) Beitragsbemessungsgrenze, dann werden die Kapitaleinkommen all jener Versicherten nicht erfasst, die bereits mit ihrem Arbeitseinkommen bzw. ihrer Rente an die Beitragsbemessungsgrenze heran reichen oder diese überschrei-ten. Kapitaleinkünfte würden also nur bei den Arbeitnehmern mit niedrigem und mittlerem Arbeitseinkommen verbeitragt. Als Lösung bietet sich an, nach einem „Zwei-Säulen-Modell" zu verfahren und für Arbeits- und Kapitalein-kommen jeweils eine eigene Bemessungsgrundlage festzulegen.

- Probleme ergeben sich aber auch bei der Erfassung der Einkünfte aus Vermö-gen. Nahezu unmöglich ist es, Mieten und Pachten mit Beiträgen zu belegen, da hier häufig so genannte Negativeinkünfte anfallen. Und bei den Kapitalein-künften wie Zinsen, Dividenden, Kursgewinnen ist für die Kassen bei der Bei-tragserhebung eine enge Zusammenarbeit mit dem Finanzamt unumgänglich, da sie selbst nicht zu einem zweiten Finanzamt werden können.

- Durch die Einbeziehung aller Einkommensarten in die Beitragspflicht und durch die Erweiterung des Versichertenkreises wird es – wie angestrebt – zu Beitragssatzsenkungen kommen. Dadurch wird aber zugleich das Prinzip der Beitragsparität zwischen Versicherten und ihren Arbeitgebern gelockert. Da nämlich die Beiträge auf weitere Einkommensarten allein von den Versicher-ten zu tragen sind, verschiebt sich das Beitragsaufkommen zu Lasten der Ver-sicherten, während die Arbeitgeber uneingeschränkt von den niedrigeren Bei-tragssätzen profitieren.

7.4 Arbeitgeberbeiträge: Festschreibung, Abschaffung, Umstellung auf einen Wertschöpfungsbeitrag?

Die paritätische Finanzierung der Sozialversicherung wird unter dem Eindruck der Debatte um Lohnnebenkosten und Standortwettbewerb zunehmend in Frage ge-stellt. Dabei steht das Ziel im Mittelpunkt, die von den Arbeitgebern zu zahlenden Lohnnebenkosten zu verringern. Bereits die Finanzierung der Pflegeversicherung, bei der der Arbeitgeberbeitrag durch den Wegfall eines bezahlten Feiertages kom-pensiert wurde, ist als ein Schritt in diese Richtung zu bewerten. Zu einer direkten Lastverschiebung führt die Finanzierung des Krankengeldes und des Zahnersatzes allein durch die Versicherten (ab 2005).

Varianten des Ausstiegs aus der paritätischen Beitragsfinanzierung

Dieser Effekt einer Entlastung der Arbeitgeber lässt sich auch erreichen, ohne dass das Prinzip der Beitragsparität förmlich geändert wird: Sämtliche Konzepte, die auf eine Reduktion der Leistungen der Sozialversicherung und auf eine Ausweitung privater Vorsorge zielen, wirken in diese Richtung. Denn die Belastungen durch die private Absicherung in der Krankenversicherung und die private Altersvorsorge (z.B. im Rahmen der „Riester-Rente") müssen allein von den Versicherten bzw. Arbeitnehmern aufgebracht werden.

Auf einen grundsätzlichen Systemwechsel bei der Finanzierung der Sozialversicherung stellen die Vorstellungen ab, die Arbeitgeberbeiträge auf dem gegenwärtigen Niveau einzufrieren und nur noch die Arbeitnehmerbeiträge (nach oben) variabel zu gestalten. Bei festgeschriebenen Arbeitgeberbeitragssätzen beträfen dann steigende Beitragssätze allein die Arbeitnehmer bzw. die Versicherten. Noch weitergehender wäre der Schritt, die Arbeitgeberbeiträge ganz abzuschaffen und die Bruttolöhne und -gehälter der Beschäftigten zum Zeitpunkt der Umstellung entsprechend zu erhöhen. Da diese Kompensation nur einmal wirkt, müssten dann die Lasten zukünftiger Beitragssatzsteigerungen im Unterschied zur paritätischen Finanzierung ausschließlich von den Versicherten getragen werden.

Die Frage, ob die Arbeitsmarktprobleme tatsächlich durch die Höhe der Lohnnebenkosten bedingt sind und deren Absenkung Beschäftigung schafft, ist bereits kritisch analysiert worden. Es fehlen valide theoretische und empirische Hinweise für die Diagnose einer arbeitskosteninduzierten Arbeitslosigkeit (vgl. Pkt. 3.7.2 dieses Kapitels). Auch ist zu berücksichtigen, dass sich die Arbeitskosten durch die Ausbezahlung der Arbeitgeberbeiträge zunächst nicht vermindern. Zu einer relativen Entlastung kommt es erst schrittweise, wenn nämlich die Arbeitgeber nicht mehr von den steigenden Ausgaben der Krankenversicherung und einem entsprechenden Anstieg der Prämien betroffen werden. Doch offen bleibt dabei, ob nicht dann der Verteilungsspielraum voll für die Anhebung der direkten Bruttoarbeitsentgelte ausgeschöpft wird.

Ein Ausstieg der Arbeitgeber aus der Sozialversicherungsfinanzierung hätte aber auch *sozial- und gesellschaftspolitische* Konsequenzen: Die Arbeitgeber müssten sich aus der Selbstverwaltung der Sozialversicherung zurückziehen; das Partnerschaftsmodell der Sozialen Marktwirtschaft, das die Verantwortung der Arbeitgeber auch für das System der Sozialen Sicherung betont, würde in Frage gestellt. Nicht zuletzt würde das Interesse der Arbeitgeber an einer Ausgaben- und Kostenbegrenzung im Gesundheitssystem entfallen.

Die Diskussion über einen Wertschöpfungsbeitrag

Angesichts der Dominanz der aktuellen Vorstellungen, die Arbeitgeberbeiträge zu reduzieren oder ganz abzuschaffen, spielt die in den 1980er Jahren intensiv geführte Debatte nach einer Umstellung der Arbeitgeberciträge von der lohn- auf eine wertschöpfungsbezogene Bemessungsgrundlage nur noch eine nachrangige Rolle.

Die Forderung nach einer Umbasierung der Arbeitgeberbeiträge beruht auf der Erwartung, das ein *Wertschöpfungsbeitrag*

- zu höheren Einnahmen als der lohnbezogene Arbeitgeberbeitrag führe, da die Löhne bei anhaltender Rationalisierung und Arbeitslosigkeit keine ergiebige Finanzierungsquelle mehr seien;

- eine Kostenentlastung der arbeitsintensiv produzierenden Branchen und Betriebe und eine Mehrbelastung der Branchen und Betriebe bewirke, die mit einem hohen Kapitaleinsatz arbeiten. Dies wird als ein Beitrag zur Schaffung von Arbeitsplätzen im Dienstleistungssektor und zur Verminderung des Einsatzes von arbeitssparenden Technologien in der kapitalintensiven Produktion gesehen.

Die Frage ist, ob diese Erwartungen realistisch sind. Um dies beurteilen zu können, muss das Finanzierungsverfahren des Wertschöpfungsbeitrags verdeutlicht werden: Bei einem Wertschöpfungsbeitrag bezieht sich die Bemessungsgrundlage des Arbeitgeberbeitrags auf die *gesamte* Wertschöpfung eines Betriebes. Neben den versicherungspflichtigen Löhnen und Gehältern werden deshalb auch die nicht beitragspflichtigen Arbeitsentgelte (oberhalb der Beitragsbemessungsgrenze) sowie zusätzlich Gewinne, Zinsen, Mieten, Pachten erfasst. Hinzu kommen die Abschreibungen. Die Bemessungsgrundlage des Wertschöpfungsbeitrags entspricht damit in etwa der breiten Grundlage der Mehrwertsteuer. Da die neue Bemessungsgrundlage mehr als doppelt so groß ist wie die alte, fällt bei einer aufkommens*neutralen* Umstellung der Arbeitgeberbeiträge der Beitrags*satz* deutlich niedriger aus. Durch die Belastung des Faktors Kapital, der bislang von den Arbeitgeberbeiträgen nicht erfasst wurde, kommt es zugleich zu einer verminderten Belastung des Faktors Arbeit.

Zwar gleichen sich im Durchschnitt aller Betriebe die Be- und Entlastungen aus, aber bestimmte Betriebe und Branchen der Volkswirtschaft können mit Entlastungen rechnen, während andere Betriebe und Branchen stärker als bislang belastet werden. Untersuchungen aus den 1980er Jahren kommen in der Tendenz zu vergleichbaren Ergebnissen: Vorteile ergeben sich für große Bereiche des verarbeitenden Gewerbes, für das Baugewerbe und den Staat. Nachteile erleiden u.a. die Landwirtschaft, die Energieversorgung, der Handel, die Nachrichtenvermittlung, die Kreditinstitute und die Wohnungsvermietung. Eine systematisch betriebsgrößenspezifische Bevorzugung von Betrieben, etwa von Klein- und Mittelbetrieben, lässt sich nicht nachweisen. Die nahe liegende Vermutung, dass durch einen Wertschöpfungsbeitrag vor allem die Dienstleistungsbetriebe gefördert werden und der industrielle Bereich zu den Verlierern zählt, bestätigt sich also nicht. Die Gleichsetzung von Kapitalintensität und Industrie ist falsch. Trotz Rationalisierung und Automation ist die Arbeitsintensität in weiten Teilen des verarbeitenden Gewerbes unverändert hoch.

Will man die Be- und Entlastungen ökonomisch bewerten, dann genügt es nicht, nur die prozentuale Veränderung der Beitragsbelastung zu beziffern. Die Kostenzuwächse müssen in den Rahmen der betrieblichen *Gesamt*kosten gestellt werden. Dann aber erweisen sich die Effekte der Umbasierung als eher marginal. Bezogen auf den Bruttoproduktionswert (Umsatz) bzw. Nettoproduktionswert (Wertschöpfung) der Unternehmen liegen die Be- und Entlastungen bei einer Veränderung der Beiträge zur Rentenversicherung im Schnitt deutlich unter +/- 1 %

bzw. +/- 2 %. Bei näherem Hinsehen wird die Geringfügigkeit einsichtig: Kostenverschiebungen ergeben sich allein durch die Veränderung der Arbeitgeberbeiträge
zur Rentenversicherung. Diese Arbeitgeberbeiträge machen jedoch nur einen Teil
der Lohnnebenkosten, einen noch geringeren Teil der Arbeitskosten und schließlich nur noch ein Minimum der betrieblichen Gesamtkosten aus. Diese Ergebnisse
lassen die Erwartung von Beschäftigungswirkungen fraglich erscheinen.

Arbeitslosigkeit und technologische Entwicklung lassen sich auch theoretisch
nur unzureichend durch das Verhältnis von Kapital- und Lohnkosten erklären: In
der betrieblichen Wirklichkeit wird nämlich die Wahl des Produktionsverfahrens
nicht primär durch den Preis von Arbeit und Kapital bestimmt. Das Einsatzverhält-
nis von Kapital und Arbeit ist – zumindest auf mittlere Sicht – weitgehend (tech-
nisch) vorgegeben. Unter den Bedingungen internationaler Konkurrenz ist die Anwendung technologischer Neuentwicklungen eine Wettbewerbsgröße, die sich
vergleichsweise unabhängig von Verschiebungen des Lohnniveaus ergibt. Zu fragen ist sicherlich auch, ob eine Abbremsung des Substitutionsprozesses von Arbeit
durch Kapital, also des Produktivitätsfortschrittes, überhaupt gewollt ist.

Die mit der Umbasierung verbundene Erwartung, dass die Bemessungsgrundlage „Wertschöpfung" weniger konjunkturempfindlich und vor allem ergiebiger ist
als die Lohnsumme, geht von der Annahme aus, dass die Zahl der Beschäftigten
weiter sinkt und mit dem Prozess der Kapitalintensivierung und Produktivitätssteigerung eine verteilungspolitische Entwicklung einhergeht, in der die Zunahme der
Produktivität nicht durch eine Tarifpolitik ausgeglichen wird, die den Verteilungsspielraum für eine Erhöhung der Lohnsätze einsetzt. Für die Gesamtsumme des
beitragspflichtigen Arbeitseinkommens ist aber nicht die Menge, d.h. die Zahl der
Beschäftigten oder der Arbeitsstunden, sondern immer das Produkt von Menge und
Preis, d.h. von Arbeitsstunden und Arbeitsentgelt je Stunde, entscheidend. Wird
der durch die Rationalisierung ausgelöste Anstieg der Arbeitsproduktivität durch
Lohnerhöhungen weitergegeben, dann bleibt die Lohnsumme eine ergiebige Bemessungsgrundlage. Wenn dieser produktivitätsorientierte Lohnanstieg hingegen
unterbleibt, sich also der Zuwachs der Arbeitsproduktivität allein oder hauptsächlich zugunsten der Einkommen aus Unternehmertätigkeit und Vermögen auswirkt
und die Lohnquote dauerhaft sinkt, wird durch die Umbasierung des Arbeitgeber-
beitrages ein höheres Aufkommen erzielt. Nun ist offensichtlich, dass die Lohnquote in den letzten Jahren weitgehend konstant geblieben ist (vgl. Kap. „Einkommen", Pkt. 2.2).

7.5 Finanzierung der Krankenversicherung durch Kopfpauschalen?

In die Richtung einer radikalen Umfinanzierung zielt der auf die Gesetzliche Krankenversicherung bezogene Vorschlag, den Arbeitgeberbeitrag gänzlich abzuschaffen *und* zugleich den am Arbeitsverhältnis und Arbeitseinkommen ansetzenden
Versichertenbeitrag durch eine allgemeine Pauschalprämie bzw. Kopfpauschale zu
ersetzen. Danach zahlt jeder (erwachsene) Versicherte ohne Berücksichtigung sei-

nes Einkommens und seiner finanziellen Leistungsfähigkeit eine gleich hohe Prämie an seine Krankenkasse. Diejenigen, die aufgrund ihres niedrigen Einkommens dadurch finanziell überfordert werden, erhalten einen steuerfinanzierten Ausgleich.

Dieses Modell, das eine Vielzahl von Varianten aufweist, ist durch folgende Eckpunkte charakterisiert:

- Die Arbeitgeberbeiträge zur Gesetzlichen Krankenversicherung werden zum Umstellungszeitpunkt als Bruttolohn an die Beschäftigten ausbezahlt und versteuert; aus den bisherigen Lohnnebenkosten werden direkte Lohnkosten. Zukünftige Steigerungen der Ausgaben der Krankenversicherung berühren die Arbeitgeber dann nicht mehr, da die Prämien allein von den Versicherten zu zahlen sind.

- Die Höhe der kasseneinheitlichen Pauschalprämie errechnet sich, indem die Gesamtausgaben durch die Zahl der Mitglieder dividiert werden. Der am Arbeitseinkommen orientierte soziale Ausgleich der Gesetzlichen Krankenversicherung wird abgeschafft, da sich die Prämie unabhängig von der Höhe und Zusammensetzung des Einkommens eines Versicherten errechnet. Es bleibt der Ausgleich zwischen unterschiedlichen Gesundheitsrisiken, da die Prämienhöhe nicht nach Gesundheitsrisiko/Vorerkrankung, Geschlecht und Lebensalter differiert.

- Der soziale Ausgleich wird auf das Steuer-Transfer-System übertragen. Versicherte mit geringem Einkommen, die durch die Zahlung der Pauschalprämie überfordert werden, erhalten einen steuerfinanzierten Zuschuss aus dem Bundeshaushalt. Als Maßstab für die Überforderung dient der Belastungssatz zum Zeitpunkt der Umstellung (Arbeitnehmerbeitragssatz in Prozent des Bruttoeinkommens). Da sich die Ausgleichszahlung allerdings nicht am Bruttolohn, sondern am gesamten Haushaltseinkommen orientiert, wird ein Anrechnungsverfahren in Anlehnung an die sozialhilferechtliche Bedürftigkeitsprüfung erforderlich.

- Kinder werden entweder automatisch kostenfrei mitversichert – mit der Folge einer Erhöhung der allgemeinen Pauschalprämie, oder für Kinder muss eine spezifische Pauschalprämie gezahlt werden, die dann durch Steuermittel ausgeglichen wird. Die kostenfreie Mitversicherung von nicht erwerbstätigen Ehepartnern entfällt.

Dieses Modell begründet sich zentral aus der Zielsetzung, die Gesundheitskosten von den Lohnkosten abzukoppeln, die Arbeitgeber zu entlasten und positive Arbeitsmarkteffekte einzuleiten. Fraglich ist allerdings nicht nur, ob über diesen Weg Beschäftigung geschaffen wird (vgl. Pkt. 7.4 dieses Kapitels), offen bleibt auch, ob die steuerfinanzierten Zuschüsse verlässlich und in ausreichender Höhe gezahlt werden und sichergestellt ist, dass all jene Haushalte, bei denen die Pauschalprämie die Belastungsgrenze – gemessen an der bisherigen einkommensabhängigen Beitragszahlung – übersteigt, entlastet werden. Die Dimensionen des erforderlichen Finanzierungsvolumens sind beachtlich: Je nach Modellvariante werden Zuschussbedarfe von bis zu 30 Mrd. € fällig. Es spricht wenig dafür, dass Mittel in einer derartigen Größenordnung bereitgestellt und die Steuern entsprechend erhöht werden; noch ungewisser ist, ob die Zahlungen dauerhaft gesichert sind. Angesichts von konkurrierenden Ausgaben im Bundeshaushalt und der Widerstände gegenüber einer Anhebung von Einkommen- und/oder Verbrauchsteuern dürften die steuerfinanzierten Zuschüsse unter einem ständigen Kürzungsdruck stehen. Sind aber die Zuschüsse nicht ausreichend, geraten die Kassen in ein Defizit und den Versicherten im unteren Einkommensbereich werden höhere Zahlungen zugemutet.

7.6 Umstellung vom Umlage- auf das Kapitaldeckungsverfahren?

Die demografischen Belastungen in der Alterssicherung lassen Überlegungen aktuell werden, die zu erwartenden Beitragssatzsteigerungen in der Rentenversicherung durch einen Übergang vom Umlage- zur Kapitaldeckungsverfahren (vgl. Pkt. 3.2 dieses Kapitels) zu vermeiden. Eine solche Verschiebung vom Umlage- zum Kapitaldeckungsverfahren ließe sich *innerhalb* der Rentenversicherung erreichen. Alternativ dazu kann darauf abgestellt werden, die Proportionen *zwischen* (weiterhin) umlagefinanzierter Rentenversicherung und kapitalfundierter privater und betrieblicher Vorsorge zu Lasten der Rentenversicherung zu verändern. Dieser zweite Weg bestimmt, beginnend mit der „Riester-Reform", die Alterssicherungspolitik der letzten Jahre (vgl. Bd. II, Kap. „Alter", Pkt. 10.5).

Die Vorstellungen, durch Kapitaldeckung die demografischen Belastungen leichter bewältigen zu können, beruhen auf dem Konzept, durch Zuführung von Mitteln einen Kapitalstock aufzubauen und diesen in Zeiten stark besetzter Altersjahrgänge wieder abzuschmelzen. Durch Vorfinanzierung in der Gegenwart sollen also spätere Belastungen umgangen und die Rentner an der Ertragskraft der Kapitalmärkte beteiligt werden.

Nun zeigt aber die ökonomische Analyse, dass es eine Ansammlung von Konsumgütern von Periode zu Periode, ein „Sparen" im individuellen Sinne, in der Volkswirtschaft *insgesamt* nicht gibt. Aus gesamtwirtschaftlicher Sicht versagt die für den Einzelnen sinnvolle Strategie, zukünftige Einkommensbelastungen durch den Aufbau eines Kapitalstocks und seine spätere Auflösung vorzufinanzieren. Denn bei einem kapitalgedeckten Rentenversicherungssystem, das nahezu die *gesamte* Bevölkerung absichert, bildet allein das Entwicklungsniveau der Volkswirtschaft im Jahr der Rentenauszahlung, also die dann produzierte Menge an Gütern und Diensten und die daraus erwachsenden Einkommen, die Grundlage für die Alimentierung der älteren Generation. Es gilt die Mackenroth-These, dass den Konsumansprüchen der Rentner nur das Volkseinkommen der jeweils laufenden Periode zur Verfügung steht (vgl. Pkt. 3.1 dieses Kapitels).

Dieser Zusammenhang lässt sich verdeutlichen, wenn gefragt wird, wie ein Kapitaldeckungsverfahren im Unterschied zum Umlageverfahren auf eine wachsende Alterslast reagiert. Wenn die Zahl der Alten im Verhältnis zur Zahl der Erwerbstätigen zunimmt, dann gibt es beim *Umlageverfahren* zwei Möglichkeiten, die auch miteinander kombiniert werden können: Entweder müssen die Beitragssätze (oder Staatszuschüsse) erhöht, oder das Leistungsniveau der Rentenversicherung muss sinken (z.B. durch eine Umstellung der Rentenformel). Beim *Kapitaldeckungsverfahren* müssen die Alten bzw. die Lebensversicherung ihr Vermögen liquidieren, da Geld für den laufenden Lebensunterhalt benötigt wird. Allein aus den Vermögenserträgen lassen sich erforderlichen Einkommenssummen nicht erwirtschaften. Wenn nun die Älteren entsparen, d.h. ihre Wertpapiere veräußern und in Konsum umwandeln wollen, die nachfolgende Zahl der jüngeren Sparer und Käufer von Wertpapieren aber demografisch bedingt sinkt, kann es zu unterschiedlichen Anpassungsreaktionen auf den Märkten kommen:

- Entweder sparen die Jüngeren zusätzlich, was zu einer Einschränkung ihres Konsums führt (diese Minderung des verfügbaren Einkommens hat eine vergleichbare Wirkung für die Jüngeren wie Beitragserhöhungen).

- Oder der Realwert der zum Verkauf angebotenen Wertpapiere sinkt infolge des Angebotsüberhangs und des begrenzten Absorptionsvermögens des Kapitalmarktes (dieser Kursverfall entspricht in seinen Auswirkungen für die Alten einer Absenkung des Rentenniveaus).

Diese Reaktionen können sich vermischen, sie werden auch nicht schlagartig auftreten, sondern allmählich einsetzen. Dadurch können die demografischen Belastungen gemildert, aber nicht übergangen werden. Immer geht es darum, dass die Konsumnachfrage der Älteren und der Konsumverzicht der Jüngeren zur Deckung gebracht werden müssen. Auch beim Kapitaldeckungsverfahren kommt es im Prinzip zum gleichen Ergebnis, das beim Umlageverfahren durch offene Beitragserhöhung und/oder Leistungskürzungen erreicht wird. Dies geschieht allerdings nicht durch direkte, politisch bestimmte Maßnahmen wie beim Umlageverfahren, sondern durch (unsichtbare) ökonomische Anpassungsprozesse auf den Kapitalmärkten.

Die Belastung könnte bei kapitalfundierten Systemen durch den Export und späteren Import von Kapital gemildert werden. Die Auflösung von Auslandsvermögen erlaubt dann zusätzliche Importe, aus denen der Konsumbedarf der RentnerInnen bestritten werden kann. In diesem Fall kann eine wachsende Alterslast bewältigt werden, ohne dass die inländischen Erwerbstätigen auf Konsum verzichten müssen. Diesen Vorteilen der Kapitalbildung im Ausland steht aber der Nachteil gegenüber, dass die Alterssicherung mit Wechselkursrisiken belastet wird. Die Risiken des Kapitaltransfers ließen sich bei einer Anlage in Hartwährungsländern verhindern, genau diese aber werden mit denselben demografischen Umbrüchen konfrontiert wie Deutschland und sind ihrerseits bestrebt, kapitalgedeckte Vorsorge auszubauen.

Eine Problemmilderung könnte auch dann auftreten, wenn die Kapitalfundierung zu einer insgesamt höheren Sparquote sowie zu höheren Investitionen und in

Folge zu einem steigenden Sozialprodukt führen würde. Aber die Annahmen, die dieser Argumentation zu Grund liegen, sind auf jeder Stufe der Kausalkette ungewiss; empirische Hinweise, dass Kapitaldeckung einen Wachstumspfad auf höherem Niveau begründet, finden sich nicht. So ist es bei einer stärkeren Kapitaldeckung keinesfalls sicher, dass die gesamtwirtschaftliche Spartätigkeit tatsächlich steigt. Es ist auch möglich, dass die Kapitalbildung für die Alterssicherung durch eine verminderte Spartätigkeit für andere Zwecke (z.B. Erwerb von Grundvermögen) substituiert wird. Schließlich hängen Investitionsrate und Wirtschaftswachstum keinesfalls ausschließlich von der Ersparnis ab, sondern von einer Vielzahl von Faktoren (z.B. Nachfrage, Löhne, Produktivität, Arbeitskräfteangebot, Infrastruktur usw.)

8 Literaturhinweise

Altvater, E., Mahnkopf, B., Grenzen der Globalisierung, Münster 1997.

Bäcker, G. u.a., Die Sackgassen der Zukunftskommission: Streitschrift wider die Kommission für Zukunftsfragen der Freistaaten Bayern und Sachsen, Schriftenreihe der Senatsverwaltung für Arbeit, Berufliche Bildung und Frauen Nr. 33, Berlin 1998.

Bäcker, G., Der Wertschöpfungsbeitrag zur Rentenversicherung, in: Heinze, R., Hombach, B., Scherf, H. (Hrsg.), Sozialstaat 2000: Auf dem Weg zu neuen Grundlagen der sozialen Sicherung, Bonn 1987.

Bäcker, G., Ebert, Th., Defizite und Reformbedarf in ausgewählten Bereichen der sozialen Sicherung, Düsseldorf 1996.

Becker, I., Ott, N., Rolf, G. (Hrsg.), Soziale Sicherung in einer dynamischen Gesellschaft, Festschrift für Richard Hauser, Frankfurt 2001.

Berthold, N., Der Sozialstaat im Zeitalter der Globalisierung, Tübingen 1997.

Bieback, K.-J. (Hrsg.), Die Sozialversicherung und ihre Finanzierung, Frankfurt 1986.

Boecken, W. u.a. (Hrsg.), Öffentliche und private Sicherung gegen soziale Risiken, Baden-Baden 2000.

Borchert, J., Lessenich, St., Lösche, P., Standortrisiko Wohlfahrtsstaat?, Opladen 1997.

Breyer, F., Franz, W., Homburg, St., Reform der sozialen Sicherung, Berlin 2004.

Bußmann, L., Koch, W., Warneke, P., Der Wertschöpfungsbeitrag zur Finanzierung der Gesetzlichen Rentenversicherung, Frankfurt a. M./New York 1992.

Deutscher Bundestag (Hrsg.), Abschlussbericht der Enquete-Kommission „Demographischer Wandel – Herausforderungen unserer älter werdenden Gesellschaft an den einzelnen und die Politik", Bundestagsdrucksache 14/8800.

Deutscher Bundestag (Hrsg.), Globalisierung der Weltwirtschaft: Schlussbericht der Enquete-Kommission, Opladen 2002.

Döring, D. (Hrsg.), Sozialstaat in der Globalisierung, Frankfurt a.M. 1999.

Ecker, T., Häussler, B., Schneider, M., Belastung der Arbeitgeber in Deutschland durch gesundheitssystembedingte Kosten im internationalen Vergleich, Berlin 2004.

Eitenmüller, St., Schüssler, R., (Prognos), Auswirkungen veränderter Rahmenbedingungen auf die Finanzen der Gesetzlichen Rentenversicherung, Basel 2003.

Engelen-Kefer, U. (Hrsg.), Reformoption Bürgerversicherung: Wie das Gesundheitssystem solidarisch finanziert werden kann, Hamburg 2004.

Fachinger, U., Rothgang, H., Viebrock, H. (Hrsg.), Die Konzeption sozialer Sicherung, Festschrift für Winfried Schmähl, Baden-Baden 2002.

Frevel, B. (Hrsg.), Herausforderung demografischer Wandel, Wiesbaden 2004.

Ganßmann, H., Haas, M., Lohn und Beschäftigung, Marburg 1996.

Ganßmann, H., Politische Ökonomie des Sozialstaats, Münster 2000.

Gress, S., Pfaff, A., Wagner, G. (Hrsg.), Zwischen Kopfpauschale und Bürgerprämie, Expertisen zur Finanzierungsreform der gesetzlichen Krankenversicherung, Düsseldorf 2005.

Hartwig, K.-H. (Hrsg.), Alternativen der sozialen Sicherung – Umbau des Sozialstaates, Baden-Baden 1997.

Hauser, R. (Hrsg.), Alternative Konzeptionen der sozialen Sicherung, Berlin 1999.

Hein, E., Heise, A., Truger, A. (Hrsg.), Finanzpolitik in der Kontroverse, Marburg 2004.

Henke, K.-D., Schmähl, W. (Hrsg.), Finanzierungsverflechtung in der Sozialen Sicherung – Analyse der Finanzierungsströme und -strukturen, Baden-Baden 2001.

Herzog-Kommission, Bericht der Kommission „Soziale Sicherheit" zur Reform der sozialen Sicherungssysteme, Berlin 2003.

Jacobs, K., Langer, B., Pfaff, A., Pfaff, M., Bürgerversicherung vs. Kopfpauschale – Alternative Finanzierungsgrundlagen für die gesetzliche Krankenversicherung, Bonn 2003.

Kaltenborn, B., Koch, S., Kress, U., Walwei, U., Zika, G., Arbeitsmarkteffekte eines Freibetrags bei den Sozialabgaben, Mering 2004.

Kaltenborn, B., Abgaben und Sozialtransfers in Deutschland, Mering 2003.

Kerschbaumer, J., Schroeder, W. (Hrsg.), Sozialstaat und demographischer Wandel. Herausforderungen für Arbeitsmarkt und Sozialversicherung, Wiesbaden 2005.

Klose, J., Schellschmidt, H., Finanzierung der Gesetzlichen Krankenversicherung. Einnahmen- und ausgabenbezogene Gestaltungsvorschläge im Überblick, WidO-Materialien 45, Bonn 2001.

Krupp, H.-J., Ist das Kapitaldeckungsverfahren in der Alterssicherung dem Umlageverfahren überlegen?, in: WSI-Mitteilungen 5/1997.

Leisering, L., Sozialstaat und demographischer Wandel, Frankfurt a. M./New York 1992.

Mager, H.-Ch., Schäfer, H., Schrüfer, K. (Hrsg.), Private Sicherung und Soziale Sicherung – Festschrift für Roland Eisen, Marburg 2001.

Müller, A., Die Reformlüge – 40 Denkfehler, Mythen und Legenden, mit denen Politik und Wirtschaft Deutschland ruinieren, München 2005.

Nachhaltigkeit in der Finanzierung der Sozialen Sicherungssysteme, Bericht der „Rürup-Kommission", hrsg. vom Bundesministerium für Gesundheit und Soziale Sicherung, Bonn 2003.

Obinger,, H., Wagschal, U. Kittel, B., Politische Ökonomie: Demokratie und wirtschaftliche Leistungsfähigkeit, Opladen 2003.

Pfaff, A., Pfaff, M. u.a., Finanzierungsalternativen der GKV: Einflussfaktoren und Optionen zur Weiterentwicklung, Augsburg 2006.

Pfaff, M., Stapf-Finé, H., Bürgerversicherung – solidarisch und sicher, Hamburg 2004.

Rieger, E., Leibfried, St., Grundlagen der Globalisierung. Perspektiven des Wohlfahrtsstaates, Frankfurt a. M. 2001.

Schmähl, W. (Hrsg.), Soziale Sicherung zwischen Markt und Staat, Berlin 2001.

Schmähl, W. (Hrsg.), Wechselwirkungen zwischen Arbeitsmarkt und sozialer Sicherung, Berlin 2001.

Schmähl, W., Henke, K.-D., Schellhaas, H. M., Änderung der Beitragsfinanzierung in der Rentenversicherung? Ökonomische Wirkungen des „Maschinenbeitrags", Baden-Baden 1984.

Schmähl, W., Ökonomische Grundlagen sozialer Sicherung, in: Maydell, B., Ruland, F. (Hrsg.), Sozialrechtshandbuch, Baden-Baden 2003.

Schmähl, W., Rische, H. (Hrsg.), Internationalisierung von Wirtschaft und Politik – Handlungsspielräume der nationalen Sozialpolitik, Baden-Baden 1995.

Schmähl, W., Ulrich, V. (Hrsg.), Soziale Sicherungssicherungssysteme und demographische Herausforderungen, Tübingen 2001.

Schmid, J., Wohlfahrtsstaaten im Vergleich. Soziale Sicherung in Europa: Organisation, Finanzierung, Leistungen und Probleme, Opladen 2002.

Schmidt, M. G., Sozialpolitik in Deutschland – Historische Entwicklung und internationaler Vergleich, Wiesbaden 2005.

Strengmann-Kuhn, W. (Hrsg.), Das Prinzip Bürgerversicherung – Die Zukunft im Sozial-
staat, Wiesbaden 2005.
Schwarting, G., Der kommunale Haushalt, Berlin 2005.
Seeleib-Kaiser, K., Globalisierung und Sozialpolitik, Frankfurt a. M./New York 2001.
Vobruba, G. (Hrsg.), Der wirtschaftliche Wert der Sozialpolitik, Berlin 1989.
Wasem, J., Groß, St., Rothgang, H., Kopfprämien in der GKV – Eine Perspektive für die
Zukunft?, Essen/Fulda 2005.

Regelmäßige Veröffentlichungen und Materialquellen

Arbeitsgruppe Alternative Wirtschaftspolitik, Memorandum (jährlich).
Bundesministerium für Gesundheit und Soziale Sicherung, Arbeits- und Sozialstatistik,
Statistisches Taschenbuch (jährlich).
Bundesministerium der Finanzen, Finanzbericht (jährlich).
Bundesministerium für Wirtschaft und Arbeit, Jahreswirtschaftsbericht (jährlich).
Deutscher Städtetag, Gemeindefinanzbericht (jährlich).
Sachverständigenrat zur Begutachtung der gesamtwirtschaftlichen Entwicklung, Jahresgut-
achten, Bundestagsdrucksache.
Sozialbericht der Bundesregierung, Bundestagsdrucksache, alle 4 Jahre (zuletzt Sozialbe-
richt 2005, Berlin 2005).
Statistisches Bundesamt (Hrsg.)
- Fachserie 13: Sozialleistungen
- Fachserie 14: Finanzen und Steuern
- Fachserie 18: Volkswirtschaftliche Gesamtrechnung

Zeitschriften

Bundesarbeitsblatt
DIW-Wochenbericht
IFO-Schnelldienst
Intervention
Konjunkturpolitik
Monatsberichte der Deutschen Bundesbank
Monatsbericht des Bundesministeriums der Finanzen
Schmollers Jahrbuch für Wirtschafts- und Sozialwissenschaften
Soziale Sicherheit
Sozialer Fortschritt
Vierteljahreshefte zur Wirtschaftsforschung
Wirtschaft im Wandel
Wirtschaft und Statistik
Wirtschaftsdienst
WSI-Mitteilungen
Zeitschrift für Sozialreform

III Einkommen

1 Einkommensrisiken und Sozialpolitik

1.1 Einkommen und Lebenslage

In einer entwickelten, hoch arbeitsteiligen Gesellschaft wie der Bundesrepublik Deutschland müssen die meisten für die persönliche Lebensführung notwendigen Güter und Dienstleistungen gekauft werden. Damit wird die Verfügung über Geld, d.h. über ein ausreichendes und kontinuierlich fließendes Einkommen, zu einer entscheidenden Voraussetzung für den individuellen Lebensstandard. Je höher das Einkommen, umso besser ist die Versorgung mit materiellen Gütern und mit Dienstleistungen. Dies betrifft nicht nur die Versorgung mit Nahrungsmitteln und Bekleidung, die Größe und Qualität der Wohnung, die Ausstattung mit Gebrauchsgütern, den Besitz eines Kraftfahrzeuges, sondern auch Freizeit und Urlaubsgestaltung, soziale Kontakte und Kommunikation, Bildung, kulturelle Betätigung sowie die Inanspruchnahme persönlicher und sozialer Dienstleistungen. Ganz allgemein lässt sich sagen, dass heute eine Teilhabe am sozialen und kulturellen Leben ohne ausreichendes Einkommen nicht möglich ist.

Aber nicht nur die Höhe des Einkommens ist für die Lebenslage entscheidend, es kommt auch darauf an, *wie* die Menschen ihr Einkommen erhalten. Denn es macht einen qualitativen Unterschied, ob ein eigenes, kontinuierliches Arbeitseinkommen bezogen wird, über das man selbst verfügen kann, oder ob die Existenzsicherung von familiären Unterhaltsleistungen, z.B. des Ehemannes für seine nichterwerbstätige Frau, abhängig ist. Es ist auch ein Unterschied im Grad der Eigenständigkeit, Verlässlichkeit und Planbarkeit der Lebensführung, ob z.B. ältere Menschen mit einer Rente rechnen können, die den Lebensstandard sichert, auf die ein Rechtsanspruch besteht und die automatisch der allgemeinen Einkommensentwicklung angepasst wird, oder aber ob die Betroffenen auf bedürftigkeitsgeprüfte, womöglich von Ermessensentscheidungen abhängige Fürsorgeleistungen angewiesen sind, die gerade einmal das Existenzminimum abdecken. Als entwürdigend kann es empfunden werden, von privater Wohltätigkeit oder karitativer Barmherzigkeit abhängig zu sein.

Deutschland zählt zu den reichsten Ländern der Welt. Betrachtet man die Höhe des Volkseinkommens, so dürften eigentlich keine Einkommens- und Versorgungsprobleme bestehen. Das Volkseinkommen beträgt über 1,675 Billionen € (2005), das entspricht bei 82,4 Millionen Einwohnern einem Pro-Kopf-Einkommen von etwa 20.320 € im Jahr. Doch sagen Durchschnittszahlen über die tatsächlichen Einkommensverhältnisse der einzelnen BürgerInnen wenig aus. Statistische Mittelwerte ebnen Unterschiede in der Einkommensverteilung rechnerisch ein, machen soziale Ungleichheiten unkenntlich. Die Höhe der Einkommen differiert auch in einem Wirtschafts- und Gesellschaftssystem sehr stark, das sich als Soziale Marktwirtschaft versteht. Die Einkommensverteilung ist weit gespreizt bis hin zu Reichtum auf der einen und Armut auf der anderen Seite. Reichtum und Armut sind aber immer relative Tatbestände. In einem wohlhabenden Land wie Deutschland beginnt Armut nicht erst bei Hunger und Unterernährung, sondern beim Unterschreiten des soziokulturellen Existenzminimums, das sich nach dem allgemeinen Einkommens- und Lebensstandardniveau bemisst.

In einer Marktwirtschaft stellt die Beteiligung am Erwerbsprozess die Grundlage der Einkommenserzielung dar. Die Markteinkommen – das sind Einkommen aus abhängiger Arbeit (Löhne und Gehälter) sowie Gewinne und Vermögenseinkünfte – sind ein Spiegelbild der am Markt erstellten und mit Preisen bewerteten Güter und Dienstleistungen. Die *Entstehungsseite* des Sozialprodukts, also die Produktion, und die *Verteilungsseite* des Sozialprodukts, also die Einkommenserzielung, bedingen sich gegenseitig. Wenn aber Einkommensansprüche nur durch den Einsatz von Kapital und Arbeit erwachsen, sind mit dieser Einkommensverteilung zwangsläufig Probleme verbunden: Wovon sollen die Güter des täglichen Bedarfs und die Mieten gezahlt werden, wenn Menschen in die Arbeitslosigkeit entlassen werden und das Arbeitseinkommen entfällt? Wie bestreiten Erwerbsunfähige ihren Lebensunterhalt? Welches Einkommen erhalten Ältere, die aus dem Beruf ausgeschieden sind? Wie kann die Erziehung und Ausbildung von Kindern finanziert werden, wenn sich das Erwerbseinkommen nicht nach der familiären Situation richtet? Und wie ist es mit der Einkommenssicherung bestellt, wenn Beschäftigte krank werden, ihr Arbeitseinkommen verlieren und zugleich die Rechnungen für ärztliche Behandlung und Arzneimittel bezahlen müssen? Diese Fragen machen deutlich, dass die Einkommensverteilung über den Markt systematische Lücken aufweist und durch sozialpolitische Regelungen korrigiert und ergänzt werden muss.

Wenn davon ausgegangen wird, dass Höhe und Verteilung der Einkommen für die Lebenslage der Menschen von entscheidender Bedeutung sind, so heißt dies allerdings nicht, die Verfügung über Geld sei der ausschließliche Bestimmungsfaktor für die individuelle Lebenslage, und die Höhe des Volkseinkommens sei der treffende Indikator für die Wohlfahrt einer Gesellschaft. Um eine Aussage über die *Lebensqualität* treffen zu können, müssen die Lebens-, Arbeits-, und Umweltbedingungen, unter denen das Einkommen erzielt wird, in Rechnung gestellt werden. Von entscheidender Bedeutung ist auch, welches Maß an *öffentlicher Infrastruktur* bereitsteht und ohne direkte Bezahlung genutzt werden kann. Das betrifft so wichtige Bereiche wie das Schul und Hochschulwesen, die Versorgung mit sozialen

Diensten und Einrichtungen, Kultur und Freizeitgestaltung sowie das öffentliche Verkehrswesen.

Gleichermaßen ist zu berücksichtigen, *wofür* das Einkommen verwandt wird bzw. verwandt werden muss. Zu fragen ist nach den *Qualitäten* der Einkommens*verwendung* und nicht nur nach deren Quantitäten. Dieser Zusammenhang wird beispielhaft deutlich, wenn in der Gesellschaft der Produktions- und Einkommenszuwachs um den Preis von Umweltschädigungen erfolgt und ein großer Teil des zusätzlichen Einkommens nur dazu dient, um die Folgekosten dieser Entwicklung z.B. durch nachträglichen Umweltschutz abzudecken. Gleichermaßen fragwürdig ist ein Produktions- und Einkommenszuwachs, der um den Preis wachsender sozialer Ungleichheiten und Spannungen erreicht wird. Die sozialen Folgekosten einer solchen Wachstumsstrategie führen dann auch zu finanziellen Folgekosten, wenn etwa die Kriminalität steigt und wachsende Ausgaben für öffentliche und private Sicherheit (Mehraufwendungen für Polizei, Wachdienste, Alarmanlagen) anfallen.

Schließlich ist auch immer zu bilanzieren, um den Preis welcher individuellen Belastungen ein bestimmtes Einkommen erzielt wird. Ein Einkommen, das mit niedrigen Wochenarbeitszeiten, einem ausgedehnten Jahresurlaub und unter humanen Arbeitsbedingungen erreicht wird, ist anders zu bewerten als ein Einkommen, das mit einer hohen Arbeitsintensität sowie mit langen und ungünstigen persönlichen Arbeitszeiten verbunden ist.

Niveau und Wachstum von Sozialprodukt und Volkseinkommen lassen sich deshalb nicht automatisch mit einer Erhöhung des Wohlstands und der Lebensqualität gleichsetzen. Unberücksichtigt bleibt bei dieser monetär-statistischen Betrachtung zudem die gesamte Versorgung mit nicht-marktlichen Gütern und Dienstleistungen. Denn auch in entwickelten Gesellschaften kommt dem Sektor unbezahlter Arbeit eine hohe Bedeutung zu. Zu erwähnen sind die Familien, Erziehungs- und Eigenarbeit, die Nachbarschaftshilfe und das soziale Ehrenamt (vgl. Bd. II, Kap. „Soziale Dienste", Pkt. 8). All diese Tätigkeiten bleiben, weil sie nicht formell entlohnt werden, außerhalb der Berechnung des Volkseinkommens. Werden sie hingegen erwerbsförmig gestaltet (wenn beispielsweise bislang ehrenamtlich Tätige angestellt und für ihre Arbeit bezahlt werden) erhöhen sich rein rechnerisch Sozialprodukt und Volkseinkommen, ohne dass dies eine entsprechende Verbesserung der Versorgungs- und Wohlfahrtslage der Gesellschaft bedeuten muss.

Unberücksichtigt bei der Einkommensmessung durch die amtliche Statistik bleiben auch jene Einkommen, die durch *Schatten- oder Schwarzarbeit* unterhalb der Ebene des offiziellen Marktes entstehen.

Wenn von Einkommensrisiken in einer Marktwirtschaft die Rede ist, dann sind verschiedene Problemdimensionen zu unterscheiden;

- *Ausfall des Einkommens:*

  Wenn kein Erwerbseinkommen erzielt werden kann, weil wegen Behinderung, Invalidität, Krankheit oder fortgeschrittenem Alter Arbeit nicht (mehr) möglich ist, weil wegen der Geburt von Kindern die Erwerbstätigkeit unterbrochen wird oder weil Arbeitsplätze fehlen und Arbeitslosigkeit entsteht, stellt sich zwingend die Frage nach einem Ersatz des ausgefallenen bzw. fehlenden Arbeitseinkommens.

- *Unstetigkeit und Unsicherheit des Einkommens:*
  Da die Lebensführung zu einem großen Teil durch fixe Kosten bestimmt wird (z.B. Mietzahlungen), kann eine Unstetigkeit der Erwerbseinkommen, d.h. eine ungleiche Verteilung der Einkommen über einen bestimmten Zeitraum, sehr schnell zu Problemen führen. Lebensführung und -planung werden in Frage gestellt, wenn ungewiss ist, ob im nächsten Monat noch mit einem Einkommen gerechnet werden kann. Dem Problem einer fehlenden Stetigkeit der Einkommenserzielung kommt vor allem bei selbstständigen Erwerbseinkünften Bedeutung zu, da die Betroffenen das Unternehmensrisiko alleine zu tragen haben. Aber auch bei Arbeitnehmerverdiensten spielt dieses Problem eine wachsende Rolle, nämlich bei den sich ausbreitenden atypischen Formen von Erwerbstätigkeit wie Saisonarbeit, Scheinselbstständigkeit, Arbeit auf Basis von Honorar oder Werkverträgen, befristete Beschäftigung oder bei Beschäftigungsverhältnissen mit ergebnisorientierter Entlohnung (vgl. Kap. „Arbeit und Arbeitsmarkt", Pkt. 3.2).

- *Fehlende Bedarfsangemessenheit des Einkommens:*
  Die Höhe des Arbeitseinkommens ist daraufhin zu bewerten, ob es ausreicht, um spezifischen Bedarfslagen gerecht zu werden. Der Einkommensbedarf richtet sich dabei stark nach der familiären und sozialen Situation, in der die Menschen leben. Versorgung, Erziehung und Ausbildung von Kindern beispielsweise erhöhen den Einkommensbedarf. Auch bei Krankheiten steigt der Einkommensbedarf, denn nicht nur das Arbeitseinkommen fällt weg, sondern es entstehen zugleich Mehraufwendungen für medizinische und pflegerische Leistungen, die in vielen Fällen den finanziellen Dispositionsspielraum der Betroffenen bei weitem übersteigen.

- *Fehlende Leistungsangemessenheit des Einkommens:*
  Hier stellt sich die Frage, ob die Höhe des Arbeitseinkommens in einem als „gerecht" empfundenen Verhältnis zur Arbeitsleistung und zur Ausbildung steht. Eine anspruchsvolle Tätigkeit mit einer hohen Qualifikation und mit einer hohen Verantwortung sollte besser als eine einfache Tätigkeit bezahlt werden. Aber was sind „anspruchsvolle" und „einfache" Tätigkeiten? Wie werden die Maßstäbe gesetzt? Und wie lässt es sich z.B. rechtfertigen, dass anspruchsvolle technische Tätigkeiten, die überwiegend von Männern ausgeübt werden, deutlich besser bezahlt werden als anspruchsvolle soziale Dienstleistungen, die überwiegend von Frauen ausgeübt werden?

1.2 Existenzsicherung durch Erwerbsarbeit und familiäre Unterstützung

Die Gefahr, kein ausreichendes oder überhaupt kein Arbeitseinkommen zu erhalten, hängt eng mit den Bedingungen und Voraussetzungen eines marktwirtschaftlichen Wirtschaftssystems zusammen. Kennzeichnend für diese Wirtschaftsordnung ist der Tatbestand, dass der weit überwiegende Teil der Bevölkerung seinen Lebensunterhalt nur durch abhängige (Lohn)Arbeit sichern kann. Nahezu 90 % aller Erwerbstätigen sind heute abhängig beschäftigt. Die Zahl der Selbstständigen hat sich in den letzten Jahrzehnten ständig verringert, steigt allerdings seit einigen Jahren wieder leicht an. Mangels anderer, von der individuellen Arbeitsleistung unabhängiger Einkommensarten (Vermögens- und Gewinneinkünfte) besteht ein mehr oder minder starker Zwang, die Arbeitskraft auf dem Arbeitsmarkt anzubieten, um als Gegenleistung für die Tätigkeit ein entsprechendes Entgelt zu erhalten. Der Arbeitslohn ist damit die wesentliche Einkommensquelle, mit der die zum Lebensunterhalt notwendigen Güter und Dienstleistungen gekauft werden können. Die (Verkaufs)Chancen auf dem Arbeitsmarkt bestimmen ganz entscheidend die Lebensbedingungen der Bevölkerung.

Diese Koppelung von Einkommen und abhängiger Arbeit hat einschneidende soziale Konsequenzen: Während Vermögenseinkommen unabhängig von der persönlichen und sozialen Situation des Eigentümers fließen, z.B. werden Zinsen auch bei Krankheit und im Alter gezahlt, geraten abhängig Beschäftigte in Existenzprobleme, wenn der Einsatz der Arbeitskraft vorübergehend oder dauerhaft nicht möglich ist. Aber auch für „kleine" Selbstständige, die im eigenen Betrieb bzw. in einer „Ein-Personen-Firma" tätig sind, führen Krankheit oder Invalidität zu existenziellen Einkommensrisiken.

Den Einkommensrisiken bei abhängiger Erwerbsarbeit kann individuell nur begrenzt ausgewichen werden, denn weder stehen ausreichende Vermögenseinkünfte zur Verfügung, noch lässt sich der Einkommensbedarf durch Eigenarbeit ersetzen:

- Als Alternative zu den Arbeitseinkommen böten sich arbeitsfreie Einkünfte aus *Vermögen* (Zinsen, Mieten, Vermögensauflösung) oder *Gewinnen* an. Zwar haben in den hoch entwickelten Industriegesellschaften auch Arbeitnehmerhaushalte Geld- und Grundvermögen bilden können. Aber mit der durchschnittlichen Höhe der Geldanlagen lässt sich allenfalls für wenige Monate der Ausfall des Arbeitseinkommens ersetzen und der Lebensstandard sichern (vgl. Pkt. 2.5 dieses Kapitels).
- Im Bereich der Produktion von Gütern spielen *Eigenarbeit* und Haushaltsproduktion keine Rolle mehr. Die Versorgung mit Nahrungsmitteln, mit Gütern des täglichen Bedarfs und langlebigen Gebrauchsgütern verläuft nahezu ausschließlich über den Markt. Anders sieht es bei Dienstleistungs- und Handwerkstätigkeiten aus, die sowohl auf dem Markt angeboten, aber auch im hohen Maße in Eigenarbeit erbracht werden. Eine verstärkte individuelle bzw.

familiäre Erbringung von Dienstleistungen kann den Einkommensbedarf aber nur mindern und nicht ersetzen. Ein Mehr an Eigenarbeit kann auch mit zusätzlichem Einkommensbedarf verbunden sein, wenn man z.B. an die Ausstattung mit technischen Gerätschaften denkt, die für ein „do it yourself" erforderlich sind.

Der traditionelle, ursprüngliche Weg, mit Einkommensproblemen umzugehen bestand in der Unterstützung der nicht Erwerbstätigen bzw. nicht Erwerbsfähigen durch ihre *Familie*. Bis weit in das 20. Jahrhundert hinein waren es die Familien, die den Lebensunterhalt ihrer älteren und kranken Angehörigen durch *Unterhaltsleistungen* gesichert haben. Die in Deutschland in der zweiten Hälfte des 19. Jahrhunderts einsetzende Sozialversicherungspolitik war zunächst nur als Ergänzung, nicht aber als Ersatz der Familienhilfe angelegt.

Schon bald zeigte sich, dass im Zuge von Industrialisierung und Modernisierung der Gesellschaft die traditionellen familiären Unterstützungssysteme brüchig wurden. Zur familiären Hilfe müssen die objektive Fähigkeit und die subjektive Bereitschaft bestehen. Die *Fähigkeit* zur Unterstützung hängt zentral von der Einkommensposition des „Ernährers" ab. Insofern bleiben Höhe und Kontinuität von familiären Unterhaltsleistungen eng an Höhe und Kontinuität der Erwerbseinkommen gebunden. Beim Ausfall des Ernährers infolge von Krankheit, Arbeitslosigkeit, Erwerbsunfähigkeit oder Tod gerät unmittelbar die gesamte Familie in Existenznöte. Ein Rückgriff auf entfernte Verwandte ist zur Abdeckung von Einkommensausfällen nur sehr begrenzt möglich und muss, zumal wenn es um dauerhafte Leistungen geht, als gering eingeschätzt werden, es sei denn, eine starke Verringerung des eigenen Lebensstandards bis hin zur Armut würde akzeptiert. Bei der *Bereitschaft* zur Unterstützung muss zudem berücksichtigt werden, dass der Wandel von Familienstrukturen und Lebensformen (Auflösung des Mehrgenerationenhaushalts, sinkende Kinderzahl, Zunahme der Alleinerziehenden, sinkende Heirats- und wachsende Scheidungshäufigkeit, zunehmende berufliche und regionale Mobilität, steigende Lebenserwartung) eine Auflockerung traditioneller Verpflichtungen eingeleitet hat (vgl. Bd. II, Kap. „Familie", 2). Der Trend zur Individualisierung der Lebensformen und das Bestreben zum Abbau finanziell bestimmter persönlicher Abhängigkeiten haben dazu geführt, dass sich in modernen Gesellschaften familiäre Unterhalts- und Unterstützungsleistungen weitgehend auf Leistungen zwischen (Ehe)Partnern einerseits und zwischen Eltern und Kindern andererseits beschränken.

In jeder Gesellschaft muss nicht nur Erwerbsarbeit, sondern gleichermaßen familiäre *Erziehungs- und Hausarbeit* geleistet werden. Diese Reproduktionsarbeit erfolgt unentgeltlich und außerhalb des Arbeitsmarktes (vgl. Kap. „Arbeit und Arbeitsmarkt", Pkt. 1). Entsprechend der tradierten geschlechtsspezifischen Arbeitsteilung ist Erziehungs- und Hausarbeit auch heute noch im Wesentlichen die Arbeit von *Frauen*. Zwar verbindet ein großer und wachsender Teil von Frauen Berufstätigkeit und Kindererziehung, aber eine große Gruppe unter den verheirateten Frauen (zwischen 20 und 60 Jahren) ist nicht oder nur phasenweise erwerbstätig. Da Hausfrauen über keine aus marktförmiger Erwerbstätigkeit gewonnene Einkommensgrundlage verfügen, sind sie auf Unterhaltsleistungen ihres erwerbstätigen (Ehe)Mannes angewiesen. Nach diesem Modell übernimmt der Ehemann die Ernährer- und Versorgerfunktion. Aber auch die Arbeitseinkommen der großen Zahl der teilzeitbeschäftigten (Ehe)Frauen reichen zur individuellen Existenzsicherung kaum aus. Entscheidende Größe zur Sicherstellung des Lebensunterhalts von Mann und Frau ist das gemeinsam erworbene Haushaltseinkommen.

Aus dem von den Eltern erzielten Haushaltseinkommen müssen auch die Aufwendungen für die *Kinder* bestritten werden, da diese in der Regel über kein eigenes Einkommen verfügen. Eltern sind gegenüber minderjährigen oder wegen einer weiterführenden Ausbildung noch nicht erwerbstätigen Kindern zum Unterhalt verpflichtet. Familie und Ehe sind insofern bis heute eine grundlegende Versorgungsinstanz. Das System der privatrechtlichen Unterhaltspflichten zwischen den Ehegatten untereinander (auch im Fall von Trennung und Scheidung) sowie von Eltern gegenüber ihren Kindern und von Kindern gegenüber ihren Eltern ist im Einzelnen im Bürgerlichen Gesetzbuch geregelt und durch die Rechtsprechung konkretisiert.

1.3 Sozialpolitik als Einkommensverteilungspolitik

Die mit der Erwerbsarbeit verbundenen Einkommensrisiken bilden den systematischen und historischen Ausgangspunkt für sozialstaatliche Interventionen und Leistungen. Sozialpolitik ist immer auch *Einkommensverteilungspolitik*. Durch sozialpolitische Maßnahmen werden die Ergebnisse der Marktverteilung korrigiert und die strenge Koppelung von Einkommen und Erwerbsarbeit gelockert: So bleibt durch die Zahlung von Sozialeinkommen durch den Staat der Lebensunterhalt unter bestimmten Bedingungen auch dann gesichert, wenn wegen Arbeitslosigkeit, Alter, Krankheit oder Invalidität nicht (mehr) gearbeitet werden kann. Damit mindert sich der unbedingte Angebotszwang der Arbeitskraft; der Warencharakter der Arbeitskraft wird eingeschränkt, jedoch nicht außer Kraft gesetzt.

Sozialpolitik als Einkommensverteilungspolitik setzt auf unterschiedlichen Ebenen an, hat unterschiedliche Ziele und bedient sich unterschiedlicher Instrumente. Grundlegend ist die auch in den folgenden Ausführungen vorgenommene Abgrenzung von Arbeitseinkommen und Sozialeinkommen:

- Niveau und Struktur der *Arbeitseinkommen*, so wie sie auf dem Arbeitsmarkt erzielt werden, geben Auskunft über die *primäre* Verteilung.

- Diese Primäreinkommen werden durch die Zahlung von *Sozialeinkommen* nachträglich korrigiert. Im Rahmen dieser *Sekundärverteilung* erhalten jene Personen ein Einkommen, die kein Arbeitseinkommen (mehr) beziehen oder aber deren Arbeitseinkommen nicht ausreicht, um unabweisbare persönliche Bedarfslagen zu abzudecken. Der Staat finanziert die Sozialeinkommen im

Wesentlichen durch Steuern und Beiträge, die vom Arbeitseinkommen abgezogen werden und dieses entsprechend verringern.

Bei der Abgrenzung der Primärverteilung von der *nachträglich* einsetzenden Sekundärverteilung muss berücksichtigt werden, dass es eine isolierte Betrachtung der Primärverteilung letztlich nicht geben kann, weil zwischen der Verteilung der Arbeitseinkommen und der sozialstaatlichen Sekundärverteilung ein Wechselverhältnis besteht. Die umverteilten Einkommensströme, die insgesamt den Angebotszwang und die Koppelung von Arbeit und Einkommen mindern, wirken in einem bestimmten, freilich quantitativ kaum ermittelbaren Ausmaß auf die primäre Einkommensentstehung, -verwendung und -verteilung im Produktionsprozess zurück.

Ein Beispiel: Die Arbeitslosenunterstützung dämpft den bei Massenarbeitslosigkeit entstehenden Druck auf die Arbeitslöhne. Der lohnsenkende Konkurrenzmechanismus der „industriellen Reservearmee" wird eingeschränkt, wenn die Arbeitslosen ausreichende Sozialeinkommen erhalten und nicht unter dem Zwang stehen, auch die Arbeitsplätze mit den niedrigsten Löhnen annehmen zu müssen. Es ist diese Rückwirkung der Sozialleistungen auf die Arbeitslöhne, die den Anstoß gibt für die ständigen Auseinandersetzungen in der Sozialpolitik um Höhe, Dauerhaftigkeit und Reichweite der Arbeitslosenunterstützung. Ein vergleichbarer Zusammenhang besteht zwischen der Höhe der Sozialhilfe/Grundsicherung, mit der das Existenzminimum der Gesellschaft definiert wird, und den Arbeitseinkommen, insbesondere in den unteren Lohngruppen (vgl. Pkt. 7 dieses Kapitels).

Bei den Sozialeinkommen handelt es sich weit überwiegend um *direkte* Geldzahlungen, um *monetäre Transfers*, die die Einkommenslage der Leistungsempfänger unmittelbar verbessern. Bei den *indirekten* monetären Leistungen erfolgt die Verbesserung der Einkommenslage durch steuerliche Erleichterungen: Beim Vorliegen bestimmter sozialer Tatbestände, z.B. beim Unterhalt von Kindern, mindert sich die Steuerschuld.

Einkommenswirkungen gehen aber auch von der Bereitstellung sozialer und gesundheitlicher *Sach- und Dienstleistungen* aus: Gesundheitlichc Lcistungen wie ärztliche Behandlung, Arzneimittelversorgung, Unterbringung und Behandlung im Krankenhaus oder soziale Leistungen wie Kinder- und Jugendhilfe oder Behindertenhilfe können weitgehend kostenlos in Anspruch genommen werden und verbessern somit die Einkommenslage der Betroffenen *mittelbar*. Es handelt sich um *reale Transfers*, deren Nutzung sich nach dcm persönlichen Bedarf richtet. Weil die sozialen Sach- und Dienstleistungen außerhalb des Markt-Preis-Mechanismus stehen und für ihre Inanspruchnahme kein Preis oder nur eine nicht kostendeckende Gebühr gezahlt werden muss, entstehen den Betroffenen geldwerte Vorteile. Private Ausgaben werden eingespart, soweit die kostspieligen sozialen Sach- und Dienstleistungen überhaupt aus dem laufenden Arbeits- oder Sozialeinkommen finanziert werden können. Es wäre zwar denkbar, die Einkommen der Betroffenen durch spezifische Transfers so weit aufzustocken, dass die sozialcn und medizinischen Dienste auf dem Markt „gekauft" werden könnten. Die Erfahrungen zeigen jedoch, dass die Versorgung mit diesen Leistungen über den Markt weder in quantitativer noch in qualitativer Sicht zu tragbaren Ergebnissen führt (vgl. Bd. II, Kap. „Gesundheit und Gesundheitssystem", Pkt. 4.1.1 und Kap. „Soziale Dienste", Pkt. 2.2).

Sozialpolitik als Einkommensverteilungspolitik zielt zunächst einmal nicht auf die Veränderung der *Ursachen* der Einkommensrisiken, wie z.B. Krankheit, Invalidität und Arbeitslosigkeit. Diese Risiken werden als gegeben vorausgesetzt und ihre Folgen durch Sozialleistungen ausgeglichen (*kompensatorische Politik*). Eine *präventive* Politik versucht hingegen, die Entstehung von Einkommensrisiken zu verhindern, d.h. Arbeitslosigkeit zu vermeiden, Frühinvalidität, Krankheiten und Unfälle zu begrenzen. Zwischen kompensatorischer und präventiver Strategie muss allerdings kein Gegensatz bestehen; die Entgeltfortzahlung im Krankheitsfall beispielsweise ist Voraussetzung dafür, dass Krankheiten auskuriert und womöglich Folgeerkrankungen vermieden werden. Auch wenn der kompensatorische Einkommensausgleich die Ursachen für fehlende oder unzureichende Arbeitseinkommen nicht aufgreift, so bedeutet doch jede Lockerung des unbedingten Angebotszwangs der Arbeitskraft infolge von Sozialeinkommen ein Stück reale Freiheit für die Betroffenen: Kranke müssen erst dann wieder arbeiten, wenn dies ihr Gesundheitszustand zulässt; Arbeitslose brauchen nicht *jeden* Arbeitsplatz anzunehmen; Erwerbsunfähige haben Anspruch auf eine Rente, wenn eine Arbeit nicht mehr möglich ist.

Sozialpolitik als Einkommensverteilungspolitik sichert den Lebensunterhalt der Menschen und ermöglicht dadurch die Teilhabe aller am materiellen Wohlstand der Gesellschaft. Jedoch bedeutet gesellschaftliche Teilhabe mehr als nur die Verfügung über Einkommen. Es geht um die gleichberechtigte Beteiligung am wirtschaftlichen, sozialen, politischen und kulturellen Leben. Gesellschaftsgestaltende Sozialpolitik kann sich deshalb nicht darin erschöpfen, möglichst hohe Transferleistungen zu garantieren. Verbesserung von Bildung und Ausbildung, Abbau von Arbeitslosigkeit, Förderung beim Zugang zum Arbeitsmarkt, Ausbau der öffentlichen Kinderbetreuung – all dies sind Maßnahmen, die die Menschen befähigen, ihren Unterhalt aus eigenem Erwerbseinkommen zu bestreiten und unabhängig von Sozialtransfers zu leben. Dieses Ziel lässt sich indes nicht durch Kürzungen von Leistungen oder gar durch die Versagung von Ansprüchen erreichen, sondern nur durch eine Bildungs- Arbeitsmarkt- und Familienpolitik, die die Erwerbsintegration fördert und verbessert und dadurch die Transferzahlungen erübrigt.

2   Einkommensverteilung

2.1 Grundfragen einer Verteilungsanalyse

Aussagen über „die" Einkommensverteilung gibt es nicht. Eine Analyse der Einkommensverteilung setzt zunächst Klärungen voraus. Zu erläutern ist, welcher

Einkommensbegriff verwendet, welche Empfängereinheit bzw. -gruppe betrachtet und auf welche räumliche und zeitliche Dimension abgestellt wird.

Einkommensart

- Zu unterscheiden ist zwischen den jeweiligen *Faktoreinkommen* und dem *personellen* Einkommen. Das Faktoreinkommen beziffert die Einnahmen, die durch den Einsatz des Faktors Arbeit (Einkommen aus unselbstständiger Beschäftigung) und den Einsatz des Faktors Kapital (Einkommen aus Unternehmertätigkeit und Vermögen) entstehen. Eine Person kann mehrere Einkommensarten beziehen, so z.B. neben Löhnen auch Gewinne, Zinsen, Mieten.

- Während die Faktoreinkommen Markteinkommen sind und über die *Primärverteilung* gesteuert werden, handelt es sich bei den sozialpolitischen Geldleistungen um Sozialeinkommen, die über die sozialstaatliche *Sekundärverteilung* gesteuert werden.

- Die Sekundärverteilung finanziert sich durch Steuern und Beiträge. Die *Brutto*einkommen werden durch den Abzug von Steuern und Beiträgen gemindert, übrig bleiben die *Netto*einkommen.

- Werden die Einkommen in laufenden Preisen ausgewiesen, handelt es sich um *Nominal*einkommen. Um die Entwicklung des *Real*einkommens, also der tatsächlichen Kaufkraft des Einkommens, zu erkennen, müssen die durchschnittlichen Preiserhöhungen aus der Einkommensentwicklung herausgerechnet werden.

Einkommensempfänger

- Die Empfängereinheit des Einkommens kann sich entweder auf eine einzelne Person (*personelles Einkommen*) oder eine Personen- und Bedarfsgemeinschaft (*Familien- oder Haushaltseinkommen*) beziehen. Das personelle Einkommen ist ein Individualeinkommen, während beim Haushaltseinkommen alle Einkommen zusammengefasst werden, die den Haushaltsmitgliedern zufließen und gemeinsam verwendet werden.

- Das personelle wie das Haushaltseinkommen kann sozialen Gruppen zugeordnet werden. Die Gruppierung erfolgt u.a. nach der sozialen Stellung (Arbeiter, Angestellte, Selbstständige, Qualifikation), dem Geschlecht, der Haushaltsgröße (Kinderlose versus Kinderreiche) und dem Lebensalter (Generationenvergleich). Die Einkommensverteilung kann *innerhalb* einer Gruppe oder *zwischen* einzelnen Gruppen analysiert werden. So vergleicht eine *intragenerationale* Analyse die Einkommensverteilung z.B. innerhalb der Gruppe der älteren Menschen, eine *intergenerationale* Analyse vergleicht die Einkommen zwischen älterer und mittlerer Generation.

Räumliche Dimension

- Einkommensanalysen beziehen sich im Regelfall auf das Gebiet der Bundesrepublik Deutschland. Wegen der immer noch erheblichen Abweichungen von

Einkommensniveau und -struktur zwischen den alten und den neuen Bundesländern ist aber eine getrennte Erfassung dieser beiden Gebiete erforderlich.
Darüber hinausgehende Vergleiche zwischen einzelnen *Regionen* Deutschlands, z.B. zwischen einzelnen Bundesländern oder städtischen und ländlichen
Regionen, können räumliche Besonderheiten und Unterschiede noch deutlicher machen.

- Bei internationalen Vergleichen, denen vor allem im Rahmen der Europäischen Union Bedeutung zukommt, sollen die Unterschiede hinsichtlich Einkommensniveau und -struktur zwischen einzelnen Ländern sichtbar gemacht
  werden.

Zeitliche Dimension

- Wenn sich die Betrachtung auf einen bestimmten *Zeitpunkt* bezieht, handelt es
  sich um eine *Querschnittanalyse*. Werden Querschnittdaten über die Jahre
  hinweg verfolgt, lassen sich allgemeine Entwicklungstrends erkennen. Da der
  Datenerhebung jeweils unterschiedlich zusammengesetzte Stichproben zugrunde liegen, ist der Aussagewert allerdings begrenzt. Erst bei einer *Längs-
  schnittanalyse* werden bei *identischen* Personen bzw. Haushalten Einkom-
  mensdaten im Zeitablauf erfasst. Diese Vorgehensweise ermöglicht es, die
  Entwicklungsdynamik von Einkommenspositionen im Einzelnen zu beobachten und zu vergleichen. So lässt sich z.B. beurteilen, ob eine im Querschnitt
  feststellbare niedrige Einkommensposition für die Betroffenen ein Dauerzu-
  stand ist oder schnell überwunden wird, dafür aber neue Personengruppen in
  diese Position gelangen.

- Möglich ist auch, die Einkommensposition von Personen oder von Geburts-
  jahrgängen (Kohorten) in ihrem gesamten *Lebensablauf* zu untersuchen. Diese
  Analyse lässt sich erweitern zu einem Vergleich der Einkommensposition *zwischen* verschiedenen *Kohorten*. Hier interessiert z.B. aktuell die Frage, ob die
  heute Jüngeren in Zukunft ein ähnliches Einkommensniveau wie die heute Älteren erzielen werden, oder ob dann, wenn sie selbst ins Rentenalter kommen,
  aufgrund der demografischen Veränderungen schlechtere Bedingungen vor-
  herrschen (vgl. Bd. II, Kap. „Alter", Pkt. 9).

Als ein grundlegendes Problem bei Analysen der Einkommensverteilung erweist
sich der Tatbestand, dass das statistische Datenmaterial vielfach unzureichend und
zu alt ist. Häufig werden unterschiedliche Einkommensarten erfasst, so dass Vergleiche nur beschränkt möglich sind. Da die Daten über Höhe und Zusammensetzung der persönlichen Einkommen aus *Umfragen* ermittelt werden, muss davon
ausgegangen werden, dass die Einkommen nicht vollständig abgebildet werden.
Insbesondere im oberen Einkommensbereich ist mit Untererfassungen zu rechnen.
Zudem sind bei den Stichproben bestimmte Haushalte bzw. Personen unterrepräsentiert. Auch dies betrifft in erster Linie den Bereich der höheren Einkommen.

2.2 Gesamtwirtschaftliche Einkommensverteilung: Brutto- und Nettoarbeitnehmereinkommen

Die in einer Volkswirtschaft in einer Periode, d.h. in einem Jahr, erzeugten Güter und Dienstleistungen sind das, was (ohne Berücksichtigung der Außenverflechtungen) für Investitionen und für Konsumzwecke zur Verfügung steht. Bewertet man die Summe dieser Güter und Dienstleistungen mit Preisen, so errechnet sich das Sozialprodukt. Durch die Produktion von Gütern und die Erstellung von Dienstleistungen entstehen zugleich Einkommen, die den beteiligten Faktoren Arbeit und Kapital zufließen und sich zum Volkseinkommen summieren.

Die Zuordnung des Volkseinkommens auf Kapital und Arbeit lässt sich als funktionelle Primärverteilung beschreiben. Die volkswirtschaftliche Gesamtrechnung unterscheidet zwischen

- Einkommen aus unselbstständiger Arbeit (Arbeitnehmerentgelte) und
- Einkommen aus Unternehmertätigkeit und Vermögen.

Die Bruttoarbeitnehmerentgelte umfassen die Bruttolöhne und -gehälter sowie die Arbeitgeberbeiträge zur Sozialversicherung. Berücksichtigt werden die Bruttolöhne und -gehälter aller Arbeitnehmergruppen, also ArbeiterInnen, Angestellte, BeamtInnen, Auszubildende usw. In die Berechnung werden alle Einkommensbestandteile eingeschlossen: Laufende Verdienstzahlungen inklusive Zuschläge für Überstunden, Nacht- und Sonntagsarbeit usw., Sonderzahlungen (Urlaubsgeld, Weihnachtsgeld, Gratifikationen, vermögenswirksame Leistungen), Entgeltfortzahlung im Krankheitsfall, Arbeitgeberbeiträge zur Renten-, Kranken-, Pflege-, Arbeitslosen- und Unfallversicherung (Personalnebenkosten, vgl. Kap. „Ökonomische Grundlagen und Finanzierung", Pkt. 3.7.2).

Zieht man von den Bruttoeinkommen die Arbeitgeberbeiträge zur Sozialversicherung ab, erhält man die Bruttolöhne und -gehälter. Sie betrugen 2005 je Beschäftigten im Durchschnitt 2.210 €/Monat (vgl. Tabelle III.1).

Aus Sicht der Beschäftigten sind aber weniger die Bruttolöhne entscheidend. Wichtiger sind die Nettolöhne. Diese errechnen sich nach Abzug der direkten Steuern und der Arbeitnehmerbeiträge zur Sozialversicherung. Die Nettolohn- und -gehaltssumme je durchschnittlich Beschäftigten betrug 2005 gut 1.458 € im Monat. In diesem beachtlichen Unterschied zwischen Brutto- und Nettoeinkommen kommt die Abzugsquote von gut einem Drittel des Bruttowertes zum Ausdruck. Noch größer wird die Spanne, wenn die Nettolöhne und -gehälter verglichen werden mit den Bruttolöhnen *einschließlich* der Sozialbeiträge der Arbeitgeber (Arbeitnehmerentgelt): Zwischen dem, was den Beschäftigten übrig bleibt, und den Arbeitskosten, die bei den Arbeitgebern anfallen, besteht im Schnitt eine Differenz von nahezu 50 %.

Übersicht III.1:

Verteilung des Sozialprodukts nach der Systematik der volkswirtschaftlichen Gesamtrechnung	
Bruttoinlandsprodukt	Bruttowertschöpfung in der Produktion von Waren und Dienstleistungen nach Abzug von Vorleistungen
Bruttonationaleinkommen	= Bruttoinlandsprodukt abzüglich des Saldos aus Zuflüssen von Primäreinkommen ans Inland/Abflüsse aus dem Inland
Nettonationaleinkommen	= Bruttonationaleinkommen abzüglich Abschreibungen
Nettonationaleinkommen zu Faktorkosten	= Nettonationaleinkommen abzüglich Subventionen und ohne Produktions- und Importabgaben
= Volkseinkommen	= Summe aller Erwerbs- und Vermögenseinkommen, die Inländern (Personen, die ihren Wohnsitz in Deutschland haben) zufließen.
= • Arbeitnehmerentgelt und • Einkommen aus Unternehmertätigkeit und Vermögen	
darunter:	
Arbeitnehmerentgelt	= Bruttolöhne und -gehälter und Sozialbeiträge der Arbeitgeber
Bruttolöhne und -gehälter	= Arbeitnehmerentgelt abzüglich Sozialbeiträge der Arbeitgeber
Nettolöhne und -gehälter	= Bruttolöhne und -gehälter abzüglich Lohnsteuer und Sozialbeiträge der Arbeitnehmer

Die Zuwachsraten der Brutto- sowie Nettolöhne in den alten und neuen Bundesländern seit 1991 macht Tabelle III.1 sichtbar. Auffällig ist, dass die Zuwachsraten seit Beginn der 1990er Jahre nur sehr gering ausfallen. Bei den Nettogrößen zeigt sich dies nicht so deutlich wie bei den Bruttogrößen, weil gleichzeitig die Abzugssätze für Steuern gesenkt wurden. Bei der Interpretation der Einkommenszuwächse ist aber auch die Entwicklung des Preisniveaus zu berücksichtigen. Denn durch die Inflation wird die reale Kaufkraft der Einkommen gemindert. Um die Erhöhung der *Real*einkommen zu ermitteln, muss deshalb die Preissteigerungsrate in Anrechnung gebracht werden.

Verfolgt man die Entwicklung der *Nettorealeinkommen* seit Gründung der alten Bundesrepublik, zeigt sich, dass diese sich außerordentlich erhöht haben. Von 1950 bis 1990 errechnet sich ein realer Zuwachs von gut 350 %, d.h. Einkommen und Lebensstandard haben sich – trotz steigender Steuer und Beitragsabzüge und trotz des Preisniveauanstiegs – mehr als verdreifacht.

Tabelle III.1:

Entwicklung der Arbeitnehmereinkommen 1991 - 2005

| Jahr | Durchschnittliche Lohn- und Gehaltssumme je Arbeitnehmer | | | | |
| | brutto | | netto | | nettoreal |
	€/Monat	gegenüber Vorjahr in %	€/Monat	gegenüber Vorjahr in %	gegenüber Vorjahr in %
1991	1.643	-	1.141	-	-
1992	1.812	10,3	1.238	+ 8,5	+ 3,2
1993	1.890	4,3	1.295	+ 4,6	+ 0,2
1994	1.926	1,9	1.296	+ 0,1	- 2,5
1995	1.986	3,1	1.305	+ 0,7	- 1,0
1996	2.014	1,4	1.302	- 0,2	- 1,6
1997	2.017	0,2	1.285	- 1,3	- 3,1
1998	2.036	0,9	1.300	+ 1,1	+ 0,2
1999	2.065	1,4	1.323	+ 1,8	+ 1,2
2000	2.096	1,5	1.351	+ 2,1	+ 0,7
2001	2.134	1,8	1.396	+ 3,3	+ 1,3
2002	2.163	1,4	1.410	+ 1,0	- 0,4
2003	2.190	1,2	1.419	+ 0,7	- 0,4
2004	2.204	0,6	1.454	+ 2,4	+ 0,8
2005	2.210	0,3	1.458	+ 0,3	- 1,6

Quelle: Bundesministerium für Arbeit und Soziales, Statistisches Taschenbuch 2006, Arbeits- und Sozialstatistik, Berlin 2006.

Dieser positive Trend der Realeinkommensentwicklung ging einher mit den hohen wirtschaftlichen Wachstumsraten in der Nachkriegszeit („Wirtschaftswunder"). Ab Anfang der 1970er Jahre schwächt er sich aber zunehmend ab. Und ab 1990 treten (im gesamtdeutschen Durchschnitt) überwiegend reale Einkommensverluste auf (Abbildung III.1). Bei dieser negativen Einkommensentwicklung muss zudem berücksichtigt werden, dass sich der Trend der tariflichen Arbeitszeitverkürzung, den die Gewerkschaften bis Mitte der 1990er Jahre durchgesetzt haben, umgekehrt hat. Die durchschnittlichen Arbeitszeiten bei Vollzeitbeschäftigten steigen wieder an; die Stundenlöhne entwickeln sich also noch schwächer als die hier aufgezeigten Monatsentgelte.

Anders entwickelt als der gesamtdeutsche Durchschnitt haben sich die Arbeitseinkommen in den neuen Bundesländern. Seit Einführung der Wirtschafts- und Währungsunion und der Vereinigung haben sich sowohl die Brutto- wie auch die Nettolöhne rasch nach oben entwickelt. Im Zuge dieser deutlichen Einkommenssteigerungen hat sich der Abstand zu den alten Bundesländern merkbar verringert: Er macht 2005 bei den Bruttoentgelten noch 22,2 % aus. 1991 lag hingegen das Einkommensniveau in den neuen Bundesländern bei lediglich 53,3 % des entsprechenden Wertes in den alten Bundesländern.

Abbildung III.1:

Entwicklung von Sozialprodukt und Arbeitnehmereinkommen 1991 - 2005, Index: 1991 = 100

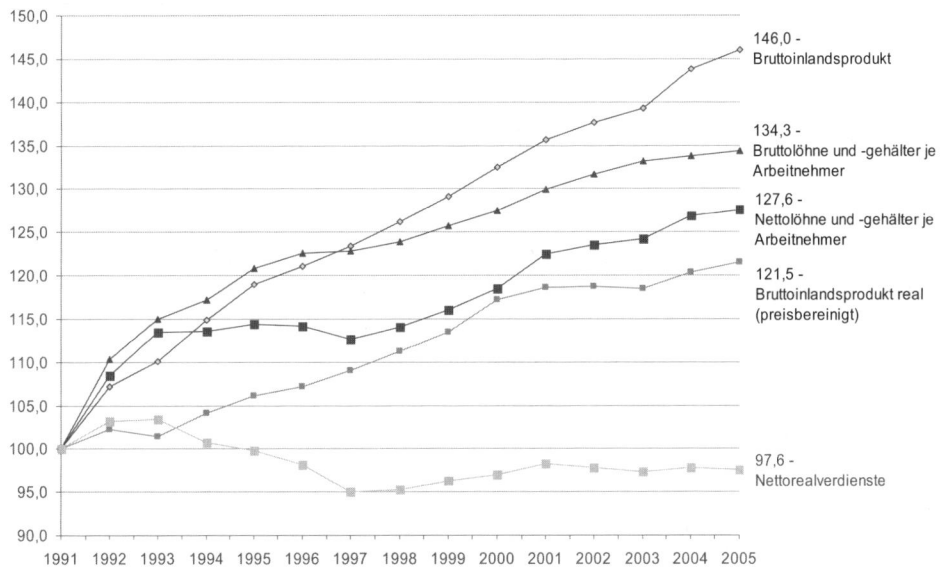

Quelle: Berechnet nach: Bundesministerium für Arbeit und Soziales, Statistisches Taschenbuch 2006, Arbeits- und Sozialstatistik, Berlin 2006.

Setzt man die Bruttoeinkommen aus unselbstständiger Arbeit (Arbeitnehmerentgelt) ins Verhältnis zum Volkseinkommen, errechnet sich die *Lohnquote*. Ihr Spiegelbild ist die *Unternehmens- und Vermögenseinkommensquote*. Die Lohnquote liegt (2005) bei 67,4 % des Volkseinkommens (vgl. Tabelle III.2). Das bedeutet, dass das Volkseinkommen zu etwa zwei Dritteln auf die Einkommen aus unselbstständiger Arbeit entfällt, zu etwa einem Drittel auf die Einkommen, die aus Vermögen und Unternehmertätigkeit fließen (Gewinne, Dividenden, Zinsen, Mieten, Pachten). Betrachtet man die Entwicklung der Lohnquote im Zeitverlauf ist zu berücksichtigen, dass der Anteil der Arbeitnehmer an allen Erwerbstätigen (Arbeitnehmerquote) in den zurückliegenden Jahren gesunken ist. Schaltet man diesen Einfluss aus und unterstellt eine Konstanz der Arbeitnehmerquote, dann errechnet sich die bereinigte Lohnquote. Diese schwankt im Konjunkturverlauf, aber seit der Jahrtausendwende ist doch ein deutlicher Rückgang nicht zu übersehen: Der antei-

lige Ertrag der ArbeitnehmerInnen am Volkseinkommen sinkt. Die niedrigen
Lohnzuwächse (vgl. Tabelle III.1) sind dafür ein zentraler Grund.

Tabelle III.2:

Volkseinkommensquoten 1991 - 2005

Jahr	Lohnquote[1] in %		Unternehmens- u. Vermögens-einkommensquote in %
	unbereinigt	bereinigt[2]	
1991	71,0	69,3	29,0
1992	72,2	70,7	27,8
1993	72,9	71,6	27,1
1994	71,7	70,7	28,3
1995	71,4	70,3	28,6
1996	71,0	70,0	29,0
1997	70,3	69,4	29,7
1998	70,4	69,6	29,6
1999	71,2	70,3	28,8
2000	72,2	71,2	27,8
2001	71,8	70,9	28,2
2002	71,6	70,8	28,4
2003	70,9	70,3	29,1
2004	68,9	68,6	31,1
2005	67,4	67,4	32,6

1) Bruttoeinkommen aus unselbstständiger Arbeit in % des Volkseinkommens
2) Quote bei konstant gehaltenem Anteil der Arbeitnehmer an den Erwerbstätigen
Quelle: Berechnet nach: Bundesministerium für Arbeit und Soziales, Statistisches Taschenbuch 2006,
Arbeits- und Sozialstatistik, Berlin 2006.

Von der Entwicklung der Lohnquote (Absenkung, Konstanz oder Erhöhung) lässt
sich allerdings nicht unmittelbar auf eine Verschlechterung oder Verbesserung des
Lebensstandards schließen. Bei einem insgesamt steigenden Volkseinkommen
kann auch bei einer sinkenden Lohnquote noch ein Zuwachs bei den Bruttoeinkommen aus unselbstständiger Arbeit entstehen. In diesem Fall verschlechtert sich
aber notwendigerweise die *relative* Einkommensposition gegenüber den Unter-
nehmens- und Vermögenseinkommen. Einschränkend ist weiterhin zu beachten,
dass in die Lohnquote nur *funktionale* Einkommen einfließen, die nicht immer mit
personellen Einkommen identisch sind. Das heißt, dass Personen, die ihr Einkommen aus einer abhängigen Beschäftigung beziehen, zusätzlich auch Einkommen
aus Vermögen erhalten können. Der Aussagewert der Lohnquote wird schließlich
dadurch beeinträchtigt, dass es sich bei der Kategorie „Einkommen aus Unternehmertätigkeit" um eine Sammelgröße handelt, in die sehr unterschiedliche Einkom-

men eingehen. Enthalten sind neben den Gewinnen auch die Einkünfte von „kleinen" selbstständigen Erwerbstätigen und Landwirten, die sich durchaus als eine Art von Arbeitseinkommen interpretieren lassen.

2.3 Arbeitseinkommen

2.3.1 Lohndifferenzierung

Die Höhe der Bruttolohn und -gehaltssumme kennzeichnet das gesamtwirtschaftliche *Niveau* der Arbeitseinkommen. Niveauberechnungen sind aber notwendigerweise *Durchschnittsberechnungen*. Dahinter verbirgt sich eine nach unten und oben breit aufgefächerte Lohn- und Gehaltsstruktur der rund 32 Millionen abhängig Beschäftigten.

Einen aktuellen Überblick über die Bandbreite der Bruttomonatseinkommen der abhängig Beschäftigten bieten die Ergebnisse des Sozio-Oekonomischen Panels, einer repräsentativen Haushaltsstichprobe. Ordnet man die Bruttoeinkommen Einkommensklassen zu, die sich als Bruchteile bzw. Vielfache des Durchschnittseinkommens definieren, lässt sich erkennen, wie stark die jeweiligen Einkommensklassen besetzt sind, in denen die Beschäftigten mit ihrem Einkommen unterhalb oder oberhalb des Durchschnitts (gemessen am Median) liegen. Durch die Umrechnung der Monatseinkommen auf Stundenverdienste ist es hier möglich, neben den Vollzeit- auch die Teilzeiteinkommen mit in die Analyse einzubeziehen.

Tabelle III.3:

Verteilung der Arbeitnehmereinkommen auf Stundenlohnbasis 2005

Einkommen in Relation zum Median	Stundenlohn in €	in % aller Beschäftigten
50 % des Medians	unter 7,01	10,68
50 % < 75%	7,01 bis < 10,52	18,04
75 % < 100 %	10,52 bis < 14,03	21,19
100 % < 125%	14,03 bis < 17,54	19,61
125 % < 150%	17,54 bis < 21,04	13,45
150 % < 175%	21,04 bis < 24,55	6,71
175 % < 200%	24,55 bis < 28,06	4,55
200% des Medians	28,06	5,78

Datenbasis: SOEP, Berechnung Th. Kalina/IAQ, Gelsenkirchen 2007.

Tabelle III.3 weist für 2005 aus, dass nahezu 11 % der Beschäftigten weniger als 50 % des Einkommensdurchschnitts beziehen. Unterhalb der 75 %-Schwelle liegen 29 % der Beschäftigten. Auf der anderen Seite verdienen 17 % der Beschäftigten mehr als das 1,5fache des Durchschnitts.

Tabelle III.4:

Veränderung der Spreizung der Arbeitnehmereinkommen 1995 - 2005

Dezil	1995	2000	2005
1. Dezil in €	6,46	6,83	6,90
5. Dezil in €	11,52	12,66	14,03
9. Dezil in €	20,16	22,07	24,86
5. Dezil/1. Dezil in %	1,78	1,85	2,03
9. Dezil/ 1. Dezil in %	3,12	3,23	3,60
9. Dezil/ 5. Dezil in %	1,75	1,74	1,77

Basis: Stundenlöhne einschließlich Teilzeitarbeit
Datenbasis: SOEP, Berechnung Th. Kalina/IAQ, Gelsenkirchen 2007.

Tabelle III.4 gibt Hinweise über das Maß der Ungleichverteilung im Vergleich der Jahre 1995, 2000 und 2005, indem die Stundenlöhne nach Dezilen aufgeteilt werden. Die Relation aus dem Median D5 (= mittleres Einkommen, unter dem die Hälfte aller Einkommensbeziehenden liegt) und dem ersten Dezil D1 (= Grenze, unter welcher die 10 % der Beschäftigten mit dem niedrigsten Stundenlohn liegen) ist ein Indikator für die Ungleichheit im unteren Bereich der Einkommensverteilung. Diese Relation hat sich im Verlauf der betrachteten 10 Jahre kontinuierlich und deutlich erhöht. Der Indikator für die Ungleichheit der gesamten Verteilung (D9/D1) ist im Zeitverlauf von 3,12 auf 3,60 gestiegen. Insgesamt hat die Einkommensungleichheit auf der Basis von Stundenlöhnen also zugenommen, was vor allem auf die zunehmende Spreizung im unteren Einkommensbereich zurückzuführen ist.

Die Bestimmungsfaktoren für die breite Spannweite der individuellen Arbeitseinkommen sind nicht leicht zu ermitteln, da sich viele Einflüsse überlagern:

- Das Lohnniveau der einzelnen Wirtschaftsbranchen unterscheidet sich unter dem Einfluss unterschiedlicher branchentypischer Produktions-, Produktivitäts- und Gewinnentwicklungen sowie der Wettbewerbskonstellationen auf den Weltmärkten sehr stark. Diese *intersektorale Lohndifferenzierung* kommt auch darin zum Ausdruck, dass einzelne Wirtschaftszweige wie Chemie, Metallverarbeitung, Energiewirtschaft, unternehmensbezogene Dienste, Banken und Versicherungen als *Hochlohnbranchen*, andere Wirtschaftszweige wie Textil und Bekleidungsindustrie, Nahrungsmittel und Süßwarenindustrie, Einzelhandel und personenbezogene Dienste hingegen als *Niedriglohnbranchen* gelten können (vgl. Tabelle III.6).

- Da die sektorale Wirtschaftsstruktur in den einzelnen Regionen stark differiert, prägt sich auch eine *interregionale Lohndifferenzierung* aus. In Deutschland sind die regionalen Unterschiede vor allem durch die nach wie vor niedrigeren Einkommen in den neuen Bundesländern charakterisiert. Die Wirtschaft in den neuen Bundesländern insgesamt ist – mit Ausnahmen – produktivitäts- und wachstumsschwächer als in den alten Ländern.

- Darüber hinaus entfalten sich Differenzierungen nach Maßgabe der schulischen und beruflichen Ausgangsqualifikation oder der konkret im Arbeitsprozess geforderten *Qualifikation*.

- Diese qualifikationsbezogene Differenzierung wird überlagert durch die Knappheit bzw. den Überschuss an bestimmten Arbeitskräften. So sind unqualifizierte und gering qualifizierte Beschäftigte im besonderen Maße von Arbeitslosigkeit betroffen, was tendenziell zu einer Absenkung ihrer Löhne führt.

- Neben den ökonomischen Faktoren kommt schließlich auch *institutionellen Faktoren* wie der Ausgestaltung von Tarifverträgen, dem gewerkschaftlichen Organisationsgrad der Beschäftigten und damit der Durchsetzungsmacht der Gewerkschaften in der Tarifpolitik eine wichtige Bedeutung für die sehr unterschiedliche Höhe der Arbeitseinkommen zu.

Die Vielgestaltigkeit dieser Faktoren macht deutlich, dass die gängige These, die individuellen Unterschiede in der Entlohnung seien Ergebnis einer entsprechend unterschiedlichen Leistung oder Produktivität, in dieser Ausschließlichkeit nicht zu halten ist. Die Behauptung, niedrige Verdienste korrespondierten mit geringen Leistungen und seien daher angemessen, basiert eher auf pauschalen Unterstellungen. Wenn die Leistungsunterschiede ihrerseits wieder an den Einkommensunterschieden bemessen werden, liegt hier ein klassischer Zirkelschluss vor, der Einkommen an Leistung und Leistung wiederum an Einkommen misst. Bei der Suche nach Bestimmungsfaktoren für die Einkommensdifferenzierung führt dies nicht weiter. Auch das Kriterium „Qualifikation" als Maßstab für die individuelle Entlohnung ist alles andere als eindeutig. In die Entscheidung, wie eine bestimmte berufliche Tätigkeit im Vergleich zu anderen Tätigkeiten bewertet wird, fließen auch normative Setzungen ein, die die Zuordnung von Leistungskriterien und Entlohnung beeinflussen. Dies bezieht sich insbesondere auf die Entlohnung von Tätigkeiten in frauendominierten Arbeitsmarktbereichen, wo sich aufgrund geschlechtsspezifischer Arbeitsbewertungen mittelbare Lohndiskriminierungen ergeben können.

Die Daten aus Tabelle III.3 zeigen lediglich eine Momentaufnahme der Lohndifferenzierung. Die Verdienstposition zu einem bestimmten Zeitpunkt sagt deshalb noch nichts über die Entwicklung der individuellen Einkommensposition im Verlauf des Erwerbslebens aus. Ein (relativ) niedriger Verdienst zu Beginn der Berufstätigkeit kann im Zuge eines beruflichen Aufstiegs durch einen (relativ) höheren Verdienst ausgeglichen werden. Es kommt also auf den Entwicklungstrend der Erwerbseinkommensposition über einen längeren Zeitraum an. Dieser unterscheidet sich maßgeblich zwischen Männern und Frauen. Denn die Erwerbsbeteiligung von Frauen ist in einem hohen Maße durch Diskontinuitäten gekennzeichnet. Durch die Phasenfolge von Vollzeiterwerbstätigkeit, familienbedingter Erwerbsaufgabe oder -reduzierung, zwischenzeitlicher (häufig geringfügiger) Beschäftigung und beruflichem Wiedereinstieg, gelingt den Frauen mit Kindern ein dem Muster kontinuierlicher Vollzeitarbeit entsprechender traditioneller Karriereverlauf in der Regel nicht (vgl. Kap. „Arbeit und Arbeitsmarkt", Pkt. 2.4). Die Brüche in der Berufsbiographie von Frauen schlagen sich damit in einem gegenüber dem Maßstab „kontinuierliche Vollzeitarbeit" deutlich reduzierten Lebenseinkommen nieder.

Aber auch für die Berufs- und Einkommensmobilität von Männern kann keinesfalls durchgängig von erwerbsbiographischen Kontinuitäten und einem Modell der Aufstiegskarriere ausgegangen werden: So belegen die Rentenversicherungsdaten, dass die Entgeltposition vieler Arbeiter in der letzten Phase ihrer Berufstätigkeit absinkt. Unsicher wird die Einkommensposition insbesondere bei längeren Phasen von Arbeitslosigkeit oder Arbeitsunfähigkeit. Diskontinuierliche Erwerbsverläufe vermindern die Chancen, einen qualifikationsadäquaten beruflichen Wiedereinstieg zu erreichen, der einen Anschluss an die vorherige Einkommensposition bieten würde.

2.3.2 Geschlechtsspezifische Lohnunterschiede

Zu den schlechter Gestellten bei der Verteilung der Arbeitseinkommen zählen vor allem die *Frauen*: Nach den Ergebnissen des Sozio-Oekonomischen Panels waren nahezu zwei Drittel aller Niedrigverdiener (weniger als 75 % des Durchschnittseinkommens) Frauen. Und von allen beschäftigten Frauen bezogen wiederum fast 30 % ein Einkommen unterhalb der 75 % Schwelle.

Dieses Bild einer geschlechtsspezifischen Verteilung der Arbeitseinkommen wird auch durch die Ergebnisse der amtlichen Verdienststatistik unterstrichen (vgl. Tabelle III.5). Im Oktober 2006 erhielten die Arbeiter einen durchschnittlichen Bruttomonatsverdienst von 2.696 €, der um 35,3 % über dem Durchschnittsverdienst der Arbeiterinnen von 1.992 € lag. Auch bei den Angestellten überschritten die Männer den Bruttomonatsverdienst der Frauen um 27,7 %.

Wenn in diesem Zusammenhang von *Frauenlohndiskriminierung* die Rede ist, dann geht es heute weniger um eine *offene* Diskriminierung bei der Entlohnung (wenn für identische Leistungen/Arbeiten Männer mehr, Frauen weniger erhalten), sondern um eine *versteckte* Diskriminierung, die sich aus dem Lebenszusammenhang der Frauen herleitet. Die Frauenbeschäftigung konzentriert sich auf Tätigkeiten, die in der Verdiensthierarchie am unteren Ende stehen.

Legt man die in der amtlichen Statistik gebräuchliche Einteilung der beruflichen Qualifikation in *Leistungsgruppen* (vgl. Kap. „Arbeit und Arbeitsmarkt", Pkt. 2.3) zugrunde, so zeigt sich, dass Frauen in den höheren Leistungsgruppen nur schwach, in den unteren, schlecht bezahlten Leistungsgruppen hingegen stark vertreten sind. Bei den Angestellten beispielsweise finden sich 8 % der Männer, aber 20 % der Frauen in den unteren Leistungsgruppen IV und V; im Arbeiterbereich sind 41,4 % der Frauen, aber nur 9,4 % der Männer in der unteren Leistungsgruppe 3 beschäftigt (vgl. Tabelle III.5).

Tabelle III.5:

Durchschnittliche Bruttomonatsverdienste von Vollzeitbeschäftigten nach Leistungsgruppen 2006

Leis-tungs-grup-pen	Bruttomonatsverdienst/Vollzeittätigkeit						Differenz Männer/ Frauen in %
	Insgesamt		Männer		Frauen		
	€	in % aller Beschäf-tigten	€	in % der Männer	€	in % der Frauen	
ArbeiterInnen							
LG 1	2.865	54,6	2.885	60,3	2.319	14,9	24,4
LG2	2.378	32,0	2.465	30,3	1.959	43,7	25,8
LG3	2.101	13,5	2.225	9,4	1.903	41,4	16,9
Insg.	2.607	100,0	2.696	100,0	1.992	100,0	35,3
Kaufmännische u. technische Angestellte							
LGII	4.556	37	4.684	50	4.175	20	12,2
LGIII	3.035	50	3.200	42	2.898	60	10,4
LGIV	2.366	11	2.425	7	2.338	17	3,8
LGV	2.240	2	2.257	1	2.232	3	1,1
Insg.	3.500	100	3.884	100	3.042	100	27,7

ArbeiterInnen im produzierenden Gewerbe und Angestellte im Kredit- und Versicherungsgewerbe.
Statistisches Bundesamt, Fachserie 16, Reihe 2.1, Arbeiterverdienste im produzierenden Gewerbe, Wiesbaden 2006; Fachserie 16, Reihe 2.2, Angestelltenverdienste im produzierenden Gewerbe, Handel, Kredit- und Versicherungsgewerbe, Wiesbaden 2006.

Durch eine Reihe von Gründen lässt sich erklären, warum für Frauen der Zugang zu den höheren Leistungsgruppen begrenzt ist (vgl. auch Kap. „Arbeit und Arbeitsmarkt", Pkt. 2.4):

- Nach wie vor werden Frauen bei der *beruflichen (Erst)Ausbildung* benachteiligt (Konzentration der Mädchen in der Berufsausbildung auf die so genannten „weiblichen" Berufe).

- Der berufliche Aufstieg setzt ein *kontinuierliches Erwerbsverhalten* voraus, das vielen Frauen wegen der Probleme bei der Vereinbarkeit von Berufstätigkeit und Kindererziehung nicht möglich ist.

- Bei höheren Positionen in der betrieblichen Hierarchie bestehen immer noch *Zugangsbarrieren* für Frauen.

- In die Bewertung von beruflichen Leistungen und Anforderungen auch in Tarifverträgen gehen nicht zuletzt geschlechtsspezifische *Vorurteile* ein. Die Besonderheiten des Arbeitsvermögens, die vor allem Frauen zugeschrieben und abgefordert werden, wie Geschicklichkeit, Ausdauer oder soziales Engagement, werden eher gering gewichtet. Im industriellen Bereich beispielsweise werden körperliche Belastungen, die für Männer typisch sind, höher bewertet als die vorwiegend psychischen Belastungen, denen die Arbeiterinnen ausgesetzt sind. So muss denn auch die Existenz der tariflichen Leichtlohngruppen in der Industrie, die sich faktisch ausschließlich auf Frauen bzw. Frauentätigkeiten beziehen, als Folge der nach körperlichen Belastungen gewichteten Eingruppierungsmerkmale bezeichnet werden (vgl. Pkt. 5.6 dieses Kapitels).

▪ Die niedrige Bewertung von Frauenarbeit ist nicht zuletzt eine Widerspiegelung traditioneller Rollenmuster. In der Orientierung auf die Hausfrauen- und Versorgerehe gilt das Einkommen der Frau als „Zuverdienst", das Einkommen des Mannes hingegen als „Familienlohn".

Hinzu kommt, dass sich die Frauenerwerbstätigkeit auf bestimmte Branchen konzentriert. Niedriglohnbranchen sind Frauenbranchen, in denen das durchschnittliche Bruttomonatseinkommen für Frauen deutlich unterhalb des Gesamtdurchschnitts liegt. Ein besonders drastisches Beispiel: Frauen im Einzelhandel verdienen im Schnitt mit 2.114 € im Monat um 38 % weniger als Männer in der Mineralölverarbeitung. Hier liegt das durchschnittliche Verdienstniveau für Männer bei 3.413 € (Tabelle III.6).

Tabelle III.6:

Durchschnittliche Bruttomonatsverdienste nach ausgewählten Wirtschaftszweigen 2005[1]

Wirtschaftszweige	Männer	Frauen
	€	
Produzierendes Gewerbe, Handel, Kredit- und Versicherungsgewerbe insg.	3.182	2.539
Frauentypische Wirtschaftszweige		
- Ernährungsgewerbe, Tabakverarbeitung	2.839	2.121
- Textil- und Bekleidungsgewerbe	2.577	1.986
- Einzelhandel[2]	2.694	2.114
Männertypische Wirtschaftszweige		
- Mineralölverarbeitung	3.413	2.784
- Chemische Industrie	4.191	3.585
- Fahrzeugbau	3.534	3.082
- Energieversorgung	3.632	3.008
- Rundfunk-, Fernseh- und Nachrichtentechnik	3.753	2.576

1) Jahresdurchschnitt errechnet aus 4 Erhebungsmonaten (Januar, April, Juli, Oktober)
2) Einzelhandel: nur Angestellte
Quelle: Statistisches Bundesamt, Statistisches Jahrbuch 2006, Wiesbaden 2007.

Die genannten Daten über Niveau und Schichtung der Arbeitseinkommen im Allgemeinen und über die Frauenentlohnung im Besonderen beziehen sich ausschließlich auf die Einkommen aus *Vollzeitbeschäftigung*. Dieser Vergleichsmaßstab kann aber nicht als der durchgängige Regelfall der Erwerbstätigkeit von Frauen bezeichnet werden, da *Teilzeitarbeit* an Bedeutung zunimmt und die Teilzeitbeschäftigten zum weit überwiegenden Teil Frauen sind (vgl. Kap. „Arbeit und Arbeitsmarkt", Pkt. 3.2.2).

2.3.3 Soziale und sozialpolitische Folgen von Niedriglöhnen

Aus sozialer und sozialpolitischer Sicht von besonderer Bedeutung sind die niedrigen Arbeitseinkommen – auch als Niedriglöhne bezeichnet. Von Niedriglöhnen kann gesprochen werden, wenn der Bruttoverdienst einen bestimmten Schwellenwert in Prozent des Durchschnittsverdienstes unterschreitet. Strittig ist – weil letztlich nur normativ zu beurteilen – welcher Prozentsatz des Durchschnittsverdienstes als maßgeblich angesehen wird, ob der Durchschnitt als arithmetisches Mittel oder Median berechnet wird, welche Datenquelle aussagefähig ist und welche Einkommen aus welchen Beschäftigungsverhältnissen einzubeziehen sind (z.B. nur Vollzeitbeschäftigte oder auch Teilzeitbeschäftigte, nur reguläre Beschäftigungsverhältnisse oder auch Ausbildungsverhältnisse, Mini-Jobs und Aushilfstätigkeiten, nur die Regelvergütung oder auch Überstundenzuschläge, nur nach Regionen, so West und Ost, getrennt oder im Bundesdurchschnitt). Entsprechend der jeweils getroffenen Annahmen und Berechnungsverfahren kommen die vorliegenden Erhebungen und Auswertungen zu unterschiedlichen Ergebnissen über die Größe des Niedriglohnsektors.

Um beurteilen zu können, ob Niedriglöhne das Ergebnis niedriger Lohnsätze oder geringer Arbeitszeiten sind, muss zudem der Einfluss unterschiedlicher Arbeitszeitdauern ausgeschaltet werden. Individuelle Arbeitszeiten unterhalb des Vollzeitstandards sind nicht immer nur Ergebnis freier Entscheidungen über die individuelle Dauer der Arbeitszeit; in nicht wenigen Fällen handelt es sich auch um unfreiwillige Arbeitszeitverkürzung ohne Lohnausgleich, weil dies die einzige Möglichkeit ist, einen Arbeitsplatz zu erhalten bzw. zu behalten. Letztlich sind deshalb nur *Stunden*verdienste ein geeigneter Indikator, wenn man auch Teilzeitbeschäftigungsverhältnisse berücksichtigen will.

Unter Einbeziehung aller Beschäftigungsverhältnisse und einer Definition von Niedrigverdiensten als Stundenverdienste unterhalb von zwei Dritteln des Medians kommt das Institut Arbeit und Qualifikation auf der Datenbasis des Sozio-Oekonomischenen Panels zu dem Befund, dass 2004

- die Niedriglohngrenze in den alten Bundesländern bei einem Stundenlohn von 9,83 € und in den neuen Bundesländern bei 7,15 € liegt und dass
- in den alten Ländern 20,5 % und in den neuen Ländern 22,5 % der Beschäftigten unter diese Schwelle fallen.

Tabelle III.7:

Strukturmerkmale der Niedriglohnbeziehenden 2004

Variable	Kategorie	Anteil in der Kategorie in in %	Anteil an allen Niedriglohn-beschäftigten in %	Anteil an allen Beschäftigten in %
Arbeitszeit	Vollzeit	14,6	51,5	72,1
	Teilzeit	21,1	22,2	21,6
	Minijob	85,8	26,3	6,3
Qualifikation	Ohne Berufsausbildung	42,1	22,4	11,2
	Mit Berufsausbildung	21,5	67,2	65,6
	FH/Uni	9,4	10,4	23,2
Geschlecht	Männer	12,6	30,4	50,7
	Frauen	29,6	69,6	49,3
Gesamtwirtschaft		20,8	100	100

Quelle: Kalina, Th., Weinkopf, C., Mindestens sechs Millionen Niedriglohnbeschäftigte in Deutschland: Welche Rolle spielen Teilzeitbeschäftigung und Minijobs?, in: IAT-Report 3/2006,

Bei einer näheren Analyse der Strukturmerkmale der Niedriglohnbeschäftigung (vgl. Tabelle III.7) lässt sich erkennen, dass vor allem Beschäftigte im Minijob-Bereich, gering Qualifizierte und Frauen zu den Hauptbetroffenen zählen. Häufig überlagern und verstärken sich also die Faktoren „niedrige Stundenzahl" und „niedrige Lohnsätze": Das liegt insbesondere daran, dass sich geringfügige Beschäftigungsverhältnisse auf Branchen, Tätigkeiten und Qualifikationen konzentrieren, für die niedrige Entgelte charakteristisch sind.

Da es in Deutschland keine gesetzlichen Mindestlöhne gibt, sind Existenz und Verbreitung von Niedriglöhnen infolge niedriger Lohnsätze unmittelbar abhängig von der Ausgestaltung tarifvertraglicher Entlohnungsregelungen. Von Bedeutung ist, welche Entgelte in den jeweiligen Branchen und Regionen in den unteren Tarifgruppen vereinbart sind und wie stark die unteren Gruppen besetzt sind (vgl. dazu ausführlich Pkt. 3.9 dieses Kapitels). Allerdings werden gerade jene Branchen, Betriebe und Tätigkeiten, in denen Niedriglöhne eine große Verbreitung haben, so insbesondere im Dienstleistungssektor sowie in Klein- und Kleinstbetrieben, von Tarifverträgen nicht oder nur teilweise erfasst.

Die Höhe der Arbeitseinkommen am unteren Ende der Verdiensthierarchie wird zugleich durch sozialpolitische Regelungen beeinflusst: So hat das sozialkulturelle Existenzminimum, das in den Bedarfssätzen der Sozialhilfe und des Arbeitslosengeldes II abgebildet wird, Signalwirkung für Angebot, Nachfrage und Lohnbildung auf dem unteren Segment des Arbeitsmarktes: Je niedriger die Bedarfssätze liegen, um so größer wird der Spielraum für die Vereinbarung von Niedriglöhnen. Anders herum setzen höhere Bedarfssätze Grenzen gegenüber einer

Absenkung der Löhne nach unten. Dieses Wechselverhältnis zwischen Niedriglöhnen und Sozialhilfe kommt auch im sog. Abstandsgebot bei der Bemessung der Regelsätze der Sozialhilfe zum Ausdruck. Um Anreize zur Arbeit auch im unteren Lohnbereich zu geben, dürfen die Regelsätze die durchschnittlichen Nettoarbeitsentgelte unterer Lohn- und Gehaltsgruppen nicht überschreiten (im Einzelnen Pkt. 7.1.3 dieses Kapitels).

Rückwirkungen auf die Lohnbildung haben vor allem die Zumutbarkeitsregelungen in der Arbeitslosenversicherung und der Grundsicherung für Arbeitsuchende. Sie legen fest, welche Beschäftigungsverhältnisse zu welchen Löhnen von den Arbeitslosen angenommen müssen. Der von diesen Regelungen ausgehende Druck auf das Lohngefüge allgemein und auf die Ausbreitung von Niedriglöhnen im Besonderen entfaltet sich vor allem bei der Grundsicherung für Arbeitsuchende: Denn für Empfänger von Arbeitslosengeld II sind auch Arbeiten zumutbar, deren Entlohnung unterhalb des Tariflohns oder des ortsüblichen Entgelts liegt (vgl. Pkt. 7.3.3 dieses Kapitels).

Die skizzierten Einflüsse der Sozialpolitik in Richtung einer Verbreitung des Niedriglohnsegmentes weisen darauf hin, dass das Thema Niedriglöhne zentrale Fragen des Arbeitsmarktes und der Beschäftigungspolitik berührt. Die Strategie, durch eine (noch) weitere Spreizung der Arbeitseinkommen Arbeitsplätze im Bereich einfacher (Dienstleistungs)Tätigkeiten zu schaffen, zählt zum Kernbestand der vorherrschenden Maßnahmen zur Bekämpfung der Arbeitslosigkeit. Kritisch zu hinterfragen ist allerdings nicht nur, ob dieser Weg sozialpolitisch akzeptabel ist, sondern auch, ob er beschäftigungspolitisch geeignet ist und tatsächlich *zusätzliche* Arbeitsplätze schafft (vgl. Kap. „Arbeit und Arbeitsmarkt", Pkt. 9.3).

Niedrige Arbeitseinkommen führen zu dem Risiko, trotz Arbeit noch nicht einmal die eigenständige Existenzsicherung gewährleisten zu können. Bei Vollzeitentgelten, die die Niedriglohnschwelle unterschreiten, ist insofern häufig von „Armutslöhnen" („working poor") die Rede. Allerdings ist zu beachten, dass es bei der Feststellung von Einkommensarmut auf das *Gesamt*einkommen nach Abzug von Steuern im Kontext des *Haushaltes* ankommt. Neben den Netto-Arbeitseinkommen müssen also auch – soweit vorhanden – weitere Einkommen berücksichtigt werden, die im Haushalt zusammen fließen. Eine niedrige individuelle Verdienstposition beinhaltet insofern ein „potenzielles" oder „latentes" Armutsrisiko, weil für den einzelnen Beschäftigten nicht sicher und absehbar ist, ob durch weitere Einkommenszuflüsse auf der Haushaltsebene ein Ausgleich eintritt.

Hinsichtlich der sozialpolitischen Rückwirkungen einer niedrigen Arbeitseinkommensposition muss bedacht werden, dass im deutschen Sozialversicherungssystem die Sozialeinkommen überwiegend eine Ersatzfunktion für die ausgefallenen Arbeitseinkommen wahrnehmen: Die Konstruktionsprinzipien der Sozialversicherung übertragen die relative Position in der Hierarchie der Erwerbseinkommen auch auf Phasen, in denen aufgrund allgemeiner Lebensrisiken der Erwerbseinkommensbezug unterbrochen oder beendet ist (vgl. Pkt. 6.3 dieses Kapitels). Damit ist die Wahrscheinlichkeit hoch, dass eine untere Position im Erwerbsleben auch auf Phasen der Nichterwerbsarbeit übertragen wird und sich im gesamten Lebenseinkommen niederschlägt.

Schließlich ist bei der Analyse der Folgen eines niedrigen Arbeitseinkommens die individuelle Einkommensposition auch im *Zeitverlauf* zu berücksichtigen. Eine lediglich kurzfristige Verweildauer im Niedriglohnbereich, ist anders zu bewerten – auch im Hinblick auf die Leistungsanwartschaften im Sozialversicherungssystem – als ein mehr oder minder dauerhafter Verbleib in der unteren Stufe der Berufs- und Einkommenshierarchie. *Dynamische* Analysen von beruflicher Stellung und individueller Einkommensposition im Verlauf der Erwerbsbiographie machen jedoch deutlich, dass sich die Berufs- und Einkommensmobilität in einem engen Rahmen bewegt und die viel zitierte „Karriere vom Tellerwäscher zum Millionär" nach wie vor nur eine Ausnahme ist. Vorliegende Längsschnittuntersuchungen haben vielmehr gezeigt, dass Benachteiligungen beim Berufseintritt im gesamten Erwerbsleben nachwirken.

2.4 Haushaltseinkommen

2.4.1 Zusammentreffen von Markt- und Sozialeinkommen

Wenn niedrige Löhne nicht mit einer schlechten Versorgungslage gleichzusetzen sind, und auch umgekehrt ein hohes Arbeitseinkommen noch kein Garant für eine gute Versorgungslage ist, dann liegt der Grund für diese Offenheit der Beziehung zwischen individuellem Arbeitseinkommen und Lebensstandard darin, dass

- zur Beurteilung der Höhe des persönlichen Einkommens neben dem Arbeitseinkommen auch *Gewinne, Dividenden, Zinsen, Mieteinnahmen* usw. zu berücksichtigen sind. Auch selbst genutztes *Wohneigentum* stellt eine Art Einkommen dar. Hinzu kommen private Unterhaltszahlungen und – als Ergebnis der Sozialpolitik – die Sozialeinkommen. Sie werden gerade dann gezahlt, wenn das Arbeitseinkommen gering ist oder ganz fehlt. Im Gegenzug werden die Bruttoeinkommen um die direkten Steuern und Sozialversicherungsbeiträge gemindert.

- die weit überwiegende Zahl der Menschen nicht allein, sondern gemeinsam mit Partnern und/oder Kindern in einem *Mehrpersonenhaushalt* lebt (vgl. Bd. II, Kap. „Familie", Pkt. 3.1). Vom dem persönlichen Einkommen müssen also womöglich mehrere Personen leben. In einem Mehrpersonenhaushalt wiederum fließen aber häufig auch mehrere persönliche Einkommen zusammen.

Was also für die Bestimmung der Einkommenslage zählt, ist das *verfügbare* Einkommen auf der Ebene des *Haushalts*, der eine Einkommens- und zugleich Verbrauchsgemeinschaft darstellt. Zusammenzurechnen sind

- die Bruttoerwerbs- und -vermögenseinkommen aller Art,

- der Saldo von empfangenen sozialstaatlichen Übertragungen (wie Renten, Arbeitslosengeld I, Arbeitslosengeld II, Krankengeld, Kindergeld, Elterngeld usw.) mit den geleisteten Übertragungen in Form von direkten Steuern und Pflichtbeiträgen zur Sozialversicherung,
- privatrechtliche Unterhaltszahlungen, die empfangen oder geleistet werden.

In einer *Querschnittbetrachtung* lässt sich zeigen, aus welcher Einkommensart die Menschen in Deutschland *überwiegend* ihren Lebensunterhalt bestreiten. Als *Haupt*einkommensquellen dienten nach Befunden des Mikrozensus 2005 für

- 40,4 % der Bevölkerung das Einkommen aus eigener Erwerbstätigkeit,
- 29,2 % der Bevölkerung der Unterhalt durch Angehörige,
- 22,1 % der Bevölkerung Renten und Pensionen und für
- 5,5 % der Bevölkerung Arbeitslosengeld I und Arbeitslosengeld II.

Tabelle III.8:

Bevölkerung nach Quellen des überwiegenden Lebensunterhalts 1991 und 2005

Quelle des überwiegenden Lebensunterhalts	April 1991	April 2005
	%	%
Erwerbstätigkeit	44,5	40,4
Arbeitslosengeld/-hilfe	2,2	5,5
Unterstützung durch Angehörige	31,4	29,2
Renten, Pension	18,7	22,1
Sonstiges	3,2	2,8

Quelle: Statistisches Bundesamt, Leben und Arbeiten in Deutschland – Mikrozensus 2005, Wiesbaden 2006.

Wie aus Tabelle III.8 zu erkennen ist, hat in den letzten Jahren die Bedeutung der Einkommenserzielung aus Erwerbstätigkeit abgenommen. Verantwortlich dafür ist neben der Arbeitslosigkeit der Trend zur Frühverrentung und zur Verlängerung der Ausbildungsphase. Der begrenzte Stellenwert der Arbeitseinkommen als Hauptein-kommensquelle sollte freilich nicht fehl interpretiert werden. Denn nach wie vor kommt den Arbeitseinkommen die bestimmende Funktion zu. Bei den Sozialein-kommen handelt es sich nämlich weit überwiegend um Leistungen der Sozialversi-cherung, die durch das versicherungsrechtliche Äquivalenzprinzip in ihrer Höhe vom früheren Arbeitseinkommen abhängig sind. Auch der Unterhalt im Familien-verbund ist in seiner Höhe unmittelbar an das Arbeitseinkommen des Hauptverdie-ners gekoppelt.

Die Einkommenslage auf der Ebene des *Haushalts* setzt sich durch einen *Mix* unterschiedlicher Einkommensarten zusammen. Je nach Haushaltskonstellation sowie Lebenslage und Lebensphase fällt dieser Einkommensmix unterschiedlich aus: Erwerbseinkommen haben in Haushalten, in denen zumindest ein Partner (vollzeitig) erwerbstätig ist, das entscheidende Gewicht, während in Haushalten von Arbeitslosen die Bedeutung der Sozialeinkommen hoch ist. Dies gilt gleichermaßen für die Haushalte, in denen die ältere Generation lebt. In aller Regel fließen in diesen Haushalten mehrere Sozialleistungen zusammen. So können viele Rentnerhaushalte neben den Ansprüchen auf Alters- und Hinterbliebenenrenten aus der Gesetzlichen Rentenversicherung noch Ansprüche auf betriebliche Renten und auf Wohngeld geltend machen. Auch bei Haushalten, die überwiegend von Arbeitslosengeld II leben, kommen häufig mehrere Einkommen zusammen, da gemäß dem Nachrangprinzip nur dann geleistet wird, wenn alle anderen Einkommen (von Familienmitgliedern) und vorrangigen Sozialleistungen wie Kindergeld oder Unterhaltsvorschuss ausgeschöpft worden sind (vgl. Pkt. 7.3.2 dieses Kapitels).

Der *Saldo* aus empfangenen und geleisteten öffentlichen Übertragungen ist im Durchschnitt der Erwerbstätigenhaushalte negativ, d.h. die Gesamtsumme der Bruttoeinkommen liegt höher als das verfügbare Einkommen nach Umverteilung, da die Sozialeinkommen die Einkommensabzüge durch direkte Steuern und Beiträge nicht ausgleichen. Für diesen sog. negativen *Transfersaldo* gibt es gleich mehrere Gründe:

- Die Einkommensersatzleistungen der Sozialversicherung werden nur beim Eintritt des *Risikos* gezahlt. Nur wenn z.B. eine krankheitsbedingte Arbeitsunfähigkeit vorliegt und Krankengeld gezahlt wird, nimmt der Transfersaldo einen positiven Wert an. Das ist der Sinn einer auf den Risikoausgleich zielenden Versicherung.

- Die Erwerbstätigenhaushalte müssen über ihre Einkommensabzüge die Rentnerhaushalte finanzieren. Diese Einkommensumschichtung zwischen den Generationen darf aber nicht nur kurzfristig, d.h. in einer Periode betrachtet werden (Querschnittbetrachtung). In einer Längsschnittbetrachtung wird sichtbar, dass die Haushalte, die jetzt Beiträge zahlen, später Renten erhalten und dass diese umso höher sind, je höher die vorherigen Erwerbseinkommen waren. Diese *intertemporale Umverteilung* ist Folge der Lebensstandsicherungsfunktion der Sozialversicherung (vgl. Bd. II, Kap. „Alter").

- Aus den Beitrags- und Steuerabzügen werden nicht nur die monetären Transfers finanziert, die in die Haushalte zurückfließen, sondern auch die realen Transfers (z.B. die Sachleistungen der Krankenversicherung, soziale Dienste und Einrichtungen der Kommunen) und die allgemeinen Staatsausgaben (öffentliche Verwaltung, Bildungswesen, Verteidigung, Polizei usw.).

Bei den einzelnen Haushalten ist weder die Höhe des Gesamteinkommens noch dessen Zusammensetzung im Zeitablauf konstant. Typisch ist ein wechselhafter Verlauf. In (Ehe)Paarhaushalten kommt der Frage eine entscheidende Bedeutung zu, ob neben dem Mann auch die Frau erwerbstätig ist und zwei Erwerbseinkommen zusammenfließen. Werden Kinder geboren, mindert sich für die Phase der Elternzeit und häufig darüber hinaus das gemeinsame Erwerbseinkommen, wenn ein Partner – in der Regel die Frau – die Erwerbstätigkeit unterbricht oder einschränkt. Auf der anderen Seite ergeben sich Ansprüche auf Kindergeld sowie eventuell Elterngeld und Wohngeld, die die Verluste zwar nicht ausgleichen, aber doch mildern. Der wechselhafte Verlauf von Höhe und Struktur des Haushaltseinkommens wird darüber hinaus durch weitere Lebensereignisse wie Arbeitslosigkeit, Scheidung, Auszug der Kinder oder Übergang in die Phase des Ruhestandes geprägt.

2.4.2 Entwicklung und Struktur der Haushaltseinkommen

Nach den Ergebnissen der Volkswirtschaftlichen Gesamtrechnung des Statistischen Bundesamtes betrug 2005 das verfügbare Haushaltseinkommen in Deutschland im Durchschnitt 2.808 € im Monat (einschließlich fiktiver Mietanteile für die Nutzung einer Eigentümerwohnung). Allerdings sagt dieser Wert noch wenig aus über die Einkommenslage der *Personen*, die in den Haushalten leben. Da die Haushalte nämlich eine unterschiedliche Größe und Zusammensetzung aufweisen, führt die Betrachtung allein des Gesamteinkommens eines Haushalts zu falschen Schlussfolgerungen. So wird ein und dasselbe Haushaltseinkommen hinsichtlich des Lebensstandards anders zu bewerten sein, wenn lediglich eine Person damit ihren Lebensbedarf bestreitet, als wenn eine Haushaltsgemeinschaft mit zwei Erwachsenen und zwei Kindern davon leben muss. Erforderlich ist deshalb eine Umrechnung des Haushaltseinkommens auf die jeweiligen Haushaltsmitglieder. Aber auch Pro-Kopf-Einkommensgrößen erweisen sich als begrenzt aussagekräftig, da hier die unrealistische Annahme gemacht wird, dass jede Person in einem Haushalt den gleichen Einkommensbedarf hat. Tatsächlich weisen aber Kinder geringere Bedarfe als erwachsene Personen auf. Zudem wird nicht berücksichtigt, dass es beim gemeinsamen Wirtschaften mehrerer Personen zu Kostenvorteilen kommt (*Kostendegression* vor allem bei vielen Fixkosten).

Um die Einkommen von Haushalten unterschiedlicher Größe und Zusammensetzung miteinander vergleichbar zu machen, werden bei Verteilungsanalysen sog. *Äquivalenzziffern* verwendet, die sowohl die Bedarfsunterschiede zwischen Erwachsenen und Kindern als auch die Haushaltsgrößenersparnisse in Rechnung stellen. In Deutschland wird zumeist mit einer Äquivalenzskala gerechnet, bei der Alleinstehenden bzw. der Bezugsperson in Mehrpersonenhaushalten ein Gewicht von 1 zugeordnet wird, weiteren Haushaltsmitgliedern über 14 Jahren ein Gewicht von 0,7 und Kindern unter 15 Jahren ein Gewicht von 0,5. Diese Aufteilung entspricht in etwa den Regelsatzproportionen der Sozialhilfe bzw. der Grundsicherung (vgl. Pkt. 7.1.2 dieses Kapitels). Eine andere, gerade in europäischen Vergleichsrechnungen angewendete Äquivalenzskala (die sog. „neue OECD-Skala") unterstellt höhere Kostenersparnisse in Mehrpersonenhaushalten und bewertet die weiteren Haushaltsmitglieder mit einem Gewicht von 0,5 und Kinder unter 15 Jahren mit einem Gewicht von 0,3.

Wenn das verfügbare Haushaltsgesamteinkommen durch die Summe der Gewichte der Haushaltsmitglieder dividiert wird, ergibt sich das bedarfsgewichtete Pro-Kopf-Einkommen als personeller Wohlstandsindikator. Es wird auch als *Nettoäquivalenzeinkommen* bezeichnet.

Tabelle III.9:

Netto-Einkommen im Monat je Verbrauchereinheit (Nettoäquivalenzeinkommen) nach Haushaltsgruppen 1991 - 2005

	1991		1995		2000		2005	
	€	in %	€	in %	€	in %	€	in %
Privathaushalte insgesamt	1.192	100	1.367	100	1.508	100	1.633	100
Einpersonenhaushalte	1.175	98,6	1.383	101,1	1.500	99,5	1.642	105,5
Fünfpersonenhaushalte	1.033	86,7	1.125	82,3	1.242	82,3	1.308	80,1
Selbstständigenhaushalte	2.892	242,6	3.283	240,2	3.792	251,4	4.408	270,0
Beamtenhaushalte	1.333	111,9	1.508	110,3	1.667	110,5	1.817	111,2
Angestelltenhaushalte	1.267	106,3	1.483	108,5	1.642	108,9	1.750	107,2
Arbeiterhaushalte	959	79,7	1.058	77,4	1.175	77,9	1.233	75,5
Arbeitslosenhaushalte	742	62,2	833	61,0	850	56,4	-	53,9[1]
Sozialhilfeempfänger-haushalte	492	41,2	575	42,1	592	39,2	-	40,9[1]
Rentnerhaushalte	975	81,8	1.133	82,9	1.183	78,5	-	75,1[1]
Pensionärshaushalte	1.325	111,2	1.475	107,9	1.558	103,3	-	101,1[1]

1) für 2005 kein differenzierter Ausweis der Nichterwerbstätigenhaushalte; hilfsweise die Relation aus dem Jahr 2004.
Äquivalenzziffern nach der alten OECD-Skala: 1,0 für den ersten Erwachsenen im Haushalt, 0,7 für jede weitere Person und 0,5 für Kinder unter 15 Jahren
Quelle: Statistisches Bundesamt, Nettoeinkommen nach Haushaltsgruppen, Wiesbaden 2006.

Tabelle III.9 zeigt, dass (auf der Basis der alten OECD-Skala) das bedarfsgewichtete Pro-Kopf-Einkommen im Jahr 2005 in Gesamtdeutschland bei durchschnittlich 1.633 € lag. Von 1991 bis 2005 errechnet sich ein Zuwachs von nominal 37 %. Nach Abzug der Preissteigerungen verblieb allerdings lediglich eine reale Einkommenserhöhung von 2 %.

Haushaltseinkommen und soziale Stellung

Untergliedert man die Haushalte nach sozialen Gruppen, werden erhebliche Abweichungen nach oben und unten sichtbar:

- Personen, die in *Selbstständigenhaushalten* leben, stehen mit weitem Abstand an der Spitze der Einkommenshierarchie. Sie erhielten 2005 ein bedarfsgewichtetes Pro-Kopf-Einkommen, das das Einkommen in allen Haushalten um das 2,7fache (270 %) überstieg.

- Unter den Arbeitnehmerhaushalten kommt den *Angestellten- und Beamtenhaushalten* mit 107,2 % bzw. 111,2 % eine leicht überdurchschnittliche Position zu; das bedarfsgewichtete Pro-Kopf-Einkommen in *Arbeiterhaushalten* beträgt hingegen nur 75,5 % des entsprechenden Einkommens aller Haushalte.

- Eine durchschnittliche Einkommensposition haben Pensionärshaushalte mit 101 %, während Rentnerhaushalte schlechter gestellt sind und mit 75,1 % das Durchschnittseinkommen aller Haushalte unterschreiten.

- Am unteren Ende der Einkommensskala rangieren eindeutig die Haushalte von Arbeitslosen und von Sozialhilfeempfängern (Daten für 2004): In Arbeitslosenhaushalten erreicht das Nettoäquivalenzeinkommen nur etwa die Hälfte (53,9 %) des entsprechenden bedarfsgewichteten Einkommens aller Haushalte. Noch schlechter ist die Lage der Menschen, die in Sozialhilfeempfängerhaushalten leben. Hier liegt die Einkommensposition bei gerade 40,9 % des Durchschnitts.

Im Ergebnis lässt sich erkennen, dass Erwerbstätigenhaushalte in aller Regel deutlich besser gestellt sind, als jene Haushalte, die überwiegend auf Sozialleistungen angewiesen sind. Dies gilt insbesondere dann, wenn auf Arbeitslosengeld und -hilfe oder Sozialhilfe zurückgegriffen werden muss. Die vielfach geäußerte These, ohne Arbeit lebe man finanziell mindestens ebenso gut wie mit Arbeit (vgl. Pkt. 7.1.3 dieses Kapitels), findet auf der Ebene der Haushaltseinkommen keine empirische Bestätigung. Gut versorgt sind hingegen Ruheständlerhaushalte und hier in erster Linie die Bezieher von Beamtenpensionen (vgl. dazu auch Bd. II, Kap. „Alter", Pkt. 9.2).

Auffällig ist, dass durch den sozialstaatlichen Umverteilungsprozess die Ungleichheiten der Primärverteilung auf der Ebene der Erwerbstätigenhaushalte, insbesondere was die Unterschiede zwischen den Einkommen aus selbstständiger und abhängiger Arbeit betrifft, keinesfalls eingeebnet werden. Dies ist im Wesentlichen Folge des Tatbestands, dass sich die (relativen) Belastungen durch Sozialversicherungsbeiträge und durch direkte Steuern bei steigendem Einkommen lediglich schwach erhöhen (zu den Verteilungswirkungen des Steuersystems vgl. Pkt. 4.1 dieses Kapitels):

- Die Belastung durch Sozialversicherungsbeiträge wirkt tendenziell *regressiv*, da in die Bemessungsgrundlage für die Abzüge nur bestimmte, nämlich die sozialversicherungspflichtigen Einkommen eingehen. Zudem werden durch die Beitragsbemessungsgrenze höhere Einkommen begünstigt (vgl. Pkt. 6.3 dieses Kapitels). Zwar berechnen sich die späteren Geldleistungen der Sozialversicherung auch nur an dem Einkommen bis zur Höhe der Beitragsbemessungsgrenze, so dass in längerfristiger Perspektive die regressive Verteilungswirkung vermieden wird; bei den Sach- und Dienstleistungen der Sozialversi-

cherung hingegen, die unabhängig von der Beitragshöhe, also nach dem Be-
darfs- und nicht nach dem Äquivalenzprinzip, vergeben werden, greift diese
Leistungsbegrenzung jedoch nicht. Beitragsfrei sind Beamte und der überwiegende Teil der Selbstständigen, wobei allerdings zu beachten bleibt, dass die
Selbstständigen ihre private soziale Vorsorge, z.B. Prämien für Privatversicherungen, aus laufendem Einkommen finanzieren müssen.

- Der Tarifverlauf der Einkommensteuer ist zwar durch einen *Progressionseffekt*
  gekennzeichnet, und niedrige Einkommen bleiben im Rahmen des Grundfreibetrags steuerfrei. Die *tatsächliche* Steuerbelastung höherer Einkommen liegt
  aber deutlich unter der „theoretischen" Steuerbelastung nach dem Steuertarif
  (vgl. Pkt. 4.1 dieses Kapitels), da von Steuervergünstigungen Gebrauch gemacht werden kann und das steuerpflichtige Einkommen in der Regel niedriger liegt als das tatsächliche Einkommen.

Schichtung der Haushaltseinkommen

Bei der Analyse der Haushaltseinkommen nach sozialen Gruppen werden gruppen-
spezifische Durchschnittseinkommen miteinander verglichen. Durchschnittswerte
haben allerdings den Nachteil, die große Spannweite zwischen hohen und niedrigen Einkommen einzuebnen. Will man mehr über die Einkommens*verteilung* wissen, ist es notwendig, die Abweichungen von den Mittelwerten zu erfassen. Erst
dann lässt sich feststellen, wie stark die Bevölkerungsanteile besetzt sind, die mit
ihren bedarfsgewichteten Pro-Kopf-Einkommen den Durchschnittswert über- oder
unterschreiten.

In Tabelle III.10 werden die Einkommen in mehrere Einkommensklassen zer-
gliedert, so dass sich Bruchteile bzw. Vielfache des Durchschnittseinkommens
erkennen lassen. Datenbasis ist hier das Sozio-Oekonomische Panel, eine repräsentative Haushaltsstichprobe, bei der im jährlichen Turnus ein weitgehend identischer
Personenkreis befragt wird, so dass neben Analysen der Einkommensverteilung
auch Untersuchungen zur Einkommens*mobilität* möglich sind.

Von besonderem sozialpolitischen Interesse sind dabei die unteren Einkommensklassen: In die unterste Klasse fallen die Personen, die mit ihrem Einkommen
die Schwelle von 50 % des durchschnittlichen Nettoäquivalenzeinkommens (alte
OECD-Skala) noch unterschreiten. Der Schwellenwert von 50 % wird üblicherweise als Armutsgrenze bezeichnet. Wer noch nicht einmal die Hälfte des Durchschnittseinkommens erreicht, kann (relativ gesehen) als einkommensarm gelten
(vgl. dazu ausführlich Pkt. 8.2 dieses Kapitels). An der Spitze der Rangfolge stehen
jene Personen, die über mehr als das Doppelte des durchschnittlichen Nettoäquivalenzeinkommens verfügen, ihre Einkommensposition kann als „höherer Wohlstand" bezeichnet werden. Die Daten zeigen, dass die Verteilung der bedarfsge-
wichtet modifizierten pro Kopf Haushaltseinkommen durch eine große Spannweite
der Einkommen nach oben und unten gekennzeichnet ist. Fast zwei Drittel der Bevölkerung (60,7 %) verfügten 2005 über weniger als die Hälfte des durchschnittli-

chen Nettoäquivalenzeinkommens. 10,6 % der Bevölkerung können nach dieser Berechnung als einkommensarm gelten.

Tabelle III.10:

Schichtung der Bevölkerung nach relativen Positionen der Haushaltseinkommen 1991 - 2005

	Verfügbares Haushaltseinkommen im Monat						
	1991 in %	1994 in %	1997 in %	2000 in %	2003 in %	2004 in %	2005 in %
> 200 %: Höherer Wohlstand	4,0	3,9	3,4	3,3	4,4	4,3	4,2
150 – 200 %: Relativer Wohlstand	8,2	8,3	7,6	8,9	8,1	7,8	8,4
125 – 150 %: Gehobene Einkommenslage	10,9	9,6	10,1	10,9	9,6	9,9	10,1
100 – 125 %: Mittlere bis gehobene Einkommenslage	17,1	18,0	18,3	15,1	17,6	16,9	16,7
75 – 100 %: Untere Einkommenslage	25,0	27,4	28,8	30,3	25,7	26,7	26,3
50 – 75 %: Pekärer Wohlstand	25,4	24,6	23,9	22,7	23,7	23,7	23,8
0 – 50 %: Relative Armut	9,3	8,3	7,9	8,8	10,8	10,6	10,6

Datenbasis: Sozio-Oekonomisches Panel
Quelle: Goebel, J., Habich, R., Krause, P., Einkommen: Verteilung, Angleichung, Armut und Dynamik, in: Statistisches Bundesamt, Datenreport 2006, Wiesbaden 2007.

Wie schon bei der Analyse der Arbeitseinkommen erwähnt, dürfen Verteilungsrelationen nicht nur zu einem bestimmten Zeitpunkt betrachtet werden. Denn bei Berücksichtigung des Zeitverlaufs zeigt sich, dass die Einkommensklassen nicht immer von denselben Personen bzw. Haushalten besetzt sind, sondern dass es auf der Einkommensskala Auf- und Abwärtsprozesse gibt. Eine Aufwärtsentwicklung des Haushaltseinkommens kann beispielsweise durch eine berufliche Karriere, aber auch durch Überwindung von Arbeitslosigkeit oder – wenn die Kinder älter geworden sind – durch den beruflichen Wiedereinstieg der Frau ausgelöst werden. Für eine Verschlechterung der Einkommensposition können z.B. der Eintritt von (Langzeit)Arbeitslosigkeit, berufliche Abstufungen oder die Geburt von Kindern verantwortlich sein. Insbesondere Versorgung und Erziehung von (mehreren) Kindern erweisen sich als ein Grund für Einkommens- und Wohlstandseinbußen (vgl. Bd. II, Kap. „Familie", Pkt. 5). Aus den Befunden des Sozio-Oekonomischen Pa-

nels lässt sich entnehmen, dass die Einkommensmobilität ausgeprägt und ein dauerhaftes Verweilen von Haushalten in einer Einkommensklasse eher selten ist. Dies
gilt auch für die langfristige Betroffenheit von Einkommensarmut (vgl. Pkt. 8.2
dieses Kapitels). Die Auf- und Abwärtsentwicklung bewegt sich jedoch weit überwiegend zwischen den angrenzenden Einkommensklassen. Die Chancen, vom unteren bis in den oberen Einkommensbereich zu gelangen, sind gering.

2.4.3 Haushaltseinkommen und individuelle Wohlstandsposition

Die skizzierten Daten über die individuelle Einkommensposition bieten einen lediglich begrenzten Einblick in die Einkommensverteilung der Bevölkerung. Zum
einen ist die Datenlage unzureichend. Zum anderen muss beachtet werden, dass die
bedarfsgewichteten Pro-Kopf-Einkommen lediglich ein rechnerisches Konstrukt
sind, das den systematischen Vergleich der unterschiedlichen Haushaltseinkommen
nach Haushaltsgrößen ermöglicht. So wird bei der Umrechnung des Haushaltseinkommens auf das Pro-Kopf-Einkommen unterstellt, dass *sämtliche* Einkommen der
Haushaltsmitglieder in den gemeinsamen Pool einfließen. In der Realität kann sich
das Gegenteil vollziehen, wenn etwa der Hauptverdiener einen bestimmten Teil
seines Verdienstes vorab für sich reserviert. Unterstellt wird des Weiteren, dass die
einfließenden Einkommen derart verwendet werden, dass alle Haushaltsmitglieder
das gleiche Wohlstandsniveau erreichen Auch hier ist davon auszugehen, dass diese *Wohlstandsgleichverteilungs-Annahme* in der Realität keinesfalls automatisch
gegeben ist. Vielmehr dürfte es wahrscheinlich sein, dass sich einzelne Haushaltsmitglieder besser, andere dafür schlechter stehen.

Aber auch dann, wenn sich die Annahmen der Verteilungsanalysen als zutreffend erweisen sollten, ist eine weitere Einschränkung zu machen. Bei der Bewertung der Wohlfahrtslage muss in Rechnung gestellt werden, mit welchem zeitlichen *Aufwand* und welchen körperlichen und psychischen *Belastungen* die Einkommen erzielt werden. So ist eine bestimmte Einkommensposition, die nur durch
Überstunden, Wochenend- und/oder Nachtarbeit oder Zuschläge für körperliche
Belastungen erreicht wird, sicherlich anders zu bewerten als die selbe Einkommensposition, die sich allein durch Vermögenserträge, also durch arbeitsfreies Einkommen, ergibt. Zu unterscheiden ist auch, ob zu einem bestimmten Haushaltseinkommen das Erwerbseinkommen nur einer Person, typischerweise des Ehemannes,
beiträgt, oder ob zur Erzielung des gleichen Einkommens auch die Erwerbstätigkeit
weiterer Familienmitglieder erforderlich ist. Ist auch die Ehefrau berufstätig und
sind gleichzeitig Kinder zu versorgen, müsste das erzielte Einkommen mit den
Ausgaben saldiert werden, die *infolge* der Verknüpfung von Berufsausübung und
Familienarbeit *zusätzlich* anfallen, z.B. Kosten für die Kinderbetreuung.

Schließlich darf bei einem Vergleich der individuellen Wohlfahrtspositionen
die (kostenlose) Inanspruchnahme der Angebote der öffentlichen Infrastruktur sowie
sozialpolitischen Sach- und Dienstleistungen nicht ausgeklammert werden. Ein
Problem ist allerdings, dass sich diese Realtransfers den Individuen oder Haushalten

nur schwer zuordnen lassen. Da die Inanspruchnahme von Sach- und Dienstleistungen und die Nutzung öffentlicher Einrichtungen nicht von der Höhe der Steuer und Beitragszahlung abhängig sind, sondern bedarfsbezogen erfolgen, könnte man erwarten, dass reale Transfers annähernd gleich verteilt werden. Doch gibt es eine Fülle von empirischen Belegen, die darauf hinweisen, dass gerade einkommensschwache Bevölkerungsgruppen von den Realtransfers unterproportional profitieren. Hierbei handelt es sich um ein komplexes ökonomisches und sozialkulturelles Problem, dessen Ursachen an einzelnen Beispielen zu verdeutlichen sind. Eine sozial selektive Inanspruchnahme öffentlicher Güter und Dienste ist u.a. eine Folge von

- fehlenden formalen Voraussetzungen, da z.B. der Besuch einer Hochschule eine Hochschulzugangsberechtigung (Abitur) voraussetzt;
- fehlenden finanziellen Voraussetzungen, wenn z.B. eine weiterführende Ausbildung an einer unzureichenden Ausbildungsförderung scheitert oder die Benutzung öffentlicher Kultureinrichtungen (Theater) durch die zwar subventionierten, aber immer noch hohen Eintrittspreise verhindert wird;
- selektiven Angebotsstrukturen, wenn sich z.B. die medizinische, schulische und weitere infrastrukturelle Versorgung in „besseren" Wohnvierteln und Stadtteilen konzentriert,
- mangelnder Bedarfsartikulation bestimmter Bevölkerungsgruppen aufgrund von Informationsdefiziten oder eines schichtdifferenten Verhaltens (soziale Distanz gegenüber Ärzten oder Lehrern, soziale Unterschiede im Umgang mit Krankheiten).

2.5 Vermögensverteilung

Von zentraler Bedeutung für die materielle Lebenslage der Bevölkerung ist neben dem laufenden Einkommen die Verfügung über Vermögen. Vermögen dient als Quelle für ein arbeitsfreies Einkommen, wenn den Inhabern der Vermögenstitel Zinsen, Dividenden oder Mieten zufließen. Sachvermögen hat einen Nutzungswert, und Wohneigentum ersetzt Mietzahlungen. Vermögen kann schließlich durch Verkauf verwertet und dem laufenden Konsum zugefügt werden. Insgesamt ist die Verfügung über Vermögen ein Indikator für Wohlstand und Unabhängigkeit. Nicht zuletzt gehen von einem großen persönlichen Vermögen wirtschaftliche und politische Macht aus.

Trotz dieser hohen gesellschaftlichen Bedeutung, die dem Vermögensbesitz zukommt, ist die Kenntnis über Niveau und Verteilung der privaten Vermögensbestände äußerst unzureichend. Empirische Daten über die Vermögensverteilung sind noch lückenhafter, unzuverlässiger und in der Regel älter, als dies bei der Einkommensverteilung der Fall ist. Daten über die Verteilung des Produktiv- bzw. Betriebsvermögens auf Haushalte oder Personen liegen überhaupt nicht vor. Dies ist vor allem eine Folge des Umstands, dass es eine amtliche Vermögenserfassung nicht gibt und dass bei Haushaltsbefragungen die Frage nach den Vermögensbeständen eine äußerst sensible ist – Antwortverweigerungen oder Fehlangaben sind gängige Reaktionen.

Das Vermögen der privaten Haushalte lässt sich nach folgenden Vermögensarten untergliedern:

- Gebrauchsvermögen,
- Geldvermögen,
- Immobilienvermögen und
- Betriebsvermögen (Eigentum bzw. Eigentumsanteile an Unternehmen, Aktien).

Auf der Grundlage der Daten aus der Einkommens- und Verbrauchsstichprobe kommt die Bundesregierung in ihrem zweiten Armuts- und Reichtumsbericht zu dem Ergebnis, dass die Vermögensbestände (ohne Betriebsvermögen) in einem extremen Maße ungleich verteilt sind und sich auf wenige Haushalte konzentrieren (vgl. Abbildung III.2): Im Jahr 2003 vereinigten die obersten 20 % der Haushalte (fünftes Fünftel) 67,5 % der gesamten Vermögensbestände auf sich. Das unterste Fünftel aller Haushalte besaß demgegenüber überhaupt kein Vermögen, sondern war durch Verschuldung belastet. Im Vergleich zu 1993 hat sich diese Disproportion sogar noch verschärft.

Abbildung III.2:

Verteilung der Nettovermögen nach Fünfteln der Haushalte 1993 und 2003

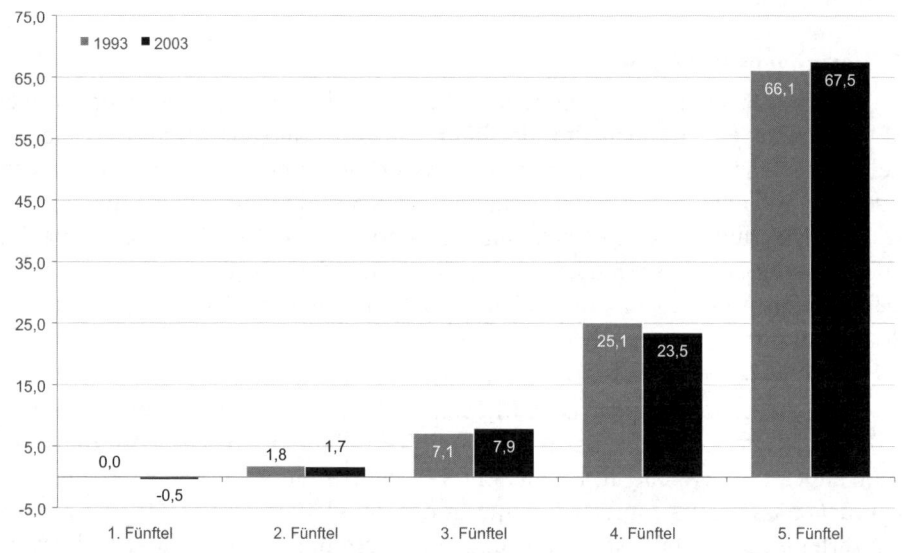

Datenbasis: EVS, ohne Produktiv- und Gebrauchsvermögen

Quelle: 2. Armuts- und Reichtumsbericht der Bundesregierung, Bundestagsdrucksache 15/5015, Berlin 2005.

Wenig überraschend ist der Befund, dass die Höhe des *Geldvermögens* eng von der Höhe des laufenden Haushaltseinkommens und vom Lebensalter abhängt (vgl. Abbildung III.3). Durch *Erbschaften* wird diese Ungleichverteilung nicht eingeebnet, sondern fortgesetzt, da der Sozial- und Einkommensstatus der erbenden Kinder nicht wesentlich von dem ihrer Eltern abweicht. Nach sozialen Gruppen betrachtet sind es insbesondere die Selbstständigenhaushalte, die hohe Vermögensbestände aufweisen: Im Jahr 2003 waren dies im Schnitt 296.900 €. Auch die Pensionärshaushalte sind mit einem durchschnittlichen Vermögenswert von 252.400 € gut gestellt. Rentner-, Arbeitnehmer- und vor allem Arbeitslosenhaushalte fallen demgegenüber mit 129.200 €, 120.100 € und 48.2000 € weit zurück. Der Anteil der Haushalte, die überhaupt kein Vermögen haben, ist in diesen Gruppen besonders groß.

Abbildung III.3:

**Durchschnittliches Nettovermögen nach sozialen Gruppen
1993 und 2003**

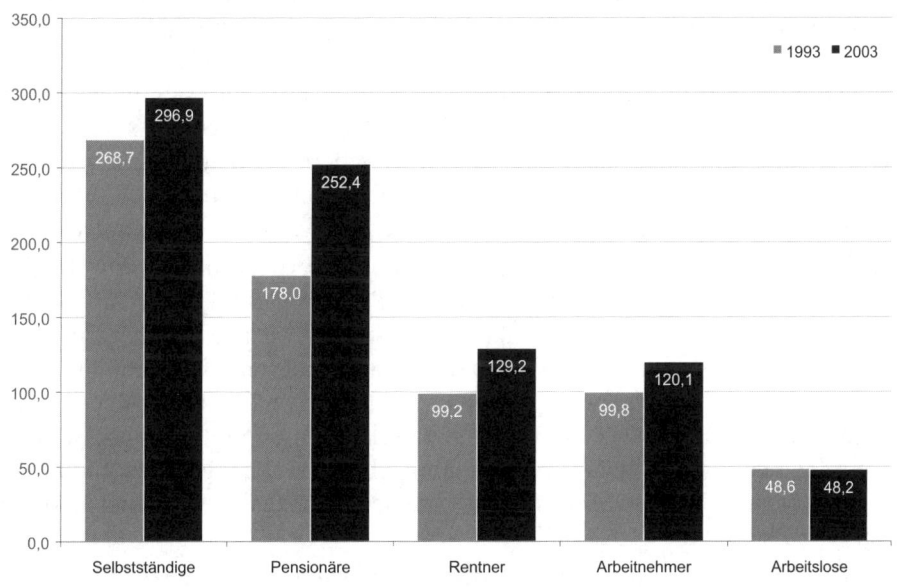

Datenbasis: EVS, ohne Produktiv- und Gebrauchsvermögen
Quelle: 2. Armuts- und Reichtumsbericht der Bundesregierung, Bundestagsdrucksache 15/5015, Berlin 2005.

Diese Vermögenskonzentration dürfte beim *Betriebsvermögen* noch deutlicher ausfallen. Beim *Immobilieneigentum* zeigt sich hingegen eine etwas gleichmäßigere Struktur: In den alten Bundesländern verfügte Anfang 2003 immerhin knapp die Hälfte der Haushalte (45,6 %) über Wohneigentum, in den neuen Bundesländern war es ein Drittel (31,7 %). Berücksichtigt man allerdings den *Wert* der Immobilien

(Verkehrswert), dann zeigt sich auch hier eine weit größere Spannweite: So kumulierten sich 46 % des Verkehrswertes des Haus- und Grundbesitzes auf 10 % der Haushalte; allein die obersten 3 % der Haushalte besaßen 20 % des Verkehrswertes.

3   Arbeitseinkommen und Tarifverträge

3.1 Tarifpolitik im System der industriellen Beziehungen

Für die Bestimmung von Niveau und Struktur der Einkommen aus abhängiger Beschäftigung ist in Deutschland das Tarifvertragswesen von zentraler Bedeutung. Den Hintergrund für die Verlagerung des Lohnfindungsprozesses von der Ebene individueller auf die Ebene kollektiver Vereinbarungen zwischen Gewerkschaften und Arbeitgebern bildet die Einsicht, dass Einzelvereinbarungen nach den Gesetzen des „freien" Tausches der Arbeitskraft (Arbeitsvertragsfreiheit) zu einem strukturellen Macht- und Verhandlungsungleichgewicht zwischen Arbeitgebern und Beschäftigten führen (vgl. Kap. „Arbeit und Arbeitsmarkt", Pkt. 3.1.1). Durch den Zusammenschluss der ArbeitnehmerInnen in Interessengemeinschaften (Gewerkschaften) wird dieses Ungleichgewicht begrenzt. Tarifvertragliche Regelungen bestimmen gegenwärtig die Lohnfindung von rund zwei Drittel sämtlicher abhängig Beschäftigten. Tarifverträge werden in Deutschland als allgemeines Regelungsinstrument der Entlohnung auch von den Arbeitgebern anerkannt. Das war nicht immer so und musste von den Gewerkschaften erst erstritten werden: Vor dem Ersten Weltkrieg galten Tarifverträge für höchstens 10 % aller Beschäftigten.

In Deutschland bleibt es allein den Tarifvertragsparteien überlassen, die Entlohnung kollektiv zu vereinbaren. Gesetzliche Regelungen zur Bestimmung von Höhe und Verteilung der Arbeitseinkommen, spielen bislang kaum eine Rolle. Zwar gibt es ein Gesetz über die Festsetzung von Mindestarbeitsbedingungen aus dem Jahre 1952, es wurde allerdings bislang nicht angewendet. In der überwiegenden Mehrzahl der Mitgliedsländer der Europäischen Union gibt es dagegen neben Tarifverträgen auch gesetzliche Mindestlohnregelungen. Dazu gehören u.a. Frankreich, Niederlande, Belgien, Luxemburg, Spanien, Portugal, Irland und Großbritannien (vgl. Pkt. 3.9 dieses Kapitels).

Tarifverträge sind in der Regel Verträge, die sich auf eine ganze Branche beziehen und regional gegliedert sind. Das heißt, dass die Lohnfindung – und die damit zwangsläufig verbundenen Konflikte – nicht in jedem einzelnen Betrieb stattfindet, sondern überbetrieblich geregelt wird. Kollektivvertragliche Regelungen durch Tarifverträge fixieren Mindestbedingungen, die im Einzelarbeitsvertrag oder durch ergänzende betriebliche Regelungen (Betriebsvereinbarungen) zwar überschritten, aber nicht unterschritten werden dürfen (*Günstigkeitsprinzip*).

Tarifverträge regeln nicht nur Niveau und Struktur des Arbeitsentgelts. Verhandlungsgegenstand sind auch unterschiedliche Fragen des Arbeitsverhältnisses und der Arbeitsbedingungen; die Spannweite reicht von der Probezeit zu Beginn eines Arbeitsverhältnisses über die Urlaubsdauer, die Tages- und Wochenarbeitszeit bis hin zur Festlegung der Kündigungsfristen. Arbeitsverhältnis und Arbeitsbedingungen wirken auf Niveau und Struktur der Entlohnung zurück. Dies gilt insbesondere für die Festlegung der Arbeitszeiten, denn die Höhe des Arbeitsentgelts ergibt sich aus dem Produkt von (Stunden)Lohnsatz und Arbeitszeit. Die tarifvertraglich vereinbarte Wochenarbeitszeit ist damit eine wichtige Bestimmungsgröße für das Einkommen.

Der hohe Rang der Tarifautonomie im deutschen System der Arbeitsbeziehungen lässt sich aus der im Artikel 9 Absatz 3 des Grundgesetzes verankerten Koalitionsfreiheit ableiten. Dort heißt es: „Das Recht, zur Wahrung und Förderung der Arbeits- und Wirtschaftsbedingungen Vereinigungen zu bilden, ist für jedermann und für alle Berufe gewährleistet." Die Koalitionsfreiheit soll die abhängig Beschäftigten in die Lage versetzen, sich gleichberechtigt an der Gestaltung der Arbeits- und Wirtschaftsbedingungen zu beteiligen. Das Grundrecht auf Koalitionsfreiheit gilt nicht nur für den Einzelnen, es schützt auch den Zusammenschluss selbst, d.h. die Koalition und deren Betätigung. Der autonomen Regelung der Arbeits- und Wirtschaftsbedingungen durch die Tarifvertragsparteien wird damit absolute Priorität eingeräumt. Die Tarifautonomie ist Ausdruck der besonders hervorgehobenen Stellung der Tarifparteien im Grundgesetz. Die Rahmenbedingungen und Anforderungen an die Tarifparteien und die Tarifverträge werden im *Tarifvertragsgesetz* (TVG) formuliert. Gesetzliche Regelungen zu Streik und Aussperrung fehlen ganz. Die entscheidenden Beschränkungen und Begrenzungen ergeben sich aus der umfänglichen Rechtsprechung der vergangenen Jahrzehnte. Das Richterrecht ist die entscheidende Rechtsquelle im Bereich des kollektiven Arbeitsrechts.

3.2 Die Rolle von Arbeitgeberverbänden, Gewerkschaften und Staat

Das System der Tarifpolitik in Deutschland wird maßgeblich von den Arbeitgeberverbänden und den Gewerkschaften bestimmt. Ihr Organisationszuschnitt und ihre konkreten Aufgaben weisen spezifische Strukturen auf, die sie von den entsprechenden Verbänden in den übrigen europäischen Ländern zum Teil deutlich unterscheiden.

Die privaten Unternehmen verfügen in Deutschland über drei unterschiedliche Systeme der Interessenorganisation:

- Die *Unternehmerverbände* vertreten vorrangig die wirtschaftlichen und politischen Interessen gegenüber Regierung und Parlament sowie der Öffentlichkeit. Sie sind im Bundesverband der deutschen Industrie (BDI) zusammengeschlossen.

- Die *Industrie- und Handelskammern* bzw. *Handwerkskammern* nehmen als öffentlich-rechtliche Einrichtungen die wirtschaftspolitischen Belange auf lokal-regionaler Ebene wahr. Sie erfüllen z.T. auch staatlich zugewiesene Aufgaben. Die Mitgliedschaft ist zwingend. Es besteht Beitragspflicht.

- Die *Arbeitgeberverbände* nehmen im Wesentlichen die sozialpolitische Interessenvertretung der Unternehmen wahr und sind insofern auch für die Tarifpolitik zuständig.

In der *Bundesvereinigung der Deutschen Arbeitgeberverbände* (BDA) sind 54 Branchenverbände zusammengeschlossen, die ihrerseits bis zu 20 Mitgliedsverbände und mehr repräsentieren. Die politische Willensbildung bei der BDA erfolgt neben den Fachverbänden auch über die 14 Landesvereinigungen, die ihrerseits die regional bestehenden Fachverbände vertreten. Die BDA erfüllt auf tarifpolitischem Gebiet eine allgemeine Koordinierungsfunktion, schließt aber selber keine Tarifverträge ab, denn dies ist die Aufgabe der Fachverbände. Die wesentlichen Richtlinien sind einem „Katalog der zu koordinierenden lohn- und tarifpolitischen Fragen" niedergelegt, der in gewissen Abständen aktualisiert wird. Von großer politischer Bedeutung innerhalb der BDA sind die Spitzenverbände der Industrie, darunter Gesamtmetall als Zusammenschluss der 16 regionalen metallindustriellen Arbeitgeberverbände und der Bundesarbeitgeberverband Chemie mit 11 Mitgliedsverbänden. Die Mitgliedschaft in den Arbeitgeberverbänden ist freiwillig. Der Organisationsgrad ist relativ hoch. Nach Angaben der BDA werden 75 % der Unternehmen mit 80 % der Beschäftigten in den alten Bundesländern über Arbeitgeberverbände betreut, in den neuen Bundesländern liegt der Anteil deutlich niedriger.

Die bei weitem größte gewerkschaftliche Dachorganisation in Deutschland ist der *Deutsche Gewerkschaftsbund* (DGB), in dem sich 8 Einzelgewerkschaften zusammengeschlossen haben. Die DGB-Gewerkschaften sind Einheitsgewerkschaften, die sich nach dem Industrieverbandsprinzip strukturieren. Dies bedeutet:

- *Einheitsgewerkschaften* organisieren gleichermaßen ArbeiterInnen, Angestellte und BeamtInnen und vereinigen mehrere weltanschauliche bzw. politische Richtungen.

- Die Strukturierung nach dem *Industrieverbandsprinzip* (im Gegensatz zum Berufsverbandsprinzip) bedeutet, dass in einem Betrieb und in einer Branche in der Regel nur eine Gewerkschaft für alle Beschäftigten zuständig ist.

Die DGB-Gewerkschaften zählten Ende 2006 rund 6,6 Mio. Mitglieder. Das entspricht einem Organisationsgrad von rund 20 % der abhängig Erwerbstätigen. Rechnet man allerdings aus dem Mitgliederbestand Arbeitslose, Nicht-Erwerbstätige und RentnerInnen heraus, dürfte die Organisationsquote deutlich niedriger liegen. Je nach Branche, Region und Betriebsgröße ergeben sich große Abweichungen in der Organisationsquote; der Anteil der Mitglieder ist am höchsten in den traditionellen (Arbeiter)Industrien wie Stahl, Bergbau, Metall, am geringsten in den (Angestellten)Dienstleistungsbranchen.

Übersicht III.2:

Die Gewerkschaften im DGB nach Mitgliederzahlen 2006	
- Industriegewerkschaft Metall (IGM)	2,27 Mio.
- Vereinte Dienstleistungsgewerkschaft (ver.di)	2,33 Mio.
- Industriegewerkschaft Bergbau, Chemie, Energie (IG BCE)	0,73 Mio.
- Industriegewerkschaft Bauen Agrar Umwelt (IG BAU)	0,37 Mio.
- Gewerkschaft Erziehung und Wissenschaft	0,25 Mio.
- Transnet	0,24 Mio.
- Gewerkschaft Nahrung-Genuss-Gaststätten	0,21 Mio.
- Gewerkschaft der Polizei	0,17 Mio.
- DGB-Gewerkschaften insgesamt	6,59 Mio.

Im Bereich des öffentlichen Dienstes stellt ferner der Deutsche Beamtenbund (DBB), dessen Mitgliedsverbände rund 1,2 Mio. Mitglieder zählen, einen nicht unbedeutenden Interessenverband dar.

Die Zahl der Einzelgewerkschaften hat sich seit Beginn der 90er Jahre durch Zusammenschlüsse deutlich verringert. So wurde die Vereinte Dienstleistungsgewerkschaft (ver.di) im Jahr 2001 als Zusammenschluss von ÖTV, HBV, DPG, Industriegewerkschaft Medien und der noch außerhalb des DGB stehenden Deutschen-Angestellten-Gewerkschaft (DAG) gegründet. Hinter dieser Entwicklung steht zum einen der rasche wirtschaftliche und technologische Strukturwandel, der zum Wegfall ganzer Branchen geführt hat und traditionelle Zuordnungen sprengt. Zum anderen versuchen die Gewerkschaften, mit einer Neuorganisation dem Mitgliederschwund entgegenzutreten und im expandierenden Bereich der neuen Dienstleistungsberufe Fuß zu fassen.

Die Tarifpolitik liegt in der Zuständigkeit der Einzelgewerkschaften, dem DGB kommt in diesem Bereich eine koordinierende Funktion zu. Lediglich in Zeitarbeitsbranche ist der DGB selbst als aktive Tarifpartei an den Verhandlungen beteiligt. Da es die Gewerkschaften sind, die Verbesserungen von Entlohnung und Arbeitsbedingungen einfordern, diese Forderungen aus Sicht der Arbeitgeber aber Kostenbelastungen und Gewinnschmälerungen darstellen, kommt es nur dann zu einem Verhandlungserfolg, wenn die Gewerkschaften Macht entfalten können. Die Mobilisierbarkeit der Mitglieder und die Streikfähigkeit sind entscheidende Voraussetzungen für eine funktionsfähige Tarifautonomie, d.h. für gleichgewichtige Verhandlungs- und Durchsetzungsmöglichkeiten der Tarifkontrahenten.

Dem Staat, sei es in Form der Regierung, einzelner Ministerien oder sonstiger Institutionen und Gremien, kommt in der Tarifpolitik keine offizielle Funktion zu. Gleichwohl übt jede Regierung, unabhängig von ihrer parteipolitischen Orientierung, direkt oder indirekt Einfluss auf die Tarifvertragsparteien aus. Dies vollzieht sich insbesondere über Einschätzungen und Stellungnahmen der Regierung zur wirtschaftlichen Entwicklung, die sie häufig mit Empfehlungen an die Adresse der Tarifparteien verbindet. Als öffentlicher Arbeitgeber spielt der Staat in Gestalt der Gebietskörperschaften Bund, Länder und Gemeinden eine offiziell anerkannte und aktive Rolle in der Tarifpolitik. Sie ist schon deswegen nicht zu unterschätzen, weil allein im Bereich des öffentlichen Dienstes die Einkommen für rund 4,8 Mio. Beschäftigte (einschließlich der 1,6 Mio. Beamten, die eine gesetzlich fixierte Besoldung erhalten, die sich weitgehend an den Tarifeinkommen orientiert) festgelegt werden.

Gewerkschaften und Arbeitgeberverbänden kommt nicht nur bei der Aushandlung der Arbeits- und Einkommensbedingungen im engeren Sinne, sondern auch bei der Ausgestaltung und Weiterentwicklung des Sozialstaats insgesamt eine wichtige Funktion zu. Beide Sozialparteien bringen ihre Interessen und Auffassungen vielfältig in den Politikprozess auf den unterschiedlichen Handlungs- und Entscheidungsebenen ein. Eine wichtige Funktion kommt in diesem Zusammenhang der Selbstverwaltung bei den Sozialversicherungsträgern zu (vgl. Pkt. 6.4 dieses Kapitels). Auch im Bereich der beruflichen (Aus-)-Bildung haben Gewerkschaften und Arbeitgeberverbände fest definierte Funktionen und Rechte. Darüber hinaus hat sich die Politik immer wieder bemüht, im Rahmen von „Bündnissen für Arbeit" zwischen Wirtschaft, Gewerkschaften und Politik zu einer gemeinsamen Bestimmung von Zielen und Maßnahmen in zentralen Feldern der Wirtschafts-, Arbeitsmarkt- und Sozialpolitik einschließlich der Einkommenspolitik zu kommen (vgl. Kap. „Arbeit und Arbeitsmarkt", 8.9.2).

Insgesamt bildet dieses dichte Geflecht von Kontakten, Gesprächen und praktischer Zusammenarbeit formeller und informeller Art zwischen den Wirtschafts- und Sozialverbänden und der Politik den korporatistischen Kernbestandteil des deutschen Sozial- und Gesellschaftsmodells.

3.3 Das System der dualen Interessenvertretung

Das deutsche System der Arbeitsbeziehungen weist eine spezifische duale Struktur auf: Während auf überbetrieblicher, branchenbezogener Ebene die Gewerkschaften als Interessenvertretungsorganisationen fungieren, sind es auf betrieblicher Ebene die *Betriebsräte* (im öffentlichen Dienst die *Personalräte*). Es handelt sich nicht um gewerkschaftliche Gremien, sondern um Vertreter der gesamten Belegschaft.

Betriebsräte können in allen Betrieben ab 5 Beschäftigten gewählt werden. Dies geschieht in der Praxis vor allem in mittleren und größeren Unternehmen. In Kleinbetrieben bis 50 Beschäftigten gibt es Betriebsräte lediglich in 7 % der Fälle, in kleineren Mittelbetrieben erhöht sich der Anteil bereits auf 43 %, ab 200 Beschäftigten sind es bereits 79 % und über 500 Beschäftigten 89 % der Betriebe, in denen ein Betriebsrat existiert. Insgesamt arbeitet knapp die Hälfte der Beschäftigten in Betrieben mit Betriebsrat. Auch hier steigt der Anteil mit der Betriebsgröße: In Betrieben ab 51 Beschäftigten arbeiten 45 %, in Betrieben ab 500 Beschäftigten immerhin 92 % der Beschäftigten in Betrieben mit einem Betriebsrat. Im öffentlichen Dienst verfügen zwei Drittel aller Dienststellen über einen Personalrat, damit werden rund 90 % der Beschäftigten erfasst (vgl. Tabelle III.11).

Rund drei Viertel der Betriebsratsmitglieder sind Mitglieder der DGB-Gewerkschaften. Dieser hohe gewerkschaftliche Organisationsgrad lässt bereits deutlich werden, dass die große Mehrheit der Betriebsräte ihre Tätigkeit vor dem Hintergrund gewerkschaftlicher Zielvorstellungen ausübt. Andererseits gibt ihnen die breitere Legitimation durch die Belegschaftswahl nicht nur formal ein erhebliches Maß an Unabhängigkeit. Die Betriebsräte haben entsprechend den Bestimmungen im *Betriebsverfassungsgesetz* (BetrVG) neben Informations- und Mitwirkungsrechten auch handfeste Mitbestimmungsrechte in sog. sozialen Angelegenheiten, insbesondere bei der Arbeitsordnung, der Arbeitszeit und bei Lohn und Leistung. Betriebsräte sind durch das BetrVG zur „vertrauensvollen Zusammenarbeit" mit dem Arbeitgeber verpflichtet, Arbeitskampfmaßnahmen zwischen Arbeitgeber und Betriebsrat sind unzulässig.

Tabelle III.11:

Beschäftigte in Betrieben mit Betriebs-/Personalrat nach Betriebsgröße 2005

	Betriebsgrößenklassen nach Zahl der Beschäftigten					
	5 - 50	51 - 100	101 - 199	200 - 500	> 500	insg.
Betriebe mit Betriebsrat in % aller Betriebe						
Alte Bundesländer	7	43	66	79	89	11
Neue Bundesländer	7	44	61	79	86	11
Beschäftigte in Betrieben mit Betriebsrat in % aller Beschäftigten						
Alte Bundesländer	12	45	67	81	92	47
Neue Bundesländer	12	46	62	77	89	39

Quelle: IAB-Betriebspanel.

Ergänzt wird die Interessenvertretung durch die Betriebsräte durch die *Mitbestimmung* auf Unternehmensebene. In den (mittlerweile nur noch wenigen) Unternehmen der Kohle- und Stahlindustrie besteht nach dem Montanmitbestimmungsgesetz seit 1951 eine paritätische Vertretung der ArbeitnehmerInnen in den Aufsichtsräten; nach dem Mitbestimmungsgesetz von 1976 sind sie in den Aufsichtsräten der Großunternehmen (Kapitalgesellschaften ab 2.000 Beschäftigte) der übrigen Wirtschaftszweige beinahe paritätisch vertreten. In den Unternehmen unter 2.000 Beschäftigten (bei GmbHs erst ab 500) sind die Arbeitnehmer-Vertreter nach dem Betriebsverfassungsgesetz nur zu einem Drittel vertreten. Seit Ende 1996 müssen – nach einer entsprechenden EU-Richtlinie – in Unternehmen, die mindestens 1.000 ArbeitnehmerInnen beschäftigen und in mindestens zwei Mitgliedstaaten jeweils 150 Beschäftigte haben, Euro-Betriebsräte gebildet werden. Im Jahr

2006 hatten in Deutschland von 450 dieser Unternehmen mit Hauptsitz in Deutschland 123 einen Europäischen Betriebsrat.

3.4 Ablauf einer Tarifrunde

Jährlich werden Lohn- und Gehaltstarifverträge für bis zu 20 Mio. Beschäftigte abgeschlossen. Die Kündigungstermine der Tarifabkommen verteilen sich über das ganze Jahr. In einem hoch entwickelten Industrieland wie der Bundesrepublik Deutschland, das eine starke Exportorientierung aufweist, kommt den Tarifverhandlungen und -abschlüssen im produzierenden Gewerbe, insbesondere in der Metallindustrie, eine hohe, oft richtungweisende Bedeutung zu. Die (informelle) Tarifführerschaft liegt daher oft bei der IG Metall; allerdings weisen die jährlichen Tarifabschlüsse in der Regel eine erhebliche Streubreite auf, die letztlich Ausdruck der unterschiedlichen wirtschaftlichen Lage der einzelnen Branchen ist.

Abbildung III.4:

Typisierter Ablauf einer Tarifrunde

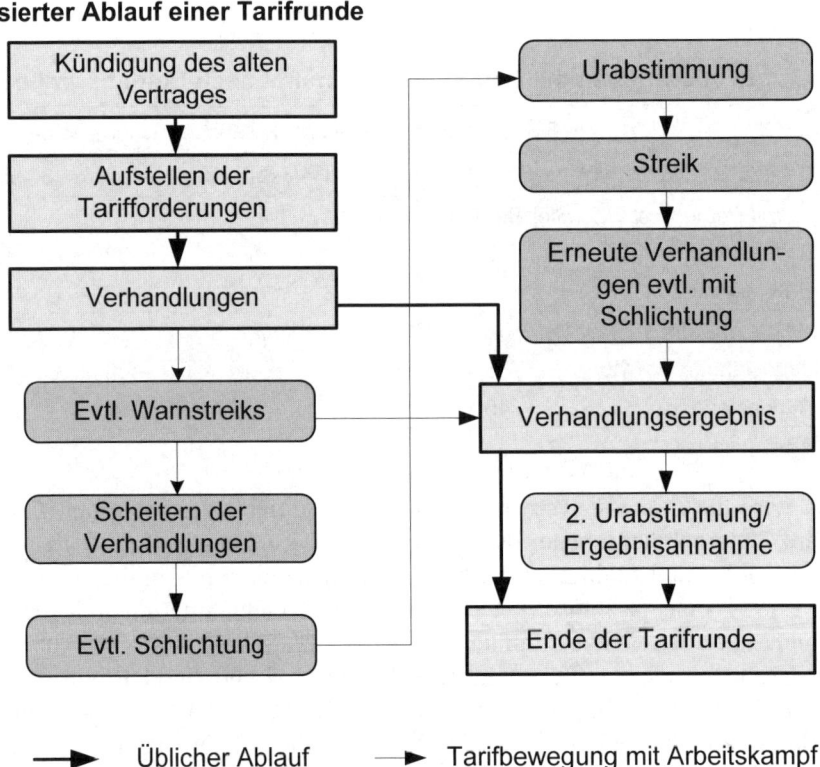

Am Anfang steht die fristgerechte Kündigung des laufenden Tarifvertrages durch die Gewerkschaft. Sie übermittelt dem Arbeitgeberverband ihre Tarifforderungen,

die sie nach einer Diskussion der Gewerkschaftsmitglieder in den Betrieben beschlossen hat. Die Verhandlungen werden von Tarifkommissionen geführt, in denen auf gewerkschaftlicher Seite neben hauptamtlichen Gewerkschaftsfunktionären
Mitglieder aus verschiedenen Betrieben teilnehmen. Tarifverhandlungen für neue
Lohn- und Gehaltstarifverträge können bereits nach wenigen Verhandlungen zum
Ergebnis führen, manchmal ziehen sie sich aber auch über Monate hin. Auch wenn
es nach ergebnislosen Verhandlungen zu einem „tariflosen" Zustand kommt, gelten
die alten Tarifverträge zunächst weiter. Tarifabschlüsse in großen Branchen, wie
z.B. der Metall- und Elektroindustrie, haben oft eine Orientierungs- und Pilotfunk-
tion für die nachfolgenden Verhandlungen in anderen Wirtschaftszweigen.

Gelingt es den Tarifparteien alleine nicht, durch Verhandlungen zu einem Ergebnis zu kommen, können sie unabhängige Schlichter hinzuziehen. An deren Vorschläge sind sie allerdings nicht gebunden. Die Gewerkschaften können während
der Verhandlungen nach Ablauf der *Friedenspflicht* zu kurzen, befristeten Arbeits-
niederlegungen (Warnstreiks) aufrufen. Nach dem Scheitern der Verhandlungen
sind auch reguläre (unbefristete) *Streiks* möglich. Voraussetzung dafür ist zumeist
eine Zustimmung von mindestens 75 % der Gewerkschaftsmitglieder in einer Ur-
abstimmung. Nach einem Streik stimmen sie auch über das erzielte Ergebnis ab.

Der Streik ist die wichtigste Voraussetzung für die praktische Wahrnehmung
der Tarifautonomie. Denn der Streik ist die einzige Möglichkeit der Arbeitnehmer-
Innen, Druck auf die Arbeitgeber auszuüben. Das Bundesarbeitsgericht hat einmal
formuliert: "Tarifverhandlungen ohne das Recht zum Streik ist wie ‚kollektives
Betteln'". In Deutschland wird vergleichsweise wenig gestreikt. In der internationalen Streikstatistik rangieren die deutschen ArbeitnehmerInnen auf einem der
letzten Plätze.

3.5 Der Geltungsbereich von Tarifverträgen

Für wen gelten Tarifverträge? Ein Tarifvertrag gilt zunächst nur für die Mitglieder
der beiden vertragsschließenden Parteien, d.h. für die dem Arbeitgeberverband
angeschlossenen Mitgliedsfirmen (bzw. beim Firmentarifvertrag für das einzelne
Unternehmen) und für die Mitglieder der jeweiligen Gewerkschaft. Von der Möglichkeit, Nichtgewerkschaftsmitglieder von den tarifvertraglichen Mindestbedingungen auszuschließen, machen die Arbeitgeber allerdings nur sehr selten
Gebrauch. Sie zahlen auch den Nichtorganisierten, von den Gewerkschaften als
„Trittbrettfahrer" angesehen, in der Regel den tarifvertraglich vereinbarten Lohn,
um ihnen keinen Anreiz zum Gewerkschaftsbeitritt zu geben und um innerbetriebliche Konflikte zu vermeiden. Tarifgebunden sind die Mitglieder der Tarifvertragsparteien solange, bis der Tarifvertrag endet. Das heißt auch, dass sich ein Unternehmen durch Verbandsaustritt nicht zugleich der Tarifbindung entledigen kann.

Die Rechtsnormen des Tarifvertrages, die sich auf Inhalt, Abschluss und Beendigung des Arbeitsverhältnisses beziehen, gelten unmittelbar und zwingend für
die Tarifvertragsparteien. Der Tarifvertrag hat auch Vorrang vor betrieblichen oder

individuellen Regelungen. In § 77 (3) Betriebsverfassungsgesetz wird ausdrücklich bestimmt: „Arbeitsentgelte und sonstige Arbeitsbedingungen, die durch Tarifvertrag geregelt sind oder üblicherweise geregelt werden, können nicht Gegenstand einer Betriebsvereinbarung sein." (*Tarifvorrang*) Die Tarifparteien können allerdings den Tarifvorrang für bestimmte Regelungsbereiche begrenzen, indem sie Öffnungsklauseln vereinbaren. Von den Tarifnormen kann – auch bei der Einstellung von Arbeitslosen, die bereit sind, „billiger" zu arbeiten, um einen Arbeitsplatz zu erhalten – nicht nach unten hin abgewichen werden. Vom Tarifvertrag abweichende Vereinbarungen sind nur dann zulässig, wenn sie für die ArbeitnehmerInnen günstiger sind (*Günstigkeitsprinzip*).

Nach Ablauf eines Tarifvertrags gelten seine Rechtsnormen weiter, bis sie durch eine andere Abmachung ersetzt werden (Nachwirkung). Beim Bundesarbeitsministerium wird ein Tarifregister geführt, das Abschluss, Änderung und Aufhebung von Tarifverträgen verzeichnet. Die Gültigkeit eines Tarifvertrages ist jedoch nicht vom Eintrag in das Tarifregister abhängig.

Fachlicher Geltungsbereich

Typisch für die Tariflandschaft in Deutschland ist der Flächen- bzw. Verbandstarifvertrag, den eine Gewerkschaft mit einem Arbeitgeberverband abschließt. Dieser gilt für eine Branche oder Teile davon, und zwar entweder für eine einzelne Region oder bundesweit. Die sektorale Untergliederung ist mit rund 250 verschiedenen „Tarifbranchen" in den alten Bundesländern sehr fein, allerdings fällt die Breite des fachlichen Zuschnitts sehr unterschiedlich aus. Während beispielsweise die Tarifverträge für die Metallindustrie gleichzeitig mehrere Branchen umfassen, darunter Fahrzeugbau, Maschinenbau, Elektroindustrie, Werften, Luft- und Raumfahrt, Gießereien, gibt es auch sehr schmal zugeschnittene fachliche Tarifbereiche wie zum Beispiel die Sektkellereien, das Buchbinderhandwerk oder die Molkereien. In den neuen Ländern ist der Grad an Differenzierung geringer.

Räumlicher Geltungsbereich

Ein Tarifvertrag kann sich räumlich auf das ganze Bundesgebiet, auf ein Bundesland oder einen regionalen Bezirk einer Branche beziehen. Bei Firmentarifverträgen bezieht sich der Geltungsbereich lediglich auf das Unternehmen (z.B. bei der Volkswagen AG). *Branchenbezogene Flächentarifverträge* sind in Deutschland dominierend. Zwar gibt es auch eine große Zahl von *Firmen- bzw. Haustarifverträge*, die die Gewerkschaften mit einzelnen Unternehmen abschließen, die nicht einem Arbeitgeberverband angehören, doch ist ihre Bedeutung gemessen an der Zahl der erfassten Beschäftigten relativ gering. Viele Firmentarifverträge sind als Anerkennungstarifverträge ausgestattet, d.h. sie übernehmen die Regelungen des entsprechenden Flächentarifvertrags.

Persönlicher Geltungsbereich

Tarifverträge werden immer für einen bestimmten Beschäftigtenkreis abgeschlossen, zum Beispiel Lohntarifverträge für ArbeiterInnen, Gehaltstarifverträge für Angestellte oder spezielle Tarifverträge für Auszubildende. Häufig gelten Tarifverträge aber auch einheitlich für alle ArbeitnehmerInnen einer bestimmten Branche.

3.6 Struktur des Tarifwesens

Die große Differenziertheit des Tarifvertragswesens wird bereits beim Blick auf einige Zahlen deutlich: Das Tarifregister beim Bundesministerium für Wirtschaft und Arbeit registrierte Ende 2006 insgesamt rund 67.300 gültige Tarifverträge in ganz Deutschland. Von den rund 40.800 Ursprungs-Tarifverträgen (der Rest sind Änderungs- bzw. Paralleltarifverträge) entfielen rund 36 % auf Verbands- und rund 64 % auf Firmen-Tarifverträge. In den einzelnen Wirtschaftszweigen ist die Zahl der gültigen Tarifverträge (*Tarifvertragsdichte*) ganz unterschiedlich. So bestehen in der Metallindustrie in Westdeutschland mehr als 150 verschiedene regionale Tarifabkommen, hingegen ist im privaten Versicherungsgewerbe die Fülle tariflicher Regelungen und Leistungen in sieben jeweils bundesweit gültigen Tarifverträgen geregelt.

Der Erfassungsgrad der ArbeitnehmerInnen durch Tarifverträge ist im Laufe der vergangenen Jahre zurückgegangen. Er betrug im Jahr 2005 in den alten Bundesländern 67 % und in den neuen Ländern 53 %. Bezogen auf die Betriebe liegt die Quote deutlich niedriger, weil große Betriebe zu einem größeren Anteil tarifgebunden sind als kleinere (Tabelle III.12). Die Tarifbindung unterscheidet sich erheblich in Abhängigkeit vom Wirtschaftszweig: Der öffentliche Dienst und die klassischen Industriebranchen weisen deutlich höhere Werte auf als der private Dienstleistungssektor.

Tabelle III.12:

Tarifbindung der west- und ostdeutschen Beschäftigten und Betriebe 2005

	Branchentarif	Haustarif	kein Tarifvertrag	davon: orientiert am TV
alte Bundesländer in %				
Beschäftigte	59	8	34	48
Betriebe	38	3	60	37
neue Bundesländer in %				
Beschäftigte	42	11	47	48
Betriebe	19	4	77	37

Quelle: IAB-Betriebspanel 2005.

Allgemeinverbindlicherklärung

Um einer möglichen Aushöhlung von Tarifverträgen durch „Außenseiter" vorzubeugen, besteht für den Bundesarbeitsminister oder die entsprechenden Landesmi-
nister im Einvernehmen mit dem paritätisch besetzten Tarifausschuss auf Antrag
einer Tarifpartei die Möglichkeit, durch eine *Allgemeinverbindlicherklärung* (AVE)
den Geltungsbereich des Tarifvertrages auch auf die nichttarifgebundenen Arbeitgeber und Beschäftigten auszudehnen. Voraussetzung ist, dass die tarifgebundenen
Arbeitgeber nicht weniger als 50 % der unter den Geltungsbereich fallenden ArbeitnehmerInnen beschäftigen und ein öffentliches Interesse an der AVE besteht. Damit
kann über einen mittelbaren Staatseingriff der Tariflohn faktisch zum Mindestlohn
erklärt werden.

Die Bedeutung von Allgemeinverbindlichkeitserklärungen ist insgesamt betrachtet relativ gering, für einzelne Branchen bzw. Regelungsbereiche sind sie jedoch sehr wohl wichtig: Von den Anfang 2006 rund 67.300 gültigen Tarifverträgen
sind 446 für allgemeinverbindlich erklärt. Diese Tarifverträge beziehen sich nur
zum kleinen Teil (33) auf Lohn und Gehalt, überwiegend dagegen auf Felder der
tariflichen Sozialpolitik wie betriebliche Altersversorgung, überbetriebliche Ur-
laubsregelungen und Regelungen zur Berufsausbildung. Die allgemeinverbindlich
erklärten Lohn- und Gehaltstarifverträge entfallen fast ausschließlich auf Niedriglohnbranchen wie Bewachungsgewerbe, Friseurgewerbe oder Gebäudereinigung.

Große Bedeutung hat die AVE im Zusammenhang mit dem *Arbeitnehmerentsendegesetz*. Das Gesetz verpflichtet ausländische Unternehmer der Baubranche,
für ihre in Deutschland beschäftigten ArbeitnehmerInnen die tariflichen Mindestarbeitsbedingungen (Entgelt, Urlaub, Urlaubsgeld) einzuhalten, sofern sie für allgemeinverbindlich erklärt wurden. Entsprechende Tarifverträge mit Mindeststandards, die nach dem Entsendegesetz für allgemeinverbindlich erklärt wurden, gibt
es für das Bauhauptgewerbe, das Dachdeckerhandwerk, das Maler- und Lackierer-
handwerk und das Abbruch- und Abwrackgewerbe.

3.7 Regelungsinhalte und Arten von Tarifverträgen

Je nach dem typischerweise vereinbarten Inhalt lassen sich unterschiedliche Arten
von Tarifverträgen unterscheiden: *Lohn- und Gehaltstarifverträge, Lohn- und Ge-
haltsrahmentarifverträge* und *Manteltarifverträge*.

Zusätzlich zu diesen Tarifvertragsarten gibt es zahlreiche weitere spezielle Tarifverträge, z.B. zum Rationalisierungsschutz, zur Teilzeitarbeit, zur Bildschirmar-
beit, zum Vorruhestand und zur Altersteilzeit, über vermögenswirksame Leistungen, Arbeitsgestaltung, Weiterbildung u.a.m. Einen Überblick über den unterschiedlichen Regelungsstand in einzelnen Tarifbereichen bietet Tabelle III.13.

Übersicht III.3:

Regelungsinhalte und Arten von Tarifverträgen
Lohn- und Gehaltstarifverträge: In diesen Verträgen wird die Höhe des Lohnes/Gehaltes für die Dauer der Laufzeit des Tarifvertrages, in der Regel für ein bis zwei Jahre, festgelegt.
Lohn- und Gehaltsrahmentarifverträge: In diesen Tarifverträgen werden die verschiedenen Lohn- und Gehaltsgruppen festgelegt und die Gruppenmerkmale definiert. Die Zahl der Lohn- und Gehaltsgruppen ist je nach Wirtschaftszweig sehr unterschiedlich. Vielfach existieren für ArbeiterInnen 5 bis 7 und noch mehr Lohngruppen, für die kaufmännischen und technischen Angestellten 5 oder 6 und für die Meister 3 bis 4 Gehaltsgruppen.
Manteltarifverträge: Diese Verträge enthalten schließlich die Bestimmungen über die Arbeitsbedingungen unterschiedlichen Inhalts; z.B. die Dauer und Verteilung der Wochenarbeitszeit, Regelungen über Nacht- und Schichtarbeit; Kündigungsfristen, Urlaub, Probezeit, Kurzarbeit und anderes mehr. Die Laufzeit von Rahmen und Manteltarifverträgen beträgt in der Regel mehrere Jahre.

Tabelle III.13:

Tarifliche Arbeits- und Einkommensbedingungen in ausgewählten Tarifbereichen (alte Bundesländer) 2006

Tarifbereich	Lohn	Gehalt bzw. Entgelt	Arbeits- zeit	Urlaub	Urlaubsgeld	Sonder- zahlung
	€	€	Std.	Tage	in % bzw. €	in %
Banken	-	1.826 – 4.032	39	30	-	100
Bauhauptge- werbe	2.248 – 2.898	1.622 – 4.577	40	30	30 %	55
Chemie [1]	-	1.880 - 4.405	37,5	30	614	95
Einzelhandel[2]	1.601 – 2.779	1.199 - 3.824	37	25-30	993	62,5
Hotel u. Gaststätten [3]	-	1.248 - 2.564	39	25-30	200 - 400	50
Metall [4]	1.629-2.586	1.525 - 4.090	35	30	50 %	25 - 55
Öffentlicher Dienst [5]	-	1.286 - 5.030	38,5	26-30	256/332	82

1) Nordrhein 2) NRW 3) Bayern 4) Nordwürttemberg/Nordbaden 5) Gemeinden
Quelle: WSI-Tarifhandbuch 2007, Stand: 31.12.2006.

3.8 Gestaltung von Lohnniveau und -struktur durch Tarifverträge

Tarifverträge wirken gleichermaßen auf *Niveau* und *Struktur* der Löhne und Gehälter. Das (nominale) Niveau wird durch die durchschnittliche Erhöhungsrate der Löhne und Gehälter, die in den jährlichen „Tarifrunden" ausgehandelt wird, bestimmt. Der Steigerungssatz hängt neben der Verhandlungs- und Durchsetzungsmacht der Gewerkschaft zentral von den ökonomischen Rahmendaten ab. Folgende ökonomische Faktoren spielen für die Formulierung der gewerkschaftlichen Forderungen eine Rolle: Preissteigerung, gesamtwirtschaftlicher und branchentypischer Produktivitätszuwachs, Gewinnentwicklung, Verteilungssituation, Arbeitsmarktlage. Welche Faktoren letztlich maßgebend sind, lässt sich schwerlich ermitteln. In den letzten Jahren hat sich allerdings gezeigt, dass die Tarifabschlüsse unter dem Druck der Arbeitslosigkeit den Zuwachs der Produktivität nicht haben ausschöpfen können und sich die Verteilungsposition zuungunsten der abhängig Beschäftigten geändert hat (vgl. Pkt. 2.2 dieses Kapitels).

Jede Tariflohnerhöhung berührt automatisch auch die Lohnstruktur: Bei einer *linearen* Erhöhung werden alle Lohn- und Gehaltsgruppen um einen einheitlichen Prozentsatz erhöht. Zwar bleiben die Relationen der Lohn- und Gehaltsgruppen gleich, aber die absoluten Abstände nehmen zu. Bei Festbeträgen erhält jeder Beschäftigte einen einheitlichen Erhöhungsbetrag. Die Unterschiede zwischen den Lohn- und Gehaltsgruppen werden verringert, die umgerechnete prozentuale Einkommenssteigerung ist umso höher, je niedriger die Lohn- und Gehaltsgruppe liegt. Bei Mindestbeträgen und Sockelbeträgen handelt es sich um eine gemischte Form der Erhöhung: Die Lohn- und Gehaltsgruppen werden zwar linear angehoben, aber für die unteren Gruppen muss ein Mindestbetrag erreicht werden. Lineare Lohnerhöhungen sind die Regel, zu Zeiten starker Inflation wurden von den Gewerkschaften aber häufig Tarifforderungen mit einer Begünstigung der unteren Gruppen gestellt, um ihre überdurchschnittliche Betroffenheit durch die Geldentwertung abzumildern.

Übersicht III.4:

**Definition von Entgeltgruppen am Beispiel:
Entgeltrahmentarifvertrag Metallindustrie Niedersachsen (20.11.2003)**

Es bestehen 13 Entgeltgruppen einheitlich für alle ArbeiterInnen und Angestellten. Die erste Gruppe ist für die Auszubildenden vorgesehen.
unterste Entgeltgruppe (2):
„Tätigkeiten, für die Kenntnisse und/oder Fertigkeiten erforderlich sind, die durch kurzzeitige Unterweisung erworben werden."
mittlere Entgeltgruppe (5):
„Tätigkeiten, für die und/oder Fertigkeiten erforderlich sind, die durch eine abgeschlossene, mindestens 3-jährige fachbezogene Berufsausbildung ... erworben werden."
höchste Entgeltgruppe(13):
„Tätigkeiten, für die Kenntnisse und/oder Fertigkeiten erforderlich sind, die durch eine abgeschlossene mindestens vierjährige Regelausbildung an einer Universität (z.B. Master; Magister; Universitätsdiplom) und mehrjährige Berufserfahrung erworben werden."
Die niedrigste Entgeltgruppe beträgt 78 % der mittleren Gruppe (100 %). Die höchste Entgeltgruppe liegt bei 187 % der mittleren.

Unmittelbar auf die Lohn*struktur* beziehen sich die *Lohn- bzw. Gehaltsrahmenta- rifverträge*. Sie beinhalten die Einteilung, Merkmalsdefinition und Staffelung der Lohn- und Gehaltsgruppen.

Die Staffelung, in der die einzelnen Lohn- und Gehaltsgruppen zueinander stehen, wird durch den *Lohngruppenschlüssel* festgelegt: Eine mittlere Lohngruppe wird gleich 100 % gesetzt, und die übrigen Gruppen stehen in einem festen, meist prozentualen Verhältnis zu dieser *Ecklohngruppe*. Mit Hilfe verschiedener Ar- beitsbewertungsverfahren werden die einzelnen Tätigkeiten differenziert und in eine Rangfolge gebracht. Dies kann durch eine relativ grobe Bewertung geschehen, die sich im wesentlichen an der im Arbeitsprozess geforderten Qualifikation orien- tiert (*summarische* Arbeitsbewertung), oder durch ein differenzierteres Verfahren, das darüber hinaus weitere Faktoren, wie z.B. Belastungsvariablen, Umgebungs- einflüsse, den Grad der Verantwortung mit einbezieht und im Einzelnen gewichtet (*analytische* Arbeitsbewertung).

Die zur Lohngruppenbestimmung herangezogenen Kriterien, ihre Gewichtung und die Spannbreite zwischen den einzelnen Lohngruppen beeinflussen in erhebli- chem Maße die innere Verteilung der Arbeitseinkommen auf die Gesamtgruppe der Beschäftigten. Darüber hinaus spielt die Frage eine Rolle, nach welchen Entloh- nungsverfahren (zeit- bzw. leistungsbezogen) das Arbeitsentgelt ermittelt wird. Überwiegend kommen gemischte Systeme zum Einsatz, wenngleich in Abhängig- keit von der Branche und dem Produktionsverfahren auch reine Typen (z.B. Ak- kord- oder Zeitlohn) angewendet werden. Sowohl für die Lohndifferenzierung wie auch für die Entlohnungsmethoden gilt gleichermaßen, dass sie in ihrer konkreten Struktur interessenbestimmt und (tarif)politisch beeinflussbar sind, und nicht nach wissenschaftlich abgesicherten vermeintlich objektiven Kriterien auf ihre „Richtig- keit" hin beurteilt werden können.

Seit den achtziger Jahren bemühen sich die Gewerkschaften, die Trennung in Lohn- und Gehaltstarifverträge durch die Vereinbarung von *Entgelttarifverträgen* zu überwinden, die einheitlich für die Beschäftigten gelten. Auf diese Weise soll dem Tatbestand Rechnung getragen werden, dass sich die Unterschiede zwischen Arbeiter- und Angestelltentätigkeiten immer stärker verwischen. Im Jahr 2003 ist es den Tarifparteien in der Metall- und Elektroindustrie nach jahrelangen kompli- zierten Verhandlungen gelungen, neue Entgeltrahmenabkommen (ERA) zu verein- baren, die die Entgeltfindung auf eine einheitliche und modernisierte Basis stellen. Die Abkommen werden in einem mehrjährigen Prozess in den Betrieben einge- führt. In den Jahren 2005 und 2006 wurde auch im öffentlichen Dienst u.a. durch den neuen Tarifvertrag öffentlicher Dienst (TVöD) die Trennung zwischen Arbei- terInnen und Angestellten zugunsten einheitlicher Entgeltstrukturen aufgehoben.

Für manche Beschäftigte, insbesondere im Arbeiterbereich, wird die individu- elle Lohnhöhe nicht nur durch die Eingruppierung, sondern auch maßgeblich durch die tariflich fixierten Zuschläge bestimmt. So gibt es Zuschläge für Überstundenarbeit, für Schicht-, Nacht- und Sonntagsarbeit, für besondere Arbeitserschwernisse (Hitze, Staub, Lärm usw.). Diese Zuschläge gelten als Ausgleich für Belastungen, stellen aber gerade für Geringverdienende einen unverzichtbaren Einkommensbestandteil dar. Dieser Einkommensaspekt erschwert den arbeitsmarktpolitisch notwendigen Abbau von Überstunden ebenso wie die gesundheitspolitisch gebotene Einschränkung von Nachtarbeit. Für den Arbeitgeber ist es oftmals kostengünstiger, Zuschläge für besondere Arbeitserschwernisse zu zahlen, als die gesundheitsgefährdenden Arbeitsumgebungseinflüsse zu beseitigen (vgl. Bd. II., Kap. „Arbeit und Gesundheitsschutz", Pkt. 3.3).

Waren in der Vergangenheit vor allem individuelle oder gruppenbezogene leistungsabhängige Vergütungsbestandteile ein wichtiges personalwirtschaftliches Anreizinstrument, so gewinnen seit einigen Jahren zusätzlich ergebnisabhängige Entgeltelemente an Bedeutung. Vor allem jahresbezogene Vergütungsbestandteile (Jahressonderzahlung, Bonus, Erfolgsprämie usw.) werden ganz oder teilweise von ertrags- bzw. gewinnbezogenen oder sonstigen betriebswirtschaftlichen Ergebniskriterien abhängig gemacht. Häufig werden sie – z.B. in Form von sog. Zielvereinbarungen – mit leistungsbezogenen Anforderungen kombiniert. Die bislang noch wenigen tariflichen Regelungen schreiben die Rahmenbedingungen (Kriterien, Verfahrensvorschriften) und teilweise auch die quantitativen Vorgaben fest.

Angesichts der wachsenden Unterschiede zwischen den Arbeitseinkommen (vgl. Pkt. 2.3.1 dieses Kapitels) haben die Gewerkschaften immer Anläufe unternommen, zumindest die Ausbreitung von Niedriglöhnen zu begrenzen. Eine auf Verringerung der Einkommensdifferenzen abzielende (Tarif-)Politik kann versuchen,

▪ die unteren Lohngruppen stärker als die oberen Lohngruppen anzuheben, so dass sich der relative und absolute Einkommensabstand reduziert,

▪ die unteren Lohngruppen ganz wegfallen zu lassen, d.h. die Lohnstufung einzuschränken,

▪ die Merkmalsdefinitionen der Lohngruppen so zu verändern, dass sog. „leichte" (Frauen)Tätigkeiten höher bewertet werden,

▪ bei den bestehenden tariflichen Lohngruppen von den Betriebsräten zu erwarten, innerbetrieblich für eine sozial akzeptable Eingruppierung zu sorgen.

Eine solche Tarifpolitik ist auch innerhalb der Gewerkschaften nicht unumstritten. Veränderungen der Lohnstruktur sind nach innen hin stets konfliktreicher als eine reine Lohnniveaupolitik. Eine Einkommensangleichung kann spezifischen Interessen widersprechen und hergebrachten Vorstellungen „gerechter und angemessener" Entlohnung entgegenlaufen. Voraussetzung dafür, dass eine Verringerung der Einkommensdifferenzen von den Beschäftigten auch akzeptiert wird, ist, dass auf Dauer auch die Arbeitsbedingungen und -anforderungen vereinheitlicht und die schulischen wie beruflichen Qualifikationen einander angenähert werden. Strittig ist in der wirtschafts- und arbeitsmarktpolitischen Diskussion aber vor allem, ob durch eine größere Lohnspreizung mehr Beschäftigung geschaffen werden kann oder nicht (vgl. Kap. „Arbeit und Arbeitsmarkt", Pkt. 9.3).

Tabelle III.14:

Übertariflich entlohnende tarifgebundene Betriebe und Lohnspanne 2002

	Anteil übertariflich entlohnender Betriebe in %	Relative Lohnspanne in %
Alte Bundesländer	45,6	18,9
Neue Bundesländer	10,8	9,9

Quelle: IAB-Betriebspanel 2002 (ohne Organisationen ohne Erwerbszweck und öffentlicher Dienst).

Die Tarifpolitik kann (und will auch nicht in jedem Fall) verhindern, dass die Unternehmen durch die differenzierte Zahlung übertariflicher Löhne und Gehälter von der tariflich vereinbarten Einkommensrelation abweichen. Tatsächlich zahlt ein beträchtlicher Anteil der Betriebe „über Tarif": Wie die Tabelle III.14 zeigt, tat dies in den alten Ländern im Jahr 2002 knapp jeder zweite und in den neuen Ländern immerhin jeder zehnte Betrieb. Das Ausmaß der übertariflichen Vergütung (relative Lohnspanne) betrug in West und Ost 18,9 bzw. 9,9 %.

In einzelnen Branchen und Betrieben – so z.B. in den Großunternehmen der chemischen Industrie – betrug der generelle Abstand zwischen Tariflöhnen und *Effektivlöhnen* (Lohn-Drift) früher 20 bis 30 % und mehr. Häufigkeit und Ausmaß der übertariflichen Vergütung sind jedoch in den vergangenen Jahren unter dem Druck der ökonomischen Krise zurückgegangen. Viele Unternehmen haben übertarifliche Einkommensbestandteile auf die vereinbarten Tariferhöhungen angerechnet bzw. die freiwilligen Zahlungen ganz abgeschmolzen.

Trotz dieser Risiken entspricht der in der ökonomischen Kraft des einzelnen Unternehmens begründete (zusätzliche) Verteilungsspielraum durchaus dem Interesse der betrieblichen Interessenvertretung, da ihr damit die Möglichkeit gegeben wird, über die Tariflöhne hinausreichende zusätzliche Einkommen zu vereinbaren.

Besonders schwierig bis unmöglich ist es, durch Tarifpolitik die großen Unterschiede im Entgeltniveau *zwischen* Branchen (vgl. Pkt. 2.3.2 dieses Kapitels) zu verringern. In der Vergangenheit ist es den Gewerkschaften z.B. nicht gelungen, die Tariflohnerhöhungen in den traditionellen Niedriglohn- und Frauenbranchen etwa im Einzelhandel, im Ernährungsgewerbe und in vielen privaten Dienstleistungsbereichen oberhalb des gesamtwirtschaftlichen Durchschnitts abzuschließen. Das müsste aber über viele Jahre hinweg geschehen, damit diese Wirtschaftszweige nicht mehr als Niedriglohnbranche gelten.

3.9 Tarifliche Niedriglöhne und Mindestlöhne

In einer Reihe von Branchen und Tätigkeiten werden in Ost- und Westdeutschland gemessen am durchschnittlichen Einkommensniveau *tarifliche* Niedriglöhne gezahlt. Betroffen sind davon vor allem Dienstleistungsbranchen und -berufe, insbesondere solche mit einem hohen Frauenanteil (vgl. Tabelle III.15).

Tabelle III.15:

Unterste Tarifvergütungen in ausgewählten Tarifbereichen 2006

Tarifbereich	Alte Bundesländer	Neue Bundesländer
	€	€
Landwirtschaft	4,71	4,52
Friseurhandwerk	4,93	3,06
Bewachungsgewerbe	5,25	4,15
Hotel- und Gaststätten	5,26	4,61
Metallhandwerk	5,92	5,32
Floristik	5,94	4,35
Bäckerhandwerk	6,38	4,41
Privates Transportgewerbe	6,61	3,91
Einzelhandel	6,67	6,78
Erwerbsgartenbau	6,90	3,33
Zeitarbeit (BZA)	7,20	6,23
Öffentlicher Dienst (Gemeinden)	7,71	7,09
Gebäudereinigung	7,87	6,36

* z.T. regionale Bereiche, Bruttostundenlöhne ohne Zulagen und Zuschläge
Quelle: WSI-Tarifarchiv   Stand: Januar 2007

In den ostdeutschen Tarifbereichen liegen die vergleichbaren tariflichen Grundvergütungen zum Teil noch deutlich unter den westdeutschen Tarifen. Mit Stundenlöhnen von 5 bis 10 € bzw. monatlichen Vergütungen von 800 bis 1.500 € für Vollzeittätigkeiten besteht eine weite Spanne von tariflichen Einkommen, die den Ansprüchen an eine sozial-ökonomisch angemessene Vergütung nicht gerecht werden.

Angesichts des sich ausweitenden Niedriglohnsektors und der geringen Erfolge der Tarifpolitik beim Versuch, das Tarifniveau im Niedriglohnsektor spürbar anzuheben, wird seit einiger Zeit über das Instrument eines gesetzlichen Mindestlohns diskutiert. Lange Zeit waren sich die Tarifvertragsparteien in Deutschland – wenn auch aus unterschiedlichen Gründen – über die Ablehnung eines gesetzlichen Mindestlohns einig. Die Arbeitgeber argumentierten vor allem, dass marktfern und zu hoch festgesetzte Löhne eine beschäftigungsfeindliche Wirkung haben, die Gewerkschaften sahen in erster Linie Gefahren für die Tarifautonomie und fürchten die Sogwirkung zu niedrig festgesetzter Mindestlöhne. Inzwischen fordern die Gewerkschaften, die Tariflöhne durch Mindestlöhne zu flankieren:

- In Branchen mit funktionierenden Tarifverhandlungen sollen die Möglichkeiten erleichtert werden, bestehende Tarifverträge für alle Betriebe allgemeinverbindlich zu machen. Bislang scheitern viele Bemühungen am Veto der Arbeitgeberverbände im zuständigen Tarifausschuss.

- Durch eine Ausweitung des Arbeitnehmer-Entsendegesetzes auf alle Branchen soll die Möglichkeit geschaffen werden, tarifliche Mindestlöhne auch für Firmen mit Sitz im Ausland verpflichtend zu machen, die durch die „normalen" Allgemeinverbindlicherklärungen nicht erfasst werden.

- In den Branchen, in denen keine Tarifverträge existieren bzw. nur sehr niedrige Tariflöhne vereinbart sind, soll ein allgemeiner gesetzlicher Mindestlohn eingeführt werden. Er soll zunächst 7,50 € je Stunde betragen und schrittweise auf 9 € je Stunde angehoben werden.

In den europäischen Nachbarländern sind gesetzliche Mindestlöhne weit verbreitet. In neun der bisherigen 15 Mitgliedsländer der Europäischen Union und in allen zehn neuen EU-Ländern bestehen entsprechende gesetzliche Grundlagen. Die Höhe der Mindestlöhne schwankt zwischen 0,53 € und über 9 € im Monat (vgl. Tabelle III.16).

Tabelle III.16:

Gesetzliche Mindestlöhne in ausgewählten Ländern der Europäischen Union 2007

Land	Stundenlöhne in €
Luxemburg	9,08
Irland	8,30
Frankreich	8,27
Niederlande	8,13
Großbritannien	7,96
Belgien	7,93
Griechenland	4,22
Spanien	3,99
Slowenien	3,02
Portugal	2,82
Ungarn	1,50
Polen	1,34
Bulgarien	0,53

Quelle: Nationale Angaben, Berechnungen des WSI, Januar 2007.

3.10 Sozialpolitik durch Tarifpolitik

Die Tarifpolitik ist integrierter Bestandteil eines ausdifferenzierten Systems sozial- und gesellschaftspolitischer Regulierung. Die beiden zentralen sozialpolitischen Regulierungsformen bzw. -instrumente – Gesetz und Tarifvertrag – sind in ihrem Anwendungs- bzw. Zuständigkeitsbereich nicht scharf voneinander getrennt. In vielen Fällen sind tarifliche Regelungen die historischen Vorreiter für verallgemeinernde gesetzliche Regelungen gewesen. Umgekehrt wurden zahlreiche gesetzliche Regelungen tarifpolitisch aufgestockt. Im Großen und Ganzen ist folgende Dreiteilung zu beobachten:

- Die unmittelbaren Einkommensbedingungen werden überwiegend tarifvertraglich festgelegt. Allerdings bestehen auch hier ergänzend staatliche Vorschriften bzw. Eingriffsmöglichkeiten z.B. bei der Allgemeinverbindlicherklärung von Tarifverträgen oder bei der Festlegung von Mindestlöhnen nach dem Entsendegesetz.

- Im Bereich des Arbeitsverhältnisses und der Arbeitsbedingungen werden durch Gesetz zahlreiche Mindeststandards festgelegt (z.B. für Kündigungsfristen, Arbeitszeiten, Urlaub sowie den Arbeits- und Gesundheitsschutz). In nahezu allen Bereichen dieser Vorschriften bestehen jedoch tarifliche Regelungen, die die gesetzlichen Mindestregelungen z.T. erheblich verbessern.

- Die Bereiche der sozialen Sicherung (Absicherung bei Arbeitslosigkeit, Krankheit, Invalidität und im Alter) sind überwiegend gesetzlich geregelt. Allerdings gibt es in einigen Fällen tarifliche Regelungen zur konkreten Umsetzung wie auch Verbesserung der gesetzlichen Leistungen, z.B. bei der Kurzarbeit, der Altersteilzeit und der Altersversorgung.

Die Zuordnung der sozialen Sicherung auf die staatliche Ebene macht es möglich, bei der Lohnfindung besondere soziale und familiäre Bedarfslagen unberücksichtigt zu lassen. Maßstab für die Höhe des Arbeitseinkommens sowohl im Einzelarbeitsvertrag als auch im Tarifvertrag ist die (wie auch immer definierte) Leistung. So gibt es beim dircktcn Lohn die früher verbreiteten Familien- oder Kinderzuschläge nur noch in wenigen Ausnahmefällen. In der Privatwirtschaft jedoch erhalten Beschäftigte, die eine große Familie zu ernähren haben, bei gleicher Einstufung grundsätzlich den gleichen Lohn wie ihre kinderlosen KollegInnen. Vor allem beschäftigungspolitische Gründe sprechen dafür, den Familienlastenausgleich auf die Sozial- und Steuerpolitik zu verlagern, denn die nach dem Kosten- und Rentabilitätskalkül handelnden Unternehmen würden kinderreiche ArbeitnehmerInnen nicht beschäftigen oder sie entlassen, wenn für diese Gruppe höhere Entgelte gezahlt werden müssten.

Bedarfsorientierte Leistungen der Unternehmen finden sich lediglich im Bereich der betrieblichen Sozialpolitik, z.B. hinsichtlich der Bereitstellung von preisgünstigen Werkswohnungen, von Plätzen in Betriebskindergärten oder besonderer Bcihilfen im Krankheitsfall.

Wenn die Entlohnung nach dem Leistungsprinzip erfolgt, so heißt das auch, dass nur dann bezahlt wird, wenn die Arbeitsleistung tatsächlich angefallen ist. Dieses enge Entsprechungsverhältnis von Leistung (Arbeit) und Gegenleistung (Lohn) wird allerdings in bestimmten Fällen durch tarifvertragliche Regelungen eingeschränkt:

- Die Weiterzahlung des Entgelts im Urlaub ist durchgängig tariflich vereinbart.

- In nahezu allen Tarifbereichen finden sich Vereinbarungen über die Entgeltfortzahlung im Krankheitsfall. Grundsätzlich ist dieser Bereich aber gesetzlich geregelt (vgl. Bd. II, Kap. „Arbeit und Gesundheitsschutz", Pkt. 4).

- Üblich sind tarifliche Ansprüche auf kurzfristige bezahlte Freistellung bei besonderen Gründen, so bei besonderen Lebensereignissen (Heirat, Tod von Angehörigen) oder bei der Erkrankung naher Angehöriger.

Im Zuge des technologischen Wandels stellen Einkommensminderungen infolge von Rationalisierung, Abgruppierung und Umsetzungen ein wachsendes Risiko dar. Die Gewerkschaften haben in den vergangenen Jahrzehnten eine Reihe von Tarifverträgen abschließen können, die einen (meist zeitlich begrenzten) Ausgleich solcher Einkommensminderungen beinhalten. Dazu zählen Rationalisierungsschutzabkommen, Absicherungstarifverträge, Tarifverträge mit Einkommensbestandsschutz für ältere ArbeitnehmerInnen usw.

Ein zunehmend wichtiges Feld von sozialpolitischer Regulierung durch Tarifvertrag stellt die *Altersversorgung* dar. Neben der gesetzlichen Rentenversicherung bestehen seit langen Jahrzehnten verschiedene Formen der betrieblichen Altersversorgung aber auch verschiedene Tarifverträge für eine tarifvertragliche Zusatzversorgung. Sie beruhen auf freiwilligen Vereinbarungen und erfassen nur einen (kleinen) Teil der Beschäftigten. Bei den tariflich geregelten Zusatzversorgungssystemen handelt es sich in der Vergangenheit überwiegend um arbeitgeberfinanzierte überbetriebliche Einrichtungen, die eine Aufstockung der gesetzlichen Rente zum Ziel haben. Zu den Branchen und Beschäftigtengruppen mit einer solchen zusätzlichen Altersversorgung gehören u.a. das Baugewerbe, die Land- und Forstwirtschaft, die Brot- und Backwarenindustrie, das Bäckerhandwerk und die RedakteurInnen an Zeitungen und Zeitschriften. Die Tarifverträge sind allgemeinverbindlich erklärt, gelten also für alle Arbeitgeber und ArbeitnehmerInnen unabhängig von ihrer Tarifbindung. In diesen Tarifbranchen sind etwa 1,2 Mio. ArbeitnehmerInnen beschäftigt. Einige Zusatzversorgungssysteme sind in den vergangenen Jahren in Finanzierungsprobleme geraten. Im Baugewerbe und auch im öffentlichen Dienst mussten deswegen auch Leistungsverschlechterungen bzw. Finanzierungsbeteiligungen der ArbeitnehmerInnen Gegenstand vereinbart werden.

Mit der Rentenreform 2001 wurde eine Welle neuer *tariflicher Altersvorsorgevereinbarungen* ausgelöst. Kern der Rentenreform ist eine langfristige Absenkung des Leistungsniveaus der gesetzlichen Rentenversicherung und die Förderung einer privaten kapitalgedeckten Altersvorsorge für ArbeitnehmerInnen, um über diesen Weg die Absenkung des Rentenniveaus auszugleichen (vgl. dazu ausführlich Bd. II, Kap. „Alter", Pkt. 6.8.1). Angeboten werden zwei Fördermöglichkeiten: Die Förderung der privaten Altersvorsorge durch Zulagen oder steuerlichen Sonderausgabenabzug (sog. Riester-Förderung) und die Förderung der Entgeltumwandlung im Rahmen der betrieblichen Altersvorsorge durch Steuervorteile und Sozialabgabenfreiheit (sog. Eichel-Förderung).

Die Entgeltumwandlung von tariflich geregelten Vergütungen kann nur auf der Basis tariflicher Regelungen erfolgen. Das heißt, die Tarifvertragsparteien schließen entweder einen entsprechenden Tarifvertrag ab, der eine Entgeltumwandlung regelt, oder sie vereinbaren eine entsprechende Öffnungsklausel. Dieser Tarifvorbehalt, auf den die Gewerkschaften mit Erfolg gedrungen haben, ermöglicht es ihnen, Einfluss auf die Ausgestaltung der künftigen kapitalgedeckten Altersvorsorge zu nehmen. Je mehr es ihnen gelingt, auf diese Weise Formen der betrieblichen gegenüber der rein privaten Altersvorsorge zu stärken, umso günstiger gestalten sich die systematischen und finanziellen Auswirkungen für die Beschäftigten.

Anfang 2007 zählte das Bundesarbeitsministerium rund 410 Wirtschaftszweige und Tarifbereiche, für die die Gewerkschaften und Arbeitgeberverbände Tarifverträge zur Altersversorgung abgeschlossen haben. Rund 20 Millionen Arbeitnehmer/innen sind in diesen Branchen beschäftigt. In einigen Tarifbereichen haben die Tarifvertragsparteien eigene Versorgungswerke gegründet, die spezielle Angebote zum Aufbau von Rentenansprüchen machen und dabei verschiedene gesetzlich zugelassene Durchführungswege anbieten.

Auf diese Weise ändert sich die bisherige zusätzliche Alterssicherung – ob privat oder betrieblich – in ihrem Charakter grundsätzlich: Hatte sie bislang eine Ergänzungsfunktion, bekommt sie in Zukunft vor allem eine Ersatzfunktion für die beschlossenen Kürzungen bei der gesetzlichen Rente. Die Tarifpolitik fungiert gewissermaßen als sozialpolitischer Lückenbüßer. Ihre Bedeutung wird umso größer, je mehr die Unternehmen ihre freiwillige betriebliche Zusatzversorgung einschränken oder einstellen (vgl. Bd. II, Kap. „Alter", Pkt. 7.1).

3.11   Tarifpolitik im Umbruch

Das deutsche Tarifvertragssystem befindet sich seit Mitte der 1980er Jahre in einem anhaltenden Wandlungsprozess, der den inhaltlichen Regelungsbestand ebenso erfasst hat wie die institutionellen Strukturen. Der jahrzehntelang stabile gesellschaftliche Grundkonsens über Sinn und Nutzen des bestehenden Tarifvertragssystems beginnt sich aufzulösen. Die Kritik an der (vermeintlichen) Überregulierung, mangelnden Flexibilität und unzureichenden Differenziertheit der Tarifverträge hat sich in den vergangenen Jahren verschärft. Die Ursachen dafür sind vielfältig: Von grundlegender Bedeutung ist das Ende der Nachkriegsprosperität, gekennzeichnet durch abnehmende Wachstumsraten und überzyklisch ansteigende Arbeitslosigkeit, sowie damit verbunden der tief greifende Strukturwandel von der Industrie- zur Dienstleistungsgesellschaft. Dies ging einher mit einem Umbruch der Arbeits-,

Produktions- und Organisationssysteme auf betrieblicher Ebene, der zu einer Intensivierung des Rationalisierungsprozesses mit widersprüchlichen Folgen für die Arbeitsbedingungen der Beschäftigten und die Handlungsbedingungen der betrieblichen Interessenvertretungen führte. Überlagert wurde dies von einer zunehmenden Internationalisierung der Produkt- und Kapitalmärkte (Globalisierung), die ihrerseits einen wachsenden Druck auf die bestehenden Arbeits-, Einkommens und Sozialstandards und die Regelungssysteme ausüben (vgl. auch Kap. „Ökonomische Grundlagen und Finanzierung", Pkt. 6.5).

Eine zusätzliche Herausforderung und auch Belastung für das Tarifsystem stellten die deutsch-deutsche Vereinigung und der anschließende sozialökonomische Transformationsprozess dar. Die 1990 von allen Seiten geforderte und betriebene Übertragung der westdeutschen Tarifstrukturen auf die neuen Bundesländer wurde von Arbeitgeberseite schon bald als übereilt und problematisch angesehen. Die Konflikte um das Tempo der Tarifangleichung an das westdeutsche Niveau führten zur Aufnahme von Härtefall- und Öffnungsklauseln in Tarifverträge. Die in den neuen Ländern zu beobachtende Tendenz zu Tarifbruch und Tarifflucht wirkte mit zeitlicher Verzögerung auf die alten Länder zurück und beschleunigte die dort bereits seit einiger Zeit zu beobachtende Tendenz zur Erosion des Flächentarifvertrages.

Kennzeichnend für die tarifpolitische Situation der 1990er Jahre ist die Zunahme von tarifwidrigem Verhalten, der Auflösung bzw. Vermeidung von Tarifbindung und damit verbunden die Ausbreitung „weißer Flecken" auf der tarifpolitischen Landkarte. Dies gilt insbesondere im Bereich von Klein- und Mittelbetrieben sowie im Dienstleistungssektor; auch die wachsende Zahl von Tätigkeiten in der Grauzone von abhängiger und (schein)selbstständiger Beschäftigung wird von den herkömmlichen Tarifverträgen nicht erfasst (vgl. Kap. „Arbeit und Arbeitsmarkt", Pkt. 3.2.6). Die Bindekraft der Arbeitgeberverbände hat nachgelassen, und die Gewerkschaften sind von Mitgliederschwund betroffen.

Auch wenn die branchenbezogenen Verbandstarifverträge noch eine zentrale Prägekraft für die kollektive Regulierung der Arbeits- und Einkommensstandards haben, so ist doch nicht zu übersehen, dass ein Umbau des Tarifvertragssystems im Gange ist. Er kommt vor allem in der zunehmenden Differenzierung und Dezentralisierung der tariflichen Regelungen und Standards sowie ihrer Umsetzung in die betriebliche Praxis zum Ausdruck. Alle Regelungen weisen ein gemeinsames Charakteristikum auf: Sie schaffen die Möglichkeit, von den einheitlichen und verbindlichen Standards des (Flächen)Tarifvertrags abzuweichen. Dies kann durch differenzierte Tarifstandards für bestimmte Beschäftigtengruppen, Betriebe oder Teilbranchen geschehen oder auch durch Absenkung von Leistungen für alle Beschäftigten und Betriebe. Die realen Erscheinungsformen dieser Art von Tarifvereinbarungen sind vielfältig. Inhaltliche Ansatzpunkte von Tarifdifferenzierung und -dezentralisierung sind u.a.:

- *Allgemeine Klauseln:*

  Möglichkeit zeitlich befristeter Sonderregelungen zur Abwendung einer Insolvenzgefahr für einzelne Unternehmen;

- *Arbeitszeit:*

  Möglichkeit zur Verlängerung der tariflichen Arbeitszeit für einen Teil der Beschäftigten (Metallindustrie), Einrichtung eines Arbeitszeitkorridors zum Ausgleich schwankender Auftragslage (Chemische Industrie), befristete Verkürzung der Arbeitszeit ohne Lohnausgleich zur Beschäftigungssicherung;

- *Lohn und Gehalt:*

  Möglichkeit zur Aussetzung oder Verschiebung von Tariferhöhungen, Absenkung von Tarifentgelten im Rahmen eines Einkommenskorridors, Einführung neuer niedriger Lohngruppen, Einstiegstarife für Arbeitslose;

- *Weitere Vergütungskomponenten:*

  Verschiebung der Auszahlung bzw. Verringerung von Jahressonderzahlung, Urlaubsgeld.

Zur „kontrollierten" Dezentralisierung durch tarifliche Vereinbarungen ist die „wilde" Variante getreten, z.B. in Form von betrieblichen Standortsicherungsvereinbarungen, die zum Teil unter Verstoß gegen die tariflichen Vorschriften Lohnverzicht und Arbeitszeitverlängerung als Beitrag der Belegschaft zur Arbeitsplatzsicherung vorsehen. Die betrieblichen Interessenvertretungen erleben diese Form der Verbetrieblichung der Tarifpolitik nicht so sehr als Gestaltungschance, sondern mehrheitlich als zwiespältige und problematische Entwicklung, die den Flächentarifverträgen einen Teil der gewünschten Unterstützungs- und Entlastungswirkung bei betrieblichen Konflikten und Aushandlungsprozessen nimmt.

Je stärker der ökonomische Druck auf Tarifstandards und Tarifsystem wird, umso mehr gerät auch der über Jahrzehnte bestehende gesellschaftliche Grundkonsens über das System des Flächentarifvertrags selbst in die Kritik. Die Vorschläge, wie künftig die Regulierung der Arbeits- und Einkommensverhältnisse gestaltet werden soll, reichen bis zu marktradikalen Positionen, die auf eine Auflösung des „Tarifkartells" drängen und letztlich die Interessenvertretung auf die einzelnen Beschäftigten selbst rückverlagern wollen. Die Wirtschafts- und Arbeitgeberverbände und auch die konservativen und liberalen politischen Kräfte fordern eine nachhaltige Lockerung der Branchentarifverträge zugunsten betrieblicher und individueller Regelungen und Absprachen. Der Vorrang von Tarifverträgen soll aufgehoben, die Unterschreitung von tariflichen Mindestbedingungen zugelassen und die Allgemeinverbindlichherklärung von Tarifverträgen eingeschränkt werden. Im Zusammenhang mit den Reformen der sozialen Sicherungssysteme („Agenda 2010") wurden (auch seitens der rot-grünen Bundesregierung) Eingriffe in die Tarifautonomie durch Änderungen des Tarifvertragsgesetzes und des Betriebsverfassungsgesetzes diskutiert, aber nicht zuletzt aufgrund des massiven Protestes der Gewerkschaften nicht umgesetzt.

4 Steuerpolitik und Einkommensverteilung

4.1 Verteilungswirkungen des Steuersystems

Der Staat ist zur Finanzierung seiner vielfältigen Aufgaben auf ausreichende und stabile Einnahmen angewiesen. Die Einnahmebasis wird im Wesentlichen durch Steuern sichergestellt. Ohne ein ergiebiges Steueraufkommen kann es keinen aktiven (Sozial)Staat geben. Die Erhebung von Steuern hat deshalb vorrangig einen *fiskalischen* Zweck. Im deutschen Steuersystem finden sich vielfältige Steuerarten, deren Aufkommen sich auf Bund, Länder und Gemeinden verteilt (zu den Steuerarten und ihrer Aufkommenshöhe und -entwicklung vgl. Kap. „Ökonomische Grundlagen und Finanzierung", Pkt. 3.5.2). Da Steuererhebung immer bedeutet, dass die Markteinkommen vermindert oder (durch Verbrauchsteuern) die Preise für die Konsumenten erhöht werden, bedarf die Steuerpolitik in einer Demokratie im besonderen Maße der Zustimmung der BürgerInnen. Entscheidende Kriterien für die Akzeptanz des Steuersystems sind die Fragen nach der Verwendung der Steuereinnahmen und nach der gerechten Verteilung der Steuerlasten. Was soziale Gerechtigkeit in der Steuerpolitik konkret bedeutet, lässt sich zwar nicht eindeutig bestimmen, aber auf der allgemeinen Ebene herrscht Einigkeit darüber, dass bei der Besteuerung Rücksicht auf die Belastbarkeit und Leistungsfähigkeit der BürgerInnen zu nehmen ist und insofern Personen mit einem höheren Einkommen nicht nur absolut, sondern auch relativ stärker zur Finanzierung der Staatsaufgaben beitragen sollten.

Die Steuerpolitik hat aber nicht allein fiskalische und verteilungspolitische Ziele zu beachten. Einzelnen Verbrauchsteuern wird die Aufgabe zugewiesen, ein bestimmtes, gesellschaftlich erwünschtes Verhalten zu fördern. Ökosteuern beispielsweise sollen zur Einsparung von Energie anregen. Schließlich dürfen bei der Ausgestaltung des Steuersystems wirtschaftliche Rückwirkungen nicht außer Acht gelassen werden: So besteht die Befürchtung, dass unter der Bedingung offener Kapitalmärkte und eines globalisierten Wettbewerbs eine im internationalen Vergleich zu hohe Steuerbelastung von Unternehmen zu Verlagerungen von Investitionen ins Ausland führt bzw. die Attraktivität des Standorts Deutschland für ausländische Investoren gefährdet. Und immer wieder wird beklagt, dass zu hohe Steuersätze die Leistungsbereitschaft der BürgerInnen beeinträchtigen, da es sich wegen der Abzüge nicht ausreichend lohne, mehr zu arbeiten und zu verdienen.

Steuerpolitik steht im Zentrum des politischen Meinungsstreits. Da es immer um Verteilungsfragen geht, ist die politische wie wissenschaftliche Debatte durch unterschiedliche Interessen geprägt. Strittig ist insbesondere, welches Aufkommensniveau überhaupt erforderlich ist, wie die Struktur des Steuersystems auszusehen hat, um dem Grundsatz der Besteuerung nach der Leistungsfähigkeit zu entsprechen, und ab welchem Punkt der steuerlichen Belastung von Unternehmen und Personen mit hohem Einkommen es zu negativen wirtschaftlichen Rückwirkungen kommt. Diesen Fragen kann im Rahmen eines sozialpolitischen Lehrbuchs nicht im Einzelnen nachgegangen werden.

Empirisch lässt sich feststellen, dass die gesamtwirtschaftliche Steuerbelastung (Anteil aller Steuereinnahmen am BIP) seit Beginn der 80er Jahre leicht, aber kontinuierlich *gesunken* ist und die Quote im Jahr 2005 mit 20,8 % sogar besonders niedrig liegt. Verschoben hat sich dabei das Gewicht der einzelnen Steuerarten am Gesamtaufkommen. An Bedeutung zugenommen hat die Lohnsteuer, rückläufig sind die Anteilswerte der Gewinnsteuern (veranlagte Einkommensteuer, nicht veranlagte Steuern vom Ertrag, Körperschaftsteuer, Gewerbesteuer). Und im Verhältnis zwischen direkten und indirekten Steuern gewinnen die indirekten Steuern (Umsatzsteuer und andere Verbrauch und Aufwandsteuern) an Gewicht (vgl. dazu Kap. „Ökonomische Grundlagen und Finanzierung", Pkt. 3.5.2).

Aufgrund der Vielgestaltigkeit des Steuersystems und der Wechselwirkungen zwischen Besteuerung und dem wirtschaftlichen Verhalten von Personen und Unternehmen lässt sich nur schwer bestimmen, in welche Richtung und in welchem Maße die Besteuerung die Markteinkommen umverteilt. So kommt es zur Beurteilung der effektiven Belastungen nicht allein auf die Steuersätze an. Maßgebend ist vielmehr, auf welche Bemessungsgrundlage sich die Sätze beziehen und welche Möglichkeiten es gibt, die Bemessungsgrundlage durch das Ausnutzen von Ausnahme- und Sondertatbeständen zu verringern. Das Steuerrecht bietet insbesondere den Unternehmen und den Spitzenverdienern eine Fülle von Ansatzpunkten der Steuerverminderung oder gar -vermeidung. Zudem gilt, dass die Verteilungswirkungen des Steuersystems durch den Vorgang der Steuerzahlung noch nicht erfasst sind. Es kommt darauf an, ob Steuern überwälzt werden können, Steuer*zahllast* und Steuer*traglast* also voneinander abweichen. Möglichkeiten dazu bieten sich bei den unternehmens- und gewinnbezogenen Steuern, da hier versucht werden kann, die Belastungen auf Preise, Löhne und/oder Vorlieferanten zu verlagern. Ob dies gelingt, hängt entscheidend von der Markt- und Machtlage ab. Hingegen gibt es bei der Lohnsteuer wenig Überwälzungschancen, sie muss von den ArbeitnehmerInnen gezahlt und auch getragen werden.

Die *Mehrwertsteuer* wie die anderen *Verbrauchsteuern* werden in der Regel voll auf die Preise überwälzt, so dass die Konsumenten als Steuerträger anzusehen sind. Da mit zunehmendem Einkommen der Anteil des Konsums am Gesamteinkommen sinkt und die Sparquote entsprechend steigt, verringert sich die relative Belastung durch die Mehrwertsteuer mit steigendem Einkommen (*regressiver Belastungsverlauf*). Stärker belastet werden hingegen Personen mit geringem Einkommen oder kinderreiche Familien, da in beiden Fällen die Konsumquote hoch liegt und die indirekten Steuern im Unterschied zur Einkommensteuer keine Rücksicht auf das Existenzminimum nehmen. Eine Entlastung bei der Mehrwertsteuer bringt allerdings der ermäßigte Steuersatz von 7 % (insbesondere auf Nahrungsmittel).

Tabelle III.17:

Eckwerte des Einkommensteuertarifs 1996 - 2007

	Grundfrei-betrag Ledige	Eingangs-steuersatz in %	Spitzen-steuersatz in %	Steuerfreies Jahresarbeitsent-gelt Steuerklasse	
				I/IV	III
1996 (DM)	12.095	25,9	53,0	17.714	32.996
1997	12.095	25,9	53,0	17.714	32.996
1998	12.365	25,9	53,0	18.091	33.643
1999	13.067	23,9	53,0	18.955	35.425
2000	13.499	22,9	51,0	19.495	36.505
2001	14.093	19,9	48,5	20.303	38.015
2001 (€)	7.206	19,9	48,5	10.380	19.436
2002	7.235	19,9	48,5	10.367	19.475
2004	7.664	16,0	45,0	10.782	20.416
seit 2005	7.664	15,0	42,0	10.782	20.416

Quelle: Bundesfinanzministerium.

Die Belastungswirkung der *Einkommensteuer* (Lohnsteuer, veranlagte Einkommensteuer, nicht veranlagte Steuer vom Ertrag, Körperschaftsteuer) wird durch den
progressiv verlaufenden Steuertarif bestimmt: Mit steigendem Einkommen müssen
höhere Steuern bezahlt werden, und zwar nicht nur in absoluter Höhe, sondern
auch in Relation zum Einkommen. Für das Steueraufkommen bedeutet dies, dass
das Gros der Einnahmen aus der Einkommensteuer von den Steuerpflichtigen im
oberen Einkommenssegment aufgebracht wird: So haben 2006 die oberen 20 % der
Steuerpflichtigen (mit Einkünften oberhalb von 50.300 € im Jahr; wobei zusammen
veranlagte Ehepaare als ein Steuerpflichtiger rechnen) 71,2 % des gesamten Aufkommens gestellt, während die unteren 20 % der Steuerpflichtigen am Aufkommen
aus der Einkommensteuer nicht beigetragen haben.

In Abbildung III.5 wird der *Steuertarif 2005* wiedergegeben. Es lassen sich
drei Zonen des Tarifverlaufs (bemessen am Jahreseinkommen) unterscheiden:

- Im Bereich niedriger Einkommen, die den Grundfreibetrag unterschreiten,
  muss keine Einkommensteuer entrichtet zu werden. Die Höhe dieses Grundfreibetrages liegt bei 7.235 € (allein stehend) bzw. 14.470 € (verheiratet). Diese Regelung widerspiegelt die verfassungsrechtlich gebotene Steuerfreistel-
  lung des am Sozialhilfeniveau bemessenen Existenzminimums. Auf den Monat umgerechnet bleiben also 603 € bzw. 1.206 € prinzipiell steuerfrei.

- Überschreitet das Einkommen den Grundfreibetrag beginnt die Besteuerung
  mit einem Eingangssteuersatz von 15 %, d.h. von dem ersten oberhalb des

Grundfreibetrags verdienten Euro müssen 0,15 € an den Staat abgeführt werden. Mit steigendem Einkommen steigt der Steuersatz linear an.

- Die Zone der linearprogressiven Besteuerung endet mit einem Spitzensteuersatz von 42 %, der bei einem Jahreseinkommen von 52.152 € (allein stehend)
bzw. 104.304 € (verheiratet) erreicht wird. Jedes Einkommen oberhalb dieser
Grenzwerte wird dann mit 42 % versteuert.

Ausdrücklich zu betonen ist, dass dieser Tarifverlauf die *Grenzsteuerbelastung*
wiedergibt. Bei der Grenzbetrachtung geht es darum, um welchen Prozentsatz das
jeweils *zusätzliche* Einkommen belastet wird. So bezahlt ein Spitzenverdiener nicht
auf sein gesamtes Einkommen den Steuersatz von 42 %. Die durchschnittliche
Steuerbelastung des gesamten Einkommens liegt deutlich niedriger, da *alle* Steuerzahler zunächst vom Grundfreibetrag profitieren und die nachfolgenden Einkommensbestandteile beginnend mit dem Eingansssteuersatz erst langsam höher besteuert werden. Aus Abbildung III.5 ist zu erkennen, dass die *durchschnittliche* Steuerbelastung weit unterhalb der Grenzsteuerbelastung liegt und mit steigendem Einkommen auch schwächer ansteigt. Bei einem Jahreseinkommen von 52.152 €
(Spitzensteuersatz von 42 %) beträgt die durchschnittliche Steuerbelastung rund
27 %.

Abbildung III.5:

Einkommensteuertarif 2005

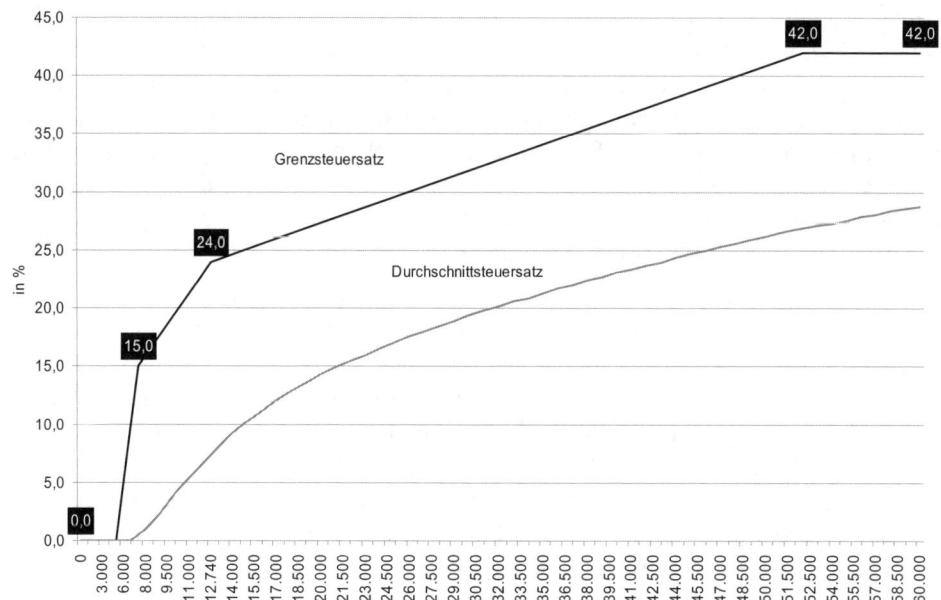

4.2 Sozialpolitik durch Steuerpolitik

Sozialpolitische Ziele lassen sich durch steuerpolitische Maßnahmen nur begrenzt erreichen. Denn selbst ein Verzicht auf Besteuerung kann unzureichendes oder fehlendes Einkommen nicht ersetzen. Erforderlich sind hier Übertragungen vom Staat. Zwar ließe sich nach dem Modell der Negativsteuer eine Verbindung zum Steuersystem insofern herstellen, dass das Finanzamt beim Unterschreiten einer bestimmten Einkommensschwelle statt Steuern zu erheben, Transfers, also Negativsteuern, auszahlt. Analysen dieses Modells kommen jedoch zu dem Ergebnis, dass es weder praktikabel noch finanzierbar ist (vgl. Pkt. 9.2 dieses Kapitels).

Steuerfreibeträge

Sozialpolitik durch Steuerpolitik bedeutet, dass beim Vorliegen bestimmter Lebensumstände oder besonderer Aufwendungen die Steuerlast gemindert wird und sich eine relative Besserstellung hinsichtlich der Nettoeinkommensposition im Vergleich zu anderen Personen bzw. Haushalten mit *gleichem* Bruttoeinkommen ergibt. Strittig ist, ob Steuerfreibeträge lediglich die Zielgruppen begünstigen oder ob sie als Ausgleich ungleicher Leistungsfähigkeit gerechtfertigt sind. Die Liste der einzelnen Sonderregelungen ist umfänglich. Das Einkommensteuerrecht kennt u.a.:

- Kinderfreibeträge,
- Freibeträge für Betreuung, Erziehung und Ausbildung von Kindern,
- Freibeträge wegen erhöhter Sonderausgaben oder außergewöhnlicher Belastungen (z.B. bei Krankheitskosten, Behinderungen, Heimunterbringung, Unterhaltsleistungen gegenüber bedürftigen Angehörigen)

Die Berücksichtigung von Freibeträgen bedeutet, dass sich das zu versteuernde Einkommen, also die steuerliche Bemessungsgrundlage, um den entsprechenden Betrag vermindert. Entsprechend dem Tarifverlauf der Einkommensteuer wirken sich die Freibeträge allerdings sehr unterschiedlich aus: Je höher das Einkommen liegt, um so höher fallen die Entlastungen aus, da im oberen Einkommensbereich die Steuersätze hoch sind. Personen, die mit ihrem Einkommen nur im Eingangsbereich der Steuerprogression liegen, können hingegen mit nur einer sehr geringen Steuerersparnis rechnen.

Um diese problematische Wirkung von Freibeträgen auszugleichen, kann auch der Weg gewählt werden, von der Steuerschuld einen *festen*, von der Höhe des Einkommens und der Steuerschuld unabhängigen Betrag abzuziehen. Das wird bei der Förderung von geringfügiger Beschäftigung in Privathaushalten praktiziert.

Fördermaßnahmen über Steuerentlastungen haben darüber hinaus den Effekt, dass jene völlig leer ausgehen, die überhaupt keine Steuern zahlen, sei es, weil kein Einkommen vorliegt oder weil das Einkommen den Grundfreibetrag nicht übersteigt. In diesen Fällen kann eine Förderung nur über direkte Transfers erfolgen. Dies ist beim Kindergeld der Fall, das dann in Anspruch genommen werden kann, wenn die steuerliche Entlastung durch den Freibetrag nicht greift oder niedriger als

das Kindergeld ausfällt. Rechtlich und systematisch ist das Kindergeld eine ein-
kommensteuerrechtliche Leistung; es ist eine Art „Negativ-Steuer", die vom Staat
ausgezahlt wird (vgl. Bd. II, Kap. „Familie", Pkt. 6.1.2). Vergleichbar verläuft die
steuerliche Förderung der privaten Altersvorsorge: Die Anspruchsberechtigten
können entweder eine Zulage beantragen, oder – wenn sich dies bei höheren Einkommen als günstiger erweist – private Altersvorsorgeaufwendungen als Sonderausgaben von der Steuer absetzen. Es gilt die jeweils günstigste Variante, wobei
das Finanzamt die Prüfung vornimmt (vgl. Bd. II, Kap. „Alter", Pkt. 7.3.1).

Ehegattensteuersplitting

Besondere Bedingungen weist das Einkommensteuerrecht für Verheiratete auf. Die
Ehepartner werden nach dem Grundsatz des Steuersplittings nicht individuell, sondern gemeinsam veranlagt. Jeder Partner wird so behandelt, als habe er vom Gesamteinkommen genau die Hälfte verdient. Das so gesplittete Einkommen wird
dann jeweils nach dem Steuersatz für Ledige versteuert. Dadurch ergeben sich
erhebliche finanzielle Vorteile für Ehepaare, bei denen nur der Mann verdient oder
bei denen die Einkommensdifferenz zwischen Mann und Frau sehr groß ist. Denn
aufgrund des progressiven Verlaufs der Einkommensteuer ist die Steuerschuld von
zwei halben Einkommen geringer als die eines Gesamteinkommens in der gleichen
Höhe (vgl. dazu ausführlich Bd. II, Kap. „Familie", Pkt. 6.4.2).

Sind beide Ehepartner erwerbstätig, dann entscheidet die Wahl der Steuerklassen darüber, bei wem sich die Entlastungen durch das Steuersplitting und die
Grundfreibeträge niederschlagen. Bei der Kombination der Steuerklassen III/V
wird der in III eingestufte Besserverdienende – in aller Regel der Mann – stark
entlastet, während in der Steuerklasse V sehr hohe Abzüge anfallen. 90 % der in
Steuerklasse V Veranlagten sind Frauen. Für viele Ehefrauen liegt die Frage nahe,
ob sie angesichts des geringen Nettoverdienstes überhaupt mehr als geringfügig
arbeiten sollen. Das Steuerrecht setzt also starke Anreize für die traditionelle
Hausfrauenehe oder für eine lediglich geringfügige Beschäftigung.

Zu beachten ist bei der Steuerklassenwahl auch, dass alle am Nettoeinkommen
berechneten Lohnersatzleistungen wie Arbeitslosengeld, Unterhaltsgeld, Krankengeld, Übergangsgeld und Mutterschaftsgeld bei der Steuerklasse V sehr niedrig
ausfallen.

Steuerliche Behandlung von Altersvorsorge und Alterseinkünften

Im Steuerrecht werden die verschiedenen Formen von Altersvorsorgeaufwendungen und Alterseinkünften sehr unterschiedlich behandelt. Renten aus der Rentenversicherung werden nur mit ihrem Ertragsanteil besteuert, während die Versor-
gungsbezüge der Beamten als nachträglich gezahltes Arbeitsentgelt gewertet werden und voll der Steuerpflicht unterliegen (*nachgelagerte Besteuerung*) (vgl. Bd.
II, Kap. „Alter", Pkt. 6.7). Die Finanzierung der Rentenversicherung erfolgt, was
den Teil der Arbeitnehmerbeiträge betrifft, die nicht durch die Vorsorgepauschalen
ausgeglichen werden, aus bereits versteuertem Einkommen (*vorgelagerte Besteue-*

rung). Steuerfrei bleiben jedoch die Arbeitgeberbeiträge und die Bundeszuschüsse zur Rentenversicherung. Da das Bundesverfassungsgericht die abweichende steuerliche Behandlung von Beamtenpensionen und Sozialrenten als grundgesetzwidrig angesehen hat (Verletzung des Gleichheitssatzes der Verfassung), kommt es hier beginnend ab 2005 zu einer Änderung: Schrittweise, über einen Zeitraum von 45 Jahren, wird zur nachgelagerten Besteuerung übergegangen: Alterseinkünfte werden einer regulären Besteuerung unterworfen, allerdings bleibt eine angemessene Altersvorsorge steuerfrei. Im Gegenzug werden die Vorsorgeaufwendungen (Arbeitnehmerbeiträge) schrittweise (volle Wirkung im Jahr 2025) von der Besteuerung freigestellt (vgl. Bd. II, Kap. „Alter", Pkt. 6.7).

Sehr unterschiedliche steuerliche Regelungen gelten auch für die einzelnen Durchführungswege der betrieblichen Altersversorgung. Steuerlich besonders begünstigt sind (noch) Kapitallebensversicherungen. Die im Rahmen der Rentenreform 2002 („Riester-Rente") eingeführte Förderung der privaten Altersvorsorge sieht ein Optionsmodell von Sonderausgaben-Anrechnung oder Zulagen vor. Die betriebliche Altersvorsorge wird durch die Möglichkeit der Entgeltumwandlung gefördert; der für die Altersvorsorge verwandte Teil des Bruttoentgelts bleibt steuer- und beitragsfrei (vgl. im Einzelnen Bd. II, Kap. „Alter", Pkt. 7.3).

5   Risiko- und Einkommensausgleich durch Soziale Sicherung

Wenn wegen Krankheit, Unfällen, Arbeitslosigkeit, Mutterschaft die Erwerbstätigkeit unterbrochen oder wegen Invalidität oder fortgeschrittenem Alter ganz aufgegeben wird und damit das Erwerbseinkommen ausfällt, muss die Existenzsicherung über andere Wege gewährleistet werden. Existenzsicherung außerhalb von Erwerbsarbeit lässt sich in verschiedenen, sich teilweise ergänzenden Formen denken und praktizieren.

Übersicht III.5:

Einkommenssicherung bei sozialen Risiken und Notlagen	
Absicherungsform	Instanz
(1) Familiäre Unterstützung, Unterhaltszahlungen	Familie/Gemeinschaft
(2) Private Wohltätigkeit, Spenden	(Zivil)Gesellschaft
(3) Private Vorsorge: Sparen/Vermögensbildung	Markt
(4) Private Vorsorge: Privatversicherungen	Markt
(5) Absicherung durch betriebliche Sozialleistungen	Betrieb/Markt
(6) Steuerliche Förderung von (1), (2), (3), (4), (5)	+ Staat
(7) Fürsorgeleistungen/Grundsicherung	Staat/Kommune
(8) Sozialversicherung	Staat/Parafisci
(9) Versorgungsleistungen	Staat

In historischer Perspektive kommt den traditionellen Problemlösungen, nämlich Unterstützung durch familiäre Hilfen (Unterhaltsleistungen), private Wohltätigkeit (Zuwendung in Form von Spenden usw.) und Armenfürsorge zentrale Bedeutung zu (vgl. Pkt. 1.2 dieses Kapitels). Mit dem Übergang zu einer entwickelten Markt-gesellschaft gewinnen betriebliche Absicherungen sowie Vermögensbildung und Privatversicherung an Gewicht. Gemeinsam ist der familiären wie der marktförmi-gen Absicherung, dass der Staat im Prozess der Einkommenstransfers nicht einge-schaltet ist; es werden zwar (rechtliche) Rahmenbedingungen gesetzt, aber über die öffentlichen Haushalte keine Gelder bewegt. Dies relativiert sich, wenn familiäre und marktförmige Absicherungen steuerlich gefördert werden. Von einer staatli-chen bzw. öffentlichen sozialen Sicherung kann aber erst gesprochen werden, wenn die Leistungen gesetzlich festgelegt sind, über staatliche bzw. öffentlich-rechtliche Träger ausgezahlt und über Zwangsabgaben finanziert werden.

5.1 Private Vorsorge durch Vermögensbildung

Wenn die Wechselfälle des Lebens zu Einkommensrisiken führen, die Existenzsi-cherung gefährden und zugleich der Rückgriff auf Hilfen im Familienverband nicht möglich oder gewünscht ist, dann bietet es sich an, durch *Sparen* beizeiten vorzu-sorgen. Durch das Zurücklegen eines Teils des laufenden Einkommens und den Aufbau eines Geld-, Produktiv- und/oder Grundvermögens ist es möglich, im Risi-kofall über eine Reserve zu verfügen, die aufgelöst und zur Bestreitung des Le-bensunterhalts eingesetzt werden kann. Zudem entsteht aus den Erträgnissen des Vermögens ein Einkommen, das die Menschen an den Zuwächsen der Wirtschaft beteiligt und unabhängig vom Arbeitseinsatz fließt. Lassen sich also über Vorsor-gesparen und Vermögensbildung die Einkommensrisiken bewältigen? Die Analyse zeigt, dass dieser Weg eines intertemporalen Einkommensausgleichs auf äußerst enge Grenzen stößt und die staatliche Sozialpolitik ergänzen, aber nicht ersetzen kann (vgl. auch Bd. II, Kap. „Alter", Pkt. 5.1.2). Dieses Ergebnis gründet auf fol-genden Faktoren:

Fehlende Abschätzbarkeit der Risiken

Zwar ist jedem Menschen bekannt, dass im Leben eine Reihe von Wechselfällen eintreten wird. Aber unbekannt ist, wann, wie häufig, wie lange und in welcher Höhe die Risiken eintreffen. So bleibt offen, wann und mit welchem Schweregrad der Lebenslauf durch Erkrankungen, Unfälle, fehlende Erwerbsfähigkeit, Erwerbs-minderung oder Arbeitslosigkeit unterbrochen wird. Im ungünstigen Fall treten die Unterbrechung oder gar der Verlust des Erwerbseinkommens bereits auf, ehe über-haupt mit der Vermögensbildung begonnen worden ist. Und sind Reserven vorhan-den, dann reichen die Beträge in der Regel nur zur Überbrückung kurzer Phasen aus. Hinzu kommt, dass bei Erkrankungen und Unfällen zusätzliche Ausgaben anfallen.

Die Vorsorge für das Alter lässt sich hingegen besser abschätzen, da auf eine bestimmte Altersgrenze, ab der die Erwerbstätigkeit aufgegeben und das Erwerbseinkommen entfällt, orientiert werden kann. Unklar ist hingegen die Höhe des Vorsorgebedarfs, da sich die individuelle Lebensdauer, für die dann der Kapitalstock reichen muss, nicht abschätzen lässt (biometrisches Risiko). Bei einem langen Leben können sich selbst hohe Rücklagen als unzureichend erweisen.

Sicherheitsrisiken bei der Vermögensanlage

Vermögensbildung vollzieht sich in unterschiedlichen Anlageformen (so Sparpläne, Kauf von Aktien und festverzinslichen Anleihen, Beteiligung an Investmentfonds). Immer ist es das Ziel, an den Erfolgen auf den Kapitalmärkten beteiligt zu werden und hohe Renditen zu erzielen. Je höher die mögliche Rendite, umso höher allerdings auch die Risiken. Wie die Erfahrungen zeigen, unterliegt der internationale Kapitalmarkt hohen Schwankungen; Phasen steigender Kurse werden durch Phasen sinkender Kurse abgelöst. Unkalkulierbar bleibt auf jeden Fall, wie sich die reale Verzinsung entwickelt und wie hoch der Kapitalwert ist, wenn die Bestände aufgelöst, also die Papiere verkauft werden müssen. Im Extrem kann es bei risikoreichen Anlagen zu einem völligen Verlust des Vermögens kommen.

Konkurrierende Verwendungszwecke des Vermögens

Wenn die Menschen durch Sparen Rücklagen bilden, dann geschieht dies nicht nur, um Vorsorge vor sozialen Risiken zu treffen. Sparen ist der übliche Weg, um größere Anschaffungen und Ausgaben tätigen zu können. Dem Sparen steht also immer wieder das „Entsparen" gegenüber. In der Realität konkurrieren dabei unterschiedliche Verwendungszwecke.

Der Erwerb von Wohneigentum ist eine der wichtigsten Vermögensbildungsformen. Dies erfordert in aller Regel die Aufnahme von Hypothekenkrediten und ein langjähriges Tilgen der Schuld. Im Alter zahlt sich der Erwerb des selbst genutzten Wohneigentums aus, wenn nämlich die Zins- und Tilgungsverpflichtungen ausgelaufen sind und der Ertrag in den ersparten Mietzahlungen liegt. Müsste das langsam aufgebaute Eigentum zur Abdeckung von Einkommensausfällen eingesetzt und aufgelöst werden, wäre dies mit erheblichen Verlusten verbunden.

Fehlende Vorsorgebereitschaft

Der Aufbau eines nennenswerten Vermögens (das also diesen Namen verdient) setzt voraus, dass frühzeitig, d.h. spätestens mit Beginn der Berufstätigkeit regelmäßig Beträge vom laufenden Einkommen abgezweigt werden. Sparen bedeutet also Konsumverzicht. Dazu fehlt es aber oft an Einsicht und Bereitschaft. Zukünftige Bedarfe, zumal für weit abliegende Phasen wie das Alter oder für den Fall von Pflegebedürftigkeit, werden gegenüber gegenwärtigen Bedarfen unterschätzt oder minder gewichtet. Dem kann zwar durch Aufklärung und Information entgegengewirkt werden. Aber gerade im jüngeren Lebensalter, und insbesondere in der Phase der Familiengründung, sind die Konsumbedarfe übergroß. Bei *Freiwilligkeit* der Vorsorge kann also nur mit einer geringen Vorsorgebereitschaft gerechnet werden.

Fehlende Sparfähigkeit

Das Problem der *subjektiven* Bereitschaft zur individuellen Vorsorge fällt zusammen mit dem Problem der *objektiven* Fähigkeit, überhaupt regelmäßig zu sparen. Diese Fähigkeit hängt ab von der Position der Menschen im Erwerbsleben und in der Einkommenshierarchie sowie von den privaten Lebensumständen. Je höher das Erwerbseinkommen, je höher (im Lebenslauf) die berufliche Position, je geringer die Belastungen durch Aufwendungen für Kinder – desto größer ist die Vermögensbildungsfähigkeit. Auch Erbschaften bzw. Schenkungen konzentrieren sich auf das Segment der oberen Einkommen. Die vorliegenden Befunde über die Vermögensverteilung in Deutschland belegen diesen Zusammenhang (vgl. Punkt 2.5 dieses Kapitels). Im Umkehrschluss heißt dies, dass ein großer Teil der Bevölkerung von der Vermögensbildung weitgehend ausgeschlossen ist. Hier handelt es sich (mit Überschneidungen) insbesondere um jüngere Menschen, Niedrigeinkommensbezieher, Arbeitslose, Behinderte, Eltern mit mehreren Kindern, Alleinerziehende. Zwar kann der Staat bei diesen Gruppen die Vermögensbildung fördern, so durch Eigenheimzulagen, Sparzulagen, Altersvorsorgezulagen, wie die Erfahrungen zeigen aber nur mit geringem Erfolg.

Verschuldung statt Vermögensbildung

Die fehlende Sparfähigkeit eines großen Teils der Bevölkerung äußert sich in der hohen Verschuldungsquote privater Haushalte. Rund 20 % der Haushalte in den alten und neuen Bundesländern weisen (im Querschnitt betrachtet) auf Grund von Bau- und Konsumschulden ein „negatives" Vermögen auf. In einer solchen Situation führt ein nicht sozialpolitisch abgesicherter Einkommensausfall zur Unfähigkeit, den Zins- und Tilgungsverpflichtungen nachkommen zu können. Es kommt zur Situation der *Überschuldung*.

Einsatz des Vermögens bei Inanspruchnahme fürsorgerechtlicher Sozialleistungen

Fürsorgerechtlich ausgestaltete Sozialleistungen (Sozialhilfe, Grundsicherung, vgl. Pkt. 7 dieses Kapitels) sind nachrangige Leistungen, die erst gezahlt werden, wenn kein verwertbares Vermögen (Geldvermögen, Sachvermögen, Lebensversicherungen, Haus- und Grundbesitz) vorhanden ist. Leistungsbezug setzt also die Auflösung und den Verzehr des Vermögens voraus. Dies aber führt dazu, dass langjährige Anstrengungen insbesondere bei der Altersvorsorge vernichtet werden. Durch besondere Regelungen bei der Anrechnungsfreistellung kann diesem Problem teilweise entgegen gewirkt werden (vgl. Pkt. 7.3.2 dieses Kapitels).

5.2 Private Vorsorge durch Privatversicherungen

Das Problem des im Einzelfall nicht vorhersehbaren Risikoeintritts und des nicht vorher bestimmbaren Bedarfs an Mitteln kann über den Weg einer Versicherung gelöst werden. Versicherung bedeutet, dass sich Personen zusammenschließen, die von gleichartigen Risiken betroffen sind. Unter der Voraussetzung einer ausreichend großen Zahl an Versicherten, der Zufälligkeit des Eintritts der Versicherungsfälle und ihrer Unabhängigkeit wird ein gegenseitiger Risikoausgleich möglich. Durch die Schätzbarkeit der Schadensfälle lässt sich die erforderliche Höhe der von den Versicherten zu zahlenden Beiträge (Prämien) kalkulieren. Der Leistungsumfang steht in direktem Zusammenhang zum Beitrag und zum individuellen Risiko der Versicherten. Je größer das Risiko, desto teurer ist der private Versicherungsschutz. Und je höher der Preis einer Police, desto umfangreicher ist der Versicherungsschutz.

Aber auch die Einschaltung von Privatversicherungen weist Probleme auf, da ein ausreichender Schutz vor Einkommensausfällen nur eingeschränkt erreicht wird:

Fehlende Versicherungsfähigkeit von Risiken

Nicht alle Wechselfälle im Lebensverlauf lassen sich über eine Versicherung absichern. Ein Einkommensausfall als solcher oder eine besondere Bedarfslage sind nicht versicherungsfähig. Es kommt darauf an, ob sich bestimmte Risiken *kalkulieren* lassen. Das ist möglich bei Krankheit, Erwerbs- und Berufsunfähigkeit, Alter, Unfällen, Pflegebedürftigkeit. Das Risiko Arbeitslosigkeit hingegen erweist sich als nicht versicherbar, da das wahrscheinlichkeitsstatistische Gesetz der großen Zahl nur bei voneinander unabhängigen Einzelrisiken gilt. Diese Voraussetzung ist bei Arbeitslosigkeit nicht gegeben, da das Risiko zwar nicht völlig zufällig auftritt, aber im Wesentlichen von konjunkturellen und strukturellen Faktoren bestimmt wird und sich Eintrittswahrscheinlichkeit und Schadenshöhe deshalb nicht versicherungstechnisch kalkulieren lassen. Dies gilt umso mehr in einer Zeit, in der wirtschaftliche Krisen und Einbrüche im Beschäftigungsniveau über die Zusammenhänge des Weltmarktes schnell auf andere nationalen Volkswirtschaften übertragen werden. Sind aber die Risiken zu groß und in Zeitpunkt, Umfang, Dauer und Qualität nicht quantifizierbar, führt dies zu einem Versagen auf dem Versicherungsmarkt, es finden sich keine Versicherer.

Fehlende Versicherungsbereitschaft

Die Mitgliedschaft in einer Privatversicherung ist freiwillig; auch der gewählte Leistungsumfang beruht auf individueller Vereinbarung zwischen Versicherung und Versicherungsnehmer. Wegen der Fehleinschätzung von Risiken und der Höhergewichtung aktueller Bedarfe sind Lücken im Sicherungsschutz absehbar; die Bereitschaft zu Lasten des Gegenwartskonsums hohe Versicherungsprämien zu zahlen, ist begrenzt.

Als Ausweg aus diesem Dilemma kann eine Versicherungs*pflicht* eingeführt werden. In Anlehnung an die KFZ-Haftpflichtversicherung müsste ein Vertrag zu bestimmten Mindestkonditionen bei einem privaten Versicherungsunternehmen abgeschlossen werden (*Obgligatorium*).

Risikobezogene Prämienkalkulation

Bei einer Privatversicherung berechnet sich die Höhe der individuellen Prämienleistungen an der Wahrscheinlichkeit des individuellen Risikoeintritts, d.h. es ergeben sich unterschiedlich hohe Prämien nach der Schadenserwartung (versicherungstechnisches Äquivalenzprinzip). Die Schadenserwartung lässt sich *vor* Vertragsabschluss aufgrund von statistischen Erfahrungswerten, Selbstauskünften oder Gesundheitsprüfungen feststellen.

Die Orientierung der Beiträge am individuellen Risiko hat zur Folge, dass „schlechte Risiken" hohe, „gute Risiken" niedrige Beiträge zahlen müssen. Zu den „schlechten Risiken" zählen bei einer *privaten Krankenversicherung* u.a.:

- Personen mit Vorerkrankungen,

- Versicherte, die erst im höheren Lebensalter einen Vertrag abschließen.

- Frauen (aufgrund der möglichen Mutterschaft und den damit verbundenen Ausgaben).

Zu den „schlechten Risiken" bei einer *privaten Rentenversicherung* zählen aufgrund ihrer höheren Lebenserwartung Frauen. Da sie ihre Rente länger beziehen, fällt bei gleichen Prämienzahlungen die monatliche Rente niedriger aus als bei den Männern.

Eine Privatversicherung, die mit einer allgemeinen, statt mit einer risikobezogenen Prämie operiert und beispielsweise Männer und Frauen gleich einstuft („Uni-Sex Tarife"), würde in der Konkurrenz zu anderen Versicherungsunternehmen, die diesen Weg nicht gehen, unterliegen: Die männlichen Versicherten würden zu der für sie günstigeren Konkurrenz mit risikobezogenen Tarifen abwandern; je stärker dann aber der zurück bleibende Versichertenbestand durch Frauen bestimmt ist, um so stärker müssten dann die Prämien steigen. Ein Uni-Sex Tarif kann demnach nur durchgesetzt werden, wenn alle Versicherungsunternehmen dazu gesetzlich verpflichtet sind.

Die risikobezogene Prämienkalkulation richtet sich nicht nach der Zahlungsfähigkeit bzw. nach dem Einkommen. Innerhalb einer jeweiligen Risikoklasse müssen Personen, die kein oder nur ein geringes Einkommen haben, die identischen Prämien zahlen wie Personen mit einem hohen Einkommen. Die Belastungsquote steigt also mit sinkendem Einkommen.

Individualorientierte Prämienkalkulation

Eine Privatversicherung versichert nur *individuelle* Risiken, nicht aber Personengemeinschaften bzw. Familien. So muss in der privaten Krankenversicherung bei einer Familie mit mehreren Kindern für jedes Kind ein Versicherungsvertrag mit einer individuellen Prämienberechnung geschlossen werden.

Risiko- und individualorientierte Prämienkalkulation führen im Ergebnis zu einer sozialen Selektion, da sich „schlechte Risiken" und niedriges Einkommen überlagern. Beschäftigte im unteren Einkommenssegment werden deshalb bei einer privaten Versicherung finanziell überfordert – mit der Folge eines fehlenden oder nur unzureichenden Schutzes. Im besonderen Maße benachteiligt sind Personen, die über kein eigenes Einkommen verfügen, sei es wegen Arbeitslosigkeit, Kindererziehung, Ausbildung oder dauerhafter Erwerbsunfähigkeit.

Da für Privatversicherungen der Grundsatz der Vertragsfreiheit grundlegend ist, gibt es keinen Zwang (*Kontrahierungszwang*) für einen Versicherer, einen Vertrag abschließen zu müssen. Auch eine Vertragskündigung ist möglich. Deswegen müssen „schlechte Risiken" damit rechnen, überhaupt kein Angebot zu erhalten.

Die Vertragsfreiheit eröffnet den Verbrauchern einen großen Gestaltungsspielraum, eine „maßgeschneiderte" Versicherungspolice abzuschließen. Vielfältigkeit und Intransparenz der Angebote machen es jedoch schwer, sich auf dem Versicherungsmarkt zurecht zu finden. Unabhängige Information und Aufklärung sind deshalb gerade im Bereich der privaten Vorsorge unverzichtbar. Eine wichtige Rolle kommt hierbei der *Verbraucherberatung* zu.

Zum Schutz der Kunden unterliegt der Versicherungsmarkt bestimmten Regulierungen. Als Regulierungsbehörde fungiert die *Bundesanstalt für Finanzdienstleistungsaufsicht* (BaFin). Mit ihrer Aufsicht über Versicherungsunternehmen soll erreicht werden, dass die Belange der Versicherten ausreichend gewahrt bleiben und die vertraglichen Verpflichtungen aus den Versicherungsverträgen, die einen sehr langen Zeitraum abdecken, jederzeit erfüllbar sind. So dürfen Versicherungsgeschäfte grundsätzlich erst dann betrieben werden, wenn das Unternehmen bestimmte Voraussetzungen erfüllt und eine aufsichtsbehördliche Erlaubnis hat. Bei der laufenden Aufsicht achtet die Bundesanstalt u.a. darauf, dass für die erwarteten Leistungen angemessene Prämien erhoben und ausreichende versicherungstechnische Rückstellungen gebildet werden. Die Kapitalanlage muss den gesetzlichen Qualifikationen genügen – etwa in Bezug auf Sicherheit und Rentabilität. Bei Lebensversicherungen hat die Versicherungsaufsicht darüber zu wachen, dass die Überschussbeteiligungen angemessen sind und dass Leistungen korrekt erbracht werden. Bei Krankenversicherungen müssen Prämienanpassungen genehmigt werden.

Ungelöst ist das Problem, was im Fall einer Insolvenz einer Versicherung mit den Ansprüchen der Versicherten geschieht. Freiwillige Sicherungsfonds für Lebens- und private Krankenversicherer bieten einen nur unzureichenden Schutz für die Versicherten. Eine verpflichtende gesetzliche Regelung ist in der Diskussion.

5.3 Gestaltungsprinzipien der staatlichen sozialen Sicherung

Die offenkundigen Defizite einer privaten und privatwirtschaftlichen Absicherung von sozialen Risiken haben in der historischen Entwicklung von Marktwirtschaften Anlass und Notwendigkeit zum Aufbau staatlicher sozialpolitischer Sicherungssysteme gegeben. Das in der zweiten Hälfte des Ende des 19. Jahrhunderts in Deutschland entstandene und seitdem ausgebaute sowie mehrfach veränderte System der sozialen Sicherung zeichnet sich durch ein breites Spektrum sozialpolitischer Leistungen aus. Nicht immer fällt es leicht, in der Vielfalt der historisch gewachsenen Leistungsbereiche den Überblick zu wahren. Eine Systematisierung ist notwendig.

Zu unterscheiden ist zunächst ganz grundsätzlich zwischen *Geldleistungen* einerseits sowie *Sach- und Dienstleistungen* andererseits. Im Mittelpunkt dieses Kapitels stehen die Geldleistungen, die den Empfängern unmittelbar zufließen, ihr Einkommen erhöhen und nach Maßgabe der individuellen Präferenzen verwendet werden können.

Übersicht III.6:

Die wichtigsten Geldleistungen der Sozialen Sicherung		
Sozialrechtsbereich	Träger	Geldleistungen
Gesetzliche Rentenversicherung	Deutsche Rentenversicherung Bund; Deutsche Rentenversicherung: 11 regionale Träger; Deutsche Rentenversicherung Knappschaft, Bahn, See	Rente wegen Alters Rente wegen verminderter Erwerbsfähigkeit Rente wegen Todes
Gesetzliche Krankenversicherung	Gesetzliche Krankenkassen (Orts-, Betriebs-, Innungs- und Ersatzkassen, Bundesknappschaft)	Krankengeld Mutterschaftsgeld
Gesetzliche Pflegeversicherung	Gesetzliche Pflegekassen in organisatorischer Angliederung an die Gesetzlichen Krankenkassen	Pflegegeld
Gesetzliche Unfallversicherung	Berufsgenossenschaften	Verletztengeld Übergangsgeld Unfallrente Hinterbliebenenrente
Arbeitslosenversicherung/Arbeitsförderung	Bundesagentur für Arbeit/Arbeitsagenturen	Arbeitslosengeld Kurzarbeitergeld Konkursausfallgeld Unterhaltsgeld Berufsausbildungsbeihilfe
Sozialhilfe	Sozialämter	Hilfe zum Lebensunterhalt Grundsicherung im Alter und bei Erwerbsminderung
Grundsicherung für Arbeitsuchende	Arbeitsgemeinschaften von Arbeitsagenturen und Kommunen	Arbeitslosengeld II Sozialgeld
Wohngeld	Wohngeldämter	Wohngeld
Kindergeld	Familienkassen bei den Arbeitsämtern	Kindergeld Kinderzuschlag
Elterngeld	je nach Landesrecht verschiedene Stellen	Elterngeld
Ausbildungsförderung	Ämter für Ausbildungsförderung	Ausbildungsförderung
Kriegsopferversorgung/ Soziale Entschädigung	Versorgungsämter/Integrationsämter	Beschädigtenrente Hinterbliebenenrente

Bei den Sach- und Dienstleistungen handelt es sich hingegen um spezifische, öffentlich finanzierte Angebote unterschiedlicher Einrichtungen und Träger, die im Bedarfsfall in Anspruch genommen werden können. Da ihre Inanspruchnahme weitgehend kostenfrei erfolgt, verbessern sie die Einkommensposition auf indirektem Wege. Sach- und Dienstleistungen haben vor allem im Gesundheitswesen sowie im Sozialwesen eine zentrale Bedeutung (vgl. in Bd. II die Kapitel „Gesundheit und Gesundheitssystem" und „Soziale Dienste").

Wie die Übersicht III.6 erkennen lässt, weisen die Geldleistungen im System der Sozialen Sicherung eine große Spannweite auf. Unterschiede zeigen sich u.a. bei Leistungstatbeständen und Leistungsvoraussetzungen, Adressaten, Höhe und Dauer der Leistungen, Finanzierungsregelungen sowie den institutionellen und administrativen Strukturen. Es lassen sich jedoch *idealtypische* Gestaltungsmodelle der Sozialen Sicherung benennen, die sich durch jeweils spezifische Prinzipien charakterisieren und denen die Einzelleistungen zugeordnet werden können. Zu unterscheiden ist zwischen dem

- Fürsorgemodell,
- Versorgungsmodell und
- Sozialversicherungsmodell.

Fürsorge

Personen, die in ihrer Lebenslage unter das Existenzminimum zu sinken drohen, über kein Einkommen oder Vermögen verfügen und auch nicht auf Unterhaltsleistungen von Angehörigen zurückgreifen können, werden durch die öffentliche Fürsorge unterstützt. Die Leistungen orientieren sich in Art und Höhe am jeweiligen Einzelfall. Ausschlaggebend ist die Besonderheit der individuellen Notlage. Ein fest umrissener Rechtsanspruch existiert nicht. Die Leistung ist streng nachrangig (subsidiär), sie erfolgt nur dann, wenn alle anderen Einkommensquellen und Unterhaltsmöglichkeiten ausgeschöpft sind und Bedürftigkeit festgestellt wird. Abgesichert wird das Existenzminimum. Die über das Existenzminimum hinausgehende soziale Absicherung wird dem Wirken der Marktkräfte und dem familiären Unterhalt überantwortet. Die Fürsorge wird über allgemeine Steuermittel finanziert.

Versorgung

Nach dem Prinzip der Versorgung erhalten alle BürgerInnen in bestimmten Lebensphasen oder Bedarfssituationen eine öffentliche Grundversorgung, z.B. eine Grundrente im Alter oder ein allgemeines „Bürgergeld". Die Grundversorgung wird über den Staatshaushalt abgewickelt, ist steuerfinanziert und steht allen unabhängig von einer Vorleistung (durch Beiträge oder Steuern) zu. Die Leistung wird als ein für alle gleicher Pauschalbetrag gezahlt, kann aber auch einkommensabhängig gestaffelt sein. Anders als beim Fürsorgemodell wird jedoch keine strenge Bedürftigkeitsprüfung vorgenommen. Auf den Bezug der Grundversorgung besteht beim Vorliegen der Anspruchstatbestände (z.B. Erreichen der Altersgrenze) ein individuell einklagbarer Rechtsanspruch. Die Grundversorgung liegt in ihrer Höhe oberhalb des Existenzminimums und soll eine Teilhabe am sozialen und gesellschaftlichen Leben ermöglichen. Die soziale Absicherung oberhalb der Grundversorgung kann entweder privat (über Privatversicherungen, Vermögensbildung, betriebliche Sozialleistungen usw.) oder über eine einkommensbezogene Pflicht-Zusatzversicherung geregelt sein.

Sozialversicherung

Die Sozialversicherung orientiert sich an den Prinzipien der Privatversicherung, modifiziert diese aber in entscheidenden Punkten. Sie ist charakterisiert durch eine auf Personengruppen oder die Gesamtbevölkerung bezogene Versicherungspflicht und durch einen nach Art, Umfang und Höhe weitgehend gesetzlich vorgeschrieben Leistungskatalog. Es gibt keinen Risiko- oder Leistungsausschluss. Der versicherungstypische Risikoausgleich wird mehrfach durch Elemente des Solidarausgleichs ergänzt. So berechnen sich die Beiträge nicht nach dem individuellen Risiko, sondern als Prozentsatz vom Einkommen. Leistungen wiederum werden bei bestimmten Situationen auch dann gezahlt, wenn keine Beiträge entrichtet worden sind, z.B. Rentenansprüche bei Arbeitslosigkeit oder Mitversicherung von Ehepartnern und Kindern in der Krankenversicherung. Auf die Versicherungsleistungen besteht ein individuell einklagbarer Rechtsanspruch. Eine Überprüfung der Bedürftigkeit findet nicht statt.

Da es sich bei diesen drei Modellen um Idealtypen handelt, kommen sie in der Wirklichkeit nicht in reiner Form vor. Sie überlagern und vermischen sich, denn Sozialpolitik ist historisch gewachsen und spiegelt in ihren Strukturen die jeweiligen sozialen Probleme, Interessen und politischen Kräfteverhältnisse wider. Gleichwohl lässt sich für das Sozialleistungssystem in Deutschland feststellen, dass seit der Bismarckschen Sozialpolitik das Sozialversicherungsmodell dominiert (vgl. Kap. „Sozialpolitik und soziale Lage in Deutschland", Pkt. 4). Das Fürsorgemodell ist – in eingeschränkter Form – für die Sozialhilfe und die Grundsicherung für Arbeitssuchende charakteristisch. Als Leistungen nach dem Versorgungsmodell können u.a. die Kriegsopferversorgung und auch das Kindergeld bezeichnet werden. Zwischen Versorgungs- und Fürsorgemodell stehen die steuerfinanzierten und einkommensabhängigen Sozialleistungen wie Wohngeld, Elterngeld, Unterhaltsvorschuss, Ausbildungsförderung.

5.4 Ausformung der sozialen Sicherung im europäischen Vergleich

Die für Deutschland typische, auf die Sozialversicherung konzentrierte Ausformung des Systems der sozialen Sicherung unterscheidet sich stark von den Systemen in vielen anderen Ländern Europas. Zwar kann – in Abgrenzung zum US-amerikanischen Modell – durchaus von einem gemeinsamen europäischen Wohlfahrts- bzw. Sozialstaatsmodell gesprochen werden, da ein übereinstimmendes Grundverständnis der sozialen Gestaltung von Wirtschaft und Gesellschaft besteht und sich in den einzelnen Ländern der EU (zumindest in den Ländern der EU 15) der Stellenwert des Sozialstaates in monetär-quantitativer Sicht (Sozialleistungs- bzw. Sozialschutzquoten, vgl. Kap. „Ökonomische Grundlagen und Finanzierung", Pkt. 2.4) stark angeglichen hat. Aber unterhalb der hoch aggregierten Indikatoren dominieren in Abhängigkeit der nach Nation je spezifischen, historisch gewachse- nen politischen, sozialen, kulturellen und ökonomischen Faktoren die Abweichun- gen bei den institutionellen Arrangements sowie bei den konkreten Regelungen und Leistungen.

Die unterschiedlichen politisch-institutionellen Ausprägungen der sozialen Si- cherung in den einzelnen Ländern lassen sich einzelnen „Wohlfahrtsstaatstypen" zuordnen. Die üblich gewordene Abgrenzung zwischen dem „liberalen", „konser- vativen", „skandinavischen" und „südeuropäischen" Typus macht sich vor allem an der Frage fest, inwieweit der Wohlfahrtsstaat die Zwänge der Märkte, insbesondere des Arbeitsmarktes, lockert (vgl. dazu Kap. „Sozialpolitik und soziale Lage", Pkt. 2).

Folgt man dieser Typologie und begrenzt sich auf die Einkommensleistungen (klammert also die Regulierungen auf dem Arbeitsmarkt sowie das Angebot von Sach- und Dienstleistungen aus), dann lassen sich in Übersicht III.7 folgende Merkmale skizzieren:

Übersicht III.7:

Ausprägung der sozialen Sicherung (Geldleistungen) nach Wohlfahrtsstaatstypen			
liberales Modell	skandinavi- sches Modell	konserva- tives Modell	südeuropäi- sches Modell
Beispiele:			
Groß- britannien	Dänemark	Deutschland	Spanien
Familiäre Absicherung +	+	+	+++
Private, marktliche Absicherung +++	+	+	++
betriebliche Absicherung ++	+	++	+
Fürsorgeförmige, einkommensge- prüfte Transfers +++	+	+	++
Sozial- versicherung +	+	+++	+
(Staatsbürger) Versorgung +	+++	+	+

+++ stark   ++ mittel   + schwach

Bei dieser Typisierung sollte allerdings bewusst bleiben, dass die Zuordnungen der einzelnen Sicherungsformen sehr pauschal erfolgen. Im Detail erweisen sich die Strukturen und Leistungen der einzelnen Länder als sehr viel komplexer. Zudem ist zu berücksichtigen, dass im anhaltenden Prozess des Um- und Abbau des Sozialstaates, der mehr oder minder alle europäischen Länder erfasst hat, einzelne Sicherungsformen an Bedeutung gewonnen bzw. verloren haben. An Bedeutung gewonnen haben im Zuge des Abbaus des Leistungsniveaus von Sozialversicherung und Versorgung („Privatisierung des Sozialstaats") sowohl die marktliche als auch die fürsorgeförmige Absicherung. Schließlich wird bei einem Blick auf einzelne Länder schnell deutlich, dass es auch innerhalb der jeweiligen Sicherungsformen erhebliche Varianzen gibt. Von „der" Sozialversicherung kann ebenso wenig gesprochen werden wie von „der" Fürsorge bzw. Sozialhilfe. Differenzierte Länderanalysen wären erforderlich, sie würden allerdings den Rahmen dieses Buches überschreiten.

Die Vielfalt der Ausgestaltungsmöglichkeiten einer *Sozialversicherung* wird bei einem Verweis auf folgende Punkte sichtbar:

- Abgesicherter Personenkreis (übergreifend im Sinne einer Volksversicherung oder selektiv, nur für bestimmte Berufs- bzw. Bevölkerungsgruppen);

- Abgesicherte Risiko- bzw. Leistungstatbestände (z.B. bei der Rentenversicherung nur Altersrente oder auch Rente wegen Erwerbsminderung und Hinterbliebenenrente);

- Anspruchsvoraussetzungen (Existenz und Dauer von Vorversicherungs- und Wartezeiten)

- Individual- oder Familienorientierung (z.B. nur eigenständige Renten oder auch abgeleitete Renten wie Witwen/Witwerrenten und Waisenrenten);

- Leistungsberechnung (strenges oder schwaches Äquivalenzprinzip, ausgebauter oder schwacher Solidarausgleich, Leistungsabsicherung durch Sockel- bzw. Mindestbeträge);

- Höhe des Leistungsniveaus (in Orientierung am Brutto- oder Nettoeinkommen, an der Beitragshöhe und -dauer, am letzten oder am lebensdurchschnittlichen Einkommen);

- Leistungsanpassung (Dynamisierung oder diskretionäres Verfahren, Orientierung am Preisniveauanstieg oder an der Einkommensentwicklung);

- Abzugsbelastungen (Besteuerung oder Steuerfreiheit von Sozialversicherungsleistungen, Beitragspflichtigkeit von Sozialversicherungsleistungen für andere Versicherungszweige);

- Leistungsdauer;

- Finanzierung (Arbeitnehmerbeiträge, Arbeitgeberbeiträge, steuerfinanzierte Zuschüsse);

- Finanzierungsverfahren (Umlagefinanzierung oder (Teil)Kapitaldeckung)

- Versicherungsform (konkurrierende Versicherungen oder Monopolversicherung, privat-rechtlicher oder öffentlich-rechtlicher Status, Spartenversicherung oder Einheitsversicherung)

Auch bei den fürsorgetypischen Leistungen finden sich vielfältige Ausprägungen, dies gilt insbesondere für das *Mindestsicherungssystem* (in Deutschland Grundsicherung/Sozialhilfe). Dessen Gehalt hängt u.a. von folgenden Elementen ab:

- Anspruchsberechtigter Personenkreis (universelles System oder begrenzt auf bestimmte Bevölkerungsgruppen; Berücksichtigung oder Nicht-Berücksichtigung von Staatsangehörigkeit, Wohnsitzdauer und Lebensalter);
- Arbeitseinsatz (Fassung der Zumutbarkeitskriterien) und Sanktionsnormen;
- Rückgriff auf Einkommen und Vermögen von Angehörigen;
- Berechnung der Leistungshöhe (Berechnungsverfahren, Berücksichtigung von Sonderbedarfen und Miete, Leistungen für Haushaltsangehörige);
- Leistungsdauer;
- Leistungsanpassung (Dynamisierung oder diskretionäres Verfahren, Orientierung am Preisniveauanstieg oder an der Einkommensentwicklung);
- Finanzierung

Insgesamt gilt, dass die konkrete Wirkung der sozialen Sicherung auf die Einkommenslage der Bevölkerung weniger von den institutionellen Strukturen, sondern entscheidend von den Leistungstatbeständen und -voraussetzungen sowie vor allem von der Leistungshöhe abhängt. Die Frage, ob die sozialpolitischen Geldleistungen in ihrer Höhe mehr als nur das Existenzminimum abdecken, den Lebensstandard sichern und trotz fehlender bzw. unzureichender Markteinkommen eine Teilhabe am gesamtgesellschaftlichen Wohlstand ermöglichen, lässt sich dabei erst beantworten, wenn das Netto-Leistungsniveau (also nach Abzug von Steuern und Beiträgen) ins Verhältnis zum jeweiligen nationalen Durchschnittseinkommen gesetzt wird.

6 Die Sozialversicherung

Mehr als 60 % aller Sozialleistungen werden in Deutschland über das System der Sozialversicherung abgewickelt (vgl. Kap. II „Ökonomische Grundlagen und Finanzierung", Pkt. 2.1). Die Bedeutung der Sozialversicherung wird aber vor allem durch den breiten Kreis der Versicherten unterstrichen:

- Nahezu 90 % der Bevölkerung gehören der Gesetzlichen Krankenversicherung und der Gesetzlichen Pflegeversicherung an.
- In der Gesetzlichen Rentenversicherung sind rund 80 % der Bevölkerung im Alter von 20 bis unter 65 Jahren versichert.
- Alle Arbeitnehmer sind in der Gesetzlichen Unfallversicherung versichert.

- In der Arbeitslosenversicherung ist der weit überwiegende Teil der Arbeitnehmer versichert.

Wie die Auflistung zeigt, handelt es sich nicht um *die* Sozialversicherung, sondern um ein gegliedertes System mit mehreren Versicherungszweigen, die jeweils unterschiedliche Risiken und Tatbestände abdecken. Versicherungstechnisch gesehen stellen die einzelnen Versicherungszweige spezielle Risikokollektive dar; ein generelles Risikokollektiv würde im Gegensatz dazu eine Einheitsversicherung begründen. Innerhalb der Versicherungszweige wiederum sind unterschiedliche Versicherungsträger für die Leistungsdurchführung zuständig. Die Versicherungsträger gliedern sich entsprechend ihrer Entstehungsgeschichte nach Berufsstand, Wirtschaftszweig und Region.

Zwar weist jeder Versicherungszweig seine Besonderheiten auf, dennoch gibt es gemeinsame Strukturmerkmale, die nachfolgend skizziert werden sollen. Einen umfassenden Überblick über das Leistungsrecht der einzelnen Versicherungszweige bieten die nachfolgenden, an den sozialen Gefährdungsbereichen orientierten Kapitel dieses Lehrbuchs:

- Arbeitsförderung/Arbeitslosenversicherung:
  Kap. IV „Arbeit und Arbeitsmarkt"
- Unfallversicherung:
  Kap. V „Arbeit und Gesundheitsschutz"
- Krankenversicherung und Pflegeversicherung:
  Kap. VI „Gesundheit und Gesundheitssystem"
- Rentenversicherung:
  Kap. VIII „Alter"

6.1 Versicherungsschutz und Versicherungspflicht

Die Mitgliedschaft in allen Zweigen der Sozialversicherung knüpft im Wesentlichen an ein Arbeitsverhältnis an. Bis heute steht damit die Absicherung der abhängig Beschäftigten im Mittelpunkt des sozialen Schutzes. Mittelbar gesichert sind die Familienangehörigen der abhängig Beschäftigten. So haben in der Kranken- und Pflegeversicherung nicht oder nur geringfügig erwerbstätige Ehepartner und Kinder den vollen Versicherungsschutz durch die beitragsfreie Familienversicherung, und in der Renten- sowie Unfallversicherung werden Ehepartner und Kinder beim Tod der unterhaltspflichtigen Versicherten durch die Hinterbliebenenversorgung abgesichert. Auch wenn damit die Sozialversicherung den Großteil der Gesamtbevölkerung erfasst, lässt sich nicht von einer Volksversicherung sprechen, da die selbstständig Erwerbstätigen überwiegend ausgeklammert sind und auch für einzelne Gruppen der abhängig Beschäftigten Versicherungsfreiheit besteht.

Die für die Sozialversicherung typische *Versicherungspflicht* begründet sich aus vier Gesichtspunkten:

- Eine Versicherungspflicht ist notwendig, um einen umfassenden Schutz zu erreichen. Bei einer Regelung auf freiwilliger Basis, wie sie für die Privatversicherung typisch ist, ist dies nicht gewährleistet (vgl. Pkt. 5.2 dieses Kapitels).

- Fehlt ein Versicherungsschutz im Alter oder bei Krankheiten und soll im Notfall dennoch die Existenzsicherung der Betroffenen gewährleistet werden, muss letztlich die Allgemeinheit über die Zahlung der steuerfinanzierten Sozialhilfe für die Folgen der unzureichenden Vorsorge aufkommen. Dies kommt einer Benachteiligung derjenigen gleich, die vorgesorgt haben.

- Eine Pflichtmitgliedschaft ist erforderlich, um den Solidarausgleich zu Gunsten insbesondere von Familien mit Kindern, Niedrigverdienern, Behinderten oder Arbeitslosen finanzieren zu können. Andernfalls würden die über den Solidarausgleich Belasteten, das sind die „guten" Risiken, z.B. kinderlose und/ oder gut verdienende Beschäftigte im jüngeren Alter, aus der Versichertengemeinschaft ausscheiden und zu einer Privatversicherung überwechseln („negative Selektion"). Da Privatversicherungen keinen Solidarausgleich kennen, können sie für diesen Personenkreis günstigere Konditionen bieten. Übrig blieben bei der Sozialversicherung die „schlechten" Risiken, und in Folge der negativen Risikoauslese müssten die Beiträge angehoben werden, was wiederum den Abwanderungstrend zur Privatversicherung verstärken würde.

- Langfristig angelegte, nach dem Umlageverfahren finanzierte Versicherungszweige, und hier insbesondere die Rentenversicherung, sind auf eine Versicherungspflicht zwingend angewiesen, um die Einnahmen- und Ausgabenentwicklung überhaupt kalkulieren zu können. Eine Umlagefinanzierung der Alterssicherung funktioniert nicht, wenn ungewiss bliebe, wie groß der Kreis der Erwerbstätigen ist, die Versicherungsmitglieder sind und Beiträge zahlen. Dies ist der Grund, warum private Lebensversicherungen nach dem Kapitaldeckungsverfahren arbeiten müssen (vgl. Kap. „Ökonomische Grundlagen und Finanzierung", Pkt. 3.2).

Das Prinzip der Versicherungspflicht bei abhängiger Beschäftigung ist allerdings nicht lückenlos geregelt. Ausnahmen bestätigen die Regel. Auf der anderen Seite unterliegen einzelne Gruppen von Selbstständigen und auch von Nichterwerbstätigen der Versicherungspflicht.

Versicherungsfreiheit der Beamten

Für die soziale Sicherung der Beamten gelten beamtenrechtliche Vorschriften; sie sind insofern von der Versicherungspflicht befreit. Im Krankheitsfall sind sie über Beihilfen und ergänzende Leistungen aus der privaten Krankenversicherung abgesichert. Die Alters- und Erwerbsminderungssicherung erfolgt über Pensionen (vgl. zur Altersversorgung der Beamten Bd. II, Kap. „Alter", Pkt. 8.1). Zur Finanzierung der Arbeitslosenversicherung müssen Beamte nicht beitragen

Versicherungspflichtgrenze in der Kranken- und Pflegeversicherung

In der *Kranken- und Pflegeversicherung* endet für Beschäftigte die Versicherungspflicht, die mit ihrem Arbeitsentgelt die Versicherungspflichtgrenze überschreitet. Der (jährlich angepasste) Grenzwert liegt im Jahr 2007 bei 3.975 € im Monat und entspricht damit in etwa dem 1,5fachen des Durchschnittseinkommens. Oberhalb dieses Einkommens können die Betroffenen wahlweise aus der gesetzlichen Versicherung ausscheiden und in die Privatversicherung wechseln oder aber als freiwillige Mitglieder in der gesetzlichen Versicherung bleiben. Sie werden sich für den Wechsel entscheiden, wenn die Privatversicherung ihnen günstigere Konditionen bietet. Damit können sich gerade Besserverdienende dem Solidarausgleich entziehen.

Existenz und Höhe von Versicherungspflichtgrenzen sind von besonderem Interesse für die privaten Krankenversicherungen (vgl. im einzelnen Bd. II, Kap. „Gesundheit und Gesundheitssystem", Pkt. 5.2).

Versicherungsfreiheit bei geringfügiger Beschäftigung: Mini- und Midi-Jobs

Ausnahmen von der Versicherungspflicht bestehen (mit Ausnahme der Unfallversicherung) bei jenen Beschäftigungsverhältnissen, die nur kurzzeitig andauern oder bei denen nur ein geringes Einkommen anfällt. Diese geringfügigen Beschäftigungsverhältnisse liegen nach der 2003 in Kraft getretenen Neuregelung dann vor,

- wenn das Beschäftigungsverhältnis nicht länger als für 50 Arbeitstage oder 2 Monate im Jahr vereinbart ist, ohne Berücksichtigung von Arbeitszeit und Arbeitsentgelt, oder

- wenn bei dauerhafter Beschäftigung das Arbeitseinkommen 400 € im Monat nicht übersteigt.

Mehrere geringfügige Beschäftigungen sind zusammenzurechnen; wenn die Grenzwerte überschritten werden, besteht Versicherungspflicht (mit Ausnahme der Arbeitslosenversicherung). Versicherungsfrei bleibt eine geringfügige *Neben*beschäftigung neben einer Hauptbeschäftigung.

Im Bereich der geringfügigen Beschäftigung („Mini-Jobs") fallen für die Versicherten keine Beiträge an, im Gegenzug entstehen aber auch keine Leistungsansprüche. Die geringfügig Beschäftigten haben allerdings die Möglichkeit, durch ergänzende Beitragszahlungen in Höhe der Beitragsdifferenz zu dem gesamten GRV-Beitragssatz den vollen Leistungsanspruch in der GRV zu erwerben. Im Bereich der „Midi-Jobs" (Monatseinkommen zwischen 401 und 800 €) steigt der Arbeitnehmerbeitragssatz – beginnend mit 4,2 % – schrittweise an. In dieser „Gleitzone" wird der volle Beitragssatz mit Überschreiten des Grenzwertes von 800 € erreicht. Anders verläuft die Beitragsbelastung der Arbeitgeber: Im Geringfügigkeitssegment werden Pauschal-Abgaben von 30 % erhoben, im Midi-Segment fallen die regulären Beitragssätze an (vgl. dazu Kap. „Ökonomische Grundlagen und Finanzierung", Pkt. 3.4).

Die Zahl der geringfügigen Beschäftigungsverhältnisse hat nach der Neuregelung erheblich zugenommen, insbesondere was die geringfügigen Nebentätigkeiten betrifft (vgl. Kap. „Arbeit und Arbeitsmarkt", Pkt. 3.2.3). Dahinter steht das Interesse der Unternehmen an preiswerten Arbeitskräften, Interesse besteht aber auch bei jenen Beschäftigten, die als SchülerInnen und StudentInnen anderweitig oder als Ehefrauen über den Ehemann abgesichert sind oder die als Nebenbeschäftigte ein abgabenfreies Zusatzeinkommen erhalten. Folge der Ausweitung beitragsfreien und beitragsgeminderten Beschäftigungsverhältnisse ist eine Schwächung der Einnahmenbasis der Sozialversicherung (vgl. Kap. „Ökonomische Grundlagen und Finanzierung", Pkt. 4.1).

Versicherungsfreiheit und Versicherungspflicht von Selbstständigen

Die Ausrichtung der Sozialversicherung als Arbeitnehmerversicherung beruht im Grundsatz auf der Annahme, dass selbstständig Erwerbstätige nicht als schutzwürdig anzusehen sind, da sie sich eigenverantwortlich absichern können und werden. Die historische Entwicklung hat allerdings gezeigt, dass diese Annahme keinesfalls immer der Realität entspricht. Um insbesondere das Entstehen von Altersarmut zu vermeiden, sind im Laufe der Jahre einzelne Gruppen von Selbstständigen in den Schutzbereich der gesetzlichen Versicherung einbezogen worden. Versicherungspflichtig sind heute u.a.

- Handwerker in der Gesetzlichen Rentenversicherung,
- selbstständige Lehrer und Erzieher, Pflegepersonen, Hebammen, Hausgewerbetreibende in der Rentenversicherung,
- Land- und forstwirtschaftliche Unternehmer und ihre Familienangehörigen in der Gesetzlichen Krankenversicherung und in der Alterssicherung der Landwirte,
- Künstler und Publizisten in der Renten- und Krankenversicherung,
- Angehörige bestimmter freier Berufe wie Ärzte und Rechtsanwälte in besonderen berufsständischen Versorgungswerken,
- arbeitnehmerähnliche Selbstständige (Selbstständige mit einem Auftraggeber) in der Rentenversicherung

Charakteristisch für all diese Regelungen ist, dass ein systematischer Umgang mit der Selbstständigkeit nicht sichtbar wird. Vor allem die sog. neuen Selbstständigen bleiben bei der im Wesentlichen nach bestimmten Berufen und Tätigkeiten vorgenommenen Zuordnung außen vor. Der Schluss, dass gerade jene Selbstständigen, die keinem Pflichtversicherungsschutz unterliegen, am besten und ehesten in der Lage sind, freiwillig und privat für ihr Alter vorzusorgen, ist unzulässig.

Versicherungspflicht bei Scheinselbstständigkeit

Von den arbeitnehmerähnlichen Selbstständigen sind jene Personen zu unterscheiden, die ihre selbstständige Tätigkeit nur zum Schein ausüben, um sozial und arbeitsrechtliche Schutzregelungen und die entsprechenden Beitragsbelastungen zu

umgehen, die tatsächlich aber abhängig Beschäftigte sind. Liegt eine solche Scheinselbstständigkeit vor (vgl. Kap. „Arbeit und Arbeitsmarkt", Pkt. 3.2.6), so werden
die Betreffenden als Arbeitnehmer angesehen. Sie sind dann grundsätzlich in allen
Zweigen der Sozialversicherung versicherungs- und beitragspflichtig. Der Auftraggeber gilt als Arbeitgeber und hat die Arbeitgeberhälfte der Sozialversicherungsbeiträge zu zahlen. Scheinselbstständigkeit wird vermutet, wenn Erwerbstätige

- in der Regel und im Wesentlichen nur für einen Auftraggeber tätig sind,

- für Arbeitnehmer typische Arbeitsleistungen erbringen, insbesondere Weisun-
  gen des Auftraggebers unterliegen und in dessen Arbeitsorganisation eingegliedert sind,

- nicht unternehmerisch am Markt auftreten,

- mit Ausnahme von Familienangehörigen keine versicherungspflichtigen Arbeitnehmer beschäftigen.

Versicherungspflicht ohne Erwerbstätigkeit

Der Gestaltungsspielraum der Sozialversicherung kommt darin zum Ausdruck,
dass eine Versicherungspflicht auch für Lebenslagen oder Lebensphasen vorgesehen werden kann, in denen keine Erwerbstätigkeit ausgeübt wird. Die Zahl der
Beispiele für derartige Regelungen ist lang: Versicherungspflichtig sind

- in der Unfallversicherung:
  Kindergartenkinder, Schüler, Studierende;

- in der Kranken- und Pflegeversicherung:
  Studierende, Beziehende von Elterngeld, Empfänger von Arbeitslosengeld I
  und Arbeitslosengeld II, RentnerInnen der Gesetzlichen Rentenversicherung;

- in der Rentenversicherung:
  Wehr und Zivildienstleistende, Empfänger von Lohnersatzleistungen nach
  dem SGB III (Arbeitslosengeld, Kurzarbeitergeld, Unterhaltsgeld), Empfänger
  von Arbeitslosengeld II nach dem SGB II, Bezieher von Krankengeld, Personen, für die eine Kindererziehungszeit anzurechnen ist, Personen, die eine
  nicht erwerbsmäßige Pflege ausüben.

Von der Frage der Versicherungspflicht ist die Frage der Beitragszahlung zu unterscheiden, die in den vorgenannten Fällen sehr unterschiedlich geregelt wird (vgl.
Pkt. 6.3 dieses Kapitels).

Versicherungspflicht in einer Privatversicherung

Die Grenzlinien zwischen verpflichtender Sozialversicherung und freiwilliger privater Vorsorge durch Privatversicherungen sind nicht klar gezogen. Vielmehr gibt
es Anzeichen für eine Vermischung beider Sicherungsformen: So besteht schon
seit langem die Möglichkeit, sich – auch als Selbstständiger oder Nichterwerbstäti-
ger – in der Gesetzlichen Renten-, Kranken- und Pflegeversicherung *freiwillig* zu
versichern. Eine *Pflicht* zur privaten Versicherung sieht die Pflegeversicherung

vor: Alle privat Krankenversicherten sind gesetzlich verpflichtet, auch eine private Pflegeversicherung abzuschließen und aufrechtzuerhalten. Die privaten Unternehmen unterliegen einem Kontrahierungszwang, d.h. sie sind zum Vertragsabschluss verpflichtet. Sie müssen dasselbe Leistungsspektrum wie die Gesetzliche Pflegeversicherung haben und sich auch hinsichtlich der Beitragsberechnung an die Maßstäbe der gesetzlichen Versicherung anpassen (vgl. Bd. II, Kap. „Gesundheit und Gesundheitssystem", Pkt. 7.2.1). Neu ist (ab 2007) die Versicherungspflicht in einer Privaten Krankenversicherung, wenn die Gesetzliche Versicherung nicht zuständig ist.

6.2 Leistungsvoraussetzungen

Die Sozialversicherung beruht wie die Privatversicherung auf dem *Kausalprinzip*. Ein Einkommensausfall als solcher begründet noch keinen Anspruch auf Versicherungsleistungen. Dies entspräche einer Orientierung am *Finalprinzip*. Beim Kausalprinzip dagegen besteht ein Anspruch erst dann, wenn der Risikofall eingetreten ist und ein Anspruchsgrund vorliegt. Für den gleichen sozialen Tatbestand können unterschiedliche Anspruchsgründe maßgeblich sein. So kann eine Arbeitsunfähigkeit Folge eines Unfalls oder einer Krankheit sein. Zuständig für die Leistungen sind dann entweder die Unfallversicherung oder die Krankenversicherung. Hier unterscheiden sich nicht nur die zuständigen Institutionen, was immer wieder zu Auseinandersetzungen über die Kostenträgerschaft führt, auch die Leistungen weichen vielfach in Art und Höhe voneinander ab, so dass auf den gleichen sozialen Tatbestand durchaus unterschiedlich reagiert werden kann.

Die Leistungen der Versicherung sind darüber hinaus an Vorleistungen des Versicherten geknüpft. Vorherige Versicherungspflicht und Beitragszahlung sind erforderlich. In der Arbeitslosen- und Rentenversicherung wird die Leistung zusätzlich noch an eine Mindestversicherungszeit (Wartezeit) gebunden. Wird diese Zeit (5 Jahre in der Rentenversicherung, 1 Jahr beim Arbeitslosengeld) nicht erreicht, bestehen keine Leistungsansprüche. Bei der Pflegeversicherung ist eine Vorversicherungszeit von 5 Jahren erforderlich. Unfall- und Krankenversicherung leisten hingegen sofort.

Versicherungsleistungen richten sich nicht nach Bedürftigkeitskriterien. Im Falle des Risikoeintritts besteht ein unabdingbarer individueller Rechtsanspruch auf normierte Leistungen, und zwar unabhängig von der konkreten Bedarfslage, ohne Ansehen der persönlichen und finanziellen Verhältnisse, d.h. ohne Ermessensentscheidungen und Überprüfungen. Damit ist ein hohes Maß an Sicherheit und Verlässlichkeit gewährleistet.

6.3 Höhe, Bezugsdauer und Anpassung der Lohnersatzleistungen

Die Geldleistungen in der Sozialversicherung werden nach dem *(modifizierten) Äquivalenzprinzip* berechnet. Danach hängt die (relative) Höhe der Ansprüche aus der Renten-, Kranken-, Unfall- und Arbeitslosenversicherung unmittelbar von der

Höhe des individuellen versicherungs- und beitragspflichtigen Arbeitsentgelts bzw. der zuvor eingezahlten Beiträge ab. Zwischen Zahlbetrag und Einkommens- bzw. Beitragshöhe, zwischen Leistung und Gegenleistung also, besteht ein Entsprechungsverhältnis. Ein hohes Arbeitsentgelt führt zu relativ hohen, ein niedriges zu relativ niedrigen Versicherungsleistungen. Dabei bleibt unberücksichtigt, in welcher Arbeitszeit die Einkommenshöhe erreicht worden ist. Die Höhe des Haushaltseinkommens oder Maßstäbe von Bedarf und Bedürftigkeit spielen bei der Leistungsberechnung keine Rolle. Eine Mindestleistung gibt es nicht.

Die Geldleistungen der Sozialversicherung haben damit eine *Lohnersatzfunktion*. Die durch das Arbeitsentgelt erzielte Einkommensposition soll zumindest teilweise beibehalten werden können. Ob jedoch die Leistungen so hoch sind, dass tatsächlich von einem Lohnersatz gesprochen werden kann, hängt von den Berechnungsmaßstäben und vom Sicherungsniveau ab. Die Abweichungen zwischen den einzelnen Versicherungszweigen sind groß.

- Unterschiede finden sich beim *Einkommensmaßstab*: Die eher kurzfristigen, zeitlich begrenzten Leistungen wie Krankengeld, Arbeitslosengeld und Unterhaltsgeld orientieren sich am letzten Arbeitsentgelt, während bei der Berechnung der Rente das lebensdurchschnittliche Einkommen zugrunde gelegt wird.

- Die *Leistungssätze* fallen unterschiedlich aus: Beim Krankengeld werden 70 % des letzten Bruttoeinkommens, beim Arbeitslosengeld 60 bzw. 67 % des letzten Nettoeinkommens abgedeckt. Die Höhe der Rente berechnet sich nicht nach einem festen Prozentsatz von der Lebenseinkommensposition, sondern hängt zudem von der Dauer der versicherungspflichtigen Beschäftigung ab. Eine Rente in Höhe von (derzeit) 67 % des durchschnittlichen Nettoeinkommens erreicht ein Durchschnittsverdiener erst nach einem langen Arbeitsleben von 45 Jahren.

- Unterschiedlich geregelt ist die *Beitragspflichtigkeit* der Lohnersatzleistungen: Von den Renten werden der halbe Beitrag zur Finanzierung der Krankenversicherung und der volle Beitrag zur Pflegeversicherung abgezogen, das Krankengeld wird um die (hälftigen) Beiträge zur Renten- und Arbeitslosenversicherung gekürzt. Zusätzlich zahlt der Versicherungsträger noch die andere Hälfte des Beitrags. Arbeitslosengeld, Unterhaltsgeld und Arbeitslosengeld II bleiben dagegen abzugsfrei. Hier sind die Bundesagentur für Arbeit bzw. beim SGB II der Bund für die Zahlung des vollen Beitrags an die Renten-, Kranken- und Pflegeversicherung zuständig.

- Die tatsächliche Höhe der Lohnersatzleistungen wird schließlich durch ihre *steuerliche Belastung* bestimmt. In der Regel erfolgt keine Minderung durch direkte Steuerabzüge. Renten allerdings sind mit ihrem Ertragsanteil steuerpflichtig. In den nächsten Jahren wird hier eine Umstellung zur nachgelagerten Besteuerung erfolgen (vgl. Bd. II, Kap. „Alter", Pkt. 6.7).

In allen Versicherungszweigen reicht die Entgeltabsicherung nur bis zu einer maximalen Entgelthöhe: Jene Einkommensbestandteile bleiben beitragsfrei, im Risikofall aber auch ungeschützt, die die *Beitragsbemessungsgrenze* übersteigen. Die Beitragsbemessungsgrenze liegt 2007 in der Renten- und Arbeitslosenversicherung bei 5.250 € im Monat (alte Bundesländer) bzw. bei 4.550 € (neue Bundesländer). In der Krankenversicherung beträgt die Grenze einheitlich für West und Ost 3.562,50 €. Durch die Koppelung der Beitragsbemessungsgrenze an die Entwicklung der Bruttolohn und Gehaltssumme passt sie sich jährlich der allgemeinen Einkommenszuwachs an (*Dynamisierung*). Die Beitragsbemessungsgrenze führt dazu, dass das Gesamteinkommen hoch Verdienender zu einem relativ geringen Prozentsatz abgesichert ist, so dass häufig private Zusatzversicherungen abgeschlossen werden.

Nur die Renten werden grundsätzlich zeitlich unbefristet gezahlt. Alle anderen Einkommensersatzleistungen sind zeitlich befristet. Krankengeld kann längstens 78 Wochen bezogen werden, Arbeitslosengeld im Grundsatz 1 Jahr, bei älteren Arbeitslosen bis zu längstens 18 Monaten. Beim Arbeitslosengeld ist die Bezugsdauer auch nach der Dauer der Beitragszahlung gestaffelt.

Bei längerfristigen Leistungen, insbesondere bei der Rente, stellt sich die Frage, wie die einmal festgesetzte Leistung an die wirtschaftliche Entwicklung angepasst wird. Würde beispielsweise die beim Erreichen der Altersgrenze errechnete Rente für die Dauer der Lebenszeit unverändert gelten, käme es zu zwei Problemen: In einer Welt von Preissteigerungen würde der Realwert der nominell konstanten Rente kontinuierlich sinken. Doch auch eine Realwertsicherung durch Inflationsausgleich verhindert nicht, dass bei wachsenden Arbeitseinkommen der Lebensstandard der RentnerInnen im Verhältnis zu dem der aktiv Erwerbstätigen relativ abfällt und die ältere Generation ihre einmal erreichte relative Einkommensposition nicht beibehalten kann.

Durch die Anbindung der Rentenzahlung an eine feste Bezugsgröße, nämlich an die durchschnittliche Entwicklung der Einkommen der Arbeitnehmer im Vorjahr (*dynamische Rente*), wird dieses Problem vermieden und eine Teilhabe der RentnerInnen am allgemeinen Einkommenszuwachs ermöglicht (vgl. im Detail Bd. II, Kap. „Alter", Pkt. 6.6). Auf dieser Grundlage kann von einer *Lebensstandardsicherungsfunktion* der Rente gesprochen werden. Die für die Rentenversicherung maßgebenden Anpassungssätze werden auf andere Zweige des Systems der Sozialen Sicherung übertragen: Sie gelten u.a. bei den Unfallrenten und bei den Kriegsopferrenten.

6.4 Organisation und Selbstverwaltung

In den jeweiligen Sozialversicherungszweigen gibt es verschiedene Versicherungsträger, die sich nach Berufsgruppen, Branchen, Betrieben und regionalen Gesichtspunkten gliedern. Es zeigt sich folgendes Bild (Stand 2006):

- Die Aufgaben der Krankenversicherung werden von 391 Krankenkassen (Ortskrankenkassen, Betriebskrankenkassen, Innungskrankenkassen, Ersatzkassen und Landwirtschaftliche Krankenkassen) durchgeführt. Die einzelnen Kassenarten und Kassen stehen in Konkurrenz zueinander; die Versicherten können wählen, in welcher Kasse sie versichert sein wollen.

- Die Rentenversicherung gliedert sich in die Deutsche Rentenversicherung Bund, in die Deutsche Rentenversicherung Bahn, Knappschaft, See und in die 11 regionalen Zweige der Deutschen Rentenversicherung.

- Die Unfallversicherung besteht aus 34 gewerblichen und 20 landwirtschaftlichen Berufsgenossenschaften. Hinzu kommen noch 54 Unfallversicherungsträger der öffentlichen Hand.

- Lediglich die Arbeitslosenversicherung/Arbeitsförderung ist einheitlich strukturiert. Sie wird von der Bundesagentur für Arbeit, den 11 Regionaldirektionen und den 184 Arbeitsagenturen verwaltet.

Die Sozialversicherungsträger sind in Form selbstständiger öffentlich-rechtlicher Körperschaften organisiert, die ihre Aufgaben eigenverantwortlich in eigenem Namen durch eigene Organe erfüllen. Die Sozialversicherungsträger verfügen über Finanzhoheit und sind damit von den öffentlichen Haushalten getrennt. Dem Staat obliegt die Aufsichtspflicht. Aufsichtsbehörde über die bundesunmittelbaren Sozialversicherungsträger und sonstigen Einrichtungen ist das *Bundesversicherungsamt*.

Charakteristisch für die Organisation der Sozialversicherung ist der Grundsatz der *Selbstverwaltung*. Vorstand und Vertreterversammlung (bzw. Verwaltungsrat bei der Krankenversicherung) der einzelnen Sozialversicherungsträger sind paritätisch mit Vertretern der Versicherten und der Arbeitgeber besetzt. Ausnahmen ergeben sich u.a. bei den Ersatzkassen, in denen ausschließlich Versicherte vertreten sind, und bei der Bundesagentur für Arbeit, deren Verwaltungsrat drittelparitätisch (Gewerkschaften, Arbeitgeber, öffentliche Körperschaften) besetzt ist.

Die Selbstverwaltungsorgane werden in den im sechsjährigen Turnus stattfindenden *Sozialwahlen* gewählt. Bei der Bundesagentur für Arbeit benennen Gewerkschaften, Arbeitgeber und öffentliche Körperschaften ihre Vertreter. Für die Sozialwahlen sind statt echter Wahlhandlungen sog. Friedenswahlen typisch: Bei der überwiegenden Mehrzahl der Versicherungsträger einigen die sich zur Wahl antretenden Verbände der Arbeitgeber und der Versicherten schon im Vorfeld auf genau so viele Kandidaten, wie Sitze in den Organen zu vergeben sind. Bei den Versicherungsträgern, bei denen echte Wahlen (Briefwahl) stattfinden, liegt die Wahlbeteiligung mit knapp 40 % (Wahl von 2005) sehr niedrig.

Das geringe öffentliche Interesse an der Selbstverwaltung ist auch Folge ihres geringen Gestaltungsspielraums. Leistungsrecht und Finanzierungsrecht unterliegen weitgehend dem Gesetzgeber. Bei der Krankenversicherung haben die einzelnen Kassen das Recht, die Beitragssätze autonom festzulegen und Verträge mit den

Leistungsanbietern zu schließen. Mit der Einführung des Gesundheitsfonds ab 2009 geht aber auch in diesem Versicherungszweig die Festlegung des Beitragssatzes auf den Bund über.

Für die Sozialversicherung besteht eine eigene Gerichtsbarkeit (*Sozialgerichtsbarkeit*). Die Sozialgerichte bis hin zum Bundessozialgericht sind paritätisch besetzt, den hauptamtlichen RichterInnen stehen LaienrichterInnen zur Seite, die jeweils von den Arbeitgeberverbänden und den Gewerkschaften benannt werden.

6.5 Finanzierung

Die Sozialversicherung finanziert sich im Wesentlichen durch lohnbezogene Beiträge. Im Unterschied zur Privatversicherung mit ihren strengen Äquivalenzgrundsätzen werden die Beiträge aber nicht nach der individuellen Risikowahrscheinlichkeit (risikoäquivalente Beiträge) bemessen, sondern machen bei allen Versicherten den gleichen Prozentsatz vom versicherungspflichtigen Einkommen aus. Die Belastung erfolgt damit einkommensproportional.

Bemessungsgrundlage für die Beitragserhebung ist das versicherungspflichtige Bruttoarbeitsentgelt (zu den Beitragssätzen in den einzelnen Versicherungszweigen und deren Entwicklung vgl. Kap. „Ökonomische Grundlagen und Finanzierung", Pkt. 3.4). Andere persönliche Einkommen wie Gewinne, Mieten oder Vermögenseinkünfte bleiben außerhalb der Bemessungsgrundlage. Im Unterschied zur Tarifgestaltung der Einkommensteuer unterliegt das Bruttoarbeitsentgelt bereits ab dem ersten Euro voll der Beitragspflicht; einen Grundfreibetrag oder die Berücksichtigung von Werbungskosten und speziellen Freibeträgen kennt das Beitragsrecht nicht.

Der Teil der Arbeitsentgelte, der oberhalb der Beitragsbemessungsgrenze liegt, bleibt allerdings beitragsfrei. Der jeweilige Beitragshöchstbetrag in den einzelnen Versicherungszweigen entspricht damit dem jeweiligen Beitragssatz multipliziert mit dem Betrag der jeweils geltenden Beitragsbemessungsgrenze. Aufgrund der Beitragsbemessungsgrenze fällt die relative Einkommensbelastung umso geringer aus, je mehr das Arbeitsentgelt den Grenzwert überschreitet. Im oberen Einkommensbereich kommt es insofern zu einer regressiven Belastungswirkung. Erweitert man indes die Perspektive und betrachtet die Belastungswirkung im Lebensverlauf, relativiert sich das Problem, da die Beitragsbemessungsgrenze bei den Geldleistungen dazu führt, dass auch die Leistungsansprüche nach oben hin begrenzt sind. Das gilt allerdings nicht für die Sachleistungen der Sozialversicherung, die unabhängig von der Höhe der Beitragszahlung in Anspruch genommen werden können.

Die Beiträge zur Sozialversicherung werden jeweils zur Hälfte vom Arbeitnehmer und Arbeitgeber gezahlt. Lediglich in der Unfallversicherung zahlt der Arbeitgeber alleine, da die Unfallversicherung die Arbeitgeberhaftpflicht abgelöst hat. Der Zahlungsvorgang sagt jedoch noch wenig darüber aus, wer die Belastungen tatsächlich trägt. Zu unterscheiden ist zwischen Zahllast und Traglast. Die

Traglast kann durch Überwälzung verringert werden. Die Arbeitgeber können versuchen, die Beiträge über die Preise auf die Konsumenten ab- oder durch Abstriche bei den Bruttoeinkommen auf die Beschäftigten zurückzuwälzen (vgl. Kap. „Ökonomische Grundlagen und Finanzierung", Pkt. 3.7.2).

Da die Sozialversicherungsträger in den jeweiligen Versicherungszweigen eigenständig sind und über Finanzautonomie verfügen, kommt es dazu, dass die einzelnen Träger entsprechend dem für sie gültigen Verhältnis von Beitragsaufkommen und Ausgabevolumen eine unterschiedliche Finanzlage aufweisen. Dies betrifft zum einen die Träger der Krankenversicherung, die den Ausgleich zwischen Einnahmen und Ausgaben durch die Festlegung des Beitragssatzes erreichen müssen. Ein *Risikostrukturausgleich* zwischen den Kassen und Kassenarten trägt hier dazu bei, die Ausschläge der Beitragssätze zu begrenzen (vgl. Bd. II, Kap. „Gesundheit und Gesundheitssystem", Pkt. 5.1.5). Bei der Rentenversicherung sind die Beitragssätze gesetzlich vorgegeben. Um Finanzungleichgewichte der einzelnen Träger zu vermeiden, besteht ein voller Finanzausgleich zwischen den Trägern. Gesetzlich vorgegeben sind auch die Beitragssätze zur Arbeitslosen- und zur Pflegeversicherung.

Zwischen den Sozialversicherungszweigen gelten wechselseitige Beitragsverpflichtungen:

- die Bundesagentur für Arbeit zahlt für ihre Leistungsempfänger Beiträge an die Kranken-, Pflege- und Rentenversicherung;
- die Rentenversicherung zahlt die Hälfte des Beitrages für die Krankenversicherung der Rentner;
- die Krankenversicherung zahlt für die Krankengeldempfänger die hälftigen Beiträge an die Rentenversicherung und an die Bundesagentur für Arbeit;
- die Pflegeversicherung zahlt für nicht erwerbsmäßige Pflegepersonen Beiträge an die Rentenversicherung.

Der besondere Charakter der Sozialversicherung kommt schließlich darin zum Ausdruck, dass der Bund aus allgemeinen Steuermitteln Zuschüsse zur Finanzierung der Rentenversicherung (vgl. Bd. II, Kap. „Alter", Pkt. 6.10) und der Arbeitslosenversicherung/Arbeitsförderung (vgl. Kap. „Arbeit und Arbeitsmarkt", Pkt. 8.3) leistet. Der Bund kommt auch für die Beitragszahlung bei Kindererziehung sowie für Wehr und Zivildienstleistende auf.

6.6 Solidarausgleich

Die einzelnen Versicherungszweige sind durch eine je spezifische Kombination von Versicherungsprinzip und Solidarausgleich charakterisiert. Die Verteilungswirkungen der Sozialversicherung gehen also über den reinen Risikoausgleich hinaus und zielen auch auf eine Einkommensumverteilung.

Krankenversicherung

Die interpersonelle Umverteilung zu Gunsten der Personen bzw. Haushalte mit niedrigem Einkommen kommt im besonderen Maße bei der Krankenversicherung zum Ausdruck. Da bei der Krankenversicherung weit über 90 % der Ausgaben durch Sach- und Dienstleistungen getätigt und diese nach Bedarfsmaßstäben bereitgestellt werden, greift das versicherungstechnische Äquivalenzprinzip hier nicht. Das heißt, dass auch bei geringen Beitragszahlungen die gleichen Sach- und Dienstleistungen in Anspruch genommen werden können wie bei hohen Beitragszahlungen. So richtet sich eine Krankenhausbehandlung in ihrer Dauer und Intensität allein nach medizinischen Notwendigkeiten und nicht nach der Höhe des eingezahlten Beitrags. Zudem werden die Beiträge nicht – wie bei der privaten Krankenversicherung – nach dem individuellen Risiko bzw. Risikoklassen (Vorerkrankungen, Alter beim Versicherungseintritt, Geschlecht), sondern allein an der Höhe des Arbeitsentgelts bemessen; auch der Beitragssatz für die Krankenversicherung der Rentner liegt nicht höher als der allgemeine Beitragssatz. Schließlich bleiben bei der Bemessung des individuellen Beitrags die Leistungen für Familienangehörige unberücksichtigt. Diese Regelungen führen zusammengenommen dazu, dass sich bei der Krankenversicherung mehrere Umverteilungsprozesse überlagern. Eine Umverteilung findet statt zwischen

- Menschen mit unterschiedlichen Erkrankungswahrscheinlichkeiten (sozialversicherungstechnischer Risikoausgleich),
- jüngerer und älterer Generation (intergenerativer Risikoausgleich),
- Kinderlosen und Kinderreichen (familienpolitische Umverteilung) und
- Beziehern hoher und niedriger Arbeitsentgelte (Einkommensumverteilung).

Betrachtet man diesen Umverteilungsprozess im Lebensverlauf, können sich die Begünstigungen und Belastungen freilich einebnen. Im *Längsschnitt* gesehen kann nämlich der zunächst überdurchschnittlich belastete, weil kinderlose und gut verdienende Versicherte, dann wenn Kinder zu versorgen sind, zu den Begünstigten zählen, und auch später als Rentner von dem günstigen Beitragssatz profitieren.

Ähnliches gilt für die Verteilungswirkungen der Pflegeversicherung, da auch hier zwischen individuellen Beiträgen und Leistungen kein Zusammenhang besteht. Allerdings wird der Solidarausgleich durch die Fixierung von Leistungshöchstbeträgen sowohl beim Pflegegeld wie bei den Sachleistungen begrenzt. Das für die Krankenversicherung typische Bedarfsdeckungsprinzip gilt bei der Pflegeversicherung nicht (vgl. Bd. II, Kap. „Gesundheit und Gesundheitssystem", Pkt. 7.2.1).

Rentenversicherung

Sach- und Dienstleistungen haben in der Rentenversicherung einen geringen Stellenwert. Die nach dem Äquivalenzprinzip bemessenen Geldleistungen dominieren. Insofern fällt in diesem Versicherungszweig die interpersonelle Umverteilung deut-

lich schwächer aus. Nimmt man jedoch die private Lebensversicherung als Maßstab, so beschränkt sich die Rentenversicherung nicht auf die Abdeckung der sog.
biometrischen Risiken (finanzielle Konsequenzen eines langen Lebens, von Tod
und Invalidität), sondern bewirkt auch vielfältige Umverteilungseffekte: Zu berücksichtigen sind insbesondere die einkommens- und nicht risikobezogene Beitragsbemessung, die Hinterbliebenenversorgung, die Rentenberechnung bei Frühinvalidität (Zurechnungszeiten), die Berücksichtigung beitragsfreier und beitrags-
geminderter Zeiten, die Fremdrenten sowie Aufwertung von Anwartschaften während der Kindererziehungszeit (vgl. Bd. II, Kap. „Alter", Pkt. 6.1).

Die Verteilungswirkungen der Rentenversicherung lassen sich auch im *Generationenvergleich* (intergenerative Umverteilung) analysieren:

- In der *Querschnittbetrachtung* interessiert vor allem das Einkommensverhält-
  nis zwischen der erwerbstätigen Bevölkerung und den Rentenbeziehern. Indikator für diese Relation ist das Rentenniveau (vgl. Bd. II, Kap. „Alter", Pkt.
  6.8.1).

- In der *Längsschnittbetrachtung* werden die Einkommenspositionen zwischen
  verschiedenen Altersjahrgängen bzw. Gruppen von Jahrgängen miteinander
  verglichen. Aus diesem Blickwinkel kann gefragt werden, ob die nachrückenden Kohorten gegenüber ihren Vorgängerkohorten besser oder schlechter gestellt werden.

Arbeitslosenversicherung

Wiederum besondere Bedingungen weist die Arbeitslosenversicherung auf. Ihre
über den versicherungsimmanenten Risikoausgleich hinausreichenden Verteilungswirkungen lassen sich schwer abschätzen, da es eine privatwirtschaftliche
Versicherung gegen Arbeitslosigkeit, die als Maßstab dienen könnte, nicht gibt.
Das Risiko „Arbeitslosigkeit" ist kein versicherbares, individuelles Risiko im engeren Sinne, da Unterbeschäftigung von konjunkturellen und strukturellen Faktoren
bestimmt wird und sich Eintrittswahrscheinlichkeit und Schadenshöhe nicht versicherungstechnisch kalkulieren lassen. Dies ist auch der Grund dafür, dass der Bund
den Defizitausgleich bei der Arbeitslosenversicherung übernimmt.

Auch die Arbeitslosenversicherung arbeitet mit einkommensbezogenen und
nicht mit risikoäquivalenten Beiträgen. Da das Risiko, arbeitslos zu werden und zu
bleiben, sehr ungleich verteilt ist (vgl. Kap. „Arbeit und Arbeitsmarkt", Pkt. 6) und
einzelne Arbeitnehmergruppen – wie z.B. ArbeiterInnen und Angestellte im öffentlichen Dienst oder gut qualifizierte Beschäftigte in der Privatwirtschaft – eine hohe
Beschäftigungssicherheit aufweisen, lässt sich von einer interpersonellen Einkommensumverteilung in Richtung der stark von Arbeitslosigkeit gefährdeten Beschäftigten ausgehen. Überproportional häufig erhalten dann Beschäftigte mit geringer
Qualifikation und einem eher niedrigen Einkommen sowie Beschäftigte in bestimmten Branchen und Berufen Leistungen aus der Arbeitslosenversicherung.

Fraglich ist jedoch, ob die Einkommensabsicherung bei Arbeitslosigkeit überhaupt als „Begünstigung" aufgefasst werden kann.

Die Lohnersatzleistungen machen nur einen Teil der Ausgaben der Bundesagentur für Arbeit aus. Daneben stehen im Rahmen der Arbeitsförderung die Maßnahmen der aktiven Arbeitsmarktpolitik, die allgemeinpolitischen Zielen dienen und in ihrer Wirkung weit über den Kreis der Versicherten hinausreichen.

Interregionaler Einkommensausgleich

Die Sozialversicherung als ein nach Versicherungszweigen und Versicherungsträgern gegliedertes System berücksichtigt bei einzelnen Versicherungträgern, so insbesondere bei den Ortskrankenkassen, regionale Strukturen. Das Leistungsrecht ist jedoch in allen Versicherungszweigen bundeseinheitlich geregelt. Das gilt auch für die neuen Bundesländer. Lediglich bei der Rentenversicherung wird der aktuelle Rentenwert zwischen den alten und neuen Bundesländern getrennt berechnet (vgl. Bd. II, Kap. „Alter", Pkt. 6.5.2.3). Auch die Finanzierung erfolgt bundeseinheitlich (bei der Arbeitslosenversicherung/Arbeitsförderung) oder wird über Finanzausgleichsverfahren (in der Rentenversicherung und weitgehend in der Krankenversicherung) bundeseinheitlich gestaltet. Diese Ausgestaltung der Sozialversicherung führt zu erheblichen Umverteilungseffekten zwischen den Regionen bzw. Bundesländern Deutschlands: Denn einerseits sind die Risiken regional ungleich verteilt – dies betrifft vor allem die Arbeitslosigkeit – und andererseits weisen die Bundesländer ein unterschiedlich hohes Einkommensniveau und damit Beitragsaufkommen auf. „Reiche" Bundesländer unterstützen über diesen Weg die „ärmeren" und zusätzlich noch von besonderen Problemen betroffenen Bundesländer.

Der interregionale Solidarausgleich in der Sozialversicherung findet seine Entsprechung im Länderfinanzausgleich und ist Ausdruck des verfassungsrechtlichen Gebots der Einheitlichkeit der Lebensverhältnisse. Er ist besonders ausgeprägt im Verhältnis zwischen den alten und den neuen Bundesländern. Würde die Einnahmenbasis der Sozialversicherung hingegen regionalisiert, käme es zu deutlichen Beitragssatzdifferenzen zu Lasten der strukturschwachen und zu Gunsten der prosperierenden Länder.

6.7 Versicherungsfremde Leistungen in der Sozialversicherung und steuerfinanzierte Zuschüsse

Wie skizziert wird in allen Zweigen der Sozialversicherung das versicherungsförmige Äquivalenzprinzip durch Elemente des sozialen Ausgleichs ergänzt. Abweichungen vom reinen Risikoausgleich zeigen sich in mehrfacher Hinsicht:

- Die Beiträge werden nicht nach dem individuellen Risiko, sondern nach dem Arbeitseinkommen bemessen.
- Leistungsansprüche haben zum Teil auch jene, die nicht zum Kreis der Versicherten und Beitragspflichtigen zählen. Dies betrifft zum Beispiel Rentenzahlungen an Spätaussiedler im Rahmen des Fremdrentengesetzes. In der Arbeits-

förderung können Leistungen wie Berufsberatung, Arbeitsvermittlung, Maßnahmen zur Berufsvorbereitung und Berufsausbildung auch von Personen in
Anspruch genommen werden, die nicht versicherungs- und beitragspflichtig
beschäftigt sind.

- Beitragsfrei mitversichert sind in der Kranken- und Pflegeversicherung Familienangehörige (nicht erwerbstätige Ehepartner und Kinder).

- Bei der Leistungsberechnung werden Zeiten berücksichtigt, für die keine Beiträge gezahlt worden sind; dies gilt für die Anerkennung von Ersatz-, Zurech-
nungs- und Anrechnungszeiten in der Rentenversicherung oder die beitragsfreie Versicherung in der Arbeitslosenversicherung während der Elternzeit.

- Die Leistungsanwartschaften bzw. die späteren Leistungen werden für Versicherte, die sich in besonderen Lebensphasen befinden, höher bewertet, als es
aufgrund der gezahlten Beiträge gerechtfertigt wäre. So werden in der Rentenversicherung die individuellen Renten durch die Höherbewertung von Zeiten
der Berufsausbildung und der Kindererziehung angehoben. In der Arbeitslosenversicherung erhalten Arbeitslose mit Kindern einen höheren Leistungssatz.

- Die Beitragsäquivalenz wird schließlich durch den interregionalen Ausgleich
durchbrochen. Die besonderen und Aufgaben und Belastungen in den neuen
Bundesländern werden durch den Finanztransfer von West nach Ost ausgeglichen.

Die Frage ist, ob diese Leistungen des Sozialausgleichs zum originären, versicherungstypischen Aufgabenspektrum einer Sozialversicherung zählen, oder ob es sich
um allgemeine Staatsaufgaben handelt, die der Staat der Sozialversicherung lediglich übertragen hat. Ist das letztere der Fall, ist eine Finanzierung dieser „versicherungsfremden" Aufgaben aus Beitragsmitteln problematisch. Zur berücksichtigen
ist nämlich, dass die Solidargemeinschaft der Versicherten nur einen Teil Bevölkerung erfasst, die versicherungspflichtigen Arbeitnehmer, während andere – in der
Regel besser verdiencnde – Beschäftigtengruppen (wie Beamte, Selbstständige)
eigeständige Sicherungssysteme aufweisen, nicht beitragspflichtig und von daher
auch nicht in den Solidarausgleich eingebunden sind. Infolge der Versicherungspflichtgrenze in der Kranken- und Pflegeversicherung kommt es überdies dazu,
dass Beschäftigte im höheren Einkommensbereich zwischen Sozialversicherung
und Privatversicherung wählen und sich – wenn es für sie vorteilhaft ist – dem
Solidarausgleich entziehen können.

Aus ordnungs- und verteilungspolitischen Gesichtspunkten wäre es geboten,
allgemeine Staatsaufgaben auch durch die Allgemcinheit zu finanzieren. Das angemessene Finanzierungsinstrument wäre die Einkommensteuer, da diese alle Personen und Einkommen erfasst und die Belastung nach dem Prinzip der Leistungsfähigkeit erfolgt.

Die Zuschüsse, die der Bund an die Renten-, Arbeitslosen- und Krankenversicherung zahlt, sind Ausdruck dieser Problematik. Da die Zuschüsse aus dem allgemeinen Steueraufkommen finanziert werden, ist allerdings nicht zurechenbar, über welche Steuer die entsprechende Finanzierung erfolgt (über indirekte oder direkte Steuern) und wie sich die Belastungen verteilen (vgl. Pkt. 4.1 dieses Kapitels). Nicht klar ist vor allem, ob die Bundeszuschüsse in ihrer Höhe ausreichen, um die als versicherungsfremd zu bezeichnenden Aufgaben abzudecken. Um zu einer Beurteilung zu kommen, muss entschieden werden, wie versicherungskonforme von versicherungsfremden Leistungen abzugrenzen sind. Hierbei kommt man nicht ohne politische *Werturteile* aus. Wird nämlich allein die Privatversicherung mit ihrem Grundsatz der Beitragsäquivalenz als Maßstab genommen, gewährt die Sozialversicherung im großen Umfang versicherungsfremde Leistungen. Werden hingegen der soziale Ausgleich und das Solidaritätsprinzip als Wesenselemente der Sozialversicherung angesehen, werden Leistungen, die der Privatversicherung fremd sind, geradezu *konstitutiv* für die Sozialversicherung.

Der Aufgabe einer sachgemäßen Abgrenzung zwischen versicherungskonformen und versicherungsfremden Leistungen in der *Sozial*versicherung kommt man näher, wenn unterschieden wird zwischen Maßnahmen des *internen* sozialen Ausgleichs, die sich auf die Versichertengemeinschaft beschränken, und Maßnahmen des *externen* sozialen Ausgleichs, die an außen stehende Personen gehen, ohne dass diese einen eigenen Beitrag bezahlt haben:

- In der Rentenversicherung sind für den internen Ausgleich Zurechnungs- und Anrechnungszeiten sowie Höherbewertungen charakteristisch. Für den externen Ausgleich stehen insbesondere Kindererziehungszeiten, Ansprüche nach dem Fremdrentengesetz und die Kriegsfolgelasten. Die Dimensionen dieser Leistungen werden durch den gegenwärtigen Bundeszuschuss (allgemeiner Bundeszuschuss und zusätzliche Bundeszuschüsse) und die Beitragszahlungen des Bundes für Kindererziehungszeiten abgedeckt (vgl. Bd. II, Kap. „Alter", Pkt. 6.10).

- Bei der Krankenversicherung lassen sich allgemeine, gesellschaftspolitische Aufgaben, die über den Kreis der Versicherten hinaus reichen, bei einigen wenigen Leistungen (Leistungen bei Schwangerschaft, Mutterschaftsgeld, Krankengeld bei Betreuung eines erkrankten Kindes) identifizieren. Hier erhalten die Krankenkassen – seit 2004 – Zuschüsse aus dem Bundeshaushalt, finanziert aus der mehrstufigen Erhöhung der Tabaksteuer.

- Eine erhebliche Belastung mit allgemeinen, gesellschaftspolitischen Aufgaben weist die Arbeitslosenversicherung auf, da viele Maßnahmen und Angebote der Arbeitsförderung (wie u.a. Benachteiligtenförderung, Berufsberatung, Arbeitsvermittlung, Aussiedlerintegration, Sprachförderung, berufliche Eingliederung Behinderter) von der gesamten Bevölkerung in Anspruch genommen werden können. Die Zuschüsse des Bundes an die Bundesagentur decken diesen externen Ausgleich nur unzureichend ab.

Zu berücksichtigen ist zudem, dass die Sozialversicherungen allein aufgrund ihrer Größe eine allgemeine Stabilitäts- und Gestaltungsfunktion für die Gesellschaft wahrnimmt und zu positiven externen Effekte führt, von denen auch jene profitieren, die nicht versichert bzw. unmittelbar betroffen sind. So kann niemand vom Nutzen des Arbeitsmarktausgleichs und einer aktiven Arbeitsmarktpolitik ausgeschlossen werden.

Auf der anderen Seite ist bei der Finanzierung der Lasten der deutschen Einheit durch Sozialversicherungsbeiträge zu fragen, ob die Abgrenzung zwischen den alten und neuen Bundesländern und damit die Zurechnung von interregionalen Transfers als allgemeine gesellschaftspolitische Aufgaben auf Dauer fortgeschrieben werden kann. Denn je stärker sich die Arbeitsmarkt- und Einkommensverhältnisse zwischen Ost und West annähern, um so mehr wird der Finanzausgleich zwischen West und Ost zu einem ganz normalen interregionalen Finanzausgleich, der eine bundeseinheitlich operierende Sozialversicherung prägt und beispielsweise auch für den Ausgleich zwischen dem strukturstarken Bayern und dem strukturschwachen Saarland gilt.

Dem in den einzelnen Versicherungszweigen im unterschiedlichen Maße auftretenden Problem einer inadäquaten Finanzierung der Leistungen, kann durch zwei unterschiedliche Maßnahmen entgegengetreten werden:

- Durch eine Erhöhung und Verstetigung der steuerfinanzierten Bundeszuschüsse kann die Allgemeinheit der Steuerzahler stärker zur Finanzierung gesamtgesellschaftlicher Aufgaben der Sozialversicherung heran gezogen werden. Dies betrifft vor allem die Finanzierung der Arbeitsmarktpolitik.
- Durch eine Verallgemeinerung der Versicherungspflicht im Sinne einer Volks- oder Bürgerversicherung würde die Gesamtheit der Erwerbsbevölkerung in den Schutz und zugleich Solidarausgleich der Sozialversicherungssysteme eingebundcn. Dies betrifft vor allem die Finanzierung der Kranken- und Pflegeversicherung (vgl. Pkt. 9.1 dieses Kapitels),

In der Debatte um die Finanzierung der Sozialversicherung spielen nicht nur ordnungs- und verteilungspolitische Argumente eine Rolle. Angesichts hoher Arbeitslosenzahlen wird auch problematisiert, ob eine stärkere Steuerfinanzierung zu einer Entlastung der Arbeitskosten allgemein und der Lohnnebenkosten insbesondere beiträgt und zu positiven Beschäftigungseffekten führt (vgl. Kap. „Ökonomische Grundlagen und Finanzierung", Pkt. 7.2).

6.8 Leistungsfähigkeit und Leistungsgrenzen der Sozialversicherung

Da die Sozialversicherung das System der Sozialen Sicherung in Deutschland bestimmt, sind Aussagen über ihre Leistungsfähigkeit zugleich auch Aussagen über die Qualität der Sozialpolitik insgesamt. Allgemein lässt sich feststellen, dass die

Sozialversicherung sich in ihren einzelnen Zweigen als stabil und zugleich anpassungsfähig erwiesen hat und ein zentraler Faktor ist für die hohe Akzeptanz, die das Sozialstaatsprinzip bislang in der Bevölkerung erfahren hat. Dafür sind eine Reihe von Gründen ausschlaggebend:

- Aus dem Versicherungsprinzip folgt, dass die Menschen ihre Ansprüche an den Sozialstaat aus ihren Beitragszahlungen ableiten können. Sie stehen dem Staat nicht als Bittsteller gegenüber, sondern als selbstbewusste BürgerInnen, die sich ihren Rechtsanspruch erarbeitet und verdient haben. Die Beitragszahlungen begründen eigentumsrechtlich geschützte Anwartschaften.

- Der versicherungsförmige Lohnersatz führt zu einer Verstetigung des Einkommens im Lebenslauf und ermöglicht eine längerfristige Lebensplanung. Wenn lediglich eine Leistung auf dem Niveau des (sozial-kulturellen) Existenzminimums gezahlt würde, hätte der Eintritt von Krankheiten, Unfällen, Arbeitslosigkeit oder Invalidität unmittelbar einen drastischen Abfall im Lebensstandard zur Folge.

- Einbezogen in die Sozialversicherung sind nicht nur die sog. „wirklich Bedürftigen", sondern die breite Mittelschicht der Bevölkerung. Dies ist einerseits notwendig, um den Solidarausgleich finanzieren zu können, bedeutet andererseits aber auch, dass auch die Mittelschicht an der Stabilität und Leistungsfähigkeit des Sozialstaates interessiert ist.

- Durch das Prinzip von Leistung und Gegenleistung und den Verzicht auf Einkommens- und Bedürftigkeitsprüfungen kommt es nicht zur Diskriminierung der Leistungsempfänger: Die für vorleistungsunabhängige Transfers, insbesondere für die Sozialhilfe, typischen Debatten über Missbrauch werden weitgehend vermieden.

- Da die Beiträge nicht in den allgemeinen Staatshaushalt fließen, sondern zweckgebunden sind und zwischen Beiträgen und Geldleistungen ein Entsprechungsverhältnis besteht, ist der Abgabenwiderstand bei Beitragszahlungen geringer als bei Steuerzahlungen.

- Durch ihre relative Finanzautonomie kann sich die Sozialversicherung dem unmittelbaren Zugriff der Finanzminister entziehen. Fiskalisch motivierte Leistungskürzungen sind bei rein steuerfinanzierten, über die öffentlichen Haushalte abgewickelten Transfers sehr viel leichter möglich.

Die Sozialversicherung ist aber auch mit mehrfachen Problemen und Herausforderungen konfrontiert, die zunehmend ihre Akzeptanz gefährden. Im Mittelpunkt stehen die andauernden Finanzierungsschwierigkeiten, die zu kontinuierlich steigenden Beitragssätzen geführt haben, aber auch mit Leistungskürzungen beantwortet worden sind. Für sinkende Leistungen muss mehr bezahlt werden. Hinzu kommen die längerfristig angelegten Probleme des demografischen Wandels (vgl. Kap. „Ökonomische Grundlagen und Finanzierung", Pkt. 5). Eine weitere grundlegende Frage ist, ob die Geldleistungen der Sozialversicherung, und zwar in erster Linie

Renten und Arbeitslosengeld, in der Lage sind, die Einkommensrisiken der Bevölkerung ausreichend abzusichern und Armut zu vermeiden. Diese Frage gewinnt an
Gewicht durch den Strukturwandel auf dem Arbeitsmarkt und den Wandel der
privaten Lebensformen.

Der Schutz durch die Sozialversicherung ist an bestimmte Voraussetzungen
geknüpft, die sich wie folgt strukturieren lassen:

- Es muss überhaupt eine Erwerbstätigkeit mit entsprechendem Erwerbsein-
  kommen vorliegen bzw. vorgelegen haben.
- Die Erwerbstätigkeit muss der Versicherungs- und Beitragspflicht unterliegen.
- Die Erwerbstätigkeit muss kontinuierlich und von längerer Dauer sein.
- Die Höhe des Erwerbseinkommens muss deutlich oberhalb des Existenzmini-
  mums liegen.
- Der risikobedingte Einkommensausfall muss – außer im Fall von Invalidität
  und Alter – zeitlich begrenzt bleiben.

Diese Voraussetzungen können zu folgenden Problemen führen:

- Ungeschützt bleiben diejenigen Personen, die kein versicherungspflichtiges
  Beschäftigungsverhältnis (haben) aufnehmen können. Hier handelt es sich vor
  allem um arbeitslose Jugendliche nach Beendigung ihrer Schul- oder Hochschulausbildung und um Frauen, die aus familiären Gründen ihre Erwerbstätigkeit für längere Zeit unterbrochen oder ganz aufgegeben haben. Es besteht
  weder Anspruch auf Arbeitslosengeld noch werden Rentenanwartschaften aufgebaut. Aber auch Behinderte, die überhaupt nicht an einem Erwerbsleben
  teilnehmen können, werden durch die Sozialversicherung nicht erfasst.
- Ungeschützt bleiben auch diejenigen Personen, die zwar erwerbstätig sind,
  aber nicht der Versicherungspflicht unterliegen. Von besonderer Bedeutung
  sind hier die geringfügig Beschäftigten und die wachsende Zahl der Menschen,
  die ihre berufliche Tätigkeit in der Grauzone zwischen „neuer" Selbstständigkeit und abhängiger Beschäftigung ausüben.
- Nicht oder nur unzureichend geschützt sind diejenigen ArbeitnehmerInnen, die
  kurzfristig beschäftigt sind oder deren Erwerbsbiographie Unterbrechungen
  aufweist: Denn Anspruchsvoraussetzungen (Wartezeit in der Renten- und Arbeitslosenversicherung), Leistungsdauer (beim Arbeitslosengeld) und Leistungshöhe (bei der Rente) sind an die Versicherungs- bzw. Beitragsdauer geknüpft.
- Unzureichend abgesichert sind alle BezieherInnen von Niedrigeinkommen. Da
  die Lohnersatzleistungen das vorherige Arbeitseinkommen immer nur anteilig
  abdecken, geraten aus niedrigen Arbeitseinkommen abgeleitete Ansprüche auf
  Rente, Krankengeld oder Arbeitslosengeld sehr schnell in eine prekäre Zone.
  Eine Einkommenseinbuße von z.B. gut 40 % (beim Arbeitslosengeld) bei einem Arbeitseinkommen, das zwar niedrig, aber gerade noch auskömmlich ist,

ist gleichbedeutend mit einem Absinken unter das Existenzminimum. Da die Sozialversicherung bei ihren Geldleistungen weder Bedarfskriterien berücksichtigt noch Mindestleistungen vorsieht, gibt es keinen Mechanismus, der diesen „Fall nach unten" aufhalten kann. Betroffen sind nicht zuletzt die Teilzeitbeschäftigten, da Teilzeitarbeit als individuelle Form der Arbeitszeitverkürzung ohne Lohnausgleich erfolgt, also mit proportionalen Einbußen im Bruttoeinkommen verbunden ist. Bei der Rente fallen die Anwartschaftsverluste infolge von Teilzeitarbeit umso höher aus, je größer das Gewicht der Teilzeitarbeit im gesamten Versicherungsverlauf ist und je stärker die Arbeitszeit und damit das Bruttoeinkommen gegenüber der Vollzeitnorm reduziert wird.

- Unzureichend abgesichert sind diejenigen, die nicht nur kurzfristig, sondern längerfristig arbeitslos oder krank sind, denn der Versicherungsschutz dünnt sich in dem Maße aus, je länger das Risiko andauert. So ist Langzeitarbeitslosigkeit, die in immer stärkerem Maße das Arbeitsmarktgeschehen prägt, gleichbedeutend mit einem Verlust des Arbeitslosengeldanspruchs. Eine mehrjährige Krankheit bedeutet, dass der Krankengeldanspruch ausläuft.

Zusammengefasst bewertet liegt diesen Voraussetzungen die Annahme zugrunde, dass alle erwerbsfähigen Menschen eine Erwerbsarbeit finden und zugleich ein dauerhaftes Arbeitsverhältnis auf Vollzeitbasis eingehen können und wollen: Es müssen Vollbeschäftigung und Allgemeingültigkeit eines Normalarbeitsverhältnisses garantiert sein, wenn das erwerbsorientierte Sozialversicherungssystem allen BürgerInnen einen eigenständigen und ausreichenden Schutz gewährleisten soll. Die Entwicklungen auf dem Arbeitsmarkt deuten freilich darauf hin, dass die Voraussetzungen des *„Normalarbeitsverhältnisses"* zwar immer noch für den überwiegenden Großteil der Beschäftigten zutreffen, dass aber angesichts der andauernden, sich zunehmend auf den Kreis der Langzeitarbeitslosen konzentrierenden Arbeitsmarktkrise der Kreis der prekären Beschäftigungsverhältnisse wächst. Zugleich weiten sich Teilzeitarbeitsverhältnisse sowie Niedrigeinkommen aus. Die Arbeitsverhältnisse werden insgesamt instabiler und flexibler, das Muster der kontinuierlichen Beschäftigung wird durch eine Abfolge von Zeiten der Erwerbstätigkeit mit Zeiten von Aus- und Weiterbildung, Sabbaticals, Familienpausen und beruflichen Neuorientierungen aufgelockert. Je mehr sich aber die Schere öffnet zwischen einem Versicherungsprinzip, das für seine Wirksamkeit das Normalarbeitsverhältnis voraussetzt, und den tatsächlichen Arbeitsmarkt- und Einkommensstrukturen, die eine Aufweichung des Normalarbeitsverhältnisses bewirken, um so größer werden die Maschen im Sozialversicherungssystem und um so mehr Menschen fallen durch diese Maschen. Die steigenden Empfängerzahlen von Sozialhilfe (Hilfe zum Lebensunterhalt) lassen sich wesentlich auf diese Entwicklung zurückführen (vgl. Pkt. 7.1.4 dieses Kapitels).

Unzureichend abgesichert im System der Sozialversicherung sind in erster Linie *Frauen*. Denn die Normalität kontinuierlicher Vollzeiterwerbsarbeit gilt faktisch nur für den traditionellen Lebens- und Erwerbsverlauf von Männern. Aufgrund ihrer durch das Muster der geschlechtsspezifischen Arbeitsteilung geprägten Lebenssituation und Erwerbsbiographie erreichen die meisten Frauen auch heute noch keinen durchgängig *eigenständigen* und ausreichenden Sicherungsanspruch bei den Risiken Invalidität, Alter und Arbeitslosigkeit. Zwar lässt sich bei der Alterssicherung aufgrund der gestiegenen Erwerbsbeteiligung von Frauen ein generell positiver Entwicklungstrend hin zu höheren Rentenanwartschaften feststellen. Auch gleicht die Rentenversicherung Lücken in den Erwerbsverläufen in bestimmten Situationen aus, so insbesondere durch die rentenrechtliche Anerkennung von Kindererziehungs- und Pflegezeiten, so dass die Versicherungsbiographien kein reines Spiegelbild der Erwerbsbiographien darstellen (vgl. dazu Bd. II, Kap. „Alter", Pkt. 6.5.2.1). Gleichwohl kann auf absehbare Zeit von einer annähernden Gleichverteilung von Einkommen und Renten zwischen Männern und Frauen, insbesondere zwischen Ehemännern und Ehefrauen, nicht die Rede sein. Denn auch dann, wenn die Erwerbsunterbrechung nach der Geburt von Kindern nur kurz ist, macht sich die Diskontinuität des Berufsverlaufs in einer (im Vergleich zu den Männern) niedrigeren Berufs- und Einkommensposition und in verlorenen Aufstiegschancen bemerkbar.

Zwar stehen verheirateten Frauen bei Krankheit (im Rahmen der Familienhilfe) und im Alter (Hinterbliebenenrente) die vom versicherten Ehemann abgeleiteten (Unterhaltsersatz)Ansprüche zu. Doch diese Regelungen bleiben unbefriedigend: Es fehlt ein eigenständiger Anspruch, der die persönliche Abhängigkeit vom Mann überwindet. Die Unsicherheit abgeleiteter Ansprüche wird spätestens bei der Scheidung sichtbar. Die vom Mann abgeleitete Sicherung der Frau bezieht sich außerdem allein auf den Tatbestand der Ehe und wird auch von daher zunehmend fragwürdig. Denn ausgeschlossen werden alle anderen Formen partnerschaftlichen Zusammenlebens. Und auch an der Lebenslage der wachsenden Zahl allein erziehender (lediger oder geschiedener) Mütter geht die abgeleitete Sicherung vorbei. Durch die Ehefixierung wird also der eigentliche schutz- und sicherungsbedürftige Tatbestand, nämlich die Kindererziehung, nicht erfasst. (vgl. Bd. II, Kap. „Familie", Pkt. 6.4).

Die Analyse hat verdeutlicht, dass die Sozialversicherung unter erheblichem Reformdruck steht: Zu lösen sind nicht nur die Finanzierungsprobleme (vgl. dazu Kap. „Ökonomische Grundlagen und Finanzierung", Pkt. 7.1), sondern auch die Fragen nach einer Ausweitung der Versicherungspflicht, dem Leistungsniveau, der Gewichtung von Äquivalenzprinzip und sozialem Ausgleich und dem Verhältnis von Sozialversicherung und Privatversicherung (vgl. Pkt. 9.1 dieses Kapitels).

7   Sozialhilfe und Grundsicherung

7.1 Sozialhilfe

7.1.1 Gestaltungsprinzipien

Den Gegenpol zur Sozialversicherung stellt die im Sozialhilfegesetz (SGB XII) kodifizierte *fürsorgerechtliche* Sozialhilfe dar. Sie hat die Aufgabe eines „letzten sozialen Netzes", ist also „Ausfallbürge" für diejenigen Notlagen, die weder durch eigene oder familiäre (Selbst)Hilfe noch durch vorgelagerte Sozialleistungen abgedeckt werden. Damit übernimmt sie die Funktion einer sozialen Grundsicherung. Es ist Ziel der Sozialhilfe, denjenigen Menschen zu helfen, die nicht in der Lage sind, aus eigener Kraft ihren Lebensunterhalt zu bestreiten und dabei auch von dritter Seite keine Hilfe erhalten. Die Hilfe erfolgt dabei unabhängig von einer Vorleistung.

Die Leitmaxime der Sozialhilfe, Menschen die Führung eines Lebens zu ermöglichen, das „der Würde des Menschen entspricht" (§1 (1) SGB XII), bezieht sich auf Artikel 1 des Grundgesetzes („Die Würde des Menschen ist unantastbar. Sie zu achten und zu schützen ist Verpflichtung aller staatlicher Gewalt.") und weist auf das Selbstverständnis der Sozialhilfe hin, das sich von den Grundsätzen der traditionellen Armenfürsorge unterscheidet. Qualitativ unterschiedlich ist vor allem die Postulierung eines rechtlich garantierten Anspruchs auf eine die menschenwürdige Lebensführung sicherstellende Hilfe. Dieser Anspruch bedeutet eine Abkehr von der reinen Objektstellung der Fürsorgeempfänger früherer Jahre. Die Leistungen sollen zugleich dafür sorgen, dass die Menschen in die Lage versetzt werden, ihren Lebensunterhalt wieder eigenständig zu erarbeiten und unabhängig von der Sozialhilfe zu werden („Hilfe zur Selbsthilfe").

Dieses Verständnis der Sozialhilfe kam mit der Verabschiedung des Bundessozialhilfegesetzes (BSHG) von 1961 zum Durchbruch. Das BSHG war angelegt als eine *universelle* Leistung, auf die im Grundsatz alle BürgerInnen einen Anspruch haben. Mittlerweile gilt – soweit es um Geldleistungen geht – dieser universelle Charakter nicht mehr, die fürsorgerechtlichen Leistungen sind in mehrere Teilsysteme und -gesetze, die sich auf jeweils unterschiedliche Personenkreise beziehen, ausdifferenziert worden (vgl. Übersicht III.8):

- Für Asylbewerber und Bürgerkriegsflüchtlinge gelten seit 1993 die Leistungen nach dem *Asylbewerberleistungsgesetz*;

- Ältere Menschen und dauerhaft Erwerbsgeminderte erhalten seit 2003 die *Grundsicherung im Alter und bei Erwerbsminderung* (ab 2005 als besondere Leistung im Rahmen des SGB XII);

- Erwerbsfähige Menschen (dazu zählen u.a. Arbeitslose, Niedrigverdiener, teilweise Erwerbsgeminderte) und ihre Angehörigen erhalten seit 2005 die *Grundsicherung für Arbeitsuchende*.

Übersicht III.8:

Die fürsorgerechtlichen Leistungssysteme		
Anspruchsberechtigter Personenkreis	*Leistungen*	*Gesetz*
Erwerbsfähige Personen ab dem 15. bis zum 65 Lebensjahr (einschließlich teilweise erwerbsgeminderte, die 3 bis unter 6 Stunden erwerbstätig sein könnten)	Arbeitslosengeld II	SGB II
und die mit ihnen zusammenlebenden Angehörigen	Sozialgeld	
Kinder und Erwachsene unter 65 Jahren, die zeitweise voll erwerbsgemindert sind	Hilfe zum Lebensunterhalt/Sozialhilfe	SGB XII
Personen ab 65 Jahren und Volljährige, die dauerhaft voll erwerbsgemindert sind	Grundsicherung im Alter und bei Erwerbsminderung	SGB XII
Ausländische Personen ohne gewöhnlichen Aufenthalt und Bürgerkriegsflüchtlinge in den ersten drei Jahren ihres Aufenthalts	grundsätzlich Sachleistungen, nachrangig Wertgutscheine und Geldleistungen	Asylbewerberleistungsgesetz

Damit begrenzt sich bei der Sozialhilfe der (auf Hilfe zum Lebensunterhalt) berechtige Personenkreis auf Kinder und Erwachsene unter 65 Jahren, die zeitweise voll erwerbsgemindert sind. Der weitaus größte Teil der bisherigen Hilfeempfänger von Hilfe zum Lebensunterhalt ist seit 2005 auf die Grundsicherung für Arbeitsuchende verwiesen. Der Anspruch auf Hilfe zum Lebensunterhalt gilt ebenso nicht für Auszubildende, deren Ausbildung im Rahmen des BAföG oder des SGB III (Berufsausbildungsbeihilfe) dem Grunde nach förderungsfähig ist.

Wenn dennoch die Sozialhilfe einen zentralen Stellenwert hat und behält, so liegt das an ihrer *Referenzfunktion* für die anderen fürsorgerechtlichen Leistungen. Die Leistungsprinzipien des SGB XII und hierbei insbesondere die Regelungen über Ausgestaltung und Bemessung der Hilfe zum Lebensunterhalt stellen den Maßstab dar sowohl für die Altersgrundsicherung als auch für die Grundsicherung für Arbeitsuchende und haben Auswirkungen auf die Einkommensteuer (steuerfreies Existenzminimum) und das Pfändungs- und Unterhaltsrecht.

Die Sozialhilfe wird durch das *Bedarfsdeckungsprinzip,* das *Nachrangprinzip* und das *Individualisierungsprinzip* geprägt; der Grundsatz der Individualisierung gilt jedoch nur noch eingeschränkt:

Bedarfsdeckungsprinzip

Nach dem Bedarfsdeckungsprinzip ist maßgebendes Kriterium für die Hilfebemessung der jeweils vorliegende individuelle Bedarf im Hinblick auf ein „menschenwürdiges Leben". Die Hilfe bezieht sich auf die Bedarfs- und Haushaltsgemeinschaft, in der der Hilfebedürftige lebt. Aus dem Bedarfsdeckungsprinzip folgt, dass

- es Aufgabe der Sozialhilfe ist, eine gegenwärtige Notlage rechtzeitig und wirksam zu vermeiden. Die Hilfe setzt also im Bedarfsfall aktuell ein, d.h. in der Praxis oft sofort und nicht erst am Ende eines Monats. Gegenwartsbezug heißt allerdings auch, dass grundsätzlich die Übernahme von Schulden ausgeschlossen ist. Da der Anspruch auf Sozialhilfe nicht gepfändet werden kann, gefährden vorhandene Schulden die Deckung des notwendigen Lebensunterhalts nicht. Eine Ausnahme gilt für die Übernahme von Mietschulden, wenn diese zum Verlust der Wohnung führen würden;

- Sozialhilfe (bis auf Ausnahmen) nicht rückzahlbar ist, sondern als Zuschuss geleistet wird;

- Sozialhilfe zwar keine rentenähnliche Dauerleistung ist, aber solange gezahlt wird, wie der Hilfebedarf besteht, also im Grundsatz ein zeitlich unbefristeter Anspruch ist;

- die Sozialhilfe vorleistet, wenn vorrangige Ansprüche zwar vorhanden sind, diese aber nicht oder nicht schnell genug realisiert werden können. Der Anspruch geht dann auf den Sozialhilfeträger über.

Nachrangprinzip/Subsidiaritätsprinzip

Das Nachrangprinzip bedeutet, dass ein Hilfesuchender keine Sozialhilfe erhält, wenn er sich zur Beschaffung des notwendigen Lebensunterhalts für sich und seine Familie selbst helfen kann oder wenn er Hilfe von anderen, besonders von Angehörigen oder von Trägern anderer Sozialleistungen erhält. Vorrang vor der Sozialhilfe haben damit

- (mit einigen wenigen Ausnahmen) sämtliche Einkommen und Einkommensarten des Hilfesuchenden wie Arbeits- und Gewinneinkommen, sozialversicherungsrechtliche Lohnersatzleistungen, Transfers, private Übertragungen;

- verwertbares Vermögen des Hilfesuchenden, wie Geldvermögen, Sachvermögen, Lebensversicherungen, Haus- und Grundbesitz, soweit es bestimmte Grenzen („Schonvermögen") übersteigt;

- Leistungen unterhaltsverpflichteter Angehöriger.

Hilfesuchende müssen darüber hinaus vorrangig die eigene Arbeitskraft zur Bestreitung des Lebensunterhalts einsetzen. Erwerbsunfähige Bedürftige sind gehalten, Leistungsabsprachen und Förderpläne einzuhalten, Unterstützungsangebote sozialen Engagements anzunehmen und zumutbare Zusatzverdienste auszuüben, wenn sie hierzu körperlich oder geistig in der Lage sind und die Erziehung von Kindern dadurch nicht gefährdet wird.

Individualisierungsprinzip

Nach dem Individualisierungsprinzip richten sich Art, Form und Maß der Hilfe nach der Besonderheit des *Einzelfalles*. Maßstab für die Hilfe sind die individuelle Notlage, die jeweilige Art des Bedarfes und die jeweiligen örtlichen Verhältnisse. Form und Maß der Hilfe sind in das Ermessen der Träger der Sozialhilfe gestellt.

Dabei wird zwischen Muss-, Soll- und Kann-Leistungen unterschieden. Wünschen des Hilfeempfängers, die sich auf die Gestaltung der Hilfe beziehen, soll entsprochen werden, soweit sie angemessen sind. Individualisierungsprinzip und Ermessensspielraum erlauben eine variable, problemadäquate Hilfestellung, sie können für die Hilfesuchenden andererseits aber auch Unsicherheit und die Gefahr von Willkür beinhalten.

Der erhebliche Verwaltungsaufwand, der mit der Anspruchsprüfung und Bewilligung von Hilfeleistungen in jedem Einzelfall verbunden ist, hat dazu geführt, dass die Sozialhilfeleistungen (Hilfe zum Lebensunterhalt) mittlerweile weitgehend nach festen Sätzen, d.h. *pauschaliert* kalkuliert werden.

Sozialhilfe wird in unterschiedlichen Formen und Arten sowie in oder außerhalb von Einrichtungen geleistet. Die Formen der Sozialhilfe sind

- Dienstleistungen (Beratung, Unterstützung, Eingliederungsleistungen),
- Geldleistungen (dem Hilfeempfänger werden für die allgemeine Bedarfsdeckung oder für spezielle Zwecke Geldbeträge zur Verfügung gestellt),
- Sachleistungen (Bezugsgutscheine, Zuwendungen von Gebrauchsgegenständen, Leistungen in stationären Einrichtungen).

Häufig wird Sozialhilfe in allen der drei möglichen Formen gleichzeitig geleistet: So erhält ein behinderter Mensch in einer stationären oder teilstationären Einrichtung Beratung als persönliche Hilfe, daneben werden Unterkunft und Verpflegung als Sachleistung zur Verfügung gestellt und außerdem besteht Anspruch auf einen Barbetrag als Geldleistung.

Die Sozialhilfe nach SGB XII umfasst die

- Hilfe zum Lebensunterhalt,
- Grundsicherung im Alter und bei Erwerbsminderung,
- Hilfen zur Gesundheit,
- Eingliederungshilfe für Behinderte,
- Hilfe zur Pflege,
- Hilfe zur Überwindung besonderer sozialer Schwierigkeiten sowie
- Hilfe in anderen Lebenslagen.

Die Sozialhilfe unterliegt der Gesetzgebungskompetenz des Bundes; um dem Verfassungsgrundsatz der Gleichwertigkeit der Lebensverhältnisse in Deutschland Rechnung zu tragen, ist das unterste sozialpolitische Leistungssystem weitgehend bundeseinheitlich gestaltet. Durch die jeweiligen Ausführungsgesetze der Länder kommt es allerdings zu regionalen Abweichungen.

7.1.2 Hilfe zum Lebensunterhalt

Bedarf der Hilfe zum Lebensunterhalt

Der notwendige Lebensunterhalt ist mehr als das reine Existenzminimum („das zum Lebensunterhalt Unerlässliche"), sondern orientiert sich am menschenwürdigen Leben und soll ein soziokulturelles Existenzminimum garantieren. Zum notwendigen Lebensunterhalt zählt der Bedarf eines Menschen insbesondere an Ernährung, Kleidung, Hausrat und Unterkunft einschließlich Heizung. Erfasst sind gleichermaßen die persönlichen Bedürfnisse des täglichen Lebens; zu ihnen gehören auch Sozialkontakte und die Teilnahme am kulturellen Leben. Eine Bestimmung dessen, was als soziokulturelles Minimum zu verstehen ist, nimmt das Gesetz nicht vor. Dies ist eine politisch-normative Entscheidung, bei der die allgemeinen Lebensverhältnisse und deren Entwicklung zu berücksichtigen sind und die stets kontrovers diskutiert wird.

Der Bedarf der Hilfe zum Lebensunterhalt setzt sich zusammen aus

- dem Regelbedarf,
- den Leistungen für Unterkunft und Heizung und
- den Sonderbedarfen.

Regelsätze

Der *gesamte* Regelbedarf des notwendigen Lebensunterhalts außerhalb von Einrichtungen wird nach Regelsätzen erbracht, also pauschaliert berechnet. Durch die Regelsätze werden die Kosten für Ernährung, Kleidung, Körperpflege, Hausrat sowie für die persönlichen Bedürfnisse des täglichen Lebens abgegolten.

Leben Hilfeempfänger nicht allein, sondern mit Partnern und/oder Kindern in einer Bedarfsgemeinschaft zusammen, wird dies bei der Festsetzung der Regelsätze berücksichtigt. Die Regelsätze für Haushaltsangehörige sind in Prozentsätzen vom Eckregelsatz, der dem sog. „Haushaltsvorstand" zusteht, festgelegt und in ihrer Höhe abhängig vom Alter der Personen. Die Abstufung der Regelsätze soll einerseits dem mit dem Lebensalter variierenden Bedarf Rechnung tragen, soll andererseits aber auch berücksichtigen, dass mit einem größeren Haushalt Kostenvorteile bei der Haushaltsführung verbunden sind. Es werden also bei der Abstufung *Äquivalenzskalen* berücksichtigt. Die Regelsatzproportionen sind in der Regelsatzverordnung festgelegt. Seit 2005 gelten folgende Werte:

Übersicht III.9:

Abstufungen der Regelsätze in % des Eckregelsatzes ab 01/2005	
Alleinstehende/r	100 %
Haushaltsvorstand	100 %
Haushaltshaltsangehörige ab dem 14. Lebensjahr	80 %
Haushaltsangehörige unter 14. Lebensjahren	60 %

Pauschalierung einmaliger Bedarfe

Nach der 2005 in Kraft getretenen Sozialhilfereform sind in den Regelsatz auch die bisherigen einmaligen, jeweils gesondert zu beantragenden Leistungen eingerechnet. Das betrifft die Beschaffung und Instandhaltung von Bekleidung, Hausrat, Gebrauchsgütern von längerer Gebrauchsdauer und höherem Anschaffungswert, die Kosten der Renovierung der Wohnung, des laufenden Schulbedarfes für die Kinder sowie der Bedarfe bei besonderen Anlässen (Weihnachtsbeihilfe, Taufe, Kommunion, Konfirmation, Heirat usw.). Um diese Ausgabenpositionen abzudecken, ist der für 2004 maßgebende Regelsatz pauschal um 18 % angehoben worden. Ziel der Pauschalierung der einmaligen Leistungen ist zum einen die Reduzierung des Verwaltungsaufwandes, der mit Einzelfallprüfungen verbunden ist. Zum anderen sollen auf der Basis eines längerfristig feststehenden und monatlich ausgezahlten Betrages die Spielräume für Hilfebedürftige erweitert werden. Ihnen wird ermöglicht und zugleich zugemutet, ihre Ausgabengestaltung eigenverantwortlich zu regeln, selbst über die Prioritäten der Geldverwendung zu entscheiden und für größere Anschaffungen Rücklagen zu bilden. Der mühsame und häufig entwürdigende Weg von Ämterbesuchen, Einzelbeantragung, Bewilligung und möglicherweise Widerspruch entfällt.

Zu den gesondert zu beantragenden einmaligen Bedarfe zählen ausschließlich Leistungen für

- Erstausstattungen für die Wohnung einschließlich Haushaltsgeräten,
- Erstausstattungen für Bekleidung einschließlich bei Schwangerschaft und Geburt sowie
- mehrtätige Klassenfahrten.

Fraglich ist jedoch, ob der Pauschalsatz für die bisherigen einmaligen Leistungen ausreichend hoch bemessen ist, um bei entstehendem Bedarf auch größere Anschaffungen zu tätigen. So bedarf es eines erheblichen Zeitvorlaufs bis eine Summe angespart ist, die ausreicht um beispielsweise eine defekte Waschmaschine zu ersetzen.

Für den Fall, dass ein unabweisbar gebotener Bedarf auf keine andere Weise abgedeckt werden kann, so durch Rückgriff auf das Schonvermögen oder auf Gebrauchtwarenlager, können ergänzende *Sozialhilfedarlehen* beantragt werden. Die Rückzahlung erfolgt in Teilbeträgen von bis zu 5 % des Eckregelsatzes.

Die Höhe des Regelsatzes für den Haushaltsvorstand („Eckregelsatz") wird von den dafür zuständigen Landesbehörden für die einzelnen Bundesländer bestimmt. Der Zeitraum für die Gültigkeit des Regelsatzes beträgt ein Jahr und beginnt jeweils zum 01. 07. eines jeden Jahres. Im Durchschnitt der alten und neuen Bundesländer liegt der Eckregelsatz im Jahr 2007 bei 345 (Übersicht III.10).

Übersicht III.10:

Regelsätze für die Hilfe zum Lebensunterhalt ab 01/2005	
	Monatlicher Regelsatz in €
Haushaltsvorstand bzw. Alleinstehender	345
Haushaltsangehörige ab dem 14. Lebensjahr	276
Haushaltsangehörige bis zum 14. Lebensjahr	207

Mehrbedarfszuschläge

Da bei einzelnen Gruppen von Personen, die sich in besonderen Lebenslagen befinden, der im Regelsatz pauschalierte Bedarf den besonderen Verhältnissen nicht gerecht wird, sind ergänzende Mehrbedarfszuschläge vorgesehen.

Mehrbedarfszuschläge in Höhe von 17 % des monatlichen Regelsatzes gelten für

- älter Menschen ab dem 65. Lebensjahr mit einem Schwerbehindertenausweis und dem Merkzeichen „G" (= Gehbehindert),
- voll erwerbsgeminderte Personen unter 65 Jahren mit einem Schwerbehindertenausweis und dem Merkzeichen „G",
- Schwangere ab der 12. Woche.

Allein Erziehende mit einem Kind unter sieben Jahren bzw. mit zwei oder drei Kindern unter 16 Jahren erhalten einen Zuschlag von 36 % des Eckregelsatzes; bei vier oder mehr Kindern 12 % des Eckregelsatzes für jedes Kind, höchstens 60 % des Eckregelsatzes.

Einen Zuschlag von 35 % des Regelsatzes erhalten Behinderte über 15 Jahre, denen Eingliederungshilfe gewährt wird. Für Kranke und Behinderte mit einer kostenaufwändigen Ernährung wird ein Mehrbedarf „in angemessener Höhe" anerkannt.

Kosten der Unterkunft

Die Unterkunftskosten werden, da sie sehr unterschiedlich ausfallen, in ihrer tatsächlichen Höhe (Miete und Nebenkosten einschließlich Heizkosten) übernommen. Die Kosten müssen allerdings angemessen sein und dürfen das „vertretbare Maß", üblicherweise orientiert an den Mietobergrenzen nach dem Wohngeldgesetz, nicht überschreiten. Unangemessen hohe Kosten sind längstens für sechs Monate zu übernehmen, wenn durch Wohnungswechsel oder Untervermietung eine Senkung der Aufwendungen nicht möglich oder nicht zumutbar ist. Den Sozialhilfeträgern ist es überdies möglich, Leistungen für eine Mietwohnung durch eine Pauschale abzugelten, wenn der örtliche Wohnungsmarkt angemessenen Wohnraum in Höhe der Pauschale bietet.

Übernahme von Vorsorgeaufwendungen

Im Regelfall übernimmt die Sozialhilfe Kranken- und Pflegeversicherungsbeiträge, Vorsorgeaufwendungen für die Alterssicherung und den Sterbefall sowie evtl. anfallende Beerdigungskosten.

Gesamtbedarf

Die Höhe des sozialhilferechtlichen Gesamtbedarfs lässt sich nicht einfach bestimmen, sie hängt ab von der Haushaltsgröße, dem Alter der Familienangehörigen, besonderen Bedarfssituationen und von den übernommenen Kosten der Unterkunft. Vor allem die Mietkosten unterscheiden sich sehr stark nach den Regionen, aber auch innerhalb einer Region und Stadt nach Wohnlagen, Bausubstanz und dem Alter der Wohnung.

Um dennoch einen Eindruck zu erhalten, können für typische Haushaltskonstellationen Durchschnittswerte berechnet werden (Tabelle III.18).

Der Gesamtbedarf wird gemindert durch die *Zuzahlungen* bei der Inanspruchnahme von Leistungen des Gesundheitssystems (Praxisgebühr, Zuzahlungen bei Arznei- und Hilfsmitteln oder beim Krankenhausaufenthalt): Seit 2004 wird das Einkommen von kranken Sozialhilfeempfängern bis zu maximal 2 % bzw. 1 % bei chronisch Kranken des Eckregelsatzes gemindert.

Tabelle III.18:

Modellberechnung der monatlichen Bedarfsniveaus der Hilfe zum Lebensunterhalt nach Haushaltstypen 1. Hj. 2007

	Regelsätze €	Mehrbedarf €	Brutto-Kaltmiete €	Warmmiete €	Gesamtbedarf €
Alleinlebende/r	345		278	331	676
Ehepaar ohne Kinder	622		358	431	1.053
Ehepaar mit					
- 1 Kind[1]	863		424	505	1.368
- 2 Kindern[1]	1.104		480	561	1.665
- 3 Kindern[1]	1.346		537	634	1.980
Alleinerziehende mit					
- 1 Kind, 6 Jahre	552	124	358	431	1.107
- 2 Kindern, 10 und 15 Jahre	828	124	424	505	1.457

Berechnung für die alten Bundesländer

1) Berechnet mit dem Mittelwert bei der Alterszusammensetzung, das entspricht einem Regelsatzanteil/einer Äquivalenzquote je Kind von 70 %.

Quelle: Institut für Sozialforschung und Gesellschaftspolitik (ISG), Der Abstand zwischen dem Leistungsniveau der Hilfe zum Lebensunterhalt und unteren Arbeitnehmereinkommen, Köln 2006.

Bedürftigkeitsprüfung

Diese jeweiligen Gesamtbedarfe sind nun nicht mit dem konkreten Anspruch auf Hilfe zum Lebensunterhalt identisch, da stets das *Nachrangprinzip* zu beachten ist. Grundlage für die Bewilligung der Unterstützungsleistung ist eine genaue Bedürftigkeitsprüfung. Anspruch auf Sozialhilfe besteht erst dann, wenn der Bedarf höher ist als die anzurechnenden Einkommen und das verwertbare Vermögen. Nur bei völliger Mittellosigkeit entspricht der Zahlbetrag auch dem Bedarf. In aller Regel liegt aber anzurechnendes Einkommen vor, so dass die Sozialhilfe den Differenzbetrag zum Bedarf ausgleicht. In diesen Fällen kann von aufstockenden oder ergänzenden Sozialhilfeleistungen gesprochen werden. Im Durchschnitt aller Sozialhilfefälle wurde 2004 knapp die Hälfte der Bedarfe ausbezahlt (46,3 %), die andere Hälfte wurde durch eigenes Einkommen abgedeckt.

Zum anzurechnenden Einkommen zählen u.a.

- Netto-Arbeitsentgelte bei Erwerbstätigkeit. Allerdings bleibt ein Teil der Netto-Verdienste anrechnungsfrei (vgl. Pkt. 7.3.4 dieses Kapitels);
- Netto-Einkommen aus selbstständiger Tätigkeit, Vermögen, Vermietung und Verpachtung;
- Lohnersatzleistungen der Sozialversicherung (Arbeitslosengeld, Unterhaltsgeld, Krankengeld, Altersrenten, Erwerbsminderungsrenten, Hinterbliebenenrenten usw.);
- Kindergeld, Kinderzuschlag (beide gelten als Einkommen des Kindes), Zahlungen aus der Unterhaltsvorschusskasse, der den Grundbetrag von 300 € überschreitende Teil des Elterngeldes;
- private Unterhaltszahlungen.

Doch es gibt auch einzelne Ausnahmen: Nicht anzurechnen sind u.a. der Basisbetrag des Elterngeldes (300 €), Leistungen der Stiftung „Mutter und Kind", das Pflegegeld aus der Pflegeversicherung sowie Grundrenten nach dem Bundesversorgungsgesetz.

Das vor der Hilfeleistung zu verwertende Vermögen umfasst das Grundvermögen, Geldvermögen und Sachvermögen. Vom Verwertungszwang ausgenommen ist allerdings das geschützte Vermögen, so

- ein „angemessener" Hausrat, wozu Möbel, Geschirr, Küchengeräte und sonstige Wohnungseinrichtung, z.B. auch ein Fernsehgerät, zählen,
- ein „angemessenes" Hausgrundstück, das von dem/den Hilfesuchenden bewohnt wird (in Abhängigkeit vom Wohnbedarf, der Hausgröße, vom Wert des Grundstücks usw.),
- eine im Rahmen der „Riester-Rente" geförderte Altersvorsorge,
- kleinere Barbeträge („Schonvermögen"): Hier liegt der Grundbetrag bei 1.600 €, hinzu kommen für den Partner 614 € und für jedes Kind 256 €.

- Nicht zum geschützten Vermögen zählt ein Auto, es sei denn, es ist zur Lebensführung oder zur Aufnahme einer Berufstätigkeit unentbehrlich.

Bei der Anrechnung sind Einkommen und verwertbares Vermögen der zusammenlebenden Ehegatten gleichermaßen zu berücksichtigen. Eingetragene homosexuelle Paare sowie Paare, die in einer eheähnlichen Gemeinschaft leben, werden Ehepaaren gleichgestellt. Eine eheähnliche Gemeinschaft liegt nicht schon dann vor, wenn die Partner in einer Wohn- und Wirtschaftsgemeinschaft zusammenleben und aus „einem Topf" wirtschaften. Nach der Rechtsprechung kommt es auch darauf an, dass zwischen ihnen so feste Bindungen bestehen, dass von ihnen ein wechselseitiges Einstehen in den Not- und Wechselfällen des Lebens erwartet werden kann.

Als anzurechnendes Einkommen gelten auch die gesetzlichen Unterhaltsansprüche des Hilfeempfängers. Leisten die Unterhaltsverpflichteten nicht, geht der Anspruch auf den Sozialhilfeträger über. Der Übergang zivilrechtlicher Ansprüche bezieht sich auf Kinder, Eltern(teile) sowie getrennt lebende und geschiedene Ehegatten. Der Umfang des Rückgriffs wird durch Freibeträge und Härteregelungen gemindert. Nicht in Betracht kommt der Rückgriff auf Verwandte zweiten oder entfernteren Grades. Ausgeschlossen ist die Überleitung von Unterhaltsansprüchen gegen die Eltern einer Hilfeempfängerin, die schwanger ist oder ihr Kind bis zur Vollendung des sechsten Lebensjahres betreut.

Lehnen Leistungsberechtigte die Aufnahme einer Erwerbstätigkeit oder die Teilnahme an Vorbereitungsmaßnahmen ab, wird der Regelsatz einer ersten Stufe um bis zu 25 % gekürzt. Bei wiederholter Ablehnung mindert sich der Satz in weiteren Stufen um jeweils bis zu 25 %. Darüber hinausgehende Kürzungen bis hin zum völligen Ausschluss liegen im Ermessen des Sozialhilfeträgers.

7.1.3 Bemessung und Anpassung der Regelsätze und Lohnabstandsgebot

Eine der strittigsten Fragen bei der Sozialhilfe ist die nach der Bemessung der Regelsätze. Denn die Höhe der Regelsätze ist der ausschlaggebende Faktor für die Bestimmung des soziokulturellen Existenzminimums in Deutschland. Die Höhe dieses staatlich garantierten Existenzminimums wiederum hat Rückwirkungen vor allem auf

- die Leistungen nach dem SGB II (Arbeitslosengeld II, Sozialgeld),
- die Steuerpolitik (Grundfreibetrag und Kinderfreibeträge müssen sich am Sozialhilfenivcau orientieren; vgl. Pkt. 4 dieses Kapitels),
- die Lohn- und Tarifpolitik (die Gewerkschaften werden dafür eintreten, dass auch in den unteren Tarifgruppen das Existenzminimum überschritten wird),
- das erforderliche Niveau anderer für dic Finanzierung des Lebensunterhalts bestimmter Sozialleistungen (z.B. Ausbildungsförderung) und
- das Unterhalts- und Pfändungsrecht.

Nicht zuletzt hängen die Kosten der fürsorgerechtlichen Leistungen vom Niveau des Existenzminimums ab: Je höher das Niveau, umso höhere Leistungen erhält jeder Hilfeempfänger. Zugleich wächst aber auch die Zahl der Anspruchsberechtigten auf Hilfe zum Lebensunterhalt. Denn bei einem hohen Niveau fallen mehr Personen bzw. Haushalte mit ihrem Einkommen unter den Schwellenwert und können ergänzende Hilfe zum Lebensunterhalt beziehen, als dies bei einem niedrigeren Niveau der Fall ist.

Ein objektives, wissenschaftlich ableitbares Maß für den „angemessenen" Regelsatz kann es nicht geben. Letztlich wird immer normativ und politisch darüber entschieden, was es in Geldbeträgen bedeutet, dem „Leistungsberechtigten die Führung eines Lebens zu ermöglichen, das der Würde des Menschen entspricht" (§1 SGB XII).

Gleichwohl ist immer wieder nach Verfahren gesucht worden, um die Bemessung der Regelsätze und deren Anpassung an die Entwicklung des allgemeinen Lebensstandards zumindest ein Stück weit zu objektivieren und nachvollziehbar zu machen. Unterscheiden lassen sich das Warenkorb-Modell und das Statistik-Modell:

Warenkorb-Modell

Das Warenkorb-Modell bildete im Grundsatz bis Ende der 1980er Jahre die Grundlage der Regelsatzermittlung. Ausgangspunkt war ein Bedarfsmengenschema, das Verbrauchsarten und -mengen für verschiedene Teilbereiche des notwendigen Lebensbedarfs festsetzte. Die Zusammensetzung des Warenkorbes beruhte neben einzelnen verbrauchsstatistischen Daten hauptsächlich auf normativen Annahmen über den als notwendig erachteten Lebensbedarf. Die preisliche Bewertung des so zusammengestellten Warenkorbs ergab dann den jeweiligen Sozialhilferegelsatz.

Statistik-Modell

Das Statistik-Modell, das 1990 das Warenkorb-Modell abgelöst hat, beruht auf der Überlegung, die Regelsätze an dem statistisch erfassten Ausgaben- und Verbrauchsverhalten von Personen mit niedrigem Einkommen zu orientieren. Empirische Basis ist die in Abständen von fünf Jahren durchgeführte Einkommens- und Verbrauchsstichprobe des Statistischen Bundesamtes (EVS). Während das Warenkorb-Modell danach fragt: „Was braucht der Mensch zum Leben?", orientiert sich das Statistik-Modell an der Frage: „Was geben vergleichbare Einkommensgruppen aus?" Hierbei ist normativ zu bestimmen, welche Einkommensgruppen als vergleichbar angesehen werden sollen und welche Ausgabenpositionen zu berücksichtigen sind. Die Bemessung der Regelsätze nach dem Statistik-Modell wurde 1993 ausgesetzt – im Zusammenhang mit anderen Einschnitten in das soziale Netz. Seitdem sind die Regelsätze nach Maßgabe der Nettolohn- und -gehaltsentwicklung angepasst worden, seit 1996 in Orientierung an der Veränderung des aktuellen Rentenwertes (vgl. zum aktuellen Rentenwert Kap. „Alter", Pkt. 6.5.2.3).

Mit der 2005 in Kraft getretenen Sozialhilfe-Reform ist eine Rückkehr zum Statistik-Verfahren bei der Bemessung der Regelsätze vorgesehen. Als Referenzgröße gelten die Verbrauchsausgaben der untersten 20 % der nach ihrem Nettoeinkommen geschichteten Haushalte. Die Länder können bestimmen, ob sie bundeseinheitliche oder regionale Auswertungen der EVS zu Grund legen. Da die Ergebnisse der letzten Stichprobe aus dem Jahr 2003 frühestens 2005 vorliegen, dürfte eine Neubemessung der Regelsätze erst ab 2006 erfolgen. Solange keine Neubemessung vorgenommen wird, werden die Sätze zum 01.07. eines Jahres nach Maßgabe der Entwicklung des aktuellen Rentenwertes fortgeschrieben. Die Festsetzung der Regelsätze erfolgt durch *Rechtsverordnungen*; der Gesetzgeber (Bundestag) ist mit der Bestimmung des Existenzminimums also nicht befasst.

Tabelle III.19:

Entwicklung der Regelsätze der Hilfe zum Lebensunterhalt (alte Bundesländer) 1991 - 2006

Jahr	Eckregelsatz im Jahresdurchschnitt	Eckregelsatz gegenüber Vorjahr	Eckregelsatz gegenüber Vorjahr preisbereinigt[1]
	DM/€	in %	in %
1991 DM	460	-	-
1992	491	6,7	1,6
1993	511	4,1	0,4
1994	519	1,6	- 0,8
1995	522	0,6	- 1,0
1996	528	1,1	- 0,3
1997	534	1,1	- 0,7
1998	539	0,9	0,0
1999	543	0,7	0,1
2000	547	0,7	-0,7
2001	555	1,5	- 0,5
2002 €	292	2,9	1,5
2003	294	0,7	- 0,4
2004	294	0,0	- 1,6
2005[2]	294	0,0	- 1,9
2006[2]	294	0,0	- 1,7
1991 - 2006		25,0	- 13,1

1) Deflationiert mit dem Verbraucherpreisindex.

2) Ohne Berücksichtigung des in den neuen Regelsatz eingerechneten Pauschalbetrages von 18 % für einmalige Leistungen.

Quelle: Eigene Berechnungen nach: Bundesministerium für Arbeit und Soziales, Statistisches Taschenbuch 2006, Arbeits- und Sozialstatistik, Berlin 2006.

Betrachtet man die längerfristige Entwicklung der Regelsätze (Eckregelsatz) und berücksichtigt dabei den Anstieg des Preisniveaus, so lässt sich feststellen, dass in der Zeitspanne von 1991 bis 2007 die Anpassung die Preissteigerungsrate deutlich unterschritten hat (Tabelle III.19). Das Realeinkommen der Sozialhilfeempfänger ist gesunken.

Lohnabstandsgebot

Die gesetzlichen Vorschriften zur Bemessung der Regelsätze beinhalten ein sog. Lohnabstandsgebot. Danach ist zu gewährleisten, dass

- bei Haushaltsgemeinschaften von Ehepaaren mit drei Kindern
- die Regelsätze zusammen mit den Durchschnittsbeträgen für Unterkunft und Heizung sowie für einmalige Bedarfe
- die durchschnittlichen Nettoarbeitsentgelte unterer Lohn- und Gehaltsgruppen allein verdienender Vollzeitbeschäftigter, einschließlich einmaliger Zahlungen zuzüglich Kinder- und Wohngeld, unterschreiten.

Damit wird der Eckregelsatz, der sich auf alle Hilfeempfänger auswirkt, nach oben begrenzt. Das Abstandsgebot steht in einem unmittelbaren Gegensatz zum Grundsatz der Bedarfsdeckung der Sozialhilfe. Denn wenn durch Sozialhilfe das Existenzminimum garantiert und unzureichendes Einkommen aufgestockt werden soll, dann gilt das auch für die Aufstockung von niedrigen Löhnen und Gehältern. Die Höhe der Arbeitsentgelte richtet sich nach individuellen Leistungskriterien und nicht nach der spezifischen Bedarfslage der von dem Arbeitseinkommen abhängigen Haushaltsgemeinschaft – etwa in Berücksichtigung von Familienstand sowie Zahl und Alter der Kinder. Damit ist zwischen dem Leistungsprinzip bei der Entlohnung (und den daran anknüpfenden Lohnersatzleistungen der Sozialversicherung) und dem Bedarfsdeckungsprinzip bei der Sozialhilfe ein Konflikt angelegt, der unter bestimmten Umständen dazu führen kann, dass die Höhe der Nettoarbeitsentgelte zusammen mit ergänzenden öffentlichen Transfers (Kindergeld, Wohngeld, Unterhaltsvorschuss) nicht ausreicht, um den soziokulturellen Mindestbedarf des Haushalts zu decken.

Dass die Einhaltung eines ausreichenden Abstandes zwischen Niedriglöhnen und Sozialhilfe so ausdrücklich betont wird und die diesbezüglichen Vorschriften in den zurückliegenden Jahren laufend verschärft worden sind, hat entscheidend mit der Frage zu tun, ob die Sozialhilfe den Anreiz zur Arbeit untergräbt. „Lohnt es sich noch zu arbeiten, wenn die Leistungen der Sozialhilfe gleich hoch oder gar höher liegen als das verfügbare Einkommen bei einfacher Arbeit?", so oder ähnlich lauten die Fragen. Dahinter steht die insbesondere von Seiten der Wirtschafts- und Beschäftigungspolitik geäußerte Kritik, dass das überhöhte Existenzminimum die Ausbreitung von Niedriglöhnen und damit den Abbau der Arbeitslosigkeit behindere (vgl. Kap. „Ökonomische Grundlagen und Finanzierung", Pkt. 6.4 und Kap. „Arbeit und Arbeitsmarkt", Pkt. 9.3).

Es muss aber auch gesehen werden, dass ein System der Sozialen Sicherung nicht nur seine Finanzierungsfähigkeit, sondern auch seine Akzeptanz gerade bei den Arbeitnehmern, die mit ihren Steuern für die Finanzierung der Leistungen aufkommen, gefährden würde, wenn das Bedarfsniveau des letzten sozialen Netzes das Niveau der Arbeitseinkommen am unteren Ende der Erwerbshierarchie tatsächlich generell überschreiten würde.

Tabelle III.20:

Niedrige Arbeitseinkommen (Hilfsarbeiterlöhne) und Sozialhilfe/ Grundsicherung im Vergleich - Oktober 2005

	Allein- stehend	Ehepaar, ohne Kind	Ehepaar, 1 Kind	Ehepaar, 2 Kinder	Ehepaar, 3 Kinder
	€	€	€	€	€
Bruttomonatsverdienst Leistungsgruppe 3[1]	2.426	2.426	2.426	2.426	2.426
./. Lohnsteuer[2]	406	120	120	120	120
./. Sozialversicherungsbei- träge[3]	527	527	521	521	521
= Nettolohn	1.493	1.779	1.785	1.785	1.785
+ Kindergeld	-	-	154	308	462
+ Wohngeld[4]	-	-	-	27	101
= verfügbares Einkommen	1.493	1.779	1.939	2.120	2.348
Sozialhilfeniveau[5]	676	1.053	1.368	1.665	1.980
Abstand in €	817	726	571	455	368
Abstand in %[6]	120,9	68,9	41,7	27,3	18,6

Quelle: Statistisches Bundesamt Eigene Berechnungen.

1) Produzierendes Gewerbe, Leistungsgruppe 3, Männer: Unterste Verdienstgruppe in der Verdienststa- tistik. Einschließlich auf den Monat umgerechnete jährliche Einmal- und Sonderzahlungen.

2) Einschließlich Solidaritätszuschlag, ohne Berücksichtigung von Sonderausgaben, Werbungskosten und von Kirchensteuer.

3) Arbeitnehmerbeiträge zur Renten-, Kranken-, Arbeitslosen- und Pflegeversicherung mit einem durch- schnittlichen Beitragssatz von 20,6 %, zuzüglich Sonderbeitrag für Krankengeld und Zahnersatz, zu- züglich Sonderbeitrag von Kinderlosen zur Pflegeversicherung.

4) Berechnung nach der Wohngeldtabelle. Zugrunde gelegt wird eine Neubauwohnung in einer Gemein- de mit der Mietenstufe IV.

5) Übernommen aus Tabelle III.18. Der jeweilige Gesamtbedarf setzt sich zusammen aus den Regelsät- zen und der Warmmiete. Bei den Regelsätzen für Kinder wird von einem durchschnittlichen Lebensal- ter ausgegangen.

6) Abstand zwischen verfügbarem Einkommen und Sozialhilfeniveau.

Empirische Überprüfungen des Abstandsgebotes auf der Grundlage der Verdienst- statistik kommen zu dem Ergebnis, dass zwischen Löhnen und Sozialhilfe eine

erhebliche Spanne besteht (vgl. Tabelle III.20). Bei allein Stehenden und Ehepaaren ohne Kinder war 2005 der Abstand zwischen dem verfügbaren Einkommen bei
Erwerbstätigkeit und der Sozialhilfe mit 120 % bzw. 69 % sehr groß. Er sinkt,
wenn Kinder zu unterhalten sind. Doch selbst bei Ehepaaren mit drei Kindern liegt
das verfügbare Arbeitseinkommen im Schnitt noch um nahezu 19 % über dem
Sozialhilfeniveau. Das heißt, dass ein Einkommen aus Vollzeitbeschäftigung gegenwärtig auch in unteren Lohn- und Gehaltsgruppen ausreicht, um das sozialhilferechtliche Existenzminimum von Familien abzudecken. Allerdings gilt diese Feststellung nicht in jedem Einzelfall. Bei der Interpretation des Abstandsgebots muss
nämlich beachtet werden, dass nicht von niedrigen *tariflichen* Grundlöhnen, sondern von den *Effektiv*verdiensten die Rede ist. Des Weiteren geht es nicht etwa um
einzelne „unterste" Lohn- und Gehaltsgruppen, sondern um durchschnittliche Nettoarbeitsentgelte unterer Lohn- und Gehaltsgruppen.

Dass bei einem niedrigen Nettoeinkommen aus abhängiger Arbeit einschließlich Transfers das haushaltsspezifische Existenzminimum unterschritten wird, ist
vor allem dann wahrscheinlich, wenn mehrere (ältere) Kinder zu versorgen sind,
die Mieten hoch liegen oder wenn nur Teilzeitarbeit möglich ist. Soweit also in der
Realität Überschneidungen vorkommen, liegen die Ursachen nicht in einem überhöhten Sozialhilfeniveau. Neben unzureichenden Erwerbseinkommen ist vielmehr
in erster Linie der unzureichende Kinderlastenausgleich verantwortlich. Da das
Kindergeld nicht den notwendigen Lebensbedarf eines Kindes abdeckt, das vorgelagerte Sozialsystem also nicht „armutsfest" ist, muss bei unteren Einkommensgruppen die Sozialhilfe/Grundsicherung ersatzweise die Funktion des Kinderlas-
tenausgleichs übernehmen. Auch der Kinderzuschlag führt nur zu einem begrenzten Ausgleich (vgl. Bd. II, Kap. „Familie", Pkt. 6.1.2).

7.1.4 Empfängerzahlen und -strukturen der Hilfe zum Lebensunterhalt

Ende 2004 erhielten 2,91 Mio. Personen Hilfe zum Lebensunterhalt außerhalb von
Einrichtungen. Seit Inkrafttreten des BSHG im Jahr 1962 zeigt sich ein deutlicher
Anstieg, der sich vor allem seit Beginn der 80er Jahre ausgeprägt hat (Abbildung
III.6). Insgesamt hat sich seit 1980 – bezogen auf die alten Bundesländer – die Zahl
der Hilfeempfänger nahezu verdreifacht. Der signifikante Rückgang der Bezieher-
zahl im Jahr 1994 stellt keine Durchbrechung des Trends dar, sondern ist auf die
Einführung des Asylbewerberleistungsgesetzes zurückzuführen. Durch dieses Ge-
setz wurden rund 450.000 Personen aus dem Sozialhilfebezug herausgenommen.

Abbildung III.6:

Empfänger von laufender Hilfe zum Lebensunterhalt außerhalb von Einrichtungen 1963 - 2004

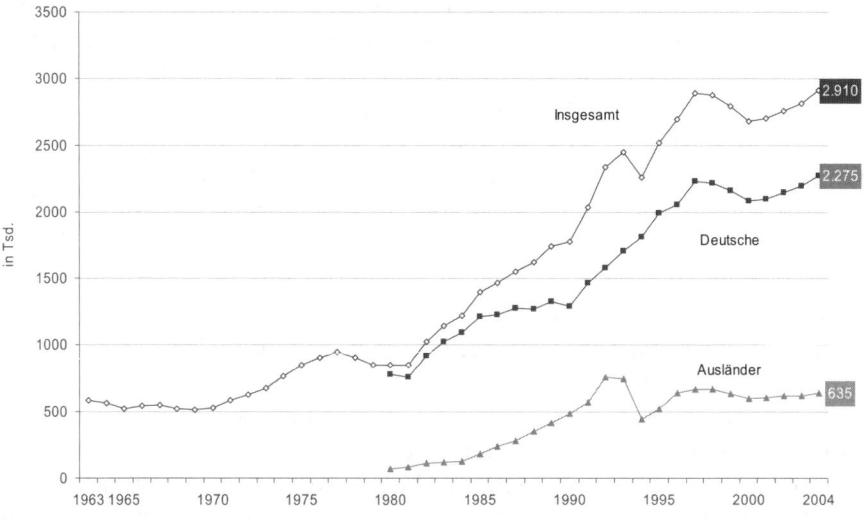

Jeweils zum Jahresende in 1.000
Bis 1990 alte Bundesländer, ab 1990 Deutschland
Quelle: Statistisches Bundesamt, Arbeitsunterlagen der Sozialhilfe- und Asylbewerberleistungsstatistik 2004, Wiesbaden 2006.

Für 2004 errechnete sich eine *Sozialhilfequote* (Empfänger von Hilfe zum Lebensunterhalt im Verhältnis zur Gesamtbevölkerung) von 3,5 %. 1970 lag die Quote noch bei 0,9 %, 1980 bei 1,4 % und 1990 bei 2,8 % (jeweils alte Bundesländer). Untergliedert man die Empfänger nach soziodemografischen Merkmalen, lassen sich folgende Strukturen erkennen (Tabelle III.21):

- Die Häufigkeit des Sozialhilfebezugs hing entscheidend vom Lebensalter ab. Je jünger die Menschen waren, umso höher lag die Sozialhilfequote. Bei Kindern unter 7 Jahren erreichte die Quote einen Wert von 9,9 %, d.h. dass gut jedes zehnte Kind in diesem Alter Hilfe zum Lebensunterhalt bezog. Dagegen betrug die Quote bei den über 65jährigen nur 0,5 % (vgl. Bd. II, Kap. „Familie", Pkt. 5.4).

- Betrachtet man die Entwicklung der Altersstruktur der Sozialhilfeempfänger im Zeitverlauf, lässt sich eine „Verjüngung" des Sozialhilferisikos erkennen. 1980 lag die Sozialhilfequote der unter 7jährigen noch bei 2 %. Zu dieser Zeit war das Problem der Sozialhilfebedürftigkeit in erster Linie ein Problem der älteren Menschen.

- Eine besonders hohe Bedeutung hatte die Sozialhilfe bei ausländischen Staatsangehörigen. Der Ausländeranteil bei den Hilfeempfängern lag bei 21,8 %.

Dies entsprach einer Sozialhilfequote von 8,7 % der ausländischen Bevölkerung. Bei den Deutschen betrug die Quote 3 %.

Die rund 2,9 Mio. Empfänger von laufender Hilfe zum Lebensunterhalt lebten in 1,5 Mio. Haushalten (2004). Strukturiert man die Haushalte nach einzelnen Haushaltstypen wird sichtbar, dass vor allem die Gruppe der allein erziehenden Frauen mit Kindern unter 18 Jahren ein besonders hohes Sozialhilferisiko trug: 23,7 % aller Haushalte dieses Typs bezogen Hilfe zum Lebensunterhalt (vgl. auch Bd. II, Kap. „Familie", Pkt. 5). Zugleich machten diese Haushalte rund ein Viertel aller Sozialhilfehaushalte aus. Die größte Verbreitung hatten jedoch die Haushalte von allein stehenden Frauen und Männern, diese Lebensform umfasste 39,4 % aller Sozialhilfehaushalte.

Sozialhilfe soll von ihrem Anspruch her keine rentenähnliche Dauerleistung sein. Tatsächlich wies die Sozialhilfestatistik für 2004 aus, dass nahezu die Hälfte (45,6 %) der hilfeempfangenden Haushalte die Leistungen weniger als ein Jahr erhielt. Für 8,1 % der Haushalte lag die bisherige Bezugsdauer bei fünf Jahren und mehr.

Tabelle III.21:

Empfänger von Hilfe zum Lebensunterhalt am Jahresende 2004

	insgesamt		Männer	Frauen	Sozialhilfequote
	1.000	in %[1]	in %[1]	in %[1]	in %[2]
Insgesamt	2.910	100	45,2	54,8	3,5
nach Alter					
- unter 7 Jahre	515	17,7	20,2	15,6	9,9
- 7 - 15 Jahre	450	15,5	17,5	13,7	6,7
- 15 - 18 Jahre	154	5,3	5,9	4,8	5,3
- 18 - 21 Jahre	129	4,4	4,2	4,7	4,6
- 21 - 25 Jahre	206	7,1	5,8	8,2	5,2
- 25 - 30 Jahre	242	8,3	6,9	9,5	5,1
- 30 - 40 Jahre	446	15,3	13,0	17,2	3,6
- 40 - 50 Jahre	358	12,3	12,1	12,5	2,7
- 50 - 60 Jahre	238	8,2	8,5	7,9	2,4
- 60 - 65 Jahre	94	3,2	3,4	3,0	1,8
- 65 Jahre u. älter	78	2,7	2,5	2,9	0,5
nach Staatsangehörigkeit					
- Deutsche	2.275	78,2	44,7	55,3	3.0
- Nichtdeutsche	635	21,8	47,0	53,0	8,7

1) in % der Hilfeempfänger 2) in % der Wohnbevölkerung

Quelle: Haustein, Th. u.a., Ergebnisse der Sozialhilfe- und Asylbewerberleistungsstatistik 2004, in: Wirtschaft und Statistik 4/2006, S. 378, eigene Berechnungen.

7.1.5 Dunkelziffer der Sozialhilfebedürftigkeit

Die Empfängerzahlen von Hilfe zum Lebensunterhalt geben Auskunft über die Personen und Haushalte, die ihren Anspruch auf Hilfeleistung wahrnehmen. Keine Auskunft geben die Zahlen über den Kreis jener Menschen, die aufgrund ihres geringen Einkommens eigentlich leistungsberechtigt sind, von ihrem Anspruch aber keinen Gebrauch machen. Der Umfang dieser *„Dunkelziffer der Armut"* lässt sich nur schwer ermitteln. Untersuchungen kommen zu dem Ergebnis, dass auf einen Hilfeempfänger mehr als eine Person kommt, die von ihrer Leistungsberechtigung keinen Gebrauch macht. Wenn diese Berechnungen die Situation richtig beschreiben, dann lebten im Jahr 2004 etwa 5,5 Mio. Menschen bzw. 6,6 % der Bevölkerung mit einem Einkommen unter oder auf dem Sozialhilfeniveau.

Existenz und Ausmaß der Unterausschöpfung des Anspruchs auf Sozialhilfe gründeten in erster Linie auf den abschreckend wirkenden Leistungsgrundsätzen der Sozialhilfe:

- Die Betroffenen haben Angst vor der sozialen Kontrolle und der Offenlegung persönlicher Verhältnisse bei der Bedürftigkeitsprüfung sowie vor einer Schädigung der Familienbeziehungen durch den möglichen Rückgriff des Sozialamtes auf unterhaltsverpflichtete Kinder bzw. Eltern.

- Die Inanspruchnahme unterbleibt aus Scham oder Bescheidenheit.

- Es fehlen Kenntnisse über Höhe und Bedingungen der Leistungsansprüche oder es liegen Falschinformationen vor.

Die Nicht-Inanspruchnahme war in jenen Fällen besonders hoch, in denen das anzurechnende Einkommen relativ hoch und der Zahlbetrag der ergänzenden Hilfe zum Lebensunterhalt entsprechend niedrig lag. Untersuchungen zeigen, dass vor allem ältere Menschen ihre Leistungsansprüche nicht wahrgenommer haben ("verschämte Altersarmut"). Aber auch Beschäftigte mit Niedrigeinkommen waren über die Möglichkeit, ergänzende Sozialhilfe beanspruchen zu können, nicht informiert. Einkommenslücken wurden eher durch Überstunden oder Nebenbeschäftigungen ausgeglichen, nicht aber durch den als diskriminierend empfundenen Gang zum Sozialamt.

7.1.6 Grundsicherung im Alter und bei Erwerbsminderung

Mit dem Rentenreformgesetz 2001 wurde die Grundsicherung im Alter und bei Erwerbsminderung als ein eigenständiges Sozialleistungsgesetz eingeführt, das zum 01. 01.2003 in Kraft getreten ist. Ziel war es, älteren Menschen sowie Erwerbsgeminderten, die nur noch geringe Chancen haben, ihre Hilfebedürftigkeit zu überwinden, einen Leistungsanspruch unter erleichterten Voraussetzungen zu ermöglichen und durch die Begrenzung des Nachrangprinzips „verschämte Altersarmut" abzubauen. Mit dem SGB XII ist ab 2005 die Grundsicherung im Alter und bei Erwerbsminderung wieder in das Sozialhilferecht eingefügt worden.

Anspruchsberechtigt sind bei Bedürftigkeit:

- ältere Menschen ab dem vollendeten 65. Lebensjahr – unabhängig davon, ob ein Anspruch auf eine Alters- oder Hinterbliebenenrente besteht,

- dauerhaft voll Erwerbsgeminderte (Personen, die wegen Krankheit oder Behinderung dauerhaft außer Stande sind, unter den üblichen Bedingungen des Arbeitsmarktes mindestens drei Stunden täglich erwerbstätig zu sein) mit dem vollendeten 18. Lebensjahr – unabhängig davon, ob die Voraussetzungen für eine Erwerbsminderungsrente erfüllt sind.

Die Leistungen entsprechen dem Umfang und der Höhe nach den Leistungen der Hilfe zum Lebensunterhalt. Bei der Bedürftigkeitsprüfung werden jedoch *nicht* berücksichtigt

- Unterhaltsansprüche des Leistungsberechtigten gegen seine Eltern oder Kinder, sofern deren Jahresbruttoeinkommen 100.000 € unterschreitet,

- das Einkommen und Vermögen von Verwandten und anderen Personen, mit denen der Leistungsberechtigte einen gemeinsamen Haushalt führt.

Im Unterschied zur Hilfe zum Lebensunterhalt muss auch nicht die Arbeitskraft eingesetzt werden, um zumutbare Hinzuverdienste zu erzielen. Die Grundsicherung wird in der Regel für 12 Monate bewilligt. Zudem sind die Rentenversicherungsträger verpflichtet, Rentenbezieher über die Möglichkeit eines die Rente ergänzenden Bezugs von Grundsicherung zu informieren.

Leistungen zur Grundsicherung im Alter und bei Erwerbsminderung erhielten am Jahresende 2005 rund 629.000 Personen. Seit dem ersten Erhebungsstichtag am Jahresende 2003, als rund 439.000 Grundsicherungsempfänger gezählt wurden, hat sich die Zahl bis zum Jahresende 2005 um 43,4 % erhöht.

Über die Hälfte (54 %) der Beziehenden war im Rentenalter, 46 % waren zwischen 18 und 64 Jahren alt und erhielten die Leistungen wegen einer dauerhaft vollen Erwerbsminderung. Frauen sind gegenüber Männern etwas häufiger unter den Leistungsbeziehenden vertreten (59 % zu 41 %) – insbesondere die Leistungen im Alter müssen häufiger von älteren Frauen bezogen werden: 2,3 % der Frauen über 65 Jahren sind auf in der Regel ergänzende Leistungen nach dem SGB XII angewiesen, da sie auf ein deutlich geringeres Haushaltseinkommen im Rentenalter zurückgreifen können als Männer gleichen Alters. Noch größer ist der Unterschied in der Betroffenheit vom Leistungsbezug im Alter zwischen Deutschen und Ausländern: Während deutsche über 65jährige lediglich zu 1,6 % Grundsicherung im Alter in Anspruch nehmen mussten, waren ausländische über 65jährige zu 13 % auf diese Leistungen angewiesen.

Der Zahlbetrag (netto) lag 2005 bei durchschnittlich 381 €. Der erhebliche Unterschied zum durchschnittlichen Bruttobedarf von 605 € ergibt sich aus dem Umstand, dass die überwiegende Mehrzahl der Leistungsempfänger ein oder mehrere Einkommen beziehen, die auf die Grundsicherungsleistungen angerechnet werden. Besondere Bedeutung unter diesen Einkommensarten kommt den Alters- und Betriebsrenten zu. Die Ausgaben für die Grundsicherung im Alter und bei Erwerbsminderung beliefen sich im Jahr 2005 auf knapp 2,8 Mrd. € (netto). Die Nettoausgaben haben sich seit Einführung der Grundsicherung im Alter und bei Erwerbsminderung damit mehr als verdoppelt (2003: 1,3 Milliarden €).

7.1.7 Hilfen zur Gesundheit, Eingliederungshilfe für Behinderte, Hilfe zur Pflege, Hilfe in anderen Lebenslagen

Anders als die Hilfe zum Lebensunterhalt sind die nachfolgend genannten Hilfen
(vor der Reform der Sozialhilfe als „Hilfe in besonderen Lebenslagen" bezeichnet)
nicht auf eine allgemeine wirtschaftliche Bedürftigkeit, sondern im Wesentlichen
auf spezielle Notlagen und besondere Bedarfssituationen bezogen:

- Hilfen zur Gesundheit (vorbeugende Gesundheitshilfe, Hilfe bei Krankheit,
  Hilfe zur Familienplanung, Hilfe bei Schwangerschaft und Mutterschaft, Hilfe
  bei Sterilisation),
- Eingliederungshilfe für Behinderte (Leistungen zur medizinischen Rehabilitation, zur Teilhabe am Arbeitsleben, zur schulischen und beruflichen Ausbildung, zur Arbeit in Werkstätten für Behinderte, zur Teilhabe am Leben in der
  Gemeinschaft) in Zusammenarbeit mit den anderen Trägern der Rehabilitation
  (vgl. dazu SGB IX; Bd. II, Kap. „Gesundheit und Gesundheitssystem", Pkt.
  9.2),
- Hilfe zur Pflege,
- Hilfe zur Überwindung besonderer sozialer Schwierigkeiten,
- Hilfe in anderen Lebenslagen (Hilfe zur Weiterführung des Haushalts, Altenhilfe, Blindenhilfe).

Für diese Hilfen gelten jeweils höhere Einkommens- und Vermögensfreigrenzen,
z.T. werden sie sogar, wie die Altenhilfe, unabhängig von der finanziellen Lage der
Hilfesuchenden gewährt. Wird die Hilfe stationär oder teilstationär durchgeführt,
so umfasst sie auch den in der Einrichtung geleisteten Lebensunterhalt.

Die Hilfen werden als Dienst- und Sachleistungen und zu einem großen Teil in
Einrichtungen erbracht (vgl. zur Organisation und Finanzierung Bd. II, Kap. „Soziale Dienste", Pkt. 5). Leistungen der Eingliederungshilfe für Behinderte können
auch im Rahmen eines trägerübergreifenden persönlichen Budgets an die Betroffenen ausgezahlt werden.

Ende 2004 erhielten 1,51 Mio. Personen Hilfe in besonderen Lebenslagen. Die
Maßnahmen konzentrieren sich auf die Krankenhilfe (39,4 %) und die Eingliederungshilfe für Behinderte (41,7 %). Durch die Pflegeversicherung ist die Bedeutung der Hilfe zur Pflege zurückgegangen: 1994 erhielten 47 % der Empfänger
Hilfe zur Pflege, 2004 waren es nur noch 21,7 %. Allerdings steigt die Zahl seit
einigen Jahren wieder an, da die Leistungen der Pflegeversicherung in ihrer Höhe
seit 1995 festgeschrieben sind und insofern in ihrem Realwert ständig sinken. In
der Folge müssen wieder mehr Pflegebedürftige ergänzend auf die Hilfe zur Pflege
zurück greifen (vgl. Bd, II, Kap. „Gesundheit und Gesundheitssystem", Pkt. 7.4).

7.1.8 Ausgaben, Finanzierung und Organisation der Sozialhilfe

Die Bruttoausgaben der Sozialhilfe beliefen sich 2004 auf 26,4 Mrd. €. Mindert man diesen Betrag um die übergeleiteten Ansprüche von Unterhaltspflichtigen sowie um die Erstattungen, die vorrangige Sozialleistungsträger den Sozialhilfeträgern überweisen, errechneten sich Nettoausgaben von fast 23 Mrd. €. Von den Bruttoausgaben entfielen 60 % auf die Hilfe in besonderen Lebenslagen und 40 % auf die Hilfe zum Lebensunterhalt.

Wie aus Abbildung III.7 ersichtlich haben sich die Gesamtausgaben der Sozialhilfe seit 1997 kontinuierlich erhöht. Als besonders ausgabenintensiv hat sich dabei die Hilfe in besonderen Lebenslagen erwiesen mit der Folge einer wachsenden Belastung der kommunalen Haushalte (vgl. Kap. „Ökonomische Grundlagen und Finanzierung", Pkt. 4.4). Zu einer deutlichen finanziellen Entlastung hat jedoch die Einführung der Pflegeversicherung in den Jahren 1995/96 geführt: 1997 fielen die Ausgaben für die Hilfe zur Pflege gegenüber 1994 um 62 % niedriger aus. Nachfolgend ist es jedoch– von einem abgesenkten Ausgangsniveau aus – zu einem Ausgabenzuwachs bei den Kosten der Hilfe zur Pflege gekommen.

Die *Finanzierung* der Sozialhilfe erfolgt über das Steueraufkommen der Länder und Gemeinden. Überwiegend fällt die Finanzierung der Sozialhilfe den Städten und Gemeinden zu (in NRW rund 90 %), bei kreisangehörigen Gemeinden erfolgt sie über Umlagen. Die Länder wiederum sind in sehr unterschiedlicher Weise an der Sozialhilfefinanzierung beteiligt, zumeist über den kommunalen Finanzausgleich.

Die Sozialhilfe wird durch örtliche und überörtliche öffentlich-rechtliche Träger durchgeführt. Daneben sind die Verbände der freien Wohlfahrtspflege als freie Träger an der Durchführung der Sach- und Dienstleistungen beteiligt. Als öffentliche Träger mit örtlicher Zuständigkeit fungieren die kreisfreien Städte und (Land)Kreise mit ihren Sozialämtern; je nach Landesrecht auch einzelne Gemeinden und Gemeindeverbände mit allerdings begrenzter Aufgabenstellung. Öffentliche Träger mit überörtlicher Zuständigkeit sind entweder die Länder selbst (wie z.B. in den Stadtstaaten) oder die Landeswohlfahrtsverbände (z.B. in Baden-Württemberg, Hessen), die Landschaftsverbände (in Nordrhein-Westfalen) oder die Bezirke (wie in Bayern). Überörtliche Träger sind zuständig für Hilfen, die eine über den örtlichen Bereich hinausgehende Bedeutung haben oder die von besonderem finanziellen Gewicht sind. De facto sind die überörtlichen Träger vorwiegend für die Hilfe in besonderen Lebenslagen, die örtlichen Sozialhilfeträger dagegen vorwiegend für die Hilfe zum Lebensunterhalt zuständig. Diese organisatorische Struktur hat auch für die Ausgestaltung des Sozialhilfeangebots wie für die Gewährleistungspraxis erhebliche Konsequenzen. Da den einzelnen örtlichen Trägern bei der Hilfegewährung Ermessensspielräume gegeben sind, ergeben sich regionale Abweichungen in der praktischen Hilfeleistung.

Bei der Durchführung der Hilfe in besonderen Lebenslagen dominieren die privaten – oftmals überörtlich organisierten – Träger. Dazu zählen die Kirchen, Religionsgemeinschaften und die Wohlfahrtsverbände. Die Wohlfahrtsverbände sind insbesondere als Betreiber von sozialen Einrichtungen z.B. von Altenpflegeheimen, Altentagesstätten, Behindertenheimen und Beratungsstellen und als Leistungsträger von Dienstleistungen vertreten (vgl. Bd. II, Kap. „Soziale Dienste", Pkt. 3.2).

Im Jahr 2004 entfielen im Bundesdurchschnitt etwas über 50 % der Gesamtbruttoausgaben der Sozialhilfe auf die überörtlichen Träger, davon wiederum mehr als 90 % für Leistungen der Hilfe in besonderen Lebenslagen. Die Ausgabenvolumina und die Ausgabenstrukturen werden sich für das Jahr 2005 deutlich verändert darstellen. Aufgrund der Überführung des Großteils der Empfänger der Hilfen zum Lebensunterhalt in den Regelungsbereich des SGB II werden die Ausgaben erheblich sinken und die Strukturen wesentlich von den Kosten für die Hilfe in besonderen Lebenslagen und der Grundsicherung im Alter und bei Erwerbsminderung geprägt sein.

Abbildung III. 7:

Ausgabenentwicklung (brutto) der Sozialhilfe 1991 - 2004

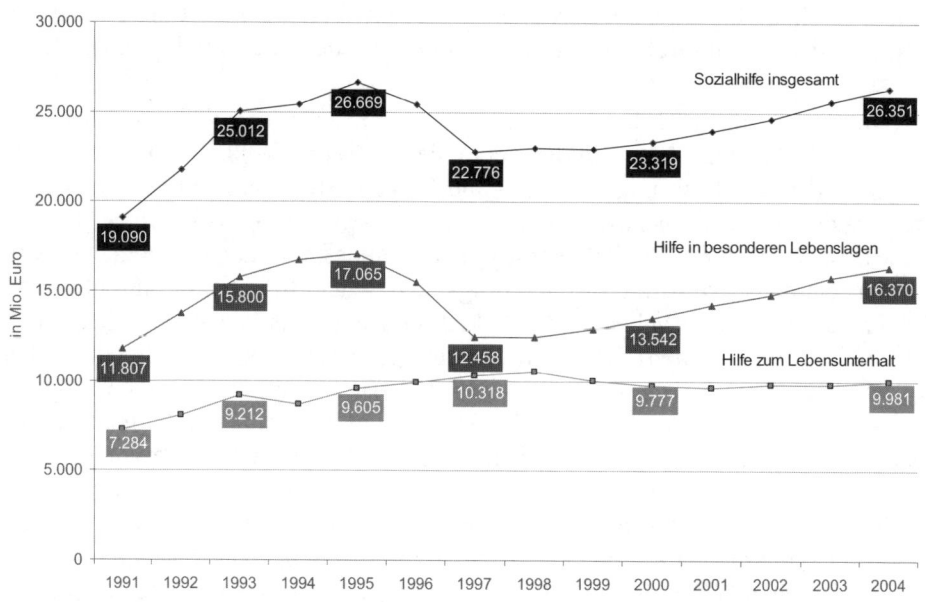

Quelle: Statistisches Bundesamt, Fachserie 13, Reihe 2.1, Sozialhilfe, mehrere Jahrgänge.

7.2 Leistungen an ausländische Flüchtlinge: Asylbewerberleistungsgesetz

Auch Ausländer können bei Bedürftigkeit Leistungen nach dem SGB XII erhalten. Wie bereits skizziert, liegt bei ihnen die Sozialhilfequote deutlich über der der Bevölkerung mit deutscher Staatsangehörigkeit: 8,7 % zu 3,0 % (2004). Ursächlich für diese stärkere Betroffenheit sind in erster Linie die schlechtere Stellung auf dem Arbeitsmarkt (niedrigere Entgeltposition, höheres Arbeitslosigkeitsrisiko) sowie die Lebensbedingungen und die Haushaltskonstellation (größere Haushalte, höhere Kinderzahl).

Bei den Rechtsansprüchen auf Sozialhilfe wird zwischen unterschiedlichen Gruppen von Ausländern unterschieden:

- In sozialhilferechtlicher Hinsicht mit den Deutschen gleichgestellt (mit einigen Ausnahmen) sind u.a. EU-Bürger, anerkannte Flüchtlinge, Bürger aus Unterzeichnerstaaten des europäischen Fürsorgeabkommens.

- Ausländer ohne Sonderregelungen haben einen Rechtsanspruch nur auf Hilfe zum Lebensunterhalt, Krankenhilfe und Hilfe zur Pflege. Die Gewährung der anderen Hilfen in besonderen Lebenslagen liegt im Ermessen der Behörden. Voraussetzung für die Leistungsberechtigung ist dabei ein sog. verfestigter Aufenthaltsstatus (Aufenthaltsgenehmigung).

- Ausgeschlossen von den Leistungen der Sozialhilfe sind Ausländer, die sich als Flüchtlinge nur vorübergehend und ohne Verfestigung ihres ausländerrechtlichen Status in Deutschland aufhalten. Dieser Personenkreis wird bei Hilfebedürftigkeit seit 1993 auf die Leistungen nach dem *Asylbewerberleistungsgesetz* verwiesen. Dies betrifft insbesondere

  - Asylbewerber (Ausländer mit Aufenthaltsgestattung),
  - Bürgerkriegsflüchtlinge (Ausländer mit Aufenthaltsbefugnis),
  - Ausländer mit Duldung sowie
  - die Ehepartner und Kinder der betroffenen Gruppen.

Die Leistungen nach dem Asylbewerberleistungsgesetz weichen in mehrfacher Hinsicht von den Prinzipien und Ansprüchen ab, die die Sozialhilfe kennt:

- Der Lebensunterhalt wird grundsätzlich durch Sachleistungen, so durch Verpflegung in Erstaufnahmeeinrichtungen und Gemeinschaftsunterkünften sowie durch Bekleidungsausgabe, und nur ausnahmsweise durch Wertgutscheine und Geldleistungen sichergestellt.

- Über den Wert der von den Behörden im jeweiligen Einzelfall bestimmten Sachleistungen gibt es keine Informationen. Häufig erfolgt eine Orientierung am Wert der Geldleistungen.

- Die Geldleistungen sind gegenüber den Regelsätzen der Sozialhilfe deutlich abgesenkt. Die Höhe der Grundleistungen (Ernährung, Bekleidung, Gebrauchs- und Verbrauchsgüter des Haushalts, Mittel zur Gesundheits- und Körperpflege) liegt für den Haushaltsvorstand bei 184 €. Zusätzlich zu diesen Leistungen erhalten Leistungsberechtigte ein monatliches Taschengeld von 41 € bzw. 20,50 € (für Haushaltsangehörige unter 15 Jahren). Zusammengefasst liegt der Satz von Grundleistungen und Taschengeld, der seit 1993 unverändert geblieben ist, um rund 25 % unterhalb des *neuen*, die Einmalleistungen einschließenden Regelsatzes der Sozialhilfe.

- Auch die Leistungen bei Krankheit, Schwangerschaft und Geburt gelten nur eingeschränkt, da diese lediglich bei akuten Erkrankungen gewährt werden.

- Eigenes Einkommen und Vermögen ist voll einzusetzen, Freibeträge beim Einkommen aus Erwerbstätigkeit gibt es nicht.

Die gegenüber der Sozialhilfe abgesenkten Leistungen gelten für einen Zeitraum von drei Jahren. Bei einem längeren Aufenthalt in Deutschland stehen Leistungen nach der Sozialhilfe/SGB XII zu – seit 2005 unter der Bedingung, dass der Aufenthalt nicht missbräuchlich verlängert wurde. Fragt man nach der Begründung für die mehrfache Schlechterstellung von Flüchtlingen, so steht neben dem fiskalischen Motiv der direkten Ausgabenminderung zweifelsohne die Zielsetzung im Mittelpunkt, die Zuwanderungszahlen zu begrenzen und die niedrigen Leistungen als Abschreckungsfaktor einzusetzen. Hinzu kommt das Argument, dass den betroffenen Ausländern wegen ihres begrenzten Aufenthaltes in Deutschland keine Integrationsleistungen zu gewähren seien.

Vor dem Hintergrund zurückgehender Asylanträge sowie der Beruhigung der Lage in der Balkan-Region sind die Empfängerzahlen von Leistungen nach dem Asylbewerberleistungsgesetz stark rückläufig: Zum Jahresende 2004 erhielten insgesamt rund 230.000 Personen Leistungen, 1996 waren es noch knapp 490.000 Personen. Von allen Haushalten waren fast die Hälfte (47,8 %) dezentral untergebracht, die andere Hälfte lebte in Gemeinschaftsunterkünften oder Aufnahmeeinrichtungen. Ein Drittel der Asylbewerbenden lebt mit den abgesenkten Leistungen nach dem AsylBLG bereits länger als drei Jahre in Deutschland. Bereinigt man die Bruttoausgaben nach dem Asylbewerberleistungsgesetz für das Jahr 2004 in Höhe von 1,3 Mrd. € (1 Mrd. € für Regelleistungen, 0,3 Mrd. € für besondere Leistungen) um die Einnahmen in Höhe von 0,085 Mrd. €, so kommt man zu Nettoausgaben von 1,22 Mrd. €; 1996 waren es noch 2,79 Mrd. €.

7.3 Grundsicherung für Arbeitsuchende

7.3.1 Zusammenführung von Arbeitslosenhilfe und Sozialhilfe

Seit 2005 haben alle *bedürftigen* Erwerbsfähigen und ihre Angehörigen Anspruch auf Leistungen nach dem SGB II (Grundsicherung für Arbeitsuchende). Die Leistungssysteme Arbeitslosenhilfe (nach dem SGB III) und Sozialhilfe wurden damit zusammengeführt. Das heißt, dass die Leistung Arbeitslosenhilfe aufgegeben wurde und die Sozialhilfe (Hilfe zum Lebensunterhalt) nur noch für den kleinen Kreis von Kindern und Erwachsenen unter 65 Jahren gilt, die zeitweise voll erwerbsgemindert sind. Die große Gruppe der erwerbsfähigen, aber – vor allem wegen Arbeitslosigkeit – nicht erwerbstätigen Empfänger von Sozialhilfe wird hingegen auf das SGB II verwiesen.

Die vom Bund finanzierte Arbeitslosenhilfe war eine speziell auf Langzeitarbeitslose zugeschnittene Leistung, die im Anschluss an den beitragsfinanzierten Versicherungsanspruch auf Arbeitslosengeld bezogen werden konnte. Im Jahresdurchschnitt 2004 wurden rund 2,2 Mio. Arbeitslosenhilfebezieher und 1,8 Mio. Arbeitslosengeldbezieher gezählt. In den zurückliegenden Jahren ist im Zuge der wachsenden Arbeitslosigkeit allgemein und der Langzeitarbeitslosigkeit im Besonderen die Empfängerzahl von Arbeitslosenhilfe stark angestiegen, seit 1990 hat sie sich nahezu vervierfacht (vgl. Abbildung III.8).

Abbildung III.8:

Empfänger von Arbeitslosengeld und Arbeitslosenhilfe 1990 - 2004

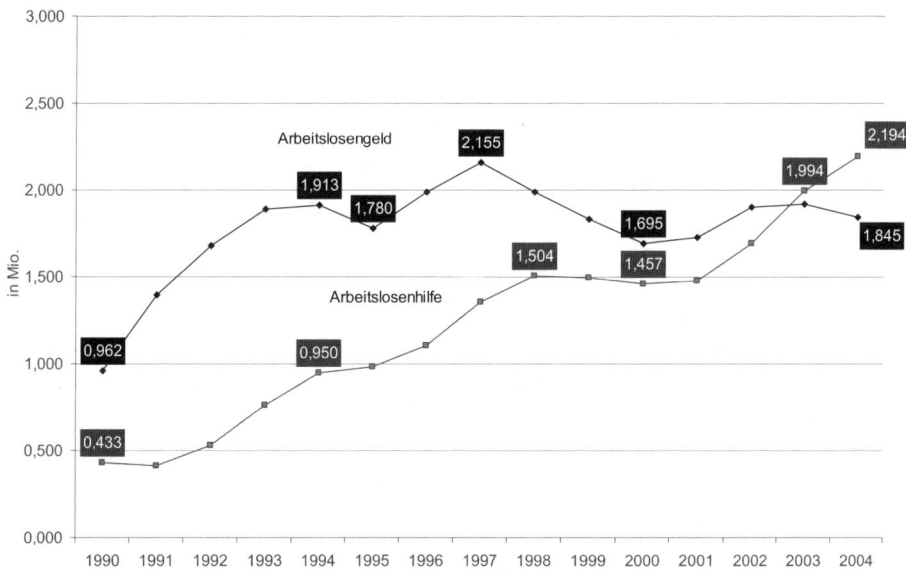

Quelle: Bundesagentur für Arbeit

Die Arbeitslosenhilfe nahm eine Zwischenstellung zwischen einer Versicherungs- und Fürsorgeleistung ein: Sie knüpfte an einen ausgelaufenen Anspruch auf Arbeitslosengeld an, war im Unterschied zur befristeten Versicherungsleistung Arbeitslosengeld (vgl. dazu im Einzelnen Kap. „Arbeit und Arbeitsmarkt", Pkt. 7) zeitlich unbefristet, aber bedürftigkeitsgeprüft. Und im Unterschied zur Sozialhilfe wurde die Leistungshöhe nicht auf den Bedarf des Haushalts bezogen, sondern als Individualleistung auf das zuletzt erzielte Nettoarbeitsentgelt (mit Ersatzraten von 53 % ohne Kinder bzw. 57 % mit Kindern). Diese Zwischenstellung kam auch darin zum Ausdruck, dass die Bedürftigkeitsprüfung (Anrechnung von Einkommen und Vermögen) und die Zumutbarkeitsanforderungen weniger streng waren als bei der Sozialhilfe.

Mit der Zusammenführung von Arbeitslosenhilfe und Sozialhilfe wird auf die wachsenden Probleme des Nebeneinanders zweier Leistungssysteme reagiert, die sich an einen vergleichbaren Personenkreis richten:

- Die Zweigleisigkeit bei der Absicherung von Langzeitarbeitslosen führte zu einer Dopplung der Maßnahmen der aktiven Arbeitsmarktpolitik; parallel zu den Instrumenten der Arbeitsförderung nach dem SGB III sind auf der Grundlage des Sozialhilfegesetzes Maßnahmen der kommunalen Arbeitsmarktpolitik entwickelt worden. Die Folge waren Doppelarbeit und Doppelbürokratie in den Arbeits- und Sozialverwaltungen, ungeklärte Zuständigkeiten, unzureichende arbeitsmarktpolitische Schwerpunktsetzungen bei der Vermittlung und Förderung von Langzeitarbeitslosen sowie wechselseitige Kostenverschiebungen („Verschiebebahnhöfe") zwischen Bund (Arbeitslosenhilfe) und Kommunen (Sozialhilfe).
- Da die Arbeitslosenhilfe nicht bedarfsorientiert ausgerichtet war, musste ein Teil der Empfänger ergänzend Sozialhilfe beziehen. Die Betroffenen wurden mit zwei Leistungsgesetzen und zwei Verwaltungen konfrontiert.
- Die kommunale Finanzierung der wachsenden Ausgaben für die Sozialhilfe hat die Städte und Gemeinden überfordert und regionale Ungleichgewichte verstärkt. Die Sozialhilfeträger wurden zum Lückenbüßer für die unzureichende soziale Absicherung einer wachsenden Zahl von Arbeitslosen.

Die Frage ist, ob diese Probleme durch die Neuregelung gelöst und bessere Möglichkeiten für die Wiedereingliederung von Langzeitarbeitslosen in den Arbeitsmarkt gegeben sind. Dies wird sich erst in der Umsetzung zeigen. Aber zu erkennen ist, dass das neue Leistungsrecht zu vielfachen Verschlechterungen hinsichtlich des Leistungsniveaus und der Leistungsbedingungen im Vergleich zur bisherigen Arbeitslosenhilfe geführt hat.

7.3.2 Anspruchsberechtigter Personenkreis und Leistungen

Anspruchsberechtigt sind erwerbsfähige Hilfebedürftige zwischen 15 und 65 Jahren sowie die Angehörigen, die mit ihnen in einem Haushalt (Bedarfsgemeinschaft) leben. *Erwerbsfähig* ist, „wer nicht wegen Krankheit oder Behinderung auf absehbare Zeit außerstande ist, unter den üblichen Bedingungen des Arbeitsmarktes mindestens drei Stunden täglich erwerbstätig zu sein". Bezug genommen wird hier auf den rentenrechtlichen Begriff der vollen Erwerbsminderung (§ 43 SGB VI). Es ist also jede Person erwerbsfähig, deren volle Erwerbsminderung nicht festgestellt ist. Daraus folgt, dass Erwerbsfähige dem Arbeitsmarkt nicht unmittelbar zur Verfügung stehen müssen. Es reicht aus, wenn sie nicht voll erwerbsgemindert sind. Es ist auch unerheblich, ob eine Erwerbstätigkeit vorübergehend unzumutbar ist, z.B.

wegen der Erziehung eines Kindes oder einer Krankheit. Auszubildende, deren Ausbildung durch das BAföG oder die Berufsausbildungsbeihilfe dem Grunde nach förderungsfähig ist, gelten nicht als erwerbsfähig.

Ansprüche auf Leistungen setzen zudem Hilfsbedürftigkeit voraus. Als *hilfsbedürftig* gilt, wer seinen Bedarf und den Bedarf seiner Angehörigen nicht aus eigenen Mitteln und Kräften decken kann, so insbesondere durch Aufnahme einer zumutbaren Arbeit und aus Einkommen und Vermögen, und dabei auch von dritter Seite keine Hilfe erhält. Die Leistungen werden in Form von *Dienstleistungen* (Information und Beratung mit dem Ziel der Eingliederung in Arbeit), *Geldleistungen* (zur Sicherung des Lebensunterhalts und zur Eingliederung in Arbeit) und *Sachleistungen* erbracht.

Arbeitslosengeld II und Sozialgeld

Zur Sicherung des Lebensunterhalts erhalten erwerbsfähige Hilfebedürftige die Leistung *Arbeitslosengeld II*. Anders als bei der vormaligen Arbeitslosenhilfe und den Regelungen des SGB III begrenzt sich der Empfängerkreis also nicht nur auf (registrierte) Arbeitslose, sondern eingeschlossen sind auch *Erwerbstätige* (Arbeitnehmer wie Selbstständige) sowie jene, die zwar erwerbsfähig sind, aber nur eingeschränkt verfügbar sind oder denen Erwerbstätigkeit nicht zugemutet wird. Dies bedeutet, dass bedürftige allein Erziehende, die bislang Sozialhilfe erhalten haben, nunmehr auf das Arbeitslosengeld II verwiesen werden.

Nicht erwerbsfähige Hilfebedürftige, die als Partner und/oder Kinder mit dem Erwerbsfähigen in einem Haushalt leben, erhalten *Sozialgeld*.

Die Leistungshöhe von Arbeitslosengeld II und Sozialgeld entspricht der Höhe der Hilfe zum Lebensunterhalt; die Regelleistung liegt für allein Stehende oder allein Erziehende bei 345 € (alte und neue Bundesländer). Die Regelleistungen für Bedarfsgemeinschaften richten sich nach dem Haushaltstyp: Partner erhalten jeweils 90 % des vollen Leistungssatzes; für Kinder werden 60 % (bis zur Vollendung des 14. Lebensjahres) und 80 % (ab dem 15. Lebensjahr) angesetzt.

Übersicht III.11:

Pauschalierte Regelleistungen bei Arbeitslosengeld II und Sozialgeld (1. Hj. 2007)			
Allein Stehende(r) oder allein Erziehende(r)	Partner ab 18 Jahren	Kinder unter 14 Jahren	Kinder über 14 Jahre
100 %	jeweils 90 %	60 %	80 %
345 €	311 €	207 €	276 €

Die Regelungen bei der Sozialhilfe sind auch maßgebend für die Gewährung von Mehrbedarfszuschlägen und einmaligen Bedarfen, für die Übernahme der Warmmiete, für die Gewährung von Darlehen für unabweisbare einmalige Bedarfe sowie für die darlehensweise Übernahme von Mietschulden. Der Gesamtbedarf des

Haushalts bzw. der Bedarfsgemeinschaft errechnet sich aus der Summe der Regelleistungen zuzüglich der Leistungen für Unterkunft und Heizung sowie möglicher
Mehrbedarfe (vgl. dazu Tabelle III.18).

Die Anpassung der Regelleistungen folgt der Anpassung der Regelsätze der
Hilfe zum Lebensunterhalt jeweils zum 01. 07. eines Jahres nach Maßgabe der
Entwicklung des aktuellen Rentenwerts. Erwerbsfähige Hilfebedürftige werden in
der gesetzlichen Kranken-, Pflege und Rentenversicherung pflichtversichert. Die
Kassen erhalten je Person einen pauschalen Monatsbeitrag von 125 € (Krankenver-
sicherung) und 14,90 € (Pflegeversicherung). Bei der Rentenversicherung wird ein
Minimalbeitrag gezahlt; dieser Beitrag führt nach einem Jahr Beitragszahlung zu
einem Rentenanspruch von (2007) 2,18 € im Monat.

Befristeter Zuschlag, Kinderzuschlag

Um den Einkommensausfall beim Übergang von der lohnbezogenen Leistung Arbeitslosengeld auf die Grundsicherungsleistung Arbeitslosengeld II in einem begrenzten Maße abzufedern, wird Arbeitslosen ein auf zwei Jahre befristeter Zuschlag auf die Regelleistung gezahlt. Er beträgt zwei Drittel der Differenz aus dem
zuletzt bezogenen Arbeitslosengeld zuzüglich Wohngeld und dem gezahlten Arbeitslosengeld II. Er wird nach einem Jahr halbiert. Der Zuschlag ist im ersten Jahr
begrenzt auf 160 € (allein stehend) bzw. 320 € (mit Partner) und 60 € je Kind; im
zweiten Jahr halbieren sich auch diese Maximalbeträge.

Der Zuschlag steht nur jenen Arbeitslosen zu, die als bedürftig gelten und Arbeitslosengeld II beziehen. Arbeitslose, die keinen Anspruch mehr auf Arbeitslosengeld haben, weil die in der Regel auf zwölf Monate befristete Bezugsdauer ü-
berschritten worden ist (vgl. Kap. „Arbeit und Arbeitsmarkt", Pkt. 7.2.1), die aber
mit ihrem (Haushalts)Einkommen das sozial-kulturelle Existenzminimum erreichen, erhalten keinen Ausgleich für den Einkommensausfall.

Durch Zahlung eines *Kinderzuschlags*, der als einkommensabhängige Leistung
der Grundsicherung vorgelagert ist und das einkommensunabhängige Kindergeld
aufstockt, soll vermieden werden, dass Bedarfsgemeinschaften allein wegen des
Unterhaltsbedarfes für ihre Kinder Anspruch auf Arbeitslosengeld II und/oder Sozialgeld haben. Den Kinderzuschlag erhalten also Familien, in denen der Bedarf
der Eltern aus eigenen Mitteln gedeckt werden kann. Erwerbseinkommen der Eltern, das ihren Bedarf übersteigt, wird zu 70 % auf den Kinderzuschlag angerechnet. Der Kinderzuschlag wird maximal in Höhe von 140 € pro Kind für längstens
36 Monate erbracht. Wenn durch den Kinderzuschlag ein Anspruch auf Arbeitslosengeld II vermieden wird, weil das eigene Einkommen einschließlich Kindergeld
und Kinderzuschlag den Bedarf deckt, entfällt aber auch der befristete Zuschlag,
der im Anschluss an den Bezug des Arbeitslosengeldes den Einkommensrückgang
bremsen soll.

Bedürftigkeitsprüfung und Zahlbeträge

Alle Leistungen nach dem SGB II unterliegen einem strengen Nachranggrundsatz. Die Bedürftigkeitsprüfung hinsichtlich der Anrechnung von Einkommen orientiert sich dabei an der Sozialhilfe. Die Freibeträge bei der Anrechnung von Einkommen aus Erwerbstätigkeit sind jedoch höher als bei der Sozialhilfe. Bei der Anrechnung von Vermögen ergeben sich gegenüber der Sozialhilfe einige Erleichterungen, so u. a:

- Neben der grundsätzlichen Befreiung einer geförderten Altersvorsorge („Riester-Rente") bleiben Altersversorgungsansprüche anrechnungsfrei, wenn sie eine Höhe von 250 € pro Lebensjahr je erwerbsfähigem Hilfebedürftigen und seinem Partner nicht überschreiten (jedoch begrenzt auf maximal von jeweils 16.250 €).

- Für jedes andere Vermögen wird ein weiterer Grundfreibetrag von 150 € pro Lebensjahr (mindestens 3.100 €, maximal 9.750 €) eingeräumt.

- Hinzu kommt ein Freibetrag für notwendige Anschaffungen in Höhe von 750 € für jeden in der Bedarfsgemeinschaft lebenden Hilfebedürftigen.

- Zum geschützten Vermögen zählt ein angemessenes Auto.

Bei der Anrechnung sind Einkommen und Vermögen zusammenlebender Ehepartner zu berücksichtigen. In Anrechnung kommen auch Einkommen und Vermögen der Eltern bei Hilfebedürftigkeit von minderjährigen Kindern bzw. von Kindern unter 25, die ihre Erstausbildung noch nicht abgeschlossen haben. Leben Hilfebedürftige mit einem Partner/einer Partnerin in einer eheähnlichen Gemeinschaft oder in einer Haushaltsgemeinschaft mit Verwandten, wird vermutet, dass diese Personen einen gemeinsamen Haushalt führen und gegenseitig füreinander aufkommen („Einstehens- und Verantwortungsgemeinschaft"). Diese Vermutung der Bedarfsdeckung muss vom Antragsteller auf Sozialhilfe widerlegt werden; die Beweispflicht liegt also beim Hilfebedürftigen.

Jugendliche unter 25 Jahren, die im Haushalt der Eltern leben, zählen zur Bedarfsgemeinschaft der Eltern. Bei der Gründung eines eigenen Haushaltes werden die Kosten von Unterkunft und Heizung ohne Zustimmung des Trägers nicht übernommen.

Wie bei der Sozialhilfe errechnet sich der konkrete Auszahlungsbetrag von Arbeitslosengeld II und Sozialgeld aus der Differenz zwischen Bedarf und dem anrechnungsfähigen Einkommen. Nur wenn überhaupt kein eigenes Einkommen vorliegt, entspricht der Zahlbetrag auch dem Bedarf. In allen anderen Fällen dienen Arbeitslosengeld II und Sozialgeld als Einkommensaufstockung (vgl. Übersicht III.12). Aufgestockt werden können u.a. niedrige Arbeitseinkommen oder niedrige Lohnersatzleistungen, wenn sie den Bedarf des Haushaltes nicht decken. Dies trifft auch dann zu, wenn die Versicherungsleistung Arbeitslosengeld gemessen am Haushaltsbedarf zu niedrig ausfällt; das Arbeitslosengeld wird dann durch das Arbeitslosengeld II und das Sozialgeld ergänzt.

Übersicht III.12:

Beispiele für die Berechnung der Zahlbeträge von Arbeitslosengeld II und Sozialgeld (1. Hj. 2007)		
Fall A: Ehepaar mit 2 Kindern (10 und 14 Jahre) Vater seit 3 Jahren arbeitslos, Mutter im Mini-Job beschäftigt		**Fall B:** Ehepaar mit 1 Kind (8 Jahre) Mutter arbeitslos, Vater beschäftigt, Bruttomonatseinkommen 1.900 €
Arbeitslosengeld II (Vater)	311	Arbeitslosengeld II (Mutter)	311
+ Sozialgeld (Mutter)	311	+ Arbeitslosengeld II (Vater)	311
+ Sozialgeld (Kinder)	483	+ Sozialgeld (Kind)	207
+ Warmmiete	532	+ Warmmiete	461
= *Gesamtbedarf*	*1.637*	= *Gesamtbedarf*	*1.290*
./. Kindergeld	308	./. Kindergeld	154
./. anrechenbares Erwerbsein- kommen der Mutter	240	./. anrechenbares Erwerbsein- kommen des Vaters	1.175
= Zahlbetrag	1.089	= Zahlbetrag	0
Fall C: Alleinstehender nach 1 Jahr Arbeitslosigkeit vormaliges Arbeitslosengeld: 980 €		**Fall D:** Allein erziehende Mutter mit 2 Kindern (10 Jahre und 15 Jahre) halbtagsbeschäftigt
Arbeitslosengeld II	345	Arbeitslosengeld II (Mutter)	345
+ Warmmiete	298	+ Mehrbedarfszuschläge	124
= *Gesamtbedarf*	*643*	+ Sozialgeld Kinder	483
./. Mieteinnahmen	200	+ Warmmiete	486
= Zahlbetrag	443	= *Gesamtbedarf*	*1.438*
+ Befristeter Zuschlag 1. Jahr: 2/3 (980 - 343), maximal	160	./. Kindergeld	308
2. Jahr halbiert, maximal	80	./. anrechenbares Erwerbseink.	800
= Gesamtleistung 1. Jahr	603	./. Unterhaltsleistungen	350
= Gesamtleistung 2. Jahr	523	= Zahlbetrag	0
= Gesamtleistung 3. Jahr	443		

Leistungsniveau im Vergleich zur bisherigen Arbeitslosenhilfe

Das Bedarfsniveau von Arbeitslosengeld II und Sozialgeld richtet sich nach den Bedingungen der Sozialhilfe. Insofern hat sich die Situation der bis 2004 im *Sozialhilfebezug* stehenden Arbeitslosen nicht geändert. Allerdings haben sich durch die Pauschalierung der Einmalleistungen Veränderungen ergeben: Diejenigen, die bislang Einmalleistungen nicht oder nur selten beantragt haben, stehen sich deutlich besser. Demgegenüber müssen Hilfeempfänger mit Einbußen rechnen, bei denen die Pauschalbeträge niedriger liegen als die zuvor beantragten und genehmigten Einmalleistungen. Zu Verbesserungen ist es auch durch die höheren Vermögensfreibeträge gekommen.

Für die bisherigen Arbeitslosenhilfeempfänger ergeben sich hingegen weit überwiegend Leistungsverschlechterungen, dies gilt vor allem für jene Langzeitarbeitslose, die im mittleren und oberen Einkommensbereich tätig waren, und bei denen die Arbeitslosenhilfe wegen ihres Lohnbezugs vergleichsweise hoch war. Die Ersetzung der lohnbezogenen Arbeitslosenhilfe durch die Grundsicherungsleistung wird durch den Zuschlag nur teilweise und auch nur zeitlich befristet ausgeglichen. Zugleich sind die Bedingungen der Einkommens- und Vermögensanrechnung bei der Grundsicherung deutlich schärfer gefasst als bei der Arbeitslosenhilfe. Dies betrifft insbesondere arbeitslose (Ehe)Partner; aufgrund der vollen Berücksichtigung des Einkommens des anderen Partners oberhalb des Erwerbstätigenfreibetrags werden sie vielfach keine Leistungen mehr erhalten (vgl. Fall B aus Übersicht III.12).

Besser gestellt sind die bisherigen Arbeitslosenhilfebezieher lediglich dann, wenn sie nur eine niedrige Arbeitslosenhilfe erhalten haben und ihren Anspruch auf aufstockende Sozialhilfe – einschließlich Einmalleistungen – nicht wahrgenommen haben.

Insgesamt kommt es für viele Arbeitslosen zu deutlichen Einkommensverlusten in der Abstufung Arbeitseinkommen – lohnbezogenes Arbeitslosengeld – existenzminimales Arbeitslosengeld II (vgl. Fall C aus Übersicht III.12). Dieser Absturz setzt durch den begrenzten Zeitraum des Arbeitslosengeldbezugs bereits sehr schnell ein, bei Arbeitslosen bis zum 45. Lebensjahr bereits nach einem Jahr Arbeitslosigkeit, bei älteren Arbeitslosen nach 18 Monaten Arbeitslosigkeit.

7.3.3 Zumutbarkeit von Arbeit und Sanktionen

Hilfesuchende müssen die eigene Arbeitskraft zur Beschaffung des Lebensunterhalts für sich und die unterhaltsberechtigten Angehörigen einsetzen und bereit sein, *jede* Arbeit, soweit sie nicht gegen Gesetz oder die guten Sitten verstößt, aufzunehmen. Zumutbar sind deshalb auch Arbeiten,

- deren Entlohnung unterhalb des Tariflohns oder des ortsüblichen Entgelts liegt,
- bei denen aufgrund niedriger Lohnsätze oder geringer Arbeitszeit das erzielte Einkommen das Grundsicherungsniveau unterschreitet, z.B. bei Mini-Jobs,
- die im Rahmen von Eingliederungsleistungen als „Arbeitsgelegenheiten" (vgl. dazu Kap. „Arbeit und Arbeitsmarkt", Pkt. 8.5) angeboten werden.

Ausnahmen werden nur gemacht bei einer Arbeit,

- zu der der erwerbsfähige Hilfebedürftige von seinen Kräften her nicht in der Lage ist,

- die dem Hilfesuchenden die künftige Ausübung seiner bisherigen Tätigkeit wesentlich erschweren würde,

- deren Ausübung die Kindererziehung (bis in der Regel zum 3. Lebensjahr des Kindes) gefährden würde,

- deren Ausübung mit der Pflege von Angehörigen nicht vereinbar ist und die Pflege nicht auf andere Weise sichergestellt werden kann.

Im Unterschied zum Arbeitsförderungsrecht (vgl. Kap. „Arbeit und Arbeitsmarkt", Pkt. 7.2.1) kennt das Arbeitslosengeld II keinen Einkommensschutz. Der Hilfeempfänger muss zur Überwindung seiner Notlage auch eine Arbeit aufnehmen, mit der ein gravierender sozialer Abstieg verbunden ist. Bei Verstößen gegen die Verpflichtungen des SGB II greifen Sanktionen, die bis hin zum völligen Wegfall der Leistungen führen. Zu den Sanktionen kommt es, wenn sich Erwerbsfähige weigern, eine angebotene Eingliederungsvereinbarung abzuschließen und die dort festgelegten Pflichten zu erfüllen, oder wenn sie eine zumutbare Arbeit bzw. Ausbildung ablehnen. In einem ersten Schritt erfolgt dann die Kürzung der Regelleistung um 30 % und der Zuschlag entfällt. Bei Jugendlichen (15 - 25 Jahre) werden die Zahlungen ganz gestrichen.

Die Dauer der Sanktionen beträgt drei Monate. Bei einer weiteren Pflichtverletzung wird die Regelleistung um 60 % abgesenkt. Die Kürzung kann dann auch die Leistungen für Unterkunft, Heizung und Mehrbedarfe umfassen. Bei jeder weiteren wiederholten Pflichtverletzung entfällt die gesamte Leistung. Soweit das absolute Existenzminimum gefährdet ist, können Sachleistungen oder Lebensmittelgutscheine verteilt werden. Im Oktober 2006 waren 2,4 % der arbeitslosen erwerbsfähigen Hilfebedürftigen von Sanktionen betroffen.

7.3.4 Grundsicherung und Erwerbstätigkeit

Soweit Hilfebedürftigkeit vorliegt, können auch bei Erwerbstätigkeit Arbeitslosengeld II und (für die Angehörigen) Sozialgeld bezogen werden. Die Bezeichnung des SGB II mit „Grundsicherung für Arbeitsuchende" ist insofern irreführend, als auch jene Personen aufstockende Leistungen nach dem SGB II beziehen können, die bereits erwerbstätig sind oder die Arbeitslosigkeit durch Aufnahme einer Erwerbstätigkeit überwinden. Der Leistungsanspruch trifft auch für die Aufstockung von Einkommen aus selbstständiger Arbeit zu. Vorausgesetzt wird, dass das Netto-Erwerbseinkommen nicht ausreicht, um den Haushaltsbedarf zu decken.

Um einen Anreiz zur Aufnahme von Erwerbstätigkeit zu geben, werden bei der Einkommensanrechnung besondere *Freibeträge* für Erwerbseinkommen eingeräumt. Erwerbstätige Hilfeempfänger stehen sich dadurch in ihrem Gesamteinkommen immer etwas besser als nicht erwerbstätige Hilfeempfänger. Die Regelung sieht wie folgt aus:

- Die ersten 100 € aus Erwerbseinkommen werden nicht angerechnet (Grundfreibetrag),

- zusätzlich bleiben 20 % des über 100 € aber unter 800 € liegenden Teils des Bruttoeinkommens anrechnungsfrei,

- zusätzlich zu den beiden anderen Freibeträgen werden 10 % des Bruttolohns über 800 € bis zur Verdienstobergrenze nicht angerechnet. Bei Hilfebedürftigen ohne Kind liegt die Verdienstobergrenze bei einem Bruttoeinkommen von 1.200 €, bei Hilfebedürftigen mit mindestens einem Kind bei 1.500 €.

Übersicht III.13:

Freibeträge bei Erwerbstätigkeit: Beispielsrechnungen			
Fall 1: Bruttoeinkommen von 1.300 € = Nettoeinkommen von 982 € Steuerklasse I			

Der Freibetrag errechnet sich aus dem Bruttoeinkommen: Von 1.300 € liegen 400 € zwischen der Grenze von 800 € und 1.200 € (ohne Kinder). Von diesen 400 € bleiben 10 % anrechnungsfrei. Von den verbleibenden 800 € liegen 700 € über der 100 €-Grenze. Davon werden 20 % nicht angerechnet. Die verbleibenden 100 € sind komplett anrechnungsfrei. Der Freibetrag addiert sich also wie folgt:

40 € (10 % von 200 €, dem Betrag zwischen 800 € und 1.200 €)

+ 140 € (20 % von 700 €, dem Betrag zwischen 100 € und 800 €)

+ 100 € (Grundfreibetrag)

= 280 €

Auf die Grundsicherung angerechnet wird nur das Nettoeinkommen von 982 €. Davon wird der Freibetrag von 280 € abgezogen. Somit wird die Grundsicherung um 702 € gekürzt. Unterm Strich bleiben also 280 € mehr übrig.

	Fall 1	Fall 2	Fall 3	Fall 4
Bruttomonatseinkommen	1.300 €	800 €	165 €	400 € (Mini-Job)
Nettoeinkommen Steuerklasse 1	982 €	648 €	165 €	400 €
Grundfreibetrag	100 €	100 €	100 €	100 €
20 % Freibetrag in der Zone 100 € - 800 €	140 €	140 €	13 €	60 €
10 % Freibetrag in der Zone 800 € - 1.200 €	40 €	-	-	-
Freibeträge insgesamt	280 €	240 €	113 €	160 €
Kürzung des ALG II	702 €	408 €	52 €	240 €
Erhöhung des Haushaltseinkommens	280 €	240 €	113 €	160 €

Die Freibeträge führen dazu, dass viele ArbeitnehmerInnen mit Niedrigeinkommen Anspruch auf Einkommensaufstockung durch das Arbeitslosengeld II haben. Bedürftigkeit vorausgesetzt – wenn also keine weiteren anrechnungsfähigen Einkommen vorhanden sind – besteht bei einem allein Stehenden noch ein minimaler

Leistungsanspruch bis zu einem Bruttomonatseinkommen von 1.193 €, bei Ehepaaren bis zu 1.661 €. Dies entspricht einer Stundenlohngrenze von 8,13 € bzw. 10,58 € (vgl. Tabelle III.22). Damit hat das Arbeitslosengeld II faktisch die Funktion eines bedürftigkeitsgeprüften „Kombi-Einkommens".

Bei Haushalten mit Kindern liegt zwar das Bedarfsniveau der Grundsicherung höher, so dass ein Leistungsanspruch bis in höhere Bruttoeinkommen hinein bestehen würde. Durch den Kinderzuschlag wird dieser Effekt jedoch vermieden.

Tabelle III.22:

Auslaufender Anspruch auf Arbeitslosengeld II/Sozialgeld bei Erwerbstätigkeit 1. Hj. 2007

	Alleinlebende/r	Paar
	€	€
Bruttoarbeitseinkommen	1.298	1.689
entspricht Entgeltsätzen je Stunde[1]	8,13	10,58
./. Lohnsteuer [2]	70	0
./. Sozialversicherungsbeiträge[3]	273	355
= Nettoarbeitseinkommen	955	1.333
+ Kindergeld	-	-
+ Wohngeld	0	0
= verfügbares Einkommen	955	1.333
./. Freibetrag vom Nettoarbeitseinkommen	280	280
= anzurechnendes Einkommen[4]	675	1052
Grundsicherungsbedarfsniveau[7]	676	1.053
Aufstockende Leistung Arbeitslosengeld II	1	1

1) Bei einer 38-Stunden-Woche.
2) Lohnsteuer und ggf. Solidaritätszuschlag (Steuerklasse I und III). Ohne Berücksichtigung von Sonderausgaben, Werbungskosten und Kirchensteuer.
3) Arbeitnehmerbeiträge zur Renten-, Kranken-, Arbeitslosen- und Pflegeversicherung in Höhe von 21 %.
4) Ohne Berücksichtigung von ggf. weiteren Einkommen oder von Vermögen.
5) Zur Berechnung des Gesamtbedarfs vgl. Tabelle III.18.

7.3.5 Eingliederungsleistungen

Die Zusammenfassung von Sozialhilfe und Arbeitslosenhilfe steht in einem engen Zusammenhang mit der Neuausrichtung der Arbeitsmarktpolitik, wie sie im Zuge der „Hartz-Reformen" umgesetzt wird (vgl. ausführlich Kap. „Arbeit und Arbeitsmarkt", Pkt. 7.4). Ziel des neuen Leistungssystems ist es, bei der wachsenden Gruppe der Langzeitarbeitslosen die Bedingungen für eine Reintegration in den Arbeitsmarkt zu verbessern. Vorrang vor der Geldleistung hat die Eingliederung in

Arbeit. Mit jedem erwerbsfähigen Hilfebedürftigen soll eine Eingliederungsverein-
barung geschlossen werden, die die erforderlichen Leistungen benennt. Zu den
Leistungen zählt das Spektrum der aktiven Arbeitsmarktpolitik einschließlich der
Beratungs-, Vermittlungs- und Qualifizierungsleistungen des SGB III sowie ggf.
erforderliche ergänzende persönliche Hilfen wie Kinderbetreuung, Schuldnerbera-
tung, Suchtberatung, psychologische Betreuung. Die Leistungen sollen durch Job-
Center, die als einheitliche Anlaufstelle dienen, erbracht bzw. koordiniert werden.
Kann keine Arbeit im ersten Arbeitsmarkt gefunden werden, sollen *Arbeitsgelegenheiten* geschaffen werden. Arbeitsgelegenheiten sind im öffentlichen Interesse
liegende zusätzliche Arbeiten. Diese Arbeiten begründen ein Sozialrechts- und kein
Arbeitsverhältnis im Sinne des Arbeitsrechts. Die Beschäftigten erhalten insofern
kein Arbeitsentgelt, sondern bleiben Hilfeempfänger, zusätzlich zum Arbeitslosengeld II wird lediglich eine kleine Mehraufwandsentschädigung gezahlt.

Vom Job-Center betreut werden sollen auch jene Erwerbsfähigen, die wegen
fehlender Bedürftigkeit keine Leistungen erhalten oder denen Erwerbstätigkeit
nicht zumutbar ist bzw. die nur eingeschränkt vermittelt werden können.

7.3.6 Träger der Grundsicherung und Finanzierung

Die Grundsicherung wird in geteilter Trägerschaft erbracht. Grundsätzlich ist die
Bundesagentur für Arbeit für die Umsetzung des SGB II zuständig. Verantwortung
für die Leistungen für Unterkunft und Heizung, die psychologische Betreuung, die
Schuldner- und Suchtberatung, die Kinderbetreuungsleistungen und die Übernah-
me von einmaligen Bedarfen tragen jedoch die kommunalen Träger (kreisfreie
Städte und Landkreise). Für alle übrigen Leistungen der Grundsicherung, insbe-
sondere für die Leistungen zur Sicherung des Lebensunterhalts (Arbeitslosengeld
II, Sozialgeld, Mehrbedarfe, befristeter Zuschlag, Beiträge zur Sozialversicherung)
und die Leistungen zur Eingliederung in Arbeit liegt die Zuständigkeit bei der BA.
Den Kommunen wird die Option eingeräumt, anstelle der Agenturen für Arbeit die
Aufgaben nach dem SGB II wahrzunehmen („*Optionsmodell*").

Um die einheitliche Wahrnehmung der Aufgaben sicherzustellen, sollen die
Agenturen für Arbeit und die kommunalen Träger in *Arbeitsgemeinschaften* zusammen arbeiten. Entscheiden sich die Kommunen für die Alleinzuständigkeit gelten die Vorschriften über die Bildung von Arbeitsgemeinschaften nicht.

Für die Leistungen, die von der Bundesagentur erbracht werden, trägt der
Bund die Kosten. Die von den Kommunen zu erbringenden Leistungen werden von
diesen finanziert. Aus der beitragsfinanzierten Arbeitslosenversicherung muss die
Bundesagentur für Arbeit einen Aussteuerungsbetrag an den Bund zahlen.

Für die Grundsicherung für Arbeitsuchende ist die Sozialgerichtsbarkeit zuständig.

7.3.7 Empfänger und Bedarfsgemeinschaften – Entwicklung und Strukturen

Im Januar 2007 bezogen etwa 7,3 Mio. Personen Leistungen nach dem SGB II. Das entspricht einem Anteil von 11,0 % der Gesamtbevölkerung im Alter bis zu 65 Jahren. Vergleicht man diese hohe Zahl und Quote der Hilfeempfänger mit den entsprechenden Werten vor Einführung des SGB II, so ist eine beachtliche Steigerung festzustellen: Ende 2004, zum Zeitpunkt der Zusammenführung von Arbeitslosenhilfe und Sozialhilfe, konnte von 2,2 Mio. Empfängern von Arbeitslosenhilfe und von 1,2 Mio. erwerbsfähigen Sozialhilfeempfängern ausgegangen werden. Für diese Differenz sind eine Reihe von Faktoren verantwortlich:

- *Haushaltseffekt:* In der Arbeitslosenhilfe wurden nur die Anspruchsberechtigten erfasst, nicht aber deren Angehörige. Wenn Bedürftigkeit im Haushaltskontext vorliegt, erhalten im SGB II auch erwerbsfähige Angehörige das Arbeitslosengeld II, nicht erwerbsfähige Angehörige (in der Regel Kindern) haben Anspruch auf Sozialgeld.

- *Arbeitsmarkteffekt:* Die Bedürftigkeit von Grundsicherungsleistungen in der Bevölkerung selbst ist angestiegen, weil die Zahl der Langzeitarbeitslosen weiter zugenommen hat (vgl. Kapitel „Arbeit und Arbeitsmarkt", Pkt. 6).

- *Verschiebeffekt:* Die Verkürzung von Rahmenfrist und Bezugsdauer der Versicherungsleistung Arbeitslosengeld hat mit dazu beigetragen, dass Arbeitslose schneller und häufiger in den Bezug von Arbeitslosengeld II wechseln (müssen).

- *Dunkelziffereffekt:* Die Einführung des SGB II hat – wie vom Gesetzgeber auch beabsichtigt – dazu beigetragen, die „verdeckte Armut", d.h. die Nichtanspruchnahme trotz Leistungsbedarf zu reduzieren. Insbesondere ehemalige Arbeitslosenhilfebeziehende haben ihr Recht auf aufstockende Leistungen der Sozialhilfe nicht in Anspruch genommen.

- *Leistungseffekt:* Die Verbesserungen im SGB II gegenüber der alten Sozialhilfe (so der elternunabhängige Anspruch für Jugendliche, die Pauschalierung der Einmallcistungen) haben den Kreis der Anspruchsberechtigten erhöht, die Verschlechterungen gegenüber der alten Arbeitslosenhilfe (verschärfte Einkommens- und Vermögensanrechnungen) haben ihn gesenkt.

Über die Struktur der 7,3 Mio. Leistungsempfänger Anfang 2007 gibt Tabelle III.23 Auskunft: 27 % sind nicht erwerbsfähig und 73 % erwerbsfähig. Nahezu ein Viertel (19,8 %) der Erwerbsfähigen sind jünger als 25 Jahre. Die Leistungsempfänger leben in 3,7 Mio. Bedarfsgemeinschaften. Bei den Bedarfsgemeinschaften handelt es sich etwa zur Hälfte um Einpersonen- bzw. Single-Haushalte. Allein Erziehende und Paare mit Kindern stellen gut ein Drittel (35,2 %) aller Bedarfsgemeinschaften. Beide Gruppen haben eine etwa gleiche Größe, was auf eine überproportional hohe Betroffenheit von Ein-Eltern-Familien hindeutet. Die Zahl der *Kinder* unter 15 Jahren in allen Familienhaushalten mit SGB II Leistungsanspruch liegt bei gut 1,9 Mio. Bei einer Bevölkerungszahl von 11,9 Mio. in der Altersgruppe bis 15 Jahren (2005) heißt dies, das nahezu 16 % aller Kinder in Haushalten leben, in denen das Einkommen so gering ist, dass Arbeitslosengeld II und Sozialgeld bezogen werden muss.

Tabelle III.23:

Empfänger und Bedarfsgemeinschaften mit Leistungen nach SGB II Januar 2007

Merkmale	absolut	in %
Leistungsempfänger insgesamt	7.328.987	100
Nicht erwerbsfähige Leistungsempfänger	1.979.418	27,0
darunter unter 15 Jahren	1.912.852	96,6
Erwerbsfähige Leistungsempfänger	5.349.569	73,0
davon		
- Männer	2.655.667	49,6
- Frauen	2.693.857	50,4
- unter 25 Jahren	1.059.271	19,8
- 25 bis unter 50 Jahren	3.150.597	58,9
- 50 bis unter 55 Jahren	506.935	9,5
- über 55 Jahren	632.768	11,8
- Deutsche	4.359.788	81,5
- Ausländer	985.020	18,4
Bedarfsgemeinschaften	3.771.767	100
- Single	1.869.924	49,6
- Alleinerziehende	659.755	17,5
- (Ehe)Paare ohne Kinder	501.095	13,3
- Paar mit Kindern	668.421	17,7
davon:		
- mit 1 Kind	300.955	45,0
- mit 2 Kindern	227.284	34,1
- mit 3 und mehr Kindern	140.182	20,1

Quelle: Bundesagentur für Arbeit, Eckdaten zur Grundsicherung für Arbeitssuchende, 2007.

Fast 20 % der erwerbsfähigen Hilfebedürftigen sind (im Juni 2006) zugleich erwerbstätig. Die Hälfte dieser gut 1 Mio. Personen übt eine geringfügige Beschäftigung aus.

Das Ausmaß der Abhängigkeit der Menschen von Leistungen nach dem SGB II hängt maßgeblich von ihrer wirtschaftlichen und sozialen Situation ab: Arbeitslosigkeit, niedrige Erwerbseinkommen sowie Trennung und Scheidung vergrößern die Hilfebedürftigkeit. Insofern kann es nicht verwundern, dass die regionale Verteilung von SGB II-Leistungsempfängern ein großes Ungleichgewicht aufweist. In den östlichen Bundesländern, die von der wirtschaftlichen Krise und der Langzeitarbeitslosigkeit im besonderen Maße betroffen sind, weisen die Empfängerquoten außerordentlich hohe Werte auf, während in den süddeutschen Ländern mit ihrer prosperierenden Wirtschaft die Empfängerquoten niedrig liegen (vgl. Tabelle III.24). Die Extreme markieren Berlin auf der einen Seite mit einer Quote von 21,7 % der Bevölkerung und Bayern auf der anderen Seite mit einer Quote von 5,5 %.

Tabelle III.24:

SGB II Leistungsempfänger nach Bundesländern Januar 2007

Bundesländer	Empfänger von			in % der
	Arbeits-losengeld II	Sozialgeld	insgesamt	Bevölkerung bis unter 65 Jahre
Berlin	454.561	155.433	609.994	21,7
Meckl.-Vorpommern	220.976	60.912	281.888	20,0
Sachsen-Anhalt	299.372	82.727	382.099	19,7
Bremen	72.214	28.439	100.653	19,1
Sachsen	443.886	124.625	568.511	17,1
Brandenburg	273.696	75.872	349.568	17,0
Thüringen	212.696	63.623	276.319	14,9
Hamburg	149.451	55.989	205.440	14,4
Nordrhein-Westfalen	1.207.086	493.154	1.700.240	11,7
Schleswig-Holstein	183.734	75.833	259.567	11,4
Niedersachsen	501.017	211.526	712.543	11,1
Saarland	64.247	23.874	88.121	10,6
Hessen	324.339	136.495	460.834	9,3
Rheinland-Pfalz	184.885	77.657	262.542	8,1
Baden-Württemberg	360.195	153.715	513.910	5,9
Bayern	397.214	159.544	556.758	5,5
Deutschland	5.349.569	1.979.418	7.328.987	11,0
Alte Bundesländer	3.444.382	1.416.226	4.860.608	9,1
Neue Bundesländer	1.905.187	563.192	2.468.379	18,5

Quelle: Bundesagentur für Arbeit, Statistik zur Grundsicherung für Arbeitssuchende, 2007.

Noch deutlicher werden die Unterschiede, wenn man ausgewählte Städte und Kreise miteinander vergleicht (vgl. Abbildung III.9): So wird im Landkreis Eichstätt in Bayern eine SGB-Quote von 2 % ausgewiesen und im Kreis Görlitz in Sachsen eine Quote von 27 % der Bevölkerung. Die Befunde weisen zugleich darauf hin, dass es auch in den alten Bundesländern ausgeprägte Problemregionen gibt, in erster Linie im Ruhrgebiet (z.B. Gelsenkirchen mit einer Quote von 21,9 %) und an der Küste (z.B. Bremerhaven mit 25,8 %).

Die extremen regionalen Abweichungen lassen erkennen, dass sich alle Ansätze als irrig herausstellen, die darauf abstellen, den Bezug von Arbeitslosengeld II als eine Folge von individuellem Fehlverhalten (Leistungsmissbrauch) oder von fehlenden Arbeitsanreizen („für Arbeitslose lohnt es nicht, eine Erwerbstätigkeit aufzunehmen") zu deuten. Missbräuche (nicht angegebenes Einkommen und Vermögen, Schwarzarbeit) sind auch im SGB II – wie in allen anderen Leistungs- und Steuergesetzen – möglich und feststellbar, aber sie können keinesfalls als Erklärung für Niveau und Entwicklung der Empfängerzahlen von Arbeitslosengeld II dienen. Es fehlen Arbeitsplätze und diese werden durch erhöhten Druck auf die Arbeitslosen und Leistungskürzungen nicht geschaffen.

Abbildung III.9:

Empfängerquoten von Leistungen nach dem SGB II nach ausgewählten Städten und Kreisen Januar 2007

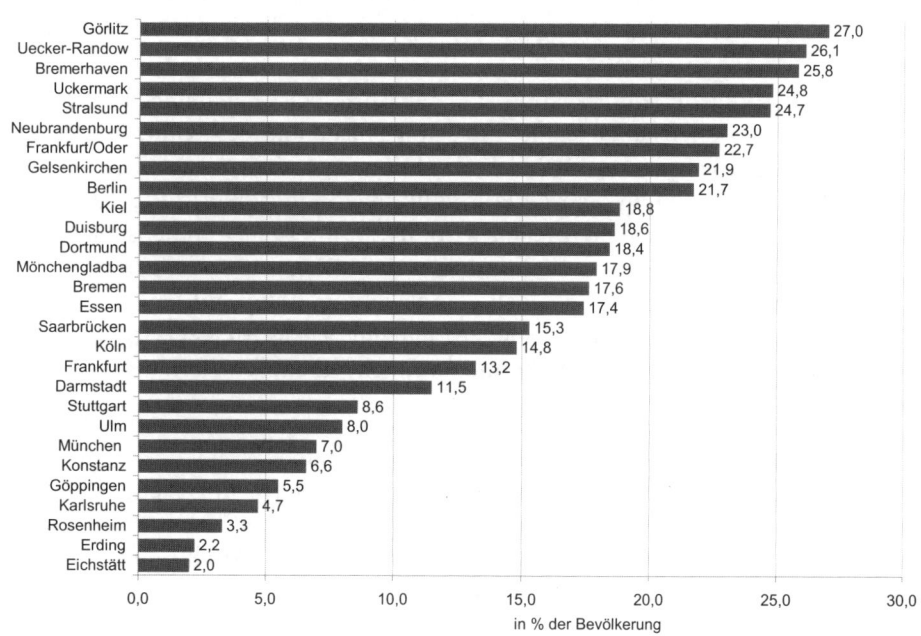

Quelle: Bundesagentur für Arbeit, SGB II-Kennzahlen für interregionale Vergleiche, 2007.

7.4 Steuerfinanzierte Transfers außerhalb fürsorgerechtlicher Systeme: Wohngeld

Das System der Sozialen Sicherung in Deutschland ist durch die beiden Pole „Sozialversicherung" und „Grundsicherung/Sozialhilfe" charakterisiert, es beschränkt sich allerdings nicht auf diese Leistungstypen. Besondere Bedarfslagen, soweit sie aus den laufenden Arbeits- oder Sozialeinkommen nicht ausreichend abgedeckt werden können, werden in einem begrenzten Rahmen durch direkte Transfers oder durch steuerliche Entlastungen ausgeglichen.

Eine große Bedeutung hat insbesondere der *Familienlastenausgleich*. Er setzt sich zusammen aus steuerlichen Entlastungen (Kinderfreibeträge, Ausbildungsfreibeträge) und direkten Zahlungen (Kindergeld, Kinderzuschuss, Elterngeld, Ausbildungsförderung, Unterhaltsvorschuss) und soll die Eltern von den Aufwendungen entlasten, die durch die Betreuung, Erziehung und Ausbildung der Kinder entstehen und die weder bei den Arbeitsentgelten noch bei den sozialversicherungsrechtlichen Lohnersatzleistungen Berücksichtigung finden (vgl. dazu ausführlich Bd. II, Kap. „Familie", Pkt. 6).

Das *Wohngeld* ist ein weiteres Beispiel für eine auf spezifische Bedarfslagen bezogene Transferleistung. Ziel des Wohngelds ist es, auch Geringverdienern, insbesondere kinderreichen Familien, eine angemessene Wohnraumversorgung zu ermöglichen.

Die steuerfinanzierten Transfers sind im Einzelnen sehr unterschiedlich ausgestaltet. In der Regel hängt – allerdings mit Ausnahme des Kindergeldes – die Förderung von der Einkommenshöhe ab: Mit steigendem Haushaltseinkommen verringert sich die Zahlung oder entfällt völlig, weil ein (voller) Förderungsbedarf als nicht mehr erforderlich angesehen wird. Trotz ihrer Einkommensabhängigkeit lassen sich die Leistungen aber nicht mit der Grundsicherung oder Sozialhilfe vergleichen, da weder das Bedarfs- noch das Nachrangprinzip greifen. Bedürftigkeit wirkt nicht anspruchsbegründend, sondern fehlende Bedürftikiet wirkt anspruchsbegrenzend. Die Leistungen sind überdies weitgehend pauschaliert.

Wohngeld

Die Versorgung mit ausreichendem, familiengerechtem Wohnraum zählt zu den Grundvoraussetzungen eines menschenwürdigen Lebens. Angesichts des hohen Mietpreisniveaus in der Bundesrepublik, insbesondere in den Großstädten, ist diese Voraussetzung jedoch gefährdet. Bei Beziehern niedriger Arbeits- und Sozialeinkommen beanspruchen die Wohnungsausgaben einen sehr großen Teil des Haushaltseinkommens, so dass sie auf eine schlechte Wohnraumausstattung und -qualität verwiesen werden, wcnn keine Ausgleichsleistungen erfolgen.

Die Leistungen nach dem Wohngeldgesetz (erstmalig 1965) richten sich vornehmlich an Mieter, aber auch an Eigentümer eines Eigenheimes oder einer Eigentumswohnung. Seit 2005 sind die Empfänger fürsorgerechtlicher Leistungen, deren Unterkunftskosten im Rahmen der jeweiligen Sozialleistung berücksichtigt werden

(ALG II, Sozialgeld, Sozialhilfe, Grundsicherung im Alter) vom Bezug des Wohngeldes ausgeschlossen.

Die Höhe des Wohngeldes wird nach Tabellenwerten ermittelt, die

- die Größe des Haushaltes,
- die Höhe des Haushaltseinkommens und
- die Höhe der zuschussfähigen Miete berücksichtigen.

Aus dem Verhältnis von tragbaren Mieten bzw. Belastungen zum verfügbaren Haushaltseinkommen und zur Größe des Haushalts errechnet sich dann der Mietzuschuss bzw. Lastenzuschuss (an Eigentümer). Personen, deren Einkommen unterhalb des ihrer Familiengröße entsprechenden Höchstbetrages liegt, haben einen Rechtsanspruch auf Wohngeld. Als Einkommen anzurechnen ist das Familieneinkommen einschließlich etwaiger Sozialversicherungsleistungen.

Die Finanzierung des Wohngeldes erfolgt durch den Bund und die Länder. Die Durchführung des Gesetzes ist den kreisfreien Städten und Landkreisen übertragen, bei denen besondere Amtsstellen für Wohngeld bestehen. Die Abhängigkeit der Höhe des Wohngeldes von der Höhe des Haushaltseinkommens und der Höhe der Miete macht eine laufende Anpassung der Tabellenwerte erforderlich, um die Leistungsfähigkeit dieses Gesetzes zu sichern. Eine automatische Dynamisierung gibt es jedoch nicht. Anpassungen erfolgen nur in unregelmäßigen Abständen. Die letzte Anpassung datiert aus dem Jahr 2005.

Ende 2005 erhielten in Deutschland 0,78 Mio. Haushalte Wohngeld, 2004 waren es noch 3,53 Mio. (vgl. Tabelle III.25). Dieser abrupte Rückgang erklärt sich durch die zu Jahresbeginn 2005 in Kraft getretene Sozialrechtsreform (Zusammenführung von Sozial- und Arbeitslosenhilfe), die keinen Wohngeldanspruch für die Empfänger von fürsorgerechtlichen Leistungen mehr vorsieht, da diese Systeme bereits die Übernahme von Wohnkosten beinhalten.

Das durchschnittliche Wohngeld lag 2005 bei 100 € (alte Länder) bzw. 82 € (neue Länder) im Monat. Durch den Mietzuschuss (allgemeines Wohngeld) wurde im Schnitt aller Haushalte die Mietbelastungsquote, das ist der durchschnittliche Anteil der Bruttokaltmiete am verfügbaren Haushaltseinkommen, von 46,2 % auf 34,3 % (2004) gesenkt.

Die Wohngeldausgaben von Bund und Ländern beliefen sich 2005 auf ca. 1,2 Mrd. €. 2004 waren es noch etwa 5,2 Mrd. €.

Analysiert man die Wohngeldempfänger nach ihrer sozialen Stellung, so dominieren (vor der Neuregelung von 2005) mit 39,3 % die Arbeitslosenhaushalte (vgl. Tabelle III.26). Der Anteil der Rentnerhaushalte ist in den zurückliegenden Jahren kontinuierlich zurück gegangen, von 45,7 % (1991) auf 25,0 % (2004).

Tabelle III.25:

Wohngeld: Empfänger, Leistungshöhe und Ausgaben 1991 - 2005

| | Empfänger in 1.000 | | | durchschnittliches allgemeines Wohngeld in € | | Mietbelastungs- quoten | | Aus- gaben |
	Insg.	West	Ost	West	Ost	vor Wohngeld	nach in %[1]	Mrd. €
1991	3.541	1.757	1.784	71	60	-	-	2,326
1993	3.213	1.844	1.369	66	65	-	-	3,315
1995	2.595	1.938	657	69	76	-	-	2,938
1997	2.862	2.142	720	77	84	-	-	3,428
1999	2.810	2.068	742	80	90	30,5	22,6	3,629
2001	2.820	1.989	831	109	89	39,9	27,6	4,056
2003	3.390	2.587	803	114	94	41,6	28,3	4,859
2004	3.534	2.702	822	117	96	49,9	33,7	5,183
2005	781	565	216	100	82	46,2	34,3	1,235

1) Durchschnittlicher Anteil der Bruttokaltmiete am verfügbaren Einkommen, das der Wohngeldberech-nung zugrunde liegt.
Quelle: Statistisches Bundesamt, Fachserie 13, Reihe 4, Wiesbaden 2005.

Da das allgemeine Wohngeld nur auf Antrag gewährt wird und die Kenntnisse in der Bevölkerung über die Höhe der Tabellenwerte und damit über die möglichen Ansprüche sehr gering sind, muss auch beim Wohngeld von einer hohen Nichtin-anspruchnahme ausgegangen werden. Die „Dunkelziffer" wird hier auf rund 50 % geschätzt.

Durch das Wohngeld werden die sozialen Verwerfungen des freien Woh-nungsmarktes in einem gewissen Maße kompensiert. Allerdings kann die Gewäh-rung des Mietzuschusses auch mit dazu beitragen, ein hohes Mietpreisniveau zu stabilisieren. Das Wohngeld als Instrument der *Subjektförderung* ist allein überfor-dert, um eine angemessene und preisgünstige Wohnraumversorgung sicherzustel-len. Wohnungspolitik zielt ergänzend darauf ab, Wohnraumangebot und Preisges-taltung durch den sozialen Wohnungsbau zu beeinflussen. Bei dieser *Objektförde-rung* erhalten Bauherren eine öffentliche Förderung. Voraussetzung dafür ist, dass sie den geförderten Wohnraum im Rahmen der Kostenmiete an Personen vermie-ten, die zum Bezug einer Sozialwohnung berechtigt sind. Der Wohneigentümer ist also bei der Vergabe der Wohnung und der Festsetzung des Mietpreises gebunden. Zu den Berechtigten einer Sozialwohnung zählen Haushalte mit niedrigem Ein-kommen und besondere Personengruppen, z.B. kinderreiche Familien und Allein-erziehende.

Tabelle III.26:

Soziale Stellung der Empfänger von allgemeinem Wohngeld 1996 – 2004

	Selbst-ständige	Beamte	Ange-stellte	Arbeiter	Arbeits-lose	Rentner/Pensionäre	Sonsti-ge
	in %	in %	in %	in %	in %	in %	in %
1991	1,0	1,1	9,9	20,2	13,1	45,7	9,0
1995	1,5	0,6	5,9	19,4	27,6	33,1	11,9
2000	1,3	0,2	6,1	18,6	33,8	27,0	13,0
2001	1,4	0,2	6,6	18,5	32,5	26,7	14,1
2002	1,3	0,2	6,6	17,5	35,1	25,1	14,2
2003	1,3	0,1	6,2	15,7	36,3	26,1	14,3
2004	1,5	0,1	6,1	14,4	39,3	25,0	13,6

Quelle: Statistisches Bundesamt, Wohngeldstatistik. Haushalte mit Wohngeldempfängern und Wohngeldausgaben 2004, Wiesbaden 2006.

7.5 Zusammenfassung: Die Grundsicherung im System der Sozialen Sicherung

Versucht man, die Leistungsempfänger der einzelnen fürsorgerechtlichen Teilsysteme zu addieren, so ist man auf Schätzungen angewiesen. Denn für die Empfänger von Hilfe zum Lebensunterhalt nach dem SGB XII liegen Zahlen überhaupt noch nicht vor, und die Zahlen über die Empfänger von Leistungen nach dem Asylbewerberleistungsgesetz (Ende 2004: 0,230 Mio.) und von Grundsicherung im Alter (Ende 2005: 0,629 Mio.) weisen einen erheblichen zeitlichen Rückstand auf. Beziffert man die Empfänger der Hilfe zum Lebensunterhalt nach dem SGB XII auf etwa 0,3 Mio. Personen, geht von einem weiteren Rückgang der Leistungen empfangenden Asylbewerber auf 0,18 Mio. und einem weiterem Anstieg der Empfänger von Grundsicherung im Alter auf 0,7 Mio. Personen aus, so lassen sich für 2007 gemeinsam mit den 5,349 Mio. Empfängern von Arbeitslosengeld und Sozialgeld etwa 6,5 Mio. Personen schätzen, die für kürzere oder längere Zeit auf dem Niveau des sozial-kulturellen Existenzminimums leben (müssen). Dies entspricht etwa 8 % der Gesamtbevölkerung. Nicht einberechnet sind hierbei diejenigen, die ihre Leistungen nicht in Anspruch nehmen (Dunkelziffer). Die auf der Basis der alten Sozialhilfe ermittelten Dunkelzifferquoten dürfen allerdings nicht unbesehen auf die Empfänger von Arbeitslosengeld II und Sozialgeld übertragen werden, da die Leistungsbedingungen des SGB II eine höhere Inanspruchnahmequote erwarten lassen.

Bei einer Bewertung der Grundsicherungsleistungen stehen zunächst deren Vielfältigkeit und Unübersichtlichkeit im Mittelpunkt der Kritik: Die Teilsysteme sind nach Bevölkerungsgruppen differenziert und hinsichtlich der Niveaus, der Bezugsbedingungen und der Rechtstellung der Betroffenen sozial hierarchisiert:

Am oberen Ende der Hierarchie steht die Grundsicherung für Ältere, am unteren Ende stehen die Leistungen nach dem Asylbewerberleistungsgesetz. Und innerhalb der Gruppe der arbeitsmarktnahen Hilfebedürftigen (Anspruch auf Arbeitslosengeld II) haben junge Erwachsene (bis 25 Jahren) die schlechtesten Bedingungen und werden zugleich in einem besonderen Maße mit Sanktionen bedroht.

Kritisch lässt sich des Weiteren diskutieren, ob das Bedarfsniveau der Grundsicherung tatsächlich ausreicht, um das sozial-kulturelle Existenzminimum zu sichern und den Empfängern eine Teilhabe am gesellschaftlichen Leben zu ermöglichen. Unstrittig ist, dass die Festschreibung der Regelleistungen bei anhaltendem Preisanstiegs zu Minderungen zu realen Einkommensminderungen geführt hat – mit der Folge einer kontinuierlichen Verringerung des Lebensstandards der Betroffenen. Die Pauschalierung der Einmalleistungen hat zwar die Autonomie der Hilfebedürftigen deutlich erhöht. Offen bleibt aber, ob die Pauschale ausreichend hoch angesetzt ist und ob die Betroffenen tatsächlich in der Lage sind, für größere Anschaffungen vorzusorgen und Rücklagen zu tätigen.

Im Mittelpunkt der politischen und wissenschaftlichen Kontroverse über die – intendierten oder nicht intendierten – Auswirkungen von „Hartz IV" steht die auch empirisch bestätigte Einschätzung, dass das neue Leistungssystem durch das Zusammenwirken von niedrigem Leistungsniveau, verschärften Bedürftigkeitsprüfungen und strengen Zumutbarkeitsanforderungen existenzielle Bedrohungen und Ängste hervorruft. Dies gilt nicht nur für die betroffenen Langzeitarbeitslosen, sondern gleichermaßen für die große Zahl jener Beschäftigten, die ihren Arbeitsplatz als potenziell gefährdet ansehen und bei Arbeitslosigkeit einen tiefen sozialen Abstieg befürchten müssen.

8   Armut in der Wohlstandsgesellschaft

8.1 Was ist Armut?

Leben in Deutschland, einem der reichsten Länder der Welt, Menschen in Armut? Dieser Frage nach der Existenz und Verbreitung von Armut kommt bei der Analyse des Sozialleistungssystems und der Einkommensverteilung eine herausragende Bedeutung zu. Armut inmitten einer Wohlstandsgesellschaft, die sich als Sozialstaat begreift, stellt das Wirtschafts- und Sozialsystem in Frage und gefährdet die politische und soziale Legitimation eines Sozialstaats. Die Informationen über Armut im Wohlstand und mehr noch über den Gegenpol „Reichtum" sind freilich begrenzt; erst seit Ende der 1980er Jahre hat sich auf kommunaler, regionaler und auch europäischer Ebene eine Armuts- und Sozialberichterstattung entwickelt. Einen ersten Armuts- und Reichtumsbericht hat die rot-grüne Bundesregierung im Jahr 2001 vorgelegt, der zweite Bericht wurde 2005 veröffentlicht.

Um die Frage nach Existenz und Ausmaß von Armut zu beantworten, muss definiert werden, was unter Armut verstanden wird. Erst wenn die Armutskriterien benannt sind, lässt sich empirisch-statistisch aufzeigen, ob und wann von Armut geredet werden muss, welche quantitativen Dimensionen Armut hat, welche Personen und Gruppen mit welchem Schweregrad und in welcher Dauer unter Armut zu leiden haben. Bei der Suche nach diesen Kriterien kann nicht auf „objektive" Daten zurückgegriffen werden. Die Bestimmung dessen, was Armut ist, hängt von normativen Entscheidungen ab.

Zunächst ist zwischen absoluter und relativer Armut zu unterscheiden:

- *Absolute Armut* liegt vor, wenn Personen nicht über die zur Existenzsicherung notwendigen Güter wie Nahrung, Kleidung und Wohnung verfügen und ihr Überleben gefährdet ist. Diese am physischen Existenzminimum gemessene Form von Armut dominiert nach wie vor in vielen Staaten der „Dritten Welt", ist aber in Deutschland wie auch in den anderen Industriestaaten weitestgehend überwunden.

- Die *relative Armut* wird auf Raum und Zeit bezogen, sie bemisst sich am konkreten, historisch erreichten Lebensstandard einer Gesellschaft. Armut liegt nach diesem Verständnis dann vor, wenn Menschen das sozialkulturelle Existenzminimum einer Gesellschaft unterschreiten. Es geht um die Lebenslage der Bevölkerung eines Landes am untersten Ende der Einkommens- und Wohlstandspyramide im Verhältnis zum allgemeinen Einkommens- und Wohlstandsniveau. Armut ist der extreme Ausdruck sozialer Ungleichheit. In diesem Sinne definiert die Europäische Union Armut wie folgt: „Verarmte Personen sind Einzelpersonen, Familien und Personengruppen, die über so geringe (materielle, kulturelle und soziale) Mittel verfügen, dass sie von der Lebensweise ausgeschlossen sind, die in dem Mitgliedsstaat, in dem sie leben, als Minimum annehmbar sind."

Es besteht weitgehender Konsens darüber, dass in Wohlstandsgesellschaften das Konzept der relativen Armut angemessen ist, obgleich auch hier – wie die Lebenssituation von Nichtsesshaften zeigt – einzelne Menschen durchaus in absoluter Armut leben.

Gemeinhin wird Armut als eine Unterausstattung mit ökonomischen Mitteln verstanden. Abgestellt wird bei diesem *Ressourcenansatz* vor allem auf die Ausstattung mit Einkommen. Personen bzw. Haushalte befinden sich in Armut, wenn ihr Einkommen nicht ausreicht, um die Güter und Dienstleistungen zu kaufen, die zur Abdeckung des sozialkulturellen Existenzminimums erforderlich sind. Dieser Maßstab ist allerdings nicht unproblematisch, da der Handlungsspielraum eines Haushalts nicht nur durch die Ressource Einkommen, sondern auch durch weitere Ressourcen wie Vermögen (z.B. Wohneigentum), schulische und berufliche Qualifikation (Humankapital), soziale Einbindung (Sozialkapital) und Verfügung über Zeit bestimmt wird. Zwar setzt in entwickelten Marktgesellschaften, in denen nahezu alle Güter und Dienstleistungen gegen Geld gekauft werden müssen, das Einkommen den Rahmen für den Lebensstandard, determiniert diesen aber nicht. Beim Blick allein auf den Einkommenszufluss bleibt ausgeblendet, wie die Ressourcen tatsächlich verwendet werden und wie sie sich in einem bestimmten Lebensstandard niederschlagen: So kann auf der einen Seite auch dann eine Notlage vorliegen, wenn das verfügbare Haushaltseinkommen die Armutsgrenze übersteigt, aber durch hohe Fixkosten (z.B. Zins- und Tilgungsbelastungen) vorab gemindert wird, oder wenn die Mittel unwirtschaftlich eingesetzt oder unausgewogen unter den Haushaltsmitgliedern verteilt werden. Auf der anderen Seite kann bei einem Geldmangel der Lebensstandard durch Rückgriff auf Reserven, Kreditaufnahme oder Unterstützung aus dem familiären und sozialen Umfeld gehalten werden.

Geringes Einkommen ist also eine zentrale, aber nicht die ausschließliche Bedingung für einen als „arm" zu bezeichnenden Lebensstandard. Armut im umfassenden Sinn ergibt sich als *Ergebnis* des Ressourceneinsatzes und als Ausdruck einer vorfindbaren *Lebenslage*. Eine an der Lebenslage orientierte Definition von Armut fragt danach, ob bei der Versorgung der Menschen mit Nahrung, Bekleidung, Wohnraum, Wohnungseinrichtung, Leistungen des Gesundheits- und Sozialwesens Mindeststandards erreicht werden. Ein solcher *Lebenslagenansatz,* der Armut direkt und nicht indirekt über den Ressourcenzufluss misst, muss darüber hinaus berücksichtigen, ob die Menschen ausreichend am gesellschaftlichen, kulturellen und politischen Leben teilhaben können. Dies betrifft so zentrale Bereiche wie Arbeit, Bildung, Freizeitgestaltung, soziale Beziehungen und Information. Liegt Unterversorgung in gleich mehreren Lebensbereichen vor, besteht das Risiko, dass Armut zugleich mit sozialer Ausgrenzung verbunden ist.

Aus dem Lebenslagenansatz folgt für die Sozialpolitik, dass es zur Armutsbekämpfung und -vermeidung nicht ausreicht, das Einkommen durch Transferzahlungen aufzustocken. Es bedarf ergänzender Maßnahmen zur Sicherstellung der sozialen, beruflichen und politischen Integration und Partizipation.

Ressourcenansatz und Lebenslagenansatz stehen vor großen Problemen, wenn es darum geht, das Ausmaß der Armut zu beziffern. Es muss definiert werden, ab welchen *Grenzwerten* der Zustand der Schlechterstellung und Benachteiligung in Armut umschlägt. Über diese Armutsgrenzen lässt sich nicht wissenschaftlich befinden, ihre Festlegung ist vielmehr von subjektiven/individuellen Überzeugungen und Wertentscheidungen abhängig. Dies bedeutet, dass die Diskussion über Existenz und Ausmaß von Armut in Wohlstandsgesellschaften immer kontrovers verlaufen wird. Je nach der Definition von Armut und der Bestimmung der Armutsgrenzen kann dabei der Kreis der Armutsbevölkerung enger oder weiter gesteckt werden. Eine bewusste Eingrenzung des Kreises relativiert die Armutsproblematik und kann dazu dienen, die tatsächlichen sozialen Verhältnisse zu verdecken, während eine bewusst weite Fassung des Kreises den Blick auf die eigentlichen Betroffenen verstellen kann.

Besonders schwierig ist es, die Mindeststandards in einem mehrdimensionalen *Lebenslagenansatz* festzulegen. Gehört die Ausstattung mit Fernsehen und Telefon zum notwendigen Lebensstandard? Sind für die Teilhabe am Leben heute ein Auto und ein Internet-Anschluss erforderlich? Welche Bekleidungsstandards müssen Kindern anerkannt werden, um ihre Ausgrenzung zu verhindern? Ab welchem Grad der Unterversorgung in welchen und wie vielen Bereichen kann dann Armut oder Ausgrenzung indiziert werden? Diese beispielhaften Fragen ließen sich beliebig verlängern. Hinzu kommt, dass die empirischen Daten über die Versorgungsstruktur der Bevölkerung nur sehr lückenhaft sind. Für den Gesamtbereich der sozialen Teilhabe, der stark durch nicht-quantitative Elemente bestimmt ist, fehlt es nahezu völlig an repräsentativen Daten. Hier sind qualitative Untersuchungen erforderlich, die die Lebensbedingungen der jeweils von unterschiedlichen Problemen betroffenen Bevölkerungsgruppen gesondert darstellen. Zu denken ist an die Lebenslage von körperlich und geistig Behinderten, Wohnungslosen und Nichtsesshaften, Strafentlassenen, Drogen- und Alkoholabhängigen sowie psychisch Kranken.

Beim *Ressourcenansatz* muss entschieden werden, bei welcher Einkommenshöhe das soziokulturelle Existenzminimum angelegt werden soll und wie sich der Grenzwert an die wirtschaftliche Entwicklung anzupassen hat. Auch hier gibt es keine allgemeinverbindlichen Antworten. Als ein quasioffizieller, politisch bestimmter Grenzwert für die Einkommensarmut kann das Niveau der Hilfe zum Lebensunterhalt nach dem SGB XII dienen. Auf Konventionen beruht dagegen das international üblich gewordene Verfahren, jemanden als einkommensarm zu betrachten, dessen verfügbares Einkommen einen bestimmten Prozentwert des nationalen Durchschnittseinkommens unterschreitet.

Durch das Verfahren, Einkommensarmut am Durchschnittseinkommen zu bemessen, wird die Ungleichheit der Einkommensverteilung abgebildet. Einkommensarmut in diesem Sinne lässt sich nur dann abbauen, wenn niedrige Einkommen stärker als hohe Einkommen ansteigen. Bei einer gleichmäßigen prozentualen Erhöhung aller Einkommen hingegen bleibt der Anteil unter der Hälfte des Durchschnitts gleich. Eine Erhöhung des gesamtgesellschaftlichen Wohlstandes allein ist also, da Armut immer ein relativer Tatbestand ist, noch kein Beitrag zum Abbau von Einkommensarmut.

8.2 Relative Einkommensarmut

Die Ermittlung von Niveau und Struktur der relativen Einkommensarmut hängt entscheidend von den methodischen Annahmen ab. So ist festzulegen, bei welchem Abstand zum durchschnittlichen Einkommen von Armut gesprochen werden kann. In der deutschen Verteilungs- und Armutsforschung ist es üblich, die Armutsgrenze bei 50 % des Durchschnittseinkommens anzusetzen. Ergänzend werden auch Schwellenwerte von 40 % („strenge Armut"), 60 % („milde Armut") und 75 % („Niedrigeinkommen") verwendet. Der Durchschnitt wird dabei als arithmetisches Mittel gerechnet. Da das arithmetische Mittel empfindlich auf extreme Ausschläge nach oben oder unten reagiert, wird häufig auch auf den Median als Mittelwert zurückgegriffen (mittlerer Wert einer nach der Größe geordneten Reihe).

Angesichts der anhaltend großen Einkommensunterschiede zwischen den alten und den neuen Bundesländern muss auch darüber befunden werden, ob sich West-Ost-Armutsberechnungen auf den Mittelwert des gesamtdeutschen Einkommens beziehen oder auf das jeweilige Durchschnittseinkommen in West- bzw. Ostdeutschland. Berechnet man die Armutsquoten in den neuen Bundesländern auf der Basis des gesamtdeutschen Durchschnitts, so liegen diese höher, als wenn auf die (niedrigeren) ostdeutschen Durchschnittseinkommen Bezug genommen wird.

Tabelle III.27:

Armutsquoten nach unterschiedlichen Armutsmaßen 1978 - 1998

	1978	1983	1988	1993 West	1993 Ost	1998 West	1998 Ost	1993 Ges.	1993 West	1993 Ost	1998 Ges.	1998 West	1998 Ost
	nur West			jeweilige Mittelwerte				gesamtdeutsche Mittelwerte					
Alte OECD-Skala: 1,0 : 0,8 : 0,5													
50 % Mittel	6,5	7,7	8,8	10,1	3,1	10,9	4,4	10,0	7,8	19,0	10,1	9,0	15,0
50 % Median	3,2	4,6	5,4	6,1	(1,7)	6,6	2,8	5,2	4,2	9,4	5,7	5,3	7,7
60 % Mittel	16,0	16,9	17,1	19,6	9,3	20,0	11,9	19,9	15,6	37,3	19,6	17,2	29,6
60 % Median	8,9	10,6	11,4	12,5	5,8	13,1	7,9	11,7	9,1	22,5	12,4	10,9	18,8
Neue OECD-Skala: 1,0 : 0,5 : 0,3													
50 % Mittel	6,4	8,2	8,9	9,7	2,9	10,6	4,8	9,6	7,6	17,9	10,2	9,1	14,7
50 % Median	3,7	5,5	6,2	6,2	(1,8)	7,1	2,9	5,6	4,7	9,3	6,2	5,6	8,5
60 % Mittel	14,8	16,0	16,5	18,6	9,1	18,9	11,9	19,0	14,8	36,2	18,7	16,3	28,9
60 % Median	9,0	11,0	11,8	12,0	6,1	13,1	8,4	11,7	9,1	22,0	12,5	11,0	18,7

Quelle: Lebenslagen in Deutschland, Der erste Armuts- und Reichtumsbericht der Bundesregierung, Bundestagsdrucksache 14/5990, S. 39.

Die Festlegung der Äquivalenzgewichte (Ermittlung bedarfsgewichteter Pro-Kopf-Einkommen, um die verfügbaren Einkommen von Haushalten unterschiedlicher Größenordnung und Alterszusammensetzung vergleichen zu können; vgl. Pkt. 2.4.2 dieses Kapitels) hat ebenfalls erheblichen Einfluss auf die Struktur der Armutsquoten und die Zusammensetzung der Armutsbevölkerung. Der in Deutschland üblicherweise angewendeten Skala (1,0 für die 1. Person im Haushalt; 0,7 für weitere erwachsene Haushaltsmitglieder; 0,5 für Kinder) steht die sog. „neue

OECD-Skala" gegenüber (1,0 : 0,5 : 0,3), die die Haushaltsersparnisse höher ein-schätzt und zugleich von niedrigeren Einkommensbedarfen von Kindern ausgeht. Aus der „neuen OECD-Skala" ergeben sich höhere Armutsquoten für kleinere Haushalte, z.B. für Ein-Personen-Haushalte, aber geringere Armutsquoten für grö-ßere Haushalte, z.B. für Haushalte mit Kindern.

Wie stark die Armutsquoten je nach den methodischen Annahmen variieren, lässt beispielhaft Tabelle III.27 erkennen, die dem ersten Armuts- und Reichtums-bericht der Bundesregierung entnommen ist. Als Datengrundlage dient hier die Einkommens- und Verbrauchsstichprobe.

Im Folgenden greifen wir auf die Armutsberechnungen des Deutschen Instituts für Wirtschaftsforschung zurück, als Datengrundlage dienen hier die Ergebnisse des Sozio-Oekonomischen Panels. Tabelle III.28 zeigt die Entwicklung des Anteils der Armen an der jeweiligen Bevölkerung in den alten und den neuen Bundeslän-dern zwischen 1988 bzw. 1990 und 2003. Als Armutsgrenze wurden hier 50 % des Durchschnittseinkommens (arithmetisches Mittel) angesetzt. Dabei wurde die Ar-mutsgrenze jeweils getrennt entsprechend dem durchschnittlichen Nettoäquiva-lenzeinkommen in den beiden Landesteilen ermittelt. Auffällig ist, dass sich die Armutsquote in den alten Bundesländern kontinuierlich erhöht hat. In den neuen Bundesländern zeigt sich hingegen eine unterschiedliche Entwicklung – je nach-dem ob das ostdeutsche oder das gesamtdeutsche Einkommen als Maßstab ge-nommen wird.

Tabelle III.28:

Armutsquoten in den alten und neuen Bundesländern 1985 - 2003

	alte Bundesländer		neue Bundesländer			Deutschland	
	bis 50 %[1]	51 - 75 %[1]	bis 50 %[2]	51 - 75 %[2]	bis 50 %[3]	bis 50 %	51 - 75 %
1991	8,9	25,9	4,0	18,4	24,6	10,1	26,9
1994	9,5	25,9	7,7	17,8	14,5	9,6	25,7
1997	9,6	25,5	6,0	19,4	11,6	9,2	25,7
2000	10,0	25,5	7,2	19,7	13,3	9,2	24,5
2002	11,7	25,6	7,8	20,8	13,6	11,1	25,5
2003	11,8	26,2	8,0	22,5	15,5	12,1	24,6

Datenbasis: Sozio-Oekonomisches Panel. Ältere OECD-Skala; 50 %-Schwelle, arithmetisches Mittel

1) Bezogen auf das durchschnittliche Einkommensniveau in den alten Bundesländern

2) Bezogen auf das durchschnittliche Einkommensniveau in den neuen Bundesländern

3) Bezogen auf das durchschnittliche gesamtdeutsche Einkommensniveau

Quelle: Goebel, J., Habich, R., Krause, P., Einkommen – Verteilung, Armut und Dynamik, in: Statisti-sches Bundesamt, Datenreport 2004, Wiesbaden 2004, S. 623-638.

Tabelle III.29:

Betroffenheit von Armut nach Bevölkerungsgruppen, Bildungs- und Beschäftigungsmerkmalen 1997 - 2004

	1997		2004	
	Bevölke-rungsanteil in %	Armuts-quote in %	Bevölke-rungsanteil in %	Armuts-quote in %
Bevölkerung insgesamt	100,0	10,9	100,0	12,7
- Männer	48,2	10,2	47,5	11,8
- Frauen	51,8	11,6	52,5	13,4
- bis 10 Jahre	11,5	12,9	10,2	14,8
- 11 - 20 Jahre	11,0	16,2	11,0	18,4
- 21 - 30 Jahre	13,0	11,2	11,2	18,9
- 31 - 40 Jahre	16,2	8,7	15,2	10,7
- 41 - 50 Jahre	13,6	9,4	15,4	11,8
- 51 - 60 Jahre	13,8	10,8	12,5	9,8
- 61 - 70 Jahre	11,1	10,2	13,4	8,2
Befragungspersonen: Bevölkerung ab 17 Jahren				
Erwerbsstatus:				
- erwerbstätig Vollzeit	40,7	4,5	37,2	4,3
- erwerbstätig Teilzeit	12,2	9,5	15,5	13,1
- arbeitslos	7,5	30,6	7,9	42,1
- in Ausbildung	4,5	19,6	4,9	19,5
- nicht erwerbstätig	35,2	12,1	34,6	11,3
Bildungsabschluss, darunter:				
- Hauptschule	31,7	10,0	27,6	10,4
- Realschule	20,9	8,0	23,8	10,2
- FHS/Gymnasium	7,0	6,7	9,0	10,8
- FH, Universität	14,2	2,3	17,8	5,2
- Hauptschule ohne Abschluss	15,8	18,4	12,1	23,5
Berufliche Stellung, darunter:				
- Un-/angelernte Arbeiter	13,8	11,8	13,7	13,4
- Facharbeiter, Meister	16,5	5,9	12,9	8,1
- Selbstständige	10,2	7,3	11,4	9,3
- Auszubildende	5,3	17,1	5,7	25,1
- Einfache Angestellte	11,9	4,4	13,5	9,7
- Qualifizierte Angestellte	21,5	2,2	22,5	2,2
- Leitende Angestellte	13,5	1,8	13,2	1,2

Datenbasis: Sozio-Oekonomisches Panel. Ältere OECD-Skala; Armutsschwelle: 60- %-Median

Quelle: Goebel, J., Habich, R., Krause, P., Einkommen – Verteilung, Angleichung, Armut und Dynamik, in: Statistisches Bundesamt, Datenreport 2006, Wiesbaden 2006, S. 619.

Von Bedeutung ist die Größenordnung der Bevölkerungsgruppe, die sich im Einkommensbereich des „prekären Wohlstands" (zwischen 51 % und 75 % des Durchschnitts) befindet. Dies sind in den alten Bundesländern 26,2 % und in den neuen Bundesländern 22,5 % (2003). Diese hohen Anteile zeigen, dass sich viele Einkommen nur knapp oberhalb der Armutsgrenze befinden. Treten in diesen Haushalten besondere Risiken auf, wie z.B. Arbeitslosigkeit oder die Geburt von Kindern, ist ein Abrutschen in die Armutszone sehr wahrscheinlich.

Vom Armutsrisiko sind verschiedene Bevölkerungsgruppen unterschiedlich stark betroffen. Die Tabellen III.29 und III.30 dokumentieren die Armutsbetroffenheit nach soziodemografischen Gruppen und nach Haushaltsmerkmalen. Armut wird in diesen Berechnungen, der Konvention in der EU entsprechend, als 60 % des Median-Einkommens definiert, die Äquivalenzskala bezieht sich auf das neue OECD-Modell.

Die Daten (vgl. auch Abbildung III.10) weisen insbesondere auf folgende Problemgruppen der Armut hin:

- AusländerInnen,
- Arbeitslose,
- Personen in Ausbildung,
- Personen ohne Hauptschulabschluss und ohne Berufsausbildung,
- Kinder und Jugendliche,
- Einelternhaushalte,
- Haushalte mit drei und mehr Kindern.

Tabelle III.30:

Armutsquoten nach Haushaltsmerkmalen 1997 und 2004

	1997		2004	
	Bevölke-rungsanteil in %	Armuts-quote in %	Bevölke-rungsanteil in %	Armuts-quote in %
Bevölkerung insgesamt	100,0	10,9	100,0	12,7
Personengruppen:	100,0		100,0	
- Haushaltsvorstand	47,3	11,4	49,0	13,1
- (Ehe-)partner	24,6	7,3	24,7	8,4
- Kind(er) unter 18 Jahren	18,4	14,0	18,0	16,2
- Kind(er) ab 18 Jahren	7,4	12,0	14,7	23,5
- Weitere Haushaltsmitglieder	2,3	12,6	22,8	22,0
Haushaltsgröße:	100,0		100,0	
- 1-Personen-Haushalt	16,8	16,0	18,1	16,6
- 2-Personen-Haushalt	29,0	7,1	31,5	9,0
- 3-Personen-Haushalt	20,7	10,4	19,4	12,8
- 4-Personen-Haushalt	22,4	9,2	20,6	9,9
- 5 und mehr Personen Haushalt	11,1	18,1	10,5	22,2
Haushaltstypen:	100,0		100,0	
- Single-Haushalt	16,8	16,0	18,1	16,6
- Paar-Haushalt ohne Kind	26,9	4,8	27,7	6,6
- Paar-Haushalt m. Kind unter 18	38,8	10,0	37,1	12,8
- Ein-Eltern-Haushalt	4,2	37,2	5,0	35,8
Haushaltsvorstand 46 – 65 Jahre:				
- Singlehaushalt	3,5	8,6	4,6	16,2
- Paarhaushalt ohne Kinder	6,5	4,9	6,4	5,8
- Paarhaushalt m. 1 Kind	16,6	7,8	15,0	13,4
- Paarhaushalt m. 2 Kindern	15,9	9,7	15,1	8,9
- Paarhaushalt mit 3 und mehr Kindern	6,3	16,3	7,0	19,8
- Ein-Eltern-Haushalt mit 1 Kind	2,5	33,9	2,8	31,7
- Ein-Eltern-Haushalt mit 2 und mehr Kindern	1,7	41,8	2,2	40,9

Datenbasis: Sozio-Oekonomisches Panel. Ältere OECD-Skala; Armutsschwelle: 60- %-Median

Quelle: Goebel, J., Habich, R., Krause, P., Einkommen – Verteilung, Angleichung, Armut und Dynamik, in: Statistisches Bundesamt, Datenreport 2006, Wiesbaden 2006, S. 618.

Abbildung III.10:

Armutsquoten in Deutschland nach ausgewählten Merkmalen 2004

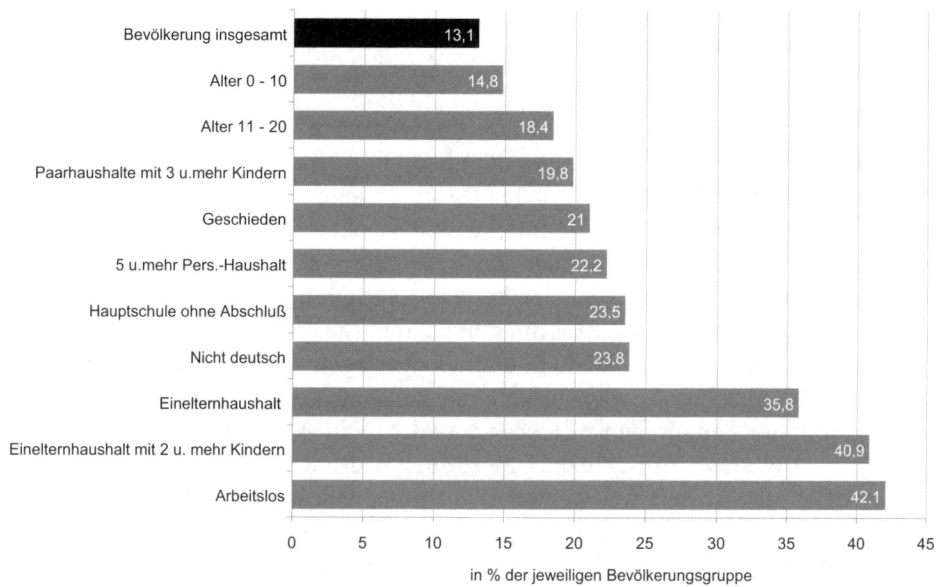

in % der jeweiligen Bevölkerungsgruppe

Quelle: Zusammengestellt nach: Goebel, J., Habich, R., Krause, P., Einkommen – Verteilung, Angleichung, Armut und Dynamik, in: Statistisches Bundesamt (Hrsg.), Datenreport 2006, Wiesbaden 2006,
S.. 618 f.

Im Ergebnis der Befunde zeigt sich, dass vor allem Arbeitslosigkeit ein großes
Armutsrisiko darstellt – trotz der sozialpolitischen Absicherung. Auffällig ist zudem die äußerst hohe Armutsquote von Einelternhaushalten: 35,8 % aller Alleinerziehenden und ihre Kinder haben weniger als 60 Prozent des Durchschnittseinkommens zur Verfügung. Mit 19,8 % tragen auch Paarhaushalte mit drei und mehr
Kindern ein sehr hohes Armutsrisiko (vgl. ausführlicher zur Familien- und Kinderarmut Bd. II, Kap. „Familie", Pkt. 5.4).

8.3 Grundsicherung und Einkommensarmut

Einen anderen Zugang zur Bestimmung von Niveau und Struktur von in Armut
lebenden Personen gewinnt man, wenn als Armutsschwelle nicht ein statistisch
ermittelter relativer Einkommensstandard (Abweichung vom Durchschnittseinkommen), sondern mit dem Standard von Sozialhilfe bzw. Grundsicherung eine
(sozial)politische Armutsgrenze gewählt wird. Allerdings markiert auch das Sozialhilfeniveau eine relative, am allgemeinen Lebensstandard orientierte Größe, denn
die Hilfe zum Lebensunterhalt zielt auf ein „menschenwürdiges" Leben und soll
ein sozialkulturelles Existenzminimum garantieren. Armut liegt nach diesem Kriterium dann vor, wenn Personen mit einem Einkommen unterhalb des Bedarfsni-

veaus auskommen müssen. Dies betrifft in erster Linie diejenigen, die die Unterstützung durch die Sozialhilfe bzw. die Grundsicherung nicht in Anspruch nehmen, obwohl sie aufgrund ihres geringen Einkommens ein Recht auf aufstockende Hilfe zum Lebensunterhalt hätten („Dunkelziffer der Armut").

Umstritten ist die Frage, ob auch jene Personen als einkommensarm einzustufen sind, die Hilfe beziehen, oder ob gerade durch die Sozialhilfe/Grundsicherung Armut erfolgreich bekämpft wird („bekämpfte Armut"). Eine pauschale Gleichsetzung des Bezugs von Grundsicherung oder Sozialhilfe auf der einen und Armut auf der anderen Seite ist sicherlich unangemessen, da jede Erhöhung des Leistungsniveaus zu einer Erhöhung der Armut und eine Absenkung des Niveaus zu einer Absenkung der Armut führen würde. Denn je höher das Niveau der Sozialhilfe/Grundsicherung bei gegebener Einkommensverteilung liegt, umso mehr Menschen unterschreiten mit ihrem Einkommen die Leistungsschwelle und werden anspruchsberechtigt. Entscheidend kommt es deswegen darauf an, ob die Höhe der Sozialhilfe/Grundsicherung als ausreichend zur Sicherung eines soziokulturellen Existenzminimums angesehen werden kann oder nicht. Wiederum sind Werturteile erforderlich. Bei dieser Einschätzung muss auch beurteilt werden, ob die Umstände des Leistungsbezugs, nämlich strenge Bedürftigkeitsprüfungen, Rückgriff auf unterhaltsverpflichtete Angehörige und Gefahr von Stigmatisierungen, geeignet sind, um die Betroffenen im Selbstbild wie im Fremdbild aus einer Armutslage zu befreien.

8.4 Armut und Armutsbekämpfung in zeitlicher und räumlicher Dimension

Von großer Bedeutung ist die zeitliche Dimension der Armut. Ein kurzzeitiges Unterschreiten der Armutsgrenze kann leichter ertragen werden als ein mehrjähriger Verbleib in der untersten Einkommensposition. Daher müssen die Querschnittanalysen durch Längsschnittanalysen ergänzt werden. Längsschnittbetrachtungen lassen die individuellen Armutsverläufe, also die Einmündung *in* die Armut, die Dauer der Armut und die Wege *aus* der Armut heraus erkennen. Dieser Untersuchung der zeitlichen Dimension von Armut widmet sich vor allem die „dynamische Armutsforschung". Folgende Ergebnisse lassen sich festhalten:

▪ Das Risiko arm zu werden, streut bis weit in mittlere Einkommensschichten hinein. Dies bedeutet, dass sehr viel mehr Menschen in einem Zeitraum von mehreren Jahren zeitweilig von Armut betroffen sind, als dies in den jährlichen Quoten zum Ausdruck kommt. So fanden sich von 2000 - 2003 ein Viertel der Bevölkerung zumindest einmal in einer Armutsposition.

▪ Typisch ist eine Fluktuation bei der Armutsbevölkerung. Gut 80 % der Personen, die im Jahr 2004 in der untersten Einkommensschicht (50 %-Schwelle) lebten, waren bereits in den Jahren zwischen 2000 - 2003 mindestens einmal von Armut betroffen. Etwa die Hälfte ist mehr oder weniger dauerhaft arm. 18 % der Armen sind Neuzugänge (Datenbasis SOEP).

- Zwar verringert sich mit zunehmender Höhe des Einkommens der Personenkreis mit Armutserfahrungen, aber immerhin knapp ein Drittel der Personen,
  die im Jahr 2004 der Einkommensgruppe des „prekären Wohlstands" (51 % -
  75 %) zugerechnet werden können, haben in den zurückliegenden vier Jahren
  mindestens einmal unterhalb der Armutsschwelle gelebt. Fluktuation heißt also, dass ein Großteil der Betroffenen nicht permanent in Armut lebt, aber in
  der armutsnahen Lage des „prekären Wohlstands" verbleibt.

So vielfältig die Gründe für einen Zugang in eine Armutslage sind, so unterschiedlich gestalten sich die Bedingungen, die eine –zumindest kurzfristige – Überwindung der Armutslage ermöglichen. Neben den Ereignissen „Tod" und „Abwanderung" sind dafür die Faktoren „Arbeitsmarktintegration", „Erzielung eines ausreichenden Erwerbseinkommens", „Bezug ausreichender Sozialtransfers" und „Veränderung der Haushaltskonstellation" von entscheidender Bedeutung. Im Einzelnen
lassen sich folgende Bedingungen, die zugleich auch Ansatzpunkte für die Armutsbekämpfung markieren, benennen. Sie sind nicht als Alternativen zu verstehen, sondern greifen ineinander:

- *Arbeitsmarktintegration*

  Die Einkommensposition verbessert sich, wenn es gelingt, aus der Situation
  der Arbeitslosigkeit oder Nicht-Erwerbstätigkeit heraus (wieder) eine Arbeitsstelle zu finden bzw. an einer Beschäftigungsmaßnahme teilzunehmen und ein
  Erwerbseinkommen zu erzielen. Entscheidend ist, ob die Tätigkeit eine berufliche Perspektive bietet, Aufstiegswege eröffnet und damit zur sozialen Integration beiträgt oder lediglich eine diskriminierende Rand- und Abstellposition
  darstellt.

- *Erhöhung des Erwerbseinkommens*

  Durch einen beruflichen Aufstieg, durch Verlängerung der Arbeitszeit (etwa
  durch den Übergang von einer Teilzeit- zu einer Vollzeitstelle oder durch die
  Leistung von Überstunden) oder durch die Aufnahme einer Nebenerwerbstätigkeit kann das Erwerbseinkommen aufgestockt werden.

  Da für die Einkommenslage die Nettoeinkommen maßgebend sind, können
  diese auch durch Steuer- und/oder Beitragserleichterungen angehoben werden.

- *Bezug von Sozialtransfers*

  Eine Armutslage kann durch den Bezug von Sozialtransfers (z.B. Inanspruchnahme von Grundsicherung oder Wohngeld) überwunden werden.

  Armut bei einer Erwerbstätigkeit mit Niedrigeinkommen („working poor")
  lässt sich durch aufstockende Transfers (Kombi-Einkommen) vermindern bzw.
  verhindern.

  Auch der Bezug einer Altersrente im Anschluss an eine Phase der Arbeitslosigkeit oder Nicht-Erwerbstätigkeit kann zu einer Erhöhung des verfügbaren
  Einkommens führen.

- *Veränderung der Haushaltskonstellation*

  Durch eine Vergrößerung des Haushaltes und den Zufluss eines weiteren Einkommens, etwa in Folge einer (Wieder)Heirat, steigt das verfügbare Pro-Kopf-Haushaltseinkommen an.

  Mit zunehmendem Alter der Kinder können Frauen ihre Erwerbstätigkeit wieder aufnehmen. Erleichtert wird dies durch ein bedarfsgerechtes Angebot an Kinderbetreuungseinrichtungen.

Eine Politik der Bekämpfung und Vermeidung von Armut muss zugleich berücksichtigen, dass sich Armutslagen räumlich konzentrieren. Insbesondere im (groß) städtischen Raum haben sich infolge einer sozial-räumlichen Segregation benachteiligte Stadtteile bzw. -viertel entwickelt, die durch einen hohen Anteil von einkommensschwachen und im besonderen Maße von Arbeitslosigkeit betroffenen Haushalten charakterisiert sind. In diesen, durch schlechte Wohnbedingungen und ein ungünstiges Wohnumfeld geprägten Gebieten leben zudem überproportional häufig Migranten. Diese Segregation nach dem sozialen und ethnischen Status verstärkt Prozesse der Desintegration und Ausgrenzung.

Für die Auswirkungen von Armut spielt neben der räumlichen Konzentration und der zeitlichen Verlaufsform das subjektive Erleben und Verarbeiten dieser Lebenssituation eine entscheidende Rolle. Die Sozialhilfeforschung unterscheidet – grob gefasst – drei Bewältigungsmuster von Armut bzw. Lebensmuster in der Armut:

- *Aktive und schnelle Überwindung der Situation*

  Beispielhaft dafür ist die Situation eines Teils der Arbeitslosen, die zwar ein geringes Einkommen haben und auf aufstockende Leistungen der Sozialhilfe angewiesen sind, aber die diese Phase vergleichsweise schnell verlassen, da der berufliche Erst- oder Wiedereinstieg gelingt.

- *Aktive Gestaltung des eigenen Lebens auch unter eingeschränkten Bedingungen*

  Als typisches Beispiel dafür können Alleinerziehende gelten, die die Armutszone erst verlassen, wenn die Kinder älter geworden sind und sich das Einkommen durch den Wiedereinstieg in den Beruf erhöht. In der Zwischenzeit müssen die Betroffenen zwar mit einer spürbaren Einkommens- und Ressourceneinschränkung leben, und ein Ausweg aus der Armut gelingt ihnen wegen der objektiv unüberwindlichen Rahmenbedingungen zunächst nicht. Aber die Lebenslage ist nicht mit sozialer Desintegration und individueller Resignation gleichzusetzen.

- *Verfestigung von Armut und Passivität*

  Als drittes Lebens- und Bewältigungsmuster kann der verfestigte und passive Verbleib in der Armut genannt werden. Bei diesem – kleinen Personenkreis – handelt es sich häufig um sog. Multiproblemgruppen, bei denen sich Benachteiligungen kumulieren. Beispielhaft dafür steht die Situation von Langzeitarbeitslosen, die keinen Kontakt mehr zur Arbeitswelt finden und in der Gefahr stehen, von der Gesellschaft isoliert zu werden.

Diese unterschiedlichen Verlaufsmuster von Armut beziehen sich auf die divergenten Entstehungsbedingungen, auf die unterschiedlichen Lebens- und Bewältigungsformen der Situation in der Armut und auf die unterschiedlichen Möglichkeiten, die Situation zu beenden. Hinsichtlich der Bewältigungsformen und -strategien bleibt als Erkenntnis aus der Armutsforschung festzuhalten, dass die Betroffenen nicht als ausschließlich passive Opfer der eingeschränkten sozialen Verhältnisse und Bedingungen verstanden werden können. Auch Personen bzw. Familien, die als arm bezeichnet werden, verfügen über individuelle Handlungsressourcen und Fähigkeiten, die eigene Lebenssituation zu gestalten und zu verbessern. Der individuelle Handlungs- und Bewältigungsspielraum hängt von vielen Faktoren ab, so u.a. von der Verfügbarkeit über informelle familiäre, nachbarschaftliche und soziale Stütz- und Hilfenetze, von der wahrgenommenen Einschränkung der Unterversorgung, von den wahrgenommenen und selbst vorgenommenen Schuldzuweisungen und von der erwarteten zeitlichen Perspektive der Armutslage.

Interventionsmaßnahmen der sozialen Arbeit und der rahmensetzenden allgemeinen Sozialpolitik müssen die Vielgestaltigkeit von Armutslagen berücksichtigen, wenn sie erfolgreich sein sollen. Soziale Arbeit und allgemeine Sozialpolitik haben je nach Situation verschiedene, sich allerdings ergänzende Aufgabenfelder. Die Betroffenen in ihren Handlungsressourcen zu unterstützen, ein Abgleiten in Resignation und Apathie zu vermeiden, ist Aufgabe der sozialen Arbeit mit ihren dienstleistenden und pädagogischen Handlungsstrategien. Aufgabe der Sozialpolitik ist es, durch Einkommens-, Infrastruktur-, Qualifizierungs- und arbeitsmarktpolitische Strategien bessere Rahmenbedingungen zu setzen. Diese Rahmenbedingungen sind nicht nur für den Austritt aus der Armut entscheidend, sie haben vor allem eine präventive Funktion, um das Abrutschen immer neuer Personengruppen in Armut und Ausgrenzung zu verhindern. Einige der Betroffenen benötigen „nur" bessere Möglichkeiten zur Erwerbsintegration und ein gesichertes Einkommen, während für andere Gruppen diese Maßnahmen zwar wichtig, aber keinesfalls ausreichend sind.

8.5 Armut in Europa

Die Bekämpfung von Armut und sozialer Ausgrenzung zählt zu einem der zentralen sozialpolitischen Ziele, zu der sich die Mitgliedsstaaten der Europäischen Union verpflichtet haben. Im Rahmen der „Methode der offenen Koordinierung" (vgl. Kap. „Sozialpolitik und soziale Lage", Pkt. 4.4) werden die jeweiligen nationalen Aktionspläne zur Armutsbekämpfung auf der Grundlage gemeinsamer Ziele und Indikatoren abgestimmt.

Die Indikatoren, an denen Zielerreichung bzw. -verfehlung gemessen werden können und die Anstöße für armutspolitische Strategien geben sollen, setzen sich aus einem breiten Spektrum von Verteilungsdaten zusammen. Diese werden für alle Länder von Eurostat auf der Datenbasis des Europäischen Haushaltspanels erhoben und von der Europäischen Kommission veröffentlicht und verglichen. Als zentrale Messgröße gilt auch hier die relative Einkommensarmut. Der Grenzwert, dessen Unterschreitung das Armutsrisiko signalisiert, wird bei 60 % des Medians der nationalen Einkommen angesetzt. Die Bedarfsgewichte richten sich nach der Skala 1,0 : 0,5 : 0,3.

Abbildung III.11:

Armutsrisikoquoten in in den Ländern der EU15, 2003

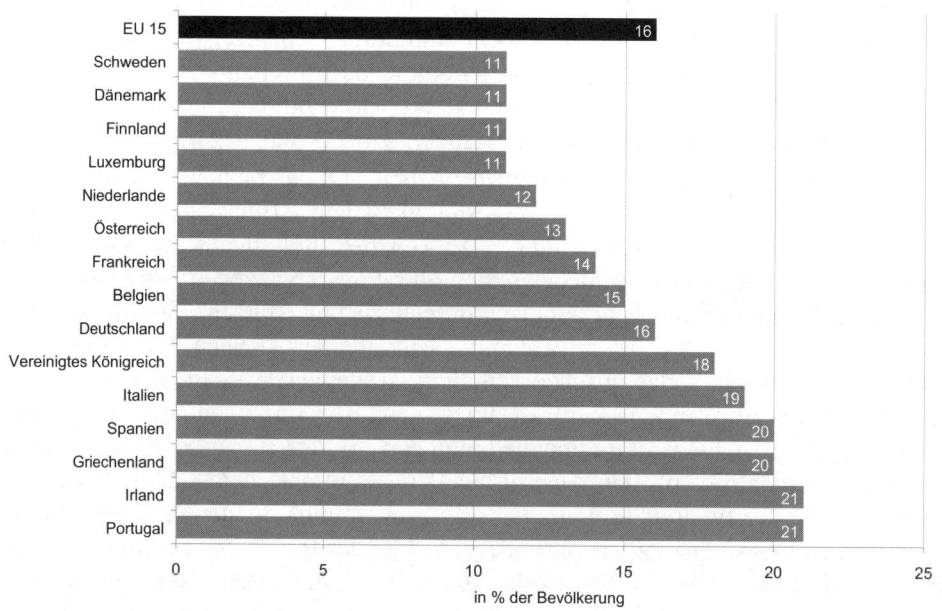

Quelle: Datenbasis: ECHP (Europäisches Haushaltspanel), Neue OECD-Skala; Armutsschwelle: < 60 % des Medians

Quelle: Europäische Kommission, Gemeinsamer Bericht über Sozialschutz und soziale Eingliederung 2006, Statistischer Anhang, Brüssel 2006.

Wie aus Abbildung III. 11 zu erkennen ist, waren 16 % der EU-Bevölkerung im Jahr 2003 durch Einkommensarmut gefährdet. Das Ausmaß der Armut ist zwischen den Ländern der Union allerdings sehr unterschiedlich; das Risiko reicht von 11 % in Schweden bis 21 % in Irland.

Ordnet man die länderspezifischen Armutsquoten nach Wohlfahrtsstaatstypen (vgl. Pkt. 5.4 dieses Kapitels), fällt auf, dass sich besonders hohe Betroffenheiten in den Staaten des südeuropäischen (Portugal, Spanien, Griechenland und Italien)

sowie des liberalen Typs (Großbritannien und Irland) finden. Auf der anderen Seite liegen die Armutsquoten in den Ländern des skandinavischen-sozialdemokratischen und auch des konservativen „Bismarck-Typs" unterhalb des EU-Durchschnitts. Starke Abweichungen zeigen sich auch bei den Armutsquoten je nach persönlichen Merkmalen und Haushaltskonstellationen (vgl. Tabelle III.31). Dabei ist zu berücksichtigen, dass aufgrund der hier unterstellten Bedarfsgewichte 1,0 : 0,5 : 0,3 die Armutsrisiken in Einpersonenhaushalten höher, in Mehrpersonenhaushalten sowie in Haushalten mit Kindern niedriger ausfallen als bei der „deutschen" Berechnung (vgl. Pkt. 2.4.2 dieses Kapitels). Ausgeprägt hohe Armutsquoten finden sich insofern bei den Haushalten allein stehender junger Menschen (unter 30 Jahren) und älterer Menschen (über 65 Jahren). Die Altersarmut liegt dabei insbesondere in jenen Ländern besonders hoch, deren Alterssicherungssystem lückenhaft sind. Durchgängig hohe Armutsquoten treten bei Arbeitslosen sowie in Haushalten von Alleinerziehenden auf.

Tabelle III.31:

Armutsrisikoquoten in ausgewählten Ländern der EU 15 nach Haushaltskonstellationen und demografischen Merkmalen 2003

	D	DK	F	GR	IRL	I	NL	A	P	S	SP	GB
Insgesamt	16	11	14	20	21	19	12	13	21	11	20	18
Männer, > 15 J.	12	11	12	19	18	16	10	11	20	10	18	15
Frauen, > 15 J.	17	12	14	22	23	19	11	14	21	12	21	18
Kinder < 15 J.	20	9	14	20	22	26	18	15	23	11	24	22
> 64 J.	15	17	16	28	40	14	7	17	29	14	30	24
HH o. Kinder	14	14	13	20	24	14	9	13	21	13	19	16
Single-HH,< 30 J.	23	24	19	29	55	23	18	21	36	23	39	27
Single-HH, > 64 J.	23	20	19	37	68	25	7	23	41	24	52	32
Paar-HH 1 Kind	14	4	10	15	13	15	8	10	14	8	14	13
Paar-HH 2 Kinder	10	4	9	19	10	24	10	9	25	5	24	14
Paar-HH, > 2 Kinder	24	14	17	32	23	36	24	22	34	14	39	24
Ein-Eltern-HH	38	16	30	38	56	36	39	25	30	19	40	40
Arbeitslos	46	33	34	49	44	49	42	31	32	26	40	54
Rentner	14	19	13	19	35	11	6	14	26	14	25	25

Datenbasis: ECHP (Europäisches Haushaltspanel), Neue OECD-Skala; Armutsschwelle: < 60 % des Medians

Quelle: Europäische Kommission, Gemeinsamer Bericht über Sozialschutz und soziale Eingliederung 2006, Statistischer Anhang, Brüssel 2006.

9   Reformoptionen im System der Sozialen Sicherung

Das System der Sozialen Sicherung in Deutschland steht seit Jahren in der kritischen wissenschaftlichen und politischen Diskussion. Die Auseinandersetzung greift weit über Detailprobleme hinaus und konzentriert sich auf die Grundsatzfrage, ob das bestehende System mit seinen Leistungs- und Gestaltungsprinzipien so wie bisher weitergeführt werden kann und sollte oder ob angesichts der mehrfachen ökonomischen, demografischen und sozialen Umbrüche grundlegende Reformen bis hin zu einer grundsätzlichen Revision erforderlich sind (vgl. dazu auch Kap. „Sozialpolitik und soziale Lage in Deutschland", Pkt. 6.3). Thematisiert wird zum einen die Leistungsfähigkeit der Sozialpolitik: Werden mit der gegenwärtigen Ausgestaltung des Systems die sozialpolitischen Ziele erreicht oder verfehlt und welche Veränderungen sind erforderlich? Zum anderen wird die Debatte aber auch durch Finanzierungsüberlegungen bestimmt: Ist die gegenwärtige Sozialpolitik in Zukunft noch finanzierbar, haben bestimmte Finanzierungsformen positive oder negative gesamtwirtschaftliche Rückwirkungen und welche Finanzierungsalternativen bieten sich an (vgl. Kap. „Ökonomische Grundlagen und Finanzierung", Pkt. 7)? Diese beiden Diskussionsstränge, die in diesem Lehrbuch aus analytischen Gründen in den jeweiligen Kapiteln gesondert behandelt werden, lassen sich in der Realität aber nicht getrennt voneinander betrachten, denn eine bestimmte Sicherungsform verlangt auch nach einer bestimmten Finanzierungsform und umgekehrt. So fundieren Sozialversicherungssysteme mit einkommensbezogenen Leistungs- bzw. Lohnersatzansprüchen zwingend auf einer ebenfalls einkommensbezogenen Beitragsfinanzierung. Ein ausschließlich steuerfinanzierter Sozialstaat wiederum führt auf der Leistungsseite zu Versorgungs- oder Fürsorgesystemen. Zugleich ist zu berücksichtigen, dass die Debatte über Alternativen nicht nur eine Frage der System- und Finanzierungs„architektur" ist, sondern ganz zentral auch von der Art und Gewichtung grundlegender sozialpolitischer Ziele bestimmt wird. So wird die Zielvorstellung „Bedarfsgerechtigkeit" und „sozialer Ausgleich" zu anderen Bewertungen des gegenwärtigen Systems und anderen Reformvorstellungen führen als die Zielvorstellung „Leistungsgerechtigkeit" und „individuelle Freiheit".

9.1   Das Verhältnis von öffentlicher sozialer Sicherung und privater Vorsorge?

Privatversicherung statt Sozialversicherung?

Die (alte) Frage nach dem „richtigen" Mischungsverhältnis von öffentlicher sozialer Sicherung und privater Vorsorge, die sich angesichts der überragenden Bedeutung der Sozialversicherung in Deutschland auf das Leistungsniveau und Leistungsspektrum der einzelnen Zweige der Sozialversicherung konzentriert, hat seit Mitte der 1990er Jahre eine neue Bedeutung gewonnen. Denn spätestens seit dieser Zeit ist der Trend einer schrittweisen Absenkung des Leistungsniveaus in der Sozialversicherung zu beobachten. Insbesondere im Bereich der Alterssicherung dominiert die Strategie, die erste Säule, d.h. die Gesetzliche Rentenversicherung, zurückzufahren und stattdessen die zweite und dritte Säule, nämlich die betriebliche Altersversorgung und die private Vorsorge, auszubauen. Die Abflachung der Rentenanpassung durch die mehrfache Modifizierung der Rentenformel und die entsprechende Absenkung des Rentenniveaus auf der einen Seite sowie die (steuerliche) Förderung der privaten Vorsorge auf der anderen Seite verschieben die Proportionen von öffentlicher und privater Vorsorge (vgl. Bd. II, Kap. „Alter", Pkt. 7, 11.1). Auch für die Kranken- und Pflegeversicherung wird vorgeschlagen, die Leistungen auf ein Mindest- oder Basisniveau zu senken, um durch Ausgabensenkungen die Finanzierung zu erleichtern und gleichzeitig den Angeboten der Privatversicherungen einen größeren Raum zu geben.

Hält man an dem Ziel der Lebensstandardsicherung fest, da ein (abruptes) Absinken des Einkommens auf Niveaus des Existenzminimums im Alter oder bei Krankheit und Invalidität zu hoher sozialer Unsicherheit führt, dann ist zu fragen, ob diese Aufgabe durch private Vorsorge erreicht werden kann. Theorie und Empirie der Sozialpolitik weisen darauf hin, dass private Vorsorge zwar eine die öffentliche Sicherung ergänzende, aber nicht ersetzende Rolle einnehmen kann. Lücken in der Sozialversicherung lassen sich nicht zuverlässig und flächendeckend ausgleichen, denn Ausmaß und Deckungsgrad einer freiwilligen privaten Vorsorge hängen von der Zahlungs*fähigkeit* und *-bereitschaft* der Menschen ab. Bereitschaft und Fähigkeit zum Sparen oder zum Abschluss von Privatversicherungsverträgen variieren sehr stark nach sozialer Stellung, Einkommensniveau und Lebensalter. Dem könnte durch eine *obligatorische* Privatvorsorge begegnet werden, aber auch eine private Pflichtversicherung weist erhebliche soziale Defizite auf: Denn Privatversicherungen kennen in ihrer Orientierung auf das reine Äquivalenzprinzip bei den Leistungsansprüchen keinen sozialen Ausgleich.

Weitere Aspekte sind zu bedenken: Wie soll definiert werden, was eine Basissicherung ist? In der Krankenversicherung wird schon derzeit nur das medizinisch Notwendige finanziert. Und die Rentenversicherung verliert ihren Sinn und ihre Akzeptanz, wenn das Rentenniveau so niedrig liegt, dass bis in den Bereich mittlerer Einkommen hinein die Renten trotz jahrelanger Beitragszahlung noch nicht einmal das sozialhilferechtliche Existenzminimum erreichen.

Schließlich gilt, dass auch bei privaten Sicherungsformen Finanzierungsbelastungen auftreten. Immer müssen Bestandteile aus dem verfügbaren Einkommen für sozialpolitische Zwecke abgezweigt werden. Dies gilt gleichermaßen für Sparrücklagen, für Einzahlungen in Investment- und Altersvorsorgefonds wie für Prämien, die an Privatversicherungen zu zahlen sind. An die Stelle der nach dem Solidarprinzip berechneten Sozialversicherungsbeiträge treten bei einer privaten Versicherung risikobezogene Prämien, die nicht das gesamtwirtschaftliche Belastungsniveau, aber die personelle Belastungsstruktur zu Lasten der sog. „schlechten" Risiken verschieben (vgl. Kap. „Ökonomische Grundlagen und Finanzierung", Pkt. 3.8).

Bürgerversicherung

In eine entgegengesetzte Richtung zielt die Position, das Leistungsniveau der Sozialversicherung zu erhalten und den Versicherungsschutz über den gegenwärtigen Kreis der Versicherungspflichtigen hinaus auf die gesamte Bevölkerung auszudehnen. Im Sinne einer *Erwerbstätigenversicherung* würden neben Arbeitern und Angestellten auch Beamte und Selbstständige in das Leistungssystem und zugleich in die Beitragspflichtigkeit einbezogen. Bei einer *Bürgerversicherung* würde die gesamte Bevölkerung einschließlich der Nicht-Erwerbstätigen erfasst.

Für eine Erwerbstätigenversicherung wird ins Feld geführt, dass die traditionelle Abgrenzung zwischen schutzwürdigen abhängig Beschäftigten und nicht-schutzwürdigen Selbstständigen schon längst nicht mehr der Wirklichkeit entspricht. Wenn im Zuge der Verbreitung der neuen I- und K-Technologien und der betrieblichen outsourcing-Strategien, aber auch infolge neuer, auf Autonomie und Selbstverantwortung zielender Erwerbswünsche junger Menschen gerade jene Gruppen von Selbstständigen, und hier insbesondere von Ein-Personen-Unternehmern im Dienstleistungssektor, an Bedeutung gewinnen, die nicht in den Versicherungs- und Schutzbereich der Sozialversicherung fallen, dann muss für diesen Kreis in der Zukunft mit Sicherungslücken gerechnet werden. Zu unterscheiden ist dabei, ob Selbstständigkeit bereits bei Berufsbeginn gewählt wird, oder ob es im Verlauf der Erwerbstätigkeit zu einem Wechsel von einer abhängigen zu einer selbstständigen Beschäftigung kommt und/oder ob zwischen Selbstständigkeit und abhängiger Arbeit mehrfach gewechselt wird. Es spricht viel dafür, dass in all diesen Fällen nicht nur die objektive finanzielle Fähigkeit, sondern auch die subjektive Bereitschaft zu einer ausreichenden und kontinuierlichen privaten Vorsorge begrenzt ist. Die Einkommensverläufe bei Selbstständigkeit sind stärker noch als bei abhängiger Beschäftigung durch Unsicherheit und Unstetigkeit geprägt, und gerade bei einer Existenzgründung bestimmen finanzielle Engpässe die Situation.

Hinzu kommt das Argument der Finanzierungsgerechtigkeit: Ein Sozialversicherungssystem, das (insbesondere in der Krankenversicherung) durch Solidarausgleich und interpersonelle Einkommensumverteilung geprägt ist, kann nicht nur von einem Teil der Bevölkerung finanziert werden, während sich gerade „gute Risiken" und Personen mit höherem Einkommen dem Solidarausgleich entziehen können (vgl. zu diesen kontroversen Positionen Kap. „Ökonomische Grundlagen und Finanzierung", Pkt. 7.3).

Flexicurity

Der Wechsel zwischen abhängiger und selbstständiger Beschäftigung ist nur ein Element für die Umbrüche auf dem Arbeitsmarkt. Insgesamt lässt sich ein anhaltender Trend von Ausdifferenzierungen sowohl auf dem Arbeitsmarkt (neue Selbstständigkeit, kurze und diskontinuierliche Erwerbsverläufe, Niedrigeinkommenspassagen, Teilzeitarbeit, prekäre Beschäftigung) als auch in den privaten Lebensformen identifizieren. Wenn die Arbeitswelt flexibler wird und sich die privaten Lebensentwürfe und -formen vielfältiger gestalten, dann hat dieser ökonomische und sozialstrukturelle Wandel Rückwirkungen vor allem auf die Sozialversicherung und muss auf der Leistungs- wie auf der Finanzierungsseite aufgegriffen werden. Insbesondere bei der Alterssicherung ist zu überprüfen, in welchem (Wechsel)Verhältnis Rentenversicherung und Arbeitsmarkt und Lebenswelt zueinander stehen und welcher Anpassungs- bzw. Veränderungsbedarf sich ergibt, wenn das Ziel besteht, auch bei sich wandelnden Rahmenbedingungen in der Arbeits- und Lebenswelt die Einkommens- und Versorgungslage für alle älteren Menschen zu sichern. Im Sinne des Konzepts der „flexicurity" müssen also Flexibilität auf dem Arbeitsmarkt sowie Veränderungen in den Lebensformen und soziale Sicherheit verknüpft und dürfen nicht gegeneinander ausgespielt werden.

Der Problemstellung kommt im deutschen System der Sozialversicherung deshalb eine bedeutende Rolle zu, da dieses sehr eng mit dem Arbeitsmarkt und dem Erwerbsstatus verknüpft ist. Umfang des gesicherten Personenkreises, Leistungshöhe (der Geldleistungen) und die Finanzierung sind an die Form, Intensität und Dauer der abhängigen Erwerbstätigkeit gekoppelt. Zwar wird der äquivalente Zusammenhang von Erwerbsbiographie und Sicherungsniveau durch die Leistungen des sozialen Ausgleichs gemildert (z.B. versicherungsförmige Berücksichtigung von Kindererziehungs- und Pflegezeiten), aber nicht aufgehoben. Zugleich berücksichtigt und begünstigt die Sozialversicherung im Rahmen der abgeleiteten Sicherungsansprüche die traditionellen Lebens- und Familienformen. Dies führt zu Leistungsdefiziten, wenn in den privaten Lebensverhältnissen die Versorgungs- und Sicherungsinstitution „Ehe" instabil wird und sich die Frauen nicht länger auf die vom Ehemann abgeleitete materielle und soziale Sicherung verlassen können und wollen.

Diese Punkte sprechen sowohl für eine Ausweitung der Sozialversicherung in Richtung einer Bürgerversicherung als auch für eine Weiterentwicklung der Elemente des Solidarausgleichs. Denn durch eine private Risikovorsorge lassen sich die negativen Folgewirkungen von Niedrigeinkommen, Teilzeitarbeit oder kurzen Erwerbsbiographien gerade nicht ausgleichen. Einen sozialen Ausgleich, der die Belastungen für Zeiten der Nichterwerbstätigkeit oder niedriger Einkommen mindert, kennt die private Vorsorge nicht. Im Solidarprinzip liegt die eigentliche Stärke der Sozialversicherung gegenüber der Privatversicherung. Das in der Sozialversicherung gleichermaßen zum Ausdruck kommende versicherungstechnische Äquivalenzprinzip ist zudem ein grundlegender Faktor für die Bereitschaft der Menschen, für dieses System (hohe) Beiträge zu zahlen. Wird die Verbindung zwischen Leistung und Gegenleistung zu locker und die interpersonelle Umverteilung zu stark ausgedehnt, verliert ein beitragsfinanziertes System an Zustimmung. Beide Elemente der Sozialversicherung müssen also ausgewogen ausgestaltet und sachgerecht finanziert werden.

9.2 Grundeinkommen, Negativsteuer und Grundsicherung

Ein zweiter Eckpunkt der Reformdebatte bezieht sich auf das Verhältnis der für das Sozialleistungssystem charakteristischen Elemente „Sozialversicherung", „Sozialtransfers/Steuererleichterungen" und „Sozialhilfe/Grundsicherung". Soll es bei dem gegenwärtigen Nebeneinander dieser drei Bereiche und der dazu gehörenden Institutionen bleiben, oder soll es zu einer Konzentration der öffentlichen sozialen Sicherung auf die Grundsicherung kommen? Die in der wissenschaftlichen Diskussion vertretenen Modelle sind kaum überschaubar. Die Spannweite der Vorschläge ist breit gefächert, sie reicht von dem Ansatz, die Bereiche besser mit einander zu verzahnen, bis hin zu dem Modell, die öffentliche soziale Sicherung auf ein bedingungsloses Grundeinkommen zu konzentrieren.

Alternativmodelle und ihre Leistungsparameter

Bei der Vielzahl der Modelle die Übersicht zu bewahren, ist auch deswegen schwierig, da für dieselbe Konzeption häufig unterschiedliche Begriffe verwandt werden bzw. dieselben Begriffe für abweichende Konzeptionen stehen. Es kommt also entscheidend auf die Wirkungen an und nicht auf einzelne Begriffe. Um die Modelle besser unterscheiden und in ihren Auswirkungen beurteilen zu können, sind folgende Grundfragen zu stellen:

- In welcher Rangfolge soll die Grundsicherung/das Grundeinkommen zu den (derzeitigen) Leistungen des Systems der sozialen Sicherung, insbesondere zur Sozialversicherung stehen?

- Wer soll einbezogen werden, die gesamte Bevölkerung oder nur einzelne Personengruppen?

- Sollen Einkommen und Vermögen auf die Leistung angerechnet werden, in welchem Maße, mit Rückgriff auf Partner und Familienangehörige?

- Welche Verbindung besteht zur Existenzsicherung durch Erwerbsarbeit, besteht ein Vorrang von Erwerbsarbeit oder wird die Leistung ohne Bedingungen gezahlt?

- Wie hoch soll das Niveau der Grundsicherung sein, wie soll es berechnet und an die wirtschaftliche Entwicklung angepasst werden?

- Wie soll die Finanzierung erfolgen, wer wird belastet, und welche Institution ist für die Leistungsdurchführung verantwortlich?

Die einfachste und zugleich radikalste Form der Modelle stellt das *bedingungslose Grundeinkommen* dar, das auch als *Sozialdividende* bezeichnet wird. Danach haben alle Bürgerinnen und Bürger einen unbedingten Rechtsanspruch auf ein staatlich garantiertes Grundeinkommen, das alle bisherigen monetären Leistungssysteme einschließlich der Geldleistungen der Sozialversicherung ablösen soll. Das Grundeinkommen wird bedingungslos gezahlt, da es weder von Arbeitsleistung oder von Arbeitsbereitschaft noch von vorhandenen Einkommen, Unterhaltsleistungen oder Vermögen abhängig ist. In seiner Höhe soll es ausreichen, um allen Menschen, also auch jenen, die keiner Erwerbsarbeit nachgehen können oder wollen, eine eigenständige und vollständige Teilhabe am gesellschaftlichen Leben und Wohlstand zu ermöglichen. Das Grundeinkommen ist eine einkommensunabhängige *Vorauszahlung,* die Finanzierung erfolgt über Steuern auf Erwerbseinkommen und/oder über Steuern auf den Konsum. Die über das Grundeinkommen hinausreichende, auf die Absicherung des Lebensstandards abzielende Zusatzsicherung soll privat, d.h. über und durch den Markt geregelt werden.

Zu unterscheiden ist beim Grundeinkommen zwischen universellen Konzepten, die die gesamte Bevölkerung einbeziehen, und spezifischen Konzepten, die nur für abgegrenzte Gruppen gelten. Das bekannteste spezifische Modell ist das der *Grundrente,* die sich auf den Kreis der älteren Menschen (ab Erreichen einer Altersgrenze) bezieht.

Einen weiteren geschlossenen Entwurf in die Richtung einer Totalrevision des historisch gewachsenen Systems von Sozialversicherung, Grundsicherung/Sozialhilfe und sozialen Transfers bietet das Konzept der *Negativsteuer.* Die negative Einkommensteuer umfasst als universelles System die gesamte Bevölkerung und wird deshalb auch als „Bürgergeld" bezeichnet. Der Begriff Negativsteuer begründet sich aus dem Grundgedanken, die Grundsicherung über die Einkommensteuer zu organisieren und dabei eigenes Einkommen automatisch auf die Zahlung anzurechnen: Erreicht wird dies dadurch, indem der Steuertarif der Einkommensteuer beim Unterschreiten einer bestimmten Einkommenshöhe (Transfergrenze) um einen Negativbereich erweitert wird. In diesem Negativbereich zahlt das Finanzamt ein Bürgergeld; hat eine Person überhaupt kein eigenes Einkommen, erfolgt eine volle Zahlung in Höhe des Existenzminimums, liegt eigenes Einkommen vor, so wird dieses teilweise angerechnet. Übersteigt das eigene Einkommen das Existenzminimum, läuft die Aufstockung aus. Verzichtet werden soll dann im Gegenzug auf die steuerfinanzierten Sozialleistungen wie u.a. Sozialhilfe, Wohngeld, Kindergeld, Elterngeld, Unterhaltsvorschuss, Ausbildungsförderung usw. sowie auf diverse Steuerbegünstigungen. Im Unterschied zum Grundeinkommen bzw. zur Grundrente bleiben jedoch die Versicherungsansprüche aus der Sozialversicherung unberührt.

Das bedingungslose Grundeinkommen: Ausstieg aus der Erwerbsarbeit?

Grundsätzlich lassen sich sowohl mit der Negativsteuer als auch mit dem Grundeinkommen sehr verschiedene Ziele verfolgen. Entscheidend für die Wirkungen sind die konkreten Modellparameter und hierbei insbesondere die Annahmen über das Leistungsniveau. Modelle in sozialutopischer Perspektive, die über das Grundeinkommen die Möglichkeit eines „Ausstiegs" aus dem Erwerbs- und Industriesystem anstreben, sehen ein hohes Leistungsniveau und den prinzipiellen Verzicht auf den Nachweis der Arbeitsbereitschaft vor, um eine tragfähige materielle Alternative zur Erwerbsarbeit zu bieten. Das Grundeinkommen soll den informellen Sektor der Gesellschaft subventionieren und Raum für Freiheit jenseits der Erwerbsarbeit eröffnen. Der Sektor der Erwerbsarbeit selber kann dabei völlig dereguliert werden, auch Niedriglöhne, ungünstige Arbeitbedingungen und -verhältnisse und selbst Kündigungen und Arbeitsplatzverlust verlieren ihren Schrecken, da das ausreichend hohe Grundeinkommen immer eine attraktive Alternative darstellt. Auch die Massenarbeitslosigkeit stellt vor diesem Hintergrund kein Problem mehr da. Sie lässt sich – so die These – wegen der hohen Produktivitätsentwicklung in der Wirtschaft ohnehin nicht abbauen. Das Grundeinkommen entlastet dadurch den Arbeitsmarkt dauerhaft und bietet den Erwerbslosen eine sinnvolle Lebensperspektive.

Versucht man dieses Modell zu bewerten, dann sind zwei Ebenen zu unterscheiden. Auf der ersten Ebene der Diskussion geht es um die prinzipielle und normative Frage, ob überhaupt ein Leben ohne Erwerbsarbeit möglich und anzustreben ist und sich die kapitalistisch-marktwirtschaftlichen Wirtschaftsordnung über den Weg staatlicher Transferzahlungen überwinden lässt. Auf der zweiten Ebene ist zu überprüfen, ob ein solches Konzept jemals finanzierbar und durchsetzbar wäre. Zum ersten Punkt: Trotz aller Produktivitätsfortschritte erfordert die Realisierung des Wohlstandsniveaus immer noch den Einsatz von menschlicher Arbeit. Erwerbsarbeit ist und bleibt notwendig, sie ist mit Mühen und Last verbunden, zugleich aber auch eine Quelle der Entfaltung, Anerkennung und sozialen Teilhabe. Deswegen kann es kein Ziel sein, für möglichst viele Menschen den dauerhaften Ausstieg aus dem Erwerbsleben zu alimentieren. Aus Gerechtigkeitsgründen sollte vielmehr angestrebt werden, die bezahlte Erwerbsarbeit und die unbezahlte Familien- und Reproduktionsarbeit gleich zu verteilen und für eine Verbesserung der Bedingungen im Arbeitsleben zu sorgen. Und auch wenn sich die Arbeitslosigkeit seit langen Jahren verhärtet und verfestigt hat, sie ist nicht irreversibel, sondern lässt sich – wie dies internationale Beispiele zeigen – durchaus überwinden.

Scheitern wird das Modell des bedingungslosen Grundeinkommens an dem Problem seiner fehlenden Finanzierbarkeit. Um dies zu verdeutlichen, reicht eine kleine überschlägige Rechnung: Ein hohes Grundeinkommen von beispielsweise 1.000 € für einen Erwachsenen und 500 € für Kinder bis 16 Jahren würde ein Transfervolumen von etwa 919 Mrd. € pro Jahr erfordern – eine Summe die das Sozialbudget in Höhe von 700 Mrd. € deutlich übersteigt. Nur ein Teil der bisherigen Sozialleistungen kann aber gestrichen werden, erforderlich bleiben u.a. die Ausgaben für die Kranken- und Pflegeversicherung (170 Mrd. €), für die Jugendhilfe (17,5 Mrd. €) sowie für die sozialen Dienste und die soziale Infrastruktur auf kommunaler Ebene. In der Summe entstünde damit für die Sozialpolitik ein Ausgabevolumen von mindestens 1.300 Mrd. €. Das Sozialbudget würde sich nahezu verdoppeln und Sozialleistungs- sowie Staatsquote würden sich ebenfalls schlagartig erhöhen. Noch nicht berücksichtigt ist dabei die Problematik, dass Anwartschaften und Leistungen der Rentenversicherung Eigentumscharakter haben und nur auf längere Frist abgebaut werden können.

Um diese Mittel aufzubringen, müsste das zusätzlich zum Grundeinkommen erzielte Erwerbseinkommen vom ersten Euro an extrem stark besteuert werden oder die Verbrauchsteuersätze müssten radikal angehoben werden. Der administrative Aufwand wäre enorm: Zunächst erhalten alle Bürger eine Zahlung, für die Empfänger mittlerer und höherer Erwerbseinkommen fallen dann aber die Steuerbelastungen so hoch aus, dass die Abzüge das Grundeinkommen erreichen und übersteigen. Eine solche massive Umverteilung kann nicht ohne negative Auswirkungen auf die Arbeitsbereitschaft bleiben. Je weniger sich wegen der hohen Steuerabzüge die Aufnahme von Erwerbsarbeit rechnet und je mehr Menschen dann ausschließlich vom Grundeinkommen leben, umso höher müssen dann die Steuerbelastungen der Erwerbstätigen ausfallen, was wiederum den Ausstieg aus dem Arbeitsmarkt befördern würde. Um überhaupt eine Finanzierbarkeit zu erreichen, müssten die Leistungssätze des Grundeinkommens bis in Richtung des Existenzminimums sinken. Das Ziel des Modells, eine Alternative zur Erwerbsarbeit zu bieten, würde dann aber verfehlt.

Die negative Einkommensteuer: Arbeit um jeden Preis?

Ein bewusst niedriges Niveau des Existenzminimums bei einem gleichzeitig niedrigen Anrechnungssatz des eigenen Einkommens ist das Charakteristikum aller Negativsteuermodelle. Ein System mit einer niedrigen Leistung übt einen hohen materiellen Anreiz oder – anders gesehen – einen faktischen Druck aus, Arbeit unter jeden Bedingungen aufzunehmen, wenn der Lebensunterhalt gesichert werden soll. Ziel ist es, über diesen Weg einer „workfare"-Politik (vgl. dazu ausführlich Kapitel „Arbeit und Arbeitsmarkt", Pkt. 9.3) den Niedriglohnsektor auf dem Arbeitsmarkt auszuweiten.

Fraglich ist, ob die mit der Negativsteuer verbundenen Erwartungen, das Sozialleistungssystem einfacher, überschaubarer und gerechter zu gestalten, zu realisieren sind: Da ein einheitliches Leistungsniveau vorgesehen wird und die bestehenden spezifischen Transfers wegfallen sollen, würden viele Personen bzw. Haushaltsgruppen mit besonderen Bedarfslagen beim Übergang zu einem solchen System schlechter gestellt. Wollte man diese Benachteiligungen korrigieren, müsste der Steuertarif entsprechend angepasst werden. Ein Tarif aber, der eine Vielzahl von individuellen Kriterien (Haushaltsgröße, Alter der Kinder, Wohnungsgröße, Wohnungskosten, Ausbildung, Behinderung usw.) zu berücksichtigen hätte, wäre kaum praktikabel.

Die pauschalierte Berechnung der Negativsteuer kann sich aber auch deswegen sehr ungerecht auswirken, da das Einkommensteuerrecht das Erfordernis einer zielgenauen Einkommensaufstockung nicht einlösen kann. So bleiben viele Einkünfte, die für die Bedarfsdeckung zur Verfügung stehen, im Steuerrecht unberücksichtigt, wie z.B. Unterhaltsleistungen, private Veräußerungserlöse. Auch verwertbares Vermögen müsste bei einer bedarfsorientierten Leistung angerechnet werden; auch hierfür gibt das Steuerrecht keine Handhabe. Unbrauchbar für die Sicherstellung des Existenzminimums und zur Vermeidung von Armut ist das Jährlichkeitsprinzip der Einkommensteuer. Denn anders als „normale" Steuerpflichtige können Personen, die sich unter der Armutsgrenze befinden, schwankende Einkommen und Belastungsspitzen nicht selbst ausgleichen. Der Verweis auf die Steuerjahresabrechnung hilft ihnen nicht. Die Erwartung schließlich, die administrativen Kosten des Sozialstaats durch die Integration von Arbeitsagenturen, Arbeitsgemeinschaften, Sozialämtern, Ausbildungsförderungsämtern, Wohngeldämtern usw. in die Finanzämter radikal zu begrenzen, geht nur dann auf, wenn auf Einzelfallorientierung, Auskunft und Beratung konsequent verzichtet würde.

Grundsicherung nach dem SGB II: Arbeitsmarktpolitische Konditionierung oder Gewährleistung der sozialpolitischen Sicherungsfunktion?

Wie demonstriert hängen die Auswirkungen einer jeden Grundsicherung entscheidend von Leistungsniveau und Einkommensanrechnung sowie von den Regelungen hinsichtlich der Zumutbarkeit von Arbeit und möglicher Sanktionen ab. Durch die Zusammenführung von Arbeitslosenhilfe und Sozialhilfe in der Grundsicherung für Arbeitsuchende (ALG II und Sozialgeld) sind diese Gestaltungsparameter vorrangig auf ihre Arbeitsmarkt- und Beschäftigungseffekte ausgerichtet worden. Es geht darum, Sozialpolitik beschäftigungsfördernd zu gestalten und die Bedingungen der Grundsicherung an diesem Ziel auszurichten. Der Druck, Arbeit um jeden Preis aufzunehmen, ist gewachsen; er wird insbesondere dadurch verstärkt, dass jedes legale Arbeitsverhältnis – unabhängig von der Höhe des Einkommens und der Arbeitsbedingungen – als zumutbar angesehen wird und angenommen werden muss, wenn es nicht zu Sanktionen und Leistungsentzug kommen soll.

Im Hintergrund dieser Entwicklung steht die einseitige Ausrichtung der herrschenden wissenschaftlichen und politischen Debatte auf die Frage, ob das Leistungsniveau niedrig genug sei und ausreichende Arbeitsanreize biete. Da die These, Arbeitslosigkeit sei eine Folge unzureichender Arbeitsmotivation und fehlender finanzieller Arbeitsanreize, aber weder empirisch noch theoretisch überzeugen kann, produziert ein niedriges Leistungsniveau nur neue soziale Probleme, nicht aber zusätzliche Arbeitsplätze (vgl. Kap. „Arbeit und Arbeitsmarkt", Pkt. 9.3). Auch die Überlegungen, die Freibeträge bei der Anrechnung von Arbeitseinkommen zu erhöhen – noch über die Regelungen beim Arbeitslosengeld II hinaus – sind beschäftigungspolitisch motiviert. Durch die damit verbundene Möglichkeit der Lohnaufstockung („Kombi-Lohn") soll der Boden für die noch stärkere Ausbreitung von Niedriglöhnen geschaffen werden. Das hieße aber, den für die Tarifpolitik – und mit Folgewirkungen für die Leistungs- und Finanzierungsfähigkeit der Sozialversicherung – tragenden Grundsatz aufgeben, dass ein Vollzeiteinkommen auch in den unteren Lohngruppen zum individuellen Lebensunterhalt oberhalb der Armutsschwelle reichen muss. Eine gleichermaßen pauschale wie dauerhafte Subventionierung von schlecht bezahlten Arbeitsplätzen macht jedoch auch arbeitsmarktpolitisch keinen Sinn, da es wahrscheinlich ist, dass es zu Mitnahme- und Substitutionseffekten, nicht aber zur Schaffung zusätzlicher Arbeitsplätze kommt. Finanzierungsrechnungen zeigen, dass eine nur geringe Anrechnung des Erwerbseinkommens, z.B. eine Anrechnungsfreiheit der Hälfte des Einkommens, dazu führt, dass der Kreis der Anspruchsberechtigten sehr groß wird. Zum einen bleiben mehr Personen im Leistungsbezug, da bis in mittlere Entgeltbereiche hinein Anspruch auf aufstockende Zahlungen besteht; zum anderen gebietet es der Gleichbehandlungsgrundsatz, nicht nur bei jenen die Löhne aufzustocken, die Leistungen beziehen und aus der Arbeitslosigkeit heraus eine Beschäftigung aufnehmen, sondern auch jenen, die bereits erwerbstätig sind, aber mit ihrem Einkommen unterhalb der Leistungsschwelle liegen. Unter diesen Bedingungen bleiben hohe Freigrenzen nur finanzierbar, wenn das Existenzminimum möglichst weit nach unten gedrückt wird. Der sozialpolitische Sinn der Grundsicherung, nämlich Armut zu vermeiden und allen Menschen eine gleichberechtigte Teilhabe am gesellschaftlichen Leben zu gewährleisten, wird in den Hintergrund gedrängt.

Allerdings: Armut und soziale Ausgrenzung lassen sich, vor allem dann, wenn sie eine Folge von Arbeitslosigkeit sind, nicht allein durch Transfers überwinden. Das überfordert den Sozialstaat allein schon in finanzieller Hinsicht. Unverzichtbar ist deshalb eine Bekämpfung der Ursachen und Entstehungsbedingungen der Probleme. Es geht immer auch um die Aufgabe, Sorge zu tragen für eine Ausweitung der Arbeitsplätze – dies aber nicht um jeden Preis, sondern unter der Bedingung fairer Arbeitsverhältnisse und existenzsichernder Arbeitseinkommen.

10 Literaturhinweise

Einkommensverteilung

Aacken, A., Grözinger, G. (Hrsg.), Ungleichheit und Umverteilung, Marburg 2004.

Bäcker, G., Hanesch, W., Arbeitnehmer und Arbeitnehmerhaushalte mit Niedrigeinkommen, in: Ministerium für Arbeit, Gesundheit und Soziales des Landes NRW, Landessozialbericht Band 7, Düsseldorf 1998.

Becker, I., Hauser, R. (Hrsg.), Einkommensverteilung und Armut – Deutschland auf dem Weg zur Vier-Fünftel-Gesellschaft?, Frankfurt a. M./New York 1997.

Becker, I., Hauser, R., Anatomie der Einkommensverteilung, Berlin 2003.

Bericht der Bundesregierung zur Berufs- und Einkommenssituation von Frauen und Männern, Bundestagsdrucksache 14/8952, Berlin 2002.

Bosch, G., Weinkopf, C. (Hrsg.), Arbeiten für wenig Geld. Niedriglohnbeschäftigung in Deutschland, Frankfurt a.m./New York 2007.

Bothfeld, Pkt., Klammer, U., Klenner, Ch. u.a., WSI-FrauenDatenReport 2005, – Handbuch zur wirtschaftlichen und sozialen Situation von Frauen, Berlin 2005.

Eggen, B., Privathaushalte mit Niedrigeinkommen, Baden-Baden 1998.

Fachinger, U., Lohnentwicklung im Lebenslauf – Empirische Analysen für die Bundesrepublik Deutschland, Frankfurt a. M./New York 1995.

Flora, P., Noll, H.H. (Hrsg.), Sozialberichterstattung und Sozialstaatsbeobachtung, Frankfurt a. M./New York 1999.

Hauser, R. (Hrsg.), Sozialpolitik im vereinten Deutschland III, Lohnpolitik, Familienpolitik und Verteilung, Berlin 1996.

Hauser, R., Stein, H., Die Vermögensverteilung im vereinigten Deutschland, Frankfurt a. M./New York 2001.

Huster, E.U. (Hrsg.), Reichtum in Deutschland. Die Gewinner der sozialen Polarisierung, Frankfurt a. M./New York 1997.

Ring, A., Die Verteilung der Vermögen in der Bundesrepublik Deutschland. Analyse und politische Schlussfolgerungen, Frankfurt a.M. 2000.

Schüssler, R., Funke, C., Vermögensbildung und Einkommensverteilung, Düsseldorf 2002.

Stein, H., Anatomie der Vermögensverteilung, Berlin 2004.

Zapf, W., Schupp, J., Habich, R. (Hrsg.), Lebenslagen im Wandel: Sozialberichterstattung im Längsschnitt, Frankfurt a. M., New York 1996.

Lohnbildung und Tarifpolitik

Achten, U., Flächentarifvertrag und betriebsnahe Tarifpolitik. Vom Anfang der Bundesrepublik bis in die 1990er Jahre, Hamburg 2007.

Bispinck, R. (Hrsg.), Wohin treibt das Tarifsystem?, Hamburg 2007.

Bispinck, R./WSI-Tarifarchiv, Kontrollierte Dezentralisierung. Eine Analyse der tariflichen Öffnungsklauseln in 80 Tarifbereichen, Elemente qualitativer Tarifpolitik Nr. 55, Düsseldorf 2004.

Bispinck, R. (Hrsg.), Tarifpolitik der Zukunft: Was wird aus dem Flächentarifvertrag?, Hamburg 1995.

Ehlscheid, C., Meine, H., Ohl, K. (Hrsg.), Handbuch Arbeit Entgelt Leistung, Tarifanwendung im Betrieb, Frankfurt/Main 2006.

Gerlach, K., Schettkat, R. (Hrsg.), Determinanten der Lohnbildung, Berlin 1995.

König, O., Stamm, S., Wendl, M. (Hrsg.), Erosion oder Erneuerung? Krise und Reform des Flächentarifvertrags, Hamburg 1998.

Müller-Jentsch, W., Ittermann, P., Industrielle Beziehungen – Daten, Zeitreihen, Trends, Frankfurt a. M./New York 2000.

Müller-Jentsch, W. (Hrsg.), Konfliktpartnerschaft – Akteure und Institutionen der industriellen Beziehungen, München/Mering 1999.

Müller-Jentsch, W., Soziologie der industriellen Beziehungen, Frankfurt a. M. 1997.

Schulten, Th., Solidarische Lohnpolitik in Europa – Zur Politischen Ökonomie der Gewerkschaften, Hamburg 2004.

Schulten, Th., Bispinck, R. (Hrsg.), Tarifpolitik unter dem Euro, Hamburg 1999.

Schulten, Th., Bispinck, R., Schäfer C. (Hrsg.), Mindestlöhne in Europa, Hamburg 2006.

Sterkel, G., Schulten, Th., Wiedemuth, J. (Hrsg.), Mindestlöhne gegen Lohndumping. Rahmenbedingungen – Erfahrungen – Strategien, Hamburg 2006.

Tondorf, K., Jochmann-Döll, A. (Hrsg.), (Geschlechter-) Gerechte Leistungsvergütung? Vom (Durch-)Bruch des Leistungsprinzips in der Entlohnung Hamburg 2005.

Wagner, H., Schild, A. (Hrsg.), Der Flächentarif unter Druck. Die Folgen von Verbetrieblichung und Vermarktlichung, Hamburg 2003.

Weiler, A., Frauenlöhne – Männerlöhne – Gewerkschaftliche Politik zur geschlechtsspezifischen Lohnstrukturierung, Frankfurt a. M. 1992.

Wirtschafts- und Sozialwissenschaftliches Institut (Hrsg.), WSI-Tarifhandbuch 2007, Frankfurt a. M. 2007.

Sozialversicherung

Bäcker, G., Ebert, Th., Defizite und Reformbedarf in ausgewählten Bereichen der sozialen Sicherung, hrsg. vom Ministerium für Arbeit, Gesundheit und Soziales des Landes NRW, Düsseldorf 1996.

Becker, I., Ott, N., Rolf, G. (Hrsg.), Soziale Sicherung in einer dynamischen Gesellschaft, Frankfurt 2001.

Boecken, W. u.a. (Hrsg.), Öffentliche und private Sicherung gegen soziale Risiken, Baden-Baden 2000.

Bundesministerium für Arbeit und Soziales (Hrsg.), Übersicht über das Sozialrecht, Nürnberg 2007.

Döring, D., Hauser, R. (Hrsg.), Soziale Sicherheit in Gefahr. Zur Zukunft der Sozialpolitik, Frankfurt a. M. 1995.

Eichler, D., Armut, Gerechtigkeit und soziale Grundsicherung, Westdeutscher Verlag, Wiesbaden 2001.

Fachinger, U., Rothgang, H., Viebrock, H. (Hrsg.), Die Konzeption sozialer Sicherung, Baden-Baden 2002.

Hauser, R. (Hrsg.), Alternative Konzeptionen der sozialen Sicherung, Berlin 1999.

Klammer, U. (Projektleiterin), Flexicurity: Soziale Sicherung und Flexibilisierung der Arbeits- und Lebensverhältnisse, Düsseldorf 2001.

Mager, H.-Ch., Schäfer, H., Schrüfer, K. (Hrsg.), Private Sicherung und Soziale Sicherung, Marburg 2001.

Maydell, B., Ruland, F. (Hrsg.), Sozialrechtshandbuch, 3. Auflage, Baden-Baden 2003.

Nachhaltigkeit in der Finanzierung der Sozialen Sicherungssysteme, Bericht der „Rürup-Kommission", hrsg. vom Bundesministerium für Gesundheit und Soziale Sicherung, Bonn 2003.

Riedmüller, B., Olk, Th. (Hrsg.), Grenzen des Sozialversicherungsstaates, Opladen 1994.

Rolf, G., Spahn, P.B., Wagner, G. (Hrsg.), Sozialvertrag und Sicherung, Frankfurt a. M./New York 1988.

Schmähl, W. (Hrsg.), Soziale Sicherung zwischen Markt und Staat, Berlin 2001.

Schmähl, W., Versicherungsprinzip und soziale Sicherung, Tübingen 1985.

Strengmann-Kuhn, Wolfgang (Hrsg.), Das Prinzip Bürgerversicherung. Die Zukunft im Sozialstaat, Wiesbaden 2005.

Grundsicherung, Sozialhilfe, Grundeinkommen

Burmann, N., Sellin, C.; Trube, A., Ausstiegsberatung für Sozialhilfeempfänger. Konzepte, Instrumente und Ergebnisse eines vergleichenden Modells, Frankfurt 2001.

Becker, I., Hauser, R., Verteilungseffekte der Hartz-IV-Reform. Ergebnisse von Simulationsanalysen, Berlin 2006.

Bischoff, J., Allgemeines Grundeinkommen. Fundament für soziale Sicherheit?, Hamburg 2007.

Boss, A., Sozialhilfe, Lohnabstand und Leistungsanreize. Empirische Analyse für Haushaltstypen und Branchen in West- und Ostdeutschland, Heidelberg 2002.

Brülle, H., Reis, C. (Hrsg.), Neue Steuerung in der Sozialhilfe: Sozialberichterstattung, Controlling, Benchmarking, Casemanagement, Neuwied 2001.

Bundesministerium der Finanzen, Probleme einer Integration von Einkommensbesteuerung und steuerfinanzierten Sozialleistungen. Gutachten einer Experten-Kommission „Alternative Steuer-Transfer-Systeme", in: Schriftenreihe des Bundesministeriums der Finanzen, Heft 59, Bonn 1996.

Dann, S., Kirchmann, A., Spermann, A. (Hrsg.), Kombi-Einkommen – Ein Weg aus der Sozialhilfe?, Baden-Baden 2002.

Eggen, B., Familien in der Sozialhilfe und auf dem Arbeitsmarkt in Ost- und Westdeutschland, Materialien und Berichte der Familienwissenschaftlichen Forschungsstelle, Band 28, Statistisches Landesamt Baden-Württemberg, Stuttgart 2000.

Eichler, D., Armut, Gerechtigkeit und soziale Grundsicherung, Wiesbaden 2001.

Gerntke, A., Rätz, W. Schäfer, C. (Hrsg.), Einkommen zum Auskommen, Hamburg 2004.

Grözinger, G., Maschke, M., Offe, C., Die Teilhabegesellschaft. Modell eines neuen Wohlfahrtsstaates, Frankfurt a.M./New York 2006.

Hauser, R. u.a., Ziele und Möglichkeiten einer Sozialen Grundsicherung, Baden-Baden 1997.

Jacobs, H., Sozialhilfe im Dilemma: Sozialhilfereform zwischen sozialpolitischer Notwendigkeit und Sparzwang, Frankfurt a. M. 2001.

Kaltenborn, B., Reformkonzepte für die Sozialhilfe: Finanzbedarf und Arbeitsmarkteffekte, Baden-Baden 2000.

Krebs, H.-P., Rein, H. (Hrsg.), Existenzgeld – Kontroversen und Positionen, Münster 2000.

Mitschke, J., Grundsicherungsmodelle – Ziele, Gestaltung, Wirkungen und Finanzbedarf, Baden-Baden 2000.

Sartorius, U., Das Existenzminimum im Recht, Baden-Baden 2000.

Talos, E. (Hrsg.), Bedarfsorientierte Grundsicherung, Wien 2003.

Vanderborght, Y., Parijs, Ph., Ein Grundeinkommen für alle? Geschichte und Zukunft eines radikalen Vorschlags, Frankfurt a.M./New York 2005.

Vobruba, G., Entkoppelung von Arbeit und Einkommen, Wiesbaden 2007.

Armut

Adamy, W., Steffen, J., Abseits des Wohlstands – Arbeitslosigkeit und neue Armut, Darmstadt 1998.

Alisch, M., Dangschat, J., Armut und soziale Integration, Opladen 1998.

Andreß, H. -J., Leben in Armut – Analysen der Verhaltensweisen armer Haushalte mit Umfragedaten, Wiesbaden 1999.

Andreß, H.-J., Krüger, A., Ausstiege aus dem unteren Einkommensbereich – Institutionelle Hilfeangebote, individuelle Aktivitäten und soziale Netzwerke, Berlin 2006.

Barlösius, E., Ludwig-Mayerhofer, W. (Hrsg.), Die Armut der Gesellschaft, Opladen 2001.

Bartelheimer, P., Sozialberichterstattung für die Stadt, Methodische Probleme und politische Möglichkeiten, Frankfurt a. M./New York 2001.

Becker, I., Hauser, R., Dunkelziffer der Armut. Ausmaß und Ursachen der Nicht-Inanspruchnahme zustehender Sozialhilfeleistungen, Berlin 2005.

Beisenherz, G., Kinderarmut und Wohlfahrtsstaat in Deutschland, Opladen 2001.

Bieback, K.J., Milz, H. (Hrsg.), Neue Armut, Frankfurt a. M. 1995.

Böhnke, P., Am Rande der Gesellschaft – Risiken sozialer Ausgrenzung, Opladen 2005.

Büchel, F. u.a. (Hrsg.), Zwischen drinnen und draußen: Arbeitsmarktchancen und soziale Ausgrenzungen in Deutschland, Opladen 2000.

Buhr, P., Dynamik von Armut – Dauer und biographische Bedeutung von Sozialhilfebezug, Opladen 1995.

Huster, E.-U., Boeckh, J., Megge-Grotjahn, H. (Hrsg.), Handbuch Armut, Wiesbaden 2008.

Butterwegge, Ch., Klundt, M. (Hrsg.), Kinderarmut und Generationengerechtigkeit, 2. Auflage, Opladen Wiesbaden 2002.

Dangschat, J. (Hrsg.), Modernisierte Stadt – gespaltene Gesellschaft. Ursachen von Armut und sozialer Ausgrenzung, Opladen 1999.

Döring, D., Hanesch, W., Huster, E.U. (Hrsg.), Armut im Wohlstand, Frankfurt a. M. 1990.

Farwick, A., Segregierte Armut in der Stadt – Ursachen und soziale Folgen der räumlichen Konzentration von Sozialhilfeempfängern, Opladen 2001.

Gebauer, R., Petschauer, H., Vobruba, G., Wer sitzt in der Armutsfalle? Selbstbehauptung zwischen Sozialhilfe und Arbeitsmarkt, Berlin 2002.

Goebel, J., Habich, R., Krause, P., Einkommen: Verteilung, Angleichung, Armut und Dynamik, in: Statistisches Bundesamt (Hrsg.), Datenreport 2006, Wiesbaden 2006.

Hanesch, W. (Hrsg.), Sozialpolitische Strategien gegen Armut, Opladen 1995.

Hanesch, W. (Hrsg.), Überlebt die soziale Stadt? Konzeption, Krise und Perspektiven kommunaler Sozialstaatlichkeit, Opladen 1997.

Hanesch, W., Krause, P., Bäcker, G., Maschke, M., Otto, B., Armut und Ungleichheit in Deutschland, Reinbek 2000.

Hauser, R., Hübinger, R., Arme unter uns, Teil 1, Ergebnisse und Konsequenzen der Caritas-Armutsuntersuchung, Freiburg i.Br. 1993.

Häußermann, H., Kronauer, M., Siebel, W. (Hrsg.), An den Rändern der Städte. Armut und Ausgrenzung, 2. Auflage, Frankfurt a. M. 2004.

Hübinger, W., Prekärer Wohlstand: Neue Befunde zu Armut und sozialer Ungleichheit, Freiburg i. Br. 1998.

Klocke, A., Hurrelmann, K., Kinder und Jugendliche in Armut: Umfang, Auswirkungen und Konsequenzen, 2. Auflage, Wiesbaden 2001.

Krämer, W., Armut in der Bundesrepublik – Zur Theorie und Praxis eines überforderten Begriffs, Frankfurt a. M. 2000.

Krause, P., Bäcker, G., Hanesch, W. (Edit.), Combating poverty in Europe – The German Welfare Regime in Practise, Aldershot 2003.

Lebenslagen in Deutschland, Erster Armuts- und Reichtumsbericht der Bundesregierung, Bundestagsdrucksache 14/5990, Berlin 2001.

Lebenslagen in Deutschland, Zweiter Armuts- und Reichtumsbericht der Bundesregierung, Bundesstagsdrucksache 15/5015, Berlin 2005.

Leibfried, St., Voges, W. (Hrsg.), Armut im modernen Wohlfahrtsstaat, Opladen 1992.

Leibfried, St., Leisering, L., Zeit der Armut, Lebensläufe im Sozialstaat. Frankfurt a. M. 1995.

Ludwig, M., Abstiegskarrieren – Zwischen Abstieg und Aufstieg im Sozialstaat, Wiesbaden 1996.

Mardorf, S., Konzepte und Methoden von Sozialberichterstattung. Eine empirische Analyse kommunaler Armuts- und Sozialberichte, Wiesbaden 2006.

Müller, S., Otto, U. (Hrsg.), Armut im Sozialstaat – Gesellschaftliche Analysen und sozial-politische Konsequenzen, Neuwied 1997.

Sell, St. (Hrsg.), Armut als Herausforderung: Bestandsaufnahme und Perspektiven der Armutsforschung und Armutsberichterstattung, Berlin 2003.

Strengmann-Kuhn, W., Armut trotz Erwerbstätigkeit. Analysen und sozialpolitische Konsequenzen, Frankfurt a. M./New York 2003.

Zwick, M. (Hrsg.), Einmal arm – immer arm? Neue Befunde zur Armut in Deutschland, Frankfurt a. M./New York 1994.

Regelmäßige Veröffentlichungen und Materialquellen

Armuts- und Reichtumsbericht der Bundesregierung, alle 4 Jahre, zuletzt: Zweiter Bericht, Bundesstagsdrucksache 15/5015 vom 03.02.2005.

Statistisches Bundesamt, Datenreport, Zahlen und Fakten über die Bundesrepublik Deutschland, zuletzt Datenreport 2006, Wiesbaden 2006.

Bericht der Bundesregierung über die Höhe des Existenzminimums von Erwachsenen und Kindern, alle 2 Jahre, zuletzt: Sechster Bericht, Bundestagsdrucksache 16/3265 vom 02.11.2006.

Nationaler Strategiebericht Sozialschutz und soziale Eingliederung, Deutschland, zuletzt 2006.

Sozialbericht der Bundesregierung, alle 4 Jahre, zuletzt Sozialbericht 2005, Bundestagsdrucksache 15/5955 vom 11.08.2005.

Wirtschafts- und Sozialwissenschaftliches Institut (Hrsg.), Verteilungsbericht, jährlich, zuletzt: Schäfer, C., Unverdrossene "Lebenslügen-Politik" – Zur Entwicklung der Einkommensverteilung, in: WSI Mitteilungen 11/2006.

Wirtschafts- und Sozialwissenschaftliches Institut (Hrsg.), Informationen zur Tarifpolitik, Düsseldorf.

Wirtschafts- und Sozialwissenschaftliches Institut (Hrsg.), WSI-Tarifhandbuch, jährlich, zuletzt: Tarifhandbuch 2007. Schwerpunkt: Bezahlung nach Erfolg und Gewinn, Frankfurt a.M. 2007.

Wohngeld- und Mietenbericht der Bundesregierung, alle 4 Jahre, zuletzt: Wohngeld- und Mietenbericht 2002, Bundestagsdrucksache 15/2200 vom 11.12.2002.

Statistisches Bundesamt:

Datenreport, Zahlen und Fakten über die Bundesrepublik Deutschland, zuletzt Datenreport 2006, Wiesbaden 2006.

Fachserie 1: Bevölkerung und Erwerbstätigkeit

Fachserie 13. Sozialleistungen

    Reihe 2 Sozialhilfe

    Reihe 4 Wohngeld

Fachserie 15: Wirtschaftsrechnungen

Fachserie 16: Löhne und Gehälter

Zeitschriften

Aus Politik und Zeitgeschichte

Bundesarbeitsblatt

DIW-Wochenbericht

info also. Informationen zum Arbeitslosenrecht und Sozialhilferecht

Nachrichtendienst des deutschen Vereins für Öffentliche und Private Fürsorge

Soziale Sicherheit

Sozialer Fortschritt

Wirtschaft und Statistik

Wirtschaftsdienst

WSI-Mitteilungen

ZfSH/SGB – Sozialrecht in Deutschland und Europa

Zeitschrift für Sozialreform

IV Arbeit und Arbeitsmarkt

1 Erwerbsarbeit und ihre Bedeutung für die Lebenslage

Als Grundbedingung menschlichen Lebens kommt „Arbeit" sowohl im individuellen als auch gesellschaftlichen Zusammenhang eine fundamentale Bedeutung zu. Die eigene Existenzsicherung und gegebenenfalls auch die der Angehörigen setzt Arbeit voraus, da die zum Leben erforderlichen Güter und Dienstleistungen produziert und bereitgestellt werden müssen. Arbeit ist allerdings nicht nur die Quelle allen materiellen Reichtums und gesellschaftlichen Wohlstands. Über die reine Sicherung der eigenen Existenz hinaus ist Arbeit immer auch von zentraler Bedeutung für die persönliche Entwicklung jedes einzelnen Menschen, seine soziale und gesellschaftliche Stellung und seine Lebenschancen im weitesten Sinne.

Die Bedeutung der Erwerbsarbeit beschränkt sich keineswegs auf ihre Einkommensfunktion. Sie erfordert die Verausgabung von Arbeitskraft, den Einsatz körperlicher, psycho-sozialer und intellektueller Kräfte und Fähigkeiten. Sie kann die Chance zur Einbringung und Weiterentwicklung der Kenntnisse und schöpferischen Fähigkeiten der Menschen bieten, sie birgt aber auch das Risiko psycho-physischer Überlastung. Über das reine Einkommensinteresse hinaus haben abhängig Beschäftigte deswegen seit Beginn der industriellen Produktion Forderungen nach einer Begrenzung überlanger Arbeitszeiten und gesundheitsschädigender Arbeitsbedingungen gestellt und darüber hinaus auch Ansprüche an die inhaltliche Ausgestaltung und qualifikatorischen Anforderungen der Arbeitstätigkeiten entwickelt. Die kollektive Interessenvertretung durch die Gewerkschaften und ihre Durchsetzung im politischen System hat – auch vor dem Hintergrund der enormen Weiterentwicklung der technologischen und der wirtschaftlichen Leistungsfähigkeit – die Arbeitsbedingungen und damit auch die Lebensverhältnisse insgesamt erheblich verbessert. Neben der Anhebung des materiellen Lebensstandards fällt vor allem der starke Rückgang der Arbeitszeit ins Auge. Diese Ausweitung der nicht durch Erwerbsarbeit gebundenen Zeit hat die gesellschaftlichen wie die privaten Lebensbedingungen tiefgreifend verändert und den Menschen vielfältige neue Spielräume in ihrer individuellen Lebensgestaltung geschaffen.

Erwerbsarbeit entfaltet ihre Wirkung aber nicht nur im Arbeitsleben, sondern weit darüber hinaus. Auch die Lebenssituation der nicht Erwerbstätigen wird mittelbar davon berührt: So hängen die Entwicklungsmöglichkeiten und Entfaltungschancen von Kindern und Jugendlichen nicht zuletzt von den durch die Erwerbsarbeit ihrer Eltern gegebenen Handlungsspielräumen ab, und der Lebensstandard der alten Menschen spiegelt den eigenen, in ihrem früheren Erwerbsleben erworbenen oder den ihrer EhepartnerInnen wider.

Erwerbsarbeit ist ohne ihr Gegenstück, die privat verrichtete, unbezahlte Arbeit, vorwiegend in Form der *Haus- und Familienarbeit*, nicht zu denken. Über einen langen historischen Zeitraum hat sich eine geschlechtsspezifische Arbeitsteilung entwickelt und zum gesellschaftlich vorherrschenden Handlungsmuster verfestigt, nach dem Frauen für die Reproduktionsarbeit und Männer für den Erwerb des Lebensunterhalts zuständig sind. Das immer noch dominierende Muster männlicher Erwerbsarbeit als Vollzeitarbeitsverhältnis über ein ganzes Arbeitsleben hinweg war und ist nur auf dieser Grundlage möglich. Auch heute noch prägt diese Arbeitsteilung die Erwerbsbeteiligung und Erwerbsformen von Frauen. Denn auch wenn Frauen erwerbstätig sind, bleiben sie zumeist für die Erziehung der Kinder und die Erledigung der Hausarbeit verantwortlich. Diese Arbeitsteilung begründet eine ökonomisch fundierte Abhängigkeit vieler Frauen von Männern. Zwar haben sich in den vergangenen Jahrzehnten Position und Situation von Frauen im Erwerbsleben spürbar verbessert, denn nie zuvor war ein so großer Teil der Frauen gut ausgebildet und in qualifizierten Berufen tätig. Aber von einer Aufhebung der geschlechtsspezifischen Teilung der gesellschaftlichen Arbeit kann bei weitem noch nicht gesprochen werden.

Erwerbslosigkeit oder – wie es begrifflich unscharf heißt – *Arbeitslosigkeit* bildet das zentrale soziale Risiko in einer auf abhängiger Erwerbsarbeit basierenden Gesellschaft. Der Risikoeintritt entzieht sich weitgehend individueller Einflussnahme, sondern ist abhängig von der gesellschaftlichen Entwicklung. In Abhängigkeit vom Wirtschaftsprozess steigt bzw. schrumpft die Nachfrage nach Arbeitskräften, verbessern bzw. verschlechtern sich die objektiven Chancen für eine erfolgreiche Erwerbsbeteiligung und eigenständige Existenzsicherung. Auch beste individuelle Voraussetzungen – wie hohe berufliche Qualifikation, Mobilität und Leistungsfähigkeit – sind keine Garanten für einen sicheren und womöglich gutbezahlten Arbeitsplatz. Erwerbslosigkeit bedeutet für die Betroffenen vor allem den Wegfall des Arbeitseinkommens und damit der oftmals einzigen finanziellen Existenzgrundlage. Hinzu kommen die psycho-sozialen Folgen für die Erwerbslosen selbst und ihre Angehörigen, aber auch die mittelbaren, gesellschaftlich wirksamen Konsequenzen. Anhaltend hohe Arbeitslosigkeit bedroht den Zusammenhalt der Gesellschaft, fördert soziale Spaltungs- und Ausgrenzungstendenzen und schwächt die Fähigkeit der Beschäftigten zur Wahrnehmung und Durchsetzung ihrer Interessen auf dem Arbeitsmarkt. Das Kräfteverhältnis zwischen Kapital und Arbeit verändert sich. Arbeitslosigkeit wirkt selbst noch auf die Arbeitsbedingungen der (noch) Erwerbstätigen zurück. Der Druck der „industriellen Reservearmee" (Karl Marx) verschärft die Konkurrenz der abhängig Arbeitenden untereinander.

Dieser Zusammenhang macht die zentrale Bedeutung sozialpolitischer Regulierungen des Beschäftigungsrisikos deutlich: Im Falle einer finanziellen Absicherung bei Arbeitslosigkeit geht es keineswegs nur um soziale, sondern auch um unmittelbar arbeitsmarkt- und gesellschaftspolitische Auswirkungen. Unmittelbar sichert sie – zumindest als das sozioökonomische Minimum – den Lebensunterhalt von Arbeitslosen. Die Einkommenssicherung enthebt aber zugleich von der Notwendigkeit, unter allen Umständen und zu jedem Preis die eigene Arbeitskraft anbieten zu müssen. Dies schützt nicht nur die Erwerbslosen selbst, sondern mindert auch den Druck, den sie – ungewollt – auf die in abhängiger Beschäftigung Stehenden ausüben.

Das Verhältnis von Erwerbsarbeit und Sozialpolitik beschränkt sich aber keineswegs nur auf die soziale Absicherung im Fall der Arbeitslosigkeit. Auch die Ausgestaltung der Arbeitsverhältnisse kann eine Quelle sozialer Risiken und Gefährdungen sein. Dabei weisen die real existierenden Arbeits- und Beschäftigungsverhältnisse starke Unterschiede auf. Das Spektrum reicht vom gut bezahlten und gesicherten Vollzeitarbeitsverhältnis über die oft schlechter abgesicherte und bezahlte Teilzeitarbeit bis hin zu weitgehend ungeschützten Formen wie z.B. Zeitverträge oder nicht sozialversicherungspflichtige (geringfügige) Beschäftigung. Das Spektrum der Beschäftigungsformen hat sich in den letzten Jahrzehnten deutlich erweitert und quantitativ ausgeweitet (vgl. Pkt. 3.2 dieses Kapitels).

Über die zukünftige Entwicklung der Arbeitsgesellschaft wird seit langem eine lebhafte Debatte geführt. Angesichts der dramatisch gestiegenen Arbeitslosigkeit befürchten viele Beobachter, dass der Arbeitsgesellschaft die Arbeit ausgeht. Ein nachhaltiger Bedeutungsverlust der Erwerbsarbeit wurde prognostiziert, und es wurden Alternativen jenseits der Erwerbsarbeit gesucht. Im Laufe von mehr als dreißig Jahren hat sich die Massenarbeitslosigkeit zum Dauerproblem verfestigt. Auch wirtschaftliche Aufschwungphasen vermochten es bislang nicht zu entschärfen. Die chronische Beschäftigungskrise, die in der Folge der deutschen Vereinigung und den damit einhergehenden Transformationsproblemen eine neue Qualität gewonnen hat, hat dazu geführt, dass hohe Arbeitslosigkeit auch über einen langen Zeitraum als Normalzustand in kapitalistischen Marktwirtschaften betrachtet wird. Das bedeutet allerdings nicht zwangsläufig, dass Erwerbsarbeit ihre individuelle und gesellschaftliche Bedeutung nachhaltig verliert. Im Gegenteil, je mehr Menschen vorübergehend oder dauerhaft von der Möglichkeit der existenzsichernden Erwerbsarbeit ausgeschlossen werden, um so eher wird dies nicht nur von den direkt Betroffenen als Verlust und Bedrohung empfunden.

Die Vorschläge zur Bewältigung des Problems der Massenarbeitslosigkeit konzentrieren sich in erster Linie auf die Möglichkeiten der Schaffung von neuen Erwerbsarbeitsmöglichkeiten etwa durch wirtschafts- und beschäftigungspolitische Maßnahmen und Programme, durch Reformen des Arbeitsmarktes und auch durch eine geeignete Einkommenspolitik (vgl. Pkt. 9 dieses Kapitels). Aber es wird auch über die systematische Aufwertung der Nichterwerbsarbeit nachgedacht, etwa durch die Förderung von *„Bürgerarbeit"* und anderer Formen gesellschaftlichen Engagements (vgl. Bd. II, Kap. „Soziale Dienste", Pkt. 8.4). Umstritten sind dabei regelmäßig nicht nur Einzelfragen der konkreten Ausgestaltung solcher Formen der Arbeit, sondern vor allem die Grundsatzfrage, inwieweit damit eine tragfähige Alternative oder Ergänzung zum System der Erwerbsarbeit angeboten werden kann.

2 Strukturen und Entwicklungstendenzen der Erwerbsarbeit

2.1 Erwerbsbeteiligung und Erwerbstätigkeit

Von den etwa 82,5 Mio. Menschen, die 2005 in Deutschland lebten, gingen etwa 36,5 Mio. einer *Erwerbstätigkeit* nach. Rund 4,5 Mio. Menschen waren erwerbslos. Erwerbstätige und Erwerbslose zusammen bilden – nach der Terminologie der amtlichen Statistik – die Gesamtheit der *Erwerbspersonen* (vgl. Abbildung IV.1). Bei rund 41 Mio. Erwerbspersonen ergibt sich eine Erwerbsbeteiligung bzw. *Erwerbsquote* von 49,7 %, d.h. knapp die Hälfte der (in- und ausländischen) Wohnbevölkerung ist erwerbstätig oder sucht eine Erwerbsarbeit. Die andere Hälfte der Bevölkerung zählt zu den *Nichterwerbspersonen*. Dies sind Kinder und Jugendliche, die noch vor der Erwerbsphase stehen, sowie ältere Menschen, die ihre Erwerbstätigkeit beendet haben. In der Gruppe der Bevölkerung im erwerbsfähigen Alter zählen zu den Nichterwerbspersonen insbesondere Hausfrauen und -männer, die zwar Arbeit leisten, nämlich gesellschaftlich notwendige Haus- und Erziehungsarbeit (*Reproduktionsarbeit*), diese Arbeit aber unbezahlt erbringen.

In einer marktwirtschaftlichen Gesellschaft wie der Bundesrepublik Deutschland ist die abhängige Beschäftigung die weit überwiegende Erwerbsform. 2005 waren knapp neun von zehn Erwerbstätigen (32,1 Mio.) abhängig beschäftigt, etwa 11 % (4,1 Mio.) selbstständig, und rund 1,1 % (421.000) arbeiteten als mithelfende Familienangehörige. Die Zahl der Selbstständigen hat sich im Zuge des wirtschaftlichen Konzentrationsprozesses verringert, steigt aber in den letzten Jahren wieder deutlich an. Diese Entwicklung beruht auch auf zunehmenden Gründungen aus der Arbeitslosigkeit heraus, die von der Bundesagentur für Arbeit verstärkt gefördert und vor allem von zuvor Arbeitslosen in Ostdeutschland in Anspruch genommen werden.

Unter den abhängig Beschäftigten lässt sich unterscheiden zwischen den sozialversicherungspflichtig beschäftigten ArbeiterInnen und Angestellten (etwa 81,7 %), den geringfügig Beschäftigten (11,4 %) und den BeamtInnen (6,9 %).

Abbildung IV.1:

Erwerbspersonen und Erwerbstätige

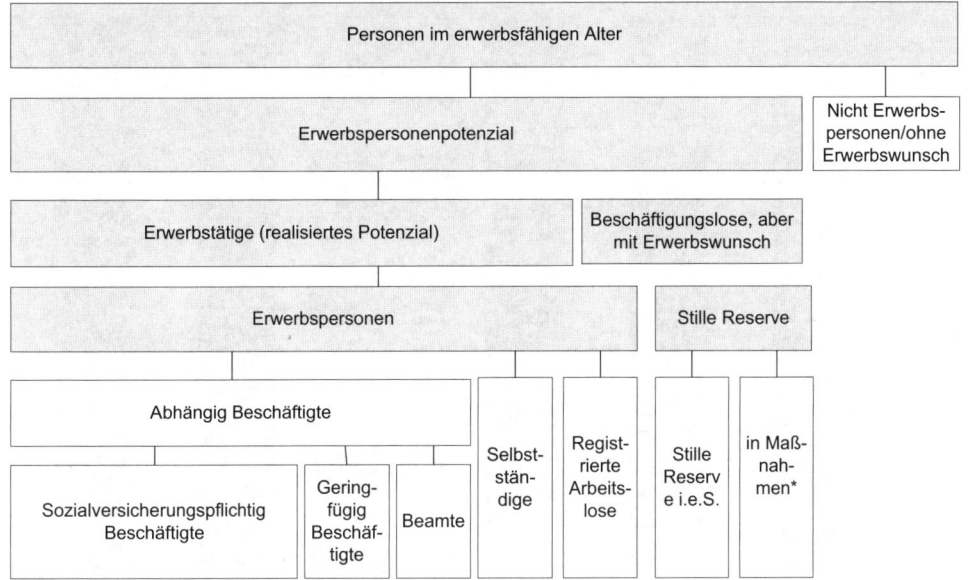

* z.B. in Bildungs- oder Arbeitsbeschaffungsmaßnahmen

Die Größenordnung der Felder entspricht nicht ihrer quantitativen Bedeutung

Der Einsatz der Beschäftigten in den einzelnen Wirtschaftsbereichen der Volkswirtschaft ist einem ständigen Strukturwandel unterworfen. In Deutschland vollzog sich in der Mitte des 19. Jahrhunderts der Übergangsprozess von der Agrar- zur Industriegesellschaft. Die Industrialisierung legte zugleich die materielle Grundlage für die Ausweitung des so genannten tertiären Sektors, der seit Ende des Zweiten Weltkriegs stetig an Bedeutung gewonnen hat. Er hat seinen Anteil zu Lasten der Beschäftigten in der Land- und Forstwirtschaft (primärer Sektor) und der Beschäftigten im warenproduzierenden Gewerbe (sekundärer Sektor) ständig vergrößert.

Wie umfassend die Verschiebungen zwischen den Sektoren sind, zeigen folgende Zahlen (vgl. Abbildung IV.2): 1950 hatte der primäre Sektor noch einen Anteil von 23,8 % aller Beschäftigten. Er sank rasch über 8,4 % im Jahr 1970 auf nur noch 2,2 % im Jahr 2005. Im gleichen Zeitraum nahm der sekundäre Sektor zunächst von 42,2 % (1950) auf 46,4 % (1970) zu und schrumpfte dann auf 25,9 % (2005). Im tertiären Sektor ist dagegen ein unaufhaltsamer Wachstumsprozess zu beobachten, von rund einem Drittel (33,5 %) im Jahr 1950 auf 44,9 % (1970) und 71,9 % (2005).

Abbildung IV.2:

Erwerbstätige nach Wirtschaftsbereichen 1970 - 2005

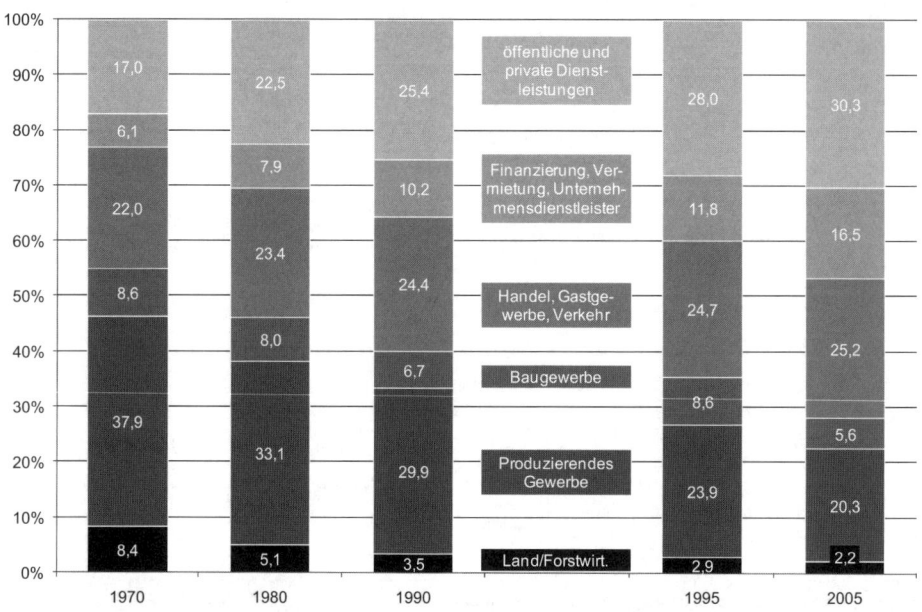

ArbeitnehmerInnen, Selbstständige und mithelfende Familienangehörige; Inlandskonzept in der Abgrenzung der volkswirtschaftlichen Gesamtrechnungen.

Bis 1990: früheres Bundesgebiet/alte Bundesländer, ab 1995: Deutschland,

Quelle: Sachverständigenrat zur Begutachtung der gesamtwirtschaftlichen Entwicklung, Jahresgutachten 2005/2006, Anhangstabelle 22.

In den Jahren nach der deutschen Vereinigung hat sich dieser Prozess, nicht zuletzt
aufgrund der ökonomischen Krise und des damit verbunden Strukturwandels in den
neuen Ländern, noch einmal verstärkt. Allerdings unterzeichnen diese Zahlen den
Veränderungtrend, denn sie bringen nicht zum Ausdruck, dass sich auch innerhalb
der Sektoren Strukturveränderungen vollziehen, die etwa im industriellen Sektor zu
einem deutlichen Anstieg der dienstleistungsbezogenen Tätigkeiten geführt haben.
Die wirtschaftsfachliche Zuordnung der Erwerbstätigen erfolgt jedoch vorrangig
nach dem wirtschaftlichen Schwerpunkt des Betriebes.

Diese Daten signalisieren einen anhaltenden Trend hin zur Dienstleistungsgesellschaft, der sich in der Zukunft fortsetzen dürfte. Der Sektor Dienstleistungen
umfasst dabei eine Fülle unterschiedlicher Tätigkeiten und Berufe wie u.a. Handel,
Verkehr, Nachrichtenübermittlung, Produktionsdienstleistungen, sachbezogene
Dienstleistungen wie Handwerk und Gaststättenwesen und personenbezogene soziale Dienstleistungen wie Krankenpflege und Erziehung. Kontinuierlich an Bedeutung gewonnen hat der Bereich der öffentlichen und privaten Dienstleister (halböf-
fentliche und private Organisationen ohne Erwerbscharakter). Fast jede/r dritte

ArbeitnehmerIn arbeitet hier (vgl. Abbildung IV.2). Nicht zuletzt die Ausweitung sozialpolitischer Aktivitäten im Bereich sozialer Dienste schlägt sich hier nieder (vgl. Bd. II, Kap. „Soziale Dienste", Pkt. 2.3). Allerdings ist es in den letzten Jahren im öffentlichen Dienst (Bund, Länder, Gemeinden, Sozialversicherungsträger) zu einem deutlichen Abbau der Beschäftigung gekommen; von 1991 bis 2005 um 17 %. Dem gegenüber hat im gleichen Zeitraum die Entwicklungsdynamik im Bereich privater Dienstleistungen besonders stark zugenommen.

Tabelle IV.1:

Bevölkerung, Erwerbspersonen, Nichterwerbspersonen 1970 - 2005

Jahr	Bevölkerung	Erwerbspersonen			Nichterwerbs-personen
		Insgesamt	Erwerbstätige in 1.000	Erwerbslose	
1970	60.651	26.817	26.560	149	33.834
1980	61.538	27.948	26.980	889	33.590
1990	63.254	30.369	28.479	1.883	32.885
1991[1)]	79.829	39.376	37.445	1.931	40.453
1994	81.368	39.571	36.076	3.495	41.797
2005	82.465	41.150	36.566	4.583	41.316
- West	65.688	32.280	29.380	2.900	33.409
- Ost	16.777	8.870	7.187	1.683	7.907

Datenbasis Mikrozensus   1) bis 1990 früheres Bundesgebiet, ab 1991 Deutschland
Quelle: Bundesministerium für Gesundheit und Soziale Sicherung, Statistisches Taschenbuch 1998; Angaben für nach 1991: Statistisches Bundesamt, Fachserie 1, Reihe 4.1.1.

Umfang und Struktur der Erwerbspersonen unterliegen ständigen Veränderungen:

- Von 1970 bis 1990 hat in den alten Bundesländern die Zahl der *Erwerbspersonen* (Erwerbstätige und Erwerbslose) um rd. 3,5 Mio. (13 %) zugenommen (vgl. Tabelle IV.1). Nach der deutschen Einigung ergab sich eine zwischen den alten und neuen Bundesländern stark voneinander abweichende Entwicklung: Während die Zahl der Erwerbspersonen von 1991 bis 2005 im Westen weiter um etwa 2,5 Mio. Personen angewachsen ist, ist sie im Osten um knapp 0,8 Mio. Personen gesunken. Für Gesamtdeutschland ergibt sich damit ein Anstieg der Erwerbspersonen um 1,7 Mio. auf 41,1 Mio.

- Stärkeren Schwankungen ist demgegenüber die Zahl der Erwerbstätigen unterworfen. In den 1970er und 1980er Jahren lässt sich in den alten Bundesländern ein Anstieg um fast 2 Mio. bis 1990 auf 28,5 Mio. feststellen. Von 1991 bis 2005 kam es dann in Gesamtdeutschland zu einem Rückgang von nahezu 0,9 Mio. auf 36,6 Mio. Allein in den neuen Bundesländern sank die Erwerbstätigenzahl in diesem Zeitraum um 1,3 Mio.

- Aus der Differenz zwischen Erwerbspersonen und Erwerbstätigen errechnet sich die Zahl der Erwerbslosen, die bereits Anfang der 80er Jahre in den alten Bundesländern die Millionengrenze überstieg, 1985 bei über 2,4 Mio. lag und bis 1990 wieder leicht auf 2 Mio. zurückging. Ein steiler Anstieg der Arbeitslosigkeit setzte nach der deutschen Einigung ein. 2005 lag die Zahl der Erwerbslosen (in der Definition des Mikrozensus) in Gesamtdeutschland bei 4,5 Mio. (vgl. Pkt. 5 dieses Kapitels).

2.2 Angebot und Nachfrage auf dem Arbeitsmarkt

Welche Faktoren stehen hinter dieser Entwicklung von Erwerbstätigen- und Erwerbslosenzahlen in den letzten Jahren? Welche Trends sind für die Zukunft zu erwarten? Um Hinweise über die zurückliegenden und die absehbaren Entwicklungslinien auf dem Arbeitsmarkt zu erhalten, ist es sinnvoll, das *Angebot* und die *Nachfrage* nach Arbeitskräften im Einzelnen zu untersuchen und in einer *Arbeitsmarktbilanz* einander gegenüberzustellen. Wenn zwischen Arbeitskräfteangebot und Arbeitskräftenachfrage eine Lücke klafft, so bedeutet dies in allgemeiner Form, dass nicht alle erwerbsfähigen und erwerbswilligen Menschen einen Arbeitsplatz erhalten und Arbeitslosigkeit auftritt (vgl. Abbildung IV.1).

2.2.1 Entwicklung des Arbeitskräfteangebots

Das Gesamtangebot an Arbeit setzt sich zusammen aus den Erwerbspersonen (Erwerbstätige und Erwerbslose) und zusätzlich aus Personen in der *Stillen Reserve* (vgl. Pkt. 5.2 dieses Kapitels). Der statistische Ausdruck dieser Gesamtgröße ist das *Erwerbspersonenpotenzial*. Die Höhe des Erwerbspersonenpotenzials wird beeinflusst von demografischen und verhaltensbedingten Faktoren. Hierzu gehören insbesondere

- die natürliche Bevölkerungsentwicklung (Saldo von Geburten- und Sterbefällen),
- die Wanderungsbewegung, hierbei vor allem die Bilanz von Zu- und Abwanderung von AusländerInnen (vgl. Pkt. 2.7 dieses Kapitels),
- die Erwerbsbeteiligung von Frauen (geschlechtsspezifische Erwerbsquote) (vgl. Pkt. 2.4.1 dieses Kapitels) sowie
- die Erwerbsbeteiligung der unterschiedlichen Altersgruppen, in erster Linie der jüngeren und älteren Menschen (altersspezifische Erwerbsquoten) (vgl. Pkt. 2.5 dieses Kapitels).

Für die Entwicklung auf dem Arbeitsmarkt ist vor allem die Entwicklung der Jahrgänge im erwerbs*fähigen* Alter (20 bis 60 oder 65 Jahren) von großer Bedeutung. Die Größenordnung der in den Arbeitsmarkt neu eintretenden Jahrgänge hängt von der Geburtenentwicklung und der Zuwanderung ab. Noch bis Anfang der 1990er Jahre nahm die Bevölkerung im erwerbsfähigen Alter bedingt zu; im Jahr 2005 umfasste die Altersgruppe 20 bis 60 Jahre 45,4 Mio. Personen (vgl. Abbildung II.14 aus Kapitel II).

Allerdings hat das Bildungs- und Arbeitsmarkt*verhalten* zu einem der demografischen Entwicklung entgegengesetzten Effekt geführt: Während sich das *Berufseintrittsalter* nach oben verschoben hat, ist das *Berufsaustrittsalter* der älteren ArbeitnehmerInnen gesunken: Beschäftigte scheiden früher aus dem Arbeitsleben aus und wechseln in den Ruhestand. Durch diese gleichzeitige Entwicklung von steigendem Berufsaustrittsalter und sinkendem Berufseintrittsalter wurde der demografisch bedingte Anstieg des Erwerbspersonenpotenzials abgebremst. Ohne den längeren Verbleib im Bildungssystem und ohne die Vorverlegung der Altersgrenzen läge heute die Zahl der Arbeitssuchenden bedeutend höher.

Langfristig wird jedoch das Reservoir der Bevölkerung im erwerbsfähigen Alter aufgrund der demografischen Entwicklung deutlich sinken. Allerdings wird der Rückgang der Erwerbspersonen weniger stark ausfallen, wenn man annimmt, dass die Erwerbsquote weiter steigt (vgl. dazu ausführlich Kap. „Ökonomische Grundlagen und Finanzierung", Pkt. 5.3.1). Dynamik und Umfang des demografisch bedingten Rückgangs unterscheiden sich insofern danach, wie sich die Zuwanderung und die Erwerbsbeteiligung künftig entwickeln werden. Das Institut für Arbeitsmarkt- und Berufsforschung der Bundesagentur für Arbeit (IAB) geht davon aus, dass die Erwerbsbeteiligung langfristig steigen wird, u.a. durch eine erwartbare Trendumkehr der Erwerbsbeteiligung Älterer und erheblich steigender Erwerbsquoten von Frauen. Unter diesen Annahmen unterscheiden sich die wichtigsten Modellvarianten des IAB zur erwartbaren Entwicklung des Erwerbspersonenpotenzials bis 2050 in den Schätzungen über den Umfang des Wanderungssaldos (vgl. Abbildung IV.3).

Wird eine Nettozuwanderung im durchschnittlichen Umfang der vergangenen Jahre von 100.000 Personen unterstellt, geht das Erwerbspersonenpotenzial in den nächsten fünf Jahren kaum zurück. Jedoch bereits im Jahr 2020 wird das Erwerbspersonenpotenzial – trotz steigender Erwerbsquoten – lediglich rund 42 Mio. betragen und in diesem Szenario bis 2050 weiter bis auf 31,5 Mio. abnehmen.

Nettozuwanderungen von jährlich 200.000 oder 300.000 lassen dagegen das Erwerbspersonenpotenzial zwar zeitweilig leicht ansteigen. Allerdings können auch hohe Zuwanderungszahlen den demografischen Effekt auf den Rückgang des potenziellen Arbeitskräfteangebots zunehmend weniger ausgleichen. Spätestens nach 2015 ist daher auch unter Bedingungen einer überdurchschnittlichen Zuwanderung mit einem rapide sinkenden Umfang des Angebots auf dem Arbeitsmarkt zu rechnen.

Abbildung IV.3:

Projektionen des Erwerbspersonenpotenzials bis 2050

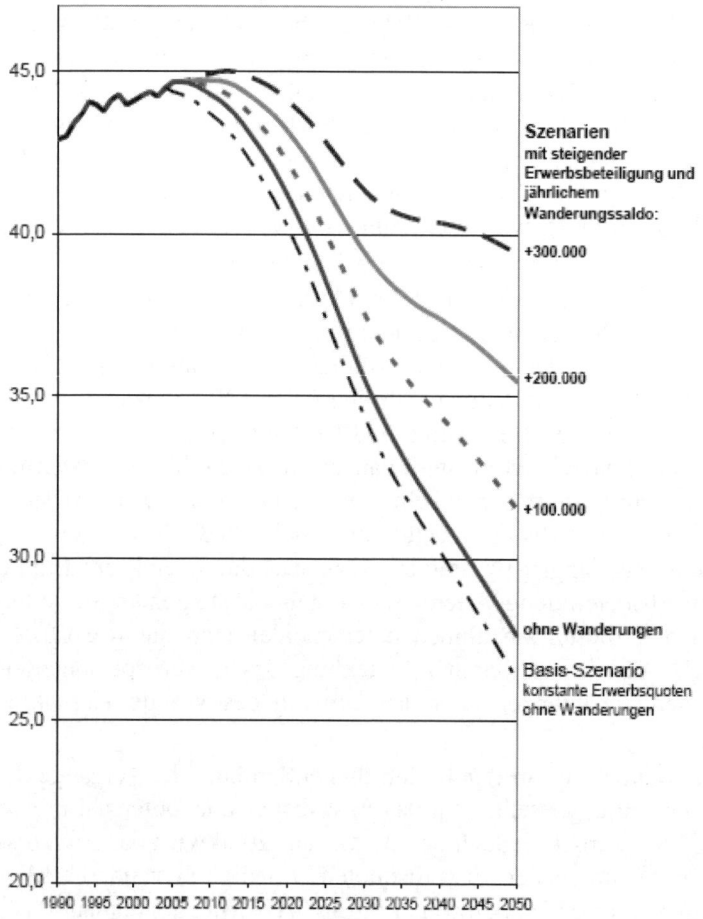

Quelle: IAB-Forschungsbericht 25/2005, S. 20.

Unabhängig davon, in welchem genauen Umfang und mit welcher Dynamik sich dieser Prozess letztlich vollzieht: Der Rückgang des Erwerbspersonenpotenzials ist ein unumkehrbarer Megatrend. Zu berücksichtigen ist jedoch, dass nicht allein die Abnahme des Arbeitskräfte*angebots* die Entwicklung auf dem Arbeitsmarkt sowie die Finanzierung der sozialen Sicherungssysteme bestimmt. Von Bedeutung sind zugleich die Nachfrage nach Arbeit und damit die ökonomischen Rahmenbedingungen, hier insbesondere die Entwicklung von Produktivität, Sozialprodukt und Einkommen (vgl. Kap. „Ökonomische Grundlagen und Finanzierung", Pkt. 5.3.1).

2.2.2 Entwicklung der Arbeitskräftenachfrage

Der Bedarf an Arbeitskräften ergibt sich aus der Arbeitskräftenachfrage der privaten Unternehmen und des öffentlichen Sektors. Auf den Entwicklungsverlauf der Arbeitskräftenachfrage wirken im Wesentlichen drei Faktoren ein:

* das Wirtschaftswachstum (Zuwachs des realen Bruttoinlandsprodukts),

* die Veränderungen der Arbeitsproduktivität (reales Bruttoinlandsprodukt je Erwerbstätigenstunde) und

* die Arbeitszeit (wöchentlich bzw. jährlich).

Weist die Wirtschaft ein reales *Wachstum* auf, werden also mehr Güter und Dienstleistungen produziert als in der Vorperiode, so steigt auch die Nachfrage an Arbeitskräften. Dies gilt jedoch nur, wenn die anderen Einflussfaktoren, also Produktivität und Arbeitszeit, unverändert bleiben und damit die zusätzliche Nachfrage nicht durch einen höheren Ertrag der einzelnen Arbeitsstunde oder durch Mehrarbeit der Beschäftigten ausgeglichen wird.

Für die tatsächliche Nachfrage nach Arbeit spielt daher die gesamtwirtschaftliche Arbeitsproduktivität eine entscheidende Rolle. Sie bestimmt, mit welchem Arbeitskräfteeinsatz ein bestimmtes Produkt hergestellt werden kann. Zu einer steigenden Arbeitsproduktivität führt beispielsweise der Einsatz neuer Technologien, der es ermöglicht, für die Herstellung eines Produktes die erforderliche Arbeitszeit zu senken. Beträgt etwa das Wachstum 3 % und die Steigerung der Arbeitsproduktivität ebenfalls 3 %, so gleichen sich die durch Wachstum induzierte steigende Arbeitskräftenachfrage und der produktivitätsbedingte Rückgang der Arbeitskräftenachfrage aus. Eine steigende Produktion kann mit dem gleichen Arbeitskräfteeinsatz hergestellt werden. Erst wenn das Wachstum der Produktion über dem Produktivitätsanstieg liegt, vergrößert sich das Arbeitsvolumen, so dass zusätzliche Arbeitsplätze entstehen können ("Beschäftigungsschwelle"). Bei einem Wachstum, das unterhalb dieser Beschäftigungsschwelle bleibt, muss mit einem Abbau von Arbeitsplätzen gerechnet werden.

Die Dauer der Arbeitszeit entscheidet letztlich darüber, wie viele Arbeitskräfte für die Erstellung eines gegebenen Produktvolumens erforderlich sind. Bei langen Arbeitszeiten werden weniger Arbeitskräfte benötigt als bei kürzeren Arbeitszeiten. Arbeitszeitverkürzungen verteilen das vorhandene Arbeitsvolumen auf mehr Beschäftigte: Je kürzer die tatsächliche Arbeitszeit je Beschäftigten, desto mehr Personen finden bei gegebenem Arbeitsvolumen einen Arbeitsplatz. Umgekehrt reduziert eine Verlängerung der tatsächlich geleisteten (z.B. reguläre Arbeitszeit plus Überstunden) oder der tariflich vereinbarten Arbeitszeit den Personalbedarf.

Bezogen auf die alten Bundesländer stellt sich die Entwicklung von Wirtschaftswachstum, Produktivität und Arbeitsvolumen folgendermaßen dar (vgl. Abbildung IV.4): Das Bruttoinlandsprodukt wuchs von 1991 bis 2005 um rund 24,3 %, die Produktivität je Erwerbstätigenstunde steigerte sich deutlicher, nämlich um knapp 32,4 %. Dadurch kam es zu einem Rückgang des gesamtwirtschaftlichen

Arbeitsvolumens um rund 6 %. Betrachtet man den Wachstumstrend des Sozialprodukts im längerfristigen Verlauf, so zeigt sich – unterbrochen lediglich durch
die Vereinigungskonjunktur Anfang der 90er Jahre – eine Abflachung der Zuwachsraten. Aber auch die Zuwachsraten der Produktivität je Erwerbstätigenstunde
haben sich verlangsamt. Die gängige Annahme, dass es in den zurückliegenden
Jahren zu einer besonders starken Produktivitätszunahme gekommen sei, lässt sich
gesamtwirtschaftlich nicht bestätigen. Durch die verlangsamte Produktivitätsentwicklung, die sich zu einem großen Teil auf die Bedeutungszunahme des eher pro-
duktivitätsschwächeren Dienstleistungssektors zurückführen lässt, ist die Beschäftigungsschwelle in den letzten Jahren gesunken.

Abbildung IV.4:

**Bruttoinlandsprodukt, Arbeitsproduktivität, Erwerbstätige, Arbeitsvolumen
und Arbeitszeit, 1991 - 2006, Index (1991 = 100)**

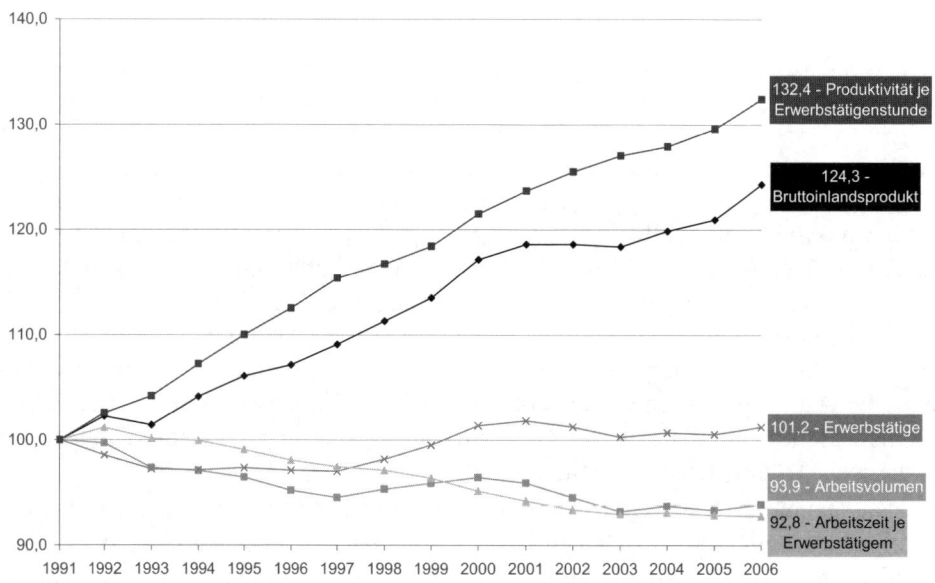

1) BIP real, in Preisen von 1995.
Quelle: Statistisches Bundesamt, Volkswirtschaftliche Gesamtrechnungen, Fachserie 18.

2.2.3 Prognosen von Arbeitskräfteangebot und -bedarf

Prognosen haben stets – und insbesondere Prognosen zur Arbeitsmarktentwicklung
der nächsten Jahrzehnte – eine Vielfalt von methodischen Schwierigkeiten zu ü-
berwinden. Erforderlich ist zum Beispiel eine Reihe von konkreten Annahmen über
die künftige Entwicklung von bedeutenden Rahmenbedingungen, wie die Höhe des
Wirtschaftswachstums. Solche Vermutungen sind zwar soweit als möglich begrün-

det, aber stets auch mit hohen Unsicherheiten behaftet, weshalb Prognoseergebnisse immer mit besonderer Vorsicht zu interpretieren und verwenden sind.

Abbildung IV.5:

Projektion des Arbeitskräftebedarfs bis 2020

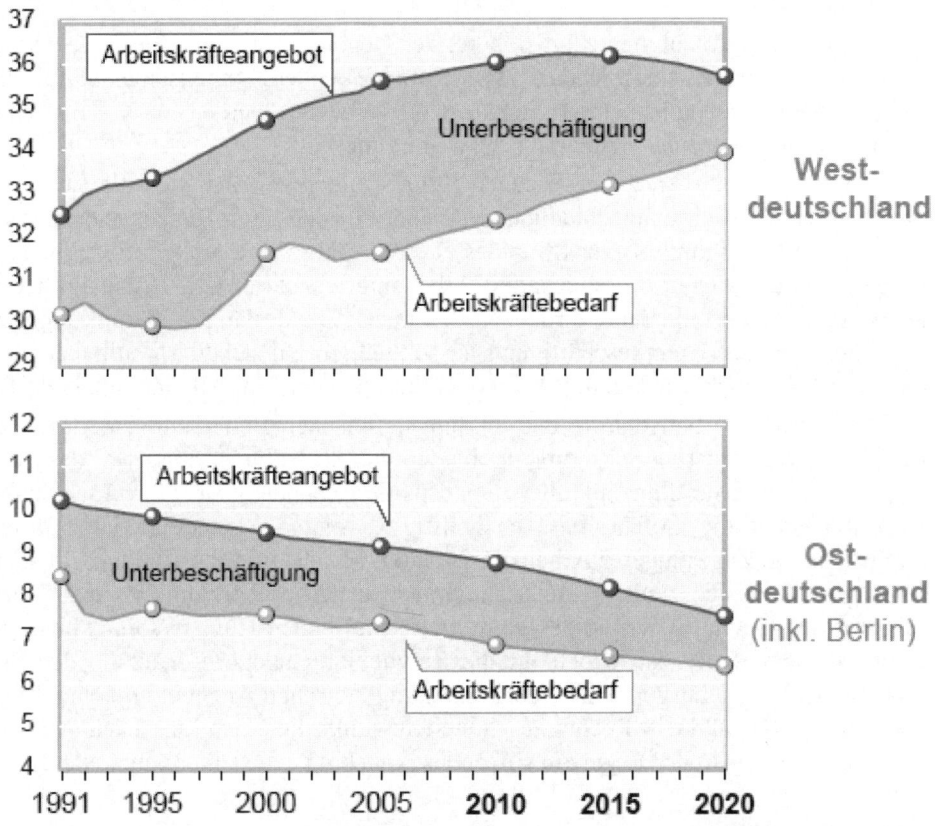

Quelle: Fuchs, J., Schnur, P., Zika, G., Arbeitsmarktbilanz bis 2020, IAB-Kurzbericht 24/2005.

Für die Abschätzung der *zukünftigen Entwicklung* des Arbeitskräftebedarfs geht das IAB in seiner Prognose bis 2020 u.a. von folgenden Annahmen aus:

- Die Weltwirtschaft wird jährlich durchschnittlich um 4,5 % wachsen.
- Die Bevölkerung wird sich im Projektionszeitraum bei einem positiven Wanderungssaldo von 200.000 pro Jahr insgesamt um 1,2 Mio. verringern, das Erwerbspersonenpotenzial nimmt ab 2008 bis 2020 um etwa 1,5 Mio. kontinuierlich ab.
- Die durchschnittliche Jahresarbeitszeit je Erwerbstätigen bleibt bis 2020 unverändert.

- Die Lohnsteigerungen bleiben bis 2015 unter dem Anstieg der Arbeitsproduktivität, werden danach aber den Produktivitätsspielraum aufgrund des Fachkräftemangels weitgehend ausschöpfen.

- Der Gesamtbeitragssatz zur Sozialversicherung wird marginal steigen, und die Finanzpolitik beschließt keine zusätzlichen Ausgabenkürzungen oder Steuererhöhungen.

Auf Basis dieser Annahmen zeigt sich bei der Gegenüberstellung von Arbeitskräfteangebot und Arbeitskräftebedarf, dass trotz sinkendem Arbeitsangebot für die Zukunft weiter mit hoher Unterbeschäftigung gerechnet werden muss – bis 2020 könnte sie sich allerdings halbieren (vgl. Abbildung IV.5).

Zwischen den alten und den neuen Bundesländern werden sich die Entwicklungen aber gänzlich unterschiedlich vollziehen. In den alten Bundesländern wird die Unterbeschäftigung bis zur Mitte des nächsten Jahrzehnts sinken, und dies laut Prognose allein wegen des steigenden Arbeitskräftebedarfs. Das Arbeitskräfteangebot geht erst anschließend zurück. In den neuen Bundesländern beruht dagegen der Rückgang der Unterbeschäftigung ausschließlich auf der hier deutlichen Abnahme des Arbeitskräfteangebots bei weiter zurückgehendem Arbeitskräftebedarf.

Von großer arbeitsmarkt- und bildungspolitischer Bedeutung ist, dass der Rückgang der Unterbeschäftigung in beiden Landesteilen voraussetzt, dass der Bedarf an Arbeitskräften auf allen Qualifikationsebenen gedeckt werden kann. Derzeit besteht die Gefahr, dass es künftig zu einem Mangel an Fachkräften kommt, da die Zahl jüngerer Arbeitskräfte sinkt, gleichzeitig die Bildungsexpansion stagniert und die zunächst noch anhaltende Unterbeschäftigung zu einer fortschreitenden Dequalifizierung des gesamtwirtschaftlichen Humankapitals beiträgt. Neben diesem Risiko ist jedoch für die Entwicklung und Einschätzung der Ungleichgewichte die ausgeprägte Wechselwirkung zwischen Angebot und Nachfrage auf dem Arbeitsmarkt in Rechnung zu stellen: Sinkt die Nachfrage nach Arbeitskräften, zieht dies in der Regel ein sinkendes Angebot nach sich und umgekehrt.

2.2.4 Arbeitszeit

Obgleich sich das Arbeitsvolumen seit 1970 rückläufig entwickelt hat, ist die Zahl der Erwerbstätigen in diesem Zeitraum überwiegend gestiegen (vgl. Tabelle IV.2). Dies konnte nur durch eine Verkürzung der Arbeitszeit je Erwerbstätigen erreicht werden. Eine entscheidende Bedeutung für das in der Vergangenheit erreichte Beschäftigungsniveau und für dessen zukünftige Entwicklung kommt also der Frage zu, wie stark die Arbeitszeit verringert werden kann. Die Arbeitsmarktbilanz würde immer dann günstiger ausfallen, wenn die Jahresarbeitszeit je Erwerbstätigen zurückgehen und nicht konstant bleiben würde. Allerdings ist das Arbeitsvolumen keine fixe Größe, sondern selbst wiederum von den ökonomischen Bedingungen abhängig, also auch vom Arbeitsangebot und der Arbeitszeit. So kann unter bestimmten Konstellationen eine Vergrößerung des Arbeitsangebotes auch zu einem stärkeren Wirtschaftswachstum und damit zu einer Erhöhung des Arbeitskräftebedarfs führen.

Zurückblickend lässt sich feststellen, dass ohne die Arbeitszeitverkürzungen in den letzten Jahrzehnten die Arbeitslosigkeit heute noch deutlich höher läge. Die seit Mitte der 1980er Jahre erreichte Verkürzung der Wochenarbeitszeit für vollzeitbeschäftigte ArbeitnehmerInnen von 40 auf 37,8 Stunden im Durchschnitt der deutschen Wirtschaft (2004) sowie die übrigen Formen der Arbeitszeitverkürzung (z.B. Verlängerung des Urlaubs) haben einen beträchtlichen Umfang an Arbeitsplätzen gesichert bzw. neu geschaffen. Auch in den ostdeutschen Ländern ist die tarifliche Arbeitszeit von 40,9 Stunden (1991) auf 39,1 Stunden (2004) zurückgegangen. Damit verkürzte sich in diesem Zeitraum auch der Abstand zu den westdeutschen Bundesländern von 2,6 Stunden (1991) auf 1,5 Stunden (2004).

Tabelle IV.2:

Erwerbstätige und geleistete Arbeitsstunden im Inland 1970 - 2004

| Jahr | Erwerbstätige[2] | Geleistete Arbeitsstunden[3] | |
| | | der Erwerbstätigen | je Erwerbstätigen |
	Personen in 1.000	Mio. Std.	Stunden
1970	26.618	52.075	1.956
1975	26.221	47.122	1.797
1980	27.377	47.611	1.739
1985	27.533	45.663	1.659
1991	31.116	47.990	1.542
1991[1]	38.454	59.254	1.541
1995	37.382	56.836	1.520
2001	38.922	56.433	1.450
2002	38.696	55.664	1.439
2003	38.314	55.226	1.441
2004	38.442	55.453	1.443
Durchschnittliche jährliche Veränderung in %			
1970/1980	0,3	-0,9	- 1,2
1980/1991	1,2	0,1	- 1,1
1991/2004	0,0	-6,9	- 6,8

1) 1970 bis erste Angabe 1991 früheres Bundesgebiet, ab zweiter Angabe 1991 Deutschland.

2) Jahresdurchschnitte, Datenbasis Volkswirtschaftliche Gesamtrechnung

3) Quelle: Institut für Arbeitsmarkt- und Berufsforschung (IAB).

Quelle: Statistisches Bundesamt, Volkswirtschaftliche Gesamtrechnungen, Fachserie 18, Reihe S. 21, Revidierte Ergebnisse 1970 bis 2004.

Bei der Arbeitszeit je Beschäftigten ist zwischen der *tarifvertraglich* oder betrieblich vereinbarten und der *tatsächlichen* Arbeitszeit zu unterscheiden. Die tarifliche Arbeitszeit wird vornehmlich bestimmt durch die Wochenarbeitszeit und den Jahresurlaub.

Zwischen 1970 und 2004 hat die tarifliche Jahresarbeitszeit je Erwerbstätigen um gut ein Viertel (24,2 %) abgenommen (vgl. Tabelle IV.3). Diese Entwicklung geht zu großen Teilen auf die *Verkürzung der Wochenarbeitszeit*, weniger dagegen auf die *Verlängerung des Erholungsurlaubs* zurück. Eine neue Dynamik in der Entwicklung zu kürzeren Arbeitszeiten wurde im Jahr 1985 mit der „Durchbrechung" der 40-Stunden-Woche eingeleitet. Jedoch ist das Tempo der Arbeitszeitverkürzung seit Mitte 90er Jahren fast zum Stillstand gekommen. Seit Anfang des Jahrtausends steigt die Wochenarbeitszeit unter den Vollzeitbeschäftigten dagegen wieder an. Hauptursache dieser Entwicklung sind vor allem die partiellen Arbeitszeitverlängerungen für Beschäftigte im öffentlichen Dienst. Allerdings lässt sich auch in der Privatwirtschaft seit jüngstem ein Trend zur Rückkehr zur 40-und-mehr-Stunden-Woche feststellen.

Tabelle IV.3:

Durchschnittliche jährliche Arbeitszeit und ihre Komponenten 1970 - 2004

	1970	1980	1990	2000	2004	1970/ 2004 in %
Tarifliche / betriebsübliche Arbeitszeit: Wochenarbeitszeit in Stunden						
- Vollzeit	41,51	40,18	38,49	38,20	38,19	-8,0
- Teilzeit	20,51	18,45	15,29	13,46	13,75	-33,0
- alle Beschäftigte	40,18	37,90	34,41	31,47	30,47	-24,2
Urlaubstage im Jahr1)	21,9	27,5	31,1	32,2	31,0	-41,6
Jahresarbeitszeit je Beschäftigten in Stunden	2.007,5	1.894,1	1.705,6	1.571,5	1.548,0	-22,9
Tatsächliche Arbeitszeit						
Krankenstand Arbeitsstunden im Jahr	104,1	97,0	78,6	57,6	45,0	-56,8
Arbeitstage im Jahr	13,0	12,8	11,4	9,1	7,4	-43,1
Überstunden pro Jahr2)	159,2	86,7	62,3	47,9	42,0	-73,6
Jahresarbeitszeit in Stunden Vollzeit	1.938,5	1.767,5	1.662,2	1.664,3	1.678,9	-13,4
Teilzeit	989,1	825,3	679,7	579,9	599,4	-39,4
alle Beschäftigte3)	1.878,7	1.668,5	1.489,2	1.369,5	1.338,0	-28,8

Bis 1990 nur alte Bundesländer
1) bis 1990 ohne sonstige Freistellungen   2) alle Arbeitnehmer   3) nur Voll- und Teilzeitbeschäftigte ohne Nebenjobs
Quelle: Allmendinger, J., Eichhorst, W., Walwei, U. (Hrsg.), IAB Handbuch Arbeitsmarkt. Analysen, Daten, Fakten, Nürnberg 2005, S. 202 ff.

Eine besondere Bedeutung für die Reduzierung der durchschnittlichen Wochen- und Jahresarbeitszeiten je Beschäftigten kommt der Entwicklung der Teilzeitarbeit zu. Ein Drittel der tariflichen oder betriebsüblichen Arbeitszeitverkürzungen beruht auf der Verkürzung der Arbeitszeiten der Teilzeitbeschäftigten (vgl. Tabelle IV.3). Diese Entwicklung ist vor allem ein Resultat der zunehmenden geringfügigen Beschäftigung (vgl. Pkt. 3.2.3 dieses Kapitels). Während die Teilzeitbeschäftigten 1970 noch gut die Hälfte der Arbeitszeit der Vollzeitbeschäftigten leisteten, lag der entsprechende Anteil 2004 lediglich noch bei gut einem Drittel. In der Summe von Voll- und Teilzeitbeschäftigung hat sich die tarifliche Wochenarbeitszeit aller ArbeitnehmerInnen seit Anfang der 1970er Jahre in den alten Bundesländern von 40,2 um knapp zehn Wochenstunden auf bundesdurchschnittlich 30,5 Stunden im Jahr 2004 verringert.

Die *tatsächliche* Arbeitszeit wird durch mehrere Faktoren beeinflusst: *Reduziert* werden die tariflichen Vorgaben durch den Krankenstand sowie Ausfallstunden wegen Kurzarbeit und z.B. schlechtem Wetter in der Bauwirtschaft. *Erhöht* werden die tariflichen oder betriebsüblichen Arbeitszeiten durch Überstunden.

- Der *Krankenstand* hat sich seit 1970 mit einem Rückgang von knapp zwei Drittel der jährlichen Arbeitsstunden stark verringert und beträgt nur noch knapp 3 % der Jahresarbeitszeit aller Beschäftigten. Jedoch schwanken die Krankenstandsquoten im Zeitablauf erheblich. Auffällig ist die Parallelentwicklung zwischen Krankenstand und Konjunktur. In Krisenjahren ist der Krankenstand wegen der Angst um den Arbeitsplatz und wegen der geringen Erwerbschancen der gesundheitlich Beeinträchtigten stets am niedrigsten (vgl. Bd. II, Kap. „Arbeit und Gesundheitsschutz", Pkt. 4.2).

- Die Zahl der registrierten *Überstunden* je Beschäftigten im Jahr hat in Deutschland seit 1970 im Trend stark abgenommen. Im Jahr 2004 betrugen die jährlichen Überstunden aller ArbeitnehmerInnen lediglich noch ein Drittel des Umfangs an Überstunden, das im Jahr 1970 geleistet wurde. Neben konjunkturell bedingten Ausschlägen waren dafür auch strukturelle Entwicklungen verantwortlich. Zum einen hat der Anteil von Beschäftigungsverhältnissen zugenommen, die traditionell weniger bezahlte Überstunden leisten (geringfügige und Teilzeitbeschäftigung). Zum anderen hat die zunehmende Arbeitszeitflexibilisierung seit den achtziger Jahren dazu geführt, dass bezahlte Überstunden durch sog. transitorische Überstunden (durch Auf- und Abbau von Arbeitszeitkonten) ersetzt wurden.

Dennoch ist das Ausmaß der bezahlten Mehrarbeit – trotz des deutlichen Rückgangs in den letzten Jahren – bei rund 5 Mio. Arbeitslosen arbeitsmarktpolitisch zumindest problematisch. Das jährliche Überstundenvolumen von etwa 1,5 Mrd. Arbeitsstunden (2004) könnte zugunsten von Beschäftigungsmöglichkeiten für Arbeitslose umgewandelt werden. 30 bis 40 % des gesamten Überstundenvolumens könnten allein für einen Überstundenabbau verwandt werden. Rein rechnerisch entspräche das umwandelbare Volumen im Jahr 2004 etwa 300.000 zusätzlichen Vollzeitarbeitsplätzen. Zu berücksichtigen ist allerdings, dass Überstunden vorrangig im Bereich höher qualifizierter Beschäftigung entstehen und dass das Überstundenvolumen nicht vollständig in zusätzliche Arbeitsplätze überführt werden kann. Lediglich strukturelle, d.h. regelmäßig anfallende und nicht flexibilitätsbedingte Überstunden eignen sich für Umverteilungen von Arbeit mit faktischen Beschäftigungseffekten.

2.3 Qualifikationsstrukturen

Für die Erwerbstätigkeit und ihre Entwicklungstendenzen spielen die Qualifikationsstrukturen der Erwerbspersonen eine wichtige Rolle. Niveau und Verteilung der qualifikatorischen Voraussetzungen und betrieblichen Anforderungen an die Erwerbstätigen wie auch an die Arbeitsuchenden entscheiden nicht nur maßgeblich über die berufliche Entwicklung des Einzelnen, sondern auch aller Erwerbstätigen und der wirtschaftlichen Entwicklung einer Volkswirtschaft.

Tabelle IV.4:

Qualifikationsstruktur der Erwerbstätigen 1976, 1991 und 2004

Jahr	Ohne Ausbildungsabschluss	Lehre, Berufsfachschule u.a.	Fach-, Meister-, Technikerschule	Fachhochschule	Wissenschaftliche Hochschule
1976					
insgesamt	33,4	49,2	6,2	2,1	4,9
männlich	26,6	52,7	8,5	2,9	5,4
weiblich	45,0	43,3	2,5	0,9	4,1
1991					
insgesamt	19,6	60,2	8,5	11,7	
männlich	15,7	59,2	11,2	13,9	
weiblich	25,5	61,7	4,2	8,5	
2004					
insgesamt	15,6	51,9	9,5	6,1	9,9
männlich	14,5	50,2	10,4	7,3	10,6
weiblich	16,8	54,1	8,3	4,7	9,1

Ohne Auszubildende. Außer 1991 nur mit Angaben zum höchsten Berufsabschluss, daher keine Summierung der Anteile auf 100 %.

Quelle: Mitteilungen aus der Arbeitsmarkt- und Berufsforschung, 2/1988, S. 190.- Statistisches Bundesamt, Arbeitstabellen zur Fachserie 1, Reihe 4.1.2 Beruf, Ausbildung und Arbeitsbedingungen der Erwerbstätigen 2004, eigene Berechnungen.

Im Durchschnitt aller Erwerbstätigen hat sich das Ausbildungsniveau in allen Ausbildungsabschlüssen deutlich verbessert, allerdings in sehr unterschiedlichem Ausmaß (vgl. Tabelle IV.4). So hat sich der Anteil der Erwerbstätigen mit (Fach) Hochschulabschluss mehr als verdoppelt. Im Jahr 2004 stellten sie 16 % aller Erwerbstätigen gegenüber 7 % im Jahr 1976. Ein deutlicher Zuwachs ist auch bei den Fachschulabschlüssen zu beobachten, weniger stark dagegen ist der Anstieg bei den Lehrabschlüssen.

Der Anteil der Erwerbstätigen ohne jeglichen beruflichen Ausbildungsabschluss ist in den letzten drei Jahrzehnten drastisch zurückgegangen, nämlich von rund einem Drittel auf fast ein Sechstel. Dahinter verbirgt sich vor allem ein stark verändertes Ausbildungsverhalten der weiblichen Erwerbsbevölkerung. Der Anspruch auf eine qualifizierte Ausbildung ist auch für sie mittlerweile selbstverständlich geworden. Der Anteil der erwerbstätigen Frauen ohne Ausbildungsabschluss hat sich im Laufe der letzten zwanzig Jahre mehr als halbiert und lag 2004 nur noch bei rund 17 %.

Allerdings hat sich dieser Rückgang mit Beginn der 1990er Jahre abgeschwächt. Zwar brauchen Qualifikationsprozesse lange für ihre Veränderung, sowohl auf der Entstehungs- als auch auf der Verwertungsseite. ExpertInnen sprechen jedoch davon, dass die „Bildungsexpansion", die in den 60er Jahren ihren Ausgang nahm, seitdem fast zum Stillstand gekommen ist (vgl. Pkt. 4.7 dieses Kapitels).

Den Befunden zur qualitativen Stagnation der Bildungsexpansion stehen *Projektionen* zur künftigen Strukturverschiebungen des Tätigkeitsspektrums und des betrieblichen Qualifikationsbedarfs auf der Nachfrageseite des Arbeitsmarktes gegenüber. Wegen der hohen Prognoseunsicherheit aufgrund der Dynamik und Flexibilität wirtschaftlicher Prozesse sind die Projektionszeiträume relativ kurz gehalten. Alle Prognosen verweisen unabhängig von ihren methodischen Ansätzen aber darauf, dass sich die qualifikationsspezifische Struktur der Erwerbstätigkeit weiter hin zur Höherqualifizierung verschieben wird (vgl. Abbildung IV.6). Bis zu 40 % im Jahr 2010 dürfte der Anteil der Arbeitskräfte steigen, die Tätigkeiten mit überwiegend hohen Anforderungen leisten werden. Nahezu unverändert wird die Zahl der Arbeitskräfte bleiben, die Tätigkeiten mit mittlerem Anforderungsprofil ausüben. Einfache und Hilfstätigkeiten werden dem gegenüber immer weniger nachgefragt.

Der Wegfall von sozialversicherungspflichtigen Einfacharbeitsplätzen in den letzten Jahrzehnten hat sich unabhängig vom Wirtschaftswachstum vollzogen. Insofern ist es fraglich, ob selbst bei einem Wirtschaftswachstum über der Beschäftigungsschwelle zusätzliche Arbeitsplätze im unteren Qualifikationssegment entstehen und damit die Erwerbschancen Ungelernter oder gering Qualifizierter verbessert würden. Die wissenschaftlichen Befunde untermauern dagegen viel stärker die

Notwendigkeit, eine *zweite Bildungsexpansion* in Gang zu bringen. Bildungspolitik erscheint aus dieser Sicht als die beste Arbeitsmarkt- und Sozialpolitik.

Abbildung IV.6:

Prognosen zur qualifikationsspezifischen Entwicklung der Erwerbstätigkeit

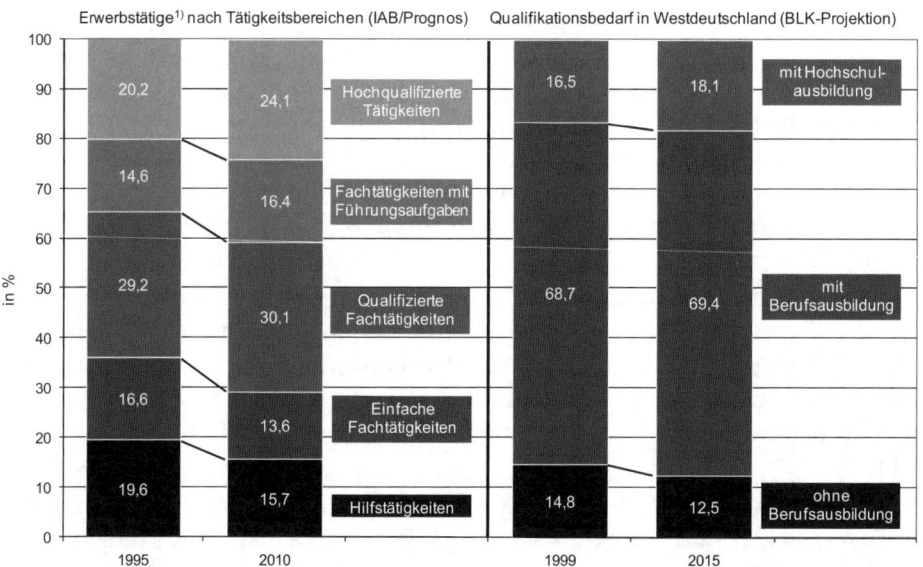

1) ohne Auszubildende

Quelle: IAB/Prognos 1999, „Arbeitslandschaft 2010", IAB-Kurzbericht 10/1999, S. 2; Bund-Länder-Kommission für Bildungsplanung und Forschungsförderung (BLK), Zukunft von Bildung und Arbeit, Perspektiven von Arbeitskräftebedarf und -angebot bis 2015, Materialien zur Bildungsplanung und zur Forschungsförderung, Heft 104, Bonn 2002.

2.4 Geschlechtsspezifische Erwerbsmuster

2.4.1 Erwerbsbeteiligung

Für die Messung der Erwerbsbeteiligung gibt es zwei unterschiedliche globale Indikatoren: die *Erwerbsquote* und die *Erwerbstätigenquote*. Die Erwerbsquote ist der Anteil aller Erwerbspersonen (Erwerbstätige und Erwerbslose) an der Bevölkerung im erwerbsfähigen Alter. Die Erwerbs*tätigen*quote bezieht dagegen lediglich die Erwerbstätigen auf die Bevölkerung im erwerbsfähigen Alter. Während die Erwerbstätigenquote somit die realisierte Erwerbsbeteiligung misst, ist in der Erwerbsquote auch der Erwerbswunsch der nicht beschäftigten Personen enthalten.

Die Erwerbsbeteiligung von Männern und Frauen ist sehr unterschiedlich. Während 2005 vier von fünf (80,4 %) aller männlichen Personen zwischen 15 und 65 Jahren eine Berufstätigkeit ausübten oder arbeitslos waren, betrug die Erwerbsquote unter den Frauen lediglich zwei Drittel (66,8 %). Allerdings hat sich die Erwerbsbeteiligung in den letzten vier Jahrzehnten kontinuierlich angeglichen (vgl. Tabelle IV.5).

Tabelle IV.5:

Erwerbsquoten und Erwerbstätigenquoten 1960 - 2005

Jahr	Erwerbsquote[1] in %			Erwerbstätigenquote[2] in %		
	Insges.	Männer	Frauen	Insges.	Männer	Frauen
1960	67,6	90,7	47,6	67,2	90,3	47,2
1970	66,2	88,2	46,2	65,8	87,7	45,9
1980	67,1	84,4	50,2	65,2	82,5	48,3
1990[3]	70,8	82,7	58,5	66,3	78,5	53,8
1991	72,6	82,9	62,1	67,8	78,4	57,0
1995	71,9	81,0	62,6	64,6	73,9	55,1
1999	72,2	80,3	63,8	64,8	72,4	56,9
2001	72,6	80,1	64,9	65,8	72,7	58,8
2002	72,8	80,1	65,3	65,4	71,9	58,8
2003	73,3	80,3	66,1	64,9	70,9	58,8
2004	73,3	80,3	66,1	64,3	70,1	58,4
2005	73,7	80,4	66,8	65,4	71,2	59,5

1) Erwerbstätige und Erwerbslose 15 bis unter 65 Jahren   2) Erwerbstätige 15 bis unter 65 Jahren
3) bis 1990 nur alte Bundeslände, ab 1991 Gesamtdeutschland
Quelle: Statistisches Bundesamt, Genesis-Online, Ergebnisse des Mikrozensus, eigene Berechnungen.

Die Entwicklung der geschlechtsspezifischen Erwerbstätigenquoten zeichnet ein ähnliches Bild. Ein abnehmender Anteil der männlichen Erwerbsbevölkerung im Alter zwischen 15 und 65 Jahren ist erwerbstätig, wohingegen der Anteil der Erwerbstätigen unter den Frauen beständig gestiegen ist. Im Unterschied zu den Männern realisieren Frauen jedoch ihr Erwerbsinteresse häufiger. Dies kommt im Vergleich der Erwerbsquoten und Erwerbstätigenquoten zum Ausdruck. Mit der zunehmenden Erwerbsbeteiligung ist jedoch auch die Erwerbslosenquote von Frauen gestiegen. Anfang der 1990er Jahre konnten 4,5 % der Frauen im Alter von 15 bis unter 65 Jahren ihr Erwerbsinteresse nicht realisieren. Im Jahr 2005 hat sich der Anteil verdoppelt und lag bei 9 %.

Die Erwerbsbeteiligung von Frauen und Männern unterscheidet sich darüber hinaus zwischen den *alten und neuen Bundesländern* (vgl. Tabelle IV.6). Noch Anfang der 1990er Jahre, unmittelbar nach der Vereinigung, lag das Erwerbsinteresse ostdeutscher Männer deutlich über dem westdeutscher Männer, und sie waren auch deutlich häufiger erwerbstätig. Jedoch haben sich sowohl Erwerbs- als auch Erwerbstätigenquoten der Männer in den alten und neuen Bundesländern sehr schnell angeglichen.

Tabelle IV.6:

Erwerbsquoten und Erwerbstätigenquoten alte und neue Bundesländer 1991 - 2005

	Erwerbsquote[1) 15 bis 64 Jahre			Erwerbstätigenquote[2) 15 bis 64 Jahre		
	insgesamt	Männer	Frauen	insgesamt	Männer	Frauen
Alte Bundesländer						
1991	70,5	82,2	58,4	66,7	78,4	54,6
1995	70,7	81,3	59,9	64,8	74,7	54,5
2000	71,1	80,0	62,1	66,1	74,3	57,7
2005	73,2	80,8	65,5	66,5	73,3	59,7
Neue Bundesländer						
1991	81,6	86,0	77,2	72,5	78,5	66,8
1995	76,8	79,2	73,9	64,0	70,5	57,5
2000	76,1	79,8	72,2	62,3	66,7	57,7
2005	75,7	79,1	72,1	61,2	63,5	58,8

1) Erwerbstätige und Erwerbslose 15 bis unter 65 Jahre   2) Erwerbstätige 15 bis unter 65 Jahre
Quelle: Statistisches Bundesamt, Genesis-Online, Ergebnisse des Mikrozensus, eigene Berechnungen.

Dagegen haben sich diese Angleichungsprozesse unter den Frauen in den alten und neuen Bundesländern etwas weniger dynamisch entwickelt. Die Erwerbstätigenquote der west- und ostdeutschen Frauen hat sich seit der Vereinigung immer mehr angenähert. Einen gleichen Stand erreichten die Quoten mit 57,7 % im Jahr 2000. Im Jahr 2005 war es Frauen in den neuen Bundesländern mit 58,8 % gegenüber 59,7 % sogar etwas weniger häufig möglich, einer gewünschten Erwerbstätigkeit nachzugehen. Die Angleichung ist jedoch nicht nur das Ergebnis veränderten Erwerbsverhaltens und veränderter Erwerbschancen. Den sinkenden Erwerbs- und Erwerbstätigenquoten der Frauen in den neuen Bundesländern standen steigende Erwerbs- und Erwerbstätigenquoten in den alten Bundesländern gegenüber.

Tabelle IV.7:

Erwerbstätige nach Wirtschaftsunterbereichen und Berufsbereichen 2004

	Insgesamt	Männer	Frauen
Wirtschaftsunterbereiche[1]	100,0	100,0	100,0
Land- und Forstwirtschaft, Fischerei	2,3	2,8	1,7
Bergbau und Verarbeitendes Gewerbe	23,1	30,3	14,4
Energie- und Wasserversorgung	0,8	1,2	0,4
Baugewerbe	6,8	10,8	2,0
Handel und Gastgewerbe	17,4	14,5	21,0
Verkehr und Nachrichtenübermittlung	5,5	7,2	3,5
Kredit- und Versicherungsgewerbe	3,6	3,3	4,1
Grundstückswesen, Vermietung, wirtschaftliche Dienstleistungen	9,2	8,8	9,7
Öffentliche Verwaltung u.ä.	8,2	8,4	7,9
Öffentliche und private Dienstleistungen (ohne öffentliche Verwaltung)	22,9	12,8	35,3
Berufsbereiche[2]	100,0	100,0	100,0
Pflanzenbauer, Tierzüchter, Fischereiberufe	1,5	1,9	1,0
Bergleute, Mineralgewinner	0,1	0,3	0,0
Fertigungsberufe darunter:	27,5	41,7	10,2
Metallerzeuger, -bearbeiter	1,9	3,3	0,3
Schlosser, Mechaniker, zugeordnete Berufe	24,5	27,8	8,0
Elektriker	8,9	10,0	3,2
Ernährungsberufe	9,7	6,5	25,3
Bauberufe	9,2	10,9	0,8
Technische Berufe	25,4	25,2	26,1
Dienstleistungsberufe darunter:	62,8	44,4	85,1
Warenkaufleute	12,5	11,2	13,3
Verkehrsberufe	11,6	24,7	3,3
Organisations-, Verwaltungs-, Büroberufe	34,4	31,7	36,1
Gesundheitsdienstberufe	11,6	4,7	16,1
Sonstige Arbeitskräfte[3]	1,1	1,2	1,0

1) Erwerbstätige 2) Beschäftigte 3) einschließlich der Personen „ohne Angabe" des Berufsbereiches
Quelle: Statistisches Bundesamt, Genesis-Online, Ergebnisse des Mikrozensus und der Beschäftigten-statistik, eigene Berechnungen.

Die Frauenerwerbstätigkeit konzentriert sich nach wie vor auf wenige *Wirtschafts-bereiche* und dabei zudem auf bestimmte Berufe (vgl. Tabelle IV.7). Von den rund 16 Mio. erwerbstätigen Frauen arbeiteten 2004 über die Hälfte (56,3 %) im Dienst-leistungssektor (Männer: 27,3 %). Dabei war über ein Drittel der Frauen (35,3 %) im Bereich „private und öffentliche Dienstleistungen" beschäftigt und ein Fünftel (21,0 %) im Handel und Gastgewerbe. Mit 14,5 % ist das verarbeitende Gewerbe der drittstärkste Sektor der Erwerbstätigkeit von Frauen. Sie arbeiten hier insbesondere in den „frauentypischen" Branchen wie der Elektro- und Bekleidungsindustrie.

Eine Folge dieser Erwerbsstruktur ist eine spezifische Berufsverteilung bei Frauen: Vier von fünf erwerbstätigen Frauen (85,1 %) üben einen Dienstleistungsberuf aus, bei Männern ist es dagegen knapp jeder zweite (44,4 %). Innerhalb der Dienstleistungsberufe sind es vor allem die Organisations-, Verwaltungs- und Büroberufe, auf die sich die Frauenerwerbstätigkeit konzentriert, gefolgt von den Gesundheitsberufen und Warenkaufleuten.

Frauen üben zudem seltener solche berufliche Tätigkeiten aus, die einen qualifizierteren *Berufsabschluss* erfordern. Allerdings zeigt sich, dass sie den Qualifikationsvorsprung der Männer nach und nach aufholen. Die Konzentration der Frauen auf eher unqualifizierte, untergeordnete und wenig attraktive Tätigkeiten trägt mit dazu bei, dass Frauen als Arbeiterinnen oder Angestellte auch deutlich weniger als Männer verdienen (vgl. Kap. „Einkommen", Pkt. 2.3.2). Aber nicht allein das Qualifikationsgefälle ist für die schlechtere Bezahlung verantwortlich. Es treten offene wie versteckte Diskriminierungen und Vorbehalte gegen die berufliche Leistungsfähigkeit von Frauen hinzu.

Im internationalen Vergleich fällt die Erwerbsbeteiligung der Frauen in Deutschland durchschnittlich aus (vgl. Abbildung IV.7). 2004 betrug die Erwerbstätigenquote der Frauen im Erwerbsalter in der Europäischen Union (EU-15) rund 57 %. Eben um diesen Durchschnitt lagen die Quoten in Deutschland und Frankreich. In skandinavischen Ländern sowie in Großbritannien betrug die Quote dagegen zwischen 66 und 72 %.

Abbildung IV.7:

Erwerbstätigenquoten von Frauen im EU-Vergleich 2005

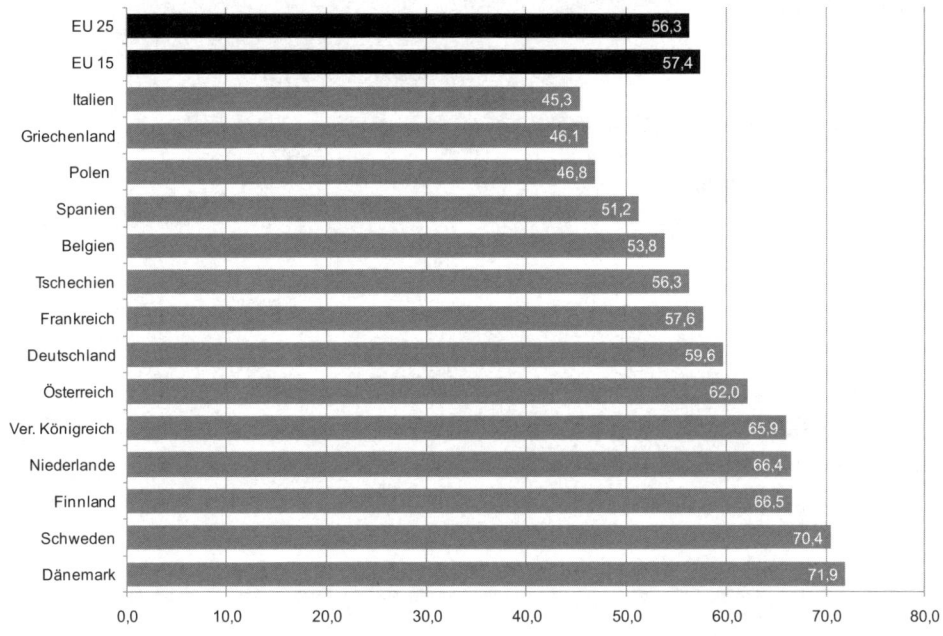

Beschäftigte Personen im Alter 15 – 65 Jahren

Quelle: Eurostat, Europa in Zahlen, Eurostat Jahrbuch 2006 - 2007, Luxemburg 2007.

2.4.2 Vereinbarkeit von Beruf und Familie

Für die zunehmende Frauenerwerbstätigkeit ist eine Reihe von sozioökonomischen Entwicklungen verantwortlich. Die Zahl der Kinder ist gesunken, und die schulische und berufliche Ausbildung der Frauen hat sich verbessert. Zugleich verliert die Ehe den Charakter einer lebenslangen Versorgungsinstitution. Gerade auch bei verheirateten Frauen wächst der Wunsch nach mehr Eigenständigkeit und finanzieller Unabhängigkeit (vgl. Bd. II, Kap. „Familie", Pkt. 7.1). Für immer mehr Frauen ist eine befriedigende berufliche Tätigkeit Grundlage und Mittel nicht nur zur gesellschaftlichen Wertschätzung und Selbstverwirklichung, sondern auch, um den Lebensunterhalt eigenständig sichern zu können. Deshalb werden familial bedingte Erwerbsunterbrechungen von Frauen in der Tendenz immer seltener und immer kürzer. Auch wollen immer mehr Frauen im Anschluss an eine Familienphase in ihren Beruf zurückkehren.

Abbildung IV.8:

**Frauenerwerbstätigenquoten nach Altersgruppen, alte Bundesländer 1963,
1993 und 2005**

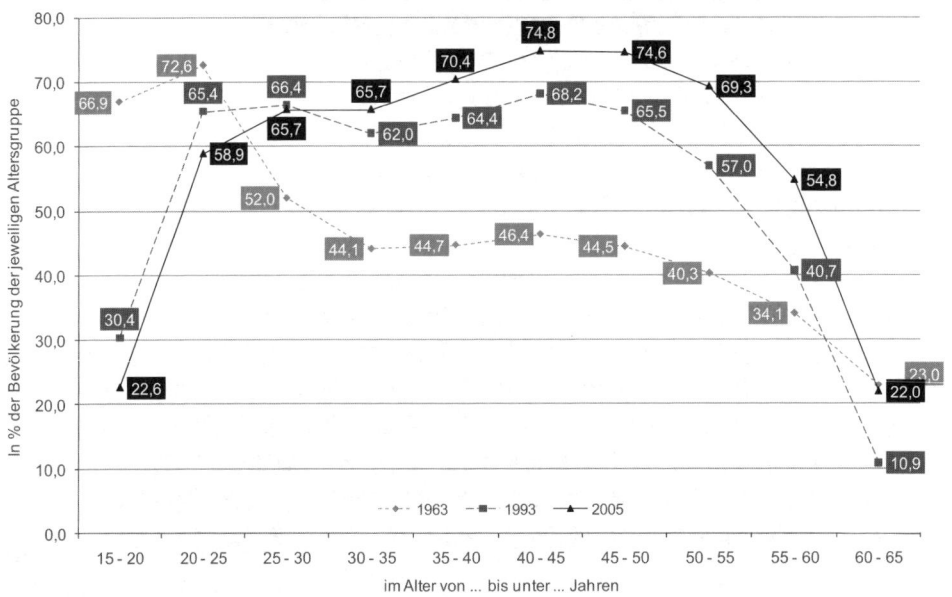

Quelle: Statistisches Bundesamt, Mikrozensus.

Mit jedem ins Erwerbsleben nachrückenden jüngeren Frauenjahrgang erhöht sich
die Erwerbsbeteiligung gegenüber dem jeweils vorausgegangenen Jahrgang (vgl.
Abbildung IV.8). Die deutlich höhere Erwerbsbeteiligung der ostdeutschen Frauen
hat diesen Trend noch einmal gesteigert. Heute weisen Frauen zwischen 25 und 50
Jahren durchweg eine Erwerbsquote von rund 70 bis 75 % auf (2004).

Nach der weithin ungebrochenen *geschlechtsspezifischen Arbeitsteilung* bleiben Frauen allerdings nach wie vor für die Haus- und Erziehungsarbeit zuständig.
Das immer noch nicht ausreichende Angebot an familienergänzenden Einrichtungen für Kinder aller Altersstufen (Kinderkrippen, Kindergärten, Ganztagsschulen)
trägt mit dazu bei, dass eine Vereinbarkeit von Berufstätigkeit, Kindererziehung
und Hausarbeit vielen nur schwer möglich ist. Gleichwohl haben sich die Muster
der Frauenerwerbstätigkeit im Laufe der vergangenen Jahrzehnte verändert. Die
familienbedingte Unterbrechung der Erwerbstätigkeit erfolgt im Durchschnitt später, sie fällt kürzer aus und der Anteil der Wiedereinsteigerinnen/Berufsrückkehre-
rinnen hat sich erhöht. Je älter das jüngste Kind im Haushalt, um so eher nehmen
Frauen wieder eine Erwerbstätigkeit auf (vgl. Abbildung IV.9 sowie Bd. II, Kap.
„Familie", Pkt. 7.2).

Abbildung IV.9:

Erwerbstätigenquoten von Müttern nach Alter des jüngsten Kindes und Umfang der Beschäftigung 2004

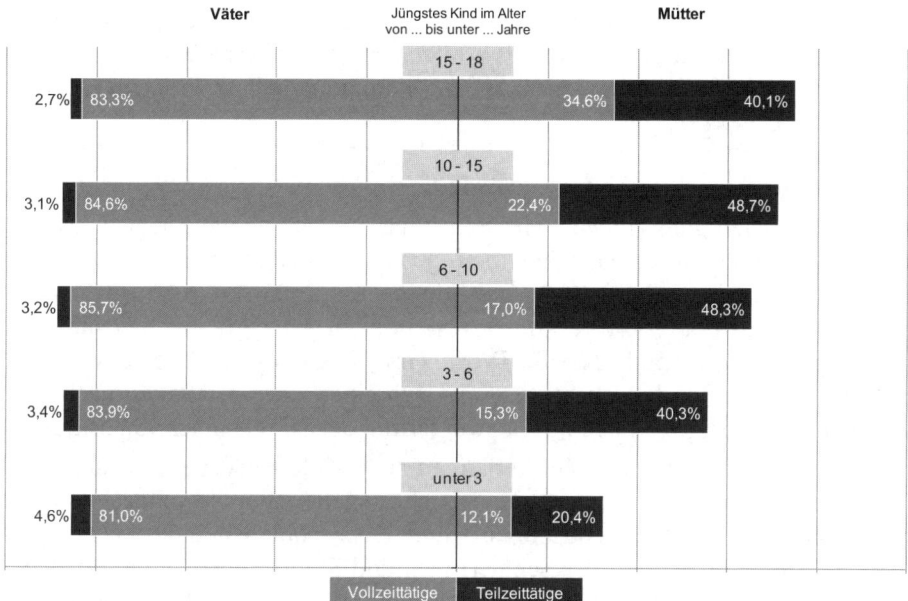

Erwerbstätige (15 bis unter 65 Jahren) ohne vorübergehend Beurlaubte (z.B. wegen Elternzeit)
Quelle: Statistisches Bundesamt, Mikrozensus.

Diese Dynamik ist sowohl bei Frauen in den alten als auch bei Frauen in den neuen Bundesländern zu beobachten. Es bestehen jedoch Unterschiede im Niveau der Quoten: Ostdeutsche Frauen waren bereits im Alter ihres jüngstes Kindes von unter drei Jahren zu 44 % erwerbstätig (West: 29 %). Unter den Männern lässt sich diese Betreuungsabhängigkeit der Erwerbstätigkeit nicht feststellen.

Für Frauen, die für mehrere Jahre nicht berufstätig sind, bedeutet die Rückkehr in den Beruf häufig Konkurrenz mit Beschäftigten, deren berufliche Kenntnisse auf dem aktuellsten Stand sind und die sich möglicherweise weiterqualifiziert haben. Zudem erfolgt das Wiedereintreten in das Erwerbsleben in aller Regel nicht auf demselben Arbeitsplatz, den die Frauen vor der Unterbrechung innehatten. Eine unterwertige Beschäftigung ist damit für viele Berufsrückkehrerinnen wahrscheinlich.

Ferner muss berücksichtigt werden, dass der Zuwachs der Frauenerwerbstätigkeit weitgehend auf der Basis von Teilzeitarbeit erfolgt ist. Fast die Hälfte (48,1 %) aller beschäftigten Arbeitnehmerinnen (mit und ohne Kinder) waren 2004 in Teilzeit beschäftigt. 1991 waren dies noch rund 31 %. Die geringfügige Beschäftigung ist in diesen Daten der IAB-Arbeitszeitrechnung mit erfasst. Für viele Frauen ist

Teilzeitarbeit die einzige Möglichkeit, Beruf und Kindererziehung in Einklang zu bringen. Obwohl mit Teilzeitarbeit erhebliche Benachteiligungen verbunden sind, werden diese in Kauf genommen, um wieder berufstätig zu werden oder trotz Geburt eines Kindes die Berufstätigkeit nicht zu unterbrechen. Denn nach wie vor weist Teilzeitarbeit einen höheren Anteil an gering qualifizierten, belastenden, schlecht bezahlten Tätigkeiten auf als Vollzeitarbeit. Und nach wie vor legitimiert Teilzeitarbeit die Zuweisung der Haus- und Familienarbeit an Frauen (vgl. Bd. II, Kap. „Familie", Pkt. 7.1).

2.5 Jugendliche und junge Erwachsene

Die Erwerbsbeteiligung junger Menschen hat in den vergangenen Jahrzehnten deutlich abgenommen. Im Jahr 1991 betrugen die Erwerbsquoten der 20- bis unter 30jährigen noch im Schnitt 80 % und gingen bis 2005 auf rund 75 % zurück. Zugleich war auch die *Erwerbstätigenquote* in allen Altersgruppen der jungen Bevölkerung rückläufig (vgl. Tabelle IV.8). Gingen vor mehr als einem Jahrzehnt noch fast vier Fünftel der jungen Erwachsenen einer Erwerbstätigkeit nach, waren es im Jahr 2005 lediglich noch bis zu zwei Drittel der 20- bis unter 30jährigen.

Die Ursachen liegen in einer verlängerten Ausbildungsdauer und in einer zunehmenden Bildungsbeteiligung. Immer mehr Jugendliche und junge Erwachsene absolvieren eine weiterführende Schul- und Hochschulausbildung (vgl. Pkt. 4.7 dieses Kapitels). Der Anteil der SchülerInnen und Studierenden an der Altersgruppe der 15- bis unter 30jährigen stieg zwischen 1991 und 2003 bundesweit von 26 % auf 39 %. Ebenso hat sich in diesem Zeitraum die Studierendenquote deutlich erhöht. Unter den 19- bis 24jährigen nahmen 37 % im Jahr 2003 ein Studium auf, gegenüber 30 % Anfang der 1990er Jahre. Gleichwohl bleibt zu berücksichtigen, dass ein zunehmender Anteil von Studierenden während des Studiums erwerbstätig ist, um den eigenen und möglicherweise den Familien-Lebensunterhalt zu ergänzen oder gänzlich zu sichern. Während im Jahr 1991 nur knapp die Hälfte der Studierenden einer Erwerbstätigkeit nachging, waren es im Jahr 2003 bereits zwei Drittel (68 %).

Aber nicht nur ein verändertes Bildungsverhalten hat zu einem Rückgang der Erwerbstätigenquoten geführt, sondern auch fehlende Beschäftigungsmöglichkeiten. Die Erwerbslosenquote der 20- bis unter 30jährigen hat sich von 5,5 % im Jahr 1991 und auf rund 11 % im Jahr 2004 verdoppelt (vgl. Pkt. 6.4 dieses Kapitels). Dieser Trend betrifft insbesondere junge Erwachsene in den neuen Bundesländern und hat sich seit Anfang der 1990er Jahre verschärft. 20- bis unter 30jährige Ostdeutsche sind doppelt so häufig von Erwerbslosigkeit betroffen wie Gleichaltrige in Westdeutschland. Entsprechend ist die Erwerbstätigenquote von jungen Erwachsenen in den neuen Bundesländern stärker gesunken als in den alten Bundesländern.

Tabelle IV.8:

Erwerbsquoten und Erwerbstätigenquoten junger Menschen 1991 - 2005

	Erwerbsquoten in %			Erwerbstätigenquoten in %		
	15 - 20	20 - 25	25 - 30	15 - 20	20 - 25	25 - 30
1991	41,0	77,9	82,2	38,1	72,8	76,4
1995	32,6	74,4	81,5	29,5	66,7	73,6
2000	32,6	73,2	82,3	29,7	66,1	75,6
2005	30,2	70,1	79,6	25,7	59,3	69,6

Quelle: Statistisches Bundesamt, 10 Jahre Erwerbsleben in Deutschland – Zeitreihen zur Entwicklung der Erwerbsbeteiligung 1991 - 2001, Wiesbaden 2002; Genesis-Online, Ergebnisse des Mikrozensus, eigene Berechnungen.

2.6 Ältere ArbeitnehmerInnen

Auch die Erwerbsbeteiligung der Älteren hat sich in den vergangenen Jahren und Jahrzehnten deutlich verringert. Ursächlich sind hier insbesondere der dramatische Anstieg der Arbeitslosigkeit, aber auch die Veränderungen der arbeits- und sozialrechtlichen Bedingungen für das Ausscheiden aus dem Erwerbsleben (vgl. Bd. II, Kap. „Alter", Pkt. 3). Die *Erwerbsbeteiligung älterer Männer* nimmt seit Jahren kontinuierlich ab (vgl. Tabelle IV.9). In der Altersgruppe der 50- bis 55jährigen waren im Jahr 2005/alte Bundesländer noch neun von zehn Männern entweder erwerbstätig oder erwerbslos (91,3 %), in der nächstälteren Gruppe der 55- bis 60jährigen noch fast acht von zehn (81,8 %). In der ältesten Gruppe der 60- bis 65jährigen Männern gehörte noch nicht einmal jeder Zweite zu den Erwerbspersonen (41,5 %). Anfang der 1970er Jahre standen hingegen noch rund 70 % der Männer dieser Altersgruppe im Erwerbsleben.

Hinzu kommt, dass ein bedeutender und über die Jahre größer werdender Teil der älteren Erwerbspersonen dem Arbeitsmarkt zwar zur Verfügung steht, aber erwerbslos und ohne große Wiedereingliederungschancen ist. Diese Diskrepanz zwischen Erwerbsinteresse und geringen Erwerbschancen gilt für die älteren Erwerbspersonen in den neuen Bundesländern in ganz besonderer Weise.

Die Erwerbsbeteiligung älterer Frauen ist zunächst durch einen vergleichbaren Trend charakterisiert: Ausgehend von einem niedrigerem Niveau nimmt auch unter den älteren Frauen mit zunehmenden Alter sowohl die Erwerbsorientierung als auch die Erwerbstätigkeit ab. Im Unterschied zu Männern sind allerdings unter älteren Frauen die Quoten über die Zeit tendenziell gestiegen. Hier spiegelt sich die mit jedem Frauenjahrgang in den letzten Jahrzehnten zugenommene Erwerbs- und auch stärkere Bildungsbeteiligung wider (Kohorteneffekt; vgl. Pkt. 2.4.1 dieses Kapitels). In den neuen Bundesländern gilt jedoch auch für ältere Frauen, was für ältere Männer gilt: Ihre zum Teil deutlich höheren Erwerbsquoten spiegeln sich nicht in entsprechenden Erwerbschancen wider, denn ihre Erwerbstätigenquoten liegen annähernd auf dem Niveau der Quoten gleichaltriger westdeutscher Frauen.

Tabelle IV.9:

Erwerbsquoten älterer Menschen nach Geschlecht 1991 - 2005

	50 bis unter 55 Jahre		55 bis unter 60 Jahre		60 bis 65 Jahre	
	Männer	Frauen	Männer	Frauen	Männer	Frauen
alte Bundesländer						
Erwerbsquoten in %						
1991	92,9	58,6	81,4	44,4	35,0	12,2
1995	92,2	63,8	79,0	48,8	33,0	13,0
2000	90,3	68,1	75,5	51,6	32,2	14,6
2005	91,3	75,5	81,8	61,3	41,5	23,9
Erwerbstätigenquoten in %						
1991	89,2	54,8	74,8	39,6	32,9	11,4
1995	85,5	58,5	67,5	41,5	29,6	12,0
2000	84,7	63,8	67,8	46,6	30,1	13,9
2005	83,6	69,3	73,4	54,8	37,7	22,0
neue Bundesländer						
Erwerbsquoten in %						
1991	95,3	91,4	72,8	37,2	26,8	4,8
1995	94,0	89,9	62,4	53,7	15,7	3,3
2000	90,7	85,2	77,7	70,1	23,5	7,3
2005	90,6	88,0	82,6	76,6	37,1	19,8
Erwerbstätigenquoten in %						
1991	87,8	79,6	65,4	29,2	23,1	4,3
1995	81,8	67,0	49,9	34,6	12,7	2,9
2000	77,6	68,7	58,6	47,7	18,2	5,6
2005	71,5	71,1	62,7	56,9	29,3	16,6

Quelle: Statistisches Bundesamt, Fachserie 1, Reihe 4.1.1, Wiesbaden, verschiedene Jahrgänge.

Die niedrige Alterserwerbstätigkeit begründet sich neben den Arbeitsmarktentwicklungen auch darin, dass ältere ArbeitnehmerInnen den konkreten Anforderungen des Arbeitsplatzes an das physisch-psychische Leistungsvermögen oftmals nicht mehr gewachsen sind und infolgedessen häufig innerbetriebliche Abstufungen und Umsetzungen hinnehmen müssen (vgl. Bd. II, Kap. „Alter", Pkt. 3.2). Dies und die hohe Betroffenheit von Arbeitslosigkeit sind Gründe dafür, dass viele ältere ArbeitnehmerInnen vorzeitig (und zum Teil auch unfreiwillig) in den Rentenbezug wechseln. Die drei Problemlagen – im Betrieb, auf dem Arbeitsmarkt und beim Übergang in die Rente – sind eng miteinander verknüpft. Betriebliche Beschäftigungsprobleme führen häufig zur Ausgliederung in die Arbeitslosigkeit, beide zusammen wiederum prägen maßgeblich Zeitpunkt und Art der Beendigung des Erwerbslebens. Umgekehrt wirken die verschiedenen Verrentungsregeln auf das betriebliche und Arbeitsmarktgeschehen zurück (vgl. Bd. II, Kap. „Alter", Pkt. 3).

2.7 AusländerInnen

Niveau und Entwicklung der Wohnbevölkerung, Erwerbspersonen und Erwerbstätigen werden neben der „natürlichen" demografischen Bevölkerungsentwicklung auch ganz maßgeblich durch *Zu- und Abwanderungen* bestimmt. Von den rund 7,3 Mio. ausländischen EinwohnerInnen in Deutschland waren 2004 knapp 2,9 Mio. erwerbstätig, darunter 1,8 Mio. als sozialversicherungspflichtige ArbeitnehmerInnen. Die *Erwerbsbeteiligung* (Erwerbsquote) der AusländerInnen lag bis Anfang der 1970er Jahre mit 70,8 % deutlich über derjenigen der deutschen Bevölkerung (42,7 %). In Folge des Anwerbestopps und des darauf verstärkt einsetzenden Familiennachzugs ist die Erwerbsbeteiligung jedoch stark zurückgegangen. Seit Anfang der 1980er Jahre bewegt sie sich konstant um die 50 % und liegt damit nur noch geringfügig über der deutschen Erwerbsbeteiligung.

Wohnbevölkerung, Erwerbs- und Bildungsbeteiligung

Ab Mitte der 1960er Jahre – nach dem Abbruch der Zuwanderungen aus der DDR und den früheren Ostgebieten des Deutschen Reiches – war es vor allem die Zuwanderung von AusländerInnen, die die wanderungsbedingte Bevölkerungsentwicklung der Bundesrepublik prägte. Den ersten Höhepunkt erreichte der Stand der ausländischen Wohnbevölkerung mit rd. 4,1 Mio. gegen Mitte der 1970er Jahre. Wirtschaftskrise und Anwerbestopp von 1973 dämpften die Entwicklung vorübergehend. Seitdem sind sowohl Zahl als auch Anteil der ausländischen Wohnbevölkerung aufgrund des anhaltenden Zuzugs kontinuierlich angestiegen. Im Jahr 2005 lebten 7,3 Mio. BürgerInnen nichtdeutscher Staatsangehörigkeit in der Bundesrepublik. Dies entspricht einem Anteil von rund 9 % an der Gesamtbevölkerung (vgl. Tabelle IV.10).

Räumlich konzentriert sich die ausländische Bevölkerung fast ausschließlich auf das westliche Bundesgebiet: Fast die Gesamtheit der ausländischen Wohnbevölkerung (97 %) lebt in den alten Bundesländern. Allein auf die vier Bundesländer Nordrhein-Westfalen, Baden-Württemberg, Bayern und Hessen entfielen 2004 zwei Drittel der ausländischen Bevölkerung. Innerhalb der Bundesländer gibt es eine weitere Konzentration auf die Ballungsgebiete und die großen Städte, und dort nochmals auf bestimmte Stadtviertel. Es ist gerade diese dreifache räumliche Konzentration, die besondere arbeitsmarkt- und sozialpolitische Problemlagen begründet.

Über die Zeit hat sich an den Strukturen der Staatsangehörigkeiten der ausländischen Bevölkerung in Deutschland kaum etwas verändert. Die größte Gruppe bilden weiterhin die europäischen Nationalitäten: Einen europäischen Pass haben rund 80 % der in Deutschland lebenden AusländerInnen (darunter EU-Länder:

31,4 %). Aus Asien stammen rund 12 %, aus Afrika 4 %, aus Amerika 3 % und aus Australien und Ozeanien lediglich 0,1 % der ausländischen Bevölkerung. Türkische Staatsangehörige sind weiterhin mit 1,8 Mio. Menschen die bedeutendste Gruppe (26,3 %). Die nächstgrößeren Gruppen sind BürgerInnen der Staaten des ehemaligen Jugoslawiens (11 %), Italiens (8,2 %), Griechenlands (4,7 %) und Polens (4,3 %). Ein Viertel bis ein Drittel der Personen mit diesen Staatsangehörigkeiten ist bereits in Deutschland geboren – eine Ausnahme bilden lediglich Personen mit polnischer Staatsangehörigkeit.

Tabelle IV.10:

Ausländische Wohnbevölkerung und Beschäftigte 1970 - 2005

Jahr[1)	Wohnbevölkerung		Sozialversicherungs-pflichtig Beschäftigte		Arbeitslose		
	in 1.000	in %	in 1.000	in %	in 1.000	in %	A-losenquote in %
1970	2.738	4,5	1.807	8,5	5	-	-
1975	3.900	6,3	2.061	10,2	151	-	-
1980	4.566	7,4	2.018	9,6	107	-	-
1985	4.482	7,3	1.568	7,7	253	-	-
1990	5.447	8,5	1.775	7,9	203	-	-
1991	6.067	7,6	1.891	8,1	222	8,5	-
1995	7.343	9,0	2.121	9,4	436	12,1	-
2000	7.268	8,8	1.964	7,1	470	12,1	17,2
2005	7.289	8,8	1.755	6,7	644	14,3	23,6

1) Bis 1990: alte Bundesländer, ab 1991: Deutschland; Sozialversicherungspflichtig Beschäftigte: bis 1995 alte Bundesländer.
Quelle: Bundesministerium für Arbeit und Soziales, Statistisches Taschenbuch 2006.- Bundesagentur für Arbeit, Arbeitsmarkt 2000, 2004.

Hinter den lange Jahre relativ konstant erscheinenden, nur wenig schwankenden Bestandszahlen der ausländischen Bevölkerung verbergen sich *erhebliche Zu- und Abwanderungsbewegungen*. Noch in der ersten Hälfte der 1980er Jahre war der Wanderungssaldo negativ: Durch die verstärkte Rückwanderung in die Heimatländer überstiegen die Fortzüge die Zuzüge. Der Rückgang der ausländischen Wohnbevölkerung ist allerdings weit niedriger ausgefallen als es dem negativen Wanderungssaldo entspricht, denn allein durch den Geburtenüberschuss in der zweiten Generation nimmt auch die Zahl der AusländerInnen in der Bundesrepublik zu. Seit Mitte der 1980er Jahre wird dieser demografische Effekt begleitet durch einen wieder positiven Wanderungssaldo: Durch die *Familienzusammenführung*, die sinkende Zahl von Rückwanderungen und die Zuwanderung von *(Spät-)Aussiedlern, Flüchtlingen und Asylbewerbern* nahm die ausländische Bevölkerung insgesamt zu. Erstmals wieder negativ war der Wanderungssaldo in den Jahren 1997 und 1998, und auch seit der Umkehrung des Zuwanderungstrends 1999 verringert sich seit Anfang des neuen Jahrtausends der Saldo, insbesondere durch die gesunkenen Asylbewerber- und Spätaussiedlerzahlen.

Die Zahl der Flüchtlinge hat sich nach einem deutlichen Rückgang Ende der 1990er Jahre seit 2000 bei etwa 1 Mio. Menschen stabilisiert. 2004 entsprach dies einem Anteil von 14,9 % aller AusländerInnen. Rückläufig ist vor allem der Bestand an AsylbewerberInnen. Ihre Zahl hat sich mit 86.000 im Jahr 2004 auf ein Viertel des Bestandes im Jahr 1997 (320.000) reduziert. Unter den Flüchtlingen waren 2004 ferner rd. 92.000 Asylberechtigte, 70.000 Konventionsflüchtlinge (mit Abschiebeschutz nach der Genfer Flüchtlingskonvention) und 200.000 jüdische Zuwanderer aus der ehemaligen Sowjetunion, deren Zahl vor allem seit 1997 (85.000) stark angestiegen ist. Hinzu kamen u.a. 387.000 sog. „de-facto-Flüchtlinge", denen aus humanitären oder politischen Gründen die Rückkehr in ihr Heimatland nicht zumutbar ist. Die Lebensbedingungen der Flüchtlinge sind vielfach besonders prekär: Die Trennung von Heimat und Familie, die Furcht vor einer Abschiebung, die oftmals beengten und schlechten Wohnverhältnisse, die nur sehr eingegrenzten Arbeitsmöglichkeiten und nicht zuletzt die in Teilen der deutschen Bevölkerung ablehnende Haltung machen dieser Bevölkerungsgruppe das Leben in Deutschland schwer.

Die *Bildungsbeteiligung* der ausländischen Bevölkerung hat sich in den vergangenen dreißig Jahren deutlich verbessert, gleichwohl bestehen weiterhin zum Teil große Unterschiede zur deutschen Bevölkerung. Einen allgemein bildenden Schulabschluss hatten 92,9 % der Deutschen und 79,1 % der AusländerInnen. So verfügt zwar ein deutlicher geringerer Anteil der ausländischen Bevölkerung überhaupt über einen Schulabschluss, allerdings gelingt es ihnen häufiger, eine (Fach)Hochschulreife zu erlangen als der deutschen Bevölkerung (vgl. Tabelle IV.11). Dieser Unterschied beruht vor allem auf den Bildungsanstrengungen ausländischer junger Frauen. Mit Blick auf die Berufsbildungsabschlüsse relativiert sich allerdings dieser Bildungsvorsprung. Über die Hälfte der ausländischen Frauen gegenüber einem Drittel der deutschen Frauen verfügte 2004 über keinen beruflichen Abschluss. Ähnlich wie bei den Männern und auch hinsichtlich der Anteile mit einer Lehr- oder Anlernausbildung steht der berufliche Bildungserfolg der ausländischen Bevölkerung noch deutlich dem der deutschen Bevölkerung nach. Allein in der (Fach)Hochschulausbildung haben sich die Verteilungen so gut wie angeglichen – und in dieser Hinsicht bestehen geschlechtsspezifische Unterschiede lediglich in der deutschen Bevölkerung.

Tabelle IV.11:

Ausgewählte Indikatoren der Bildungs- und Erwerbsbeteiligung der ausländischen Bevölkerung 2004

	Ingesamt	Männer	Frauen
	in %		
Erwerbsquote	51,9	61,7	41,3
Erwerbstätigenquote	79,2	77,9	81,4
Erwerbslosenquote	20,7	22,1	18,6
Abhängig Erwerbstätige nach Wirtschaftsbereichen			
Bergbau und verarbeitendes Gewerbe	32,7		
Bau	6,6		
Handel und Gastgewerbe	22,2		
öffentliche und private Dienstleistungen	17,6		
Selbstständigenquote	10,1		
Geringfügig entlohnte Beschäftigte	8,3		
davon		34,3	65,7
Bevölkerung nach allgemeinen Schulabbschluss			
ohne Schulabschluss	13,7	12,2	15,4
mit (Fach)Hochschulreife	23,6	22,9	24,5
- Deutsche			
mit (Fach)Hochschulreife	1,7	1,7	1,7
mit Abitur	21,5	24,6	18,6
Bevölkerung nach Berufsbildungsabschluss			
ohne Berufsabschluss	53,2	48,7	58,1
Lehr-/Anlernausbildung	30,7	34,6	26,4
(Fach)Hochschule	10,2	10,1	10,2
- Deutsche			
ohne Berufsabschluss	25,9	19,8	31,7
Lehr-/Anlernausbildung	52,5	53,1	51,8
(Fach)Hochschule	10,7	13,4	8,2

Quelle: Bundesministerium für Arbeit und Soziales (Hrsg.), Statistisches Taschenbuch 2005.- Bundesagentur für Arbeit, Arbeitsmarkt 2000, 2004.

Die AusländerInnen haben einen Beschäftigungsschwerpunkt im verarbeitenden Gewerbe, im Handel und Gastgewerbe sowie bei den öffentlichen und privaten Dienstleistungen (vgl. Tabelle IV.11). Von abnehmender Bedeutung ist das Baugewerbe. Der Anteil der ArbeiterInnen unter den ausländischen Erwerbstätigen ist zwar in den letzten Jahren stärker gesunken als unter den deutschen Erwerbstätigen. Allerdings ist noch knapp jede(r) Zweite unter ihnen nach der Stellung im Beruf ArbeiterIn (53,6 %) gegenüber jeder(m) Dritten unter den Deutschen (29,3 %). In den vergangenen Jahren hat die Zahl der Selbstständigen unter den AusländerInnen stark zugenommen, der Anteil lag im Jahr 2004 mit 10,1 % nur noch geringfügig unter dem deutschen Wert von 10,8 %. Der Anteil der AusländerInnen unter den geringfügig entlohnten Beschäftigten ist vergleichsweise gering. Ebenso wie unter den Deutschen in diesen Beschäftigungsverhältnissen gehen mehr ausländische Frauen als ausländische Männer diesen Tätigkeiten nach.

Aufenthaltsrecht

Die Erwerbsbeteiligung der AusländerInnen ist stark von administrativen Regelungen bzw. Beschränkungen gesteuert. Die entsprechenden Bestimmungen zur Aufenthalts- und Arbeitserlaubnis finden sich im Arbeitsförderungsrecht (SGB III) und sind mit dem Zuwanderungsgesetz zum 1.1.2005 und insbesondere durch entsprechende Rechtsverordnungen grundlegend neu geregelt worden. Mit dem neuen Zuwanderungsgesetz wurde nach jahrelanger politischen und wissenschaftlichen Diskussion endlich dem Tatbestand Rechnung getragen, dass Deutschland bereits seit Jahrzehnten – nicht zuletzt mit einem Ausländeranteil von rund 9 % – faktisch ein Einwanderungsland ist.

Das neue Aufenthaltsrecht unterscheidet sechs Aufenthaltszwecke, an die jeweils besondere Berechtigungen zur Ausübung einer Erwerbstätigkeit geknüpft sind. Damit entfällt die bisherige „Arbeitsgenehmigung" der Bundesagentur für Arbeit. Im Falle der Aufenthaltserlaubnis entscheidet prinzipiell nun die Ausländerbehörde im Verfahren des sog. „one-stop-government" im Einzelfall. Ein uneingeschränkter Arbeitsmarktzugang kann mit einer Aufenthaltserlaubnis bestimmten Personengruppen gewährt werden (u.a. anerkannte Asylberechtigte und Konventionsflüchtlinge, nachgezogene Familienmitglieder von arbeitsberechtigten AusländerInnen in Deutschland). Auch ist mit einer Niederlassungserlaubnis nunmehr die Ausübung einer Erwerbstätigkeit uneingeschränkt möglich.

- Eine Beschäftigung ohne entsprechenden Aufenthaltstitel ist nur EU-Bürger Innen, ihren Angehörigen sowie Staatsangehörigen aus Island, Liechtenstein, Norwegen und der Schweiz und ihren Angehörigen gestattet.

- BürgerInnen der EU-Beitrittsstaaten von 2004 benötigen weiterhin eine Arbeitsgenehmigung-EU der Bundesagentur für Arbeit. Lediglich Staatsangehörige aus Zypern und Malta haben volle Freizügigkeit und benötigen deshalb auch keine Arbeitsgenehmigung mehr.

- Ein Aufenthaltstitel zum Zwecke des Studiums berechtigt zur befristeten Ausübung einer Beschäftigung sowie zur Ausübung studentischer Nebentätigkeiten. Erfolgreichen AbsolventInnen eines Studiums kann die Aufenthaltserlaubnis zur Suche eines angemessenen Arbeitsplatzes bis zu einem Jahr verlängert werden.

- AusländerInnen, die nach Deutschland einreisen wollen, um einer Erwerbstätigkeit nachzugehen, müssen dies bei einer deutschen Auslandsvertretung gemeinsam mit dem Visum beantragen. Eine Ausländerbehörde in Deutschland prüft dann den Antrag gemeinsam mit der Bundesagentur für Arbeit insbesondere in der Hinsicht, ob eine freie Arbeitsstelle nicht mit einem deutschen oder ansässigen Ausländer vorrangig besetzt werden kann (Vorrangprinzip). Wird der Antrag genehmigt und ein Visum ausgestellt, enthält die anschließende Aufenthaltserlaubnis nähere Bestimmungen zur Ausübung der Erwerbstätigkeit. Hoch qualifizierten ArbeitnehmerInnen kann auch sofort eine unbefristete Niederlassungserlaubnis erteilt werden. Ferner können AusländerInnen, die in Deutschland eine selbstständige Tätigkeit ausüben wollen, eine Aufenthaltserlaubnis erhalten, wenn sie mindestens 1 Million Euro investieren und zehn Arbeitsplätze schaffen. Auch für diese Gruppen gilt jedoch, dass sie ihre finanzielle und soziale Absicherung weitgehend eigenständig leisten und vorweisen müssen.

- Asylberechtigte, Konventionsflüchtlinge, Inhaber des sog. kleinen Asyls oder Personen, bei denen Abschiebehindernisse festgestellt wurden, können grundsätzlich uneingeschränkt einer Erwerbstätigkeit nachgehen.

- Ein Aufenthaltstitel zum Zwecke des Familiennachzugs zu einem Deutschen berechtigt ebenfalls zur Ausübung einer Erwerbstätigkeit. Dagegen können Familienangehörige nur eine Beschäftigung aufnehmen, wenn der/die AusländerIn, zu dem der Nachzug erfolgt, erwerbstätig sein darf.

- Keinen Arbeitsmarktzugang haben dagegen grundsätzlich zunächst AsylbewerberInnen und AusländerInnen, die sich lediglich geduldet in Deutschland aufhalten. Nach einem Jahr der Aufenthaltsgestattung von AsylbewerberInnen und nach 18 Monaten der Duldung kann allerdings die Aufnahme einer Beschäftigung erlaubt werden, wenn kein/e bevorrechtigte/r ArbeitnehmerIn für die beabsichtigte Beschäftigung zur Verfügung steht.

- Es bestehen weiterhin zahlreiche Sonderregelungen für den Arbeitsmarktzugang bestimmter Gruppen, wie z.B. für SaisonarbeitnehmerInnen, WerkvertragarbeitnehmerInnen, Ferienbeschäftigungen, KünstlerInnen, Berufssportler Innen.

Problemlagen

In dem Maße, in dem ausländische ArbeitnehmerInnen und ihre Familien auf Dauer in der Bundesrepublik verbleiben und wie eine dritte und mittlerweile vierte Ausländergeneration heranwächst, verschieben und vergrößern sich auch ihre *Problemlagen*. Eine Politik der umfassenden gesellschaftlichen Integration der AusländerInnen, das heißt ihrer vollen sozialen, ökonomischen, rechtlichen und politischen Gleichstellung mit den Deutschen, steht allerdings nach wie vor aus. Auch nach rund 40 Jahren der Ausländerbeschäftigung widerspricht die Realität noch immer in vielen Punkten den Zielen der Gleichstellung und Integration:

- Ausländische ArbeitnehmerInnen sind im Berufsleben vielfach schlechter gestellt als ihre deutschen KollegInnen (so u.a. in Bezug auf Qualifikation und Entlohnung, Arbeitsbedingungen, Arbeitsplatzsicherheit und Wiedereingliederungschancen).

- Die Einkommenslage ausländischer Haushalte ist im Schnitt deutlich schlechter als die der deutschen Haushalte. So lag die Sozialhilfequote bei den ausländischen Staatsangehörigen im Jahr 2004 bei 8,4 %, bei den deutschen hingegen bei 3,0 % (vgl. Kap. „Einkommen", Pkt. 7.1.4). Die Armutsquote erreichte im Jahr 2004 bei den ausländischen Haushalten einen Wert von 23,8 % gegenüber 13,1 % in der Gesamtbevölkerung (vgl. Kap. „Einkommen", Pkt. 8.2).

- Ausländische Kinder und Jugendliche sind in ihrer schulischen und beruflichen Bildung immer noch benachteiligt bzw. schlechter gestellt (vgl. Pkt. 4 dieses Kapitels).

- Wohn- und Lebensbedingungen von AusländerInnen sind vielfach unzureichend. Dies zeigt sich besonders in den Großstädten mit hohen Ausländeranteilen.

- Sozialstaatliche Leistungsangebote (Gesundheitssystem, Pflege- und Wohngeld, soziale Dienste) werden von vielen Betroffenen in der ausländischen Bevölkerung nur unzureichend in Anspruch genommen, weil viele Barrieren dem entgegenstehen (u.a. Verständigungsprobleme, weiterhin bestehende Angst vor Ausweisung).

Die sozialen Probleme ausländischer ArbeitnehmerInnen und ihrer Familienangehörigen werden durch die verbreiteten Vorbehalte, Stigmatisierungen und Diskriminierungen gegenüber AusländerInnen noch vertieft. In Zeiten anhaltender Massenarbeitslosigkeit verstärkt sich der Konkurrenzdruck unter den Beschäftigten und kann in offener Ausländerfeindlichkeit, einem wachsenden Wahlerfolg rechtsradikaler Parteien und einer entsprechenden Politik zum Ausdruck kommen.

3 Arbeitsmarkt und Arbeitsverhältnisse

3.1 Arbeitsmarkt

3.1.1 Besonderheit des Arbeitsmarktes

Auf dem Arbeitsmarkt treffen Angebot und Nachfrage nach Arbeitskraft aufeinander. Arbeit ist aber keine Ware wie jede andere, und auch der Arbeitsmarkt ist kein Markt wie jeder andere. Arbeitsmärkte unterscheiden sich von Gütermärkten dadurch, dass der Verkäufer der *Ware Arbeitskraft* sich selbst in den Produktionsprozess einbringen muss und damit als Person unter der Verfügungs- und Direktionsgewalt des Käufers, des Arbeitgebers, steht. Dieser Unterschied ist grundlegend und folgenreich: Der Mensch als Träger der Arbeitsleistung ist auf den erfolgreichen Verkauf der Arbeitsleistung existentiell angewiesen, da das Arbeitsentgelt die im Prinzip einzige Quelle zur Deckung des Lebensunterhalts darstellt. Das Arbeitsangebot kann weder dauerhaft zu-rückgehalten noch kurzfristig räumlich verlagert werden. Es besteht ein *Angebotszwang*.

Insofern ist auch die marktwirtschaftliche Modellvorstellung, nach der mit sinkendem Preis das Angebot zurückgeht, für den Arbeitsmarkt unzutreffend. Die Existenznotwendigkeit von Arbeit erzwingt bei sinkendem Lohn u. U. steigende Arbeitsangebote, um den Lebensunterhalt bestreiten zu können. In ihrer extremen Form hat dieses nach den klassischen Modellannahmen nicht zu erwartende („inverse") Angebotsverhalten dazu geführt, dass zu Beginn der Industrialisierung 12 bis 16 Stunden gearbeitet werden musste und selbst Kinder und Jugendliche zu Schwerarbeiten herangezogen wurden, um den Lebensunterhalt der Familien zu sichern.

Demgegenüber sind nachfragende Unternehmen nicht existentiell darauf angewiesen, bestimmte ArbeitnehmerInnen einzustellen. Sie haben im Grundsatz die Möglichkeit, ihre Produktionsfaktoren zeitlich flexibel und räumlich mobil, auch grenzüberschreitend, einzusetzen. Das versetzt Arbeitgeber in eine prinzipiell andere Lage als (von ihnen) abhängig Beschäftigte. Kennzeichen des Arbeitsmarktes ist deshalb ein strukturelles Machtungleichgewicht, sowohl in Bezug auf die Situation des/der einzelnen Beschäftigten als auch in bezug auf die Gesamtheit der ArbeitnehmerInnen. Der (Arbeits)Vertrag zwischen Verkäufer und Käufer ist kein „frei" ausgehandelter Vertrag unter Gleichen, wie es der Vergleich mit Gütermärkten suggerieren könnte. Der Arbeitsmarkt ist ein Käufermarkt, auf dem Käufer, also Arbeitgeber, die beherrschende Position einnehmen und weitgehend die Bedingungen und Inhalte der Arbeitsverträge bestimmen. Die formale Vertragsfreiheit führt faktisch zur Abhängigkeit und Unterlegenheit der Beschäftigten. Diese Machtasymmetrie wird noch verstärkt durch die Konkurrenz der Beschäftigten untereinander, die vor allem bei hoher und anhaltender Arbeitslosigkeit zu preisdrückenden (d.h. lohnsenkenden) Wirkungen führen kann.

Wie die Geschichte der Industrialisierung und des Frühkapitalismus gezeigt hat, führt das „freie" Spiel der Kräfte von Angebot und Nachfrage auf dem Arbeitsmarkt nicht – wie im Marktmodell unterstellt – zu einem sozialen und ökonomischen Optimum, sondern zu menschenunwürdigen Verhältnissen. Eine ungezügelte Entfaltung der Marktkräfte beinhaltet u.a. folgende Gefahren:

- unzureichende Entlohnung bis unter die Armutsgrenze,
- überlange Arbeitszeiten sowie gesundheitsschädigende und inhumane Arbeitsbedingungen,
- systematische Benachteiligung und Diskriminierung der weniger Leistungsfähigen (Kranke, Behinderte, Ältere),
- absolute Unterordnung unter die Entscheidungs- und Verfügungsgewalt des Arbeitgebers im Produktionsprozess.

3.1.2 Regulierung von Arbeitsmarkt und Arbeitsverhältnissen

Die Gründung von Gewerkschaften und der Abschluss von Tarifverträgen sowie die Einführung staatlicher Arbeitsschutzgesetzgebung (beginnend mit dem Verbot der Kinderarbeit durch das preußische Regulativ von 1839) waren sozialpolitische Reaktionen auf diese Risiken. In der sozialökonomischen Entwicklung seit Beginn der Industrialisierung ist nachfolgend – zumeist unter gewerkschaftlichem Druck und durch den Druck der politischen Interessenvertretung der Arbeiterbewegung – ein Netz arbeits- und sozialrechtlicher sowie tarifvertraglicher Regelungen entstanden. Der Arbeitsmarkt ist zu einem *regulierten* Markt geworden, womit der strukturell schwachen Position der abhängig Beschäftigten stärker Rechnung getragen wird. Hinsichtlich Vertragsabschluss, -inhalt und -beendigung werden *Mindeststandards* vorgegeben, um zu verhindern, dass sich die Vertragsbedingungen beliebig zu Lasten des/der einzelnen Beschäftigten verschieben. Vertragsfreiheit und Warencharakter der Arbeitskraft werden eingeschränkt, aber keinesfalls aufgehoben.

Die Regulierung von Arbeitsverhältnis und Arbeitsmarkt vollzieht sich in Deutschland auf drei voneinander zu unterscheidenden Ebenen mit jeweils unterschiedlichen Instrumenten und Akteuren. Neben der sozialen Sicherung bei Arbeitslosigkeit (vgl. Pkt. 7 dieses Kapitels) und der aktiven Arbeitsmarktpolitik (vgl. Pkt. 8 dieses Kapitels) gehören zur *Arbeitsmarktordnungspolitik*

- Tarifvertragliche Vereinbarungen zwischen Gewerkschaften und Arbeitgeberverbänden,
- Gesetzliche Vorschriften,
- Mitbestimmungs- und Mitwirkungsverfahren der betrieblichen Interessenvertretung der ArbeitnehmerInnen.

Tarifvertragliche Vereinbarungen

Die Bildung von *Gewerkschaften* als kollektive Interessenvertretung zielt auf die Beschränkung des Machtgefälles auf dem Arbeitsmarkt. Denn nur der Zusammenschluss abhängig Beschäftigter ermöglicht es, als Gegenmacht ihre Interessen im Arbeitsmarktgeschehen einzubringen und durchzusetzen sowie eine existenzgefährdende Konkurrenz der ArbeitnehmerInnen untereinander zu verhindern. Die zwischen Gewerkschaften und Arbeitgeberverbänden im Rahmen von *Koalitionsfreiheit* und *Tarifautonomie* ausgehandelten Tarifverträge regeln Einsatz und Entlohnung von Arbeit. Tarifverträge schreiben Mindestnormen für die Entlohnung fest, begrenzen die maximale Tages-, Wochen- und Jahresarbeitszeit, regeln Arbeitsbedingungen, Weiterbildungsmöglichkeiten und vieles mehr (vgl. Kap. „Einkommen", Pkt. 3).

Übersicht IV.1:

Gesetzliche Regelungen des Arbeitsverhältnisses: **Überblick über ausgewählte Bereiche**
Eintritt in das Arbeitsverhältnis   Berufsausbildungssystem und -recht (BerufsbildungsG)   Beschäftigungspflicht von Schwerbehinderten (SGB IX)   Beschäftigung ausländischer ArbeitnehmerInnen (ZuwanderungsG, SGB III)   Verbot der Geschlechtsdiskriminierung (Bürgerliches Gesetzbuch,   GleichstellungsdurchsetzungsG, Landesgleichstellungsgesetze)
Entgeltbedingungen   Entgeltformen, Zuschläge, Feiertagsbezahlung (EntgeltfortzahlungsG, ArbeitszeitG,   GewerbeO,   Feiertagsgesetze der Länder)   Lohnsicherung bei Konkurs, Pfändungsschutz (InsolvenzO, SGB III)   Lohnfortzahlung im Krankheitsfall und bei Kuren (EntgeltfortzahlungsG)   Arbeitnehmerüberlassung (ArbeitnehmerüberlassungsG, AUEG)   Arbeitsbedingungen bei grenzüberschreitenden Dienstleistungen (Arbeitnehmer- EntsendeG)
Arbeitszeitregelungen   Dauer und Lage der Arbeitszeit (ArbeitszeitG)   Arbeitsverbot an Sonn- und Feiertagen (GewerbeO)   Erholungsurlaub (BundesurlaubsG)   Teilzeitarbeit (AltersteilzeitG, Teilzeit- und BefristungsG)
Schutz besonderer Personengruppen   Arbeitsplatzschutz bei Wehrdienst (ArbeitsplatzschutzG)   Berufsausbildungsverhältnis (BerufsbildungsG)   Schwerbehindertenschutz: Beschäftigungspflicht, besonderer Kündigungsschutz   (SGB IX)   Sonderschutz der HeimarbeiterInnen (HeimarbeitsG)   Frauenarbeitsschutz: Beschäftigungsverbote, Mutterschutz (MutterschutzG,   ArbeitszeitG)   Elternzeit (Bundeselterngeld- und ElternzeitG)   Jugendarbeitsschutz: Verbot der Kinderarbeit, Beschäftigungsbedingungen   Jugendlicher (JugendarbeitsschutzG)
Beendigung des Arbeitsvertrages   Kündigungen und Kündigungsschutz (KündigungsschutzG)   Massenentlassungsschutz (SGB III)   Betriebliche Altersversorgung (BetriebsrentenG)

Gesetze und Verordnungen

Neben die kollektivvertraglichen Vereinbarungen tritt die *staatliche Regulierung* durch Gesetze und Verordnungen. Sie beziehen sich auf zahlreiche Aspekte des

Arbeitsverhältnisses, u.a. auf den Eintritt in das Arbeitsverhältnis, die Entgeltbedingungen, Arbeitszeitvorschriften, Arbeitsschutzregelungen für bestimmte Personengruppen und die Beendigung des Arbeitsverhältnisses (vgl. Übersicht IV.1). Gesetzliche Vorschriften und tarifvertragliche Vereinbarungen beziehen sich vielfach auf die gleichen Regelungsinhalte, z.B. die Arbeitszeit. Tarifverträge sehen jedoch in aller Regel weitergehende Ansprüche vor. Insofern gilt das *Günstigkeitsprinzip*. Gesetzliche Vorschriften geben unterste Normen vor, die keinesfalls unterschritten werden können. Historisch gesehen wurden gesetzliche Vorschriften häufig erst in Tarifverträgen erkämpft, um dann später per Gesetz auf alle ArbeitnehmerInnen ausgedehnt zu werden.

Betriebliche Vereinbarungen

Der Festlegung der Arbeitsbedingungen im Rahmen der Tarifautonomie auf überbetrieblicher Ebene entsprechen auf der Betriebs- und Unternehmens-ebene die Beteiligungsrechte des *Betriebsrates* in betrieblichen Angelegenheiten nach dem *Betriebsverfassungsgesetz* (BetrVG). Sie sollen vor allem sicherstellen, dass die Organisation des Betriebs und der Arbeitsabläufe, der Arbeitseinsatz und die Zusammensetzung der Belegschaft durch Einstellungen und Entlassungen nicht der alleinigen Bestimmung des Arbeitgebers unterliegen. Im öffentlichen Dienst gelten die Personalvertretungsgesetze des Bundes und der Länder entsprechend (vgl. Kap. „Einkommen", Pkt. 3.3).

Der Betriebsrat hat gesetzliche Informations-, Anhörungs- und Beratungsrechte. In den wichtigen sozialen und personellen Angelegenheiten, zum Teil auch in den wirtschaftlichen Angelegenheiten (z.B. bei Betriebsänderungen und der Erstellung von Sozialplänen), hat der Betriebsrat gleichberechtigte Mitbestimmungsrechte. Auf betrieblicher Ebene stellen Betriebsvereinbarungen zwischen Betriebsräten und Unternehmensleitung auf spezielle betriebliche Bedingungen ab. So sind z.B. die Einführung von Schicht- oder Sonntagsarbeit, die Gewährung von übertariflichen Zulagen sowie der Einsatz von Datenerfassungssystemen mitbestimmungspflichtig.

In Kapitalgesellschaften nehmen Vertreter der ArbeitnehmerInnen außerdem einen gewissen Einfluss auch auf die unternehmerischen Planungen und Entscheidungen. Dazu wählen die Belegschaften, zum Teil auf Vorschlag der Gewerkschaften, ihre Vertreter in die Aufsichtsräte der Unternehmen. Die gesetzlichen Grundlagen über die *Unternehmensmitbestimmung* finden sich im Montan-Mitbestimmungsgesetz von 1951 und im Mitbestimmungsgesetz von 1976.

Die sozialstaatliche Regulierung des Arbeitsmarktes dient in erster Linie der Reduzierung der arbeitnehmerbezogenen Risiken durch die Begrenzung des strukturellen Machtungleichgewichts zwischen den Arbeitsmarktparteien. Aber die ArbeitnehmerInnen müssen auch bis zu einem gewissen Grad vor sich selbst geschützt werden, indem verbindliche Schutz- und Mindeststandards eine selbstausbeutende Verausgabung ihrer Arbeitskraft verhindern. Die Regulierung des Arbeitsmarktes ist drittens auch Ausdruck des gesellschaftlich erreichten Niveaus von allgemein akzeptierten Mindeststandards, die bei der Schaffung von Arbeitsverhältnissen zu beachten sind.

Die staatlichen Eingriffe in Arbeitsverhältnis und Arbeitsmarkt zielen allerdings nicht allein auf eine Stärkung der Position der ArbeitnehmerInnen. Zum einen begrenzen Gesetzgebung und Rechtsprechung auch den Entfaltungsspielraum von Beschäftigten und Gewerkschaften, so vor allem durch das Arbeitskampfrecht (z.B. Verbot von „wilden" Streiks). Zum anderen haben auch Unternehmen ein Interesse an einzelnen Aspekten regulierter Arbeitsmärkte, da diese ihre Transaktionskosten reduzieren, wie die Kosten für die Informationsbeschaffung, Rekrutierung von Beschäftigten oder die Lohnverhandlungen. So bieten Tarifverträge den Unternehmen für einen gewissen Zeitraum ein überschaubares und kalkulierbares sowie stabiles Arbeitskräftepotenzial zu Lohnsätzen, die für alle Betriebe gleichermaßen gelten. Betriebsvereinbarungen und regulierte Aufstiegsprozesse sichern auf den internen Arbeitsmärkten die langfristige Bindung der Beschäftigten an Unternehmen. Damit bleiben Unternehmen betriebsspezifische Qualifikationen erhalten, die sie sonst auf dem externen Arbeitsmarkt entweder gar nicht oder zu wesentlich höheren Preisen nachfragen müssten.

Die wachsende internationale Verflechtung der Wirtschaft, die auch zu einer transnationalen Organisation von Produktionsabläufen führt, bewirkt allerdings eine Erosion der kollektivvertraglichen Regulierung, weil ein Teil der Unternehmen versucht, sich der Bindung durch (nationale) Tarifvorschriften zu entziehen. Mit der Ansiedlung neuer Produktionen oder der Verlagerung auf andere Produktionsstandorte nutzen vor allem große Unternehmen unterschiedliche nationale Tarifstandards und üben damit Druck auf das jeweilige nationale Regulierungsniveau aus („Tarifdumping") (vgl. Kap. „Einkommen", Pkt. 3.11). Zu berücksichtigen ist bei der Diskussion um den Umfang und die Beschäftigungsfolgen der Abwanderung von Unternehmen oder Unternehmensteile ins Ausland, dass diese Strategie der unternehmerischen Kostenreduzierung Klein- und Mittelbetrieben in der Regel nicht zur Verfügung steht, die aber einen erheblichen Anteil des Beschäftigungsvolumens in Deutschland stellen.

3.1.3 Mobilität und Segmentierung des Arbeitsmarktes

Der Arbeitsmarkt ist ein enorm dynamischer Umschlagplatz, auf dem fortwährend quantitative und qualitative Anpassungsprozesse zwischen Angebot und Nachfrage stattfinden. Insofern gibt es nicht *den* Arbeitsmarkt, an dem alle ArbeitnehmerInnen unterschiedslos teilnehmen und der durch starre und einheitliche Strukturen charakterisiert ist. Abgesehen davon, dass sich ein wachsender Teil des Arbeitsmarktes außerhalb der Zonen des Normalarbeitsverhältnisses befindet (vgl. Pkt. 3.2 dieses Kapitels), ist der Arbeitsmarkt *erstens* durch eine erhebliche *Mobilität* der ArbeitnehmerInnen gekennzeichnet:

- Die Fluktuationsrate der voll sozialversicherungspflichtig Beschäftigten („*labour turnover*") bewegt sich seit Mitte der 1990er Jahre zwischen 20 und 29 %, unter den geringfügig Beschäftigen liegt sie sogar bei 63 %. Das heißt, mindestens ein Fünftel der bestehenden voll sozialversicherungspflichtigen und zwei Drittel der geringfügigen Beschäftigungsverhältnisse werden wegen Berufs-, Betriebs- oder Arbeitgeberwechsel jährlich abgeschlossen bzw. aufgelöst. Diese Quote schwankt sehr stark in Abhängigkeit vom Wirtschaftsbereich mit niedrigen Anteilen z.B. im öffentlichen Dienst und hohen Anteilen im Bereich Hotels und Gaststätten sowie Dienstleistungen. Innerbetriebliche Wechsel, die darin nicht enthalten sind, tragen ebenfalls zur Arbeitsmarktflexibilität bei.

- Der Umfang des Stellenumschlags („*job turnover*") ist in Deutschland im internationalen Vergleich zwar recht gering. Es werden jedes Jahr lediglich rund 8 % aller Stellen durch schrumpfende oder schließende Betriebe vernichtet bzw. durch wachsende oder neugegründete Betriebe neu geschaffen (gegenüber z.B. Frankreich mit 12 %). Die niedrige Rate kann allerdings auf eine statistische Unterschätzung zurückgeführt werden: Wenn ein größeres Unternehmen in einem bestimmten Jahr zehn Stellen in einem Produktionsbereich streicht und gleichzeitig zehn neue Stellen in einem anderen Bereich schafft, resultiert daraus eine Job-Turnover-Rate von Null. Da in Deutschland große Unternehmen die Beschäftigtenstrukturen dominieren, senken die auf diese Weise nicht erfassten Stellenumschläge den Wert für die Gesamtwirtschaft.

Zweitens ist der Arbeitsmarkt in sich differenziert und strukturiert. Idealtypisch können folgende *Teilarbeitsmärkte* unterschieden werden:

- regionale Arbeitsmärkte,
- berufsfachliche Arbeitsmärkte,
- geschlechtsspezifische Arbeitsmärkte und
- innerbetriebliche Arbeitsmärkte.

Es gibt einerseits Überschneidungen zwischen diesen Teilarbeitsmärkten, andererseits sind sie häufig stark voneinander abgeschottet („segmentiert").

Regionale Arbeitsmärkte

Der Gesamtarbeitsmarkt Deutschland besteht aus einzelnen regionalen Arbeitsmärkten. Zwischen den einzelnen Regionen ergeben sich – vor allem in Abhängigkeit von der jeweiligen sektoralen Wirtschaftsstruktur – deutliche Unterschiede hinsichtlich des Niveaus und der Struktur von Beschäftigung. Dies gilt in Deutschland z.B. nicht nur für das Verhältnis zwischen Ost und West, sondern auch innerhalb der einzelnen Bundesländer. Es finden sich in allen Landesteilen zur gleichen Zeit Regionen, deren Arbeitsmarkt von einer schweren Krise betroffen ist und Regionen, deren Arbeitsmarkt sich eher günstig entwickelt. Die regionale Segmentierung ist deshalb relativ stabil, auch weil die Produktionsfaktoren nicht ohne weiteres umgesiedelt werden können. Neben der betrieblichen Infrastruktur ist auch die räumliche Mobilität der ArbeitnehmerInnen und ihrer Angehörigen eingeschränkt.

Berufsspezifische Arbeitsmärkte

Berufsspezifische Arbeitsmärkte umfassen typische Qualifikationen bestimmter Branchen und Berufe, die in anderen Branchen oder Berufen nicht nachgefragt werden. Stahlfacharbeiter sind in der Regel nicht mit LaborantInnen, Versicherungskaufleuten oder ArzthelferInnen austauschbar. Angesichts der teilweise hohen qualifikatorischen Voraussetzungen für die Ausübung eines Berufes ist die Mobilität zwischen den berufsfachlichen Arbeitsmarktsegmenten nicht sehr hoch. Allerdings kann eine derart begrenzte Flexibilität mit einer großen Berufserfahrung durch langfristige Beschäftigung in einem Beruf, hohe Produktivität und Innovationsfähigkeit verbunden sein.

Geschlechtsspezifische Arbeitsmärkte

Geschlechtsspezifische Arbeitsmärkte beziehen sich auf Tätigkeiten, die zumindest phasenweise fast ausschließlich von Männern oder von Frauen ausgeübt werden. Frauentypische Branchen und Arbeitsplätze sind in der Regel hinsichtlich des Einkommens, den Arbeitsbedingungen, den Aufstiegschancen und der Arbeitsplatzsicherheit schlechter ausgestattet als die männertypischen Branchen und Arbeitsplätze.

Innerbetriebliche Arbeitsmärkte

Ein Teil des Arbeitsmarktgeschehens findet auf innerbetrieblichen Arbeitsmärkten statt. Dazu gehören nicht nur der innerbetriebliche Aufstieg und die Höhergruppierungen, sondern auch betriebliche Aus- und Weiterbildungen, die einen flexiblen und qualifizierten Einsatz der ArbeitnehmerInnen in den Unternehmen ermöglichen. Ferner zählen Stellenwechsel innerhalb von Unternehmen zum innerbetrieblichen Arbeitsmarktgeschehen.

Innerbetriebliche Arbeitsmärkte finden sich zumeist in größeren Unternehmen, deren typische Merkmale insbesondere sind:

- Sie sind gegenüber außerbetrieblichen Arbeitsmärkten vergleichsweise stark abgeschottet. Die Arbeitskräfte werden vorrangig innerbetrieblich rekrutiert.
- Die eingeschränkte Mobilität nach außen können Unternehmen durch eine größere Mobilität nach innen kompensieren. Über einen „Bewährungsaufstieg" wird z.B. häufig die für ein Unternehmen passende Nachwuchsplanung betrieblicher Arbeitskräfte organisiert.
- Innerbetriebliche Arbeitsmärkte werden durch eine Reihe von Normen und Vertragsvereinbarungen zwischen Arbeitgeber und der betrieblichen Interessenvertretung der Beschäftigten gesteuert. Diese Vereinbarungen sichern in der Regel den Beschäftigten nach einer längeren Betriebszugehörigkeit Anrechte auf Beförderungen, Kündigungsschutz, betriebliche Sozialleistungen oder sonstige Gratifikationen (Senioritätsprinzip). Diese Übereinkünfte können

ferner besondere Vereinbarungen zur Übernahme von Auszubildenden nach Beendigung ihrer Ausbildung enthalten.

Das Interesse der Unternehmen an eingeschränkter zwischenbetrieblicher Mobilität ist in der Regel mit der Bindung der ArbeitnehmerInnen an die Betriebe begründet. Diese ermöglicht es Unternehmen, nicht nur die MitarbeiterInnen auf ihre Unternehmensphilosophie festzulegen (wie z.B. die große „Bayer-Familie"), sondern verhindert auch den Transfer betriebsspezifischer Kenntnisse und Fähigkeiten. Betriebsspezifische Qualifikationen sind auf externen Arbeitsmärkten schwerer zu bekommen, und der Wechsel qualifizierter MitarbeiterInnen zu konkurrierenden Unternehmen kann diesen erhebliche Marktvorteile verschaffen. Die Nachteile innerbetrieblicher Arbeitsmärkte liegen in der eingeschränkten Mobilität des Gesamtarbeitsmarktes und in erschwerten Zugängen von Beschäftigten zu abgegrenzten Arbeitsmärkten. Die Spaltung (*„Segmentierung des Arbeitsmarktes"*) verstärkt Eintrittsbarrieren von Arbeitssuchenden, behindert die räumliche und berufliche Mobilität von ArbeitnehmerInnen und benachteiligt bestimmte Beschäftigtengruppen.

3.2 Arbeitsverhältnisse

Abhängige Erwerbsarbeit vollzieht sich in Form spezifischer Arbeitsverhältnisse, deren fachliche, arbeits- und sozialrechtliche Ausgestaltung ganz unter-schiedlich ausfallen kann. Die Vielfalt der Beschäftigungsformen hat im Laufe der vergangenen Jahrzehnte zugenommen, und auch die anteilsmäßige Bedeutung der einzelnen Typen von Arbeitsverhältnissen hat sich stark verändert. Zu diesem Wandel tragen unterschiedliche Faktoren bei:

- Erstens verändert sich im Zuge des *sektoralen Strukturwandels* die gesamtwirtschaftliche Bedeutung bestimmter Beschäftigungsformen. So führt der Trend zum wachsenden Dienstleistungssektor zu einer Erhöhung der Nachfrage nach möglichst flexiblen Beschäftigungsformen mit nicht-standardisierten Beschäftigungszeiten, um den Erfordernissen der unterschiedlichen Inanspruchnahme von Dienstleistungszeiten nachkommen zu können.

- Zweitens üben *Lage und Entwicklung des Arbeitsmarktes*, und insbesondere das Niveau und die Strukturierung der Arbeitslosigkeit, Einfluss auf die Topologie der Arbeitsverhältnisse aus. Der Druck, atypische Beschäftigungsverhältnisse einzugehen, steigt mit wachsender Gesamtarbeitslosigkeit als „Drohkulisse" für (noch) beschäftigte ArbeitnehmerInnen und mit zunehmender Dauer individueller, bestehender Arbeitslosigkeit. Unternehmen können unter diesen Bedingungen Verschlechterungen in den Arbeitsverhältnissen leichter durchsetzen. Eine befristete Beschäftigung kann jedoch zumindest z.B. aus der Sicht einzelner Betroffener den Kontakt zum Erwerbsleben erhalten und mittelfristig als Brücke in eine dauerhafte Beschäftigung angesehen werden.

- Das breit gefächerte Spektrum der Beschäftigungsformen kommt drittens auch dadurch zustande, dass Arbeitgeber wie auch Beschäftigte ein *je spezifisches*

Interesse an den einzelnen Beschäftigungsformen haben und sich diese Präferenzen über die Zeit verändern – u.a. auch in Zusammenhang mit dem Wandel der Lebensformen. Auf der einen Seite gehen z.B. mit der zunehmenden Erwerbsbeteiligung von Frauen vielfältige Flexibilisierungswünsche einher, um Berufs- und Familienleben besser vereinbaren zu können. Auf der anderen Seite sind Unternehmen an der Ausdifferenzierung und Destandardisierung von Arbeitsverhältnissen in Form z.B. kurzfristiger Vertragsbindungen mit ArbeitnehmerInnen interessiert, um flexibel auf Marktprozesse zu reagieren und die Kosten dieser Anpassungsleistungen zu reduzieren.

- Viertens haben *arbeitsmarktrelevante Regulierungen* einen erheblichen Einfluss auf die Verbreitung und Entwicklung verschiedener Beschäftigungsformen. Gesetze und rechtliche Regelungen definieren Handlungsspielräume und setzen Anreize für ArbeitnehmerInnen und Arbeitgeber. So macht es z.B. einen großen Unterschied für die Angebots- und die Nachfrageseite, ob geringfügige Beschäftigungsverhältnisse im Haupt- oder Nebenerwerb – abgesehen von einer Pauschale – grundsätzlich sozialversicherungsfrei sind oder nicht. Die Auswirkungen des Wandels der Beschäftigungsformen auf die sozialen Risiken bzw. die soziale Absicherung fallen in Abhängigkeit von der konkreten Ausgestaltung der Arbeitsverhältnisse durchaus unterschiedlich aus. Die folgenden Abschnitte geben einen Überblick über die wichtigsten Formen von Arbeitsverhältnissen und ihre jeweilige empirische Bedeutung.

3.2.1 Normalarbeitsverhältnis

Das sog. Normalarbeitsverhältnis hat über lange Zeit als spezifische Gestaltung und Organisation von Erwerbsarbeit das Spektrum der Beschäftigungsformen dominiert. Es fasst aber zugleich auch die lange Zeit geltende *normative* Vorstellung über die wünschenswerte Ausgestaltung eines regulären Arbeitsverhältnisses zusammen. Das „Normalarbeitsverhältnis" gilt daher als *„typisch"*, während alle anderen Arbeitsverhältnisse oft als *„atypisch"* bezeichnet werden, weil sie in einzelnen oder mehreren Merkmalen von diesem Grundtypus abweichen. Die wesentlichen Merkmale des „Normalarbeitsverhältnisses" sind:

- Vollzeittätigkeit (Umfang der Arbeitszeit),
- geregelte und stetige Arbeitszeitmuster (Lage und Verteilung der Arbeitszeit),
- Dauerhaftigkeit (Stabilität der Beschäftigung),
- Unbefristung (Kontinuität der Beschäftigung),
- tarifvertraglich normierte Vergütung (Normierung der Entlohnung),
- volle Sozialversicherungspflicht (Soziale Sicherung),
- Abhängigkeit und Weisungsgebundenheit vom Arbeitgeber (Autonomie der Beschäftigung),
- kollektive Interessenvertretung (Mitbestimmung in der Beschäftigung).

Seit Anfang der 1980er Jahre wird von einer *„Erosion des Normalarbeitsverhältnisses"* gesprochen. Zurückzuführen ist der Bedeutungsverlust auf erhebliche Veränderungen sowohl der normativen Leitvorstellungen als auch der realen Ausprägung der Arbeitsverhältnisse:

▪ Die Zielvorstellung einer dauerhaften vollzeitigen Beschäftigung wird von einer wachsenden Zahl von Menschen nicht (mehr) geteilt. Die zeitweise Unterbrechung der Erwerbstätigkeit, die vorübergehende oder dauerhafte Verkürzung der Arbeitszeit oder auch die Ausübung einer befristeten Tätigkeit sind für viele keine prinzipiell problematische Abweichung von einer vorgeblichen Normalität mehr, sondern eine Beschäftigungsform, die sie aus den verschiedensten persönlich, familiären, sozialen oder wirtschaftlichen Gründen teils akzeptieren, teils sogar aktiv anstreben.

▪ Im Spektrum der Erwerbsformen wird das Normalarbeitsverhältnis zunehmend von anderen Typen von Arbeitsverhältnissen ergänzt und verdrängt: Teilzeitarbeit hat deutlich zugenommen, immer mehr Arbeitsverhältnisse werden befristet, die geringfügige Beschäftigung weitet sich erheblich aus, Selbstständigkeit und Leiharbeit unter den Erwerbstätigkeiten nehmen kontinuierlich zu. In den vergangenen Jahrzehnten hat sich ein breites Spektrum von arbeits- und sozialrechtlich unterschiedlich ausgestalteten Beschäftigungsformen entwickelt, an deren Rändern sich hochgradig prekäre, nicht existenzsichernde Arbeitsverhältnisse befinden.

Die Gewichte zwischen den Erwerbsformen sind sehr unterschiedlich verteilt und haben sich über die Zeit unterschiedlich entwickelt (vgl. Tabelle IV.12). Unter den abhängig Beschäftigten haben sich die befristete Beschäftigung und insbesondere die Teilzeitarbeit bei gleichzeitigem Rückgang der Vollzeitbeschäftigung ausgeweitet. Der Anteil der abhängig Beschäftigten in einem unbefristeten Vollzeitarbeitsverhältnis an allen Erwerbstätigen ist seit Mitte der 1980er Jahre gesunken und betrug 2000 (in den alten Bundesländern) noch rund 50 %. Dabei ist zu berücksichtigen, dass das Normalarbeitsverhältnis faktisch überwiegend nur für Männer Gültigkeit besessen hat und besitzt. Während 2004 immerhin 85 % der abhängig erwerbstätigen Männer ein Vollzeitarbeitsverhältnis hatten, waren es bei den Frauen nur 51 %. Solange die geschlechtsspezifische Arbeitsteilung (fort)besteht, kann die Mehrzahl der Frauen, insbesondere der Mütter, die Anforderungen einer dauerhaften, lebenslangen Berufstätigkeit auf Vollzeitbasis nicht erfüllen.

Tabelle IV.12:

Wandel der Erwerbsformen in Deutschland 1985 und 2000

	Alte Bundesländer		Neue Bundes- länder	Deutsch- land
Erwerbsformen	1985	2000	2000	2000
Erwerbstätige insgesamt in Mio.	26.627	30.009	6.595	36.604
davon in %	100	100	100	100
Selbstständige und Mithelfende insges.	11,8	11,3	8,7	10,8
- ohne Landwirtschaft	8,1	9,8	8,3	9,5
Darunter: Selbstständige				
- mit Beschäftigten	4,5	4,7	4,2	4,6
- ohne Beschäftigte	2,9	4,6	3,9	4,5
nachrichtlich: Teilzeit von Selbstständigen und Mithelfenden				
- insgesamt	1,9	1,9	0,8	1,7
- ohne Landwirtschaft	1,1	1,7	0,8	1,5
Abhängig Beschäftigte insgesamt	88,2	88,7	91,3	89,2
- Unbefristete Tätigkeit	77,6	69,6	79,8	71,5
- Befristete Tätigkeit	9,4	9,0	15,9	10,2
davon:				
- Auszubildende	5,8	4,5	6,8	4,9
- übrige befristete Tätigkeit	3,6	4,4	9,0	5,3
- keine Angabe zur Befristung	1,0	0,4	0,3	0,4
Abhängig Vollzeitbeschäftigte	77,6	69,6	79,8	71,5
Unbefrstet abh. Vollzeitbeschäftigte	67,0	50,5	68,3	53,8
Abhängig Teilzeitbeschäftigte	10,6	19,1	11,5	17,7
- Unbefristete Tätigkeit	9,4	17,0	9,6	15,7
- Befristete Tätigkeit	0,9	1,7	1,8	1,7
davon:				
- Auszubildende	0,0	0,2	0,1	0,2
- übrig befristete Tätigkeit	0,9	1,5	1,6	1,6
- keine Angabe zur Befristung	0,3	0,4	0,2	0,3
nachrichtlich: LeiharbeitnehmerInnen	0,2	1,0	0,5	0,9

Quelle: Hoffmann, E. /Walwei, U., Wandel der Erwerbsformen: Was steckt hinter den Veränderungen?, in: Kleinhenz, G. (Hrsg.), IAB-Kompendium Arbeitsmarkt- und Berufsforschung, Beiträge zur Arbeits- markt- und Berufsforschung, BeitrAB 250, Nürnberg 2002, S. 135-144.

Diese Befunde über den Wandel der Erwerbsformen dürfen allerdings auch nicht fehl interpretiert werden. So gewinnt die Vollzeitarbeit an (relativer) Bedeutung gegenüber der Teilzeitarbeit, wenn man die Arbeitsvolumina in Stunden berücksichtigt. Zudem hat sich die Verschiebung der Anteile der Erwerbsformen vor dem Hintergrund einer insgesamt steigenden Beschäftigung vollzogen; die Teilzeitarbeit hat die Vollzeitarbeit nicht einfach verdrängt, sondern ist – im Gefolge der steigenden Frauenerwerbstätigkeit – zum Teil auch zusätzlich entstanden.

3.2.2 Teilzeitarbeit

Mit Teilzeitarbeit werden in der Regel alle Arbeitsverhältnisse bezeichnet, die eine Arbeitszeit *unterhalb* der regelmäßigen betrieblichen oder tariflichen Arbeitszeit aufweisen. Seit 2001 ist in Deutschland die Teilzeitarbeit durch das Teilzeit- und Befristungsgesetz (TzBfG) geregelt. Teilzeitarbeit ist (mehr noch als Vollzeitarbeit) durch flexible Arbeitszeitformen charakterisiert. Zu finden sind nicht nur kontinuierliche Vor- oder Nachmittagsarbeit. Teilzeitarbeit kann auch bedeuten, die Arbeitszeit in der Woche oder im Monat zu variieren, täglich ungleichmäßig und unregelmäßig verteilte Arbeitszeiten zu haben oder sogar „auf Abruf" zu arbeiten. Die Bedeutung der Teilzeitarbeit hat in den vergangenen zwanzig Jahren kontinuierlich zugenommen. Dies ist teilweise auf die Schaffung neuer, zusätzlicher Arbeitsverhältnisse, teilweise auch auf die Umwandlung und Aufteilung bestehender Vollzeitarbeitsverhältnisse zurückzuführen.

Zu berücksichtigen ist, dass zu den Teilzeitbeschäftigten zwei Gruppen gezählt werden: die „normal", weil sozialversicherungspflichtig, auf der einen und die geringfügige Beschäftigung auf der anderen Seite. Oftmals wird in der Berechnung entsprechender Daten zur Teilzeitbeschäftigung jedoch nicht zwischen diesen Gruppen unterschieden. Diese Differenzierung ist aber insofern von großer Bedeutung, weil die beiden Beschäftigungsformen auf sehr unterschiedlichen sozial- und steuerrechtlichen Regelungen beruhen, die zum einen die Entwicklung und Struktur der Beschäftigung stark beeinflussen sowie zum anderen für ihre sozial- und arbeitsmarktpolitische Bewertung von Belang sind.

Die Zahl der sozialversicherungspflichtig Teilzeitbeschäftigten stieg von 1993 bis 2005 von rund 3,2 auf 4,4 Mio., das entspricht einem Anstieg der Teilzeitquote von 11,1 auf 16,7 % (vgl. Tabelle IV.13). Immer noch stellen dabei Frauen mit 3,7 Mio. rund 85 % der Teilzeitbeschäftigten, d.h. knapp 31 % der erwerbstätigen Frauen üben eine sozialversicherungspflichtige Teilzeitarbeit aus. Dagegen betrug die Teilzeitquote unter den männlichen Beschäftigten im Jahr 2005 – trotz überdurchschnittlicher Zuwachsraten vor allem in den 1990er Jahren – nur 4,6 %. Die Unterschiede zwischen den alten und den neuen Bundesländern haben sich im Laufe der letzten Jahre erheblich verringert, was vor allem auf die gestiegene Teilzeitquote in Ostdeutschland zurückzuführen ist. Das hohe Ausmaß sozialversicherungspflichtiger Teilzeitarbeit dort wird vor allem beeinflusst vom Rückgang der

Vollzeitbeschäftigung, der Zunahme der geringfügigen Beschäftigung und der unverändert hohen Arbeitslosigkeit.

Tabelle IV.13:

Sozialversicherungspflichtige Teilzeitbeschäftigung 1993 - 2005

Jahr	Teilzeitbeschäftigte in 1.000	Teilzeitquote in % aller sozialversicherungspflichtig Beschäftigten				
		Insgesamt	Alte BL	Neue BL	Männer	Frauen
1993	3.183	11,1		1,6	23,7
1995	3.466	12,3	13,2	8,6	2,0	25,7
1997	3.630	13,3	14,2	9,4	2,5	27,1
1999[1]	3.718	13,5	13,6	12,1	3,1	26,8
2001	4.141	14,9	14,9	13,9	4,0	28,5
2002	4.273	15,5	15,6	14,5	4,3	29,3
2003	4.287	15,9	16,0	14,7	4,4	29,8
2004	4.311	16,3	16,3	15,1	4,5	30,6
2005	4.364	16,7	16,9	15,8	4,6	31,2

1) ab 1999 aus meldetechnischen Gründen überproportionale Erhöhung der Teilzeitbeschäftigten
Quelle: Quartalsstatistik der Bundesagentur für Arbeit zu den sozialversicherungspflichtig Beschäftigten, eigene Berechnungen.- Bundesagentur für Arbeit, Arbeitsmarkt 2005.

Die Verteilung der sozialversicherungspflichtigen Teilzeitarbeit auf die einzelnen Wirtschaftszweige ist sehr unterschiedlich. Die Teilzeitquoten sind 2004 im Bereich der privaten und öffentlichen Dienstleistungen am höchsten (35,7 %), gefolgt vom Bereich Handel und Gaststätten mit rund 34 %. Geringe Quoten finden sich dem gegenüber im Baugewerbe (8,3 %), im Bergbau und im produzierenden Gewerbe (10,8 %). In einigen Bereichen (Einzelhandel, Gaststättengewerbe) ist Teilzeitarbeit in den unterschiedlichsten Formen bereits fast zum normalen Arbeitsverhältnis geworden. Darüber hinaus gibt es Unterschiede nach der Betriebsgröße: In Klein- und Mittelbetrieben ist die Teilzeitarbeit stärker verbreitet als in Großbetrieben, was auch damit zusammenhängt, dass großbetriebliche Strukturen vor allem in den „teilzeitarmen" Bereichen der Industrie verbreitet sind. Unterschiede bestehen auch hinsichtlich der Qualifikationsstruktur: Bei den Teilzeitarbeitsplätzen dominieren weiterhin geringere und mittlere Qualifikationsanforderungen.

Teilzeitarbeit ist unter arbeitsmarkt- und sozialpolitischen Aspekten ambivalent zu beurteilen: Einerseits haben sich der Beschäftigungszuwachs und die damit verbundene zunehmende Integration von Frauen in den Arbeitsmarkt vorrangig über die Teilzeitarbeitsverhältnisse vollzogen. Dabei entspricht zudem die Teilzeitarbeit vielfach den Wünschen von Frauen, die oft nur auf diese Weise eine Chance sehen, die Vereinbarkeit von Beruf und Familie zu realisieren. Weniger als zehn

Prozent der Frauen in Westdeutschland geben in Befragungen an, nur aufgrund des Mangels an einer Vollzeitstelle in Teilzeit zu arbeiten. Dem gegenüber arbeitet über die Hälfte der teilzeitbeschäftigten Frauen in Ostdeutschland „unfreiwillig" mit reduzierter Arbeitszeit und hat eigentlich eine Vollzeitstelle gesucht. Andererseits ist Teilzeitarbeit oftmals verknüpft mit mangelhafter sozialer Absicherung. Denn wegen der Koppelung der Höhe der Sozialversicherungsleistungen an die Höhe der Arbeitseinkommen und des niedrigen Niveaus der Lohnersatzleistungen sind längerfristig Teilzeitbeschäftigte bei Krankheit, Arbeitslosigkeit oder im Alter nur unzureichend eigenständig gesichert. Dies wird vor allem dann zum Problem, wenn Teilzeitarbeit an die Stelle von Vollzeitarbeit tritt.

Teilzeitarbeit wird zwischen Arbeitgeber und Beschäftigten einzelvertraglich vereinbart. Grundsätzlich gelten für Teilzeitbeschäftigte, und zwar auch für Teilzeitbeschäftigte im Bereich der geringfügigen Beschäftigung, dieselben arbeitsrechtlichen Gesetzesvorschriften wie für Vollzeitbeschäftigte. Darüber hinaus ist im Teilzeit- und Befristungsgesetz ausdrücklich geregelt, dass der Arbeitgeber teilzeitbeschäftigte ArbeitnehmerInnen nicht wegen der Teilzeitarbeit anders behandeln darf, es sei denn, dass sachliche Gründe eine solche Ungleichbehandlung rechtfertigen (*Diskriminierungsverbot*). Da Teilzeitarbeit weit überwiegend Frauenarbeit ist, muss bei einer unterschiedlichen Behandlung immer geprüft werden, ob darin nicht eine mittelbare Geschlechterdiskriminierung liegt, die nach dem Grundgesetz, dem EWG-Vertrag und auch nach Bestimmungen des BGB unzulässig ist.

Einen gesetzlichen Anspruch auf eine Reduzierung der individuellen Arbeitszeit gibt es seit 2001 mit dem Teilzeit- und Befristungsgesetz. Zuvor war der fehlende Rechtsanspruch auf Teilzeitarbeit eine wesentliche Ursache für die Schwierigkeit, nach Beendigung des gesetzlichen Erziehungsurlaubs wieder eine Erwerbstätigkeit aufzunehmen. Die tarifpolitische Regulierung der Teilzeitarbeit hatte daher in der Vergangenheit immer stärker an Bedeutung gewonnen. Diese besonderen Vereinbarungen wurden durch die gesetzliche Normierung weitgehend ersetzt. Die Regelung gilt für Personen, deren Arbeitsverhältnis bei einem Arbeitgeber länger als sechs Monate besteht und die in einem Betrieb arbeiten, in dem in der Regel mehr als 15 ArbeitnehmerInnen beschäftigt sind. Abgelehnt werden kann ein Antrag auf Verringerung der Arbeitszeit vom Arbeitgeber nur, wenn betriebliche Gründe dem entgegenstehen. Solche Gründe wären z.B. eine wesentliche Beeinträchtigung der Organisation, des Arbeitsablaufs oder der Sicherheit im Betrieb. Die Ablehnungsgründe können tarifvertraglich konkretisiert werden. Neben der Reduzierung von Arbeitszeiten für die Gruppe der Vollzeitbeschäftigten wurde erstmals teilzeitbeschäftigten ArbeitnehmerInnen das Recht eingeräumt, mit ihrem Wunsch nach Ausweitung von Arbeitszeiten gegenüber Neueinstellungen vorrangig berücksichtigt zu werden.

3.2.3 Geringfügige Beschäftigungsverhältnisse

Wenn die Teilzeitarbeit bestimmte Verdienstgrenzen unterschreitet, handelt es sich um ein *geringfügiges Beschäftigungsverhältnis*. Als geringfügig gelten Beschäftigungsverhältnisse nach der 2003 in Kraft getretenen Neuregelung, wenn bei dauerhafter Beschäftigung das Arbeitseinkommen 400 € im Monat nicht übersteigt oder wenn das Beschäftigungsverhältnis nicht länger als für 50 Arbeitstage oder zwei Monate im Jahr vereinbart ist (vgl. Kap. „Ökonomische Grundlagen und Finanzierung", Pkt. 3.4 sowie Kap. „Einkommen", Pkt. 6.1). Geringfügig Beschäftigte können *ausschließlich* geringfügig tätig sein oder neben einer Erwerbstätigkeit einer *geringfügigen Nebenbeschäftigung* nachgehen. Die gering entlohnten oder kurzeitigen Beschäftigungen unterliegen wie Vollzeit- und andere Teilzeitbeschäftigungsverhältnisse allen arbeits- und tarifrechtlichen Regelungen (wie Kündigungsschutz, Erholungsurlaub, Entgeltfortzahlung).

Der Unterschied besteht – neben steuerrechtlichen Vorschriften – insbesondere darin, dass geringfügig Beschäftigte in den sog. „Mini-Jobs" nicht der Sozialversicherungspflicht unterliegen. Lediglich die Arbeitgeber müssen eine Pauschalabgabe von 30 % des Verdienstes an die Minijob-Zentrale bei der Bundesknappschaft als zentrale Meldestelle zahlen. Hiervon entfallen 15 % auf die gesetzliche Rentenversicherung, 13 % auf die gesetzliche Krankenversicherung und 2 % einheitliche Steuern an den Bundeshaushalt. Für Mini-Jobs in Privathaushalten gilt eine geringere Abgabenquote von 12 % (je 5 % an die GRV und GKV sowie ebenfalls 2 % Steuern).

Aus den Beitragszahlungen entstehen allerdings keine Leistungsansprüche für die ArbeitnehmerInnen. ArbeitnehmerInnen haben aber die Möglichkeit, über einen Aufstockungsbeitrag zur Gesetzlichen Rentenversicherung Ansprüche auf das volle Leistungsspektrum zu erwerben. Mehrere geringfügige Beschäftigungsverhältnisse werden zusammengerechnet und unterliegen bei Überschreitung der Geringfügigkeitsgrenze von 400 € der Versicherungspflicht in allen Zweigen der Sozialversicherung – im Bereich von 400,01 bis 800 € gemäß den Regelungen zur Gleitzone (vgl. Kap. „Ökonomischen Grundlagen und Finanzierung", Pkt. 3.4 sowie Kap. „Einkommen", Pkt. 6.1).

Im Dezember 2006 gingen insgesamt 6,8 Mio. Personen einer geringfügig entlohnten Beschäftigung nach. 4,8 Mio. waren ausschließlich geringfügig beschäftigt, 2 Mio. geringfügig im Nebenjob beschäftigt (vgl. Abbildung IV.10). In Relation zu den sozialversicherungspflichtigen Beschäftigungsverhältnissen haben damit die ausschließlich geringfügig Beschäftigten einen Anteil von nahezu 18 %. Die Nebenbeschäftigungsverhältnisse kommen auf einen Anteil von 7,1 %. Damit nehmen diese Beschäftigungsverhältnisse auf dem deutschen Arbeitsmarkt eine gewichtige Rolle ein; so sind sie bedeutender als die sozialversicherungspflichtigen Teilzeitverhältnisse. Zwei Drittel der geringfügig Beschäftigten sind Frauen, die in der Regel verheiratet und damit sozialversicherungsrechtlich über ihren Ehemann abgesichert sind. Männer üben dagegen eine geringfügige Beschäftigung vorrangig im Nebenjob aus, dort stellen sie 44 % der Beschäftigten. Jüngere und ältere ArbeitnehmerInnen sind unter den Mini-JobberInnen überdurchschnittlich vertreten. Darunter dürften zum einen viele SchülerInnen und Studierende sein, die über ihre Eltern oder die studentische Krankenversicherung abgesichert sind. Zum anderen dürften unter den Älteren viele RenterInnen sein – aber auch viele Arbeitslose, die ihren Lebensunterhalt aufstocken und für die vom Leistungsträger Mindestbeiträge zur Sozialversicherung im Rahmen des SGB III und SGB II gezahlt werden.

Abbildung IV.10:

Geringfügig Beschäftigte 2003 - 2006

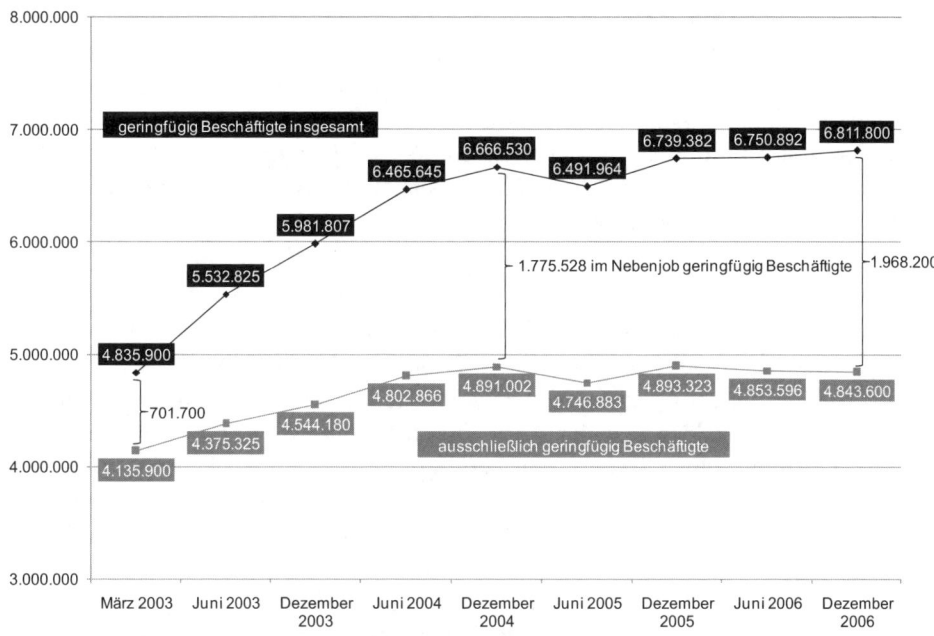

Quelle: Bundesagentur für Arbeit, monatliche Arbeitsmarktberichte.

Geringfügig entlohnte Beschäftigung gibt es in allen Wirtschaftszweigen, allerdings mit deutlich unterschiedlichen Anteilen. Eine besonders große Bedeutung haben Mini-Jobs im Dienstleistungssektor, insbesondere im (Einzel)Handel, im Gebäudereinigerhandwerk (Dienstleistungen für Unternehmen), im Hotel- und Gaststättengewerbe und in den sonstigen Dienstleistungen. In diesen Branchen finden sich mehr als zwei Drittel aller geringfügig Beschäftigten, zugleich liegen hier die Anteile der geringfügig Beschäftigten an den sozialversicherungspflichtig Beschäftigten bei über 50 %. Zählt man die Nebenbeschäftigten noch hinzu, gibt es in den Bereichen „private Haushalte", „Reinigungsgewerbe", „Gastronomie" sogar mehr in Mini-Jobs Tätige als sozialversicherungspflichtig Beschäftigte.

Die Zahl geringfügiger Beschäftigungsverhältnisse in Privathaushalten lag 2005 – trotz der steuerlichen Absetzbarkeit und der geringeren Abgabenquote von 12 % – mit knapp 115.000 erheblich unter der Zahl von Haushalten, die in Umfragen angeben, Putz- oder andere Haushaltshilfen zu beschäftigen. Nach Ergebnissen des Sozio-oekonomischen Panels nahmen im Jahr 2004 rund 4 Mio. Haushalte, und davon etwa 2,25 Mio. Haushalte regelmäßig, solche Hilfen in Anspruch. Insofern kann kein Zweifel daran bestehen, dass nach wie vor der weitaus größte Teil der in Privathaushalten Tätigen „schwarz", d.h. ohne Anmeldung arbeitet.

Die Zahl der geringfügig Beschäftigten hat seit der Neuregelung im Jahr 2003 stark zugenommen: von gut 4,8 Mio. auf über 6,8 Mio. im Jahr 2006. Einen besonders steilen Anstieg verzeichnen die geringfügig Nebenbeschäftigten. Diese Entwicklung ist in mehrfacher Hinsicht kritisch zu beurteilen:

- Zu wesentlichen Teilen handelt es sich nicht um zusätzliche und/oder neue Arbeitsplätze, sondern um die Aufspaltung und Umwandlung von regulären, sozialversicherungspflichtigen Voll- oder Teilzeitarbeitsverhältnissen. Diese Substitution von sozial gesicherten durch sozial ungesicherte Arbeitsverhältnisse gefährdet dabei die Finanzierungsbasis der Sozialversicherung und die Stabilität der Beitragssätze.

- Die Beschäftigten erwerben keine eigenständigen sozialversicherungs-rechtlichen Ansprüche. Aus frauenpolitischer Perspektive ist diese Folge besonders problematisch, da das tradierte Modell der abgeleiteten sozialen Sicherung auf der Basis der Hausfrauenehe fort- und festgeschrieben wird.

- In der Praxis gehen nicht nur viele Arbeitgeber, sondern auch die betroffenen Beschäftigten selber von der Annahme aus, dass der besondere sozial-versicherungsrechtliche Status der geringfügigen Beschäftigungsverhältnisse gleichbedeutend ist mit fehlenden arbeits- und tarifrechtlichen Ansprüchen. So werden geringfügig Beschäftigte häufig von der Entgeltfortzahlung im Krankheitsfall und bei Feiertagen, den Mindesturlaubsansprüchen sowie von tariflichen Leistungen (wie tariflicher Grundlohn, tarifliche Zuschläge, Weihnachtsgeld) ausgeschlossen, entweder weil Unkenntnis über die tatsächlichen Ansprüche besteht oder weil die prekäre Lage der Beschäftigten ausgenutzt wird.

- Prekär ist dieses Beschäftigungssegment vor allem deswegen, weil es sich bei den Mini-Jobs überwiegend um eine Niedriglohnbeschäftigung handelt. Denn nicht nur die auf 400 € begrenzten Monatseinkünfte sind gering. Auch die in diesem Bereich des Arbeitsmarktes realisierten Stundenentgelte liegen weit überwiegend unterhalb der Niedriglohnschwelle (2/3 des Medianentgelts, vgl. Kap. „Einkommen", Pkt. 2.3.1). Wie empirische Befunde zeigen, stellen Minijobs knapp die Hälfte aller Niedriglohnbeschäftigten in Deutschland: Zum einen konzentrieren sich die Beschäftigungsverhältnisse auf Branchen und Tätigkeiten, für die niedrige Tarifentgelte (umgerechnet auf Stundensätze) ohnehin charakteristisch sind. Zum anderen ist zugleich davon auszugehen, dass die tariflichen Entgeltnormen nicht berücksichtigt werden bzw. überhaupt keine Gültigkeit haben und/oder dass die Arbeitgeber ihre Pauschalabgaben auf die ArbeitnehmerInnen abwälzen.

- Aus arbeitsmarktpolitischer Sicht besonders problematisch erweist sich die geringfügige Nebenbeschäftigung, da sie im Unterschied zu einem steuer- und beitragspflichtigen Mehrverdienst beim Hauptarbeitgeber – etwa durch Verlängerung der individuellen Arbeitszeiten oder durch Ableistung von Überstunden – keinerlei Abzüge aufweist. Geringfügig Nebenbeschäftigte haben bereits einen Arbeitsplatz, ihre zusätzliche Tätigkeit wirkt auf dem Arbeitsmarkt wie eine Arbeitszeitverlängerung und verhindert damit geradezu die Einstellung von Arbeitslosen.

Der Förderung gering entlohnter Beschäftigung werden oft erhebliche Beschäftigungseffekte vor allem hinsichtlich der Integration vormals Arbeitsloser in den Arbeitsmarkt und hinsichtlich der Arbeitsmarktchancen von gering Qualifizierten zugesprochen. Allerdings weisen zum einen einige Untersuchungen darauf hin, dass der Übergang von Arbeitslosen in Beschäftigung über Mini-Jobs nur sehr selten zu gelingen scheint. Zum anderen zeigt der Blick auf die Qualifikationsstruktur der gering entlohnten ArbeitnehmerInnen, dass Mini-Jobs kein ausschließliches Beschäftigungsfeld für gering Qualifizierte sind. Im Bereich der geringfügigen Beschäftigung, der zumeist als der Beschäftigungssektor für einfache und gering qualifizierte Tätigkeiten betrachtet wird, dürfte ein hohes Maß an unterwertiger Beschäftigung bestehen. Der Großteil der geringfügig Beschäftigten, über die entsprechende Angaben vorliegen, verfügt über einen beruflichen Abschluss. Überdies zeigen die qualifikationsspezifischen Arbeitslosenquoten eine weiterhin überproportionale und nicht gesunkene Betroffenheit von gering Qualifizierten (vgl. Pkt. 6.2 dieses Kapitels).

3.2.4 Befristete Beschäftigung

Arbeitsverträge werden normalerweise auf unbestimmte Zeit abgeschlossen. In bestimmten Fällen werden jedoch auch Verträge befristet, wenn von vornherein vorgesehen ist, dass z.B. das Arbeitsverhältnis von begrenzter Dauer ist, wie bei Semesterjobs von Studierenden, bei Saisonarbeitsverhältnissen oder bei Projektverträgen im Wissenschaftsbetrieb. Bei einem befristeten Arbeitsvertrag endet das Arbeitsverhältnis durch Ablauf, ohne dass gekündigt werden muss. Demgegenüber ist ein unbefristetes Arbeitsverhältnis auf unbestimmte Zeit abgeschlossen und mit einem gewissen Bestandsschutz versehen, der insbesondere durch Kündigungsfristen, durch den Nachweis sozial gerechtfertigter Kündigungsgründe und durch Abfindungen bei Massenentlassungen (Sozialplan) geprägt ist. Ungleich wirksamer als die Beschränkung der Kündigungsgründe durch das *Kündigungsschutzgesetz* (wodurch letztlich nur willkürliches Unternehmerverhalten nach dem Prinzip „hire and fire" ausgeschlossen wird) ist der besondere Kündigungsschutz für Schwerbehinderte, Frauen im Mutterschutz und für Eltern in der Elternzeit sowie für Betriebsräte. Durch die Befristung von Arbeitsverträgen greifen überdies die besonderen gesetzlichen und tariflichen Schutzbestimmungen nicht. Auch die bei einer Kündigung erforderliche Anhörung bzw. Zustimmung des Betriebsrates entfällt. Endet das Arbeitsverhältnis, so findet schließlich auch ein Ausschluss von allen Sozialleistungen statt, die auf die Dauer der Betriebszugehörigkeit abstellen (wie z.B. Betriebsrenten, Prämien, Weihnachtsgeld).

Um die mit der Befristung verbundenen sozialen Risiken für die ArbeitnehmerInnen zu begrenzen und möglichen Missbrauch einzudämmen, ist nach dem *Teilzeit- und Befristungsgesetz* von 2001 die Befristung eines Arbeitsvertrags grundsätzlich nur dann zulässig, wenn für die Befristung ein sachlicher Grund vorliegt. Von diesem Grundsatz gibt es allerdings relativ weitreichende Ausnahmen. Auch ohne Vorliegen eines sachlichen Grundes ist die Befristung eines Arbeitsvertrages bis zur Dauer von zwei Jahren zulässig. Bis zur Gesamtdauer von zwei Jahren ist auch eine dreimalige Verlängerung eines befristeten Vertrages möglich. Eine Befristung ist weiterhin ohne Einschränkungen zulässig, wenn der Beschäftigte 58 Jahre und älter ist; bis Ende 2007 gilt eine niedrigere Altersgrenze von 52 Jahren. Erleichterte Bedingungen gelten zudem für ExistenzgründerInnen, die befristete Arbeitsverträge mit einer Dauer und mehrfacher Verlängerung bis zu vier Jahren abschließen können.

Die Verbreitung befristeter Beschäftigungsverhältnisse hat in den letzten Jahren deutlich zugenommen. Die Befristungsquote liegt 2005 bei 14, 5 % (vgl. Tabelle IV.14). In den neuen Bundesländern kommen dabei befristete Arbeietsverhältnisse häufiger vor als in den alten Bundesländern. Dieser regionale Unterschied ist vor allem auf die deutlich höhere Arbeitslosigkeit und den höheren Anteil beschäftigungsfördernder Maßnahmen der Arbeitsverwaltung zurückzuführen.

Der Bedeutungszuwachs befristeter Beschäftigung betrifft fast alle Wirtschaftsbereiche. Die größten Anteile fanden sich (im Jahr 2004) im Bereich öffentlicher und privater Dienstleistungen mit einem Anteil von 12,3 %, im primären Sektor (12,6 %) und bei den unternehmensbezogenen Dienstleistungen (9,2 %). Befristete Beschäftigung ist im Gegensatz zu anderen Beschäftigungsarten nicht geschlechtsspezifisch. Unter den befristet Beschäftigten finden sich nahezu ebenso viele Männer (51,2 %) wie Frauen (48,9 %). Auffällig hoch ist allerdings der Anteil der jüngeren ArbeitnehmerInnen: Nahezu die Hälfte der 20 - 25jährigen und über 80 % der 15 - 20jährigen beginnen ihr Berufsleben mit einer befristeten Beschäftigung.

Durch den Abschluss befristeter Arbeitsverträge erreichen Unternehmen ebenso wie der öffentliche Dienst größere personalpolitische Flexibilität. Das Vorhalten von internen Personalreserven lässt sich reduzieren, die Stammbelegschaft kann schrumpfen. Bei Absatz- und Produktionsrückgängen wie bei entsprechenden Steigerungen lässt sich durch befristete Beschäftigung eine problemlose, kostengünstige und vor allem lautlose Personalanpassung praktizieren. Dass durch befristete

Verträge Arbeitslosigkeit abgebaut wird, lässt sich empirisch kaum belegen. Vielmehr macht die Ausweitung der Befristung einen Stellenabbau und eine Personalpolitik „der unteren Linie" erst möglich. Das Beschäftigungsniveau wird also eher abgcsenkt und dies verbunden mit einer Umstrukturierung und Verschlechterung des qualitativen Sicherungsstandards der Arbeitsverhältnisse.

Tabelle IV.14:

Unbefristete und befristete Arbeitsverträge 1995 und 2005

Alter von .. bis unter ... Jahren	davon: Art des Arbeitsvertrages (in Tsd.)				Anteil der befristeten Arbeitsverträge in %	
	unbefristet		befristet			
	1995[1]	2005	1995[1]	2005	1995	2005
15 - 20	231	203	115	1.041	31,5	83,5
20 - 25	2.091	1.450	561	1.377	20,9	48,6
25 - 30	3.870	2.455	445	662	10,2	21,2
30 - 35	4.364	3.073	350	392	7,3	11,3
35 - 40	3.951	4.285	237	344	5,6	7,4
40 - 45	3.778	4.726	206	306	5,1	6,1
45 - 50	7.141	4.001	143	214	4,3	5,1
50 - 55	3.332	3.450	170	152	4,8	4,2
55 - 60	2.589	2.450	126	114	4,6	4,4
60 - 65	534	1.024	23	50	4,0	4,7
65 und m.	96	227	8	19	6,7	7,7
insgesamt	27.979	27.396	2.388	4.670	7,8	14,6

1) Differenz zur Gesamtzahl: keine Angabe
Quelle: Statistisches Bundesamt, Fachserie 1, Reihe 4.1.1.

3.2.5 Leiharbeit

ArbeitnehmerInnen sind in *Leiharbeit* beschäftigt, wenn sie von einem Arbeitgeber oder einer Agentur, mit dem/der sie den Arbeitsvertrag geschlossen haben, an ein fremdes Unternehmen ausgeliehen werden. Diese *Arbeitnehmerüberlassung* wird durch Verleihbetriebe (Zeitarbeitsfirmen) *gewerbsmäßig*, aber seit 2003 durch die sogenannten Personal-Service-Agenturen (PSA) der Arbeitsverwaltung auch *gemeinnützig* praktiziert. Im Unterschied zur gewerbsmäßigen Arbeitnehmerüberlassung ist die Leiharbeit durch die PSA nicht entleih- und gewinnorientiert, sondern als Instrument der aktiven Arbeitsmarktpolitik vermittlungsorientiert (vgl. Pkt. 8.5.3 dieses Kapitels).

Die gewerbsmäßige Arbeitnehmerüberlassung bedarf der Erlaubnis durch die Bundesagentur für Arbeit. Seit 2003 gibt es keine Begrenzung der Überlassungshöchstdauer mehr. Der Gleichbehandlungsgrundsatz sieht jedoch seit 2002 vor, dass LeiharbeitnehmerInnen nach zwölfmonatiger Beschäftigung im gleichen Betrieb die gleichen Arbeitsbedingungen und vor allem die gleiche Entlohnung wie der Stammbelegschaft zustehen. Durch tarifvertragliche Sonderregelungen für LeiharbeitnehmerInnen kann dieses Gebot seit 2003 jedoch umgegangen werden. Im Ergebnis verdienen LeiharbeitnehmerInnen durchschnittlich nicht einmal zwei Drittel dessen, was vergleichbare fest Beschäftigte mit vergleichbarer Tätigkeit in den jeweiligen Entleiherbetrieben verdienen. Ferner wurden das Synchronisations- und besondere Befristungsverbot aufgehoben. Die Dauer des Arbeitsvertrages mit dem Verleihbetrieb kann sich seitdem auf die Dauer des Einsatzes im Entleihbetrieb beschränken.

Leiharbeit hat seit den 1990er Jahren stark an Bedeutung gewonnen: So hat sich die Zahl der Verleihbetriebe in der letzten Dekade fast verdoppelt, von rund 8.000 (1995) auf knapp 16.000 (2005), wovon jeweils allerdings nur die Hälfte ausschließlich oder überwiegend Arbeitnehmerüberlassung betreibt. Bei den LeiharbeitnehmerInnen lässt sich im gleichen Zeitraum ein noch stärkerer Zuwachs erkennen. Während 1994 rund 135.000 ArbeitnehmerInnen überlassen worden sind, belief sich ihre Zahl für das Jahr 2005 auf über 453.000. Insgesamt ist jedoch der Beschäftigungsanteil der Zeitarbeitsbranche in Deutschland vergleichsweise gering. Der Bestand an LeiharbeitnehmerInnen entspricht rund 1,7 % der sozialversicherungspflichtig Beschäftigten.

Hierbei muss jedoch noch berücksichtigt werden, dass die Dynamik und Fluktuation in der Leiharbeit ungemein größer ist als in der Gesamtwirtschaft. Sehr viel mehr LeiharbeitnehmerInnen stehen im Verlauf eines Jahres bei einem oder mehreren Verleihern unter Vertrag als dies die Stichtagszahlen der amtlichen Statistik vermuten lassen. So betrug die Zahl der Arbeitsverträge in der Leiharbeitsbranche im Jahr 2004 nahezu 1,3 Mio., davon 0,6 Mio. neu begründete Arbeitsverträge und 0,7 Mio. beendete Arbeitsverhältnisse. Statistisch wurde somit der jahresdurchschnittliche Bestand an ZeitarbeiterInnen mehr als 3-mal im Jahr umgeschlagen. Im Bereich der sozialversicherungspflichtigen Beschäftigung ist dies nur 0,25-mal der Fall, d.h. in der Zeitarbeit wird der Bestand an ArbeitnehmerInnen alle vier Monate, in der sozialversicherungspflichtigen Beschäftigung alle vier Jahre rein rechnerisch erneuert.

In der Leiharbeitsbranche dominiert die Beschäftigung von Männern. Sie stellen über zwei Drittel der gewerbsmäßig überlassenen ArbeitnehmerInnen, während nur jeder vierte Arbeitsvertrag eines Entleihbetriebes mit einer Frau abgeschlossen wird. Der Tätigkeitsbereich der LeiharbeitnehmerInnen weicht stark von den übrigen Erwerbstätigen ab: Bei den Männern liegt ein Schwerpunkt im gewerblichen Bereich. Bei den Frauen konzentrieren sich die Tätigkeiten auf die Bereiche Verwaltung, Organisation und Dienstleistungen.

Aus Arbeitgebersicht kann Leiharbeit aus verschiedenen Gründen von Interesse sein: Leiharbeit ermöglicht oftmals die schnelle Überbrückung von kurzfristigen

Personalengpässen, z.B. bei unvorhergesehenen Auftragseingängen, krankheits- und urlaubsbedingten Ausfällen oder im Falle saisonaler Spitzen. Sie erlaubt dabei die Verlagerung des Rekrutierungs- und Verwaltungsaufwands auf die Verleihbetriebe. Die eigene Personaldecke kann reduziert werden, ohne dass die betriebliche Reaktionsfähigkeit auf marktbedingte Schwankungen eingeschränkt wird. Leiharbeit vermeidet die aus Arbeitgebersicht nachteiligen Aspekte von dauerhaften regulären Beschäftigungsverhältnissen, denn die LeiharbeitnehmerInnen scheiden nach Ablauf des Vertrages automatisch aus dem Betrieb aus und haben keinerlei Weiterbeschäftigungsansprüche. Leiharbeit macht es schließlich möglich, gezielt bestimmte Aufgaben auszugliedern und nicht von der Stammbelegschaft erledigen zu lassen.

Aber auch aus Sicht der (Leih)ArbeitnehmerInnen ergeben sich positive Aspekte: Die Leiharbeit schafft für viele leichtere Möglichkeiten des (Wieder)Einstiegs in das Erwerbsleben, denn die Zutrittsbarrieren sind bei Leiharbeitsfirmen nicht so hoch wie in den anderen Betrieben. Vielfach besteht auch die Möglichkeit, von der Leiharbeit in ein dauerhaftes Beschäftigungsverhältnis bei einem Entleihbetrieb zu wechseln. Einige ArbeitnehmerInnen schätzen durchaus auch den mit Leiharbeit zwangsläufig verbundenen häufigeren Wechsel der Betriebe bzw. Tätigkeitsbereiche.

Dennoch ist Leiharbeit für die Betroffenen mit relevanten sozialen Problemen und Risiken verbunden: LeiharbeitnehmerInnen sind jeweils kurzfristig in Betrieben tätig, zu denen sie nicht „gehören". Sie werden nach anderen und niedrigeren Tarifen bezahlt, und der Betriebsrat ist für sie nicht zuständig. Der Einsatz von LeiharbeitnehmerInnen wirkt zugleich negativ zurück auf die Stammbeschäftigten des Betriebes: Die Belegschaftsteile können gegeneinander ausgespielt werden, eine einheitliche Interessenvertretung ist nicht gegeben, was vor allem bei betrieblichen Konflikten mit dem Arbeitgeber von Bedeutung sein kann. Da der Personalumschlag in den Entleiherbetrieben selbst sehr hoch ist, kommt zu den Risiken, denen die Verleihkräfte in den Einsatzbetrieben ausgesetzt sind, noch die erhebliche Instabilität des Leiharbeitsverhältnisses selbst hinzu.

3.2.6 Selbstständige und Scheinselbstständige

Selbstständig ist, wer auf seinen eigenen Namen und auf eigene Rechnung erwerbswirtschaftlich tätig ist, seine Tätigkeit im Wesentlichen frei gestalten sowie seine Arbeitszeit und seinen Arbeitsort frei bestimmen kann. Von der Selbstständigkeit ist die *Scheinselbstständigkeit* zu unterscheiden. Scheinselbstständige haben zwar formalrechtlich keinen Arbeitnehmerstatus, sind aber *faktisch* von einem Arbeitgeber bzw. Unternehmen abhängig. Diese Beschäftigungsverhältnisse finden sich in den verschiedensten Wirtschaftszweigen und Tätigkeitsbereichen. Zum Ausbau von Scheinselbstständigkeit kommt es vor allem im Zusammenhang von Umstrukturierungen im Unternehmensbereich hin zu einer verstärkten Dezentralisierung und Ausgliederung einzelner Arbeits- und Tätigkeitsbereiche. Hier werden die vormals abhängig Beschäftigten vielfach vor die Alternative gestellt, neue für sie ungünstigere Rahmenbedingungen zu akzeptieren, die die Form von Scheinselbstständigkeit annehmen. Eine exakte Abgrenzung von Selbstständigkeit und Scheinselbstständigkeit und damit von abhängiger und selbstständiger Tätigkeit ist jedoch schwierig.

Liegt im juristischen Sinne eine Scheinselbstständigkeit vor, dann besteht eine Versicherungspflicht für alle Zweige der Sozialversicherung, die hälftig vom Auftragnehmer und dem Auftraggeber zu übernehmen ist. Die einzelfallbezogene Prüfung, ob eine Scheinselbstständigkeit vorliegt, obliegt dabei den Sozialversicherungsträgern. Bei der Beurteilung spielen folgende Gesichtspunkte eine Rolle:

- keine regelmäßig Beschäftigung (u.a. oberhalb einer Entlohnung von 400 €),
- Tätigkeit auf Dauer und im Wesentlichen nur für einen Auftraggeber,
- Auftraggeber hat Beschäftigte, die dieselben Tätigkeiten verrichten wie der Selbstständige,
- kein unternehmerisches Handeln, d.h. Weisungsgebundenheit und Eingliederung in die Arbeitsorganisation des Auftraggebers,
- Selbstständige/r hat Tätigkeit beim Auftraggeber zuvor als dessen ArbeitnehmerIn verrichtet.

Selbstständige, die zwar nicht scheinselbstständig sind, können unter bestimmten Voraussetzungen ebenfalls zumindest rentenversicherungspflichtig sein. Dabei handelt es sich um solche arbeitnehmerähnlichen Selbstständigen, die keine ArbeitnehmerInnen beschäftigen und in der Regel nur einen Auftraggeber haben. Sie haben zwar im Allgemeinen einen Krankenversicherungsschutz, aber keine Alterssicherung. Sie sind deshalb als Selbstständige in der Rentenversicherung versicherungspflichtig, tragen aber ihre Beiträge allein (vgl. Kap. „Einkommen", Pkt. 6.1 sowie Bd. II, Kap. „Alter", Pkt. 6.2). Ausnahmen bestehen im Übrigen für Existenzgründungen aus der Arbeitslosigkeit und für ältere Selbstständige, die für die Dauer von drei Jahren bzw. weil sie 58 Jahre und älter sind, von der Versicherungspflicht befreit sind.

Wegen der Abgrenzungsschwierigkeiten sind verlässliche empirische Angaben zur Verbreitung von Scheinselbstständigkeit nur schwer zu gewinnen. Die letzten Schätzungen stammen aus den 1990er Jahren. Danach befanden sich 3,9 % der deutschen Erwerbsbevölkerung im Jahr 1996 als Haupt- oder Nebenerwerbstätige in Erwerbsverhältnissen in der Grauzone von selbstständiger und abhängiger Erwerbsarbeit.

Die besondere Betonung der Risiken von Scheinselbstständigkeit darf jedoch nicht verdecken, dass es auch im Bereich der echten Selbstständigen Probleme im Hinblick auf die Arbeits- und Einkommensbedingungen sowie die soziale Absicherung gibt. Dies gilt insbesondere für viele kleine und Kleinstselbstständige im Dienstleistungsbereich. Zu denken ist beispielsweise an Kioske oder Imbissstände, Änderungsschneidereien, Reparaturwerkstätten, selbstständige Einzelhandelsgeschäfte, kleine Handwerksbetriebe, Freiberufler usw. Überlange Arbeitszeiten, relativ geringe Einkommen und eine mangelhafte soziale Absicherung sind für viele Betroffenen in diesem Bereich die Regel. Anders als bei den abhängig Beschäftigten bestehen für Selbstständige keine Mindest- oder Schutzstandards, die sie vor übermäßigen Arbeitsanforderungen und (Selbst)Ausbeutung schützen oder sie zu angemessener sozialer Sicherung verpflichten. Der Gesetzgeber geht davon aus, dass der/die Selbstständige selbst für seine Arbeitsbedingungen verantwortlich ist und grundsätzlich nicht des Schutzes der Solidargemeinschaft in der Sozialversicherung bedarf. Die starke Differenzierung bei den Existenzbedingungen der Selbstständigen lässt erkennen, dass auch hier ein hoher gesetzlicher Regelungsbedarf besteht.

4 Berufliche Ausbildung

Der Bildungspolitik kommt aufgrund ihrer *präventiven* Bedeutung im Spektrum der Sozial- und Arbeitsmarktpolitik ein besonderes Gewicht zu. Von entscheidender Bedeutung für die Chancen auf dem Arbeitsmarkt und die Chancen im Lebenslauf ist eine qualifizierte berufliche Ausbildung und deren kontinuierliche Weiterentwicklung im Laufe des Erwerbslebens („lebenslanges Lernen"). Wer über eine fundierte berufliche Qualifikation verfügt, hat bessere Chancen, inhaltlich interessante und gut bezahlte Tätigkeiten auszuüben. Wer in seinem Berufsleben vielseitige und anspruchsvolle Aufgaben zu erfüllen hat, wird auch außerhalb der Erwerbsarbeit eher ein breites Spektrum an persönlichen Interessen entfalten und realisieren können. Bildung und Ausbildung fördern allerdings nicht nur die berufliche und soziale Integration der BürgerInnen. Eine hohe Bildungsbeteiligung und gute Qualifikationsstruktur der Bevölkerung sind darüber hinaus für den Arbeitsmarkt und die Volkswirtschaft insgesamt von Belang. Nur eine gut ausgebildete Bevölkerung kann zur Steigerung der wirtschaftlichen Produktivität beitragen, die Anpassung an den wirtschaftlichen Strukturwandel bewältigen und damit den gesellschaftlichen Wohlstand sichern. Das Berufsbildungssystem vermittelt diese produktivitätsrelevanten und arbeitsmarktgängigen Qualifikationen und organisiert die Ausbildung in einem Beruf mit formalisierten Bildungsgängen und Abschlusstiteln für die berufsbezogene Erwerbstätigkeit.

Neben dieser Qualifizierungsfunktion als Kernaufgabe übernimmt das Berufsbildungssystem jedoch noch eine Reihe weiterer Aufgaben, die für den Einzelnen und die Gesellschaft von Bedeutung sind. Dabei handelt es sich vor allem um folgende Funktionen:

- *Sozialisations- und Integrationsfunktion*: Während der Ausbildung werden Auszubildenden auch für Lern- und Arbeitsprozesse grundlegende persönliche Voraussetzungen wie Selbstvertrauen und Selbstbewusstsein vermittelt sowie ihre Urteils- und Kritikfähigkeit geschult. Auszubildende lernen damit, ihre

Kenntnisse und Fertigkeiten unter den organisatorischen und wirtschaftlichen Bedingungen des Arbeitsprozesses einzusetzen.

- *Selektions- und Statusdistributionsfunktion:* Dem Berufsbildungssystem kommt es darüber hinaus zu, die Zugänge zu Ausbildungswegen und Berufskarrieren zu regulieren und auf diesem Wege auf die Verteilung gesellschaftlicher Positionen Einfluss zu nehmen. Die Verteilung orientiert sich dabei an der Qualität der Schulabschlüsse, die zuvor im gegliederten Schulsystem erworben wurden. Die formalen Bildungsabschlüsse informieren über das Leistungsvermögen und die Leistungsbereitschaft der Ausbildungssuchenden. Die Qualität der bisherigen Bildungsleistungen entscheidet in hohem Maße darüber, welche Bildungswege offen stehen oder verschlossen sind. Einfluss auf Bildungschancen haben darüber hinaus askriptive Merkmale der SchulabgängerInnen wie insbesondere der Migrantenstatus und das Geschlecht.

- *Allokations- und Rekrutierungsfunktion:* Über das Berufsbildungssystem werden Ausbildungssuchende auf die Berufsstruktur und auch Berufspositionen verteilt. Das Berufsspektrum ist dabei nicht nur hierarchisch strukturiert, indem Berufe sich danach unterscheiden, mit welchem Grad sozialer Anerkennung, materieller Vergütung und möglicher Karriereperspektiven sie verbunden sind. Gleichzeitig sind Berufe horizontal, d.h. nach Qualifikationen in Branchen und Berufsgruppen gegliedert („Beruflichkeit"). Die Allokationsfunktion beschreibt diesen horizontalen Verteilungsaspekt. Die Parallelstrukturierung des Berufsbildungs- und Beschäftigungssystems nach Berufen dient dazu, die Ausbildungsleistungen mit der Bedarfsstruktur abzugleichen und entsprechend zu organisieren. Aus dieser Perspektive nimmt das Berufsbildungssystem dann auch eine Zubringerposition für das Beschäftigungssystem ein.

- *Verwertungsfunktion:* Ausbildung ist nicht nur eine investive Leistung des Ausbildungsbetriebes, sondern Auszubildende werden im betrieblichen Prozess auch produktiv eingesetzt, d.h. sie leisten geldwerte Arbeiten. Zwar übersteigen die Erträge selten die Ausbildungskosten. Aber Kosten und Nutzen stehen in einigen Branchen (wie im Handwerk) in einem so günstigen Verhältnis, dass sie auch die Ausbildungsbereitschaft der Betriebe beeinflussen.

Diese Funktionen zusammen kennzeichnen auch die Besonderheit des Ausbildungsmarktes als *Übergangsmarkt*. Anders als auf dem Arbeitsmarkt werden durch das Berufsbildungssystem auf dem Ausbildungsmarkt zum einen Übergänge der SchulabgängerInnen aus dem Bildungs- ins Berufsbildungssystem und zum anderen Übergänge der Ausgebildeten vom Berufsbildungs- ins Beschäftigungssystem organisiert. Der Ausbildungsmarkt ist daher ein ganz eigener Markt mit einer eigenen Dynamik und eigenen Entwicklungsbedingungen von Angebot und Nachfrage. So gelten im Berufsbildungssystem besondere gesetzliche Grundlagen und besondere Finanzierungsstrukturen. An der Regulierung und Bereitstellung von Angeboten zur beruflichen Ausbildung sind viele verschiedene Akteure und Träger beteiligt, die – je nach Bildungsweg – in besonderen Gremien zusammenarbeiten (vgl. Pkt. 4.6 dieses Kapitels). Auch für die soziale Absicherung während der Ausbildung bestehen besondere Leistungssysteme (vgl. Pkt. 4.5 dieses Kapitels).

Es gibt ein breites Spektrum an Möglichkeiten, das Ausbildungssystem in der Bundesrepublik Deutschland zu durchlaufen und eine berufsbefähigende Qualifikation zu erwerben. Der Zugang hängt allerdings von der schulischen Vorbildung ab. Die größte Auswahl haben SchulabgängerInnen mit (Fach)Hochschulreife. Sie können entweder eine akademische Ausbildung an einer Fachhochschule oder Universität beginnen, eine berufliche Schule besuchen oder eine betriebliche Ausbildung im dualen System aufnehmen. AbsolventInnen mit Mittlerer Reife oder gutem Hauptschulabschluss können zwischen verschiedenen Bildungsgängen an beruflichen Schulen und der Ausbildung im dualen System wählen. Die geringste Auswahl haben schließlich Ausbildungssuchende, die ohne oder mit einem schlechteren Abschluss die allgmeinbildende Schule verlassen. Ihre Chancen, im dualen System eine betriebliche Ausbildungsstelle zu finden, sind in den letzten Jahren stetig gesunken. Vielen erfolglosen BewerberInnen um einen Ausbildungsplatz stehen dann allerdings Bilddungsgänge zu Auswahl, die sich an so genannte sozial- oder marktbenachteiligte Jugendliche richten.

Das Berufsbildungssystem ist heute wesentlich durchlässiger als vor dreißig Jahren und bietet zahlreiche Weiterbildungs- und Umsteigemöglichkeiten. So werden oft nach einer betrieblichen Ausbildung und einer gewissen Zeit der Berufspraxis weitere schulische Ausbildungsphasen durchlaufen, die bis hin zu einem vollständigen Hochschulstudium reichen können. Allerdings haben diese Öffnungen an der Kluft zwischen der herkömmlichen betrieblichen Berufsausbildung und der Ausbildung für akademische Berufe nur wenig geändert.

4.1 Schulische Berufsbildung

Das System der berufsbildenden Schulen in Deutschland ist aufgrund seiner Ausdifferenzierung in verschiedene Schulformen und insbesondere aufgrund der zahlreichen Varianten dieser Formen und innerhalb des Bundesgebietes kompliziert und kaum noch überschaubar. Dies ist im Wesentlichen eine Folge des Föderalismus in der Bildungspolitik, nach dem die schulische Berufsbildung in der Kompetenz der Bundesländer liegt. Jedes Bundesland hat ein eigenes Spektrum an voll- und teilzeitschulischen Angeboten zur beruflichen Bildung, das oft historisch gewachsen ist. Unbeachtet aller Einzelheiten der bestehenden Varianten lassen sich die berufsbildenden Schulen aber unterscheiden in Schulen, die vorrangig berufliche Qualifikationen vermitteln (Berufsbildung) und Schulen, die vorrangig Berechtigungen verleihen (Bildung) (vgl. Übersicht IV.2).

Übersicht IV.2

Das System berufsbildender Schulen und Bildungsgänge in Deutschland		
Bildungsgang/ Schulform	*Voraussetzung*	*Ziel*
Erwerb von Qualifikationen		
Berufsvorbereitungs-jahr (BVJ) an Berufs(fach)schulen	Keine	Berufausbildungsreife, Vorbereitung auf eine berufliche Ausbildung oder Beschäftigung
Berufsgrundbildungs-jahr (BGJ) an Berufs(fach)schulen	i.d.R. Hauptschulabschluss	Vermittlung von allgemei-nen fachtheoretischen und -praktischen Inhalten eines Berufsfeldes
Berufsschule	(über)betriebliches Ausbildungs-verhältnis oder Arbeitsverhältnis	Vertiefung der Allgemein-bildung, Vermittlung fach-theoretischer Grundaus-bildung
Berufsfachschule (BFS)	Erfüllung der Vollzeitschulpflicht i.d.R. mind. Hauptschulabschluss	Volle Berufsausbildung in verschiedenen Berufs-feldern
Fachschulen	Berufsausbildung, berufliche Tätigkeit oder Nachweis fachspe-zifischer Begabung	Fachliche Weiter- und Fortbildung
Schulen des Gesundheitswesens	Vollendung 18. Lebensjahr, nach Erfüllung der Schulpflicht, ein-schlägige Berufsausbildung oder erfolgreicher Besuch einschlägi-ger ausbildungsvorbereitender Einrichtung	Berufsausbildung für nichtakademische Gesundheitsdienstberufe mit staatlich anerkanntem Abschluss
Erwerb von Berechtigungen		
Berufs-/Technische Oberschulen	Berufsausbildung oder Berufstä-tigkeit mit mittlerem Berufsab-schluss	Fachgebundene Hochschulreife
Berufsaufbauschulen	Berufsaubildung/Berufstätigkeit und halbjähriger Besuch der Berufsschule	Realschulabschluss/ Fachschulreife
Fachoberschulen	i.d.R. Realschulabschluss	Fachhochschulreife
Berufliche/ Fachgymnasien	Realschulabschluss, Oberstufen-reife	Hochschulreife

ohne Kollegschulen in NRW, Fach- und Berufsakademien in Bayern, Berufsakademien in Niedersachsen

Die Schulen, an denen vorrangig weiterführende Bildungsabschlüsse erworben werden können, sind Oberschulen, Aufbauschulen und Fachgymnasien. Sie richten sich an RealschulabsvolentInnen oder an Interessierte, die eine abgeschlossene

Berufsausbildung und zumeist eine mehrjährige Berufspraxis vorweisen können. Aufbau- und Oberschulen sind meist nach Fachrichtungen gegliedert und bauen damit auf die beruflichen Vorkenntnisse auf. Der fachliche oder berufliche Bezug ist dagegen in Fachoberschulen und Fachgymnasien geringer, und es überwiegt der allgemeine und theoretische Unterricht. Diese Schulen können in Voll- oder Teilzeit und – je nachdem – für die Dauer von einem bis zu drei Jahren besucht werden. Abgesehen von der Berufsaufbauschule ermöglicht der Abschluss an diesen Schulen die Aufnahme eines (fachgebundenen) Studiums.

Berufliche Qualifikationen vermitteln zum einen Berufsschulen und Fachschulen und zum anderen Berufsfachschulen und die Schulen des Gesundheitswesens. Die Berufsschule ist Teil des dualen Systems und wird vorrangig von Jugendlichen im Rahmen der allgemeinen Schulpflicht besucht, die sich in der beruflichen betrieblichen Erstausbildung befinden. In Block- oder Teilzeitunterricht an zwei Wochentagen wird die Allgemeinbildung der SchülerInnen vertieft und die für den Beruf erforderliche fachtheoretische Grundausbildung vermittelt. Der Berufsschulunterricht steht damit in enger Beziehung zur Ausbildung im Betrieb oder in einer überbetrieblichen Ausbildungsstätte. Dagegen dienen Fachschulen vor allem der Weiter- und Fortbildung von bereits beruflich ausgebildeten und oft langjährig Erwerbstätigen (z.B. Meister- oder Technikerschulen). Während Berufsschulen mindestens bis zur Erfüllung der Vollzeitschulpflicht nach vollendetem 18. Lebensjahr und während der gesamten Dauer der betrieblichen Ausbildung besucht werden, variiert die Dauer des Besuchs von Fachschulen zwischen sechs Monaten und drei Jahren.

Eine *vollständige Berufsausbildung* vermitteln allein Berufsfachschulen und Schulen des Gesundheitswesens. Berufsfachschulen bieten Ausbildungen in der Regel in Vollzeitform und mit mindestens einjähriger Schulbesuchsdauer an. In den einzelnen Ländern gibt es vielfältige Formen von Berufsfachschulen in unterschiedlichen Berufsfeldern und mit unterschiedlichem Qualifikationsniveau. In Schulen des Gesundheitswesens wird in nicht-akademischen Berufen ausgebildet (z.B. Krankenschwester/-pfleger, PhysiotherapeutIn, medizinisch- oder pharmazeutisch-technische AssisentIn). In einigen Ländern finden diese Ausbildungen nicht in besonderen Schulen des Gesundheitswesens, sondern in Berufsfachschulen oder Fachschulen statt.

Keine Schulform, sondern besondere *Bildungsgänge* sind das Berufsgrundbildungs- und das Berufsvorbereitungsjahr, die – abhängig vom Bundesland – an Berufsschulen oder an Berufsfachschulen angeboten werden. Beide Bildungsgänge werden in der Regel in vollzeitschulischer Form angeboten, insbesondere das Berufsgrundbildungsjahr kann aber in einigen Bundesländern auch in Teilzeit besucht werden (als „kooperative Form" mit dualem System oder außerschulischer Einrichtung). Das Berufsvorbereitungsjahr (BVJ) richtet sich an Jugendliche, die keinen oder lediglich einen Haupt- oder Sonderschulabschluss haben und als nicht ausbildungsfähig angesehen werden („Sozialbenachteiligte"). In diesem einjährigen Bildungsgang sollen nicht ausbildungsreife Jugendliche auf eine berufliche Ausbildung oder auf eine Integration in den Arbeitsmarkt vorbereitet werden. Im Falle nicht vorhandener Schulabschlüsse soll es Jugendlichen den nachträglichen Erwerb eines dem Hauptschulabschluss gleichwertigen Bildungsstandes ermöglichen. Dagegen wurde das Berufsgrundbildungsjahr (BGJ) nicht zur grundlegenden Berufsvorbereitung, sondern als ebenfalls einjähriger Bildungsgang zur berufsfeldspezifischen Berufsausbildung im Vorlauf zu einer betrieblichen Berufsausbildung eingeführt. Das BGJ richtet sich an Jugendliche, die zwar ausbildungsfähig sind und i.d.R. einen Hauptschulabschluss vorweisen können, aber keine betriebliche Ausbildungsstelle bekommen konnten („Marktbenachteiligte"). Wird der Besuch des BGJ erfolgreich abgeschlossen, besteht in den westdeutschen Bundesländern die Möglichkeit, diesen Abschluss auf die Berufsausbildung im dualen System anzurechnen und die Ausbildungsdauer um ein Jahr zu verringern. Neben diesen schulischen Angeboten bestehen für die gleichen Zielgruppen noch außerschulische Angebote zur (Berufs)Bildung, die nach SGB III gefördert und durch die Bundesagentur für Arbeit bereitgestellt werden (vgl. Pkt. 4.4 dieses Kapitels).

Tabelle IV.15:

SchülerInnen an beruflichen Schulen 1970 - 2002

| | Anzahl | | Besuchsquote[1] | | | |
| | in 1.000 | in % | in % der altersgleichen Bevölkerung | | | |
	2002		1970	1980	1990	2002
Insgesamt	2.805,805	100				
Berufsvorbereitungsjahr	79,496	2,8	$0,5^3$	9,7	3,8	8,2
Berufsgrundbildungsjahr	43,204	1,5			12,4	4,3
Berufsschule (in Teilzeit)[2]	1.733,233	61,8	201,3	174,6	194,9	186,9
Berufsfachschule	452,25	16,1	25,3	32,5	21,9	46,4
Fachschulen	155,987	5,6	-	9,6	11,4	16,6
Schulen des Gesundheitswesens	113,374	4,0	-	11,7	10,2	11,8
Berufs-/Technische Oberschulen	12,471	0,4	-	-	0,6	1,1
Berufsaufbauschulen	0,732	0,0	5,9	1,9	0,9	0,1
Fachoberschulen	106,143	3,8	4,1	7,5	2,9	10,8
Berufliche/Fachgymnasien	108,915	3,9	-	4,8	8,4	11,3

1) Doppelzählungen aufgrund von Ab- und Zugängen im Laufe des Kalenderjahrs. Daher addieren die Anteile sich auch nicht auf 100%, sondern liegen deutlich darüber.

2) über die Zeit inkl. SchülerInnen anderer Bildungsgänge

Quelle: Statistisches Bundesamt, Fachserie 11, Reihe 2, versch. Jahrgänge; Arbeitstabellen der Bevölkerungsstatistik; eigene Berechnungen.

Den verschiedenen Arten der beruflichen Schulen kommt hinsichtlich ihrer SchülerInnenzahl eine sehr unterschiedliche Bedeutung zu (vgl. Tabelle IV.15). Aufgrund des obligatorischen Besuchs während der betrieblichen Ausbildung besuchen mit zwei Drittel die meisten SchülerInnen an beruflichen Schulen eine Teilzeit-Berufsschule. Mit nicht einmal einem Fünftel der SchülerInnen folgen die Berufsfachschulen. Fachschulen, Schulen des Gesundheitswesens, Fachgymnasien und -oberschulen weisen mit jeweils etwa 5% einen deutlich niedrigeren Anteil an allen SchülerInnen beruflicher Schulen auf. Allen anderen Schulformen und Bildungsgängen kommt in dieser Perspektive eine eher marginale Bedeutung zu.

Die Ausbildungsbeteiligung hat jedoch an fast allen beruflichen Schulformen in den letzten dreißig Jahren kontinuierlich zugenommen. Abgesehen von den Berufsaufbauschulen mit erheblich abnehmenden und den Schulen des Gesundheitswesens mit stagnierenden Besuchsquoten haben sich in den anderen schulischen Angeboten die Anteile von SchülerInnen an der altersgleichen Bevölkerung fast mehr als verdoppelt. Die Zunahme der Besuchsquoten ist allerdings je nach Schulform auf unterschiedliche Ursachen zurückzuführen. Die Zunahme der Ausbildungsbeteiligung an Schulen, die einen direkten Weg in den Hochschulbereich eröffnen, deutet vorrangig auf Verhaltensänderungen auf der Seite der Nachfrage nach beruflicher Bildung hin. Das Interesse an Weiter- und Fortbildungen im Anschluss an eine abgeschlossene Berufsausbildung und/oder als Unterbrechung der Berufstätigkeit ist in den letzten Jahren enorm gestiegen. Die Entwicklungen im beruflich qualifizierenden Schulsektor verweist dagegen auf einen unmittelbaren Zusammenhang mit dem Ausbildungsmarkt. Insbesondere dem Berufsvorbereitungsjahr, dem Berufsgrundbildungsjahr sowie den Berufsfachschulen kann eine ausgeprägte *„Pufferfunktion"* für den dualen Ausbildungsstellenmarkt zugeschrieben werden. Werden weniger betriebliche Ausbildungsplätze angeboten, münden immer mehr erfolglose BewerberInnen mit niedrigen oder mittleren Schulabschlüssen in einer schulischen Alternative oder nehmen außerschulische Angebote wahr (vgl. Pkt. 4.4 dieses Kapitels).

4.2 Betriebliche Berufsbildung im dualen System

Die betriebliche Ausbildung findet im Verbund mit der schulischen Ausbildung in Berufsschulen statt. Daher spricht man vom „dualen System". Für die fachpraktische Ausbildung sind die Betriebe oder überbetriebliche Ausbildungsstätten verantwortlich, die fachtheoretische Ausbildung wird in Berufsschulen geleistet, die vom Staat getragen und kontrolliert werden. Diese klassische betriebliche Ausbildung hat zwar in den vergangenen Jahren für den gesamten Ausbildungsmarkt an Bedeutung verloren, gleichwohl stellt sie immer noch die wichtigste Form der beruflichen Erstausbildung dar. Wichtig ist sie nicht nur, weil immer noch die meisten, die sich in beruflicher Bildung befinden, eine betriebliche Ausbildung absolvieren (vgl. Tabelle IV.15). Wichtig ist die betriebliche Ausbildung darüber hinaus, weil sie den *Kern des Berufsbildungssystems* in Deutschland darstellt. Die beruflichen Schulen sind gegenüber der betrieblichen Ausbildung auch in der politischen und öffentlichen Aufmerksamkeit deutlich nachrangig und ergänzen eher den *dual zentrierten Ausbildungsmarkt*.

Indem das deutsche Berufsbildungssystem hauptsächlich auf die Ausbildung im dualen System setzt, sind die Entwicklungen auf dem Ausbildungsmarkt stark vom betrieblichen Ausbildungsverhalten abhängig. Daher spielen Marktbedingungen für den Berufsbildungsprozess – anders als in der Allgemeinbildung – eine große Rolle. So müssen und werden bei der Gestaltung der Ausbildungspolitik ökonomische Kalküle und die betriebliche Praxis berücksichtigt. Nicht zuletzt aus diesem Grund sind an der Steuerung und Regulierung der Ausbildung im dualen System die Verbände der Arbeitgeber und Arbeitnehmer beteiligt, die Politik kooperiert also mit den Sozialpartnern (vgl. Pkt. 4.6 dieses Kapitels). Gegenstand dieser Zusammenarbeit ist vor allem die *Ausbildungsordnungspolitik*, die qualitative Aspekte der betrieblichen Ausbildung behandelt, wie z.B. die Neuordnung bestehender und die Einführung neuer Ausbildungsberufe.

Gesetzliche Grundlage der *Ausbildungsordnung* in Deutschland ist seit 1969 das Berufsbildungsgesetz (BBiG). Für die Ausbildung im Handwerk gilt zusätzlich die Handwerksordnung (HwO). Das BBiG regelt allerdings nicht nur die betriebliche Ausbildung, sondern sieht auch besondere Ausbildungsregelungen für Behinderte vor, behandelt Fragen der beruflichen Fortbildung und Umschulung, und seit 2005 ist es auch für das Feld der Berufsausbildungsvorbereitung zuständig (vgl. Pkt. 4.4 dieses Kapitels).

Mit dem BBiG wurde erstmals eine einheitliche gesetzliche Grundlage für die betriebliche Ausbildung geschaffen. Allerdings wurde nicht nur das bis dahin verstreute Ausbildungsrecht zusammengefasst, sondern mit dem BBiG wurde auch eine Vielzahl von rechtlichen Unklarheiten beseitigt. Ferner konnte seitdem der Staat wieder mehr Einfluss auf die Berufsbildung nehmen, die vormals jahrzehntelang vorrangig als „Angelegenheit der Wirtschaft" gegolten hatte. Trotz vieler und ernst zu nehmender Kritik – damals wie heute – hat sich das Berufsbildungsgesetz im Rückblick als ein guter Rahmen für die Modernisierung des betrieblichen Ausbildungswesens erwiesen. Einen entscheidenden Beitrag hat es vor allem hinsichtlich der Neuordnung und Neufassung von Ausbildungsberufen geleistet.

Für jeden Ausbildungsberuf gilt eine Ausbildungsordnung, die in Form einer staatlichen Rechtsverordnung erlassen wird. Nach dem Berufsbildungsgesetz müssen Ausbildungsordnungen als Grundlage einer „geordneten und einheitlichen Berufsausbildung" (§25 BBiG) mindestens u.a. Folgendes festlegen:

- Bezeichnung des Ausbildungsberufs,
- Ausbildungsdauer (nicht mehr als drei und nicht weniger als zwei Jahre),
- Ausbildungsberufsbild (Fertigkeiten und Kenntnisse, die Gegenstand der Berufsausbildung sind),

- Ausbildungsrahmenplan (eine Anleitung zur sachlichen und zeitlichen Gliederung der Fertigkeiten und Kenntnisse),
- Prüfungsanforderungen.

350 Ausbildungsordnungen für staatlich anerkannte Ausbildungsberufe gab es im Jahr 2004. Die Zahl ist in letzten dreißig Jahren drastisch gesenkt worden, indem Berufe zusammengelegt oder gestrichen worden sind. Es werden aber auch laufend neue Ausbildungsberufe geschaffen. Auf diesem Wege werden allerdings nicht nur neue Tätigkeitsfelder aufgenommen (z.B. im IT-Bereich), sondern bestehende Ausbildungsberufe abgewandelt, indem z.B. der fachtheoretische Anteil und die Ausbildungszeit auf zwei Jahre verkürzt wird. Das Verzeichnis der anerkannten Ausbildungsberufe wird vom Bundesinstitut für Berufsbildung (BIBB) geführt.

Vor Beginn der Berufsausbildung muss zwischen Auszubildenden und Ausbildenden bzw. Ausbildungsbetrieb ein schriftlicher *Berufsausbildungsvertrag* geschlossen werden. Auch hierfür sieht das BBiG Mindestregelungsinhalte vor (u.a. sachliche, zeitliche Gliederung sowie Beginn und Dauer Berufsausbildung, Dauer der Probezeit, des Urlaubs, der regelmäßigen täglichen Ausbildungszeit, Zahlung und Höhe der Vergütung). Weil Ausbildungsverhältnisse reguläre sozialversicherungspflichtige Beschäftigungsverhältnisse sind, unterliegen sie – neben den ausbildungsspezifischen – auch allen geltenden gesetzlichen Bestimmungen für abhängig Beschäftigte (u.a. Arbeitszeit, Mutterschutz).

Zur Sicherung der *Ausbildungsqualität* müssen besondere Vorgaben nach dem BBiG eingehalten werden, die sowohl die Eignung der Ausbildungsstätte als auch die persönliche und fachliche Eignung der Ausbildenden betreffen. Im Ausbildungsbetrieb müssen z.B. die erforderlichen Kenntnisse und Fähigkeiten auch vermittelt werden können. Wenn dies nicht in vollem Umfang gewährleistet werden kann, muss ein Ausgleich durch Ausbildungsmaßnahmen in einer auswärtigen Einrichtung sichergestellt werden. Um diesen Bedarf von ausbildungsbereiten, aber nicht ausbildungsfähigen Betrieben zu begegnen, ist in den letzten Jahrzehnten eine Vielzahl von überbetrieblichen Ausbildungsstätten entstanden. Von großer Bedeutung ist auch die Qualifikation des Ausbildungspersonals. Neben den fachlichen Voraussetzungen, die im BBiG vorgegeben sind, müssen (neben- und hauptamtliche) Ausbildungsverantwortliche im Betrieb berufs- und arbeitspädagogische Kompetenzen nachweisen, die in der Ausbilder-Eignungsverordnung (AEVO) festgelegt sind. Festgestellt und kontrolliert werden diese Eignungen, die die Ausbildungsberechtigung von Betrieben bestimmen, durch die zuständigen Stellen, und diese sind die jeweiligen berufsständischen Kammern (u.a. Industrie- und Handelskammern, Handwerkskammern).

Neben den formalisierten Kriterien sind für die Ausbildungsqualität und den Ausbildungserfolg eine Reihe weiterer Aspekte von Bedeutung:

- Technik der Ausbildung (z.B. Zustand und Modernität der Ausbildungseinrichtung),

- Intensität der Ausbildung (z.B. Anteil organisierter Lernprozesse im Verhältnis zu produktiven Arbeitstätigkeiten, Auswahl praktischer Arbeiten nach pädagogischen Gesichtspunkten, Möglichkeiten zur selbstständigen Arbeit),
- Methoden der Ausbildung (z.B. didaktische und sozial-kommunikative Gestaltung der Lehr- und Lernprozesse),
- soziale Atmosphäre der Ausbildung (z.B. Betriebsklima).

Über die tatsächlichen betrieblichen Ausbildungsbedingungen lässt sich kein umfassendes und einheitliches Bild gewinnen. Es liegen nur vereinzelte Befunde verschiedener Studien vor. Wird für den Hinweis auf die Ausbildungsqualität die *Abbruchquote* betrachtet, zeigen sich große Unterschiede u.a. zwischen Regionen, Branchen und Betriebsgrößen. Im Schnitt wird derzeit etwa jeder fünfte neu abgeschlossene Vertrag während der Ausbildung wieder gelöst. Am geringsten ist der Anteil der gelösten Ausbildungsverträge im Bereich des öffentlichen Dienstes (6,7 %), etwa durchschnittlich in den Bereichen von Industrie/Handel (19,3 %) und der Landwirtschaft (21,6 %), während er im Handwerk seit Jahren deutlich darüber liegt (26,8 %). Berücksichtigt werden muss aber, dass hinter einem Ausbildungsabbruch sehr viele verschiedene Gründe liegen können. Nicht immer sind schlechte Ausbildungsbedingungen in Betrieben verantwortlich, sondern auch z.B. nicht erfüllte Erwartungen der Auszubildenden an den Ausbildungsberuf.

Für die künftigen Berufschancen der Auszubildenden sind neben der Ausbildungsqualität vor allem der Umfang und das Spektrum des Angebots von betrieblichen Ausbildungsstellen von ausschlaggebender Bedetutung. Ob und in welchem Maß Betriebe ausbilden oder nicht, hängt nicht zuletzt von der Entwicklung und Struktur der *Ausbildungsfinanzierung* und anderen Kriterien der betrieblichen Ausbildungsbeteiligung ab (wie branchen- und betriebsspezifischen Absatzerwartungen, zukünftiger Fachkräftebedarf).

Die berufliche Erstausbildung im dualen System basiert auf dem Prinzip der einzelbetrieblichen Finanzierung. Ausbildende Betriebe übernehmen alle durch die Ausbildung entstehenden Personal- und Sachkosten. Auszubildende erhalten eine Ausbildungsvergütung, die in der Regel tarifvertraglich geregelt ist (vgl. Pkt. 4.5 dieses Kapitels). Die Personalkosten für die Auszubildenden und die haupt- und nebenberuflichen Ausbilder fallen mit rund 50 % bzw. 36 % der Bruttokosten ins Gewicht. Eine geringere Rolle spielen die Anlage- und Sachkosten (3 %) sowie die sonstigen Kosten (11 %). Von größerer Relevanz für das einzelbetriebliche Ausbildungsverhalten sind allerdings nicht die Brutto-, sondern die *Nettokosten*, die nach Abzug der Erträge faktisch bilanzwirksam für die einzelnen Betriebe werden. Im Schnitt reduzieren die Erträge durch die Ausbildung die Bruttokosten um rund 53%. Inwieweit Auszubildende produktiv einsetzbar sind, unterscheidet sich jedoch zwischen den Betrieben bzw. Branchen. Im öffentlichen Dienst und in Industrie/Handel können die Bruttokosten am geringsten gemindert werden, da die Erträge durch einen produktiven Einsatz der Auszubildenden relativ niedrig sind.

Durchschnittlich sind die Erträge bei recht hohen Bruttokosten in den freien Berufen. Von eigener Ausbildung durch überdurchschnittliche Erträge profitieren am ehesten die Landwirtschaft und das Handwerk, so dass dort die durchschnittlich geringsten Nettokosten entstehen. Vor allem auf diese günstige Kostensituation können die traditionell hohen Ausbildungsleistungen im Handwerk zurückgeführt werden

In einigen Wirtschaftsbereichen gibt es Abweichungen vom Prinzip der einzelbetrieblichen Finanzierung in Form von tarifvertraglichen Vereinbarungen. Sie sehen eine Beteiligung aller Betriebe des jeweiligen Geltungsbereichs an den Ausbildungskosten vor. Aus dem Mittelaufkommen erhalten ausbildende Betriebe die förderungsfähigen Ausbildungskosten ersetzt (z.B. im Baugewerbe, im Garten- und Landwirtschaftsbau, im Steinmetz- und Steinbildhauerhandwerk und im Dachdeckerhandwerk).

Das gesamtwirtschaftliche Angebot an Ausbildungsplätzen ist seit Anfang der 1990er Jahre deutlich gesunken (vgl. Pkt. 4.7 dieses Kapitels). Dazu beigetragen hat der Rückgang der *Ausbildungsbeteiligung der Betriebe*. Der Anteil der Betriebe, die Jugendliche und junge Erwachsene ausbilden, betrug 2003 lediglich noch 23,4 %. Dabei ist diese sog. Ausbildungsbetriebsquote zwar größer, je größer die Betriebe sind (vgl. Abbildung IV.11). Aber die Ausbildungsleistung – gemessen über den Anteil der Auszubildenden an den Beschäftigten (Ausbildungsquote) – ist umso höher, je kleiner der Betrieb ist. Knapp die Hälfte aller Auszubildenden findet sich in Betrieben mit weniger als 50 Beschäftigten.

Die insgesamt zurückgehende betriebliche Ausbildungsbeteiligung schlägt sich auch in der abnehmenden Zahl der Auszubildenden nieder. Wurden 1998 noch 1,66 Mio. Jugendliche und junge Erwachsene im dualen System ausgebildet, ging ihre Zahl bis 2003 um 4,6 % auf 1,58 Mio. zurück (vgl. Tabelle IV.16). Am stärksten sank die Auszubildendenzahl im Handwerk und im öffentlichen Dienst, zugenommen hat die Ausbildung dagegen im Bereich Industrie/Handel. Obgleich der traditionell starke Ausbildungsbeitrag des Handwerks an Bedeutung verliert, absolviert immer noch ein Drittel aller Auszubildenden eine Ausbildung in einem handwerklichen Beruf. Über die Hälfte der Auszubildenden erhält mittlerweile allerdings ihre betriebliche Berufsbildung im Bereich von Industrie und Handel.

Die Dominanz von Industrie/Handel und Handwerk prägt auch die Verteilung der AusbildungsanfängerInnen auf einzelne *Ausbildungsberufe*. Der im Jahre 2003 am stärksten besetzte Beruf war der Kaufmann/die Kauffrau im Einzelhandel. Dies gilt sowohl für die alten wie für die neuen Länder. 5,1 % aller Neuabschlüsse umfasst dieser Beruf. Es folgen die Bürokaufleute, die in Industrie/Handel und im Handwerk ausgebildet werden. Insgesamt umfassen die zehn am stärksten besetzten Berufe 32,7 % aller neu abgeschlossenen Ausbildungsverträge. Trotz eines enormen Berufespektrums ist die Konzentration der dualen Ausbildung somit recht hoch.

Abbildung IV.11:

Ausbildungs- und Ausbildungsbetriebsquoten 2003

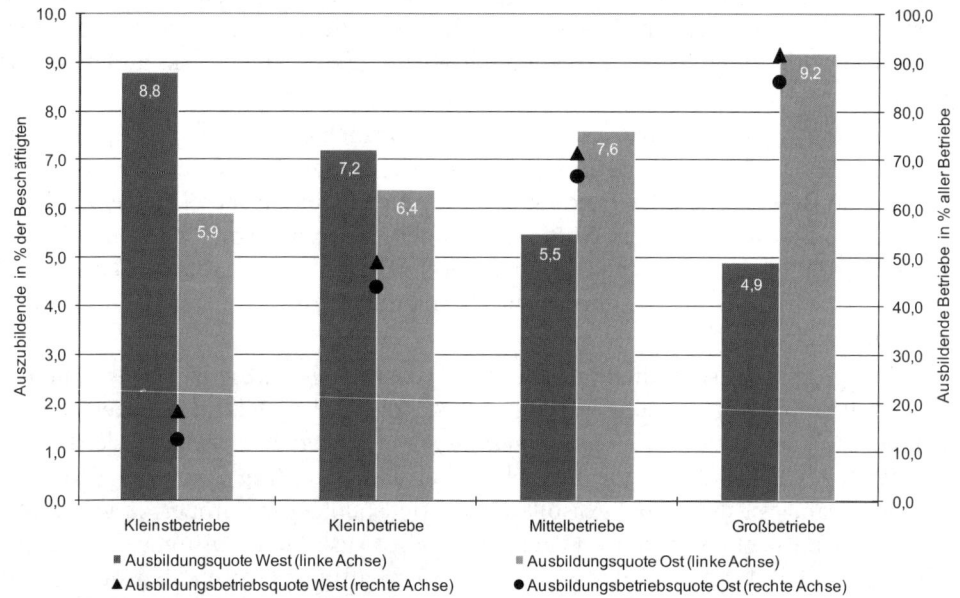

Quelle: Berufsbildungsbericht 2005, verschiedene Übersichten.

Bei der Aufgliederung nach Geschlecht ergeben sich andere Schwerpunkte, weil es Berufe gibt, die überwiegend von Männern bzw. Frauen ergriffen werden. Männer wählen überwiegend Berufe im gewerblich-technischen Bereich, während bei den Frauen alle stark besetzten Berufe dem kaufmännischen Dienstleistungsbereich angehören. So war der am stärksten besetzte Beruf bei den männlichen Ausbildungsanfängern 2003 der Kraftfahrzeugmechatroniker/-mechaniker, gefolgt von den Elektronikern, den Anlagemechanikern und Malern/Lackierern. Bei den Frauen dominierte die Ausbildung zur Bürokauffrau, gefolgt von der Kauffrau im Einzelhandel, der Friseurin und von Berufen aus dem Gesundheitsbereich (wie Arzthelferin, Zahnmedizinische Fachangestellte). Ein weiterer geschlechtsspezifischer Unterschied der betrieblichen Berufsbildung im dualen System besteht in der deutlich stärkeren Konzentration der weiblichen Auszubildenden auf einzelne Ausbildungsberufe: Bei den Männern umfassen die zehn am stärksten besetzten Ausbildungsberufe 34,4%, bei den Frauen 54,0 % aller Neuabschlüsse.

Tabelle IV.16:
Auszubildende nach Ausbildungsbereichen 2003

Ausbildungsbereich	1998	2003	alte Bundes-länder	neue Bundes-länder
	in 1.000		2003 in %	
Industrie/Handel	778,9	838,4	52,2	55,9
Handwerk	625,1	502,4	32,0	31,4
Landwirtschaft	40,1	38,3	2,1	3,7
Öffentlicher Dienst	48,2	43,3	2,7	3,0
Freie Berufe	151,1	145,7	10,4	5,1
Hauswirtschaft	14,1	13,1	0,7	1,3
Seeschifffahrt	0,4	0,4	0,0	0,0
Insgesamt	1.658	1.582	100	100

Quelle: Bundesministerium fü Bildung und Forschung, Berufsbildungsbericht 2005, S. 111f.

Ausländische Jugendliche und junge Erwachsene sind mit einem Anteil von 5 % unter den Auszubildenden weiterhin deutlich unterrepräsentiert. Ausbildungs-schwerpunkte sind hier das Handwerk und die freien Berufe. Die Konzentration auf die zehn am stärksten besetzten Ausbildungsberufe ist höher als unter deutschen Ausbildungsanfänger und betrug im Jahr 2003 43 %. Der Frauenanteil unter den ausländischen Auszubildenden war mit 44,5 % etwas höher als unter den deutschen Auszubildenden mit 40,4 %. Während deutsche Schulabgängerinnen allerdings häufiger als Männer vollzeitschulische Berufsausbildungen aufnehmen, wird die geringere Ausbildungsbeteiligung von ausländischen Frauen nicht auf diesem We-ge ausgeglichen. So stellen deutsche Frauen rd. 80 % und ausländische Frauen rd. 5 % der SchülerInnen an Schulen des Gesundheitswesens. Die Chancen ausländi-scher Frauen auf eine Berufsausbildung sind somit insgesamt am geringsten.

Benachteiligungen ausländischer Frauen im Besonderen und ausländischer Ju-gendlicher insgesamt in der betrieblichen Berufsbildung werden wiederholt von Ergebnissen unterschiedlicher Studien belegt. Ausländische Jugendliche bewerben sich häufiger erfolglos um einen Ausbildungsplatz – trotz mindestens gleichwerti-ger Schulabschlüsse und häufigeren Bewerbungen. So konnten 41 % der deutschen BewerberInnen mit einem Hauptschulabschluss und 51 % mit einem Realschulab-schluss im Jahr 2002 eine Ausbildung im dualen System aufnehmen. Unter den ausländischen BewerberInnen mit gleichen Schulabschlüssen mündeten nicht an-nähernd so viele in eine betriebliche Ausbildung (29 % bzw. 35 %).

Die Probleme beim *Übergang in Beschäftigung* haben in den letzten Jahren zugenommen. Die Übernahmequoten, d.h. die unmittelbare Beschäftigung nach der Ausbildung im Ausbildungsbetrieb, sind nach Ergebnissen des IAB-Betriebspanels in den letzten Jahren kontinuierlich gesunken. Dabei haben Ausbildungsabsolventen in den neuen Bundesländern mit einer Quote von 38,7 % deutlich geringere Chancen auf eine direkte Erwerbstätigkeit im Anschluss als in den alten Bundesländern (56,7 %). In beiden Landesteilen unterscheidet sich die Übernahmequote nach Betriebsgröße und Branche: Sie steigt mit der Beschäftigtenzahl in den Betrieben und ist in den Bereichen der Investitions- und Gebrauchsgüter, der Produktionsgüter sowie im Kredit- und Versicherungsgewerbe am größten. Dabei sind die Chancen für junge Frauen und ausländische Absolventen, von ihrem Ausbildungsbetrieb übernommen zu werden, im Durchschnitt geringer als die Chancen männlicher und deutscher Absolventen des dualen Systems. Von Arbeitslosigkeit nach erfolgreichem Abschluss einer betrieblichen Ausbildung waren im Jahr 2003 rd. 32,4 % der Jugendlichen und jungen Erwachsenen betroffen. Die Arbeitslosenquote im Anschluss an die Ausbildung variiert zwischen alten und neuen Ländern beträchtlich. Sie ist in den neuen Ländern fast 10 Prozentpunkte höher als in den alten (39,7 % zu 30,3 %). Die Quote der weiblichen Arbeitslosen nach dualer Ausbildung liegt mit 33,4 % immer noch höher als die der männlichen (31,6 %).

4.3 Akademische Berufsbildung

Die nach wie vor besten Chancen auf dem Arbeitsmarkt bietet der erfolgreiche Abschluss eines Studiums. Ein immer größerer Anteil eines Jahrgangs sucht und findet eine akademische Ausbildung an einer der 100 Universitäten, der 192 Fachhochschulen oder der 22 Pädagogischen bzw. Theologischen Hochschulen in Deutschland. Im Wintersemester 2003/2004 waren mit einem bisher unerreichten Höchststand 2,01 Mio. Studierende an deutschen Hochschulen eingeschrieben, darunter knapp 960.000 Frauen (47,4%) und rund 250.000 AusländerInnen (12,2 %). Die Zahl der Studierenden in den alten Bundesländern ist kontinuierlich gestiegen (vgl. Abbildung IV.12). Erheblich war der Zuwachs besonders in den 1970er Jahren, in denen sich die Studierendenzahlen mehr als verdoppelt haben (von 422.000 auf 972.000).

Die Hochschulexpansion war eine Folge verschiedener Entwicklungen. Neben der Geburtenentwicklung, die auch in den anderen Sektoren der Berufsbildung zu einer zunehmenden Beteiligung geführt hat, und dem infrastrukturellen Ausbau waren vor allem folgende Bedingungen von Bedeutung:

- *Anstieg der Berechtigung zur Hochschulausbildung*: Der Anteil der Studienberechtigten mit Hochschul- und Fachhochschulreife an den entsprechenden Altersjahrgängen hat fast ununterbrochen zugenommen. Gemessen am Durchschnitt der Bevölkerung von 18 bis unter 21 Jahren stieg die Zahl der Studienberechtigten von 1980 mit 22,2 % auf 39,2 % im Jahr 2003.

- *Anstieg der realisierten Nachfrage nach Hochschulausbildung*: Nach der hohen Studienneigung in den 1970er Jahren ging die Nachfrage unter den Studienberechtigen in den 1980er Jahren zwischenzeitlich zurück und hat in den 1990er Jahren bis über den Jahrtausendwechsel wieder deutlich zugenommen.

Die Studienanfängerquote nahm von 20,4 % im Jahr 1980 bis 38,9% im Jahr 2003 zu.

- *Anstieg der durchschnittlichen Studiendauer*: Die erhöhte Gesamtzahl der Studierenden an den Hochschulen ist nicht zuletzt eine Auswirkung der im Schnitt bis vor wenigen Jahren gestiegenen Zeit, die für ein Studium in Deutschland verwandt wird. Im Wintersemester 2003/2004 betrug die Studiendauer über alle Hochschultypen hinweg sechs Jahre (Universitäten: 6,7; Fachhochschulen: 5,3 Jahre).

Abbildung IV.12:

Studierende an Hochschulen, Studienberechtigte- und Studienanfängerquote 1980 - 2003

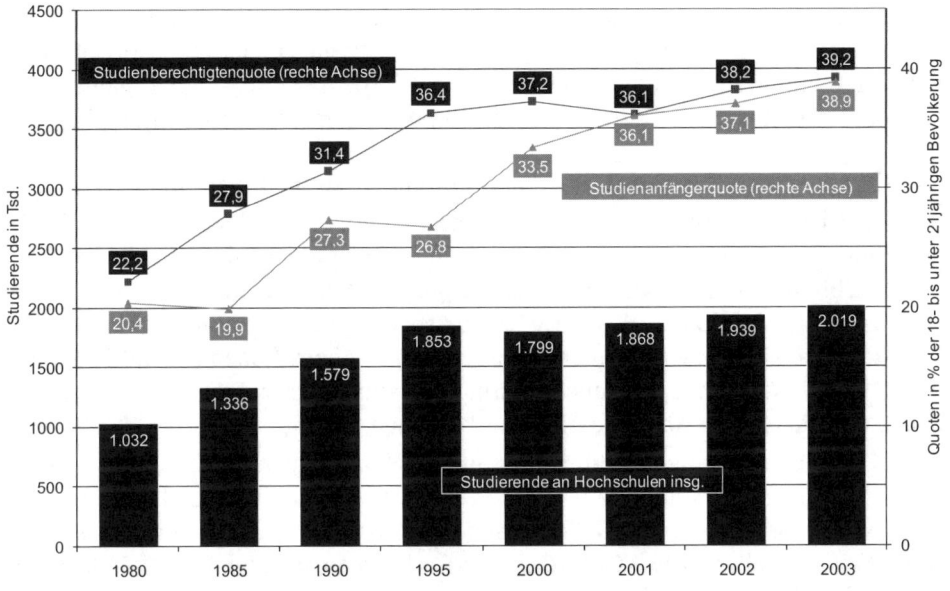

Bis 1990 nur alte Bundesländer

Quelle: Grund- und Strukturdaten 2005; Statistisches Bundesamt, Fachserie 11, Reihe 4.3.1, Wiesbaden.

Von der Expansion des formalen Hochschulzugangs und der Studienbeteiligung profitierten – wie von der Bildungsexpansion insgesamt (vgl. Pkt. 4.7 dieses Kapitels) – vor allem „bildungsnähere" und tendenziell einkommensstärkere Bevölkerungsgruppen. Zwar hat sich der Anteil der Arbeiterkinder an den Universitätsstudierenden zwischen 1950 und 1982 von vier bis sechs auf rd. 16 % fast verdreifacht. Aber auch die jüngste Sozialerhebung des deutschen Studentenwerks bestätigt wieder den Trend, der seit den 1980er Jahren beobachtet wird: Der Anteil der Studierenden sinkt, deren Eltern maximal die Hauptschule absolviert haben (1985: 37 %, 2003: 16 %), wohingegen der Anteil der Studierenden steigt, von denen mindestens ein Elternteil die Hochschulreife besitzt (1985: 36 %, 2003: 55 %). Berücksichtigt werden muss jedoch auch, dass im Zuge der Bildungsexpansion selbstverständlich auch die Qualifikationsstruktur der Elterngeneration von Jahrgang zu Jahrgang verbessert wurde. Neben der sozialen Herkunft spielen für die akademischen Bildungs- und Karrierechancen weitere askriptive Merkmale wie das Geschlecht und der Migrantenstatus eine große Rolle. Trotz gestiegener Studienbeteiligung sind Frauen und insbesondere AusländerInnen an deutschen Hochschulen weiterhin unterrepräsentiert – sowohl unter den Studierenden und AbsolventInnen als auch im besonderen Maße in den höheren Positionen des wissenschaftlichen Personals. Die Frage nach der Chancengleichheit in der akademischen Bildung hatte in der Vergangenheit zunächst an öffentlicher Aufmerksamkeit und Brisanz verloren. Erst im Zuge jüngerer Prognosen zur künftigen Arbeitskräftenachfrage wurde wieder stärker darüber debattiert, wie „bildungsferne" und bislang unterrepräsentierte Gruppen für ein Hochschulstudium gewonnen werden können. Um der vorausgesagten Fortsetzung des steigenden Bedarfs an HochschulabsolventInnen (vgl. Pkt. 2.2.2 dieses Kapitels) entsprechen zu können, müssen die Jahrgangsanteile erhöht werden, die ein Studium beginnen und (in kürzerer Zeit) beenden.

4.4 Bildungsgänge für sozial- oder marktbenachteiligte Jugendliche

Mit dem Übergang in die Berufsbildungsphase gibt es – im Gegensatz zum Allgemeinbildungssystem – keine Garantie auf einen Ausbildungsplatz. Fehlen betriebliche Ausbildungsstellen oder (ausreichend gute) Schulabschlüsse, ist der Zugang zur Ausbildung im dualen System oder zur schulischen sowie akademischen Berufsbildung zumindest vorerst nicht möglich. Für die betroffenen Jugendlichen und jungen Erwachsenen müssen daher Alternativen angeboten werden, um eine unmittelbare und dauerhafte Arbeitslosigkeit zu verhindern.

Zu diesen Alternativen zählen zum einen das schulische Berufsvorbereitungs- und das Berufsgrundbildungsjahr (vgl. Pkt. 4.1 dieses Kapitels) und zum anderen die außerschulischen Angebote, die nach SGB III durch die Bundesagentur für Arbeit bereitgestellt werden. Gefördert werden kann die Teilnahme an Maßnahmen zur Berufsvorbereitung und an Maßnahmen zur Berufsausbildung.

Die *berufsvorbereitenden Bildungsmaßnahmen* sollen allgemein die Aufnahme einer Ausbildung vorbereiten oder der beruflichen Eingliederung dienen. Die Lehrgangsstruktur ist durch ein modulares Konzept mit Qualifizierungsebenen gekennzeichnet, das eine individuellere und passgenauere Förderung ermöglichen soll. Der Einstieg in die Förderung erfolgt durch eine kurzfristig dauernde Eignungsanalyse mit Kompetenzfeststellung. In einer Grundstufe und in einer – bei noch nicht erfolgtem Übergang in einer Ausbildung oder Arbeit – anschließenden Förderstufe und schließlichen Qualifizierungsstufe sollen vorberufliche Kenntnisse und Fähigkeiten (u.a. allgemeine Grundfertigkeiten, Sprachförderung, Bewerbungstraining) vermittelt werden. Ein zentrales Element des Förderkonzepts sind die so genannten Qualifizierungsbausteine nach BBiG, die sich inhaltlich an Aus-

bildungsordnungen und Ausbildungsrahmenplänen orientieren. Nach jeder Förder-
sequenz sollen Bescheinigungen ausgestellt werden, die die Lernziele beschreiben
und als formales Zertifikat verwendet werden können. Ferner sieht das Förderkon-
zept der Bundesagentur für Arbeit eine starke Betriebsnähe der Bildungsmaßnahmen vor. Die Förderung soll Phasen der betrieblichen Qualifizierung und – für
Jugendliche mit geringen Aussichten auf eine berufliche Ausbildung – eine ar-
beitsplatzbezogene Einarbeitung vorsehen. Damit zu Beginn jedes neuen Ausbil-
dungsjahres erneut ein Vermittlungsversuch in eine betriebliche Lehrstelle gestartet
oder die eine schulische Ausbildung aufgenommen werden kann, soll die Gesamtdauer der Maßnahmen zehn Monate nicht überschreiten.

Als zweiter Förderstrang zielt die *Förderung der Berufsausbildung* auf die Unterstützung der Berufsausbildung von lernbeeinträchtigten und sozial benachteiligten Auszubildenden oder Ausbildungssuchenden („Benachteiligtenförderung"].
Angeboten werden zum einen ausbildungsbegleitende Hilfen während einer betrieblichen Ausbildung und Übergangshilfen, die diese Hilfen nach Abschluss, bei
drohendem Abbruch oder nach Abbruch einer Ausbildung fortsetzen. Von besonderer Bedeutung ist die Förderung der Ausbildung in einer außerbetrieblichen Einrichtung. Jugendlichen erhalten hier bei einem nichtbetrieblichen Träger einen
Ausbildungsvertrag nach dem BBiG und durchlaufen auch eine entsprechende
Berufsausbildung.

Auf die Teilnahme an einer berufsvorbereitenden Bildungsmaßnahme besteht
nach SGB III im Rahmen der *Berufsausbildungsbeihilfe* ein *Rechtsanspruch* (vgl.
Pkt. 4.5 dieses Kapitels). Die Förderung der Berufsausbildung wird dagegen im
Ermessen der Arbeitsverwaltung gewährt und ist seit 2005 auch im Zusammenhang
mit der Grundsicherung für Arbeitssuche (nach SGB II) förderfähig.

In der Zusammenschau der außerschulischen Angebote durch die Bundesagentur für Arbeit und der schulischen Bildungsgänge durch die Bundesländer (vgl. Pkt.
4.1 dieses Kapitels) wird deutlich, dass es in der ausbildungsbezogenen Förderung
für sozial- oder marktbenachteiligte Ausbildungssuchende *ausgeprägte Parallel-
strukturen* gibt. Sowohl von den Ländern als auch von der Bundesagentur für Arbeit werden alternative Maßnahmen zur Berufsvorbereitung und Berufsgrundbil-
dung gefördert. Eine vollwertige Berufsausbildung jenseits des Ausbildungsstellenmarktes können Jugendliche allerdings nur durch die regelhafte Förderung der
Berufsausbildung nach SGB III erhalten. Die Länder tragen zu diesem Ausgleich
für den Ausbildungsstellenmarkt lediglich im Rahmen von zeitlich befristeter Pro-
grammförderung bei.

Der Bedarf an alternativen Angeboten zur betrieblichen Berufsausbildung ist in
den letzten dreißig Jahren kontinuierlich gestiegen (vgl. Abbildung IV.13). Ende der
1970er Jahre nach der ersten Krise auf dem Ausbildungsstellenmarkt nahm lediglich
jede(r) zehnte Jugendliche zwischen 16 und 20 Jahren an einem Bildungsgang zur
Berufsvorbereitung oder Berufsausbildung teil. Zehn Jahre später hat sich die Betei-

ligungsquote verdoppelt und ist bis zum Jahr 2002 nochmals erheblich bis auf ein Drittel des Durchschnittsjahrgangs angestiegen. Im Laufe der Zeit haben sich dabei die Gewichte zwischen schulischer und außerschulischer Förderung deutlich verschoben. Während zunächst stärker die schulische Bildungsjahre besucht wurden, trägt seit Ende der 1980er Jahre vorrangig die Bundesagentur für Arbeit mit ihrem Maßnahmeangebot zum Ausgleich mangelnder betrieblicher Ausbildungsstellen bei und bietet betroffenen Jugendlichen damit zumindest eine vorläufige Perspektive für ihre Berufsausbildung und künftige Erwerbstätigkeit.

Abbildung IV.13:

Beteiligungsquoten an Angeboten der schulischen und außerschulischen Förderung der Berufsvorbereitung und Berufsausbildung 1969 - 2002

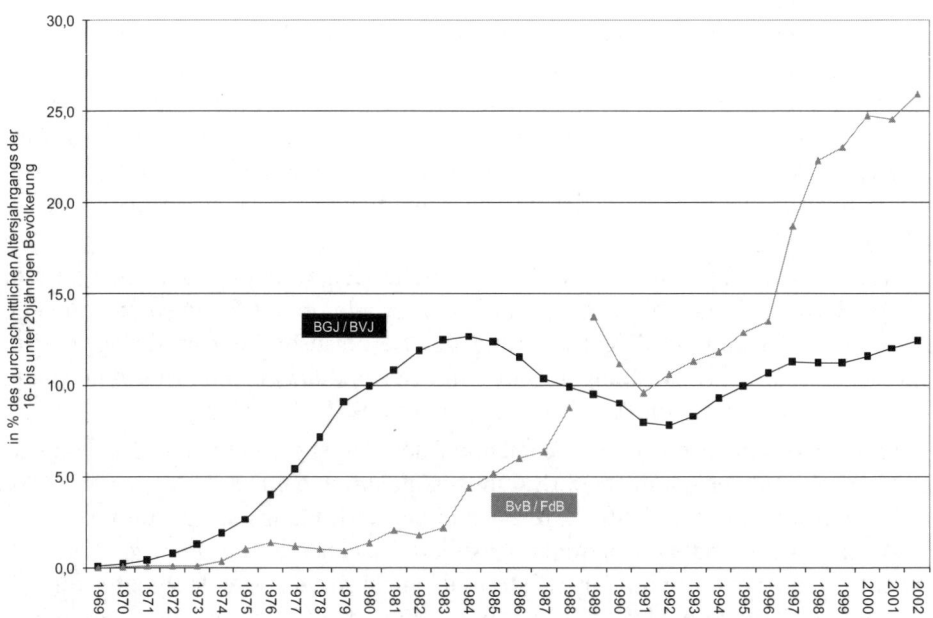

Doppelzählungen aufgrund von Ab- und Zugängen im Laufe des Kalenderjahrs; ab 1991: Deutschland inkl. neue Bundesländer; BGJ: Berufsgrundbildungsjahr, BVJ: Berufsvorbereitungsjahr, BvB: Berufsvorbereitende Bildungsmaßnahmen, FdB: Förderung der Berufsausbildung.

Quelle: Berufsberatungsstatistik der Bundesagentur für Arbeit, versch. Jahrgänge; Statistik der beruflichen Schulen, versch. Jahrgänge; Bevölkerungsstatistik, versch. Jahrgänge; eigene Berechnungen.

4.5 Sicherung des Lebensunterhalts während der Ausbildung

Jede Ausbildung bringt auch finanzielle Belastungen mit sich. Die Auszubildenden in betrieblicher, in schulischer und außerschulischer sowie in akademischer Berufsbildung müssen ihren Lebensunterhalt sichern und sichern können. Neben familialer Unterstützung und/oder eigenen Mitteln (z.B. aus Nebenjobs während der Ausbildung) bestehen zur Sicherung des Lebensunterhalts während einer Ausbildung drei mögliche Quellen – je nachdem welcher Ausbildungsweg beschritten wird:

- betriebliche Ausbildungsvergütung für Auszubildende im dualen System,
- Leistungen nach dem Bundesausbildungsförderungsgesetz (BAföG) für Studierende und SchülerInnen in schulischer Berufsbildung sowie
- Berufsausbildungsbeihilfe (BAB) nach SGB III für Auszubildende in betrieblicher Ausbildung und außerschulischen Maßnahmen der Bundesagentur für Arbeit.

Abbildung IV.14:

Ausbildungsvergütung in den alten und neuen Bundesländern 1976 - 2005

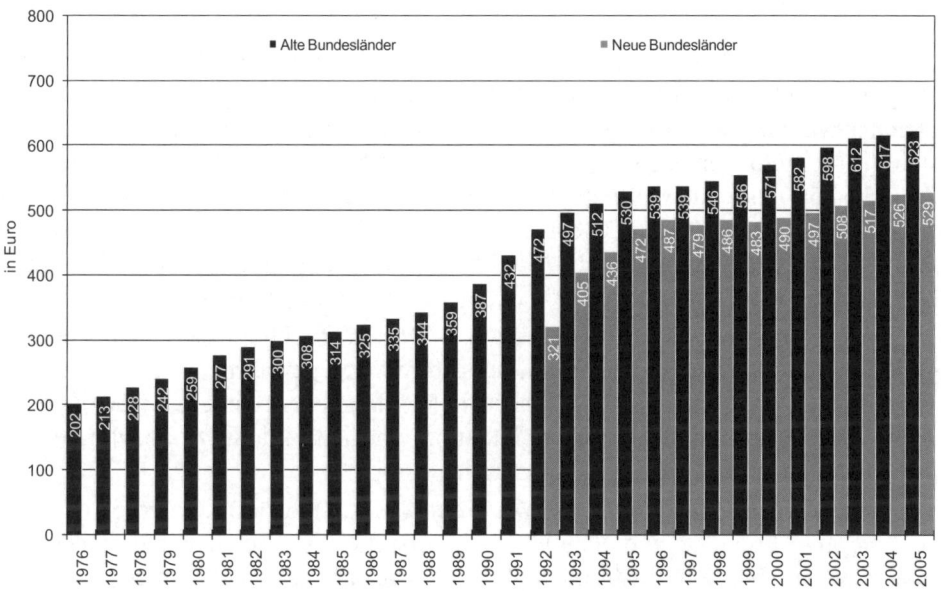

Tarifliche Ausbildungsvergütungen im Durchschnitt über alle Ausbildungsbereiche und Ausbildungsjahre, jeweils zum Stand am 1. Oktober. Ab 1989 wurden die teilweise festgesetzten altersabhängigen erhöhten Ausbildungsvergütungen eingerechnet.
Quelle: Bundesinstitut für Berufsbildung.

Auszubildende in Betrieben erhalten eine *Ausbildungsvergütung*, deren Höhe seit den 1970er Jahren durch Tarifverträge geregelt und nach Ausbildungsjahren gestaffelt ist. Die festgelegten Vergütungssätze sind als Mindestbeträge für die tarifgebundenen Betriebe verbindlich. Nicht tarifgebundene Betriebe dürfen nach geltender Rechtsprechung die tariflichen Sätze um bis 20 % unterschreiten. Im Durchschnitt über alle Ausbildungsbereiche und Ausbildungsjahre betrug die Ausbildungsvergütung 2005 in den alten Bundesländern 623 € und in den neuen Bundesländern 529 € pro Monat (vgl. Abbildung IV.14). Seit 1976 haben sich die Ausbildungsvergütungen in den alten Bundesländern real um knapp 100 % erhöht. Die höchsten Steigerungsraten wurden zunächst bis Anfang der 1980er Jahre und nach der Vereinigung erreicht. Parallel zum Abbau von Ausbildungsplätzen in den Betrieben sanken die Steigerungssätze rapide bis zur Mitte der 1990er Jahre und stagnieren seitdem um jährliche ein bis zwei Prozentpunkte.

Zwischen den einzelnen Ausbildungsbereichen bestehen in den alten wie den neuen Bundesländern deutliche Unterschiede im durchschnittlichen Vergütungsniveau. Überdurchschnittlich hohe Ausbildungsvergütungen werden 2005 in Industrie/Handel (West: 670 €, Ost: 588 €) und im öffentlichen Dienst (West: 670 €, Ost: 626 €) gezahlt. Unterdurchschnittlich sind die Vergütungen im Handwerk, in den Freien Berufen und in der Landwirtschaft. Insbesondere in Industrie/Handel und im Handwerk weichen allerdings die Vergütungen in den einzelnen Berufen erheblich voneinander ab.

In den neuen Ländern wurden seit 2001 durchschnittlich 85 % der westlichen Vergütungshöhe erreicht. Dieser Mittelwert verdeckt allerdings eine deutliche Ungleichbehandlung der Auszubildenden in Ost und West. Nach der Höhe verteilen sich die Vergütungen auf die jeweilige Gesamtzahl der Auszubildenden wie folgt: Zwischen 500 und 700 € erhielten 54 % der west- und 42 % der ostdeutschen Auszubildenden, weniger als 500 € bekamen 15 % der west- und 48 % der ostdeutschen Auszubildenden, mehr als 700 € betrug die Vergütung für 31 % der Auszubildenden in den alten und für 10 % in den neuen Bundesländern.

Aus öffentlichen Mitteln werden mit BAB und BAföG zwei verschiedene Regelleistungen als individuelle Ausbildungsförderung gewährt mit dem Ziel, allen Jugendlichen und jungen Erwachsenen die Möglichkeit zu geben, unabhängig von ihrer sozialen und wirtschaftlichen Situation eine Ausbildung zu absolvieren, die ihren Fähigkeiten und Interessen entspricht.

Nach dem *Bundesausbildungsförderungsgesetz* (BAföG) können Studierende an (Fach)Hochschulen und Schüler an berufsbildenden Schulen einen Zuschuss bzw. ein Darlehen zur Bestreitung ihres Lebensunterhalts bekommen. Beim Besuch von Schulen wird BAföG als Zuschuss, beim Besuch von Fachschulen, Akademien und Hochschulen in der Regel je zur Hälfte als Zuschuss und als unverzinsliches Darlehen geleistet. Finanziert werden die Leistungen aus Steuermitteln des Bundes (65 %) und der Länder (35 %). Die Leistung wird einkommensabhängig gewährt. Sowohl das eigene als auch das Einkommen und Vermögen der Eltern werden bei der Antragstellung geprüft und bei der Überschreitung von gesetzten Freibeträgen bei der Leistungsberechnung berücksichtigt.

Die Bedarfssätze sind abhängig von der Art der Ausbildungsstätte und davon, ob während der Ausbildung bei den Eltern oder auswärtig gewohnt wird. Alle zwei Jahre sind nach dem Gesetz die Bedarfssätze zu überprüfen und ggf. neu festzusetzen, um sie so insbesondere der Entwicklung der Lebenshaltungskosten anzupassen. Zuletzt wurden die Bedarfssätze 2005 erhöht und betragen für Studierende seitdem 377 (bei den Eltern wohnend) bzw. 466 € (nicht bei den Eltern wohnend) und für SchülerInnen an beruflichen Schulen, die eine abgeschlossene Berufsausbildung voraussetzen, im Schnitt 351 bzw. 430 €. Für die neuen Bundesländer werden die gleichen Bedarfssätze wie in den alten Bundesländern zugrunde gelegt. Schüler Innen oder Studierende gelten als vollgefördert, wenn die Förderung den errechneten Gesamtbedarf (Grundbedarf gemäß Bedarfssatz zzgl. Zusatzbedarf z.B. für Kosten der Unterkunft oder Auslandsaufenthalt) in voller Höhe abdeckt. Als teilgefördert gelten diejenigen, deren Bedarf gemindert wurde, weil eigenes Einkommen, Vermögen oder das Einkommen von Eltern bzw. Ehegatten angerechnet wird. Zur Ermittlung des Förderungsbetrages wird in diesem Fall vom Gesamtbedarf das anzurechnende Einkommen abgezogen. Unter den SchülerInnen erhielten 2005 zwei Drittel eine Voll- und ein Drittel eine Teilförderung. Unter den Studierenden war das Verhältnis mit 38 zu 62 % fast umgekehrt. Der durchschnittliche Förderbetrag betrug 2005 bei den SchülerInnen 304 € und bei den Studierenden 375 € (vgl. dazu ausführlich Bd. II, Kap. „Familie", Pkt. 6.3).

Seit Mitte der 1970er Jahre ist die Gefördertenquote unter den Studierenden an deutschen Hochschulen stetig zurückgegangen. Erhielten 1975 noch 42 % aller Studierenden eine Unterstützung nach dem BAföG, traf das in 2005 lediglich auf knapp 18 % zu. In den neuen Bundesländern liegen die Gefördertenquoten mit etwa einem Drittel jedoch deutlich höher. Der Unterschied zwischen den alten und neuen Ländern ist eine Folge der nach wie vor unterschiedlichen Einkommenssituation. Der Rückgang der Förderquote wird zum einen darauf zurückgeführt, dass die Freibeträge nur in unzureichendem Maße an die allgemeine Preis- und Einkommensentwicklung angepasst wurden. Die Begrenzung des Kreises der Anspruchberechtigten (2005: 71,3 % aller Studierenden) hat zum anderen dazu beigetragen, dass ein größer werdender Teil der Studierenden (z.B. wegen des Überschreitens der Förderungshöchstdauer oder der Altersgrenze) nicht (mehr) auf diese öffentliche Unterstützung zurückgreifen kann.

Berufsausbildungsbeihilfe nach SGB III wird gewährt zum einen als Zuschuss zur Ausbildungsvergütung für die Lebenshaltungskosten für Auszubildende in betrieblicher oder außerbetrieblicher Ausbildung und zum anderen als Leistung zum Lebensunterhalt bei Teilnahme an einer berufsvorbereitenden Maßnahme (inkl. Übernahme der Kosten für die berufsvorbereitenden Lehrgänge). Auch diese Förderleistung ist an allgemeine und spezielle Voraussetzungen gebunden. Je nachdem, ob die Beihilfe wegen eines Ausbildungsverhältnisses oder der Teilnahme an einer berufsvorbereitenden Maßnahme geleistet wird, gelten unterschiedliche Förderanforderungen und Förderbedingungen bei der konkreten Berechnung der Leistungen.

Grundsätzlich ist die Leistungsberechnung wie bei anderen bedarfsabhängigen Leistungen geregelt (z.B. BAföG, aber auch Arbeitslosengeld II). Dem Bedarf – ermittelt über Bedarfssätze, die sich ebenfalls unterscheiden nach dem Wohnort (bei Eltern oder auswärtig) und zusätzlich nach dem Familienstand – werden Eigenmittel aus Einkommen sowie Vermögen gegenübergestellt und bei Überschreitung von gesetzten Freibeträgen abgezogen. Allerdings wird bei der Teilnahme an berufsvorbereitenden Maßnahmen Berufsausbildungsbeihilfe unabhängig vom Wohnort und auch unabhängig vom Einkommen gewährt. Dagegen erhalten betrieblich Auszubildende den Zuschuss zur Ausbildungsvergütung nur, wenn sie nicht bei den Eltern wohnen können, weil der Ausbildungsbetrieb vom Elternhaus zu weit (eine Stunde für jeden Weg) entfernt ist. Er entspricht dem Zuschuss für Studierende nach BAföG, bei der Förderung der Berufsvorbereitung dem Bedarf für SchülerInnen nach BAföG.

Im Jahr 2003 haben im Jahresdurchschnitt rund 170.000 Jugendliche und junge Erwachsene Berufsausbildungsbeihilfe bezogen, 55 % wegen zu geringer betrieblicher Vergütungen und etwas mehr als ein Drittel wegen der Teilnahme an einer berufsvorbereitenden Maßnahme. Über die durchschnittliche Höhe der Berufsausbildungsbeihilfe stehen leider keinerlei Daten aus der Statistik der Bundesagentur für Arbeit zur Verfügung. Die Gesamtausgaben beliefen sich im Jahr 2003 auf 588 Mio. €, die aus Beitragsmitteln der sozialversicherungspflichtig Beschäftigten aufgebracht werden.

4.6 Steuerung des Berufsbildungssystems

Die Steuerung des Berufsbildungssystems ist gekennzeichnet durch eine ausgeprägte *föderale Segmentierung*, d.h. die jeweiligen Steuerungskreise bestehen und handeln relativ unabhängig voneinander. Während die Gesetzgebung im Bereich betrieblicher Berufsausbildung auf Bundesebene verantwortet wird, sind die Bundesländer im Rahmen ihrer Kulturhoheit für die Regelungen auf dem Gebiet der schulischen Berufsausbildung zuständig. Somit bezieht sich ein engerer Steuerungskontext auf das duale System („korporative betriebliche Berufsbildungspolitik"). Ein anderer engerer Steuerungskontext existiert für das schulische Ausbildungsspektrum („kooperativer Föderalismus"). Die Art der Steuerung ist im ersten Fall durch *Korporatismus* und im zweiten Fall durch *Kooperation* und dabei jeweils durch spezifische Ausgestaltungen des Verhandlungsmodus charakterisiert.

Korporativ gestaltet sich die Steuerung betrieblicher Berufsausbildung, indem nichthoheitliche Entscheidungsträger in den staatlichen Politikbildungsprozess einbezogen werden. Das zentrale Steuerungsgremium auf nationaler Ebene ist der Hauptausschuss des Bundesinstituts für Berufsbildung. Besetzt ist der Hauptausschuss nach dem Vier-Bänke-Prinzip mit VertreterInnen der Bundesregierung, der Länder sowie der Spitzenorganisationen der Gewerkschaften, Arbeitgeberverbände und der Kammern als Selbstverwaltungseinrichtungen der Wirtschaft. Der Hauptausschuss ist dabei weder staatliche und noch nichtstaatliche Instanz, sondern ein Forum funktionaler Repräsentation zur Meinungs- und Konsensbildung, zur Erarbeitung von Empfehlungen zur Förderung der Berufsbildungspraxis, aber insbesondere zur Übernahme der übertragenen Regelungsaufgaben. Arbeitsschwerpunkt ist die Neuordnung bestehender und die Einführung neuer Ausbildungsberufe.

Über die Vertretung der Bundesländer im Hauptausschuss wird die Anpassung der Rahmenlehrpläne für die Teilzeit-Berufsschulen des dualen Systems an die Ausbildungsverordnungen des Bundes gewährleistet. Wird eine Einigung über die Ausbildungsordnungen im Gremium hergestellt, werden diese über Rechtsverordnungen von der Bundesregierung erlassen. Zwar verbleibt damit die Rechtsetzung bei der Bundesregierung bzw. dem zuständigen Ministerium als zentrale Instanz. Aber das gesetzte Recht ist Ergebnis eines dezentralen Aushandlungsprozesses, und durch das Konsensprinzip ist die staatliche Regulierung an das Verhandlungssystem gebunden. Begründet ist der Einsatz korporativer Arrangements nicht in erster Linie darin, die Politikgestaltung mit Sachverstand zu bereichern. Der verantwortliche Einbezug der bedeutenden Beteiligten in den politischen Entscheidungsprozess soll vor allem dazu dienen, die Interessenkonflikte zwischen den Beteiligten in Konsenszwänge zu kanalisieren und damit politisch zu entschärfen.

Kooperativ ist die Berufsbildungspolitik im deutschen Föderalstaat auf der horizontalen Ebene, indem die Bundesländer über die Ständige Konferenz der Kultusminister der Länder (KMK) die Bedarfsfeststellung und die Abstimmung der Angebote der berufsbildenden Schulen organisieren. Die Kooperation basiert auf einem freiwilligen Zusammenschluss und auf Übereinkommen, mit dem die Länder sich selbst verpflichten, über die für Bildung und Erziehung, Hochschulen und Forschung sowie kulturelle Angelegenheiten zuständigen Minister bzw. Senatoren weitgehende Einheitlichkeit und Gleichwertigkeit in der Bildungspolitik herzustellen, um eine bundesweite Mobilität der Auszubildenden zu gewährleisten. Als Instrumente zur Steuerung der Kooperation greift die KMK im Wesentlichen auf gemeinsame Beschlüsse, Rahmenvereinbarungen, Rahmenordnungen und Rahmenlehrpläne sowie entsprechende Vereinbarungen zur gegenseitigen Anerkennung der Abschlüsse zurück. Ferner befasst sich die KMK mit der gegenseitigen Information zu Entwicklungen auf dem Gebiet der beruflichen Bildung in den Ländern und der Koordinierung berufsbildungspolitischer Initiativen, der Entwicklung ergänzender Angebote der beruflichen Erstausbildung an Berufsfachschulen sowie mit Vereinbarungen zur Förderung spezieller Personengruppen an beruflichen Schulen (z.B. Behinderte, Lernbeeinträchtigte). Dabei kommen die Beschlüsse nur bei Einstimmigkeit des Plenums zustande und haben lediglich den Status von Empfehlungen gegenüber den Ländern.

Beide Steuerungskreise behandeln vorrangig qualitative Aspekte beruflicher Ausbildung. Quantitative Aspekte sind nicht Gegenstand der Verhandlungen und spielen jeweils nur mittelbar, d.h. als mögliche Konsequenz und Nebenwirkung von Ausbildungsordnungspolitik und auf der Ebene unverbindlicher Berichterstattung und Beratung (Empfehlungen, Appelle) sowie gegenseitiger Information, eine Rolle. Damit sind Fragen nach den Kapazitäten der betrieblichen, schulischen und akademischen Berufsbildung und Fragen der Ausgleichspolitik für den Ausbildungsstellenmarkt ausgeklammert. Das ist sicherlich ein Grund dafür, dass die Bundesagentur für Arbeit in keiner der Steuerungskreise verbindlich einbezogen ist, obwohl sie mit der ausbildungsbezogenen Förderung nach SGB III sowohl das betriebliche als auch das schulische Angebot an beruflicher Bildung erheblich unterstützt und fehlende Kapazitäten ausgleicht.

4.7 Struktur und Entwicklungstendenzen des Ausbildungsmarktes

Die Entwicklung des Ausbildungsmarktes in Deutschland in den letzten Jahrzehnten war vor allem von der *Bildungsexpansion* geprägt. Mit diesem Begriff werden verschiedene Entwicklungen zusammengefasst, die sowohl Voraussetzungen als auch Ergebnisse dieses Aspektes des gesellschaftlichen Wandels darstellen:

- *Zunahme des strukturellen Bedarfs an Bildung*: In Deutschland vollzieht sich wie in anderen Industrienationen seit mindestens drei Jahrzehnten ein Wandel von einer vorrangig industriell strukturierten und durch das verarbeitende Gewerbe dominierten Erwerbsgesellschaft hin zu einer Gesellschaft, deren Beschäftigungssystem zunehmend von Tätigkeiten im Bereich wissensbezogener Dienstleistungen gekennzeichnet ist. Dieser sektorale Strukturwandel geht einher mit einem Wandel des Arbeitskräftebedarfs, der insbesondere durch einen Trend der Qualifikationserfordernisse zur Höherqualifizierung gekennzeichnet ist. Diese Strukturverschiebung zeigt sich auch in der Entwicklung der Qualifikationsverteilung unter den Erwerbstätigen (vgl. Pkt. 2.3 dieses Kapitels).

- *Gesellschafts- und wirtschaftspolitischer Bedeutungswandel von Bildung*: Getragen wurde die bildungspolitische Aufbruchstimmung in den ausgehenden 1950er und in den 1960er Jahren von einer doppelten Neubewertung von Bildung. Ein hoher Bildungsstand der Bevölkerung gilt seither sowohl als unerlässliche Voraussetzung für Produktivitätsfortschritt und Wirtschaftswachstum als auch als ein Instrument zur Überwindung von Chancenungleichheit. Aus bildungsökonomischer Sicht wird die Bedeutung von Bildung als (individuelles und volkswirtschaftliches) Humankapital, aus der Sicht der Bildungsforschung und -politik wird die Bedeutung von Bildung als Bürgerrecht hervorgehoben.

- *Institutioneller und infrastruktureller Ausbau im Bildungswesen*: Zentrale Strategien der Bildungsreform in den 1960er Jahren waren die Ausweitung schulischer, berufs- und hochschulischer Kapazitäten und die Herstellung einer erhöhten Durchlässigkeit zwischen den Schulformen und Bildungsstufen des allgemeinen und beruflichen Schulwesens. Die Verabschiedung des BBiG für den Bereich der betrieblichen Ausbildung im Jahr 1969 war auch ein Ergebnis der bildungspolitischen Reformbewegung.

- *Steigende Bildungsbeteiligung der Bevölkerung*: Ein immer größerer Anteil der Bevölkerung erwirbt mittlere und höhere Bildungsabschlüsse, und ein immer größerer Anteil verweilt immer länger im Bildungssystem. Zwischen 1970 und 2000 stieg mit jedem Jahrgang der Anteil, der sich in Bildung oder Ausbildung befand. Mit dieser Ausweitung der Bildungs- und Ausbildungsbeteiligung der nachwachsenden Generationen ist es über die Zeit auch gelungen, den demografisch bedingten Rückgang des qualifizierten Erwerbspersonenpotenzials quantitativ auszugleichen (vgl. Pkt. 2 dieses Kapitels).

- *Zunehmende Bedeutung weiterführender Schulabschlüsse*: Seit 1970 haben immer weniger SchülerInnen die allgemeinbildenden Schulen mit Hauptschulabschluss verlassen, während immer mehr die Schule mit mittleren Abgangszeugnissen oder der Fach-/Hochschulreife abschließen konnten. Unter den betrieblich Auszubildenden hat der Anteil von AbiturientInnen und RealschülerInnen stetig zugenommen. Dagegen hat das duale System als Ausbildungssystem für schulisch gering Vorqualifizierte seit Mitte der 1980er Jahre an Bedeutung verloren.

Die weiterhin steigende Bildungsbeteiligung geht jedoch seit Anfang der 1990er Jahre nicht mehr mit einem gleichzeitigen Anstieg des Qualifikationsniveaus einher. Die *Bildungsexpansion stagniert* seitdem zwar nicht in ihrer Quantität, wohl aber in ihrer Qualität. Dies zeigt sich sowohl in der Allgemeinbildung vor allem in den alten Bundesländern als auch in beiden Landesteilen in der beruflichen Ausbildung. Seit den 1990er Jahren lässt sich dort kein deutlicher Trend zur weiteren Bedeutungszunahme höherer Bildungsgänge beobachten.

In Folge der Bildungsexpansion ist es allerdings zu einer bemerkenswerten Verschiebung im Verhältnis von (außer)schulischer und betrieblicher Ausbildung gekommen. Gegenüber der betrieblichen Ausbildung hat der Besuch berufsbildender Schulen und außerschulischer Bildungsgänge in der Ausbildungsbeteiligung von Jugendlichen und jungen Erwachsenen in den letzten drei Jahrzehnten relativ an Bedeutung gewonnen (vgl. Tabelle IV.17 sowie Pkte. 4.1 und 4.2 dieses Kapitels).

Tabelle IV.17:

Zugänge in unterschiedliche berufliche Ausbildungsgänge 1960 - 2000

	1960	alte Bundesländer				neue Bundesländer	
		1970	1980	1990	2000	1992	2000
		in % der alterstypischen Durchschnittsjahrgänge					
BGJ/BVJ/BVB[1]		14,1	15,7	20,0		13,4	18,7
Berufliche Schulen[1]		33,3	37,9	45,5		32,2	28,9
Betriebliche Lehre[2]		52,6	59,3	71,3	68,4	75,3	65,4
(Fach)Hochschulen[3]	8,0	15,4	19,2	32,2	34,5	24,0	27,6

1) Berechnungen der Bildungsgesamtrechnung (BGR)
2) in % des Durchschnittsjahrgangs der 16- bis unter 19jährigen Bevölkerung, 3) in % des Durchschnittsjahrgangs der 19- bis unter 21jährigen Bevölkerung.
Quelle: IAB/BGR; Reinberg, A., Hummel, M. Zur langfristigen Entwicklung des qualifikationsspezifischen Arbeitskräfteangebots und -bedarfs in Deutschland, in: Mitteilungen aus der Arbeitsmarkt- und Berufsforschung 4/2002, S. 589.

Der Bedeutungsrückgang des dualen Systems ist sowohl auf Veränderungen in der Berufswahlentscheidung auf der Nachfrageseite als auch auf Veränderungen in dem betrieblichen Verhalten auf der Angebotsseite zurückzuführen. Die *Nachfrage* nach beruflicher Bildung von Jugendlichen und jungen Erwachsenen orientiert sich zunehmend an einem breiteren Spektrum von Bildungsmöglichkeiten und hat sich auch in biographischer Hinsicht *entstandardisiert*. Die berufliche Ausbildung wird nicht mehr ausschließlich als eine einzelne Station im Lebenslauf begriffen, in der einmal ein „Beruf für das Leben" erlernt wird und einmal getroffene berufliche Entscheidungen nicht mehr korrigiert werden können. Vielmehr können sich Phasen der Aus- und Weiterbildung, Erwerbstätigkeit und Nichterwerbstätigkeit abwechseln. Diese Abkehr vom „Normalmodell" – Schule-Ausbildung-lebenslange Erwerbstätigkeit in einem Beruf, möglichst noch bei einem Arbeitgeber – können allerdings am ehesten diejenigen verwirklichen, die mit höheren Schulabschlüssen auch tatsächlich eine größere Auswahl haben (z.B. zwischen Studium, schulischer oder betrieblicher Ausbildung). Je geringer die formalen Schulabschlüsse sind, desto geringer ist das Maß der „neuen Wahlfreiheit". Jugendliche und junge Erwachsene ohne oder mit Hauptschulabschluss sind wie seit jeher auf die Aufnahme einer betrieblichen Ausbildung angewiesen, um einen Beruf zu erlernen und dauerhaft gute Arbeitsmarktchancen zu erlangen.

Ebenso eingeschränkt werden die Bedeutung der betrieblichen Ausbildung und damit insbesondere die Ausbildungschancen schulisch gering Vorqualifizierter allerdings durch ein seit Jahren anhaltend geringes und zurückgehendes *Angebot an Ausbildungsstellen*. Der Ausbildungsstellenmarkt ist zwar seit Ende der 1960er Jahre durch vorrangig gegenläufige Entwicklungen von Angebot und Nachfrage gekennzeichnet (vgl. Abbildung IV.15). Jedoch gestaltete sich das *chronische Ungleichgewicht* als zentrales Merkmal des Ausbildungsstellenmarktes vorwiegend zu Lasten der Nachfrage. Im früheren Bundesgebiet war der Ausbildungsstellenmarkt bis auf die erste Hälfte der 1970er und die ausgehenden 1980er Jahre durch einen *Nachfrageüberhang* gekennzeichnet. Das Verhältnis von Angebot und Nachfrage unterschritt in weiten Teilen den *rechnerischen Ausgleich*, der bei 100 BewerberInnen auf 100 Stellen liegt. Die Bilanz der langfristigen Entwicklung auf dem Ausbildungsstellenmarkt fällt noch problematischer aus, wird das strengere Kriterium eines *auswahlfähigen Angebotes* zugrunde gelegt, dass ein Verhältnis von 112,5 Stellen auf 100 BewerberInnen vorsieht. Aus dieser Sicht stand den gemeldeten Bewerbern bis auf die Jahre 1973 und 1990 durchweg eine nicht ausreichende Zahl von angebotenen Stellen gegenüber.

Abbildung IV.15:

Angebot und Nachfrage auf dem Ausbildungsstellenmarkt 1969 - 2005

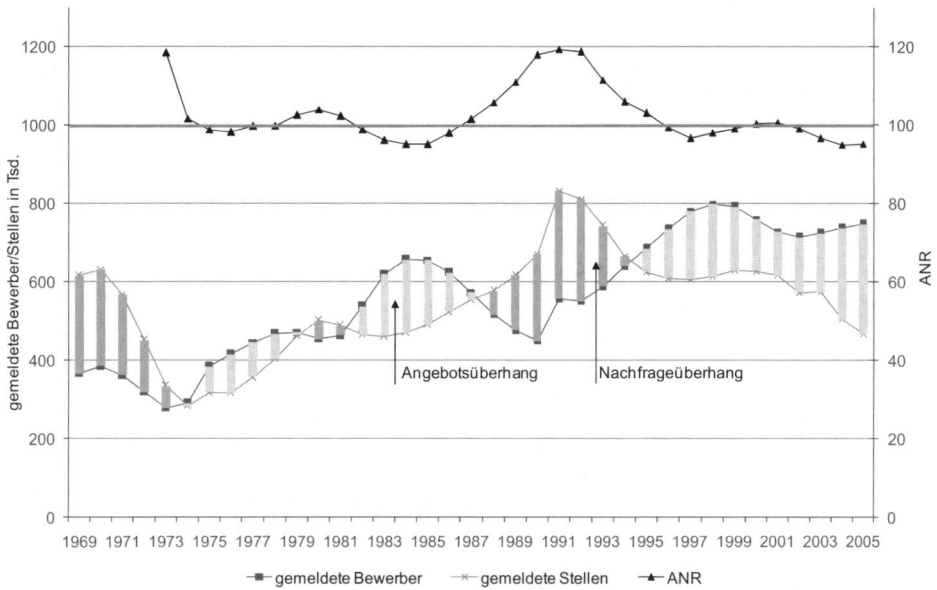

- ■ gemeldete Bewerber   -×- gemeldete Stellen   -▲- ANR

Die Angebots-Nachfrage-Relation (ANR) berücksichtigt neben den gemeldeten Stellen und BewerberInnen Angebot und Nachfrage außerhalb der Berufsberatungsstatistik in Form neu abgeschlossener Ausbildungsverträge. Die horizontale Linie kennzeichnet den rein rechnerischen Ausgleich von 100 %.

Quelle: Berufsberatungsstatistik, versch. Jahrgänge; Arbeitsstatistik Jahreszahlen, versch. Jahrgänge; eigene Berechnungen.

Der Ausbildungsstellenmarkt ist wie der Arbeitsmarkt seit der Vereinigung *regional gespalten* (vgl. Abbildung IV.16). In den alten Bundesländern gab es zu Beginn der 1990er Jahren zunächst aufgrund einer demografisch bedingten geringen Nachfrage einen Angebotsüberhang. Seit Mitte des Jahrzehnts stand der wieder gestiegenen Nachfrage aber ein gesunkenes und weiter zurückgehendes Angebot an Ausbildungsstellen gegenüber. Während sich jedoch in den alten Bundesländern das Verhältnis von Gesamtangebot und Gesamtnachfrage um den rechnerischen Ausgleich bewegt, stellt sich die Situation auf dem Ausbildungsstellenmarkt in den neuen Bundesländern deutlich prekärer dar. Dort besteht weiterhin ein eklatanter Überhang an BewerberInnen um Berufsausbildungsstellen, und die Angebots-Nachfrage-Relation liegt mit um die 90 % erheblich unterhalb des lediglich rechnerischen Ausgleichs. Absehbar ist, dass die Probleme des Ausbildungs(stellen)marktes zunächst weiter bestehen bleiben, weil es allein – wie Prognosen zeigen – bis 2013 zu einer demografisch bedingten Zunahme der Schulabgängerzahlen und damit der Nachfrage nach (betrieblicher) Berufsausbildung kommen wird. Zusätzlich bemühen sich alljährlich diejenigen aus früheren Jahrgängen um eine Ausbildung, die entweder erfolglose „AltbewerberInnen" sind oder erst eine berufsbil-

dende Schule besucht haben oder zwischenzeitlich vielleicht aus familialen Gründen nicht erwerbstätig waren.

Abbildung IV.16:

**Angebot und Nachfrage auf dem Ausbildungsstellenmarkt in den alten und
neuen Bundesländern 1990 - 2002**

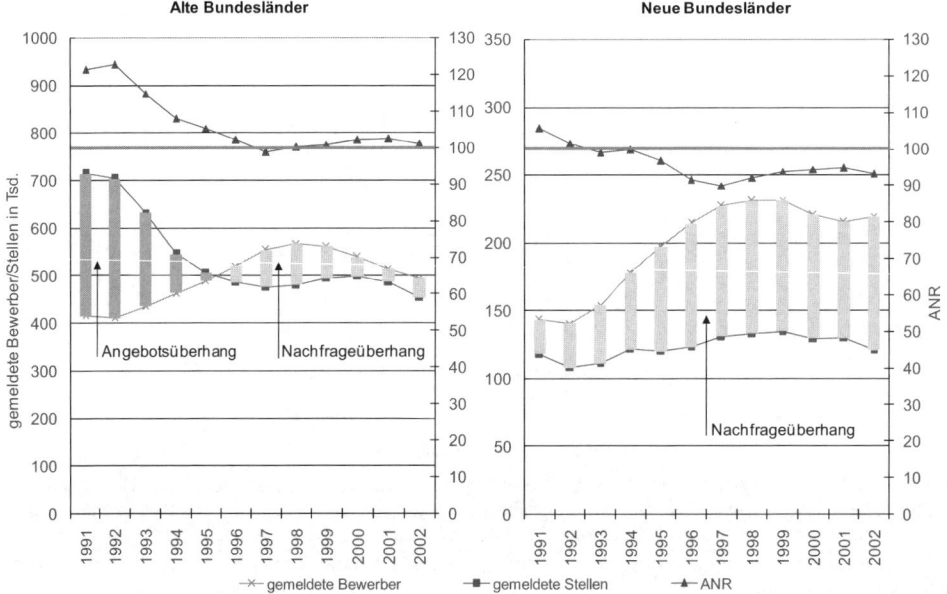

Die Angebots-Nachfrage-Relation (ANR) berücksichtigt neben den gemeldeten Stellen und BewerberInnen
Angebot und Nachfrage außerhalb der Berufsberatungsstatistik in Form neu abgeschlossener Ausbildungsverträge. Die horizontale Linie kennzeichnet den rein rechnerischen Ausgleich von 100 %.
Quelle: Berufsberatungsstatistik, versch. Jahrgänge; Arbeitsstatistik Jahreszahlen, versch. Jahrgänge;
eigene Berechnungen.

Die *Folgen* des Ungleichgewichts zuungunsten der Nachfrage auf dem Ausbildungsstellenmarkt sind vielfältig. Hierzu gehören aus volkswirtschaftlicher Sicht
ein drohender Fachkräftemangel und ein stetiger Bedarf an nachholender Qualifizierung in Form von Fortbildung oder Umschulung. Gesellschafts-, bildungs- und
beschäftigungspolitisch besteht die Gefahr, dass ein Teil der erwerbsfähigen Bevölkerung langfristig ohne jegliche berufliche Ausbildung verbleibt. Verschiedene
Studien haben gezeigt, dass die Quoten *längerfristiger Ausbildungslosigkeit* seit
Anfang der 1990er Jahre bei um die 12 % der Erwerbsbevölkerung liegen. Aus
sozialpolitischer Perspektive droht als Konsequenz über die individuelle Stigmati-
sierung hinaus eine Auseinanderentwicklung von Arbeits- und Lebenschancen
ganzer gesellschaftlicher Gruppen, die auch auf lange Sicht nicht mehr rückgängig
gemacht werden kann. Ausbildungslosigkeit geht nachweislich einher mit prekären
Beschäftigungs- und Einkommenskarrieren, erhöhten Zugangs- und Verbleibsrisi-

ken in Arbeitslosigkeit und Armut, geringer politischer Partizipation sowie gesundheitlichen Beeinträchtigungen und geringerer Lebenserwartung. Gefährdet und betroffen von (Aus)Bildungsbenachteiligung sind insbesondere Jugendliche und junge Erwachsene, die die Schule ohne oder mit schlechtem Schulabschluss verlassen haben und die aus bereits sozial benachteiligten Haushalten kommen wie gering Qualifizierte, AusländerInnen und/oder Einkommensschwache.

Hier offenbart sich auch ein *Paradox der Bildungsexpansion*: In der Konkurrenz um höhere Schulabschlüsse haben vor allem Jugendliche aus der Mittelschicht aufgeholt. Jugendliche aus Arbeiter- und Ungelerntenhaushalten haben dagegen weiter an Boden verloren. Die Bildungsexpansion hat somit zwar die Bildungschancen insgesamt verbessert, aber gleichzeitig die soziale Ungleichheit auf dem Weg zu den höheren Bildungsabschlüssen verstärkt. Den Zusammenhang von sozialer Benachteiligung und Bildungsbenachteiligung und deren Fortsetzung im Berufsbildungssystem hat auch die Bildungsexpansion nicht aufgelöst, sondern allenfalls gelockert. Nach wie vor gilt, dass zwar die formale Chancengleichheit und die Bildungsmöglichkeiten durch den institutionellen Ausbau verbessert und auch verbreitert wurden. Dem steht allerdings eine bildungspolitische Verfestigung der sozialen Ungleichheit in Deutschland gegenüber, die insbesondere bei den Übergängen zu weiterführenden Schulen aufgrund der frühen Selektion auf das dreigliedrige Schulsystem und bei den Übergängen in die berufliche Ausbildung wirksam werden.

4.8 Probleme und Reformperspektiven

Probleme und Reformüberlegungen betreffen vor allem die Finanzierung und Kapazitäten der beruflichen Ausbildung, die institutionelle Steuerung und inhaltliche Ausgestaltung sowie nicht zuletzt die Chancengleichheit im Bildungszugang und im Bildungsergebnis. Im Zentrum der Debatte stehen der Strukturwandel in der beruflichen Ausbildung jenseits der (Fach)Hochschulen und dessen Folgen. Der Rückgang der Ausbildungskapazitäten des dualen Systems bei gleichzeitig steigender Inanspruchnahme schulischer und außerschulischer Angebote hat vielfältige Fragen aufgeworfen, die bis zu einer Infragestellung des Gesamtsystems der beruflichen Ausbildung in Deutschland reichen. Weitgehende Einigkeit besteht jedoch zwischen Wissenschaft, Politik und Tarifpartnern, dass am dualen System festgehalten werden soll.

Um dies zu erreichen, sind allerdings auch Weiterentwicklungen der schulischen als auch der dualen Ausbildung erforderlich. Innerhalb der schulischen Berufsausbildung muss an vergangene Bildungsreformen angeschlossen und die formale Durchlässigkeit zwischen den einzelnen Bildungs- und Ausbildungsgängen verbessert werden. Erleichtert werden müssen insbesondere die Übergänge zwischen vollschulischer und dualer Ausbildung und der Weiterqualifzierung in den Hochschulen sowie die Anschlüsse in berufsqualifizierende Bildungsgänge für Absolventen ausbildungs- und berufsvorbereitender Maßnahmen.

Innerhalb des dualen Systems spielen zwei Problemkreise in den Reformdebatten eine herausgehobene Rolle: die Finanzierung der betrieblichen Erstausbildung angesichts des chronisch unzureichenden Angebotes an Ausbildungsplätzen sowie die grundsätzliche Neuausrichtung und Ausgestaltung des dualen Systems angesichts schleichender Erosionstendenzen.

Finanzierung

Die Diskussion um neue und ergänzende *Finanzierungsmodelle* für die duale Ausbildung reicht bis Anfang der 1970er Jahre zurück. Der Kern aller Überlegungen zu Alternativen der einzelbetrieblichen Ausbildungsfinanzierung besteht in einem Modell der *Umlagefinanzierung*, die einen wirkungsvollen Lastenausgleich zwischen ausbildenden und nichtausbildenden Betrieben herstellen soll. Ziel ist in erster Linie, durch die Gewährleistung eines ausreichenden und auswahlfähigen Ausbildungsplatzangebotes allen Jugendlichen eine qualifizierte Berufsausbildung zu ermöglichen und den Fachkräftenachwuchs zu sichern.

Das letzte Modell, das im Entwurf des „Berufsausbildungssicherungsgesetzes" 2004 formuliert wurde, sah vor, dass in die Finanzierungsumlage alle Betriebe, Unternehmen und Verwaltungen einschließlich des öffentlichen Dienstes, einbezogen werden sollten. Die Höhe der Abgabe sollte jedes Jahr für jeden umlagepflichtigen Arbeitgeber neu bestimmt werden, wobei insbesondere die Zahl der sozialversicherungspflichtig Beschäftigten und die Zahl der erforderlichen zusätzlichen Ausbildungsplätze maßgebend sein sollten. Allerdings sollte die Umlagefinanzierung nicht sofort und dauerhaft zur Anwendung kommen. Erst wenn im Berichtsmonat September die Zahl der noch offenen Plätze die Zahl der noch nicht vermittelten Bewerbern nicht um 15 % überragt, sollten Beratungen im Bundeskabinett um die Auslösung der Ausbildungsplatzumlage eingeleitet werden müssen. Die aufgebrachten Mittel sollten in einen Fonds einfließen, aus dem zunächst nur Arbeitgeber Zuwendungen für die Schaffung zusätzliche Ausbildungsstellen erhalten, deren betriebsspezifische Ausbildungsquote zuletzt die notwendige Ausbildungsquote überschritten hat. Erst nachrangig sollten andere Betriebe und außerbetriebliche Ausbildungsstellen aus den Fondsmittel gefördert werden dürfen.

Das Gesetz wurde aufgrund vielfältiger inhaltlicher Bedenken und heftigem politischen Widerstand nicht verabschiedet. Stattdessen wurde – wie bereits in der Vergangenheit – eine Selbstverpflichtung der Wirtschaft akzeptiert. Hierzu wurde im Jahr 2004 zwischen Regierung, Wirtschaft und Gewerkschaften ein „Nationaler Pakt für Ausbildung" geschlossen. Die Arbeitgeberverbände sagten zu, in den nächsten drei Jahren im Durchschnitt 30.000 „neue" (nicht „zusätzliche") Lehrstellen und 25.000 Stellen für Einstiegsqualifizierungen bereitzustellen. Zwar wurden in den ersten drei Paktjahren die gesetzten Ziele gemäß der Vereinbarungen erreicht. Allerdings setzte sich schon 2005 die ungünstige Entwicklung bei den neu abgeschlossenen Ausbildungsverträgen der vergangenen Jahre wieder fort. Am

Jahresende verblieben immer noch rund 18.000 unvermittelte BewerberInnen um eine betriebliche Ausbildungsstelle.

Reform des dualen Systems

Das chronische Ungleichgewicht auf dem Ausbildungsstellenmarkt wird auch als Beleg für eine abnehmende Akzeptanz des Systems seitens der ausbildenden Wirtschaft, aber auch seitens der Ausbildungssuchenden angesehen. Daher werden seit langem grundlegende Elemente der dualen Ausbildung als reformbedürftig betrachtet und infragegestellt:

- *Gleichwertigkeit von beruflicher und allgemeiner Ausbildung*: Ein grundlegendes Problem für das duale Berufsbildungsystem besteht darin, dass es für seine AbsolventInnen keine hinreichenden weiteren Entwicklungsperspektiven bietet. Die Durchlässigkeit und die weiteren Aufstiegsmöglichkeiten sind sehr begrenzt, von einer zufriedenstellenden Anbindung an das übrige Bildungssystem kann keine Rede sein. Die seit langem bestehende Forderung, berufliche Abschlüsse aufzuwerten, so dass sie auch einen Zugang zur akademischen Ausbildung ermöglichen, findet auch in der ausbildenden Wirtschaft zunehmend Unterstützung. Man verspricht sich davon eine gesteigerte Attraktivität des dualen Ausbildungssystems.

- *Abkehr von der Berufsorientierung?*: Grundsätzlich wird gefragt, ob die Beruflichkeit als organisierendes Prinzip der deutschen Berufsausbildung aufrecht erhalten werden kann und soll. Als Indizien der Auflösung des Berufs als Basis für Orientierung, Beschäftigung und Arbeitsmarkt werden u.a. die Entkopplung von beruflicher Ausbildung und Berufstätigkeit, die Fragmentierung durch Modularisierung der Ausbildung und damit die nachlassende Identifikationsmöglichkeit von Berufen und Berufsbildern angeführt.

- *Modernisierung der Ausbildungsgänge*: Um den steigenden Flexibilitätsanforderungen und der europaweiten Vergleichbarkeit Rechnung zu tragen, muss die Grundstruktur der Ausbildungsordnungen verändert werden. Dies soll vor allem durch eine Modularisierung, d.h. die Entwicklung und den Einsatz von Qualifikationsbausteinen, erreicht werden. Außerdem muss Jugendlichen verstärkt die Möglichkeit eingeräumt werden, bereits ausbildungsbegleitend oder in einem engen zeitlichen Bezug zur Ausbildung Zusatzqualifikationen zu erwerben, die auch zertifiziert werden.

- *Differenzierung nach Leistungsmöglichkeiten*: Um leistungsschwächeren Jugendlichen bessere Berufschancen zu ermöglichen, sind bereits in der Vergangenheit spezielle Ausbildungsgänge eingeführt worden, die z.B. in einem Zeitraum von zwei Jahren eine stärker praxisorientierte berufliche Bildung vermitteln sollen. Allerdings besteht die Gefahr, dass auf diese Weise eine Ausbildung „zweiter Klasse" und damit eine Segmentierung des Ausbildungssektors begünstigt wird.

■ *Pluralisierung der Lernorte*: Die klassische Aufgabenteilung zwischen den
  beiden Lernorten Betrieb und Berufsschule funktioniert in der Praxis vielfach
  nicht wie gewünscht. Daher gewinnen neue und andere Formen der Ausbil-
  dungsorganisation an Bedeutung, wie Ausbildungs- und Lernortverbünde sowie überbetriebliche Ausbildungsstätten. Dadurch könnten zusätzliche Betriebe für die Ausbildung gewonnen und sowohl quantitative wie auch qualitative
  Verbesserungen bei der beruflichen Ausbildung bewirkt werden.

Soziale Sicherung

Im Gegensatz zu den beruflichen Ausbildungsgängen kommt der sozialen Sicherung des Lebensunterhalts während der Ausbildung eine deutlich geringere Aufmerksamkeit in der berufsbildungspolitischen Debatte zu. Nicht nur aus sozialpolitischer, sondern auch aus bildungs- und arbeitsmarktpolitischer Perspektive ist es
durchaus von Bedeutung, aus welchen Quellen und auf welchem Niveau Auszubildende und Studierende ihren Lebensunterhalt bestreiten (können). Denn die Leistungssysteme und das jeweilige Leistungsrecht haben auch aufgrund ihrer *selektiven Anreize* bildungspolitische Steuerungseffekte, und dies in zweierlei Hinsicht:
Zum einen beeinflussen die Förderregelungen zu monetären Transferleistungen die
Berufswahl(möglichkeiten) und damit die Verteilung der künftigen Erwerbspersonen auf Qualifikations- und Berufsgruppen (*allokative Effekte*). Ein Ausbildungsgang kann gegenüber einem anderen schon allein deshalb für Ausbildungssuchende
attraktiver sein, weil mit diesem überhaupt oder sogar eine höhere finanzielle Unterstützungsleistung verbunden ist. Zum anderen können die Förderregelungen
Bedarfssätze und Anrechnungsmodi vorsehen, die die bedürftigen Zielgruppen nur
unzureichend erreichen und/oder unterstützen (*distributive Effekte*). Das deutsche
System der monetären Ausbildungsförderung weist auf diesem Hintergrund insbesondere folgende Probleme auf:

■ *Fehlende Einheitlichkeit der Ausbildungsförderung*: Trotz Harmonisierung der
  gesetzlichen Grundlagen in der Vergangenheit gelten für die verschiedenen
  Wege der (Erst)Ausbildung immer noch drei verschiedene Leistungssysteme
  mit jeweils wiederum ausdifferenzierten Leistungssätzen je nach spezifischem
  Ausbildungsgang. Die unterschiedliche Behandlung der akademischen, schulischen und außerschulischen, außerbetrieblichen und betrieblichen Auszubildenden wie auch die Unterschiede in den Finanzierungsquellen – einzelbetrieblich, steuer- oder beitragsfinanziert – ist kaum nachvollziehbar. Das un-
  verbundene Nebeneinander der Leistungsysteme ist in hohem Maße intranspa-
  rent und birgt zudem die Gefahr erheblicher Ineffizienzen (z.B. allokative Effekte, Mehrfachbürokratie).

■ *Unzureichende Höhe der Leistungen*: Der Beirat für Ausbildungsförderung hat
  wiederholt auf die Gefahr einer „schleichenden Aushöhlung des Ausbildungs-
  förderungssystems" hingewiesen, weil die Bedarfssätze und Freibeträge des
  BAföG – die auch für die Berufsausbildungsbeihilfe gelten – seit 2001 nicht

mehr angehoben worden sind. Die Leistungsparameter hätten bereits erhöht werden müssen, um die Preissteigerungen (insbesondere der Miet- und Nebenkosten) auszugleichen und eine ausreichende Förderung des Lebensunterhalts während der Ausbildung zu gewährleisten. Auch im Bereich der betrieblichen Ausbildungsvergütungen sind angesichts der geringen Steigerungen und des Wandels der Lebensumstände von Auszubildenden Zweifel angebracht, ob die Vergütungen ihrem Zweck entsprechen, einen angemessenen Beitrag zum Lebensunterhalt der Auszubildenden zu leisten.

- *Mangelnde Gewährleistung von Chancengleichheit*: Erst die Bedarfsgerechtigkeit der Förderung sichert die Chancengleichheit in der Erlangung einer beruflichen Erstausbildung. Die Aufnahme einer Ausbildung hängt für viele Ausbildungssuchende von einer ausreichenden finanziellen Unterstützung ab. Die letzte Sozialerhebung des Deutschen Studentenwerks zeigt für Studierende, dass die Ausbildungsförderung im Schnitt lediglich 12 % des Lebensunterhalts abdeckt. Die Hauptquellen sind familiale Transfers (51 %) und eigene Verdienste (28 %). Allerdings haben Auszubildende hinsichtlich ihrer sozialen Herkunft oder ihrer familialen Situation unterschiedliche Möglichkeiten, ein niedriges Niveau öffentlicher Leistungen durch private Unterstützungen oder eigene Erwerbstätigkeit aufzustocken. In ihren Ausbildungschancen benachteiligt werden daher u.a. Auszubildende aus einkommensschwachen Haushalten, Familien mit Kindern und insbesondere allein Erziehende (z.B. längere Ausbildungszeiten, erhöhte Abbruchsrisiken). Verschärft wird die Problematik im Bereich der Studienfinanzierung durch die geplante Einführung von Studiengebühren in vielen Bundesländern.

Auch die Ausbildungsförderung sollte daher bei einer „zweiten Bildungsreform" berücksichtigt werden, die vielfach gefordert wird. Ziele der Reform sollten vor allem sein, sowohl die nach wie vor herkunftsbedingte Benachteiligung bei den Bildungschancen in Deutschland abzubauen, dauerhafte individuelle Ausbildungslosigkeit zu vermeiden als auch für den erforderlichen Ersatz des demografisch bedingten Rückgangs der Erwerbsbevölkerung zu sorgen. Ausreichend hierfür ist nicht nur eine insgesamt höhere Bildungsbeteiligung, sondern eine qualitative Bildungsexpansion, die einen größtmöglichen Anteil von Jugendlichen mit (hohen) Qualifikationen und damit guten Arbeitsmarkt- und Lebenschancen ausstattet.

5   Arbeitslosigkeit – Definition, Entwicklung, Dynamik

5.1 Definition und Entwicklung der Arbeitslosigkeit

Die sozialökonomische Entwicklung in der Bundesrepublik Deutschland ist seit mehr als drei Jahrzehnten durch anhaltende Massenarbeitslosigkeit gekennzeichnet. Noch bis zur ersten Hälfte der 1950er Jahre belief sich die absolute Zahl der Arbeitslosen auf über eine Mio. Personen. Die günstige Arbeitsmarktlage, in der weitgehend Vollbeschäftigung geherrscht hat, dauerte bis etwa zur Mitte der

1970er Jahre an. Sie wurde abgelöst durch ein hohes und steigendes Maß an Unterbeschäftigung – eine Entwicklung, die noch in den 1960er und 1970er Jahren unter
dem Eindruck hoher Wachstumsraten und knapper Arbeitskräfte für unmöglich
gehalten wurde. Mit dem Wirtschaftseinbruch in Folge der ersten Ölpreiskrise
1974/75 wurde bei der Arbeitslosenzahl erstmals wieder die Millionengrenze überschritten. Die Arbeitslosigkeit konnte seit dieser Zeit zwar in konjunkturellen Aufschwungphasen abgebaut werden, doch der verbleibende Sockel stieg von Krise
zur Krise an, so dass in Deutschland seit rund dreißig Jahren eine hohe und überzyklisch steigende Arbeitslosigkeit besteht.

4,5 Mio. Personen wurden im Jahresdurchschnitt 2006 als arbeitslos registriert.
In den letzten dreißig Jahren ist es immer wieder zu einer deutlichen Zunahme in
der Mitte der Jahrzehnte und zu einem Rückgang um den Jahrzehntewechsel gekommen (vgl. Abbildung IV.17): Die Arbeitslosenzahl kletterte auf 2,3 Mio. im
Jahr 1985 und sank dann bis Anfang der 1990er Jahre lediglich auf rund 1,9 Mio.
Nach der deutschen Vereinigung stieg die Arbeitslosigkeit von 2,6 Mio. (1991) bis
zu einem Höchststand auf 4,4 Mio. (1997). Zur Jahrtausendwende ging die Zahl
der Arbeitslosen wieder geringfügig auf 3,9 Mio. (2000) zurück und nahm wieder
deutlich bis zur Mitte des neuen Jahrzehnts auf 4,9 Mio. (2005) zu.

Abbildung IV.17:

Arbeitslose und Arbeitslosenquote 1975 - 2006

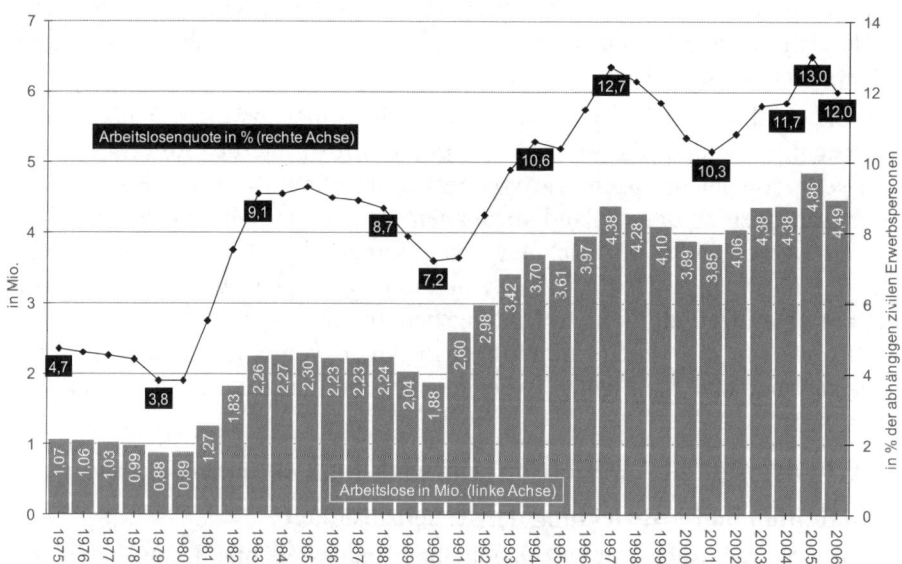

Arbeitslosenquote: Arbeitslose in % aller abhängigen Erwerbspersonen; bis 1990: alte Bundesländer, ab
1991: Deutschland.

Quelle: Bundesministerium für Gesundheit und Soziale Sicherung, Statistisches Taschenbuch 2005;
Bundesagentur für Arbeit, Arbeitsmarktberichte, diverse Jahrgänge.

Einen entsprechenden Verlauf hat die *Arbeitslosenquote* genommen, die die *Betroffenheit von Arbeitslosigkeit* anzeigt, d.h. das *relative Beschäftigungsrisiko* der erwerbstätigen und erwerbssuchenden Bevölkerung. Das Beschäftigungsrisiko hat sich in den letzten dreißig Jahren von 4,7 % (1975) auf 12 % (2006) fast verdreifacht. Die Entwicklung wurde dabei nicht nur von der Zunahme der Arbeitslosenzahlen, sondern auch von der Zunahme der Erwerbspersonen beeinflusst. Jedoch zeigen die Arbeitslosenquoten, dass die Zahl der registrierten Arbeitslosen stärker gestiegen ist als die Zahl der Erwerbspersonen.

Als Arbeitslose werden diejenigen beschäftigungslosen Personen in der amtlichen Statistik der Bundesagentur für Arbeit registriert, die

- sich bei einer Agentur für Arbeit oder einem Träger der Grundsicherung für Arbeitssuchende als arbeitssuchend melden,
- sofort für eine Arbeitsaufnahme zur Verfügung stehen und bereit sind, jede „zumutbare" Beschäftigung aufzunehmen,
- nicht oder nur geringfügig (weniger als 15 Wochenstunden) beschäftigt,
- nicht älter als 65 Jahre,
- nicht TeilnehmerInnen an beruflichen Bildungsmaßnahmen oder SchülerInnen und Studierende,
- nicht EmpfängerInnen von Altersrente und
- nicht arbeitsunfähig krank sind.

Nicht in die amtliche Statistik gehen generell diejenigen ein, die

- sich nicht bei der Agentur für Arbeit arbeitslos melden und ohne Hilfe der Agentur für Arbeit einen Arbeitsplatz suchen (wie z.B. viele SchulabgängerInnen, BerufsanfängerInnen, Frauen im Anschluss an die Familienphase),
- eine Ausbildungsstelle suchen,
- nur eine kurzfristige oder geringfügige Beschäftigung suchen,
- als ältere ArbeitnehmerInnen das vorgezogene Altersruhegeld in Anspruch nehmen oder zwar Arbeitslosengeld empfangen, aber dem Arbeitsmarkt nicht (mehr) zur Verfügung stehen müssen.

Die Zahl der Arbeitslosen und damit die Arbeitslosenquote würden weit höher liegen, wenn nicht ein Teil der potenziell Arbeitslosen an arbeitsmarktpolitischen Maßnahmen teilnehmen würde. Von Bedeutung sind hierbei vor allem die Kurzarbeit, Trainingsmaßnahmen, Existenzgründungszuschüsse und Arbeitsgelegenheiten nach dem SGB II, abnehmend ist die Bedeutung von Arbeitsbeschaffungs- und Weiterbildungsmaßnahmen. Fasst man diese Maßnahmen zusammen, so errechnet sich eine *Entlastung der registrierten Arbeitslosigkeit* um 1,24 Mio. Personen (2005). Das Ausmaß dieser Verbesserung der Arbeitsmarktbilanz hängt also unmittelbar von der Aktivität der Arbeitsmarktpolitik und dem entsprechenden Mitteleinsatz ab (vgl. Pkte. 8.4 sowie 8.5 dieses Kapitels).

Neben den absoluten Zahlen, die den Bestand an Arbeitslosen an einem Stichtag (Zähltag) erfassen und von der Bundesagentur für Arbeit jeden Monat veröffentlicht werden, ist die *Arbeitslosenquote* der am häufigsten verwendete Indikator zur Bestimmung des Beschäftigungsrisikos. Berechnet werden die Quoten, indem die absolute Arbeitslosenzahl zur Bezugsgröße der (abhängigen) Erwerbspersonen (also Erwerbstätige und Arbeitslose) in Beziehung gesetzt wird. Erst durch diese Standardisierung lässt sich das Beschäftigungsrisiko zu verschiedenen Zeitpunkten und von verschiedenen Gruppen oder Regionen vergleichen. Von der Bundesagentur für Arbeit werden drei verschiedene Arbeitslosenquoten veröffentlicht:

(1) Registrierte Arbeitslose in % der abhängigen zivilen Erwerbspersonen (sozialversicherungspflichtig und geringfügig Beschäftigte, BeamtInnen, Arbeitslose),

(2) Registrierte Arbeitslose in % aller zivilen Erwerbspersonen (abhängige zivile Erwerbspersonen, Selbstständige, mithelfende Familienangehörige),

(3) Erwerbslose nach dem ILO-Erwerbskonzept in % der Erwerbspersonen.

Die Betroffenheit von Arbeits- oder Erwerbslosigkeit unterscheidet sich – je nach verwendeter Quote – erheblich. Für das Jahr 2005 betrugen die Arbeitslosenquoten in Deutschland 13,0 % (1) bzw. 11,7 % (2) bzw. 9,4 % (3). Die Unterschiede beruhen auf verschiedenen Berechnungs- und Erhebungsmethoden (vgl. Übersicht IV.3).

Die Quoten, die die registrierten Arbeitslosen im Zähler haben (1 und 2), weichen voneinander ab, weil der Nenner unterschiedlich große Gruppen umfasst: Die Quote, die auf die abhängig Beschäftigten bezogen wird (1), fällt wegen der eingeschränkteren Bezugsbasis im Nenner größer aus als die Quote, die auf alle Erwerbspersonen bezogen wird (2). Die ersten beiden Quoten weichen wiederum von der dritten Quote ab, weil sowohl der Nenner als auch der Zähler grundlegend anders bestimmt wird (vgl. Übersicht IV.3). Die Erwerbslosenquote wird anhand eines Konzeptes erhoben und berechnet, das von der International Labour Organisation (ILO) entwickelt wurde, um die zwischen einzelnen Ländern verschiedenen Statistiken zur Arbeitslosigkeit zu vereinheitlichen und international vergleichbar zu machen. Im Ergebnis werden im ILO-Konzept sowohl mehr als auch weniger Erwerbslose als in der Arbeitsmarktstatistik der Bundesagentur für Arbeit erfasst. Für das Jahr 2005 wurden nach ILO 4,2 Mio., von der Bundesagentur für Arbeit 5,1 Mio. Arbeitslose erfasst. Dabei waren 2,9 Mio. sowohl arbeitslos als auch erwerbslos, wurden also von beiden Erhebungen erfasst. Allerdings gingen in die ILO-Statistik 1,3 Mio. als „nur" erwerbslos (und damit auch ein Teil der *Stillen Reserve*, vgl. Pkt. 5.2) ein und in die BA-Statistik 2,2 Mio. als „nur" arbeitslos.

Übersicht IV.3:

Unterschiede der ILO-Erwerbsstatistik und SGB-Arbeitsmarktstatistik im Überblick		
	ILO-Erwerbslose	*Registrierte Arbeitslose*
Erhebung	Telefonische Bevölkerungserhebung als Stichprobe und Monatsdurchschnitt (durch das Statistisches Bundesamt)	Meldung und Angaben bei den Agenturen für Arbeit als Totalerhebung und Stichtagswert
Arbeitslosmeldung	unerheblich	ja
Aktive Suche nach Beschäftigung	Suche nach eine Beschäftigung von mindestens einer Wochenstunde und in den letzten vier Wochen	Suche nach einer Beschäftigung von mindestens 15 Wochenstunden und Nutzung aller Möglichkeiten
Verfügbarkeit für den Arbeitsmarkt	Aufnahme einer neuen Tätigkeit in den nächsten zwei Wochen	Unmittelbare Aufnahme einer Beschäftigung bei Vorliegen von Arbeitsbereitschaft und Arbeitsfähigkeit
Beschäftigungslosigkeit	Ausübung keiner Beschäftigung (nicht mehr als eine Wochenstunde)	Ausübung einer Beschäftigung von weniger als 15 Wochenstunden
Ergebnis: Erwerbs- bzw. Arbeitslose	4,2 Mio.	5,1 Mio.
darunter:	1,3 Mio. ("nur" erwerbslos)	2,9 Mio. (erwerbs- und arbeitslos) 2,2 Mio. ("nur" arbeitslos)

Der europäische Vergleich der ILO-Quoten für 2006 zeigt, dass in diesem Jahr die Arbeitslosigkeit nur in Spanien und Frankreich höher war als in Deutschland (vgl. Abbildung IV.18). Auch gegenüber dem Durchschnitt der EU-15 war das Beschäftigungsrisiko in Deutschland deutlich größer. Besonders niedrig war die Wahrscheinlichkeit, arbeitslos zu werden, mit jeweils unter 5 % in Österreich, Großbritannien, Japan und den Niederlanden.

Abbildung IV.18:

Arbeitslosenquoten im europäischen Vergleich 2006

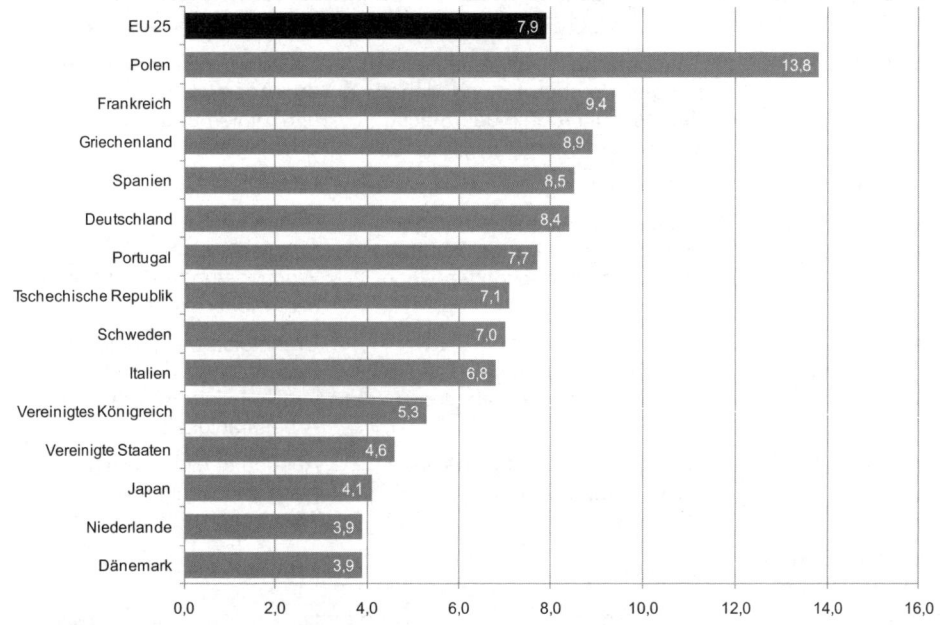

Standardisierte Arbeitslosenquote gemäß ILO-Konzept
Quelle: OECD, Employment Outlook, Paris 2007.

5.2 Latente Arbeitslosigkeit und Stille Reserve

Die registrierte Arbeitslosigkeit kennzeichnet das *offenkundige* Beschäftigungsrisiko und legt damit ein Großteil des Beschäftigungsproblems in Deutschland offen. Wenn jedoch ein Bild über das gesamte Ausmaß an Unterbeschäftigung und das gesamtwirtschaftliche Arbeitsplatzdefizit gewonnen werden soll, müssen die latenten Risiken und die Stille Reserve mit in den Blick genommen werden.

Latente Risiken im Vorfeld von Arbeitslosigkeit werden durch die Kurzarbeit signalisiert. Kurzarbeit trägt dazu bei, dass vorübergehende bzw. saison-bedingte Einschränkungen von Produktion und Beschäftigung überbrückt werden können, ohne dass die Unternehmen Beschäftigte entlassen. Längerandauernde oder häufigere Kurzarbeit lässt jedoch Personalabbau und Entlassungen in den betroffenen Betrieben und Branchen befürchten, hier verzögert Kurzarbeit lediglich den Eintritt von Arbeitslosigkeit. In konjunkturellen Abschwungphasen liegen die Unterauslastung eines Teils der Beschäftigten und das Niveau der Kurzarbeit besonders hoch. So wurden in der Rezession 1993 rund 950.000 Kurzarbeiter gezählt, bis 2005 sank demgegenüber die Zahl der Kurzarbeiter auf rund 98.000 (vgl. Pkt. 8.5.5 dieses Kapitels).

Ferner werden nicht all diejenigen in der offiziellen Statistik registriert, die grundsätzlich eine Erwerbsarbeit suchen. Zu dieser unsichtbaren, verdeckten Arbeitslosigkeit, die auch als *Stille Reserve* bezeichnet wird, werden verschiedene Gruppen von Personen gezählt: Zur Stillen Reserve im engeren Sinne gehören Personen, die ohne Einschaltung der Agentur für Arbeit eine Beschäftigung suchen oder sich wegen der schlechten Beschäftigungslage resigniert vom Arbeitsmarkt zurückgezogen haben, aber bei besserer Arbeitsmarktsituation erwerbstätig sein und sich der Arbeitsvermittlung zur Verfügung stellen würden. Es kann sich aber auch um RentnerInnen handeln, die vorzeitig aus Arbeitsmarktgründen aus dem Erwerbsleben ausgeschieden sind, oder um SchülerInnen und Studierende, die ihren Abschluss aufgrund schlechter Beschäftigungschancen hinauszögern. Zur Stillen Reserve gehören überdies Teilnehmende an bestimmten arbeitsmarktpolitischen Maßnahmen, wie an Maßnahmen zur beruflichen Weiterbildung, zur Rehabilitation oder an Trainingsmaßnahmen. Nicht registriert werden auch ältere Arbeitslose, die Altersübergangsgeld bekommen, oder zwar arbeitslos gemeldet sind, dem Arbeitsmarkt jedoch nicht zur Verfügung stehen. KurzarbeiterInnen und Beschäftigte in Arbeitsbeschaffungs- und Strukturanpassungsmaßnahmen werden im Übrigen statistisch zu den Erwerbstätigen und nicht zur Stillen Reserve gezählt.

Abbildung IV.19:
Registrierte Arbeitslose und Stille Reserve 1998 - 2005

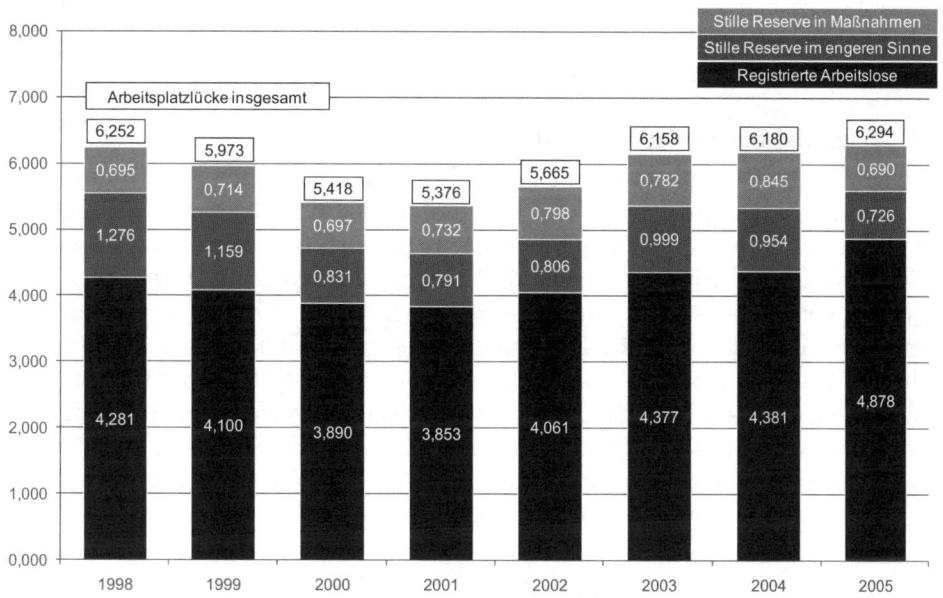

Quelle: Bundesagentur für Arbeit, Arbeitsmarktbericht 2005; Daten ab 1998: IAB-Kurzbericht 23/2005, Nürnberg.

Die Entwicklung der Stillen Reserve ist vor allem konjunkturabhängig und vom Entzugseffekt des Einsatzes arbeitsmarktpolitischer Instrumente geprägt. In den frühen 1990er Jahren ist die unsichtbare und verdeckte Arbeitslosigkeit zunächst stark gestiegen bis auf rund 2,7 Mio. (vgl. Abbildung IV.19). Verantwortlich hierfür war vor allem das immense Aufgebot von arbeitsmarktpolitischen Maßnahmen in den neuen Bundesländern, mit dem ein dramatischer Anstieg der offenen Arbeitslosigkeit vermieden werden konnte. Ein kontinuierlicher Rückgang der Stillen Reserve setzte gegen Ende des Jahrzehnts ein, bis mit der Verschlechterung der Arbeitsmarktlage ab 2002 die Zahl der nicht registrierten Arbeitssuchenden wieder zunahm. In ganz Deutschland stieg sie von 1,5 Mio. (2001) auf 1,8 Mio. (2004). Die drastische Rückführung der arbeitsmarktpolitischen Maßnahmen (vgl. Pkt. 8.4 dieses Kapitels) und die Einführung des Arbeitslosengeldes II, mit der gleichzeitig ein großer Teil der vormals nicht erfassten arbeitssuchenden Sozialhilfebeziehenden in die offizielle Statistik überführt wurden, ließ die Stille Reserve insbesondere zum Jahr 2005 wieder auf rund 1,4 Mio. Personen sinken. Das gesamtwirtschaftliche Ausmaß der Unterbeschäftigung lag 2005 damit jedoch weiterhin um etwa ein Drittel über der registrierten, offenen Arbeitslosigkeit.

Aus der Existenz der Stillen Reserve ergibt sich, dass ein Anstieg der Erwerbstätigenzahlen in aller Regel nicht im selben Ausmaß mit einem Rückgang der registrierten Arbeitslosenzahlen verbunden ist. Dies ist selbst dann nicht der Fall, wenn der Umfang der arbeitssuchenden Bevölkerung im erwerbsfähigen Alter (Erwerbspersonenpotenzial) gleich bliebe. Denn nur ein Teil derjenigen, die die zusätzlichen Arbeitsplätze besetzen, kommt aus der registrierten Arbeitslosigkeit, die anderen kommen aus der Stillen Reserve.

5.3 Dynamik der Arbeitslosigkeit

Der anhaltende Bestand an Arbeitslosigkeit – offener und/oder verdeckter Art und ausgedrückt in der absoluten oder relativen Zahl von Arbeitslosen – darf nicht den Eindruck vermitteln, dass es sich um einen starren Block von Erwerbslosen handelt, dem ein ebenso starrer Block von Erwerbstätigen gegenübersteht. Im Gegenteil: Auf dem Arbeitsmarkt allgemein und innerhalb der Gruppe der Arbeitslosen im Besonderen finden ständig Bewegungen statt (vgl. Abbildung IV.20). So ist im Jahr 2005 der jahresdurchschnittliche Bestand an Arbeitslosen zwar um rund 480.000 auf rund 4,8 Mio. gestiegen. Dahinter verbergen sich aber wesentlich größere Umschichtungen bei Beschäftigten wie Arbeitslosen. So gab es im Jahresverlauf 2005 bei den Agenturen für Arbeit 6,99 Mio. Arbeitslosmeldungen sowie 6,86 Mio. Abmeldungen aus der Arbeitslosigkeit.

Die Gesamtzahlen der Arbeitsmarktstatistiken sind daher immer nur als Durchschnittswerte zu verstehen, die erhebliche Dynamiken und Unterschiede in der Arbeitslosenpopulation verdecken: Die einen sind nur kurze Zeit ohne Beschäftigung, andere wiederum sind jahrelang arbeitslos und gehen überhaupt kein Beschäftigungsverhältnis mehr ein. Die unterschiedliche Dauer der Arbeitslosigkeit geht einher mit einer sozialen Ungleichverteilung des Beschäftigungsrisikos. Von zumeist hoher und gleichzeitig dauerhafter Arbeitslosigkeit sind vor allem betroffen ältere ArbeitnehmerInnen, Behinderte, gesundheitlich Beeinträchtigte sowie gering Qualifizierte (vgl. Pkt. 6 dieses Kapitels). Diese Konzentration der Arbeitslosigkeit auf einzelne Personengruppen ist Ergebnis von sozialen Filterprozessen beim *Weg in* die Arbeitslosigkeit und beim *Weg aus* der Arbeitslosigkeit. Um diese Prozesse zu verdeutlichen, soll bei der folgenden Darstellung unterschieden werden zwischen

- dem Risiko, arbeitslos zu werden, d.h. keinen Arbeitsplatz (mehr) zu haben (Zugangsrisiko),
- dem Risiko, arbeitslos zu bleiben, d.h. keinen neuen Arbeitsplatz zu finden (Verbleibsrisiko), und
- den Chancen, die Arbeitslosigkeit zu beenden, d.h. vor allem einen neuen Arbeitsplatz zu finden (Abgangschancen).

Abbildung IV.20:

Bewegungen auf dem Arbeitsmarkt

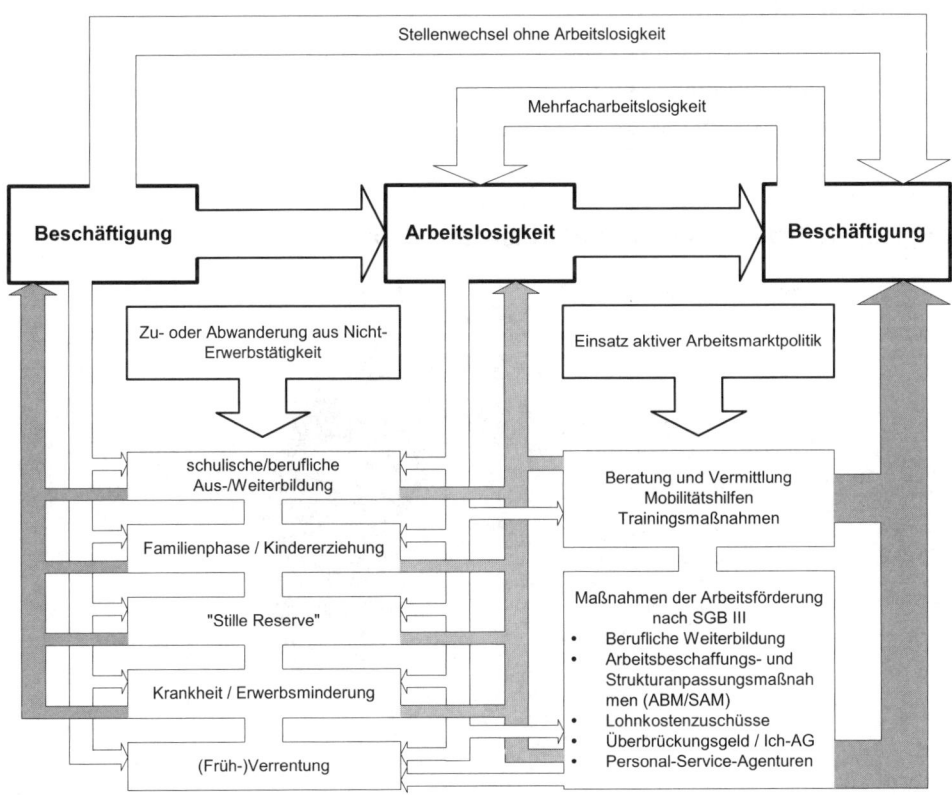

5.3.1 Der Weg in die Arbeitslosigkeit: Das Zugangsrisiko

All diejenigen, deren Arbeitsverhältnis gekündigt bzw. abgelaufen ist, geraten in Gefahr, arbeitslos zu werden, wenn es ihnen nicht gelingt, ohne Zeitverzögerung einen neuen Arbeitsplatz zu finden. Angesichts der mangelnden Arbeitskräftenachfrage ist es heute nur noch einem Teil der Betroffenen möglich, innerhalb der tariflichen oder gesetzlichen Kündigungsfristen ein neues Arbeitsverhältnis zu vereinbaren. Bleibt die Suche danach ohne Erfolg, dann tritt – zumindest vorübergehend – Arbeitslosigkeit ein. Die Betroffenen werden allerdings erst dann als Arbeitslose registriert, wenn sie sich nicht in die verdeckte Arbeitslosigkeit („Stille Reserve") zurückziehen, sondern sich bei den Agenturen für Arbeit melden und die Voraussetzungen einer amtlichen Anerkennung erfüllen.

Der Zugang in die Arbeitslosigkeit erfolgt jedoch nur in etwa zur Hälfte aus einer vormaligen Beschäftigung. Wie Abbildung IV.21 zeigt meldeten sich 2005 von den insgesamt 5,7 Mio. Arbeitslosenzugängen u.a. auch Personen arbeitslos, die

- ihre betriebliche Ausbildung absolviert haben und nicht übernommen worden sind (6,0 %),
- zuvor als arbeitsunfähig gemeldet waren (14,2 %),
- Schule und Studium beendet haben (10 %) oder
- Sozialhilfe bezogen haben (12,4 %).

Abbildung IV.21:

Zugang an Arbeitslosen nach Herkunftsstruktur 2005

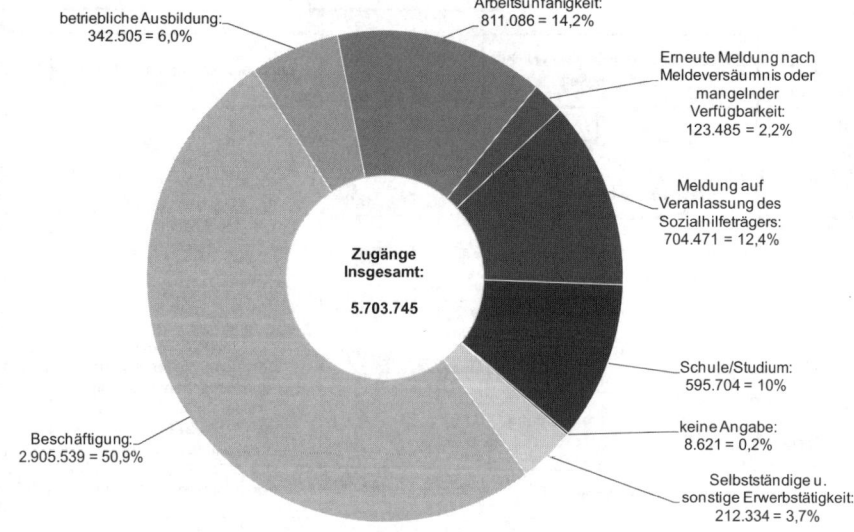

Quelle: Bundesagentur für Arbeit, Arbeitsmarkt 2005.

Vor allem BerufseinsteigerInnen – nach Abschluss einer Ausbildung – oder Berufsrückkehrerinnen – nach Abschluss einer Phase der Nichterwerbstätigkeit – tragen ein hohes Risiko, arbeitslos zu werden. Betroffen sind neben jüngeren ArbeitnehmerInnen insbesondere Frauen, die ihre Berufstätigkeit wegen Kindererziehung unterbrochen haben und einen Wiedereinstieg ins Berufsleben anstreben. Zunächst arbeitslos werden ferner viele AusländerInnen oder SpätaussiedlerInnen, die nach Deutschland zuwandern. Zum anderen erfolgte ein Großteil der Neuzugänge im Jahr 2005 auf Veranlassung des Sozialhilfeträgers mit der Einführung des Arbeitslosengeldes II. Vormals nicht erwerbstätige, aber im Sinne des SGB II erwerbsfähige Sozialhilfebeziehende waren oftmals nicht arbeitslos registriert.

Der Zugang in die Arbeitslosigkeit aus *Beschäftigung* kann auf verschiedenen Wegen erfolgen: Zu unterscheiden ist im Wesentlichen zwischen

- Kündigung durch den Arbeitgeber,
- Auslaufen von befristeten Arbeitsverhältnissen,
- Kündigung des Arbeitsverhältnisses durch die Beschäftigten selbst und

Kündigung durch den Arbeitgeber

Bei arbeitgeberseitigen Kündigungen können *betriebsbedingte* Gründe (wie Auftragsrückgang, Arbeitsmangel), *persönliche* (wie mangelnde Qualifikation) oder *verhaltensbedingte* Gründe (wie Arbeitsverweigerung, Minderleistung oder gestörtes Vertrauensverhältnis) geltend gemacht werden. In gesamtwirtschaftlichen Rezessionsphasen und/oder bei Branchenkrisen spielen betriebsbedingte Kündigungen eine große Rolle. Stilllegungen von Abteilungen oder ganzen Betrieben können zu Massenentlassungen führen. Es entspricht der Logik innerbetrieblicher Beschäftigungsstrategien, dass bei einer Personalanpassung leistungsfähige, qualifizierte Kernbelegschaften länger gehalten werden als die nur kurzfristig beschäftigten, eher gering qualifizierten Randbelegschaften. Bei der Entscheidung, welche Beschäftigten zu welchem Zeitpunkt gekündigt werden, müssen die Betriebe aber auch gesetzliche und tarifvertragliche Kündigungsschutzregelungen beachten, wobei hier der Dauer der Betriebszugehörigkeit (Senioritätsschutz) ein großer Stellenwert zukommt. In aller Regel ist das Kündigungsrisiko in Großbetrieben geringer als in Klein- und Mittelbetrieben. Großbetriebe verwenden zum Personalabbau eher Maßnahmen wie Einstellungsstopps, Nutzung der natürlichen (z.B. altersbedingten) Fluktuation, Aufhebungsverträge, Frühverrentungen und Abfindungsaktionen. Eine hohe Arbeitsplatzsicherheit haben die 4,05 Mio. Beschäftigten im unmittelbaren öffentlichen Dienst: ArbeiterInnen und Angestellte im öffentlichen Dienst genießen einen weitgehenden tarifvertraglichen Kündigungsschutz, BeamtInnen sind überhaupt nicht kündbar.

Befristete Arbeitsverhältnisse

Läuft ein zeitlich befristetes Arbeitsverhältnis aus, verlieren die Beschäftigten automatisch den Arbeitsplatz. Es bedarf dazu keiner Kündigung durch den Arbeitgeber. Der Zugang in die Arbeitslosigkeit erfolgt „lautlos". Bestandsschutzregelungen greifen nicht, weshalb das Beschäftigungsrisiko besonders hoch liegt (vgl. Pkt. 3.2.4 dieses Kapitels).

Eigenkündigung

Kündigungen von Arbeitsverhältnissen durch die ArbeitnehmerInnen sind in einer angespannten Arbeitssituation erschwert und daher eher selten. Sie erfolgen in der Regel nur dann, wenn bereits ein neuer Arbeitsplatz zur Verfügung steht. Eine arbeitnehmerseitige Kündigung ohne eine konkrete Beschäftigungsalternative bedeutet nicht nur, dass Arbeitslosigkeit droht, sondern führt auch zu einer dreimonatigen Sperrzeit beim Bezug von Arbeitslosengeld (vgl. Pkt. 7.2 dieses Kapitels). Dadurch verstärkt sich die Abhängigkeit der Beschäftigten von den Arbeitgebern. Auch können Bereitschaft und Möglichkeit zum freiwilligen Stellenwechsel und zur beruflichen oder regionalen Mobilität sinken.

5.3.2 Die Dauer der Arbeitslosigkeit: Das Verbleibsrisiko

Je schlechter die Chancen sind, einen neuen Arbeitsplatz zu finden und die Arbeitslosigkeit zu beenden, desto länger dauert die Arbeitslosigkeit. Die Dauer einer einmal eingetretenen Arbeitslosigkeit ist deshalb ein entscheidender Indikator für die Wiedereingliederungschancen und misst das *Verbleibsrisiko*. Mit der Dauer der Arbeitslosigkeit verändert sich auch das Ausmaß der materiellen Sicherung, weil die Bezugsdauer des Arbeitslosengeldes zeitlich begrenzt ist. Damit steigt der Druck mit wachsender Dauer der Arbeitslosigkeit, eine schlechter bezahlte oder nicht der Qualifikation entsprechende Tätigkeit anzunehmen.

Nur einem Teil der Arbeitslosen gelingt es, die Phase der Arbeitslosigkeit durch Aufnahme einer neuen Arbeit irgendwann einmal zu beenden. Alle anderen haben – vorübergehend oder endgültig – keine Chance, wieder in das Berufsleben zurückzukehren und ihren Lebensunterhalt in der Gegenwart und für die Zukunft eigenständig zu sichern: Viele ältere ArbeitnehmerInnen werden in den vorzeitigen Ruhestand ausgegliedert. Frauen sehen sich oftmals in die „Stille Reserve" zurückgedrängt – dies umso mehr, wenn nach längerer Arbeitslosigkeit kein Anspruch mehr auf Arbeitslosengeld besteht.

Die Chance, nach einer Phase der Arbeitslosigkeit wieder eingestellt zu werden, ist zunächst einmal durch die gesamtwirtschaftliche Entwicklung und durch die Lage auf den regionalen und berufsfachlichen Arbeitsmärkten bestimmt. Die Schließung bzw. Verengung eines Teilarbeitsmarktes durch Einstellungsstopps oder schmale „Einstellungskorridore" bedeutet zwangsläufig, dass Dauerarbeitslosigkeit droht.

Wenn Betriebe Arbeitslose einstellen, so richtet sie ihre Auswahlentscheidung nach den Rentabilitätskalkülen der Personalpolitik: Gute Wiedereingliederungschancen haben jüngere, qualifiziertere und gesunde Männer, die aus betrieblichen, nicht verhaltensbedingten Gründen gekündigt worden sind. Schlechte Chancen haben demgegenüber die älteren, gesundheitlich beeinträchtigten und/oder weniger qualifizierten Arbeitslosen. Der soziale Selektionsprozess durch diese Personaleinsatz- und Einstellungspraxis der Betriebe wirkt stärker als beim Kündigungsverfahren. Denn bei der Einstellung haben Betriebe völlig freie Hand. Gesetzliche oder tarifvertragliche Regelungen, die das Verhalten der Betriebe nach sozialen Kriterien steuern könnten, gibt es hier nicht – bis auf wenige Ausnahmen, z.B. bei Schwerbehinderten.

Solange auf dem Arbeitsmarkt ein großes Reservoir jüngerer leistungsfähiger, qualifizierter Arbeitsloser vorhanden ist, können die Betriebe in ihrer Einstellungspolitik die Anforderungen höher ansetzen. Wird z.B. für eine einfache Bürotätigkeit eine höherwertige kaufmännische Qualifikation verlangt, haben diejenigen Arbeitslosen mit ihren Bewerbungsbemühungen keinen Erfolg (mehr) und gelten als „nicht vermittelbar", die zwar einfache Bürotätigkeiten ausüben können, aber die gefragte Qualifikation nicht nachweisen können. Dieser Verdrängungsprozess von oben nach unten wird durch die Sanktionsmechanismen des SGB III und SGB II noch verschärft (Auslaufen des Anspruchs auf Leistungen, strenge Zumutbarkeitskriterien): Die Betroffenen werden bei entsprechender Arbeitsmarktlage gezwungen, berufliche Verschlechterungen (Dequalifikation, Einkommenseinbußen) hinzunehmen, um überhaupt einen Arbeitsplatz zu erhalten. Die ohnehin benachteiligten Gruppen auf dem Arbeitsmarkt sind hiervon besonders betroffen. Je länger aber deren Arbeitslosigkeit andauert, umso mehr sinken ihre Chancen auf Wiedereingliederung. Dauerarbeitslosigkeit wird selbst zu einem Ausgrenzungsmerkmal in der betrieblichen Einstellungspraxis. Leistungsfähigkeit, Lern- und Mobilitätsbereitschaft und Stabilität des Arbeitsverhaltens werden umso mehr angezweifelt, je länger die Arbeitslosigkeit dauert („Attribution der Arbeitslosigkeit").

Die Arbeitslosigkeit hat sich im Zuge der jahrzehntelang anhaltenden Arbeitslosigkeit und der fortwährenden Selektion durch einstellende und entlassende Unternehmen zunehmend verfestigt. Diese Entwicklung kommt u.a. im wachsenden Anteil längerfristiger Arbeitslosigkeit und einer steigendenr Durchschnittsdauer der Arbeitslosigkeit zum Ausdruck (vgl. Abbildung IV.22 und Tabelle IV.18).

Im Jahr 2005 waren nahezu 1,5 Mio. Personen länger als ein Jahr arbeitslos, dies entspricht einer Langzeitarbeitslosenquote von 37,4 % aller Arbeitslosen. Länger als zwei Jahre arbeitslos waren 20 %. Vor allem ältere ArbeitnehmerInnen, Personen ohne Berufsausbildung, Behinderte und gesundheitlich Beeinträchtigte zählen dazu: In der Altersgruppe der über 55 bis unter 60jährigen Arbeitslosen waren 2005 mehr als die Hälfte (56,8 %) länger als ein Jahr arbeitslos, bei den Arbeitslosen mit gesundheitlichen Einschränkungen waren es jede(r) Sechste (16,3 %) und bei den Schwerbehinderten etwa jede(r) Siebte (14,4 %). Demgegenüber ist bei den jüngeren Arbeitslosen die Arbeitslosigkeitsdauer unterdurchschnittlich.

Abbildung IV.22:

Langzeitarbeitslose 1992 - 2005

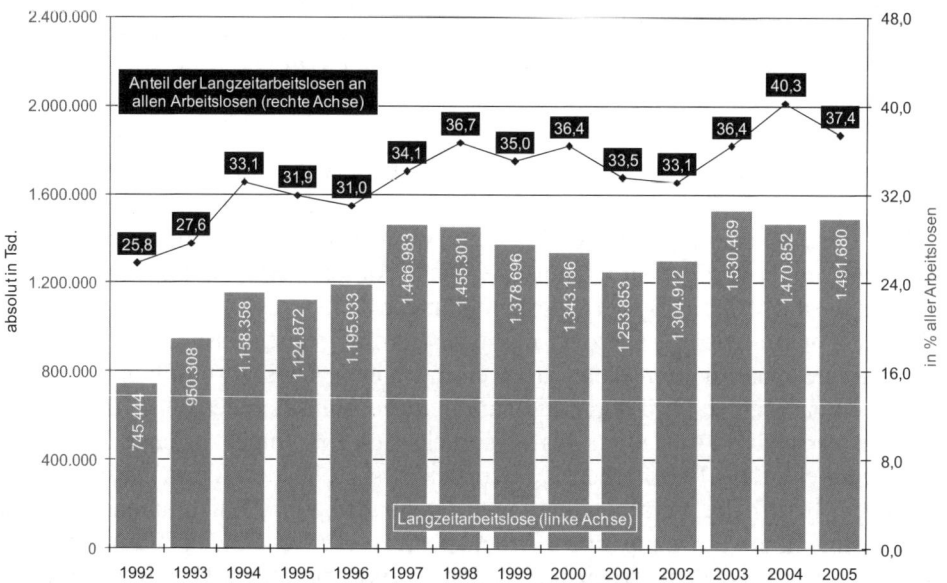

Quelle: Bundesagentur für Arbeit, Strukturanalysen, versch. Jahrgänge.

Zu berücksichtigen ist, dass es sich hierbei immer um die „bisherige Dauer" der Arbeitslosigkeit und nicht um die „ununterbrochene" Dauer handelt. Unterbrechungen der Arbeitslosigkeit durch Krankheitsperioden, Umschulungs- oder Arbeitsbeschaffungsmaßnahmen oder durch Kurzfristjobs bewirken in der statistischen Erfassung gewissermaßen eine „neu beginnende" Arbeitslosigkeit. Die durchschnittliche abgeschlossene Dauer der Arbeitslosigkeit hat in den letzten Jahren vor allem im Osten zugenommen und betrug 2003 in den alten bzw. den neuen Ländern 35,4 bzw. 40,3 Wochen.

Die zunehmende Durchschnittsdauer und Verfestigung der Arbeitslosigkeit entscheidet aber nicht über die Frage, ob Arbeitslosigkeit generell ein kurzfristiges oder längerfristiges Phänomen darstellt. Die Arbeitslosen, die nur kurzfristig arbeitslos sind, stellen – trotz abnehmender Tendenz in den letzten Jahren – einen immer noch größeren Anteil als die längerfristig Arbeitslosen (vgl. Tabelle IV.18). Es ist also zu unterscheiden zwischen der relativen Häufigkeit der Arbeitslosigkeit auf der einen Seite und dem (zeitlichen) Volumen der Arbeitslosigkeit als Summe der Monate von Arbeitslosigkeit auf der anderen Seite. Zwar entfällt der größte Anteil an der Gesamtarbeitslosigkeit gemessen in Monaten oder Jahren auf Personen, die langzeitarbeitslos sind. Damit erhöht sich auch die durchschnittliche Dauer. Aber ein Großteil der Arbeitslosen ist nicht lange arbeitslos.

Tabelle IV.18:

Bisherige Dauer der Arbeitslosigkeit 1991 - 2005

Bisherige Dauer der Arbeitslosigkeit	Anteil in % aller Arbeitslosen (jeweils Ende September)				
	1991	1995	2002	2003	2005
unter 1 Monat	15,2	11,9	12,3	11,1	9,1
1 bis unter 3 Monate	23,1	20,0	19,2	17,3	13,8
3 bis unter 6 Monate	16,4	15,9	16,0	14,6	13,6
½ bis unter 1 Jahr	17,0	20,2	19,4	20,6	26,0
1 bis unter 2 Jahre	13,1	16,5	16,7	18,7	17,3
2 Jahre und länger	15,2	15,4	16,4	17,7	20,0
Insgesamt	100	100	100	100	100

Arbeitslose im Bestand an Arbeitslosigkeit
Quelle: Bundesagentur für Arbeit, Amtliche Nachrichten, Strukturanalyse, versch. Jahrgänge.

5.3.3 Der Weg aus der Arbeitslosigkeit: Die Abgangschancen

Die Beendigung von Arbeitslosigkeit verläuft ebenso wie die Entstehung und die Dauer von Arbeitslosigkeit sozial selektiv. Nicht alle Arbeitslosen haben die gleichen Chancen, wieder eine Erwerbstätigkeit aufzunehmen. Vielmehr unterscheiden sich die Chancen nach sozialen, personenbezogenen Merkmalen von Arbeitslosen wie Alter, Geschlecht, Wohnort, Dauer der Arbeitslosigkeit und Qualifikation. Welche Merkmale und Merkmalskombinationen Arbeitslose vorweisen, hat zum einen für die betriebliche Einstellungspraxis eine Signalfunktion. Junge, ledige, gut qualifizierte und kurzfristig Arbeitslose haben in der Regel günstigere Chancen. Diesem betrieblichen Selektionsprozess kann auch die öffentliche Arbeitsvermittlung nur begrenzt entgegenwirken, da sie sich letztlich immer an den betrieblichen Interessen ausrichten muss. Zum anderen unterscheiden sich Arbeitslose je nach sozialen Benachteiligungskriterien auch darin, welche individuellen Bewältigungsressourcen ihnen zur Verfügung stehen, um Hilfsangebote zu suchen, in Anspruch zu nehmen und durch Eigenbemühungen die Arbeitslosigkeit zu beenden. So nimmt z.B. mit der Dauer der Arbeitslosigkeit und der erfolglosen Bewerbung die Zuversicht ab, irgendwann wieder erwerbstätig sein zu können.

Im Jahr 2005 wurden 6,86 Mio. Abgänge von Arbeitslosen registriert. Aber nur rund 43 % der Betroffenen gelang die Wiedereinmündung in eine Beschäftigung. Und lediglich 12 % aller Abgänge insgesamt und ein gutes Fünftel aller Abgänge in Beschäftigung (ohne ABM o.ä.) beruhten auf Vermittlungen durch die Agenturen für Arbeit (vgl. Abbildung IV.23). Zu berücksichtigen ist allerdings, dass nur etwa knapp 30 % der offenen und zu besetzenden Stellen der öffentlichen Arbeitsvermittlung gemeldet werden. Die Agenturen für Arbeit stehen in Konkurrenz zu anderen Rekrutierungsmöglichkeiten wie Stellenanzeigen in der Presse, Jobbörsen im Internet, persönlichen Kontakten über Beschäftigte und Kunden usw.

Abbildung IV.23:

Abgang an Arbeitslosen nach Abgangsgründen 2005

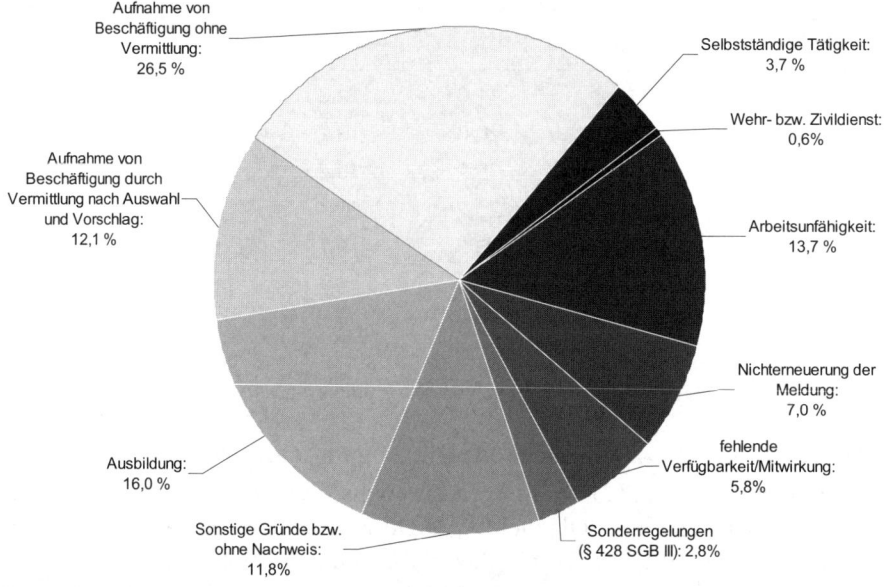

Quelle: Bundesagentur für Arbeit, Arbeitsmarkt 2005.

Die geringen Erfolgsquoten der Arbeitsvermittlung haben 2002 eine große öffentliche und politische Aufmerksamkeit erregt („Vermittlungsskandal"). In der Folge wurde im Rahmen der arbeitsmarktpolitischen Reformgesetze auch ein Umbau der Bundesagentur für Arbeit beschlossen, der insbesondere die Dienstleistungs- und Kundenorientierung verstärken soll (vgl. Pkt. 8.5.1 dieses Kapitels).

Wie Tabelle IV.19 zeigt, konnten überdurchschnittlich oft arbeitslose Männer und – unter Berücksichtigung der Aufnahme einer Ausbildung – Jüngere ihre Arbeitslosigkeit durch die Aufnahme einer Beschäftigung beenden. Mit zunehmendem Alter und mit zunehmender Dauer der Arbeitslosigkeit werden die Abgänge in Beschäftigung dagegen immer geringer. So wechseln 60,3 % der über 55jährigen und 41,5 % der Langzeitarbeitslosen in unterschiedliche Formen der Nichterwerbstätigkeit.

Neben der Arbeitsvermittlung steht den Agenturen für Arbeit mit der aktiven Arbeitsmarktpolitik ein Instrumentarium zur Verfügung, um die Wiedereingliederung von Arbeitslosen in Beschäftigung zu unterstützen. Strategisch setzen die Instrumente an verschiedenen Punkten der sozialen Selektionsprozesse an. So sollen Einstellungszuschüsse finanzielle Anreize bei den Betrieben setzen, Arbeitslose zu beschäftigen. Berufliche Qualifizierung und Weiterbildung sollen Fähigkeiten und Kenntnisse von ArbeitnehmerInnen an veränderte Anforderungen auf dem

Arbeitsmarkt anpassen. Allerdings zeigt die Praxis der Arbeitsmarktpolitik, dass die Erfolge mit Blick auf die anschließenden Wiederbeschäftigungschancen als auch den sozialen Ausgleich begrenzt bleiben. Abgesehen davon, dass letztlich nur wenige offene Stellen zu besetzen sind, gelingt es auch nur unzureichend, die Fördermaßnahmen auf besonders benachteiligte Gruppen des Arbeitsmarktes zu konzentrieren (vgl. Pkt. 8 dieses Kapitels).

Neben den Filterungsprozessen durch die betriebliche Einstellungspraxis und den Vermittlungsangeboten und -erfolgen der Agenturen für Arbeit spielen für die Wege aus der Arbeitslosigkeit auch die Rückzugsmöglichkeiten in verschiedene Formen von Nichterwerbsarbeit eine Rolle. Hierauf entfiel 2005 knapp ein Drittel aller Abgänge aus Arbeitslosigkeit (vgl. Tabelle IV.19). Mehr als 60 % der Abgänge von Älteren und um 40 % der Abgänge von Langzeitarbeitslosen, Frauen und AusländerInnen führten aus dem Arbeitsmarkt heraus. Berücksichtigt werden muss jedoch, dass die statistisch ausgewiesenen Übergänge in die Nichterwerbstätigkeit keine dauerhaften Rückzüge vom Arbeitsmarkt bedeuten müssen. Auf der einen Seite können Arbeitslose ihre Meldungen bei den Arbeitsagenturen nicht erneuern, weil sie sich z.B. dafür entschieden haben, zunächst noch eine Aus- oder Weiterbildung zu absolvieren oder sich vorübergehend der Familie zu widmen ("Selbstselektion"). Auf der anderen Seite können "Entzugseffekte" durch arbeits- und sozialrechtliche Sonderregelungen entstehen, wie z.B. die Möglichkeit für ältere Arbeitslose, dem Arbeitsmarkt nicht mehr zur Verfügung stehen zu müssen. Offen ist jedoch, in welchem Maße die Abgänge in Nichterwerbstätigkeit freiwillig oder erzwungen erfolgen und zu welchen Teilen sie nur vorübergehend sind.

Wenn Arbeitslose einen neuen Arbeitsplatz finden, so heißt dies nicht unbedingt, dass ihnen damit eine *dauerhafte*, stabile Reintegration in das Erwerbsleben gelingt. Arbeitslosigkeit bedeutet einen tiefen Einschnitt in die Erwerbsbiographie, der selbst bei erfolgter Wiedereingliederung lange Zeit nachwirken und Anlass für erneute Arbeitslosigkeit sein kann. Diese kumulative Wirkung von Arbeitslosigkeit ergibt sich auch daraus, dass Neueingestellte oft nicht wieder die berufliche Position erreichen, die sie vor ihrer Arbeitslosigkeit innehatten. Als neu Eingegliederte gehören sie zunächst nicht zu den bewährten StammarbeitnehmerInnen eines Betriebes. Geraten Unternehmen in eine Krise, sind es häufig zuletzt eingestellte ArbeitnehmerInnen, die nach dem Prinzip "Last in – First out" als erste wieder entlassen werden. Da Arbeitslose in zunehmendem Maße überdies nur befristete Arbeitsverträge erhalten, haben sie auch von vornherein nur geringere Chancen, in eine dauerhafte Beschäftigung übernommen zu werden. Auch die Teilnahme an arbeitsmarktpolitischen Fördermaßnahmen oder die Zahlung von Eingliederungszuschüssen an die Betriebe führen nur für einen Teil der Betroffenen zu stabiler Beschäftigung. Für manche Arbeitslose lösen sich Teilnahme an Maßnahmen, Phasen der Beschäftigung und erneute Arbeitslosigkeit ab ("*Mehrfacharbeitslosigkeit*").

Tabelle IV.19:

Abgang aus Arbeitslosigkeit nach Abgangsgründen ausgewählter Personengruppen 2005

	Ins-gesamt	Männer	Frauen	Aus-länder	unter 25	über 55	Langzeit-arbeitslose
Abgang insgesamt (in 1.000)	6.864	3.915	2.949	815	1.638	613	1.473
davon in %							
in Erwerbstätigkeit (ohne betriebliche/ außerbetriebliche Ausbildung)	42,7	47,6	36,3	32,4	40,2	23,3	37,0
Ausbildung (betrieb-lich/ außerbetrieblich bzw. schulisch)	16,0	16,2	15,8	15,6	25,1	4,1	14,6
Nichterwerbstätigkeit	31,5	27,4	37,0	38,6	23,8	60,3	41,5
sonstige Gründe bzw. ohne Nachweis	9,8	8,8	11,0	13,4	10,9	12,3	6,9

Quelle: Bundesagentur für Arbeit, Arbeitsmarkt in Zahlen 2005, Aktuelle Daten, Jahreszahlen.

6 Strukturierung und Folgen der Arbeitslosigkeit

Arbeitslosigkeit ist keine Randerscheinung, sondern Massenschicksal. Ein Großteil der Bevölkerung hat die Situation der Arbeitslosigkeit irgendwann im Lebenslauf persönlich als unmittelbar Betroffene oder im näheren Verwandten- oder Bekanntenkreis erfahren. Allerdings sind nicht alle ArbeitnehmerInnen gleichermaßen von dem Risiko betroffen, arbeitslos zu werden und zu bleiben. Die Binnenstruktur der Arbeitslosen weicht von der Binnenstruktur der Erwerbstätigen nach Regionen, Qualifikation, Berufen, Branchen, Alter und Geschlecht deutlich ab.

Die Beschäftigungschancen und -risiken sind ungleich verteilt. Diese *Struktu-rierung der Arbeitslosigkeit* äußert sich in

- den großen und wachsenden regionalen Ungleichgewichten des Beschäftigungsrisikos und
- der Konzentration des Beschäftigungsrisikos auf bestimmte Arbeitnehmergruppen bzw. bestimmte Gruppen von Arbeitslosen.

Das unterschiedliche Risiko einzelner Gruppen von ArbeitnehmerInnen, arbeitslos zu werden und zu bleiben, drückt sich in den verschieden hohen gruppenspezifischen Arbeitslosenquoten aus (vgl. Tabelle IV.20). Vor allem die folgenden Gruppen weisen überproportional hohe Arbeitslosenquoten auf:

- ArbeitnehmerInnen in den neuen Ländern,
- Frauen und Jüngere in den neuen Ländern,

- Ältere ArbeitnehmerInnen,
- ArbeitnehmerInnen ohne Berufsausbildung,
- AusländerInnen und
- Schwerbehinderte.

Tabelle IV.20:

Arbeitslosenquoten ausgewählter Personengruppen 2004

2004	Deutschland	Alte Bundesländer	Neue Bundesländer
Gesamt	11,7	9,4	20,1
- Männer	12,5	10,3	20,6
- Frauen	10,8	8,4	19,5
- AusländerInnen	20,3	18,9	38,8
- Ältere[2]			
50 und älter	20,8	18,0	30,3
55 und älter	18,5	17,0	26,4
- Jüngere unter 25 Jahre	9,9	8,1	16,2
- ohne Berufsabschluss[3]	24,6	21,7	51,2
- Schwerbehinderte[2]	16,1	14,8	24,2

1) Arbeitslose in % aller abhängigen zivilen Erwerbspersonen   2) 2001
3) Arbeitslose in % aller zivilen Erwerbspersonen
Quelle: IAB-Zahlenfibel; Bundesagentur für Arbeit, Arbeitsmarktbericht Januar 2005

Gemeinsam ist diesen Gruppen zwar das überdurchschnittliche Beschäftigungsrisiko, unterschiedlich sind aber die Ursachen dafür. Im Folgenden soll die Risikolage besonderer Gruppen ausführlicher dargestellt werden.

6.1 Regionale Ungleichgewichte

Von jeher sind die verschiedenen Regionen Deutschlands in Abhängigkeit von der Wirtschaftsstruktur und der konjunkturellen Entwicklung unterschiedlich von Arbeitslosigkeit betroffen. Überlagert werden diese regionalen Unterschiede von solchen zwischen den alten und neuen Bundesländern. Die Arbeitslosenquote belief sich 2006 im Jahresdurchschnitt in den alten Bundesländern auf 10,2 %, in den neuen Ländern lag sie demgegenüber mit 19,2 % fast doppelt so hoch (vgl. Abbildung IV.24).

Aber auch innerhalb der alten und neuen Bundesländer gibt es erhebliche Differenzierungen. So besteht ein auffallendes Nord-Süd-Gefälle. Während Bayern und Baden-Württemberg Arbeitslosenquoten von zwischen 6 und 7 % aufweisen, liegen sie in vielen west- und norddeutschen Ländern deutlich über 9 % (vgl. Tabelle IV.21). Auf Kreisebene reichten im Jahr 2006 die Extremwerte von 3,7 %

(Kreis Eichstätt/Bayern) bis 27,2 % (Kreis Uecker-Randow/Mecklenburg-Vorpommern) (vgl. Abbildung IV.25).

Abbildung IV.24:

Arbeitslosenquoten in den alten und neuen Bundesländern 1991 - 2006

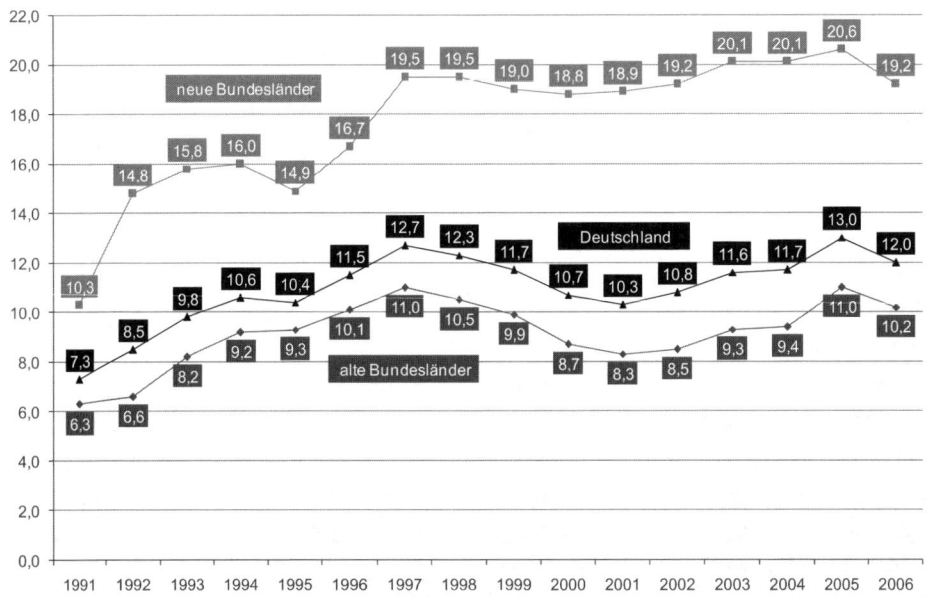

Arbeitslose in % aller abhängigen zivilen Erwerbspersonen
Quelle: Bundesagentur für Arbeit, Arbeitsmarktbericht, versch. Jahrgänge.

Die regional unterschiedlichen Arbeitsmarktrisiken hängen stark von der infrastrukturellen Ausstattung und ökonomischen Struktur der einzelnen Wirtschaftsräume ab, wie dem Branchenmix, den Firmengrößen und der Qualifikationsstruktur des Arbeitsangebotes. Zudem gibt es Prozesse „kumulativer Verursachung", d.h. sich selbst verstärkende Prozesse: Regionen mit guter Arbeitsmarktlage tendieren zu einer positiven Beschäftigungsentwicklung und umgekehrt.

Tabelle IV.21:

Arbeitslosenquoten nach Bundesländern 2006

Bundesland	Arbeitslosenquoten in %	davon im Rechtskreis	
		SGB III	SGB II
Alte Bundesländer	9,0	3,8	5,2
- Baden-Württemberg	6,0	3,0	3,0
- Bayern	7,0	3,9	3,1
- Rheinland-Pfalz	8,2	3,7	4,5
- Hessen	8,8	3,6	5,2
- Saarland	9,8	3,6	6,2
- Hamburg	10,8	3,4	7,4
- Niedersachsen	10,8	4,2	6,6
- Schleswig-Holstein	10,5	3,9	6,7
- Nordrhein-Westfalen	10,9	4,0	6,9
- Bremen	14,5	3,6	10,9
- Berlin (West und Ost)	17,7	4,5	13,3
Neue Bundesländer	18,4	6,6	11,8
- Thüringen	16,8	7,2	9,5
- Brandenburg	18,4	6,6	11,8
- Sachsen	18,3	7,1	11,3
- Sachsen-Anhalt	19,1	7,0	12,1
- Mecklenburg-Vorpommern	20,6	7,1	13,4
Bundesgebiet	11,0	4,4	6,7

Arbeitslose in % aller abhängigen zivilen Erwerbspersonen
Quelle: Bundesagentur für Arbeit, Arbeitsmarkt in Zahlen, Jahreszahlen 2006.

Abbildung IV.25:

Arbeitslosenquoten nach ausgewählten Regionen 2006

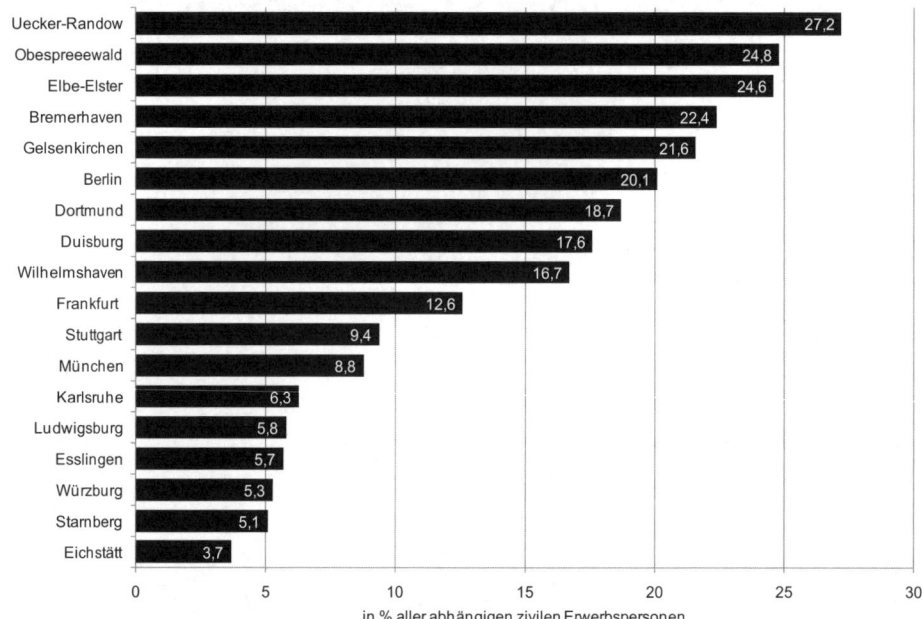

in % aller abhängigen zivilen Erwerbspersonen

Quelle: Bundesagentur für Arbeit, Arbeitstabellen.

6.2 Qualifikationsspezifische Arbeitslosigkeit

Das mit Abstand größte Risiko, arbeitslos zu werden und zu bleiben, tragen nach wie vor Personen, die keinen oder lediglich einen niedrigen beruflichen Abschluss bei ihrer Arbeitssuche vorweisen können. Mehr als jede fünfte Erwerbsperson ohne formalen Berufsabschluss war 2004 arbeitslos registriert. Den Gegenpol stellen AkademikerInnen, deren Arbeitsmarktposition soweit gesichert ist, dass für diese Gruppe mit einer Arbeitslosenquote von lediglich 3,5 % fast von Vollbeschäftigung gesprochen werden kann. Auch bei einer sich verschlechternden Lage auf dem Arbeitsmarkt sind (Fach)HochschulabsolventInnen nur in geringem Ausmaß vom Beschäftigungsrückgang betroffen.

Im langfristigen Trend haben sich die Arbeitsmarktchancen bei den oberen und unteren Qualifikationsebenen deutlich auseinander entwickelt (vgl. Abbildung IV.26). Der Wegfall von Einfacharbeitsplätzen im produzierenden Gewerbe und der Beschäftigungsrückgang von An- und Ungelernten im Zuge des wirtschaftlichen Strukturwandels haben wesentlich dazu beigetragen, dass sich die Beschäftigung auf ArbeitnehmerInnen mit mittleren und höheren Qualifikationen und die Arbeitslosigkeit auf ArbeitnehmerInnen ohne Qualifikationen konzentriert. Dieser Trend zur Polarisierung des qualifikationsbezogenen Arbeitslosigkeitsrisikos ist im Osten weitaus stärker als im Westen.

Die Bedeutung der Qualifikation für das Arbeitsmarktrisiko überlagert sogar die Bedeutung von Alter und Geschlecht. So hatten ältere AkademikerInnen mit 3,5 % im Jahr 2004 im Vergleich aller Qualifikations- und Altersstufen die niedrigste Arbeitslosenquote. Frauen und Männer sind je nach beruflicher Qualifikation in etwa gleichem Maße von Arbeitslosigkeit betroffen. Zwar liegen die Arbeitslosenquoten unter den Frauen bei fast allen Qualifikationsebenen etwas höher als die der Männer. Aber Frauen mit (guter) Ausbildung sind deutlich geringer gefährdet, arbeitslos zu werden, als Männer ohne oder mit formal geringwertiger Ausbildung. Auch diese Zusammenhänge zeigen, dass der Bildungspolitik eine wesentliche Rolle bei der Prävention und beim Abbau von Arbeitslosigkeit zukommt (vgl. die Pkte. 2.3 und 4. sowie 5.3 dieses Kapitels).

Abbildung IV.26:

Qualifikationsspezifische Arbeitslosenquoten 1991 - 2004

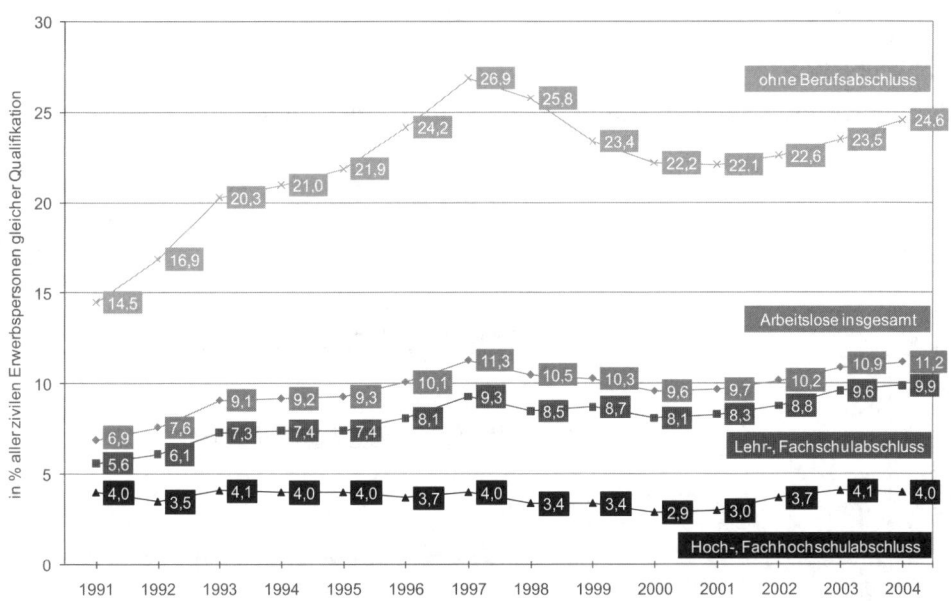

Arbeitslose in % aller zivilen Erwerbspersonen (ohne Auszubildende) gleicher Qualifikation
Quelle: Reinberg, A., Hummel, M., IAB-Kurzbericht 9/2005.

6.3 Geschlechtsspezifische Arbeitslosigkeit

Die geschlechtsspezifische Arbeitslosigkeit hat sich in den letzten fünfzehn Jahren erheblich gewandelt. In den 1990er Jahren lagen die gesamtdeutschen Arbeitslosenquoten von Frauen stets über den Arbeitslosenquoten von Männern. Dabei gab es ausgeprägte Unterschiede zwischen den alten und den neuen Bundesländern. Die höhere Gesamtbetroffenheit von Frauen war vor allem in ihrer erheblich höheren Arbeitslosenquote in den neuen Bundesländern begründet. Zum Ende des Jahrzehnts jedoch glichen sich die Arbeitsmarktrisiken von Frauen und Männern in den neuen Bundesländern wie zuvor in den alten Bundesländern an. Ausschlaggebend für diese Angleichungsprozesse war die beträchtliche Zunahme der Arbeitslosigkeit bei ostdeutschen Männern. Diese stieg stärker an als sie unter Frauen in den neuen Bundesländern – wie insgesamt in den alten Bundesländern – zurückging.

Daher hat sich die zuvor doppelte Spaltung des Arbeitsmarktes nach Region und Geschlecht fast aufgehoben. In beiden Landesteilen wurden die Unterschiede zwischen den Geschlechtern von den regionalen Unterschieden überholt. In der Tendenz waren 2005 sogar die Arbeitsmarktrisiken von Männern mit 11,3 bzw. 21,4 % größer als die von Frauen mit 10,7 bzw. 19,8 % (vgl. Abbildung IV.27). Zurückzuführen ist diese Entwicklung auf die Beschäftigungsgewinne von Frauen in den Bereichen der Teilzeit- und geringfügigen Beschäftigung bei gleichzeitigem Abbau von sozialversicherungspflichtiger Vollzeitbeschäftigung und dem Bedeutungsverlust des produzierenden Gewerbes als Domänen der Erwerbstätigkeit von Männern (vgl. Pkt. 2.4 sowie 3.2 dieses Kapitels).

Abbildung IV.27:

Arbeitslosenquoten von Männern und Frauen 1991 - 2005

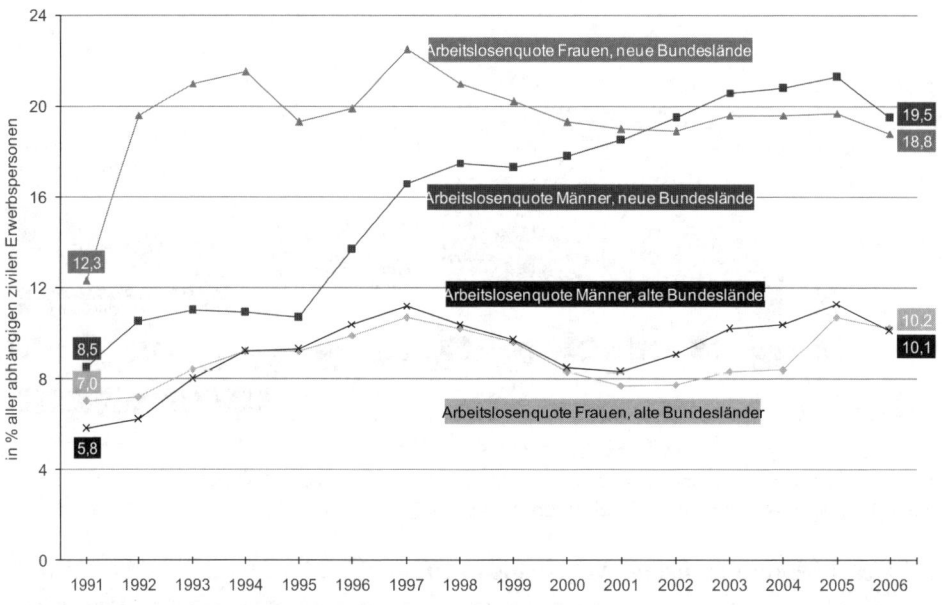

Arbeitslose in % aller abhängigen zivilen Erwerbspersonen

Quelle: Bundesagentur für Arbeit, Arbeitsstatistik Jahreszahlen, versch. Jahrgänge.

6.4 Jugendarbeitslosigkeit

Das Risiko von Jugendlichen, arbeitslos zu werden, ist insbesondere durch zwei Risikozonen gekennzeichnet:

- beim Übergang vom allgemeinen schulischen Ausbildungssystem in eine Berufsausbildung oder direkt in ein Arbeitsverhältnis (Schwelle 1) und

- beim Übergang nach Abschluss der Berufsausbildung oder auch Hochschulausbildung in ein Arbeitsverhältnis (Schwelle 2).

Die erste Risikoschwelle ist vor dem Hintergrund der Berufsausbildung im Rahmen des „dualen Systems" zu sehen. Die Betriebe legen Anzahl und Qualität der Ausbildungsplätze fest. Angesichts der offenkundigen Probleme im dualen Berufsbildungssystem, die auch in einer abnehmenden Ausbildungsbereitschaft der Betriebe zum Ausdruck kommen, nimmt die Zahl der unversorgten Jugendlichen zu (vgl. Pkt. 4 dieses Kapitels).

Abbildung IV.28:

Arbeitslosenquoten Jüngerer 1993 - 2005

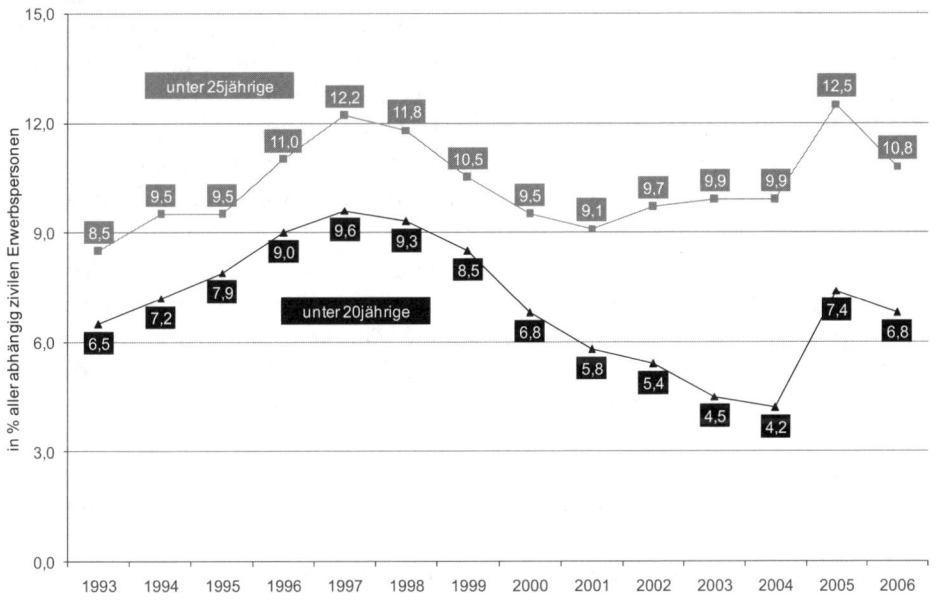

Arbeitslose in % aller abhängigen zivilen Erwerbspersonen
Quelle: Bundesagentur für Arbeit, Arbeitsmarktbericht, versch. Jahrgänge.

Der Übergang vom System der Berufsausbildung und Hochschulausbildung in das Erwerbsleben kennzeichnet die zweite Risikoschwelle. Nur ein Teil der Jugendlichen, die eine Berufsausbildung absolviert haben, wird vom ausbildenden Unternehmen auch übernommen, nach Angaben der Betriebe waren dies im Jahr 2003 nur rund 57 %. Ein anderer Teil der Ausbildungsabsolventen findet in anderen Betrieben eine (häufig berufsfremde) Beschäftigung, und ein weiterer Teil wird arbeitslos. Ein Drittel der Auszubildenden einer dualen Berufsausbildung war im

Jahr 2003 im Anschluss an die Ausbildung arbeitslos geworden. Jugendliche in den neuen Bundesländern sind hiervon weiterhin stärker betroffen.

Die Arbeitsmarktrisiken von jungen Erwachsenen bis unter 25 Jahren haben in den letzten Jahren wieder deutlich zugenommen. Die Zunahme der Jugendarbeitslosigkeit beruht ausschließlich auf der gestiegenen Arbeitslosigkeit der 20- bis unter 25jährigen (vgl. Abbildung IV.28). Gegenüber noch Jüngeren sind sie mit 12,9 % dreimal so häufig arbeitslos. Unter den insgesamt rund 500.000 arbeitslosen Jugendlichen befinden sich mehr junge Männer als junge Frauen (60 gegenüber 40 %) und überdurchschnittlich viele Jugendliche ohne Berufsausbildung (42,1 %). Auch hat jeder zehnte Arbeitslose unter 25 Jahren keine deutsche Staatsangehörigkeit.

Die (offene) Arbeits- und Ausbildungslosigkeit von Jugendlichen und jungen Erwachsenen wird stark gemildert durch arbeitsmarkt- und bildungspolitische Maßnahmen sowohl der Bundesagentur für Arbeit als auch des Bundes und der Länder. Insbesondere in den Jahren 1999 bis 2003 hat das Jugendsofortprogramm („Jump") als befristetes Sonderprogramm der Bundesregierung erheblich dazu beigetragen, dass Jugendliche qualifiziert wurden oder zumindest zeitweise Beschäftigung fanden – aber auch, dass sie in der Arbeitslosenstatistik nicht erfasst wurden (vgl. Pkt. 5.1 dieses Kapitels). Die wieder ansteigende Arbeitslosenquote der Jüngeren dürfte daher nicht zuletzt mit dem Auslaufen des Programms zusammenhängen.

Für alle jungen Arbeitslosen gilt aber, dass sie im Vergleich zu anderen Altersgruppen deutlich weniger lang arbeitslos sind. Gemessen an der bisherigen Dauer waren 2003 über die Hälfte aller unter 25jährigen „nur" bis zu drei Monate arbeitslos registriert. Ihr Zugangsrisiko ist also hoch, ihr Verbleibsrisiko dagegen eher gering. Über ein Drittel der Abgänge aus Arbeitslosigkeit mündete 2003 in eine Erwerbstätigkeit und ein Fünftel in eine Ausbildung. Dennoch darf nicht übersehen werden, dass manchen Jugendlichen der Einstieg ins Beschäftigungssystem nur in prekärer Form – über Aushilfsjobs, befristete Tätigkeiten – oder nach mehreren Umwegen – über Bildungs- und Beschäftigungsmaßnahmen – zum Teil im Wechsel mit zwischenzeitlich erneuter Arbeitslosigkeit gelingt.

6.5 Arbeitslosigkeit älterer ArbeitnehmerInnen

Besonders ausgeprägt ist die Betroffenheit von Arbeitslosigkeit unter älteren Erwerbspersonen. Im Jahresdurchschnitt 2005 waren über 1,2 Mio. Personen in der Altersgruppe 50 Jahre und älter arbeitslos registriert. Das entspricht rund einem Viertel aller Arbeitslosen. Hinzu kommen noch jene Arbeitslose, die das 58. Lebensjahr vollendet haben und in den sog. Leistungsbezug unter besonderen Voraussetzungen fallen: Sie beziehen Arbeitslosengeld, ohne dem Arbeitsmarkt zur Verfügung stehen zu müssen. Im Durchschnitt haben 2005 rund 233.000 ältere Arbeitslose von dieser Regelung Gebrauch gemacht und wurden nicht mehr als arbeitslos und arbeitssuchend registriert (vgl. Tabelle IV.22).

Arbeitslosigkeit ist für Ältere in aller Regel ein langandauernder Zustand. Das altersselektive Einstellungsverhalten der Betriebe führt dazu, dass für ältere (Langzeit)Arbeitslose faktisch keine Vermittelbarkeit in Arbeit mehr besteht und Erwerbslosigkeit im fortgeschrittenen Alter nahezu gleichbedeutend mit einem endgültigen Ausscheiden aus dem Erwerbsleben ist. Das höhere Lebensalter dient Betrieben ganz pauschal, unabhängig von der (ungeprüften) beruflichen Leistungsfähigkeit, als negatives Selektionsmerkmal. Einstellungsbarrieren entstehen aber auch dadurch, dass die potenzielle Beschäftigungs- und Betriebszugehörigkeitsdauer Jüngerer allein auf Grund ihres Lebensalters höher ist als die der Älteren. Aus betrieblicher Sicht „rechnen" sich sowohl eine (kostenaufwendige) Neueinstellung als auch betriebliche Einarbeitungs- und Qualifizierungsmaßnahmen für Ältere oftmals nicht, da die Nutzungsdauer solcher „Humankapitalinvestitionen" vielfach nur auf wenige Jahre beschränkt ist.

Tabelle IV.22:

Arbeitslosigkeit älterer ArbeitnehmerInnen 1994 - 2005

	50 Jahre und älter		55 Jahre und älter		58 Jahre und älter, Regelung nach § 428 SGB III[1]
	absolut	in % aller Arbeitslosen	absolut	in % aller Arbeitslosen	absolut
1994	1.075.816	29,0	638.075	17,3	147.057
1995	1.140.396	31,6	734.754	20,3	158.406
1996	1.227.037	30,9	848.774	21,4	175.275
1997	1.334.624	30,4	936.459	21,3	217.156
1998	1.366.844	31,9	950.110	22,2	203.649
1999	1.360.672	33,2	948.587	23,1	200.704
2000	1.259.168	32,4	842.115	21,6	192.074
2001	1.163.490	30,2	714.109	18,5	224.975
2002	1.097.597	27,0	604.279	14,9	291.519
2003	1.094.268	25,0	531.889	12,2	356.843
2004	1.079.967	24,6	483.274	11,0	220.666
2005	1.210.115	24,9	580.447	11,9	233.075

1) Die Arbeitslosen stehen der Vermittlung nicht mehr zur Verfügung.
Quelle: Bundesagentur für Arbeit, Arbeitsmarktberichte diverse Jahrgänge.- Arbeitsmarkt in Zahlen: Arbeitslose nach ausgewählten Merkmalen, Jahreszahlen Entwicklung der Arbeitslosenquote von 1992 bis heute.

Infolge ihres hohen Verbleibsrisikos stellen die 50 Jahre und Älteren ein Drittel aller Langzeitarbeitslosen. Unter den 55 Jahre und älteren waren im Jahr 2003 22,2 % länger als ein Jahr und 32,6 % länger als zwei Jahre arbeitslos. Hinzu kommt, dass ein Großteil der Älteren, die sich arbeitslos melden, weitere Risikofaktoren aufweisen: 2003 machten rund 40 % von ihnen gesundheitliche Beeinträchtigungen geltend, und 33 % hatten keine abgeschlossene Berufsausbildung.

Gegenüber dem hohen Verbleibsrisiko ist das Zugangsrisiko der Älteren, d.h. das Risiko arbeitslos zu werden, eher gering. Gründe dafür finden sich u.a. in den gesetzlichen und tarifvertraglichen Kündigungsschutzbestimmungen, im informellen Senioritätsschutz sowie in der Möglichkeit, aus einer Beschäftigung heraus in Altersteilzeit, in einen Rentenbezug aufgrund vorzeitiger Minderung der Erwerbsfähigkeit oder in einen vorgezogenen Altersrentenbezug zu wechseln. Ebenso befinden sich hinter vielen jüngeren RentnerInnen heute „versteckte" Arbeitslose, die unter günstigeren Arbeitsmarkt- und Beschäftigungsbedingungen im Erwerbsleben geblieben wären. Offensichtlich sind diese Zusammenhänge bei der Inanspruchnahme der Altersrente mit 60 Jahren wegen Arbeitslosigkeit und nach Altersteilzeit (vgl. Bd. II, Kap. „Alter", Pkt. 3). Insofern stellt sich das Problem der Arbeitsmarktausgrenzung Älterer noch sehr viel drastischer dar, als es in den Zahlen und Quoten der registrierten Arbeitslosigkeit und Langzeitarbeitslosigkeit zum Ausdruck kommt.

Ohne den dauerhaften Entzug ganzer Altersjahrgänge vom Arbeitsmarkt hätte in der Vergangenheit nicht nur das Niveau der registrierten Arbeitslosigkeit deutlich höher gelegen. Das Arbeitslosigkeitsvolumen hätte sich auch auf andere Personengruppen verteilt, insbesondere junge Erwachsene wären viel stärker von Arbeitslosigkeit betroffen gewesen. Dahinter stand die gesellschaftspolitische Grundentscheidung, bei der Wahl „zwischen zwei Übeln" lieber auf die Ausgliederung Älterer zu setzen. Die jüngsten arbeitsmarkt- und rentenpolitischen Reformen leiten jedoch die Beendigung dieser Entlastungsstrategie für den Arbeitsmarkt ein. Neben der Einführung neuer Instrumente zur Förderung der Beschäftigung älterer ArbeitnehmerInnen (vgl. Pkt. 8 dieses Kapitels) sind die Zugänge zum vorzeitigen Rentenbezug erschwert sowie langfristig die Altersgrenzen in der Rentenversicherung heraufgesetzt worden (vgl. Bd. II, Kap. „Alter", Pkt. 6.4). Die Arbeitsmarktund Finanzierungsprobleme werden damit von der Rentenversicherung auf die Arbeitslosenversicherung zurück verschoben.

6.6 Arbeitslosigkeit von Ausländern

Für die ausländische Bevölkerung erweist sich eine schlechte Arbeitsmarktlage seit jeher als besonders schwierig. Bereits in der ersten Arbeitsmarktkrise 1966/67 übten ausländische ArbeitnehmerInnen eine ausgeprägte „Pufferfunktion" für das deutsche Beschäftigungssystem aus. Um eine halbe Million und damit um fast die Hälfte reduzierte sich die Zahl ausländischer Arbeitskräfte. Seit dem Anwerbestopp und dem Beginn steigender und sich verfestigender Arbeitslosigkeit ab Mitte der 1970er Jahre gehören die vormals in Zeiten der Unterbeschäftigung Angeworbenen zu den Problemgruppen des Arbeitsmarktes.

Im Jahr 2005 waren rund 673.000 AusländerInnen arbeitslos gemeldet, sie stellten damit 13,8 % aller Arbeitslosen. Die Arbeitslosenquote unter der ausländischen Bevölkerung betrug 20,2 % und war damit in etwa doppelt so hoch wie für die Gesamtheit der Erwerbspersonen. 85 % der arbeitslos registrierten AusländerInnen lebten in den alten Bundesländern. In den neuen Ländern spielte die Arbeitslosigkeit von AusländerInnen mit rund 91.000 Betroffenen und einem Anteil unter allen Arbeitslosen von 5,6 % im Jahr 2005 dagegen nur eine geringe Rolle. Ein weiterer bedeutsamer Unterschied besteht hinsichtlich der Staatsangehörigkeit: Während AusländerInnen mit z.B. spanischem oder portugiesischem Pass nur leicht überdurchschnittlich von Arbeitslosigkeit betroffen sind, ist dieses Risiko für Personen mit italienischer, griechischer und insbesondere türkischer Staatsangehörigkeit deutlich höher. Ausländische Beschäftigte sind ferner nicht nur einem erhöhten Zugangs-, sondern auch einem höherem Verbleibsrisiko in Arbeitslosigkeit ausgesetzt: AusländerInnen beenden die Arbeitslosigkeit weniger häufig als der Durchschnitt durch die Aufnahme einer Erwerbstätigkeit (32,4 % gegenüber 42 %), aber häufiger durch den Übergang in Nichterwerbstätigkeit (39 % gegenüber 32 %).

Die hohe Arbeitslosigkeit von AusländerInnen beruht zum einen auf einer im Schnitt geringeren beruflichen und sprachlichen Qualifikation. Zwei Drittel der arbeitslos gemeldeten AusländerInnen gegenüber einem Drittel aller Arbeitslosen waren 2003 ohne Berufsausbildung. Des Weiteren ist zu beachten, dass ausländische Beschäftigte immer noch relativ stark in Wirtschaftszweigen tätig sind, die vom Strukturwandel und Beschäftigungsabbau besonders betroffen sind (z.B. Montanindustrie, verarbeitendes Gewerbe, Schiffbau, Baugewerbe). Dies sind noch anhaltende Langzeitfolgen der „Unterschichtung" des westdeutschen Arbeitsmarktes aus Zeiten der Anwerbung einerseits sowie Ausdruck einer mangelnden öffentlichen wie betrieblichen Investition in die Fort- und Weiterbildung ausländischer Arbeitskräfte.

6.7 Individuelle Folgen

6.7.1 Finanzielle Belastungen

Arbeitslosigkeit führt zu einem abrupten Ausfall des Arbeitseinkommens. Zwar hat der Ausbau sozialstaatlicher Regelungen dazu geführt, dass der Automatismus, mit dem Arbeitslosigkeit zu Armut führt, heute unterbrochen ist. Die Sicherung der materiellen Existenzgrundlage erfolgt jedoch auch heute noch nur sehr eingeschränkt:

- Arbeitslosengeld wird nur dann gezahlt, wenn bestimmte versicherungs-rechtliche Voraussetzungen erfüllt sind.
- Die Bezugsdauer des Arbeitslosengeldes ist zeitlich begrenzt, Anspruch auf Arbeitslosengeld II besteht nur bei Bedürftigkeit.

- Das Arbeitslosengeld deckt nur 50 bis 60 % des letzten Nettoeinkommens ab. Keine andere Lohnersatzleistung im Sozialversicherungssystem liegt im Niveau so niedrig. Arbeitslosengeld II ist eine fürsorgerechtliche Leistung und soll lediglich das soziokulturelle Existenzminimum decken (vgl. Pkt. 7 dieses Kapitels).

Arbeitslosigkeit ist also auch heute noch mit z.T. drastischen Einkommenseinbußen verbunden. Etwa ein Fünftel der registrierten Arbeitslosen erhält gar keine Leistungen. Tiefe Einschnitte im Lebensstandard und die Gefahr wachsender Verschuldung sind die Folge. Wie stark sich die Einbußen im Haushaltseinkommen niederschlagen, hängt entscheidend davon ab, ob der/die PartnerIn erwerbstätig ist oder ob das Einkommen des/der Arbeitslosen das einzige ist.

Arbeitslosenhaushalten standen 2004 im Schnitt nur rund 54 % des durchschnittlichen bedarfsgewichteten Haushaltseinkommens zur Verfügung (vgl. Kap. „Einkommen", Tabelle III.8). Angesichts dieser Einkommensausfälle sind viele Arbeitslose gezwungen, Ersparnisse aufzulösen. Einschränkungen werden vor allem gemacht:

- beim Konsumniveau, insbesondere bei Nahrungs- und Genussmitteln und bei der Bekleidung,
- bei der Anschaffung von langlebigen Konsumgütern,
- bei Ausgaben im Bereich von Bildung, Kultur und Unterhaltung.

Die meisten problematischen Konsequenzen konzentrieren sich auf Langzeitarbeitslose. Besonders benachteiligt sind des Weiteren Frauen und Jugendliche, die wesentlich häufiger als Männer keine Ansprüche an die Arbeitslosenversicherung erworben haben oder aufgrund der Bedürftigkeitsprüfung kein Arbeitslosengeld II erhalten und damit vom Einkommen des Ehemannes bzw. der Familie abhängig sind. Die Existenzbedrohung spiegelt sich auch in der hohen Armutsquote der Personen in Arbeitslosenhaushalten wider: Im Jahr 2004 lag hier die Einkommensarmut bei 23,8 % (vgl. Kap. „Einkommen", Abbildung III.10).

Die Folgen der Arbeitslosigkeit sind mit der Wiedereingliederung in das Arbeitsleben nicht zwangsläufig beseitigt. Dies trifft insbesondere auf solche ArbeitnehmerInnen zu, die nach der Arbeitslosigkeit ein Arbeitsverhältnis eingehen müssen, das sie – oft einhergehend mit schlechteren Arbeitsbedingungen – finanziell schlechter stellt. Einkommenseinbußen müssen vor allem ältere und längerfristig Arbeitslose in Kauf nehmen. Daneben werden die beruflichen Fähigkeiten gefährdet: Einmal erworbene Qualifikationen zu verlieren, bedroht nicht nur diejenigen, die ihre Stelle bereits verloren haben, sondern auch diejenigen, denen der Eintritt in eine Ausbildung oder einen Beruf verwehrt ist.

6.7.2 Soziale und gesundheitliche Folgen

Arbeitslosigkeit scheint auf den ersten Blick auf materielle Existenzunsicherheit begrenzt zu sein. Darüber hinaus sind jedoch gleichermaßen psychische und soziale Gefährdungen zu berücksichtigen. Der hohe Stellenwert der Berufstätigkeit spielt für die Bedeutung des Verlustes von Arbeit eine erhebliche Rolle. Der Beruf ist ein wichtiges Bindeglied zwischen Individuum und Gesellschaft, das individuelle Wertschätzung und soziale Anerkennung bestimmt. Der Verlust der Erwerbsarbeit stellt Anerkennung und Selbstwertgefühl in Frage und grenzt Arbeitslose aus der Gesellschaft aus.

Der Verlust des Arbeitsplatzes wirkt sich je nach den persönlichen und sozialen Lebensbedingungen unterschiedlich aus. Alter, Geschlecht, soziale Schicht, beruflicher Status, finanzielle Lage und soziale Unterstützung sind wichtige Einflussgrößen. Eine entscheidende Rolle kommt der Dauer der Arbeitslosigkeit zu. Sie stellt einen eigenständigen Belastungsfaktor dar.

Über den Beruf und die Arbeit werden Lebenszyklen normiert. Die Jugendphase bereitet auf die spätere Erwerbstätigkeit vor. Schulische und berufliche Ausbildung sollen das notwendige Rüstzeug für die zukünftige Erwerbsarbeit bereitstellen. Die Erwerbsphase führt zur ökonomischen Unabhängigkeit von der Elternfamilie und ermöglicht Partnerschaft sowie die Gründung einer Familie. Arbeitslosigkeit während der Erwerbsphase kann demgegenüber zu Veränderungen in traditionellen Vorstellungen und Rollenerwartungen führen, die – wie empirische Studien zeigen – häufig zu erheblicher persönlicher Verunsicherung führen. Dies hängt insbesondere zusammen mit der erlebten Diskrepanz zu sozial vermittelten Lebensmustern, die sich an dauerhafter Erwerbstätigkeit orientieren und Erwerbslosigkeit als häufig selbstverschuldete Krise betrachten. Auf männliche Langzeitarbeitslose trifft dies in besonderer Weise zu. Da die Betroffenen zumeist nicht über geeignete Bewältigungsstrategien verfügen, sind Beeinträchtigungen des Selbstwertgefühls sowie Erschütterungen der Identität nicht selten. Arbeit und Beruf strukturieren darüber hinaus den kurzfristigen Zeitrhythmus. Der durch Arbeit vorgegebene Tages- bzw. Wochenverlauf verliert bei Arbeitslosigkeit leicht an Bedeutung. Der Verlust der Zeitperspektive führt häufig zu dem paradoxen Ergebnis, dass die gewonnene „Freizeit" als Belastung empfunden wird.

Empirische Untersuchungen haben wiederholt bestätigt, dass von Arbeitslosen die nicht-finanziellen Belastungen häufig noch deutlicher erlebt werden als die finanziellen. Allerdings gibt es einen engen Zusammenhang, denn je größer die materielle Not ist, desto belastender wird die Arbeitslosigkeit erlebt, umso stärker sind Sozialkontakte gefährdet und verringern sich soziale Netzwerke mit ihren stützenden und helfenden Funktionen. Es wächst die Tendenz zur Isolation und zu sozialem Rückzug. Bei andauernder Arbeitslosigkeit lassen sich Bewältigungsmuster in einem idealtypischen Vierphasenmodell beschreiben, das als Stationen folgende Phasen beschreibt:

- Schock (unmittelbar nach Eintritt der Arbeitslosigkeit),
- Optimismus (häufig gekennzeichnet durch aktive Stellensuche),

- Pessimismus (insbesondere einhergehend mit wiederholten Absagen bei Bewerbungen, auftretenden Geldnöten und familiären Problemen, sinkendem Selbstwertgefühl und reduzierten Sozialkontakten) und schließlich
- Fatalismus (bei auftretender Resignation).

Insbesondere in den letzten beiden Phasen wird Dauerarbeitslosigkeit selbst zum Hindernis bei der Stellensuche.

Arbeitslosigkeit und materielle Not belasten auch die Familiensituation. Als besonders auffällige Symptome unter Erwachsenen und mitbetroffenen Kindern werden Angstzustände, Unruhe, Konzentrationsschwäche und Leistungsabfall beobachtet. Während die Anfangsphase der elterlichen Arbeitslosigkeit Kinder weniger belastet, verstärken sich die Belastungssymptome mit zunehmender Dauer. Sind erst einmal die materiellen Rücklagen verbraucht und die finanziellen Spielräume auf ein Minimum zusammengeschrumpft, steigen Zukunftsangst, soziale Isolation, Entmutigung und Resignation. Neben dem Rückgang schulischer Leistungen kann vor allem eine Verschlechterung der persönlichen und emotionalen Beziehung zum arbeitslosen Elternteil die Familiensituation noch zusätzlich belasten.

Die psychischen Belastungen können mit psychosomatischen und somatischen Erkrankungen verbunden sein. Die Tatsache, dass ArbeitnehmerInnen mit gesundheitlichen Einschränkungen überdurchschnittlich länger arbeitslos sind, spiegelt nicht nur die Selektionsprozesse bei der Wiedereingliederung wider, sondern ist auch Ergebnis der pathogenen („krankmachenden") Wirkung der Arbeitslosigkeit. Einzelfallstudien lassen vermuten, dass Arbeitslosigkeit besonders bei physischpsychisch labilen Personen auf diese Weise wirkt. In den Fällen, in denen vor Eintritt der Arbeitslosigkeit eine gesundheitliche Beeinträchtigung bestand, die aber auch durch soziale Mechanismen, wie Anerkennung und beruflichen Erfolg oder Stützung durch den Kollegenkreis, kompensiert worden ist, verschärft Arbeitslosigkeit diese Krankheiten oder bringt latente Prozesse erst zum Ausbruch.

Studien aus dem Bereich der Armutsforschung haben allerdings auch zeigen können, dass es von Armut und Arbeitslosigkeit Betroffenen durchaus in bemerkenswertem Umfang gelingt, Strategien zur Bewältigung dieser persönlichen Krisen zu entwickeln und auch umzusetzen. Deutlich wurde zudem, dass Betroffene Armut und Arbeitslosigkeit als Phasen im Lebenslauf betrachten und auch bewusst als Möglichkeit für eine biographische Wende deuten und nutzen können.

6.8 Gesamtfiskalische Kosten und gesellschaftliche Folgen von Arbeitslosigkeit

Arbeitslosigkeit verursacht nicht nur individuelle, sondern auch gesellschaftliche Kosten. In gesamtfiskalischer Betrachtung bestehen die Kosten der Arbeitslosigkeit zum einen in den Mehrausgaben der Sozialversicherungsträger und der öffentlichen Haushalte, zum anderen kommt es infolge der Unterbeschäftigung zu Mindereinnahmen. Dem steigenden Finanzbedarf auf der einen Seite steht also eine durch dieselben Ursachen verschlechterte Einnahmesituation auf der anderen Seite gegenüber.

Mehrausgaben entstehen bei der Bundesagentur für Arbeit durch den Anstieg der passiven Leistungen für die Einkommenssicherung sowie durch den notwendig vermehrten Einsatz von Maßnahmen der aktiven Arbeitsmarktpolitik. Ebenso wachsen die Ausgaben für soziale Hilfen und Dienste (vgl. Kap. „Ökonomische Grundlagen und Finanzierung", Pkte. 2.3 sowie 3.5) sowie bei der Rentenversicherung, da die Zahl der arbeitsmarktbedingten Frühverrentungen zunimmt (vgl. Bd. II, Kap. „Alter", Pkt. 6.4). Bis 2005 führte die Arbeitslosigkeit ferner zu erheblichen finanziellen Mehrbelastungen bei den Kommunen durch gestiegene Ausgaben für die Sozialhilfe, die nicht nach SGB III leistungsberechtigten Arbeitslosen gewährt wurde. Seitdem schlagen die Ausgaben für Arbeitslosengeld II und Sozialgeld überwiegend beim Bund zu Buche.

Mindereinnahmen treten sowohl bei den Steuern wie bei den Beiträgen auf. Im Steuersystem ergeben sich Verluste vor allem bei der Lohn- und Einkommensteuer. Bei den Beitragseinnahmen der Sozialversicherungsträger muss in erster Linie die Bundesagentur für Arbeit Einbußen hinnehmen, da Arbeitslose – seien sie registriert oder nicht – keine Beiträge zur Arbeitslosenversicherung zahlen. Bei der Kranken-, Pflege- und Rentenversicherung fallen die Beitragsverluste geringer aus, da die Bundesagentur für ihre LeistungsempfängerInnen die Beitragszahlungen an die anderen Sozialversicherungsträger – zumindest teilweise – übernimmt (vgl. Kap. „Einkommen", Pkt. 6.1). Hinzukommen ferner die vollen Beitragsausfälle der wachsenden Zahl der nicht (mehr) leistungsberechtigten Arbeitslosen sowie der nicht registrierten Arbeitslosen. Ergänzt werden die vollen Beitragsausfälle zudem durch den Rückgang sozialversicherungspflichtiger (Vollzeit)Beschäftigung bei gleichzeitiger Zunahme von Arbeitsverhältnissen, die nicht der Versicherungs- und Beitragspflicht unterliegen (vgl. Pkt. 3.2 dieses Kapitels).

Die gesamtfiskalischen, direkten und indirekten Kosten der Arbeitslosigkeit summierten sich im Jahr 2004 auf rund 85,7 Mrd. € (vgl. Kap. „Ökonomische Grundlagen und Finanzierung", Tabelle II.17).

Erfasst werden in fiskalischen Gesamtrechnungen dieser Art jedoch nur die quantifizierbaren, d.h. die zu beziffernden gesellschaftlichen Kosten der Arbeitslosigkeit. Unberücksichtigt bleiben Wirkungen und Folgekosten, die monetär nicht oder nur schwer ermittelt werden können und die u.a. durch Dequalifizierung, gesellschaftliche Ausgrenzung, wachsende gesundheitliche Gefährdungen und den Verlust an volkswirtschaftlicher Wertschöpfung bei hoher Unterbeschäftigung entstehen.

Folgen haben eine hohe und andauernde Arbeitslosigkeit darüber hinaus in macht- und verteilungspolitischer Hinsicht. Massenarbeitslosigkeit schwächt in ihrer Funktion als „industrielle Reservearmee" die Möglichkeiten und Bereitschaft von ArbeitnehmerInnen, ihre Rechte und Interessen zur Geltung bringen und damit die tarifpolitische Durchsetzungskraft der Gewerkschaften. Da Arbeitskräfte in großer Zahl zur Verfügung stehen, können Unternehmen eher Druck auf Löhne und Gehälter ausüben als in Zeiten von Vollbeschäftigung. Für Beschäftigte steht das Interesse am Erhalt des Arbeitsplatzes im Vordergrund, so dass Einkommenseinbußen eher hingenommen und Arbeitnehmer-rechte aus Angst um den Arbeitsplatz weniger häufig wahrgenommen werden (z.B. zurückgehende Inanspruchnahme von Bildungsurlaub, sinkender Krankenstand). Arbeitslosigkeit schränkt somit die Konfliktbereitschaft der Beschäftigten ein und begrenzt die Möglichkeiten der Gewerkschaften, Arbeitskämpfe zu organisieren und Gegenmacht zu entfalten. Im Ergebnis kommt es zu einer gesellschaftlichen Machtverschiebung zugunsten der arbeitsnachfragenden Unternehmen. So ist die seit Beginn der Massenarbeitslosigkeit sinkende Lohnquote, die den kleiner werdenden Anteil der Arbeitnehmereinkommen am Volkseinkommen zum Ausdruck bringt, wesentlich auf die verschlechterte Arbeitsmarktsituation abhängiger Arbeit zurückzuführen.

Dieser Druckmechanismus der Arbeitslosigkeit wird durch das System der Sozialen Sicherung eingeschränkt. Die Unterstützungsleistungen bei Arbeitslosigkeit markieren eine untere Barriere gegen Lohnsenkung und -differenzierung, gegen unzumutbare Arbeitsbedingungen und schützen das gesamte Lohn- und Sozialgefüge. Höhe und personelle Reichweite der sozialen Sicherung bei Arbeitslosigkeit wirken somit auf die formellen und informellen Regulierungen des Arbeitsmarktes und auf die Arbeitsentgelte und Arbeitsbedingungen im Besonderen zurück. Vor diesem Hintergrund wird plausibel, warum gerade die sozialpolitischen Leistungen bei Arbeitslosigkeit immer wieder kontrovers diskutiert werden. Über die Fragen, ob, in welcher Höhe, unter welchen Voraussetzungen und wie lange Arbeitsfähige, aber Arbeitslose Sozialleistungen erhalten können, wird ungleich mehr gestritten als über die Zahlung von Leistungen an Arbeitsunfähige (wegen Krankheit, Invalidität, Unfall) oder an ältere Menschen.

6.9 Arbeitslosigkeit als Folge von Sozialpolitik?

Wirken soziale Schutzregelungen beschäftigungshemmend?

Die Konzentration der Arbeitslosigkeit auf einzelne Personengruppen begründet ein gravierendes sozialpolitisches Problem: Diejenigen, deren Stellung in der Gesellschaft ohnehin gefährdet ist, werden durch die Beschäftigungskrise im besonderen Maße betroffen. Ein Weg zur Verbesserung der Lebenslage liegt darin, diese Personengruppen durch den Ausbau sozialpolitischer Schutzregelungen wirksamer vor Entlassungen zu schützen und bei Wiedereinstellung gezielter zu fördern. Dieser Position steht die Auffassung entgegen, dass es gerade die bereits existierenden, sozialpolitisch motivierten gesetzlichen und tariflichen Interventionen in Arbeitsmarkt und Arbeitsverhältnis sind, die die Arbeitslosigkeit der Betroffenen maßgeblich verstärken oder erst hervorrufen. Arbeitslosigkeit, die durch soziale Schutzgesetze bekämpft werden soll, so die Argumentation, werde durch diese Eingriffe erst geschaffen. Erst ein Abbau der marktwidrigen Regulierung von Arbeitsmarkt und Arbeitsverhältnis *„Deregulierung"* schaffe die Voraussetzungen für eine Verbesserung der Arbeitsmarktposition der besonders benachteiligten Personengruppen.

Begründet wird diese viel vertretende These einer beschäftigungshemmenden Sozialpolitik mit folgenden Argumenten:

- Jugendarbeitslosigkeit wird durch den Jugendarbeitsschutz hervorgerufen.
- Frauenarbeitslosigkeit ist eine direkte Folge des Frauenarbeitsschutzes, des Mutterschutzes und der Elternzeit.
- Arbeitslosigkeit von Behinderten steht im Zusammenhang mit dem Schwerbehindertengesetz.
- Arbeitslosigkeit älterer ArbeitnehmerInnen ist auf die tariflichen und gesetzlichen Kündigungsschutzbestimmungen zurückzuführen.

Als Belege gelten häufig Beobachtungen zum Entlassungs- und Einstellungsverhalten von Unternehmen: Maßgeblich für die Auswahl zwischen unterschiedlichen Beschäftigten sei das Kosten-Ertrags-Verhältnis der Arbeitskraft. Sind die Kosten der Arbeitskraft im Verhältnis zu ihrem Ertrag zu hoch, dann rentiert sich eine Beschäftigung für das Unternehmen nicht. Zu den Kosten würden aber nicht nur die tariflich fixierten Löhne zählen, sondern eben auch die spezifischen sozialpolitischen Regulierungen, die den flexiblen Einsatz der Arbeitskraft erschweren bzw. ihren Ertrag begrenzen. So sei es einzelbetrieblich und personalpolitisch rational, wenn Ältere und Schwerbehinderte nicht eingestellt werden, wenn deren spätere Kündigung wegen des Kündigungsschutzes nicht mehr bzw. nur mit hohem Kostenaufwand möglich sei. Der Kündigungsschutz würde daher zur Hürde für diejenigen, die draußen stehen. Die Schlussfolgerung dieser Argumentation lautet daher, dass eine Verbesserung der relativen Wettbewerbsposition der „Problemgruppen" nur durch die Flexibilisierung und Deregulierung von Arbeitsmarkt und Arbeitsrecht zu erreichen sei.

Es fragt sich jedoch, ob diese Argumentation und die damit verknüpften Schlussfolgerungen richtig sind. Kehrt sich Sozialpolitik tatsächlich gegen diejenigen, in deren Interesse sie praktiziert wird? Es kann kein Zweifel daran bestehen, dass sich die betriebliche Personalpolitik im Grundsatz nach Kosten-Ertrags-Überlegungen ausrichtet und diejenigen Beschäftigtengruppen benachteiligt, deren Einsatz im Vergleich zu anderen weniger rentabel ist. Die Einführung sozialpolitischer Regelungen zum Schutz der weniger leistungsfähigen Gruppen ist aber gerade der normativ begründete Versuch, den Wirkungszusammenhang von schlechter Marktposition und schlechten Arbeits- und Entgeltbedingungen auf ein gesellschaftlich akzeptiertes Maß zu begrenzen. Zweifellos wären die gesamtgesellschaftlichen wie die Beschäftigungsprobleme ohne diese Schutzgesetze größer und nicht kleiner.

Gegen die These der beschäftigungshemmenden Sozialpolitik sprechen darüber hinaus die Gesetzeslagen und empirische Fakten:

- Der Jugendarbeitsschutz gilt nur für Jugendliche bis unter 18 Jahren. Die stärkeren Beschäftigungsprobleme Jugendlicher zeigen sich aber in der Altersgruppe der über 20jährigen.

- Das Beschäftigungsrisiko der Frauen entsteht vor allem bei der Wiedereingliederung nach der Erziehungsphase, also wenn der Zeitpunkt des möglichen
  Wirksamwerdens von Mutterschutz und Elternzeit überschritten ist.

- Die besonderen Schwierigkeiten arbeitsloser älterer ArbeitnehmerInnen, einen
  neuen Arbeitsplatz zu finden, begründen sich nicht in ihrem Kündigungsschutz. Für den Betrieb „lohnt" es sich wegen der absehbar kurzen Beschäftigungsdauer nicht, Humankapitalinvestitionen in Form von Rekrutierungs- und
  Qualifizierungskosten in ältere Beschäftigte zu tätigen. In den meisten Fällen
  erreichen diese Arbeitssuchenden die für den Kündigungsschutz geltende
  Mindestbetriebszugehörigkeitsdauer zudem gar nicht.

Diese empirischen Hinweise lassen erkennen, dass der Verweis auf die Schutzregelungen wenig zur Klärung der beiden Fragen beiträgt, warum bestimmte Perso-
nen(-gruppen) arbeitslos werden und wer aus welchen Gründen arbeitslos bleibt.
Die Strukturierung von Arbeitslosigkeit basiert auf einem ökonomischen und sozialen Prozess, bei dessen Erklärung neben betriebswirtschaftlichen Kosten-
Nutzenkalkülen auch sozialstrukturelle, institutionelle und erwerbs-biographische
Faktoren sowie nicht zuletzt Vorurteile und Diskriminierungen berücksichtigt werden müssen.

„Arbeit lohnt sich nicht" – Arbeitslosigkeit wegen mangelnder Arbeitsanreize?

Dass Arbeitslosigkeit letztlich freiwillig gewählt sei, hat als Argument in der Debatte über die Bestimmungsfaktoren der anhaltenden Arbeitslosigkeit einen hohen
Stellenwert. Die Betroffenen seien aufgrund der zu großzügig ausgestatteten Transferleistungen bei Arbeitslosigkeit gar nicht daran interessiert, eine angebotene Arbeit anzunehmen – dies insbesondere dann nicht, wenn die Arbeit nur gering entlohnt werde. Mit der These der sozialstaatsinduzierten Arbeitslosigkeit wird behauptet, das System der Sozialen Sicherung setze falsche Anreize und verhindere
somit den Ausgleichprozess am Arbeitsmarkt. Wäre der Abstand zwischen Löhnen
und Transferleistungen ausreichend groß und würde das Einkommen aus Erwerbstätigkeit nur teilweise auf die Transferleistung angerechnet, würden die Betroffenen eine Beschäftigung suchen und finden. Im Ergebnis käme es gesamtwirtschaftlich zu einem entsprechenden Abbau der (Langzeit)Arbeitslosigkeit. Die Schlussfolgerungen aus dieser Argumentation lautet daher: Erst wenn die Sozialleistungen
bei Arbeitslosigkeit ausreichend niedrig und kurzzeitig genug seien, würden Arbeitslose dazu angehalten, möglichst umgehend einen neuen Arbeitsplatz zu suchen
und ihnen auch bei niedriger Entlohnung anzunehmen.

Das Problem der Arbeitslosigkeit wird in dieser Argumentation definiert als ein Problem des individuellen Fehlverhaltens – von „Drückebergern", die auf Kosten der Allgemeinheit leben – und der kollektiven Fehlsteuerung von Anreizen und Motivation in der Sozial- und Arbeitsmarktpolitik. Ihre Breitenwirkung bezieht diese These sozialstaatlich induzierter Arbeitslosigkeit zunächst einmal aus der Unkenntnis über die Funktion der Arbeitslosenversicherung und über die Rechtslage des SGB III und SGB II. Erstens besteht die originäre Aufgabe der Arbeitslosenversicherung gerade darin, die Arbeitslosen bei der Suche nach einem neuen Arbeitsplatz so abzusichern, dass sie nicht gezwungen sind, die erstbeste Beschäftigung anzunehmen. Für diesen sozialen Schutz wurden jahrelang hohe Beiträge gezahlt. Zweitens ist es Betroffenen keineswegs freigestellt, darüber zu entscheiden, ob und unter welchen Bedingungen wieder eine Arbeit aufgenommen werden soll. Die BezieherInnen von Arbeitslosengeld und Arbeitslosengeld II sind vielmehr veranlasst, weitgehende und mit der Dauer der Arbeitslosigkeit steigende Abstriche am Anspruchsniveau und steigenden Mobilitätsaufwand gegenüber einem neuen Arbeitsplatz zu akzeptieren. Wird zumutbare Arbeit abgelehnt, werden Sperrzeiten verhängt, die im Wiederholungsfall bis zum völligen Erlöschen des Leistungsanspruches führen können (vgl. Pkt. 7.2 dieses Kapitels).

Empirisch fundierte Belege jenseits von Einzelbeispielen für weit verbreitete Arbeitsunwilligkeit, mangelnde Mobilitätsbereitschaft, unzureichendes Anpassungsverhalten und Leistungsmissbrauch, finden sich nicht. Vielmehr deuten Forschungsergebnisse in eine andere Richtung:

- Zwar ist nicht zu bestreiten, dass bei der Inanspruchnahme von Transfers bei Arbeitslosigkeit auch Missbräuche auftreten. Jedoch war die Zahl der Sperrzeiten wegen Ablehnung einer zumutbaren Arbeit, Bildungsmaßnahme oder Maßnahmeabbruch nach SGB III im Verhältnis zur Gesamtzahl der arbeitslosen LeistungsempfängerInnen mit einer Quote von 3,9 % im Jahr 2004 verschwindend gering. Mit anderen Worten: Die Arbeitsbereitschaft von Arbeitslosen ist sehr hoch.

- Dass der Abstand zwischen Löhnen und Sozialleistungen unzureichend ist und es sich wegen der zu hohen Sozialleistungen besser ohne als mit Erwerbstätigkeit leben lässt, widerlegen zahlreiche empirisch fundierte Untersuchungen. Die Lohnersatzleistungen unterschreiten das letzte Nettoeinkommen beträchtlich. Und auch das gegenwärtige Bedarfsniveau des Arbeitslosengeldes II liegt bei nahezu allen familiären Konstellationen noch deutlich unterhalb des verfügbaren Einkommens der Erwerbstätigen selbst in den unteren Entgeltgruppen (vgl. Kap. „Einkommen", Pkt. 7.3.4).

- Zu den Arbeitslosen, die ihre Suche nach Arbeit aufgegeben haben, zählen vor allem ältere Arbeitslose, die so gut wie keine Chance mehr auf dem Arbeitsmarkt haben. Angesichts aussichtsloser Vermittlungschancen sind sie aber

auch aus der statistischen Erfassung ausgeschlossen, obwohl sie zu den LeistungsempfängerInnen der Bundesagentur für Arbeit gehören.

- Arbeitslose zeigen eine hohe Aktivität bei Arbeitssuche und Arbeitsaufnahme.
  Für erwerbslose Sozialhilfebeziehende hat die Armutsforschung gezeigt, dass
  insbesondere Arbeitslose nicht in der „Armutsfalle" verharren, sondern aktiv
  an der Überwindung ihrer Beschäftigungslosigkeit und Sozialhilfeabhängig-
  keit arbeiten. Neben monetären Anreizen prägen dabei weitere Faktoren die
  Motivstrukturen Erwerbsloser und sind für die Suche und Aufnahme neuer
  Beschäftigungen von entscheidenderer Bedeutung. Für die Schnelligkeit der
  Wiederaufnahme einer Arbeit spielt die Höhe des verfügbaren Einkommens in
  der Phase der Arbeitslosigkeit weder positiv noch negativ eine Rolle. Entscheidend sind vielmehr soziale, persönliche und qualifikatorische Faktoren.

- Eine beträchtliche betriebs- und berufsbezogene Mobilität sowohl der Beschäftigten wie der Arbeitslosen wurde ebenfalls empirisch belegt. Die regionale Mobilität ist in allen Regionen unabhängig von Alter, Geschlecht und
  Qualifikation gestiegen. Die Entwicklung zeigt auch, dass ehemals Arbeitslose
  zunehmend bereit sind, bei der Jobsuche überregionale Angebote zu akzeptieren. Ihre regionale Mobilität ist sogar stärker gestiegen als die der Betriebs-
  wechsler.

- Der Vergleich unterschiedlicher europäischer Regelungen und der jeweiligen
  Inanspruchnahme zeigt, dass weder zwischen Leistungshöhe und Arbeitslosenquote noch zwischen Leistungshöhe und Umfang der Langzeitarbeitslosigkeit
  ein signifikanter Zusammenhang besteht. Der Versuch, Arbeitslosigkeit über
  die Höhe der Einkommensersatzquote zu erklären, reicht bei weitem nicht aus
  und vernachlässigt u.a. den psychologischen und gesellschaftlichen Wert von
  Arbeit.

Letztlich ändern an dem Umstand, dass Arbeitsplätze fehlen und Arbeitslose um
offene Stellen konkurrieren müssen, auch die stärkste Arbeitsmotivation, die größten finanziellen Arbeitsanreize und die umfassendste Mobilität nichts. Die Arbeitsmarktstatistik zeigt, dass Arbeitsuchende deswegen nicht in Arbeit kommen,
weil die Zahl der Arbeitsplätze zu gering ist – und zwar in der gesamten Breite des
Arbeitsmarktes. Auch offene Stellen im Niedriglohnbereich, deren Bezahlung sich
nach den unteren Tarifgruppen richtet, gibt es in nennenswerter Zahl nicht.

Einen treffenden Beleg für den Tatbestand, dass Arbeitslosigkeit Folge eines
Arbeitsmarktungleichgewichtes ist und nicht als Problem fehlender Arbeitsanreize
oder unzureichender Sanktionsinstrumente umgedeutet werden kann, findet sich in
den regionalen Differenzen der Arbeitslosigkeit. Es gibt keine Anhaltspunkte dafür, dass Arbeitsmotivation und Arbeitsanreize in jenen Regionen gering sind, die
durch hohe Arbeitslosenquoten gekennzeichnet sind.

Schließlich ließe sich die hohe und kontinuierlich steigende Arbeitslosigkeit
nur dann mit fehlenden Anreizwirkungen begründen, wenn das (Nettoäquivalenz-)

Einkommen der Haushalte von Arbeitslosen sich im Verlauf der letzten Jahre günstiger entwickelt hätte als das Einkommen von Erwerbstätigenhaushalten. Aber genau das Gegenteil trifft zu: In den letzten Jahren sind in Deutschland die Leistungssätze der Lohnersatzleistungen gesenkt, die Leistungsvoraussetzungen verschlechtert und die Zumutbarkeitsmaßstäbe verschärft worden. Gleichwohl gibt es keinerlei Anzeichen dafür, dass durch all diese Maßnahmen, die auf das Arbeitsangebot zielen, das Niveau von Arbeitslosigkeit und Beschäftigung positiv beeinflusst worden wäre.

7 Soziale Sicherung bei Arbeitslosigkeit

7.1 Arbeitslosenversicherung

Die soziale Sicherung von Arbeitslosen ist eine der zentralen Aufgaben der Sozialpolitik. Umgesetzt werden kann dieser Sicherungsauftrag moderner Gesellschaften jedoch auf sehr verschiedenen Wegen, wie der Blick auf das *internationale Spektrum* der Systeme zeigt. Unterschiede bestehen insbesondere hinsichtlich folgender Aspekte:

- *Sicherungsziele*: Die Sicherung bei Arbeitslosigkeit kann z.B. vorrangig auf die Einkommensersatzfunktion beschränkt sein. Möglichkeiten der aktiven Unterstützung bei der Arbeitssuche oder Anpassungsqualifizierung bestehen nicht in jedem Leistungssystem. Über die individuellen Wirkungen hinausgehende gesellschaftspolitische oder gesamtwirtschaftliche Ziele werden mit dem Sicherungssystem für Arbeitslose auch nicht in jedem Industriestaat verfolgt.

- *Pflichtigkeit und erfasster Personenkreis*: In fast allen Ländern existiert eine Arbeitslosenversicherung als Pflichtversicherung, außer z.B. in skandinavischen Ländern, wo ArbeitnehmerInnen sich freiwillig versichern können bzw. wo die Versicherung an die Gewerkschaftsmitgliedschaft gebunden ist. Der Personenkreis ist zumeist auf ArbeitnehmerInnen bis zum Rentenalter beschränkt. Existiert jedoch lediglich eine steuerfinanzierte Grundsicherung zur Sicherung bei Arbeitslosigkeit, haben in der Regel alle BürgerInnen Anspruch auf die Leistungen.

- *Finanzierung*: Die Sicherungsleistungen können entweder durch allgemeine oder zweckgebundene Steuern oder über Beiträge der ArbeitnehmerInnen und/oder Arbeitgeber finanziert werden. In Einzelfällen erfolgt die Finanzierung nur durch einen Arbeitsmarktakteur (wie in Schweden allein über Arbeitnehmerbeiträge). Jedoch werden in den meisten Ländern die Mittel aus verschiedenen Quellen aufgebracht, zumindest existiert ein steuerfinanzierter Zuschuss des Staates.

- *Leistungsniveau und Anspruchsvoraussetzungen*: Die Binnenregelungen der international vorhandenen Sicherungssysteme sind sehr unterschiedlich. Sie hängen u.a. davon ab, ob (1) der Lebensstandard oder nur das soziokulturelle Existenzminimum gesichert werden soll, (2) damit die Leistungen pauschaliert oder abhängig vom letzten Arbeitseinkommen bemessen werden, (3) dabei familiale Lebensumstände berücksichtigt werden, (4) die Zahlungen sofort nach Eintritt von Arbeitslosigkeit oder erst nach einer Wartezeit einsetzen sowie (5) welche Vorversicherungszeit vorausgesetzt wird.

In Deutschland ist die Arbeitslosenversicherung verschiedenen Zielen verpflichtet:

▪ Finanzielle und soziale Absicherung der Arbeitslosen nach dem Verlust ihres Arbeitsplatzes: Durch entgeltbezogene Versicherungsleistungen sollen abrupte und tiefe, bis hin zur Armut führende Einbrüche im Lebensstandard vermieden und die Stetigkeit des Einkommensflusses im Sinne einer intertemporalen Einkommensumverteilung sichergestellt werden (*sozialpolitische Funktion*).

▪ Materielle Absicherung einer längeren Suchphase auf dem Arbeitsmarkt: Statt aus einer Notlage heraus den erstbesten Arbeitsplatz, d.h. damit womöglich auch jedes qualifikationsinadäquate Arbeitsangebot, annehmen zu müssen, soll Zeit für die Arbeitsplatzsuche gewährleistet werden. Dadurch lässt sich die Qualität der beruflichen Wiedereingliederung im Sinne einer höheren Passgenauigkeit zwischen Angebot und Nachfrage verbessern und unterwertige Beschäftigung verhindern, was zu individuellen und gesamtwirtschaftlichen Wohlfahrtsgewinnen führt (*arbeitsmarktpolitische Funktion*).

▪ Stabilisierung der gesamtwirtschaftlichen Nachfrage: Durch die Zahlung von Unterstützungsleistungen übernimmt die Arbeitslosenversicherung die Rolle eines antizyklischen, automatischen Stabilisators in einer Phase des ökonomischen Rückgangs. Indem die Leistungen zunächst an dem vorherigen Nettoeinkommen orientiert sind, werden die Kaufkraft der betroffenen Haushalte ausgeglichen und der Einkommenszufluss im Lebenslauf geglättet. Mittelbar tragen auf diesem Wege die Lohnersatzleistungen dazu bei, die Güternachfrage gesamtwirtschaftlich zu stabilisieren (*konjunkturpolitische Funktion*).

▪ Förderung der Risikobereitschaft bei Ausbildungs- und Berufsentscheidungen: Das Wagnis, einen Berufsweg zu wählen, der derzeit noch nicht oder künftig voraussichtlich nicht mehr nachgefragt wird, wird durch die Aussicht gemildert, im Falle einer Fehleinschätzung nicht unmittelbar von Armut bedroht zu sein. Die Bereitschaft wächst, sich positiv auf unsichere wirtschaftliche Entwicklungen und die Erfordernisse eines schnellen Strukturwandels einzustellen, statt aus Angst und Unsicherheit heraus diesen Prozess zu blockieren (*wachstums- und strukturpolitische Funktion*).

▪ Sicherung des sozialen Friedens in der Gesellschaft und die Verhinderung negativer Rückkoppelungseffekte der Arbeitslosigkeit auf das gesamte Entgelt- und Tarifgefüge: Der Druck der „industriellen Reservearmee" soll begrenzt werden (*gesellschaftspolitische Funktion*).

- Vermeidung kommunal finanzierter Sozial(hilfe)leistungen durch ein vorgelagertes Versicherungssystem: Angesichts der regional hoch ungleichen Verteilung von Arbeitslosigkeit werden vor allem jene Regionen und Kommunen entlastet, die von Strukturkrisen im besonderen Maße betroffen sind (*regionalpolitische Ausgleichsfunktion*).

- Herstellung eines sozialen Ausgleichs zwischen den unterschiedlichen Beschäftigtengruppen: Bei einem einheitlichen, entgelt- und nicht risikobezogenen Beitrag kommen Beschäftigte mit günstigen Risiken (geringere Betroffenheit von Arbeitslosigkeit) im Solidarverbund für Beschäftigte mit schlechten Risiken auf (*verteilungspolitische Funktion*).

Insgesamt erzeugt die Absicherung bei Arbeitslosigkeit damit *positive externe Effekte*, d.h. gesellschaftlich erwünschte Wirkungen, von denen auch jene profitieren, die nicht versichert bzw. unmittelbar betroffen sind. Die Versicherungsleistung kann daher auch als ein *quasi-öffentliches Gut* bezeichnet werden. Auch wenn es nicht beabsichtigt wäre, könnte niemand vom Nutzen der Arbeitslosenversicherung ausgeschlossen werden. Die Risikogemeinschaft ist im Falle von Arbeitslosigkeit nicht abgrenzbar.

Die Arbeitslosenversicherung ist daher in Deutschland eine umfassende Pflichtversicherung für alle abhängig Beschäftigten, außen vor bleiben Beamte und geringfügig Beschäftigte sowie fast alle Selbstständigen. Finanziert wird die Arbeitslosenversicherung (wie auch die aktive Arbeitsmarktpolitik) durch Beiträge, die sich an einem Prozentsatz des Bruttoentgelts (2007: 4,2 %) bemessen und je zur Hälfte von Arbeitnehmern und Arbeitgebern gezahlt werden. Zum Ausgleich von Defiziten dient ein steuerfinanzierter Bundeszuschuss.

Die Arbeitslosenversicherung weist gegenüber anderen Sozialversicherungen einige Besonderheiten auf:

- Das Verfahrens- und Leistungsrecht der Arbeitslosenversicherung ist kompliziert. Das liegt daran, dass jede Arbeitslosenversicherung vor dem Problem steht, dass der Versicherungsfall „Arbeitslosigkeit" nicht einfach objektivierbar ist. Risikoeintritt und Risikodauer sind individuell beeinflussbar („moral hazard") – viel stärker als dies bei den Risiken Krankheit, Alter, Invalidität und Unfall der Fall ist. Daher lässt sich der Kreis der Anspruchsberechtigten nur schwer bestimmen. Denn auf der Angebotsseite des Arbeitsmarktes einerseits und der Nachfrageseite andererseits liegen nur unsichere und asymmetrisch verteilte Informationen vor. Es ist für die Arbeitsverwaltung nicht ohne weiteres ersichtlich, ob der Eintritt oder die anhaltende Dauer von Arbeitslosigkeit in einem Mangel an individueller Bereitschaft zur Arbeitsaufnahme oder in den üblichen Bedingungen des entsprechenden Arbeitsmarktes begründet sind. Dazu muss ein Verfahren der unmittelbaren bürokratischen Verhaltenskontrolle mit Kontaktzwang eingesetzt werden, in dem Leistungsmotivation und Arbeitsbereitschaft vor dem Hintergrund der stets unsicheren Einschät-

zung über die Entwicklung, den Umfang und die Qualitäten der Arbeitsnachfrage geprüft werden. Entsprechende Regelungen im Verfahrens- und Leistungsrecht müssen diese Schwierigkeiten berücksichtigen, um die Versichertengemeinschaft vor unwirtschaftlicher und auch missbräuchlicher Verwendung ihrer Mittel zu schützen. Gleichzeitig ist aber auch den Ansprüchen,
Rechten und vor allem der Würde der von Arbeitslosigkeit Betroffenen im
weitest möglichen Sinne Rechnung zu tragen.

- Arbeitslosigkeit wird als persönliches (Erwerbs)Lebensrisiko – wie andere
soziale Risiken – chronisch unterschätzt. Gäbe es keine Pflicht zur individuellen Sicherung, würden Erwerbstätige in weiten Teilen zugunsten aktuellen
Konsums auf die Versicherungsbeiträge verzichten.

- Daneben gibt es eine Unterschätzung des Arbeitslosigkeitsrisikos durch die im
Unterschied zu Alters- und Gesundheitsleistungen hoch segmentierte Betroffenheit und damit wegen höchst ungleich verteilter Erfahrungen mit Arbeitslosigkeit. Viele Versicherte müssen nie oder nie länger Unterstützung der Arbeitslosenversicherung beziehen, um die zeitweisen Einkommensausfälle zu
überbrücken. Dies trägt dazu bei, dass die Akzeptanz der Arbeitslosenversicherung vergleichsweise gering ausfällt, so dass die Kürzungsbereitschaft auf
Seiten der politischen Entscheidungsträger als auch die entsprechende Zustimmung auf Seiten der Bevölkerung recht groß ist. An einer Versicherungspflicht führt jedoch kein Weg vorbei, wenn nicht massive Sicherungslücken
und/oder ein direkter Verweis der Betroffenen auf fürsorgerechliche Leistungen mit Bedürftigkeitsprüfung in Kauf genommen werden sollen.

- Die Absicherung bei Arbeitslosigkeit lässt sich nicht privatwirtschaftlich gestalten, etwa durch individuelle Vorsorge oder durch private Versicherungen
wie zur Absicherung bei Alter, Invalidität, Krankheit. Denn das Risiko „Arbeitslosigkeit" ist kein einzelwirtschaftlich versicherbares Risiko im engeren
Sinne. Unterbeschäftigung ist von konjunkturellen und strukturellen Faktoren
bestimmt. Daher lassen sich Eintrittswahrscheinlichkeit und Schadenshöhe
nicht versicherungstechnisch kalkulieren. Das wahrscheinlichkeitsstatistisch
fundamentale Gesetz der großen Zahl gilt nur bei voneinander unabhängigen
Einzelrisiken. Ferner würden private Versicherer entsprechend der Versiche-
rungsmathematik risikobezogene Beiträge fordern. Arbeitslosigkeitsrisiken
sind jedoch unter den Erwerbstätigen in hohem Maße sozial selektiv verteilt.
Erwerbstätige mit größeren Arbeitsmarktrisiken (wie z.B. in besonderen Branchen oder Ältere) hätten erhebliche Schwierigkeiten, sich gegen Arbeitslosigkeit abzusichern. Die Versicherungsprämien wären aufgrund ihrer größeren
Beschäftigungsrisiken immens hoch und würden ein Großteil des verfügbaren
Haushaltseinkommens binden, das in Haushalten mit „schlechten Risiken" ohnehin gering ist. Es bestünde die Gefahr, dass insbesondere diejenigen sich
nicht oder nur unzureichend absichern können, die der sozialen Sicherung am
meisten bedürfen. Begrenzt sind nicht zuletzt auch die Möglichkeiten einer be-

trieblichen Absicherung gegen den Einkommensverlust, da sich mit Abfindungen oder Sozialplanleistungen die Einkommenslücken nur kurzfristig überbrücken lassen.

7.2 Arbeitslosengeld und Arbeitslosengeld II

Die soziale Sicherung bei Arbeitslosigkeit ist in Deutschland als *zweistufiges* System organisiert:

- durch das Arbeitslosengeld im Rahmen der Arbeitslosenversicherung nach SGB III und
- durch das Arbeitslosengeld II, der Grundsicherung für Arbeitssuchende auf Basis des SGB II (vgl. Kap. „Einkommen", Pkt. 7.3).

Das Arbeitslosengeld ist eine in der Dauer befristete Lohnersatzleistung der beitragsfinanzierten Sozialversicherung, während das Arbeitslosengeld II eine fürsorgerechtliche Leistung aus Steuermitteln des Bundes ist. Arbeitslosengeld wird von den Agenturen für Arbeit und Arbeitslosengeld II wird von den Job-Centern (den örtlichen Arbeitsgemeinschaften von Kommunen und Agenturen für Arbeit) oder den Kommunen als alleinige Träger organisiert. Arbeitslose haben Anspruch auf Arbeitslosengeld, wenn sie arbeitslos und anspruchsberechtigt sind, und auf Arbeitslosengeld II, wenn sie erwerbsfähig und hilfebedürftig sind.

7.2.1 Arbeitslosengeld

Auf *Arbeitslosengeld* besteht Anspruch, wenn Beschäftigungslose nach gesetzlichen Kriterien „arbeitslos" sind und die Voraussetzungen für die Anwartschaft erfüllt haben. Arbeitslos sind diejenigen, die sich persönlich bei der Arbeitsagentur melden, vorübergehend nicht in einem Beschäftigungsverhältnis stehen, eine versicherungspflichtige Beschäftigung (von mindestens 15 Wochenstunden) suchen, der Arbeitsvermittlung zur Verfügung stehen und bereit sind, jede zumutbare Arbeit annehmen. Ferner ist der Anspruch auf Arbeitslosengeld von der Erfüllung einer Wartezeit (Anwartschaft) abhängig. In einer Rahmenfrist von zwei Jahren müssen mindestens zwölf Monate versicherungspflichtige Beschäftigung nachgewiesen werden. Als Beitragszeiten gewertet werden auch Zeiten der Erziehung eines Kindes bis zum dritten Lebensjahr, wenn mit der Kinderziehung eine versicherungspflichtige Beschäftigung oder der Bezug von Arbeitslosengeld unterbrochen wurde.

Höhe und Dauer des Leistungsbezugs sind entsprechend des versicherungstypischen Äquivalenzprinzips abhängig von der Dauer der Beitragszahlung und der Höhe des letzten Nettoeinkommens. Die Leistungsdauer des Arbeitslosengeldes steht zu der Anwartschaft in einem Verhältnis von 1:2, d.h. für einen Leistungsmonat sind zwei Beitragsmonate erforderlich. Die Bezugsdauer ist limitiert, die Lohnersatzleistung kann maximal zwölf Monate bezogen werden. Für ältere ArbeitnehmerInnen gelten jedoch verlängerte Fristen. Ab einem Lebensalter von 55 Jahren können – je nach vorhandenen Anwartschaftszeiten – entweder 15 oder 18 Monate Arbeitslosengeld gewährt werden.

Für die Leistungshöhe sind das versicherungspflichtige Entgelt (Bemessungs-entgelt), die in Frage kommende Lohnsteuerklasse und evtl. vorhandene unter-haltspflichtige Kinder von Bedeutung. Das Bemessungsentgelt ermittelt sich aus dem durchschnittlichen Verdienst der letzten 12 Monate. Nicht berücksichtigt wer-den die gleichwohl beitragspflichten Mehrarbeitszuschläge und Sonderzahlungen (wie Weihnachts- und Urlaubsgeld). Die jährliche Anpassung des Bemessungsent-gelts an der allgemeinen Entwicklung der Bruttoarbeitsentgelte („Dynamisierung") gibt es seit dem Jahr 2003 nicht mehr. Das Bemessungsentgelt wird um die gesetz-lichen Abzüge vermindert, die bei den ArbeitnehmerInnen gewöhnlich anfallen. Abgezogen werden die Lohnsteuer, der Solidaritätszuschlag und ein Pauschalbei-trag zu den Sozialversicherungen von 21 %. Mit der Pauschalierung der Sozialver-sicherungsbeiträge haben Änderungen bei den Beitragssätzen zu den Sozialversi-cherungen keine Auswirkungen mehr auf das Arbeitslosengeld. BezieherInnen von Arbeitslosengeld sind jedoch weiter kranken-, pflege- und rentenversichert (vgl. Bd. II, Kap. „Gesundheit", Pkt. 5.1.1 sowie Bd. II, Kap. „Alter", Pkt. 6.2).

Nach diesem pauschalierten Nettoeinkommen (Leistungsentgelt) wird schließ-lich die Leistungshöhe von der Agentur für Arbeit berechnet und in Leistungstabel-len ausgewiesen. Der definitive Zahlbetrag ergibt sich dann als Anteil am Leis-tungsentgelt. Der allgemeine Leistungssatz beträgt 60 % des pauschalierten Netto-einkommens, Arbeitslose mit unterhaltspflichtigen Kindern erhalten einen erhöhten Leistungssatz von 67 %.

Arbeitslosengeld wird auch bei Teilnahme an einer Maßnahme der beruflichen Weiterbildung und als Teilarbeitslosengeld gezahlt. Das Teilarbeitslosengeld soll den Einkommensausfall ausgleichen, der eintritt, wenn ArbeitnehmerInnen eines von mehreren versicherungspflichtigen Teilzeitbeschäftigungsverhältnissen verlie-ren. Der Bestandsschutz verhindert, dass Arbeitslose, die eine schlechter bezahlte oder eine Teilzeittätigkeit aufnehmen, bei Verlust dieser neuen Beschäftigung ein niedrigeres Arbeitslosengeld erhalten. Der Bestandsschutz gilt für zwei Jahre und garantiert, dass bei der Berechnung des neuen Arbeitslosengeldes das vorherige Bemessungsentgelt zu Grunde gelegt wird.

7.2.2 Arbeitslosengeld II

Nach Auslaufen des Anspruches auf Arbeitslosengeld bestand bis zum Jahr 2005 Anspruch auf Arbeitslosenhilfe als zweite Leistung nach dem SGB III. Seit 2005 erhalten ehemalige EmpfängerInnen von Arbeitslosenhilfe – wie die erwerbsfähi-gen EmpfängerInnen von Sozialhilfe – die neue Leistung „Arbeitslosengeld II" nach der – im SGB II geregelten – Grundsicherung für Arbeitssuchende (vgl. dazu ausführlich Kap. „Einkommen", Pkt. 7.3).

Die Leistungsdauer des Arbeitslosengeldes II ist zeitlich unbegrenzt. Die Leistungshöhe richtet sich nicht – wie beim Arbeitslosengeld – nach dem vorherigen Nettoeinkommen, sondern entspricht der Höhe der Sozialhilfe von monatlich 345 €, seit Mitte 2006 einheitlich für die alten wie die neuen Bundesländer. Neben den vollen Regelleistungen für die erwerbsfähigen Arbeitslosen gehen für nicht erwerbsfähige Hilfebedürftige im Haushalt anteilige Regelsätze in die Bedarfsberechnung ein, das so genannte Sozialgeld (vgl. Kap. „Einkommen", Pkt. 7.3). Zum Gesamtbedarf des Haushalts hinzukommen noch die Kosten für die Warmmiete sowie Zuschläge für Mehr- und/oder einmalige Bedarfe. Für Arbeitslose, die nach dem Bezug von Arbeitslosengeld weiterhin hilfebedürftig sind, wird der Bedarf um einen befristeten Zuschlag zusätzlich erhöht. Im ersten Jahr beträgt der Zuschlag 160 € im Monat, bei PartnerInnen 320 €, und im zweiten Jahr des Leistungsbezugs wird der Zuschlag um die Hälfte gekürzt. Der Zuschlag soll für die betroffenen Haushalte den Übergang vom lohnbezogenen Arbeitslosengeld in die lediglich existenzsichernde Grundsicherung finanziell abfedern. Zudem werden so die Einkommenssituation im Zeitverlauf und die Güternachfrage stabilisiert.

Der Gesamtbedarf entspricht allerdings nicht dem schließlichen Zahlbetrag. Zuvor wird geprüft, ob der Bedarf der Bedürftigkeit entspricht und ob nicht insbesondere Einkommen und Vermögen den tatsächlichen Bedarf mindern. Die Bedürftigkeitsprüfung beim Arbeitslosengeld II orientiert sich dabei weitgehend an den Bedingungen bei der Sozialhilfe. Angerechnet werden eigenes Einkommen und Vermögen aller erwerbsfähigen und nichterwerbsfähigen Haushaltsmitglieder, die über den gewährten Freibeträgen liegen (vgl. Kap. „Einkommen", Pkt. 7.3.4). Die Differenz zwischen Bedarf und angerechneten Beträgen ist dann der monatliche Zahlbetrag an die Bedarfsgemeinschaft. Auch Arbeitslose, die Arbeitslosengeld empfangen, können zusätzlich Arbeitslosengeld II beziehen, wenn die Versicherungsleistung aufgrund niedriger Erwerbseinkommen unter dem Bedarf liegt, den das SGB II als sozioökonomisches Existenzminimum vorsieht.

7.2.3 Sperrzeiten und Sanktionen

Wird von der Agentur für Arbeit eine *Sperrzeit* verhängt, dann ruht der Anspruch auf *Arbeitslosengeld*. Für die Dauer der Sperrzeit werden dann keine Lohnersatzleistungen gezahlt. Folgende Tatbestände lösen eine Sperrzeit aus:

- Arbeitsaufgabe: eigene Auflösung des Beschäftigungsverhältnisses (z.B. durch Eigenkündigung oder Aufhebungs- oder Abwicklungsvertrag zwischen Arbeitgeber und Beschäftigten) oder arbeitgeberseitige Kündigung nach arbeitsvertragswidrigem Verhalten;
- Arbeitsablehnung: Ablehnung einer von der Agentur für Arbeit angebotenen zumutbaren Beschäftigung oder Verhinderung der Anbahnung oder des Zustandekommens eines neuen Beschäftigungsverhältnisses;
- unzureichende Eigenbemühungen vor allem bei der Arbeitssuche;

- Ablehnung einer beruflichen Eingliederungsmaßnahme;
- Abbruch einer beruflichen Eingliederungsmaßnahme;
- Meldeversäumnis oder verspätete Arbeitssuchendmeldung.

Eine Sperrzeit tritt nicht ein, wenn Arbeitslose für ihr Verhalten einen wichtigen Grund belegen können. Die Regelsperrzeit umfasst 12 Wochen, kann aber unter bestimmten Voraussetzungen auf sechs oder drei Wochen gekürzt werden. Bei unzureichenden Eigenbemühungen wird das Arbeitslosengeld zwei Wochen und bei Meldeversäumnissen eine Woche lang nicht gezahlt. Sperrzeiten haben auch Auswirkungen auf die gesamte Anspruchsdauer. Die Sperrzeiten werden auf die Zeiten des Anspruchs auf Arbeitslosengeld angerechnet. Nach Ende der Sperrzeit wird Arbeitslosengeld noch für die verbleibenden Wochen abzüglich der Sperrzeiten ausgezahlt. Erreichen mehrere Sperrzeiten die Summe von mindestens 21 Wochen, erlischt der Anspruch auf Arbeitslosengeld.

Während der Sperrzeit zahlt die Agentur für Arbeit keine Beiträge zur Sozialversicherung. Arbeitslose müssen sich deshalb zumindest in ihrer Krankenkasse freiwillig weiterversichern, wollen sie nicht ohne Krankenversicherungsschutz bleiben. In jedem Fall haben ArbeitnehmerInnen das Recht, Widerspruch gegen eine verhängte Sperrzeit bei der Agentur für Arbeit einzureichen und die Aufhebung oder Reduzierung der Sperrzeit zu verlangen.

Im Jahr 2005 wurden bundesweit unter den 1,73 Mio. BezieherInnen von Arbeitslosengeld rund 151.000 Sperrzeiten verhängt. Dies entspricht einer Quote von 8,7 % Anlass für die Sperrzeiten war in 76 % der Fälle eine Arbeitsaufgabe oder arbeitsvertragswidriges Verhalten und bei 24 % der Abbruch einer Maßnahme oder Ablehnung einer angebotenen Arbeit oder Maßnahme.

Arbeitslose mit Sperrzeiten oder nach Verlust des Anspruches können Arbeitslosengeld II beantragen, um zumindest das sozioökonomische Existenzminimum zu gewährleisten. Allerdings reduziert sich die Hilfe je nach Anlass für das Versagen der Leistung entsprechend den Regelungen für BezieherInnen der Grundsicherung für Arbeitsuchende. Auf diese Weise erfahren Beziehende von Arbeitslosengeld eine doppelte Einkommensminderung: Nicht nur verlieren sie (befristet) die lohnbezogenen Unterstützung, sondern die alternativen Leistungen werden zudem noch nicht einmal auf Regelhöhe des sozioökonomischen Existenzminimums gewährt.

Beim *Arbeitslosengeld* II werden zur Disziplinierung der Arbeitslosen keine Sperrzeiten, sondern „Sanktionen" verhängt. Im Gegensatz zum Leistungsrecht nach SGB III wird das Arbeitslosengeld II – eben aufgrund seiner Bedeutung als Existenzsicherung – zunächst nicht gänzlich versagt, sondern zunächst je nach Anlass und stufenweise für eine Dauer von drei Monaten gemindert. Eine Ausnahme wird jedoch bei Jugendlichen gemacht, denen die Zahlungen bereits bei einer ersten Pflichtverletzung gestrichen werden. Die Anlässe unterscheiden sich für BezieherInnen von Arbeitslosengeld II kaum von denen für BezieherInnen von

Arbeitslosengeld. Gekürzt werden die Regelleistungen, wenn Erwerbsfähige sich weigern, eine Eingliederungsvereinbarung abzuschließen oder ihr nachzukommen, eine zumutbare Arbeit oder Maßnahmenteilnahme (wie eine Arbeitsgelegenheit) ablehnen oder eine solche Maßnahme abbrechen. Die Kürzungen belaufen sich in einer ersten Stufe auf 30 % der Regelleistung und auf weitere 30 % bei jeder folgenden Pflichtverletzung, wobei dann auch die Leistungen für Unterkunft, Heizung und Mehrbedarfe betroffen sein können. Ausgeschlossen von den Kürzungen sind aber die Leistungen, die Kindern zustehen. Auch im SGB II ist vorgesehen, dass bei mehreren Regelverstößen die Leistungen für die erwerbsfähigen Hilfebedürftigen völlig gestrichen werden. In diesen Fällen werden dann lediglich noch Sachleistungen zugestanden und Lebensmittelgutscheine ausgegeben, um das zum Lebensunterhalt absolut Notwendige sicherzustellen.

7.2.4 Zumutbarkeit

Das Interesse von Arbeitslosen, ihren Vorstellungen entsprechend vermittelt zu werden und einen möglichst umfassenden Einkommens- und Statusschutz zu erhalten, muss abgewogen werden mit dem Interesse der Gesamtheit der BeitragszahlerInnen. Aus Sicht der Beschäftigten, die über ihre Beiträge Lohnersatzleistungen für prinzipiell Arbeitsfähige finanzieren, müssen Arbeitslose Maßstäbe zumutbarer beruflicher Belastungen akzeptieren, die allgemeinen Gerechtigkeitsvorstellungen entsprechen. So wäre es nicht verständlich, wenn Arbeitslose eine freie Stelle nur deswegen ablehnen könnten, weil die Lage der Arbeitszeit (z.B. Schichtarbeit) nicht ihren Vorstellungen entspricht. Dieser Interessenausgleich erfolgt durch die Bestimmung von *Zumutbarkeitskriterien*.

Für die EmpfängerInnen von Arbeitslosengeld regelt das SGB III, welche Beschäftigung zumutbar ist. Danach sind alle Beschäftigungen zumutbar, die Arbeitslose ausüben können und dürfen. Einen Berufsschutz gibt es nicht. Lediglich bei der Höhe des Arbeitsentgeltes und den zumutbaren Fahrtzeiten gelten abgestufte Schutzregelungen:

- In den ersten drei Monaten der Arbeitslosigkeit ist ein um 20 % vermindertes Bruttogehalt zumutbar.
- In den folgenden drei Monaten muss eine Kürzung um 30 % hingenommen werden.
- Ab dem siebten Monat sind alle Beschäftigungen zumutbar, wenn das daraus erzielte Nettoeinkommen abzüglich von notwendigen Aufwendungen (wie Fahrtkosten) die Höhe des Arbeitslosengeldes nicht unterschreitet.
- Fahrtzeiten sind zumutbar, wenn diese bei einer Arbeitszeit von mehr als sechs Stunden insgesamt zweieinhalb Stunden betragen.
- Eine Beschäftigung darf auch deshalb nicht abgelehnt werden, weil sie befristet ist oder eine doppelte Haushaltsführung erforderlich macht.

Arbeitslose, die *Arbeitslosengeld II* beziehen, stehen unter deutlich restriktiveren Zumutbarkeitskriterien und von daher unter verstärktem Druck, ihre Arbeitskraft anzubieten. Erwerbsfähige nach SGB II sind verpflichtet, den Lebensunterhalt für sich und ihre unterhaltsberechtigten Angehörigen aus eigener Erwerbstätigkeit zu bestreiten. *Jede Arbeit* gilt dabei als zumutbar, die nicht gegen Gesetze oder gute Sitten verstößt, ungeachtet des vorherigen Nettoeinkommens oder der Qualifikation. Eine tarif- oder ortsübliche Entlohnung ist ebenfalls nicht mehr Maßstab für die Zumutbarkeit. Geschützt vor dem sofortigen und umfassenden Einsatz der Arbeitspflicht sind jedoch Erwerbsfähige, die zu bestimmten Arbeiten körperlich, geistig oder seelisch nicht in der Lage sind, die Kinder unter drei Jahren erziehen oder Angehörige pflegen sowie diejenigen, denen die Ausübung der angebotenen Arbeit die Aufnahme ihrer bisherigen Tätigkeit wesentlich erschweren würde.

7.3 Entwicklung und Probleme des Leistungsbezugs

Das Risiko Arbeitslosigkeit wird durch das versicherungsförmige Arbeitslosengeld nur insoweit abgedeckt, als es sich um einen vorrangig konjunkturell bedingten Schadensfall mit begrenzter Dauer handelt. Das Sicherungssystem kann nur bei den Arbeitslosen Notlagen vermeiden, deren Arbeitslosigkeit *erstens* relativ kurz ist, die *zweitens* zuvor langjährig gearbeitet und Beiträge gezahlt und die *drittens* relativ gut verdient haben. Es erfüllt seine Sicherungsfunktion also vorrangig bei jenen Beschäftigten, die mehrheitlich als Angehörige der Kernbelegschaft lange Beitrags- und nur kurze Arbeitslosigkeitszeiten aufweisen. Alle anderen Arbeitslosen und Arbeitssuchenden sind auf das sozioökonomische Existenzminimum des Arbeitslosengeldes II unter weitaus restriktiveren Leistungsbedingungen angewiesen.

Mit der Einführung des Arbeitslosengeldes II ist es zu einer massiven Verschiebung der sozialen Sicherung bei Arbeitslosigkeit von einem Versicherungs- und hin zu einem Fürsorgesystem mit deutlich abgesenktem Leistungsniveau und verschärften Bezugsbedingungen gekommen. Die Folgen dieses Paradigmenwechsels im Sicherungssystem für Arbeitslose konzentrieren sich auf folgende Problembereiche:

- Ausgrenzung von Arbeitslosen aus den Regelleistungen der Arbeitslosenversicherung und damit verbunden eine
- Senkung der Leistungshöhe für einen Großteil der ehemaligen ArbeitslosenhilfeempfängerInnen.

7.3.1 Leistungsausgrenzung

Infolge der zunehmenden Dauer der Arbeitslosigkeit hatte bereits vor der Einführung des Arbeitslosengeldes II die Bedeutung des Arbeitslosengeldes laufend abgenommen (vgl. Abbildung IV.29). Arbeitslosengeld als eigentliche Hauptleistung im Falle von Arbeitslosigkeit erhielten 2004 in den alten Bundesländern nur noch 46,3 % der Arbeitslosen, in den neuen Bundesländern sogar nur noch 34,9 %. Dem

Bedeutungsverlust des Arbeitslosengeldes stand die Bedeutungszunahme der Arbeitslosenhilfe gegenüber. 2004 waren bereits fast die Hälfte (43,6 %) des Arbeitslosenbestandes in den alten und fast zwei Drittel (61,4 %) in den neuen Bundesländern auf die bedürftigkeitsgeprüfte Arbeitslosenhilfe verwiesen. Weitere 10 % der Arbeitslosen waren weder durch Arbeitslosengeld noch durch Arbeitslosenhilfe abgesichert und von daher größtenteils auf die Unterstützung durch Sozialhilfeleistungen angewiesen oder waren bei fehlender Bedürftigkeit im Haushaltskontext von der familialen Versorgung abhängig – wovon insbesondere arbeitslose Frauen mit erwerbstätigem Partner betroffen waren.

Mit dem Übergang zum Arbeitslosengeld II hat sich die Ausgrenzung aus dem versicherungsförmigen Leistungsbezug nochmals verstärkt. Die Leistungsempfängerquote von Arbeitslosengeld ist im Jahr 2006 weiter und deutlich auf nunmehr nur noch knapp ein Drittel der registrierten Arbeitslosen gesunken. So setzt sich die Arbeitslosenquote von 11 % im Bundesdurchschnitt aus den Teilquoten von 4,4 % im Rechtskreis des SGB III und von 6,7 % im Rechtskreis des SGB II zusammen. In den neuen Bundesländern liegt das Verhältnis entsprechend der hohen Bedeutung der Langzeitarbeitslosigkeit bei 6,6 % zu 11,8 % (vgl. Tabelle IV.21).

Abbildung IV.29:

EmpfängerInnen von Arbeitslosengeld, Arbeitslosenhilfe und Arbeitslosengeld II in % der Arbeitslosen 1991 - 2005

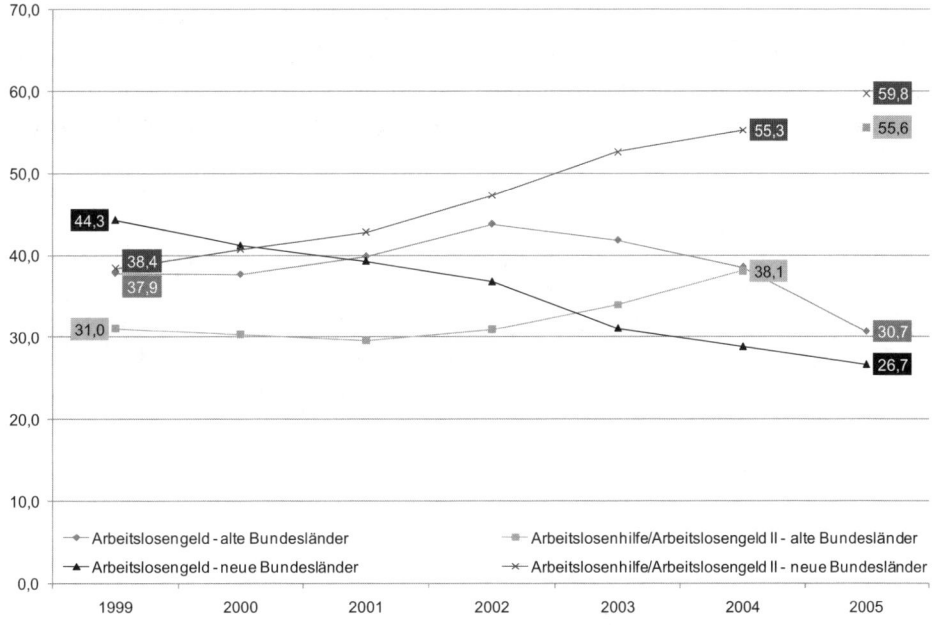

Quelle: Bundesagentur für Arbeit, Arbeitsmarktbericht, versch. Jahrgänge, eigene Berechnungen.

7.3.2 Leistungssenkung

Der durchschnittliche Zahlbetrag des *Arbeitslosengeldes* belief sich im Jahr 2005 auf 770 €/Monat. Da Mehrarbeitszuschläge und Sonderzahlungen, wie Weihnachtsgeld und Urlaubsgeld, zwar der Beitragspflicht unterliegen, aber nicht in das Bemessungsentgelt eingehen, entspricht das Arbeitslosengeld ungefähr der Hälfte des ausgefallenen Arbeitseinkommens. Diese Durchschnittszahlen für das Bundesgebiet verdecken allerdings deutliche Unterschiede im Leistungsniveau:

- *Regionen*: In den neuen Bundesländern ist die Höhe des Arbeitslosengeldes mit rund 17 % niedriger als in den alten Bundesländern (669 € gegenüber 806 €). Dieser Abstand resultiert fast ausschließlich aus den mit 22 % geringeren Leistungsansprüchen der Männer in den neuen Bundesländern.

- *Geschlechter*: Aufgrund durchschnittlich niedriger Entgelte und höherer Steuerabzüge (Steuerklasse V) vom Arbeitseinkommen verheirateter Frauen ist die nettolohnbezogene Leistung für Frauen durchweg um ein Drittel und damit erheblich geringer als für Männer (vgl. Abbildung IV.30).

- *Erwerbseinkommen*: Erwerbstätige mit geringem Erwerbseinkommen realisieren bei Arbeitslosigkeit ein entsprechend geringes Arbeitslosengeld. Für diese Gruppe ist die erwähnte Einschränkung der Bemessungsgrundlage, die zu einem realen Leistungssatz von ca. 50 % führt, besonders problematisch. Viele Haushalte sind daher neben dem Arbeitslosengeld auf ergänzende Leistungen nach dem SGB II angewiesen. Unter den Bedarfsgemeinschaften, die 2005 Arbeitslosengeld II erhielten, waren rund 170.000 EmpfängerInnen von Arbeitslosengeld. Dies entspricht in etwa einem Anteil von 10 %.

Deutlich geringer ist die Regelleistung zur Sicherung des Lebensunterhalts für erwerbsfähige Hilfebedürftige. Im Jahr 2005 lagen die tatsächlichen Zahlbeträge des *Arbeitslosengeldes II* durchschnittlich bei 348 € in den alten und bei 330 € in den neuen Bundesländern. Arbeitslosengeld II wird jedoch im Haushaltszusammenhang gewährt und ist abhängig vom jeweiligen Gesamtbedarf (vgl. Kap. „Einkommen", Pkt. 7.3). Dem Arbeitslosengeld II hinzuzurechen sind daher neben der Unterstützung für die Angehörigen (Sozialgeld) insbesondere die Leistungen für Unterkunft und Heizung. Das Leistungsniveau ist dabei insbesondere abhängig von der Größe der Bedarfsgemeinschaft, ob der degressive Zuschlag an ehemalige Arbeitslosengeldbeziehende geleistet wird sowie von Art und Höhe der angerechneten Einkommen und Vermögen.

Abbildung IV.30:

Leistungshöhe von Arbeitslosengeld nach Geschlecht 2004

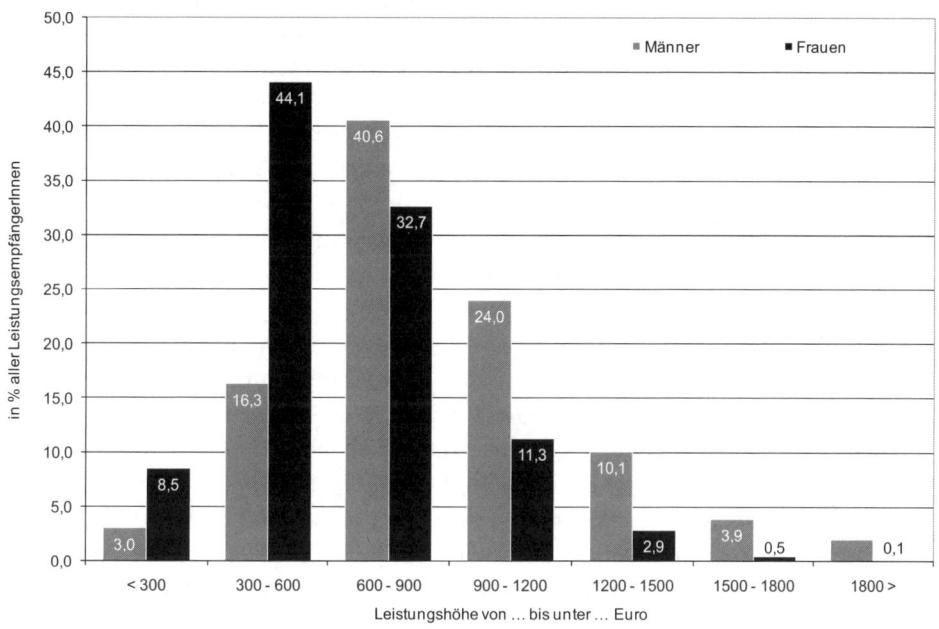

1) im Juni 2004.
Quelle: Bundesagentur für Arbeit, Arbeitstabellen.

Problematisch beim Bezug von Mindestsicherungsleistungen wie dem Arbeitslosengeld II ist u.a., dass nicht für alle BeziehenderInnen und ihre Familienangehörigen eine angemessene Absicherung gegen Krankheit besteht und eine ausreichende Alterssicherung gewährleistet wird. Insbesondere für ältere Arbeitslose mit geringen Wiedervermittlungschancen besteht die Gefahr, Rentenansprüche zu realisieren, die unter dem Niveau der bedarfsorientierten Grundsicherung (im Alter) liegen (vgl. Kap. „Einkommen", Pkt. 7.1.6).

7.4 Soziale Sicherung bei Arbeitslosigkeit im Wandel

In der sozialen Sicherung bei Arbeitslosigkeit wurde mit der Zusammenführung von Arbeitslosen- und Sozialhilfe ein fundamentaler Systemwandel vollzogen. Begründet war die Einführung des Arbeitslosengeldes II zum einen mit konkreten Problemen, die das Nebeneinander zweier Leistungssysteme für Langzeitarbeitslose für Betroffene wie für die Arbeits- und Sozialverwaltungen als auch für die öffentlichen Haushalte erzeugte (vgl. Kap. „Einkommen", Pkt. 7.3.1). Eine Reform der Einkommenssicherung und arbeitsmarktpolitischen Förderpolitik war zum anderen deshalb geboten, weil sich Arbeitslosigkeit als soziales Problem nicht nur in Umfang und Betroffenheit massiv erhöht, sondern auch in der Struktur deutlich verändert hatte. Die Lage und Entwicklung auf dem Arbeitsmarkt entspricht seit langem in keiner Weise dem Idealfall eines mehr oder minder gleichmäßig verteilten und lediglich kurzfristigen Arbeitslosigkeitsrisikos, das immer wieder andere trifft und im Rahmen der Leistungsdauer des Arbeitslosengeldes beendet wird. Damit stehen die tatsächlichen Verhältnisse auf dem Arbeitsmarkt im wachsenden Widerspruch zu den Annahmen, die die Leistungssysteme der Sozialhilfe, der Arbeitslosenhilfe und des Arbeitslosengeldes normiert haben. Der Strukturwandel der Arbeitslosigkeit hat dabei zu einem Funktionswandel aller drei Systeme und ihres Bezugs zueinander geführt:

- Die Sozialhilfe hatte sich – entgegen ihrer nachrangigen Funktion der Armutsvermeidung für atypische Not- und Bedarfslagen – faktisch zu einer sozialen Grundsicherung für Arbeitslose entwickelt.

- Die vormalige Arbeitslosenhilfe war nicht mehr nur eine vorübergehende Verlängerung der Lebensstandardsicherung auf eingeschränktem Niveau für einen begrenzten Kreis von Versicherten, sondern eine Dauerleistung für immer mehr Arbeitsuchende, die langfristig vom Arbeitsmarkt ausgegrenzt waren.

- Das Arbeitslosengeld hat in seiner Bedeutung als befristete Lebensstandardsicherung zwischen zwei Beschäftigungsverhältnissen und während der zeitlich begrenzten Such- und Anpassungsphase für langjährig Versicherte kontinuierlich abgenommen. Statt einer Normleistung mit weitem Anspruch auch auf aktive Eingliederungsleistungen ist das Arbeitslosengeld mehr und mehr zu einer Exklusivleistung für einen privilegierten Kreis von Arbeitslosen geworden.

Allerdings wurden im Zuge dieses Systemwandels die vormals entstandenen Gerechtigkeitslücken durch neue Gerechtigkeitsprobleme ersetzt. So ist die drastische Absenkung des Leistungsniveaus unter verschärften Zumutbarkeits- und Sanktionsbedingungen Ausdruck dafür, dass sozialpolitische Ziele bei der Absicherung bei Arbeitslosigkeit künftig nur noch eine untergeordnete Rolle spielen. Im Vordergrund stehen dagegen zum einen Anforderungen der Finanzierbarkeit angesichts der angespannten Haushaltslage von Bund und Kommunen („Monetarisierung der Arbeitslosigkeit"). Zum anderen haben Ideen zur Verursachung und damit zur Abbaustrategie von Arbeitslosigkeit den Reformkurs geprägt, die – noch stärker als bislang im Leistungssystem – auf die individuelle Verantwortung des Arbeitskräfteangebots verweisen („Individualisierung der Arbeitslosigkeit"). Die politische Bekämpfung von Arbeitslosigkeit im System sozialer Sicherung lässt dabei folgende Zielverschiebungen erkennen:

- *Von der Beitrags- zur Steuerfinanzierung*: Die traditionelle Ausrichtung des Systems auf das Sozialversicherungsprinzip wird zugunsten einer stärkeren Finanzierung über die öffentlichen Haushalte abgeschwächt. Zwar werden auf diesem Wege folgerichtig die Lasten hoher andauernder Arbeitslosigkeit auf die gesamte Bevölkerung verteilt und damit als Problem anerkannt, das nicht nur die (abnehmende Zahl) sozialversicherungspflichtig Beschäftigter betrifft und von diesen verantwortet wie finanziert werden sollte. Dem stehen allerdings andere Schwierigkeiten gegenüber: Steuerfinanzierte Leistungen sind prinzipiell erhöhten Eingriffsmöglichkeiten der Politik ausgesetzt. Höhe und Bezugsbedingungen beitragsfinanzierter Sozialversicherungsleistungen genießen dagegen einen höheren politischen und sozialen Schutz, weil mit ihnen ein individueller Anspruch auf äquivalente Leistungen verbunden wird. Gerade die materielle Unterstützung von Arbeitslosen wird auch in der Bevölkerung um so eher akzeptiert, wenn diese für ihre Absicherung eine eigene und zurechenbare Vorleistung erbracht haben – auch wenn damit eine Missinterpretation des Sozialversicherungsprinzips einhergeht (vgl. Pkt. 7.1 dieses Kapitels sowie Kap. „Ökonomische Grundlagen und Finanzierung", Pkt. 3.4).

- *Vom sozialen zum individuellen Risiko der Arbeitslosigkeit*: Gleichzeitig zur (vermeintlichen) Stärkung des Solidarprinzips durch die Erhöhung der Steuerfinanzierung wird das Individualprinzip in der Leistungsgestaltung betont. Gesetzgebung und Verwaltungspraxis setzen zunehmend auf die Anreizfunktion abgesenkter Leistungen und verschärfter Bezugsbedingungen, um Arbeitslose oder von Arbeitslosigkeit Bedrohte zu Konzessionen bei der Annahme neuer oder der Erhaltung bestehender Arbeitsverhältnisse zu bewegen. Forciert werden sollen Flexibilität und Mobilität in jeglicher Hinsicht und nicht zuletzt Zugeständnisse bei Abstrichen in der Entlohnung. Durchgesetzt hat sich an dieser Stelle die Idee, dass Arbeitslosigkeit in Deutschland vorrangig verursacht wird durch strukturell zu hohe Arbeitskosten und zu hohe „Anspruchslöhne" insbesondere Arbeitsloser (vgl. Pkte. 6.9 und 9.2 dieses Kapitels sowie Kap. „Ökonomische Grundlagen und Finanzierung", Pkt. 3.7).

- *Von der Lebensstandardsicherung zur Armutsvermeidung*: Aus fiskalischer Sicht, aber auch als Konsequenz der stärkeren Steuerfinanzierung, verliert das Ziel an Bedeutung, die soziale Sicherung bei Arbeitslosigkeit so zu organisieren, dass der Großteil der Betroffenen zumindest vorübergehend seinen Lebensstandard erhalten kann. Ergebnis der Umfinanzierung, Leistungssenkungen und Zugangsbeschränkungen ist aus sozialpolitischer Sicht, dass die Arbeitslosenversicherung ihrer Funktion, existenzsichernde Lohnersatzleistungen zu gewährleisten, nur noch für einen eingeschränkten Kreis und zudem nur für eine deutlich reduzierte Dauer nachkommt. Zügiger und für einen immer größer werdenden Teil der Arbeitslosen wird lediglich noch das sozialpolitische Minimalziel verfolgt, unmittelbare Armutslagen zu vermeiden.

Diese Kursveränderungen werden sicherlich auch die zukünftigen Reformen in der Sozial- und Arbeitsmarktpolitik leiten. Ihr Erfolg wird letztlich abhängig davon sein, inwieweit dem Abbau sozialer Schutzstandards tatsächlich erhöhte Chancen einer nachhaltigen Integration in Erwerbsarbeit gegenüber stehen (werden). Angesichts des chronischen Mangels offener Stellen (mit existenzsichernden Löhnen), die sich auch mit der Verschärfung der Leistungsbedingungen in den letzten Jahren nicht erhöht haben, ist Skepsis angebracht.

8   Aktive Arbeitsmarktpolitik

8.1 Das Politikfeld

Arbeitsmarktpolitik hat die Gestaltung des unmittelbaren Arbeitsmarktgeschehens und seiner Rahmenbedingungen zum Gegenstand. Maßnahmen der Arbeitsmarktpolitik zielen auf die quantitative und qualitative Beeinflussung des Angebots wie der Nachfrage nach Arbeitskräften, um auf diese Weise die Ausgleichsprozesse auf dem Arbeitsmarkt zu fördern, die Entstehung von Arbeitslosigkeit zu vermeiden, vorhandene Arbeitslosigkeit abzubauen und die Beschäftigungsmöglichkeiten für alle Arbeitsuchenden und Arbeitsfähigen zu verbessern.

Von der Arbeitsmarktpolitik zu unterscheiden ist die staatliche Beschäftigungspolitik. Sie zielt generell auf die Beeinflussung des Gesamtniveaus der Beschäftigung. Dies geschieht primär durch die Steuerung der gesamtwirtschaftlichen Nachfrage, aber auch durch die Beeinflussung der Angebotsbedingungen (z.B. verbesserte Investitionstätigkeit), durch die die Zahl der Arbeitsplätze dem Bedarf an Arbeit angepasst werden kann. Als Instrumente stehen Maßnahmen im Rahmen der Konjunktur- und Wachstumspolitik, der Regional- und Strukturpolitik, der Geld- und Fiskalpolitik sowie der Außenhandelspolitik zur Verfügung. Über die Staatsausgaben kann der Staat unmittelbaren Einfluss auf das Beschäftigungsniveau ausüben.

Die Arbeitsmarktpolitik hat sich im Verlauf der vergangenen Jahre und Jahrzehnte hinsichtlich ihrer konkreten Zielsetzung, ihrer instrumentellen und finanziellen Ausgestaltung sowie ihrer Verknüpfung mit angrenzenden Politikfeldern in einigen Bereichen substanziell verändert. Die jüngeren Reformen der Arbeitsmarktpolitik orientierten sich am Leitbild der „Aktivierung", das sich vor allem im Primat des „Förderns und Forderns" ausdrückt (vgl. Pkt. 8.4 dieses Kapitels). Ferner haben sich die politischen Handlungsebenen und die Zahl der involvierten Akteure ausgeweitet.

Arbeitsmarktpolitik ist in erster Linie eine staatliche Aufgabe, die in der Verantwortung des Bundes liegt. Dieser hat die gesetzgeberische Zuständigkeit, setzt die rechtlichen und finanziellen Rahmenbedingungen und ist auch für die praktische Umsetzung der Arbeitsmarktpolitik verantwortlich. Die zentrale gesetzliche Grundlage der Arbeitsmarktpolitik ist das Dritte Buch des Sozialgesetzbuches zur Arbeitsförderung (SGB III) mit der Bundesagentur für Arbeit (BA) als zuständiger Behörde. Die Finanzierung der Arbeitsmarktpolitik erfolgt durch Beitragsmittel von ArbeitnehmerInnen und Arbeitgebern zur Arbeitslosenversicherung sowie aus allgemeinen Steuermitteln (vgl. Pkt. 8.3 dieses Kapitels).

Auch die Bundesländer haben in den vergangenen Jahren zunehmend arbeitsmarktpolitische Aktivitäten ergriffen. So zielen zeitlich befristete Sonderprogramme darauf ab, die Situation für bestimmte Zielgruppen am Arbeitsmarkt zu verbessern. Von wachsender Bedeutung ist die europäische Ebene: Die Europäische Union hat durch die Bereitstellung von erheblichen finanziellen Mitteln vor allem im Rahmen ihrer Strukturfonds den Handlungsspielraum der nationalen Arbeitsmarktpolitik erweitert. Darüber hinaus zielt sie auf eine verbesserte Koordinierung der nationalen Beschäftigungspolitiken. Auch die Tarifvertragsparteien sind als Arbeitsmarktparteien aktiv, indem sie durch die Regulierung der Arbeits(zeit)- und Einkommensbedingungen auf zentrale Parameter von Arbeitsangebot und -nachfrage einwirken. Schließlich sind die Kommunen um die Beeinflussung des (lokalen) Arbeitsmarktes bemüht, nicht zuletzt um die finanziellen Belastungen der Kommunalhaushalte durch Arbeitslosigkeit zu verringern. Zusammen mit Industrie- und Handelskammern, Handwerkskammern, Wohlfahrtsverbänden und örtlichen Trägern und Gruppierungen sind sie an der Umsetzung der staatlichen Arbeitsmarktpolitik beteiligt und/oder ergreifen selbst arbeitsmarkt- und beschäftigungspolitische Initiativen. Indirekt haben auch andere Politikfelder Auswirkungen auf die Angebotsseite des Arbeitsmarktes, so insbesondere die (Aus)Bildungs-, Familien- und Ausländerpolitik.

8.2 Organisation und Selbstverwaltung aktiver Arbeitsmarktpolitik nach dem SGB III

Mit der praktischen Durchführung der aktiven Arbeitsmarktpolitik und der Arbeitslosenversicherung nach dem SGB III ist die *Bundesagentur für Arbeit (BA)* beauftragt. Die Aufsicht über die Bundesagentur führt das Bundesarbeitsministerium. Die BA gliedert sich in

- die Zentrale auf der oberen Verwaltungsebene mit Sitz in Nürnberg,
- die zehn Regionaldirektionen auf der mittleren Verwaltungsebene und
- die 178 Agenturen für Arbeit mit ihren rund 660 Geschäftsstellen auf der örtlichen Verwaltungsebene.

Der Bundesagentur für Arbeit ist als eine Abteilung das *Institut für Arbeitsmarkt- und Berufsforschung (IAB)* angegliedert, das vielfältige empirisch-statistische Analysen und theoretische Untersuchungen durchführt und dadurch Grundlagen für die arbeitsmarktpolitische Beratung und Entscheidungsfindung schafft.

Die Bundesagentur ist nicht Bestandteil der allgemeinen Staatsverwaltung, sondern gehört als bundesunmittelbare Körperschaft des öffentlichen Rechts zum Bereich der mittelbaren Staatsverwaltung. Sie zählt zu den überregionalen Versicherungsträgern und ist mit der Kompetenz zur Selbstverwaltung ausgestattet. Außer dem Vorstand sind alle Organe paritätisch zu je einem Drittel aus Vertretern der Arbeitnehmer, der Arbeitgeber und der öffentlichen Körperschaften besetzt:

- An der Spitze der BA steht der hauptamtliche Vorstand, der die BA leitet, deren Geschäfte führt, sie nach außen sowie (außer)gerichtlich vertritt und nicht zuletzt die Richtlinien für die Führung der Verwaltungsgeschäfte erlässt. Der Vorstand besteht aus drei Mitgliedern, einem Vorsitzenden, der vom Bundesarbeitsministerium benannt wird, und zwei weiteren Mitgliedern.
- Der Verwaltungsrat ist das einzige Selbstverwaltungsorgan auf Bundesebene. Er überwacht den Vorstand und die Verwaltung, beschließt die Satzung und

erlässt die Anordnungen nach SGB III. Ferner ist er zuständig für die Abgrenzung der Bezirke der Regionaldirektionen und die Einrichtung von besonderen Dienststellen. Der Verwaltungsrat besteht aus 21 Mitgliedern.

- Auch die Regionaldirektionen und Agenturen für Arbeit sind mit eigenen Selbstverwaltungsorganen ausgestattet, den Verwaltungsausschüssen. Sie wirken bei der Erfüllung der Aufgaben mit. Die Verwaltungsausschüsse bei den Regionaldirektionen (höchstens 27 Mitglieder) sind u.a. zuständig für die Abgrenzung der Agenturen für Arbeit. Bei den örtlichen Agenturen sind die Verwaltungsausschüsse (höchstens 21 Mitglieder) insbesondere zuständig für die Aufteilung der Mittel, die für die Ermessensleistungen der aktiven Arbeitsförderung veranschlagt sind.

Die Mitglieder werden nicht wie in den anderen Sozialversicherungsträgern gewählt, sondern auf Vorschlag der an der Selbstverwaltung beteiligten Gruppen (Gewerkschaften, Arbeitgeber und öffentliche Körperschaften) berufen. Die Autonomie der Selbstverwaltung ist begrenzt. Zwar nimmt die Bundesagentur hoheitliche Aufgaben unter staatlicher Aufsicht wahr. Haushalt, Satzung und Anordnungen bedürfen jedoch der Genehmigung durch die Bundesregierung. In der Praxis heißt dies, dass die Bundesregierung – auch gegen den Willen der Selbstverwaltung – Leistungskürzungen durchsetzen kann und somit entscheidenden Einfluss auf die arbeitsmarktpolitische Aufgabenerfüllung nimmt. So initiiert sie z.B. Gesetzesänderungen oder beschließt Anordnungen, die die Inanspruchnahme arbeitsmarktpolitischer Maßnahmen festlegen.

Die Bundesagentur für Arbeit beschäftigte 2004 rund 90.000 MitarbeiterInnen. Bei den örtlichen Agenturen entfielen von den insgesamt 64.600 Beschäftigten auf den Kundenbereich 42.000, auf die Arbeitsvermittlung und -beratung rund 6.000 Personen, auf die Berufsberatung rund 1.400 und auf die Leistungsabteilung rund 4.400 Personen. Hinzu kommt die Leitung, der interne Verwaltungsbereich einschließlich der Statistik u.a. mit weiteren etwa 11.000 Beschäftigten.

8.3 Finanzierung der aktiven Arbeitsmarktpolitik

Die Finanzierung der Aufgaben der Bundesagentur erfolgt im Wesentlichen durch *Beiträge*, *Mittel des Bundes* und durch *Umlagen*. Den größten Finanzierungsanteil stellten im Jahr 2006 mit rund 92 % die Beiträge zur Arbeitslosenversicherung, gefolgt von Verwaltungskostenerstattungen des Bundes für die Durchführung der Grundsicherung für Arbeitssuchende mit knapp 4 % und den Umlagen mit knapp 2 % (vgl. Tabelle IV.23). Nicht enthalten in den Einnahmen der BA sind die Mittel für die Leistungen nach SGB II, die unmittelbar vom Bund getragen werden.

Die *Beiträge* beziehen sich auf die Bruttoeinkommen der versicherungspflichtigen Beschäftigten und sind je zur Hälfte von den Arbeitgebern und den Beschäftigten zu zahlen. Beitragspflichtig sind grundsätzlich alle ArbeiterInnen und Angestellten, jedoch wird das Einkommen nur bis zur jeweiligen Beitragsbemessungsgrenze in der Rentenversicherung (2007: alte Bundesländer 5.250 €, neue Bundesländer 4.550 €) berücksichtigt. Nicht versicherungspflichtig sind Personen in einer geringfügigen Beschäftigung (vgl. Kap. „Einkommen", Pkt. 6.1). Auch eine geringfügige Nebenerwerbstätigkeit ist in der Arbeitslosenversicherung versicherungsfrei. Nicht versicherungspflichtig sind überdies BeamtInnen und Selbstständige. Selbstständige, die zuvor arbeitslos waren, können sich aber ab 2006 mit einem pauschalen Beitrag von rund 40 € freiwillig versichern.

Tabelle IV.23:

Finanzierung der Ausgaben der Bundesagentur für Arbeit 2006

	in 1.000 €	Finanzierungsanteil in %
Ausgaben insgesamt	44.168.828	
Bundeszuschuss gem. § 365 SGB III	0	
Summe der Einnahmen	55.383.586	100
darunter Art der Einnahmen:		
Beitragsaufkommen	51.176.403	92,4
Winterbau-Umlage	202.844	0,4
Umlage für das Insolvenzgeld[1]	919.906	1,7
Europäischer Sozialfonds	302.862	0,5
Verwaltungskostenerstattungen	191.402	0,3
Verwaltungskostenerstattung SGB II (Grundsicherung für Arbeitssuchende)	2.166.039	3,9
Mittel der Ausgleichsabgabe	128.150	0,2
Sonstige Einnahmen	295.979	0,5

1) vor 1999: Konkursausfallgeld
Quelle: Bundesagentur für Arbeit, Abrechnungsergebnisse 2006.

Die *Umlagen* machen mit 2 % lediglich einen kleinen Anteil an den Einnahmen aus. Das SGB III sieht zwei Umlagen vor, mit denen eine (Re)Finanzierung bestimmter Leistungen sichergestellt werden soll: Die Winterbau-Umlage, mit deren Mitteln verschiedene Leistungen in der Bauwirtschaft wie z.B. das Wintergeld, das Winterausfallgeld und Teile der Arbeitgeberbeiträge zur Sozialversicherung finanziert werden. Die Umlage wird von den Arbeitgebern des Baugewerbes erbracht, in deren Betrieben die ganzjährige Beschäftigung zu fördern ist. Die Umlage für das Insolvenzgeld (bis Ende 1998: Konkursausfallgeld) wird von den Unfallversicherungsträgern aufgebracht. Es dient der Abgeltung von Arbeitsentgeltansprüchen der Beschäftigten im Insolvenzfall von Betrieben.

Können die Ausgaben der Bundesagentur nicht durch Beiträge aufgebracht werden, ist der Bund zusätzlich verpflichtet, die fehlenden Mittel bereitzustellen

(*Zuschusspflicht und Defizithaftung des Bundes*). Der Ausgleich wird zunächst in Form eines zinslosen Darlehens als Liquiditätshilfe bereitgestellt, die zu einem Zuschuss umgewandelt wird, wenn am Ende des Haushaltsjahres das Darlehen aus den Einnahmen und Rücklagen nicht zurückgezahlt werden kann. Erstmals seit Mitte der 1980er Jahre benötigte die Bundesagentur für Arbeit 2006 keine Zuschüsse des Bundes. Noch 2004 hatte der Bund Zuschüsse in Höhe von 4,2 Mrd. € zu leisten. Dies entsprach damals 7,7 % der gesamten Ausgaben.

Der Bund trägt direkt die Kosten der Grundsicherung für Arbeitssuchende nach SGB II sowie sonstiger Maßnahmen, mit denen er u.a. die Bundesagentur für Arbeit beauftragt (insbesondere Sonderprogramme für besondere Zielgruppen, Förderung der Erprobung und Entwicklung innovativer Maßnahmen zur Bekämpfung der Arbeitslosigkeit). 2006 machte dies insgesamt einen Betrag von rund 38,7 Mrd. € aus. Der größte Teil entfiel auf die materiellen Leistungen der Grundsicherung für Arbeitssuchende mit 24,4 Mrd. €.

Im Unterschied zu den beitragsfinanzierten Leistungen werden diese Ausgaben also vom Bundeshaushalt und damit durch Steuermittel gedeckt. Diese Kostenregelung trägt dem Tatbestand Rechnung, dass das Risiko Arbeitslosigkeit grundsätzlich nicht allein im Rahmen einer Arbeitslosenversicherung getragen werden kann. Tritt Massenarbeitslosigkeit ein, so gerät die Arbeitslosenversicherung sofort ins Defizit. Je mehr sich die Relation von BeitragszahlerInnen zu LeistungsempfängerInnen zu Lasten der BeitragszahlerInnen verschiebt, umso größer wird die Finanzlücke bei der Bundesagentur für Arbeit. Dieser Widerspruch zwischen prozyklischer Einnahmenentwicklung bei antizyklischem Ausgabenbedarf ist eines der Grundprobleme der umlagefinanzierten Arbeitslosenversicherung ebenso wie der aktiven Arbeitsmarktpolitik.

In der Vergangenheit ist der Beitragssatz mit dem Anstieg der Arbeitslosigkeit beträchtlich angehoben worden. Während er zu Beginn der 1970er Jahre noch deutlich unter 2 % gelegen hat und in den 1980er Jahren bereits 4,6 % betrug, stieg er Anfang der 1990er Jahre, u.a. bedingt durch die hohe Arbeitslosigkeit in den neuen Ländern, vorübergehend auf 6,8 % und betrug anschließend 6,5 % (vgl. Tabelle IV.24). Der Beitragssatz wurde zum Jahr 2007 mit Hilfe von zusätzlichem Steueraufkommen (aus der erhöhten Mehrwertsteuer) und erwirtschafteten Minderausgaben der BA um mehr als zwei Punkte auf 4,2 % gesenkt.

Finanzwirksam wurde ab dem Haushaltsjahr 2005 der so genannte *Aussteuerungsbetrag*. Er beträgt je Fall rund 10.000 € und ist von der Bundesagentur für Arbeit aus der beitragsfinanzierten Arbeitslosenversicherung an den Bund zu zahlen, wenn Arbeitslose den Anspruch auf Arbeitslosengeld verlieren und hilfebedürftig im Sinne des SGB II werden. Der Aussteuerungsbetrag soll nicht nur die Belastung des Bundeshaushaltes durch die Übergänge in das Arbeitslosengeld II mindern, die im Zuge der Arbeitsmarktreformen mit der Verkürzung der Rahmenfrist, der Anspruchsdauer auf Arbeitslosengeld und der Ausweitung der Sperrzeiten nun schneller erfolgen (vgl. Pkt. 7.2 dieses Kapitels). Zugleich soll er einen finanziellen Anreiz für die Bundesagentur darstellen, Arbeitslosigkeit zu verhindern und/oder bereits in den ersten Monaten der Unterstützungsbedürftigkeit zu beenden.

Tabelle IV.24:

Beitragssatz in der Arbeitslosenversicherung in % des Bruttoarbeitsentgeltes 1970 - 2007

	1970	1975	1980	1985	1990	1995	2004	2007
Beitragssatz	1,3	2,0	3,0	4,6	4,3	6,5	6,5	4,2

Quelle: Bundesministerium für Gesundheit und Soziale Sicherung, Statistisches Taschenbuch 2005 und Ergänzung um Neuregelung zum Jahr 2007.

8.4 Entwicklung und Grundsätze der Arbeitsförderung

Die Instabilität des Wirtschaftsverlaufs und das regelmäßige Auftreten ökonomischer Krisen machen Arbeitslosigkeit zu einer Alltagserscheinung jeder Wirtschaftsordnung. Die soziale Absicherung der Arbeitslosen gehört daher zu den notwendigen und zentralen Bestandteilen jedes sozialen Sicherungssystems. Sozialpolitische Sicherungssysteme wie die Arbeitslosenversicherung haben jedoch einen *Doppelcharakter*: Sie dienen nicht nur einer materiellen Existenzsicherung beim Ausfall des Arbeitseinkommens, sondern wirken auch auf die Vorgänge auf den Arbeitsmärkten. Die zentrale Wirkung besteht hier darin, den Angebotszwang der Arbeitslosen zu mildern, jede Arbeit anzunehmen. Wie kaum eine andere sozialpolitische Regelung greift damit die Arbeitslosenversicherung in das Zentrum des Interessenkonfliktes zwischen Kapital und Arbeit ein.

Dies erklärt auch, warum die gesetzliche Grundlage für die Arbeitslosenversicherung im Jahr 1927 erst relativ spät eingeführt wurde, d.h. fast fünfzig Jahre nach der Bismarckschen Sozialgesetzgebung zur Kranken-, Unfall- und Invaliditätsversicherung. Die Schwerpunkte des in der Weimarer Republik verabschiedeten *Gesetzes über die Arbeitsvermittlung und Arbeitslosenversicherung* (AVAVG) lagen darin, Angebot und Nachfrage nach Arbeit durch eine staatliche Arbeitsvermittlung auszugleichen sowie Lohnersatzleistungen bei eingetretener Arbeitslosigkeit zu gewähren. Erstmals wurde damit jenseits der lokalen Ebene eine reichseinheitliche Grundlage geschaffen. Nicht nur im Titel, sondern auch in den Zielen und Leistungen wurde 1957 an die gesetzlichen Regelungen vor dem zweiten Weltkrieg angeschlossen. Zuvor arbeiteten die nach dem Zweiten Weltkrieg wieder eingerichteten Dienststellen der Arbeitsverwaltung und die 1952 wieder errichtete Bundesanstalt auf Grundlage sehr unterschiedlichen Rechts, das u.a. von den Ländern und den alliierten Militärregierungen sowie der Bundesregierung nach Gründung der Bundesrepublik erlassen worden waren.

Gegenüber der zunächst wiederaufgenommenen kompensatorischen – vielfach als passiv bezeichnete – Arbeitsmarktpolitik stellte die Neufassung mit dem Arbeitsförderungsgesetz (AFG) von 1969 die aktiven Instrumente der Arbeitsmarktpolitik in den Vordergrund. Damit wurde ein *erster Paradigmenwechsel* in der Arbeitsmarktpolitik nach dem zweiten Weltkrieg vollzogen. Nach den Vorstellungen des Gesetzgebers sollte die neue Qualität vor allem darin bestehen, die Entwicklung des Arbeitsmarktes durch vorausschauende und präventive Interventionen so zu gestalten, dass Arbeitslosigkeit möglichst vermieden wird. Kernstück dieser aktiven, vorausschauenden Arbeitsmarktpolitik war die Förderung der beruflichen Mobilität durch Ausbildung, Umschulung und berufliche Fortbildung. In diesem Sinne verfolgte das AFG – zusammen mit dem Stabilitäts- und Wachstumsgesetz von 1967 – das Ziel, einen hohen Beschäftigungsstand zu sichern, die Beschäftigungsstruktur ständig zu verbessern und das Wachstum der Wirtschaft zu fördern.

Ein *zweiter Paradigmenwechsel* wurde 1997/98 vollzogen, indem das AFG als Drittes Buch in das Sozialgesetzbuch (SGB III) überführt wurde. Die Zielsetzungen des SGB III hatten sich gegenüber dem AFG erheblich verändert. Erstens wurde der beschäftigungspolitische Anspruch der Arbeitsmarktpolitik aufgegeben. Die Herstellung und Aufrechterhaltung eines hohen Beschäftigungsstandes war nicht mehr Ziel der Arbeitsförderung. Zweitens wurde die präventive Komponente nur noch in abgeschwächter Form fortgeschrieben. Vorgegeben wurde lediglich die Förderung des Ausgleichs am Arbeitsmarkt durch Beratung, Vermittlung und Verbesserung der Chancen von Benachteiligten. Drittens wurde das Primat der Nachrangigkeit der Arbeitsförderung eingeführt, indem nunmehr auf die besondere Verantwortung der Arbeitsmarktbeteiligten verwiesen wurde. Neu war nicht zuletzt viertens der Verweis darauf, dass wettbewerbsfähige Arbeitsplätze nicht gefährdet werden dürften. Diese neue Zielvorgabe konnte als eine Absage an einen weit ausgebauten „Zweiten Arbeitsmarkt" verstanden werden, der in den 1980er Jahren in West- und in den 1990er Jahren in Ostdeutschland durch die massive Förderung von Arbeitsbeschaffungsmaßnahmen die Arbeitsmarktpolitik geprägt hatte.

Ferner bestand mit dem Übergang zum SGB III eine wesentliche Neuerung der Arbeitsmarktpolitik in ihrer Dezentralisierung. Erstmals wurden alle Ermessensleistungen der aktiven Arbeitsförderung, z.B. für die berufliche Weiterbildung und die Arbeitsbeschaffungsmaßnahmen, in einem gemeinsamen Haushaltstitel („Eingliederungstitel") zusammengefasst und die lokalen Arbeitsagenturen mit einer begrenzten Budgetkompetenz ausgestattet. Zehn Prozent der im Eingliederungstitel enthaltenen Mittel können nunmehr frei verwendet werden, um die Möglichkeiten der aktiven Arbeitsförderung zu erweitern.

Der *dritte Paradigmenwechsel* der Arbeitsmarktpolitik wurde mit dem Job-AQTIV-Gesetz von 2001 eingeleitet und mit den vier Gesetzen für Moderne Dienstleistungen am Arbeitsmarkt („Hartz-Gesetze") fortgesetzt. Von besonderer Bedeutung auch für die Neuausrichtung der Arbeitsmarktpolitik ist das so genannte

Hartz-IV-Gesetz, das die Grundsicherung für Arbeitssuchende als zweites Buch des SGB einführte (vgl. Pkt. 7.2 dieses Kapitels sowie Kap. „Einkommen", Pkt. 7.3). Zwar wurden die Herstellung eines hohen Beschäftigungsstandes und die Vermeidung unterwertiger Beschäftigung wieder als Ziele der Arbeitsförderung aufgenommen. Jedoch wird Arbeitsförderung seither vorwiegend als Abbau des Arbeitslosenbestandes durch eine Verkürzung der individuellen Dauer von Arbeitslosigkeitsphasen verstanden. Erreicht werden soll dies durch einen schnelleren Ausgleich von Angebot und Nachfrage sowie einer erhöhten Konzessionsbereitschaft der Arbeitslosen. Als zentrale Zielgröße gelten dabei nach SGB III die „Beschäftigungsfähigkeit" und nach SGB II die „Erwerbsfähigkeit" der ArbeitnehmerInnen, die jeweils als individuelle Eigenschaften durch die Anpassung an die Bedingungen des Arbeitsmarktes zu erhalten oder wieder herzustellen sind. Der Unterschied zwischen Beschäftigungs- und Erwerbsfähigkeit besteht darin, dass nach SGB III noch vorrangig die Aufnahme einer sozialversicherungspflichtigen Beschäftigung gefördert und nach SGB II lediglich noch die Aufnahme jedweder entlohnter Tätigkeit gefordert wird. Gesamtwirtschaftliche Arbeitslosigkeit wird jedoch jeweils als die Summe der Beschäftigungs- oder Erwerbslosigkeit Einzelner definiert, die in dieser Logik lediglich auf der Ebene individuellen Verhaltens der ArbeitnehmerInnen überwunden werden kann.

Diese Individualisierung der Ursachen von Arbeitslosigkeit geht somit auch mit einer Pädagogisierung der Arbeitsmarktpolitik einher. Das Leitbild ist nicht mehr die aktive, sondern die *aktivierende Arbeitsmarktpolitik*. Zu aktivieren sind allerdings nicht weiterhin alle beteiligten Akteuere und verfügbaren Ressourcen, wie u.a. die Arbeitsmarktparteien auf der einen und die Wirtschafts- und Strukturpolitik auf der anderen Seite. Aktiviert werden sollen vorrangig die Eigenverantwortung und die Eigenbemühungen von Arbeitslosen. Als pädagogische Methode der Aktivierung gilt nun die Formel des „Förderns und Forderns", die neben der Geltung für die Arbeitsmarktpolitik im Allgemeinen auch explizit im SGB II normiert ist. Ausdruck des Forderns sind eine Reihe von Verschärfungen im Leistungsrecht (wie die Erhöhung von Sperrzeiten oder Sanktionen). Ausdruck des Förderns sind vor allem die Öffnung des Zugangs für die Beziehenden von Leistungen nach SGB II zu den Maßnahmen aktiver Arbeitsmarktpolitik nach SGB III sowie der organisatorische Umbau der Bundesagentur für Arbeit zu einem „modernen und kundenorientierten Dienstleister".

In der Konsequenz enthält das neue Konzept der aktivierenden Arbeitsmarktpolitik ein grundlegend anderes Verständnis davon, wie Arbeitslosigkeit entsteht, verhindert und abgebaut werden kann. Verändert haben sich die verantwortlichen Beteiligten, ihre Aufgaben und das Politikfeld, in dem die Konflikte bearbeitet werden. In der Verantwortung stehen sich nun Staat und BürgerInnen bzw. Arbeitsverwaltung und Arbeitslose gegenüber, nicht mehr die Arbeitsmarktpartner, zwischen denen die Arbeitsverwaltung mit ihren Leistungen vermittelt. Ihnen kommen die Aufgaben zu, auf der einen Seite die Daseinsvorsorge zu organisieren und auf der anderen Seite Eigenverantwortung zu übernehmen. Der Konflikt um das gesamtwirtschaftliche Beschäftigungsproblem liegt damit nicht mehr auf dem Arbeitsmarkt, sondern vorrangig in der Sozialpolitik.

Die allgemeinen Ziele und Aufgaben der Arbeitsförderung sind seit 2002 im SGB III folgendermaßen beschrieben:

▪   Der Ausgleich auf dem Ausbildungs- und Arbeitsmarkt sollen unterstützt, offene Stellen zügig besetzt, individuelle Beschäftigungsfähigkeit gefördert, unterwertige Beschäftigung vermieden und zur Weiterentwicklung der regionalen Beschäftigungs- und Infrastruktur beigetragen werden.

▪   Die Leistungen sollen dabei so eingesetzt werden, dass ein hoher Beschäftigungsstand erreicht, die Beschäftigungsstruktur verbessert, das Entstehen von Arbeitslosigkeit vermieden und die Dauer von Arbeitslosigkeit verkürzt wird, und zugleich sollen sie den beschäftigungspolitischen Zielsetzungen der Sozial-, Wirtschafts- und Finanzpolitik der Bundesregierung entsprechen.

Abweichend davon zielt die *Eingliederungsförderung nach SGB II* darauf, dass die Erwerbsfähigkeit erhalten, verbessert oder wiederhergestellt wird. Durch die Aufnahme oder Beibehaltung einer Erwerbstätigkeit soll die Hilfebedürftigkeit von Erwerbsfähigen vermieden, beseitigt oder in der Dauer verkürzt oder im Umfang verringert werden.

Aufbau und Struktur des SGB III haben sich seit 1997 nicht mehr verändert. Zunächst werden die Grundsätze und Bestimmungen zur Versicherungspflicht sowie zur Beratung und Vermittlung festgelegt, dann folgen die Regelungen über Leistungen der Bundesagentur für Arbeit. Die Gesetzessystematik gliedert den Leistungskatalog nach den Gruppen von Berechtigten: ArbeitnehmerInnen, Arbeitgeber und Träger. An jeglicher Förderung sind jedoch immer ganz konkret Arbeitslose beteiligt, z.B. als Teilnehmende an Qualifizierungsmaßnahmen, Beschäftigte oder ExistenzgründerInnen. Das Spektrum der Instrumente aktiver Arbeitsmarktpolitik nach SGB III ist seit 2005 um die Eingliederungsleistungen des SGB II ergänzt worden. Alle Instrumente lassen sich nach ihrer strategischen Ausrichtung folgendermaßen unterteilen:

(1)   Beratung, Vermittlung und Unterstützung bei der Arbeitssuche,

(2)   Qualifizierung,

(3)   Beschäftigung begleitende Leistungen,

(4)   Beschäftigung schaffende Maßnahmen,

(5)   Beschäftigung erhaltende Leistungen sowie

(6)   Übergang fördernde Leistungen und Maßnahmen.

8.5 Instrumente der aktiven Arbeitsmarktpolitik

8.5.1 Vermittlung, Beratung und Unterstützung bei der Arbeitssuche

Die Vermittlung von Arbeitslosen, Arbeits- oder Ausbildungssuchenden in Arbeits- und Ausbildungsstellen ist eine der wichtigsten Aufgaben der Arbeitsagenturen. Sie erfolgt unentgeltlich und nach festen Regeln, die bundesweit gelten. Die Vermittlungsdienste kann jede/r in Anspruch nehmen. Sie sind jedoch in ihrer Wirksamkeit dadurch begrenzt, dass Unternehmen nicht zur Meldung aller offenen Stellen verpflichtet sind. Nur ein Teil des tatsächlichen Arbeitskräftebedarfs wird der Arbeitsverwaltung gemeldet. Neben den Agenturen für Arbeit dürfen seit 1994 auch private Vermittler ihre Dienste anbieten.

Zu den Grundsätzen der Arbeitsvermittlung gehören die Unparteilichkeit z.B. bezüglich der Religions-, Partei- oder Verbandszugehörigkeit, die lohnpolitische Neutralität und die Neutralität bei Arbeitskämpfen. Vermittlungen in Ausbildungs- oder Arbeitsverhältnisse, die gegen ein Gesetz oder die guten Sitten verstoßen, darf die Bundesagentur für Arbeit nicht durchführen. Ferner sind Diskriminierungen jeglicher Art nicht zulässig. Einschränkungen, die der Arbeitgeber z.B. hinsichtlich Geschlecht, Alter, Gesundheitszustand oder Staatsangehörigkeit macht, darf die BA nur berücksichtigen, wenn dies aufgrund der Tätigkeit unerlässlich ist.

ArbeitnehmerInnen und Arbeitgeber sind zur Mitwirkung bei der Vermittlung verpflichtet. Arbeitgebern soll die Agentur für Arbeit eine Arbeitsmarktberatung anbieten, wenn eine Stelle nicht in angemessener Zeit besetzt werden kann. Nicht nur die Mitwirkungspflichten der Arbeitslosen, sondern auch die Möglichkeiten und Rechte zur Mitwirkung bei der Vermittlung durch die Betroffen wurden in den letzten Jahren gestärkt. Zum einen müssen sich Beschäftigte bei drohender Arbeitslosigkeit unverzüglich bei der Agentur für Arbeit als arbeitsuchend melden (z.B. sofort nach Kenntnis über die Kündigung oder drei Monate vor dem Auslaufen einer befristeten Beschäftigung). Um möglichst bereits den Eintritt in Arbeitslosigkeit zu vermeiden, sind die Agenturen für Arbeit verpflichtet, sofort nach dieser Meldung eine individuelle Vermittlungsstrategie zu erarbeiten. An einer solchen Vermittlungsstrategie soll der/die Arbeitssuchende wie jede/r arbeitslos Gemeldete aktiv mitarbeiten. Die getroffenen Verabredungen sollen in einer Eingliederungsvereinbarung festgehalten werden. Anders als für BezieherInnen von Arbeitslosengeld II sind jedoch nach SGB III keine Sanktionen vorgesehen, die sowohl den Abschluss einer Eingliederungsvereinbarung oder die Einhaltung der Vereinbarungen erzwingen sollen.

Die Vermittlungsstatistik der Bundesagentur für Arbeit registrierte im Jahr 2005 insgesamt rund 11,4 Mio. Fälle von Arbeitsuchenden bei einem Zugang von etwa 2,7 Mio. offenen Stellen, die gemeldet wurden. Durch klassische Vermittlung nach Auswahl und Vorschlag der Arbeitsverwaltung konnten rund 878.000 Personen ihre Arbeitslosigkeit beenden. Der Rückgang der Vermittlungsquote im Jahr 2004 ist zum Teil auf eine veränderte statistische Erfassung nach dem „Vermittlungsskandal" im Jahr 2002 zurückzuführen. Es werden nur noch die Vermittlungen in Beschäftigungen gezählt, die ausdrücklich durch Auswahl und Vorschlag der Agenturen für Arbeit entstanden sind. Zurückgegangen ist ebenfalls der Einschaltungsgrad der Bundesagentur für Arbeit, d.h. das Verhältnis von Stellenabgängen bei den Arbeitsagenturen zu allen sozialversicherungspflichtigen Einstellungen im gleichen Jahr (vgl. Tabelle IV.25). War die Arbeitsverwaltung Ende der 1990er Jahre noch an fast jeder zweiten Einstellung durch die Arbeitgeber beteiligt, so traf dies im Jahr 2005 nur noch auf knapp jede dritte Stelle zu (vgl. Pkt. 5.3.3 dieses Kapitels). Noch drastischer ist der Marktanteil der Bundesagentur für Arbeit gesunken, der den tatsächlichen Beitrag der Arbeitsvermittlung (und nicht nur die Meldung offener Stellen) an der Gesamtzahl der Neueinstellungen angibt. Gegenüber einem Fünftel im Jahr 1999 betrug der Marktanteil im Jahr 2003 nur noch ein Zehntel aller Neueinstellungen.

Tabelle IV.25:

Kennzahlen der Arbeitsvermittlung der Bundesagentur für Arbeit 1999 - 2005

	Vermittlungsquote	Marktanteil	Einschaltungsgrad
1999	57,9	21,7	48,5
2000	58,7	21,3	48,9
2001	49,6	17,6	44,8
2002	31,7	12,5	37,4
2003	24,2	11,6	37,2
2004	18,3	n.v.	33,1
2005	28,3[1]	n.v.	32,5[2]

$$\text{Vermittlungsquote} = \frac{\text{Arbeitsvermittlung von Arbeitslosen}}{\text{Abgang von Arbeitslosen in Beschäftigung}}$$

$$\text{Marktanteil} = \frac{\text{Arbeitsvermittlung von Arbeitslosen}}{\text{Einstellungen in sozialversicherungspflichtige Beschäftigungen}}$$

$$\text{Einschaltungsgrad} = \frac{\text{Abgang von Stellenangeboten}}{\text{Einstellungen in sozialversicherungspflichtige Beschäftigungen}}$$

n.v. = Nicht mehr ausgewiesen.
1) eigene Berechnung   2) geschätzt durch die BA
Quelle: Bundesagentur für Arbeit, Arbeitsmarkt, versch. Jahrgänge.

Allerdings muss berücksichtigt werden, dass viele Angebote und Leistungen der Arbeitsverwaltungen, die zur Wiederbeschäftigung von Arbeitslosen führen, in diesen Kennzahlen nicht enthalten sind (z.B. erfolgreiche Eigenbewerbungen nach Beratung und Bewerbungstraining). Infolge des „Vermittlungsskandals" 2002 bestand ein Großteil der arbeitsmarktpolitischen Reformvorhaben darin, die Schnelligkeit und Qualität der Arbeitsvermittlung zu erhöhen. Bislang konnten allerdings noch keine erhöhten Vermittlungsquoten erreicht werden. Angesichts der angespannten Arbeitsmarktlage und der geringen Zahl an offenen Stellen, in die zu vermitteln wäre, kann die Arbeitsvermittlung nur dazu beitragen, dass der Umschlag auf dem Arbeitsmarkt zügiger und für alle Beteiligten problemloser verläuft. Dass die Arbeitsvermittlung einen wesentlichen Beitrag zum Abbau der Arbeitslosigkeit leistet, überschätzt die Bedeutung der „Sucharbeitslosigkeit" für das Ausmaß der Gesamtarbeitslosigkeit.

Darüber hinaus gewinnen alternative Wege des Stellenangebotes und der Stellensuche erheblich an Bedeutung – insbesondere die Vermittlung über persönliche Kontakte und die Suche über das Internet. Dagegen haben gewerbliche Anbieter ihren Marktanteil in den letzten Jahren nicht ausbauen können, obwohl die Arbeitsvermittlung für private Anbieter geöffnet und für die Inanspruchnahme gewerblicher Dienste zusätzliche Anreize in Form neuer Instrumente aktiver Arbeitsmarktpolitik eingeführt wurde.

Das *Vermittlungsmonopol* der Bundesagentur für Arbeit wurde 1994 nach langen und kontroversen Diskussionen vollständig aufgehoben. Private, gewerbsmäßige Arbeitsvermittlung ist seitdem flächendeckend für alle Berufe und Personengruppen zulässig und benötigt seit 2002 auch nicht mehr eine Erlaubnis der BA. Jede/r Arbeitssuchende kann eine/n private/n ArbeitsvermittlerIn aufsuchen. Wenn Arbeitslose sechs Monate nach Eintritt der Arbeitslosigkeit immer noch arbeitslos sind, können sie sogar die *Beauftragung eines Dritten* mit der Vermittlung verlangen. BezieherInnen von Arbeitslosengeld, die sechs Wochen innerhalb einer Frist von drei Monaten arbeitslos sind, sowie TeilnehmerInnen an ABM haben (bislang befristet bis Ende 2007) einen *Rechtsanspruch auf einen Vermittlungsgutschein*, den sie bei einem privaten Vermittlungsunternehmen ihrer Wahl einlösen können. Das Honorar wird den Vermittlern jedoch erst dann gezahlt, wenn das neue Beschäftigungsverhältnis mindestens sechs Monate bestanden hat. Eine finanzielle Eigenbeteiligung der Arbeitslosen ist dabei ausdrücklich ausgeschlossen. Im Jahr 2005 wurden rund 12.000 Vermittlungsgutscheine ausgezahlt (vgl. Tabelle IV.26).

Zur Unterstützung der Arbeitssuche und der Beschäftigungsaufnahme sieht das SGB III noch weitere Hilfen für arbeitsuchende und/oder arbeitslose ArbeitnehmerInnen vor:

- Auch bereits bei drohender Arbeitslosigkeit können ArbeitnehmerInnen und Ausbildungssuchende Bewerbungs- und Reisekosten erstattet bekommen.
- Die Aufnahme einer sozialversicherungspflichtigen Beschäftigung kann mit Mobilitätshilfen unterstützt werden. Diese können z.B. als Übergangsbeihilfe in Form eines zinslosen Darlehens den Lebensunterhalt bis zur ersten Lohnzahlung sichern sowie die Kosten für Arbeitskleidung und Arbeitsgeräte oder den Umzug und eine getrennte Haushaltsführung zumindest reduzieren.

- Ferner besteht die Möglichkeit, an Schulungen oder praktischen Tätigkeiten im Rahmen von Eingliederungs-, Trainingsmaßnahmen oder Maßnahmen der Eignungsfeststellung teilzunehmen, die zur Verbesserung der Eingliederungsaussichten beitragen sollen. Trainingsmaßnahmen können aber auch dazu benutzt werden, zu prüfen, ob tatsächlich die Bereitschaft zu einer Arbeitsaufnahme besteht oder eine Arbeitsunfähigkeit vorliegt.

Tabelle IV.26:

Unterstützung der Beratung und Vermittlung sowie Mobilitätshilfen 2005

	Insgesamt	für Arbeitssuchende	für Ausbildungssuchende	Veränderung in % seit 2000[1]
		Bestand an TeilnehmerInnen in 1.000		
Unterstützung der Beratung und Vermittlung	1.824,2	1.624,5	199,7	+ 203,5
darunter:				
Bewerbungskosten	1.068,8	950,5	118,3	+ 292,3
Reisekosten	755,4	674,0	81,4	+ 129,9
Mobilitätshilfen	212,0	206,2	5,8	+ 100,8
darunter Beihilfen für:				
Übergang	13,7	13,5	0,1	- 51,6
Ausrüstung	31,0	27,5	3,5	+ 74,3
Fahrkosten	86,1	86,0	0,1	+ 68,5
Trennungskosten[2]	22,0	22,0	0,0	+ 68,5
Umzugskosten	22,8	21,3	1,5	+ 914,2
Reisekosten[3]	36,4	35,9	0,5	+144,4
Beauftragung Dritter mit der Vermittlung	103,8	n.v.	n.v.	-
Vermittlungsgutschein[4]	12,6	n.v.	n.v.	-
Eignungsfeststellung/ Trainingsmaßnahmen	69,0	-	-	+31,8
Beauftragung von Trägern mit Eingliederungsmaßnahmen[5]	13,4	n.v.	n.v.	-

Bewilligungen im Jahr
1) insgesamt 2) Veränderung seit 2001 3) Veränderung seit 2002
4) ausgezahlte Vermittlungsgutscheine im Jahr 2005 (vorläufiger Wert) 5) befristet bis Ende 2007
Quelle: Bundesagentur für Arbeit, Arbeitsmarktbericht 2005.

Eng verbunden mit der Arbeitsvermittlung ist die *Arbeits- und Berufsberatung*. Ihr Ziel ist es, Informationen über Lage und Entwicklung des Arbeitsmarktes und der Berufe, die Möglichkeiten zur beruflichen Bildung sowie den Leistungen der Ar-

beitsförderung bereitzustellen. Unterstützt werden sollen damit die Ausbildungs-
und Arbeitsplatzsuche, individuelle berufliche Entwicklung und der Berufs- und
Arbeitsplatzwechsel. Die Agenturen für Arbeit bieten dabei zunehmend schon vor
dem Ende der schulischen Ausbildung Orientierungs- und Beratungsveranstaltun-
gen für jugendliche Ausbildungssuchende in Schulen an. 2003/04 nahmen rund
zwei Mio. Personen die Beratungsdienste der Arbeitsagenturen in Anspruch. Unter
den Ratsuchenden mit Weitervermittlung konnte fast jede/r Zweite schließlich eine
betriebliche Ausbildung aufnehmen (vgl. Tabelle IV.27).

Tabelle IV.27:

Verbleib der Ratsuchenden bei der Arbeits- und Berufsberatung 2003/04

Art der Weitervermittlung	Ratsuchende	
Einmündung in eine betriebliche Ausbildung	363.558	49,4
Berufsvorbereitende Bildungsmaßnahme	34.330	4,7
Berufsvorbereitungs-/ Berufsgrundbildungsjahr	33.272	4,5
Berufsfachschulen	43.489	5,9
Allgemeinbildende Schulen	45.430	6,2
Fachhochschule/ Universität	13.493	1,8
Wehrdienst/ Zivildienst	8.488	1,2
Freiwilliges Soziales/ Freiwilliges Ökologisches Jahr	4.838	0,7
am 30.09 2004 noch nicht vermittelt	44.084	6,0
Arbeitsstelle	74.647	10,1
sonstige	43.611	5,9
unbekannt	26.869	3,7
insgesamt	736.109	100,0

Quelle: Bundesagentur für Arbeit, Arbeitsstatistik, Jahreszahlen.

8.5.2 Qualifizierung: Förderung der beruflichen Aus- und Weiterbildung

Die Förderung der beruflichen Aus- und Weiterbildung stellt den Kernbereich vor-
beugender und aktiver Arbeitsmarktpolitik dar. Junge Menschen sollen bei der
Berufsausbildung unterstützt und Beschäftigten eine Anpassung an den wirtschaftlichen und technologischen Strukturwandel und die daraus resultierenden veränderten qualifikatorischen Anforderungen ermöglicht werden. Die Förderung beruflicher Aus- und Weiterbildung zielt damit nicht auf das Beschäftigungs*niveau*, sondern auf die Beschäftigungs*struktur*. Durch die Verringerung von Profildiskrepan-
zen zwischen Arbeitskräfteangebot und Arbeitskräftenachfrage (*„mismatches"*)
sollen gesamtwirtschaftlich die Ausgleichsprozesse auf dem Arbeitsmarkt und
individuell die relativen Chancen auf dem Arbeitsmarkt verbessert werden. Mittelbar trägt die Unterstützung von Qualifizierungsprozessen dazu bei, Arbeitslosigkeit

vorzubeugen und zu verringern sowie Arbeitskräfteknappheit in spezifischen Qualifikationsbereichen (wie besonderen Branchen oder Berufen) zu vermeiden.

Zielgruppen

Das SGB III sieht verschiedene Leistungen für ArbeitnehmerInnen, behinderte Menschen und Auszubildende vor:

Jugendliche und junge Erwachsene

Jugendliche und junge Erwachsene ohne Ausbildungsplatz oder mit Schwierigkeiten während der betrieblichen Ausbildung haben Anspruch auf folgende Leistungen:

- Förderung der Berufsvorbereitung (vgl. Pkt. 4.4 dieses Kapitels),
- Förderung der Berufsausbildung durch ausbildungsbegleitende Hilfen und außerbetriebliche Berufsausbildung (vgl. Pkt. 4.4 dieses Kapitels),
- Berufsausbildungsbeihilfe als materielle Unterstützung zur Sicherung des Lebensunterhalts während einer (außer)betrieblichen Berufsausbildung oder der Teilnahme an einer berufsvorbereitenden Bildungsmaßnahme (vgl. Pkt. 4.5 dieses Kapitels).

Behinderte Menschen

Für die berufliche Weiterbildung behinderter Menschen sind im Rahmen der Förderung der Teilhabe am Arbeitsleben besondere Leistungen im SGB III vorgesehen. Sie können je nach Art oder Schwere ihrer Behinderung allgemeine Leistungen wie jede/r andere auch oder aber besondere Leistungen erhalten. Dazu gehört erstens das Ausbildungsgeld bei beruflicher Ausbildung, das sich nach Alter, Familienstand und Wohnsituation der Behinderten richtet und grundsätzlich mit der Berufsausbildungsbeihilfe vergleichbar ist (vgl. Pkt. 4.5 dieses Kapitels). Zweitens werden die Teilnahmekosten für Maßnahmen übernommen, die sich nach SGB IX bestimmen und den besonderen Bedarf behinderter Menschen berücksichtigen. Drittens können behinderte Menschen zur Sicherung des Lebensunterhaltes Übergangsgeld erhalten, wenn während einer beruflichen Aus- oder Weiterbildung besondere Leistungen gewährt werden. Je nach Familien- und Beschäftigungssituation beträgt das Übergangsgeld zwischen 68 und 75 % des Nettoentgeltes. Viertens besteht die Möglichkeit, Zuschüsse an Arbeitgeber für die betriebliche Aus- oder Weiterbildung Behinderter zu zahlen, die bis zu 100 % der monatlichen Ausbildungsvergütung für das letzte Ausbildungsjahr betragen können.

Arbeitslose und von Arbeitslosigkeit Bedrohte

Der beruflichen Weiterbildung Arbeitsloser und von Arbeitslosigkeit Bedrohter dient eine Reihe von weiteren Förderleistungen (vgl. Übersicht IV.4). So dient die institutionelle Förderung der Aufrechterhaltung und Erweiterung der infrastrukturellen Trägerlandschaft im (Weiter-)Bildungssektor. Die Job-Rotation und die Weiterbildung im Beschäftigungsverhältnis setzt dagegen selektive Anreize vorrangig bei Arbeitgebern, ihre MitarbeiterInnen weiterzubilden und weiter zu beschäftigen. Ebenso sollen die beschäftigungsbegleitenden Eingliederungshilfen Arbeitgebern die Einstellung von jüngeren Arbeitslosen erleichtern, indem diese bei Bildungsträgern parallel qualifiziert und betreut werden. Dagegen richtet sich der Bildungsgutschein unmittelbar an die betroffenen ArbeitnehmerInnen und Arbeitslosen – ebenso wie Eignungsfeststellungs- und Trainingsmaßnahmen (vgl. Pkt. 8.5.1 dieses Kapitels).

Übersicht IV.4:

Leistungen der Förderung beruflicher Weiterbildung				
Förder-instrument	Förder-adressat	Zielgruppe	Art und Umfang der Leistungen	Förder-dauer
Bildungs-gutschein	AN	Arbeitslose und beschäftigte AN	Übernahme der Weiterbildungskosten	erforder-liche Dauer
Job-Rotation	AG	Arbeitslose und beschäftigte AN	Zuschuss zum Arbeits-entgelt (mind. 50 bis max. 100 %)	max. 12 Monate
Berufliche Weiterbildung Beschäftigter	AG	Beschäftigte AN ohne Berufsab-schluss	(anteiliger) Zuschuss zum Arbeitsentgelt	keine Angaben
Beschäftigungs-begleitende Eingliederungs-hilfen	Träger	Jüngere Ar-beitslose	(angemessener) Zuschuss zu den Maßnahmekosten	max. 6 Monate
Institutionelle Förderung	Träger		keine Angaben	keine Angaben

AN = ArbeitnehmerInnen, AG = Arbeitgeber

Förderung der beruflichen Weiterbildung

Der *Bildungsgutschein* wurde 2003 eingeführt und hat die bis dahin übliche angebotsorientierte Förderung beruflicher Weiterbildung ersetzt. Statt wie zuvor Inhalt und Umfang von Maßnahmen zu planen, Träger einzuwerben und Teilnehmende zuzuweisen, werden seitdem nach Beratung Ziele, Inhalte und Dauer der erforderlichen Weiterbildung formuliert sowie eine entsprechende Gutschrift von den Agenturen für Arbeit ausgestellt. Ausgestattet mit diesem drei Monate gültigen Bildungsgutschein können Arbeitslose und ArbeitnehmerInnen aus dem Angebot der regionalen Anbieterlandschaft ihre Weiterbildungsmaßnahme frei wählen. Der Träger rechnet die Kosten schließlich direkt mit der Arbeitsagentur ab.

Grundsätzliche *Voraussetzungen* der Förderung durch einen Bildungsgutschein sind, dass die Weiterbildung für den/die ArbeitnehmerIn notwendig ist zur

- Eingliederung in den Arbeitsmarkt bei Arbeitslosigkeit,
- Abwendung von drohender Arbeitslosigkeit,

- Erlangung eines noch fehlenden Berufsabschlusses.

Anerkannt werden *Maßnahmen*, wenn Inhalte, Methoden und Materialien eine erfolgreiche berufliche Bildung erwarten lassen, wenn sie nach Lage und Entwicklung auf dem Arbeitsmarkt zweckmäßig, die Teilnahmebedingungen, Kosten und Dauer angemessen sind sowie mit einem aussagekräftigen Zeugnis abgeschlossen werden. Es werden ferner nur Maßnahmen zugelassen, die folgende Ziele verfolgen:

- Erhaltung oder Erweiterung beruflicher Kenntnisse, Fertigkeiten und Fähigkeiten (wie auch Anpassung an technische Entwicklung oder Ermöglichung eines beruflichen Aufstiegs),
- Vermittlung eines beruflichen Abschlusses oder
- Befähigung zu einer anderen beruflichen Tätigkeit (Umschulung).

Um die vorhandenen Mittel effektiver einzusetzen, werden seit 2003 Zulassungen zur Weiterbildung und Ausgaben von Bildungsgutscheinen nur für Bildungsziele mit einer prognostizierten Verbleibsquote (Prozentsatz der AbsolventInnen, die innerhalb von sechs Monaten im Anschluss an die Maßnahme ihre Arbeitslosigkeit beenden) von mindestens 70 % gewährt.

Während der gesamten Zeit der Maßnahme wird Arbeitslosengeld gezahlt, auch wenn in dieser Zeit der Anspruch auslaufen würde. Allerdings mindert sich die Anspruchsdauer maximal bis zu einem Restanspruch von dreißig Tagen, wenn Arbeitslosengeld bei beruflicher Weiterbildung bezogen wird. Wer Anspruch auf Arbeitslosengeld II hat und an einer beruflichen Weiterbildungsmaßnahme nach SGB III teilnimmt, bekommt das Arbeitslosengeld II fortgezahlt.

Das Instrument *Job-Rotation* wurde 2002 neu ins SGB III aufgenommen, nicht zuletzt aufgrund von positiven Erfahrungen in skandinavischen Ländern. Arbeitgeber, die einem/r beschäftigten ArbeitnehmerIn die Teilnahme an einer beruflichen Weiterbildung ermöglichen und dafür eine/n Arbeitslose/n befristet einstellen, können für längstens zwölf Monate einen Zuschuss zum Arbeitsentgelt der Vertretung zwischen 50 und 100 % erhalten. Um Mitnahmeeffekte zu vermeiden, ist eine Förderung ausgeschlossen, wenn der/die neu eingestellte ArbeitnehmerIn bereits zu einem früheren Zeitpunkt bei dem gleichen Arbeitgeber beschäftigt war. Ebenfalls 2002 wurde der Zuschuss zum Arbeitsentgelt für Arbeitgeber eingeführt, der die Weiterbildung im laufenden Beschäftigungsverhältnis fördert. Die Höhe des Zuschusses bemisst sich anteilig nach dem Arbeitsausfall durch die weiterbildungsbezogenen Zeiten.

Mit *beschäftigungsbegleitenden Eingliederungshilfen* soll der Übergang von Jugendlichen und jungen Erwachsenen in den Arbeitsmarkt gefördert werden. Das Instrument wurde aus dem Sofortprogramm „Jump" 2002 ins SGB III überführt und ist seit Anfang 2004 in Kraft. Gefördert werden Träger, die Maßnahmen für förderungsbedürftige Jugendliche anbieten. Maßnahmen sind förderfähig, die den Abbau von Sprach- oder Bildungsdefiziten, die Förderung der Fachpraxis und Fachtheorie unterstützen oder sozialpädagogische Begleitung anbieten.

Träger von Maßnahmen und Einrichtungen der beruflichen Aus- und Weiterbildung können ferner durch Darlehen und Zuschüsse gefördert werden. Bei der
institutionellen Förderung der Einrichtungen können sowohl Aufbau und Ausstattung wie auch die (Weiter-)Entwicklung von Maßnahmen berücksichtigt werden.
Auch hier kommt die Förderung von Einrichtungen mit Erwerbscharakter – von
Ausnahmen abgesehen – nicht in Betracht. Zu den Trägern gehören große Weiter-
bildungseinrichtungen, wie etwa das Berufsfortbildungswerk des DGB (bfw), die
Deutsche Angestelltenakademie, die Industrie- und Handelskammern, aber auch
zahlreiche kleinere Anbieter.

Entwicklung der Förderzahlen und Auswirkungen auf die Förderpraxis

Die Förderung beruflicher Weiterbildung nach dem SGB III wurde in den vergangenen zehn Jahren drastisch zurückgefahren (vgl. Abbildung IV.31). Die jahresdurchschnittlichen Teilnehmerzahlen sanken von rund 560.000 im Jahr 1994 um
80 % auf lediglich noch knapp 115.000 im Jahr 2005. Entsprechend reduzierten
sich die Ausgaben der Bundesagentur für Arbeit für Maßnahmekosten der beruflichen Weiterbildung von rund 2,3 Mrd. € im Jahr 1994 auf knapp 1,5 Mrd. €. Auch
die institutionelle Förderung beruflicher Aus- und Weiterbildung ist in den vergangenen zehn Jahren kontinuierlich und deutlich zurückgegangen (von rund 114 Mio.
€ 1995 um 82 % auf 21 Mio. € 2004).

Abbildung IV.31:

TeilnehmerInnen an Maßnahmen der beruflichen Weiterbildung 1994 - 2005

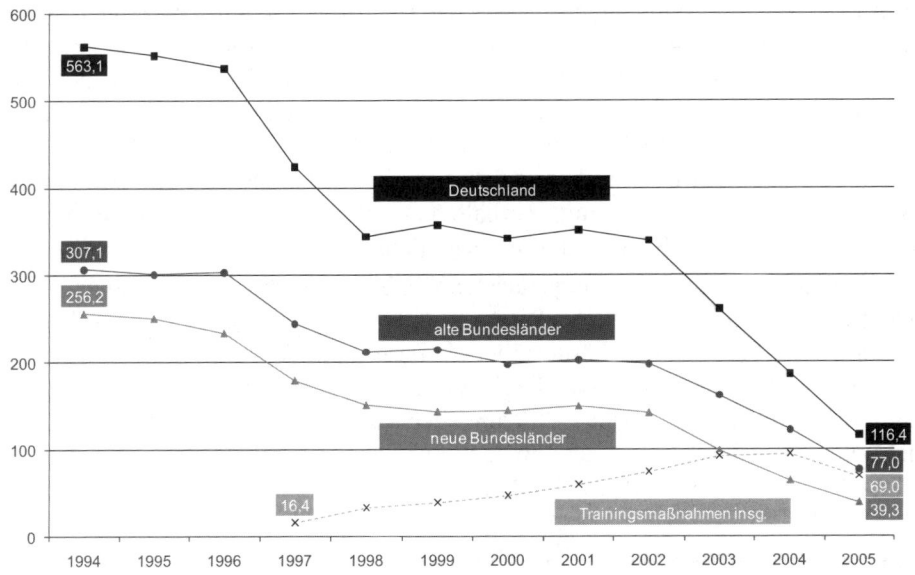

Bestand im Jahresdurchschnitt
Quelle: Bundesagentur für Arbeit, Jahresberichte, versch. Jahrgänge.

Die Rückführung der Förderung beruflicher Weiterbildung ist nicht das Ergebnis eines geringeren Bedarfs, sondern der Neuausrichtung der Förder- und Geschäftspolitik der Bundesagentur für Arbeit. Die Förderung beruflicher Weiterbildung hat gegenüber dem Primat direkter Vermittlung an Bedeutung verloren. Ziel ist nicht mehr die Eingliederung in vorrangig sozial gesicherte und regulierte Beschäftigung, sondern die unmittelbare Verwertbarkeit der Qualifikationen und die schnelle Vermittlung auch in geringfügige Beschäftigungsverhältnisse. Nicht zuletzt die strengen Förderkriterien – wie die Vorgabe einer prognostizierten Verbleibsquote von 70 % der TeilnehmerInnen – tragen zu einer restriktiveren Vergabe von Fördermitteln bei. Dabei besteht die Gefahr, dass sich der Rückgang unter den zu Fördernden deutlich selektiv verteilt. Die hohen Anforderungen an einen „effektiven" Mitteleinsatz – gemessen an der Beendigung von Arbeitslosigkeit, nicht der nachhaltigen Aufnahme einer Beschäftigung – dürften dazu führen, dass von der Förderung vor allem die bereits besser Qualifizierten, jüngeren und kurzfristig Arbeitslosen oder von Arbeitslosigkeit bedrohten Beschäftigten profitieren. Benachteiligte Zielgruppen werden bei einer solchen „Bestenauslese" („creaming") zusätzlich benachteiligt. Diesen Gruppen von Arbeitslosen werden stattdessen allenfalls kürzere Maßnahmen angeboten, die kein anspruchsvolles formales Bildungsziel wie das Nachholen eines Berufsabschlusses oder das Erlernen eines neuen Berufes haben und die damit weitaus kostengünstiger sind. Parallel zum Rückgang der Förderung beruflicher Weiterbildung sind dem entsprechend die Teilnehmerzahlen in Eignungsfeststellungs- und Trainingsmaßnahmen angestiegen (vgl. Abbildung IV.31).

Erhebliche Folgen hat die Neuausrichtung und Neuorganisation der Förderung beruflicher Weiterbildung auch für die Trägerlandschaft und die einzelnen Einrichtungen. Die Umstellung auf die subjektorientierte Förderung über Bildungsgutscheine, die Einführung einer Akkreditierung der Träger, die Maßgabe einer hohen voraussichtlichen Verbleibsquote sowie die Deckelung der Kosten soll neben einer Qualitätsverbesserung auch zu einem verstärkten Wettbewerb unter den Weiterbildungsträgern führen, erhöht aber gleichfalls deren Planungsrisiken. Der Notwendigkeit, Personal und Ausstattung vorhalten zu müssen, steht die Unsicherheit über deren Einsatz und ihre Refinanzierung gegenüber.

Im Gegensatz zum Bildungsgutschein haben sich die anderen neuen Instrumente der Förderung beruflicher Weiterbildung kaum etablieren können: Die Job-Rotation kam 2004 auf 699 Förderfälle, die berufliche Weiterbildung Beschäftigter auf 1.345 und die beschäftigungsbegleitenden Eingliederungshilfen auf insgesamt drei Förderungen. Die geringe Nutzung der vornehmlich präventiv konzipierten Instrumente wird vorrangig auf ein lediglich verhaltenes Interesse und die mangelnde Bereitschaft der Arbeitgeber zurückgeführt.

8.5.3 Beschäftigung begleitende Leistungen

Das Ziel des Abbaus von Arbeitslosigkeit durch Beschäftigung begleitende Leistungen wird mit zwei grundsätzlich verschiedenen Strategien verfolgt (vgl. Übersicht IV.5). *Eine Gruppe von Leistungen* zielt darauf, Arbeitslose direkt in sozialversicherungspflichtige Beschäftigung zu vermitteln und das Arbeitsverhältnis zu

Übersicht IV.5:

Beschäftigung begleitende Maßnahmen				
Förderinstrument	Förderadressat	Zielgruppe	Art und Umfang der Leistungen	Förderdauer
Sozialversicherungspflichtige Beschäftigung				
(a) Personal-Service-Agenturen (PSA)	Verleiher	kurzfristig nicht vermittelbare, aber beschäftigungsfähige und qualifizierte Arbeitslose	monatliche Aufwandspauschale und Vermittlungsprämie	Vergabe: 24 Monate; Zuweisung: 6 Monate
(ba) Eingliederungszuschüsse (EGZ)	AG	AN mit personenbezogenen Vermittlungshemnissen	Zuschuss zum Arbeitsentgelt (max. 50 % und je nach Personengruppe)	12 Monate und je nach Personengruppe
(bb) Einstellungszuschüsse bei Neugründungen (EZN)	AG	förderbedürftige AN mit mind. dreimonatiger Arbeitslosigkeit	Zuschuss zum Arbeitsentgelt (max. 50 %)	max. 12 Monate
(bc) Einstiegsgeld (EG) / SGB II	AN	Erwerbsfähige, arbeitslose HB	(angemessener) Zuschuss zum Arbeitsentgelt	max. 24 Monate
(bd) Entgelt-sicherung und Beitragsbonus für Ältere[1)	AN	Ältere AN über 50 Jahre	Zuschuss zum Arbeitsentgelt, zusätzlicher Beitrag zur GRV	Dauer des Anspruchs auf Alg
Selbstständige Beschäftigung				
Einstiegsgeld (EG) / SGB II	AN	Erwerbsfähige, arbeitslose HB	(angemessener) Zuschuss	max. 24 Monate
Überbrückungsgeld (ÜG)	AN	AN zur Vermeidung/Beendigung von Arbeitslosigkeit	ÜG in Höhe des Alg, zzgl. pauschalierter Sozialversicherungsbeitrag	6 Monate
Existenzgründungszuschuss (ExGZ, „Ich-AG")[2]	AN	AN zur Beendigung von Arbeitslosigkeit	600 € (1. Jahr), 360 € (2. Jahr), 240 € (3. Jahr)	3 Jahre
Gründungszuschuss[3) (GZ)	AN	AN zur Beendigung von Arbeitslosigkeit	(a) GZ in Höhe des Alg, zzgl. 300 €/ Monat (Rechtsanspruch), (b) Zuschuss von 300 €/ Monat (Ermessensleistung)	(a) 9 Monate, (b) 6 Monate

AN = Arbeitnehmer, AG = Arbeitgeber, HB = Hilfebedürftige nach SGB II

1) befristet bis Ende 2008

2) befristet bis Ende Juni 2006 3) Zusammenführung von ÜG und ExGZ zur Mitte 2006

festigen. Damit steht die Überwindung von Einstellungsbarrieren der Betriebe bzw. von Vermittlungshemnissen der Arbeitslosen im Vordergrund.

Dagegen fördert die *zweite Gruppe* den eigenständigen Weg aus der Arbeitslosigkeit, indem zuvor Arbeitslose bei der Entwicklung und Etablierung einer selbstständigen Beschäftigung unterstützt werden. Gemeinsam ist jedoch die Idee, sowohl auf Arbeitgeber- als auch auf Arbeitnehmerseite den selektiven Anreiz zu setzen, dass die Leistungen während der Beschäftigung fortgesetzt und somit betriebliche wie individuelle Risiken der Beschäftigungsaufnahme gemindert werden.

Instrumente zur Vermittlung in sozialversicherungspflichtige Beschäftigung

Die Vermittlung in sozialversicherungspflichtige Beschäftigung von Arbeitslosen wird wiederum anhand zweier Strategien verfolgt: (a) befristeter Verleih von Arbeitskräften sowie (b) Bezuschussung von Arbeitsentgelten bei der Begründung sozialversicherungspflichtiger Arbeitsverhältnisse.

(a) Personal-Service-Agenturen

Die Personal-Service-Agenturen (PSA) sind eine besondere Organisationsform der gemeinnützigen Arbeitnehmerüberlassung, die durch Leiharbeit auf die indirekte Arbeitsvermittlung abstellt. Während gewerbliche Vermittler überwiegend kein Interesse daran haben, ihre Arbeitskräfte an die entleihenden Unternehmen zu verlieren, ist dies gerade das Ziel der Personal-Service-Agenturen. Bei den entleihenden Unternehmen soll Interesse an den Arbeitslosen geweckt und Vorurteile über mangelnde Leistungsfähigkeit und -bereitschaft, die die Einstellung von Langzeitarbeitslosen häufig behindern, sollen überwunden werden. Die Leiharbeit wird hierbei als Probebeschäftigung eingesetzt. Die zeitlich befristete Beschäftigung von Arbeitslosen hat für die Unternehmen u.a. den Vorteil, dass sie anfallende Arbeiten zu verminderten Kosten durchführen lassen und potenzielle Arbeitskräfte testen und kennenlernen können. Arbeitslose haben dem gegenüber die Gelegenheit, berufliche Praxis zu gewinnen oder zu erhalten, sich in konkreten Beschäftigungsverhältnissen zu bewähren und womöglich einen regulären Arbeitsvertrag angeboten zu bekommen.

Arbeitslose, die für eine Beschäftigung über eine PSA in Frage kommen, werden entweder von der Arbeitsagentur vorgeschlagen und nach einem Auswahlgespräch von der PSA angenommen bzw. abgelehnt, oder die Agentur richtet einen Bewerberpool mit einer vierfachen Anzahl der vorgesehenen TeilnehmerInnen ein, aus dem die PSA Einstellungen vornehmen kann. Die für mindestens sechs Monate befristet eingestellten ArbeitnehmerInnen sollen von der PSA vorrangig verliehen, aber in verleihfreien Zeiten möglichst betriebsnah qualifiziert und zügig vermittelt werden.

Als Leistungen für ihre Dienstleistungen erhält die PSA von der Arbeitsagentur zweierlei Vergütungen: eine monatliche Aufwandspauschale als Honorar, die seit 2005 einheitlich 500 € je der sechs ersten Monate Beschäftigung in der PSA beträgt sowie eine Vermittlungsprämie bis zu maximal 3.500 € bei erfolgreichem Übergang eines Leiharbeitnehmers in einen Entleihbetrieb oder bei einem anderen Arbeitgeber. Die Vermittlungsprämie wird in zwei Raten ausgezahlt. Die erste Rate erhält die PSA bei Vermittlung eines Beschäftigten in ein sozialversicherungspflichtiges Arbeitsverhältnis. Die zweite Rate wird nach einer Beschäftigungsdauer von sechs Monaten gezahlt.

Die Anzahl der in PSA Beschäftigten ist nach einem starkem Zuwachs 2004 (rund 28.000) wieder stark rückläufig und lag 2005 im durchschnittlichen Bestand bei knapp 17.000 ArbeitnehmerInnen. Zwar wurden damit bei weitem nicht die Förderzahlen erreicht, die von der Hartz-Kommission (150.000 bis 200.000) oder der Bundesregierung (50.000 im ersten Jahr) anvisiert wurden. Dennoch konnten bis heute rund 22.000 Arbeitslose über eine PSA in reguläre Beschäftigungsverhältnisse vermittelt werden.

(b) Eingliederungszuschüsse

Zuschüsse zum Arbeitsentgelt zielen wie PSA auf die Beendigung von Arbeitslosigkeit durch die Aufnahme einer sozialversicherungspflichtigen Beschäftigung. Eingliederungszuschüsse können Arbeitgeber oder ArbeitnehmerInnen bei Aufnahme oder Fortsetzung eines sozialversicherungspflichtigen Beschäftigungsverhältnisses erhalten. Verwandt sind Eingliederungszuschüsse mit den vielfältigen Konzepten von Lohnkostenzuschüssen (wie z.B. nach dem „Mainzer Modell"). Verwechselt werden dürfen sie aber nicht mit den allgemeinen und unbefristeten Lohnsubventionierungen, wie z.B. die Nichtanrechnung von Teilen des Erwerbseinkommen von Leistungsbeziehenden („Freibeträge"). Derartige „Kombi-Lohnmodelle" werden im Zusammenhang mit der Beschäftigungsförderung im Bereich gering qualifizierter und niedrig entlohnter Tätigkeiten seit Jahren äußerst kontrovers diskutiert (vgl. Pkt. 9.2.2 dieses Kapitels). Im Unterschied dazu sind Eingliederungszuschüsse zeitlich und auf besondere Zielgruppen beschränkt. Damit flankieren sie den Arbeitsmarkt nicht dauerhaft und systematisch, sondern sollen nur eine Brücke in reguläre Beschäftigung bieten.

Vier verschiedene Varianten stehen im Rahmen aktiver Arbeitsförderung zur Verfügung:

(ba) Eingliederungszuschüsse (EGZ)

Eingliederungszuschüsse für Personen mit Vermittlungshemmnissen, die in ihrer Person begründet sind, dienen dem finanziellen Ausgleich von geringeren Leistungen der Beschäftigten am Arbeitsplatz. Der Zuschuss zum Arbeitsentgelt (inkl. Gesamtsozialversicherungsbetrag) beträgt maximal 50 % und kann für längstens zwölf Monate gezahlt werden. Für ältere wie für behinderte Personen gelten allerdings günstigere Regelungen zur Höhe und Dauer der Förderung.

(bb) Einstellungszuschüsse bei Neugründungen (EZN)

Bei Neugründungen können Arbeitgeber, die sich vor nicht mehr als zwei Jahren selbstständig gemacht haben, für die unbefristete Einstellung von höchstens zwei zuvor Arbeitslosen einen Zuschuss erhalten, der in Höhe von 50 % des Arbeitsentgelts für längstens zwölf Monate gezahlt wird. Der Selbstständige darf nicht mehr als fünf Angestellte beschäftigen. Gefördert werden kann ferner nur die Einstellung von Arbeitslosen, bei denen u.a. bestimmte Vermittlungshemmnisse vorliegen.

(bc) Einstiegsgeld (EG)

Das Einstiegsgeld nach SGB II richtet sich im Gegensatz zu den anderen Zuschüssen nicht an ArbeitgeberInnen, sondern an hilfebedürftige und arbeitslose ArbeitnehmerInnen. Ziel ist, den BezieherInnen von Arbeitslosengeld II die Aufnahme einer sozialversicherungspflichtigen Beschäftigung oder selbstständigen Erwerbsarbeit attraktiv zu machen. Der selektive Anreiz besteht in der zeitlich befristeten Aufstockung des Arbeitsentgelts, und zwar in der Höhe – ausgehend von der maßgebenden Regelleistung – unter Berücksichtigung der vorherigen Dauer der Arbeitslosigkeit sowie der Größe der Bedarfsgemeinschaft, in der der erwerbsfähige Hilfebedürftige lebt. Das Einstiegsgeld kann zu Zeiten der Erwerbstätigkeit längstens für 24 Monate erbracht werden. Ob durch die Aufnahme einer Beschäftigung bzw. Selbstständigkeit oder später die Hilfebedürftigkeit entfällt, ist sowohl für die Dauer als auch für die Höhe ohne Belang.

(bd) Entgeltsicherung und Beitragsbonus für Ältere

Ebenfalls an ArbeitnehmerInnen adressiert ist die *Entgeltsicherung für Ältere* ab dem 51. Lebensjahr. Um Arbeitslosigkeit von älteren Beschäftigten zu vermeiden oder von älteren Arbeitslosen zu beenden, können seit 2003 Zuschüsse zum Arbeitsentgelt sowie zusätzliche Beiträge zur gesetzlichen Rentenversicherung geleistet werden. Die Entgeltsicherung ist eine der wenigen Anspruchsleistungen der Arbeitsförderung. Ferner besteht die Möglichkeit, dass Arbeitgeber, die ältere Arbeitslose einstellen, von dem Arbeitgeberanteil zur Arbeitslosenversicherung befreit werden („*Beitragsbonus*"). Voraussetzung für den Zuschuss zum Arbeitsentgelt ist, dass ein Anspruch auf Arbeitslosengeld von mindestens 180 Tagen und auf eine tarifliche oder ortsübliche Entlohnung vorliegt. Abgezielt wird damit auf Beschäftigungsverhältnisse mit voller Sozialversicherungspflicht und jenseits der 400 €-Grenze. Die Dauer der Förderung orientiert sich an der Dauer des Anspruchs auf Arbeitslosengeld. Im Jahr 2005 erhielten knapp 4.400 ältere ArbeitnehmerInnen diese Leistung.

Mit Eingliederungszuschüssen wurden 2005 im Jahresdurchschnitt rund 69.000 ArbeitnehmerInnen gefördert (vgl. Abbildung IV.32). Das Niveau der Förderung erreichte damit wieder den Stand vom Ende der 1990er Jahre und hat sich gegenüber der expansiven Inanspruchnahme bis 2003 um mehr als die Hälfte reduziert. Der starke Rückgang der Förderung setzte ein nach der Reform der Eingliederungszuschüsse zum Jahr 2004, mit der die Anzahl der EGZ-Typen verringert und die Förderbedingungen hinsichtlich Höhe und Dauer deutlich eingeschränkt wurden. Zugleich hatte die BA die Kriterien für die Mittelvergabe revidiert, um vor allem Mitnahmeeffekte zu reduzieren und die Mittel effizienter einzusetzen. Der Eingliederungszuschuss bei Neugründungen blieb unverändert. Dennoch reduzierten sich die jahresdurchschnittlichen Bestandszahlen zum Jahr 2005 auf nur noch knapp 8.800 Förderfälle.

Abbildung IV.32:

Jahresdurchschnittliche Förderung mit Eingliederungs- und Einstellungszuschüssen 1994 - 2005

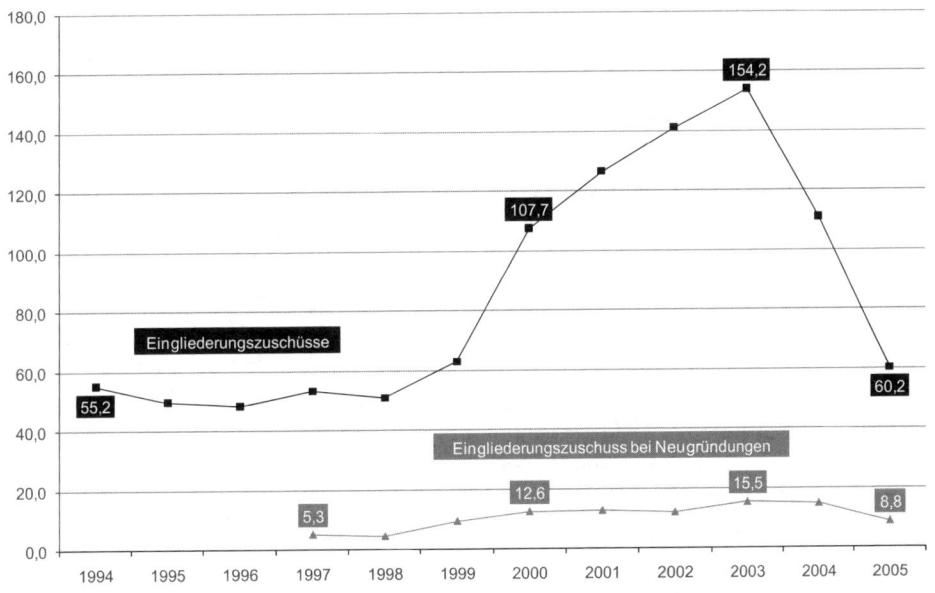

Quelle: Bundesagentur für Arbeit, Arbeitsstatistik, Jahreszahlen, versch. Jahrgänge.

Jenseits der gesetzlichen und geschäftspolitischen Bedingungen sind die Inanspruchnahme und letztlich auch der Beitrag von Eingliederungszuschüssen zum Abbau von Arbeitslosigkeit davon abhängig, dass Arbeitsplätze vorhanden sind, deren Besetzung bezuschusst werden kann. Ein Mangel an offenen Stellen führt auch zu einem niedrigen Förderniveau. Ferner setzen gerade EGZ voraus, dass Kenntnis und Interesse auf Arbeitgeberseite bestehen, die Fördermöglichkeiten auch zu nutzen. Schwierig gestaltet sich auch die Sicherstellung der zielgenauen Förderung, insbesondere bei Bezuschussung von Arbeitsentgelten. Vermieden werden muss, dass Einstellungen gefördert werden, die auch ohne Förderung zustande gekommen wären („Mitnahmeeffekte"). Eine große sozialpolitische Bedeutung haben Eingliederungszuschüsse jedoch insbesondere für Ältere und (schwer-) behinderte Menschen. Über die Hälfte der Förderung im Jahr 2004 erreichte ArbeitnehmerInnen, die älter als 50 Jahre waren. Schwerbehinderte waren allerdings in nur sehr geringem Umfang vertreten (2004: 1 % des Bestandes). Insgesamt werden mit EGZ jedoch deutlich mehr besonders Förderungsbedürftige erreicht als mit EZN (2004: 75,8 % gegenüber 38,6 %).

Instrumente zur Unterstützung der Existenzgründung

Die *Förderung von Existenzgründungen* aus Arbeitslosigkeit bildet die zweite bedeutende Gruppe von Instrumenten im Bereich der Beschäftigung begleitenden Leistungen. Arbeitslose können für die Start- und Etablierungsphase ihrer Existenzgründung mit Zuschüssen zum Lebensunterhalt oder zur sozialen Sicherung unterstützt werden. Bis Mitte 2006 standen hierfür drei Instrumente nach SGB II und SGB III zur Verfügung, die sich insbesondere in Höhe und Dauer unterschieden (vgl. Übersicht IV.5). Neben dem *Einstiegsgeld* nach SGB II (s.o.) gab es bislang zwei Varianten:

- Das *Überbrückungsgeld* (ÜG) ermöglichte bereits seit 1986 Arbeitslosen, ihre Arbeitslosigkeit durch Aufnahme einer selbstständigen, hauptberuflichen Tätigkeit zu beenden oder zu vermeiden. Das ÜG wurde für eine Dauer von sechs Monate in der Höhe des Arbeitslosengeldes gezahlt. Die Höhe setzte sich zusammen aus dem Anspruch auf Arbeitslosengeld sowie dem entsprechenden, aber pauschalierten Sozialversicherungsbeitrag.

- Der *Existenzgründungszuschuss* (ExGZ) – bekannt als „Ich-AG" – wurde zum Jahr 2003 befristet eingeführt und konnte bis zu drei Jahren geleistet werden. Innerhalb der Laufzeit nahm die Förderung degressiv gestaffelt ab, von 600 € im ersten, 360 € im zweiten und schließlich 240 € im dritten Jahr. Gestrichen wurde der Zuschuss allerdings, sobald das Arbeitseinkommen im Jahr 25.000 € überschritt.

Die beiden Fördermöglichkeiten wurden Mitte 2006 zu einem *„Gründungszuschuss"* zusammengeführt. Seitdem wird die Förderung der Existenzgründung in zwei Phasen geleistet. Für neun Monate erhalten GründerInnen einen monatlichen Zuschuss in Höhe des zuletzt bezogenen Arbeitslosengeldes zur Sicherung des Lebensunterhaltes zuzüglich 300 €. Für weitere sechs Monate können 300 € pro Monat zur sozialen Absicherung geleistet werden, wenn eine intensive Geschäftstätigkeit und hauptberufliche unternehmerische Aktivität belegt wird. Weiterhin besteht – im Gegensatz zu den meisten anderen Leistungen aktiver Arbeitsmarktpolitik – auf die Förderung zur Existenzgründung ein *Rechtsanspruch*, der jedoch auf die erste Förderphase beschränkt ist. Ebenso beibehalten wurde die Voraussetzung, dass eine fachkundige Stelle die Tragfähigkeit der Existenzgründung bescheinigt hat, i.d.R. sind dies die Kammern, Fachverbände oder Kreditinstitute.

Abbildung IV.33:

Arbeitsmarktpolitische Förderung der Selbstständigkeit 2000 - 2005

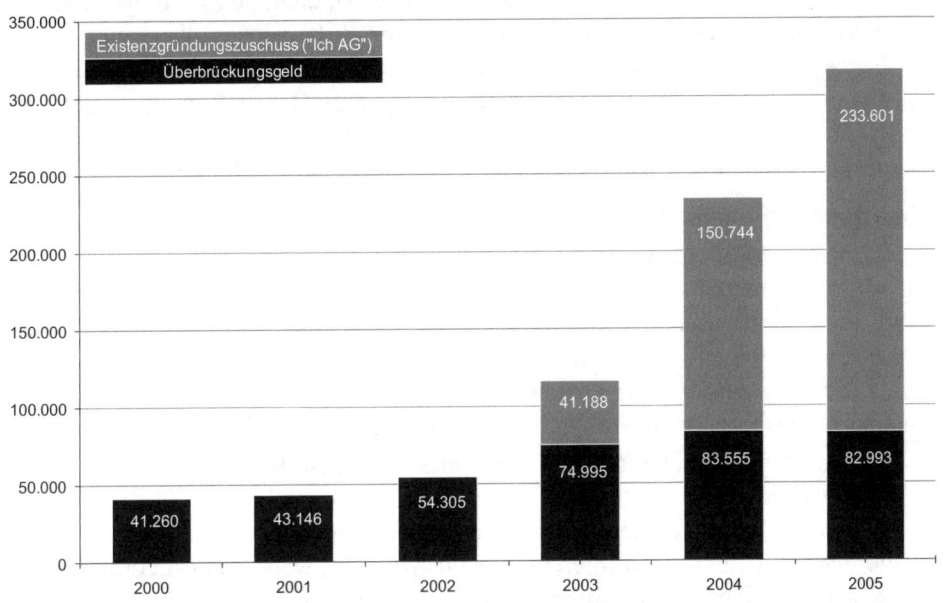

Bestand im Jahresdurchschnitt
Quelle: Bundesagentur für Arbeit, Arbeitsstatistik, Jahreszahlen, versch. Jahrgänge.

Mit rund 320.000 Fällen hatte der Bestand an Förderungen zur Existenzgründung im Jahr 2005 seinen bisherigen Höchststand erreicht (vgl. Abbildung IV.33). Damit nimmt mittlerweile ca. jede/r fünfte ExistenzgründerIn in Deutschland den Weg über die Agentur für Arbeit (22 %). Der Boom der Gründungsförderung auf Basis des SGB III ist ausschließlich auf die rasant gestiegenen Förderzahlen der Ich-AG seit 2003 zurückzuführen. Sie übersteigt die recht konstante Zahl der GründerInnen mit Überbrückungsgeld um das Dreifache (75 % gegenüber 25 %). Auch mit dem Gründungszuschuss dürfte die Förderung der Selbstständigkeit weiterhin eine bedeutende Leistung der aktiven Arbeitsmarktpolitik bleiben. Dennoch ist die Förderung der Existenzgründung kein Instrument mit einer bemerkenswerten Breitenwirkung auf dem Arbeitsmarkt, aber eben ein attraktives Angebot für einen besonderen, berufsfachlich geeigneten und risikofreudigeren Personenkreis unter den Arbeitslosen.

8.5.4 Beschäftigung schaffende Maßnahmen

Die Bundesagentur für Arbeit verfügt des Weiteren über Instrumente, die unmittelbar auf die *Schaffung* von Dauerarbeitsplätzen auf dem ersten Arbeitsmarkt und von Arbeitsgelegenheiten für Arbeitslose gerichtet sind. Wegen dieser Zielsetzung nehmen diese Fördermöglichkeiten im Spektrum der aktiven Arbeitsmarktpolitik eine Sonderrolle ein. Es handelt sich um *Arbeitsbeschaffungsmaßnahmen* (ABM), *Beschäftigung schaffende Infrastrukturmaßnahmen* (BSI) und seit 2005 um *Arbeitsgelegenheiten* (AGH) nach SGB II. All diese Maßnahmen verfolgen eine *Integrationsfunktion*, weil sie schwer vermittelbaren Arbeitslosen überhaupt wieder die Chance eines Wiedereinstiegs bieten. Sie haben damit auch eine *Brückenfunktion*, die auf den Übergang von geförderten in reguläre Beschäftigungsverhältnisse zielt. Nicht zuletzt wird mit ihnen eine *strukturpolitische Funktion* verbunden, weil bestimmte Regionen und Tätigkeitsfelder im Zentrum der Förderung stehen.

Arbeitsbeschaffungsmaßnahmen

Bei *Arbeitsbeschaffungsmaßnahmen* handelt es sich um reguläre, sozialversicherungspflichtige Arbeitsverhältnisse. Allerdings werden die Beschäftigten nicht (mehr) in die Arbeitslosenversicherung einbezogen und erwerben damit keinen Anspruch auf Arbeitslosengeld nach Beendigung der ABM. Die Förderung erfolgt durch Zuschüsse zu den Lohnkosten an die Träger der Maßnahmen. Die Maßnahmen sind förderfähig, wenn sie folgende Voraussetzungen erfüllen:

- Es müssen zusätzliche und im öffentlichen Interesse liegende Arbeiten durchgeführt werden. Zusätzlich sind Arbeiten dann, wenn sie ohne Förderung überhaupt nicht, nicht in dem vorgesehenen Umfang oder erst später umgesetzt würden. Im öffentlichen Interesse liegen Arbeiten, wenn das Ergebnis der Allgemeinheit dient. Maßnahmen im gewerblichen Bereich können nur gefördert werden, wenn sie an ein Wirtschaftsunternehmen vergeben werden.

- Die Maßnahmen sollen dazu dienen, insbesondere hohe Arbeitslosigkeit auf regionalen oder beruflichen Teilarbeitsmärkten abzubauen.

- Arbeitslosen ArbeitnehmerInnen soll zumindest vorübergehend eine Beschäftigung ermöglicht werden, um ihre Beschäftigungsfähigkeit zu erhalten oder wiederzuerlangen, die für eine Eingliederung in den Arbeitsmarkt erforderlich ist.

- Die Träger müssen hierzu mit den Arbeitslosen, die förderungsbedürftig sind und von der Agentur für Arbeit dem Träger zugewiesen wurden, reguläre Arbeitsverhältnisse begründen.

Als Träger von ABM kommen sowohl öffentlich-rechtliche Einrichtungen als auch privatrechtliche Unternehmen in Frage. Privatrechtliche Trägerschaften sind allerdings nur dann möglich, wenn sie gemeinnützige Zwecke verfolgen oder zu erwarten ist, dass die Förderung den Arbeitsmarkt in wirtschafts- oder sozialpolitisch erwünschter Weise positiv beeinflusst.

Förderungsbedürftig sind arbeitslose ArbeitnehmerInnen, wenn allein durch die ABM eine Beschäftigungsaufnahme erfolgen kann und die Voraussetzungen für Entgeltersatzleistungen erfüllt sind (z.B. Arbeitslosengeld bei Arbeitslosigkeit oder beruflicher Weiterbildung sowie Übergangsgeld bei behinderten Menschen). NichtleistungsbezieherInnen können auch gefördert werden. Die Höhe des Zuschusses zu den Lohnkosten ist grundsätzlich pauschaliert und nach vier Qualifikationsstufen gestaffelt. Bei Tätigkeiten, für die in der Regel erforderlich ist (1) eine (Fach-)Hochschulausbildung: 1.300 €, (2) eine Aufstiegsfortbildung: 1.200 €, (3) ein Abschluss eines Ausbildungberufes: 1.100 € sowie (4) keine Ausbildung: 900 €. Die Förderdauer der Maßnahme beträgt regelhaft zwölf Monate, kann aber unter besonderen Voraussetzungen auf bis zu 24 oder 36 Monate verlängert werden. Die Förderdauer der Arbeitslosen (sog. Zuweisungsdauer) ist dagegen grundsätzlich auf bis zu zwölf Monate beschränkt. Es ist somit möglich, dass Träger Maßnahmen durchführen können, an denen nacheinander verschiedene Arbeitslose teilnehmen.

Beschäftigung schaffende Infrastrukturförderung

Beschäftigung schaffende Infrastrukturförderung (BSI) dient dem Ziel einer besseren Verzahnung von Infrastruktur- und Arbeitsmarktpolitik. Sie ähneln vom Ansatz her den früheren und zum Jahr 2004 abgeschafften Strukturanpassungsmaßnahmen Ost für Wirtschaftsunternehmen (SAM OfW). Zur Verbesserung der Infrastruktur und zur Erhaltung und Verbesserung der Umwelt können öffentlich-rechtliche Träger, wie z.B. Kommunen, mit Zuschüssen zu Maßnahmekosten gefördert werden. Voraussetzung ist zum einen, dass die Träger mit der Durchführung der Arbeiten Wirtschaftsunternehmen beauftragen. Zum anderen müssen sich die beauftragten Unternehmen verpflichten, für eine bestimmte Zeit eine bestimmte Anzahl von Arbeitslosen zu beschäftigen, die die Agentur für Arbeit ihnen zuteilt. Der Anteil der Arbeitslosen darf höchstens 35 % der Belegschaft betragen, und die Gesamtförderung darf höchstens 25 % der Gesamtkosten der Maßnahme ausmachen. Mit diesen Vorgaben sollen sog. Mitnahmeeffekte sowohl auf Seiten der Träger als auch auf Seiten der Unternehmen vermieden werden. Weder Kommunen noch Wirtschaftsunternehmen sollen sich auf Kosten der Bundesagentur für Arbeit von privaten oder öffentlichen Aufgaben und Aufwendungen entlasten können. Das Instrument der BSI ist befristet bis zum Ende 2007.

Die Bedeutung von Beschäftigung schaffenden Maßnahmen hat in den vergangenen Jahren deutlich abgenommen (vgl. Tabelle IV.28). Der Bestand an Teilnehmenden an ABM und den abgeschafften Strukturanpassungmaßnahmen hat sich in Gesamt- wie West- und Ostdeutschland vom Höchststand im Jahr 1996 mit rund 354.000 bis 2005 mit etewa 61.000 um 83 % reduziert. An Maßnahmen der BSI nahmen seit ihrer Einführung im Jahr 2002 nur wenige Arbeitslose teil. Im Jahr 2005 waren es 965 Personen.

Tabelle IV.28:

Beschäftigte in Beschäftigung schaffenden Maßnahmen 1994 - 2005

	Gesamt			ABM			SAM			SAM OfW
				In 1.000						
	Gesamt	West	Ost	Gesamt	West	Ost	Gesamt	West	Ost	Ost
1994	250	57	280	250	57	192			88	
1995	284	72	312	176	70	206	108	2	106	
1996	354	76	278	261	70	191	93	6	86	
1997	287	68	220	214	59	154	74	8	65	
1998	268	69	314	210	59	151	57	10	47	115
1999	294	77	217	234	66	168	60	10	49	.
2000	266	61	261	207	52	155	59	9	50	56
2001	236	57	206	179	47	131	57	10	47	27
2002	193	45	162	134	35	99	59	10	49	14
2003	143	31	115	96	24	73	47	8	39	3
2004	117	24	93	86	21	65	32	4	28	0
2005	61	13	48	48	12	36	13	1	12	0

Quelle: Bundesagentur für Arbeit, verschiedene Reihen und Jahrgänge.

Arbeitsgelegenheiten

Eine viel größere Bedeutung hat dagegen recht schnell das Beschäftigung schaffende Instrument der *Arbeitsgelegenheiten* (AGH) gewonnen, das mit dem vierten Gesetz für moderne Dienstleistungen am Arbeitsmarkt vom BSHG („Hilfe zur Arbeit") in das neue Sozialgesetzbuch II überführt wurde. Wer erwerbsfähig im Sinne des SGB II, verfügbar, bereit und fähig, bei der Arbeitsgemeinschaft (AR-GE) arbeitslos gemeldet und bei der Arbeitssuche bisher erfolglos ist, kann in einer Arbeitsgelegenheit befristet beschäftigt werden.

Arbeitsgelegenheiten – die so genannten Ein-Euro-Jobs – sollen die Hilfebedürftigkeit von Erwerbsfähigen, die Grundsicherungsleistungen für Arbeitsuchende erhalten, vermeiden oder beseitigen, vermindern oder verkürzen. Neben der Aufrechterhaltung oder Wiederherstellung von Beschäftigungsfähigkeit und der Heranführung an den ersten Arbeitsmarkt werden mit dem Einsatz von AGH aber mehr Ziele verfolgt als mit ABM. Zum einen sollen Arbeitsgelegenheiten dazu beitragen, die Qualität sozialer Dienstleistungen zu steigern und bestehende gesellschaftliche Problemlagen zu mindern. Zum anderen wird die geleistete Arbeit des Hilfebedürftigen im Sinne des Grundsatzes von „Fördern und Fordern" von der BA als zumutbarer Beitrag zur Reduzierung seiner Hilfebedürftigkeit und als Gegenleistung für die Unterstützung der Solidargemeinschaft verstanden. Eine Arbeitsgelegenheit hat damit einen von ABM grundverschiedenen Charakter.

Arbeitsgelegenheit gibt es – wie zuvor im BSHG – in zwei Varianten: in einer Entgelt- und einer Mehraufwandsvariante. Die beiden Möglichkeiten unterscheiden sich vor allem in viererlei Hinsicht:

- *Art des Arbeitsverhältnisses*: In der Mehraufwandsvariante wird mit dem Hilfebedürftigen kein Arbeitsvertrag abgeschlossen, sondern die Beschäftigung erfolgt auf Basis eines Sozialrechtsverhältnisses ohne Sozialversicherungspflicht. Zwar gelten alle Arbeitsschutzbestimmungen, aber die Hilfebedürftigen sind keine ArbeitnehmerInnen im rechtlichen Sinne und können daher vor allem die vertraglichen Bedingungen nicht im Rahmen des Gesetzes mitgestalten oder einfach kündigen. Dagegen wird in der Entgeltvariante mit dem Hilfebedürftigen ein regulärer Arbeitsvertrag und damit ein sozialversicherungspflichtiges Beschäftigungsverhältnis wie bei ABM abgeschlossen.

- *Tätigkeitsfelder*: Für Arbeitsgelegenheiten in der Mehraufwandsvariante gelten die gleichen Voraussetzungen wie bei der Schaffung von ABM: Die Arbeiten müssen zusätzlich sein und im öffentlichen Interesse liegen. Besonders berücksichtigt werden sollen gemeinnützige Arbeiten. Dagegen müssen in der Entgeltvariante die Arbeiten nicht zwingend im öffentlichen Interesse liegen und/oder zusätzlich sein. Allein Wettbewerbsverzerrungen und andere Nachteile für die lokale Wirtschaft sollen bei der Auswahl und Kontrolle der Einsatzfelder vermieden werden.

- *Maßnahmenträger*: Während für Arbeiten in der Entgeltvariante entsprechend der erweiterten Tätigkeitsfelder auch privatwirtschaftliche Betriebe als Träger in Betracht kommen, sind AGH in der Mehraufwandsvariante eingeschränkt auf „geeignete" natürliche oder juristische Personen/-gesellschaften (z.B. Kommunen, öffentlich-rechtliche Träger, Träger der freien Wohlfahrtspflege, kommunale Beschäftigungsgesellschaften, aber auch privatrechtlich organisierte Träger wie Alten- und Pflegeeinrichtungen).

- *Umfang und Dauer der Förderung* sind für beide Varianten von Arbeitsgelegenheiten zwar nicht gesetzlich vorgegeben. Jedoch gibt es Empfehlungen von der BA. Für die Entgeltvariante gilt, dass die monatliche Fallpauschale alle Aufwendungen des Trägers umfassen soll und die Förderdauer so zu bemessen ist, dass kein neuer Anspruch auf Arbeitslosengeld erworben wird. In der Mehraufwandsvariante wird als *Mehraufwandsentschädigung*, die ein Hilfebedürftiger zuzüglich zum Arbeitslosengeld II vom Träger erhält, ein Stundensatz von ein Euro für angemessen gehalten, damit weiterhin ein Anreiz zur Aufnahme einer regulären Beschäftigung erhalten bleibt. Ferner soll z.B. die wöchentliche Beschäftigungszeit von 30 Stunden nicht überschritten werden, um Eigenbemühungen bei der Arbeitssuche noch zu ermöglichen. Die durchschnittlichen Förderparameter im Jahr 2005 entsprachen diesen Richtwerten weitgehend (vgl. Tabelle IV.29).

Die Mehraufwandsvariante dominiert überdeutlich die Förderpraxis. Von den jahresdurchschnittlich rund 200.000 Arbeitsgelegenheiten im Jahr 2005 entfielen knapp 96% auf diesen Förderweg. Zwischen Ost- und Westdeutschland unterscheiden sich die absoluten Fördervolumina wie auch die Verteilung auf die Fördervarianten kaum. Allerdings wird in Ostdeutschland ein größerer Anteil der erwerbsfähigen bzw. arbeitslosen Hilfebedürftigen in Arbeitsgelegenheiten beschäftigt (vgl. Tabelle IV. 29).

Beschäftigung schaffende Maßnahmen stehen immer wieder in der Kritik. Sie konzentriert sich insbesondere auf die arbeitsmarktpolitischen Nebenwirkungen, das Gewicht sozialpolitischer Ziele sowie die Effizienz und Effektivität des Fördereinsatzes. *Arbeitsmarktpolitisch* wird Beschäftigung schaffenden Maßnahmen z.B. entgegen gehalten, dass sie trotz der Fördervoraussetzungen „Zusätzlichkeit und öffentliches Interesse" in erheblichem Maße reguläre Arbeitsplätze verdrängen oder ersetzen. *Sozialpolitisch* werden die sozial integrativen Ziele und Effekte von ABM wie von AGH in Abrede gestellt. Hinsichtlich der *Wirtschaftlichkeit und Wirksamkeit* wird Beschäftigung schaffenden Maßnahmen vorgehalten, dass sie bei hohen Kosten zu viel zu geringen Übergängen in Beschäftigungen führen würden.

Tabelle IV.29:

Arbeitsgelegenheiten 2005

	Deutschland	Alte	Neue
		Bundesländer	
Bestand an Teilnehmenden insgesamt[1]	201.207	99.580	101.627
darunter:			
Mehraufwandsvariante[1]	193.290	96.780	96.510
in % von insgesamt	96,1	97,2	95,0
Entgeltvariante[1]	7.917	2.800	5.118
in % von insgesamt	3,9	2,8	5,0
Anteil an erwerbsfähigen Hilfebedürftigen[2]	6,7	5,2	9,5
Anteil an arbeitslos gemeldeten Hilfebedürftigen[2]	11,2	8,6	15,9
durchschnittliche Mehraufwandsentschädigung pro Stunde in €[3]	1,25	1,27	1,24
durchschnittliche Wochenarbeitszeit in Stunden (Mehraufwandsvariante)[3]	28,3	28,9	27,7

1) Bestand im Jahresdurchschnitt 2) Bestand im Dezember 2005
3) Eintritte in Arbeitsgelegenheiten im Jahr 2005
Quelle: Bundesagentur für Arbeit, Leistungen zur Eingliederung an erwerbsfähige Hilfebedürftige: Einsatz von Arbeitsgelegenheiten 2005.- Arbeitsmarktberichte.

Zu berücksichtigen ist, dass auf dem Feld der Beschäftigung schaffenden Maßnahmen seit jeher ganz profunde Interessenskonflikte ausgetragen werden. Aus einer Sicht repräsentieren ABM den Sektor öffentlicher Beschäftigung unter regulären Vertrags- und auch Lohnbedingungen, der angesichts hoher Arbeitslosigkeit notwendig und auszuweiten ist. In dieser Sicht stehen AGH dagegen in der Tradition von „Zwangsarbeit" und für einen lohnpolitischen Unterbietungswettbewerb: ABM stabilisieren und AGH destabilisieren das gesamtwirtschaftliche Lohn- und sozialstaatliche Schutz- und Leistungsgefüge. Eine andere Perspektive wendet sich genau gegen diese Stabilisierungsfunktion öffentlicher Beschäftigung zu den gegebenen Standards. Hier wird argumentiert, dass eben die Regulationen des Arbeitsmarktes und das Niveau sozialstaatlicher Leistungen für die dauerhaft hohe Arbeitslosigkeit in Deutschland verantwortlich sind (vgl. Pkt. 6.9 dieses Kapitels).

8.5.5 Beschäftigung erhaltende Leistungen

Das Arbeitsförderungsrecht sieht zudem Leistungen und Maßnahmen vor, die bei unmittelbarer Bedrohung der Arbeitsplätze *Entlassungen verhindern* sollen. Dazu zählen das Kurzarbeitergeld sowie die Leistungen der Winderbauförderung.

Kurzarbeitergeld

Ziel des *Kurzarbeitergeldes* ist es, bei vorübergehendem Arbeitsmangel Arbeitsplätze zu sichern und dem Betrieb die eingearbeiteten Arbeitskräfte zu erhalten. Kurzarbeitergeld wird vor allem gewährt, wenn ein erheblicher Arbeitsausfall aus wirtschaftlichen Gründen eintritt, insbesondere wegen einer schlechten Konjunkturlage oder wegen eines unabwendbaren Ereignisses. Das heißt, der Arbeitsausfall muss bei mindestens einem Drittel der beschäftigten ArbeitnehmerInnen zu mindestens 10 % Entgeltausfall führen. Der entsprechende Einkommensverlust wird durch die Zahlung von Kurzarbeitergeld gemildert. Für die Unternehmen hat das Kurzarbeitergeld in diesen Fällen die Funktion einer Lohnkostensubvention. Im Zuge der Diskussion über temporäre Arbeitszeitverkürzungen im Rahmen betrieblicher „Bündnisse für Arbeit" gewinnen neben Kurzarbeit als partiellen Solidarausgleich des Entgeltausfalls alternative Möglichkeiten der betriebsinternen Lohnflexibilität an Bedeutung (vgl. Pkt. 8.8 dieses Kapitels).

Für dauerhafte Arbeitsausfälle gibt es seit 2004 das gesonderte Transferkurzarbeitergeld, mit dem ein dauerhafter Personalabbau in größerem Umfang unterstützt und abgefedert werden soll (vgl. Pkt. 8.5.6 dieses Kapitels).

Das Kurzarbeitergeld wird für längstens sechs Monate gezahlt, bei außergewöhnlichen branchenbezogenen oder regionalen Schwierigkeiten bis zu zwölf Monate und bis zu 24 Monate bei außergewöhnlichen, den gesamten Arbeitsmarkt betreffenden Problemen. Das Kurzarbeitergeld wird für die Ausfallstunden geleistet. Es ist wie das Arbeitslosengeld eine Lohnersatzleistung und wird in ähnlicher Weise berechnet. Arbeitslose mit mindestens einem Kind erhalten 67 % des (pauschaliert ermittelten) ausgefallenen Nettoeinkommens, für die übrigen ArbeitnehmerInnen gilt ein Satz von 60 %. Im Jahr 2005 erhielten mehr als 125.000 Arbeit-nehmerInnen Kurzarbeitergeld. Betroffen waren rund 11.000 Betriebe. Es sind vorwiegend Kleinbetriebe, die Kurzarbeit als Anpassungsinstrument nutzen, und sie finden sich nicht nur im verarbeitenden Gewerbe, sondern auch im Dienstleis-tungssektor.

Winterbauförderung

Witterungsbedingungen im Winter können die Arbeit am Bau erheblich beeinträch-tigen und zur Einstellung der Bautätigkeit mit Entlassung von Beschäftigten füh-ren. Die Sicherung einer ganzjährigen Beschäftigung in der Bauwirtschaft ist Ziel der *Winterbauförderung*. Das SGB III sieht im Rahmen der Winterbauförderung drei Leistungen vor:

▪ Die Winterausfallgeld-Vorausleistung, die als Überbrückungszahlung für die ersten 100 Ausfallstunden aufgrund von betriebs-, arbeits- oder tarifvertragli-chen Regelungen von den Arbeitgebern geleistet werden muss. Die Mittel werden durch eine Umlage der Arbeitgeber der Bauwirtschaft aufgebracht.

▪ Das Winterausfallgeld (vormals: Schlechtwettergeld) wird nach Ausschöpfung der Vorausleistungen durch die Arbeitgeber bei fortgesetztem witterungsbe-dingtem Arbeitsausfall in der Schlechtwetterzeit von November bis März durch die Bundesagentur für Arbeit aus Beitragsmitteln geleistet. Bemessung und Höhe des Winterausfallgeldes richten sich nach den Vorschriften für das Kurzarbeitergeld.

▪ Das Wintergeld kann erstens als ein Zuschuss zur Abgeltung witterungsbe-dingter Mehraufwendungen von Mitte Dezember bis Ende Februar zusätzlich zum Lohn für geleistete Arbeitsstunden gewährt werden („Mehraufwand-Wintergeld"). Zweitens kann Wintergeld als Zuschuss zu einer Winterausfall-geld-Vorausleistung von November bis März gezahlt werden („Zuschuss-Wintergeld"). Auch die Mittel für das Wintergeld werden über eine Umlage der Arbeitgeber im Baugewerbe aufgebracht.

Die Inanspruchnahme der Winterbauförderung ist selbstverständlich stark witte-rungsabhängig. Im Winterbau-Geschäftsjahr 2003/2004 (von November bis Okto-ber des Folgejahres) gab es einen günstigen Witterungsverlauf, so dass die Mittel erheblich weniger in Anspruch genommen werden mussten als in den Vorjahren. Die Agenturen für Arbeit genehmigten in diesem Zeitraum insgesamt 15,2 Mio. witterungsbedingte Ausfallstunden, wofür 6 Mio. umlagefinanziertes und 9,2 Mio. beitragsfinanziertes Winterausfallgeld gezahlt wurden.

8.5.6 Übergang fördernde Leistungen und Maßnahmen

Um Arbeitslosigkeit zu vermeiden, können nach dem SGB III auch *Transferleis-tungen* erbracht werden. Es handelt sich hierbei um ein betriebsnahes und mobili-tätsorientiertes Förderinstrumentarium, das aus dem Transferkurzarbeitergeld und den Transfermaßnahmen besteht. *Transferkurzarbeitergeld* (vor 2004: „Struktur-

Kurzarbeitergeld") kann gezahlt werden, wenn Strukturveränderungen für einen Betrieb mit einer Einschränkung und Stilllegung des ganzen Betriebes oder wesentlicher Betriebsteile verbunden sind. Ferner müssen Beschäftigte von einem dauerhaften und unvermeidbaren Arbeits- und Entgeltausfall betroffen sein und zur Vermeidung von Entlassungen in einer eigenständigen betrieblichen Einheit zusammengefasst werden. Die Höhe und die Bemessung entsprechen den Regelungen für das originäre Kurzarbeitergeld, und es wird längstens für zwölf Monate gezahlt.

Die Lohnersatzleistung ist zusätzlich an die Bemühungen von ArbeitnehmerInnen und Arbeitgebern gebunden, Arbeitslosigkeit aktiv zu vermeiden. So müssen ArbeitnehmerInnen vor der Überleitung in eine betriebsorganisatorisch eigenständige Einheit an einer Maßnahme zur Feststellung der Eingliederungsaussichten teilgenommen haben. Die Arbeitgeber werden im Gegenzug verpflichtet, den betroffenen Beschäftigten während der Zahlung von Transferkurzarbeitergeld Vermittlungsvorschläge zu unterbreiten und erforderliche Qualifizierungsmaßnahmen anzubieten. Solche Transfermaßnahmen können durch einen Zuschuss von 50 % der Maßnahmekosten (bis 2.500 € je Förderfall) durch die Bundesagentur für Arbeit gefördert werden.

Das Transferkurzarbeitergeld erhielten 2004 knapp 10.000 Kurzarbeitende in rund 450 Betrieben. Aufgewandt aus Beitragsmitteln wurden fast 37 Mio. € für die Lohnersatzleistungen und rund 3,4 Mio. als Zuschuss zu Transfermaßnahmen.

Im Insolvenzfall haben betroffene ArbeitnehmerInnen Anspruch auf *Insolvenzgeld* (vormals: Konkursausfallgeld), wenn sie für die letzten drei Monate des Arbeitsverhältnisses noch Ansprüche auf Arbeitsentgelt haben. Das Insolvenzgeld dient somit der Sicherung arbeitsvertraglicher Ansprüche. Es wird in Höhe des noch ausstehenden Nettoarbeitsentgelts bis zur Beitragsmessungsgrenze der Arbeitslosenversicherung (inklusive z.B. Urlaubsgeld, Zulagen, Jahressonderzahlungen, Lohnfortzahlung bei Krankheit) und an alle Beschäftigten gezahlt, also auch Auszubildenden, Heimarbeitenden und geringfügig Beschäftigten. Die Mittel für das Insolvenzgeld werden aus Umlagen der Arbeitgeber aufgebracht, die von Unfallversicherungsträgern eingezogen werden und aus denen die Aufwendungen der Bundesagentur für Arbeit erstattet werden. Im Jahr 2004 hat die Bundesagentur für Arbeit Zahlungen von Insolvenzgeld für rund 260.000 ArbeitnehmerInnen bewilligt und hierfür Umlagemittel von 1,5 Mrd. € in ihrem Haushalt ausgewiesen.

8.6 Ausgaben der Arbeitsmarktpolitik: Struktur und Entwicklung

Fasst man die Ausgaben der Bundesagentur für Arbeit und des Bundes für die aktiven und passiven Leistungen der Arbeitsmarktpolitik zusammen, so errechnet sich im Jahr 2005 ein Betrag von etwa 82,9 Mrd. €. Aus Tabelle IV.30 ist zu erkennen, dass 64 % der Ausgaben auf die BA entfallen und 36 % auf den Bund. Zu den größten Positionen zählen die Ausgaben für die Bereiche

- Arbeitslosengeld (32,6 % der Gesamtausgaben),

- Sozialversicherungsbeiträge (14,1 % der Gesamtausgaben),
- Arbeitslosengeld II und Sozialgeld (27 % der Gesamtausgaben).

Die unterschiedlichen Leistungen der aktiven Arbeitsmarktpolitik machen ein Fünftel der Gesamtausgaben aus.

Im Vergleich zu 2002 und 1999 fällt auf, dass die Ausgaben der Bundesagentur – trotz der deutlich gestiegenen Arbeitslosigkeit – nahezu konstant geblieben sind. Beachtlich erhöht haben sich dagegen die Ausgaben des Bundes. Hauptursache dafür sind die hohen Ausgaben für die Leistungen Arbeitslosengeld II und Sozialgeld nach dem SGB II. Rückläufig entwickelt haben sich in absoluten wie relativen Größen die Ausgaben für die Leistungen der aktiven Arbeitsförderung. Dieser Rückgang betrifft insbesondere die Ausgaben für die Weiterbildung und für die Arbeitsbeschaffungsmaßnahmen.

Die Rückführung der Ausgaben der BA hat sich im Jahr 2006 fortgesetzt. Erreicht wurde dies durch die weitere Reduzierung der Leistungen der aktiven Arbeitsmarktpolitik und durch die Abnahme der Bezieher von Arbeitslosengeld (u.a. auch infolge der Begrenzung der Leistungsdauer). Angestiegen sind jedoch die Ausgaben des Bundes für die Leistungen nach dem SGB II. Diese Sparpolitik im BA-Haushalt machte es möglich, den Beitragssatz ab 2007 auf 4,2 % zu senken – ergänzt um Zuschüsse des Bundes, die aus der Anhebung der Mehrwertsteuer finanziert werden.

Tabelle IV.30:

Finanzielle Dimensionen der Arbeitsmarktpolitik 1999 - 2005

	1999		2002		2005	
	Mio. €	in %	Mio. €	in %	Mio. €	in %
Ausgaben der BA	51.693,5	74,7	56.507,9	79,0	53.088,5	64,0
Ausgaben des Bundes	17.476,8	25,3	15.014,0	21,0	29.807,7	36,0
Ausgaben insgesamt	69.170,3	100	71.521,9	100	82.896,3	100
Leistungen der aktiven A-förderung	23.159,6	33,5	22.400,6	31,3	16.852,9	20,3
darunter						
Zuschüsse zur Unterstützung der Beratung u. Vermittlung	30,7	0,0	71,8	0,1	93,2	0,1
Eignungsfeststelung/Trainingsmaßnahmen	284,0	0,4	477,8	0,7	179,3	0,2
Mobiltitätshilfen	45,6	0,0	131,4	0,2	118,1	0,1
Unterhaltsgeld	4.044,9	5,8	3.996,6	5,6	371,6	0,5
Kosten der berufl. Weiterbildung	2.703,7	3,9	2.704,7	3,8	653,5	0,8
Eingliederungszuschüsse	942,8	1,4	1.225,1	1,7	308,4	0,4
Förderung der Berufsausbidlung benachteiligter Auszubildender	761,8	1,1	1.075,6	1,5	1.005,5	1,2
Personal-Service-Agenturen	-	-	-	-	156,8	0,2
Arbeitsbeschaffungsmaßnahmen	3.991	5,8	2.333,0	3,3	261,0	0,3
Strukturanpassungsmaßnahmen	1.661,3	2,4	810,0	1,1	166,7	0,2
Freie Förderung	560,0	0,8	504,1	0,7	81,1	0,1
Berufsausbildungsbeihilfe	647,9	0,9	1.036,9	1,4	541,3	0,7
Berufl. Reha. behinderter Menschen	2.300,9	3,3	2.786,2	3,9	2.640,9	3,2
Überbrückungsgeld	759,8	1,1	1.005,9	1,4	1.847,5	2,2
Existenzgründungszuschüsse	-		-	-	1.352,8	1,6
Sofortprogramm zum Abbau der Jugendarbeitslosigkeit	975,5	1,4	1.101,5	1,5	39,3	0,0
ALG bei beruflicher Weiterbildung	-	-	-	-	763,1	0,9
Kurzarbeitergeld	314,4	0,5	603,5	0,8	416,1	0,5
Leistungen n. Altersteilzeitgesetz	109,7	0,2	673,6	0,9	1.111,2	1,3
Aussteuerungsbetrag an den Bund	-	-	-		4.555,5	5,5
Insolvenzgeld	1.066,7	1,5	1.926,5	2,7	1.209,7	1,5
Arbeitslosengeld	24.862,7	35,9	27.006,5	37,8	27.018,6	32,6
Sozialversicherungsbeiträge	12.360,6	17,9	13.035,0	18,2	11.678,9	14,1
Arbeitslosenhilfe	15.580,7	22,5	14.756,2	20,6	1.533,5	1,8
ALG II und Sozialgeld	-	-	-	-	22.352,8	27,0

Quelle: Bundesagentur für Arbeit, Arbeitsstatistik Jahreszahlen, mehrere Jahrgänge

8.7 Wirkungen der arbeitsmarktpolitischen Instrumente

Die Wirksamkeit der aktiven Arbeitsmarktpolitik ist aufgrund der Kostenintensität und der Konkurrenz zu den passiven Leistungen seit jeher großer öffentlicher und politischer Aufmerksamkeit ausgesetzt. Dabei werden bei der kritischen Auseinandersetzung über den Beitrag aktiver Arbeitsmarktpolitik zur Senkung oder Verminderung von Arbeitslosigkeit oftmals isolierte Erfolgskriterien angelegt, die auch nicht immer aus den Programmzielen abgeleitet sind. Ein Grund dafür liegt sicherlich in der Komplexität des Zielspektrums. Aktive Arbeitsmarktpolitik insgesamt wie auch einzelne Instrumente verfolgen stets ein ganzes Bündel von Zielen, die auch in Widerspruch zu einander stehen können. Dieser *Zielvielfalt* und diesen *Zielkonflikten* muss jedoch in der Beurteilung und Diskussion stärker Rechnung getragen werden.

Um die Wirksamkeit aktiver Arbeitsmarktpolitik angemessen beurteilen zu können, gilt es zunächst die verschiedenen Maßstäbe der Bewertung zu unterscheiden und die Ziele der Förderung zu benennen, aus denen sie abgeleitet werden. Die Wirkungen können z.B. unterschieden werden zwischen Fördereffekten, die

- sich auf der Makroebene (wie die des Arbeitsmarktes oder der Gesamtwirtschaft) oder Mikroebene (der individuell Geförderten) niederschlagen,
- sich als direkte und indirekte Folgen der Förderung ergeben sowie
- gewollt oder nicht gewollt sind.

Zu allererst steht die aktive Arbeitsmarktpolitik nach dem Arbeitsförderungsgesetz unter der Maßgabe der Effizienz und der Effektivität des Fördereinsatzes. Die Mittel sollen so eingesetzt werden, dass mit möglichst geringem Aufwand ein größtmöglicher Erfolg erreicht und größtmögliche positive Wirkungen erzielt werden. Primäres Ziel ist dabei die (Wieder-)Eingliederung von Arbeitslosen in den ersten Arbeitsmarkt. Gleichzeitig werden aber auch eine Reihe anderer Ziele – Nebenziele – benannt, wie die Verbesserung regionaler Wirtschaftsstrukturen oder die Gleichstellung von Frauen und Männern. Zwar nicht explizit im Gesetz benannt, können gleichwohl weitere Ziele an die Wirksamkeit aktiver Arbeitsmarktpolitik herangetragen und diskutiert werden. So werden der aktiven Arbeitsmarktpolitik z.B. auch „lohnpolitische Effekte" zugeschrieben, die auf den Umstand hinweisen, dass der Einsatz von aktiver Arbeitsmarktpolitik je nach rechtlicher Ausgestaltung auch dazu dienen kann, unterwertige Beschäftigung zu verhindern. Diskutiert wird in diesem Fall nicht nur, ob der Fördereinsatz einem solchen Ziel nachkommt, sondern ob dieses Ziel überhaupt verfolgt werden soll. Auf der befürwortenden Seite wird damit die Schutzfunktion für Arbeitslose und Beschäftigte vor einem Lohnwettbewerb nach unten betont. Auf der widersprechenden Seite wird in dieser Debatte kritisiert, dass aktive Arbeitsmarktpolitik indirekt dazu beiträgt, das Lohnniveau zu stabilisieren und Kostensenkungen des Faktors Arbeit zu vermeiden. Ein Überblick über die zentralen Effekte, die in Evaluationsstudien untersucht werden und/oder die in Diskussionen über die Wirksamkeit aktiver Arbeitsmarktpolitik auftauchen, findet sich in Übersicht IV.6.

Die Wirkungen der einzelnen Instrumente genau in den Blick zu nehmen, ist ein mitunter schwieriges Unterfangen. Dies betrifft zum einen die Evalutionsforschung selbst, zum anderen aber auch die Rezeption entsprechender Forschungsergebnisse. Die Probleme der Forschung sind insbesondere der Zugang und die Erschließung geeigneter Datengrundlagen sowie die methodischen Restriktionen verfügbarer Untersuchungsinstrumente. Die Probleme des Forschungspublikums liegen dagegen im Verständnis der oft komplexen Studienberichte wie auch in der thematischen Konzentration der Beiträge. Überwiegend werden von der Forschung Effekte auf der Mikroebene mit entsprechenden (mikroökonometrischen) Methoden in den Blick genommen. Ein ausgeglichene und umfassende Betrachtung der Wirkungen oder zumindest eine über die empirischen Befunde hinausgehende Würdigung einzelner Instrumente findet sich nur in seltenen Fällen.

Verschiedene Evaluationsstudien insbesondere des Instituts für Arbeitsmarkt- und Berufsforschung haben in den letzten Jahren folgende Befunde zu den Wirkungen einzelner Instrumente der aktiven Arbeitsmarktpolitik vorgelegt:

- *Förderung beruflicher Weiterbildung*: Neuere Befunde verweisen auf zwar kurzfristig negative, aber langfristig positive Effekte von Fort- und Weiterbildungsmaßnahmen. Hohe Beschäftigungsraten der TeilnehmerInnen erzielen vorrangig längerfristig angelegte Programme gegenüber Maßnahmen mit kurzer Dauer. Erfolgreich sind Weiterbildungsmaßnahmen somit, wenn sie zu einer substantiellen Verbesserung der Qualifikation führen. Bestätigt werden konnte auch, dass arbeitsmarkt- und betriebsnahe Qualifizierungen wirksamer sind als rein schulische Maßnahmen.

- *Leiharbeit:* Die Förderung der Leiharbeit durch Personal-Service-Agenturen hat in vielen Fällen dazu geführt, dass Arbeitslosen, die eine PSA-Beschäftigung aufgenommen haben, später als vergleichbaren Arbeitslosen eine Integration in den allgemeinen Arbeitsmarkt gelungen ist. Die individuellen Eingliederungschancen haben sich im Schnitt somit verschlechtert statt verbessert. Herausgestellt wurde durch Studien vor allem ein deutlicher locking-in-Effekt der Förderung.

- *Eingliederungszuschüsse* an Arbeitgeber erzielen im Vergleich zu anderen Instrumenten relativ hohe individuelle Beschäftigungswirkungen. Zuschüsse zu Arbeitsentgelten sind insbesondere dann effektiv, wenn sie zielgruppenspezifisch ausgerichtet sind, ausreichend lange Förderdauern vorsehen und mit zielgerichteten Qualfizierungsmaßnahmen verbunden werden.

Übersicht IV.6:

Ausgewählte Wirkungen aktiver Arbeitsmarktpolitik	
Art des Efffekts	**Beschreibung**
Arbeitsmarktpolitsche Effekte	
Arbeitsmarkt-entlastungseffekte	Entzug von Arbeitsangebot auf dem Arbeitsmarkt durch Maßnahmenteilnahme von Arbeitslosen
Eingliederungseffekt	Aufnahme einer sozialversicherungspflichtigen Beschäftigung im ersten Arbeitsmarkt (Effekt der Programmteilnahme)
Klebeeffekt	Übergang von einer betriebl. Fördermaßnahme in ein Beschäftigungsverhältnis im gleichen Betrieb (Effekt der Programmteilnahme)
Locking-in-Effekt	Mögliche Abnahme der Suchintensität der Teilnehmer während der Laufzeit einer Maßnahme (Effekt der Programmteilnahme)
Mitnahmeeffekt	Mögliche Inanspruchnahme von Fördermitteln, obwohl Förderziel auch ohne Förderung erreicht hätte werden können
Maßnahmeketten-effekt	Wiederholte Maßnahmenteilnahme durch Förderberechtigte (Effekt der Programmumsetzung)
Creaming-Effekt	Förderung leicht vermittelbarer Arbeitsloser bei geringer Zielgruppenspezifizierung des Instrumentes (Effekt der Programmumsetzung)
Sozialpolitische Effekte	
Psych. Stabilisierungseffekt	Psycho-soziale Stabilisierung von MaßnahmeteilnehmerInnen (Effekt der Programmumsetzung)
Stigmatisierungs-effekte	Negative Zuschreibung abwertender Merkmale aufgrund einer Maßnahmeteilnahme
Inklusions- und Kohäsionseffekte	Soziale Integration Einzelner wie sozialer Zusammenhalt in der Gesellschaft
(Para-)Fiskalische Effekte	
Kostensenkungs-effekt	Reduzierung von Ausgaben für aktive oder passive Leistungen unabhängig von den Teilnahmezahlen (Effekt der Programmumsetzung)
Kostenverlage-rungseffekt	Verschiebung der Kosten für Arbeitslosigkeit zu anderen Budgets öffentlicher Haushalte (Effekt der Programmsetzung)
Gesamtgesellschaftliche und gesamtwirtschaftliche Effekte	
Beschäftigungs-effekt	Schaffung zusätzlicher Arbeitsplätze
Qualifizierungseffekt	Erhalt und Verbesserung von Humankapital von Arbeitslosen oder in Erwerbsbevölkerung
Strukturpolitischer Effekt	Erhalt und Verbesserung regionaler Infrastruktur, Ausgleich oder Beförderung des wirtschaftlichen Strukturwandels
Substitutionseffekt	Ersatz ungeförderter Beschäftigung durch geförderte Beschäftigung in Betrieben, Branchen oder auf regionalen Arbeitsmärkten
Verdrängungseffekt	Verdrängung von Beschäftigung in ungeförderten Betrieben durch Wettbewerbsvorteile anderer Betriebe mit Förderung

- Auch der *Gründungsförderung* kann eine im Schnitt positive Bilanz ausgestellt werden. Bereits in der Vergangenheit war ein Großteil der mit Überbrückungsgeld Geförderten auch noch nach drei Jahren selbstständig. Und auch diejenigen, deren Selbstständigkeit scheiterte, waren nur zu geringen Teilen wieder arbeitslos, ein Drittel war sozialversicherungspflichtig beschäftigt. Zusätzliche Beschäftigungsimpulse gingen nachweislich deutlich stärker vom Überbrückungsgeld aus anstatt von der Ich-AG.

- Beschäftigung schaffende Maßnahmen wie *Arbeitsbeschaffungsmaßnahmen* kommen dagegen zu tendenziell geringeren bis keinen individuellen Eingliederungseffekten. TeilnehmerInnen an diesen Maßnahmen sind der Gefahr ausgesetzt, mit deutlich negativen Signal- und Stigmatisierungseffekten belegt zu werden. Diesen kontraindizierenden Befunden stehen jedoch positive Effekte hinsichtlich der psycho-sozialen Stabilisierung von teilnehmenden Arbeitslosen und der hohen strukturpolitischen Bedeutung (wie u.a. der Verbesserung der regionalen Infrastruktur) gegenüber.

- Die Einführung von *Kurzarbeit* hilft, Entlassungen zu vermeiden und die Stabilität von Beschäftigung zu fördern. Betriebe mit Kurzarbeit nutzen daneben noch andere Möglichkeiten der internen und externen Flexibilisierung und greifen im Vergleich zu Betrieben in ähnlicher wirtschaftlicher Situation auf ein breiteres Spektrum von Anpassungsmöglichkeiten zurück. Allerdings wurden in der Vergangenheit die Ausfallzeiten bei Kurzarbeit nur selten für eine Anpassung der Qualifikation der Kurzarbeitenden genutzt.

Dieser gemischten Erfolgsbilanz auf der Mikroebene stehen auf der Makroebene insbesondere *soziale Inklusions- und Kohäsioneffeke* in der Gesellschaft sowie hohe *Entlastungseffekte* aktiver Arbeitsmarktpolitik gegenüber. Dem Arbeitsmarkt konnten im vergangenen Jahrzehnt in Westdeutschland noch im Schnitt 450.000 und in Ostdeutschland rd. 650.000 Personen als Arbeitsangebot entzogen werden. Allerdings hat die Entlastung durch arbeitsmarktpolitische Maßnahmen seit Ende der 1990er Jahre beträchtlich abgenommen. Bis 2005 reduzierten sich die Entzugsvolumina um bis zu mehr als zwei Drittel auf ungefähr 150.000 im Westen und knapp 100.000 Arbeitslose im Osten.

Mit dieser Entwicklung haben sich die Kernprobleme aktiver Arbeitsmarktpolitik verschoben. Bereits in der Vergangenheit hat sich immer wieder das „Stop and Go" bei der Arbeitsmarktpolitik als problematisch erwiesen: Bei steigender Arbeitslosigkeit und wachsenden Finanzierungsproblemen war die aktive Seite der Arbeitsmarktpolitik immer wiederkehrenden Kürzungsmaßnahmen ausgesetzt (prozyklische Finanzierung versus antizyklischer Bedarf). Der präventive Charakter der Arbeitsmarktpolitik geriet dabei zunehmend in den Hintergrund. Allerdings kam es nach Abschwung- auch wieder zu Aufschwungphasen für den Fördereinsatz wie zuletzt nach der Vereinigung insbesondere in Ostdeutschland. Dieses strukturell angelegte Problem tritt seit Anfang des Jahrtausends hinter dem neuen

Trend in Gesetzgebung und Geschäftspolitik der BA zurück, die Ausgaben für aktive Arbeitsmarktpolitik langfristig drastisch zurückzuführen – ungeachtet der Konjunkturen des Bedarfs.

Die Wirksamkeit aktiver Arbeitsmarktpolitik ist zudem strukturell eingeschränkt. Der Erfolg arbeitsmarktpolitischer Instrumente kann prinzipiell nicht isoliert von der jeweiligen Wirtschafts- und Finanzpolitik gesehen werden. Eine am Vollbeschäftigungsziel orientierte staatliche Wirtschaftspolitik erhöht den Spielraum für die Arbeitsmarktpolitik im engeren Sinne, eine beschäftigungsunwirksame Wirtschaftspolitik schränkt die Wirkungsmöglichkeiten aktiver Arbeitsmarktpolitik weitgehend ein. Würden beispielsweise im Rahmen öffentlich finanzierter Beschäftigungsprogramme zusätzliche Dauerarbeitsplätze geschaffen, so könnten die bislang nur befristet in Maßnahmen untergebrachten ArbeitnehmerInnen in stabile Dauerarbeitsplätze übernommen werden. Das gilt z.B. für die Beschäftigten in ABM, für Arbeitslose in Weiterbildungsmaßnahmen oder für ArbeitnehmerInnen, für die Eingliederungszuschüsse gezahlt werden. Staatliches Nichthandeln bzw. der Abbau von Beschäftigungsmöglichkeiten auch im öffentlichen Sektor kann demgegenüber die Beschäftigungslücke vergrößern. Fehlen entsprechende Arbeitsplätze, können nur ein Teil der Beschäftigten in ABM dauerhaft eingegliedert sowie Arbeitgeber für den Einsatz von Eingliederungszuschüssen motiviert werden. Auch Qualifizierungsmaßnahmen führen dann zwar zu besseren individuellen Vermittlungschancen, aufgrund des Defizits an Arbeitsplätzen wird das Niveau der Arbeitslosigkeit dadurch aber nicht gesenkt. Daher kommt es auf einen guten Politikmix von gesamtwirtschaftlicher Beschäftigungspolitik und aktiver Arbeitsmarktpolitik an, um die jeweiligen, aber verschiedenen Effekte der Politikfelder, die aufeinander verweisen und die ineinandergreifen müssen, für das Gesamtziel des Abbaus von Arbeitslosigkeit zur Wirkung zu bringen.

8.8 Arbeitsmarktpolitik der Europäischen Union, Bundesländer und Kommunen

8.8.1 Europäischer Sozialfonds

Seit Mitte der 1980er Jahre stellt die Europäische Union in wachsendem Umfang Mittel aus den vier Europäischen Strukturfonds zur Verfügung. Sie dienen im weitesten Sinne dem Ausgleich der unterschiedlichen Lebensverhältnisse innerhalb der europäischen Gemeinschaft. Dabei handelt es sich um Zuschüsse zu je nationalen bzw. regionalen Entwicklungsprojekten der Wirtschafts-, Regional- und Arbeitsmarktpolitik.

Der Europäische Sozialfonds (ESF) verfolgt im Rahmen der sechs grundlegenden Zielsetzungen der EU-Strukturfonds die Förderung und Umsetzung verschiedener Ziele, insbesondere die arbeitsmarktpolitischen Ziele 3 und 4. Dazu gehören vor allem:

- Bekämpfung der Langzeitarbeitslosigkeit und des Ausschlusses vom Arbeitsmarkt,
- Erleichterung des Zugangs zum Arbeitsmarkt für junge Menschen,
- Förderung der Chancengleichheit auf dem Arbeitsmarkt,
- Erleichterung der Anpassung von Arbeitskräften an den industriellen Wandel und den Veränderungen der Produktionssysteme,
- Förderung des Wachstums und der Stabilität von Beschäftigung,
- Ausbau und Verbesserung der Bildungs- und Ausbildungssysteme.

In der laufenden Förderperiode von 2000 bis 2006 erhält Deutschland aus dem ESF rund 12 Mrd. €, davon rund 4 Mrd. € für arbeitsmarktpolitische Ziele im engeren Sinne. Die Mittel werden grundsätzlich als *ergänzende Mittel zur Ko-Finanzierung* eingesetzt, um zu verhindern, dass sie an die Stelle nationaler Mittel treten. Konkret ist vorgesehen, dass die Mitgliedsstaaten in allen betroffenen Gebieten ihre öffentlichen Strukturausgaben bzw. Ausgaben gleicher Art mindestens in gleicher Höhe wie bisher aufrechterhalten. Die Maßnahmen werden zum ganz überwiegenden Teil auf Grundlage der national bzw. regional erarbeiteten Entwicklungspläne ausgearbeitet, ein kleinerer Teil basiert auf spezifischen Initiativen der EU selbst.

In Deutschland werden die ESF-Mittel überwiegend zur Kofinanzierung von (zusätzlichen) Maßnahmen der aktiven Arbeitsmarktpolitik nach dem SGB III sowie von länderspezifischen Sonderprogrammen verwendet. Der größte Teil der ESF-Mittel wird direkt auf die Bundesländer verteilt. Die Länder beschließen eigene ESF-Programme und setzen ihre Förderschwerpunkte im Rahmen der ESF-Förderrichtlinien nach lokalen und regionalen Bedürfnissen um. Der größte Teil der ESF-Mittel des Bundes kommt dem ESF-Förderprogramm der Bundesagentur für Arbeit zugute. Damit werden Maßnahmen ermöglicht, die zwar arbeitsmarktpolitisch sinnvoll sind, für die aber gesetzlich keine Förderleistungen vorgesehen sind. Förderlücken werden in zweierlei Hinsicht gefüllt: Erstens wird im Bereich der beruflichen Qualifizierung Arbeitsloser mit dem ESF-Unterhaltsgeld der förderbare Personenkreis um diejenigen ausgeweitet, die wegen fehlender Leistungsvoraussetzungen keinen gesetzlichen Anspruch auf eine Leistung zum Lebensunterhalt haben und deshalb nicht oder nur unter erschwerten Bedingungen an einer Weiterbildungs- oder Trainingsmaßnahme teilnehmen können. Zweitens wird die gesetzliche Arbeitsförderung mit einer Reihe von besonderen Maßnahmebausteinen und Leistungen ergänzt. Hierzu gehören ergänzende Module zu Weiterbildungsmaßnahmen (wie Auslandspraktika, berufsbezogene Kenntnisse in Deutsch für MigrantInnen), vorbereitende Seminare und Coaching für arbeitslose ExistenzgründerInnen sowie Beiträge zu den Kosten von Qualifizierungsmaßnahmen für Beziehende von Transferkurzarbeitergeld.

Insgesamt stellt das ESF-BA-Programm also ein qualitatives Ergänzungsprogramm dar, das in den ersten beiden Jahren relativ erfolgreich umgesetzt wurde, seitdem aber unter der Neuausrichtung der aktiven Arbeitsmarktpolitik und der gleichzeitig massiven Rückführung der eingesetzten Mittel leidet.

8.8.2 Programme der Länder

Die Bundesländer haben im Zuge der langandauernden Massenarbeitslosigkeit eine Vielzahl von speziellen arbeitsmarktpolitischen Programmen aufgelegt, die auf besondere Problembereiche des Arbeitsmarktes abzielen. Dabei gibt es sowohl eigenständige Programmansätze als auch Aufstockungen der Arbeitsförderung durch die Bundesagentur für Arbeit sowie kofinanzierte Programme im Zusammenhang mit den EU-Strukturfonds. Vielfach greifen regional- und strukturpolitische Fördermaßnahmen und arbeitsmarktpolitische Programme ineinander. Die inhaltlichen Schwerpunkte, die je nach Land unterschiedlich gestaltet werden, lassen sich folgendermaßen zusammenfassen:

- Flankierung des regionalen und sektoralen Strukturwandels,
- Qualifizierung von Zielgruppen (z.B. Jugendliche),
- Wiedereingliederungsprogramme (z.B. für Berufsrückkehrerinnen),
- spezielle Beschäftigungsprogramme (z B. für ältere Arbeitslose),
- Ausbau der arbeitsmarktpolitischen Beratungs- und Informationsstruktur.

Die arbeitsmarktpolitischen Programme der Bundesländer beziehen sich immer auf einen befristeten Förderzeitraum und lassen sich auch daher in ihrer Gesamtheit nur schwer überblicken. Einzelne Studien haben aber zeigen können, dass es den Ländern durchaus gelingt, neue Förderkonzepte und Förderstrukturen zu entwickeln, die innovative Impulse für die Politik anderer Länder und der Bundesebene setzen können. Die Ausgaben der Bundesländer für die aktive Arbeitsmarktpolitik sind im Vergleich zum Bund und zur Bundesagentur für Arbeit deutlich niedriger, variieren erheblich im Zeitverlauf und zwischen den einzelnen Bundesländern.

8.8.3 Kommunale Arbeitsmarktpolitik

Beschäftigungsförderung und Arbeitsmarktpolitik sind Sache des Bundes und der Länder und gehören nicht zu den *Pflicht*aufgaben der Kommunen. Gleichwohl haben sich in der Vergangenheit die Städte, Gemeinden und Kreise zunehmend dieser Aufgabenstellung zugewandt und eine eigene Arbeitsmarktpolitik entwickelt ("Kommunalisierung der Arbeitsmarktpolitik"). Anlass war die Zuständigkeit für die kommunal finanzierte Sozialhilfe und die soziale Absicherung und Arbeitsförderung eines steigenden Anteils von Arbeitslosen. Kern kommunaler Arbeitsmarktpolitik war die Schaffung von Arbeitsgelegenheiten ("Hilfe zur Arbeit"), zu denen sie auf Grundlage des Bundessozialhilfegesetzes (BSHG) ermächtigt waren.

Seit der Zusammenführung von Arbeitslosen- und Sozialhilfe in die Grundsicherung für Arbeitssuchende nach dem SGB II zum Jahr 2005 ist die Trägerschaft für die Arbeitsförderung von erwerbsfähigen Langzeitarbeitslosen grundlegend neu geregelt worden (vgl. Kap. "Einkommen", Pkt. 7.3.6). Damit hat sich auch die gesetzliche und finanzielle Ausgangssituation für die kommunale Arbeitsmarktpolitik grundlegend verändert.

Die Mehrheit der Kommunen hat nach Maßgabe des SGB II mit den örtlichen Agenturen für Arbeit durch privat- oder öffentlich-rechtliche Verträge eine *Arbeitsgemeinschaft* (ARGE) gegründet. In diesen Arbeitsgemeinschaften besteht eine geteilte Aufgabenwahrnehmung: Die kommunalen Träger sind auch finanziell verantwortlich für die Leistungen für Unterkunft und Heizung, soziale Dienste sowie für die Übernahme einmaliger Bedarfe, die durch die Grundsicherung nicht gedeckt sind. Für die Leistungen zur Eingliederung in den Arbeitsmarkt und die Leistungen zur Sicherung des Lebensunterhalts der Bedarfsgemeinschaft sind die örtlichen Arbeitsagenturen zuständig. Finanziert werden diese Leistungen nun aus Steuermitteln des Bundes. Obgleich mit der Neuregelung vorgesehen war, dass die langjährig entwickelten Erfahrungen und Ressourcen der Kommunen in die Zusammenarbeit eingebracht werden sollen, haben sie dennoch deutlich an Handlungsspielraum in der Arbeitsmarktpolitik verloren. Sie sind nun in der Arbeitsgemeinschaft an die Arbeitsverwaltung, den operativen Vorgaben der Geschäftspolitik der Bundesagentur für Arbeit und insbesondere an die – im Vergleich zum BSGH – detaillierten Anweisungen des Arbeitsförderungsrechts gebunden.

Genau 69 Kommunen in Deutschland ist die Möglichkeit im Rahmen einer Experimentierklausel des SGB II eingeräumt worden, die Zuständigkeit für die Grundsicherung für Arbeitssuchende alleinverantwortlich zu übernehmen (so genannte „Optionskommunen"), zunächst befristet auf sechs Jahre. In den 63 Landkreisen und sechs kreisfreien Städte, die die alleinige Trägerschaft Anfang 2005 übernommen haben, übernahmen die Aufgaben die Sozialämter, oder es wurden eigens Ämter eingerichtet, die bisweilen sehr unterschiedlich benannt wurden. Diese kommunalen Einrichtungen sind fortan für die gesamte Umsetzung des SGB II verantwortlich, neben der Leistungsgewährung u.a. auch für die Beratung, Arbeitsvermittlung und Arbeitsförderung. Die Ausgaben für Arbeitslosengeld II sowie die Verwaltungskosten werden den Optionskommunen vom Bund erstattet.

Die zwei Modelle der Trägerschaft sind Ergebnis eines politischen Kompromisses im Gesetzgebungsprozess. Gegenüber der zentralen Lösung (Trägerschaft der Bundesagentur für Arbeit) wurde der dezentralen Lösung (Trägerschaft der Kommunen) neben der größeren örtlichen Problemnähe vor allem zugute gehalten, dass ein Wettbewerb zwischen den Kommunen um die besten Modelle und größeren Erfolge bei der Eingliederung von Langzeitarbeitslosen in den Arbeitsmarkt initiiert wird. Von der Konkurrenz um die beste Praxis wird erwartet, dass sie die Effizienz und Effektivität des Mitteleinsatzes erhöht. Daher dient die Erprobung des Optionsmodells explizit dem Ziel, die Grundsicherung für Arbeitsuchende weiterzuentwickeln. Es sollen insbesondere alternative Modelle im Wettbewerb zu den Eingliederungsmaßnahmen der Agenturen für Arbeit umgesetzt werden. Es ist zu erwarten, dass die Kommunen hierbei auf ihre Erfahrungen und Infrastrukturen zurückgreifen, die sie vor der Reform gesammelt und aufgebaut haben.

Die Anzahl von 69 Optionskommen ist im Übrigen auch dem Kompromiss geschuldet. Sie ergibt sich aus der Gesamtstimmenzahl im Bundesrat, und die mögliche Zahl der Optionskommunen in einem Bundesland entspricht der Stimmenzahl des jeweiligen Landes. Die Stadtstaaten und insbesondere SPD-geführte Bundesländer haben jedoch ihr Kontigent nicht vollständig ausgeschöpft. Dafür haben andere, vor allem CDU-geführte Bundesländer, mehr Kommunen für die alleinige Trägerschaft gewinnen können.

8.8.4 Arbeitsmarktpolitik und Beschäftigungsinitiativen

Um der Verfestigung von Arbeitslosigkeit entgegenzuwirken, haben sich in der Vergangenheit auf kommunaler Ebene *Beschäftigungsinitiativen bzw. Beschäftigungsgesellschaften* entwickelt, die insbesondere schwervermittelbaren Arbeitslosen Beschäftigung, Qualifizierung und soziale Betreuung bieten und dabei u.a. auch im wachsendem Umfang die Maßnahmen der Beschäftigungsförderung nach dem SGB III und nach dem SGB II sowie die Förderprogramme der Bundesländer und der EU durchführen. So haben etwa die Wohlfahrtsverbände eigene Beschäftigungsinitiativen gegründet, und auch viele Kommunen haben die Durchführung ihrer Maßnahmen zu einem großen Teil an neu gegründete kommunale Beschäftigungsgesellschaften übertragen. Daneben haben freie Träger ihr Engagement in der kommunalen Arbeitsmarkt- und Ausbildungspolitik ausgebaut.

Vorteil dieser eigenständigen, spezialisierten Trägerstruktur ist vor allem, dass die unterschiedlichen Fördermittel (Arbeitsverwaltung, Sonderprogramme des Bundes, Sonderprogramme der Länder, Leistungen der Kommunen, Ko-Finanzierung durch die EU) besser miteinander kombiniert werden können und die Träger aufgrund ihrer Personalbesetzung und Professionalität auch in der Lage sind, die Beschäftigungsmaßnahmen mit Qualifizierungsmodulen und sozialer Betreuung zu verbinden. Auch projektförmige, zeitlich befristete Förderungen lassen sich leichter durchführen. Hinzu kommt, dass sich, wenn Beschäftigungsmaßnahmen nicht in die regulären Arbeitsabläufe z.B. von Kommunen oder Wohlfahrtsverbänden einbezogen sind, die Zusätzlichkeit der Arbeit leichter belegen lässt.

Die Landschaft der Beschäftigungsinitiativen in Deutschland ist äußerst vielfältig. Hervorzuheben sind insbesondere betriebliche und soziale Initiativen. Betriebliche Initiativen gehen vielfach aus Unternehmen hervor, die vor Massenentlassungen oder der völligen Liquidierung stehen. Ihr Ziel ist die Aufnahme des abgebauten, aber noch nicht arbeitslosen Personals. Gesellschaften dieser Art fanden sich in der Vergangenheit vor allem in den neuen Bundesländern in Form der sog. „Gesellschaften zur Arbeitsförderung, Beschäftigung und Strukturentwicklung" (ABS). Vereinzelt sind ABS-Gesellschaften aber auch in den alten Bundesländern errichtet worden. Soziale Initiativen konzentrieren sich dagegen auf besondere Zielgruppen der Arbeitsmarktpolitik. Sie dienen damit als Träger für die unterschiedlichen Beschäftigungs- und Qualifizierungsprogramme von Arbeitsverwaltung, Ländern sowie Kommunen und bieten den zugewiesenen Beschäftigten befristete Arbeitsverhältnisse oder Arbeitsgelegenheiten an.

Einen zusammenfassenden Überblick über die unterschiedlichen Träger und Maßnahmen gibt es ebenso wenig wie eine quantitative Abschätzung ihrer Wirkungen auf dem Arbeitsmarkt. Unterscheiden lässt sich nach:

- Zielgruppen (Jugendliche, Langzeitarbeitslose, Schwervermittelbare, Frauen nach der Familienphase, Beschäftigte, die vor Massenentlassungen stehen),

- der Zielsetzung (Beschäftigung, Qualifizierung, soziale Förderung und sozialpädagogische Betreuung, Erst- oder Reintegration in den Arbeitsmarkt),

- der Dauer (kurzfristige Projekte oder längerfristig orientierte Betriebe, kurzfristige oder längerfristige Förderung der Teilnehmer),

- der Marktnähe (völlige Abkoppelung von Marktanforderungen oder Orientierung auf Marktfähigkeit und längerfristige Unabhängigkeit von öffentlicher Förderung durch kostendeckende Erlöse).

Die Wirkungen der Beschäftigungsinitiativen auf dem Arbeitsmarkt lassen sich nur schwer abschätzen. Entlastungswirkungen entstehen zunächst dadurch, wenn die Initiativen Personen beschäftigten, die ansonsten arbeitslos wären oder blieben. Bei einer Gesamtsicht des Arbeitsmarktes muss allerdings jeweils auch beobachtet werden, ob durch die Maßnahmen wirklich zusätzliche Beschäftigung entsteht oder ob es in Konkurrenz zu nicht geförderten Betrieben und Arbeitsplätzen lediglich zu einer Verdrängung vorhandener Arbeitsplätze kommt. Diese Verdrängungskonkurrenz befürchten vor allem die regulären Handwerks- und Kleinbetriebe vor Ort. Schließlich ist zu fragen, ob durch eine alternative Verwendung der eingesetzten öffentlichen Mittel höhere Beschäftigungseffekte erzielt werden könnten.

8.9 Tarifvertragliche und betriebliche Begrenzung des Arbeitslosigkeitsrisikos

8.9.1 Tarifpolitik

Im Hinblick auf den Arbeitsmarkt im Allgemeinen und das Arbeitslosigkeitsrisiko im Besonderen ist die Tarifpolitik von hoher Bedeutung, denn sie regelt mit der Höhe der Lohnsätze und der Dauer der Arbeitszeit zwei für die Arbeitsmarktentwicklung zentrale Größen. Durch die Festlegung der Löhne und der Lohnstruktur beeinflusst sie gleichermaßen die Arbeitskosten wie die private Nachfrage, durch die Definition von Wochenarbeitszeit, Urlaub und anderer Arbeitszeitfaktoren begrenzt sie das zur Verfügung stehende Arbeitsvolumen je Beschäftigten und setzt so die Rahmenbedingungen für die Verteilung des gesamtwirtschaftlichen Arbeitsvolumens auf die Erwerbspersonen (vgl. Kap. „Einkommen", Pkt. 3 und Bd. II, Kap. „Arbeit und Gesundheitsschutz", Pkt. 2 sowie Pkt. 3.1.2 in diesem Kapitel.). Darüber hinaus begrenzt sie auch das Arbeitslosigkeitsrisiko etwa durch gezielte Regelungen von Verfahren und Fristen (Kündigungsfristen), die Linderung materieller Folgen (Rationalisierungsschutz, tarifliche Aufstockung des Kurzarbeiter-

gelds) und durch die befristete Arbeitszeitverkürzung bis hin zu beschäftigungs-
und qualifizierungspolitischen Präventionsmaßnahmen.

Kündigungsschutz und Kündigungsfristen

Ein Arbeitsverhältnis kann durch ordentliche Kündigung nur unter Einhaltung bestimmter Fristen gekündigt werden. In vielen Tarifverträgen sind längere Kündigungsfristen festgelegt, als das Gesetz sie vorschreibt. Sie sind in der Regel gestaffelt und richten sich nach der Dauer der anzurechnenden Betriebszugehörigkeit
und/oder dem Lebensalter. In vielen Tarifbereichen ist nach einer sehr langen Betriebszugehörigkeit die ordentliche Kündigung entweder ausgeschlossen oder nur
mit wesentlich längeren Fristen möglich.

In der Metallindustrie Baden-Württemberg reicht beispielsweise die Kündi-
gungsfrist von einer Woche in den ersten vier Wochen der Beschäftigung bis zu
sechs Monaten ab 12 Jahren Betriebszugehörigkeit. Für ArbeiterInnen und Angestellte gelten dabei nach Zeitpunkt und Dauer unterschiedlich gestaffelte Fristen.
Ein Ausschluss betriebsbedingter Kündigungen besteht für ältere ArbeitnehmerInnen ab dem 53. Lebensjahr ab einer Betriebszugehörigkeit von drei Jahren. Grundsätzlich handelt es sich bei den tarifpolitischen Kündigungsfristen um ein defensi-
ves Instrument, das den Verlust des Arbeitsplatzes lediglich zeitlich hinauszögert
und dadurch den Betroffenen mehr Gelegenheit gibt, sich um einen neuen Arbeitsplatz zu bemühen.

Rationalisierungsschutzabkommen

In *Rationalisierungsschutzabkommen*, die ebenfalls für zahlreiche Wirtschaftszweige abgeschlossen wurden, finden sich darüber hinaus Regelungen, die die
Beschäftigten vor den negativen Auswirkungen von Betriebsänderungen, wie z.B.
neuen Produktionstechniken, Änderungen von Produktions- und Arbeitsabläufen,
Ausgliederung von Betriebsteilen usw., schützen sollen. Neben verbesserten Kündigungsschutzbestimmungen ist in diesen Vereinbarungen meist eine begrenzte
finanzielle Absicherung bei Verlust des Arbeitsplatzes in Form von Abfindungs-
zahlungen vorgesehen, gestaffelt nach Alter und Betriebszugehörigkeit. Darüber
hinaus sind Qualifizierungsmaßnahmen vorgesehen, die vom Betrieb finanziert
werden. Während dieser Maßnahmen wird häufig der bisherige Verdienst weiter-
gezahlt. Zieht eine Umsetzung innerhalb des Betriebes Einkommenseinbußen nach
sich, gibt es für cinen bestimmten Zeitraum Ausgleichszahlungen.

Auch wenn dicsc Rationalisierungsschutzabkommen im Laufe der Jahre weiterentwickelt und vor allem die Qualifizierungskomponente verstärkt wurde, so
bleiben sie doch in ihrer Wirkung wegen ihres schmalen Zuschnitts im Wesentlichen auf technisch-organisatorische Veränderungen begrenzt.

Beschäftigungssicherung

Die wesentlichen Instrumente der tariflichen Beschäftigungssicherung setzen vor
allem an der Stellgröße „Arbeitszeit" an. Nach der Phase der kollektiven Arbeits-

zeitverkürzung, vor allem in Form der Wochenarbeitszeitverkürzung seit Mitte der 1980er Jahre, haben die Tarifparteien in den 1990er Jahren verstärkt Regelungen der *befristeten Verkürzung* der tariflichen Arbeitszeit getroffen. Diese Form der tariflichen Kurzarbeit wurde zuerst mit der Einführung der Vier-Tage-Woche bei Volkswagen im Jahr 1993 erprobt und dann in ähnlicher Form auch in anderen Branchen eingeführt. Doch während bei Volkswagen die 28,8-Stunden-Woche dauerhaft als Regelarbeitszeit vereinbart wurde, sehen die Branchentarifverträge die Verkürzung als befristete betriebliche Abweichungsmöglichkeit von der unveränderten tariflichen Arbeitszeit vor (vgl. Tabelle IV.31). Sie geben den Betrieben die Möglichkeit, etwa im Fall eines Auftragsrückgangs oder Produktionseinbruchs, die Arbeitszeit für einzelne Beschäftigtengruppen, Teile des Betriebes oder den ganzen Betrieb vorübergehend abzusenken und zugleich auch das Einkommen entsprechend zu reduzieren.

Tabelle IV.31:

Befristete Verkürzung der tariflichen Wochenarbeitszeit

Branche/Tarifbereich	Tarifliche Wochenarbeitszeit (in Std.)	
	Regulär	Verkürzung auf bis zu
Banken	39	31
Druckindustrie (West/Ost)	35/38	30/33
Metallindustrie (West/Ost)	35/38	30/33
Öffentlicher Dienst Gemeinden (Ost)	40	32
Papierverarbeitung (West/Ost)	35/37	30/32
Versicherungen	38	20

Quelle: WSI-Tarifarchiv, Stand Dezember 2005.

Es handelt sich also um Arbeitszeitverkürzung ohne Lohnausgleich. Lediglich in einigen Fällen ist ein teilweiser Ausgleich der Einkommenseinbußen vorgesehen. Als Gegenleistung müssen die Betriebe in der Regel auf betriebsbedingte Kündigungen verzichten.

Altersteilzeit

Eine weitere Form der Beschäftigungssicherung stellt die *Altersteilzeit* dar. Als Ersatz für früher genutzte Regelungen zum Vorruhestand bietet sie die Möglichkeit eines sozialverträglichen Personalabbaus anstelle von Entlassungen in die Altersarbeitslosigkeit. Finanzielle Förderung wird geleistet, wenn die verkürzte Arbeitszeit älterer Beschäftigter durch die Einstellung von Arbeitslosen bzw. die Übernahme von Ausgebildeten beschäftigungswirksam ausgeglichen wird. Das *Altersteilzeitgesetz* sieht dazu folgendes vor: Ein Arbeitgeber erhält von der Bundesagentur für Arbeit für längstens sechs Jahre in bestimmtem Umfang die Aufstockung des Altersteilzeiteinkommens sowie die Aufstockung des Rentenversicherungsbeitrags erstattet. Voraussetzung dafür ist, dass er

- einen Beschäftigten (ab 55 Jahre) in Altersteilzeit (50 % Vollzeit) beschäftigt,
- sein Regelarbeitsentgelt um mindestens 20 % aufstockt,
- mindestens einen zusätzlichen Rentenbeitrag zahlt, der auf 80 % des Regelarbeitsentgelts entfällt,
- auf dem freigemachten Arbeitsplatz einen Arbeitslosen bzw. einen ausgelernten Auszubildenden zu beschäftigt.

Diese Regelung einer über die Bundesagentur für Arbeit geförderten Alterteilzeitarbeit läuft Ende 2009 aus.

Anfang 2005 gab es über 900 Altersteilzeittarifverträge für über 50 Wirtschaftszweige und zahlreiche Einzelunternehmen, in deren Geltungsbereich rund 16,5 Mio. ArbeitnehmerInnen beschäftigt sind. Die Tarifverträge verbessern zumeist die gesetzlichen Konditionen: So wird das Entgelt während der Altersteilzeit überwiegend auf 85 % des Vollzeitnettoeinkommens aufgestockt, der Rentenbeitrag in Einzelfällen auf 95 oder 100 % erhöht, und in einigen Bereichen wird auch der spätere Rentenabschlag teilweise ausgeglichen.

In der Regel wird Altersteilzeitarbeit als Blockmodell praktiziert, bei dem z.B. in den ersten drei Jahren vollzeitig und danach nicht mehr gearbeitet wird. De facto handelt es sich dabei also nicht um einen gleitenden Übergang vom Arbeitsleben in die nachberufliche Lebensphase, sondern um eine alternative Form von Frühverrentung (vgl. Bd. II, Kap. „Alter", Pkt. 3.1). Im Jahr 2005 befanden sich etwa 89.000 Personen in der geförderten Altersteilzeit. Die tatsächliche Zahl der Beschäftigten, die sich in der Altersteilzeit befinden, ist jedoch noch deutlich größer, da wegen der Verblockung der Altersteilzeit all jene ArbeitnehmerInnen noch nicht mitgezählt werden, deren Förderung erst in der Phase der Vollfreistellung erfolgt.

Härtefall- und Öffnungsklauseln

In nahezu allen Wirtschaftszweigen und Tarifbereichen sehen die Tarifverträge Härtefall- und Öffnungsklauseln vor, die im Einzelfall auf betrieblicher Ebene ein Abweichen von den tarifvertraglichen Regelungen ermöglichen. Aus Sicht der Unternehmen geht es dabei vorrangig um die Möglichkeit, die Lohnkosten durch Unterschreiten der Tarifstandards zu senken und dadurch die Markt- und Wettbewerbsposition zu verbessern. Die Gewerkschaften haben solchen Regelungen meist erst nach langem Widerstreben zugestimmt, unter der Voraussetzung, dass diese Klauseln an streng formulierte Voraussetzungen gebunden werden und die Betriebe bei der Anwendung im Gegenzug Zusagen zur Beschäftigungssicherung machen. Beispiele für solche Öffnungsklauseln sind u.a.:

- *Bankgewerbe*: Es besteht die Möglichkeit zur befristeten Abweichung von tariflichen Regelungen (insbesondere niedrigere Jahressonderzahlung, reduzierter Urlaubsanspruch, in Ausnahmefällen Aussetzung von Tariferhöhungen) im Fall einer besonders schwierigen wirtschaftlichen Situation, die als Härtefall auch den Beschäftigungsstand eines Unternehmens erheblich bedroht.

- *Chemische Industrie*: Bei wirtschaftlichen Schwierigkeiten können zur Beschäftigungssicherung und/oder zur Verbesserung der Wettbewerbsfähigkeit die Tarifentgelte bis zu 10 % befristet abgesenkt werden. Bei der tariflichen Jahresleistung, beim Urlaubsgeld und bei den vermögenswirksamen Leistungen können ebenfalls bei tiefgreifenden wirtschaftlichen Schwierigkeiten auf betrieblicher Ebene Ausnahmelösungen zu Höhe und Auszahlungszeitpunkt vereinbart werden. Die Tarifparteien müssen jeweils zustimmen.

- *Druckindustrie*: Zur Beschäftigungssicherung kann durch Betriebsvereinbarung die Reduzierung oder der Wegfall von Jahressonderzahlung und Urlaubsgeld vereinbart werden. Im Folgejahr muss das Unternehmen auf betriebsbedingte Kündigungen verzichten. Voraussetzung ist die Zustimmung der Tarifparteien.

- *Metallindustrie*: Zur nachhaltigen Verbesserung der Beschäftigungsentwicklung können die Tarifvertragsparteien nach gemeinsamer Prüfung mit den Betriebsparteien ergänzende Tarifregelungen vereinbaren oder einvernehmlich befristet von tariflichen Mindeststandards abweichen (z.B. Kürzung von Sonderzahlungen, Stundung von Ansprüchen, Erhöhung oder Absenkung der Arbeitszeit mit oder ohne vollen Lohnausgleich).

- *Recycling und Entsorgungswirtschaft*: Es besteht die Möglichkeit zur Absenkung tariflicher Leistungen um bis zu 15 % für bis zu vier Jahre zur Herstellung und Stabilisierung der Wettbewerbsfähigkeit aus wirtschaftlichen oder finanziellen Gründen oder zur Lösung spezieller Strukturprobleme, u.a. durch Veränderung der Arbeitszeit, Absenkung der Tarifentgelte, Reduzierung des Urlaubs.

8.9.2 Betriebliche Regelungen und Maßnahmen

Nicht nur auf tarifpolitischer, sondern auch auf betrieblicher Ebene ist die Arbeitsplatz- und Beschäftigungssicherung seit Jahren Gegenstand konkreter Verhandlungen und Vereinbarungen. Zum Teil geht es um die konkrete Umsetzung tarifvertraglicher Regelungen und Optionen, zum Teil versuchen die Betriebsparteien auch eigenständige Wege zum Erhalt von Arbeitsplätzen zu gehen (sog. „Betriebliche Bündnisse für Arbeit").

Die wachsende Bedeutung betrieblicher Vereinbarungen hat verschiedene Ursachen: Die Betriebe sehen sich vor dem Hintergrund wachsender internationaler Vernetzung der Wirtschaft und daraus resultierender Konkurrenz unter verschärftem Wettbewerbsdruck. Durch betriebliche Maßnahmen soll vor allem die Wettbewerbsfähigkeit erhalten und ausgebaut werden, um dadurch auch Beschäftigung sichern zu können.

Aus Sicht der Unternehmen bieten betriebliche Vereinbarungen in erster Linie die Möglichkeit, im Einvernehmen mit den betrieblichen Interessenvertretungen und den Belegschaften Maßnahmen der betrieblichen Umstrukturierung, Rationalisierung und Kostensenkung zu realisieren, die den wachsenden Wettbewerbsdruck auffangen sollen. Dazu gehören in den meisten Fällen auch arbeitszeit- und lohnpolitische Regelungen. Aus Sicht der Betriebsräte sind solche Vereinbarungen oft der einzige Weg, die Berücksichtigung der Beschäftigungssicherung überhaupt zum Gegenstand eines betrieblichen Aushandlungsprozesses zu machen. Dabei zeigt die Entwicklung der vergangenen Jahre, dass die Verhandlungs- und Durchsetzungsmöglichkeiten der betrieblichen Akteure sehr ungleich verteilt sind. Kennzeichnend ist das Verhandlungsmuster des *„concession bargaining"*, bei dem in aller Regel die Arbeitnehmerseite zum Teil materielle Zugeständnisse erbringt, um wenigstens eine begrenzte Form der Beschäftigungssicherung zu erreichen.

Betrachtet man die betrieblichen Maßnahmen, die mit dem Ziel der Beschäftigungssicherung ergriffen werden, dann ergibt sich auf der Basis einer repräsentativen bundesweiten Befragung von Betriebsräten folgendes Bild (vgl. Tabelle IV.32).

Tabelle IV.32:

Betriebliche Maßnahmen mit dem Ziel der Beschäftigungs- und Standortsicherung

Maßnahmen	Angaben der Betriebsräte in % (Mehrfachnennungen möglich)
Arbeitszeitmaßnahmen insgesamt	82
Freizeitausgleich für Mehrarbeit	38
Einführung von Arbeitszeitkonten	36
Abbau von Mehrarbeit	22
Arbeitszeitverlängerung	13
Einführung Wochenendarbeit	6
Arbeitszeitverkürzung	19
Entgeltmaßnahmen insgesamt	42
Abstriche bei Sonderzahlungen	20
Mehrarbeit ohne Zuschläge	11
Anrechnung übertariflicher Einkommen	11
Aussetzen von Tariflohnerhöhungen	10
Verschlechterung der Eingruppierung	6

Angaben der Betriebsräte in %, Mehrfachnennungen möglich

Quelle: WSI-Betriebsrätebefragung 2003 – Massa-Wirth, H., Seifert, H., Betriebliche Bündnisse für Arbeit nur mit begrenzter Reichweite?, in: WSI-Mitteilungen 05/2004, S. 250.

Ob und in welchem Umfang diese Maßnahmen tatsächlich beschäftigungssichernde Wirkungen entfaltet haben, lässt sich nicht genau bestimmen. In rund 80 % der Betriebsvereinbarungen sind auch explizit Beschäftigungsgarantien vorgesehen. Dies bedeutet jedoch nicht, dass Zahl und Volumen der Arbeitsplätze gleichbleibt. In aller Regel umfasst dies den Ausschluss betriebsbedingter Kündigungen, so dass den Betrieben vielfältige Möglichkeiten des Personalabbaus verbleiben, z.B. über Ausnutzen der natürlichen Fluktuation, Frühverrentung, Sozialplanmaßnahmen usw.

Eine systematische Begrenzung der arbeitsmarktpolitischen Effekte solcher betrieblichen Regelungen liegt auf zwei Ebenen: In den meisten Fällen handelt es sich in beschäftigungspolitischer Hinsicht um *Defensiv*maßnahmen, die den Personalabbau zeitlich befristet hinauszögern, die unmittelbare Entlassung in die Arbeitslosigkeit verhindern und die individuellen Folgen abfedern. Ein betrieblicher Beschäftigungs*aufbau* erfolgt demgegenüber nur in den seltensten Fällen. Zum anderen blendet die betriebliche, d.h. einzelwirtschaftliche Betrachtungsweise gesamtwirtschaftliche Effekte aus. Betriebliche Vereinbarunen, die eine Beschäftigungssicherung etwa durch Lohnzugeständnisse erreichen, verbessern zweifellos über die kostensenkenden Effekte auch die betriebliche Wettbewerbsfähigkeit, eine Generalisierung dieser Strategie auf alle Betriebe neutralisiert allerdings die Wirkung und ruft gegebenenfalls gesamtwirtschaftlich kontraktive Auswirkungen hervor.

Tabelle IV.33:

Arbeitgeberzusagen in betrieblichen Vereinbarungen zur Beschäftigungs- und Standortsicherung

Arbeitgeberzusagen	Angaben der Betriebsräte in % (Mehrfachnennungen möglich)
Beschäftigungszusagen insgesamt	82
Ausschluss Kündigungen	71
Erhalt Belegschaftsstärke	26
Übernahme Auszubildender	26
Erhalt von Ausbildungskapazitäten	26
Neueinstellungen	8
Standortzusagen insgesamt	53
Erhalt Standort	44
Investitionen am Standort	
Verzicht auf Outsourcing	14
Garantie von Produktlinien	12

Quelle: WSI-Betriebsrätebefragung 2003 – Massa-Wirth, H./Seifert, H., Betriebliche Bündnisse für Arbeit nur mit begrenzter Reichweite?, in: WSI-Mitteilungen, Heft 5/2004, S. 251.

9   Arbeitsmarkt- und Beschäftigungspolitik in der Diskussion

9.1 Alternativen der Finanzierung von Arbeitsmarktpolitik und Arbeitslosenversicherung

Die hohe und andauernde Arbeitslosigkeit mit all ihren Nebenwirkungen und Folgeproblemen hat auch dazu geführt, dass die Finanzierung von Arbeitsmarktpolitik und soziale Absicherung von Arbeitslosigkeit durch die Arbeitslosenversicherung in die Krise und die Kritik geraten ist. Dabei geht es mitunter nicht länger allein um das Pro und Kontra hinsichtlich einzelner Einschnitte und Neuregelungen *im* System, sondern um die Frage eines grundlegenden Um- und Abbaus der Arbeitslosenversicherung.

Der Existenz der staatlichen Arbeitslosenversicherung für weite Teile der erwerbstätigen Bevölkerung wird dabei in der wissenschaftlichen und politischen Debatte zunehmend eine Privatisierung der Arbeitslosenversicherung gegenübergestellt. Die Diskussion reicht von grundlegenden Änderungen gegenwärtiger Strukturkomponenten bis hin zu der radikalen Forderung nach einer völligen Abschaffung der Arbeitslosenversicherung. Alle Vorschläge zielen jedoch darauf ab, die Absicherung vor den Folgen von Arbeitslosigkeit stärker der Entscheidung der Beschäftigten und der Verantwortung des Marktes zu überlassen sowie die gesetzliche Regulierung auf ein Minimum zu beschränken. Entsprechende Vorschläge konzentrieren sich vor allem auf drei Elemente:

- Umstellung auf eine freiwillige statt einer für alle Arbeitnehmer pflichtigen Versicherung,
- Übertragung der Organisation und Durchführung auf privatwirtschaftliche Versicherer,
- risikoäquivalente Ausgestaltung von Prämien und Versicherungsleistungen.

Freiwillige oder Pflichtversicherung?

Eine der versicherungsmäßigen Besonderheiten des Arbeitslosigkeitsrisikos ist die Notwendigkeit einer pflichtigen Mitgliedschaft (vgl. Pkt. 7.1 dieses Kapitels). Eine ausschließlich allgemeine Versicherungspflicht (vergleichbar etwa mit der Kfz-Haftpflicht) reicht jedoch nicht aus, da das Risiko „Arbeitslosigkeit" nicht einzelwirtschaftlich versicherbar ist. Die Arbeitslosigkeitsrisiken Einzelner sind nicht voneinander unabhängig, d.h. treten nicht zufällig, sondern systematisch aufgrund konjunktureller oder struktureller Wirtschaftskrisen auf. Die Unabhängigkeit der Eintrittswahrscheinlichkeiten ist aber für die versicherungsmathematische Konstruktion einer Privatversicherung eine unverzichtbare Grundvoraussetzung. Fehlt diese, so werden keine Anbieter auf dem Versicherungsmarkt entsprechende Produkte anbieten. Daher sind auch für die Einrichtung einer privaten Versicherung staatliche Organisationen und Reglementierungen erforderlich.

Private oder parastaatliche Organisation?

Die Forderung nach Privatisierung der Arbeitslosenversicherung geht einher mit der Erwartung, dass die Leistungen von privaten Anbietern wirtschaftlicher organisiert und wirksamer erbracht werden können. Wenn sich jedoch eine völlige Vertragsfreiheit nicht realisieren lässt und eine Pflichtversicherung unabdingbar ist, können effizienzfördernde Strukturen, die von einem Wettbewerb mehrerer Anbieter erwartet werden, nur künstlich hergestellt werden. Die private Organisation einer Arbeitslosenversicherung mit Aufnahmezwang ist daher nur vorstellbar, wenn nach öffentlicher Leistungsausschreibung an privatwirtschaftliche Anbieter Konzessionen für die einheitliche Beitragserhebung, Prüfung des Versicherungsfalls, Auszahlung der Leistungen sowie Vermittlung und Beratung vergeben werden. Allerdings wären die Spielräume für Kosteneinsparungen ohne Gestaltungsmöglichkeiten bei den Beiträgen und der Auswahl der Versicherungsnehmer äußerst gering und sicherlich nur von geringem privatwirtschaftlichem Interesse. Gespart werden könnte lediglich bei den personal- und zeitintensiven Beratungs- und Vermittlungstätigkeiten – mit vermutlich deutlichen Benachteiligungen bei besonders beratungsbedürftigen Fällen. Eine Konsequenz wäre, dass sich das Geschäft ausschließlich auf die guten Risiken konzentriert.

Die ernüchternden Erfolgsbilanzen der bereits auf dem Markt befindlichen privaten Arbeitsvermittlung zeigen, dass bei der Arbeitsvermittlung auf keinen Gewinn an Effektivität spekuliert werden kann (vgl. Pkt. 7.1 dieses Kapitels). Private Arbeitsvermittler sind ebenso wie die staatlichen in den örtlichen Arbeitsämtern mit der Erfahrung konfrontiert, dass es kaum Arbeit gibt, in die zu vermitteln wäre.

Eine privatwirtschaftliche Lösung würde zudem erfordern, Verwaltung und Finanzierung der Versicherungsleistungen einerseits sowie Vermittlung und aktive Arbeitsmarktpolitik andererseits systematisch und trennscharf zu entkoppeln. Spätestens der notwendige Aufbau bürokratischer Doppelstrukturen verkehrt alle erwarteten Effizienz- und Effektivitätsgewinne in ihr Gegenteil. Der Aufwand für die Koordination der Betreuungs- und Unterstützungsleistungen und den Informationstransfer wäre immens. Schließlich stehen auch den privaten Versicherern und einer privaten Verwaltung der Arbeitslosigkeit keine anderen Instrumente als die bestehenden zur Verfügung, um den Versicherungsfall festzustellen sowie Umfang und Dauer von Arbeitslosigkeit zu begrenzen.

Risikobezogene oder einheitliche Beiträge?

Die Bindung von Beiträgen an die individuellen Arbeitslosigkeitsrisiken ist ein weiteres zentrales Element der Vorschläge zum Umbau der Arbeitslosenversicherung. Arbeitslosigkeit könne nur vermieden und verkürzt werden, so die Argumentation, wenn Beitrag und Leistung „anreizkompatibel" aufgebaut werden. Dazu sollen Beitragssätze und Versicherungsleistungen je nach individuellem Risikoprofil gestaffelt werden – z.B. als Kombination sowohl aus soziodemografischen Merkmalen, regionalspezifischen Arbeitslosenquoten, Berufsgruppen- und Branchenzugehörigkeit, Zahl und Dauer vorheriger Arbeitslosigkeitsphasen als auch Verhaltensindikatoren wie Mobilitäts- und Qualifizierungsbereitschaft und Höhe des Anspruchslohns. Geringe Risiken hätten niedrige Beiträge, große Risiken entsprechend hohe Beiträge zur Folge. Dahinter steht die einfache Erwartung: Je höher das Risiko, desto höher die Beiträge und desto größer die Anreize, im Falle von Arbeitslosigkeit Belastungen in Kauf zu nehmen, um zu vermeiden, in höhere „Schadensklassen" eingestuft zu werden. Angeknüpft wird hierbei an die Behauptung von der „sozialstaatsinduzierten Arbeitslosigkeit" (vgl. Pkt. 6.9 dieses Kapitels).

Jedoch sind Erwerbstätige nicht in gleichem Maße von Arbeitslosigkeit bedroht. Vielmehr sind die Risiken systematisch verteilt, d.h. Arbeitslosigkeit ist sozial strukturiert. Die besonders Gefährdeten und Betroffenen finden sich links und rechts der Altersverteilung, in spezifischen Branchen, mit insbesondere geringer Qualifikation und entlang der Linien statistischer Diskriminierung wie Migrantenmerkmalen und Geschlecht (vgl. Pkt. 6 dieses Kapitels). Private Versicherer würden aus finanzmathematischen Gründen Erwerbstätige mit „schlechten" Risikomerkmalen nicht versichern – wie bei der privaten Krankenversicherung eindrücklich zu beobachten ist. Nur „gute" Risiken sind profitabel versicherbar. Alle anderen hätten de facto keine Chancen, sich auf einem privaten Markt gegen Arbeitslosigkeit abzusichern. Auch wenn es Angebote für die Risikogruppen gäbe, wären die Versicherungsprämien so hoch, dass sich gerade einkommensschwache Haushalte, die überwiegend „schlechte Risiken" darstellen, den Schutz nicht leisten könnten.

Da zudem Selbstbehalte und Karenzzeiten erheblich ausgeweitet sowie die Anspruchsdauer eingeschränkt werden würden, um hohe Risiken überhaupt in irgendeiner Form versichern zu können, wären Absicherungsniveau und -volumen für die Mehrzahl der betroffenen Haushalte in der Folge nicht einmal existenzsichernd. Dies wiederum würde dazu führen, dass diese Haushalte auf die Leistungen der steuerfinanzierten Grundsicherung verwiesen wären. Zu rechnen wäre daher nicht zuletzt mit entsprechenden Ausgabensteigerungen der öffentlichen Haushalte und politischen Gegenreaktionen in Form von weiteren Zugangs- und Leistungseinschränkungen.

Verteilungsgerechtigkeit durch Steuerfinanzierung?

Eine weitere Problematik der Finanzierung der Arbeitsmarktpolitik und Arbeitslosenversicherung betrifft die Frage nach der Verteilungsgerechtigkeit von Aufwand und Ertrag. Kritisiert wird, dass die Leistungen überwiegend von den versicherten ArbeitnehmerInnen finanziert werden, Nicht-Versicherte aber dennoch von den Leistungen profitieren (vgl. Kap. „Einkommen", Pkt. 7.1). Obgleich die Solidargemeinschaft der Versicherten damit nur einen (zudem noch sinkenden) Teil der Bevölkerung umfasst, reicht der damit erzielte Nutzen weit darüber hinaus. Zum einen nehmen auch *nicht beitragspflichtige* Leistungen der Bundesagentur für Ar-

beit in Anspruch: Erwerbstätige wie Beamte oder Selbstständige die Arbeitsvermittlung und SchulabgängerInnen die Berufsberatung und Ausbildungsplatzver-
mittlung. Zum anderen haben viele Aufgaben nach dem Arbeitsförderungsrecht
einen *gesellschaftspolitischen Charakter*, wie die Förderung beruflicher Erstausbildung, die Ausgleichsmaßnahmen für den Arbeitsmarkt sowie nicht zuletzt die
Kompensation der Transformationskosten auf dem ostdeutschen Arbeitsmarkt, die
bis heute hoch sind. Über Jahre hinweg wurden der Bundesagentur zusätzliche
solcher Aufgaben übertragen, um die öffentlichen Haushalte des Bundes und auch
der Länder zu entlasten.

Vor diesem Hintergrund wird wiederholt eine Erhöhung des Anteils der Steuerfinanzierung gefordert. Dem entsprechend wurde bereits zum Jahr 2007 der Beitragssatz zur Arbeitslosenversicherung um zwei Prozentpunkte aus erhöhten
Mehrwertsteuereinnahmen gesenkt. Zum einen ist damit eine Senkung der Arbeitskosten beabsichtigt, die zu zusätzlicher Beschäftigung führen soll. Zum anderen
wird in der (teilweisen) Substitution von Beitrags- durch Steuermittel eine Korrektur der verteilungspolitischen Ungerechtigkeit in der Finanzierung und Nutznie-
ßung gesehen.

Zu beachten ist allerdings, dass die Beitragsfinanzierung durch die Verknüpfung von Versicherungs- und Solidarprinzip eine hohe Akzeptanz unter den Versicherten genießt. Im Vergleich zur Steuerfinanzierung stößt sie zudem auf einen
deutlich geringeren Abgabenwiderstand. Ferner ist zu berücksichtigen, dass die
relative Autonomie der Steuerfinanzierung erheblich geringer ist als die der Beitragsfinanzierung. Das Steueraufkommen ist Teil der öffentlichen Haushalte und in
Umfang und Entwicklung politischen wie konjunkturellen Auf- und Abschwüngen
unterworfen. Dem Risiko fiskalpolitisch motivierter Eingriffe und Begehrlichkeiten
konkurrierender öffentlicher Etats ist die Steuerfinanzierung von daher deutlich
stärker ausgesetzt. Selbst wenn sich in der Vergangenheit gezeigt hat, dass auch die
Beitragsfinanzierung nicht vor Leistungseinschränkungen in der Arbeitsmarktpolitik schützt, so verbindet der Großteil der Versicherten mit seinen Beitrag einen ihm
im Bedarfsfall zustehenden Anspruch und erschwert damit zumindest indirekt einen übermäßigen Leistungsabbau. Nicht zuletzt steht die Beitragsparität für das
Partnerschaftsmodell der Sozialen Marktwirtschaft, das die Arbeitgeber in die Verantwortung für die soziale Sicherung bei systembedingten Folgeproblemen einbezieht.

Alternativen zur Weiterentwicklung der Finanzierung von Arbeitsmarktpolitik und Arbeitslosenversicherung

Jenseits der linearen Erhöhung des Steueranteils aus Bundesmitteln gibt es zahlreiche weitere Vorschläge dafür, wie das Niveau der Finanzierung der Arbeitsförderung zu stabilisieren ist:

- *Verbreiterung der Finanzierungsbasis* durch die Anhebung der Beitragsbemessungsgrenze oder die Einbeziehung aller Erwerbstätigen: Hierdurch kön-

nen vor allem Beziehende höherer Einkommen verstärkt in die Finanzierung einbezogen werden. Per Saldo käme es zu einem positiven Nettofinanzierungseffekt – selbst wenn der Leistungsanspruch entsprechend steigt, da das Arbeitslosigkeitsrisiko besser Verdienender erheblich geringer ist als das von BezieherInnen niedriger Einkommen.

- *Regelbindung des Bundeszuschusses*: Um den steuerfinanzierten Anteil am Haushalt der Bundesagentur zu verstetigen und das „stopp-and-go" in der aktiven Arbeitsmarktpolitik zu verringern, wird vorgeschlagen, einen gesetzlich obligatorischen Zuschuss an die Beitragseinnahmen einzuführen und/oder an die Ausgabenentwicklung der Bundesagentur für Arbeit zu koppeln.

- *Einführung von neuen Umlagen* für einzelne Leistungen: Neben den bestehenden Arbeitgeberumlagen ist ein entsprechendes Verfahren auch beim Kurzarbeitergeld und bei einzelnen Qualifizierungsmaßnahmen denkbar. Ähnlich wie das Kurzarbeitergeld häufig für Produktionsumstellungen genutzt wird und damit den Unternehmen Kosten erspart, kommen auch Maßnahmen der beruflichen (Erst)Qualifizierung den Unternehmen durch Einspareffekte zugute.

- *Einbindung der Länderhaushalte*: Die ausbildungs- und arbeitsmarkt- sowie strukturpolitische Verantwortung der Bundesländer könnte stärker durch eine regelhafte Kofinanzierung bei der Ausbildungs- und Arbeitsförderung entsprochen werden. Erwartet werden mit diesem Vorschlag positive Auswirkungen auch auf die Aufstellung und Ausgestaltung der präventiven Ausbildungs-, Arbeitsmarkt- und Strukturpolitik.

- *Einführung einer Arbeitsmarktabgabe*: Da die Einbeziehung von bislang nicht versicherten Beamten und Selbstständigen Probleme hinsichtlich der Abgrenzung des Status „Arbeitslosigkeit" und des Leistungsbezugs aufweisen, ist auch eine zweckgebundene, allgemeine Arbeitsmarktabgabe ohne entsprechende Leistungsansprüche zu prüfen.

9.2 Wachstums- und Beschäftigungspolitik im Streit der Konzepte

Seit dreißig Jahren herrscht in Deutschland Massenarbeitslosigkeit. Angebot und Nachfrage nach Arbeit klafften auch zu Beginn des neuen Jahrtausends weit auseinander. Der wissenschaftliche und politische Streit um die „richtigen" Konzepte im Kampf gegen die Arbeitslosigkeit währt ebenso lange. So sehr sich die Beteiligten einig darüber sind, dass eine wirksame Politik gegen Arbeitslosigkeit ursachenorientiert ausgerichtet sein muss, so weit gehen die Meinungen über die Ursachen der Arbeitslosigkeit und damit über die Ansatzpunkte einer Gegenstrategie auseinander.

Wie schwierig sich auch in Zukunft die Situation auf dem Arbeitsmarkt gestalten wird, zeigen die mittelfristig orientierten Arbeitsmarktszenarien (vgl. Pkt. 2.2 dieses Kapitels). Für die zu erwartende Entwicklung der Nachfrageseite des Arbeitsmarktes ist entscheidend, welches durchschnittliche Wirtschaftswachstum angenommen werden kann und in welchem Verhältnis das Wachstum zur Veränderung der Arbeitsproduktivität steht. In dem Maße, wie das Volumen der produzierten Güter und Dienstleistungen einer Volkswirtschaft wächst, nimmt – bei ansonsten gleichbleibenden Bedingungen – auch die Nachfrage nach Arbeitskräften zu. Entscheidend ist somit das Verhältnis der Veränderungsraten von Produktion („Wachstum") und Arbeitsproduktivität. Entwickeln sie sich in gleichem Tempo, bleibt die Beschäftigung konstant. Erst wenn die Wachstumsrate die „Beschäftigungsschwelle" überschreitet, die in den letzten Jahren in Deutschland bei über 2 % lag, nimmt das Arbeitsvolumen zu. Das aber wird nach der Prognose des Instituts für Arbeitsmarkt- und Berufsforschung (IAB) – auf der Basis der gegenwärtigen ökonomischen Rahmenbedingungen – allenfalls begrenzt der Fall sein. Somit lassen sich auf einer allgemeinen Betrachtungsebene folgende zentrale Ansatzpunkte zur Erhöhung des Beschäftigungsniveaus und zum Abbau der Arbeitslosigkeit benennen:

- *Wachstumsstrategie*: Erhöhung des Arbeitsvolumens durch Mehrproduktion an Gütern und Dienstleistungen,
- *Arbeitszeitverkürzung*: Umverteilung des Arbeitsvolumens auf mehr Personen,
- *Niedriglohnstrategie*: Erhöhung der Arbeitsnachfrage im Niedriglohnsegment durch Senkung der Arbeitskosten für einfache Dienstleistungstätigkeiten,
- *Begrenzung des Arbeitsangebots*: Rückführung des Erwerbspersonenpotenzials durch Frühverrentung, Ausweitung der Bildungszeiten oder Steuerung der Zuwanderung.

Diese Ansatzpunkte zur Lösung des Arbeitsmarktdilemmas stehen nicht isoliert nebeneinander, vielmehr handelt es sich um voneinander abhängige Größen. Eine Zunahme der Wachstumsrate kann eine Steigerung der Arbeitsproduktivität nach sich ziehen. Die Arbeitszeit wiederum wirkt auf Wachstum und Produktivität ein. So kann eine Arbeitszeitverkürzung (ohne Lohnausgleich) einen Nachfrageausfall und damit Wachstumseinbußen bewirken. Arbeitszeitverkürzung induziert zumeist eine Produktivitätssteigerung, die einen Teil des Beschäftigungseffektes „versickern" lässt. Bei einer Ausweitung des Niedriglohnsektors kann es dazu kommen, dass die Nachfrage der privaten Haushalte sinkt und sich die erhoffte Ausweitung von Beschäftigungsverhältnissen auf dem Markt nicht realisieren lässt. Und schließlich hängen auch Wachstum und Größe des Erwerbspersonenpotenzials zusammen. So kann eine spürbare Zuwanderung die gesamtwirtschaftliche Nachfrage, aber zugleich auch das Arbeitskräfteangebot erhöhen.

Angebotsorientierung der Wirtschaftspolitik

In Deutschland gibt es eine Fülle privater wie öffentlicher Bedarfe, die ungedeckt sind und Raum für mehr Beschäftigung bieten würden (z.B. ökologischer Umbau, soziale Dienste). Eine grundlegende Frage ist deshalb, wie es gelingen kann, den fundamentalen Widerspruch zwischen ungedecktem gesellschaftlichem Bedarf und gleichzeitiger Arbeitslosigkeit aufzulösen. Mit anderen Worten: Wie wird dieser gesellschaftliche Bedarf nach Arbeit auch auf der Nachfrageseite nach Arbeitskraft wirksam? Dazu bedarf es zuvorderst einer Steigerung des Niveaus der Produktion von Gütern und der Erstellung von Dienstleistungen, also eines dauerhaft höheren Wirtschaftswachstums. Dazu wiederum ist mehr private Nachfrage erforderlich. Dies alles gilt in besonderem Maße für die neuen Bundesländer, die in ihrem Produktions- und damit Beschäftigungsvolumen noch immer weit hinter dem Niveau der alten Bundesländer zurückbleiben. Strittig hierbei ist nicht nur, *welche* Mehrproduktion (z.B. in ökologisch sinnvollen Wachstumsbereichen) erforderlich ist, sondern insbesondere auch, *wie* das Wachstum gesteigert werden kann. Grundsätzlich geht es dabei um den Streit zwischen einer angebotsorientierten oder einer nachfrageorientierten Wirtschaftspolitik.

Ziel einer *angebotsorientierten* Wirtschaftspolitik ist – allgemein gesprochen – die Verbesserung der ökonomischen Rahmenbedingungen für die privaten Unternehmen. Sie sollen angeregt werden, mehr zu produzieren und zu investieren, Produkt- und Verfahrensinnovationen zu entwickeln und/oder neue Absatzkapazitäten auf den in- und ausländischen Märkten zu erschließen. Entscheidende Bedingung ist – folgt man diesem Ansatz –, die Rentabilität für das private Kapital zu erhöhen und die Renditeerwartungen an das internationale Niveau anzupassen. Erst günstige wirtschaftliche Rahmenbedingungen fördern die Bereitschaft der Unternehmen, auf Personalabbau zu verzichten bzw. neue MitarbeiterInnen einzustellen.

Zu den dazu wichtigen „Stellgrößen" auf der Angebotsseite gehören neben dem Faktor Arbeit und seiner quantitativen und qualitativen Ausgestaltung (Löhne, Lohnnebenkosten, Arbeitszeit, Arbeitsrecht und Arbeitsschutz, Arbeitsmarktregulierung) die sonstigen Produktionsbedingungen (wie z.B. Kosten für Vorleistungen und Energie, Zinsen, Währungsverhältnisse), die Vielfalt staatlich regulierter Rahmenbedingungen vom System der Sozialen Sicherung bis hin zu den Umweltschutzauflagen sowie den Unternehmenssteuern. Lohnbezogene Gestaltungsmöglichkeiten bestehen aus der Perspektive der Angebotstheorie vor allem in der Senkung bzw. Begrenzung der Arbeitskosten, d.h. in einer moderaten Lohnpolitik und einer stärkeren Differenzierung bzw. Spreizung der Lohnstruktur.

Dem gegenüber lässt sich kritisieren, dass ein hoher Beschäftigungsgrad durchaus mit einem hohen Lohnniveau und einer relativ gleichmäßigen Lohnstruktur vereinbar ist. Umstritten ist gleichfalls, ob und in welchem Ausmaß die Lohnentwicklung den Verteilungsspielraum ausschöpfen soll, wie er durch die Produktivitäts- und Preisentwicklung gegeben ist. Eine anhaltend positive Lohnentwicklung – so die Argumentation – schaffe erst über die dadurch induzierte Steigerung der privaten Nachfrage die Voraussetzungen für notwendige Ertragssteigerungen und nachfolgend beschäftigungswirksame Investitionen. Auch würden, wie die Erfahrung zeigt, höhere Gewinne keinesfalls automatisch höhere Investitionen nach sich ziehen. Zudem vernachlässige eine rein kostenorientierte Betrachtung der Lohnentwicklung die Nachfragefunktion der Arbeitseinkommen und damit zentrale makroökonomische Kreislaufzusammenhänge. Insgesamt mache eine Politik der

Deregulierung und des Sozialabbaus ökonomisch keinen Sinn, weil auf diese Wese lediglich einem internationalen Sozialdumping Vorschub geleistet werde und eine (vorübergehende) Verbesserung der Beschäftigungslage allenfalls auf Kosten anderer Volkswirtschaften zu erreichen sei (vgl. Kap. „Ökonomische Grundlagen und Finanzierung", Pkte. 6.2 sowie 6.5).

Nachfrageorientierung der Wirtschaftspolitik

Aus Sicht einer *nachfrageorientierten* Wirtschaftspolitik sind insofern in erster Linie die unzureichenden Bedingungen auf der Nachfrageseite der Volkswirtschaft ausschlaggebend für die schwache Entwicklung des Wachstums. Im Zentrum dieses Ansatzes steht daher die Stimulierung des wirtschaftlichen Wachstums durch private und öffentliche Nachfrage. Die Entwicklung der Massenkaufkraft, die Investitionsgüternachfrage, aber auch der Staatsverbrauch und die Exportentwicklung gelten somit als die zentralen Ansatzpunkte wirtschaftspolitischer Maßnahmen. Eine besondere Rolle wird in diesem Zusammenhang der staatlichen Ausgabenpolitik zugemessen, weil sie unmittelbar positive Nachfrageeffekte erzeugen kann, etwa über forcierte öffentliche Investitionsprogramme.

Allerdings kann eine rein national ausgerichtete Politik der Nachfragesteigerung „verpuffen", wenn sie nur teilweise im Inland zu steigender Produktion und Beschäftigung führt und sich im Übrigen ins Ausland verlagert. Um dem zu begegnen, wird eine (bessere) europäische Abstimmung der Finanz- und Fiskalpolitik gefordert. Kritiker weisen auch darauf hin, dass kreditfinanzierte staatliche Ausgabenprogramme die Defizite in den öffentlichen Haushalten stetig erhöhen, infolgedessen die staatliche Handlungsfähigkeit beschränken und die nachfolgenden Generationen belasten. Dem steht wiederum entgegen, dass eine überzogene Haushaltskonsolidierungspolitik selbst die konjunkturelle Entwicklung beeinträchtigen und damit indirekt die Lage der Staatsfinanzen verschlechtern kann.

Als ein weiterer Ansatzpunkt nachfrageorientierter Maßnahmen gilt das erhebliche Ausmaß an gesellschaftlich notwendiger Arbeit, die aber nicht geleistet wird, weil sie (noch) nicht marktfähig ist. Wenn die sich aus dem Marktprozess ergebende Arbeitsnachfrage nicht ausreicht und zugleich Bedarfe an Gütern und Dienstleistungen, die im allgemeinen Interesse sind, nicht befriedigt werden, dann bietet erst die gezielte öffentlich geförderte Beschäftigung in diesem Bereich einen weiteren Ansatzpunkt zur Verbesserung der Arbeitsmarkt- und Beschäftigungssituation.

In den vergangenen drei Jahrzehnten sind die möglichen beschäftigungspolitischen Ansatzpunkte in ganz unterschiedlicher Weise, Kombination und Intensität genutzt worden. Gleichwohl lässt sich feststellen, dass seit den 1980er Jahren in zahlreichen Ländern angebotsorientierte Konzepte die Wirtschaftspolitik und entsprechende Debatten maßgebend prägen. Insbesondere durch eine Kostenentlastung beim Faktor Arbeit (durch Lohnzurückhaltung, Senkung der Lohnnebenkosten, flexiblere Arbeitszeitmuster) sowie eine allgemeine Deregulierung des Arbeitsmarktes und der Arbeitsverhältnisse wurde versucht, die Chancen für eine spürbare Verringerung der Arbeitslosigkeit zu erhöhen. In extremer Form geschah dies in den USA („Reagonomics") sowie in Großbritannien („Thatcherism"). In Deutschland hat sich diese „marktradikale" Variante der Wirtschaftspolitik nicht in ihrer reinen Form durchsetzen können, dennoch lässt sich auch hier ein Vorrang angebotsorientierter Konzepte und Maßnahmen beobachten.

9.3 Niedriglöhne und Kombilöhne

Angesichts der anhaltenden Probleme auf dem Arbeitsmarkt werden seit langer Zeit verstärkt Konzepte einer Niedriglohnstrategie diskutiert, die den Anspruch haben, vor allem die Beschäftigungschancen benachteiligter Personengruppen des Arbeitsmarktes zu erhöhen. Durch den Ausbau eines Niedriglohnsektors soll für sog. „Einfacharbeiten" ein Markt geschaffen werden, also für gering qualifizierte, niedrigproduktive Tätigkeiten, für die es beim gegenwärtigen Niveau der Arbeitskosten sonst keine Nachfrage gäbe. Es geht also nicht nur um die Höhe des Lohnniveaus, sondern gleichermaßen um die Lohnstruktur. Von einer Ausdifferenzierung der Arbeitseinkommen nach unten wird die Schaffung von Arbeitsplätzen für gering Qualifizierte, Langzeitarbeitslose und andere Benachteiligte wie gesundheitlich Beeinträchtigte und Ältere insbesondere im Bereich der haushalts- und personenbezogenen Dienstleistungen erwartet. Da die Nachfrage nach diesen Dienstleistungen eine hohe Preiselastizität aufweist, steigt bei sinkenden Arbeitskosten und entsprechend niedrigeren Marktpreisen die Nachfrage nach diesen Dienstleistungen, so dass Beschäftigung aufgebaut wird.

Das Konzept basiert somit auf der Annahme eines kausalen Zusammenhangs zwischen Lohnhöhe und Arbeitslosigkeit. Demnach sei eine nicht ausreichend nach Qualifikation und Produktivität ausdifferenzierte Lohnstruktur dafür verantwortlich, dass all jene Arbeitsplätze wegfallen bzw. gar nicht erst entstehen, deren Marktpreise unterhalb der gegenwärtigen Lohn- bzw. Arbeitskosten liegen und deswegen nicht (mehr) rentabel sind. Im Ergebnis wird von einer „sozialstaatlich induzierte Arbeitslosigkeit" ausgegangen, da entweder Tarifverträge keine Niedrigstentgelte vorsehen oder sich die Aufnahme von niedrig bezahlter Arbeit deshalb nicht „lohne", weil das durch die Grundsicherung garantierte Existenzminimum zu hoch sei (vgl. Pkt. 6.9 dieses Kapitels).

Ansatzpunkte und Wirkungen einer Niedriglohnstrategie

Dem widerspricht jedoch, dass bereits jetzt niedrige Arbeitsentgelte auf dem deutschen Arbeitsmarkt existieren und in den letzten Jahren deutlich zugenommen haben (vgl. Kap. „Einkommen", Pkte. 2 und 3). Insbesondere der Bereich der geringfügigen Beschäftigungsverhältnisse lässt sich als ausgeprägter Niedriglohnsektor bezeichnen. Bei der Niedriglohnstrategie geht es also um eine noch weitere Ausdifferenzierung der Arbeitseinkommen nach unten. Als Vorbild gelten häufig die Lohnspreizungen in anderen Ländern, so insbesondere in den USA oder in Großbritannien. Allerdings lassen solche internationalen Vergleiche keine eindeutigen

Belege für einen stringenten Zusammenhang zwischen Niedriglohnquote und Arbeitslosigkeit erkennen: Sowohl in Ländern mit und ohne stark ungleicher Einkommensstruktur gibt es eine gute bzw. eine schlechte Beschäftigungsbilanz.

Bei der Wirkungsabschätzung ist zudem zwischen industriellem und Dienstleistungssektor zu unterscheiden. Für den industriellen Sektor ist gerade typisch, dass einfache („niedrigproduktive") Tätigkeiten insbesondere durch Technikeinsatz rationalisiert und abgebaut werden können, wie die Erfahrung gezeigt hat. Dass die (Wieder-)Einführung von Niedriglohngruppen hier zu einer erneuten und dauerhaften Schaffung einfacher Tätigkeiten führen wird, ist vor diesem Hintergrund wenig wahrscheinlich. Zudem folgen die Umsetzung des technischen Fortschritts und der Kapitalintensivierung der Produktion langfristigen ökonomischen Trends und nicht den relativen Lohn- und Kapitalkosten. Dafür spricht auch, dass die unteren Lohn- und Gehaltsgruppen im industriellen Bereich in den zurückliegenden Jahren immer schwächer besetzt waren. Mit anderen Worten: Die vorhandenen niedrigen Lohngruppen wurden gar nicht genutzt, da sie nicht der gewandelten, höherwertigen Arbeitsplatzstruktur entsprechen.

Eher lässt sich bei den personen- und haushaltsbezogenen Dienstleistungen ein Zusammenhang zwischen niedrigen Arbeitskosten und höherer Nachfrage vermuten: Privathaushalte könnten es sich bei niedrigen Preisen für Dienstleistungen vermehrt leisten, auf entsprechende Angebote zurückzugreifen und Eigenarbeit durch vergleichsweise niedrig bezahlte Fremdarbeit zu ersetzen. Je größer dabei die Differenz zwischen dem eigenen, für die Eigenarbeit hypothetisch eingesetzten „Nettolohn" und dem Preis der Dienstleistungen ist, um so mehr spricht für die Ausweitung der privaten Nachfrage. Allerdings bleibt dann immer noch offen, ob sich im Nettovolumen, also unter Berücksichtigung der gesamtwirtschaftlichen Kreislaufeffekte, tatsächlich ein höheres Beschäftigungsniveau einstellt. Wird das Einkommen der privaten Haushalte vermehrt für (preiswertere) private Dienstleistungen ausgegeben, dann verschiebt sich nur die private Nachfrage mit entsprechenden Absatz- und Beschäftigungseinbußen dort, wo dann weniger konsumiert wird.

Betroffen von einer Niedriglohnstrategie wären nicht nur die Beschäftigten im untersten Lohnbereich. Vieles spricht dafür, dass Unternehmen in der Folge mit einer Substitution regulärer durch verbilligte Arbeit reagieren – zumindest solange die gesamtwirtschaftlichen Rahmenbedingungen unverändert bleiben. Eine Absenkung der Arbeitsentgelte noch unter das Existenzminimum würde allerdings die Armutsbetroffenheit in der Erwerbsbevölkerung erhöhen. Um eine solche Situation von „Armut trotz Arbeit" („working poor") zu vermeiden, sehen die Konzepte der Niedriglohnbeschäftigung vor, dass die negativen sozialen Folgen durch Subventionen ausgeglichen werden. Dabei stehen sich zwei Ansätze, die allerdings auch kombiniert werden können, gegenüber:

- Die betroffenen Beschäftigten erhalten unter bestimmten Voraussetzungen Transferzahlungen, die das Niedrigeinkommen auf die Höhe des Existenzminimums aufstocken.

- Die Arbeitskosten der Unternehmen im unteren Qualifikationsbereich werden gesenkt, ohne dass es zu einer Senkung der ausgezahlten (Netto)Löhne kommt. Dies kann durch eine Verminderung der Lohnnebenkosten (insbesondere der Sozialversicherungsbeiträge) oder durch direkte Lohnkostensubventionen an die Unternehmen erfolgen.

Aufstockung von Niedriglöhnen durch Transfers an Beschäftigte

Bei den direkten Einkommenssubventionen sind in den letzten Jahren eine Fülle von Modellen ausgearbeitet worden. Sie lassen sich wie folgt unterscheiden:

- Zusammenfassung von Steuersystem und sozialen Transfers im Rahmen einer „Negativsteuer" bzw. eines „Bürgergeldes" mit einer nur geringen Anrechnung des Einkommens auf den Transferanspruch,

- Aufstockung der individuellen Löhne für bestimmte Gruppen von Beschäftigten bzw. Arbeitslosen, so für (Langzeit)Arbeitslose oder

- Ergänzung niedriger Einkommen im Rahmen des SGB II, so durch Veränderung der Anrechnungsregelungen.

Das *Bürgergeldmodell* führt zwangsläufig zu einer sich verstärkenden Wechselwirkung von Mehrausgaben einerseits und Mindereinnahmen für die öffentlichen Haushalte andererseits (vgl. dazu ausführlich Kap. „Einkommen", Pkt. 9.2). Um die Kosten zu begrenzen, wird vorgeschlagen, bei den Leistungen das Existenzminimum zu unterschreiten, wodurch zugleich ein faktischer Arbeitszwang hergestellt wird. Denn um das Existenzminimum zu erreichen und den Lebensunterhalt zu sichern, muss unter allen Umständen Arbeit gesucht und aufgenommen werden.

Die Aufstockung niedriger invidueller Löhne kann entweder direkt erfolgen, etwa durch einen Lohnzuschuss, oder auch indirekt durch Verbesserung der Netto-Brutto-Relation der Löhne, etwa durch die Absenkung bzw. Streichung der Arbeitnehmerbeiträge zur Sozialversicherung. Ein Problem bei diesen Regelungen ist, dass sie für die Unternehmen Anlass bieten für eine breite Absenkung der Arbeitseinkommen und der Staat überfordert wäre, flächendeckende und dauerhafte Lohnsubventionen zu finanzieren.

Jenseits umfassender Systemrevisionen lassen sich weitreichende Veränderungen bei der ergänzenden Zahlung von Sozialtransfers auch im Rahmen des SGB II realisieren. Maßgebend für eine Förderung ist hier allerdings nicht ein niedriges individuelles Arbeitseinkommen, sondern ein unter dem Existenzminimum liegendes Haushaltseinkommen. Um die Aufnahme von niedrig bezahlter Erwerbstätigkeit zu fördern, könnten die anrechnungsfreien Freibeträge bei Erwerbseinkommen noch weiter erhöht werden (vgl. dazu Kap. „Einkommen", Pkt. 7.3.4). Angesicht von derzeit bereits über 1 Mio. erwerbstätigen BezieherInnen von Arbeitslosengeld

II stellt sich allerdings die Frage nach der Sinnhaftigkeit und Finanzierbarkeit einer weiteren Ausdehung dieses bereits bundesweit praktizierten, unbefristeten Kombi-Lohn-Modells.

Kombi-Lohn-Modelle, die niedrige Einkommen durch bedürftigkeitsgeprüfte Einkommensaufstockungen ausgleichen wollen, bergen nachhaltige Risiken, vor allem für die soziale Absicherung der Betroffenen. Denn die Niedriglöhne werden nur dann aufgestockt, wenn das gesamte Haushaltseinkommen bzw. der gesamte Haushalt unter die Bedürftigkeitsschwelle des SGB II fällt. Bei einem Ehepaar würde ein Niedriglohn eines Partners danach erst dann zur Förderung führen, wenn auch das Einkommen des anderen Partners niedrig liegt und zudem keine Vermögenswerte vorliegen. Und ohne jeden Ausgleich bleiben ohnehin die Anwartschaftsminderungen bei den sozialversicherungsrechtlichen Lohnersatzleistungen (vgl. Pkt. 9.2 des Kap. „Einkommen").

Offen bleibt auch, ob die Absenkung der Arbeitseinkommen tatsächlich zu einem Beschäftigungsaufbau führen wird. Diese Gegenleistung ist bislang nicht eingetreten, denn zu einer nennenswerten Bereitstellung neuer, *zusätzlicher* Arbeitsplätze ist es noch nicht gekommen. Stattdessen besteht die Gefahr, dass es infolge der Einführung von „Niedrigstlohngruppen" zu einer Aufweichung des gesamten Tarifgefüges und entsprechenden Substitutionseffekten kommt, d.h. letztlich nur eines Ersetzens „teurer" durch „billige" Arbeit ohne nennenswerten Beschäftigungsniveaueffekt. Der Rückgang der sozialversicherungspflichtigen Beschäftigungsverhältnisse bei gleichzeitigem Anstieg der Mini-Jobs sind Indizien für diese Entwicklung.

Subventionen an Unternehmen durch Lohnkostenzuschüsse

Lohnsubventionen stellen grundsätzlich nichts Neues dar, denn sie gehören seit jeher zum Repertoire der Arbeitsmarktpolitik nach dem SGB III (vgl. Pkt. 8.4 dieses Kapitels). Der Unterschied zu den klassischen Lohnkostenzuschüssen bei der Einstellung von Arbeitslosen liegt jedoch hier darin, einen ganzen Qualifikations- und Einkommensbereich pauschal zu subventionieren. Begünstigt wären also nicht nur neu eingerichtete Arbeitsplätze, sondern auch die große Zahl der bestehenden Voll- und Teilzeitarbeitsverhältnisse (einschließlich der geringfügigen Beschäftigungsverhältnisse) im entsprechenden Einkommenssegment. Die entscheidende Frage ist, ob sich dadurch tatsächlich Niveaueffekte auf dem Arbeitsmarkt erreichen lassen. Wenn und insoweit bestehende Arbeitsplätze subventioniert würden, käme es lediglich zu Mitnahmeeffekten. Ob auch zusätzliche Arbeitsplätze geschaffen würden, ist offen, so lange unsicher ist, ob die Arbeitskosten wirklich als die entscheidende Barriere für den Aufbau neuer Arbeitsplätze am unteren Ende der Einkommenshierarchie angesehen werden können.

9.3.1 Öffentlich geförderte Beschäftigung

Solange die hohe Arbeitslosigkeit anhält und der Beitrag der einzelnen Politikbereiche und -instrumente zu ihrer Verringerung keinen raschen Abbau erwarten lässt, bedarf es weiterhin eines anhaltenden öffentlichen Engagements bei der Beschäftigungsförderung. Hier setzen verschiedene Vorschläge und Konzepte für einen öffentlich geförderten Beschäftigungssektor an.

Ausgangspunkt ist die Ansicht, dass es in großem Umfang gesellschaftlich notwendige Arbeit gibt, die aber nicht geleistet wird, weil sie (noch) nicht marktfähig oder für einkommensschwache Haushalte (Ältere, kinderreiche Familien) nicht bezahlbar ist. Es handele sich vor allem um die Bereiche der sozialen Dienste, Kinderbetreuung, kulturellen Angebote sowie der ökologischen Erneuerung. In diesen Bereichen könnten zahlreiche Projekte und Dienstleistungsangebote gefördert werden, um bislang ungedeckten Bedarf zu befriedigen. Ein öffentlicher Beschäftigungssektor solle in den einzelnen Feldern befristet, aber als Programm dauerhaft finanziell gefördert und in die regionale Arbeitsmarkt-, Wirtschafts- und Strukturpolitik eingebunden werden, um größtmögliche Synergieeffekte herzustellen. Finanzierungsmöglichkeiten ergeben sich in der Kombination von Mitteln der EU, der öffentlichen Haushalte und privater Geldgeber. Weiter reichen Vorschläge etwa zur Einrichtung eines Fonds für soziale und ökologische Gemeinschaftsaufgaben, aus dem dieser Beschäftigungssektor finanziert werden könnte.

Die auch aus der Förderung etwa von traditionellen ABM bekannten Probleme wie Mitnahmeeffekte müssen allerdings auch hier gelöst werden. Die entscheidenden Kriterien sind Gemeinnützigkeit, Zusätzlichkeit, Vermeidung von Konkurrenz zu privaten Leistungsanbietern (Handwerk, Mittelstand), Minimierung von Mitnahmeeffekten und Konflikten mit öffentlichen Pflichtaufgaben.

Allerdings verfolgt der Trend in der Förderpraxis der aktiven Arbeitsmarktpolitik alles andere als der verstärkten Förderung von Beschäftigung schaffenden Maßnahmen, die sozialversicherungspflichtige Arbeitsplätze bereitstellen. Ein drastischer Ausbau zeichnet sich lediglich in Form der Arbeitsgelegenheiten ab, die jedoch mit erheblichen sozial- wie arbeitsmarktpolitischen Problemen verbunden sind (vgl. Pkt. 8.5.4 dieses Kapitels).

9.3.2 Arbeitszeitpolitik

Ein zentrales beschäftigungspolitisches Instrument ist die Arbeitszeitpolitik. In vielfältigen inhaltlichen Formen und in unterschiedlichen Regulierungen hat sie in der Vergangenheit einen wichtigen Beitrag zur Stabilisierung der Beschäftigung und auch zur Schaffung neuer Beschäftigungsverhältnisse geleistet, so durch flexiblere Arbeitszeitstrukturen und auch Arbeitszeitverlängerung sowie durch Umverteilung des Arbeitsvolumens durch verschiedene Formen der Arbeitszeitverkürzung. Strittig ist, ob und inwieweit die Arbeitszeitpolitik auch künftig zum Abbau von Arbeitslosigkeit beitragen kann bzw. eingesetzt wird.

In Deutschland bietet die Arbeitszeitstatistik unter beschäftigungspolitischen Gesichtspunkten seit Anfang des neuen Jahrtausends ein ernüchterndes Bild (vgl. Pkt. 2.2.3 dieses Kapitels). Nach den arbeitszeitpolitisch erfolgreichen 1980er Jahren, die in den alten Bundesländern binnen weniger Jahre eine Verkürzung der tariflichen Wochenarbeitszeit von 40 auf durchschnittlich 37,5 Stunden gebracht haben, stagnierte die kollektivvertraglich vereinbarte Arbeitszeit seit Beginn der 1990er Jahre nahezu vollständig. In den neuen Bundesländern konnte der nach der Vereinigung eingeführte Standard der 40-Stunden-Woche im Zeitraum von zehn Jahren lediglich auf durchschnittlich 39,2 Std. gesenkt werden. Obwohl in den meisten großen Wirtschaftszweigen und Tarifbereichen die tariflichen Arbeitszeitbestimmungen kündbar wären, verzichteten die Gewerkschaften bislang auf diese Möglichkeit bzw. scheiterten am Widerstand der Arbeitgeber. Unter dem Druck der Markt- und Konkurrenzverhältnisse lässt sich stattdessen in jüngster Zeit in einigen Bereichen ein massiver Trend zur Verlängerung nicht nur der effektiven, sondern auch der tariflich oder betrieblich vereinbarten Arbeitszeiten beobachten.

Gleichzeitig hat sich in den vergangenen Jahren eine erhebliche Flexibilisierung und Differenzierung in den Arbeitszeitmodellen entwickelt. Arbeitszeitkorridore, Arbeitszeitkonten, verlängerte Arbeitszeiten für einzelne Beschäftigtengruppen, saisonabhängige Arbeitszeiten, Jahresarbeitszeitmodelle, befristete Verkürzung der Arbeitszeit und viele andere Formen flexibler Arbeitszeitgestaltung haben die tariflichen Arbeitszeitstandards vielfach auf die Funktion von Referenzgrößen und Durchschnittswerten reduziert. Die Ausweitung von Teilzeitarbeit, auch in Form von geringfügiger Beschäftigung sowie anderer Beschäftigungsformen (befristete Beschäftigung, Projektarbeit usw.), haben das Flexibilitätspotenzial des Arbeits- und Personaleinsatzes nochmals deutlich gesteigert (vgl. Pkt. 3.2 dieses Kapitels).

Ansatzpunkte der Arbeitszeitverkürzung

Das volkswirtschaftliche Arbeitsvolumen ist in Deutschland seit Anfang der 1990er Jahre von 59,7 auf 56,2 Mrd. Arbeitsstunden im Jahr 2004 zurückgegangen. Auch im längerfristigen Trend ist – wie die Daten für die alten Bundesländer zeigen – das Arbeitsvolumen rückläufig (vgl. Pkt. 2.2.3 dieses Kapitels). Es ist keine Beschäftigungsstrategie denkbar, die allein mit stärkerem Wachstum in der Lage wäre, dieses Volumen so zu vergrößern, dass es die bestehende Beschäftigungslücke von rund sechs Millionen Arbeitsplätzen schließen könnte. Es führt also kein Weg an einer alternativen Verteilung des volkswirtschaftlichen Arbeitsvolumens vorbei. Dabei ist es sinnvoll, eine quantifizierte Zielgröße zu formulieren, um einen konkreten Beurteilungsmaßstab zu haben. Eine Reduzierung der tatsächlichen Arbeitszeit um 10 % bedeutet zum Beispiel, dass die effektive Jahresarbeitszeit von rund 1.445 Std. (2004) um knapp 150 Stunden gekürzt werden müsste. Dies entspricht einer Verkürzung der effektiven Wochenarbeitszeit um rund drei Stunden. Unterstellt man eine jahresdurchschnittliche Steigerung der Arbeitsproduktivität von 2 %, dann ließe sich eine solche Verkürzung bei gleichbleibenden Einkommen in nur wenigen Jahren kostenneutral realisieren. Dabei sind produktivitätssteigernde Effekte, wie sie in der Regel mit Arbeitszeitverkürzungen einhergehen, noch nicht eingerechnet.

Wenn eine solche Politik der beschäftigungswirksamen Arbeitszeitverkürzung Erfolg haben will, muss sie folgende Kriterien erfüllen:

- Ein Trend der Arbeitszeitverkürzung muss generell beschleunigt und verstetigt werden.

- Die Formen der Arbeitszeitverkürzung müssen an den unterschiedlichen Interessen der Beschäftigten anknüpfen, um akzeptiert und umgesetzt zu werden.

- Eine dauerhafte generelle Arbeitszeitverkürzung muss mit der Sicherung der Einkommen der Beschäftigten einhergehen – aus sozialen Gründen, weil die abhängig Beschäftigten über Jahre hinweg Realeinkommenseinbußen hinnehmen mussten; aus ökonomischen Gründen, weil eine Stabilisierung der Nachfrage erforderlich ist. Eine Verkürzung bei proportionaler Einkommensreduzierung dient allenfalls zur befristeten Überbrückung akuter Beschäftigungskrisen.

- Bei kürzeren Arbeitszeiten wächst der Flexibilisierungsdruck, dies erfordert begleitende Regelungen, um den Beschäftigungseffekt zu sichern. Diese sind auch deswegen erforderlich, weil ansonsten durch intensivere Rationalisierung der gesundheitsgefährdende Leistungsdruck wächst (vgl. Bd. II Kap. „Arbeit und Gesundheitsschutz").

- Eine sozial- und steuerpolitische Flankierung bestimmter Formen der Arbeitszeitverkürzung kann ihre Wirksamkeit erhöhen, so wie dies derzeit bei der Altersteilzeitarbeit geschieht.

Formen der Arbeitszeitverkürzung

Die Arbeitszeitverkürzung kann auf ganz unterschiedliche Weise realisiert werden. Entscheidend ist, dass die Arbeitszeitverkürzungen dauerhaft durchgeführt werden, weil nur dann der angestrebte Beschäftigungseffekt erhalten bleibt. Die Verkürzung der regelmäßigen Wochenarbeitszeit hat in den 1980er und Anfang der 1990er Jahre aufgrund ihres Volumens zweifellos den größten Beschäftigungseffekt erzielt, gefolgt von den Regelungen zum Vorruhestand und zur Urlaubsverlängerung. Generell wurden die verschiedenen Maßnahmen je nach Branche und Tätigkeitsbereich zwischen 50 % und 66 % beschäftigungswirksam. Der Rest wurde durch Leistungsverdichtung und sonstige Rationalisierungsmaßnahmen aufgefangen („Sicker-Effekt").

Ein erhebliches Beschäftigungspotenzial steckt in den geleisteten Überstunden. Ein Teil des Mehrarbeitsvolumens wäre grundsätzlich verzichtbar, ein weiterer Teil könnte durch Freizeit ausgeglichen werden. Darüber hinaus ist denkbar, auch die Zuschläge für Mehrarbeit, aber auch Nacht-, Wochenend- oder Schichtarbeit in Freizeit umzuwandeln.

Eine weitere Möglichkeit besteht in der Nutzung von individuellen Varianten der Arbeitszeitverkürzung. Wahlarbeitsmöglichkeiten mit einem selbstbestimmten Wechsel zwischen Voll- und Teilzeitarbeit könnten einen Beitrag zur Arbeitsumverteilung leisten, wenn sie aufgrund verbesserter Rahmenbedingungen deutlich stärker in Anspruch genommen würden.

Auch die Verknüpfung von Weiterbildung und Arbeitszeitverkürzung kann genutzt werden. Je stärker gesetzliche oder auch tarifliche Ansprüche auf Qualifizierungszeit realisiert werden, umso größer der arbeitsmarkpolitische Entlastungseffekt.

Eine bereits in der Vergangenheit bedeutende Form der Arbeitszeitverkürzung ist die Lebensarbeitszeitverkürzung – wie die Verlängerung der (Aus)Bildungszeiten, die den Eintrittszeitpunkt in das Erwerbsleben hinausschieben, wie der frühere Austritt aus dem Erwerbsleben etwa durch Vorverlegung der Ruhestandsgrenzen. Eine Verkürzung der Lebensarbeitszeit ist geeignet, älteren Arbeitnehmer den frühzeitigen Ausstieg aus dem Arbeitsmarkt zu ermöglichen, damit den Angebotsdruck auf Arbeitsmarkt zu verringern und zugleich Jüngeren eine Chance zu bieten, in Erwerbsarbeit eingegliedert zu werden. Insbesondere eine noch stärkere Förderung von Altersteilzeit, könnte die Möglichkeiten des Einstiegs von Jugendlichen in den Arbeitsmarkt verbessern.

Grundsätzlich ist festzuhalten, dass auch durch eine Politik der massiven Arbeitszeitverkürzung zwar der Beschäftigungsstand deutlich angehoben werden kann, eine Rückkehr zum klassischen Verständnis von Vollbeschäftigung (Vollzeitbeschäftigung für alle) kann damit aber nicht angestrebt werden. Damit wäre nicht nur das Instrument der Arbeitsumverteilung durch Arbeitszeitverkürzung überfordert, es würde auch an den sich ausdifferenzierenden Arbeitszeitinteressen der Erwerbstätigen und Nicht-Erwerbstätigen vorbeigehen. Arbeitszeitpolitik sollte diese Interessen stärker aufgreifen, einen Beitrag auch zur gleichmäßigen Verteilung von Nicht-Erwerbsarbeit zwischen den Geschlechtern leisten und die Übergänge zwischen den verschiedenen Phasen von Bildung, Erwerbsarbeit und Nicht-Erwerbsarbeit erleichtern.

10 Literaturhinweise

Arbeitsmarkt, Arbeitsmarkttheorien und Arbeitsverhältnisse

Abraham, M., Hinz, T. (Hrsg.), Arbeitsmarktsoziologie. Probleme, Theorien, empirische Befunde, Wiesbaden 2005.

Allmendinger, J., Eichhorst, W., Walwei, U. (Hrsg.), IAB Handbuch Arbeitsmarkt. Analysen, Daten, Fakten, Frankfurt a.M./New York 2005.

Althammer, J., Erwerbsarbeit in der Krise? Zur Entwicklung und Struktur der Beschäftigung im Kontext von Arbeitsmarkt, gesellschaftlicher Partizipation und technischem Fortschritt, Berlin 2002.

Baur, N., Soziologische und ökonomische Theorien der Erwerbsarbeit, Frankfurt a.M./New York 2001.

Bellmann, L., Hübler, O., Meyer, W., Stephan, G., Institutionen, Löhne und Beschäftigung, Beiträge zur Arbeitsmarkt- und Berufsforschung 294, Nürnberg 2005.

Berger, P.A., Konietzka, D. (Hrsg.), Die Erwerbsgesellschaft – Neue Ungleichheiten und Unsicherheiten, Opladen 2001.

Brinkmann, U., Dörre, K., Röbenack, S., Kraemer, K., Speidel, F., Prekäre Arbeit. Ursachen, Ausmaß, soziale Folgen und subjektive Verarbeitungsformen unsicherer Beschäftigungsverhältnisse, hrsg. von der Friedrich-Ebert-Stiftung, Bonn 2006.

Bosch, G., Weinkopf, C. (Hrsg.), Arbeiten für wenig Geld. Niedriglohnbeschäftigung in Deutschland, Frankfurt a.M./New York 2007.

Bosch, G. u.a. (Hrsg.), Die Zukunft von Dienstleistungen. Ihre Auswirkungen auf Arbeit, Umwelt und Lebensqualität, Frankfurt a.M./New York 2003.

Bosch, G., Die Arbeitsgesellschaft. Kontroversen, Zukunftsvisionen und Fakten zu einer aktuellen Debatte, Opladen 2003.

Bothfeld, S., Klammer, U., Klenner, Ch. u.a., WSI-FrauenDatenReport 2005, Handbuch zur wirtschaftlichen und sozialen Situation von Frauen, Berlin 2005.

Däubler, W., Das Arbeitsrecht, 2 Bände, 16. Auflage, Reinbek 2006.

Engelbrech, G. (Hrsg.), Arbeitsmarktchancen für Frauen, Beiträge zur Arbeitsmarkt- und Berufsforschung 258, Nürnberg 2002.

Föste, W., Haarland, H. P., Janßen, P., Flexibilität und Sicherheit am Arbeitsmarkt, Frankfurt a.M./New York 2001.

Franz, W., Arbeitsmarktökonomik, 6. Auflage, Berlin 2006.

Gebauer, R., Arbeit gegen Armut, Wiesbaden 2007.

Gerhard, U., Knijn, T., Weckwert, A. (Hrsg.), Erwerbstätige Mütter. Ein europäischer Vergleich, München 2003.

Gottschall, K., Pfau-Effinger, B. (Hrsg.), Zukunft der Arbeit und Geschlecht. Diskurse, Entwicklungspfade und Reformoptionen im internationalen Vergleich, Opladen 2002.

Hein, E., Heise, A., Truger, A., Löhne, Beschäftigung, Verteilung und Wachstum. Makroökonomische Analysen, Marburg 2005.

Keller, B., Einführung in die Arbeitspolitik, 6. Auflage München 1999.

Kittner, M. (Hrsg.), Arbeitsmarkt – ökonomische, soziale und rechtliche Grundlagen, Heidelberg 1982.

Keller, B., Seifert, H. (Hrsg.), Atypische Beschäftigung – Flexibilisierung und soziale Risiken, Berlin 2007.

Keller, B., Seifert, H. (Hrsg.), Deregulierung am Arbeitsmarkt. Eine empirische Zwischenbilanz, Hamburg 2001.

Kleinhenz, G. (Hrsg.), IAB-Kompendium Arbeitsmarkt- und Berufsforschung, Beiträge zur Arbeitsmarkt- und Berufsforschung 250, Nürnberg 2002.

Mayer-Ahuja, N., Wieder dienen lernen? Vom westdeutschen „Normalarbeitsverhältnis" zu prekärer Beschäftigung seit 1973, Berlin 2003.

Naegele, G., Frerichs, F., Ältere Arbeitnehmer, in: Gaugler, E., Oechsler, W. A., Weber, W. (Hrsg.), Handwörterbuch des Personalwesens. Enzyklopädie der Betriebswirtschaftslehre, Stuttgart 2004.

Nienhüser, W. (Hrsg.), Beschäftigungspolitik von Unternehmen – Theoretische Erklärungsansätze und empirische Erkenntnisse, München 2006.

Rifkin, J., Das Ende der Arbeit und ihre Zukunft. Neue Konzepte für das 21. Jahrhundert, Frankfurt a.M. 2004.

Sauer, D., Arbeit im Übergang. Zeitdiagnosen, Hamburg 2005.

Schmid, G., Gangl, M., Kupka, P., Arbeitsmarktpolitik und Strukturwandel. Empirische Analysen, Beiträge zur Arbeitsmarkt- und Berufsforschung 286, Nürnberg 2004.

Schmuhl, H.-W., Arbeitsmarktpolitik und Arbeitsverwaltung in Deutschland 1871-2002 – zwischen Fürsorge, Hoheit und Markt, Beiträge zur Arbeitsmarkt- und Berufsforschung 270, Nürnberg 2003.

Schneider, H., Lang, C., Rosenfeld, M., Niedriglohnbereich, Baden-Baden 2002.

Sengenberger, W., Struktur und Funktionsweise von Arbeitsmärkten, Frankfurt a.M. 1987.

Sennett, R., Der flexible Mensch. Die Kultur des neuen Kapitalismus, Berlin 1998.

Sesselmeier, W., Blauermel, G., Arbeitsmarkttheorien. Ein Überblick, Heidelberg 1997.

Statistisches Bundesamt (Hrsg.), Im Blickpunkt: Ausländische Bevölkerung in Deutschland, Stuttgart 2001.

Statistisches Bundesamt (Hrsg.), Im Blickpunkt: Frauen in Deutschland 2006, Stuttgart 2006.

Struck, O., Flexibilität und Sicherheit. Empirische Befunde, theoretische Konzepte und institutionelle Gestaltung von Beschäftigungsstabilität, Wiesbaden 2006.

Strünck, C., Mit Sicherheit flexibel? Chancen und Risiken neuer Beschäftigungsverhältnisse, Bonn 2003.

Vogel, B., Promberg, M., Weinkopf, C. (Hrsg.), Leiharbeit. Neue sozialwissenschaftliche Befunde zu einer prekären Beschäftigungsform, Hamburg 2004.

Wagner, Th., Jahn, E., Neue Arbeitsmarkttheorien, 2. Auflage, Stuttgart 2004.

Arbeitszeit und Arbeitszeitpolitik

Auth, D., Wandel im Schneckentempo. Arbeitszeitpolitik und Geschlechtergleichheit im deutschen Wohlfahrtsstaat, Opladen 2002.

Bellmann, L., Schnabel, C., Betriebliche Arbeitszeitpolitik im Wandel, Beiträge zur Arbeitsmarkt- und Berufsforschung 288, Nürnberg 2004.

Bellmann, L., Gerlach, K., Hübler, O., Meyer, W. (Hrsg.), Beschäftigungseffekte betrieblicher Arbeitszeitgestaltung, Beiträge zur Arbeitsmarkt- und Berufsforschung 251, Nürnberg 2001.

Bielenski, H., Bosch, G., Wagner, A., Wie die Europäer arbeiten wollen. Erwerbs- und Arbeitszeitwünsche in 16 Ländern, Frankfurt am Main 2002.

Bosch, G. u.a., Arbeitszeitverkürzung im Betrieb, Köln 1988.

Büssing, A., Seifert, H. (Hrsg.), Die ‚Stechuhr' hat ausdient. Flexible Arbeitszeiten durch technische Entwicklung, Berlin 1999.

Eberling, M., Hielscher, V., Hildebrandt, E. u.a., Prekäre Balancen. Flexible Arbeitszeiten zwischen betrieblicher Regulierung und individuellen Ansprüchen, Berlin 2004.

Hamm, I., Flexible Arbeitszeiten in der Praxis, Frankfurt a.M. 1999.

Herrmann, Ch., Promberger, M., Singer, S., Trinczek, R., Forcierte Arbeitzeitflexibilisierung. Die 35-Stunden-Woche in der betrieblichen und gewerkschaftlichen Praxis, Berlin 1999.

Klenner, Ch., Seifert, H. (Hrsg.), Zeitkonten – Arbeitszeit à la carte. Neue Modelle der Arbeitszeitgestaltung, Hamburg 1999.

Lange, K., Bässler, C., Flexible Arbeitszeit – von der Idee zur Wirklichkeit, Hans-Böckler-Stifung, Arbeitspapier 31, Düsseldorf 2000.

Lorenz, F., Schneider, G. (Hrsg.), Vertrauensarbeitszeit, Arbeitszeitkonten, Flexi-Modelle. Konzepte und betriebliche Praxis, Hamburg 2005.

Kutscher, J., Weidinger, M., Hoff, A., Flexible Arbeitszeitgestaltung, Wiesbaden 1999.

Lehndorff, St., Weniger ist mehr. Arbeitszeitverkürzung als Gesellschaftspolitik, Hamburg 2001.

Promberger, M., Rosdücher, J., Seifert, H., Trinczek, R., Weniger Geld, kürzere Arbeitszeit, sichere Jobs? Soziale und ökonomische Folgen beschäftigungssichernder Arbeitszeitverkürzungen, Berlin 1997.

Seifert, H., Lernzeitkonten für lebenslanges Lernen, Bonn 2001.

Seifert, H., Konfliktfeld Arbeitszeitpolitik. Entwicklungslinien, Gestaltungsanforderungen und Perspektiven der Arbeitszeit, Bonn 2006.

Wanger, S., Arbeitszeit und Arbeitsvolumen in der Bundesrepublik Deutschland 1970-1990, Beiträge zur Arbeitsmarkt- und Berufsforschung 274, Nürnberg 2003.

Berufliche Bildung und Weiterbildung

Arnold, R., Lipsmeier, A. (Hrsg), Handbuch der Berufsbildung, 2. Auflage, Wiesbaden 2006.

Baethge, M., Buss, K.-P., Lanfer, C. (Hrsg.), Expertisen zu den konzeptionellen Grundlagen für einen Nationalen Bildungsbericht – Berufliche Bildung und Weiterbildung/Lebenslanges Lernen, Reihe Berufsbildungsreform, Band 8, hrsg. vom Bundesministerium für Bildung und Forschung, Bonn/Berlin 2004.

Beicht, U., Entwicklung der Ausbildungsvergütungen in Deutschland, Forschung Spezial, Heft 12, Schriftenreihe des Bundesinstituts für Berufsbildung, Bonn 2006.

Beicht, U., Walden, G., Herget, H., Kosten und Nutzen der betrieblichen Berufsausbildung in Deutschland, Bonn 2004.

Beicht, U., Krekel, E. M., Walden, G., Berufliche Weiterbildung – Welche Kosten und welchen Nutzen haben Teilnehmenden? Berichte zur beruflichen Bildung, Heft 274, Bielefeld 2006.

Beirat „Arbeitsmarktpolitik" der Senatsverwaltung für Arbeit, berufliche Bildung und Frauen, Berliner Memorandum zur Modernisierung der beruflichen Bildung, Berlin 1999.

Berger, K., Der Beitrag der öffentlichen Hand zur Finanzierung beruflicher Bildung, Forschung Spezial, Nr. 9, Schriftenreihe des Bundesinstituts für Berufsbildung, Bonn 2004.

Bispinck, R., WSI-Tarifarchiv, Förderung der Ausbildung durch Tarifvertrag. Tarifliche Regelungen zur Schaffung von Ausbildungsplätzen und zur Übernahme von Ausgebildeten, Düsseldorf 1999.

Brosi, W., Troltsch, K., Ausbildungsbeteiligung von Jugendlichen und Fachkräftebedarf der Wirtschaft. Zukunftstrends der Berufsbildung bis zum Jahr 2015, Forschung Spezial, Heft 8, Schriftenreihe des Bundesinstituts für Berufsbildung, Bonn 2004.

Cortina, K. S. u.a. (Hrsg.), Das Bildungswesen in der Bundesrepublik Deutschland. Strukturen und Entwicklungen im Überblick, Reinbek 2003.

Dostal, W., Parmentier, K., Plicht, H., Rauch, A., Schreyer, F., Wandel der Erwerbsarbeit – Qualifikationsverwertung in sich verändernden Arbeitsstrukturen, Beiträge zur Arbeitsmarkt- und Berufsforschung 246, Nürnberg 2001.

Greinert, W.-D., Das „deutsche System" der Berufsbildung. Tradition, Organisation, Funktion, Baden-Baden 1998.

Konietzka, D., Ausbildung und Beruf, Wiesbaden 1999.

Konsortium Bildungsberichterstattung im Auftrag der Kultusministerkonferenz und des Bundesministeriums für Bildung und Forschung (Hrsg.), Bildung in Deutschland. Ein indikatorengestützter Bericht mit einer Analyse zu Bildung und Migration, Gütersloh 2006.

Neubauer, J., Ausgleich auf dem Ausbildungsmarkt – Die Kompensationsleistungen der ausbildungsbezogenen Förderung durch die Bundesagentur für Arbeit, Beiträge zur Arbeitsmarkt- und Berufsforschung, 303, Nürnberg 2006.

Reinberg, A. (Hrsg.), Arbeitsmarktrelevante Aspekte der Bildungspolitik, Beiträge zur Arbeitsmarkt- und Berufsforschung 245, Nürnberg 2001.

Reinberg, A., Hummel, M., Zur langfristigen Entwicklung des qualifikationsspezifischen Arbeitskräfteangebots und -bedarfs in Deutschland, in: Mitteilungen aus der Arbeitsmarkt- und Berufsforschung, 4/2002.

Statistisches Bundesamt (Hrsg.), Im Blickpunkt: Bildung in Deutschland, Stuttgart 2003.

Beschäftigungskrise und Arbeitslosigkeit

Baur, N., Soziologische und ökonomische Theorien der Erwerbsarbeit, Frankfurt a.M. 2001.

Dörre, Klaus, Prekäre Arbeitsgesellschaft, Widerspruch, Heft 49, Zürich 2005.

Eichhorst, W., Thode, E., Winter, F., Benchmarking Deutschland 2004. Arbeitsmarkt und Beschäftigung. Bericht der Bertelsmann Stiftung, Berlin u.a. 2004.

Friedrich, H., Wiedemeyer, M., Arbeitslosigkeit – ein Dauerproblem. Dimensionen, Ursachen, Strategien, 3. Auflage, Opladen 1998.

Ganßmann, H., Haas, M., Lohn und Beschäftigung. Zum Zusammenhang von Lohn, Lohnabstandsgebot und Arbeitslosigkeit, Marburg 1996.

Kocka, J., Claus, O., (Hrsg.), Geschichte und Zukunft der Arbeit, Frankfurt a. M. 2000.

Kromphardt, J., Arbeitslosigkeit und Inflation, Göttingen 1998.

Priewe, J., Zur Kritik konkurrierender Arbeitsmarkt- und Beschäftigungstheorien und ihre politischen Implikationen, Frankfurt a.M. 1984.

Rauscher, A., Arbeitsgesellschaft im Umbruch. Ursachen, Tendenzen, Konsequenzen, Berlin 2002.

Rothschild, K.W., Theorie der Arbeitslosigkeit, München/Wien 1994.

Schupp, J., Büchel, F., Diewald, M., Habich, R. (Hrsg.), Arbeitsmarktstatistik zwischen Realität und Fiktion, Berlin 1998.

Steinvorth, U., Brudermüller, G. (Hrsg.), Arbeitslosigkeit und die Möglichkeiten ihrer Überwindung, Würzburg 2004.

Zimmermann, B., Arbeitslosigkeit in Deutschland. Zur Entstehung einer sozialen Kategorie, Frankfurt a. M. 2006.

Soziale Lage und soziale Absicherung bei Arbeitslosigkeit

Adamy, W., Steffen, J., Abseits des Wohlstands. Arbeitslosigkeit und neue Armut, Darmstadt 1998.

Arbeitslosenprojekt Tu Was (Hrsg.), Leitfaden für Arbeitslose. Der Rechtsratgeber zum SGB III, Frankfurt a.M. 2006.

Arbeitslosenprojekt Tu Was (Hrsg.), Leitfaden zum Arbeitslosengeld II. Der Rechtsratgeber zum SGB II, Frankfurt a.M. 2006.

Baumeister, H., Gransee, U., Zimmermann, K.-D. (Hrsg.), Die Hartz-„Reformen". Die Folgen von Hartz I-IV für ArbeitnehmerInnen, Hamburg 2005.

Becker, I., Hauser, R., Verteilungseffekte der Hartz-IV-Reform, Berlin 2006.

Büchel, F., Diewald, M., Solga, H. (Hrsg.), Zwischen Drinnen und Draußen, Soziale Ausgrenzung am deutschen Arbeitsmarkt, Opladen 2000.

Bundesministerium für Arbeit und Sozialordnung (Hrsg.), Übersicht über das Sozialrecht, Nürnberg 2006.

Deutscher Gewerkschaftsbund, 111 Tipps für Arbeitslose, Köln 2006.

Grobe, T. G., Schwartz, F. W., Arbeitslosigkeit und Gesundheit, Gesundheitsberichterstattung des Bundes, Heft 13, hrsg. vom Robert-Koch-Institut, Berlin 2003.

Hanesch, W., Einkommenslage bei Erwerbstätigkeit und Arbeitslosigkeit, Gutachten für den 1. Armuts- und Reichtumsbericht der Bundesregierung, Bonn 2001.

Hollederer, A., Brand, H. (Hrsg.), Arbeitslosigkeit, Gesundheit und Krankheit, Bern u.a. 2006.

Jahoda, M., Lazarsfeld, P. F., Zeise H., Die Arbeitslosen von Marienthal. Ein soziographischer Versuch über die Wirkungen langandauernder Arbeitslosigkeit, 3. Aufl., Frankfurt a.M. 1983.

Jahoda, M., Wieviel Arbeit braucht der Mensch? Arbeit und Arbeitslosigkeit im 20. Jahrhundert, Weinheim 1983.

Kronauer, M., Vogel, B., Gerlach, F., Im Schatten der Arbeitsgesellschaft – Arbeitslose und die Dynamik sozialer Ausgrenzung, Frankfurt a.M./New York 1993.

Ludwig-Mayerhofer, W., Arbeitslosigkeit, in: Abraham, M., Hinz, T. (Hrsg.), Arbeitsmarktsoziologie. Probleme, Theorien, empirische Befunde, Wiesbaden 2005.

Mohr, K., Soziale Exklusion im Wohlfahrtsstaat. Arbeitslosensicherung und Sozialhilfe in Großbritannien und Deutschland, Wiesbaden 2007.

Plaßmann, G., Der Einfluss der Arbeitslosenversicherung auf die Arbeitslosigkeit in Deutschland – eine mikroökonomische und empirische Untersuchung, Beiträge zur Arbeitsmarkt- und Berufsforschung 255, Nürnberg 2002.

Rothe, T., Tinter, S., Jugendliche auf dem Arbeitsmarkt. Eine Analyse von Beständen und Bewegungen, IAB-Forschungsbericht 04/2007, Nürnberg 2007.

Zempel, J., Bacher, J., Moser, K. (Hrsg.), Erwerbslosigkeit. Ursachen, Auswirkungen und Interventionen, Wiesbaden 2001.

Aktive Arbeitsmarktpolitik

Bothfeld, S., Gronbach, S., Seibel, K., Eigenverantwortung in der Arbeitsmarktpolitik. Zwischen Handlungsautonomie und Zwangsmaßnahmen, WSI-Diskussionspapier Nr. 134, Düsseldorf 2005.

Brinkmann, C., Caliendo, M., Hujer, R., Thomsen, S. L., Zielgruppenspezifische Evaluation von Arbeitsbeschaffungsmaßnahmen. Gewinner und Verlierer, IAB-Forschungsbericht 5/2006, Nürnberg 2006.

Hohmeyer, K., Schöll, C., Wolff, J., Arbeitsgelegenheiten in der Entgeltvariante. Viele Zielgruppen werden noch vernachlässigt, IAB-Forschungsbericht 22/2006, Nürnberg 2006.

Kettner, A., Rebien, M., Soziale Arbeitsgelegenheiten. Einsatz und Wirkungsweise aus betrieblicher und arbeitsmarktpolitischer Perspektive, IAB-Forschungsbericht 2/2007, Nürnberg 2007.

Kittler, K. (Hrsg.), Paradigmenwechsel in der Arbeitsmarktpolitik. Von der Zielgruppenorientierung zur Prävention, Hamburg 2001.

Koße, S., Luschei, F., Schmitz-Mandrela, U., Trube, A., Weiß, C., Arbeitsplatzgenerierende Effekte von Arbeitsbeschaffungsmaßnahmen, Beiträge zur Arbeitsmarkt- und Berufsforschung 273, Nürnberg 2003.

Konle-Seidl, R., Lessons learned. Internationale Evaluierungsergebnisse zu Wirkungen aktiver und aktivierender Arbeitsmarktpolitik, IAB-Forschungsbericht, Nr. 9/2005, Nürnberg 2005.

Mosley, H., Schütz, H., Schmid, G., Effizienz der Arbeitsämter – Leistungsvergleich und Reformpraxis, Berlin 2003.

Schmid, G., Entwicklungslinien der Arbeitsmarktpolitik und deren Folgen für den Aus- und Weiterbildungsmarkt, Kolloquien im BIBB, Schriftenreihe des Bundesinstituts für Berufsbildung, Heft 3, Bielefeld 2003.

Schmidt, M., Zimmermann, K., Fertig, M., Kluve, J., Perspektiven der Arbeitsmarktpolitik. Internationaler Vergleich und Empfehlungen für Deutschland, Berlin 2001.

Werner, H. (Hrsg.), Zwischen Staat und Markt. Der öffentlich geförderte Beschäftigungssektor, Hamburg 1999.

Arbeitsmarkt- und Beschäftigungspolitik

Althaler, K. S. (Hrsg.), Primat der Ökonomie? Über Handlungsspielräume sozialer Politik im Zeichen der Globalisierung, Marburg 1999.

Bericht der Kommission „Moderne Dienstleistungen am Arbeitsmarkt", Berlin 2002.

Bosch, G. (Hrsg.), Zukunft der Erwerbsarbeit. Strategien für Arbeit und Umwelt, Frankfurt a.M./New York 1998.

Bundesministerium für Arbeit und Soziales, Die Wirksamkeit moderner Dienstleistungen am Arbeitsmarkt – Bericht zur Wirkung und Umsetzung der Vorschläge der Kommission Moderne Dienstleistungen am Arbeitsmarkt, Berlin 2006.

Freidinger, G., Schulze-Böing, M. (Hrsg.), Handbuch der kommunalen Arbeitsmarktpolitik, Marburg 1995.

Gerhardt, K.-U., Hartz plus. Lohnsubventionen und Mindesteinkommen im Niedriglohnsektor, Wiesbaden 2006.

Hackenberg, H. (Hrsg.), Lokale Arbeitsmarktpolitik. Stand und Perspektiven, Gütersloh 2003.

Heinelt, H., Weck, M., Arbeitsmarktpolitik – Vom Vereinigungskonsens zur Standortdebatte, Opladen 1998.

Jahn, E., Wiedemann, E., Beschäftigungsförderung im Niedriglohnsektor, Beiträge zur Arbeitsmarkt- und Berufsforschung 272, Nürnberg 2003.

Jann, W., Schmid, G. (Hrsg.), Eins zu eins? Eine Zwischenbilanz der Hartz-Reformen am Arbeitsmarkt, Berlin 2004.

Kaltenborn, B., Koch, S., Kress, U., Walwei, U., Zika, G., Arbeitsmarkteffekte eines Freibetrags bei den Sozialabgaben, München/Mering 2003.

Kißler, L., Zettelmeier, W. (Hrsg.), Kommunale Arbeitsmarkt- und Beschäftigungspolitik. Deutschland und Frankreich im Vergleich, Frankfurt am Main 2005.

Kurz-Scherf, I., Kooperative Demokratie – Kritik der Arbeit und Arbeitslosigkeit, Münster 2004.

Lehmann, F.-W. (Hrsg.), Der Arbeitnehmer im 21. Jahrhundert. Tarifverträge im Wandel!? Balance zwischen wirtschaftlicher Vernunft und sozialer Gerechtigkeit, kollektiver Vormundschaft und individueller Freiheit, Deutschland und Europa, München 2005.

Lehndorff, St. (Hrsg.), Das Politische in der Arbeitspolitik. Ansatzpunkte für eine nachhaltige Arbeits- und Arbeitszeitgestaltung, Berlin 2006.

Montada, L., Dieter, A. (Hrsg.), Beschäftigungspolitik zwischen Effizienz und Gerechtigkeit, Frankfurt a.M./New York 1997.

Rauscher, A. (Hrsg.), Arbeitsgesellschaft im Umbruch. Ursachen, Tendenzen, Konsequenzen, Berlin 2002.

Scherrer, P., Simons, R., Westermann, K. (Hrsg.), Von den Nachbarn lernen – Wirtschafts- und Beschäftigungspolitik in Europa, Marburg 1998.

Schmid, G., Wege in eine neue Vollbeschäftigung. Übergangsarbeitsmärkte und aktivierende Arbeitsmarktpolitik, Frankfurt a.M./New York 2003.

Schmid, J., Blancke, S., Arbeitsmarktpolitik der Bundesländer, Berlin 2001.

Trube, A., Zur Theorie und Empirie des Zweiten Arbeitsmarktes, Münster 1997.

Vobruba, G., Entkoppelung von Arbeit und Einkommen. Das Grundeinkommen in der Arbeitsgesellschaft, Wiesbaden 2006.

Volkmann, R., Beschäftigungspolitik. Argumente zur Neubelebung einer deformierten Strategie, Wiesbaden 2001.

Wallerath, M. (Hrsg.), Perspektiven kommunaler Sozial- und Beschäftigungspolitik, Berlin 2006.

Wiedemann, E., Brinkmann, Ch., Spitznagel, Walwei, U., Die arbeitsmarkt- und beschäftigungspolitische Herausforderung in Ostdeutschland, in: Beiträge zur Arbeitsmarkt- und Berufsforschung 223, Nürnberg 1999.

Regelmäßige Veröffentlichungen und Materialquellen

Arbeitsgruppe alternative Wirtschaftspolitik, Memorandum zur Wirtschafts- und Sozialpolitik, Köln (jährlich).

Bundesagentur für Arbeit (Hrsg.),
- Arbeitsmarktbericht (jährlich)
- Berufliche Weiterbildung. Förderung beruflicher Fortbildung, Umschulung und Einarbeitung (jährlich)

Institut für Arbeitsmarkt- und Berufsforschung (Hrsg.),
- Chronik der Arbeitsmarktpolitik (laufende Online-Publikation)
- IAB-Kurzbericht

- IAB-Forschungsbericht
- Zahlen-Fibel. Ergebnisse der Arbeitsmarkt- und Berufsforschung, Beiträge zur Arbeitsmarkt- und Berufsforschung 101, Nürnberg (zuletzt 2003).

Beauftragte der Bundesregierung für Migration, Flüchtlinge und Integration (Hrsg.),
- Migrationsbericht (jährlich)
- Bericht über die Lage der Ausländerinnen und Ausländer in Deutschland (alle drei Jahre, zuletzt 2006)

Bundesinstitut für Berufsbildung (Hrsg.), Berufsbildungsbericht (jährlich).

Bundesministerium für Arbeit und Sozialordnung (Hrsg.), Übersicht über das Arbeitsrecht/Arbeitsschutzrecht, Bonn 2007.

Bundesministerium für Bildung und Forschung (Hrsg.), Grund- und Strukturdaten, (jährlich).

Bundesministerium der Finanzen (Hrsg.), Jahreswirtschaftsbericht (jährlich).

Europäische Kommission (Hrsg.), Employment in Europe, Brüssel (alle drei Jahre, zuletzt 2006).

OECD, Employment Outlook, Paris, (jährlich).

Sachverständigenrat zur Begutachtung der gesamtwirtschaftlichen Entwicklung, Jahresgutachten, Bundestagsdrucksache (jährlich).

Sozialbericht der Bundesregierung, Bundestagsdrucksache (alle vier Jahre, zuletzt 2005).

Statistisches Bundesamt (Hrsg.),
- Datenreport, Zahlen und Fakten über die Bundesrepublik Deutschland (alle zwei Jahre, zuletzt 2006).
- Fachserie 1: Bevölkerung und Erwerbstätigkeit.
- Fachserie 2: Unternehmen und Arbeitsstätten
- Fachserie 11: Bildung und Kultur, Reihe 2 Berufliche Schulen und Reihe 3 Berufliche Bildung.
- Fachserie 16: Löhne und Gehälter.

Zeitschriften

Amtliche Nachrichten der Bundesagentur für Arbeit (ANBA)
Aus Politik und Zeitgeschichte
Berufsbildung in Wissenschaft und Praxis
Bundesarbeitsblatt
Der Arbeitgeber
DIW-Wochenbericht
Europäisches Beschäftigungsobservatorium, Zusammenfassung der Vierteljahresberichte (vierteljährlich)
Zeitschrift für Arbeitsmarktforschung
Soziale Sicherheit
Sozialer Fortschritt
Wirtschaft und Statistik
Wirtschaftsdienst
WSI-Mitteilungen

Stichwortverzeichnis

Neu im Programm
Politikwissenschaft

Maria Behrens (Hrsg.)
**Globalisierung als
politische Herausforderung**
Global Governance zwischen Utopie
und Realität
2005. 359 S. (Governance Bd. 3)
Br. EUR 32,90
ISBN 3-8100-3561-0

Der Band setzt sich kritisch mit dem Konzept der Global Governance auseinander. Ausgehend von dem Problem einer scheinbar unkontrollierten Globalisierung gehen die AutorInnen der Frage nach, ob und wie die politische Handlungsfähigkeit im internationalen System durch multilaterale Koordinationsmechanismen zurückgewonnen werden kann. Damit liefert der Band eine umfassende Einführung in das Thema und ermöglicht ein tieferes Verständnis von Global Governance.

Ludger Helms
**Regierungsorganisation
und politische Führung
in Deutschland**
2005. 237 S. mit 8 Tab. (Grundwissen
Politik 38) Geb. EUR 19,90
ISBN 3-531-14789-7

Der Band bietet eine politikwissenschaftliche Gesamtdarstellung der Bedingungen und Charakteristika der Regierungsorganisation und politischen Führung durch Kanzler und Bundesregierung in

der Bundesrepublik Deutschland. Im Zentrum der Studie steht eine vergleichende Analyse der politischen Ressourcen und Führungsstile deutscher Kanzler seit Konrad Adenauer. Diese werden auf zwei Ebenen – innerhalb des engeren Bereichs der Regierung und auf der Ebene des politischen Systems – betrachtet. Historische Rückblicke und ein internationaler Vergleich runden die Studie ab.

Richard Saage
Demokratietheorien
Historischer Prozess – Theoretische
Entwicklung – Soziotechnische Bedingungen. Eine Einführung
2005. 325 S. mit 3 Abb. (Grundwissen
Politik 37) Br. EUR 24,90
ISBN 3-531-14722-6

Dieser Band stellt die Entwicklung der Demokratie und der Demokratietheorien von der Antike bis zur Gegenwart dar. Er erläutert die Veränderungen des Demokratiebegriffs und der wissenschaftlichen Diskussion über die Herrschaftsform und erklärt den Übergang von der alten, auf die Selbstbestimmung des Volkes abzielenden (direkten) Demokratie zur reduzierten Demokratie als Methode der Generierung staatlicher Normen und effizienter Elitenrekrutierung, wie sie sich in der Folge von Kontroversen und politischen Kämpfen herausgebildet hat.

Erhältlich im Buchhandel oder beim Verlag.
Änderungen vorbehalten. Stand: Januar 2006.

www.vs-verlag.de

VS VERLAG FÜR SOZIALWISSENSCHAFTEN

Abraham-Lincoln-Straße 46
65189 Wiesbaden
Tel. 0611.7878-722
Fax 0611.7878-400

Neu im Programm
Politikwissenschaft

Birgit Oldopp
Das politische System der USA
Eine Einführung
2005. 220 S. Br. EUR 16,90
ISBN 3-531-13874-X

Diese Einführung wendet sich an Studierende der Politikwissenschaft, die sich mit dem politischen System der USA vertraut machen wollen. Das Buch vermittelt Grundwissen. Dort wo es nützlich erscheint, werden als Kontrast Bezüge zum politischen System der Bundesrepublik Deutschland hergestellt. Dem Einführungscharakter dieses Buches dienen die kurzen Fazite sowie die weiterführende Literatur am Ende der Kapitel und das Glossar, das englische Fachtermini erläutert.

Bernhard Blanke / Stephan von Bandemer / Frank Nullmeier / Göttrik Wewer (Hrsg.)
Handbuch zur Verwaltungsreform
3., völlig überarb. und erw. Aufl. 2005.
XIX, 526 S. Br. EUR 42,90
ISBN 3-8100-4082-7

Das Handbuch zur Verwaltungsreform ist zugleich Einführung und Nachschlagewerk. Es liefert einen breiten Überblick zu Konzepten, Entstehungszusammenhängen, praktischen Anwendungsfeldern und Entwicklungsperspektiven zum Thema Verwaltungsreform. Die dritte Auflage wurde überarbeitet und erweitert.

Hans Zehetmair (Hrsg.)
Der Islam
Im Spannungsfeld von Konflikt und Dialog
2005. 409 S. Br. EUR 29,90
ISBN 3-531-14797-8

Zu Beginn des 21. Jahrhunderts ist das Verhältnis zwischen Europa, dem Westen und der Welt des Islam zu einem beherrschenden Thema geworden. Der Islam übt nicht nur großen Einfluss auf die Politik und Kultur außereuropäischer Weltregionen aus, sondern hat sich zu einem wichtigen Phänomen innerhalb Europas entwickelt. Dieser Band möchte dazu beitragen, Grundlagen und Prinzipien des Islam besser kennen zu lernen, Konfliktpotenziale zu beschreiben, Realitäten und Illusionen gegeneinander abzuwägen und Lösungsmöglichkeiten aufzuzeigen. Ausgewählte Länderstudien widmen sich dem Stand von Reformprozessen und Modernisierungsbestrebungen innerhalb islamischer Gesellschaften.

Erhältlich im Buchhandel oder beim Verlag.
Änderungen vorbehalten. Stand: Januar 2006.

www.vs-verlag.de

VS VERLAG FÜR SOZIALWISSENSCHAFTEN

Abraham-Lincoln-Straße 46
65189 Wiesbaden
Tel. 0611.7878 - 722
Fax 0611.7878 - 400